D1717303

Kerscher/Tanck/Krug Das erbrechtliche Mandat

Das erbrechtliche Mandat

Von

Vors. Richter am Landgericht Walter Krug,
Stuttgart

Rechtsanwalt Manuel Tanck,
Germersheim,

und

Rechtsanwalt Karl-Ludwig Kerscher,
Germersheim

2. Auflage 2000

DeutscherAnwaltVerlag

Zitiervorschlag:
Kerscher/Tanck/Krug, Das erbrechtliche Mandat, § 1 Rn 1

Hinweis

Die Formulierungsbeispiele in diesem Buch wurden mit Sorgfalt und nach bestem Wissen erstellt. Sie stellen jedoch lediglich Arbeitshilfen und Anregungen für die Lösung typischer Fallgestaltungen dar. Die Eigenverantwortung für die Formulierung von Verträgen, Verfügungen und Schriftsätzen trägt der Benutzer. Autoren und Verlag übernehmen keinerlei Haftung für die Richtigkeit und Vollständigkeit der in dem Buch und auf der CD-ROM enthaltenen Ausführungen und Formulierungsbeispiele.

Copyright 2000 by Deutscher Anwaltverlag, Bonn
Satz und Druck: Richarz Publikations-Service, St. Augustin

Die Deutsche Bibliothek – CIP-Einheitsaufnahme

Das erbrechtliche Mandat [Medienkombination] / von Karl-Ludwig Kerscher, Manuel Tanck und Walter Krug. Bonn: Dt. Anwaltverl.
  (Das Mandat)
  ISBN 3-8240-0308-2
Buch. – 2. Aufl. – 2000
CD-ROM zur 2. Aufl. – 2000

Vorwort

Der Begriff Mandat leitet sich aus der lateinischen Redewendung „in manum datum" ab und charakterisiert damit schon das Vertrauensverhältnis zwischen Anwalt und Auftraggeber. Wird dem Anwalt eine Erbrechtsangelegenheit übertragen, so verläßt sich der Mandant ganz auf dessen Können und Erfahrung. Er begibt sich mit seinen Interessen völlig in die Hand eines anderen Menschen. Dessen sollte sich der Anwalt in jeder Phase der Mandatsbearbeitung bewußt sein. Als Ausgleich dafür verlangt der Mandant eine hochwertige Leistung, die der Anwalt bestmöglich zu erbringen hat.

Der Anwalt hat im Rahmen des Erbrechtsmandats die mannigfaltigen Auswirkungen auch auf andere Rechtsgebiete, insbesondere des Familienrechts, Gesellschaftsrechts, Sozialrechts und auch des Steuerrechts zu sehen. Er sollte sich nicht auf die Erarbeitung der Kernaussagen zum erb- und erbschaftsteuerlichen Status beschränken. Es darf vor allem dem Anwalt nicht genügen, einfache Kategorien zu finden, in die er das Mandat einordnen kann. Vielmehr hat er das gesamte Umfeld auszuleuchten, um gerade die Besonderheiten aufzuspüren, die diesen Mandanten, seine Familie und seine Vermögenslage kennzeichnen. Der Anwalt hat den sogenannten „worst case", den schlimmsten Störfall, aufzuspüren und durch eine konfliktlösende Gestaltung zu beseitigen.

Diese problemorientierte Erfassung und Analyse der Sachverhalte kennzeichnet die Arbeit eines erfahrenen Anwalts und heben ihn aus der Gruppe anderer Berater hervor. Es läßt sich nämlich in der Praxis feststellen, daß gerade der Bereich des Erbrechts in den letzten Jahren von anderen Berufsgruppen in zunehmendem Maße besetzt wurde. Dieses Betätigungsfeld gilt es, aus anwaltlicher Sicht, „zurückzuerobern".

Das vorliegende Buch soll die vielgestaltigen Herausforderungen, die sich dem Anwalt sowohl vor, als auch nach dem Erbfall stellen, in übersichtlicher Weise aufnehmen und die praktische Tätigkeit unterstützen.

Ein steuerrechtlicher Teil wurde auch in die zweite Auflage nicht aufgenommen, um den Umfang des Buches nicht zu sprengen. Insofern wird auf die einschlägige steuerrechtliche Literatur verwiesen.

Vorwort

Im Interesse einer geschlossenen Darstellung einzelner Sachgebiete und zur leichteren Lesbarkeit für den Benutzer wurden Wiederholungen in einzelnen Abschnitten nicht beseitigt.

Für Kritik und Anregungen sind Verfasser und Verlag dankbar.

Stand von Literatur und Rechtsprechung: 31. 10. 1999

Walter Krug   Manuel Tanck   Karl-Ludwig Kerscher

Germersheim/Stuttgart im November 1999

Inhaltsübersicht

Musterverzeichnis 55

Teil 1: Die Annahme eines erbrechtlichen Mandats 61
§ 1 Das Mandantengespräch 61
§ 2 Die Haftung des Anwalts 86
§ 3 Die Haftung des Notars 103
§ 4 Interessenkollision, Tätigkeitsverbot 109
§ 5 Die Möglichkeiten einer Haftungsbeschränkung 117
§ 6 Umfang und Kosten des Mandats 122
§ 7 Der Rechtsschutzfall im Erbrechtsmandat 160

Teil 2: Das erbrechtliche Mandat vor dem Erbfall 167
§ 8 Der Erblasser als Mandant 167
§ 9 Der den Erblasser Pflegende als Mandant 415
§ 10 Der Pflichtteilsberechtigte als Mandant 421

Teil 3: Das erbrechtliche Mandat nach dem Erbfall 427
§ 11 Der Alleinerbe als Mandant 427
§ 12 Der (Vor-) Nacherbe als Mandant 504
§ 13 Der Miterbe als Mandant (die Erbengemeinschaft) 509
§ 14 Der Ehegatte als Mandant 670
§ 15 Der nichteheliche Lebenspartner als Mandant 679
§ 16 Das nichteheliche Kind als Mandant 682
§ 17 Der Vermächtnisnehmer als Mandant 689
§ 18 Der Pflichtteilsberechtigte als Mandant 696
§ 19 Beratung des durch einen Vertrag zugunsten Dritter Begünstigten (Lebensversicherung) 746
§ 20 Der Testamentsvollstrecker als Mandant 750
§ 21 Der Gläubiger als Mandant 803

Teil 4: Die Berichtigung öffentlicher Register 903
§ 22 Erbfall und Grundbuch 903
§ 23 Berichtigung des Handelsregisters 926

Inhaltsübersicht

Teil 5: Die gerichtliche Durchsetzung der Ansprüche des Mandanten 931
§ 24 Die Auskunftsklage 931
§ 25 Das Erbscheinsverfahren 948
§ 26 Die Erbenfeststellungsklage 988
§ 27 Die Auseinandersetzungsklage (Klage auf Zustimmung zum Teilungsplan) 1006
§ 28 Die Klage auf Vermächtniserfüllung 1016
§ 29 Die Pflichtteilsklage 1031
§ 30 Die Klage des Vertragserben nach § 2287 BGB ... 1043
§ 31 Das Nachlaßgericht 1049
§ 32 Schiedsverfahren in Erbstreitigkeiten 1053
§ 33 Mediation 1061

Teil 6: Fälle mit Auslandsberührung 1069
§ 34 Die Bestimmung des maßgebenden sachlichen Erbrechts ... 1069
§ 35 Pflichtteilsrecht und internationales Erbrecht 1090

Anhang 1107

Literaturverzeichnis 1110

Stichwortverzeichnis 1116

Benutzerhinweise zur CD-ROM 1126

Inhaltsverzeichnis

Musterverzeichnis 55

Teil 1: Die Annahme eines erbrechtlichen Mandats . 61

§ 1 Das Mandantengespräch 61
A. Allgemeines 61
B. "Der erste Kontakt mit dem Mandanten" 62
C. Ermittlung der Ausgangslage 63
   I. Personen und Güterstände 63
   II. Vermögen als Ist-Vermögen 66
   III. Nachlaßverzeichnis 69
   IV. Vorempfänge als fiktives Vermögen 71
   V. Bisherige erbrechtliche Verfügungen 74
   VI. Besonderheiten 75
   VII. Erbrechtliche Fristen 76
      1. Die Ausschlagung der Erbschaft 76
      2. Die Anfechtung der Annahme 77
      3. Anfechtung einer Verfügung von Todes wegen 78
      4. Die Erbunwürdigkeit (Anfechtungsklage) 78
      5. Pflichtteilsverjährung 79
      6. Auskunftsanspruch 80
      7. Zugewinnausgleich 80
D. Mandantenschreiben 82

§ 2 Die Haftung des Anwalts 86
A. Einleitung 86
B. Pflichtverletzung des Anwalts als Voraussetzung der Haftung . . 88
C. Informations- und Aufklärungspflicht 88
D. Pflicht zur Prüfung der Rechtslage, Kenntnis der einschlägigen Vorschriften 90
E. Pflicht zur Belehrung und zu Hinweisen auf Risiken 92
F. Rechtswidrige und schuldhafte Pflichtverletzung 94
G. Parteien des Anwaltsvertrags 94
H. Haftung gegenüber Dritten 95

Inhaltsverzeichnis

    I. Verjährung von Haftpflichtansprüchen 96
        I. Verjährung nach § 51 b BRAO 96
        II. Sekundäranspruch 97
    J. Typische Haftungsfälle im Erbrecht und Einzelfälle aus der neueren Rechtsprechung 97
        I. Aufnahme des Vorbehalts der beschränkten Erbenhaftung im Vergleich 97
        II. Die Prüfung von Verjährungsfristen 98
        III. Zahlungsklage im Rahmen des Pflichtteilsanspruchs . . . 99
        IV. Sicherung eines aufschiebend bedingten Vermächtnisses . . 99
        V. Überprüfung der gesellschaftsrechtlichen Nachfolgeklausel bei der Testamentserstellung 100
        VI. Beratungspflicht bei Testamenten 101
        VII. Ausschlagung der Erbschaft 101
        VIII. Die Haftung des Anwalts bei vorzeitiger Klage auf Auseinandersetzung einer Erbengemeinschaft 102
        IX. Vergleich über ein Erbrecht 102

§ 3 Die Haftung des Notars 103
    A. Einleitung 103
    B. Voraussetzung der Haftung – Die Amtspflichtverletzung . . . 103
    C. Die Erforschung des Willens 103
    D. Sachverhaltsaufklärung 104
    E. Belehrungspflichten des Notars 104
        I. Belehrungspflicht nach § 17 Abs. 1 Satz 1 BeurkG . . . 104
        II. Die betreuende Belehrungspflicht 105
        III. Notarielle Beratungstätigkeit, §§ 23, 24 BNotO 105
    F. Rechtskenntnisse 106
    G. Person des Geschädigten 106
    H. Grundsatz der Subsidiarität 107
    I. Verjährung 107
    J. Der Anwaltsnotar 108

§ 4 Interessenkollision, Tätigkeitsverbot 109
    A. Allgemeines 109
    B. Einzelne Fallkonstellationen im erbrechtlichen Mandat 111
        I. Allgemeines 111

II. Interessenkonflikt im Rahmen der Erbengemeinschaft . . . 112
III. Interessenkonflikt bei der Beratung hinsichtlich eines
    Ehegattentestaments 113
IV. Beratung von Pflichtteilsberechtigten 114
C. Das Gebot der Unabhängigkeit bzw. Unparteilichkeit des Anwalts 115
   I. Allgemeines 115
   II. Die Pflicht des Anwaltsnotars zur Unparteilichkeit 115

§ 5 Die Möglichkeiten einer Haftungsbeschränkung 117
A. Allgemeines 117
B. Haftungsbeschränkung im Einzelfall 118
   I. Haftung auf eine bestimmte Summe 118
   II. Haftung für einen bestimmten Rechtsbereich 118
   III. Haftungsbeschränkung durch vorformulierte
        Vertragsbedingungen 119
   IV. Beschränkung der Gesamtschuldnerhaftung 120

§ 6 Umfang und Kosten des Mandats 122
A. Honorarberechnung nach der BRAGO 122
   I. Prozeß-, Verhandlungs- und Beweisgebühr bei streitigem
      Verfahren 123
   II. Bearbeitung und Besprechung bei außergerichtlichem
       Tätigwerden 123
   III. Die Beratungsgebühr nach § 20 BRAGO 125
   IV. Die Vergleichsgebühr gemäß § 23 BRAGO 128
   V. Belehrung des RA über die Vergütung 130
   VI. Die Honorarvereinbarung 131
       1. Allgemeines 131
       2. Der Inhalt einer Honorarvereinbarung 132
       3. Die Form der Honorarvereinbarung 133
       4. Die Vereinbarung einer niedrigeren Gebühr 134
       5. Checkliste für den Abschluß einer Honorarvereinbarung 135
          a) Alternative 1: Nur außergerichtliche Vergütung, die
             unter der gesetzlichen Vergütung liegt 135
          b) Alternative 2: Nur außergerichtliche Vertretung,
             gesetzliche Vergütung möglicherweise höher als die
             vereinbarte Vergütung 135

c) Alternative 3: Gerichtliche Vertretung 136
d) Alternative 4: Spezielle Honorarvereinbarung für die Erstberatung 137
e) Alternative 5: Pauschalvereinbarung mit Absicherung gegen Sprengung des zeitlichen Rahmens 137
B. Die Bestimmung des Gegenstandswerts 138
   I. Allgemeines 138
   II. Gegenstandswert der einzelnen Klagearten 140
   III. Die „Angelegenheit" als maßgeblicher Abgeltungsbereich der Gebühren 142
   IV. Die Gebührenerhöhungssysteme des § 7 II BRAGO und des § 6 I 2 BRAGO 146
   V. Die Bestimmung des Streitwerts im Einzelnen 151
C. Das Abrechnungsschreiben gegenüber dem Mandanten 158

§ 7 Der Rechtsschutzfall im Erbrechtsmandat 160
A. Allgemeines 160
B. Die versicherbare Leistung 160
C. Der Versicherungsfall 162
   I. Besorgung der Deckungszusage der Rechtsschutz-versicherung 163
   II. Schreiben an die Rechtsschutzversicherung 164

Teil 2: Das erbrechtliche Mandat vor dem Erbfall . . . 167

§ 8 Der Erblasser als Mandant 167
A. Einleitung 167
B. Die Testamentsgestaltung 167
   I. Die Gestaltung erbrechtlicher Verfügungen durch den Anwalt 167
   II. Testament oder Übergabevertrag 169
   III. Allgemeines zur Testamentsgestaltung 170
      1. Die objektiven und subjektiven Kriterien 170
      2. Die Auslegungsregeln 171
      3. Die Vererblichkeit des Nachlasses 171
   IV. Die gesetzliche Beschränkung bei der Anordnung einzelner Verfügungen (§ 2306 I 1 BGB) 174

V. Gemeinschaftliches oder Einzeltestament 174
VI. Die Formalien des eigenhändigen Testaments 175
    1. Die Testamentsniederschrift 175
    2. Die Unterschrift 176
    3. Zeit- und Ortsangabe 177
    4. Gemeinschaftliches Testament 178
    5. Verwahrung des eigenhändigen Testaments 178
    6. Formungültigkeit einer teilweise unlesbaren letztwilligen
       Verfügung 178
VII. Testierfähigkeit gem. §§ 2229, 2275 BGB und Testierfreiheit 179
    1. Die Testierfähigkeit 179
    2. Die beschränkte Testierfähigkeit und die „faktische"
       Testierunfähigkeit 181
       a) Die beschränkte Testierfähigkeit 181
       b) Die „faktische" Testierunfähigkeit 182
    3. Die mangelnde Testierfreiheit aufgrund Erbvertrags oder
       bindenden Ehegattentestaments 182
    4. Mangelnde Testierfreiheit aufgrund Höferechts 185
    5. Einschränkung der Testierfreiheit durch § 14 HeimG . . 186
VIII. Die Erbeinsetzung 186
IX. Die Vor- und Nacherbschaft 189
X. Die Bestimmung eines Ersatzerben 192
    1. Allgemeines 192
    2. Die vermutete Ersatzerbenbestimmung 192
    3. Die hypothetische Ersatzerbenbestimmung 194
    4. Ersatzerbe – Nacherbe 194
XI. Anordnungen für die Auseinandersetzung 194
    1. Allgemeines 194
    2. Teilungsanordnung (§ 2048 BGB) 195
    3. Vorausvermächtnis 196
    4. Die konkrete Abgrenzung zwischen Vorausvermächtnis
       und Teilungsanordnung 197
    5. Übernahmerecht 199
    6. Auseinandersetzungsausschluß (Teilungsverbot,
       § 2044 BGB) 201
XII. Vermächtnisse 202

Inhaltsverzeichnis

1. Allgemeines 202
2. Der Ersatzvermächtnisnehmer 204
3. Besondere Vermächtnisarten 205
   - a) Das Verschaffungsvermächtnis 205
   - b) Das Gattungsvermächtnis 206
   - c) Das Bestimmungsvermächtnis 206
   - d) Das Zweckvermächtnis 207
   - e) Das Wahlvermächtnis 208
   - f) Das Nießbrauchsvermächtnis 208
     - aa) Allgemeines 208
     - bb) Arten des Nießbrauchs 209
       - (1) Belastungsgegenstand 209
       - (2) Quoten- und Bruchteilsnießbrauch 209
     - cc) Inhalt des Nießbrauchs 210
     - dd) Gesetzliches Schuldverhältnis 211
     - ee) Erfüllung des Nießbrauchsvermächtnisses 211
     - ff) Nießbrauch an Sachen 213
       - (1) Rechte des Nießbrauchers 213
       - (2) Pflichten des Nießbrauchers 215
       - (3) Nießbrauch und Zwangsversteigerung 216
     - gg) Nießbrauch an Rechten 217
       - (1) Allgemeines 217
       - (2) Nießbrauch an einem Unternehmen 218
       - (3) Rechtsstellung des Unternehmers 219
       - (4) Rechtswirkungen 219
       - (5) Nießbrauch an der Beteiligung an einer Personengesellschaft 221
       - (6) Nießbrauch an Erbteilen 223
     - hh) Beendigung des Nießbrauchs 225
     - ii) Auskunftspflichten 226
     - jj) Nießbrauch an einem Vermögen 226
       - (1) Allgemeines 226
       - (2) Nießbrauch am Nachlaß 228
     - kk) Nutzziehungsrecht des Nießbrauchers 229
     - ll) Zusammentreffen von Testamentsvollstreckung und Nießbrauch in einer Person 229

	mm) Andere Nutzungsrechte	230
	g) Das Rentenvermächtnis	231
	aa) Allgemeines	231
	bb) Leistungsstörungen	233
	cc) Wertsicherung	233
	(1) Ratenzahlung	234
	(2) Leistungsvorbehalt	235
	(3) Genehmigungspflichtige Wertsicherungsklausel	235
	dd) Grundbuchmäßige Absicherung mittels Reallast	239
	h) Wohnungsrecht	240
XIII.	Enterbung, Pflichtteilsentziehung und Pflichtteilsbeschränkung	242
	1. Die Enterbung (§ 1938 BGB)	242
	a) Allgemeines	242
	b) Die Einsetzung zum Nacherben	244
	c) Die Erbeinsetzung auf den Pflichtteil	244
	2. Die Pflichtteilsentziehung (§§ 2333 ff. BGB)	245
	a) Die Pflichtteilsentziehung bei Abkömmlingen	245
	aa) Allgemeines	245
	bb) Entziehung wegen versuchten Totschlags	245
	cc) Entziehung wegen körperlicher Mißhandlung	245
	dd) Entziehung wegen eines schweren vorsätzlichen Vergehens	246
	ee) Entziehung wegen böswilliger Verletzung der Unterhaltspflicht	246
	ff) Entziehung wegen eines ehrlosen und unsittlichen Lebenswandels	247
	b) Die Pflichtteilsentziehung gegenüber den Eltern	248
	c) Die Pflichtteilsentziehung gegenüber dem Ehegatten	248
	d) Die Form der Entziehung	248
	3. Pflichtteilsbeschränkung in guter Absicht, § 2338 BGB	249
	a) Allgemeines	249
	b) Gestaltung der Beschränkung	250
	c) Grund der Pflichtteilsbeschränkung	250
	4. Checkliste: Pflichtteilsberechtigte	252

XIV.	Die Auflage	252
	1. Allgemeines	252
	2. Inhalt der Auflage	253
	3. Der Vollziehungsberechtigte	254
XV.	Familienrechtliche Anordnungen	254
	1. Allgemeines	254
	2. Elterliche Verwaltung des Kindesvermögens	255
	a) Entzug des Verwaltungsrechts	255
	b) Verwaltungsanordnungen	256
	c) Verwaltung des Kindesvermögens nach Scheidung der Eltern	256
	aa) Alte und neue gesetzliche Regelung	256
	bb) Entzug des Verwaltungsrechts	257
	cc) Surrogation	259
	d) Rechtscharakter	259
	e) Vormundbenennungsrecht	260
	f) Entziehung des güterrechtlichen Verwaltungsrechts	260
XVI.	Testamentsvollstreckung	260
	1. Allgemeines	260
	2. Die Arten der Testamentsvollstreckung	261
	3. Sinn und Zweck der Testamentsvollstreckung, Kosten	262
	4. Die Grenzen der Testamentsvollstreckung	263

C. Das Testament bei einem behinderten Kind 266
   I. Allgemeines 266
  II. Die Art der Gestaltung und die Frage der Sittenwidrigkeit . 266
 III. Überleitung des Ausschlagungsrechts 267
 IV. Zu vermeidende Gestaltungen 268
     1. Berücksichtung von § 2306 I 1 BGB 268
     2. Vor- und Nachvermächtnis 269
     3. Häufung der Ämter 270
  V. Die Prognose bezüglich der Sittenwidrigkeit 270

D. Das Unternehmertestament 272
   I. Allgemeines 272
  II. Die Vererblichkeit von Gesellschaftsanteilen 274
     1. Allgemeines 274
     2. Die Rechtsnachfolge am Einzelunternehmen 274

Inhaltsverzeichnis

   3. Die Rechtsnachfolge bei Kapitalgesellschaften 275
    a) Die GmbH 275
    b) Die Aktiengesellschaft 276
   4. Die Rechtsnachfolge in Personengesellschaften 276
    a) Allgemeines 276
    b) Die gesetzlichen Regelungen nach dem HGB-
     Reformgesetz 276
    c) Die Fortsetzungsklausel 277
    d) Die einfache Nachfolgeklausel 279
    e) Die qualifizierte Nachfolgeklausel 280
    f) Die Eintrittsklausel 282
 III. Gestaltung einer Verfügung von Todes wegen bei
   Vorhandensein von Betriebsvermögen 283
   1. Allgemeines 283
   2. Die Alleinerbenlösung 283
   3. Die Vermächtnislösung 284
    a) Die Zuordnung der Einkünfte zwischen Erbfall und
     Vermächtniserfüllung 285
    b) Die Zuwendung von Sonderbetriebsvermögen durch
     Vermächtnis 286
    c) Die Zuwendung von Sonderbetriebsvermögen durch
     einfache Nachfolgeklausel und Vorausvermächtnis . 287
   4. Das Frankfurter Testament 287
   5. Das vorzeitige Unternehmertestament 288
   6. Die Zuordnung des Betriebsvermögensfreibetrages . . . 288
    a) Allgemeines 288
    b) Betriebsvermögensfreibetrag bei
     Weitergabeverpflichtung 290
    c) Bei der Vor- und Nacherbschaft 290
   7. Der Bewertungsabschlag für Betriebsvermögen 291
   8. Die Tarifvergünstigung (§ 19 a ErbStG) 291
   9. Der Verlust der Privilegierung 291
E. Die Erstellung eines Ehegattentestaments 294
 I. Einleitung 294
 II. Verfügungen für den ersten Todesfall 295
   1. Erbeinsetzung 295

Inhaltsverzeichnis

    2. Der Anfechtungsverzicht 298
  III. Verfügungen für den zweiten Todesfall 299
  IV. Bindungswirkung, Wechselbezüglichkeit und
      Abänderungsmöglichkeit 300
    1. Wechselbezüglichkeit und Bindungswirkung 300
    2. Abänderungsvorbehalt bei der Einheitslösung 302
    3. Abänderungsvorbehalt bei der Trennungslösung 303
    4. Besondere Freistellungsklauseln 303
  V. Die Wiederverheiratungsklausel 305
    1. Allgemeines 305
    2. Wiederverheiratungsklausel bei der Vor- und
       Nacherbschaft (Trennungslösung) 305
    3. Die Wiederverheiratungsklausel bei der Einheitslösung . 307
    4. Wiederverheiratungsklausel bei der Nießbrauchslösung . 309
    5. Bindung an die Schlußerbeneinsetzung im Falle der
       Wiederverheiratung 309
  VI. Pflichtteilsklausel 310
    1. Bei der Einheitslösung 310
    2. Bei der Trennungslösung 312
  VII. Fortbestand der gemeinschaftlichen Verfügung trotz
      Scheiterns der Ehe 312
F. Der Erbvertrag 321
  I. Begriff 321
  II. Arten von Erbverträgen 322
    1. Einseitiger Erbvertrag 322
    2. Zweiseitiger oder mehrseitiger Erbvertrag 323
    3. Inhalt des Erbvertrags 324
       a) Vertragsmäßige Verfügungen 324
       b) Vertragsmäßige und wechselbezügliche (korrespektive)
          Verfügungen 325
       c) Einseitige Verfügungen 326
    4. Errichtung des Erbvertrags 326
       a) Abschlußfähigkeit 326
       b) Höchstpersönlichkeit 327
       c) Formvorschriften 327
       d) Verwahrung 328

e) Verfügungen unter Lebenden und erbvertragliche
   Bindung 329
   aa) Rechtsstellung des Bedachten 329
   bb) Rechtsstellung des Erblassers 329
       (1) Grundsatz 329
       (2) Zusätzlicher Verfügungsunterlassungsvertrag 330
       (3) Beeinträchtigende Schenkungen 330
       (4) Unbenannte Zuwendungen unter Ehegatten . 334
       (5) Begründung der ehelichen Gütergemeinschaft 334
   cc) Beeinträchtigung eines Vermächtnisnehmers .. 334
   dd) Unterschied zwischen § 2288 BGB und § 2287
       BGB 335
III. Verfügungen von Todes wegen im Verhältnis zum
   Erbvertrag 335
   1. Allgemeines 335
   2. Verfügung von Todes wegen, die vor dem Erbvertrag
      errichtet wurde 335
   3. Verfügung von Todes wegen, die nach dem Erbvertrag
      errichtet wurde 336
   4. Begriff der Beeinträchtigung 336
   5. Zustimmung des vertraglich Bedachten 336
   6. Zustimmung des Vermächtnisnehmers zu anderweitigen
      Verfügungen 337
   7. Beschränkung in guter Absicht 338
   8. Wegfall der Aufhebungswirkung bei Unwirksamwerden
      des Erbvertrags 339
   9. Erbvertragsaufhebung 339
   10. Erbvertragsaufhebung durch gemeinschaftliches
       Testament 340
IV. Änderungsvorbehalt und vertragliche Verfügungen ... 341
   1. Allgemeines 341
   2. Zulässigkeit des Änderungsvorbehalts 342
   3. Grenzen des Änderungsvorbehalts 342
V. Auslegung des Erbvertrags 345
VI. Anfechtung des Erbvertrags 346
   1. Allgemeines 346

2. Erklärungen des Vertragspartners 346
3. Erbvertraglich bindende Verfügungen 346
   a) Anfechtung durch den Erblasser 346
      aa) Allgemeines 346
      bb) Einseitiger Erbvertrag; Selbstanfechtungsrecht
          des Erblassers 347
          (1) Vertragliche Verfügungen von Todes wegen 347
          (2) Anfechtungsgründe 348
      cc) Bestätigung eines anfechtbaren Erbvertrags . . 350
      dd) Anfechtung des zweiseitigen und mehrseitigen
          Erbvertrags 350
          (1) Anfechtungserklärung 351
          (2) Frist 351
          (3) Rechtswirkungen der erklärten Anfechtung . 351
          (4) Ausschluß des Anfechtungsrechts 352
      ee) Anfechtbarkeit einseitiger Verfügungen 353
   4. Anfechtung des Erbvertrags durch Dritte 353
VII. Rücktritt vom Erbvertrag 353
   1. Rücktritt des Vertragspartners 353
   2. Rücktrittsrecht des Erblassers 354
      a) Vorbehaltenes Rücktrittsrecht 354
      b) Gesetzliches Rücktrittsrecht 354
         aa) Rücktritt bei Verfehlungen des Bedachten . . 354
         bb) Rücktritt bei Wegfall der Gegenverpflichtung 355
      c) Die Rücktrittserklärung 355
         aa) Zu Lebzeiten beider Vertragspartner 355
         bb) Nach dem Tod des Vertragspartners 356
      d) Rücktritt durch Testament 356
   3. Besonderheiten beim zweiseitigen korrespektiven
      Erbvertrag 358
G. Die Verfügung von Todes wegen bei nichtehelichen
   Lebenspartnern 358
H. Beratung eines Mandanten hinsichtlich einer lebzeitigen
   Übertragung (Übergabevertrag) 360
   I. Die lebzeitige Verfügung bei mangelnder Testierfreiheit 360
      1. Beim Erbvertrag 361

Inhaltsverzeichnis

    2. Beim gemeinschaftlichen Testament 361
    3. Der Herausgabeanspruch des Vertrags-(Schluß)erben . . 361
  II. Die lebzeitige Übertragung (vorweggenommene Erbfolge) . 364
    1. Allgemeines 364
    2. Steuerliche Gesichtspunkte der Übertragung 365
    3. Der Pflichtteilsergänzungsanspruch 365
    4. Die Übertragung gegen Gegenleistung 366
        a) Wohnungsrecht 366
        b) Die Übertragung gegen Nießbrauch 368
        c) Die Übertragung gegen Rente 369
        d) Die Übertragung gegen Pflegeverpflichtung 371
        e) Rückübertragungsansprüche des Übergebers 372
I. Die Beratung des Mandanten hinsichtlich einer Vollmacht
(Vorsorgevollmacht, postmortale Vollmacht, transmortale
Vollmacht) 379
  I. Allgemeines 379
  II. Die Postmortale Vollmacht 380
  III. Die Vorsorgevollmacht 382
    1. Allgemeines 382
    2. Die Form der Vollmachtserteilung 384
    3. Art und Inhalt der Vollmachtserteilung 384
    4. Untervollmacht – Doppelvollmacht 386
    5. Der Ersatzbevollmächtigte 387
    6. Die Grenzen der Vollmachtserteilung 388
    7. Die Haftung des Bevollmächtigten 389
    8. Kosten, Geschäftswert 390
  IV. Patientenverfügung 395
J. Die Beratung des Mandanten hinsichtlich eines
Sozialhilferegresses 399
  I. §§ 528 BGB, 90 BSHG: Überleitung des
    Rückforderungsanspruchs des Schenkers auf den
    Sozialhilfeträger 399
    1. Allgemeines 399
    2. Die Rückforderung nach § 528 BGB 400
    3. Die Vermeidung von Regreßansprüchen 402
        a) Vereinbarung einer vertraglichen Pflegeverpflichtung 402

b) Zuwendungen mit befreiender Schuldübernahme .. 403
c) Einräumung eines Wohnungsrechts 403
II. Überleitung schuldrechtlicher Ansprüche im Falle der
Leistungsstörung 404
III. Die „Ausstattung" als Alternative zur gemischten Schenkung 406
IV. Übergang von Unterhaltsansprüchen auf den
Sozialhilfeträger, § 91 BSHG 406
V. Überleitung von Erb- und Pflichtteilsansprüchen auf den
Sozialhilfeträger nach § 90 BSHG 407
VI. Die Erbenhaftung nach § 92 c BSHG 408
K. Die Beratung des Mandanten über die Rechtsnachfolge im
Gesellschaftsrecht 409
I. Die Rechtsnachfolge in einem Einzelunternehmen 409
II. Die Rechtsnachfolge bei Kapitalgesellschaften 410
1. Die GmbH 410
2. Die Aktiengesellschaft 410
III. Die Rechtsnachfolge in Personengesellschaften 411
1. Allgemeines 411
2. Fällt der Gesellschaftsanteil in den Nachlaß 411
a) Die Fortsetzungsklausel 412
b) Die Nachfolgeklausel 413
c) Die Eintrittsklausel 414

§ 9 Der den Erblasser Pflegende als Mandant 415
A. Allgemeines 415
B. Vertragliche Ansprüche 415
C. Anspruch aus GoA 415
D. Ansprüche aus Sozialversicherungsrecht 417
E. Gesetzlicher Ausgleichsanspruch bei Abkömmlingen nach
§ 2057 a BGB 418

§ 10 Der Pflichtteilsberechtigte als Mandant 421
A. Die Rechte des Pflichtteilsberechtigten vor dem Erbfall . . . 421
B. Die lebzeitige Zuwendung und die Auswirkung auf den Pflichtteil 422
I. Die Anrechnung nach § 2315 BGB 422
II. Die Ausgleichung nach §§ 2050 ff., 2316 BGB unter
Abkömmlingen 424

III. Die Anrechnung eines Eigengeschenks nach § 2327 BGB . 425

Teil 3: Das erbrechtliche Mandat nach dem Erbfall . 427

§ 11 Der Alleinerbe als Mandant 427
A. Allgemeines 427
B. Die Sicherung des Nachlasses 427
    I. Allgemeines 428
        1. Unklarheit der Erbfolge 428
        2. Sicherung des Erblasserwillens 428
    II. Zuständigkeit für Sicherungsmaßnahmen 429
    III. Sicherungsfälle 431
        1. Sicherungsanlässe 431
        2. Das Sicherungsbedürfnis („Fürsorgebedürfnis") 432
        3. Zu verneinendes Fürsorgebedürfnis 432
        4. Wann ist ein Erbe unbekannt? 433
        5. Sicherungsfall bei Vor- und Nacherbschaft . . . 434
    IV. Sicherungsmittel 434
        1. Anlegung von Siegeln 434
        2. Die amtliche Inverwahrungnahme 435
        3. Aufnahme eines Nachlaßverzeichnisses 436
        4. Die Nachlaßpflegschaft 437
        5. Teil-Nachlaßpflegschaft 437
        6. Verhältnis zu anderen Verwaltungen 437
        7. Beendigung der Nachlaßpflegschaft 438
        8. Vergütung 438
        9. Ansprüche Dritter 438
        10. Rechtsbehelfe 438
        11. Landesrechtliche Abweichungen 439
        12. Besonderheiten in Baden-Württemberg 440
    V. Die Geschäftsführung durch den vorläufigen Erben vor der Ausschlagung 443
        1. Grundsatz 443
        2. Das Rechtsverhältnis zwischen dem vorläufigen und dem endgültigen Erben 444

3. Verfügungen des vorläufigen Erben über Nachlaßgegenstände 444
4. Rechtsgeschäfte gegenüber dem vorläufigen Erben ... 445
5. Aktivprozesse des vorläufigen Erben 445
VI. Der Erbschaftsanspruch (§§ 2018 ff. BGB) 446
1. Gesamtanspruch – Einzelansprüche 446
2. Auskunftsanspruch 447
3. Haftungsumfang 447
C. Die Feststellung des Erbrechts 448
I. Erbrechtliche Ausschließungsgründe 448
1. Die Wirkung der Erbausschlagung gemäß § 1953 BGB . 448
2. Der Erb- und Pflichtteilsverzicht nach § 2346 BGB . . 448
3. Der vorzeitige Erbausgleich nach § 1934 d BGB 451
4. Die Erb- und Pflichtteilsunwürdigkeit gemäß §§ 2339, 2345 II BGB 453
   a) Die Gründe der Erb- und Pflichtteilsunwürdigkeit .. 453
   b) Die Folgen der Erb- und Pflichtteilsunwürdigkeit .. 454
II. Das gesetzliche Erbrecht 454
1. Allgemeines 454
2. Die Erben erster Ordnung 455
3. Die Erben zweiter Ordnung 456
4. Die Erben dritter Ordnung 457
5. Die Erben vierter Ordnung 457
III. Die testamentarische Erbfolge 457
1. Allgemeines 457
2. Die Auslegung von Testamenten 458
   a) Allgemeines 458
   b) Die Auslegung von Einzeltestamenten 459
   c) Typische Auslegungsprobleme in der Praxis 461
   d) Die Auslegung eines Ehegattentestaments 467
   e) Der Auslegungsvertrag 472
3. Die Anfechtung einer Verfügung von Todes wegen .. 475
   a) Allgemeines 475
   b) Die Anfechtungsvoraussetzungen 476
   c) Anfechtungsberechtigung 481
   d) Wirkung der Anfechtung 482

e) Ausschluß der Anfechtung 482
f) Bestätigung eines anfechtbaren Testaments 483
g) Die Anfechtung gegenseitiger Verfügungen in einem
  gemeinschaftlichen Testament 484
h) Die Anfechtung durch den Verfügenden selbst . . . 484
i) Anfechtung durch Dritte bei gemeinschaftlichem
  Testament und Erbvertrag 487
j) Rechtsfolge der Anfechtung 488
4. Anfechtung eines Erb- bzw. Pflichtteilverzichts 489
D. Die Ausschlagung der Erbschaft unter Beibehaltung des
Pflichtteilsanspruchs 491
  I. Allgemeines 491
  II. Die Feststellung der Höhe des hinterlassenen Erbteils . . . 492
    1. Die Quotentheorie 492
    2. Sonderfälle (Werttheorie) 493
  III. Wegfall der Beschränkung und Beschwerung 494
  IV. Ausschlagungsfrist 494
  V. Die Formbedürftigkeit der Ausschlagung der Erbschaft . . 496
  VI. Die Anfechtung der Annahme bzw. Ausschlagung der
    Erbschaft 497
    1. Allgemeines 497
    2. Die Anfechtungsgründe 497
      a) Anfechtung wegen Erklärungs- und Inhaltsirrtums . 498
      b) Anfechtung wegen Irrtums über eine
        verkehrswesentliche Eigenschaft 499
  VII. Die Anfechtung der Fristversäumung 502

§ 12 Der (Vor-) Nacherbe als Mandant 504
A. Allgemeines 504
B. Die Kontrollrechte 505
C. Die Beschränkungen 507

§ 13 Der Miterbe als Mandant (die Erbengemeinschaft) . . 509
A. Gesamtrechtsnachfolge und Erbengemeinschaft 509
  I. Gesamtrechtsnachfolge 509
  II. Umfang des Nachlasses 509
B. Die Verwaltung des Nachlasses 511

Inhaltsverzeichnis

    I. Allgemeines 511
   II. Begriff 512
  III. Grundsatz der gemeinschaftlichen Verwaltung 513
      1. Organisation der Erbengemeinschaft 513
      2. Das Innenverhältnis 514
         a) Mehrheitsbeschluß 514
         b) Anspruch auf Zustimmung 514
         c) Maßnahmen der außerordentlichen Verwaltung . . . 515
         d) Maßnahmen der Notverwaltung 515
         e) Lösung des Ausgangsfalls 516
         f) Weitere Beispiele 516
      3. Weitere Regeln für das Innenverhältnis 516
         a) Vorschußpflicht, Aufwendungsersatz 516
         b) Kosten und Lasten 517
         c) Früchte und Gebrauchsvorteile 517
            aa) Früchte 517
            bb) Gebrauchsvorteile 517
      4. Das Außenverhältnis 518
         a) Verpflichtungsgeschäfte 518
         b) Ordnungsmäßige Verwaltung 518
         c) Außerordentliche Verwaltung 519
         d) Notverwaltung 519
C. Verfügung über Nachlaßgegenstände 520
    I. Grundsatz 520
   II. Begriff 520
  III. Gesetzliches Vertretungsrecht 520
D. Der Surrogationserwerb 521
    I. Zweck 521
      1. Werterhaltung der Sachgesamtheit Nachlaß 521
      2. Fortbestand der Verwaltungseinheit 522
   II. Die drei Surrogationsarten des § 2041 BGB 522
      1. Die Rechtssurrogation 522
      2. Die Ersatzsurrogation 523
      3. Die Beziehungssurrogation 523
         a) Erwerb mit Nachlaßmitteln 524
         b) Erwerb mit nachlaßfremden Mitteln 524

Inhaltsverzeichnis

   c) Ersatz im Innenverhältnis 525
   d) Wesentliche Bestandteile 525
   e) Handelsgeschäft 525
 III. Die Rechtswirkungen der dinglichen Surrogation 525
  1. Grundsatz: Erwerb kraft Gesetzes 525
  2. Ausnahme: Bei Erwerb mit fremden Mitteln kommt es
   auf den Willen des Handelnden an 527
 IV. Surrogation unübertragbarer Rechte 527
 V. Direkterwerb – kein Durchgangserwerb 528
 VI. Kettensurrogation 528
 VII. Abgrenzung zur schuldrechtlichen Surrogation 528
 VIII. Surrogation und Testamentsvollstreckung 529
  1. Fehlende gesetzliche Regelung 529
  2. Nachlaß als Verwaltungseinheit 529
  3. Ausnahme: Nachlaßauseinandersetzung 531
  4. Freigabe aus der Verwaltung 531
  5. Surrogation auch bei Alleinerbfolge 531
 IX. Gutglaubensschutz 531
 X. Weitere Fälle der Surrogation im Erbrecht 531
  1. Die Surrogation beim Vorerben 531
  2. Die Surrogation beim Erbschaftsbesitzer 532
 XI. Surrogation im Recht des Nießbrauchers 532
 XII. Versteigerungserlös 533
 XIII. Dingliche Surrogation im ehelichen Güterrecht 533
  1. Surrogation bei der Zugewinngemeinschaft 533
  2. Surrogation bei der Gütergemeinschaft 534
 XIV. Dingliche Surrogation bei anderen Sondervermögen 534
  1. Personengesellschaft 534
  2. Kindesvermögen 535
E. Nießbrauch an Erbteilen 535
 I. Ausgangssituation 535
 II. Besonderheiten bei Grundstücken 535
 III. Rechtswirkungen 536
F. Forderungen im Nachlaß 536
 I. Grundsatz und Ausnahme 536
 II. Befugnisse des einzelnen Miterben 537

1. Außergerichtlich ... 537
2. Prozeßführungsbefugnis ... 538
III. Prozeßrecht ... 538
G. Verwaltung des Nachlasses und Unternehmensrecht ... 539
   I. Einzelkaufmännisches Handelsgeschäft im Nachlaß ... 539
      1. Neuerungen durch das Minderjährigenhaftungs-
         beschränkungsgesetz ... 541
         a) Haftungsbeschränkung – § 1629 a Abs. 1 BGB ... 542
         b) Das Sonderkündigungsrecht des volljährig
            Gewordenen – die Idee des „Neustarts bei Null" ... 542
         c) Die doppelte Vermutung in § 1629 a Abs. 4 BGB ... 543
      2. Hinweise für die Beratungspraxis ... 544
         a) Schutz des Minderjährigen ... 544
         b) Schutz der Gläubiger ... 544
   II. Mitgliedschaft an einer Personengesellschaft ... 544
   III. GmbH-Anteil ... 547
   IV. Anteil an einer Partnerschaft ... 548
H. Verwaltung durch Testamentsvollstrecker ... 548
   I. Grundsätzliches ... 548
   II. Die Verwaltungsbefugnis des Testamentsvollstreckers ... 549
   III. Sonderproblem Testamentsvollstreckung an einem
        Gesellschaftsanteil einer Personengesellschaft ... 549
I. Die transmortale und postmortale Vollmacht ... 552
   I. Zweck ... 552
   II. Befugnisse des Bevollmächtigten ... 553
   III. Grenzen der Vollmacht ... 554
   IV. Postmortale Vollmacht und Testamentsvollstreckung ... 554
   V. Der Mißbrauch der postmortalen Vollmacht ... 555
J. Die Auseinandersetzung des Nachlasses ... 555
   I. Der Anspruch auf Auseinandersetzung ... 555
      1. Ausgangspunkt ... 555
      2. Begriffe ... 556
      3. Endziel der Erbauseinandersetzung ... 557
         a) Überführung des Miteigentums in Alleineigentum
            jedes Miterben ... 557
         b) Vollzug des klagestattgebenden Urteils ... 557

      c) Inhalt des kausalen Rechtsverhältnisses 558
   4. Der Anspruch auf Auseinandersetzung 558
      a) Miterben als Anspruchsberechtigte 558
      b) Weitere Anspruchsberechtigte 558
II. Ausschluß und Aufschub der Auseinandersetzung 559
   1. Gesetzliche Regelung 559
      a) Unsicherheit über vorrangige Rechtsverhältnisse . . 559
      b) Nicht fällige Nachlaßverbindlichkeiten 559
   2. Auseinandersetzungsausschluß aufgrund letztwilliger
     Verfügung 560
      a) Rechtsnatur des Auseinandersetzungsausschlusses . . 560
      b) Keine Bindung für die Erben 560
      c) Grenzen des Auseinandersetzungsausschlusses . . . 561
      d) Außerordentliches Auseinandersetzungsverlangen nach
         dem Minderjährigenhaftungsbeschränkungsgesetz . . 562
   3. Auseinandersetzungsausschluß durch Vereinbarung . . 563
   4. Wiederverheiratung eines Elternteils 563
   5. Sonderrechtsnachfolge in den Erbteil bei Vorhandensein
     eines Nachlaßgrundstücks 563
   6. Weitere Gründe für den Aufschub der
     Erbauseinandersetzung 564
III. Auseinandersetzungsregeln 564
   1. Erstes Auseinandersetzungsprinzip: Die Teilung in Natur 565
      a) Gleichartigkeit der Teile 565
      b) Realteilung im Verhältnis der Erbquoten 566
      c) Teilung ohne Wertminderung 566
      d) In Natur teilbare Gegenstände 566
      e) Durchführung der Realteilung 567
        aa) Sachen 567
        bb) Rechte 567
      f) Die Kosten der Teilung 567
      g) Zwangsweise Durchsetzung 568
   2. Ausschluß der Realteilung wegen gemeinsamer Schulden 568
   3. Unteilbare Gegenstände 568
   4. Auch Teilung in Natur bei bestehender
     Ausgleichungspflicht 569

29

	a) Bei auszugleichenden Vorempfängen ist eine Bewertung des Nachlasses erforderlich	569
	b) Die Veränderung des Verteilerschlüssels läßt die Teilungsregeln unberührt	570
5.	Zweites Auseinandersetzungsprinzip: der Zwangsverkauf	571
6.	Versteigerung unter den Miterben, § 753 I S. 2 BGB	571
7.	Abweichende Teilung in Ausnahmefällen?	572
8.	Teilungsversteigerung	573
	a) Ausgangslage	573
	b) Besonderheit Testamentsvollstreckung	574
	c) Ausschluß und Beschränkung der Auseinandersetzung	574
	aa) Jederzeitige Fälligkeit	574
	bb) Die Regelung des ZVG	575
	d) Verfahrensgrundsätze	575
	e) Überblick über den Gang des Versteigerungsverfahrens	576
	aa) Antrag	576
	bb) Voreintragung des Antragstellers im Grundbuch	577
	(1) Prüfungspflicht des Versteigerungsgerichts	578
	(2) Das große und das kleine Antragsrecht	578
	cc) Zustimmungserfordernis nach § 1365 BGB	579
	dd) Antragsrecht des Pfandgläubigers	581
	(1) Pfändungspfandgläubiger	581
	(2) Rechtsgeschäftliches Pfandrecht	582
	ee) Nießbrauchsbelasteter Erbteil	582
	ff) Entscheidung des Vollstreckungsgerichts	584
	(1) Möglichkeiten der Verfahrenseinstellung	585
	(2) Muster: Antrag auf einstweilige Einstellung des Verfahrens	588
	gg) Dem Versteigerungsverfahren entgegenstehende Rechte	589
	hh) Unzulässigkeit der Teilungsversteigerung in Einzelfällen	593
	ii) Kein Zurückbehaltungsrecht der anderen Miterben	594
	jj) Rechtsbehelf gegen Anordnungsbeschluß	594
	kk) Beitritt zur Teilungsversteigerung	595

	ll)	Festsetzung des Verkehrswerts	596
	mm)	Fristen des Versteigerungsverfahrens	597
	nn)	Geringstes Gebot	598
		(1) Begriff	598
		(2) Anwendung auf die Teilungsversteigerung	598
		(3) Die zwei Teile des geringsten Gebots	599
		(4) Die Feststellung des geringsten Gebots	599
	oo)	Versteigerungstermin	599
	pp)	Vergleich	600
	qq)	Zuschlag	600
	rr)	Erlösverteilung	602
		(1) Grundsatz	602
		(2) Ausgleich von Aufwendungen unter Ehegatten	602
	ss)	Vollzug des Zuschlags	603
	tt)	Rechtsanwaltsgebühren	603
	uu)	Teilungsversteigerung und Vollstreckungsversteigerung	603
f)	Besonderheiten		604
	aa)	Testamentsvollstreckung	604
		(1) Testamentsvollstreckung am ganzen Grundstück	604
		(2) Testamentsvollstreckung an einem Erbteil	605
	bb)	Vor- und Nacherbfolge	605
		(1) Grundsatz	605
		(2) Der Nacherbenvermerk im Grundbuch und seine verfahrensmäßige Behandlung	606
		(3) Verteilung des Erlöses	607
g)	Fälle mit Auslandsberührung		608
3. Teilungsanordnungen			609
a)	Zweck		609
b)	Rechtswirkung		609
c)	Abgrenzung der Teilungsanordnung vom Vorausvermächtnis		610
d)	Zur Bindungswirkung eines gemeinschaftlichen Testaments bei der Teilungsanordnung		613

Inhaltsverzeichnis

4. Übernahmerecht	615
5. Ausgleichungsvorschriften mit Berechnungsbeispielen	615
a) Wer hat auszugleichen?	616
b) Was ist auszugleichen?	616
c) Wie wird ausgeglichen?	619
d) Maßgebender Wert	619
e) Keine Rückgabe des Mehrempfangs (§ 2056 BGB)	621
f) Berechnungsbeispiele	621
g) Auskunftsanspruch wegen ausgleichungspflichtiger Vorempfänge	623
h) Ausgleichspflicht für besondere Leistungen	624
i) Erweiterter Erblasserbegriff beim Berliner Testament	627
K. Die Teilauseinandersetzung	627
I. Nicht fällige oder unsichere Nachlaßverbindlichkeiten	627
II. Nachlaßspaltung	628
L. Der Teilungsvertrag	631
I. Ausgangslage	631
II. Freie Vertragsgestaltung	631
III. Minderjährige Erben	632
1. Vertretung	632
2. Neuerungen durch das Minderjährigenhaftungsbeschränkungsgesetz	632
IV. Zustimmungserfordernisse nach §§ 1365, 1450 BGB	633
M. Auseinandersetzung durch Erbteilskauf	634
I. Verkauf des Erbteils	634
1. Verpflichtungsgeschäft	634
2. Erfüllungsgeschäft	634
3. Wirkung	635
II. Vertragsgegenstand	635
1. Die Verschaffungsverpflichtung des Verkäufers – § 433 I BGB	635
2. Die Gegenverpflichtungen des Käufers – § 433 II BGB	635
III. Gewährleistung	635
1. Bei der Rechtsmängelhaftung	635
2. Die Sachmängelhaftung	636
IV. Verhältnis zu den Nachlaßgläubigern (Außenverhältnis)	636

  1. Wer haftet nach dem Verkauf? 636
  2. Was haftet nach dem Verkauf? 636
 V. Form 636
 VI. Keine Grunderwerbsteuerpflicht 637
 VII. Vorkaufsrecht – § 2034 BGB 637
  1. Zweck 637
  2. Verkauf als Tatbestandsmerkmal 637
  3. Vorkaufsberechtigte 637
  4. Wirkung 638
N. Die Abschichtung einzelner Miterben 643
 I. Begriff 643
 II. Abschichtung durch Erbteilsübertragung 644
 III. Abschichtung ohne Erbteilsübertragung 644
O. Sonderproblem Beteiligung an einer Personengesellschaft . . . 646
 I. Gesetzliche Regelung 646
 II. Fortsetzungsregelung 647
 III. Nachfolgeklauseln 648
 IV. Erbrechtliche Eintrittsklauseln 650
 V. Besonderheiten bei Minderjährigen, die als Miterben in eine Personengesellschaft eintreten 650
 VI. Die Ausübung des Wahlrechts nach § 139 HGB 652
P. Vermittlung der Auseinandersetzung durch das Nachlaßgericht . 653
Q. Testamentsvollstreckung und Nachlaßauseinandersetzung . . . 654
 I. Pflicht des Testamentsvollstreckers zur Auseinandersetzung 654
 II. Die Auseinandersetzung durch den TV nach den gesetzlichen Regeln 654
 III. Der Teilungsplan des Testamentsvollstreckers 655
  1. Verfahren 655
  2. Wirkungen des Teilungsplans 655
  3. Ungesetzlicher Teilungsplan 656
  4. Formvorschriften 656
  5. Schadenersatzpflicht des Testamentsvollstreckers . . . 656
  6. Selbstkontrahieren des Testamentsvollstreckers 656
  7. Kosten 657
  8. Besonderheiten bei der Zuteilung von Grundstücken . . 657

Inhaltsverzeichnis

9. Genehmigung des Familiengerichts (seit 1.7.1998) bzw. des Vormundschaftsgerichts	657
10. Auseinandersetzungsvertrag der Erben	658
R. Besonderheiten des Landwirtschaftserbrechts	659
I. Bewertung bei Übernahme eines landwirtschaftlichen Betriebes	659
II. Landwirtschaftliches Sondererbrecht	660
1. Gesetzeslage	660
2. Die Höfeordnung	660
a) Rechtsgrundlage	660
b) Gesetzliche Sondererbfolge	661
c) Wirtschaftsfähigkeit des Hoferben	662
d) Abfindung der weichenden Erben	662
III. Sonderregeln in Baden-Württemberg	663
IV. Hofzuweisung aus der Erbengemeinschaft	663
1. Voraussetzungen für ein Hofzuweisungsverfahren	663
2. Der Zuweisungsempfänger	664
3. Zuweisungsgegenstand	665
4. Rechtswirkungen der Zuweisung	665
5. Nachlaßverbindlichkeiten	666
6. Späterer Ausgleich für die weichenden Erben	666
S. Die Vorerbengemeinschaft	667
T. Fälle mit Auslandsberührung	668
I. Kollisionsrecht	668
II. Erbstatut nach Staatsangehörigkeit	668
III. Die Reichweite des Erbstatuts	668
1. Zusammensetzung des Nachlasses	668
2. Erbfähigkeit	669
3. Inhalt der erbrechtlichen Rechtsstellung	669

§ 14 Der Ehegatte als Mandant ... 670

A. Das gesetzliche Erbrecht des Ehegatten	670
B. Die Wahl des richtigen Güterstandes	673
C. Das Wahlrecht des überlebenden Ehegatten beim gesetzlichen Güterstand	674
D. Taktisches Vorgehen durch den Berater	677

E. Der Voraus des Ehegatten nach § 1932 BGB 678

§ 15 Der nichteheliche Lebenspartner als Mandant 679
A. Allgemeines 679
B. Die Verfügung zugunsten des nichtehelichen Lebenspartners . . 679
C. Sittenwidrigkeit 679

§ 16 Das nichteheliche Kind als Mandant 682
A. Allgemeines 682
B. Vaterschaft 683
    I. Vaterschaft kraft Anerkennung 684
    II. Vaterschaft im Falle der Ehescheidung 684
    III. Gerichtliche Vaterschaftsfeststellung 684
    IV. Anfechtung der Vaterschaft 685
    V. Hinweispflicht des Beraters 685
    VI. Auslegung 685
C. Mutterschaft 686
D. Rechtstellung der vor dem 1. 7. 1949 geborenen Kinder . . . 686
E. Übergangsregelungen für die ehemalige DDR 686
F. Der Gleichstellungsvertrag 687

§ 17 Der Vermächtnisnehmer als Mandant 689
A. Das Ausschlagungsrecht des Vermächtnisnehmers 689
B. Die Sicherung aufschiebend bedingter Vermächtnisansprüche . . 690
C. Die Kürzung des Vermächtnisanspruchs nach § 2318 BGB . . . 692

§ 18 Der Pflichtteilsberechtigte als Mandant 696
A. Allgemeines 696
B. Der Kreis der pflichtteilsberechtigten Personen 696
C. Das Pflichtteilsrecht entfernter Abkömmlinge und der Eltern nach § 2309 BGB 697
D. Die Höhe des Pflichtteilsanspruchs 698
E. Die Höhe der gesetzlichen Erbquote 699
F. Der Bestand des Nachlasses 700
    I. Allgemeines 700
    II. Anteile an Personengesellschaften 702
        1. Bei der Fortsetzungsklausel 702
        2. Bei der Nachfolgeklausel 703

Inhaltsverzeichnis

      3. Bei der Eintrittsklausel 705
   III. Lebensversicherung und Nachlaßbestand 705
G. Der Abzug von Nachlaßverbindlichkeiten („Passiva") 707
H. Der Wert des Nachlasses („Aktiva") 710
I. Der Pflichtteilsergänzungsanspruch 712
   I. Allgemeines 712
   II. Der Pflichtteilsergänzungsanspruch nach § 2325 BGB ... 713
      1. Allgemeines 713
      2. Der Schenkungsbegriff 714
      3. Die Pflichtteilsergänzung beim Vertrag zugunsten Dritter 714
      4. Die Pflichtteilsergänzung bei Gesellschaftsanteilen an Personengesellschaften 714
      5. Die Pflichtteilsergänzung bei gemischter Schenkung .. 716
      6. Zeitpunkt für die Bewertung der unentgeltlichen Leistung 719
      7. Die 10-Jahresfrist des § 2325 III BGB 722
   III. Schuldner und Gläubiger des Ergänzungsanspruchs nach § 2325 BGB 724
   IV. Die Berechnung des Pflichtteilsergänzungsanspruchs ... 726
      1. Allgemeines 726
      2. Anrechnung des Mehrempfangs, § 2326 S. 2 BGB ... 726
      3. Anrechnung des Eigengeschenks, § 2327 BGB 727
      4. Die Einrede des § 2328 BGB 728
   V. Der Pflichtteilsergänzungsanspruch gegen den Beschenkten (Erben) nach § 2329 BGB 729
J. Die Verjährung von Pflichtteils- und Pflichtteilsergänzungsanspruch 732
   I. Allgemeines 732
   II. Die doppelte Kenntniserlangung 733
      1. Kenntnis von der Verfügung von Todes wegen 733
      2. Kenntnis vom Erbfall 735
      3. Beweislast 735
      4. Besonderheiten der Verjährung 735
K. Der Vergleich über einen Pflichtteilsanspruch 736
L. Der Auskunftsanspruch des Pflichtteilsberechtigten 738
M. Der Wertermittlungsanspruch des Pflichtteilsberechtigten gemäß § 2314 II 2 BGB 744

Inhaltsverzeichnis

§ 19 Beratung des durch einen Vertrag zugunsten Dritter Begünstigten (Lebensversicherung) 746
A. Allgemeines 746
B. Anforderungen an den Vertrag zugunsten Dritter 746
C. Rückabwicklungsanspruch der Erben 747
D. Der bezugsberechtigte (begünstigte) Ehegatte 749

§ 20 Der Testamentsvollstrecker als Mandant 750
A. Allgemeines 750
B. Die Arten der Testamentsvollstreckung 750
    I. Allgemeines 750
    II. Die Abwicklungsvollstreckung 751
    III. Die Dauertestamentsvollstreckung 751
    IV. Die Verwaltungsvollstreckung 752
    V. Die Vermächtnisvollstreckung 752
    VI. Die Nacherbentestamentsvollstreckung 752
C. Die Person des Testamentsvollstreckers 752
D. Annahme des Amtes als Testamentsvollstrecker 754
    I. Annahme des Amtes und Antrag auf Erteilung eines Testamentsvollstreckerzeugnisses 754
    II. Das Testamentsvollstreckerzeugnis 756
E. Die Rechte und Pflichten des Testamentsvollstreckers 757
    I. Umfang des Nachlasses und Gegenstand der Testamentsvollstreckung (Konstituierung des Nachlasses) . 757
    II. Die Auseinandersetzung (Anordnung) 761
        1. Vorbereitende Maßnahmen 761
        2. Die Auseinandersetzung durch den Testamentsvollstrecker 762
        3. Erstellung und Vollzug des Teilungsplans 764
    III. Verwaltung des Nachlasses (Verwaltungsvollstreckung) . . 767
    IV. Auskunftspflichten 771
    V. Rechnungslegung 774
F. Die Beendigung der Testamentsvollsteckung 775
    I. Reguläre Beendigung des Amtes 775
    II. Entlassung des Testamenstvollstreckers 775
G. Der Testamentsvollstrecker im Prozeß 776

Inhaltsverzeichnis

H. Die Testamentsvollstreckung im Unternehmensbereich 778
   I. Allgemeines 778
   II. Die Testamentsvollstreckung am Einzelunternehmen 779
   III. Testamentsvollstreckung an Anteilen von
      Personengesellschaften 779
I. Die Haftung des Testamentsvollstreckers 781
   I. Allgemeines 781
   II. Anspruchsberechtigter 781
   III. Die zeitliche Begrenzung der Haftung 782
   IV. Die Voraussetzungen der Haftung 783
   V. Die Haftung mehrerer Testamentsvollstrecker 784
   VI. Verjährung, Aufrechnung und Befreiung von der Haftung . 786
J. Die Kosten der Testamentsvollstreckung 787
   I. Einleitung 787
   II. Anspruch des Testamentsvollstreckers für eigene Tätigkeiten 787
   III. Kostenersatz für fremde Tätigkeit 789
   IV. Kostenschuldner 789
   V. Die in der Praxis vorwiegend angewandten Tabellen 790
K. Die gewerbsmäßige Betreibung der Testamentsvollstreckung .. 793
   I. Durch Rechtsanwälte 794
   II. Durch Notare 795
   III. Durch Banken 796
   IV. Testamentsvollstreckung durch den Steuerberater 801

§ 21 Der Gläubiger als Mandant 803

A. Die Krise des Schuldverhältnisses 803
   I. Die ersten zu klärenden Fragen 803
   II. Praxis-Hinweise für den Rechtsanwalt 804
      1. Auskünfte von Behörden 804
      2. Beschaffung eines Erbscheins 804
B. Ausgangssituation 805
C. Der Grundsatz der unbeschränkten Haftung 806
D. Erbschaftsausschlagung bei überschuldetem Nachlaß 807
E. Nachlaßverbindlichkeiten 807
   I. Erblasserschulden 807
      1. Allgemeines 807

2. Unterhaltsverbindlichkeiten 808
3. Zugewinnausgleichsforderung 808
4. Forderungen des überlebenden Ehegatten aus einer
   „Innengesellschaft" 809
5. Prozeßkosten 809
II. Erbfallschulden 810
III. Nachlaßerbenschulden 811
IV. Steuerforderungen 813
V. Schuldner der Nachlaßverbindlichkeiten 813
VI. Haftung des Erbschaftserwerbers 814
VII. Ab welchem Zeitpunkt haftet der Erbe? 815
   1. Der vorläufige Erbe 815
   2. Haftung nach Erbschaftsannahme 816
      a) Die Dreimonatseinrede 816
      b) Aufgebotseinrede 817
VIII. Die Überschuldung des Nachlasses als Motivirrtum iSv
   § 119 II BGB bei Annahme der Erbschaft 818
   1. Die Anfechtung der Annahme der Erbschaft 818
   2. Anfechtungsgründe 818
   3. Folgen der Anfechtung der Annahme 820
F. Die einzelnen Haftungsbeschränkungsmaßnahmen 820
   I. Grundsatz der beschränkbaren Erbenhaftung 820
   II. Die Haftungsbeschränkungsmöglichkeiten im Überblick .. 820
   III. Die zwei förmlichen Nachlaßverfahren zur Herbeiführung
       der Haftungsbeschränkung 821
   IV. Zu klärende Vorfragen bei Inanspruchnahme eines Erben . 822
   V. Die Nachlaßverwaltung, § 1975 BGB 822
      1. Verfahren 822
         a) Zuständigkeit 822
         b) Antragsberechtigt 823
         c) Rechtswirkung der Eröffnung 823
      2. Der Nachlaßverwalter 824
      3. Das der Verwaltung unterliegende Vermögen .. 825
      4. Grundstück im Nachlaß 826
      5. Verantwortlichkeit des Nachlaßverwalters .. 826
      6. Beendigung der Nachlaßverwaltung 827

VI. Der Nachlaßkonkurs – wird nach bisherigem Recht
abgewickelt, wenn er bis 31.12.1998 beantragt wurde . . . 827
   1. Konkurseröffnung 827
   2. Rechtsstellung der Nachlaßgläubiger 828
   3. Beendigung des Nachlaßkonkurses 829
   4. Haftung nach Konkurs 830
   5. Das seit 1.1.1999 geltende neue Insolvenzrecht 830
      a) Die wesentlichen Neuerungen 830
      b) Zuständigkeit 831
      c) Gegenstand der Insolvenz 831
      d) Insolvenzeröffnungsgrund 831
      e) Antragsberechtigte 831
      f) Insolvenzantragspflicht 833
      g) Anhörung 834
      h) Ermittlungen zum Nachlaß 834
      i) Sicherungsmaßnahmen 835
      j) Rechtswirkungen der Verfahrenseröffnung 835
      k) Vor- und Nacherbfolge 837
      l) Insolvenzanfechtung 837
      m)Insolvenzplan 838
      n) Abwehrrechte der Eigengläubiger 838
      o) Restschuldbefreiung 839
      p) Aufhebung von § 419 BGB zum 1.1.1999 840
VII. Die Dürftigkeitseinrede des Erben 841
VIII. Die Überschwerungseinrede 842
IX. Besonderheiten bei Geschäftsschulden 843
   1. Einzelkaufmännisches Unternehmen 843
   2. Offene Handelsgesellschaft 844
   3. Kommanditgesellschaft 845
   4. Kapitalgesellschaften 845
G. Unterlassungsverpflichtungen 845
H. Das Inventar 845
  I. Zweck und Begriff des Inventars 845
 II. Formelle Erfordernisse 846
III. Wirkung rechtzeitiger Inventarerrichtung 846
IV. Folgen von Unkorrektheiten bei der Inventarerrichtung . . 847

Inhaltsverzeichnis

I. Das Gläubigeraufgebot 847
   I. Zweck 847
   II. Verfahrensrecht 848
      1. Zuständigkeit 848
      2. Antragsrecht 849
   III. Wirkungen des Ausschlußurteils 849
   IV. Die Verschweigungseinrede 850
J. Die Erbenhaftung im Prozeß 850
   I. Rechtsstreit gegen den Erblasser 850
      1. Haftungsbeschränkungsvorbehalt im Urteils-Tenor . . . 851
      2. Wie wird der Vorbehalt zugunsten des Erben umgesetzt? 852
         a) Vollstreckung in den Nachlaß 852
         b) Vollstreckung in das Eigenvermögen 852
      3. Einwendungen des Nachlaßgläubigers 852
      4. Aufhebung von Vollstreckungsmaßnahmen . . 853
   II. Rechtsstreit gegen den Erben 853
      1. Vor Annahme der Erbschaft 853
      2. Nach Annahme der Erbschaft 853
      3. Dürftigkeitseinrede des Erben 855
      4. Überschwerungseinrede 857
   III. Vollstreckbarer Titel gegen den Erblasser . . . 857
   IV. Die Kompetenzverteilung zwischen Erkenntnisverfahren und Vollstreckungsrecht 859
      1. Problemstellung 859
      2. Die Haftungsbeschränkung im Erkenntnisverfahren . . 859
         a) Reichweite von § 780 ZPO 859
         b) Entbehrlichkeit des Vorbehalts 860
            aa) Gesetzlich geregelte Fälle 860
            bb) Aus dem Normzweck sich ergebende Fälle . . 860
         c) Wirkung einer Verurteilung mit oder ohne Vorbehalt 862
         d) Die Haftungsbeschränkung im Vollstreckungsverfahren 862
            aa) Unbeschränkte Vollstreckung 862
            bb) Die verschiedenen Klageziele des § 785 ZPO . 863
               (1) Inhalt der Verweisung 863
               (2) Vollstreckungsgegenklage 863
               (3) Drittwiderspruchsklage 863

Inhaltsverzeichnis

(4) Prozeßrechtliche Unterschiede der verschiedenen Klageziele	863
cc) Die Widerspruchsklage gegen Vollstreckungsmaßnahmen	864
V. Haftungsvorbehalt des Erben in anderen Vollstreckungstiteln	865
VI. Die Abwehr von Nachlaßgläubigern in das Eigenvermögen des Erben	866
1. Einzelzwangsvollstreckung gegen den Erben	866
a) Erfordernis des Haftungsbeschränkungsvorbehalts nach § 780 ZPO	866
b) Entbehrlichkeit des Haftungsbeschränkungsvorbehalts	866
2. Universalzwangsvollstreckung gegen den Erben	867
3. Aufrechnung	867
4. Konfusion	868
VII. Geschäftsführung des Erben, § 1978 BGB	869
1. Vor Annahme der Erbschaft	869
2. Nach Annahme der Erbschaft	870
VIII. Verlust der Möglichkeit einer Haftungsbeschränkung	871
K. Die Haftung mehrerer Erben	871
I. Grundsätze	871
II. Haftung der Miterben vor der Nachlaßteilung	873
1. Wechselseitige Verpflichtung der Miterben zur ordnungsmäßigen Verwaltung	873
2. Schutz des Eigenvermögens des Miterben vor den Nachlaßgläubigern	874
a) Haftungsbeschränkung – die Einrede des ungeteilten Nachlasses für den Miterben	874
b) Die Ausnahme von der besonderen Haftungsbeschränkung	875
aa) Der Erbteil als besondere Erscheinungsform des Erblasservermögens	875
bb) Pfändung des Erbteils	875
cc) Rechte des Pfändungspfandgläubigers	876
dd) Vollstreckung eines Nachlaßgläubigers in das sonstige Eigenvermögen des Miterben	878
3. Die allgemeinen Mittel der Haftungsbeschränkung	878

    4. Verlust der Möglichkeit einer Haftungsbeschränkung . . 879
    5. Gesamtschuldnerische oder anteilige Haftung des
       Eigenvermögens vor der Teilung 880
       a) Eigenvermögen und Erbteil 880
       b) Muster: Klagantrag bei Teilhaftung mit
          Haftungsbeschränkungsvorbehalt 881
 III. Die Rechte des Nachlaßgläubigers 881
    1. Die Gesamthandsklage 881
    2. Die Haftungsbeschränkung des Miterben im Prozeß . . 883
 IV. Die Gesamtschuldklage 884
  V. Unterschied zwischen Gesamthandsklage und
    Gesamtschuldklage 885
 VI. Pfändung eines Erbteils 886
VII. Haftungsbeschränkung des volljährig gewordenen
    minderjährigen Miterben 887
    1. Verfassungswidrigkeit der bisherigen gesetzlichen
       Regelung 887
    2. Neuerungen durch das Minderjährigenhaftungs-
       beschränkungsgesetz 888
       a) Haftungsbeschränkung – § 1629 a I BGB 888
       b) Das Sonderkündigungsrecht des volljährig
          Gewordenen – die Idee des „Neustarts bei Null" . . 889
    3. Die doppelte Vermutung in § 1629 a IV BGB 890
    4. Verwirkung von Gläubigerrechten 890
    5. Hinweise für die Beratungspraxis 891
       a) Schutz des Minderjährigen 891
       b) Schutz der Gläubiger 891
L. Die Haftung nach der Nachlaßteilung 892
   I. Grundsätzliches 892
  II. Gesamtschuldnerische Haftung 893
 III. Ausnahmen von der gesamtschuldnerischen Haftung . . . 893
 IV. Haftungsbeschränkungsmöglichkeiten 894
    1. Grundsatz 894
    2. Nachlaßinsolvenzverfahren 894
    3. Unzulänglichkeitseinreden 895
    4. Teilhaftung 895

V.	Der Miterbe als Nachlaßgläubiger	896
VI.	Der Gesamtschuldnerausgleich unter den Miterben	896
VII.	Gesamtschuldnerische Erbenhaftung bei bestehenden Ausgleichungspflichten	896
VIII.	Schutz des Nachlasses vor den Eigengläubigern der Erben	897
	1. Interessenlage	897
	2. Verbot der Aufrechnung	897
	3. Konfusion	898
	4. Freiwillige Leistung durch einen Miterben	898
IX.	Haftung der Erben gegenüber den Nachlaßgläubigern für eine ordnungsgemäße Verwaltung	898
	1. Verantwortlichkeit vor Annahme der Erbschaft	898
	2. Verantwortlichkeit nach Annahme der Erbschaft	899

M. Die Haftung bei bestehender Vor- und Nacherbschaft 900
    I. Haftung des Vorerben 900
    II. Haftung des Nacherben 900
N. Erbenhaftung bei bestehender Testamentsvollstreckung 900
    I. Allgemeines 900
    II. Schutz des Nachlasses vor Eigengläubigern des Erben . . 900
    III. Begründung von Nachlaßverbindlichkeiten durch den Testamentsvollstrecker 901
O. Haftungsvorbehalt des Erben in anderen Vollstreckungstiteln . . 901

Teil 4: Die Berichtigung öffentlicher Register 903

§ 22 Erbfall und Grundbuch 903

A. Allgemeines 903
B. Die Eintragung von Miterben in Erbengemeinschaft 903
    I. Der Berichtigungsantrag 903
    II. Der Unrichtigkeitsnachweis 904
    III. Fälle mit Auslandsberührung 908
C. Eintragung eines Alleinerben aufgrund öffentlichen Testaments . 909
D. Kosten der Grundbuchberichtigung 910
E. Tod einer Vertragspartei nach Auflassung, aber vor Eigentumseintragung 911
F. Testamentsvollstreckung und Grundbuch 912

I. Allgemeines	912
II. Grundstücksverfügungen des Testamentsvollstreckers	913
G. Grundbuch bei Vor- und Nacherbschaft	915
I. Verfügungsbeschränkung des Vorerben	915
II. Verfügungen des Vorerben	916
H. Grundbuchberichtigung nach Erbteilsübertragung	918
I. Grundbuchberichtigung nach Abschichtung eines Miterben	920
J. Vollzug der Nachlaßauseinandersetzung im Grundbuch	921
K. Grundbuchberichtigung beim Tod eines BGB-Gesellschafters	922
L. Grundbuchberichtigungs-Zwangsverfahren	923
M. Pfändungsvermerk/Nießbrauchsvermerk im Grundbuch	924
N. Umstellung von im Grundbuch eingetragenen Rechten und Vermerken auf die neue Währung EURO	924
O. Rechtsbehelfe	925

§ 23 Berichtigung des Handelsregisters 926

A. Einzelkaufmännisches Unternehmen – eingetragener Kaufmann (e.K.)	926
B. Offene Handelsgesellschaft	928
C. Kommanditgesellschaft	928
D. GmbH	929
E. Form	929
F. Rechtsbehelfe	930

Teil 5: Die gerichtliche Durchsetzung der Ansprüche des Mandanten 931

§ 24 Die Auskunftsklage 931

A. Materiellrechtliche Voraussetzungen	931
I. Gesetzlich geregelte Auskunftsansprüche	931
II. Durch Richterrecht anerkannte Auskunftsansprüche	932
B. Der Auskunftsanspruch	934
I. Zielrichtung	934
II. Kein Anspruch auf Belege	934
III. Auskunftserteilung – geordnete Zusammenstellung	935
IV. Erfüllung des Auskunftsanspruchs	935
1. Form	935

Inhaltsverzeichnis

2. Weiterer Inhalt des Auskunftsanspruchs	935
C. Einwendungen gegen den Auskunftsanspruch	936
I. Kein Zurückbehaltungsrecht	936
II. Verjährung	936
III. Verwirkung	937
IV. Einwendungen gegen die Hauptsacheforderung	938
D. Prozessuales	938
I. Klageart	938
II. Streitwert	941
1. Zuständigkeitsstreitwert	941
2. Gebührenstreitwert	941
III. Einzelfragen des erstinstanzlichen Verfahrens	942
1. Zurückweisung verspäteten Vorbringens	942
2. Erledigung der Hauptsache	942
3. Säumnisverfahren	942
IV. Berufungsverfahren	942
V. Ergänzung der erteilten Auskunft	943
E. Zwangsvollstreckung	944
F. Übersicht über Auskunftsansprüche	945

§ 25 Das Erbscheinsverfahren ... 948

A. Praktische Bedeutung des Erbscheins	948
I. Nachweis des Erbrechts	948
II. Rechtsschein des Erbscheins	949
1. Rechtsnatur	949
2. Rechtsvermutung	949
3. Grenzen der Vermutung	950
4. Vermutung im Prozeß	950
5. Öffentlicher Glaube	950
B. Die Erbscheinserteilung	950
I. Zuständigkeit	950
1. Sachliche Zuständigkeit	950
2. Funktionelle Zuständigkeit	951
3. Örtliche Zuständigkeit	951
II. Antrag	951
1. Antragsberechtigte	951

2. Form 952
3. Inhalt des Antrags 952
4. Haupt- und Hilfsantrag 953
5. Mängel des Antrags 953
III. Mitwirkungspflicht 954
IV. Vom Antragsteller vorzulegende Nachweise . 954
V. Das Erbscheinserteilungsverfahren 959
 1. Amtsermittlung 959
 2. Rechtliches Gehör 960
 3. Weitere Zulässigkeitsvoraussetzungen auf Seiten des Antragstellers 960
 4. Beweisverfahren 961
 5. Die Beweislast 961
    a) Testierfähigkeit 962
    b) Eigenhändigkeit eines privatschriftlichen Testaments 964
    c) Anfechtung einer Verfügung von Todes wegen ... 964
 6. Vergleich vor dem Nachlaßgericht 964
 7. Entscheidungen des Nachlaßgerichts ... 968
    a) Zwischenverfügung 968
    b) Erbscheinserteilung 968
    c) Zurückweisung 968
    d) Vorbescheid 968
VI. Rechtsbehelfe gegen die Entscheidungen des Nachlaßgerichts 969
 1. Zwischenverfügung 969
 2. Vorbescheid 970
 3. Zurückweisung des Erbscheinsantrags .. 973
 4. Anordnung der Erbscheinserteilung 974
 5. Erbscheinserteilung 974
 6. Weitere Beschwerde 974
VII. Rechtspflegererinnerung 974
VIII. Arten des Erbscheins 975
 1. Der Erbschein für den Alleinerben (§ 2353 1. Fallalternative BGB) 975
 2. Der gemeinschaftliche Erbschein der Miterben (§ 2357 BGB) 975

47

3. Der Teilerbschein (§ 2353 2. Fallalternative BGB)	975
4. Der gemeinschaftliche Teilerbschein (§ 2353 2. Fallalternative BGB)	975
5. Der Sammelerbschein	975
6. Der Fremdrechtserbschein (§ 2369 BGB)	976
IX. Der Erbschein des Vorerben	976
1. Rechtslage bis zum Eintritt des Nacherbfalls	976
2. Die Rechtslage nach Eintritt des Nacherbfalls	977
X. Kosten des Erbscheins	978
1. Kosten für die Erteilung des Erbscheins	978
2. Zurückweisung eines Erbscheinsantrags	979
C. Einziehung des Erbscheins	979
I. Allgemeines	979
II. Verfahrensgrundsätze	979
III. Zuständigkeit	980
IV. Begriff der Unrichtigkeit	980
1. Formelle Unrichtigkeit	980
2. Materielle Unrichtigkeit	981
V. Die Anordnung der Einziehung	982
D. Kraftloserklärung des Erbscheins	982
I. Begriff	982
II. Verfahren	983
III. Beschwerde bei Einziehung und Kraftloserklärung	983
1. Zurückweisung eines Antrags auf Einziehung oder Kraftloserklärung	983
2. Beschluß über Einziehung	984
3. Entscheidung über die Kraftloserklärung	984
E. Fälle mit Auslandsberührung	984
I. Zuständigkeit	984
II. Anzuwendendes Erbrecht	985
III. Gegenständlich beschränkter Erbschein	985
IV. Ausländische Erbscheine	985
F. Testamentsvollstreckerzeugnis	986

§ 26 Die Erbenfeststellungsklage ... 988
A. Grundsatz ... 988

B. Verhältnis zum Erbscheinsverfahren 988
C. Prozeßrechtliches 989
   I. Zuständigkeit 989
   II. Streitwert 989
   III. Die häufigsten Beweislastprobleme 989
      1. Testierfähigkeit 989
      2. Eigenhändigkeit eines privatschriftlichen Testaments . . 990
      3. Verlust eines eigenhändigen Testaments 991
      4. Anfechtungstatbestände 991
      5. Nichtigkeit einer Grundstücksübertragung
         des geschäftsunfähigen Erblassers/Klage auf
         Grundbuchberichtigung und Herausgabe des
         Nachlaßgrundstücks 992
   IV. Vergleichsweise Einigung über die Erbenstellung 999
D. Fallbeispiele 999
   I. Klage auf Feststellung des Erbrechts nach Beiseiteschaffen
     eines gemeinschaftlichen Testaments 999
   II. Klage auf Feststellung des Erbrechts nach erfolgter
      Testamentsanfechtung 1002
E. Checkliste zur Erbenfeststellungsklage 1005

§ 27 Die Auseinandersetzungsklage (Klage auf Zustimmung zum Teilungsplan) 1006

A. Ausgangssituation 1006
B. Teilungsreife und Feststellungsklage 1006
C. Prozeßgegner 1007
D. Klageziel 1007
E. Bewertungen 1008
   I. Bewertung von Immobilien 1009
   II. Bewegliche Sachen 1009
   III. Forderungen 1009
   IV. Unternehmen/Praxen 1010
F. Weitere Einzelfragen 1010
G. Checkliste für Erbteilungsklage 1012

§ 28 Die Klage auf Vermächtniserfüllung 1016

A. Freiwillige Erfüllung 1016

Inhaltsverzeichnis

    I. Grundstücksvermächtnis 1016
        1. Klage auf Erfüllung eines Grundstücksvermächtnisses . 1017
        2. Vergleich 1019
    II. Nießbrauchsvermächtnis 1020
        1. Freiwillige Erfüllung 1020
        2. Klage auf Einräumung des Grundstücksnießbrauchs . . 1022
        3. Formen des Nießbrauchs 1023
        4. Nießbrauch an Gesellschaftsanteilen 1024
    III. Wohnrechts-Vermächtnis 1025
B. Gegenrechte des Vermächtnisschuldners 1026
    I. Ausgangslage 1026
    II. Das Vermächtniskürzungsrecht 1027
    III. Die Überschwerungseinrede 1029

§ 29 Die Pflichtteilsklage 1031
A. Allgemeines 1031
B. Zuständigkeit 1031
C. Die Klagearten 1032
    I. Die Geltendmachung des Pflichtteils im Wege der
       Stufenklage 1032
        1. Allgemeines 1032
        2. Kosten und Streitwert 1033
    II. Auskunfts- und Leistungsklage 1034
        1. Allgemeines 1034
        2. Streitwert, Kosten 1036
    III. Feststellungsklage 1036
    IV. Klage gegen den Erben nach § 2325 BGB 1037
    V. Klage gegen den Beschenkten nach § 2329 BGB 1037
D. Fragen zur Beweislast 1037
E. Pflichtteil und Testamentsvollstreckung 1038

§ 30 Die Klage des Vertragserben nach § 2287 BGB ... 1043

§ 31 Das Nachlaßgericht 1049
A. Entgegennahme von Erklärungen 1049
B. Amtsverfahren des Nachlaßgerichts 1050
C. Antragsverfahren 1051
D. Sonstige Tätigkeiten des Nachlaßgerichts 1051

E. Andere Nachlaßbehörden 1051
   I. Landwirtschaftsgericht 1051
   II. Berufskonsules 1052

§ 32 Schiedsverfahren in Erbstreitigkeiten 1053
A. Schiedsgericht 1053
B. Zulässigkeit und Umfang 1053
   I. Formelle Zulässigkeit 1053
   II. Die materielle Zulässigkeit 1054
   III. Zweckmäßigkeit 1055
   IV. Rechtsnatur und Form der Schiedsklausel 1056
      1. Rechtsnatur der Schiedsklausel 1056
      2. Form der Schiedsklausel 1057
   V. Die sachlichen Grenzen des Schiedsverfahrens 1057
   VI. Die persönlichen Grenzen des Testamentsvollstreckers als Schiedsrichter 1058
   VII. Mehrparteienschiedsgericht 1058

§ 33 Mediation 1061
A. Begriff 1061
B. Mediation im Erbrecht 1061
C. Berufsrechtliches für den Rechtsanwalt 1062
   I. Rechtsberatung 1062
   II. Interessenwahrnehmung 1063
   III. Nichtjuristen als Mediatoren 1064
D. Die Schlußvereinbarung 1065
E. Berufshaftpflicht 1065
F. Honorar 1066
G. Der Rechtsanwaltsnotar als Mediator 1066

Teil 6: Fälle mit Auslandsberührung 1069

§ 34 Die Bestimmung des maßgebenden sachlichen Erbrechts 1069
A. Allgemeines 1069
B. Kollisionsrecht 1069
C. Erbstatut nach Staatsangehörigkeit 1070
D. Formstatut für Verfügungen von Todes wegen 1071

I. Die maßgebenden Anknüpfungspunkte 1071
II. Was ist unter Testamentsform zu verstehen? 1072
III. Testamentswiderruf 1072
IV. Zuziehung eines ausländischen Notars 1073
V. Die Reichweite des Erbstatuts 1073
    1. Zusammensetzung des Nachlasses 1073
    2. Erbfähigkeit 1073
    3. Inhalt der erbrechtlichen Rechtsstellung 1073
    4. Erbrechtliche Rechtsinstitute 1074
VI. Besonderheiten beim gemeinschaftlichen Testament 1074
VII. Die Bestimmung des maßgebenden Erbstatuts 1075
    1. Grundsatz des deutschen IPR 1075
    2. Rückverweisung 1076
    3. Nachlaßspaltung 1076
VIII. Qualifikation von Rechtsbegriffen 1077
IX. Rechtswahl 1079
    1. Form und Inhalt 1079
    2. Altrechtliche Rechtswahl 1080
    3. Sonderproblem der gemeinschaftlichen Verfügungen von Todes wegen 1081
X. Pflichtteilsrecht 1081
XI. Auseinanderfallen von Erbrechtsstatut und Güterrechtsstatut 1082
    1. Allgemeines 1082
    2. Sonderproblem des pauschalierten Zugewinnausgleichs . 1083
XII. Statutenwechsel 1083
    1. Allgemeines 1083
    2. Beurteilung der Gültigkeit eines Testaments 1084
    3. Beurteilung der Testierfähigkeit 1084
    4. Wechsel der Staatsangehörigkeit 1085
XIII. Probleme des interlokalen Erbrechts in bezug auf die ehemalige DDR 1085
    1. Geschichtliche Entwicklung 1085
    2. Überleitung des DDR-Erbrechts 1086
XIV. Auswirkungen des IPR seit dem 1.9.1986 1086
XV. Güterrechtliches Übergangsrecht 1087
XVI. Interlokales Kollisions-Güterrecht 1087

XVII. Das Testament eines staatenlosen Erblassers 1088
XVIII. Internationales Verfahrensrecht/Recht der Erbengemeinschaft 1089

§ 35 Pflichtteilsrecht und internationales Erbrecht 1090
A. Einführung 1090
B. Problem der Nachlaßspaltung 1090
   I. Allgemeines 1090
   II. Rechtswahl 1093
C. Erbauseinandersetzung bei Nachlaßspaltung 1093
D. Problemfälle 1094
E. Materielles Pflichtteilsrecht 1098
   I. Türkei 1098
      1. Allgemeines 1098
      2. Pflichtteilsberechtigte 1099
      3. Höhe des Pflichtteils 1099
      4. Geltendmachung 1099
      5. Entziehung des Pflichtteils durch Enterbung . . . 1100
   II. Belgien 1100
      1. Allgemeines 1100
      2. Pflichtteilsberechtigte 1100
      3. Höhe des Pflichtteils 1101
      4. Verlust des Pflichtteilsrechts 1101
   III. Italien 1102
      1. Allgemeines 1102
      2. Pflichtteilsberechtigte 1102
      3. Pflichtteilshöhe – verfügbare Quote 1102
      4. Entziehung des Pflichtteils 1103
   IV. Frankreich 1103
      1. Allgemeines 1103
      2. Pflichtteilsberechtigte 1103
      3. Pflichtteilshöhe 1103
   V. Schweiz 1104
      1. Allgemeines 1104
      2. Pflichtteilsberechtigte 1104
      3. Höhe des Pflichtteils – verfügbare Quote 1105
      4. Entziehung des Pflichtteils durch Enterbung . . . 1105

VI. Österreich 1105
   1. Allgemeines 1105
   2. Pflichtteilsberechtigte 1106
   3. Höhe des Pflichtteils 1106
   4. Entziehung des Pflichtteils, Pflichtteilsminderung ... 1106

Anhang 1107
   I. Anlage 9 zu § 14 BewG (1.1.1995) 1107
   II. Indexzahlen für die Berechnung des Kaufkraftschwunds für Vorempfänge/Schenkungen etc. 1109

Literaturverzeichnis 1110

Stichwortverzeichnis 1116

Benutzerhinweise zur CD-ROM 1126

Musterverzeichnis

§ 1 Das Mandantengespräch
Antrag auf Grundbuchabschrift 70
Auskunftsbegehren des Erben gegen den Miterben über Vorempfänge
nach § 2057 BGB 74
Gliederung für ein Mandantenschreiben 82

§ 5 Die Möglichkeiten einer Haftungsbeschränkung
Haftungsbeschränkung zur Begrenzung von Ersatzansprüchen . . . 119
Vereinbarung einer Beschränkung der gesamtschuldnerischen Haftung
auf einzelne Mitglieder 121

§ 6 Umfang und Kosten des Mandats
Checkliste für den Abschluß einer Honorarvereinbarung 135
a) Alternative 1: Nur außergerichtliche Vergütung, die unter der
   gesetzlichen Vergütung liegt 135
b) Alternative 2: Nur außergerichtliche Vertretung, gesetzliche
   Vergütung möglicherweise höher als die vereinbarte Vergütung . 135
c) Alternative 3: Gerichtliche Vertretung 136
d) Alternative 4: Spezielle Honorarvereinbarung für die Erstberatung 137
e) Alternative 5: Pauschalvereinbarung mit Absicherung gegen
   Sprengung des zeitlichen Rahmens 137
Mandantenschreiben zur Erläuterung der Gebühren 158

§ 7 Der Rechtsschutzfall im Erbrechtsmandat
Schreiben an die Rechtsschutzversicherung 164

§ 8 Der Erblasser als Mandant
Erbeinsetzung eines Alleinerben 188
Einsetzung einer Erbengemeinschaft 189
Vor- und Nacherbschaft 191
Teilungsanordnung 195
Vorausvermächtnis an den Erben 198
Vorausvermächtnis mit Quoten-Nießbrauch als Untervermächtnis . . 210

Musterverzeichnis

Nießbrauchsvermächtnis mit Einigungserklärung und Eintragungsbewilligung des Erblassers	213
Nießbrauchsvermächtnis mit Vollmacht für Vermächtnisnehmer	213
Untervermächtnis in Form eines Unterhaltszuschusses als dauernde Last	232
Geldvermächtnis als Ratenzahlung	234
Ratenzahlung bis zur Verheiratung	234
Rentenzahlungsverpflichtung mit Reallast	240
Wohnungsrechtsvermächtnis zugunsten der Lebensgefährtin	242
Die Enterbung	244
Pflichtteilsentziehung gemäß § 2333 Nr. 2 BGB	246
Pflichtteilsentziehung gemäß § 2333 Nr. 4 BGB	247
Pflichtteilsentziehung gemäß § 2333 Nr. 5 BGB	248
Pflichtteilsentziehung für den Fall, daß ein vom Erblasser vermuteter, aber noch nicht sicher feststehender Entziehungsgrund vorliegt	249
Pflichtteilsbeschränkung in guter Absicht	251
Entziehung des Verwaltungsrechts, Pflegerbenennung	256
Verwaltungsentzug	257
Pflegerbenennung	258
Befreite Pflegschaft	258
Ausschluß des Unterhaltsverwendungsrechts	259
Vormundbenennung	260
Einzeltestament	265
Einzeltestament	271
Fortsetzungsklausel	278
Einfache Nachfolgeklausel	280
Beispiel für eine qualifizierte Nachfolgeklausel	282
Unternehmertestament	292
Berliner Testament (Einheitslösung)	299
Ehegattentestament (Trennungslösung)	300
Abänderungsmöglichkeit nur bezüglich des „neu" erworbenen Vermögens	304
Wiederverheiratungsklausel in Form des Herausgabevermächtnisses	308
Einfache Pflichtteilsklausel	311
Anordnung für den Fall der Scheidung	313
Gemeinschaftliches Testament (Trennungslösung)	316

Gemeinschaftliches Testament (Nießbrauchslösung) 319
Entbindung von der ärztlichen Schweigepflicht 327
Zustimmung des Vermächtnisnehmers zu Aufhebungstestament . . 337
Aufhebungstestament nach Zustimmung durch den
Vermächtnisnehmer 338
Aufhebung eines Erbvertrags 339
Erbvertragsaufhebung 340
Aufhebung zweiseitiger Erbvertrag durch Testament nach
Ausschlagung 340
Rücktritt des Erblassers vom einseitigen Erbvertrag 355
Rücktritt durch Testament 357
Erbvertrag der Partner einer nichtehelichen Lebensgemeinschaft
(notariell beurkundet) 359
Wohnungsrecht 367
Renten/dauernde Lasten 370
Pflegeverpflichtung 372
Übergabevertrag 373
Vorsorgevollmacht 390
Grundverhältnis 394
Patientenverfügung 397
Fortsetzungsklausel 412
Einfache Nachfolgeklausel 413
Qualifizierte Nachfolgeklausel 414

§ 11 Der Alleinerbe als Mandant
Antrag auf Anordnung der Nachlaßpflegschaft 439
Auslegungsvertrag 473
Ausschlagung der Erbschaft 496

§ 13 Der Miterbe als Mandant (die Erbengemeinschaft)
Antrag auf Anordnung der Teilungsversteigerung 583
Antrag auf einstweilige Einstellung des Verfahrens 588
Maßgebender Wert (Formel) 620
Formulierung eines Antrags zur Feststellungsklage 626
Teilauseinandersetzung 628
Erbteilsübertragung bei zwei Miterben 639
Erbteilsübertragung bei fünf Miterben 640

Musterverzeichnis

Erbteilsübertragung mit DDR-Grundstück und Entschädigung nach VermG 642

§ 17 Der Vermächtnisnehmer als Mandant
Ausschlagung des Vermächtnisses nach § 2307 BGB 690

§ 18 Der Pflichtteilsberechtigte als Mandant
Berechnung des Pflichtteilsergänzungsanspruchs 732
Außergerichtlicher Vergleich über einen Pflichtteilsanspruch 736
Außergerichtliches Auskunftsbegehren des Pflichtteilsberechtigten . 743

§ 20 Der Testamentsvollstrecker als Mandant
Antrag auf Erteilung eines Testamentsvollstreckerzeugnisses 755
Testamentsvollstreckerzeugnis 757
Nachlaßverzeichnis 759
Anschreiben an die Erben (§ 2204 II BGB) 761
Teilungsplan 765

§ 21 Der Gläubiger als Mandant
Klageantrag 817
Antrag auf Anordnung der Nachlaßverwaltung 823
Antrag auf Eröffnung des Nachlaßinsolvenzverfahrens 832
Antrag umfassender Haftungsbeschränkungsvorbehalt 854
Antrag des Klägers auf Haftungsbeschränkungsvorbehalt 855
Antrag einer Vollstreckungsgegenklage nach §§ 767, 785 ZPO ... 858
Klagantrag auf Unzulässigerklärung der Zwangsvollstreckung ... 858
Antrag für Klagehäufung 864
Antrag für Widerspruchsklage 864
Klagantrag für Vollstreckungsgegenklage und Widerspruchsklage .. 865
Klagantrag bei Teilhaftung mit Haftungsbeschränkungsvorbehalt .. 881
Klagantrag betreffend Auflassung 882

§ 22 Erbfall und Grundbuch
Grundbuchberichtigungsantrag auf Eintragung von Erben in Erbengemeinschaft 908
Eintragungsantrag – Grundbuchberichtigung – Alleinerbe 909
Grundbuchberichtigungsbewilligung und -antrag nach Erbteilsübertragung 919

Grundbuchberichtigungsbewilligung und -antrag nach Abschichtung
eines Miterben 920
Grundbuchberichtigungsbewilligung und -antrag nach Tod
eines BGB-Gesellschafters und Fortsetzung unter den übrigen
Gesellschaftern 922

§ 24 Die Auskunftsklage
Klagantrag (Pflichtteilsanspruch) 939
Dritter Stufenantrag 939
Antrag aus der letzten Stufe 940

§ 25 Das Erbscheinsverfahren
Erbscheinsantrag bei gesetzlicher Erbfolge 955
Erklärung des Antragstellers 957
Erbscheinsantrag bei testamentarischer Erbfolge 957
Erklärung der Antragstellerin 959
Testamentsauslegungsvertrag 966
Beschwerdeschriftsatz gegen Vorbescheid 970
Antrag auf Einziehung eines Erbscheins 981
Antrag auf Einziehung eines Testamentsvollstreckerzeugnisses wegen
Unrichtigkeit 986

§ 26 Die Erbenfeststellungsklage
Klage auf Feststellung des Erbrechts nach Beiseiteschaffen eines
gemeinschaftlichen Testaments 999
Klage auf Feststellung des Erbrechts nach erfolgter
Testamentsanfechtung 1002
Checkliste zur Erbenfeststellungsklage 1005

§ 27 Die Auseinandersetzungsklage (Klage auf Zustimmung zum Teilungsplan)
Klagantrag auf Zustimmung zum Teilungsplan 1011
Checkliste für Erbteilungsklage 1012
Feststellungsklage zur Vorbereitung der Teilung 1013

Musterverzeichnis

§ 28 Die Klage auf Vermächtniserfüllung
Klage auf Zustimmung zur Auflassung 1017
Nießbrauchseinräumung 1021
Klage auf Nießbrauchsbestellung 1022
Vereinbarung der Bestellung eines dinglichen Wohnrechts 1025

§ 29 Die Pflichtteilsklage
Stufenklage des Pflichtteilsberechtigten (Nichterben) auf Auskunft
und Zahlung des Pflichtteils- und Pflichtteilsergänzungsanspruchs
gegen den Erben 1039
Klage auf Pflichtteilsergänzung gegen den Beschenkten (Miterben)
nach § 2329 BGB bei Grundstücken 1040
Klageantrag auf Pflichtteilsergänzung nach § 2329 BGB gegen den
Beschenkten bei Eigentumswohnungen 1041

§ 30 Die Klage des Vertragserben nach § 2287 BGB
Klage des Vertragserben gegen Beschenkten 1046

§ 34 Die Bestimmung des maßgebenden sachlichen Erbrechts
Testament eines Staatenlosen 1088

Teil 1: Die Annahme eines erbrechtlichen Mandats

§ 1 Das Mandantengespräch

A. Allgemeines

Jedes Mandat beginnt in der Regel mit einem persönlichen Gespräch zwischen Anwalt und Auftraggeber. Im Rahmen dieses Mandantengesprächs kommt es nicht nur darauf an, den gesamten **Sachverhalt** zu ermitteln, sondern es gilt auch, das Vertrauen des Mandanten zu gewinnen und ihn davon zu überzeugen, daß er mit seinem Problem in guten Händen ist. Letzteres gilt um so mehr, wenn man sich als Anwalt auf ein bestimmtes Gebiet, bspw. das des Erbrechts, spezialisiert hat. Denn gerade von einem Fachmann verspricht sich der Mandant einen größeren Erfolg in der Bearbeitung seines Falls. Diese Vertrauenserwartung sollte im ersten Mandantengespräch bestätigt werden.

Um den Verlauf und die auftretenden Rechtsfragen abschätzen zu können, macht es durchaus Sinn, wenn der Anwalt bereits bei der telefonischen Terminvereinbarung selbst ein kurzes Gespräch führt, in dem er sich die Grunddaten und das Rechtsproblem schildern läßt. So hat er die Möglichkeit, falls er im Erbrecht nicht erfahren ist, sich in die Probleme des Falls vorab einzulesen. Eine gute Vorbereitung wird sich im Mandantengespräch sicherlich positiv auswirken. Gleichzeitig bekundet er in einem solchen ersten Gespräch dem Mandanten sein Interesse an dem Problem und gibt ihm die Gewißheit, daß man sich seines Mandats bereits angenommen hat.

Neben einem ersten Kennenlernen und der Schaffung der notwendigen Vertrauensbasis dient das Mandantengespräch der Ermittlung des Sachverhaltes in allen seinen Einzelheiten. Es gilt, alle notwendigen Informationen umfassend aufzunehmen, um die **Erbrechtsakte** erfolgreich und sinnvoll zu führen.

1 Die Annahme eines erbrechtlichen Mandats

B. „Der erste Kontakt mit dem Mandanten"

4 In der Regel ruft der Mandant in der Kanzlei des Rechtsanwalts an und bittet um einen Besprechungstermin. Es hat sich als zweckmäßig erwiesen, den Mandanten nach Möglichkeit sogleich mit dem Anwalt zu verbinden, um

a) festzustellen, ob das Mandat überhaupt angenommen werden soll. Beim ersten telefonischen Kontakt stellt sich vielfach heraus, wes Geistes Kind der Anrufer ist, worum es dem Mandanten geht, wie kompliziert die Angelegenheit ist, wie hoch der Streitwert ist und ggf. auch der wievielte Anwalt Sie sind, der sich mit seiner Sache zu befassen hat;

b) nicht in eine Haftung zu gelangen, noch ehe das Mandat angenommen wurde. Vereinbart das Büro des Anwalts einen Besprechungstermin in beispielsweise einer Woche, ohne sich zuvor vergewissert zu haben, daß unterdessen eine Frist abläuft, zum Beispiel die Frist zur Ausschlagung der Erbschaft oder die Frist zur Anfechtung der Annahme einer Erbschaft, dann haftet der Anwalt aus c.i.c. Bereits bei der Anbahnung des Auftragsverhältnisses trifft ihn die Verpflichtung, alles zu tun, um Schaden von dem Mandanten abzuwenden

c) schließlich den Mandanten zu bitten, alle einschlägigen Informationen und Unterlagen vorzubereiten nach dem Muster

- auf einer Seite 1: Alles zu den Personen, den Güterständen, am besten in Form eines Stammbaums
- auf einer Seite 2: Alles zum vorhandenen Vermögen, den Eigentumsverhältnissen, dem steuerlichen Status und zu etwaigen Vorempfängen[1]
- auf einer Seite 3: Alles zu bisherigen sachenrechtlichen und letztwilligen Verfügungen
- auf einer Seite 4: Die besonderen Wünsche und Befürchtungen niederzulegen und die einschlägigen Unterlagen mitzubringen.

5 Vielfach stellt sich in dem ersten Gespräch die Frage nach dem Honorar. Dem kundigen Anwalt gibt dies Veranlassung, auf eine befriedigende Honorargestaltung hinzuwirken.

---

1 Vgl. § 1 Rn 30.

Kann der Anwalt nicht sogleich das Telefonat des Mandanten annehmen, so verspricht die Sekretärin, daß der Anwalt zurückruft. Dies empfinden die Mandanten als angenehm und vor allem vertrauensbildend. Der vereinbarte Gesprächstermin mit dem Mandanten wird schriftlich bestätigt, verbunden mit der Überlassung einer Wegbeschreibung und einem aufschlußreichen Kanzleiprospekt.

C. Ermittlung der Ausgangslage

Jede Bearbeitung eines erbrechtlichen Mandats, ob im gestalterischen oder im prozessualen Bereich, setzt eine genaue Kenntnis des Sachverhalts voraus. Je umfangreicher und genauer die Informationen sind, desto größer sind die Chancen einer erfolgreichen Mandatsführung. Der Anwalt kann seine Rechtskenntnisse und die in der Praxis erlernten Kunstgriffe nur dann anwenden, wenn er die dazugehörige Information hat. Zeichnet es sich im Mandantengespräch ab, daß es nicht bei einer sogenannten Erstberatung (§ 20 BRAGO) bleiben wird, dann sollte er sich die nötige Zeit nehmen, um alle nur denkbaren Informationen zu erhalten. Man kann sagen, daß die Sachverhaltserfassung gut und gerne ein Drittel des gesamten Zeitaufwandes des Mandats ausmachen kann.

Die **Sachverhalterfassung** wird im folgenden unter dem Stichpunkt „Ermittlung der Ausgangslage" abgehandelt. Es hat sich durchaus bewährt, bei jedem Mandat checklistenartig folgende Punkte zu erfragen:

I. Personen und Güterstände

Um sich in jeder Phase der Bearbeitung des Mandats einen schnellen Überblick über die an dem Verfahren beteiligten Personen machen zu können, sollte man sich zunächst bei der Personenerfassung eine Art **Familienstammbaum** des Mandanten bzw. des Erblassers zeichnen. Anhand eines solchen Stammbaums

1 Die Annahme eines erbrechtlichen Mandats

lassen sich schnell die einzelnen Erbenordnungen und somit die Ansprüche der Beteiligten feststellen. Nicht zuletzt heißt es, daß der Stammbaum die Grundlage der Berechnung aller erbrechtlichen Ansprüche ist.

9 Bestehen im Rahmen der Beratung nach dem Erbfall Unklarheiten über die Familien- und Verwandtschaftsverhältnisse des Erblassers, wird man zunächst mit den zuständigen Standesämtern Kontakt aufnehmen oder nötigenfalls einen Erbenermittler[2] einschalten.

10 Neben der Aufzählung der einzelnen Personen sind auch die **Güterstände** zu erfassen, da diese aus zivilrechtlicher Sicht erheblichen Einfluß auf die Höhe der Erbquoten haben und auch steuerlich zu besonderen „Freibeträgen" im Erbschaftsteuerrecht führen (§ 5 ErbStG).[3] Davor ist als Vorfrage die Staatsangehörigkeit zu klären, weil das Güterrechtsstatut der Staatsangehörigkeit[4] folgen kann (Art. 17, 14 EGBGB).

11 Hier gilt ebenso wie in den folgenden Punkten, daß sich der Berater immer sämtliche **Urkunden** vorlegen läßt. Sind sich die Eheleute nicht im klaren, in welchem Güterstand sie leben, dann hilft oftmals die Frage weiter, ob man früher bei einem Notar gewesen ist. Hatten die Eheleute keine notarielle Vereinbarung getroffen, dann kann davon ausgegangen werden, daß sie im

---

2 Über die DVEV e.V. oder die Nachlaßgerichte finden Sie einen geeigneten Erbenermittler, Adresse im Anhang.

3 Der güterrechtliche Erwerb ist kein erbrechtlicher Erwerb, mithin stellt der güterrechtliche Erwerb keinen steuerbaren Vorgang iSd ErbStG dar. Allerdings ist in jedem Zugewinnehegattenerbfall der Zugewinnausgleich konkret zu berechnen, um den güterrechtlichen Vermögenserwerb zu ermitteln ohne Rücksicht darauf, ob der Zugewinn-Ehegatte als Erbe einen pauschalierten Zugewinn oder nach Ausschlagung oder Enterbung den konkreten Zugewinnausgleichsbetrag erhalten hat.

4 Da das Erbstatut der Staatsangehörigkeit folgt, kann es passieren, daß bspw. ein Ägypter, der nach ägyptischem Recht rechtmäßig zwei Ehen eingegangen ist und dann nach Deutschland übergesiedelt ist und die deutsche Staatsangehörigkeit angenommen hat, von zwei Frauen beerbt wird. In einem solchen Fall haben sich die beiden Ehefrauen den Ehegattenerbteil zu teilen; MüKo/*Leipold*, § 1931 Rn 8.

gesetzlichen Güterstand leben.[5] Fürsorglich empfiehlt sich eine Anfrage beim Güterrechtsregister.

Im Rahmen der Frage nach den Güterständen ist darauf zu achten, daß die Ehegatten, die am 31.03.1953[6] im damaligen gesetzlichen Güterstand der Verwaltung und Nutznießung des Mannes gelebt hatten, in den neuen gesetzlichen Güterstand der Zugewinngemeinschaft überführt wurden, es sei denn, daß bis zum 30.06.1958 von einem der Ehegatten gegenüber dem Amtsgericht erklärt wurde, daß für die Ehe Gütertrennung weiter gelten solle. Einer Zustimmung seitens des anderen Ehegatten bedurfte es dazu nicht.

Der Güterstand der Errungenschaftsgemeinschaft konnte gemäß Art. 8 Abschnitt I Nr. 7 des Gleichberechtigungsgesetzes vom 18.06.1957 vertraglich vereinbart werden. Hierbei handelt es sich um eine spezielle Art der allgemeinen Gütergemeinschaft für das während der Ehe erworbene Vermögen. Im Kern läuft die Errungenschaftsgemeinschaft auf eine Verwaltung des Gesamtgutes durch den Ehemann hinaus.[7] Insgesamt kommen als Güterstände in Betracht:

- der gesetzlicher Güterstand der Zugewinngemeinschaft
- die Zugewinngemeinschaft in notariell modifizierter Form
- die Gütertrennung
- die Gütergemeinschaft
- die fortgesetzte Gütergemeinschaft
- die Eigentums- und Vermögensgemeinschaft
- die Errungenschaftsgemeinschaft
- ausländische Güterstände[8]

---

5 In diesem Zusammenhang ist für die neuen Bundesländer Art 234 § 4 EGBGB zu beachten, dessen Abs. 1 wie folgt lautet: „Haben die Ehegatten am Tag des Wirksamwerdens des Beitritts im gesetzlichen Güterstand der Eigentums- und Vermögensgemeinschaft des Familiengesetzbuches der Deutschen Demokratischen Republik gelebt, so gelten, soweit die Ehegatten nichts anderes vereinbart haben, von diesem Zeitpunkt an die Vorschriften über den gesetzlichen Güterstand der Zugewinngemeinschaft." Die Fortgeltung des alten DDR-Güterstandes wurde von ca. 1200 Ehen gewählt. Fürsorglich sollten daher Ex-DDR-Eheleute ausdrücklich nach der Geltendmachung dieser Option befragt werden.

6 Es galt also vom 1.4.1953 bis 30.6.1958 ein nicht kodifizierter Güterstand der Gütertrennung.

7 Vgl. *Hardt*, FamRZ 1989, 1147.

8 Güterrechtsstatut und Erbrechtsstatut laufen oft nicht konform.

1 Die Annahme eines erbrechtlichen Mandats

15 **Zeitübersicht gesetzlicher Güterstand**

II. Vermögen als Ist-Vermögen

16 Unter dem Ist-Vermögen ist das derzeitige Vermögen, und das zum Zeitpunkt des Erbfalls vorhandene Vermögen, gemeint. Es ist ratsam, ein Vermögensverzeichnis zu erstellen, in dem alle Vermögensgegenstände des Mandanten oder Erblassers aufgelistet sind. Sodann sind die verschiedenen Vermögensarten zu erfassen (Immobilie, Mobilie, Forderungen, usw.), und deren **Vererblichkeit** festzustellen.

17 Handelt es sich bei Vermögensteilen beispielsweise nur um **Vorerbenvermögen**, dann kann der Erblasser selbst hierüber nicht verfügen bzw. dieses vererben. Bei Eheleuten ist zu klären, wer im Grundbuch als Eigentümer eingetragen ist, und/oder auf welchen Namen vorhandene Bankkonten laufen. Bestehen Unklarheiten über die Eigentumspositionen, dann ist bei Grundvermögen unbedingt eine **Grundbuchanfrage** vorzunehmen. Bei Zweifeln über das Vorhandensein etwaiger weiterer Grundstücke sollten auch die benachbarten Grundbuchämter zur Sicherheit angeschrieben werden.

18 In einem weiteren Schritt ist festzustellen, ob einer der Vermögensgegenstände des Nachlasses eine erbrechtliche Besonderheit auslöst. Dies kann beispielsweise dann der Fall sein, wenn zum Nachlaß eine **Auslandsimmobilie** gehört.

Hier spricht viel dafür, daß es zu einer **Nachlaßspaltung** kommt, wenn das konkrete ausländische Erbrecht als Recht das „Recht des Lageortes"[9] vorsieht.[10]

Ein besonderes **Erbstatut** und damit gleichfalls eine Nachlaßspaltung bewirkt auch die Zugehörigkeit eines Hofes im Sinne einer Höfeordnung zum Nachlaß.[11] Ist der Hof nicht in die Höferolle eingetragen oder befindet sich die landwirtschaftliche Besitzung außerhalb eines Bundeslandes, in dem es ein **Anerbenrecht** gibt, so in Bayern, dem Saarland, Berlin und den neuen Bundesländern, gilt sogenanntes Landgutrecht. Danach erlangt der zur Fortführung des Landgutes berufene Erbe nur über das besondere Zuweisungsverfahren gemäß §§ 13 ff. des Grundstückverkehrsgesetzes das Eigentum am Landgut. Insoweit gibt es also keinen erbrechtlichen Vonselbsterwerb. Derjenige, der das Landgut weiterführen will, muß sich also mit den Miterben einigen, daß er im Rahmen der Erbauseinandersetzung das Landgut erhält. Gelingt ihm dies nicht, so ist er darauf angewiesen, das Zuweisungsverfahren gemäß §§ 13 ff. Grundstückverkehrsgesetz einzuleiten. Dies kann zu einer unerträglich langen Zeit der Ungewißheit mit erheblichen wirtschaftlichen Verlusten führen. Daher sollte im Bereich des Landgutrechtes stets darauf geachtet werden, daß der ausersehene Nachfolger das Landgut wenn nicht als Erbe, so doch als Vermächtnisnehmer erhält.

19

Befindet sich im Nachlaß ein **Gesellschaftsanteil** an einer **Personengesellschaft**, so gilt der Grundsatz: Gesellschaftsrecht geht vor Erbrecht (§ 2 EGHGB). Auch bei einer OHG oder KG ist Voraussetzung für die Vererblichkeit des Anteils eines persönlich haftenden Gesellschafters, daß der Gesellschaftsvertrag bestimmt, daß eine Nachfolge in der Gesellschaft möglich ist (Nachfolgeklausel). Fehlt eine derartige vertragliche Nachfolgeregelung, so gilt folgendes:

20

Nach dem HRefG gilt seit 1.7.1998 hinsichtlich der Vererbung von Anteilen an Personengesellschaften folgendes: Bei der **Gesellschaft bürgerlichen Rechts** verbleibt es bei der bisherigen Regelung, daß die Gesellschaft durch den Tod

---

9 Die sogenannte „lex rei sitae".
10 So beispielsweise für Großbritannien, Frankreich, Belgien, USA usw.; vgl. Art. 25 EGBGB in *Palandt/Heldrich*, Rn 2.
11 *Palandt/Edenhofer*, § 1922 BGB Rn 9.

1 Die Annahme eines erbrechtlichen Mandats

eines Gesellschafters gemäß § 727 I BGB aufgelöst wird, sofern sich aus dem Gesellschaftsvertrag nichts anderes ergibt.[12]

Für die **OHG** galt die bisherige Regelung, daß die Gesellschaft mit dem Tod eines Gesellschafters aufgelöst wird (§ 131 HGB aF.). Gemäß der geänderten Vorschrift des § 131 II Nr. 1 HGB nF. führt der Tod eines Gesellschafters nun nicht mehr zur Auflösung, sondern zu dessen Ausscheiden aus der Gesellschaft, sofern der Gesellschaftsvertrag nichts anderes vorsieht.[13] Gleiches gilt auch für die Vererbung eines **Komplementäranteils** einer KG (§§ 161 II, 131 II Nr. 1 HGB nF.). Bezüglich des Anteils eines **Kommanditisten** bestimmt die Neufassung des § 171 HGB, daß mit dessen Tod mangels abweichender Anordnungen die Gesellschaft mit den Erben fortgesetzt wird.[14]

Enthält der Gesellschaftsvertrag eine qualifizierte Nachfolgeklausel, so kann die Gesellschaft nur mit einem bestimmten Nachfolger fortgeführt werden. Zu dieser gesellschaftsrechtlichen Berufung muß die erbrechtliche Berufung als Erbe oder Vermächtnisnehmer hinzutreten (sogenannte doppelte Berufung).[15] Bei der Befragung des Mandanten sollte daher stets ein besonderer Augenmerk darauf gelegt werden, ob sich im Nachlaß

- Auslandsgrundbesitz
- ein Hof im Sinne der Höfeordnung
- ein Personengesellschaftsanteil

befindet.

21 Für den jeweiligen Vermögengegenstand ist dann der **steuerliche Status** festzustellen, wobei hier vorrangig die Frage der Zugehörigkeit des Vermögensgenstandes zum Betriebs- oder Privatvermögen ist. Dies ist nicht nur für die Berechnung der Erbschaft- und Schenkungsteuer relevant, sondern auch für die erbrechtliche Gestaltung.

22 Die Übertragung und Vererbung von **Betriebsvermögen** ist durch das Jahressteuergesetz 1997 wesentlich erleichtert worden. Dem Betriebsübergeber steht

---

12 BGBl. I 1998 Seite 1474; *Schmidt* NJW 1998, 2161, 2166.
13 BGBl. I 1998 Seite 1474, 1476; *Schmidt* NJW 1998, 2161, 2166.
14 BGBl. I 1998 Seite 1474, 1477.
15 Im einzelnen hierzu § 2 Rn 45 ff.

ein Freibetrag von DM 500 000,– zu, den er an einen oder mehrere Übernehmer oder Erben anteilig vergeben kann (§ 13 a ErbStG). Der Steuerwert des Vermögens, der über diesem Betrag von DM 500 000,– liegt, wird darüber hinaus durch einen Bewertungsabschlag um 40 % gekürzt. Außerdem wird der Steuertarif für den Übernehmer, unabhängig davon, in welche Steuerklasse er einzuordnen ist, nach dem Steuertarif der Steuerklasse I berechnet.

Im Rahmen der Übertragung von **Privatvermögen** ist darauf zu achten, daß das zu übertragende Vermögen nicht einem erhöhten Abschreibungsstatus, der an die Person des Eigentümers gebunden ist, unterliegt, da dieser vorteilhafte Abschreibungsstatus ansonsten verloren geht (z.B. Baukindergeld). In einem solchen Fall sollten die Übertragungen bis zum Ablauf des Begünstigungszeitraumes zurückgestellt werden. 23

III. Nachlaßverzeichnis[16]
Im Rahmen der Beratung des Mandanten nach dem Erbfall ist der **Vermögensbestand** mit allen Aktiva und Passiva aufzunehmen und ein Nachlaßverzeichnis zu erstellen. Dies ist zum einen für die Frage, ob die Erbschaft überhaupt angenommen werden sollte und zum anderen für die Berechnung von Pflichtteilsansprüchen bedeutsam. Darüberhinaus muß für die Kosten einer Testamentseröffnung ein Nachlaßverzeichnis aufgestellt werden. 24

Oftmals ist es jedoch schwierig, innerhalb der kurzen Ausschlagungsfrist von 6 Wochen zu zuverlässigen Vermögensfeststellungen zu gelangen. Dies gilt insbesondere für die Frage der Überschuldung und der Bewertung eines Nachlasses. 25

Bei tatsächlichen Fehleinschätzungen hilft hier allerdings die Möglichkeit der Anfechtung der Annahme der Erbschaft.[17] Insoweit liegt ein Eigenschaftsirrtum (§ 119 II BGB) vor. Bei der Überschuldung handelt es sich um eine verkehrswesentliche Eigenschaft, so daß die kausale und objektiv erhebliche Fehlvorstellung die Anfechtung begründet.[18] Unter der Eigenschaft des Nachlasses ist ferner seine Zusammensetzung zu verstehen, dh die Frage der 26

---
16 Muster für ein Nachlaßverzeichnis unten § 20 Rn 28.
17 Im einzelnen hierzu unten Rn 50.
18 RGZ 158, 50; BayObLG NJW-RR 1999, 590.

1 Die Annahme eines erbrechtlichen Mandats

Zugehörigkeit bestimmter Rechte oder Vermögenswerte zum Nachlaß,[19] nicht aber die Bewertung.

27 Für die Frage, ob der Erbe die Erbschaft annehmen soll, kommt es nicht nur auf die **tatsächliche** Überschuldung des Nachlasses an, sondern bspw. auch auf eine „**rechtliche**"[20] Überschuldung durch Vermächtnisse und Auflagen. Hinterläßt der Erblasser ein Testament, in dem er seine Kinder als Alleinerben einsetzt, der Ehefrau aber im Wege des Vermächtnisses das Wohnhaus zuwendet, und sind sonst keine größeren Vermögensgegenstände im Nachlaß, so sind die Kinder verpflichtet, das Vermächtnis zu erfüllen. Dies gilt auch dann, wenn ihnen selbst weniger als der Pflichtteil verbleibt (§ 2318 III BGB). In einem solchen Fall hätte die Erbschaft seitens der Kinder nach § 2306 I 2 BGB ausgeschlagen werden müssen, um den Pflichtteil zu sichern.[21]

28 In bezug auf **Grundstücke** ist seitens des Anwalts zumindest beim Grundbuchamt und möglicherweise bei dem für den Erblasser zuständigen Finanzamt Auskunft über den vorhandenen Grundbesitz einzuholen, wenn hier keine genaue Kenntnis seitens des Mandanten vorliegt.

Muster: Antrag auf Grundbuchabschrift
▼

29 Amtsgericht
– Grundbuchamt –
001 (In Baden-Württemberg die Gemeinden oder das Notariat)
Betreff: Nachlaß des am   verstorbenen Erblassers
                                Datum
Sehr geehrte Damen und Herren,
schriftliche Vollmacht vorlegend zeigen wir an, daß wir Herrn/Frau   ,
            (Adresse), in der Nachlaßsache   , verstorben am   in   anwaltlich vertreten.
Um den Gesamtwert des Nachlasses abschließend beurteilen zu können, ist es für uns notwendig, in Erfahrung zu bringen, welche Grundstücke im dortigen Amtsbezirk   im Zeitpunkt des Erbfalls im Allein- oder Miteigentum des Erblassers gestanden haben.

---

[19] *H. M. Palandt/Edenhofer*, § 1954 Rn 4; MüKo/*Leipold*, § 1954 Rn 7; BayObLG NJW-RR 1999, 590; OLG Düsseldorf NJWE-FER 1999, 242.

[20] Der Begriff der rechtlichen Überschuldung des Nachlasses ist eine Wortschöpfung der Verfasser.

[21] *Kerscher/Tanck*, Pflichtteilsrecht in der anwaltlichen Praxis § 6 Rn 127.

Wir bitten Sie daher um entsprechende Mitteilungen bzw. eine beglaubigte/unbeglaubigte Kopie der betreffenden Grundbuchblätter.
Für die anfallenden Kosten erklären wir uns stark.
Rechtsanwalt

IV. Vorempfänge als fiktives Vermögen

Unter dem Stichwort „Vorempfänge" hat der Anwalt zu erfragen, welche lebzeitigen Zuwendungen der Mandant bzw. der Erblasser und sein evtl. vorverstorbener Ehegatte an seine Abkömmlinge, an seinen Ehegatten oder an Dritte vorgenommen hat. Für die erbrechtliche Beratung sind diese einerseits im Rahmen von Pflichtteilsergänzungsansprüchen relevant, wenn es sich um **Schenkungen** handelte, andererseits spielen die Vorempfänge bei der **Ausgleichung**[22] unter Abkömmlingen eine Rolle, wenn sie kraft Gesetzes oder durch ausdrückliche Anordnung des Erblassers ausgleichspflichtig sind.[23] Schließlich ist bei der Ermittlung von Pflichtteilsansprüchen ein Vorempfang nach den §§ 2315, 2316 BGB zu berücksichtigen.

Für die einzelnen Rechtsfolgen ist insoweit die **Art** des **Vorempfangs** festzustellen, ob es sich beispielsweise um eine Ausstattung[24] oder eine sonstige nach §§ 2050 ff BGB ausgleichspflichtige Zuwendung handelt, oder ob gar eine Schenkung, eine gemischte Schenkung oder ob eine insgesamt entgeltliche Zuwendung vorliegt.

Darüber hinaus ist auch festzustellen, von wem der Vorempfang stammt. Grundsätzlich sind immer nur die Vorempfänge des direkten Erblassers zur Ausgleichung zu bringen. Haben die Ehegatten jedoch ein **Berliner Testament** gehabt und ihre Kinder zu Schlußerben berufen, so gilt im Rahmen der Ausgleichung nach §§ 2050 ff BGB der sogenannte „erweiterte Erblasserbegriff".[25]

---

22 MüKo/*Dütz*, § 2050 Rn 5 ff.
23 Bei den Zuwendungen gemäß § 2050 I, II BGB spricht man von „geborenen" Ausgleichungen, da diese von ihrem Wesen her auszugleichen sind, es sei denn, daß eine anderslautende Anordnung vorliegt. Bei den „sonstigen Zuwendungen" im Sinne des § 2050 III BGB spricht man von einer „gekorenen" Ausgleichung, da die Ausgleichung nur dann vorzunehmen ist, wenn diese ausdrücklich angeordnet wurde. Vgl. *Kerscher/Tanck*, § 5, Rn 16.
24 *Kerscher/Tanck*, ZEV 1997, 354 ff.
25 BGHZ 88, 102.

1 Die Annahme eines erbrechtlichen Mandats

Danach sind auch diejenigen Vorempfänge auszugleichen, die der jeweilige Abkömmling vom Erstverstorbenen erhalten hat. Zu beachten ist, daß der erweiterte Erblasserbegriff nicht bei der Berechnung des Pflichtteils nach § 2315 und § 2316 BGB gilt. Für die Ermittlung der Vorempfänge ist im einzelnen nach folgendem Schema vorzugehen:

Schema der Vorempfänge

33
Art des Empfangs
- Ausstattung §§ 1624, 2050 I BGB
- in angemessenem Maß
- im Übermaß
- Aufwendungen zur Ausbildung/Beruf im Übermaß § 2050 II BGB
- Sonstige Zuwendungen § 2050 III BGB
- Leistungen iSd § 2057 a BGB

Vorliegen einer Ausgleichsanordnung
- schriftlich
- mündlich
- Zeitpunkt

Vorliegen einer Anrechnungsanordnung auf den Pflichtteil
- schriftlich
- mündlich
- Zeitpunkt

Ist der Vorempfang ergänzungspflichtig i. S.d. § 2325 BGB
- objektive und subjektive Bewertung
- vorbehaltene Rechte
- Zeitpunkt der Schenkung

34 Damit die Abkömmlinge des Erblassers die Möglichkeit haben, das ihnen zustehende Recht der Ausgleichung auch geltend machen zu können, steht ihnen ein besonderer Auskunftsanspruch nach § 2057 BGB zu. Vgl. im einzelnen Teil 5 § 24 Rn 1 ff.

35 Danach ist jeder **Miterbe** verpflichtet, Auskunft über Zuwendungen zu geben, die nach den §§ 2050 ff BGB ausgleichspflichtig sein könnten. Auskunfts-

berechtigt sind nur Abkömmlinge, die gesetzliche Erben sind oder die im Sinne von § 2052 BGB testamentarisch auf ihre gesetzliche Erbquote eingesetzt wurden.[26] Setzt der Erblasser den Sohn A zu 40 %, B und C zu je 20 % und D und M je 10 % zu Miterben ein, so stellen B und C eine Ausgleichsgruppe mit 40 % des realen Nachlasses zuzüglich ihrer Vorempfänge sowie D und C mit 20 % des realen Nachlasses zuzüglich ihrer Vorempfänge dar.[27]

Der Auskunftsanspruch steht aber auch demjenigen **pflichtteilsberechtigten** Abkömmling zu, der nicht Erbe geworden ist, da dieser für die Berechnung seines Pflichtteilsanspruchs nach § 2316 BGB ebenso auf die Kenntnis von Vorempfängen angewiesen ist.[28] Darüber hinaus haben auch der **nichteheliche** Abkömmling und der **Testamentsvollstrecker**, der mit der Auseinandersetzung beauftragt ist, Anspruch auf Auskunftserteilung gemäß § 2057 BGB.[29] 36

Jeder Miterbe, der zu den ausgleichspflichtigen Personen gehört und jeder pflichtteilsberechtigte Abkömmling[30] ist auskunftspflichtig hinsichtlich aller möglicherweise unter § 2050 BGB fallenden Zuwendungen. Der Anspruch umfaßt auch die Angabe des Wertes des empfangenen Gegenstandes,[31] den Zeitpunkt der Zuwendung und die möglichen Anordnungen des Erblassers, die im Zusammenhang mit der Zuwendung erfolgten.[32] 37

Für die Erteilung der Auskunft ist eine bestimmte Form nicht vorgeschrieben. Ein **Bestandsverzeichnis** ist nur dann vorzulegen, wenn die Voraussetzungen des § 260 I BGB vorliegen.[33] Kommt ein Verpflichteter dem Verlangen auf Auskunftserteilung nicht nach, so kann **Auskunftsklage** erhoben werden. 38

---

26 *Sarres*, ZEV 1996, 300.
27 Vgl. *Kerscher/Tanck*, § 5 Rn 53.
28 RGZ 73, 372; *Staudinger/Ferid/Cieslar*, § 2057 Rn 3.
29 *Staudinger/Ferid/Cieslar*, § 2057 Rn 3.
30 OLG Nürnberg NJW 1957, 1482.
31 BayObLG OLGE 37, 253.
32 *Staudinger/Ferid/Cieslar*, § 2057 Rn 6.
33 *Staudinger/Ferid/Cieslar*, § 2057 Rn 8.

1 Die Annahme eines erbrechtlichen Mandats

Muster: Auskunftsbegehren des Erben gegen den Miterben über Vorempfänge nach § 2057 BGB

▼

39 Auskunftsbegehren bezüglich des Nachlasses von (Erblasser)

An

(Adresse)

Datum

Sehr geehrte Damen und Herren,

hiermit zeige ich an, daß ich   anwaltlich vertrete. Die Bestätigung einer ordnungsgemäßen Bevollmächtigung ist beigefügt.

Mein Mandant hat mich mit der Geltendmachung seiner Rechte in bezug auf den am   verstorbenen Erblasser   beauftragt.

Mein Mandant ist wie Sie Miterbe und Abkömmling des verstorbenen Erblassers. Gemäß § 2050 BGB sind die Abkömmlinge des Erblassers kraft Gesetzes verpflichtet, die zu Lebzeiten vom Erblasser erhaltenen Vorempfänge auszugleichen. Zur Durchsetzung seiner Rechte gewährt das Gesetz in § 2057 BGB dem Miterben einen Auskunftsanspruch gegenüber den übrigen Erben über den Umfang der erhaltenen Vorempfänge. Jeder Abkömmling ist danach verpflichtet, Auskunft über die vom Erblasser erhaltenen Vorempfänge zu geben.

Ausgleichspflichtige Vorempfänge können Schenkungen, Ausstattungen und sonstige Zuwendungen sein, die Ihnen seitens des Erblassers zugeflossen sind. Im einzelnen können dies bspw. Geldzahlungen, Zuschüsse zu Einkünften, Sachleistungen, kostenlose Wohnungsüberlassung, der Erlaß von Schulden, die Übernahme von Grundpfandrechten oder die Einräumung von Teilhaberschaften im elterlichen Betrieb sein.

Wir bitten Sie, uns die von unserem Mandanten gewünschte Auskunft über derartige oder ähnliche Leistungen seitens Ihrer Eltern alsbald mitzuteilen.

Nur der Vollständigkeit halber möchten wir Sie darauf hinweisen, daß Sie bei nicht sorgfältiger Mitteilung diese eidesstattlich zu versichern hätten.

Für weitere Fragen und eine evtl. Besprechung der Angelegenheit stehen wir Ihnen gerne jederzeit zur Verfügung.

Rechtsanwalt

V. Bisherige erbrechtliche Verfügungen

40 Hier sind lückenlos alle bisherigen erbrechtlichen Verfügungen aufzuführen, auch alle in der Vergangenheit zurückliegenden Verfügungen. Dies, um zum einen die Testierfreiheit des Testators und zum anderen den maßgeblichen letzten Willen des Erblassers feststellen zu können.

Hat der Mandant beispielsweise bereits ein **gemeinschaftliches Testament** errichtet, welches wechselbezüglich und bindend ist, so ist vor der Errichtung einer neuen Verfügung von Todes wegen dieses einseitig durch notariellen **Widerruf**[34] oder gemeinsam durch ein gemeinschaftliches **Aufhebungstestament** zu beseitigen.

41

Hat sich der Mandant bereits in einem Erbvertrag gebunden, so kann dieser nicht mehr einseitig aufgehoben werden.[35] Gleiches gilt für den Fall, daß bei einem gemeinschaftlichen Testament der erste Todesfall bereits eingetreten ist. Sieht der Erbvertrag oder das gemeinschaftliche Testament allerdings einen **Änderungsvorbehalt** vor, so ist eine Verfügungsmöglichkeit innerhalb des Änderungsvorbehaltes möglich.[36]

42

Ist die Möglichkeit einer **Anfechtung** (§§ 2078, 2079 BGB) gegeben, dann kann die Verfügungsfreiheit durch Geltendmachung des Anfechtungsrechts wiedererlangt werden.[37]

43

Hat ein Erblasser **mehrere** Testamente hinterlassen, ohne jeweils das vorangehende aufzuheben, so besteht die Schwierigkeit, den letzten endgültigen Willen zu ermitteln. Im einzelnen sind hier die §§ 2253 ff BGB zu berücksichtigen. Es liegt auf der Hand, daß hierbei vorab die einzelnen Verfügungen mit ihrem jeweiligen Inhalt in einer zeitlichen Reihenfolge aufgelistet werden sollten. Dies insbesondere im Hinblick auf § 2258 BGB, wonach ein früheres Testament insoweit aufgehoben wird, als es dem späteren widerspricht.

44

VI. Besonderheiten

Unter dem Stichwort „Besonderheiten" sind im Mandantengespräch besondere familiäre Umstände festzuhalten. Gemeint sind damit im einzelnen besondere gesellschaftliche Randgruppen, wie bspw. **behinderte** oder **drogenabhängige** Kinder und Lebenspartner, aber auch ein in der Vergangenheit zurückliegendes schwieriges Eltern-Kind-Verhältnis.

45

---

34 MüKo/*Burkart* § 2253 Rn 1 ff.
35 Wenn ein Rücktrittsrecht nicht vorbehalten wurde.
36 Siehe hierzu § 8 Rn 431 ff.
37 MüKo/*Leipold* § 2078 Rn 1 ff.

46 Auch wenn es im tatsächlichen Leben nicht mehr als Besonderheit angesehen wird, so ist die Tatsache, daß der Mandant öfter verheiratet war und Kinder aus **erster** oder **zweiter Ehe** hat, in erbrechtlicher Sicht als Besonderheit zu werten. Gerade die Gestaltung von Testamenten beim Vorhandensein behinderter Kinder oder die Berücksichtigung von Kindern aus früheren Ehen ist eine spürbar zunehmende Aufgabenstellung des Anwalts.

VII. Erbrechtliche Fristen

1. Die Ausschlagung der Erbschaft

47 Hierzu gehört zunächst die **Ausschlagungsfrist** bzgl. der Erbschaft. Sie beträgt gemäß § 1944 I BGB sechs Wochen. Gemäß § 1946 BGB beginnt sie nicht vor dem Erbfall und vor der Geburt des Erben. Hatte der Erblasser seinen letzten Wohnsitz im **Ausland** oder hielt sich der Erbe bei Beginn der Frist im Ausland auf, so beträgt die Frist sechs Monate (§ 1944 III BGB). Es gilt für den Erblasser der Wohnsitz, für den Erben der Aufenthalt.

48 Die Kenntnis von **Anfall** und **Berufungsgrund** gemäß § 1944 II 1 BGB setzt voraus, daß der Erbe zuverlässig vom Tod des Erblassers und seiner Eigenschaft als Erbe weiß sowie, daß er Kenntnis darüber besitzt, aus welchem erbrechtlichen Grund (Testament, Erbvertrag, gesetzliche Erbfolge) er zum Erben berufen ist.[38] Sowohl ein Tatsachen- als auch ein Rechtsirrtum schließen insoweit regelmäßig die erforderliche Kenntnis aus.[39] Auch **verschuldete Nichtkenntnis ist unschädlich.** Eine bereits begonnene Ausschlagungsfrist ist bedeutungslos, wenn der Erbe nachträglich noch innerhalb der Ausschlagungsfrist zu der Überzeugung gelangt, doch nicht Erbe geworden zu sein.

49 Der Erblasser E „vermacht" K1 das gesamte Sparguthaben. 6 Monate später überträgt er lebzeitig seine Ackergrundstücke im Wert von DM 50.000,00 auf K2. Bei seinem Tod sind im wesentlichen nur noch seine Sparguthaben im Wert von DM 40.000,00 vorhanden. Das Nachlaßgericht teilt schriftlich mit, daß es beabsichtige, K1 als Alleinerben im Erbschein auszuweisen. K2 wird auf sein Pflichtteilsrecht hingewiesen. K2 versäumt die Frist zur Ausschlagung gemäß § 2306 I 2 BGB und muß das Vermächtnis erfüllen. Da zum Zeitpunkt

---

38 *Lange/Kuchinke*, Erbrecht, § 8 III 1.
39 BayObLG NJW 1967, 1135.

der Errichtung des Testamentes neben dem Sparguthaben auch noch die Ackergrundstücke im Wert von DM 50.000,00 vorhanden waren, stellten die Sparguthaben nicht das wesentliche Vermögen des Erblassers dar, so daß im Testament keine Alleinerbeneinsetzung des K1 gesehen werden kann. Da K2 auch infolge der Stellungnahme des Nachlaßgerichtes davon ausging, daß er enterbt worden sei, sich also über den Berufungsgrund zum gesetzlichen Erben im Irrtum befand, hat er die Möglichkeit gemäß § 1954 BGB, die Annahme der Erbschaft innerhalb von 6 Wochen ab Kenntniserlangung anzufechten und zwar in der Form des § 1955 BGB.

Versäumt er diese Frist, so muß er als gesetzlicher Miterbe zu $^1/_2$ das Vermächtnis erfüllen. Er geht dann leer aus. Ihm steht auch nicht das sogenannte „erweiterte" Kürzungsrecht nach § 2318 III BGB zu.[40]

2. Die Anfechtung der Annahme

Die **Anfechtung** der **Annahme** bzw. der **Ausschlagung** der Erbschaft beurteilt sich nach § 1954 BGB. Die Anfechtungsfrist beträgt unter den gleichen Abgrenzungen wie bei der Ausschlagung sechs Wochen bzw. sechs Monate gemäß § 1954 I, III BGB. Sie beginnt, wie in §§ 121, 124 II BGB, bei arglistiger Täuschung und Irrtum mit der Kenntnis vom Anfechtungsgrund, bei Drohung mit dem Aufhören der Zwangslage. 50

Zu beachten ist allerdings, daß gemäß § 1954 IV BGB die Anfechtung dreißig Jahre nach der Annahme bzw. Ausschlagung ausgeschlossen ist. Fraglich ist, ob in den Fällen des § 1956 BGB auch das Bewußtsein von der bestehenden Anfechtungsmöglichkeit sowie Kenntnis von Art und Weise der Anfechtung vorausgesetzt werden. Die Rechtsprechung hat in Anlehnung an die zu § 2082 BGB ergangene Judikatur die Kenntnis der Bedeutung des Ablaufs der Ausschlagungsfrist als einen zur Anfechtung berechtigenden Tatbestand genügen lassen und den Rechtsirrtum hinsichtlich der Anfechtungsmöglichkeit als unbeachtlich angesehen. 51

---

40 Vgl. *Kerscher/Tanck*, § 6 Rn 127.

3. Anfechtung einer Verfügung von Todes wegen

52 Die **Anfechtung** einer **Verfügung von Todes** wegen kann bei Irrtum oder Drohung nur binnen eines Jahres seit Kenntnis vom Anfechtungsgrund erfolgen. Die Frist ist eine Ausschlußfrist gemäß § 2082 I, II 1 BGB. Die Anfechtungsfrist beginnt nicht, wie nach §§ 121, 124 BGB, bereits mit Kenntnis vom Irrtum oder dem Aufhören der Zwangslage, sondern setzt erst ein, wenn der Anfechtungsberechtigte den gesamten Anfechtungsgrund kennt.[41]

53 Die Frist kann frühestens mit dem Erbfall beginnen. Ihr Beginn setzt aber Kenntnis sowohl des Erbfalls als auch des Berufungsgrundes des Betroffenen, vom Irrtum des Erblassers oder von dessen Bedrohung und von der Ursächlichkeit für die Verfügung voraus. Nicht nur die auf einem Tatsachenirrtum, sondern auch die auf einem Rechtsirrtum beruhende Unkenntnis des Anfechtungsgrundes ist beachtlich, allerdings nur insoweit, als der Rechtsirrtum die Unkenntnis einer zum Anfechtungsgrund gehörenden Tatsache zur Folge hat, während die rechtsirrtümliche Beurteilung des Anfechtungstatbestandes nicht genügen soll.[42]

54 Der Lauf der Frist ist **gehemmt** unter den in den §§ 203, 206, 207 BGB genannten Voraussetzungen gemäß § 2082 II 2 BGB. Auch hier ist gemäß § 2082 III BGB die Anfechtung ausgeschlossen, wenn seit dem Erbfall dreißig Jahre verstrichen sind. Zu beachten ist aber das Leistungsverweigerungsrecht gemäß § 2083 im Zusammenhang mit § 2285 BGB.

4. Die Erbunwürdigkeit (Anfechtungsklage)

55 Die Erhebung der **Anfechtungsklage** bzgl. der **Erbunwürdigkeit** ist an die Jahresfrist des § 2082 BGB geknüpft. Die Frist beginnt mit der zuverlässigen Kenntnis vom Anfechtungsgrund sowie seiner Beweisbarkeit, bei Testamentsfälschung mit Kenntnis der Fälschung und der Person des Fälschers. Diese liegt vor, wenn dem Anfechtenden die Klageerhebung zumutbar ist.[43]

56 Die Frist endet jedenfalls dreißig Jahre nach dem Erbfall. Da sämtliche mögliche Erben zur Anfechtung berechtigt sind, kann und muß jeder von ihnen innerhalb

---

[41] *Lange/Kuchinke*, § 36 VI 4.
[42] *Lange/Kuchinke*, § 36 VI 4.
[43] BGH NJW 1989, 3214.

eines Jahres seit seiner Kenntnis vom Anfechtungsgrund die Anfechtungsklage erheben.

Für den Fall, daß nicht nur ein Erbe, sondern auch ein Nachberufener erbunwürdig ist, beginnt der Fristlauf gegen diesen trotz der Rückwirkung des Anfalls erst mit der Rechtskraft des Urteils gegen den Erben.[44]

5. Pflichtteilsverjährung

Der ordentliche **Pflichtteil** verjährt grundsätzlich in drei Jahren gemäß § 2332 I BGB. Dies gilt auch für den Pflichtteilsrestanspruch nach den §§ 2305, 2307 I 2 BGB, den Ausgleichsanspruch nach § 2316 BGB und den Pflichtteilsergänzungsanspruch gemäß §§ 2325, 2329 BGB. Spätestens verjähren auch diese Ansprüche gemäß § 195 BGB in dreißig Jahren. Der Beginn der Frist setzt einerseits Kenntnis des Erbfalls und andererseits Kenntnis der beeinträchtigenden Verfügung voraus.

Richtet sich der Pflichtteilsergänzungsanspruch nach § 2329 BGB gegen den Beschenkten, so beginnt die Frist ohne Rücksicht auf die Kenntnis der beeinträchtigenden Verfügung unter Lebenden bereits mit dem Zeitpunkt des Erbfalls (§ 2332 II BGB), wobei es unerheblich ist, ob der Beschenkte auch gleichzeitig Erbe ist.[45]

Schwierig sind insoweit die Fälle, in denen der Berechtigte sowohl einen Anspruch auf den ordentlichen Pflichtteil als auch auf den Ergänzungspflichtteil hat und er zu unterschiedlichen Zeitpunkten von seiner Berechtigung erfährt. Erfährt der Berechtigte zunächst von der beeinträchtigenden Verfügung von Todes wegen, so beginnt der Fristablauf mit dem Zeitpunkt des Erbfalls. Wenn er zu einem späteren Zeitpunkt von der beeinträchtigenden Verfügung unter Lebenden Kenntnis erlangt, beginnt dann zu diesem Zeitpunkt die Verjährungsfrist für den Pflichtteilsergänzungsanspruch. Liegt der umgekehrte Fall vor und erlangt der Berechtigte zunächst von der lebzeitigen und erst dann von der letztwilligen Verfügung Kenntnis, beginnt die Verjährungsfrist nicht vor Kenntniserlangung der letztwilligen Verfügung.[46]

---

44 *Lange/Kuchinke*, § 6 III 3b.
45 BGH FamRZ 1968, 150; BGH JR 1986, 110.
46 BGH NJW 1972, 760; *Kerscher/Tanck*, § 12 Rn 8.

6. Auskunftsanspruch

61 Für die Verjährung des **Auskunftsanspruchs** nach § 2314 BGB gilt grundsätzlich die dreißigjährige Frist des § 195 BGB. Der BGH gewährt dem Pflichtteilsberechtigten einen Auskunftsanspruch immer dann, wenn dieser darlegen kann, daß er die geforderten Informationen benötigt. Ist also der Pflichtteilsanspruch verjährt und stellt der Pflichtteilsberechtigte dennoch das Auskunftsbegehren, so muß er ein besonderes Bedürfnis dafür darlegen, daß er die Auskunft trotzdem fordert.[47]

7. Zugewinnausgleich

62 Der **Zugewinnausgleichsanspruch** nach § 1378 BGB verjährt gemäß § 1378 III BGB in drei Jahren. Die Frist beginnt mit dem Zeitpunkt, in dem der Ehegatte von der Beendigung des Güterstandes erfährt. Wird der Güterstand durch den Tod eines Ehegatten beendet und ist der überlebende Ehegatte von der Erbfolge gemäß § 1371 II BGB ausgeschlossen oder wählt er die güterrechtliche Lösung gemäß § 1371 III BGB, so gelten außerdem die Verjährungsvorschriften des Pflichtteilsanspruchs. Es muß also gegebenenfalls auch die Kenntnis von der letztwilligen Verfügung gemäß § 2332 I BGB hinzukommen, durch die der Überlebende enterbt oder zur Ausschlagung veranlaßt wird.[48]

63 Da die konkrete Zugewinnausgleichsforderung eine Nachlaßverbindlichkeit darstellt, muß der Ehegatte erst den konkreten Zugewinnausgleich feststellen bzw. gerichtlich feststellen lassen, ehe er seinen sogenannten kleinen Pflichtteil in Höhe von 1/8 des um den konkreten Zugewinnausgleich bereinigten Nachlasses beziffern kann. Um der Gefahr der Verjährung seines Pflichtteilsanspruches zu entgehen, wird er fürsorglich seine Pflichtteilsklage vor dem ordentlichen Gericht als unbezifferte Stufenklage geltend machen müssen, während er beim Familiengericht die Erben auf den konkreten Zugewinnausgleich verklagt.

---

47 *Kerscher/Tanck*, § 12 Rn 23.
48 *Palandt/Diedrichsen*, § 1378 Rn 11.

Das Mandantengespräch § 1

64

Frist	Norm	Fristbeginn	Dauer
Ausschlagung der Erbschaft	§ 1944 BGB	Gesetzliche Erbfolge: Zeitpunkt, zu dem der Erbe von dem Anfall und dem Grunde der Berufung Kenntnis erlangt	§ 1944 I: sechs Wochen (§ 1944 III: sechs Monate wenn Wohnsitz oder Aufenthalt im Ausland)
		Testamentarische Erbfolge: Verkündung der Verfügung (Kenntnis des Berufungsgrundes)	längstens 30 Jahre
Anfechtung der Annahme/Ausschlagung der Erbschaft	§ 1954 BGB	Bei Drohung: Zeitpunkt, zu dem die Zwangslage aufhört	§ 1954 I: sechs Wochen (§ 1954 III: sechs Monate wenn Wohnsitz oder Aufenthalt im Ausland)
		sonst: Kenntnis des Anfechtungsberechtigten vom Anfechtungsgrund	längstens 30 Jahre
Anfechtung eines Testaments bzw. Erbvertrags	§ 2082 BGB § 2283 BGB	Bei Drohung: Zeitpunkt, zu dem die Zwangslage aufhört	§ 2082 I: ein Jahr
		sonst: Kenntnis des Anfechtungsberechtigten vom Anfechtungsgrund	§ 2283 I: ein Jahr
Erbunwürdigkeit	§§ 2340 ff. BGB	wie bei § 2082 BGB	§ 2340 III i.V.m. § 2082: ein Jahr
Pflichtteil: ordentlich/ außerordentlich	§§ 2303, 2305 BGB §§ 2325, 2329 BGB	Kenntnis vom Eintritt des Erbfalls und der beeinträchtigenden Verfügung Bei § 2329: Eintritt des Erbfalls	§ 2332 I, II: drei Jahre

1 Die Annahme eines erbrechtlichen Mandats

Frist	Norm	Fristbeginn	Dauer
Auskunftsverlangen	§ 2314 BGB § 2057 BGB § 2027 BGB § 666 BGB	Kenntnis von Eintritt des Erbfalls und der beeinträchtigenden Verfügung	§ 195: dreißig Jahre, aber: Darlegungspflicht, warum Auskunft trotz Verjährung des Hauptanspruchs gefordert wird
Zugewinnausgleich	§ 1378 BGB	Kenntnis des Ehegatten von der Beendigung des Güterstandes	§ 1378 IV: drei Jahre

D. Mandantenschreiben

65   Die ermittelte Ausgangslage sollte dem Mandanten alsbald schriftlich mitgeteilt werden. Es bietet sich hierbei an, auch die vom Mandanten geäußerten Wünsche, einen ersten Lösungsansatz und das weitere Vorgehen im Schreiben niederzulegen.

66   Der Mandant hat dann die Möglichkeit, anhand des Schreibens den Sachverhalt zu prüfen und gegebenenfalls zu korrigieren oder zu ergänzen. Darüber hinaus kann der Anwalt den Gegenstand und den Umfang des Auftrages schriftlich niederlegen und so spätere Honorarstreitigkeiten vermeiden. Im einzelnen kann nach folgendem Musterschreiben vorgegangen werden:

Muster: Gliederung für ein Mandantenschreiben
▼

67   **A. Ausgangslage**

1. Personen
Stammbaum
Personen
Güterstände
Staatsangehörigkeit

2. Vermögen und Vorempfänge
Auflistung
Auslandsgrundbesitz
Hof- / Landgutrecht
Anteil an Personengesellschaft
Unternehmen
Steuerstatus des Vermögens
- Betriebsvermögen
- Privatvermögen
- Betriebsaufspaltung
- Begünstigungszeitraum
- Vorempfänge
- Ausstattung – Schenkung
- Ausgleichung – Anrechnung

3. Erbrechtliche Verfügungen + erbrechtliche „Legitimation"
Einzeltestament
Gemeinschaftliches Testament
Erbvertrag
Wesentlicher Inhalt:
a) Erbeinsetzung
b) Teilungsanordnung, Vorausvermächtnis
c) Vermächtnisse
d) Bindungswirkung
e) Schlußerbeneinsetzung
Erbverzicht
Pflichtteilsverzicht
Ausschlagung § 1942 BGB
Ausschlagung § 1948 BGB
„Taktische Ausschlagung" § 1371 III BGB
„Taktische Ausschlagung" § 2306 I 2 BGB

4. Besonderheiten
a) ▮▮▮▮ **Personen und Güterständen**
- Harmonische Familie
- Behindertes Kind
- "Vermögensunwürdiges" Kind
- Eheprobleme der Eltern
- Eheprobleme des Kindes

b) ▮▮▮▮ **Vermögen und Vorempfänge**
- Werterhöhungen
- Wertermäßigungen
- Vermögensumschichtung
- Belastungen auf Grundvermögen

Kerscher 83

1 Die Annahme eines erbrechtlichen Mandats

c) ▓▓▓▓ **Erbrechtliche Verfügungen und erbrechtliche „Legitimationen"**
- auch frühere Verfügungen
- Einzelumstände, Hintergründe

d) ▓▓▓▓ **Eigene Erfahrungen in Erbstreitigkeiten**

B. Aktuelle Rechtslage

Nachteile: rechtliche und wirtschaftliche

C. Interessen und Wünsche der Mandanten

- eigene Absicherung im Alter
- Absicherung des überlebenden Ehegatten
- Schutz der Kinder:
- bei Wiederverheiratung des überlebenden Ehegatten
- bei Eingehung einer neuen Lebensgemeinschaft
- Familienbindung des Vermögens
- Verwaltung des Vermögens von minderjährigen Erben durch Familienangehörige
- Erbschaftsteuerersparnis
- Übertragung von Einkunftsquellen
- Vermögensumschichtung
- Rechtsformänderungen

D. Die ersten Lösungsgedanken

= Wiedergabe und Ergänzung der Lösungsansätze aus dem Mandantengespräch

E. Gegenstand und Umfang des Auftrages, Honorargestaltung

- Beratung
- Bearbeitung
- Testament
- Übergabevertrag
- Gutachten
- Honorar

- Erstberatung
- Stundenhonorar
- Pauschalhonorar
- BRAGO

F. Weiteres Vorgehen

1. Überprüfung der Ausgangslage auf Richtigkeit und Vollständigkeit
2. Umsetzung der Interessen und Wünsche des Mandanten

▲

Die „Ausgangslage" des Mandantenschreibens ist nicht nur für die erbrechtliche Gestaltung, sondern auch für die Tätigkeit des Rechtsanwaltes nach dem Erbfall maßgebend. Nur wenn mit dieser Sorgfalt vorgegangen wird, sieht man sich vor grundlegenden Fehlern bei der Sachverhaltserfassung vor.

▼

Für die Bearbeitung nach dem Erbfall sind zusätzlich zu erfragen:
1. Datum des Erbfalls
2. Kenntniserlangung vom Erbfall
3. Letztwillige Verfügung vom
   Letztwillige Verfügung vom
4. Kenntnis hiervon erlangt am
   Kenntnis hiervon erlangt am
5. Inhalt der maßgeblichen letztwilligen Verfügung
   Testierfreiheit
   Erbeinsetzung
   Teilungsanordnung
   Vorausvermächtnis
   Vermächtnis
   Bindungswirkung
6. Annahme der Erbschaft ausdrücklich oder konkludent am
7. Anfechtung der Annahme der Erbschaft am
8. Verjährung des Pflichtteilsanspruchs am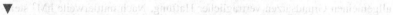
9. Verjährung des Pflichtteilsergänzungsanspruchs gegen den Beschenkten am

1 Die Annahme eines erbrechtlichen Mandats

§ 2 Die Haftung des Anwalts

A. Einleitung

1 Nicht zu unterschätzen sind im erbrechtlichen Mandat die anwaltlichen Haftungsrisiken. Diese können gerade aufgrund der hohen Streitwerte die wirtschaftliche Existenz des Anwalts bedrohen.

2 Bei der Haftung des Anwalts ist zunächst zu unterscheiden, ob es sich um Schadensersatzanspüche des Mandanten selbst handelt, oder ob ein Dritter, der nicht direkter Vertragspartner des Anwalts ist, Ansprüche geltend macht. Denn anders als bei der Haftung des Notars[1] besteht im Rahmen der anwaltlichen Tätigkeit keine ausdrückliche Regelung über einen möglichen Schadensersatzanspruch. Lediglich in § 44 S. 2 BRAO befinden sich Hinweise auf die Schadensersatzpflicht des Anwalts im Falle einer Pflichtverletzung.

3 Die Anspruchsgrundlage anwaltlicher Haftung richtet sich vielmehr nach den allgemeinen Grundsätzen vertraglicher Haftung. Nach mittlerweile hM[2] stellt der Anwaltsvertrag einen entgeltlichen Geschäftsbesorgungsvertrag (§ 675 BGB) dar. Eine Haftung aus **positiver Vertragsverletzung**[3] setzt aber voraus, daß zwischen Anwalt und Mandant ein Anwaltsvertrag zustandegekommen ist und der Anwalt eine Pflichtverletzung begangen hat, die zu einem Schaden beim Mandanten geführt hat.[4]

4 Der **Vertrag** kommt hier entsprechend den allgemeinen Grundsätzen der §§ 145 ff BGB zustande, wobei darauf zu achten ist, daß wegen der Vorschrift des § 43 b BRAO und dem Verbot der Einzelmandatswerbung der Vertrag dadurch geschlossen wird, daß der Mandant dem Anwalt den Auftrag anbietet

---

1 Die Haftung des Notars ist in § 19 BNotO ausdrücklich geregelt und entspricht grundsätzlich der Amtshaftung nach Artikel 34 Grundgesetz, § 839 BGB.
2 *Borgmann/Haug*, Anwaltshaftung, S. 41 ff.
3 Daneben haftet der Anwalt dem Mandanten aber auch nach §§ 326, 325 BGB beziehungsweise nach § 823 BGB, wenn die Voraussetzungen deliktischer Haftung gegeben sind BGH MDR 1978, 558.
4 BGH NJW-RR 1990, 459; 1988, 3269.

und dieser das Angebot annimmt. Der Anwalt hat, mit Ausnahme der gerichtlichen Beiordnung,[5] die Möglichkeit, das Mandat abzulehnen. Die Ablehnung muß jedoch gemäß § 44 BRAO unverzüglich erklärt werden.

Der Anwaltsvertrag kann auch **konkludent** dadurch zustandekommen, daß der Anwalt auf Fragen des Mandanten Auskunft zu den ihm angetragenen rechtlichen Problemen erteilt oder den Schriftwechsel mit dem Mandanten aufnimmt.[6] Hierbei hat der BGH jedoch strenge Anforderungen an die Voraussetzungen eines konkludenten Vertragsschlusses gesetzt.[7]

5

Insoweit ist der Abschluß des Anwaltsvertrags von einem unverbindlichen, reinen Gefälligkeitsverhältnis abzugrenzen. Von einem **Gefälligkeitsverhältnis** ist auszugehen, wenn der Vertragspartner erkennen konnte, daß es sich um eine unverbindliche Auskunftserteilung des Anwalts handelte. Ob die Auskunft als unverbindliche Gefälligkeit gewertet werden kann, hängt von der Gestaltung des Einzelfalls ab. Erteilt der Anwalt beispielsweise im Rahmen einer privaten Veranstaltung einem Bekannten auf dessen Fragen Auskunft zu einem rechtlichen Problem, so ist hier im Zweifel von einer reinen Gefälligkeit auszugehen. Das heißt, daß aufgrund der äußerlichen Gegebenheiten nicht von einem offiziellen Vertragsschluß ausgegangen werden konnte.[8] Anderes gilt aber für den Fall, daß der Anwalt erkennen konnte, daß es dem Erklärenden darauf ankam, eine verbindliche und seine Probleme klärende Auskunft zu bekommen und zwar auch dann, wenn es sich bei dem Erklärenden um einen guten Bekannten des Anwalts handelte.[9]

6

Gegenstand des Anwaltsvertrages ist die Rechtsberatung oder die Bearbeitung einer Rechtsangelegenheit. Wird der Anwalt also mit einem seinem Berufsbild entsprechend atypischen Auftrag betraut, beispielsweise als Makler etc., dann liegt kein Anwaltsvertrag vor. Handelt es sich um eine gemischte Tätigkeit, so ist auf den Schwerpunkt der Tätigkeit abzustellen.

7

---

5 *Rinsche*, Die Haftung des Rechtsanwalts und Notars, Rn I 3 ff.
6 BGH WM 1988, 905.
7 BGH NJW 1991, 2084.
8 BGH NJW 1992, 681.
9 BGH NJW 1992, 681.

1 Die Annahme eines erbrechtlichen Mandats

Neben der Haftung aus positiver Vertragsverletzung lässt sich eine Haftung des Anwaltes aus dem Rechtsinstitut der **culpa in contrahendo – Verschulden bei Vertragsschluß** – begründen. Einen Fall vorvertraglicher Haftung regelt § 44 Satz 2 BRAO. Hier haftet ein Rechtsanwalt dann, wenn er bei Nichtannahme eines Auftrages nicht unverzüglich dessen Ablehnung erklärt. Auch ohne die Regelung des § 44 BRAO hätte der Anwalt in einem solchen Fall wegen des Rechtsinstituts der culpa in contrahendo in Haftung genommen werden können.

Der Anwalt haftet für die Verletzung von Pflichten, die sich aus einem **vorvertraglichen Vertrauensverhältnis** nach Treu und Glauben ergeben.[10]

> *Fallbeispiel*
> Bei Anbahnung eines Mandatsverhältnisses unterlässt es der Anwalt, Auskunft wegen evtl. Verjährung von Ansprüchen beim Mandanten einzuholen. Es kommt zu einer Terminsvereinbarung zu einem Zeitpunkt, in dem der Anspruch des Mandanten wegen in der Zwischenzeit eingetretener Verjährung nicht mehr geltend gemacht werden kann. Hier haftet der Anwalt für den aus seiner Unterlassung erwachsenden Schaden.

B. Pflichtverletzung des Anwalts als Voraussetzung der Haftung

8   Die den Anwalt im Rahmen seiner Tätigkeit treffenden Pflichten sind diejenigen, die sich aus dem Berufsbild des Anwalts ergeben, wie beispielsweise die Pflicht zur persönlichen Leistungserbringung (§§ 675, 613 BGB) oder die Verschwiegenheitspflicht (§ 203 I Nr. 3 StGB) und die Pflicht zur umfassenden Beratung und Wahrnehmung der Interessen des Mandanten, insbesondere die von der Rechtsprechung entwickelten Sorgfalts- und Informationspflichten.

C. Informations- und Aufklärungspflicht

9   Der Anwalt hat den Mandanten über den entscheidungserheblichen Sachverhalt zu informieren. Umgekehrt muß der Mandant den Anwalt nach bestem Wissen

---

10 *Rinsche*, Seite 13, Rn I 33.

über den ihm bekannten Sachverhalt unterrichten.[11] Den Anwalt trifft hierbei die Pflicht, den Sachverhalt zu hinterfragen, um ein umfassendes Bild zu erhalten.[12] Es genügt nicht, wenn er sich den Sachverhalt lediglich vortragen läßt. Er hat als Rechtskundiger alle Einzelheiten aufzuklären, um dann eine umfassende Begutachtung der Rechtslage vornehmen zu können.
Vom Mandant muß der Rechtsanwalt sämtliche Informationen, wie beispielsweise rechtserhebliche Schriftstücke, Akten etc. anfordern.[13]

Gerade im erbrechtlichen Mandat trifft den Anwalt eine umfangreiche **Aufklärungspflicht** des Sachverhalts. So hat er unbedingt Informationen über die Familienverhältnisse, über das derzeitige Vermögen, über bisherige Verfügungen von Todes wegen, über alle zu Lebzeiten getätigten Schenkungen und Vorempfänge Auskunft einzuholen. Darüber hinaus sollte er sich bei Immobilien die Grundbuchauszüge und bei Gesellschaftsanteilen die Gesellschaftsverträge vorlegen lassen. 10

Den Anwalt trifft jedoch selbst keine Pflicht dahingehend, daß er die Angaben des Mandanten überprüft oder weitere eigene Ermittlungen anstellt.[14] Er darf auf die Informationen des Mandanten vertrauen und hat grundsätzlich keine Ermittlungspflicht, sofern keine Zweifel über die Angaben des Mandanten bestehen. Ist der Anwalt jedoch selbst eher in der Lage, sich zusätzliche oder besondere Informationen zu beschaffen, so muß er die Aufklärung selbst betreiben, was beispielsweise der Fall ist, wenn es um die Grundbucheinsicht oder die Zuziehung von Gerichtsakten geht. Den Anwalt trifft somit nur eine eingeschränkte persönliche Ermittlungspflicht.[15] 11

Der Anwalt hat aber darüber hinaus stets seinen Kenntnisstand zu überprüfen und gegebenenfalls neue Informationen beim Mandanten einzuholen.[16] Speziell für die allgemeine anwaltliche Beratung hat der BGH[17] folgende Grundsätze aufgestellt: 12

---

11 *Borgmann/Haug*, Seite 81 ff.
12 BGH NJW 1994, 1472.
13 AnwBl. 6/99, Seite 343, 344.
14 BGH VersR 1994, 1344.
15 BGH NJW 1981, 2741.
16 *Hansens*, NJW 1992, 1353.
17 BGH NJW 1961, 601, 602.

1 Die Annahme eines erbrechtlichen Mandats

13 „Die Pflicht des Rechtsanwalts zur vollständigen Beratung setzt voraus, daß er zunächst durch Befragen seines Auftraggebers die Punkte klärt, auf die es für die rechtliche Beurteilung ankommen kann und dabei auch die in der Sache liegenden Zweifel, die er als Rechtskundiger erkennen kann und muß, während sie auch einem geschäftsgewandten Rechtskundigen verborgen bleiben können, bedenkt und erörtert. Bevor solche Zweifel bestehen können, darf der Rechtsanwalt sich nicht mit der rechtlichen Würdigung des ihm Vorgetragenen begnügen, sondern muß sich bemühen, durch Befragen des Rechtssuchenden ein möglichst vollständiges und objektives Bild der Sachlage zu gewinnen. Er muß dabei durch richtige Fragen an seinen Auftraggeber die tatsächlichen Grundlagen ans Licht bringen, dh die Informationen, die er für eine richtige und umfassende Beratung braucht, schaffen und ergänzen."

D. Pflicht zur Prüfung der Rechtslage, Kenntnis der einschlägigen Vorschriften

14 Damit der Anwalt in der Lage ist, die Rechtslage zu überprüfen und dem Mandanten das richtige rechtliche Vorgehen zu ermöglichen, hat er sich alle hierzu notwendigen Rechtskenntnisse anzueignen. Gerade die in den letzten Jahren veröffentlichten Entscheidungen des BGH und der OLGe über die Anwaltshaftung zeigen, daß die Haftungsgefahr wesentlich größer ist als vermutet. Dies trifft insbesondere auf den erbrechtlichen Bereich zu.

15 Nach Ansicht des OLG Hamm[18] wird beispielsweise eine lückenlose Gesetzeskenntnis des BGB bis ins Detail gefordert. Das bedeutet, daß auch das 5. Buch des BGB mit seinen über 400 erbrechtlichen Vorschriften bekannt sein muß. Zu der Fülle der Paragraphen kommt noch hinzu, daß gerade im Erbrecht mehr rechtliche Fallen vorhanden sind als in jedem anderen Rechtsgebiet, denkt man beispielsweise nur an die Fragen der Ausschlagungsmöglichkeit eines pflichtteilsberechtigten Erben im Rahmen des § 2306 BGB.

16 Der Anwalt muß sich die nötige Rechtskenntnis aneignen. Hierbei sei bemerkt, daß die Fortbildungspflicht des Anwalts nun auch in § 43 a VI BRAO festgelegt ist.

---

18 OLG Hamm VersR 1981, 936.

Im Einzelnen hat der Anwalt die Rechtslage umfassend zu prüfen, und zwar bedarf es der Kenntnis des Anwalts von allen deutschen Gesetzen, gegebenenfalls auch den Gesetzen anderer Staaten, der höchstrichterlichen Rechtsprechung, der Rechtsprechung anderer Gerichte, der gesamten Rechtsliteratur, eventuell auch anderer Materialien, wie z.B. Tarifverträgen, Versicherungsbedingungen usw.

Im Rahmen der Kenntnis deutscher Gesetze ist eine lückenlose Gesetzeskenntnis absolute Pflicht. Gerade im Erbrecht sind sehr viele Dinge, namentlich zahlreiche Vermutungsregeln, im Gesetz ausdrücklich geregelt. Wer eine Vorschrift übersieht, haftet mit Sicherheit. Der Anwalt muß dagegen grundsätzlich keine Kenntnisse von Steuergesetzen haben; eine steuerliche Beratung wird von ihm nicht verlangt. Er sollte allerdings dem Mandanten den Hinweis geben, daß er die steuerrechtliche Bedeutung der Sache nicht prüft. Soweit ausländische Gesetze internationale Gültigkeit haben, wird diese Kenntnis vom Anwalt gefordert, so beispielsweise das UNO-Kaufrecht (CISG). Die Kenntnis ausländischen Erbrechts ist nicht notwendig, wohl aber des deutschen IPR, namentlich des EGBGB.

17

Die Kenntnis der höchstrichterlichen Rechtsprechung wird vom Anwalt verlangt.[19] Eine höchstrichterliche Entscheidung muß bekannt sein, sofern diese Entscheidung längstens sechs Wochen in einer „allgemeinen juristischen Zeitschrift" (im Entscheidungsfall war es die NJW) zurücklag.[20] Dies gilt auch dann, wenn sich der zu berücksichtigende Rechtsschutz nicht auf den veröffentlichten Leitsatz, sondern nur aus den tragenden Gründen der BGH-Entscheidung ergibt.[21]

18

Nicht notwendig ist es, daß der Anwalt die höchstrichterlichen Entscheidungen kennt, die lediglich in einer „Spezialzeitschrift" veröffentlicht sind, so beispielsweise in der Familienrechtszeitschrift (FamRZ), der Zeitschrift für die Steuer- und Erbrechtspraxis (ZErb) oder der Zeitschrift für Erbrecht und Vermögensnachfolge (ZEV).[22]

19

---

19 BGH NJW 1983, 1665.
20 OLG Düsseldorf VersR 1980, 359.
21 OLG Düsseldorf VersR 1980, 359.
22 BGH VersR 1979, 232, 233.

20 Die Kenntnis wichtiger Entscheidungen von Oberlandesgerichten ist dann notwendig, wenn es sich um ein Rechtsgebiet handelt, für das in der Regel ein Oberlandesgericht als letzte Instanz entscheidet, so z.B. in Familiensachen. Ebenso hat der Anwalt die Pflicht, sich anhand der Rechtsliteratur ein Bild von der herrschenden Meinung zu machen.

Der Rechtsanwalt hat die höchstrichterliche Rechtsprechung zu beobachten und sich abzeichnende Rechtsprechungsänderungen innerhalb eines übernommenen Mandates zu bewerten.[23] Nur ganz ausnahmsweise ist die Unkenntnis von Gesetzesänderungen im Rahmen von Wiedereinsetzungsentscheidungen zu entschuldigen.[24]

E. Pflicht zur Belehrung und zu Hinweisen auf Risiken

21 Eine häufige Haftungsquelle liegt in der sogenannten **Belehrungspflicht** des Anwalts. So ist nach Ansicht des BGH[25] der um eine Beratung ersuchte Rechtsanwalt zu einer umfassenden und möglichst erschöpfenden Belehrung seines Auftraggebers verpflichtet. Der BGH[26] sagt hierzu aus:

„Die Beratungspflicht des Rechtsanwalts schließt unter gegebenen Umständen auch die Notwendigkeit ein, auf die Zweifelhaftigkeit einer mit erheblichen Risiken verbundenen Rechtslage hinzuweisen."

22 Der Anwalt ist jedoch nicht verpflichtet, eine eindeutige **Prognose** über den Gang eines Prozesses zu geben, zumal dies aufgrund der Vielfalt von unterschiedlichen rechtlichen Meinungen praktisch gar nicht möglich ist. Im Falle eines gegebenen Risikos hat der Anwalt den Mandanten aber auf Art und Ausmaß des einzugehenden „Risikos" hinzuweisen.[27] Sind die Erfolgsaussichten eines vom Mandanten gewünschten Prozesses über das übliche Maß hinaus zweifelhaft, dann genügt es nach Ansicht des BGH[28]

---

23 Vgl. hierzu BGH NJW 93, Seite 3323 ff.
24 Vgl. hierzu VersR 78, 825.
25 BGH NJW 1991, 2079.
26 BGH VersR 1983, 34.
27 BGH NJW 1994, 1211.
28 BGH NJW 1988, 2113.

nicht, wenn der Anwalt den Mandanten auf das Risiko hinweist, er ist vielmehr verpflichtet, von sich aus auch zur Höhe des Risikos und zu der Wahrscheinlichkeit des Prozeßverlustes explizit Stellung zu nehmen. Ihn trifft in einem solchen Fall eine **Warnpflicht** bezüglich eines außerordentlich hohen Prozeßrisikos. Eine solche Warnpflicht besteht allerdings auch für sonstige Rechtsauskünfte und Beratungen.[29]

Um in einem späteren Haftungsprozeß nicht in Schwierigkeiten zu gelangen, sollte man hierüber auf jeden Fall eine Aktennotiz niederlegen, besser ist es aber, den Mandanten die Belehrung schriftlich bestätigen zu lassen.[30] Inwieweit der Anwalt seine Belehrungen auch dokumentieren muß, führt *Rinsche*[31] aus: 23

„*Ungeachtet der Zweckmäßigkeit, bestimmte Belehrungen aktenkundig festzuhalten, besteht hier aber keine Dokumentationspflicht des Anwalts.*"[32]

Aus der Tatsache, daß jedes Vorgehen im Rahmen eines Mandats ein gewisses Risiko aufweist, ergibt sich, daß grundsätzlich die Wahl des **sichersten** und **zweckmäßigsten** Weges zu treffen ist. Nach Ansicht des BGH[33] ist diejenige Maßnahme einzuleiten, die die drohenden Nachteile am ehesten vermeidet. Es sind dem Mandanten darüber hinaus diejenigen Schritte anzuraten, die zu dem erstrebten Ziel zu führen geeignet sind, um Nachteile für den Auftraggeber zu verhindern, soweit solche voraussehbar und vermeidbar sind. Im Zweifel muß der Anwalt immer den sicheren Weg gehen. In einem Beispiel aus der neueren Rechtsprechung des BGH[34] wird hierzu folgender Fall angeführt: 24

In dem genannten Fall ging es dem Erblasser darum, das erbvertragliche Alleinerbenrecht seines getrennt lebenden Ehegatten auszuschließen, um seinen Kindern das Erbrecht zu sichern und diese als Erben einzusetzen. Besteht zwischen Erblasser und der getrennt lebenden Ehefrau ein Erbvertrag mit Rücktrittsklausel, so begeht der Anwalt eine Pflichtverletzung, wenn er lediglich über das Scheidungsverfahren versucht, das Erbrecht des Ehegatten 25

---

29 BGH VersR 1983, 34.
30 *Rinsche*, I Rn 126 ff.
31 *Rinsche*, I Rn 130.
32 BGH NJW 1992, 1695, 1969.
33 BGH NJW-RR 1990, 1241.
34 BGH NJW 1995, 51.

auszuschließen, und nicht noch zusätzlich einen Notar mit der Beurkundung der Rücktrittserklärung beauftragt.

Gemäß dem „Gebot des sichersten Weges" hat der Anwalt bei einer Vielzahl von Möglichkeiten den Mandanten auch über den „einfachsten, schnellsten und billigsten Weg" zum Erreichen des Erfolges des Anwaltsvertrages zu belehren.[35]

F. Rechtswidrige und schuldhafte Pflichtverletzung

26 Nur ausnahmsweise wird die Rechtswidrigkeit einer Pflichtverletzung nicht gegeben sein. Wegen des Verschuldens ist auf die umfangreiche Literatur insbesondere bei der Fristversäumung hinzuweisen.

G. Parteien des Anwaltsvertrags

27 Während bei der Frage, wer der Auftraggeber des Anwaltsvertrags ist, in der Regel keine Schwierigkeiten auftreten, besteht bei der Frage nach dem beauftragten Anwalt oftmals das Problem, ob im Rahmen einer Anwaltssozietät ein Vertragsschluß mit allen Anwälten besteht. Hier ist im Zweifel davon auszugehen, daß der Vertrag mit der gesamten Sozietät geschlossen wird.[36] Alle Anwälte haften dann als Gesamtschuldner (§ 51 a II BRAO). Dies gilt nach Ansicht des BGH[37] zumindest entsprechend den Grundsätzen der **Duldungs-** und **Anscheinsvollmacht** dann, wenn die Anwälte gemeinsam nach außen auftreten, beispielsweise auf dem Briefkopf, dem Türschild etc.

28 Ausnahmsweise kommt im Rahmen einer Sozietät ein sogenannter **Einzelauftrag** zustande, wenn der Mandant dies bei Abschluß wünscht oder dies aufgrund ausdrücklicher Vereinbarung bestimmt wird, wobei die Sozietät dies annehmen muß.[38] Gleiches gilt auch, wenn nur ein bestimmter Anwalt bei dem Gericht

---

35 BGH, Beschluß vom 17.12.98, KZR, 270/97.
36 BGH NJW 1994, 2072.
37 BGH NJW 1994, 257.
38 BGH NJW 1994, 257.

zugelassen ist, an dem beispielsweise die Berufung einzureichen ist, oder auch dann, wenn der Anwalt mit einer anwaltsatypischen Tätigkeit beauftragt wird, z.B. als Makler oder Konkursverwalter.[39]

H. Haftung gegenüber Dritten

Ein häufiges Problem der anwaltlichen Haftung ist im erbrechtlichen Bereich die Frage, ob auch dritten Personen, beispielsweise der Ehefrau oder den Abkömmlingen des Erblassers, ein Schadensersatzanspruch zusteht, wenn lediglich der Erblasser selbst Vertragspartner des Anwalts geworden ist. Literatur[40] und Rechtsprechung[41] diskutieren hier verschiedene Lösungsmöglichkeiten. **29**

So kommt zum einen eine Haftung des Anwalts aufgrund einer Haftung aus **Vertrag mit Schutzwirkung für Dritte** in Betracht.[42] Voraussetzung ist, daß ein Dritter nach dem Inhalt des Vertrages und nach den Grundsätzen von Treu und Glauben in den Schutzbereich des Anwaltsvertrages einzubeziehen ist. Nach bisheriger Rechtsprechung des BGH werden nur nahe Verwandte des Mandanten (Kinder, Ehefrau) in den Schutzbereich des Anwaltsvertrages miteinbezogen.[43] **30**

Hat sich der Anwalt beispielsweise gegenüber einem schon älteren Mandanten verpflichtet, ihn bei der Erstellung eines Testaments zu unterstützen und dazu einen Notar hinzuzuziehen, so haftet der Anwalt der Tochter des Mandanten auf Schadensersatz, wenn er es versäumt hat, den Notar zu beauftragen, und der Erblasser ohne Errichtung eines Testaments verstirbt.[44] In einer neueren Entscheidung hat der BGH[45] die Grundsätze des Vertrages mit Schutzwirkung für Dritte auch im Rahmen einer testamentarischen Gestaltung angenommen, wenn die Ehefrau des Erblassers durch einen Fehler des Anwalts nicht Erbin eines Gesellschaftsanteils werden konnte. **31**

---

39 *Rinsche*, I Rn 21.
40 *Schlee*, AnwBl. 1993, 118 ff.
41 BGH NJW 1991, 32.
42 BGH NJW 1976, 712.
43 BGH NJW 1977, 2073; NJW 1988, 200.
44 BGH NJW 1965, 1955.
45 BGH NJW 1995, 2551.

1 Die Annahme eines erbrechtlichen Mandats

Im Rahmen der Erstellung eines Gutachtens handelt es sich in der Regel um ein Parteigutachten, welches einen Schutzbereich für Dritte grundsätzlich nicht eröffnet.[46]

32 Darüber hinaus kann der Anwalt für Vermögensschäden Dritter nach **§ 826 BGB** haften, wenn er eine fehlerhafte Auskunft erteilt hat.[47] Voraussetzung ist allerdings eine sittenwidrige Handlung des Anwalts und eine vorsätzliche Schädigung. Während die Sittenwidrigkeit nach Ansicht des BGH[48] bereits durch leichtfertiges und grob fahrlässiges Verhalten des Anwalts in bezug auf seine Berufspflichten und seine Vertrauensstellung gegeben sein kann, bedarf es für das Erfordernis einer vorsätzlichen Schädigung zumindest, daß der Anwalt mit der Möglichkeit eines Schadenseintritts gerechnet und dies billigend in Kauf genommen hat.[49]

33 Darüber hinaus kann der Anwalt auch Dritten gegenüber für eine falsche Auskunft haften, wenn diese nicht Vertragspartner sind.[50]

I. Verjährung von Haftpflichtansprüchen

I. Verjährung nach § 51 b BRAO

34 Grundsätzlich gilt für Haftpflichtfälle, in denen der Mandant den Anwalt auf Schadensersatz aus dem Anwaltsvertragsverhältnis in Anspruch nimmt, die 3-jährige Verjährungsfrist des § 51 b BRAO.

Die Verjährungsfrist beginnt mit der Entstehung des Anspruches zu laufen. Auf die Kenntnis des Mandanten vom Schaden kommt es nicht an.[51] Das Merkmal der „Entstehung des Anspruches" wird von der Rechtsprechung insoweit ausgelegt, als bereits eine erhebliche Schadenskonkretisierung eingetreten sein muß.[52]

---

46 *Borgmann/Haug*, VI Rn 27.
47 BGH NJW 1991, 32.
48 BGH NJW 1972, 678.
49 BGH WM 1966, 1148.
50 Siehe bei *Borgmann/Haug*, VI Rn 1 ff.
51 *Rinsche*, I. 256, 257.
52 AnwBl. 6/99, 373, 406; BGH – IX. ZR 186/98.

II. Sekundäranspruch

Die Rechtsprechung hat den sogenannten Sekundäranspruch entwickelt, nach welchem sich die 3-Jahresfrist des § 51 b BRAO um weitere drei Jahre verlängern kann. Der Sekundäranspruch beruht auf der Tatsache, daß dem Rechtsanwalt eine umfassende Beratungspflicht obliegt, die auch die Hinweispflicht auf evtl. Pflichtverletzungen mit der Folge der Entstehung von Haftpflichtansprüchen des Mandanten beinhaltet. Verletzt der Rechtsanwalt seine Hinweispflicht und kommt es dadurch zu einer Verjährung der Haftpflichtansprüche des Mandanten (Primäranspruch), so wird der Verjährungseintritt nicht beachtet (Sekundäranspruch).[53] Hintergrund der Entwicklung des Sekundäranspruches war, daß der Anwalt wegen seiner Rechtskenntnisse besser beurteilen kann, ob bei dem Mandanten infolge eines Anwaltfehlers Vermögensschäden eingetreten sind.[54] Endgültig tritt Verjährung spätestens drei Jahre nach Beendigung des Mandates ein, § 51 b 2. Alternative BRAO. Die 3-Jahresfrist des § 51 b BRAO ist auch anzuwenden auf Ansprüche aus culpa in contrahendo.[55]

35

J. Typische Haftungsfälle im Erbrecht und Einzelfälle aus der neueren Rechtsprechung

I. Aufnahme des Vorbehalts der beschränkten Erbenhaftung im Vergleich

Nach Ansicht des BGH[56] traf den Anwalt in dem genannten Fall die grundsätzliche Belehrungspflicht dem Mandanten gegenüber dahingehend, daß dieser, wenn er sich in einem Prozeßvergleich als Erbe zu einer Leistung verpflichtet, über die Aufnahme des Vorbehalts der beschränkten Erbenhaftung nach § 780 I ZPO zu belehren ist. Diese Belehrungspflicht besteht nach Ansicht des BGH auch dann, wenn davon auszugehen ist, daß im Innenverhältnis die Verbindlichkeit allein von einem Streitgenossen getragen werden soll und dieser nach bisheriger Ansicht des Mandanten sowohl zahlungsfähig als auch zahlungsbereit ist.

36

---

53 *Rinsche*, I 257.
54 VersR 85, 860, 862.
55 *Rinsche*, I 287.
56 BGH NJW 1991, 2839.

1 Die Annahme eines erbrechtlichen Mandats

37 Nach bisher einhelliger Meinung auch in der Literatur[57] muß der Erbe auch im Rahmen eines Prozeßvergleichs die Aufnahme des Vorbehalts der Erbenhaftung nach § 780 I ZPO erwirken, ansonsten kann er später im Rahmen der Zwangsvollstreckung den Einwand der beschränkten Haftung nicht erheben. Die Vorschriften der §§ 780–785 ZPO sind auf die in § 794 ZPO genannten Titel anwendbar.

38 Da der Anwalt grundsätzlich verpflichtet ist, den sichersten Weg zum Schutze der Interessen des Mandanten zu gehen, muß er an diese Möglichkeit bzw. an diese Sicherungsvorkehrung denken und zwar auch dann, wenn Zahlungsfähigkeit und Bereitschaft besteht, so daß mit einer Haftung des Mandanten im Moment nicht zu rechnen ist. Dies folgt nicht zuletzt auch daraus, daß der Anwalt seinen Auftraggeber nach jeder Richtung umfassend zu beraten und seine Interessen wahrzunehmen hat.

II. Die Prüfung von Verjährungsfristen

39 Mit zu den wichtigsten Pflichten im Rahmen eines erbrechtlichen Mandats gehört die Prüfung von Verjährungsfristen.[58] Hier muß der Anwalt sämtliche einschlägige Verjährungsvorschriften kennen, gerade im Rahmen des Pflichtteilsrechts ist die Verjährungsvorschrift des § 2332 BGB zu beachten.

40 Nach der Entscheidung des OLG Düsseldorf[59] muß der Anwalt, der im Rahmen der Geltendmachung eines Pflichtteilsanspruchs Klage zur Unterbrechung der Verjährungsfrist erhebt, den Mandanten ausdrücklich darauf hinweisen, daß er den Gerichtskostenvorschuß unverzüglich einzuzahlen hat, ansonsten läuft er Gefahr, daß der Anspruch (mangels Rechtshängigkeit) verjährt. Das Gericht fordert hier, daß der Anwalt den Mandanten nicht nur pauschal auf die Gefahr hinweist, sondern daß er ihm die Problemstellung und die daraus resultierenden möglichen Folgen genau erläutert.

41 Denn nach Ansicht des BGH entfällt die materiellrechtliche Wirkung des § 270 III ZPO, wenn der Kläger durch nachlässiges Verhalten eine nicht nur geringfügige Verzögerung der Zustellung provoziert.[60] Eine nicht nur

---

57 *Stein/Jonas/Münzberg*, ZPO § 780 Rn 8; Zöller/Stöber ZPO, § 780 Rn 6.
58 BGH NJW 1988, 1079.
59 OLG Düsseldorf, Entscheidung v. 28.06.1991, AZ: 7 U 109/90.
60 BGHZ 103, 20, 28 ff.

geringfügige Verspätung wird bereits bei einer Verzögerung von 18 bis 20 Tagen anzunehmen sein.[61] Der Anwalt sollte daher seinem Mandanten spätestens bei der Zusendung der Aufstellung über die vorläufigen Gerichtskosten und das Vorschußbegehren die Eilbedürftigkeit durch einen sichtbaren Hinweis klarmachen. Besser ist es, bereits in der Vorbesprechung daraufhinzuweisen. Kommt der Anwalt seiner Aufklärungspflicht nicht nach, begibt er sich in eine eigene Haftung.[62]

III. Zahlungsklage im Rahmen des Pflichtteilsanspruchs

Der Anwalt begeht im Rahmen seiner Betreuung des Mandanten nach Ansicht des OLG Düsseldorf[63] auch dann eine Pflichtverletzung, wenn er im Rahmen eines Pflichtteilsanspruchs die Zahlungsklage erhöht, ohne den Mandanten über die entsprechenden Risiken der Mehrkosten des Rechtsstreits zu belehren, zumindest dann, wenn er die Erfüllung des Auskunftsanspruchs nicht abwartet. 42

IV. Sicherung eines aufschiebend bedingten Vermächtnisses

Steht dem Mandanten ein aufschiebend bedingter Vermächtnisanspruch hinsichtlich eines Grundstücks zu, so ist nach Ansicht des OLG Hamm[64] der Anwalt verpflichtet, wenn die Möglichkeit eines Verlustes des Vermächtnisanspruchs besteht, zu prüfen, ob die Vermächtnisanwartschaft durch eine einstweilige Verfügung mit einer Vormerkung im Grundbuch gesichert werden kann. D. h., daß der Anwalt, der den Vermächtnisnehmer bzw. Anwartschaftsberechtigten vertritt, darauf achten muß, daß dieses Recht gesichert ist. 43

Die Verjährungsfrist nach § 51 b BRAO beginnt in diesem Falle ab dem Zeitpunkt, ab dem keine Möglichkeit mehr besteht, eine grundbuchrechtliche Absicherung vornehmen zu können. 44

---

61 BGH NJW 1967, 779.
62 OLG Düsseldorf FamRZ 1992, 1223.
63 OLG Düsseldorf NJW 1985, 1154.
64 OLG Hamm, Entscheidung v. 05.10.1995, AZ: 28 U 22/95.

V. Überprüfung der gesellschaftsrechtlichen Nachfolgeklausel bei der Testamentserstellung[65]

45 Im Rahmen einer Testamentserrichtung haftet der Anwalt für seine Beratung, wenn dies zu Verlusten von Gesellschaftsanteilen des Erblassers führt, und zwar auch dann, wenn es sich bei dem Erben um die Ehefrau des Erblassers handelt.

46 In dem genannten Fall ließ sich der Erblasser vom Anwalt bezüglich einer Testamentsgestaltung beraten. Insbesondere ging es dem Erblasser darum, seine Kommanditanteile seinen Erben zu erhalten. Der Anwalt hatte in der Beratung übersehen, daß die gesellschaftliche Nachfolgeklausel vorsieht, daß der Geschäftsanteil eines verstorbenen Gesellschafters grundsätzlich auf seine Erben übergeht, daß aber die übrigen Gesellschafter gegenüber denjenigen Erben, die keine Mitgesellschafter oder keine Abkömmlinge des Verstorbenen sind, beschließen können, daß dieser gegen Abfindung zum Bilanzwert (ohne Firmenwert) aus der Gesellschaft auszuscheiden hat.

47 Da nun die Ehefrau des Erblassers und sein Abkömmling im Testament als Erben zu jeweils 1/2 eingesetzt wurden, führte dies dazu, daß nach dem Tod des Erblassers die übrigen Gesellschafter von dieser Klausel Gebrauch machten und die Ehefrau aus der Gesellschaft mit einer Abfindung zum Buchwert bzw. zum Bilanzwert ausschlossen.

48 Nach Ansicht des Gerichtes war der Anwalt hier verpflichtet, den Erblasser auf die Nachfolgeklausel in den Verträgen hinzuweisen. Solange der Erblasser dennoch auf die gewünschte Erbeinsetzung von Ehefrau und Sohn drängt, muß der Anwalt dem Mandanten Vorschläge unterbreiten, die die Einziehung des hälftigen Kommanditanteils verhindern würden.

49 So hätte im vorliegenden Fall der Sohn als Alleinerbe eingesetzt werden und die Ehefrau hätte ein ihrem Erbteil entsprechendes Vermächtnis als Ausgleich erhalten müssen. Als zweite Möglichkeit, die jedoch nicht ganz so sicher wäre, und auf diese Unsicherheit hätte der Anwalt den Erblasser auch hinweisen müssen, hätte die Möglichkeit bestanden, daß der Sohn im Wege des Vorausvermächtnisses oder über eine Teilungsanordnung den Kommanditanteil zugewandt bekommt.

---

65 BGH NJW 1995, 2551.

Das Gericht hat hier im Rahmen des Beratungsvertrags eine Schutzwirkung auch für die Erben angenommen, da davon auszugehen war, daß es dem Erblasser darauf ankam, die Gesellschaftsanteile seinen beiden Erben zu erhalten. Insoweit hat der Vertrag hier Schutzwirkung für Dritte entfaltet. 50

VI. Beratungspflicht bei Testamenten

Grundsätzlich muß der Anwalt dem „Gebot des sichersten Weges" folgen und dem Mandanten den einfachsten und billigsten Weg zur Erreichung des gewünschten Zieles darlegen. Wird ein Anwalt beauftragt, ein beim Nachlaßgericht hinterlegtes Testament aus der amtlichen Verwahrung zurückzuholen, und erhält der Anwalt das Testament aufgrund § 2256 II S. 2 BGB nicht ausgehändigt, so genügt es nach Ansicht des BGH nicht, wenn der RA dem Mandanten mitteilt, er müsse das Testament selbst abholen oder es durch ein notarielles Testament widerrufen: der Anwalt hätte dem Mandanten auch mitteilen müssen, daß er das hinterlegte Testament durch ein handschriftliches Testament widerrufen kann.[66] 51

VII. Ausschlagung der Erbschaft

Gerade wenn es um die Frage der Ausschlagung der Erbschaft geht, wird in der Praxis oftmals übersehen, daß mit erklärter Ausschlagung mit Ausnahme der §§ 2306, 2307 BGB und § 1371 III BGB auch kein Pflichtteilsanspruch mehr besteht.[67] Deshalb gilt es, vor jeder Ausschlagung exakt zu prüfen, ob dem Mandanten dadurch nicht jeglicher Erb- und Pflichtteilsanspruch genommen wird. Andererseits verletzt der Anwalt seine Beratungspflicht, wenn er den Nacherben nicht darüber aufklärt, daß er erst nach Ausschlagung der Nacherbschaft Pflichtteilsansprüche geltend machen kann. 52

Gleiches gilt für den Fall des § 1948 BGB. Will der Mandant die testamentarische Verfügung ausschlagen, um sie als gesetzlicher Erbe anzunehmen, dann ist in jedem Fall zu prüfen, ob eine abschließende Verfügung im Sinne von § 1948 BGB vorlag.[68] Greift hier beispielsweise eine Ersatzerbenregelung (§ 2069 53

---

66 BGH BRAK-Mitt. 1999, 72.
67 BGH DNotZ 1974, 597.
68 BGH VersR 1959, 997.

BGB) oder gar Anwachsung (§ 2094 BGB) ein, dann verliert der Mandant durch die Ausschlagung seine Ansprüche.

54 Auf der anderen Seite verletzt der Anwalt auch seine Beratungspflicht, wenn er den Mandanten nicht über die Möglichkeit der Ausschlagung und einen damit verbundenen möglichen (steuerlichen) Vorteil belehrt.[69]

VIII. Die Haftung des Anwalts bei vorzeitiger Klage auf Auseinandersetzung einer Erbengemeinschaft (ZEV 1998, 391)

55 Haftungsrisiken ergeben sich für den Anwalt auch bei der Auseinandersetzung von Erbengemeinschaften. Hierbei werden häufig die Teilungsvoraussetzungen der §§ 2042 BGB nicht hinreichend geprüft. Erhebt der Anwalt vor Teilungsreife des Nachlasses Erbteilunmgsklage, so begeht er aufgrund der Aussichtslosigkeit der Klage eine Pflichtverletzung.[70] Vgl. zur Erbteilungsklage Teil 5 § 27 Rn 1 ff.

IX. Vergleich über ein Erbrecht

56 In der erbrechtlichen Beratungspraxis besteht oftmals Ungewißheit darüber, ob ein Vergleich im außergerichtlichen Bereich der notariellen Beurkundung bedarf. So handelt es sich bei einem solchen Vergleich über ein Erbrecht um ein erbschaftskaufähnliches Geschäft, das nach den Vorschriften der §§ 2385, 2371 BGB der notariellen Beurkundung bedarf. Gleiches gilt auch für die sogenannte **Auslegungsvereinbarung** bzw. den Auslegungsvertrag.[71]

57 Anders aber für die bloße **Auseinandersetzungsvereinbarung**. Eine solche ist nur dann notariell zu beurkunden, wenn sie Regelungen über die Auseinandersetzung von Grundstücken oder GmbH-Anteilen zum Inhalt hat.[72] Eine Überprüfung einer Einigung hinsichtlich der Formvorschrift des § 2371 BGB ist im außergerichtlichen Bereich immer notwendig. Im Zweifel ist dem Mandanten zu einer notariellen Beurkundung zu raten.

Beispiele für einen Erbrechtsvergleich s. Teil 5 § 28 Rn 15 ff., § 25 Rn 62 ff.

---

69 LG Köln NJW 1981, 351.
70 LG Erfurt ZEV 1998, 391.
71 BGH NJW 1986, 1812. Vgl. ausführlich dazu *Dressler* ZEV 1999, 289.
72 *Palandt/Edenhofer*, § 2042 Rn 4.

§ 3 Die Haftung des Notars

A. Einleitung

Die Haftung des Notars ist gesetzlich geregelt. § 19 BNotO bestimmt, daß ein Notar, „der vorsätzlich oder fahrlässig die ihm einem anderen gegenüber obliegende Amtspflicht verletzt, diesem den daraus entstehenden Schaden zu ersetzen hat". Die Notarhaftung entspricht demnach dem Grunde nach der Amtshaftung nach Artikel 34 GG, § 839 BGB. Sie ist eine deliktische und keine vertragliche Haftung.

B. Voraussetzung der Haftung – Die Amtspflichtverletzung

Für die Verletzung einer Amtspflicht haftet der Notar auf Schadensersatz. In der Praxis werden am häufigsten die Prüfungs- und Belehrungspflichten der §§ 17 bis 21 Beurkundungsgesetz verletzt.[1]

In den Pflichtenkreis des Notars fällt gemäß § 17 Abs. 1, 2 Beurkundungsgesetz (BeurkG):
- Die Erforschung des Willens der Beteiligten
- Die Aufklärung des Sachverhaltes
- Die Belehrungspflicht hinsichtlich der rechtlichen Tragweite eines Geschäfts
- Die Pflicht, Erklärungen in der Niederschrift klar und unzweideutig wiederzugeben.

C. Die Erforschung des Willens

Im Rahmen der Willenserforschung obliegt es dem Notar, „den wahren Willen" der Beteiligten herauszufinden.[2] Der Notar muß ermitteln, was die Beteiligten wirklich wollen. Dies erfordert eine gezielte Befragung der Beteiligten, die die

---

1 *Rinsche*, II 156.
2 NJW 1994, 2283.

1 Die Annahme eines erbrechtlichen Mandats

eindeutige und vollständige Äusserung der Beteiligten über ihre Vorstellung und ihre Willensrichtung herbeiführen soll.[3]

D. Sachverhaltsaufklärung

5 Der Notar muß Kenntnis über den zugrundeliegenden Sachverhalt haben, um den Willen der Beteiligten rechtlich umsetzen zu können. Er muß wissen, was das Ziel seiner Tätigkeit sein soll. Hierfür hat er den Sachverhalt aufzuklären. Seine Aufklärungspflicht beschränkt sich auf die Erforschung des Sachverhaltes, soweit dies für die Errichtung der Urkunde erforderlich ist.[4]

Auf die Richtigkeit der Angaben der Beteiligten darf der Notar vertrauen mit der Folge, daß er nicht verpflichtet ist, eigene Ermittlungen anzustellen.[5]

6 Vorsicht ist geboten, sobald die Beteiligten rechtliche Begriffe verwenden, da die Gefahr besteht, daß diese von ihnen juristisch falsch gebraucht werden. Eine Prüfungspflicht des Notars besteht hinsichtlich der von den Beteiligten vorgelegten Urkunden insoweit, als er sie für die Errichtung der Urkunde verwerten muß.[6] § 21 Abs. 2 BeurkG verpflichtet den Notar, anlässlich einer Beurkundung immer auch das Grundbuch einzusehen.

E. Belehrungspflichten des Notars

I. Belehrungspflicht nach § 17 Abs. 1 Satz 1 BeurkG

7 Gemäss § 17 Abs. 1 Satz 1 BeurkG hat der Notar die Beteiligten über die rechtliche Tragweite des Geschäfts zu belehren. Er muß die Beteiligten mit den Voraussetzungen, der Bedeutung und den Auswirkungen des Geschäftes vertraut machen. Dieses Erfordernis ist nur dort gegeben, wo Belehrungsbedürftigkeit besteht. Die Belehrung über die rechtliche Tragweite des Geschäftes umfasst nicht eine Aufklärung darüber, ob ein Geschäft wirtschaftlich sinnvoll

---

[3] BGH NJW 87, 1266.
[4] BGH NJW 92, 3237, 3239.
[5] BGH VersR 1996, 336.
[6] BGH NJW 96, 520.

ist.⁷ Auch eine steuerrechtliche Belehrung obliegt dem Notar grundsätzlich nicht⁸ (**Ausnahme:** §§ 3, 4 Abs. 2 ErbStG).

Der Notar muß gemäss § 17 Abs. 1 Satz 2 BeurkG darauf achten, daß „Irrtümer und Zweifel vermieden werden und ungewandte Beteiligte nicht benachteiligt werden".

Die Belehrungspflicht des Notars gegenüber dem einzelnen Beteiligten reicht nicht soweit, wie bei der anwaltlichen Beratung.⁹ Die Belehrung muß bei der Beurkundung selbst erfolgen. In einzelnen Fällen muß sie in der Urkunde dokumentiert werden.¹⁰

II. Die betreuende Belehrungspflicht

Neben der Belehrungspflicht aus § 17 Abs. 1 Satz 1 BeurkG hat die Rechtsprechung die sogenannte „betreuende Belehrungspflicht" des Notars entwickelt. Die „betreuende Belehrungspflicht" wurde für Einzelfälle entwickelt, in denen „der Notar aufgrund besonderer Umstände des Falles Anlass zu der Vermutung haben muß, einem Beteiligten drohe ein Schaden deshalb, weil er sich wegen mangelnder Kenntnis der Rechtslage der Gefahr nicht bewusst ist".¹¹ Nur drohende folgenschwere Schäden umfasst die Hinweispflicht des Notars.¹²

Wichtig ist, daß die Belehrungspflicht auch **mittelbar Beteiligte** umfasst, sich demnach auch auf Personen erstreckt, die irgendwie mit dem Notar in Verbindung getreten sind (z. B. durch ihre Anwesenheit bei einer Beurkundung).

III. Notarielle Beratungstätigkeit, §§ 23, 24 BNotO

Die notarielle Beratungstätigkeit fällt nicht in den notwendigen Pflichtenkreis des Notars im Rahmen seiner Beurkundungstätigkeit.¹³ Sie kann aber vom

---

7 BGH BB 67, 59.
8 BGH VersR 1983, 181, 182.
9 *Jengk* in AnwBl. 6/99, 345; ausführlich zur Belehrungspflicht: *Rinsche*, II 46 ff.
10 *Rinsche*, II 47.
11 MDR, 1985, 577; NJW 1995, 2713.
12 Ausführlich hierzu: *Rinsche*, II 55 ff.
13 *Rinsche*, II 85 ff.

Notar übernommen werden. Die notarielle Beratung stellt eine öffentlich-rechtliche Tätigkeit dar, bei der die Pflicht des Notars zur Unparteilichkeit beim Vorhandensein verschiedener Interessenspersonen gewahrt werden muß.

F. Rechtskenntnisse

13 Auch der Notar muß für die Wahrnehmung seiner Amtspflichten über die notwendigen Rechtskenntnisse verfügen. Er muß sich vertraut machen mit der Rechtsprechung der Obersten Gerichte. Insoweit wird vom Notar verlangt, daß er die „für seine amtliche Tätigkeit wesentlichen Zeitschriften und die üblichen Erläuterungsbücher" liest und verinnerlicht.[14] Die Pflicht zur Gesetzeskenntnis ist weitreichend. Die Rechtsprechung verlangt dem Notar Kenntnis von Gesetzen ab, die zwar noch nicht in Kraft getreten, im Bundesgesetzblatt (BGBl.) aber bereits veröffentlicht sind.[15] Ob daneben vom Notar auch die Erstellung einer Rechtsprognose verlangt wird, wird unterschiedlich bewertet.[16]

G. Person des Geschädigten

14 Gemäss § 19 BNotO haftet der Notar „dem anderen" auf Schadensersatz, gegenüber welchem er seine Amtspflicht verletzt hat. Der Personenkreis „des anderen" ist weit. Es fallen hierunter *„nicht nur die am Amtsgeschäft unmittelbar Beteiligten, sondern auch all jene, deren Interessen durch das Amtsgeschäft nach dessen besonderer Natur berührt wird und in deren Rechtskreis eingegriffen werden kann, sogar wenn sie durch die Amtsausübung nur mittelbar betroffen werden und bei der Beurkundung nicht zugegen waren"*.[17] Bei Verletzung der Prüfungs- und Belehrungspflicht gemäss § 17 Abs. 1 Satz 1 BeurkG gilt dieses nicht uneingeschränkt. Hier zählt zu dem geschützten Personenkreis nur der unmittelbar und der mittelbar am Amtsgeschäft Beteiligte.[18]

---

14 BGH NJW 92, 3237.
15 OLG Hamm, U.v. 1.3.84 – 28 U 231/85.
16 Dagegen: *Rinsche*, II 111; dafür: *Jengk*, AnwBl. 6/99, 344.
17 BGH NJW 1988, 63, 64 = DNotZ 1988, 372 ff.
18 *Rinsche*, II 16 ff.

H. Grundsatz der Subsidiarität

Kann dem Notar hinsichtlich der Amtspflichtverletzung nur Fahrlässigkeit vorgeworfen werden, so greift der Schadensersatzanspruch nur durch, soweit der Geschädigte nicht auf andere Art und Weise Ersatz verlangen kann, § 19 Abs. 1 Satz 2 BNotO.

Hat ein Dritter zur Schadensentstehung beigetragen und haftet er neben dem Notar, so muß der Geschädigte ihn für die Regulierung seines Schadens in Anspruch nehmen und nicht den Notar. Es muß allerdings tatsächlich ein Ausgleich von dem Dritten erlangt werden können, nur dann ist die andere Ersatzmöglichkeit zumutbar. Die Zumutbarkeit entfällt beispielsweise, wenn der Dritte offensichtlich nicht in der Lage ist, den Schaden zu ersetzen.[19]

Der Subsidiaritätsgrundsatz gilt nicht, wenn ein Amtsgeschäft nach §§ 23, 24 BNotO betroffen ist.

I. Verjährung

Der Anspruch auf Schadensersatz verjährt gemäss §§ 19 Abs. 1 Satz 3 BNotO, 852 BGB in drei Jahren. Voraussetzung des Verjährungsbeginnes ist die Kenntnis des Geschädigten vom Schaden. Hierfür ist erforderlich, daß der Schaden bereits eingetreten ist. Ein Schaden liegt vor, wenn sich die Vermögenslage des Geschädigten verschlechtert hat.

Die Verjährungsfrist beginnt solange nicht zu laufen, als Unklarheit über das Vorhandensein einer anderweitigen Ersatzmöglichkeit besteht.[20]

Eine Kenntnis vom Schaden ist grundsätzlich erst dann gegeben, wenn keine anderweitige Ersatzmöglichkeit zum Erfolg geführt hat.[21]

Eine Hemmung der Verjährungsfrist tritt durch Verhandlung über die Schadensersatzpflicht ein, § 852 Abs. 2 BGB i.V.m. § 19 Abs. 1 Satz 3 BNotO.

---

19 BGH NJW 1993, 2747.
20 WM 1999, 974.
21 BGH NJW 1996, 3009.

J. Der Anwaltsnotar

19 In der Praxis sind die Tätigkeiten eines Rechtsanwalts und Notars oft schwer voneinander abzugrenzen. Schwierig wird es insbesondere dann, wenn ein Rechtsanwalt im Nebenberuf zusätzlich das Amt eines Notars ausübt, der sogenannte Anwaltsnotar.

§ 24 Abs. 2 BNotO gibt Hilfestellung für die Abgrenzung der Tätigkeitsfelder: Die Vorbereitung und Ausführung von Amtsgeschäften i. S. der §§ 20 bis 23 BNotO sprechen für das Tätigwerden als Notar; im Zweifel wird ein Tätigwerden als Rechtsanwalt vermutet.

20 Mag es auch auf den ersten Blick eine Erleichterung darstellen „ in einem Gang" anwaltliche Beratung und erforderliche notarielle Beurkundung zu erledigen, erkennt man bei einem zweiten Blick, daß diese Vorgehensweise wegen der entgegengesetzten Aufgaben des Rechtsanwalts und Notars die Gefahr von Interessenkollisionen mit sich bringt. Der Rechtsanwalt kümmert sich „einseitig" um die Interessen seines Mandanten; der Notar hat aufgrund seiner Neutralität die Interessen sämtlicher Beteiligten zu beachten. Konsequenterweise untersagt der Gesetzgeber in §§ 45 Abs. 1 Nr. 1 BRAO und § 16 BNotO i.V.m. § 3 Abs. 1 Satz 1 Nr. 7 BeurkG ein doppeltes Tätigwerden.

21 Nicht nur wegen der Gefahr einer Interessenkollision, sondern auch wegen der unterschiedlichen Pflichten eines Rechtsanwalts und Notars, sollte der Anwaltsnotar bei jedem Tätigwerden überprüfen, welche Funktion er ausübt.

§ 4 Interessenkollision, Tätigkeitsverbot

A. Allgemeines

Während der Anwalt, abgesehen von einigen Fällen, beispielsweise der gerichtlichen Beiordnung, ein Mandat unter Beachtung des § 44 BRAO ablehnen kann, ist er hierzu bei bestimmten Sachverhaltskonstellationen sogar verpflichtet. Dies sind die Fälle einer Interessenkollision. In der Praxis werden solche Problemsituationen nicht erkannt oder nicht hinreichend untersucht und selten werden die Konsequenzen daraus gezogen. 1

Übersehen wird oftmals, daß ein Verstoß gegen den Verbotskatalog der §§ 45, 46 BRAO nicht nur standeswidrig ist, sondern daß sich der Anwalt auch nach § 356 StGB strafbar macht. 2

So liegt ein **Parteiverrat** i. S. des § 356 StGB vor, wenn ein Anwalt bei der ihm in dieser Eigenschaft anvertrauten Angelegenheit in **derselben** Rechtssache beiden Parteien durch Rat oder Beistand dient. Dies kann im erbrechtlichen Mandat beispielsweise der Fall sein, wenn der Anwalt ein gemeinschaftliches Testament für Eheleute entwirft, hierbei aber nicht beachtet, daß sich die Ehegatten bezüglich der Schlußerbfolge oder einer möglichen Wiederverheiratungsklausel nicht einig sind. Wird der Anwalt dennoch tätig und gestaltet er das Testament dahingehend, daß er den Willen einer Partei niederlegt, so begeht er bezüglich der anderen einen Parteiverrat. 3

Ein häufig vorkommender Irrtum ist die Tatsache, daß beispielsweise das **Einverständnis** der Parteien die Tatbestandsvoraussetzungen des § 356 StGB und § 45 BRAO nicht ausschließt. Nach herrschender Meinung[1] handelt es sich bei § 356 StGB um ein Rechtspflegedelikt, welches die Ordnungsmäßigkeit der anwaltlichen Berufsausübung sichern soll; erst in zweiter Linie geht es um die Rechte der betroffenen Beteiligten.[2] 4

Eine **Interessenkollision** liegt im einzelnen nach § 45 Abs. 1 BRAO vor, wenn der Anwalt in derselben Sache als Richter, Schiedsrichter, Staatsanwalt, Angehöriger des öffentlichen Dienstes, Notar oder Notarvertreter bereits tätig 5

---

[1] BGHSt. 3, 400.
[2] *Zuck*, Standesrecht, § 46 Rn 2.

geworden ist, wenn er als Notar oder Notarvertreter eine Urkunde aufgenommen hat, deren Rechtsbestand oder Auslegung streitig ist oder die Vollstreckung aus ihr betrieben wird, darüber hinaus, wenn er gegen den Träger des von ihm verwalteten Vermögens vorgehen soll, in allen Angelegenheiten, mit denen er als Konkursverwalter, Vergleichsverwalter, Nachlaßverwalter, Testamentsvollstrecker, Betreuer oder in ähnlicher Funktion bereits befaßt war und schließlich auch dann, wenn er in **derselben** Angelegenheit außerhalb seiner Anwaltstätigkeit oder sonstigen Tätigkeit i. S. des § 59 a I S. 1 BRAO bereits beruflich tätig war, wobei dies nicht gilt, wenn die berufliche Tätigkeit beendet ist.

6   Nach § 45 II BRAO darf der Anwalt nicht tätig werden in den Angelegenheiten, in denen er bereits als Rechtsanwalt gegen den Träger des zu verwaltenden Vermögens befaßt war, als Insolvenzverwalter, Konkursverwalter, Vergleichsverwalter, Nachlaßverwalter, Testamentsvollstrecker, Betreuer oder in ähnlicher Funktion; ferner in Angelegenheiten, mit denen er bereits als Rechtsanwalt befaßt war außerhalb seiner Anwaltstätigkeit oder einer sonstigen Tätigkeit i. S. des § 59 a I S. 1 BRAO.

7   Zu beachten ist auch, daß die **Tätigkeitsverbote** des § 45 I, II BRAO im Rahmen von Sozietäten oder in sonstiger Weise zur gemeinschaftlichen Berufsausübung verbundenen oder verbunden gewesenen Rechtsanwälten und deren Angehörigen anderer Berufe gleichermaßen treffen. Dies bedeutet, daß, wenn ein Anwalt das Mandat wegen einer Interessenkollision niederlegen muß, nicht ein anderes **Sozietätsmitglied** die Sache fortführen darf.

8   Zu berücksichtigen ist, daß ein Parteiverrat nicht nur bei einer prozessualen Tätigkeit, sondern bereits schon bei einer beratenden Tätigkeit begangen werden kann. So sind nach hM[3] die Tatbestandsvoraussetzungen erfüllt, wenn in einer außergerichtlichen Beratung der Beteiligten ein Interessengegensatz zutage trat und die Beratung nicht abgebrochen wurde.

9   In der Abgrenzung dieses Interessenwiderstreits liegt in der Praxis die Schwierigkeit. Im Mittelpunkt des Problems der widerstreitenden Interessen steht die Frage, wann ein Fall der „selben Rechtssache" vorliegt. So liegt ausgehend von der Norm des § 356 StGB **dieselbe Rechtssache** dann vor, wenn durch

---

3   BGHSt 7, 17.

die Tätigkeit aufgrund des derzeitigen sachlichen und rechtlichen Inhalts die vom Mandanten anvertrauten Informationen und Interessen tangiert werden würden. Der Anwalt dürfte in einem solchen Fall nicht denselben Sachverhalt einmal im Sinne des einen Mandanten und ein weiteres Mal im Sinne des zweiten Mandanten würdigen.[4] Kurz gesagt: Dieselbe Rechtssache liegt dann vor, wenn es sich bei natürlicher Betrachtungsweise um ein zusammengehöriges **einheitliches** Lebensverhältnis handelt.

Hinweis
Die Interessenkollision führt zur Nichtigkeit des Anwaltsvertrages, mit der Folge, daß der Anwalt seinen Vergütungsanspruch oder einen Aufwendungsersatzanspruch verliert.[5] Er hat auch keinen Bereicherungsanspruch.

B. Einzelne Fallkonstellationen im erbrechtlichen Mandat

I. Allgemeines

Gerade im erbrechtlichen Mandat treten häufig, ebenso wie bei familienrechtlichen Beratungen, Probleme einander widerstreitender Interessen auf. Im einzelnen kann dies bei der Beratung einer Erbengemeinschaft oder im Vorfeld bei der Erstellung eines Ehegattentestaments sein. Auch im Rahmen der Geltendmachung von Pflichtteilsansprüchen kommt es nicht selten vor, daß sich mehrere Pflichtteilsberechtigte von einem Anwalt vertreten lassen wollen.

Gleiches gilt auch für die Beratung bzw. die Erstellung eines lebzeitigen Übergabevertrags beispielsweise vom Vater auf den Sohn. Ein Interessenkonflikt ist hier schnell entstanden. Denn der Senior hat grundsätzlich andere Interessen als der Junior. Ersterem geht es in aller Regel um eine Absicherung im Alter. Der Sohn hingegen wird mehr auf steuerliche Gesichtspunkte achten wollen.[6]

---

4 BGH NJW 1991, 1176.
5 BGH DNotZ 1992, 455.
6 Das klassische Fallbeispiel ist hier die Einräumung einer Leibrente im Verhältnis zu einer dauernden Last. Während der Junior die dauernde Last als 100% abzugsfähige Sonderausgabe bevorzugen wird, muß der Senior durch die Abänderbarkeit nach § 323 ZPO jederzeit damit

1 Die Annahme eines erbrechtlichen Mandats

Eine solche Situation gilt es aus Sicht des beratenden Anwalts unbedingt zu vermeiden.

II. Interessenkonflikt im Rahmen der Erbengemeinschaft

13 Nicht selten wird der Anwalt im Rahmen einer Erbauseinandersetzung von mehreren Miterben gleichzeitig beauftragt. In einer Erbengemeinschaft kann durchaus Einigkeit über die Auseinandersetzung bestehen, gerade wenn es sich um keine besonders großen Nachlässe handelt, oder wenn sich zwei Geschwister in der Erbengemeinschaft befinden, die sich gut verstehen.

Dennoch, und das ist in der Praxis häufig der Fall, kommt es im Rahmen der Auseinandersetzung zu vielfältigen Interessengegensätzen.

14 Kommt es beispielsweise nach den §§ 2055–2057 a BGB zur Anwendung der **Ausgleichsvorschriften**, so kann in der Regel davon ausgegangen werden, daß ein Interessenkonflikt vorliegt. Dies ist nur dann nicht der Fall, wenn die Abkömmlinge mit der Ausgleichung ihrer Vorempfänge von Anfang an einverstanden sind und diesbezüglich nie eine Streitfrage zu erkennen war. Um jedoch in der Praxis vor unvorhergesehenen Meinungswechseln gewappnet zu sein, sollte im Falle der Ausgleichung von Vorempfängen der Anwalt sich gut überlegen, ob er nicht lieber nur einen Mandanten vertritt, da er ansonsten gezwungen ist, bei Aufdeckung des Interessenkonfliktes beide Mandate zu beenden.[7]

15 *Hinweis*
Dem Anwalt sei anempfohlen, nur einen Miterben zu vertreten und den anderen an einen Kollegen weiterzuempfehlen. Im Zweifel handelt der Kollege in einem gleichgelagerten Fall entsprechend, so daß der Anwalt im Ergebnis den Verlust der Möglichkeit der Erhöhung der Gebühr nach § 6 BRAGO hierdurch wieder ausgleichen, wenn nicht gar verbessern kann.

---

rechnen, daß ihm die als dauernde Last ausgestellte Rente einmal gegen seinen Willen gekürzt wird oder gar gänzlich entfällt.
7 EGH München, Urteil v. 05.02.1980 / BayEGH II / 22 / 79.

III. Interessenkonflikt bei der Beratung hinsichtlich eines Ehegattentestaments

Im Rahmen der Beratung von Ehegatten in bezug auf ein gemeinschaftliches Testament werden in der Regel übereinstimmende Vorstellungen vorliegen. Aus praktischen Erfahrungen heraus kann man sagen, daß dies grundsätzlich auch dann der Fall ist, wenn es beispielsweise um Fragen einer Wiederverheiratungsklausel geht, da keinem der Ehegatten daran gelegen ist, daß das Familienvermögen durch eine spätere Wiederverheiratung des überlebenden Elternteils an einen neuen Partner abfließt und den Kindern teilweise verloren geht. **16**

Dennoch ist darauf zu achten, daß bei dieser Diskussion Interessengegensätze zutage treten können. Ist hierbei keine Einigung zu erzielen, so muß auch hier der Anwalt das Mandat für beide Ehegatten niederlegen. **17**

Problematisch sind auch die Fälle, in denen einer der Ehegatten bereits ein zweites Mal verheiratet ist und Kinder aus erster Ehe hat und er diese nicht ehegemeinschaftlichen Kinder im Rahmen der Schlußerbfolge bedenken will, der andere Ehegatte hiermit jedoch nicht einverstanden ist. Kommt es in einem solchen Fall dennoch zu einer Einigung, so ist darauf zu achten, daß auch die Regelungen bezüglich der Schlußerbfolge wechselbezüglich und bindend sind und der überlebende Ehegatte nur die Möglichkeit hat, im Kreis der **ehegemeinschaftlichen** Kinder eine Abänderung vorzunehmen. Würde man ihm einen allgemeinen Abänderungsvorbehalt bezüglich der Schlußerbfolge belassen, so könnte er nach dem Tod des Erstversterbenden die Schlußerbfolge auch auf seine nicht ehegemeinschaftlichen Kinder aus erster Ehe ausweiten. Dies würde möglicherweise den Tatbestand des Parteiverrats erfüllen. **18**

Eine gesteigerte Aufmerksamkeit sollte der Anwalt im Rahmen der Beratung von Ehegatten auch dann an den Tag legen, wenn beispielsweise nur ein Ehegatte bedeutsames Vermögen in die Ehe mitgebracht hat; hier ist es oftmals der Fall, daß dieser es nicht unbedingt wünscht, daß der andere Ehegatte die Substanz des Vermögens erhält oder daß, wenn beispielsweise keine Kinder vorhanden sind, dieses Vermögen an die Seite des nichtvermögenden Ehegatten fließt. **19**

IV. Beratung von Pflichtteilsberechtigten

20 Im Rahmen der Vertretung mehrerer Pflichtteilsberechtigter besteht in der Praxis grundsätzlich keine Interessenkollision. Vielmehr sind sich die Pflichtteilsberechtigten, da alle enterbt, weitestgehend einig und vertreten insoweit die gleichen Interessen gegenüber dem oder den Erben. Um aber sicherzugehen, daß zu einem späteren Zeitpunkt keine unerwarteten Sachverhaltsinformationen zutage treten, die eine Interessenkollision bewirken, sollte der Anwalt bereits im Vorgespräch klären, ob einer der Pflichtteilsberechtigten ausgleichspflichtige Vorempfänge nach § 2316 BGB erhalten hat. Ist dies der Fall, sollte lieber auf die Vertretung des weiteren Pflichtteilsberechtigten verzichtet werden, da im Rahmen der Ausgleichung nach § 2316 BGB sich zwangsläufig Auswirkungen auf den Pflichtteil des anderen Berechtigten ergeben.

21 Eine Interessenkollision kann aber auch dann gegeben sein, wenn sich feststellen läßt, daß die Vermögensinteressen der Pflichtteilsberechtigten unterschiedlich sind. Dies soll bereits schon dann der Fall sein, wenn sich ein Pflichtteilsberechtigter nach § 2315 BGB Geschenke bzw. Vorempfänge anrechnen lassen muß.

22 Die materiell rechtliche Frage, wann eine Ausgleichung bzw. eine Anrechnung auf den Pflichtteil erfolgt, ist hier in einer Vorprüfung zu klären.[8]

23 *Beispiel*
So besteht beispielsweise eine Interessenkollision, wenn ein Anwalt einen Miterben und einen Pflichtteilsberechtigten gegenüber dem Erwerber eines Grundstücks, das dieser vom Erblasser lebzeitig übertragen erhält, vertritt. Die Interessenkollision ist nicht dadurch ausgeschlossen, daß der Pflichtteilsberechtigte und der Miterbe sich über das Bestehen des Pflichtteilsrechts einig sind und beide ein Interesse daran haben, daß der Eigentumsübergang rückgängig gemacht wird. Die Interessenkollision besteht hier bereits in der Tatsache, daß der Anwalt beide Parteien des identischen Pflichtteilsrechtsverhältnisses vertritt.

---

[8] *Kerscher/Tanck*, § 8 Rn 1 ff.

C. Das Gebot der Unabhängigkeit bzw. Unparteilichkeit des Anwalts

I. Allgemeines

Auch wenn die Frage der anwaltlichen **Unabhängigkeit** keine typische erbrechtliche Problematik darstellt, sollte sie hier der Vollständigkeit halber besprochen werden. Denn im Rahmen der §§ 45, 46 BRAO tritt immer wieder die Frage auf, ob ein Anwärter die für den Anwalt nötige Unabhängigkeit besitzt, wenn er bereits Angestellter eines Versicherungsunternehmens, eines Verbands oder einer Genossenschaft ist. Hierzu ist in den letzten Jahren bedeutsame Rechtsprechung ergangen.[9]

24

Darüber hinaus stellt sich insbesondere bei der Berufsgruppe der Anwaltsnotare das Problem der **Unparteilichkeit**, insbesondere wenn auf eine notarielle Beratung eine prozeßrechtliche Auseinandersetzung folgt.

25

II. Die Pflicht des Anwaltsnotars zur Unparteilichkeit[10]

In den Bundesländern, in denen der Anwalt gleichzeitig auch Notar sein kann, kommt zu den bisherigen Pflichten noch das besondere Problem des Notars bzw. Anwaltsnotars hinzu. Dies ist die Pflicht zur Unparteilichkeit nach § 14 I BNotO. Hier wird in der Praxis häufig der Fehler begangen, daß sich die Mandanten von einem Anwaltsnotar ein Testament haben machen lassen und nach dem Erbfall derselbe oder ein anderes Mitglied der Sozietät die Erben oder Pflichtteilsberechtigten in dieser Sache vertritt. Hierzu hat der BGH entschieden, daß eine Verletzung der Pflicht zur Unparteilichkeit vorliegt, wenn er bzw. einer seiner Sozien die Prozeßvertretung eines Beteiligten nach einer Beurkundung übernimmt.

26

---

9 BGH NJW 1996, 2377. In dieser Entscheidung hat der BGH bspw. festgestellt, daß die Geschäftsführertätigkeit für einen Arbeitgeberverband durchaus mit dem Anwaltsberuf vereinbar ist. Es genügt hierbei nicht, wenn der Anwaltsanwärter im Rahmen seiner Anstellung andere im Rahmen eines Arbeitsvertrags rechtlich beraten muß. Zu einer Interessenkollision, die den Beruf des Rechtsanwalts als unabhängiges Rechtspflegeorgan gefährden könnte, muß ein deutliches Risiko einer Pflichtenkollision hinzukommen. Hierbei hat der BGH festgestellt, daß es nicht ausreicht, wenn die Informationen der einen Berufsausübung jeweils für die andere vorteilhaft sein kann.

10 BGH MDR 1992, 415.

1 Die Annahme eines erbrechtlichen Mandats

Nach § 3 I Nr. 7 des BeurkG in der seit 08.09.1998 geltenden Fassung besteht bei einem Anwaltsnotar ein Mitwirkungsverbot bei der Beurkundung eines gemeinschaftlichen Testaments oder eines Erbvertrages, wenn er zuvor in derselben Angelegenheit „vorbefasst", also für einen der Beteiligten tätig geworden war, gleichgültig, ob beratend oder beurkundend oder sonstwie. Er hat die Beteiligten nach einer solchen Vorbefassung zu befragen und deren Antwort in die Urkunde aufzunehmen, § 3 II BeurkG. Dieses Mitwirkungsverbot gilt auch, wenn einer seiner Sozien für einen Urkundsbeteiligten in der selben Angelegenheit tätig war oder ist. Nach § 28 BNotO muß der Notar durch organisatorische Maßnahmen sicherstellen, daß eine solche Vorbefassung auch festgestellt werden kann.

§ 5 Die Möglichkeiten einer Haftungsbeschränkung

A. Allgemeines

Mit der umfassenden Neuregelung des anwaltlichen Berufsrechts vom 14.07.1987[1] erfolgte 1994 das Gesetz zur Neuordnung des Berufsrechts der Rechtsanwälte. Sie brachte die Einführung der Pflichtversicherung gegen Haftpflichtrisiken gemäß § 51 BRAO mit sich. Darüber hinaus wird in § 51 a BRAO die Zulässigkeit von Haftungsbeschränkungen geregelt. Im einzelnen bestehen drei Möglichkeiten der Haftungsbeschränkung, nämlich durch

- schriftliche Vereinbarung einer Haftungsbeschränkung im **Einzelfall** bis zur Höhe der Mindestversicherungssumme von DM 500000,– (§ 51 a I 1 BRAO)
- Vorformulierte Vertragsbedingungen (**AGB**) bei einfacher Fahrlässigkeit auf den 4-fachen Betrag der Mindestversicherungssumme, wenn insoweit Versicherungsschutz besteht (§ 51 a I 2 BRAO) und
- eine Beschränkung der Haftung (Gesamtschuldnerschaft) auf namentlich benannte **Mitglieder** einer **Sozietät** in Form von vorformulierten Vertragsbedingungen.

Die durch die Neuregelung des § 51 a BRAO eingeführte Klarstellung einer Haftungsbeschränkung läßt aber die bisherigen gesetzlichen Bestimmungen unberührt. So besteht beispielsweise gemäß § 11 Nr. 7 AGBG keine Möglichkeit, eine Haftung des Anwalts für grobe Fahrlässigkeit durch allgemeine Geschäftsbedingungen auszuschließen. Ebensowenig kann auch gemäß § 276 II BGB eine Haftung wegen Vorsatzes ausgeschlossen werden.

Keine Möglichkeit besteht auch dahingehend, eine Haftungsbeschränkung beispielsweise durch Vereinbarung einer Verkürzung von Verjährungsfristen für die Ersatzansprüche zu vereinbaren.

---

[1] BVerfGE 76, 161; BVerfG NJW 1988, 191.

1 Die Annahme eines erbrechtlichen Mandats

B. Haftungsbeschränkung im Einzelfall

I. Haftung auf eine bestimmte Summe

5 Für die Anerkennung von Individualvereinbarungen hat die Rechtsprechung außerordentlich hohe Anforderungen aufgestellt. Notwendig ist ein „freies Aushandeln" der **Einzelvereinbarung**. Hierzu sind folgende Kriterien zu beachten: Es muß ein freies „wirkliches" Aushandeln sein, dh, daß der Mandant die Möglichkeit haben muß, auf das Ergebnis des Gesprächs einzuwirken. Beide Parteien müssen verhandeln wollen, und es muß auch für den Mandanten die reale Möglichkeit bestehen, auf den Gang und den Inhalt der Verhandlung einzuwirken. Es genügt nicht, wenn der Anwalt dem Mandanten seine Haftungsbeschränkung einseitig vorträgt.

6 *Hinweis*
Es ist also dringend davon abzuraten, mit irgendwelchen vorformulierten Texten zu arbeiten. Zu empfehlen ist, daß die Vereinbarung beispielsweise im Beisein des Mandanten abdiktiert wird, wobei im einzelnen erkennbar sein sollte, wie die individuelle Vereinbarung gefunden wurde.

II. Haftung für einen bestimmten Rechtsbereich

7 Zusätzliche Haftungsminderungen und Haftungsausschlüsse sind bedauerlicherweise unzulässig und daher nichtig. So können keine Haftungsausschlüsse vereinbart werden bezüglich Prüfung von Auslandsrecht bei Rechtsfragen im Rahmen einer nicht gefestigten Rechtsprechung und bei Übernahme eines Mandats „in letzter Minute".[2]

8 *Borgmann/Haug*[3] halten dies nicht für unbillig, mit dem Argument, dem Anwalt stehe es grundsätzlich frei, solche Mandate abzulehnen oder auf bestimmte Rechtsgebiete zu beschränken. In der Tat besteht die Möglichkeit, ein sogenanntes eingeschränktes Mandat zu vereinbaren. Daher ist dem Anwalt zu empfehlen, dies noch im Beisein des Mandanten zu vereinbaren und schriftlich niederzulegen, was Gegenstand des Auftrages ist.[4]

---

2 *Borgmann/Haug*, VIII Rn 56.
3 *Borgmann/Haug*, VIII Rn 56.
4 *Borgmann/Haug*, III Rn 89, 90.

Neben der Einschränkung des Rechtsgebiets besteht auch keine Möglichkeit, die Haftung für bestimmte Formen der Mitteilung einzuschränken. So ist beispielsweise eine Vereinbarung eines Haftungsausschlusses für telefonische Auskünfte unwirksam.[5]

Muster: Haftungsbeschränkung zur Begrenzung von Ersatzansprüchen

An

Betrifft Ihre Erbrechtsangelegenheit

, den

Sehr geehrter Herr ,

in Ihrer obigen Erbrechtsangelegenheit fasse ich unsere Verhandlung vom Datum bezüglich eines Haftungsausschlusses meiner Tätigkeit in Ihrem Beisein wie folgt zusammen:

1.) Die Haftung des beauftragten RA wird für alle Fälle leichter Fahrlässigkeit auf einen Höchstbetrag von DM 500000,– beschränkt. Unberührt hiervon bleibt eine Haftung für Vorsatz und grobe Fahrlässigkeit.

2.) Darüber hinaus wird vereinbart, daß dem Anwalt die Sache zur erbrechtlichen Bearbeitung übertragen wird. Eine Überprüfung von Fragen des Steuerrechts wird nicht mitübernommen. Dies gilt auch dann, wenn der Anwalt behilflich ist, einen Steuerberater ausfindig zu machen oder/und die Angelegenheit mit ihm bespricht.

Unterschrift

III. Haftungsbeschränkung durch vorformulierte Vertragsbedingungen

Hat der Anwalt eine Vermögensschadenhaftpflicht mit einem Deckungsbetrag von 2 Mio. DM, so hat er die Möglichkeit, eine Haftungsbeschränkung durch vorformulierte Vertragsbedingungen zu erreichen (§ 51 a I Nr. 2 BRAO). Voraussetzung ist allerdings, daß die Versicherungssumme in dieser Höhe wirklich besteht und daß ein Fall einfacher Fahrlässigkeit vorliegt.

---

5 *Borgmann/Haug*, VIII Rn 40.

1 Die Annahme eines erbrechtlichen Mandats

IV. Beschränkung der Gesamtschuldnerhaftung

12 Nach Ansicht des BGH[6] und der hM[7] in der Literatur haften Anwälte gesamtschuldnerisch, wenn sie sich in einer Sozietät zusammengeschlossen haben. Gleiches gilt auch für eine überörtliche Sozietät, selbst dann, wenn im Innenverhältnis nur eine Scheinsozietät vorliegen sollte.[8] Diese grundsätzliche Haftung aller Sozietätsmitglieder bringt ein unabschätzbares Risiko aller Beteiligten mit sich. Jeder Anwalt haftet für die Zuverlässigkeit und das Können seiner Kollegen. Gerade bei höheren Streitwerten, wie beispielsweise bei größeren Erbauseinandersetzungen, oder bei risikoreichen Beratungen in Angelegenheiten der Unternehmensnachfolge besteht das Bedürfnis einer Einschränkung der Haftung.

13 § 51 a BRAO gibt die Möglichkeit einer solchen persönlichen Haftungseinschränkung auf einzelne Sozien. Hierbei ist jedoch zu beachten, daß lediglich die persönliche Haftung der Anwälte, nicht aber die Haftung der BGB-Gesellschaft an sich ausgeschlossen werden kann.[9]

14 Im einzelnen ist bei der Vereinbarung einer eingeschränkten gesamtschuldnerischen Haftung zu beachten, daß diejenigen Mitglieder, auf die sich die Haftung beschränkt, auch tatsächlich das Mandat bearbeiten.[10]

15 Nach dem Wortlaut der Vorschrift des § 51 a II BRAO kann die Beschränkung der Gesamtschuldnerhaftung auf einzelne Mitglieder in Form von vorformulierten Vertragsbedingungen erfolgen. Allerdings ist darauf zu achten, daß der Mandant die vorformulierte Haftungsbeschränkung unterschreibt und daß darüber hinaus in der Zustimmungserklärung keine weiteren Erklärungen abgegeben werden.[11] Da es sich bei solchen ergänzungsbedürftigen Formularklauseln um AGB's handelt, muß der Mandant die Erklärung zum Zeitpunkt des Mandatsbeginns unterschreiben.

---

6 BGH NJW 1971, 1801; NJW 1978, 996.
7 *Kornblum*, DB 1973, 218; Müller, NJW 1969, 903.
8 BGH BB 1994, 1445.
9 BGH NJW 1992, 3037.
10 *Borgmann/Haug*, VIII Rn 48.
11 Seitens der Literatur wird hier angeregt, das Schriftstück auch nicht mit anderen Schreiben zu verbinden, *Borgmann/Haug*, VIII Rn 53.

Die Möglichkeiten einer Haftungsbeschränkung § 5

Muster: Vereinbarung einer Beschränkung der gesamtschuldnerischen Haftung auf einzelne Mitglieder

▼

Zwischen der Anwaltssozietät

und

wird folgende Haftungsbeschränkung vereinbart:

Das heute am Datum angenommene Mandat wird ausschließlich von dem Rechtsanwalt der oben genannten Sozietät bearbeitet. Die persönliche Haftung in der Sache wird auf dieses genannte Mitglied der Sozietät beschränkt.

Der Mandant stimmt dieser Vereinbarung zu:

Datum/Unterschrift

▲

1 Die Annahme eines erbrechtlichen Mandats

§ 6 Umfang und Kosten des Mandats

1 Mit Ausnahme von Dauerberatungsverhältnissen besteht zwischen dem Mandanten und dem Anwalt ein Geschäftsbesorgungsvertrag (§§ 611, 675 BGB), der die Anspruchsgrundlage der Honorarabrechnung darstellt. Art und Umfang der anwaltlichen Vergütung bestimmen sich aber grundsätzlich nach der BRAGO. Nur soweit die Parteien in zulässiger Weise ein Honorar vereinbart haben, gilt die vereinbarte Vergütung.

A. Honorarberechnung nach der BRAGO

2 Nach § 1 I BRAGO bemisst sich die Vergütung des **Rechtsanwalts** für seine Berufstätigkeit nach der BRAGO. Nach § 1 II BRAGO gilt die BRAGO nicht, wenn der Rechtsanwalt u. a. als **Testamentsvollstrecker, Nachlaßverwalter, Schiedsrichter** oder in ähnlicher Weise tätig wird. Wird der Rechtsanwalt als **Testamentsvollstrecker** tätig, dann steht ihm eine gesonderte Vergütung zu.[1]

3 Wird der RA als **Nachlaßverwalter** tätig, so hat er gemäß § 1987 BGB einen Rechtsanspruch auf eine angemessene Vergütung. Für die Höhe der Vergütung gelten die gleichen Grundsätze, wie für die Vergütung des Vormundes.[2]

Demnach sind maßgebend
- Wert des zu verwaltenden Vermögens
- Bedeutung der Verwaltung
- Schwierigkeiten und Umfang, insbesondere Dauer der Tätigkeit
- Verantwortung des Nachlaßverwalters
- Erfolg der Verwaltung
- Weitere Umstände des Einzelfalles.

4 Im Einzelfall ist eine Vergütung nur angemessen, wenn sie dem übrigen Berufseinkommen des Anwalts entspricht.[3] Die Vergütung wird vom Nachlaßgericht – auf Antrag oder von Amts wegen – festgesetzt. Nach Bewilligung kann sie dann dem Nachlaßvermögen entnommen werden.

---

1 Vgl. unten Teil 3 § 20.
2 *Madert* in *Gerold/Schmidt*, BRAGO, § 1 Rn 29.
3 *Madert* a. a. O. § 1 Rn 21.

Wird der Rechtsanwalt als **Schiedsrichter** tätig, so gilt primär die Vergütungs- 5
regelung im Schiedsvertrag. Fehlt eine besondere Vereinbarung, so gilt die
„übliche Vergütung" gemäß § 612 II BGB, demnach die BRAGO. Mithin erhält
der Anwalt

a) als Grundvergütung die Prozeßgebühr
b) für seine weitere Tätigkeit
    aa) in der Verhandlung die Verhandlungs- bzw. Erörterungsgebühr
    bb) in der Beweisaufnahme die Beweisgebühr
c) bei Abschluß eines Vergleichs die Vergleichsgebühr.

I. Prozeß-, Verhandlungs- und Beweisgebühr bei streitigem Verfahren

Wird der Anwalt im Rahmen eines Prozeßverfahrens für den Mandanten tätig, 6
dann berechnen sich seine Gebühren gemäß §§ 31 ff BRAGO und nach dem
dem Rechtsstreit zugrundeliegenden Streitwert (s.u.).

II. Bearbeitung und Besprechung bei außergerichtlichem Tätigwerden

Hat der Anwalt den Auftrag, **außergerichtlich** für den Auftraggeber tätig zu 7
werden, so stellt sich die Frage, ob der Auftrag über eine Beratung im Sinne des
§ 20 BRAGO hinausgeht, dann gilt § 118 BRAGO, oder ob es sich lediglich
um eine Auskunfts- oder Ratserteilung handelt.

Nach den §§ 118 bis 120 BRAGO ist in einer erbrechtlichen Angelegenheit 8
dann abzurechnen, wenn der Auftrag über eine bloße Raterteilung hinaus auf
die Betreibung eines Geschäftes geht. Unmaßgeblich ist es hierbei, ob der
Anwalt nach außen hervortritt.

Erstreckt sich der Auftrag auf die Bewertung von im Entwurf bereits vorliegenden Urkunden oder hat der Anwalt das Für und Wider eines bestimmten, vom Mandanten beabsichtigten Vorgehens zu bewerten, so beschränkt sich seine Tätigkeit auf die Erteilung eines Rates gem. § 20 BRAGO. Dabei spielt es keine Rolle, ob der Rat nur mündlich oder auch schriftlich erteilt werden soll.

1 Die Annahme eines erbrechtlichen Mandats

Geht der Auftrag aber dahin, eine Urkunde zu entwerfen, so entsteht eine Bearbeitungs- oder **Geschäftsgebühr**, bei der es auch dann verbleibt, wenn dem Anwalt der Auftrag vorzeitig gekündigt wird.[4]

9   Der dem Anwalt erteilte Auftrag zur außergerichtlichen Erledigung der Angelegenheit ist – sofern nicht ausdrücklich etwas anderes vereinbart wird – regelmäßig nicht auf bestimmte Tätigkeiten beschränkt. Vielmehr darf und muß der Rechtsanwalt alle Tätigkeiten ausüben, die im Interesse des Auftraggebers liegen und die der sachgerechten Erledigung der Angelegenheit dienen.[5]

10 Der Anwalt ist daher generell auch zur Führung von **Besprechungen** berechtigt, wenn diese im Interesse des Auftraggebers liegen und der sachgerechten Erledigung der Angelegenheit dienen. Eines besonderen Besprechungsauftrages bedarf es nicht, was bereits aus dem Wortlaut des § 118 I Ziff. 2 BRAGO folgt, der lediglich vom „Einverständnis" des Auftraggebers spricht. Auf wessen Veranlassung die Besprechung stattfindet, ist für die Entstehung der Gebühr unerheblich. Maßgeblich ist vielmehr das Interesse des Auftraggebers an der schnellen und sachgerechten Erledigung des Auftrages. Dient die Besprechung diesem Ziel, ist es gleichgültig, ob der Gegner, ein Dritter, der Auftraggeber oder gar der Anwalt selbst die Besprechung veranlaßt hat.[6] Dritter ist jeder, der nicht Auftraggeber, sein Bevollmächtigter (gesetzlicher oder gewillkürter Stellvertreter) oder sein Erklärungsbote ist.

Der Auftrag des Auftraggebers geht in der Regel – ohne Beschränkungen – dahin, eine Angelegenheit sachgemäß im Interesse des Auftraggebers zu erledigen. Gehört zu der sachgemäßen Erledigung eine Besprechung, so ist der Rechtsanwalt ermächtigt, die Besprechung zu führen.[7]

11 Muß die Angelegenheit anschließend im ordentlichen Prozeß doch noch streitig geklärt werden, ist die nach § 118 BRAGO anfallende Geschäftsgebühr auf die Prozeßgebühr des gerichtlichen Verfahrens anzurechnen.

---

4 *Madert* a. a. O. § 118 Rn 5.
5 *Gerold/Schmidt/von Eicken/Mardert*, BRAGO, § 118 Rn 8.
6 *Hartmann*, Kostengesetze, § 118 Rn 36.
7 *Madert* a. a. O. § 118 Rn 8, *Schuman/Geißlinger*, BRAGO für Rechtsanwälte, 2. Auflage 1994, § 118 Rn 19.

III. Die Beratungsgebühr nach § 20 BRAGO

Tritt der Anwalt im Rahmen seiner Tätigkeit nicht nach außen in Erscheinung und beschränkt sich seine Tätigkeit auf die Beratung und Auskunftserteilung, wobei hierunter auch die Fertigung von Entwürfen fallen kann, dann bestimmt sich die Gebühr nach § 20 BRAGO. Hier ist die **Beratungsgebühr** nach § 20 I 1 BRAGO von der sogenannten **Erstberatung** nach § 20 I 2 BRAGO zu unterscheiden. Für die Erstberatung erhält der Anwalt bei Beratung eines Mandanten keine höhere Gebühr als DM 350,–. Es ist also keine Festgebühr, sondern lediglich eine innerhalb des Rahmens des von § 20 I 1 (1/10 bis 10/10) unter Beachtung von § 12 zu bemessende absolute Festgebühr.

12

Berät der Anwalt mehrere Auftraggeber, so steht ihm der **Mehrvertretungszuschlag gemäß § 6 I 2 BRAGO** zu. Dies folgt aus dem Normzweck, wonach den Anwalt bei der Vertretung mehrerer Auftraggeber eine höhere Arbeitsbelastung und Verantwortung trifft.[8]

Demgemäß erhält der RA bei der Erstberatung für

1 Auftraggeber	DM	350,00 plus Mehrwertsteuer
2 Auftraggeber	DM	455,00 plus Mehrwertsteuer
3 Auftraggeber	DM	560,00 plus Mehrwertsteuer
4 Auftraggeber	DM	665,00 plus Mehrwertsteuer
5 Auftraggeber	DM	770,00 plus Mehrwertsteuer
6 Auftraggeber	DM	875,00 plus Mehrwertsteuer
7 Auftraggeber	DM	980,00 plus Mehrwertsteuer
8 Auftraggeber	DM	1.050,00 plus Mehrwertsteuer

Voraussetzung für die Anwendung des § 6 I 2 BRAGO ist jedoch stets die Vertretung mehrerer Auftraggeber in derselben Angelegenheit zum selben Gegenstand (= sogenannte Gegenstandsgleichheit).

Bei Gegenstandsverschiedenheit, was zumeist der Fall ist, kommt es nicht zu einer Erhöhung der Beratungsgebühr gemäß § 6 I 1, sondern zu einer Addition der Streitwerte gemäß § 7 II BRAGO, die jedoch nicht bei einer weiteren

---

[8] *Madert*, a. a. O., § 20 Rn 11; ferner: h.M. *Göttlich/Mümmler*, Stichwort Rat 4 für die Betragsrahmengebühr des § 20 I 3; Lappe ZAP 94, 915, 917; Saarbrücken JurBüro 88, 860; Dortmund Rpfleger 90, 457 = JurBüro 91, 237.

1 Die Annahme eines erbrechtlichen Mandats

Erhöhung des ohnehin schon einen Höchstbetrag darstellenden Betrages von DM 350,00 führen können.

13 Eine sogenannte Erstberatung liegt vor, wenn der Anwalt den Auftraggeber erstmals hinsichtlich eines bestimmten Gegenstands mündlich oder schriftlich berät oder eine Auskunft erteilt. Dann muß der Anwalt nach § 20 I 2 BRAGO abrechnen, sofern er nicht im Wege einer schriftlichen Honorarvereinbarung gemäß § 3 BRAGO eine höhere Vergütung vereinbart hat.

Die Erstberatung ist von der weiteren Beratung abzugrenzen. Die h.M.[9] sieht der Normbereich der Erstberatungsgebühr dann für beendet an, wenn die erste Beratung beendet oder wegen ihres Beratungsgegenstandes unterbrochen ist.

Eine **Unterbrechung der Erstberatung wegen ihres Beratungsgegenstandes** ist anzunehmen, wenn

- Unterlagen fehlen, die trotz Hinweises des Anwaltes nicht zum Beratungstermin mitgebracht worden waren,
- der Mandant erst noch weitere Aufklärung zum Sachverhalt beizubringen hat,
- der Anwalt wegen der Schwierigkeit, Komplexität oder des Umfangs der Beratung einen weiteren Beratungstermin vereinbaren muß, so zum Beispiel bei Einarbeitung in ein seltenes Gebiet wie beispielsweise Höferecht, IPR, Berechnung von Ausgleichungen und/oder Anrechnungsbeträgen.

Eine Unterbrechung der Erstberatung wegen ihres Beratungsgegenstandes ist nicht gegeben, wenn

- die Beratung wegen der Mittagspause oder anderer Terminsvorgaben des RA oder des Mandanten unterbrochen wird
- willkürlich, das heißt ohne sachliche Veranlassung die Beratungstätigkeit unterbrochen wird,
- der RA sich auf die Fortsetzung der Beratung vorbereiten will, ohne daß die Schwierigkeit oder Komplexität des Falles dies erfordert.[10]

---

9 AG Brühl, NJW-RR 1998, 493, *Madert*, AnwBl. 1996, 246 m. w. N., *Bonefeld*, Erbrechtliche Beratung und Rechtsschutzversicherung, ZErb 5/99.

10 Der im Erbrecht nicht so versierte Anwalt muß daher in Kauf nehmen, daß er trotz Unterbrechung der Beratungstätigkeit nur nach den Regeln der Erstberatung abrechnen

Der Anwalt ist allerdings nicht verpflichtet, nach der Erstberatung eine Gebühr zu berechnen. Insbesondere sollte er stets das Haftungsrisiko bedenken, das mit einer Beratung verbunden ist. Dann muß er allerdings den Mandanten vor oder bei Erteilung des Auftrages darauf hinweisen, daß er nicht nach den Regeln der Erstberatung abzurechnen bereit ist. **14**

Da es auf den Umfang des Erstauftrages ankommt, ist der Erstauftrag einzugrenzen. Dies sollte schriftlich niedergelegt werden. Dann ist später der Beweis zu führen, daß eine weitergehende Beratung gewünscht war. Nicht anzuraten ist daher die Formulierung, daß der Mandant wünschte, „umfassend" beraten zu werden. **15**

Insbesondere dann, wenn es um Auskunft und Rat hinsichtlich umfangreicher Entwürfe im Zusammenhang mit steuerlichen, gesellschaftsrechtlichen oder sozialrechtlichen Fragen geht, ist nicht nach § 20 I 2 BRAGO, sondern nach § 20 I 1 BRAGO eine Gebühr zwischen 1/10 und 10/10 abzurechnen oder eine Honorarvereinbarung zu treffen (§ 3 V BRAGO). In einem solchen Fall kann nicht mehr von einer Erstberatung gesprochen werden. **16**

> *Hinweis* **17**
> Für die Festlegung der konkreten Gebühr innerhalb des zur Verfügung stehenden Gebührenrahmens ist in Anlehnung an *Frieser*[11] und *Madert*[12] von folgender Staffelung auszugehen:
>
> | | |
> |---|---|
> | Erteilung eines einfachen Rates | 1/10–3/10 |
> | Erteilung eines mittelschweren Rates | 4/10–9/10 |
> | Erteilung eines Rates in einer umfangreichen Sache | 4/10–9/10 |
> | Erteilung eines Rates in einer schwierigen Angelegenheit | 10/10 |
> | Erteilung eines Rates in einer sehr umfangreichen Sache | 10/10 |

Die Beratungsgebühr kann zusätzlich zu einer Vergleichsgebühr im Sinne des § 23 BRAGO führen. So, wenn der Anwalt zum Abschluß eines Vergleichs rät, denn er hat in diesem Falle bei dem Vergleichsabschluß mitgewirkt.[13] **18**

---

kann; seine fehlende Erfahrung darf sich kostenmäßig nicht zum Nachteil des Ratsuchenden auswirken.

11 *Frieser*, Die anwaltliche Praxis in Erbschaftsachen, Rn 200.
12 *Gerold/Schmidt/van Eicken/Madert*, BRAGO, § 20 Rn 11.
13 *Schmidt*, AnwBl. 1978, 132.

1 Die Annahme eines erbrechtlichen Mandats

19 Interessant für den Anwalt ist die nicht seltene Konstellation, daß die Tätigkeit des Anwalts in einem Verfahren der freiwilligen Gerichtsbarkeit mit einer Vertretung in einem Zivilprozeßverfahren zusammentrifft. In einem solchen Fall umfaßt die Gebühr des FGG-Verfahrens nicht auch die Prozeßgebühr.[14] Der Anwalt hat hier die Möglichkeit, zwei Verfahren abzurechnen, so z.B. bei einer Vertretung im Erbscheinsverfahren und in einem parallel laufenden Prozeßverfahren auf Feststellung des bestehenden Erbrechts.

IV. Die Vergleichsgebühr gemäß § 23 BRAGO

20 Für die Mitwirkung beim Abschluß eines Vergleiches erhält der Anwalt
- außergerichtlich eine 15/10 Gebühr und
- gerichtlich eine 10/10 Gebühr.

Durch die seit dem 1.7.1994 gültige Erhöhung der Vergleichsgebühr soll das anwaltliche Bestreben, Streitigkeiten möglichst ohne Anrufung des Gerichtes beizulegen, gefördert und belohnt werden.[15]

Der Vergleich im Sinne von § 23 BRAGO entspricht dem Vergleichsbegriff des § 779 BGB. Danach bestehen folgende Voraussetzungen. Es muß der Abschluß eines gegenseitigen Vertrages vorliegen, welcher ein zwischen den Parteien bereits bestehendes oder behauptetes Rechtsverhältnis betrifft. Darüber hinaus muß auch ein gegenseitiges Nachgeben in Form von Zugeständnissen unter den Parteien stattgefunden haben.[16]

Wird in einem außergerichtlichen Vergleich ein **außergerichtlicher und zugleich ein gerichtlich anhängiger Gegenstand** erledigt, so erwächst die Vergleichsgebühr zu den unterschiedlich maßgebenden Gebührenhöhen nach Maßgabe des § 13 III BRAGO, der besagt:

"Sind für Teile des Gegenstands verschiedene Gebührensätze anzuwenden, so erhält der Rechtsanwalt für die Teile gesondert berechnete Gebühren, jedoch nicht mehr als die aus dem Gesamtbetrag der Wertanteile nach dem höchsten Gebührensatz berechnete Gebühr."

---

14 *Gerold/Schmidt/van Eicken/Madert*, BRAGO, § 31 Rn 36.
15 *Madert*, a. a. O. § 23 Rn 40.
16 BGHZ 39, 60.

Umfang und Kosten des Mandats § 6

Beispiel
Der Anwalt vertritt den übergangenen alleinigen gesetzlichen Erben A gegen die testamentarisch zur Alleinerbin eingesetzte B auf Durchsetzung des Pflichtteils. B schätzt den Wert des Nachlasses auf DM 200.000,00, zahlt dennoch nicht fristgerecht an A den unstreitigen Betrag von DM 100.000,00. Der Anwalt klagt DM 100.000,00 im Wege einer Leistungsklage ein. A und B einigen sich nach der mündlichen Verhandlung außergerichtlich auf die Einholung eines Wertgutachtens ohne Beteiligung von Anwälten. Als das Gutachten mit einem Bewertungsergebnis von DM 650.000,00 vorliegt, besprechen sich die Parteien. Unter Mitwirkung des Anwaltes kommt es zu einem Vergleich über DM 300.000,00, der in der mündlichen Verhandlung protokolliert wird.

Folgende Gebühren sind entstanden:

Prozeßgebühr, § 31 I 1 BRAGO 10/10 Gebühr
Streitwert DM 100.000,00   DM 2.125,00
Differenzprozeßgebühr, §§ 31 I 1, 32 II BRAGO
Streitwert DM 200.000,00 5/10 Gebühr   DM 1.382,50
Zwischensumme   DM 3.517,50

Jedoch Gebührenbegrenzung 10/10 aus DM 300.000,00 wegen § 13 III BRAGO

Prozeßgebühr, § 31 I 1 BRAGO 10/10
Streitwert DM 300.000,00   DM 3.245,00
Verhandlungsgebühr, § 31 I 2 BRAGO 10/10
Streitwert DM 100.000,00   DM 2.125,00
Vergleichsgebühr, § 23 BRAGO
Streitwert DM 100.000,00 10/10 Gebühr   DM 2.125,00
Vergleichsgebühr, § 23 BRAGO
Streitwert DM 200.000,00 15/10 Gebühr   DM 4.147,50
Zwischensumme   DM 6.272,50

1 Die Annahme eines erbrechtlichen Mandats

Jedoch Gebührenbegrenzung 15/10 aus DM 300.000,00 gem. § 13 III BRAGO

Vergleichsgebühr, § 23 BRAGO	DM 4.867,58
Streitwert DM 300.000,00 15/10 Gebühr	DM 40,00
ZWISCHENSUMME	DM 10.277,50
16 % Mehrwertsteuer	DM 1.644,40
Insgesamt	DM 11.921,90

V. Belehrung des RA über die Vergütung

21 Grundsätzlich ist der Anwalt nicht verpflichtet, ungefragt darüber zu belehren, daß seine Tätigkeit vergütungspflichtig ist und in welcher Höhe. Allerdings hat er den Mandanten darauf hinzuweisen, daß er die dem Notar vorbehaltenen Beurkundungen, wie insbesondere die Errichtung eines Erbvertrages, eines Erb- und Pflichtteilsverzichtsvertrages, sowie eines Übergabevertrages nicht wirksam vornehmen, sondern hierzu nur beraten und einen Entwurf fertigen kann. In diesen Fällen wird er auch ungefragt auf die Beschränkung seiner Befugnis hinweisen müssen. Dabei kann ihm im Einzelfall obliegen, auch über die Höhe der beim Notar und die Höhe der bei ihm anfallenden Vergütung aufzuklären.

22 In diesem Zusammenhang wird er auch darauf hinweisen, daß die Beratung durch den Notar mit der Beratung durch einen Anwalt nicht vergleichbar ist. Der Anwalt ist Parteivertreter, der schonungslos die „worst-case"-Situationen darzustellen und auf die für den Mandanten beste Vertragsgestaltung hinzuwirken hat. Dem Notar hingegen ist es untersagt, zu Gunsten des einen und zu Lasten des anderen Beteiligten tätig zu werden. Will ein Rechtssuchender sicher gehen, daß die Beurkundung eines für ihn bedeutsamen Rechtsgeschäftes vorbehaltlos auf Vor- und Nachteile hin geprüft wird, so wird er in der Regel nicht ohne vorherigen anwaltlichen Rat auskommen.

23 Ausnahmsweise muß der Anwalt den Mandanten auf die Höhe der Vergütung hinweisen, wenn der Mandant hiernach ausdrücklich fragt.

Ungefragt wird er dies tun müssen, wenn die beabsichtigte Rechtsverfolgung augenscheinlich unwirtschaftlich ist:[17] Auf Verlangen muß ein Anwalt die voraussichtliche Höhe der gesetzlichen Vergütung mitteilen. Art und Umfang der Aufklärung bestimmen sich nach den Umständen des einzelnen Falles, in erster Linie nach der erkennbaren Interessenlage des Mandanten.

Der Anwalt ist auch verpflichtet, auf die Möglichkeit der Inanspruchnahme von Prozeßkostenhilfe oder Beratungshilfe hinzuweisen, was im Erbrecht, von seltenen Fällen der Beschränkung der Erbenhaftung abgesehen, kaum Bedeutung hat.

VI. Die Honorarvereinbarung

1. Allgemeines

Von einigen Ausnahmen abgesehen (§§ 48, 49 BRAO) ist der Anwalt nicht verpflichtet, zu den gesetzlichen Gebühren tätig zu werden.[18] Gemäß § 3 BRAGO kann der Anwalt eine vom Gesetz abweichende **höhere** Vergütung vereinbaren. Eine solche Honorarvereinbarung ist in fast allen Angelegenheiten zulässig. 24

Nicht zulässig ist gemäß § 49 b BRAO die Vereinbarung eines **Erfolgshonorars**. Hierunter fällt auch die Vereinbarung, daß sich der Anwalt einen Teil des erstrittenen Betrags als Honorar zusichern läßt (**quota litis**). Darüber hinaus ist eine durch Druck, z.B. kurz vor einem Verhandlungstermin, vereinbarte Honorarvereinbarung unzulässig.[19] Keine Verbindlichkeit erlangt eine Vergütungsvereinbarung, wenn der Anwalt im Wege der Prozeßkostenhilfe dem Mandanten beigeordnet wurde.[20] 25

Die Notwendigkeit einer Honorarvereinbarung ist in der Regel dann veranlaßt, wenn der Anwalt auf der gesetzlichen Grundlage keine angemessene Vergütung für seine Tätigkeit erlangen kann. Im Bereich erbrechtlicher Mandate besteht 26

---

17 Madert a. a. O. § 1 Rn 9 m. w. N.; BGH NJW 1969, 932: Zur Belehrungspflicht des RA über die Entstehung und die Höhe der gesetzlichen Gebühren; BGH AnwBl. 1980, 500 = NJW 1980, 2128.
18 *Madert*, III Rn 1.
19 BGH MDR 1978, 558.
20 *Madert*, III Rn 10.

1 Die Annahme eines erbrechtlichen Mandats

dieses Problem aufgrund der hohen Streitwerte im Regelfall nicht. Hier kommt es gerade im Bereich der Gestaltung darauf an, durch eine Honorarvereinbarung, die unterhalb der gesetzlichen Gebühren liegt, den Mandanten nicht von seinem Vorhaben abzubringen, bzw. ihn von dessen Durchführung zu überzeugen (§ 3 V BRAGO).

2. Der Inhalt einer Honorarvereinbarung

27 Der **Inhalt** einer solchen Honorarvereinbarung muß bestimmbar sein. Der Abschluß einer schriftlichen Honorarvereinbarung ist gemäß § 3 I 1 BRAGO dann unerläßlich, wenn eine höhere als die gesetzliche Vergütung gefordert werden soll. Soll eine niedrigere als die gesetzliche Vergütung vereinbart werden, so soll diese lediglich schriftlich geschlossen werden, § 3 I 3 BRAGO. Nach Ansicht des BGH[21] ist ein Maßstab zu wählen, der eine ziffernmäßige Berechnung zuläßt. Dies kann bspw. die Vereinbarung eines prozentualen Zuschlags, eines bestimmten höheren Gegenstandswerts, eines Pauschalhonorars oder gar eines Stundenhonorars sein.[22]

28 Bei der Vereinbarung eines **Pauschalhonorars** ist zu beachten, daß damit in der Regel auch die Auslagen abgegolten sind.[23] Es empfiehlt sich, die Auslagenvergütung gesondert zu vereinbaren und auch eine Bestimmung aufzunehmen, daß die Umsatzsteuer zusätzlich zu zahlen ist.[24]

29 Sinnvoll ist es auch, beispielsweise eine Honorarvereinbarung des Inhalts zu treffen, daß auf **Stundenbasis** abgerechnet wird. Bei der Höhe des Stundensatzes reicht die Bandbreite derzeit von DM 300,00 bis DM 3 000,00. Bereits 1989 lag ein Stundensatz von DM 284,00 zuzüglich Mehrwertsteuer an der Untergrenze.[25] *Franzen*[26] errechnete für eine mittlere Zivilpraxis (2 Anwaltsgehilfinnen, 2 Lehrlinge, 1 Referendar) für den Zeitraum 1991/1992 einen Stundensatz von etwa DM 300,00, wenn der Anwalt wirtschaftlich einem Richter am Landgericht gleichstehen will.

---

21 BGH NJW 1965, 1023.
22 *Madert*, III Rn 3.
23 LG Koblenz AnwBl. 1984, 206.
24 *Madert*, III Rn 4.
25 OLG Düsseldorf AGS 1993, 38.
26 NJW 1993, 439; 1988, 1059 ff.

Das SchlHOLG[27] billigte einem Rechtsanwalt als Berufsbetreuer für das Jahr 30
1993 (unter Bezugnahme auf Franzen) eine Vergütung auf Stundenbasis mit
einem Stundensatz von DM 300,00 zu. Da sich die genannten Entscheidungen
auf die Jahre 1983–1993 beziehen, wird man die dort genannten Sätze aktuell
als „Untergrenze" ansehen müssen.

Der Informationsdienst für die Rechtsanwälte, herausgegeben vom IfU- 31
Institut,[28] sagt daher, daß bei einem spezifischen Know-how des Rechtsanwalts,
z.B. in wirtschaftlichen und steuerlichen Fragen, die Stundensätze zwischen
DM 500,00 und DM 1 000,00 üblich sind und als angemessen gelten können.

Für spezielle Erbrechtskenntnisse wird man daher mindestens von einem 32
Stundensatz von DM 400,00 ausgehen können. Dem Anwalt sei anempfohlen,
die tatsächlichen Kosten einer Leistungsstunde seiner Kanzlei zu kennen, da
diese den üblichen Stundensatz erheblich überschreiten können. Nur wenn
der Anwalt die tatsächlichen Kosten pro Leistungsstunde kennt, kann er die
Rentabilität der ihm erteilten Aufträge beurteilen und ist in der Lage, mit seinem
Auftraggeber ein kostendeckendes Honorar zu vereinbaren.

3. Die Form der Honorarvereinbarung

Verlangt der Anwalt eine höhere Gebühr als die gesetzliche, so bedarf es 33
der **schriftlichen** Erklärung des Auftraggebers. Nach § 3 I BRAGO kann der
Anwalt die höhere Gebühr nur fordern, wenn die Erklärung des Auftraggebers
schriftlich abgegeben wurde. Durch eine freiwillige Leistung des Mandanten
wird ein etwaiger Formmangel allerdings geheilt (§ 3 I 2 BRAGO).[29]

Neben dem Schriftformerfordernis bestimmt § 3 I BRAGO, daß die Honorar- 34
vereinbarung nicht in der Vollmacht oder einer sonstigen Erklärung, wie bspw.
Mandatsbedingungen, enthalten sein darf. Die Honorarvereinbarung sollte daher
immer in einem **gesonderten** Schreiben bzw. auf einem gesonderten Blatt
erfolgen. Nicht schädlich ist es allerdings, wenn in der Honorarvereinbarung
Nebenabreden getroffen werden, die das Honorar selbst betreffen, z.B. Zahlungsbedingungen.[30]

---

27 JurBüro 1995, 156 ff.
28 Nr. 6/95.
29 *Madert*, III Rn 13.
30 LG Aachen NJW 1970, 571.

1 Die Annahme eines erbrechtlichen Mandats

35 Zum Abschluß der Honorarvereinbarung darf der Anwalt auch **Vordrucke** verwenden. Im Streitfalle ist fraglich, ob das AGB-Gesetz gilt.[31] Bejaht man eine Anwendung des AGBG, so ist insbesondere zu prüfen, ob eine unangemessene Benachteiligung des Auftraggebers im Sinne des § 9 AGBG vorliegt. Ein solcher Fall wäre bspw. dann gegeben, wenn der Anwalt völlig unabhängig von der im Einzelfall entfalteten Tätigkeit einen bestimmten Mindestbetrag fordert, der in keinem Verhältnis zu dem Arbeitsaufwand stehen kann.

4. Die Vereinbarung einer niedrigeren Gebühr

36 Grundsätzlich gilt gemäß § 49 b BRAO, daß die Vereinbarung einer niedrigeren Vergütung unzulässig ist. Dies gilt allerdings nur, soweit in der BRAGO nichts anderes bestimmt ist. Bedeutsam in diesem Zusammenhang ist die Vorschrift des § 3 V BRAGO. Danach kann der Anwalt in außergerichtlichen Angelegenheiten **Pauschalvergütungen** und **Zeitvergütungen** vereinbaren, die **niedriger** als die gesetzlichen Gebühren sind.

37 Unter eine außergerichtliche Angelegenheit fällt beispielsweise die Beratung, Vertretung oder gar eine Gutachtenserstellung. Welche Art der Vergütung der Anwalt hier trifft, bleibt grundsätzlich ihm überlassen.

38 Eine nach § 3 V BRAGO getroffene Vereinbarung ist grundsätzlich formfrei. Bei § 3 I 3 BRAGO handelt es sich lediglich um eine Sollvorschrift.

39 Die Vorschrift des § 3 V BRAGO eröffnet dem Anwalt im Hinblick auf die erbrechtliche Beratung, gerade auch auf dem Gebiet der Testamentsgestaltung, einen völlig neuen Handlungsspielraum. So kann er beispielsweise bei dem Entwurf eines Testaments eine Pauschalvergütung verlangen und so verhindern, daß der Mandant bei größeren Nachlaßwerten durch zu hohe Gebühren abgeschreckt wird und dann vielleicht die Testamentsgestaltung selbst in die Hand nimmt. Auch der erheblich günstigere Tarif der KostO, der die Testamentsgestaltung beim Notar wesentlich günstiger macht, kann durch eine flexible Handhabung des § 3 V BRAGO ausgeglichen werden.

---

[31] AG Krefeld NJW 1980, 1592; a.A. *Gerold/Schmidt/von Eicken/Mardert*, BRAGO, § 3 Rn 5; LG Duisburg NJW 1986, 2887.

Umfang und Kosten des Mandats § 6

5. Checkliste für den Abschluß einer Honorarvereinbarung[32]

a) Alternative 1: Nur außergerichtliche Vergütung, die unter der gesetzlichen Vergütung liegt

40

▼

(1) Vertragsparteien
(2) Gegenstand der Vereinbarung
(3) Verpflichtung zur konkreten Honorarzahlung zuzüglich der gesetzlichen Mehrwertsteuer
(4) Fälligkeitsvereinbarung
(5) Verzinsung im Verzugsfalle/bei Ratenzahlung
(6) Vereinbarung zur Auslagenerstattung
(7) Bestätigung des Mandanten, eine Abschrift der Honorarvereinbarung erhalten zu haben

_____ (Ort, Datum)

Unterschrift RA   Unterschrift Mandant

b) Alternative 2: Nur außergerichtliche Vertretung, gesetzliche Vergütung möglicherweise höher als die vereinbarte Vergütung

▼

(1) Vertragsparteien
(2) Gegenstand der Vereinbarung
(3) Verpflichtung zur konkreten Honorarzahlung zuzüglich der gesetzlichen Mehrwertsteuer
(4) Hinweis, daß das Honorar geschuldet ist, falls die gesetzlichen Gebühren nicht höher sind
(5) Fälligkeitsvereinbarung
(6) Verzinsung im Verzugsfalle/bei Ratenzahlung
(7) Vereinbarung zur Auslagenerstattung
(8) Hinweis, daß das Honorar die Höhe der gesetzlichen Gebühren gemäß der BRAGO möglicherweise übersteigt

---

[32] Aufbau einer Honorarvereinbarung bei _Wagner_, Grundlegende Erwägungen zum Einsatz von Honorarvereinbarungen in der anwaltlichen Praxis, ZAP, Fach 24, Seite 459 ff., 466, hier auf die erbrechtliche Situation zugeschnitten.

1 Die Annahme eines erbrechtlichen Mandats

(9) Bestätigung des Mandanten, eine Abschrift der Honorarvereinbarung erhalten zu haben
　　　　(Ort, Datum)

Unterschrift RA　　　　　　　　　　Unterschrift Mandant

▲

c) Alternative 3: Gerichtliche Vertretung
▼

(1) Vertragsparteien
(2) Gegenstand der Vereinbarung
(3) Verpflichtung zur konkreten Honorarzahlung zuzüglich der gesetzlichen Mehrwertsteuer
(4) Hinweis, daß das Honorar geschuldet ist, falls die gesetzlichen Gebühren nicht höher sind
(5) Fälligkeitsvereinbarung
(6) Verzinsung im Verzugsfalle/bei Ratenzahlung
(7) Vorbehalt einer weiteren Honorarvereinbarung für weitere Verfahrensabschnitte oder weitere Instanzen
(8) Vereinbarung zur Auslagenerstattung
(9) Umfang der Verfahrens ohne Einfluß auf die Honorarhöhe
(10) Hinweis, daß das Honorar die Höhe der gesetzlichen Gebühren gemäß der BRAGO möglicherweise übersteigt und daß im Falle des Obsiegens nur die gesetzlichen Gebühren anteilig erstattet werden
(11) Bestätigung des Mandanten, eine Abschrift der Honorarvereinbarung erhalten zu haben
　　　　(Ort, Datum)

Unterschrift RA　　　　　　　　　　Unterschrift Mandant

▲

Umfang und Kosten des Mandats § 6

d) Alternative 4: Spezielle Honorarvereinbarung für die Erstberatung

▼

Honorarvereinbarung
Frau Maria Meier, ▒▒▒▒ (Anschrift),
hat die Anwaltskanzlei Wagner & Hofmann, Ludwigstraße 26, 66386 St. Ingbert,
mit der Erstberatung zu folgenden Fragen beauftragt:
1. ▒▒▒▒
2. ▒▒▒▒

Frau Meier verpflichtet sich, zu dieser Erstberatung der Anwaltskanzlei Wagner & Hofmann ein Honorar in Höhe von pauschal DM 350,00 zuzüglich der gesetzlichen Mehrwertsteuer nach folgender Maßgabe zu zahlen:
In diesem Honorar ist eine Stunde Tätigkeit der Anwaltskanzlei enthalten. Sollte die Tätigkeit länger als eine Stunde in Anspruch nehmen, so ist für jede weitere angefangene Stunde ein Honorar in Höhe von DM 350,00 zuzüglich der gesetzlichen Mehrwertsteuer vereinbart.
Sollten Auslagen anfallen, sind diese gesondert zu erstatten.
Der Inhalt dieser Honorarvereinbarung wurde Frau Meier im einzelnen erläutert. Ihr ist bekannt, daß für den Fall, daß sich der Gegenstandswert unter DM 40.000,00 belaufen sollte, die Höhe des vereinbarten Honorars die gesetzliche Gebühr übersteigen kann. Frau Meier bestätigt mit ihrer Unterschrift eine Abschrift dieser Vereinbarung erhalten zu haben.

▒▒▒▒ (Ort, Datum)

Unterschrift RA   Unterschrift Mandant

▲

e) Alternative 5: Pauschalvereinbarung mit Absicherung gegen Sprengung des zeitlichen Rahmens

▼

Honorarvereinbarung
Die Eheleute Gerhard und Maria Meier, ▒▒▒▒ (Anschrift),
haben die Anwaltskanzlei Wagner & Hofmann, Ludwigstraße 26, 66386 St. Ingbert,
mit der Erstellung eines Entwurfs für
1. ein gemeinschaftliches Testament und
2. einen Übergabevertrag
beauftragt.

Die Eheleute Meier verpflichten sich, für diese Tätigkeit der Anwaltskanzlei Wagner & Hofmann pauschal DM 3.500,00 plus gesetzliche Mehrwertsteuer zu zahlen.

Kerscher 137

1 Die Annahme eines erbrechtlichen Mandats

In diesem Pauschalhonorar sind zehn Arbeitsstunden enthalten. Sollten diese Stunden um mehr als drei Stunden überschritten werden, so ist die Rechtsanwaltskanzlei berechtigt, den darüber hinausgehenden Zeitaufwand mit DM 350,00 plus gesetzliche Mehrwertsteuer pro Stunde abzurechnen.
Sollten Auslagen anfallen, sind diese gesondert zu erstatten.
Der Inhalt dieser Honorarvereinbarung wurde den Eheleuten Gerhard und Maria Meier im einzelnen erläutert. Es ist ihnen bekannt, daß für den Fall, daß sich der Gegenstandswert unter DM 40.000,00 belaufen sollte, die Höhe des vereinbarten Honorars die gesetzliche Gebühr übersteigen kann. Die Eheleute Gerhard und Maria Meier bestätigen mit ihrer Unterschrift, eine Abschrift dieser Vereinbarung erhalten zu haben.

(Ort, Datum)

Unterschrift RA   Unterschrift der Mandanten

B. Die Bestimmung des Gegenstandswerts

I. Allgemeines

41 Der Gebührenanspruch des Anwalts richtet sich beim erbrechtlichen Mandat grundsätzlich nach dem Wert des Gegenstands der anwaltlichen Tätigkeit (sog. Gegenstandswert § 7 BRAGO). Gegenstand der anwaltlichen Tätigkeit ist das Recht oder Rechtsverhältnis, auf das sich die Tätigkeit des Anwalts nach dem Auftrag des Mandanten bezieht. Für den Wert des Gegenstands ist der **objektive Geldwert** zum Zeitpunkt der Entstehung der Gebühr maßgebend.[33]

42 Ist die anwaltliche Tätigkeit auf die Durchführung eines **gerichtlichen** Verfahrens gerichtet oder wäre ein gerichtliches Verfahren in der Sache denkbar, ist der Gegenstandswert gemäß § 8 I BRAGO nach den für die Gerichtsgebühren geltenden Wertvorschriften zu ermitteln.[34] Es genügt ein innerer Zusammenhang zwischen der in Frage stehenden Tätigkeit und einer Tätigkeit in einem nachfolgenden gerichtlichen Verfahren. Dazu zählen auch solche Maßnahmen, die einen Prozeß gerade verhindern sollen. Für die Streitwertberechnung nach **§ 8 I BRAGO** sind demnach die §§ 12 ff GKG einschlägig. Soweit diese

---
33 *Fraunholz* in *Riedel/Sußbauer*, § 7 Rn 9, 10.
34 Siehe §§ 12–20 GKG; hilfsweise §§ 3–9 ZPO.

Vorschriften (§§ 12 II – 25 GKG) keine Regelung treffen, sind gemäß § 12 I GKG die §§ 3–9 ZPO anwendbar.

Besteht die anwaltliche Tätigkeit dagegen in der **Begründung** von **Rechten**, 43 insbesondere in der **Gestaltung** von Verträgen, bestimmt sich der Gegenstandswert gemäß **§ 8 II BRAGO** nach den Vorschriften der KostO bzw. nach billigem Ermessen (§ 8 II 2 BRAGO). Die KostO regelt die Gerichtsgebühren in Angelegenheiten der freiwilligen Gerichtsbarkeit und die Gebühren der Notare.

Ergibt sich aus den in § 8 II 1 BRAGO genannten Vorschriften der KostO 44 keine passende Wertvorschrift für den in Frage stehenden Gegenstand der anwaltlichen Tätigkeit, sind die Vorschriften der BRAGO anwendbar. Sieht die BRAGO für den Einzelfall keine spezielle Regelung vor, ist der Gegenstandswert nach § 8 II 2 BRAGO zu bestimmen. Danach ist der Gegenstandswert nach billigem Ermessen festzulegen. Fehlen Anhaltspunkte für eine Schätzung des Werts oder ist der Gegenstand nichtvermögensrechtlicher Natur, ist nach § 8 II 2 ein Streitwert von DM 8000.- anzunehmen, wenn nicht „nach Lage des Falls" ein höherer oder niedriger Wert geboten ist.

Demnach ergibt sich folgende systematische Prüfungsreihenfolge:

Gegenstand	Primär-Rechtsfolge	Sekundär-Rechtsfolge
Gerichtliches Verfahren oder möglicher Gegenstand eines gerichtlichen Verfahrens	§ 8 I BRAGO, §§ 12 ff. GKG	Falls keine Primär-Rechtsfolge gegeben: §§ 3 bis 9 ZPO

1 Die Annahme eines erbrechtlichen Mandats

Gegenstand	Primär-Rechtsfolge	Sekundär-Rechtsfolge
Anwaltliche Tätigkeit besteht in der Begründung von Rechten, insbesondere in der Gestaltung von Verträgen	§ 8 II BRAGO, § 18 II KostO, §§ 19 bis 23, 24 I, II, IV, V, VI, 25, 39 II KostO	Falls nicht feststellbar: Gemäß § 8 II 2 BRAGO nach billigem Ermessen, bei nicht vermögensrechtlichen Gegenständen DM 8.000,00, Falls nicht „nach Lage des Falles" ein höherer oder ein niedrigerer Wert geboten ist.

II. Gegenstandswert der einzelnen Klagearten

45 Wird im Rahmen einer Leistungsklage eine **Geldforderung** geltend gemacht, dann bestimmt sich der Gegenstandswert nach der Höhe der Forderung. Nebenforderungen bleiben, soweit sie nicht als Hauptforderung geltend gemacht werden, unberücksichtigt (§ 22 I GKG und § 4 ZPO).

46 Der Wert einer **vermögensrechtlichen** Streitigkeit richtet sich danach, was der Kläger mit seiner Klage wirtschaftlich erreichen will. Vermögensrechtlich ist jeder prozessuale Anspruch, der auf Geld oder Geldwert zielt oder aus einem Vermögensrecht abgeleitet wird.[35] In Grenzfällen ist entscheidend, ob mit dem Anspruch vorwiegend wirtschaftliche oder ideelle Interessen verfolgt werden.

47 *Beispiel*
Mit der Erbunwürdigkeitsklage verfolgt der Kläger bspw. regelmäßig sowohl wirtschaftliche als auch ideelle Interessen. Ist die Klage begründet, gilt die Erbeinsetzung des Beklagten als nicht erfolgt, der Anteil des Klägers

---

35 *Schellhammer*, Rn 790.

erhöht sich oder kommt erst zum Entstehen. Der Gegenstandswert einer solchen Klage liegt daher in der Besserstellung des Klägers infolge der Erbunwürdigkeitserklärung des Beklagten.[36] Zu beachten ist, daß sich ein ihm ohnehin gebührender Anteil wertmindernd auswirkt.[37]

Beispiel 48
Steht bspw. die Erbberechtigung in Frage, bestimmt sich der Wert nach dem streitigen Anteil des Anspruchstellers. Ist aber nur die Erbberechtigung und nicht die Pflichtteilsberechtigung streitig, entspricht der Gegenstandswert der Differenz zwischen streitigem Erbteil und unstreitigem Pflichtteil.[38] So entspricht auch der Gegenstandswert eines Ausgleichungsanspruchs nach § 2050 BGB dem Wert, um den sich der Erbteil durch die Ausgleichung erhöht. Entsprechendes muß bei Pflichtteilsergänzungsansprüchen und Pflichtteilsrestansprüchen gelten.

Der Wert einer **nichtvermögensrechtlichen** Streitigkeit ist gemäß § 12 II GKG 49 unter Berücksichtigung des Einzelfalls, insbesondere des Umfangs und der Bedeutung der Sache und der Vermögens- und Einkommensverhältnisse der Parteien, zu bestimmen.

Nach § 18 GKG bestimmt sich der Gegenstandswert einer **Stufenklage** nach 50 dem höchsten der verbundenen Ansprüche. Dies ist in der Regel der Zahlungs- oder Herausgabeanspruch.[39]

Der Streitwert für eine den Hauptanspruch vorbereitende Maßnahme (**Aus-** 51 **kunft**, Vorlegen von Vermögensverzeichnissen etc.) orientiert sich am Wert des nachfolgenden Leistungsantrags. Dabei ist der Leistungsanspruch maßgebend, den der Kläger bei Klageerhebung erwartet. Stellt sich beispielsweise nach Erteilung der gewünschten Auskunft heraus, daß der Leistungsanspruch nicht oder nur in geringerem Umfang besteht, gilt bis zur Einreichung des spezifizierten Leistungsantrags der Wert des anfänglich Erwarteten.

---

36 BGH MDR 1959, 922; BGH NJW 1970, 77.
37 Rechtspfleger 1963,154.
38 BGH NJW 1975, 539.
39 *Schellhammer*, Rn 792.

1 Die Annahme eines erbrechtlichen Mandats

52 Dagegen erhöht sich der Gegenstandswert für die Auskunftsklage nachträglich, wenn nach Erteilung der Auskunft sich herausstellt, daß der Kläger weit höhere Ansprüche hat. Dann gilt gemäß § 18 GKG insgesamt nur der höhere Wert. Der Gegenstandswert für einen **Auskunftsantrag** ist regelmäßig nur mit einem Bruchteil des Werts des Leistungsantrags anzunehmen. Die Rechtsprechung tendiert dabei zwischen 1/10 und 5/10 des Werts des Leistungsantrags, im Regelfall zu 3/10 des Leistungsantrags.

53 **Haupt-** und **Hilfsantrag** mit verschiedenem Streitgegenstand sind nach § 19 GKG zu addieren, wenn das Gericht auch über den Hilfsantrag entscheidet, dh sich im Rahmen des Urteils mit dem hilfsweise geltend gemachten Anspruch befaßt hat. Bei Erledigung des Rechtsstreits durch Vergleich sind die Werte des Haupt- und Hilfsanspruchs regelmäßig zusammenzurechnen (19 IV GKG), da das Ergebnis stets auch eine Entscheidung über den hilfsweise erhobenen Anspruch beinhaltet.

54 Haben **Klage** und **Widerklage** denselben Gegenstand oder geht die eine Klage in der anderen auf, bestimmt die höhere Klage den Streitwert. Betreffen Klage und Widerklage verschiedene Gegenstände, werden sie addiert (19 I 1 GKG).

55 Der Gegenstandswert einer **Feststellungsklage** ergibt sich aus §§ 8 I 1 BRAGO, 12 I GKG, § 3 ZPO. Sowohl bei der positiven als auch bei der negativen Feststellungsklage ist zur Bestimmung des Gegenstandswerts der Wert eines entsprechenden Leistungsanspruchs zugrunde zu legen. Bei einer positiven Feststellungsklage sind von dem Betrag des Leistungsanspruchs ca. 20 % abzuziehen. Dabei handelt es sich um einen Durchschnittswert, der im Einzelfall im Hinblick auf das zu bewertende Interesse höher oder geringer ausfallen kann.

III. Die „Angelegenheit" als maßgeblicher Abgeltungsbereich der Gebühren

56 Die „Angelegenheit" stellt einen gebührenrechtlichen Begriff dar.[40] Der Begriff dient gebührenrechtlich zur Abgrenzung des konkreten anwaltlichen Tätigkeitsbereiches, der eine Pauschalgebühr abgelten soll.

---

40 *Hartmann* § 13 BRAGO Rn 10.

Umfang und Kosten des Mandats § 6

Die Zentralnorm sind die Absätze I und II von § 13 BRAGO. Diese lauten wie folgt:

(1) Die Gebühren entgelten, soweit dieses Gesetz nichts anderes bestimmt, die gesamte Tätigkeit des Rechtsanwaltes vom Auftrag bis zur Erledigung der Angelegenheit.
(2) Der Rechtsanwalt kann die Gebühren in derselben Angelegenheit nur einmal fordern. Im gerichtlichen Verfahren kann er die Gebühren in jedem Rechtszug fordern.

Die Angelegenheit wird maßgeblioch bestimmt durch den Auftrag. Selbst wenn ein einheitlicher Auftrag vorliegt, so führt dies nicht zwingend dazu, daß die unterschiedlichen Gegenstände auch alle im Rahmen „einer" Angelegenheit und damit zu einer pauschalen Vergütung zu erledigen sind. Vielmehr gilt:

Eine Angelegenheit i. S. der BRAGO liegt vor, wenn drei Voraussetzungen kumulativ gegeben sind:

a) **Innerlich zusammengehörende Gegenstände**
b) sollen aufgrund eines **einheitlichen Auftrags,**
c) **verfahrensmäßig in einem gemeinsamen Rahmen** durch den Anwalt bearbeitet und zum Erfolg geführt werden.[41]

Zu a)
Gegenstand ist das Recht oder Rechtsverhältnis, auf das sich die Tätigkeit aufgrund des Auftrags bezieht. Am nachfolgenden Fall soll demonstriert werden, welche Fallgestaltungen denkbar und wie diese gebührenrechtlich zu behandeln sind.

Grundfall:

Der Vater V und die Mutter M, im gesetzlichen Güterstand lebend, waren Miteigentümer zu je 1/2 eines Hausanwesens. V ist vorverstorben. Es trat die gesetzliche Erbfolge ein. M wurde Miterbin zu 1/2 und die drei Kinder Miterben zu je 1/6. M setzte K1 zum Alleinerben ein. K2 und K3 beauftragen den Anwalt mit der Durchsetzung ihrer Rechte. Streitig ist die Wertbemessung des den

---

41 Zu den Elementen dieser Begriffsbestimmung vgl. *Madert* a. a. O., § 13 Rn 5.

1 Die Annahme eines erbrechtlichen Mandats

wesentlichen Nachlaß ausmachenden Hausanwesens zu den unterschiedlichen Todeszeitpunkten von Vater und Mutter.

Gegenständlich geht es um zwei unterschiedliche Rechtsverhältnisse: Zum einen um die Erbengemeinschaft nach V und ihre Auseinandersetzung, zum anderen um das Pflichtteilsrechtsverhältnis und damit um die Durchsetzung der Pflichtteilsansprüche gegen K1.

Die innerliche Zusammengehörigkeit ergibt sich u. a. aus der Frage, ob die verschiedenen Gegenstände im Falle der gerichtlichen Geltendmachung in einem Verfahren verfolgt werden können.

Im Grundfall ist dies zu bejahen, wenn der Anwalt den Wert des Hausanwesens zum Zeitpunkt des Todes der Mutter[42] bestimmen läßt und mit K1 ein Einvernehmen über den Wert des Hauses zur Zeit des Todes des V erzielt. Unterstellt man einen einheitlichen Hauswert von DM 2,4 Mio. Dann sind zu bewerten

aa) die Erbauseinandersetzungsansprüche von K2 und K3 mit je DM 200.000[43] und
bb) deren Pflichtteilsansprüche mit je DM 300.000.[44]

Würde K1 dem Teilungsplan nicht zustimmen und sich damit weigern, insgesamt DM 500.000 an K2 und K3 zu zahlen, so könnte in einer Klage

aa) die Zustimmung zum vorgelegten Teilungsplan und
bb) die Zahlung der Pflichtteilsansprüche verlangt werden.

---

[42] Im Rahmen des Wertermittlungsanspruches und auf Kosten des Nachlasses gemäß § 2314 I, II BGB.
[43] 1/6 Erbanteil aus Nachlasswert von DM 1,2 Mio.
[44] 1/6 aus DM 1,2 Mio. (originärer Eigentumsanteil zuzüglich der ererbten 0,6 Mio. = DM 1,8 Mio.; hiervon 1/6 = DM 0,3 Mio.

Zu b)

Weitere Voraussetzung für die Annahme einer, d. h. derselben Angelegenheit 58
ist im allgemeinen ein **einheitlicher Auftrag**.
Nicht notwendig ist, daß die Aufträge zur gleichen Zeit erteilt werden. Im Grundfall hätte der Anwalt zunächst nur mit der Durchsetzung der Pflichtteilsansprüche und erst später auch mit der Erbauseinandersetzung beauftragt werden können. Maßgebend ist, daß die Aufträge gemeinsam behandelt werden sollen.

Zu c)

Schließlich ist es notwendig, daß der **Rahmen**, in dem der Anwalt – zum 59
Beispiel für verschiedene Auftraggeber – tätig wird, gewahrt wird. Der Rahmen ist zum Beispiel gewahrt, wenn der Anwalt die Ansprüche in einem Brief an den Gegner behandelt oder in einer Klage geltend macht.

Wie oben unter zu a) aufgeführt, ist es durchaus möglich, den Erbauseinandersetzungsanspruch und Pflichtteilsanspruch außergerichtlich in ein und derselben Korrespondenz, die auch gerichtlich in ein und derselben Klage, also jeweils „verfahrensmäßig in einem gemeinsamen Rahmen" geltend gemacht werden können. Wenn K2 und K3 dieses Vorgehen wünschen, dann kann der dem Anwalt erteilte Auftrag als „eine Angelegenheit" behandelt werden, mit der Folge, daß dann der Anwalt auch nur einmal seine Kosten berechnen kann. Es würde dann eine Kostenrechnung an K2 und K3 zu richten sein.

Jetzt stellt sich die Frage, wie die Tatsache der verschiedenen Gegenstände „Erbauseinandersetzungsanspruch" und „Pflichtteilanspruch" sowie die Tatsache, daß zwei Auftraggeber gegeben sind (K2 und K3), sich auf die Berechnung der Gebühr auswirkt. Die Beantwortung dieser Frage richtet sich im Folgenden nicht mehr nach dem dem Anwalt erteilten Auftrag, sondern nach der Maßgeblichkeit des konkreten Gebührenerhöhungssystems.

Es gibt zwei Gebührenerhöhungssysteme, nämlich das erste der sog. „Gegenstandsgleichheit", das den Mehrvertretungsaufwand gemäß § 6 I 2 BRAGO berücksichtigt und das zweite, das bei sog. „Gegenstandsverschiedenheit" zu einer Addition der Gegenstandswerte führt.

An der Gegenstandsgleichheit fehlt es, wenn jedem der Anspruchsteller der geltend gemachte Anspruch selbstständig zusteht. Dies ist hier der Fall. Daher kommt es zum Gebührenerhöhungssystem des § 7 II BRAGO und damit zu einer Addition der Gegenstandswerte.

Die Kostenrechnung sieht mithin wie folgt aus:

Rechnungsstellung an K1 und K2:

Gegenstandswerte:
2 x Wert des Erbauseinandersetzungsanspruchs	400.000,00 DM
2 x Wert des Pflichtteilsanspruchs	600.000,00 DM
	1.000.000,00 DM
10/10 Prozessgebühr	6.225,00 DM
10/10 Verhandlungsgebühr	6.225,00 DM
10/10 Beweisgebühr	6.225,00 DM
10/10 Vergleichsgebühr	6.225,00 DM
	24.900,00 DM

Greift das Gebührenerhöhungssystem des § 7 II BRAGO (= Addition der Gegenstandswerte) ein, so kann daneben nicht noch der Mehrvertretungszuschlag des § 6 I 2 BRAGO geltend gemacht werden.

IV. Die Gebührenerhöhungssysteme des § 7 II BRAGO und des § 6 I 2 BRAGO

Wird der Anwalt in **derselben** Angelegenheit (vgl. oben III.) für mehrere Auftraggeber tätig, dann kommen **alternativ** zwei Gebührenerhöhungssysteme in Betracht: Das Erhöhungssystem des § 6 I 2 BRAGO, das lediglich bei **Gegenstandsgleichheit** eingreift und das Gebührenerhöhungssystem des § 7 II BRAGO, das bei **Gegenstandsverschiedenheit** zur Anwendung kommt.

Umfang und Kosten des Mandats § 6

A	B
Bei **Gegenstandsgleichheit**: Erhöhung der Geschäfts- od. Prozeßgebühr bei mehreren Auftraggebern **§ 6 I 2 BRAGO**	Bei **Gegenstandswertverschiedenheit**: Addition der Gegenstandswerte **§ 7 II BRAGO**

Die beiden Gebührenerhöhungssysteme schließen einander aus. Entweder 60
stehen die mehreren Gegenstände zueinander im Verhältnis der Gleichheit,
dann ist § 6 I 2 BRAGO oder in Verschiedenheit, dann ist § 7 II BRAGO
anwendbar.

Unrichtig sind daher Kostenrechnungen, die wie folgt aussehen:

RA vertritt 2 Mandanten mit einem Anteil von jeweils DM 50.000,00. Die
Gegenstandswerte werden gemäß § 7 II BRAGO zu DM 100.000,00 addiert. Für
die Vertretung des zweiten Klägers wird der 3/10 Erhöhungszuschlag gemäß § 6
I, 2 BRAGO geltend gemacht. Dies ist systemwidrig und daher grob falsch!

Vielmehr ist zu fragen, ob die beiden Rechte der Kläger in **Gegenstandsgleichheit** oder in **Gegenstandsverschiedenheit** zueinander stehen.

Korrekte Kostenrechnung bei Gegenstandsgleichheit:
Gegenstandswert: DM 50.000,00

10/10 Prozeßgebühr	1.425,00 DM
3/10 Erhöhungsgebühr gem. § 6 I 2 BRAGO	427,50 DM
Auslagenpauschale § 26 BRAGO	40,00 DM
	1.892,50 DM

Korrekte Kostenrechnung bei Gegenstandsverschiedenheit:
Gegenstandswert: DM 50.000,00 plus DM 50.000,00 = 100.000,00 DM

10/10 Prozeßgebühr	2.125,00 DM
Auslagenpauschale § 26 BRAGO	40,00 DM
	2.165,00 DM

Kerscher 147

61 Demnach kommt es entscheidend auf die Unterscheidung an, ob alternativ Gegenstandsverschiedenheit oder Gegenstandsgleichheit vorliegt.

Gegenstandsgleichheit liegt vor, wenn der Rechtsanwalt für mehrere Auftraggeber wegen desselben Rechts oder Rechtsverhältnisses tätig wird. Dies hängt allein von der **wirklichen Rechtslage** und nicht vom Auftrag ab. Denn das Gesetz stellt darauf ab, ob der Gegenstand der anwaltlichen Tätigkeit derselbe „ist". Würde man den Auftrag für maßgeblich halten, so würden dem RA die beiden Gebührenerhöhungssysteme entgegen der Absicht des Gesetzes kumulativ zugute kommen.

Man kann sagen, daß die **Gegenstandsverschiedenheit die Regel** ist. Nur ausnahmsweise ist von einer Gegenstandsidentität auszugehen. Im einzelnen vergleiche Rn 62.

Kurzformel: Gegenstandsverschiedenheit und damit Addition der Streitwerte liegt vor, wenn die einzelnen Gegenstände den Auftraggeber selbst betreffen, sei es daß er die Gegenstände einzeln zu fordern oder einzeln zu erfüllen hat. Gegenstandsgleichheit und damit der Mehrvertretungszuschlag ist gegeben, wenn der Auftraggeber nur notwendigerweise gemeinsam mit anderen etwas verlangen kann oder für etwas einzustehen hat. Die nachstehende Tabelle soll dies verdeutlichen:

62 **Gegenstandsverschiedenheit** und damit
   a) Addition der Gegenstandswerte gemäß § 7 II BRAGO und
   b) keine Erhöhung der Betriebsgebühr gemäß § 6 I 2 BRAGO:

- Erbengemeinschaft[45]
- Klage mehrerer **Miterben** gegen weitere Miterben auf Zustimmung zur Verteilung des Versteigerungserlöses.[46]

---

45 Die Frage ist streitig. Die Frage wird bejaht von *Hartmann* aaO § 6 Rn 9 Bgb AnwBl 86 108, Hamburg MDR 89, 830 mwN; Hamm Rpfleger 89,80 je mwN Karlsruhe AnwBl 81, 193, jetzt auch Köln MDR 88 155, ferner LG Göttingen Rpfleger 90, 90, aA Düsseldorf Rpfleger 82, 199, Frankfurt AnwBl 81, 403 je mit weiteren Nachweisen Nürnberg MDR 93, 699, LAG Hamm MDR 84, 174 (für den Fall, daß mehrere Erben den Anwalt bitten, den von Erblasser begonnenen Rechtsstreit fortzuführen).

46 Karlsruhe JurBüro 90, 334.

- Klage mehrerer **Miterben** gegen weitere Miterben auf Zustimmung zum Teilungsplan
- Klage mehrerer **Pflichtteilsberechtigter** gegen Erben[47]
- Klage mehrerer **Pflichtteilsberechtigter** gegen Erben auf Auskunft[48]
- Klage mehrerer **Vermächtnisnehmer** auf Feststellung des jedem zustehenden Vorausvermächtnisses[49]
- Klage mehrerer **Vermächtnisnehmer** auf Erfüllung gleich hoher Vermächtnisse[50]
- Klage mehrerer **Testamentsvollstrecker** für denselben Nachlaß[51]
- Klage von Bruchteilseigentümern[52]

Gegenstandsgleichheit und damit
a) Erhöhung der Betriebsgebühr gemäß § 6 I 2 BRAGO und
b) keine Addition der Gegenstandswerte gem. § 7 II BRAGO
liegt vor bei:

- Gesamtgläubiger oder Gesamtschuldner[53]
- Erbengemeinschaft aber nur soweit der Anwalt schon vom Erblasser erhalten hatte[54]

---

47 München, Rpfleger 1990, 270 = MDR 1990, 50 = JurBüro 1990, 602.
48 Köln JurBüro 94, 730.
49 Koblenz AnwBl. 83, 175.
50 Koblenz AnwBl. 83, 175 = JurBüro 82, 1828.
51 BGH AnwBl. 94, 196 = MDR 94, 413 = Rpfleger 94, 271, *von Eicken* § 6 Rn 21.
52 BGH Rpfleger 78, 370 JurBüro 78, 1481 = MDR 79, 39.
53 München AnwBl. 88, 70 (gemeinsamer Gewährleistungsanspruch); AnwBl 96475 = JurBüro 96,585 (Anspruch auf Löschungsbewilligung); Hamm JurBüro 78, 699 (Abwehr von Gefährdung des gemeinschaftlichen Grundstückes) Frankfurt JurBüro 78, 699 (Abwehr von Gefährdung des gemeinschaftlichen Grundstückes) Frankfurt JurBüro 93, 1191 = MDR 83, 764 (Mängelbeseitigungsansprüche von zwei Ehepaaren betreffend in Auftrag gegebenes Doppelhaus)
54 Die Frage ist streitig wie hier Bamberg JB 1978 1179, Düsseldorf MDR 1989, 468, Frankfurt AnwBl 1981, 403, Koblenz MDR 1993, 284, LG Göttingen Rpfleger 1990, 91, Mümmler JB 1982, 189, aA LG Berlin JB 1997, 413 (fordert zusätzlich Kenntnis des Anwaltes von der Erbenmehrheit); Düsseldorf MDR 1996, 1300, Hamm AnwBl 1993, 577, Stuttgart MDR 1990, 1126, Zweibrücken Rechtspfleger 1995, 384.

1 Die Annahme eines erbrechtlichen Mandats

- **Erbengemeinschaft** macht gemeinsame Kostenerstattungsansprüche geltend.[55]
- **Miterben** an Wohnungseigentum im Prozeß der Erbengemeinschaft gegen Dritte wie auch im Rechtsstreit gegen andere Wohnungseigentümer oder den Verwalter.[56]

Zu der Gebührenrechnung, wenn der Rechtsanwalt in derselben Angelegenheit von mehreren Mandanten teils wegen desselben, teils wegen verschiedener Gegenstände beauftragt ist oder an verschiedenen Gegenständen jeweils mehrere Auftraggeber beteiligt sind, vgl. von Eicken.[57]

63 § 6 I 2 BRAGO ist also nur anwendbar, wenn der Rechtsanwalt

- für mehrere Auftraggeber
- in derselben Angelegenheit (Identität der Angelegenheit)
- wegen desselben Gegenstandes (Identität des Gegenstandes)

gleichzeitig tätig wird.

64 Erhöhungsfähig ist nicht nur die Geschäfts- und Prozeßgebühr, sondern auch die Differenzgebühr gemäß § 32 II BRAGO, die halbe Prozeßgebühr des Verkehrsanwaltes gemäß § 53 BRAGO, des Beweisanwaltes gemäß § 54 BRAGO, im Beschwerde- und Kostenerinnerungsverfahren gemäß § 61 BRAGO, die allgemeine Verfahrensgebühr in den in § 63 aufgeführten FGG-Verfahren, ebenso die Verkehrsgebühr gemäß § 52 BRAGO.

65 Umfang der Erhöhung

Es ist stets die sogenannte **Ausgangsgebühr** für jeden Auftraggeber um 3/10 zu erhöhen, also

eine	3 / 10	Gebühr um	9 / 100
eine	5 / 10	Gebühr um	1,5 / 10
eine	7,5 / 10	Gebühr um	22,5 / 100
eine	10 / 10	Gebühr um	3 / 10
eine	13 / 10	Gebühr um	39 / 100
eine	20 / 10	Gebühr um	6 / 10.

---

55 KG in AGS (= Zeitschrift Anwaltsgebühren spezial) 1996, 73.
56 *Von Eicken*, Rn 13 zu § 6 m. w. N.
57 Vgl. *von Eicken* a. a. O., § 6 Rn 35.

wobei die Erhöhung nicht über zwei volle Ausgangsgebühren hinausgehen darf. Maximal kann also nur das Dreifache der Ausgangsgebühr geltend gemacht werden.

V. Die Bestimmung des Streitwerts im Einzelnen

Die Bestimmung des Gegenstandswerts in erbrechtlichen Angelegenheiten ist bisher nicht einheitlich und abschließend geklärt. Die Bewertungsproblematik liegt in der Frage, ob für die Streitwertbestimmung eine **formell-rechtliche** oder eine **wirtschaftliche** Betrachtungsweise vorzuziehen ist. Diese Frage führt letztlich dazu, ob der Erbteil des klagenden Miterben bei der Bemessung zu berücksichtigen bzw. in Abzug zu bringen ist. 66

Nach hM[58] gilt im Rahmen von Streitigkeiten der Miterben untereinander der Grundsatz, daß der Streitwert gemäß § 3 ZPO nach dem wirtschaftlichen Interesse unter Abzug des Anteils des klagenden Erben zu bemessen ist. Werden jedoch Ansprüche von Dritten oder gegen Dritte geltend gemacht, die außerhalb der Erbengemeinschaft stehen, dann ist im Regelfall der ganze Wert in Ansatz zu bringen.[59] 67

Streitwertübersicht

■ **Auseinandersetzung einer Erbengemeinschaft (§ 3 ZPO, § 11 GKG)** 68
Während nach früherer Ansicht des BGH[60] grundsätzlich der Wert des gesamten Nachlasses als Gegenstandswert zugrunde zu legen war, ist nach derzeitiger Rechtsprechung gemäß § 3 ZPO regelmäßig nur das Interesse des Klägers und somit sein Anteil am Nachlaß maßgebend.[61] Es ist der wirtschaftliche Wert des Streitgegenstands zu ermitteln.[62]

Ist die Aufteilung nur einzelner Vermögensgegenstände streitig, ist der Gegenstandswert auf diese Gegenstände zu beschränken. Besteht beispiels-

---

58 BGH NJW 1975, 1415; *Stein/Jonas*, ZPO, § 3 Rn 48.
59 *Schneider*, Streitwertkommentar, Rn 3155.
60 BGH NJW 1962, 914; BGH NJW 1969, 1350.
61 BGH NJW 1975, 1415; *Stein/Jonas*, ZPO, § 3 Rn 48.
62 A.A. *Schmidt*, Anmerkung zu BGH NJW 1975, 1415, 1417.

weise nur Streit über die Verteilung einzelner Immobilien, so bestimmt sich der Streitwert nur nach den Grundstückswerten, über deren Verteilung Streit besteht und zwar auch dann, wenn der der Klage zugrundeliegende Teilungsplan den ganzen Nachlaß betrifft.[63] Konsequenterweise muß aber wohl auch hier der jeweilige Anteil der Parteien am Nachlaß zu berücksichtigen sein (§ 3 ZPO).

Endet die Auseinandersetzung durch Vergleich, ist das wirtschaftliche Interesse des die Auseinandersetzung betreibenden Miterben für die Streitwertbestimmung entscheidend, also regelmäßig der Wert des Anteils am Nachlaß.[64]

Bei einer Klage auf Feststellung der Unzulässigkeit einer Erbauseinandersetzung ist auf das Interesse des Klägers am Fortbestehen der Erbengemeinschaft abzustellen.[65]

- **Auskunft (§ 3 ZPO)**

Im Rahmen einer Auskunftsklage ist der Gegenstandswert nach § 3 ZPO zu bestimmen. Die Auskunftsklage bereitet in der Regel den Zahlungsanspruch vor. Der Gegenstandswert entspricht grundsätzlich dem Interesse des Klägers an der Offenlegung der für die Hauptsache maßgeblichen Tatsachen. Der Wert des Auskunftsanspruchs beträgt daher regelmäßig nur einen Bruchteil (1/5 bis 1/4) des Wertes des Hauptanspruchs.[66] Zu beachten ist, daß sich der Bruchteilswert aus dem Wert der Miterbenquote des Klägers berechnet.[67]

- **Ausgleichung (§ 3 ZPO)**

Klagt ein Miterbe auf Feststellung einer Ausgleichspflicht nach §§ 2050 ff BGB, so richtet sich der Streitwert nach dem Interesse des Klägers an der Ausgleichung. Dies ist grundsätzlich der Wert der Erhöhung seines Erbanteils infolge der Durchführung der Ausgleichung.[68]

---

63 BGH NJW 1969, 1350.
64 OLG Koblenz JurBüro 1991, 103.
65 OLG Hamm in JurBüro 1977, 1616.
66 BGH BB 1960, 796.
67 OLG Schleswig JurBüro 1960, 263.
68 BGH FamRZ 1956, 381.

■ **Erbersatzanspruch (§ 3 ZPO)**
Bei der Geltendmachung des Erbersatzanspruchs richtet sich der Gegenstandswert nach der Höhe des geforderten Betrags.

■ **Erbschein**
Der Gegenstandswert im Rahmen eines Erbscheinsverfahrens richtet sich nach dem Umfang des beanspruchten Erbteils des jeweiligen Miterben, wobei der Wert des bereinigten Nachlasses zugrunde zu legen ist.[69]

Im Beschwerdeverfahren ist der Streitwert nach freiem Ermessen unter Berücksichtigung des wirtschaftlichen Interesses des Beschwerdeführers am Nachlaß zu bestimmen.[70]

Bei Klage auf Herausgabe eines unrichtigen Erbscheins ist der Streitwert unter Berücksichtigung der Nachteile, die dem Kläger durch den unrichtigen Erbschein drohen, nach freiem Ermessen festzulegen.[71] Dieser Wert ist in der Regel deutlich geringer als der Wert des Nachlasses.

■ **Erbunwürdigkeitsklage**
Während eine frühere Rechtsprechung den Gegenstandswert einer Erbunwürdigkeitsklage nach dem Interesse der Klägerpartei bemessen hat,[72] ist derzeit der Wert der gesamten Beteiligung des Beklagten am Nachlaß für die Bestimmung des Streitwerts maßgebend.[73]

■ **Erbvertrag**
Für den Entwurf eines Erbvertrags ist der Wert des Vermögens, über das verfügt wird, zugrunde zu legen. Verbindlichkeiten mindern den Streitwert nicht, soweit sie Gegenstand der Beratung waren. Gleiches gilt hinsichtlich erbrechtlicher Ansprüche (Pflichtteilsansprüchen etc.). Wird der Erbvertrag gleichzeitig mit einem Ehevertrag geschlossen, wird der Wert des betroffenen Vermögens nur einmal berücksichtigt (vgl. § 46 II KostO). Der Streitwert für die Feststellung der Unwirksamkeit des Rücktritts von

---

69 BGH NJW 1968, 2234.
70 FamRZ 1994, 169.
71 BGH KostRsp, § 3 ZPO Nr. 176.
72 BGH LM, Nr. 16 zu § 3 ZPO.
73 BGH NJW 1970, 197; a.A. *Hillach/Rohs*, § 57 A III.

einem Erbvertrag bemißt sich auf ein Viertel des reinen Vermögens des Erblassers.[74]

■ **Feststellung des Erbrechts**
Im Rahmen einer Feststellungsklage ist bei der Bewertung des Gegenstandswerts grundsätzlich ein Abschlag von ca. 20 % vorzunehmen.[75] So bestimmt sich bspw. der Streitwert einer Klage eines Miterben gegenüber einem anderen Miterben auf Feststellung, daß ein bestimmtes Bankguthaben zum Nachlaß gehört, nach dem Wert des Bankguthabens, abzüglich des quotalen Anteils des Beklagten, abzüglich eines 20% Abschlags.[76]

Ein unstreitiger Pflichtteilsanspruch bleibt bei der Streitwertbestimmung unberücksichtigt.[77]

Die Klage auf Feststellung einer Vorerbschaft ist geringer zu bewerten als die Feststellung einer Vollerbenstellung.[78]

Bei Feststellung der Nichtigkeit eines Testament ist auf den Wert der Besserstellung des Klägers bei Erfolg der Klage abzustellen.[79]

■ **Grundbuchberichtigung**
Verlangt ein Miterbe gegenüber einem anderen Miterben, daß an dessen Stelle die Erbengemeinschaft als Eigentümerin im Grundbuch einzutragen ist, so bemißt sich der Streitwert nach dem Wert des Grundstücks abzüglich des Anteils des beklagten Miterben.[80]

■ **Grundstücksauflassung**
Klagt ein Miterbe gegen einen anderen Miterben aufgrund Anordnung des Erblassers auf Zustimmung zur Auflassung eines Nachlaßgrundstücks an sich selbst, so richtet sich der Streitwert nach dem Verkehrswert des Grundstücks abzüglich des gesamthänderischen Teils des Klägers.[81]

74 BGH NJW 1972, 540.
75 OLG Köln JurBüro 1979, 1704.
76 OLG Bamberg JurBüro 1974, 1433.
77 BGH NJW 1975, 539.
78 BGH FamRZ 1989, 958.
79 BGH NJW 1956, 1877.
80 OLG Neustadt Rechtspfleger 1963, 66.
81 OLG Celle NJW 1969, 1355.

Investitionen, die der Kläger bereits in das Grundstück erbracht hat, sind hierbei abzuziehen.[82]

Klagt dagegen ein Miterbe gegen einen anderen Miterben auf Auflassung eines Nachlaßgrundstücks an einen Dritten, so hat das KG[83] entschieden, daß der volle Wert des Grundstücks in Ansatz zu bringen ist.[84] Nach Änderung der Rechtsprechung des BGH[85] ist, zumindest wenn man der Ansicht einer wirtschaftlichen Betrachtungsweise folgt, der Streitwert nach dem Anteil desjenigen Miterben zu bestimmen, der durch die Klage zur Auflassung an einen Dritten gezwungen werden soll.[86]

■ Miterben

Bei Klagen unter Miterben auf Leistung an die Erbengemeinschaft entspricht der Streitwert dem Wert der Forderung abzüglich des unstreitigen Erbteils des Beklagten an der geforderten Leistung.[87] Dies gilt grundsätzlich auch dann, wenn nur ein Miterbe als Kläger auftritt und gemäß § 2039 BGB Leistung an die aus mehreren Personen bestehende Erbengemeinschaft verlangt wird.[88]

Bei Klagen unter Miterben auf Leistung an den Kläger bemißt sich der Streitwert nach dem vollen Wert der Forderung. Wird die Klage gegen die Erbengemeinschaft erhoben, ist der unstreitige Anteil des Klägers an der Forderung abzuziehen.[89] Bei Klagen zwischen Miterben und Dritten ist grundsätzlich der volle Wert des Gegenstands anzusetzen, auch dann, wenn auf Kläger- oder Beklagtenseite nur ein Miterbe vertreten ist.[90]

Begehrt ein Miterbe die Feststellung der Nichtigkeit eines Vertrags der Erbengemeinschaft, der einen Miterben zum Ankauf eines Gegenstands

---

82 OLG Bamberg JurBüro 1973, 768.
83 KG Rechtspfleger 1962, 155.
84 So auch die frühere Rechtsprechung des BGH NJW 1956, 1071.
85 BGH NJW 1972, 909; 1975, 1415.
86 Anders ist dies aber bei einer Klage auf Zahlung eines bestimmten Geldbetrages. Hier haftet der einzelne Miterbe voll; *Schneider*, Rn 3184.
87 BGH NJW 1972, 904.
88 BGH NJW 1972, 904.
89 BGH NJW 1972, 904.
90 MDR 1962, 912; Rpfleger 1957, 274.

berechtigt, so ist für die Streitwertbemessung auf das Interesse des anderen Miterben an der Befreiung von den im Vertrag eingegangenen Verbindlichkeiten abzustellen.[91]

■ **Nacherbe**
Ist der Anwalt mit dem Auftrag betraut, die Löschung eines im Grundbuch eingetragenen Nacherbenvermerks zu veranlassen, dann bestimmt sich der Gegenstandswert nach § 3 ZPO unter Berücksichtigung des Interesses des Vorerben nach freiem Ermessen. Besteht das Interesse des Vorerben an einem lastenfreien Verkauf, dann kann dies der gesamte Wert des Grundstücks sein.[92]

Im Rahmen der Widerspruchsklage des Nacherben nach § 773 ZPO gegen Veräußerung eines zur Vorerbschaft gehörenden Grundstücks richtet sich der Streitwert nach dem Anteil des Klägers.[93]

■ **Nachlaßforderung (§ 6 ZPO)**
Grundsätzlich ist der volle Wert der Forderung entscheidend; bei Miterben vgl. Stichwort „Miterben".

■ **Pflichtteilsanspruch**
Maßgebend ist hierfür die Höhe des Anspruchs, der ggf. auf der Grundlage des Klägervorbringens zu schätzen ist. Ist allein der Nachlaßwert zur Bemessung des Anspruchs streitig, bemißt sich der Streitwert nach dem Differenzbetrag der behaupteten Ansprüche.[94]

■ **Rechnungslegung**
Im Rahmen eines Anspruchs auf Rechnungslegung ist für die Streitwertbestimmung wohl zu unterscheiden. Ist der Anspruch auf Rechnungslegung notwendig, um den Hauptanspuch überhaupt durchsetzen zu können, dann ist der Streitwert eher in Richtung der Hauptforderung zu bemessen. Wird durch die Rechnungslegung die Geltendmachung des Hauptanspruchs

---

91 BGH LM 1954, Nr. 4 zu § 3 ZPO; *Madert*, Gegenstandswert Rn 187.
92 OLG Celle OLG-Rp Celle 1995, 109.
93 RG HRR 1932, Nr. 1954.
94 BGH JurBüro 1990, 602.

lediglich erleichtert, dann ist ca. vom hälftigen Wert der Hauptforderung auszugehen.[95]

■ **Stiftung**
Im Rahmen der Klage auf Satzungsänderung einer durch Verfügung von Todes wegen errichteten gemeinnützigen Stiftung durch die Angehörigen des Erblassers handelt es sich um eine vermögensrechtliche Streitigkeit. Der Streitwert ist hierfür gemäß § 3 ZPO zu schätzen.[96]

■ **Testament**
Bei Klage auf Herausgabe eines Testaments ist nach dem Interesse des Klägers, insbesondere unter Berücksichtigung des von ihm behaupteten Anspruchs am Nachlaß, der Gegenstandswert frei zu schätzen.

Der Wert einer Klage auf Feststellung der Nichtigkeit eines Testaments richtet sich nach der Höhe der Besserstellung des Klägers infolge der Nichtigkeit und nicht nach dem Wert des ganzen Nachlasses. Gleiches gilt für die Feststellung der Nichtigkeit einer behaupteten Testamentsauslegung.[97]

■ **Testamentsvollstrecker**
Ist die Wirksamkeit der Einsetzung streitig, ist der Streitwert auf der Grundlage der dem Testamentsvollstrecker zustehenden Vergütung zu ermitteln.[98] Ist die Beendigung der Testamentsvollstreckung streitig, ist auf das dahingehende Interesse des Klägers abzustellen. Die Vergütung des Testamentsvollstreckers richtet sich in erster Linie nach dem Nachlaßbruttowert.[99]

■ **Vermächtnis**
Klagt ein Vermächtnisnehmer gegen Miterben auf Erfüllung eines ihm zustehenden Vermächtnisses, dann bestimmt sich der Streitwert nach dem gesamten Verkehrswert des dem Vermächtnis zugrundeliegenden Gegenstandes.[100] Bei wiederkehrenden Leistungen gilt § 9 ZPO.

---

95 *Frieser*, Rn 195.
96 OLG Hamm ZIP 1993, 1384.
97 BGH LM 1954, Nr. 11 zu § 3 ZPO.
98 OLG Zweibrücken Rechtspfleger 1967,2; OLG Schleswig JurBüro 1966,152.
99 Vgl. § 3 Rn 910.
100 OLG Bamberg JurBüro 1988, 517.

1 Die Annahme eines erbrechtlichen Mandats

■ **Vorerbe**
Bei einer Klage des Vorerben auf Zustimmung zur Veräußerung eines Nachlaßgrundstücks ist der Streitwert gemäß § 3 ZPO zu schätzen.[101]

Begehrt der Kläger Feststellung dahingehend, daß er Vorerbe eines bestimmten Nachlasses geworden ist, dann ist im Rahmen der Streitwertbestimmung zu berücksichtigen, daß es sich bei der Vorerbenstellung um eine wesentlich schwächere Stellung handelt als bei einer Vollerbeneinsetzung. Insofern ist für den Gegenstandswert ein gewisser Abschlag zu machen.[102]

C. Das Abrechnungsschreiben gegenüber dem Mandanten

69 Oftmals hat der Mandant von dem Aufwand und Umfang der anwaltlichen Tätigkeit keine Vorstellung. Er sieht in der Regel lediglich die Tätigkeit vor Gericht oder bei der Mandantenbesprechung. Die dafür angefallenen Rechtsanwaltsgebühren, insbesondere wenn nach BRAGO und Streitwert abgerechnet wird, erscheinen ihm dafür oftmals zu hoch. Insofern tut der Anwalt gut daran, dem Mandanten, wenn nicht bereits im Vorfeld geschehen, die Abrechnung der Anwaltsgebühren zu erläutern.

Muster: Mandantenschreiben zur Erläuterung der Gebühren
▼

70 An

Nachlaßsache Erblasser
Sehr geehrter Herr ,
In vorbezeichneter Angelegenheit erlauben wir uns, unsere angefallenen Kosten mit beigefügter Kostennote in Rechnung zu stellen.
Die Anwaltsgebühren für die Tätigkeit eines Rechtsanwalts bemessen sich anhand des Gesetzes, der Bundesrechtsanwaltsgebührenordnung (BRAGO), zuletzt geändert zum Danach hat der Anwalt in Zivilsachen seine Gebühren nach dem Geschäftswert/Streitwert einerseits und nach der Tätigkeit andererseits zu berechnen. Die Überhöhung der gesetzlichen Gebühr ist ihm bei Androhung

---

101 OLG Schleswig Rechtspfleger 1968, 325.
102 BGH FamRZ 1989, 958.

Umfang und Kosten des Mandats § 6

von Strafe verboten, eine Unterschreitung seiner Gebühren ist ihm standesrechtlich untersagt (§ 51 Standesrichtlinien).

Aus der pauschalen Abgeltung der Anwaltstätigkeit für eine Angelegenheit folgt, daß der Anwalt auch später in der konkreten Angelegenheit noch einmal in Anspruch genommen werden kann, ohne daß eine erneute Kostenrechnung gestellt wird. Maßgebend ist nur, daß ein innerer zeitlicher und sachlicher Zusammenhang besteht.

Für weitere Fragen stehen wir Ihnen gerne jederzeit zur Verfügung.

Rechtsanwalt

▲

1 Die Annahme eines erbrechtlichen Mandats

§ 7 Der Rechtsschutzfall im Erbrechtsmandat

A. Allgemeines

1 Nicht selten stellt sich die Frage, ob bestimmte Leistungen des Anwalts durch eine Rechtsschutzversicherung abgedeckt sind. Dazu kann vorab festgestellt werden, daß im Rahmen erbrechtlicher Mandate lediglich über den Beratungs-Rechtsschutz in Familiensachen (und Erbrecht) gem. §§ 21, 29 ARB eine Kostentragungspflicht des Rechtsschutzversicherers entstehen kann.

2 Hierfür sind zwei grundsätzliche Feststellungen zu treffen. Nämlich, ob es sich um eine versicherbare Leistung handelt und ob ein Versicherungsfall eingetreten ist.

B. Die versicherbare Leistung

3 Gemäß der Vorschrift des § 1 ARB hat der Versicherer die rechtlichen Interessen des Versicherungsnehmers wahrzunehmen und die dadurch anfallenden Kosten zu tragen. Um aber dem Risiko einer Ausuferung der Kostentragungspflicht entgegenzuwirken und eine Versicherung kalkulierbar zu machen,[1] sind nur die in § 2 ARB genannten Rechtsgebiete und die dort aufgezählten Versicherungsleistungen versicherbar.

4 Nach § 2 k ARB besteht ein sogenannter Beratungsrechtsschutz im Familien- und Erbrecht.[2] Die Voraussetzungen dieser Vorschrift sind, daß die Beratung durch einen im Sinne der BRAO zugelassenen Rechtsanwalt erfolgt[3] und daß die Beratung nicht im Zusammenhang mit einer weiteren kostenpflichtigen Tätigkeit des beauftragten Anwalts erfolgt.

5 Die Leistung der Rechtsschutzversicherung beschränkt sich fast ausschließlich auf den Beratungsbereich und somit auf die Beratungsgebühr. Im Einzelfall

---

1 *Buschbell/Hering*, Der Rechtsschutzfall, § 9 Rn 1.
2 Ansonsten ist ein Versicherungsschutz in diesem Bereich ausgeschlossen (§ 3 II 2 g ARB), Buschbell/Hering, § 9 Rn 101.
3 Nicht notwendig ist, daß der Beratung deutsches Recht zugrundeliegt. Der Anwalt kann im konkreten Fall auch hinsichtlich ausländischer Rechtsnormen Auskunft erteilen.

ist dies jedoch von dem jeweiligen Versicherer und der abgeschlossenen Versicherung abhängig. Es kommt also auf den jeweiligen Versicherer an.

So geht beispielsweise der Rechtsschutz der AdvoCard darüber hinaus und umfaßt auch eine Bearbeitungsgebühr, allerdings begrenzt auf einen Höchstbetrag von DM 1000,–. Die Roland Rechtsschutz-Versicherungs-Aktiengesellschaft hat einen zusätzlichen besonderen Rechtsschutz erweitert auf gerichtliche Auseinandersetzung mit einer Selbstbeteiligung von DM 2000,– und einem Höchstbetrag von DM 50000,–. Am weitestgehenden ist derzeit wohl der Exclusiv-Rechtsschutz der Gerling-Konzern Rechtsschutzversicherungs AG,[4] der mit Ausnahme von Ehescheidungen bei einer Selbstbeteiligung von DM 2000,– einen Rechtsschutz in außergerichtlichen und gerichtlichen Angelegenheiten bis zu einem Höchstbetrag von DM 200000,– pro Auseinandersetzung bietet. 6

Es empfiehlt sich also, vor Beginn des Mandats die Einzelheiten mit dem jeweiligen Versicherer abzuklären und auf den Umfang der Tätigkeit abzustimmen. 7

Hat der Anwalt den Mandanten zunächst nur im Rahmen eines Beratungsauftrages beraten und kommt es später zu einer weitergehenden Tätigkeit in der selben Sache, dann ist nach der hM[5] ein Wegfall des gesamten Beratungsrechtsschutzes gegeben.[6] 8

Um den Versicherungsschutz nicht zu gefährden, darf der Anwalt daher nicht von der rechtsberatenden zu der rechtsvertretenden Tätigkeit übergehen, ohne den Mandanten auf den Wegfall des Versicherungsschutzes hinzuweisen.

Wird der Anwalt von vornherein mit der Rechtsvertretung beauftragt, so muß der Anwalt dem Wunsch des Mandanten widerstehen, dennoch den Beratungsrechtsschutz geltend zu machen. Allerdings kann der Anwalt versuchen, eine Kulanzleistung des Rechtsschutzversicherers zu erlangen.

---

4 Der Versicherer hat derzeit beim Gerling-Exclusiv-Rechtsschutz sogar die Möglichkeit, einen Anwalt in außergerichtlichen Sachen auf Honorarbasis bis zu einem Stundenwert von DM 300,– zu beauftragen.
5 *Bonefeld* a. a. O., dort Fußnote 39.
6 Nur eine Mindermeinung, vgl. *Bonefeld* Fußnote 37, läßt den Beratungsrechtsschutz fortbestehen.

1 Die Annahme eines erbrechtlichen Mandats

C. Der Versicherungsfall

9 Grundsätzlich entsteht der Anspruch auf den Versicherungsschutz im Erbrecht mit dem Eintritt des Versicherungsfalls. Der Versicherungsfall ist hier die **Änderung der Rechtslage** des Versicherungsnehmers oder einer bei ihm mitversicherten Person durch ein bestimmtes Ereignis (§ 4 ARB). Wann eine solche Veränderung der Rechtslage vorliegt, ist in erbrechtlichen Angelegenheiten allerdings umstritten.

10 Eine Änderung der Rechtslage liegt grundsätzlich vor, wenn der Erbfall eingetreten ist. Vgl. hierzu übersichtlich *Bonefeld* ZErb 1999, 11, 13.

Problematisch ist, inwieweit eine Gesetzesänderung zu einer Veränderung der Rechtslage im Sinne der eingangs genannten Rechtsschutzbedingungen führt.

Obgleich Gesetzesänderungen zu Veränderungen der Rechtslage führen, lehnen die Versicherer den Eintritt eines Versicherungsfalles ab mit der Begründung, ein Ereignis könne nur in einem konkreten tatsächlichen Geschehen gesehen werden, das die Rechtssphäre des einzelnen Versicherungsnehmers tangiere. Eine Gesetzesänderung würde jedoch gleichzeitig viele Versicherungsnehmer in gleicher oder ähnlicher Weise treffen.[7]

11 Diese generelle Ablehnung kann so nicht bestehen bleiben. *Bonefeld*[8] stellt eine differenzierte Betrachtungsweise an und führt am Beispiel des Erbrechtsgleichstellungsgesetzes zum 01.04.1998, wonach § 1934 a BGB ersatzlos gestrichen wurde, überzeugend aus:

Ein nichteheliches Kind kann fortan keinen vorzeitigen Erbersatzanspruch mehr geltend machen. Die Rechtsposition des nichtehelichen Kindes hat sich damit erheblich geändert. Nach der Gesetzesänderung ist das nichteheliche Kind zwar nunmehr gleichberechtigter gesetzlicher Erbe, das alles nützt ihm aber nicht, wenn kein Nachlass mehr vorhanden ist und sich auch keine Pflichtteils- oder Pflichtteilsergänzungsansprüche realisieren lassen. Nach der alten Regelung hatte das Kind regelmäßig bereits zwischen dem 21. und 27. Lebensjahr aber die Möglichkeit gehabt, erfolgreich Ansprüche durchzusetzen.

---

7 Zu *Harbauer*, ARB-Kommentar, Vor § 21 ARB 75; *Böhmer* ARB-Kommentar § 25 Rn 15 f; *Brölss; Martin*, v.v.g., § 25 ARB-Anmerkung 6; LG Schweinfurth, r + s 1977, 244.
8 *Bonefeld* ZErb 1999, 11.

Wollte ein Kind die alten Rechte durch eine Klage vor dem 01.04.1998 noch sichern und sich von einem Rechtsanwalt beraten lassen, ist Rechtsschutz zu gewähren. Der Versicherungsnehmer wird hier individuell von der Änderung der erbrechtlichen Rechtslage betroffen. Desweiteren wird auch nur ein sehr kleiner Kreis von Versicherungsnehmern, nämlich der der Nichtehelichen zwischen 21 und 27 Jahren, von der Gesetzesänderung betroffen. Die von der Versicherung gefürchtete unüberschaubare Kostenlawine kann daher gar nicht kommen.

I. Besorgung der Deckungszusage der Rechtsschutzversicherung

Die hierbei anfallenden Gebühren sind gem. § 118 BRAGO gesondert geltend zu machen. Diese Tätigkeit des Anwaltes wird durch die Gebühren im Verfahren nicht mit abgegolten.[9] Die eingeräumte Deckungszusage beim Rechtsschutzversicherer ist demnach eine besondere Angelegenheit im Sinne des § 13 II 1 BRAGO. Sie ist gem. § 118 I Nr. 1 BRAGO zu vergüten. Gegenstandswert sind die zu erwartenden Kosten, von denen der Auftraggeber befreit werden will. Bei einem anstehenden Zivilprozeß sind dies die eigenen Kosten, die dem Gegner erwachsenen Verfahrenskosten, sowie die Gerichtskosten.[10] Die Kosten gem. § 118 BRAGO können nicht der Rechtsschutzversicherung gegenüber geltend gemacht werden, weil der Vergütungsanspruch nicht unter den Rechtsschutzversicherungsschutz fällt, auch dann nicht, wenn Versicherungsvertrags-Rechtsschutz Bestandteil des Versicherungsvertrages ist, denn der Versicherungsvertrags-Rechtsschutz sieht keine Deckung für die Interessenwahrnehmung gegen den eigenen Rechtsschutzversicherer vor.[11]

12

Etwas anderes gilt nur, wenn die Rechtsschutzversicherung die Deckungszusage zu unrecht abgelehnt hat und der Versicherungsnehmer wegen der Ablehnung einen Rechtsanwalt in Anspruch nehmen muß.[12]

---

9 *Madert* Rn 16 vor § 118, *Mümmler* JurBüro 1976, 585 und 1979, 1609; *H. Schmidt* JurBüro 1974, 820; *Madert* AnwBl. 1983, 78; Schleswig JurBüro 1979, 1321; AG Ahaus AnwBl. 1976, 171 = JurBüro 1976, 57.
10 *Madert* a. a. O.
11 *Madert* a. a. O., *Harbauer*, Rechtsschutzversicherung, § 2 A 149.
12 *Madert* a. a. O., *Harbauer* a. a. O.; AG Hannover Zfs 1993, 100.

1 Die Annahme eines erbrechtlichen Mandats

Es empfiehlt sich, den Auftraggeber darauf hinzuweisen, daß durch das Besorgen der Deckungszusage besondere Kosten anfallen, die vom Auftraggeber zu zahlen und die nicht erstattungsfähig sind.

13 Der Versicherungsfall wird hingegen verneint, wenn sich der Versicherungsnehmer hinsichtlich einer Erstellung oder Änderung eines Testaments oder Erbvertrags beraten läßt. In solch einem Fall mangelt es an einer Änderung der Rechtslage.[13] Gleiches gilt auch dann, wenn der Vorerbe gegenüber dem Nacherben seiner Verpflichtung, insbesondere seinen Auskunftspflichten, nicht nachkommt.[14] Ein Versicherungsfall ist gleichfalls zu verneinen, wenn lediglich eine Veränderung der wirtschaftlichen Lage vorliegt und die Rechtsberatung eingeholt wird, weil etwa ein Abkömmling damit droht, seine Erbansprüche geltend zu machen.[15] Erfolgt eine rechtliche Beratung durch den Anwalt im Hinblick auf die Unterzeichnung eines Erb- und Pflichtteilsverzichts, so tritt erst nach Abschluß des Verzichtsvertrages eine Veränderung der Rechtslage ein, so daß auch hier ein Versicherungsfall letztlich zu verneinen ist.[16]

II. Schreiben an die Rechtsschutzversicherung[17]

▼

14 ▮▮▮▮ (Adresse)

Ihr Versicherungsnehmer: ▮▮▮▮
Versicherungsnummer: ▮▮▮▮
Datum ▮▮▮▮

Sehr geehrte Damen und Herren,
wir haben Ihren Versicherungsnehmer Name in einer erbrechtlichen Angelegenheit erstmalig beraten. Der Beratung lag folgender Sachverhalt zugrunde:
Der Vater Ihres Versicherungsnehmers, Herr ▮▮▮▮, ist am ▮▮▮▮ verstorben. Er hat keine Verfügung von Todes wegen hinterlassen. Ihr Versicherungsnehmer hat sich am ▮▮▮▮ in unserer Kanzlei über die sich aus dem Todesfall ergebende Rechtslage beraten lassen. Die Beratung erfolgte im Hinblick auf die Erbenermittlung und die Rechtswirkungen einer entstandenen Erbengemeinschaft.

---

13 AG Frankfurt VersR 1989, 839; LG Köln zfs 1985, 275.
14 Zfs 1989, 311.
15 Zfs 1983, 209.
16 RuS 1978, 69; AG Gronau, Az 3 c 340/77.
17 Vgl. auch Muster bei *Bonefeld* ZErb 1999, 11 ff.

Die insoweit angefallenen Kosten, die im Rahmen einer sogenannten erbrechtlichen Erstberatung liegen, bitten wir gemäß beiliegender Gebührennote durch Überweisung auf eines der unten angegebenen Konten zu begleichen.
Rechtsanwalt

§ 8

Teil 2: Das erbrechtliche Mandat vor dem Erbfall

§ 8 Der Erblasser als Mandant

A. Einleitung

Der zukünftige Erblasser als Mandant kommt in der Regel mit dem Anliegen hinsichtlich einer Beratung in bezug auf die Gestaltung eines **Testaments** oder **Erbvertrags** und damit verbunden auch mit der Frage einer lebzeitigen Übertragung von Vermögen auf Kinder oder seinen Ehegatten. Im Rahmen einer erbrechtlichen Beratung spielen auch häufig Probleme bezüglich einer **Lebensversicherung** oder einer Pflegevergütung eine bedeutsame Rolle. Gleiches gilt für die Frage eines eventuellen **Sozialhilferegresses**.[1]

Seltener wird dagegen nach einer Regelung bezüglich einer **Altersvorsorgevollmacht**, eines Patiententestaments oder einer **postmortalen Vollmacht** verlangt, obwohl dies mindestens genauso bedeutsam ist wie die Errichtung einer Verfügung von Todes wegen.[2] Hierauf sollte der Anwalt seinen Mandanten hinweisen und ihm die Bedeutung der einzelnen Verfügungen erläutern.

Im folgenden wird nun – beginnend mit der Testamentsgestaltung – eine Übersicht über die regelmäßig auftretenden Fragen und Wünsche der Mandanten in Erbsachen vermittelt.

B. Die Testamentsgestaltung

I. Die Gestaltung erbrechtlicher Verfügungen durch den Anwalt

Bei der erbrechtlichen Gestaltung handelt es sich für den Anwalt um ein durchaus lukratives Mandat, bei dem er in Konkurrenz zu anderen Berufsgruppen steht. Die Erfahrungen in der Praxis zeigen, daß bspw. viele Testamente mit

---

1 Vgl. § 8 Rn 695.
2 Vgl. hierzu § 8 Rn 650.

der Hilfe oder durch den Steuerberater selbst gemacht werden. Dies liegt nicht zuletzt daran, daß der Steuerberater von seiner Position her die Vermögensverhältnisse seines Mandanten gut kennt und als „Dauerberater" für diesen in der Regel über mehrere Jahre hinweg tätig ist.

5 Hier gilt es, in Zukunft als Anwalt mehr Aufmerksamkeit und ein größeres Engagement zu entwickeln, wenn man diesen lukrativen Bereich nicht weiterhin anderen Berufsgruppen überlassen will. Dies soll jedoch nicht heißen, daß der Anwalt allein und ausschließlich als erbrechtlicher Gestalter tätig werden soll, vielmehr ist von Seiten der Anwaltschaft die Zusammenarbeit gerade mit einem Steuerberater oder Wirtschaftsprüfer zu suchen, da nicht selten bei der Gestaltung einer Verfügung von Todes wegen erbschaft-, schenkung- und einkommensteuerliche Probleme auftreten.

6 Ziel einer umfassenden und guten Gestaltung ist es, in Zusammenarbeit mit den genannten Berufsgruppen für den Mandanten den optimalen **Vermögenstransfer**[3] zu erreichen. Hierfür macht es Sinn, daß der Anwalt sich mit einem Steuerberater in diesem Bereich zusammenschließt oder, wenn ihm das Mandat angetragen wird, er mit dem Steuerberater des jeweiligen Mandanten zumindest Rücksprache in steuerlichen Fragen hält.

7 Aus Sicht des Mandanten können sich bei der Gestaltung durch den Anwalt erhebliche Vorteile ergeben. Anders als bspw. der Notar ist der Anwalt im außergerichtlichen Bereich gemäß § 3 V BRAGO nicht an die Gebührenordnung gebunden, er kann vielmehr mit dem Mandanten ein individuelles Honorar vereinbaren. Dies ist gerade bei jüngeren Mandanten, bei denen sich das Testament noch öfters ändern wird, nicht unerheblich. Hier kann auch der Anwalt seine Dienstleistungsbereitschaft und sein Dienstleistungsangebot erweitern, indem er dem Mandanten eine Testamentsnachsorge, beispielsweise bei Gesetzesänderungen oder bei Änderungen des Vermögens des Mandanten, anbietet.

8 *Hinweis*
Bei älteren Mandanten, bei denen sich das Testament und die Vermögenssituation nicht mehr groß ändern wird, macht es Sinn, eine testamentarische Verfügung notariell beurkunden zu lassen. Die Vorteile sind, daß die Erben

---

3 Vgl. zur Vermögensnachfolgeplanung *Reimann* ZEV 1997, 129.

später in der Regel keinen Erbschein beantragen müssen, wenn sie ein notarielles Testament und das dazugehörige Eröffnungsprotokoll beispielsweise beim Grundbuchamt für die Umschreibung von Nachlaßgrundstücken vorlegen können. Auch bei vielen Kreditinstituten reicht dies im Zweifel für die Auflösung der Erblasserkonten aus.

II. Testament oder Übergabevertrag

Tritt der Mandant mit einem bestimmten Anliegen, bspw. der Gestaltung eines Übergabevertrags, an den Anwalt heran, so hat er häufig keine genauen Vorstellungen und Gründe für eine lebzeitige Vermögensübertragung. Die Anwort auf die Frage, warum eine lebzeitige Übergabe stattfinden soll, lautet oftmals „wir müssen da was machen".

9

Nicht selten sind Mandanten auch aufgrund von Fernsehsendungen und sonstigen Veranstaltungen beeinflußt und projizieren allgemein angesprochene Probleme auf die eigene persönliche Situation. Dies soll jedoch nicht heißen, daß für eine Vielzahl von Fällen eine Gestaltung und Vermögenstransferplanung nicht notwendig ist, sondern es ist seitens des Anwalts vielmehr in Erfahrung zu bringen und zu prüfen, welche Maßnahme im konkreten Fall die richtige ist.

10

So kann man bspw. sagen, daß bei sehr **jungen** Mandanten mit kleinem bis mittlerem Vermögen eine Übergabe an Abkömmlinge in der Regel noch nicht in Betracht kommt, da sich die zukünftige Entwicklung sowohl bei den Eltern als auch bei den Kindern nicht vorhersehen läßt und je nach Vermögen aus steuerlicher Sicht nicht notwendig ist. Um so wichtiger ist es, daß die Eltern in einem solchen Fall ein gemeinschaftliches oder ein Einzeltestament errichten. Sind die Mandanten dagegen im **mittleren** oder **fortgeschritteneren** Alter, ist neben einer testamentarischen Gestaltung immer auch die lebzeitige Übergabe zu erörtern.

11

Ist ein besonders großes Vermögen vorhanden, sollte zunächst festgestellt und geprüft werden, ob es genügt, wenn für den Mandanten eine Verfügung von Todes wegen entworfen wird, oder ob es bpsw. aufgrund der Ausschöpfung von Freibeträgen nicht zusätzlich eines lebzeitigen Transfers bedarf (**Dekadentransfer**). Hier ist in der Beratung zunächst eine überschlägige Berechnung der

12

Erbschaftsteuer und der eventuell bisher gezahlten Schenkungsteuer vorzunehmen und anschließend mit den Vorstellungen des Mandanten abzustimmen.

III. Allgemeines zur Testamentsgestaltung

1. Die objektiven und subjektiven Kriterien

13 Bei der Errichtung eines Testaments sind neben den materiellen Gestaltungsmöglichkeiten eine Reihe **objektiver** und **subjektiver** Kriterien zu beachten. So ist bei der Errichtung einer letztwilligen Verfügung zu bedenken, daß die getroffene Regelung möglicherweise erst Jahre später oder gar Jahrzehnte nach ihrer Errichtung zum Tragen kommt. Insofern muß der Berater bereits jetzt vorhersehbare Entwicklungen soweit als möglich berücksichtigen.

14 *Beispiel*
Als Beispiel sei hier der häufig in der Praxis auftretende Fall genannt, daß ein Erblasser seine Ehefrau zur Alleinerbin einsetzt und zugunsten der Kinder einen Vermächtnisanspruch in Höhe von je DM 50.000,00 aussetzt. Zum Zeitpunkt der Testamentserrichtung hatte er ein Vermögen von DM 1 Mio., so daß die Vermächtnisse erfüllt werden konnten. Zum Zeitpunkt des Erbfalls ist das Vermögen jedoch weitestgehend verbraucht, es besteht lediglich aus einer Summe von DM 100.000,00. Nun stellt sich die Frage, wie die Vermächtnisse zu qualifizieren sind – sollen sie sich im Verhältnis des Wertes damals zum Wert heute anpassen – oder soll die Ehefrau Alleinerbin werden und die Vermächtnisse, was aufgrund der Summe noch möglich wäre, erfüllt werden.

15 Werden in Testamente **konkrete** Beträge aufgenommen, so macht es durchaus Sinn, eine Regelung zu treffen, was passieren soll, wenn sich der Wert des Nachlasses verringert. Dies kann beispielsweise in der Form geschehen, daß man den Wert des Nachlasses angibt und eine entsprechende Verringerung oder Erhöhung der Vermächtnisse anordnet. Geht es um ein reines Geldvermächtnis, hilft auch ein sogenanntes Quotenvermächtnis.[4]

16 In der Praxis werden solche Regelungen selten getroffen, da zum einen hierauf nicht geachtet wird und zum anderen die Mandanten bei der Errichtung

---

4 Vgl. hierzu *Tanck/Kerscher/Krug* § 15 Rn 80 ff.

von Testamenten durch einen Notar in der Regel immer einen geringeren Nachlaßwert angeben, um Kosten zu sparen.

2. Die Auslegungsregeln

Weiterhin sollte bei der Abfassung von letztwilligen Verfügungen beachtet werden, daß das BGB-Erbrecht eine Vielzahl von gesetzlichen **Auslegungsregeln** kennt. Ist der Wille des Erblassers bzw. des Testierenden nicht eindeutig, so greifen diese Auslegungsregeln ein. Um hier keine Überraschungen zu erleben, sollte der beratende Anwalt sich keinesfalls auf die Auslegungsregeln verlassen, er ist vielmehr verpflichtet, die jeweiligen auslegungsbedürftigen Punkte ausdrücklich zu klären.

Beispielhaft ist hierfür die Vorschrift des § 2069 BGB. Hat der Erblasser keinen Ersatzerben benannt, so greift die Auslegungsregel des § 2069 BGB ein. Danach werden für den Fall, daß ein Ersatzerbe nicht benannt ist, die Abkömmlinge des Erben Ersatzerben. Der BGH hat den § 2069 BGB darüberhinaus nicht nur dem Wortlaut entsprechend auf Abkömmlinge des Erblassers angewandt, sondern auch in ergänzender Auslegung auf alle nahestehenden Verwandten.[5] Ein Ersatzerbe ist somit ausdrücklich zu benennen, nicht nur für den Erben, sondern auch für den Nacherben. Gleiches gilt auch im Rahmen einer Vermächtniseinsetzung für einen Ersatzvermächtnisnehmer.[6]

3. Die Vererblichkeit des Nachlasses

Grundsätzlich kann der Erblasser über sein Vermögen frei verfügen. Es gibt aber auch Vermögensbesitz, über den der Erblasser nicht letztwillig verfügen kann. Handelt es sich bei bestimmten Gegenständen beispielsweise nur um selbst geerbtes **Vorerbenvermögen**, dann kann der Erblasser selbst hierüber nicht verfügen bzw. dieses nicht selbst vererben. Das Vorerbenvermögen bildet beim Erblasser ein sogenanntes **Sondervermögen**. Es vererbt sich, soweit der Nacherbfall mit dem Tod des Vorerben eintritt, an den Nacherben und ist an diesen herauszugeben.

Da dem Laien der Unterschied zwischen Voll- und Vorerbschaft in der Regel nicht geläufig ist, sollte der mit der Gestaltung beauftragte Berater eine exakte

---

5 *Nieder*, Rn 483.
6 *Nieder*, Rn 505.

Überprüfung bezüglich der Herkunft des Vermögens vornehmen. Zu beachten ist, daß neben Immobilienvermögen auch Wertpapiere und Geldvermögen zum Vorerbenvermögen gehören können und bei nicht befreiter Vorerbschaft entsprechend angelegt bzw. hinterlegt sind (vgl. §§2116, 2119 BGB).

20 Ähnlich wie bei der Vorerbschaft, jedoch lediglich mit schuldrechtlicher Wirkung, kann ein Vermögensgegenstand im Falle des Todes oder zu einem anderen Zeitpunkt durch Benennung eines **Nachvermächtnisnehmers** an einen Dritten herauszugeben sein (§ 2191 BGB). Das Nachvermächtnis ist ein Untervermächtnis besonderer Art (§ 2147 BGB).[7] Mit Eintritt des Erbfalls entsteht zugunsten des Nachvermächtnisnehmers ein Anwartschaftsrecht.[8] Für die Gestaltung bleibt zu prüfen, ob der Erblasser Vermögensgegenstände besitzt, die er selbst geerbt hat und für die ein Nachvermächtnisnehmer benannt ist. Ähnlich verhält es sich mit einem Herausgabevermächtnis oder mit Vermächtnissen, die auf den Tod des Erblassers aufschiebend bedingt sind.

21 Anders als die Vermögensrechte eines jeden Erblassers sind die persönlichen, **immateriellen** Rechte grundsätzlich nicht vererblich.[9] Ausnahmen sind hierbei z.B. die Urheberrechte (§§ 28, 64 UrhG) und die gewerblichen Schutzrechte, z.B. § 9 PatG.[10] Auch Schadensersatzansprüche sind nach neuerer Rechtsprechung des BGH grundsätzlich vererblich, und zwar unabhängig davon, ob der Anspruch lebzeitig anerkannt oder rechtshängig gemacht wurde und der Erblasser selbst den Anspruch geltend gemacht hat.[11]

22 Nicht vererblich sind dagegen **Mitgliedschaftsrechte** in Vereinen, es sei denn, daß die Satzung die Vererblichkeit ausdrücklich vorsieht (§ 40 BGB).

23 Das **allgemeine Persönlichkeitsrecht** erlischt generell mit dem Tod des jeweiligen Menschen, jedoch besteht ein sogenannter postmortaler Persönlichkeitsschutz, der durch die Hinterbliebenen in bestimmten Fällen geltend gemacht

---

7 *Palandt/Edenhofer* § 2191 Rn 2.
8 BGH MDR 1963, 824.
9 MüKo/*Leipold* § 1922 Rn 17.
10 *Weirich* Rn 85.
11 BGH NJW 1995, 783.

werden kann.[12] Auch der **menschliche Körper** unterliegt als Ausfluß des Persönlichkeitsrechtes nicht der Vererblichkeit.[13]

Die Mitgliedschaftsrechte an einer Europäischen Wirtschaftlichen Interessenvereinigung (**EWIV**) erlöschen grundsätzlich mit dem Tod, es sei denn, daß der Gründungsvertrag etwas anderes vorsieht.[14] 24

Der Erwerb und die Weitergabe von Vermögen durch Verträge zugunsten Dritter (auf den Todesfall) führt dazu, daß die vertragsgegenständlichen Leistungen nicht in den Nachlaß des Erblassers fallen. Der Begünstigte bzw. Bezugsberechtigte erhält die Zuwendung **außerhalb** des Nachlasses durch Verfügung unter Lebenden. Die klassischen Anwendungsfälle sind in der Praxis die Bezugsberechtigung aus einer Lebensversicherung[15] oder einem Spar- oder Depotvertrag[16] zugunsten Dritter. Nach § 328 BGB liegt ein Vertrag zugunsten Dritter vor, wenn durch Vertrag der eine Vertragspartner dem anderen verspricht, an einen begünstigten Dritten eine Leistung zu erbringen. Bei einem echten Vertrag zugunsten Dritter erwirbt der Begünstigte einen eigenen Anspruch gegenüber dem Versprechenden.[17] Gemäß § 331 BGB erwirbt der Begünstigte im Zweifel den Anspruch erst mit Eintritt des Todesfalls. Das bedeutet, daß der Versprechensempfänger zu Lebzeiten jederzeit die Begünstigung abändern kann.[18] Nach dem Erbfall erwirbt der begünstigte Dritte dann unmittelbar einen Anspruch gegen den Versprechensgeber, so daß z.B. eine Änderung des Bezugsberechtigten einer **Lebensversicherung** durch die Erben nicht mehr möglich ist.[19] Allerdings können die Erben unter bestimmten Voraussetzungen einen Rückabwicklungsanspruch haben.[20] 25

---

12 BGHZ 107, 384.
13 MüKo/*Leipold* § 1922 Rn 52.
14 MüKo/*Leipold* § 1922 Rn 42a.
15 BGH NJW 1993, 3133.
16 BGH NJW 1964, 1124.
17 *Palandt/Edenhofer* Einf. zu § 328 Rn 1.
18 BGHZ 81, 97.
19 Vgl. Teil 3 § 19 Rn 1 ff.
20 Vgl. *Kerscher/Tanck*, § 9 Rn 5 ff.

IV. Die gesetzliche Beschränkung bei der Anordnung einzelner Verfügungen (§ 2306 I 1 BGB)

26 Ein klassischer Gestaltungsfehler ist in der Praxis die Übergehung des § 2306 I 1 BGB, der bei der testamentarischen Anordnung einer Nacherbschaft, eines Testamentsvollstreckers, einer Teilungsanordnung, einer Auflage oder eines Vermächtnisses zu beachten ist. Danach entfaltet eine der genannten Anordnungen gegenüber einem pflichtteilsberechtigten Erben nur dann Wirkung, wenn dieser quotenmäßig auf einen größeren Erbteil als seinen Pflichtteil eingesetzt wurde. Folgendes Beispiel verdeutlicht die Auswirkungen des § 2306 I 1 BGB.[21]

27 *Beispiel*
Der Erblasser E setzt seine mit ihm in Zugewinngemeinschaft lebende Ehefrau F zu 8/10 und seine beiden Kinder K1 und K2 zu jeweils 1/10 als Miterben ein. Für den Nachlaß ordnet er Testamentsvollstreckung bis zur Vollendung des 30. Lebensjahres seiner Kinder an. Nach § 2306 I 1 BGB gilt aber die Testamentsvollstreckung gegenüber K1 und K2 als nicht angeordnet, da ihnen nach dem Tod des Vaters ein Pflichtteil von je 1/8 zustehen würde, sie aber nur auf je 1/10 als Miterben eingesetzt wurden.

Schwierigkeiten können hier bei der Feststellung, ob § 2306 I 1 BGB oder § 2306 I 2 BGB zur Anwendung kommt, auftreten, wenn der Bedachte einen unter Abkömmlingen ausgleichspflichtigen Vorempfang erhalten hat; vgl. hierzu *Kerscher/Tanck* § 6 Rn 76 ff. – insbesondere zu der Frage der Quoten- und Werttheorie.

V. Gemeinschaftliches oder Einzeltestament

28 Auch bei der Frage, ob ein gemeinschaftliches oder ein Einzeltestament errichtet werden soll, sind nicht nur materielle Dinge, sondern auch die persönlichen Verhältnisse der Mandanten zu berücksichtigen. Die Gründe, die für ein **Einzeltestament** sprechen, sind z.B:
- einseitiges Vermögen bei nur einem Ehegatten,
- wenn der überwiegende Teil des Nachlasses aus einem Unternehmen besteht,

---

21 *Kerscher/Tanck*, § 6 Rn 69 ff.

- wenn sich die Parteien weiterhin ihre freie Verfügungsmacht vorbehalten wollen, ohne dies den anderen wissen zu lassen.

Gründe, die für ein **gemeinschaftliches** Testament sprechen:
- Ehegatten mit gleichem durchschnittlichem Vermögen,
- Ehegatten in jungem Alter, wenn Kinder noch nicht als Erben in Frage kommen,
- um eine Bindungswirkung zu erzeugen und die Erbfolge der Abkömmlinge zu sichern.

VI. Die Formalien des eigenhändigen Testaments

1. Die Testamentsniederschrift

Zwingend ist für das eigenhändige Testament die eigenhändig geschriebene und unterschriebene Erklärung, § 2247 I BGB. Ein Verstoß dagegen führt zur Formnichtigkeit gemäß § 125 BGB. Diese strenge Form dient der Sicherung vor Fälschung und dem Anliegen, daß sich der Erblasser auch inhaltlich so intensiv wie möglich mit der von ihm abgegebenen Erklärung befaßt.

Es reicht nicht, daß der Erblasser selbst ein **mechanisches Schreibwerkzeug** einsetzt wie bspw. eine Schreibmaschine oder eine Druckeinrichtung, weil damit die individuellen Merkmale einer Handschrift nicht erkennbar wären. Deshalb ist auch eine mit der Blindenschreibmaschine hergestellte Niederschrift keine eigenhändige.

Ein mit **Blaupause** oder **Kohlepapier** niedergeschriebenes Testament erfüllt dagegen die Anforderungen des § 2247 I BGB, weil hierbei die charakteristischen Züge einer Handschrift erhalten sind.[22] Auf die Wahl des Schreibmaterials kommt es nicht an.[23]

Eigenhändig ist die Niederschrift auch dann, wenn sie mit dem Fuß, dem Mund oder einer Prothese geschrieben wurde.

---

22 BGHZ 47, 68.
23 Aus Beweisgründen sollte aber kein Bleistift – aber auch kein Filzstift verwendet werden, da er keine Drucklinien hinterläßt.

Ob der Erblasser in Schreibschrift schreibt oder in Druckbuchstaben ist unerheblich, obwohl im letzteren Fall die Charakteristik einer Handschrift nicht ohne weiteres erkennbar ist. Gleichgültig ist auch, in welcher Sprache das Testament verfaßt wird. Entscheidend ist, daß der Erblasser den Text und seinen Sinn versteht und daß später der Inhalt – notfalls mit Hilfe eines Sachverständigen – den beteiligten Dritten verständlich gemacht werden kann.

2. Die Unterschrift

31 Die **eigenhändige Unterschrift** soll die Identifizierung des Erblassers sicherstellen. Sie soll auch klarstellen, daß das Schriftstück kein unverbindlicher Entwurf und der darin zum Ausdruck gebrachte Wille ernsthaft ist. Da § 2247 III BGB das Unterschreiben mit Vor- und Familiennamen nur als Sollvorschrift einordnet, kann auch mit anderen eindeutigen Kennzeichnungen unterschrieben werden, z.B. „Euer Vater". Eine eindeutige Identifizierung muß aber immer möglich sein. Der BGH hat eine Abkürzung mit „E.M." nicht als Unterschrift ausreichen lassen.[24]

Briefe, die den Formerfordernissen entsprechen, können als Testamente qualifiziert werden, wenn darin eine ernsthafte Willensäußerung enthalten ist.

32 Die Unterschrift darf keine „Oberschrift" sein, dh. sie muß am Ende des Schriftstückes angebracht sein, um damit zum Ausdruck zu bringen, daß die Niederschrift abgeschlossen ist; andernfalls ist das Testament formunwirksam.[25] In aller Regel wird die Unterschrift unter der letzten Zeile des Textes stehen. Das Unterschreiben auf der Höhe der untersten Zeile oder – weil das Blatt vollgeschrieben ist – quer am Rand ist unschädlich, wenn klar ist, daß die Unterschrift den Text abdeckt und gegen spätere Veränderung durch Hinzufügungen schützt.

Besteht die Niederschrift aus mehreren Blättern, so genügt eine Unterschrift am Schluß – nicht jedes einzelne Blatt muß unterschrieben werden. Allerdings muß durch Seitenzahlen, gleichartige Schreibmaterialien u. dergl. erkennbar

---

24 NJW 1967, 2310; aM OLG Celle NJW 1977, 1690.
25 BGHZ 113, 48.

sein, daß es sich um fortlaufenden Text handelt. Zur Sicherheit ist zu empfehlen, jedes Blatt vom Erblasser unterzeichnen zu lassen.

Fehlt die Unterschrift auf der Niederschrift, hat der Erblasser aber auf dem Umschlag unterschrieben, in dem sich das Schriftstück befindet, so ist dies ausreichend, sofern der Umschlag verschlossen ist, weil damit eine räumliche Nähe hergestellt und der Text gegen Veränderung gesichert ist.[26] Ist der Umschlag allerdings unverschlossen, so reicht die Unterschrift darauf nicht aus, weil eine Sicherung gegen Veränderungen nicht gewährleistet ist.[27] 33

Für die Frage, ob nachträgliche Änderungen unterschrieben sein müssen, ist zu differenzieren:

Durchstreichungen oder Radierungen brauchen nicht gesondert unterschrieben zu werden.[28] Trotzdem ist aus Beweissicherungsgründen zu empfehlen, entsprechende Randvermerke mit Datum und Unterschrift anzubringen. Wird das Testament aber ergänzt, dann ist eine neue Unterschrift anzubringen, möglichst mit Ort und Datum versehen und einem entsprechenden Ergänzungszusatz.[29] 34

Vgl. zur „faktischen" Testierunfähigkeit § 8 Rn 50.

3. Zeit- und Ortsangabe

Insofern begnügt sich das Gesetz mit einer Sollvorschrift in § 2247 II BGB. Ihre Angabe ist aus Beweisgründen aber dringend zu empfehlen. Außerdem können Zweifel über die Wirksamkeit entstehen, wenn die Zeitangabe fehlt, weil bei Vorhandensein mehrerer Testamente fraglich sein kann, welches das letzte ist und bei einander widersprechendem Inhalt gelten soll. Die Ortsangabe kann für die Formwirksamkeit entscheidend sein, wenn das Testament nicht den Formerfordernissen des für den Erbfall maßgebenden Erbstatuts nach Art. 25 I EGBGB entspricht. Insofern bestimmt Art. 26 EGBGB, daß auch die Ortsform maßgebend sein kann, wenn dem Testament damit zur Formwirksamkeit verholfen werden kann. 35

---

26 BayObLG FamRZ 1988, 1211 mwN.
27 OLG Hamm OLGZ 1986, 292.
28 BGH NJW 1974, 1083.
29 OLG Köln NJW-RR 1994, 74.

4. Gemeinschaftliches Testament

36 Nach § 2267 BGB kann unter Ehegatten ein gemeinschaftliches Testament (§ 2265 BGB) in der Weise handschriftlich errichtet werden, daß ein Ehegatte den Text eigenhändig niederschreibt, unterschreibt und der andere mitunterschreibt. Damit ist für den Mitunterschreibenden eine Ausnahme von dem Erfordernis der Eigenhändigkeit des Testamentstextes gemacht.

Aus Beweisgründen ist zu empfehlen, den zweiten Ehegatten nicht nur mitunterzeichnen zu lassen, vielmehr sollte er einen kurzen handschriftlichen Text hinzufügen, etwa „Dieses Testament ist auch mein Testament", Ort und Datum hinzufügen und darunter unterschreiben. So ist wenigstens eine kleine Schriftprobe vorhanden.

5. Verwahrung des eigenhändigen Testaments

37 Auch das eigenhändige Testament kann in die besondere amtliche Verwahrung des Amtsgerichts – in Baden-Württemberg des Staatlichen Notariats – verbracht werden, § 2248 BGB. Der/die Erblasser kann/können das Testament wieder aus der Verwahrung nehmen. Beim privatschriftlichen Testament hat die Rücknahme aus der amtlichen Verwahrung aber keine Widerrufswirkung – im Gegensatz zum beurkundeten Testament, § 2256 BGB.

6. Formungültigkeit einer teilweise unlesbaren letztwilligen Verfügung

38 Das Kammergericht führt in seinem Beschluß vom 20.3.1998[30] aus, daß die Feststellung, wie der vom Erblasser niedergeschriebene Text seinem Wortlaut nach laute, nicht nach den Grundsätzen der Auslegung von Willenserklärungen oder gar letztwilligen Verfügungen erfolge (§§ 133, 2084 BGB). Sie ist ausschließlich anhand der Urkunde selbst ohne Berücksichtigung außerhalb der Urkunde liegender Umstände vorzunehmen. Es führt weiter aus:
„Nach § 2247 I BGB kann der Erblasser ein Testament durch eigenhändig geschriebene und unterschriebene Erklärung errichten. Der Begriff der Erklärung enthält dabei notwendigerweise die Voraussetzung, daß der Wortlaut der Niederschrift von einem Dritten aus dem Schriftstück selbst heraus ermittelt werden kann. Das Schriftstück des Erblassers muß daher soweit lesbar sein, daß sein Wortlaut anhand der Testamentsurkunde selbst, gegebenenfalls unter

---
[30] KG NJW-RR 1998, 1298.

Heranziehung eines Schriftsachverständigen, entziffert werden kann. Dagegen genügt es zur Formwahrung nicht, wenn der Sinn darin enthaltener und objektiv nicht, auch nicht durch einen Schriftsachverständigen, entzifferbarer Zeichen unter Berücksichtigung außerhalb der Testamentsurkunde liegender Umstände ermittelt werden kann (allg. M., vgl. RG, JW 1935, 1846 [1847]; KG, JW 1937, 2831; 1938, 1601; OLG Hamm, NJW-RR 1991, 1352 = Rpfleger 1991, 419 [420] = FamRZ 1992, 356 [357]; *Dittmann/Reimann/Bengel* Testament und Erbvertrag, 2. Aufl., § 2247 Rdnr. 16; *Kipp/Coing* ErbR, 4. Bearb., S. 185; *Lange/Kuchinke* ErbR, 4. Aufl., S. 363; *Burkart* in: MünchKomm § 2247 Rdnr. 16; *Palandt/Edenhofer* BGB, 57. Aufl., § 2247 Rdnr. 9; *Soergel/Harder* § 2247 Rdn. 43; *Staudinger/Baumann* BGB, 13. Aufl., 2247 Rdnr. 45)."

VII. Testierfähigkeit gem. §§ 2229, 2275 BGB und Testierfreiheit

1. Die Testierfähigkeit[31]

Grundsätzlich kann gemäß § 2229 I BGB ein **Testament** errichten, wer das 16. Lebensjahr vollendet hat (beachte § 2233 I BGB). Zum Abschluß eines **Erbvertrags** ist allerdings unbeschränkte Geschäftsfähigkeit, somit die Vollendung des 18. Lebensjahres, notwendig (§ 2275 I BGB), wobei aber zu beachten ist, daß ein Minderjähriger **mit Zustimmung seines gesetzlichen Vertreters** einen Erbvertrag abschließen kann (§ 2275 II BGB). 39

Nicht testierfähig sind gemäß § 2229 IV BGB Personen, die infolge **krankhafter Störung** der Geistestätigkeit, Geistesschwäche oder Bewußtseinsstörungen nicht in der Lage sind, die Bedeutung einer von ihnen abgegebenen Erklärung zu erkennen.[32] Insoweit handelt es sich bei der Testierunfähigkeit um einen Unterfall der Geschäftsunfähigkeit.[33] Für die Testierfähigkeit muß der Erblasser neben den allgemeinen Vorstellungen über die Errichtung einer Verfügung von Todes wegen sich auch über die Tragweite und die Auswirkungen auf die persönlichen und wirtschaftlichen Verhältnisse der Betroffenen im Klaren sein.[34] 40

---

31 Vgl. zur Definition der Testierfähigkeit OLG Frankfurt NJW-RR 1998, 870.
32 Zur Frage der Testierfähigkeit von Personen, die vor dem 31.12.1991 entmündigt wurden MüKo/*Burkart* § 2229 Rn 7.
33 *Palandt/Edenhofer* § 2229 Rn 1.
34 OLG Hamm MittBayNot 1997, 180; OLGZ 1989, 273.

Vgl. BayObLG zur Frage der Testierunfähigkeit, wenn der Erblasser unter psychotischen Wahnvorstellungen litt.[35]

41 Die Tatsache, daß der testierende Erblasser unter einer **Betreuung** stand, sagt grundsätzlich nichts über seine Testierfähigkeit aus.[36] Hat nämlich der unter Betreuung stehende Erblasser „**lichte Momente**" (lucida intervalla), dann kann er durchaus ein wirksames Testament bzw. eine wirksame Verfügung von Todes wegen während einer solchen „Phase" errichten.[37] Problematisch dürfte in einem solchen Fall aber regelmäßig die Beweislage sein.

42 Auch Rauschgiftsucht und Psychopathie schließen die Testierfähigkeit grundsätzlich nicht aus.[38]

43 Als besonders schwierig erweist sich in der Regel die altersbedingte Einschränkung bzw. der **altersbedingte Wegfall** der Testierfähigkeit, da dieser Zustand auch medizinisch ungemein schwierig zu fassen und mit sehr vielen Zweifeln behaftet ist. Nicht zuletzt deshalb, weil es sich bei einer alters- oder krankheitsbedingten Demenz[39] oftmals um einen langwierigen Prozeß handelt.[40]

44 Für den beratenden Anwalt oder Notar ist die Situation in zweierlei Hinsicht schwierig. Zum einen muß er darauf achten, daß in dem Fall, in dem Anhaltspunkte für mangelnde Testierfähigkeit vorliegen, diese festzustellen bzw. durch ein **ärztliches Gutachten** als nicht vorhanden abzusichern ist, und zum anderen, daß er dem betreffenden Mandanten in diesem Fall mit seinem Handeln persönlich sehr nahe kommt, was dazu führen kann, daß der Mandant sich bevormundet fühlt und die weitere Beratung abbricht. Trotzdem sollte der Anwalt sich nicht scheuen, bei Anhaltspunkten für einen geistigen Abbau Gegenmaßnahmen zu ergreifen. Hierfür ist es sinnvoll, daß er sich bestätigen läßt, aus medizinischer Sicht bestünden keinerlei Bedenken gegen die Testierfähigkeit des Mandanten. Sinnvoll wäre hierbei die Bestätigung eines

---

35 BayObLG FamRZ 1996, 1109.
36 Vgl. hierzu BayObLG FamRZ 1994, 593 mwN.
37 MüKo/*Burkart* § 2229 Rn 12.
38 BayObLGZ 56, 377.
39 Vgl. BayObLG Entscheidung vom 18.3.97 – 1 ZBR 124/96.
40 Vgl. hierzu *Wetterling/Neubauer* ZEV 1995, 46.

Facharztes[41] – aber auch ein Attest des Hausarztes ist besser als gar keine Bestätigung.[42]

Die Wirksamkeit eines gemeinschaftlichen Testaments setzt die Testierfähigkeit beider **Ehegatten** voraus. Ist einer der Ehegatten testierunfähig, dann scheidet eine Bindungswirkung gemäß § 2270 I BGB aus. Inwieweit die Verfügung des anderen Ehegatten danach aufrecht erhalten werden kann, ist durch Auslegung zu ermitteln.[43]

45

2. Die beschränkte Testierfähigkeit und die „faktische" Testierunfähigkeit

a) Die beschränkte Testierfähigkeit

Eine beschränkte Testierfähigkeit kann bei Personen mit Behinderungen vorliegen. So können **stumme** Personen zwar ein eigenhändiges Testament errichten[44] – ein notarielles Testament können sie gemäß § 2233 III BGB nur durch Übergabe einer Schrift errichten, wobei die nach § 2232 S. 1 BGB erforderliche Erklärung eigenhändig in der Niederschrift oder auf einem gesonderten Blatt enthalten sein muß (§ 31 BeurkG).

46

Wer **nicht schreiben** kann, kann zwar kein eigenhändiges Testament errichten (§ 2247 IV BGB), er kann aber unter Beachtung von § 25 BeurkG eine Verfügung von Todes wegen in jeder öffentlichen Form errichten (§§ 2231 Nr. 1, 2232 BGB).

47

Gemäß § 2247 IV BGB darf jemand, der **nicht lesen** kann, kein eigenhändiges Testament fertigen. Er kann nur gemäß § 2233 II BGB durch mündliche Erklärung vor einem Notar testieren. § 2247 IV BGB gilt auch für einen **Blinden**. Er kann nur durch ein öffentliches Testament testieren, wobei auch die Übergabe einer Schrift genügt (§ 2232 S. 2 BGB), wenn er die Blindenschrift beherrscht.

48

---

41 BayObLG ZEV 1994, 303.
42 Vgl. zur Frage der Testierfähigkeit bei einer festgestellten psychischen Leistungsminderung BayObLG FamRZ 1998, 514.
43 BayObLGZ 1995, 70.
44 *Nieder* Rn 414.

49 Keiner Einschränkung in der Testierfreiheit unterliegt dagegen ein **Gehörloser**. Er kann sowohl ein privatschriftliches als auch alle Formen eines öffentlichen Testamentes wählen, wobei an Stelle des notariellen Vorlesens eine „Vorlage zur Durchsicht" zu erfolgen hat (§§ 23, 22 BeurkG).[45]

b) Die „faktische" Testierunfähigkeit

50 Größere Schwierigkeiten hinsichtlich der Testierfähigkeit können sich aber bei sogenannten **Mehrfachbehinderungen**[46] ergeben. So führt eine bestimmte Kombination von Behinderungen zu einer „faktischen" Testierunfähigkeit. Dies ist z.B. bei einem **stummen** und zugleich **schreibunfähigen** (§§ 2233 III BGB, 31 BeurkG) oder aber auch bei **stummen** und **leseunfähigen** (§ 2233 II BGB) Menschen der Fall.[47] Bei einer leseunfähigen und tauben Person ist die Errichtung eines Testaments nur durch mündliche Erklärung zur notariellen Niederschrift unter Hinzuziehung einer Vertrauensperson möglich (§§ 2233 II BGB, 24, 22 BeurkG).[48]

Hinweis
Mit Beschluß v. 19.1.1999 hat das BVerfG die §§ 2232, 2233 BGB und § 31 BeurkG mit Art. 14 I 1 GG und Art. 3 I, III 2 GG als unvereinbar erklärt.[49]

3. Die mangelnde Testierfreiheit aufgrund Erbvertrags oder bindenden Ehegattentestaments

51 Von der Testierfähigkeit zu unterscheiden ist die **Testierfreiheit** des Mandanten. Diese kann beispielsweise dadurch eingeschränkt sein, daß der Mandant sich bereits durch einen Erbvertrag oder ein bindend gewordenes Ehegattentestament verpflichtet hat. Beim Vorliegen einer solchen **bindenden** Verfügung von Todes wegen sind alle späteren Verfügungen unwirksam, wenn sie der älteren

---

45 Vgl. zur Lesefähigkeit iSd § 2247 IV BGB OLG Düsseldorf Entscheidung vom 16.5.97 – 3 WX 401/96.
46 Vgl. hierzu *Rossak* ZEV 1995, 236; MittBayNot 1991, 143; *Ertl* MittBayNot 1991, 196; OLG Hamm NJW-RR 1994, 593 gegen das Verfassungsbeschwerde eingereicht wurde.
47 *Nieder* Rn 414.
48 *Rossak* ZEV 1995, 236.
49 Beschluß des BVerfG vom 19.1.1999 Az-1 BvR 2161/94.

widersprechen. Für den Erbvertrag wird dies in § 2289 I S. 2 BGB geregelt, für das gemeinschaftliche Testament in §§ 2270, 2271 I S. 2 BGB.[50]

Bei einem **Ehegattentestament** ist eine Bindungswirkung dann anzunehmen, wenn es sich um eine wechselbezügliche Verfügung handelt und der erste Todesfall eingetreten ist. Wechselbezüglichkeit ist anzunehmen, wenn die Verfügung des einen Ehegatten nicht ohne die des anderen getroffen worden wäre. Anders gesagt: der eine Ehegatte hat seine Verfügung gerade im Hinblick auf die Verfügung des anderen so bestimmt. Voraussetzung ist somit eine gegenseitige innere Abhängigkeit beider Verfügungen.[51] Gemäß § 2270 III BGB können jedoch in einem gemeinschaftlichen Testament nur die Erbeinsetzung, das Vermächtnis oder die Auflage **wechselbezüglich** und bindend sein.

52

Ist in einem gemeinschaftlichen Testament die Wechselbezüglichkeit nicht ausdrücklich genannt, so ist diese gemäß der Vermutungsregelung des § 2270 II BGB anzunehmen, wenn sich die Ehegatten gegenseitig bedenken oder wenn dem einen Ehegatten eine Zuwendung gemacht und für den Fall des Überlebens des Bedachten eine Verfügung zugunsten einer Person getroffen wird, die mit dem anderen Ehegatten verwandt ist oder ihm sonst nahesteht.

53

Stellt der Berater bei der Prüfung eine Bindungswirkung fest, dann ist in einem nächsten Schritt zu prüfen, ob die Bindungswirkung zum einen aufgehoben werden könnte, oder ob diese möglicherweise lückenhaft ist. Sieht das gemeinschaftliche Testament eine **Abänderungsbefugnis** des überlebenden Ehegatten vor, dann ist dies eine Einschränkung der Bindungswirkung, welche es dem Erblasser erlaubt, in diesem Rahmen auch neu zu testieren, bzw. das vorhandene gemeinschaftliche Testament abzuändern.

54

Darüber hinaus stellt sich die Frage, inwieweit eine **Bindungswirkung nachträglich beseitigt** werden kann. Zunächst ist festzuhalten, daß die Bindungswirkung eines gemeinschaftlichen Testaments erst mit dem Tod des Erstversterbenden eintritt. Vor dem Tod ist jeder Ehegatte berechtigt, durch einseitigen notariellen Widerruf und Erklärung gegenüber dem anderen Ehegatten

55

---

50 BGHZ 82, 274.
51 KG in FamRZ 1977, 485; *Pfeiffer* FamRZ 1993, 1266.

gemäß § 2296 BGB das Testament und somit seine Beschränkung der Testierfreiheit aufzuheben.

56 Sind sich die Ehegatten einig und wollen sie in Zukunft einzeln testieren, dann können sie auch in einem gemeinschaftlichen **Widerrufstestament** die Ehegattenverfügung beseitigen. Vorsicht ist hier aber bei der Frage geboten, ob es reicht, wenn die Ehegatten ihr gemeinschaftliches Testament zerreißen. Auch wenn die Meinung in der Literatur dies für ausreichend erachtet, sollte sich der Berater hierauf lieber nicht einlassen.[52] Es läßt sich später möglicherweise nur schwer beweisen, daß das Testament mit dem Willen beider Ehegatten zerrissen wurde. Der Ehegatte, der sich auf den gemeinsamen Widerruf durch Vernichtung des Testaments beruft, trägt hierfür die Beweislast.[53] Ein gemeinschaftlicher Widerruf in einem gemeinschaftlichen Testament ist daher durchaus sinnvoll und dem Mandanten unbedingt anzuraten.

57 Mit dem Tod des vorversterbenden Ehegatten tritt grundsätzlich die Bindungswirkung ein. Ab diesem Zeitpunkt hat der überlebende Ehegatte nicht mehr das Recht bzw. die Möglichkeit, durch einseitige Verfügung die Wechselbezüglichkeit zu beseitigen. Der überlebende Ehegatte kann sich von der Bindungswirkung nur dann lösen, wenn beispielsweise bei einem Erbvertrag ein **Rücktrittsrecht** nach § 2293 BGB eingeräumt wurde, wenn er, wie in § 2271 III BGB vorgesehen, die ihm zugedachte Erbeinsetzung **ausschlägt** oder wenn er im Rahmen einer **Selbstanfechtung** gemäß den §§ 2078, 2079 BGB die Unwirksamkeit der Verfügung herbeizuführen versucht.[54]

58 Handelt der überlebende Ehegatte mit Zustimmung des Vertragserben, dann beseitigt dies ebenfalls die Bindungswirkung.[55] Hierbei ist aber zu beachten, daß dem Vertragserben der Anspruch aus § 2287 BGB nur dann genommen wird, wenn er in notarieller Form seine Einwilligung erklärt hat.[56] Darüber hinaus bedarf es bei einem **Minderjährigen** für die Einwilligung seines

---

52 *Palandt/Edenhofer*, § 2271 Rn 8, § 2255 Rn 16.
53 *Palandt/Edenhofer*, § 2255 a.E.
54 *Nieder*, Rn 671.
55 *Mayer*, ZEV 1996, 127.
56 BGHZ 108, 252.

gesetzlichen Vertreters einer vormundschaftsgerichtlichen Genehmigung bzw einer **Genehmigung** durch das **Familiengericht** (§§ 1643, 1822 BGB).[57]

Eine teilweise Beseitigung der Wechselbezüglichkeit ist dann gegeben, wenn im Ehegattentestament ein **Abänderungsvorbehalt** vorhanden ist. Die Testierfreiheit bzw. die Beseitigung der Bindungswirkung hängt in diesem Fall stets von dem Umfang der Abänderungsklausel ab. In der Regel ist bei Ehegattentestamenten jedoch lediglich eine Abänderung innerhalb der ehegemeinschaftlichen Kinder vorgesehen. Dies würde beispielsweise dazu führen, daß die Wechselbezüglichkeit nur dann nicht eingreift, wenn der überlebende Ehegatte einem als Schlußerben eingesetzten gemeinschaftlichen Kind eine Zuwendung macht. 59

Ist ein allgemeiner Abänderungsvorbehalt ohne jegliche Einschränkung vorgesehen, so ist hierin in der Regel wohl eine Aufhebung der Wechselbezüglichkeit und somit keine Bindungswirkung zu sehen. 60

4. Mangelnde Testierfreiheit aufgrund Höferechts

Um einer Zersplitterung land- und forstwirtschaftlicher Betriebe entgegenzuwirken, sieht das Anerbenrecht für den Fall des Erbgangs eine **Sondererbfolge** vor. Das Anerbenrecht will sicherstellen, daß der Hof immer nur an **einen** Rechtsnachfolger fällt, wobei die jeweiligen höferechtlichen Vorschriften entweder eine Sondererbfolge[58] oder die Zuweisung[59] im Wege eines gesetzlichen Übernahmerechts vorsehen. 61

Das Anerbenrecht ist in unterschiedlichen Landesgesetzen geregelt. So gilt die HöfeO bspw. für die Bundesländer Hamburg, Niedersachsen, Nordrhein-Westfalen und Schleswig-Holstein, während in Bayern, Saarland und den neuen Bundesländern kein spezielles Anerbenrecht gilt. Dort ist eine Zuweisung über das Grundstückverkehrsgesetz möglich. 62

Befindet sich in dem Vermögen des Mandanten ein landwirtschaftlicher Betrieb, so ist vor jeder Gestaltung zu prüfen, ob die Verfügung von Todes wegen mit den höferechtlichen Vorschriften harmoniert.[60] 63

---

57 BGHZ 83, 44, 49.
58 § 4 HöfeO.
59 §§ 13 bis 17 Grundstückverkehrsgesetz.
60 Nieder, Rn 404 ff.

2 Das erbrechtliche Mandat vor dem Erbfall

5. Einschränkung der Testierfreiheit durch § 14 HeimG

64 Grundsätzlich kann jede natürliche Person als Erbe benannt werden. Es gibt jedoch Personen, die aufgrund ihrer Position gegenüber dem Erblasser nicht zu Erben bestimmt werden können. Nach § 14 HeimG ist eine Verfügung von Heimbewohnern zugunsten von **Heimmitarbeitern** oder des Heimträgers unwirksam.[61] Das gleiche gilt auch, wenn beispielsweise Verwandte des Heimmitarbeiters als Nacherben eingesetzt werden.[62]

Ähnliches gilt im Hinblick auf die Genehmigungserfordernisse der §§ 70 BBG, 19 SG und 10 BAT für die Erbeinsetzung[63] von **Beamten, Dienstverpflichteten** und Angestellten des **öffentlichen** Dienstes.[64]

Nach Ansicht des BayObLG[65] ist die Vorschrift des § 14 HeimG aber nicht (analog) auf ein **Betreuungsverhältnis** anwendbar. Ist der Betreute testierfähig, dann kann er grundsätzlich zugunsten des Betreuers wirksam verfügen.[66]

VIII. Die Erbeinsetzung

65 Bei testamentarischer Gestaltung ist im Rahmen der Bestimmung des Erben der **Grundsatz der höchstpersönlichen Errichtung** (§§ 2064, 2274 BGB) zu beachten. Der Erblasser hat daher weder die Möglichkeit, sich vertreten zu lassen, noch kann er die Bestimmung des Erben einem **Dritten** auferlegen. Gemäß § 2065 I BGB kann der Erblasser eine letztwillige Verfügung auch nicht in der Weise treffen, daß ein anderer zu bestimmen hat, ob sie gelten soll oder nicht. Im Rahmen der Erbeinsetzung kommt häufig ein Verstoß gegen § 2065 II BGB vor.

66 Da in der Praxis jedoch häufig der Bedarf besteht, aus einem bestimmten **Personenkreis** den geeigneten Erben und Vermögensnachfolger zu bestimmen,

---

61 OLG Düsseldorf FamRZ 1998, 192; *Rossak* ZEV 1996, 41.
62 OLG Düsseldorf FamRZ 1998, 192.
63 Zur Frage der rechtlichen Begründung und der zivilrechtlichen Folgen der Genehmigungsbedürftigkeit und ihrer Auswirkungen bei Nichterteilung auf die testamentarische Verfügung siehe *Koos* ZEV 1997, 435.
64 BVerwG ZEV 1996, 343.
65 BayObLG ZEV 1998, 232.
66 Vgl. zu den Ausnahmen *Müller* ZEV 1998, 219.

ist seitens der Rechtsprechung des BGH[67] der Grundsatz des persönlichen Handelns aufgelockert worden. So wird es als ausreichend angesehen, daß der Inhalt des Testaments so genau bestimmt ist, daß die Festlegung des Erben von jedem erfolgen kann, der mit genügender Sachkunde ausgestattet ist. Dabei ist jedoch nach Ansicht des BGH einem willkürlichen Handeln des Dritten vorzubeugen. Es wird als zulässig erachtet, daß der Erblasser einen eng begrenzten Personenkreis bestimmt, aus dem ein Dritter den Erben nach sachlichen Kriterien auszuwählen hat. Wichtig ist, daß der Erblasser Angaben bzw. handfeste sachliche Kriterien dafür, wie die Auswahl letztendlich zu erfolgen hat, in seiner letztwilligen Verfügung angibt.

67 Anders als bei der Erbeinsetzung gilt bei einem **Vermächtnis** der Grundsatz der höchstpersönlichen Errichtung nicht. Hier kann vielmehr die Bestimmung des Vermächtnisnehmers im Rahmen des § 2151 BGB auch einem Dritten überlassen werden.[68] Der Grundsatz des § 2065 II BGB findet auch keine Anwendung bei der Auflage nach § 2193 BGB, bei der Auswahl eines Testamentsvollstreckers nach §§ 2198 ff BGB und bei der Auseinandersetzung nach § 2048 Satz 2 BGB.

68 Gerade im Bereich der **Unternehmensnachfolge** spielt das Bestimmungsrecht eine große Rolle, dann nämlich, wenn der Erblasser noch nicht weiß, welche seiner Kinder Nachfolger im Unternehmen werden sollen. Oftmals läßt sich aufgrund des Alters der Kinder noch nicht absehen, welches davon denn die Fähigkeit zur Unternehmensfortführung mitbringt. In einem solchen Fall ist die vermächtnisweise Zuwendung sinnvoll, die es ermöglicht, daß ein Dritter, der insoweit das Vertrauen des Erblassers genießt, die Bestimmung vornehmen kann.[69] Es ist hier aber streng darauf zu achten, daß auch der jeweilige Gesellschaftsvertrag eine solche Möglichkeit überhaupt zuläßt.[70]

---

67 BGHZ 15, 199.
68 Aber auch im Rahmen der §§ 2151, 2152 BGB kann die Bestimmung eines Vermächtnisnehmers nicht willkürlich einem Dritten überlassen werden. Vielmehr muß der Erblasser einen überschaubaren Personenkreis bestimmen, aus dem der Dritte den Vermächtnisnehmer auswählen kann; *Brox*, Erbrecht Rn 412.
69 Vgl. zu den Möglichkeiten der Zuwendung durch Auflage *Daragan/Tanck* ZErb 1999, 2.
70 Im einzelnen hierzu § 8 Rn 363 ff.

69 Darüber hinaus ist bei der Erbeinsetzung darauf zu achten, daß nach Möglichkeit eine **Erbengemeinschaft** vermieden wird. Um eine spätere, möglicherweise komplizierte und für alle Beteiligten unerfreuliche Auseinandersetzung zu vermeiden, sollte der Erblasser lieber einen seiner Nachkommen zum Alleinerben einsetzen und den übrigen in Betracht kommenden Personen entsprechende Vermächtnisse zuwenden. Um dem Vermächtnisnehmer eine stärkere Stellung zu geben, kann dieser zusätzlich zum Testamentsvollstrecker ernannt werden, mit der Aufgabe, sich sein Vermächtnis selbst zu erfüllen.[71]

70 Nur wenn aus steuerlichen Gründen bei Privatvermögen eine Erbengemeinschaft mit **Teilungsanordnung** notwendig ist, weil dann durch die Teilungsanordnung günstigere Steuerwerte, wie beispielsweise bei hohem Immobilienanteil, auch den übrigen Miterben zugute kommen, ist die Erbeinsetzung der vermächtnisweisen Zuwendung vorzuziehen.[72]

71 Es ist aber gerade bei Betriebsvermögen oder landwirtschaftlichem Vermögen in Form von Gesellschaften zu beachten, daß die Erbengemeinschaft durch die Auseinandersetzung zu einer Aufdeckung der **stillen Reserven** und somit zu einer zu versteuernden Entnahme gezwungen sein kann. Im Unternehmensbereich sollte deshalb nach Möglichkeit die Alleinerbenlösung gesucht werden.[73]

Muster: Erbeinsetzung eines Alleinerben

▼

Ich, ____, geb. am ____ in ____, setze meinen einzigen Sohn, ____, geb. am ____ in ____, derzeit wohnhaft in ____, ____, Straße ____, zu meinem alleinigen Vollerben meines gesamten Vermögens ein.

▲

014

---

71 Vgl. *Tanck/Kerscher/Krug* § 18 Rn 20 ff.
72 Das ErbStG beruht auf dem Prinzip der Nachlaßbesteuerung und erfaßt damit den Rechtsübergang auf den oder die Erben. Nach § 3 Abs. 1 Nr. 1 ErbStG ist der Erwerb eines Erben durch Erbanfall zu besteuern. Bei dem Miterben wird somit der Nachlaßwert entsprechend seiner Erbquote erfaßt, FG München, EFG 1989, 642. Eine Teilungsanordnung ist als ein dem Erbanfall folgender Vorgang für die Besteuerung unbeachtlich, BFH, BStBl. II 1992, 669.
73 Siehe hierzu im einzelnen § 8 Rn 374.

Muster: Einsetzung einer Erbengemeinschaft

▼

Ich, ▧▧▧, geb. am ▧▧▧ in ▧▧▧, setze meine beiden Kinder aus erster Ehe, ▧▧▧, geb. am ▧▧▧ in ▧▧▧ und ▧▧▧, geb. am ▧▧▧, in ▧▧▧, zu meinen Vollerben zu jeweils gleichen Teilen meines gesamten Vermögens ein.

015

▲

IX. Die Vor- und Nacherbschaft

Im Gegensatz zur Vollerbschaft steht die **Vor- und Nacherbschaft**. Der Erblasser kann gemäß § 2100 BGB einen Erben in der Weise einsetzen, daß dieser erst Erbe wird, nachdem zunächst ein anderer Erbe geworden ist. Das bedeutet, daß der Vorerbe den ererbten Nachlaß an den als Nacherben bestimmten Erben herauszugeben hat. Die Vor- und Nacherbschaft führt zu einer mehrfachen Beerbung, d.h. zunächst wird der Vorerbe, dann wird der Nacherbe Erbe des Erblassers. Insoweit spricht man auch davon, daß der Vorerbe nur „**Erbe auf Zeit**" ist.[74]

72

Sinn und Zweck des Instituts der Vor- und Nacherbschaft ist die Steuerungsmöglichkeit des Vermögensflusses über mehrere Erbfälle (Generationen) hinweg. Der Erblasser kann so selbst bestimmen, wer nach dem zuerst Bedachten das Vermögen als nächster erhält. Man spricht auch von einer zukünftigen Vermögensbindung bzw. von der Möglichkeit einer **Familienbindung** des Nachlasses.[75]

73

Die Anordnung der Vorerbschaft führt dazu, daß sich bei dem als Vorerbe bestimmten Erben zwei verschiedene Vermögensgruppen bilden. Zum einen das **Eigenvermögen** des Vorerben und zum anderen das ererbte Vorerbenvermögen als **Sondervermögen**.[76] Mit Eintritt des Nacherbfalls ist das Sondervermögen an den oder die Nacherben herauszugeben. Ist als Nacherbfall der Tod des Vorerben bestimmt (§ 2106 I BGB), so vererbt sich das Eigenvermögen des Vorerben an die von ihm benannten Bedachten, während das Sondervermögen an die Nacherben fließt.

74

---

[74] *Krug* Seite 70 ff.
[75] *Weirich* Rn 597 ff.
[76] *Palandt/Edenhofer* Einf. § 2100 Rn 2.

75 Durch die Trennung des Vorerbenvermögens vom Eigenvermögen bietet sich die Vor- und Nacherbschaft zur **Vermeidung** von **Pflichtteilsansprüchen** naher Verwandter an. Haben Eheleute z.B. Kinder aus erster Ehe und will der jeweilige Ehepartner nicht, daß die Kinder des anderen Ehepartners an seinem Nachlaß partizipieren, dann können sie anordnen, daß sich die Eheleute jeweils nur zu Vorerben und die Kinder aus der vorangegangenen Ehe als Nacherben einsetzen. Dies gilt gewissermaßen auch für die Pflichtteilsansprüche gemeinsamer Kinder.

76 Darüber hinaus kann durch das Institut der Vor- und Nacherbschaft der Nachlaß für eine gewisse Dauer einem Vorerben und dann dem eigentlichen Bedachten zugewandt werden, was sich insbesondere dann anbietet, wenn es darum geht, bestimmte Zeiträume zu überbrücken (z.B. weil die Kinder noch minderjährig sind). Gleichfalls dient die Einsetzung eines Nacherben auch dem Schutz vor dem Zugriff von **Gläubigern** des **Vorerben**, da diesem zwar grundsätzlich die **Nutzungen**, nicht aber die Substanz zustehen.[77]

77 Der Nachteil der Vor- und Nacherbschaft ist allerdings ihre rechtliche Kompliziertheit, insbesondere aufgrund der diversen Beschränkungen, denen der Vorerbe unterliegt, so daß Konflikte und Streitigkeiten unter den Erben quasi „vorprogrammiert" sind. Auch aus erbschaftsteuerlicher Sicht kann die Vor- und Nacherbschaft erhebliche Nachteile mit sich bringen, da sie zu zwei Besteuerungsvorgängen führt, § 6 ErbStG.[78]

Der Schwierigkeit einer Abgrenzung zwischen **Vollerbschaft** und **Vorerbschaft** bzw. zwischen Vorerbschaft und **Nießbrauch** ist durch eine exakte testamentarische Formulierung Rechnung zu tragen.[79] Die Auslegungsregel des § 2269 BGB läßt erkennen, daß das Gesetz eine Vor- und Nacherbschaft möglichst vermeiden will.

---

77 Vgl. zum Zweck der Vor- und Nacherbschaft *Staudinger/Behrends/Avenarius* Vorbem. zu § 2100 Rn 10 ff.
78 Vgl. zu den Steuerfolgen der Vor- und Nacherbschaft *Christoffel/Geckle/Pahlke* Erbschaftssteuergesetz § 6 Rn 37 ff.
79 *Weirich* Rn 644.

Grundsätzlich können ein oder mehrere Vorerben benannt werden. Letzteres führt zur Entstehung einer sog. **Vorerbengemeinschaft**.[80] Diese kann sich als Miterbengemeinschaft jederzeit gemäß § 2042 BGB auseinandersetzen. Einer Mitwirkung des Nacherben bedarf es hierfür nur, wenn zum Vollzug der Auseinandersetzung Verfügungen notwendig sind, die unter die §§ 2113 I, 2114 BGB fallen.[81] Der Nacherbe hat aber nicht die Möglichkeit, die Auseinandersetzung der Vorerbengemeinschaft zu verhindern.[82] Er ist grds. zur Zustimmung hinsichtlich der Erbauseinandersetzung der Vorerbengemeinschaft verpflichtet.[83]

78

> *Hinweis*
> Anders als bei einzelnen Nachlaßgegenständen kann innerhalb einer Erbengemeinschaft der eine Miterbe als Vollerbe, der andere nur als Vorerbe bestimmt oder aber auch auf Bruchteile beschränkt werden.[84]

Muster: Vor- und Nacherbschaft

Ich, ____, geb. am ____ in ____, setze meine Ehefrau ____, geb. am ____, zu meiner alleinigen Erbin meines gesamten Vermögens ein. Die Alleinerbin ist jedoch nur Vorerbin.
Zu Nacherben bestimme ich meine Kinder ____, geb. am ____ und ____, geb. am ____, zu jeweils gleichen Teilen, ersatzweise deren Abkömmlinge nach den Regeln gesetzlicher Erbfolge. Der Nacherbfall tritt mit dem Tod der Vorerbin ein. Der Vorerbschaft unterliegen auch diejenigen Gegenstände, die aus den Mitteln der Vorerbschaft erworben werden.
Schlägt einer der Nacherben seinen Erbteil aus, macht er seinen Pflichtteil geltend und erhält er ihn auch, dann ist er mit seinem ganzen Stamm von der Erbfolge ausgeschlossen. Gleiches gilt, wenn einer der Nacherben einen Zuwendungsverzicht abgegeben hat.

79

---

80 Zu der Frage Auseinandersetzung der Vorerbengemeinschaft und Teilungsanordnung vgl. *Staudinger/Behrends/Avenarius* § 2110 Rn 11.
81 *Staudinger/Behrends/Avenarius* § 2112 Rn 15; OLG Hamm ZEV 1995, 336.
82 Vgl. zur Grundstücksversteigerung bei Vor- und Nacherbschaft *Klawikowski* Rpfleger 1998, 100 ff.
83 *Soergel/Harder* § 2112 Rn 6.
84 *Staudinger/Behrends/Avenarius* § 2100 Rn 6.

2 Das erbrechtliche Mandat vor dem Erbfall

X. Die Bestimmung eines Ersatzerben

1. Allgemeines

80 Der Erblasser kann für den Fall, daß der Erbe vor oder nach dem Eintritt des Erbfalls wegfällt, einen anderen als Erben einsetzen (Ersatzerbe). Die Einsetzung eines Ersatzerben verhindert vorwiegend den Eintritt der gesetzlichen Erbfolge bei Wegfall eines Erben. Dies entspricht dem Eintrittsrecht gemäß § 1924 Abs. 3 BGB bei der gesetzlichen Erbfolge.

81 Ein „**Wegfall**" des Erben ist gegeben beim Tod des Erben vor dem Erbfall, beim Erbverzicht (§§ 2346 Abs. 1, 2352 BGB), beim Eintritt auflösender oder beim Ausfall aufschiebender Bedingungen hinsichtlich der Erbeinsetzung, beim Widerruf der Einsetzung des Erstberufenen durch den Erblasser bzw. bei anfänglicher Nichtigkeit oder Unwirksamkeit der Einsetzung, bei der Ausschlagung, bei Erbunwürdigkeitserklärung, sowie bei einer wirksamen Anfechtung einer Verfügung von Todes wegen gemäß §§ 2078 ff. BGB.

2. Die vermutete Ersatzerbenbestimmung

82 Ist eine Ersatzerbenregelung nicht getroffen, so kommt es eventuell zur Anwendung der gesetzlichen **Auslegungsvorschrift** des § 2069 BGB. Hat der Erblasser einen seiner Abkömmlinge bedacht und fällt dieser nach der Errichtung des Testaments weg, so ist im Zweifel anzunehmen, daß dessen Abkömmlinge insoweit bedacht sind, als sie bei der gesetzlichen Erbfolge an dessen Stelle treten würden (§ 2069 BGB).

83 Diese Vermutungsregel gilt auch für Vermächtnisse und Auflagen.[85] Die Auslegung im Einzelfall ist aber grundsätzlich vorrangig. Als „Abkömmlinge" gelten auch nichteheliche bzw. adoptierte Kinder. Streitig ist nur, ob diese auch als erstberufene Abkömmlinge gelten. Aus diesem Grund ist der ausdrückliche Ausschluß nichtehelicher bzw. adoptierter Kinder bei der Ersatzerbenberufung zu empfehlen, falls eine dementsprechende Vermutung hier nicht gewünscht sein sollte.[86] Bei einem gemeinschaftlichen Testament reicht es aus, wenn der Bedachte ein Abkömmling des Erstversterbenden ist.

---

85 MüKo/*Leipold*, § 2069 Rn 3.
86 Vgl. zur Formulierung *Tanck/Kerscher/Krug* § 11 Rn 63.

84 Streitig ist im übrigen, ob überhaupt ein Wegfall des Erstberufenen mit der Wirkung des Eintritts der vermuteten Ersatzerbenberufung gemäß § 2069 BGB vorliegt, wenn der Erstberufene die Erbschaft ausschlägt, um den Pflichtteil zu verlangen.

85 Teilweise wird vertreten, daß hier kein Wegfall vorliege, da ohne erkennbare gegenteilige Ansicht des Erblassers nicht anzunehmen sei, daß dieser den Stamm des Ausschlagenden, der ja seinen Pflichtteil als Ersatzstück seines Erbrechts erhält, durch Aufrechterhaltung der Ersatzerbfolge doppelt berücksichtigen wollte.

86 Eine andere Auffassung hält § 2069 BGB auch hier für anwendbar, da ein unbilliges Ergebnis dadurch vermieden werde, daß gemäß § 2320 BGB die nachrückenden Abkömmlinge im Innenverhältnis den Pflichtteilsanspruch des Ausschlagenden zu tragen haben.[87]

87 *Hinweis*
Problematisch ist der Fall, in dem ein erstberufener Erbe die Erbschaft ausschlägt, um seinen Pflichtteil zu verlangen und dies dann zur Folge hat, daß infolge der Ersatzerbeinsetzung trotzdem der Stamm des Ausschlagenden Erbe wird, allerdings belastet mit der Pflichtteilslast gemäß § 2320 Abs. 2 BGB. Dies dürfte dem Willen des Erblassers allerdings grundsätzlich nicht entsprechen. Eine Möglichkeit, dies zu verhindern, besteht in der Verwendung der sogenannten Verwirkungsklausel, die für diesen Fall die Enterbung des ganzen Stammes des Ausschlagenden vorsieht.[88]

88 § 2069 BGB kommt auch nicht zur Anwendung, wenn ein Erbverzicht gegen volle Abfindung erklärt wurde. Der Erblasser sollte für diese Fälle entweder ausdrücklich andere Ersatzerben einsetzen oder besser eine Verwirkungsklausel in die Verfügung aufnehmen, da teilweise die Meinung vertreten wird, das vermutete Ersatzerbrecht des § 2069 BGB gehe im Zweifel sogar dem Recht eines ausdrücklich berufenen Ersatzerben vor. Vgl. zur Ersatzerbfolge bei Zuwendungsverzicht *Tanck/Kerscher/Krug* § 11 Rn 72 ff.

---

87 Nieder, Rn 483.
88 Vgl. *Tanck/Kerscher/Krug* § 11 Rn 56.

3. Die hypothetische Ersatzerbenbestimmung

89 Fraglich ist, ob § 2069 BGB analog auch auf den Wegfall anderer Eingesetzter als Abkömmlinge angewendet werden kann.

90 Nach der Rechtsprechung kann der dem § 2069 BGB zugrunde liegende Rechtsgedanke, nämlich die Bedenkung des Stammes, bei ergänzender Auslegung (**hypothetische** Ersatzerbenbestimmung) zur Anwendung kommen. Voraussetzung ist, daß es sich bei der als Erben eingesetzten Person um einen **nahen** Angehörigen handelt oder sonst ein besonders enges Verhältnis zwischen Erblasser und Bedachten bestand.[89] Ist dies nicht im Sinne des Erblassers, dann ist eine entsprechende Formulierung im Testament aufzunehmen.

91 Nur falls auch durch ergänzende Auslegung im eben dargestellten Sinne keine Ersatzerbenberufung festgestellt werden kann, tritt eine **Anwachsung** bei den übrigen Miterben bzw. die gesetzliche Erbfolge ein.

4. Ersatzerbe – Nacherbe

92 Weiterhin ist die Vermutung des § 2102 Abs. 1 BGB zu beachten. Hiernach enthält die Einsetzung als **Nacherbe** im Zweifel auch die Einsetzung als **Ersatzerbe**. Es gilt hier ebenso im Testament klarzustellen, ob es zur Anwendung dieser Auslegungsregel kommen soll oder ob für einen Vorerben ein Ersatzerbe zu bestimmen ist.

XI. Anordnungen für die Auseinandersetzung[90]

1. Allgemeines

93 Nach der Erbeinsetzung ist im Falle einer **Miterbengemeinschaft** immer daran zu denken, daß Anordnungen für die Auseinandersetzung getroffen werden. Dies ist, wenn sich die Erbengemeinschaft nicht vermeiden läßt, notwendig, um einzelne Gegenstände zuordnen zu können und um später keinen Streit zu provozieren.

---

89 *Nieder*, Rn 485.
90 Vgl. hierzu auch *Tanck/Kerscher/Krug* § 13 Rn 1 ff.

Für die Bestimmungen der Auseinandersetzung ist eine gewisse Systematik zu beachten. So kann die Zuordnung der einzelnen Gegenstände grundsätzlich auf drei verschiedene Weisen erfolgen. Nämlich durch
- eine Teilungsanordnung (mit Wertausgleich)
- ein Vorausvermächtnis (ohne Wertausgleich)
- oder ein Übernahmerecht (mit vollem oder modifiziertem Wertersatz).

94

2. Teilungsanordnung (§ 2048 BGB)

Eine Teilungsanordnung liegt dann vor, wenn der Erblasser einem Miterben zwar einen bestimmten Nachlaßgegenstand zuordnen will, es aber dennoch bei der gesetzlichen oder testamentarischen Erbquote und deren Wert verbleiben soll.[91] Die Teilungsanordnung konkretisiert den Erbteil quasi nur, ermöglicht aber keine Zuwendung über den wertmäßigen Erbteil hinaus.

95

Eine **Teilungsanordnung** führt grundsätzlich nicht zu einer Wertverschiebung, wenn der zugewandte Gegenstand mehr oder weniger als die Erbquote wert ist. Vielmehr hat der Miterbe bei einem wertmäßigen Überschuß einen entsprechenden Ausgleich in den Nachlaß zu zahlen. Eine Teilungsanordnung ist im Gegensatz zum Vorausvermächtnis auch stets frei widerruflich (§§ 2253, 2299 BGB).

96

Zu beachten ist, daß die Teilungsanordnung kein Erbrecht an den zugewandten Gegenständen begründet, sondern die Erbengemeinschaft nur **schuldrechtlich** zu ihrer Durchführung verpflichtet. Der einzelne Begünstigte hat somit eine dem Vermächtnisnehmer entsprechende Rechtsposition. Er kann erst im Rahmen der Auseinandersetzung die Zuweisung des ihm zugewandten Gegenstands verlangen. Vgl. zur Auseinandersetzung der Erbengemeinschaft § 13 Rn 165 ff.

97

Muster: Teilungsanordnung

▼

Ich, _____, geb. am _____ in _____, setze meine beiden Kinder _____, geb. am _____ in _____, derzeit wohnhaft in _____, und _____, geb. am _____ in _____, derzeit wohnhaft in _____, zu meinen Vollerben zu jeweils gleichen Teilen ein. Zu Ersatzerben bestimme ich die Abkömmlinge meiner Kinder, wiederum ersatzweise soll Anwachsung eintreten.

98

---

91 BGH FamRZ 1985, 62.

Für die Teilung des Nachlasses unter den beiden Miterben ordne ich folgende Auseinandersetzungsanordnungen in Form einer Teilungsanordnung an:
Mein Sohn ▓▓▓, geb. am ▓▓▓, erhält in Anrechnung auf seinen Erbteil das gesamte Wertpapierdepot Nr. ▓▓▓ bei der ▓▓▓ Bank in ▓▓▓.
Meine Tochter ▓▓▓, geb. am ▓▓▓, erhält in Anrechnung auf ihren Erbteil mein Hausanwesen in ▓▓▓, ▓▓▓ Str. ▓▓▓, eingetragen im Grundbuch von ▓▓▓ Fl.St. Nr. ▓▓▓.

▲

3. Vorausvermächtnis

99 Unter einem **Vorausvermächtnis** versteht man ein Vermächtnis, das dem oder den Erben selbst zugewandt wird. Es handelt sich hierbei um ein Mittel, einem der Erben einen bestimmten Gegenstand zuzuwenden, ohne daß diesbezüglich eine Anrechnung auf seinen Erbteil erfolgt. Der Vermächtnisnehmer hat bereits vor der Nachlaßteilung einen Anspruch gegenüber den übrigen Erben auf Übertragung des vermachten Gegenstands. Bei der Teilung des Restnachlasses erhält der Vermächtnisnehmer dann zusätzlich den „ungekürzten" Anteil am Nachlaß entsprechend seiner Erbquote.

100 Ein Anwendungsfall des Vorausvermächtnisses ist bspw. das Vorausvermächtnis zugunsten des Vorerben, falls dieser bezüglich bestimmter Gegenstände des Nachlasses vollständig von den Beschränkungen der Nacherbfolge befreit werden soll. § 2110 II BGB bestimmt nämlich, daß das Recht des Nacherben sich nicht auf ein dem Vorerben zugewendetes Vorausvermächtnis erstreckt. Ein dem Vorerben vorausvermachter Gegenstand fällt dem Nacherben auch nicht mehr an.[92] Das Vorausvermächtnis gewährt darüber hinaus sowohl dem Allein- als auch Miterben eine Reihe von Vorteilen gegenüber dem Testamentsvollstrecker, dem Nachlaßverwalter sowie allgemein im Grundbuchverkehr.

101 Der Miterbe kann die Übernahme des ihm durch eine **Teilungsanordnung** zugewiesenen Gegenstands grds. nicht verweigern. Eine Ausnahme besteht nur dann, wenn er in seinem Pflichtteilsrecht beeinträchtigt wird (§§ 2305, 2306 I S. 1 BGB).[93]

---

92 Vgl. *Tanck/Kerscher/Krug* § 13 Rn 21.
93 *Lange/Kuchinke*, § 46 4d.

102 Bei Ausschlagung der Erbschaft wird die mit dem Erbteil verbundene Teilungsanordnung gegenstandslos, was bei einem Vorausvermächtnis nicht der Fall ist. Möglich ist aber, daß der Erblasser das Vorausvermächtnis nur unter der Bedingung gewährt, daß der Bedachte auch die Erbschaft annimmt.

103 Der durch ein Vorausvermächtnis Bedachte genießt schon vor dem Erbfall den Schutz des § 2288 BGB gegen lebzeitige Zweitverfügungen des Erblassers. Es wird auch nicht vom Erbteilskauf gemäß § 2373 S. 1 BGB mit erfaßt.

104 Der Vorausvermächtnisnehmer kann den Vollzug des Vermächtnisses verlangen, bevor der Nachlaß unter den Miterben in Ansehung der Teilungsanordnung geteilt wird. Das Vorausvermächtnis gehört gemäß § 1973 BGB nach seinem Vollzug nicht mehr zum haftenden Nachlaß bei der beschränkten Erbenhaftung. Insofern ist nur noch eine Anfechtung durch die Nachlaßgläubiger gemäß § 134 InsO möglich.[94]

105 Grundsätzlich genießt der Vorausvermächtnisnehmer also einen stärkeren Schutz als der durch eine Teilungsanordnung Begünstigte.

106 Es besteht auch die Möglichkeit, daß der Erblasser nur hinsichtlich der Wertdifferenz zwischen zugewandtem Gegenstand und Erbquote, ein **Vorausvermächtnis** anordnet. Hier wird zwar eine gegenständliche Teilung des Nachlasses angeordnet, der Erblasser wünscht aber keine Ausgleichung der hieraus sich ergebenden Wertdifferenz. Es bietet sich hier die Kombination von Teilungsanordnung und Vorausvermächtnis in der Weise an, daß die Anordnung bis zur Höhe des Wertes des Erbteils als Teilungsanordnung gemäß § 2048 BGB und bezüglich des überschießenden Teils als Vorausvermächtnis gilt.[95]

4. Die konkrete Abgrenzung zwischen Vorausvermächtnis und Teilungsanordnung

107 Abzugrenzen ist das Vorausvermächtnis insbesondere zur Teilungsanordnung gemäß § 2048 BGB. Diese konkretisiert nur den Erbteil, während das Vorausvermächtnis zusätzlich zum Erbteil erworben wird. Gemäß § 2176 BGB erhält der durch ein Vorausvermächtnis bedachte Miterbe sofort mit dem Erbfall

---

94 *Nieder*, Rn 750.
95 Vgl. *Tanck/Kerscher/Krug* § 13 Rn 16 ff.

einen schuldrechtlichen Erfüllungsanspruch gegen die Erben, während die Teilungsanordnung nur im Wege der Erbauseinandersetzung geltend gemacht werden kann.

108 Nach Ansicht des BGH ist für die Abgrenzung entscheidend, ob eine **Wertverschiebung** eintreten sollte.[96] Es ist also zu prüfen, gegebenenfalls durch Auslegung zu ermitteln,[97] ob der Erblasser den Bedachten im Verhältnis zu den übrigen Miterben begünstigen wollte. Wollte der Erblasser subjektiv dem Bedachten einen Mehrwert zukommen lassen, so ist in der Zuweisung des Gegenstandes ein Vorausvermächtnis zu sehen, ansonsten liegt eine Teilungsanordnung vor.

109 Die wertmäßige Begünstigung eines Miterben ist nach Meinung des BGH[98] aber nicht unbedingt das alleinige Abgrenzungskriterium. Im Einzelfall kann die Zuwendung als Vorausvermächtnis auch dann gewollt sein, wenn sich unter Berücksichtigung des Erblasserwillens ergibt, daß diese auch für den Fall gelten soll, daß der Bedachte die Erbeinsetzung **ausschlägt** oder nicht Erbe wird.

110 *Hinweis*
Für die Bestimmung des Wertes der einzelnen Gegenstände ist grundsätzlich der Wert zu dem Zeitpunkt festzustellen, zu dem die Auseinandersetzung verlangt werden kann.[99]

Muster: Vorausvermächtnis an den Erben
▼

111 Ich, ____, geb. am ____ in ____, setze meine beiden Kinder ____, geb. am ____ in ____, derzeit wohnhaft in ____, und ____, geb. am ____ in ____, derzeit wohnhaft in ____, zu meinen Vollerben zu jeweils gleichen Teilen ein. Zu Ersatzerben bestimme ich die Abkömmlinge meiner Kinder nach gesetzlicher Regel, wiederum ersatzweise soll Anwachsung eintreten.
Mein Sohn ____ erhält darüber hinaus im Wege des Vorausvermächtnisses, also ohne Anrechnung auf seinen Erbteil, mein Wertpapierdepot Nr. ____ bei der ____ Bank in ____. Für den Fall, daß mein Sohn vor oder nach dem Erbfall wegfällt, wird entgegen jeder anderslautenden gesetzlichen oder richterlichen

---

[96] BGHZ 82, 274.
[97] OLG Nürnberg MDR 1974, 671.
[98] BGH FamRZ 1995, 228.
[99] *Soergel/Wolff*, § 2048 Rn 11.

Vermutungs- und Auslegungsregel ein Ersatzvermächtnisnehmer nicht benannt. Das Vorausvermächtnis an meinen Sohn  entfällt, wenn er die Erbschaft ausschlägt.

▲

5. Übernahmerecht

Als weiteres „Aufteilungswerkzeug" kann neben dem Vorausvermächtnis und der Teilungsanordnung auch ein sogenanntes **Übernahmerecht** angeordnet werden. Unter einem Übernahmerecht versteht man die Zuweisung eines bestimmten Nachlaßgegenstandes an einen Miterben mit der Bestimmung, daß dieser das Recht haben soll, den betreffenden Gegenstand zum Verkehrswert oder zu einem vom Erblasser festgesetzten Übernahmepreis aus dem Nachlaß zu entnehmen. Mit der Anordnung eines Übernahmerechts kann der Erblasser die Entscheidung eines Miterben, aber auch eines Dritten, ob er den für ihn zunächst bestimmten Gegenstand erhalten will, dem Bedachten selbst überlassen. Das Übernahmerecht kann grundsätzlich sowohl eine **Teilungsanordnung** als auch ein **Vermächtnis** sein. 112

Bei der Konstruktion des Übernahmerechts als **Vorausvermächtnis** wird der betreffende Nachlaßgegenstand unter der aufschiebenden Bedingung vermacht, daß der Vermächtnisnehmer sein Übernahmerecht ausübt.[100] Ein Vorausvermächtnis wird also dann vorliegen, wenn ein entsprechender Begünstigungswille des Erblassers besteht, wobei der BGH den Vermögensvorteil bereits in der Wahlmöglichkeit sieht, den Übernahmegegenstand anzunehmen oder nicht.[101] 113

Das Übernahmerecht unterscheidet sich von der reinen Teilungsanordnung dadurch, daß der Miterbe beim Übernahmerecht nicht verpflichtet ist, den zugewandten Gegenstand zu übernehmen, sondern frei über eine eventuelle Übernahme entscheiden kann.[102] Der Unterschied zum Vermächtnis an sich liegt darin, daß der Übernahmeberechtigte, was aber nicht zwingend ist, in der Regel einen bestimmten **Wertausgleich** in den Nachlaß zu leisten hat.

---

100 BGH NJW 1959, 2252.
101 BGH NJW 1962, 322.
102 *Staudinger/Otte* § 2150 Rn 11.

114 Der Erblasser kann auch den **Übernahmepreis**[103] bereits selbst festlegen. Allerdings tritt dann ein Problem auf, wenn sich die Differenz zwischen Verkehrswert und dem vom Erblasser bereits festgelegten Übernahmepreis bis zum Eintritt des Erbfalles entscheidend geändert hat. Der BGH sieht eine Möglichkeit darin, dem über den Grundsatz von Treu und Glauben gemäß § 242 BGB abzuhelfen.[104]

Ordnet der Erblasser ein Übernahmerecht zu einem wesentlich günstigeren Preis als dem Verkehrswert an, dann sollte klargestellt werden, daß der über den gezahlten Preis hinausgehende Betrag zusätzlich als Vorausvermächtnis zugewandt wird.[105]

115 Grundsätzlich sollte bei der Anordnung eines Übernahmerechtes auch der **Zeitpunkt** festgelegt werden, bis zu welchem das Recht ausgeübt werden kann (auflösend bedingt).[106] Andernfalls besteht die Gefahr, daß auch nach Auseinandersetzung der Erbengemeinschaft die Erfüllung des Vermächtnisses verlangt werden kann (gleiches gilt allerdings auch bei Anordnung eines sonstigen Vorausvermächtnisses).[107]

116 Wird das **Übernahmerecht** als **Teilungsanordnung** qualifiziert, dann stellt dies lediglich die Anordnung des Erblassers dar, daß der Bedachte den ihm zunächst zugewiesenen Gegenstand **nicht zwingend** übernehmen muß. Bei der Konstruktion als bloße Teilungsanordnung sollte der Erblasser ausdrücklich bestimmen, daß er dem Miterben lediglich ein Recht zur Übernahme geben will und daß der Bedachte hierzu aber nicht verpflichtet ist.[108] Insoweit handelt es sich um ein Wahlrecht dahingehend, ob der Bedachte die Teilungsanordnung annehmen will oder nicht.

Bei der Qualifikation als Teilungsanordnung ist allerdings zu beachten, daß der Übernehmer die Übertragung des Gegenstandes nur im Rahmen der Gesamtaus-

---

103 Wird der Preis bereits festgelegt, dann ist möglicherweise an eine Indexierung zu denken.
104 BGH NJW 1960, 1759.
105 Vgl. das Formulierungsbeispiel bei *Tanck/Kerscher/Krug* § 13 Rn 27.
106 *Palandt/Edenhofer* § 2180 Rn 2; Reichel AcP 138, 202.
107 BGH NJW 1998, 682.
108 *Staudinger/Werner* § 2048 Rn 6.

einandersetzung verlangen kann, während dies beim Vorausvermächtnis schon früher möglich ist.[109]

6. Auseinandersetzungsausschluß (Teilungsverbot, § 2044 BGB)

Hierunter versteht man den Anspruch eines einzelnen oder einzelner Miterben gegen die übrigen auf Erbauseinandersetzung gemäß § 2042 I BGB. Dieser Ausschluß entspricht einem Vermächtnis gemäß § 2150 BGB zugunsten der anderen Miterben, hindert aber die Auseinandersetzung und Teilung nicht, wenn die Einrede von niemandem geltend gemacht wird.[110] Der Ausschluß ist in der Regel gemäß § 2044 II BGB auf 30 Jahre begrenzt. Vgl. zum Teilungsverbot auch Teil 3 § 13 Rn 174 ff, 253 ff. 117

Der **Auseinandersetzungsausschluß** beinhaltet eine Untersagung der Auseinandersetzung unabhängig vom Willen der Erben. Da er nur schuldrechtliche Wirkung entfaltet, können Erben sich einvernehmlich darüber hinwegsetzen. Dem kann nur dadurch abgeholfen werden, indem der Erblasser einen Testamentsvollstrecker mit der Überwachung und Durchsetzung betraut. 118

Da der Auseinandersetzungsausschluß sowohl Vermächtnis als auch Auflage sein kann, sollte der Erblasser im Testament seine Rechtsnatur eindeutig klarstellen.[111] 119

Die Anordnung des Ausschlusses ist allerdings **wirkungslos**, falls ein wichtiger Grund für die Auseinandersetzung gemäß §§ 749 II, III, 750 iVm § 2042 II BGB vorliegt. 120

Zur Beurteilung der Frage, ob im Einzelfall ein wichtiger Grund vorliegt, ist eine verständige Würdigung der gesamten Umstände vorzunehmen. Beispiel für einen wichtigen Grund ist, daß einem Teilhaber/Miterben der ihm zustehende Gebrauch des gemeinsamen Gegenstands unmöglich gemacht wird, eine Verwaltung des Gegenstands wegen zerstörten Vertrauensverhältnisses nicht mehr möglich ist usw. Aus § 750 BGB ergibt sich, daß auch mit dem Tode eines Miterben der Ausschluß außer Kraft gesetzt wird. 121

---

109 BGH NJW 1985, 51.
110 *Nieder*, Münchener Vertragshandbuch, XVI 27 Anm. 3.
111 *Nieder*, Münchener Vertragshandbuch, XVI 27 Anm. 3.

122 Zu beachten ist, daß der Auseinandersetzungsausschluß gemäß § 751 S. 2 BGB weder gegenüber dem Gläubiger, der die Pfändung des Erbteils erwirkt hat, noch in der Insolvenz eines Miterben gemäß § 84 II InsO wirkt.

XII. Vermächtnisse

1. Allgemeines

123 Unter einem Vermächtnis versteht man die Zuwendung eines **Vermögensvorteils** im Gegensatz zur Erbeinsetzung in der Weise, daß der Vermächtnisnehmer nicht in die Rechtsstellung des Erblassers einrückt, sondern lediglich einen **schuldrechtlichen** Anspruch gegen den Beschwerten auf Übertragung des Zugewandten erhält.

124 Vermächtnisnehmer kann jede natürliche oder juristische Person sein. Das Vermächtnis fällt in der Regel mit dem Erbfall an, kann jedoch durch aufschiebende **Bedingung** bzw. **Befristung** auch auf einen späteren Zeitpunkt hinausgeschoben werden (§ 2177 BGB). In der Zwischenzeit entsteht zugunsten des Bedachten ein **Anwartschaftsrecht**.[112] Da nach dem Eintritt des Erbfalls in den meisten Fällen bis zur Erteilung des Erbscheins einige Monate vergehen, besteht die Möglichkeit, die Fälligkeit der Vermächtnisse zinslos auf 3–6 Monate hinauszuschieben.

125 Fraglich ist, welche Rechtsposition der Vermächtnisnehmer haben soll, wenn der vermachte Gegenstand sich im Zeitpunkt des Erbfalls nicht mehr im Nachlaß befindet – was in der Praxis nicht selten vorkommt.

126 Zwar gibt es keinen allgemeinen Grundsatz wirtschaftlicher **Surrogation** beim Vermächtnis, aber der letztwilligen Verfügung kann im Wege ergänzender Vertragsauslegung der Erblasserwille entnommen werden, daß der bedachte Vermächtnisnehmer den wertmäßig noch im Nachlaß befindlichen Erlös für den veräußerten Gegenstand erhalten soll, sofern der Erblasser den Gegenstand willentlich veräußert hat.[113] Deshalb sollte in letztwilligen Verfügungen immer

---

112 *Palandt/Edenhofer*, § 2179 Rn 1.
113 *Nieder*, Rn 503.

klargestellt werden, ob für diesen Fall ein Ersatz bzw. das Surrogat zu leisten ist.[114]

Fällt das Vermächtnis nach dem Erbfall weg und ist der Anspruch bereits entstanden, gilt § 281 BGB.

Mit dem Anfall des Vermächtnisses erwirbt der Vermächtnisnehmer einen Anspruch gegen den/die beschwerten Erben, die Leistung des vermachten Gegenstands zu fordern. Dieser Anfall ist **vormerkungsfähig**, sofern es sich um einen Anspruch auf dingliche Rechtsänderung an Grundstücken bzw. Grundstücksrechten handelt. **127**

Grundsätzlich tritt die Fälligkeit des Vermächtnisses gemäß § 271 I BGB sofort, nämlich mit dessen Anfall (Erbfall) ein, der Erblasser hat aber die Möglichkeit, die Zeit der Erfüllung in das Belieben des Beschwerten zu stellen. Gemäß § 2181 BGB tritt Fälligkeit dann im Zweifel mit dem Tod des Beschwerten ein. **128**

Mit dem Vermächtnis **beschwert** wird grundsätzlich entweder der **Erbe** oder der **Vermächtnisnehmer**. Im Zweifel ist der Erbe beschwert (§ 2147 Satz 2 BGB). Zu beachten ist hier die Auslegungsregel des § 2148 BGB, wonach im Zweifel die Erben im Verhältnis ihrer Erbteile und die Vermächtnisnehmer nach dem Verhältnis des Wertes der Vermächtnisse beschwert sind. Es ist also durchaus sinnvoll, die Beschwerung des Erben bzw, wenn von der Auslegungsregel abgewichen werden soll, gemäß § 2147 BGB auch die Beschwerung eines Vermächtnisnehmers festzulegen. **129**

Die **Miterben** sind im Zweifel als **Gesamtschuldner** beschwert und haften sowohl mit dem Nachlaß als auch mit ihrem Privatvermögen. Insoweit besteht jedoch die Möglichkeit, die Haftung auf den Nachlaß zu beschränken. **130**

Fraglich ist oftmals, wer die **Kosten** der Erfüllung eines Vermächtnisses trägt. Enthält das Testament hierüber keine Anordnung, so hat der beschwerte Erbe die Kosten zu tragen.[115] Sinnvoll ist jedoch, was in den seltensten Fällen geschieht, die Frage der Kostentragung in der Verfügung von Todes wegen ausdrücklich festzulegen. So sollte beispielsweise bei einer gleichmäßigen Verteilung des **131**

---

114 Vgl. hierzu *Tanck/Kerscher/Krug* § 15 Rn 26.
115 BGH NJW 1963, 1602.

Vermögens zwischen Erbe und Vermächtnisnehmer jeder insoweit anteilig die Kosten der Übertragung übernehmen.

132 Gleiches gilt auch für die Frage, wer im Falle eines Grundstücksvermächtnisses die Kosten etwaiger **Belastungen** zu tragen hat (§§ 2165 – 2168 BGB). Nicht selten ist ein Grundstück oder eine Eigentumswohnung noch mit einer Grundschuld etc. belastet. Ist im Testament nicht geregelt, wer die Grundschuld abzulösen und die Schulden zu übernehmen hat, ist der Streit vorprogrammiert.

133 Zur Sicherstellung der Vermächtniserfüllung kann der Erblasser entweder den Vermächtnisnehmer selbst **bevollmächtigen**, sich nach dem Erbfall den Vermächtnisgegenstand selbst zu übertragen, oder er kann den Vermächtnisnehmer zu seinem **Testamentsvollstrecker** ernennen mit der alleinigen Aufgabe, nach dem Erbfall das Vermächtnis an sich selbst zu erfüllen, wobei kein Verstoß gegen § 181 BGB vorliegt, da es sich ausschließlich um die Erfüllung einer Verbindlichkeit handelt. Bei einer Anordnung der Testamentsvollstreckung ist aber zu bedenken, daß dem Vermächtnisnehmer als Testamentsvollstrecker in eigener Angelegenheit kein Vergütungsanspruch zustehen sollte.

134 Das Vermächtnis eignet sich insbesondere für die Fälle, in denen ein gesetzlicher Erbe oder Pflichtteilsberechtigter zwar seinen Anteil am Nachlaß bekommen, aber aus der auf Harmonie angewiesenen Erbengemeinschaft ausgeschlossen werden soll. Dies wird besonders bedeutsam bei der Vererbung eines Unternehmens oder einer Unternehmensbeteiligung.[116]

2. Der Ersatzvermächtnisnehmer

135 Nach § 2160 BGB ist ein Vermächtnis unwirksam, wenn der Bedachte zum Zeitpunkt des Erbfalls nicht mehr lebt. Für den Fall des Wegfalls des Vermächtnisnehmers kann der Erblasser ausdrücklich einen **Ersatzvermächtnisnehmer** bestimmen. Ebenso wie bei der Ersatzerbenbestimmung gilt § 2069 BGB auch für den Vermächtnisnehmer.[117]

---

116 *Nieder*, Rn 511; vgl. § 8 Rn 384.
117 *Nieder*, Rn 505.

136 Eine Ersatzvermächtnisregelung kann aber auch durch stillschweigende Erklärung angenommen werden. Auch § 2158 BGB enthält mit der Anwachsungsregelung eine solche Zweifelsregelung, wobei die ausdrückliche Ersatzberufung dem Anwachsungsrecht vorgeht.

137 Zu empfehlen ist deshalb, entweder ausdrücklich einen Ersatzvermächtnisnehmer zu berufen, oder aber die Ersatznachfolge ausdrücklich auszuschließen.

3. Besondere Vermächtnisarten

a) Das Verschaffungsvermächtnis

138 Im Gegensatz zu einem Gegenstandsvermächtnis besteht beim **Verschaffungsvermächtnis** die Besonderheit, daß ein nicht zum Nachlaß gehörender bestimmter Gegenstand vermacht wird, indem der Beschwerte verpflichtet wird, dem Bedachten Eigentum an dem entsprechenden Gegenstand zu verschaffen (§ 2170 BGB). Ein Verschaffungsvermächtnis ist dann gegeben, wenn der Erblasser dem Bedachten den vermachten Gegenstand unbedingt zukommen lassen wollte bzw. er wirtschaftlich im Nachlaß enthalten ist.[118]

139 In der Praxis kommen Verschaffungsvermächtnisse oft bei Gesamthands- oder Miteigentum bzw. bei Herausgabevermächtnissen vor, bei denen ein Inbegriff von Gegenständen oder ein Bestand von Zubehörstücken herauszugeben ist und bei dem nicht zur Erbschaft gehörende Ersatzstücke durch besondere Verschaffungsvermächtnisse zugewandt werden.

140 Eine Grenze bei der Bestimmung eines Verschaffungsvermächtnisses bildet insoweit nur die beschränkte Erbenhaftung sowie die Beschränkung eines Untervermächtnisses auf den Wert des Hauptvermächtnisses gemäß § 2187 I BGB.[119] Sind die Erben mit dem Vermächtnis beschwert, dann handelt es sich um eine Nachlaßverbindlichkeit (§ 1967 II BGB).[120]

---

[118] BGH NJW 1983, 937.
[119] *Nieder*, Rn 510.
[120] MüKo/*Schlichting*, § 2170 Rn 4.

141 *Hinweis*
Die Anordnung eines Verschaffungsvermächtnisses kann insbesondere auch unter erbschaftsteuerlichen Gesichtspunkten interessant sein. Ist zugunsten eines Bedachten ein Geldvermächtnis ausgesetzt, welches über dem Freibetrag liegt, dann bietet sich die Alternative an, ihm statt des Geldbetrags eine bestimmte Immobilie im Wege des Verschaffungsvermächtnisses zukommen zu lassen. Denn auch nach der Erbschaftsteuerreform ist eine Privilegierung von Grundstücken weiterhin gegeben. Maßgeblich für die Besteuerung ist dann der Wert des zu verschaffenden Gegenstands.[121]

Die Zuwendung kann auch so eingeräumt werden, daß dem Bedachten ein Wahlrecht eingeräumt wird, für welches Vermächtnis er sich entscheidet (§§ 2154, 2170 BGB). Der Besteuerung liegt dann der Wert des ausgewählten Gegenstands zugrunde.[122]

b) Das Gattungsvermächtnis

142 Geregelt ist das Gattungsvermächtnis in § 2155 BGB. Der Erblasser hat hier den Vermächtnisgegenstand nur der **Gattung** nach bestimmt. Geschuldet wird nicht etwa eine Sache mittlerer Art und Güte im Sinne des § 243 I BGB, sondern eine den Verhältnissen des Bedachten entsprechende Sache. Grundsätzlich erfolgt die Bestimmung der konkret geschuldeten Sache insoweit durch den Beschwerten, falls nicht der Erblasser die Bestimmung dem Bedachten selbst oder einem Dritten übertragen hat.[123]

c) Das Bestimmungsvermächtnis

143 Gemäß § 2151 BGB kann der Beschwerte oder der **Dritte** den Bedachten aus mehreren vom Erblasser Benannten **auswählen**.[124] Im Gegensatz dazu ist dies im Falle der Erbeinsetzung bei § 2065 BGB wegen des Grundsatzes der materiellen Höchstpersönlichkeit nicht möglich, da insoweit eine Stellvertretung des Erblassers im Willen oder der Erklärung nicht zulässig ist. § 2151 BGB lockert

---

121 *Kapp/Ebeling*, Erbschaft- und Schenkungsteuergesetz, § 3 Rn 175; FG Köln EFG 99, 36; a.A. *Troll/Gebel/Jülicher* ErbStG § 3 Rn 174.
122 *Kapp/Ebeling*, Erbschaft- und Schenkungsteuergesetz, § 3 Rn 173.
123 *Nieder*, Rn 510.
124 *Nieder*, Rn 510.

dieses Prinzip insoweit auf, als der Erblasser bei der Einsetzung eines bestimmten Vermächtnisnehmers lediglich einen bestimmten **Personenkreis** anzugeben braucht, aus dem dann der Bedachte durch formlose, empfangsbedürftige und unwiderrufliche Willenserklärung auszuwählen ist.

Diese Bestimmung kann nach freiem **Ermessen** oder Belieben vorgenommen werden, sofern keine Arglist vorliegt,[125] wobei aber Auswahlkriterien, die nicht mißachtet werden dürfen, vom Erblasser getroffen werden können.[126] Eine **Nachprüfung** der Ermessensentscheidung beschränkt sich darauf, ob eine Auswahl aus dem Personenkreis getroffen und seitens des Bestimmungsberechtigten hierbei nicht arglistig oder sittenwidrig vorgegangen wurde.[127] **144**

Falls der Erblasser sonst niemanden genannt hat, ist gemäß § 2152 BGB der Beschwerte selbst bestimmungsberechtigt. Falls eine Auswahl nicht oder nicht fristgemäß möglich ist, steht gemäß § 2151 III BGB das Vermächtnis allen Bedachten als Gesamtgläubigern zu. Gleiches gilt auch für den Fall, daß der Bestimmungsberechtigte nach Aufforderung durch das Nachlaßgericht sein Bestimmungsrecht nicht ausgeübt hat (§ 2151 III 2 BGB). **145**

Es besteht aber die Möglichkeit des Erblassers, den Bestimmungsberechtigten zu verpflichten, den Vermächtnisgegenstand innerhalb eines bestimmten Personenkreises summen- bzw. bruchteilsmäßig zu verteilen.[128] Vorausgesetzt wird aber ein objektiv bestimmbarer, beschränkter und leicht überschaubarer Personenkreis.[129] **146**

d) Das Zweckvermächtnis[130]
Gemäß § 2156 BGB kann der Erblasser den oder die Bedachten bestimmen, die Bestimmung des Vermächtnisgegenstands selbst jedoch dem Beschwerten oder einem Dritten überlassen. Insoweit handelt es sich um eine weitere Lockerung **147**

---

125 MüKo/*Schlichting*, § 2151 Rn 12.
126 *Brox*, Rn 412 ff.
127 MüKo/*Schlichting*, § 2151 Rn 12.
128 *Nieder*, Rn 510.
129 RGZ 96, 15.
130 *J. Mayer* MittBayNot 1999, 447.

des Grundsatzes der Höchstpersönlichkeit der Anordnung letztwilliger Verfügungen.[131]

148 Voraussetzung hierfür ist aber, daß sich für das billige Ermessen bei der Bestimmung der Leistung ausreichende Anhaltspunkte ergeben.[132] Die Bestimmung hat also unter gerichtlich nachprüfbarem billigem Ermessen zu erfolgen.[133] Das Bestimmungsrecht erstreckt sich insoweit auf Gegenstand, Zeit und Bedingung der Leistung, nicht aber auf die Person des Bedachten.[134]

e) Das Wahlvermächtnis

149 Gemäß § 2154 BGB kann der Erblasser mehrere Vermächtnisgegenstände bestimmen, von denen der Bedachte jedoch nur den einen oder einzelne erhalten soll. Neben § 2154 BGB finden hier die Vorschriften über die Wahlschuld gemäß §§ 262–265 BGB ergänzend Anwendung.[135] § 2154 BGB ist nach hM auch auf Fälle anwendbar, in denen der Erblasser zwar nur einen bestimmten Gegenstand zuwenden wollte, diesen jedoch so unklar bezeichnet hat, daß die Bezeichnung auf mehrere im Nachlaß befindliche Gegenstände zutrifft.[136]

f) Das Nießbrauchsvermächtnis

aa) Allgemeines

150 Der Erblasser braucht einem Vermächtnisnehmer nicht zwingend ein dingliches Vollrecht zuzuwenden; er kann einer Person auch alle beschränkten dinglichen Rechte, die das Sachenrecht kennt, einräumen. Eine wichtige Rolle spielt in diesem Zusammenhang das Nießbrauchsvermächtnis.

Häufig sind es die Fälle, in denen die Versorgung eines nahen Verwandten oder des Ehegatten sichergestellt werden soll (Versorgungsnießbrauch). Damit sollen die Lebensumstände des hinterbliebenen Ehegatten besser gesichert werden als

---

131 Vgl. zur Unwirksamkeit eines unbestimmten Geldvermächtnisses ohne hinreichende Zweckangabe BayObLG NJW-RR 1999, 946.
132 *Staudinger/Otte*, § 2156 BGB Rn 1; MüKo/*Schlichting*, § 2156 BGB Rn 3.
133 BGH NJW 1983, 278.
134 *Nieder*, Rn 357.
135 *Soergel/Wolf*, § 2154 BGB Rn 1.
136 MüKo/*Schlichting*, § 2154 BGB Rn 2; Nieder, Rn 355.

es durch das gesetzliche Erbrecht möglich ist. Gleichzeitig wird damit die Unabhängigkeit des überlebenden Ehegatten von den Kindern gewährleistet. In dieser Variante kommt ein Nießbrauch am gesamten Nachlaß, an den Erbteilen der Abkömmlinge oder an wesentlichen Nachlaßteilen in der Praxis häufig vor. Nießbrauchsberechtigt kann eine natürliche oder eine juristische Person sein.

> *Hinweis*
> Durch die Belastung eines Gegenstandes mit einem Nießbrauch oder einem anderen Nutzungsrecht (ob dinglich oder schuldrechtlich) wird dieser Gegenstand rein faktisch kaum mehr veräußerbar.

Vom dinglichen Nießbrauch ist der schuldrechtliche, lediglich obligatorisch wirkende Nießbrauch zu unterscheiden. Der Rechtsgestalter muß deshalb klarlegen und zuvor mit dem Erblasser ausführlich erörtern, ob es sich bei dem eingeräumten Nießbrauch um ein beschränktes dingliches Recht handeln soll oder lediglich um ein schuldrechtliches Nutzungsrecht.[137] Einkommensteuerrechtlich werden schuldrechtlicher Nießbrauch und dinglicher Nießbrauch grundsätzlich gleich behandelt.[138]

151

bb) Arten des Nießbrauchs

(1) Belastungsgegenstand

Das Gesetz kennt den Nießbrauch an Sachen (§§ 1030 bis 1067 BGB), an Rechten (§§ 1068 bis 1084 BGB), an Vermögen (§§ 1085 bis 1088 BGB) sowie an einer Erbschaft als Sachgesamtheit (§ 1089 BGB).

152

(2) Quoten- und Bruchteilsnießbrauch

Dem Vermächtnisnehmer brauchen nicht sämtliche Nutzungen einer Sache zugewandt zu werden; möglich ist auch der Nießbrauch lediglich an einem ideellen Bruchteil eines Gegenstandes oder beschränkt auf eine Quote der zu ziehenden Nutzungen (z.B. 2/3 für den Vermächtnisnehmer, 1/3 verbleibt dem Eigentümer).

153

---

137 *Staudinger/Frank*, vor § 1030 Rn 19.
138 BFH BStBl 1986 II 205, vgl. auch den neuen Nießbrauchserlaß vom 24.7.1998, BStBl 1998 I 914 ff.

Daß ein Nießbrauch an einem ideellen Bruchteilsmiteigentumsanteil bestellt werden kann, bestimmt § 1066 BGB ausdrücklich. Anerkannt ist aber auch die Befugnis des Alleineigentümers, den Nießbrauch nur an einem ideellen Bruchteil eines Gegenstandes zu bestellen (= Bruchteilsnießbrauch).[139] Daraus folgt, daß auch ein Miteigentümer aus seinem Bruchteil einen kleineren Bruchteil rechnerisch abspalten und nur diesen kleineren Bruchteil mit einem Nießbrauch belasten kann.

154 Von Quotennießbrauch spricht man, wenn der gesamte Gegenstand mit dem Nießbrauch belastet ist, dem Nießbraucher aber nur eine bestimmte Quote aller Nutzungen zustehen soll. Besitz- und Verwaltungsrechte stehen dem Eigentümer und dem Nießbraucher gemeinschaftlich zu.

Muster: Vorausvermächtnis mit Quoten-Nießbrauch als Untervermächtnis

155 Im Wege des Vorausvermächtnisses – also ohne Wertausgleichsverpflichtung bei der Nachlaßauseinandersetzung – wende ich meinem Sohn _____ das Dreifamilienhaus in _____, eingetragen im Grundbuch von _____, Band _____, BV Nr. _____, zu. Er wird mit folgendem Untervermächtnis beschwert:

Meine Tochter _____ erhält für die Dauer von 10 Jahren ab meinem Tod den Nießbrauch an dem Gebäudegrundstück in der Weise zugewandt, daß ihr die Hälfte der Erträge zusteht.

Die Lastentragungsverteilung zwischen Eigentümer und Nießbraucher richtet sich nach dem Gesetz.

Das Quotenvermächtnis ist inzwischen allgemein anerkannt.[140]

cc) Inhalt des Nießbrauchs

156 Der Nießbrauch ist ein unvererbliches, grundsätzlich unübertragbares dingliches Recht mit dem Inhalt, eine Sache in Besitz zu nehmen, sie zu verwalten, zu bewirtschaften und sämtliche Nutzungen an ihr zu ziehen, §§ 1030 I, 1036, 1059, 1061 BGB. Der jeweilige Eigentümer des belasteten Gegenstandes ist

---

139 *Staudinger/Frank*, § 1030 Rn 21 mwN.
140 BayObLG DNotZ 1974, 241.

verpflichtet, die Nutzziehung zu dulden. Nutzungen von Sachen und Rechten umfassen deren Früchte (Erträge) und Gebrauchsvorteile. Der Grundstücksnießbrauch ist seinem Wesen nach eine Dienstbarkeit.

Beschränkt wird das Recht des Nießbrauchers dadurch, daß er die wirtschaftliche Bestimmung des Gegenstandes aufrechtzuerhalten hat und nicht berechtigt ist, den Gegenstand umzugestalten oder wesentlich zu verändern, §§ 1036 II, 1037 BGB. Nur in Ausnahmefällen steht dem Nießbrauchsberechtigten ein Verfügungsrecht über den nießbrauchsbelasteten Gegenstand zu (§ 1067 BGB – Nießbrauch an verbrauchbaren Sachen). 157

dd) Gesetzliches Schuldverhältnis

Durch den Nießbrauch entsteht ein gesetzliches Schuldverhältnis zwischen Nießbraucher und Eigentümer. Zu unterscheiden von diesem gesetzlichen Schuldverhältnis ist das zugrundeliegende Schuldverhältnis zwischen dem Nießbrauchsberechtigten (Vermächtnisnehmer) und dem Besteller (Erbe), das die Verpflichtung auf Einräumung des Nießbrauchs zum Inhalt hat, in unserer Fallkonstellation also das einseitige Schuldverhältnis, das der Vermächtnisanordnung entspringt. Nachfolgend werden die sich aus dem gesetzlichen Schuldverhältnis zwischen Nießbraucher und Eigentümer ergebenden Rechte und Pflichten dargestellt. 158

ee) Erfüllung des Nießbrauchsvermächtnisses

Aus der nur schuldrechtlichen Natur des Vermächtnisses folgt, daß der Bedachte nur einen Anspruch auf Bestellung des Nießbrauchs hat. Bezieht sich der Nießbrauch auf die ganze Erbschaft, so ist er an den einzelnen zum Nachlaß gehörenden Gegenständen zu bestellen. Bei Nießbrauchsbestellungen an einem Erbteil bedarf die dingliche Einigung über die Nießbrauchseinräumung der notariellen Beurkundung, siehe §§ 1069 I, 2033 I BGB. 159

Um bei größeren Erbengemeinschaften dem Problem aus dem Weg zu gehen, daß einzelne Erben die Abgabe der notwendigen Einigungserklärung nach § 873 BGB und der Grundbucherklärungen verweigern, kann, soweit es den Erblasser anbelangt, sein Teil der dinglichen Einigung bereits in der Verfügung von Todes wegen erklärt werden[141] (s. unten Rn 161).

141 *Mayer* BWNotZ 1997,62.

2　Das erbrechtliche Mandat vor dem Erbfall

160 Die nach § 873 BGB erforderliche dingliche Einigung zur Bestellung des Nießbrauchs an einzelnen Gegenständen oder an Rechten kann also bezüglich des Erblassers direkt in die Urkunde über die letztwillige Verfügung aufgenommen werden. Die Einigungserklärungen beider Teile brauchen hier – im Unterschied zur Auflassung – nicht gleichzeitig abgegeben zu werden. Der Tod des Erblassers beeinrächtigt die Wirksamkeit seiner abgegebenen Willenserklärung nicht, § 130 II BGB. Der Vermächtnisnehmer kann seine dingliche Einigungserklärung auch noch später nach Eintritt des Erbfalls abgeben. Ist diese dingliche Einigungserklärung in einer notariellen Urkunde enthalten, so ist sie bindend und wirkt demnach auch für die Erben, § 873 II BGB (s. unten Rn 163).

161 Zur Sicherung des Erfüllungsanspruchs ist es denkbar, dem Nießbrauchsvermächtnisnehmer eine postmortale Vollmacht innerhalb oder außerhalb der Verfügung von Todes wegen zu erteilen zur Erklärung der Einigung und zur Abgabe der grundbuchrechtlich erforderlichen Eintragungsbewilligung (§§ 873 BGB, 19 GBO) (s. unten Rn 162/163).

162 In Betracht kommt auch die Ernennung des Vermächtnisnehmers zum Testamentsvollstrecker mit dem Aufgabenbereich, den Nießbrauchsanspruch zu erfüllen. In Rechtsprechung und Schrifttum ist zwischenzeitlich geklärt, daß eine Bevollmächtigung auch in einer Urkunde enthalten sein kann, die ansonsten nur eine letztwillige Verfügung enthält.[142] Die Vollmacht ist zwar eine nach § 130 I BGB empfangsbedürftige Willenserklärung. Im Hinblick auf die Vorschriften über die Testaments- und Erbvertragseröffnung und über die Benachrichtigung der Nachlaßbeteiligten ist aber sichergestellt, daß der Bevollmächtigte Kenntnis von der Vollmachtserteilung erlangt, § 130 II BGB, so daß die Vollmacht auch noch nach dem Tod des Erklärenden (Erblassers) wirksam wird. Ein ausdrücklicher Ausschluß der Widerrufsmöglichkeit der Vollmacht durch die Erben ist zu empfehlen.

163 Für den Nachweis der Vollmacht gegenüber dem Grundbuchamt ist in aller Regel die Vorlage einer Ausfertigung der Vollmachtsurkunde beim Grundbuchamt erforderlich (§§ 29 GBO, 47 BeurkG). Da das Nachlaßgericht aber nur beglaubigte Abschriften von einer Verfügung von Todes wegen und dem

---

142 OLG Köln MittRhNotK 1992, 88; *Staudinger/Reimann* vor § 2197 Rn 104.

Eröffnungsprotokoll erteilt, diese aber gemäß § 35 I GBO auch zum Nachweis des Erbrechts ausreichen, muß auch für den Nachweis der Vollmacht eine derartige beglaubigte Abschrift ausreichen, wenn sie in der Verfügung von Todes wegen erklärt wurde. Ist die Verfügung von Todes wegen notariell beurkundet, so braucht selbst dann, wenn der Nießbrauch an einem Grundstück zu bestellen ist, der Vermächtnisnehmer nur noch einen formlosen Eintragungsantrag (§ 13 GBO) beim Grundbuchamt zu stellen. Die vom Erblasser abzugebende Eintragungsbewilligung nach § 19 GBO ist in der nach § 29 GBO erforderlichen Form erteilt.

Muster: Nießbrauchsvermächtnis mit Einigungserklärung und Eintragungsbewilligung des Erblassers

▼

Meiner Ehefrau wende ich im Wege des Vermächtnisses den lebenslangen unentgeltlichen Nießbrauch an den Grundstücken ▬▬▬▬ zu. Die erforderliche dingliche Einigungserklärung gemäß § 873 I BGB gebe ich hiermit ab und bewillige die Eintragung des Nießbrauchs im Grundbuch (§§ 873 II BGB, 19 GBO).

▲

Muster: Nießbrauchsvermächtnis mit Vollmacht für Vermächtnisnehmer

▼

Meiner Ehefau wende ich im Wege des Vermächtnisses den lebenslangen unentgeltlichen Nießbrauch an den Grundstücken ▬▬▬▬ zu. Ich bevollmächtige sie hiermit, für meine Erben unwiderruflich unter Befreiung von den Beschränkungen des § 181 BGB mit Wirkung ab meinem Tode sämtliche Erklärungen abzugeben, damit das Nießbrauchsrecht im Grundbuch eingetragen werden kann.

▲

ff) Nießbrauch an Sachen

(1) Rechte des Nießbrauchers

Der Nießbraucher hat das Recht, sämtliche Nutzungen aus dem belasteten Gegenstand zu ziehen. Er ist zum Besitz der Sache berechtigt, § 1063 I BGB. Sind verbrauchbare Sachen Gegenstand des Nießbrauchs, so wird der Nießbraucher Eigentümer dieser Sachen, § 1067 BGB („uneigentlicher Nießbrauch").

167 Das Verfügungsrecht über den belasteten Gegenstand steht dem Nießbraucher im allgemeinen nicht zu. Ausnahmen sind die Fälle, in denen der Nießbraucher Eigentümer wird, nämlich beim „uneigentlichen Nießbrauch" sowie bei Sachfrüchten, die mit der Trennung von der mit dem Nießbrauch belasteten Sache Eigentum des Nießbrauchers werden. Außerdem hat der Nießbraucher im Rahmen ordnungsmäßiger Wirtschaft ein Verfügungsrecht über einzelne Stücke eines Inventars, das zusammen mit einem Grundstück Gegenstand des Nießbrauchs ist, § 1048 BGB. Diese Vorschrift wird auch auf andere Sachinbegriffe angewandt, beispielsweise auf das Zubehör eines Handelsgeschäfts.[143]

168 Eine über die gesetzlichen Ausnahmefälle hinausgehende Verfügungsbefugnis des Nießbrauchers über den belasteten Gegenstand (sog. „Dispositionsnießbrauch") kann nicht mit dinglicher Wirkung als Inhalt des Nießbrauchsrechts vereinbart werden. Möglich ist es jedoch, dem Nießbraucher eine transmortale bzw. postmortale Vollmacht zur Verfügung über den betreffenden Gegenstand zu erteilen oder ihn zum Testamentsvollstrecker zu ernennen. Gerade die Kombination Nießbrauch und Testamentsvollstreckung für den überlebenden Ehegatten wird als Gestaltungselement in gemeinschaftlichen Testamenten und Ehegattenerbverträgen in Zukunft aus erbschaftsteuerlichen Gründen wieder an Bedeutung gewinnen.[144]

169 Die bisherige wirtschaftliche Bestimmung der Sache muß bestehen bleiben, § 1036 II BGB. Für die wirtschaftliche Bestimmung ist der Zeitpunkt der Bestellung maßgebend. Streitig ist, ob objektive Umstände oder der subjektive Wille des Eigentümers die wirtschaftliche Bestimmung festlegen.[145] Der Erblasser kann allerdings in der Verfügung von Todes wegen dem Nießbrauchsvermächtnisnehmer Befugnisse zur Änderung der wirtschaftlichen Bestimmung einräumen.[146]

170 Der Nießbraucher hat „nach den Regeln einer ordnungsmäßigen Wirtschaft zu verfahren", § 1036 II BGB. Die Regeln ordnungsmäßiger Verwaltung sind nach objektiven Grundsätzen zu bestimmen. Zieht der Nießbraucher Früchte

---

[143] BGH WM 1974, 1219.
[144] Vgl. *Keller* BWNotZ 1970, 49 ff.; *Bühler* BB 1997, 551; *Mayer* ZEV 1997, 325 und *Schmidt* BWNotZ 1998, 97 ff.
[145] *Soergel/Baur* § 1036 Rn 3.
[146] MüKo/*Petzoldt* § 1036 Rn 6.

aufgrund ordnungswidriger Wirtschaftsführung oder übermäßiger Nutzung der Sache, so hat er insoweit dem Eigentümer bei Beendigung des Nießbrauchs den Wert der Früchte zu ersetzen, § 1039 BGB. Umgekehrt hat der Nießbraucher Veränderungen oder Verschlechterungen nicht zu vertreten, die durch ordnungsmäßige Nießbrauchsausübung entstanden sind, § 1050 BGB.

(2) Pflichten des Nießbrauchers
Der Nießbraucher darf die Sache nicht umgestalten oder wesentlich verändern, § 1037 I BGB. Welche Maßnahmen noch unwesentlich und damit zulässig sind, läßt sich nur im Einzelfall beurteilen. Der Nießbraucher ist zur Erhaltung der Sache in ihrem wirtschaftlichen Bestand verpflichtet, § 1041 S. 1 BGB. Daraus ergibt sich im einzelnen:

- Der Nießbraucher hat alle Maßnahmen zu unterlassen, die den wirtschaftlichen Bestand der Sache gefährden,
- Ausbesserungen und Erneuerungen muß der Nießbraucher insoweit vornehmen, als sie zur gewöhnlichen Unterhaltung der Sache gehören, § 1041 S. 2 BGB.

Gewöhnliche Unterhaltungsmaßnahmen sind Ausbesserungen und Erneuerungen, mit denen ab und zu zu rechnen ist, selbst wenn sie im Einzelfall durch Zufall erforderlich werden.[147] Zu außergewöhnlichen Erhaltungsmaßnahmen ist der Nießbraucher berechtigt, aber nicht verpflichtet. Der Nießbraucher hat keinen Anspruch darauf, daß der Eigentümer außergewöhnliche Reparaturen bewirkt, den Eigentümer trifft insofern keine Erhaltungspflicht.

Zur Erhaltung der Sache gehört auch, daß der Nießbraucher diese auf seine Kosten versichern läßt, § 1045 BGB. Welche Schadensereignisse versicherungsmäßig abgedeckt werden, ist im Einzelfall nach den Grundsätzen ordnungsgemäßer Wirtschaft zu beurteilen. Der Nießbraucher hat folgende auf der Sache ruhende Lasten zu tragen, § 1047 BGB:

- ordentliche öffentliche Lasten, insbesondere Grundsteuer, nicht aber außerordentliche Lasten wie beispielsweise Anliegerleistungen für den Straßenbau,

---

147 *Staudinger/Frank* § 1041 Rn 4 bis 10.

- privatrechtliche Lasten, die schon bei Begründung des Nießbrauchs bestanden haben, insbesondere Zinsen für durch Grundpfandrechte gesicherte Verbindlichkeiten, soweit sie die nießbrauchsbelastete Sache betreffen.

174 Ist ein Grundstück einschließlich Inventar Gegenstand des Nießbrauchs, so kann der Nießbraucher über die einzelnen Stücke des Inventars verfügen, soweit dies innerhalb einer ordnungsmäßigen Wirtschaft erforderlich ist. Für den gewöhnlichen Abgang sowie für die im Rahmen der ordnungsmäßigen Wirtschaft ausscheidenden Stücke hat er Ersatz zu beschaffen.

175 Gegen den Eigentümer hat der Nießbraucher Anspruch auf Ersatz von Verwendungen, zu denen der Nießbraucher nicht verpflichtet gewesen ist, § 1049 I BGB. Dort wird verwiesen auf die entsprechenden Vorschriften über die Geschäftsführung ohne Auftrag, wonach die Ersatzpflicht regelmäßig nur dann besteht, wenn die Verwendungen dem tatsächlichen oder mutmaßlichen Willen des Geschäftsherrn entsprechen, § 683 BGB. Statt des Ersatzanspruchs hat der Nießbraucher auch das Recht, eine Einrichtung wegzunehmen, mit der er die Sache versehen hat, § 1049 II BGB.

176 Die Ausübung des Nießbrauchs kann schuldrechtlich einem anderen überlassen werden, § 1059 S. 2 BGB. Der Nießbraucher kann somit – ohne daß eine Gestattung des Eigentümers erforderlich wäre – die Sache vermieten oder verpachten bzw. unentgeltlich einem anderen überlassen. Der Nießbrauch selbst ist allerdings unübertragbar, § 1059 S. 1 BGB. Gebraucht der Nießbraucher die Sache rechtswidrig und fährt er darin trotz Abmahnung fort, so kann der Eigentümer auf Unterlassung klagen, § 1059 BGB. Bei schuldhafter Verletzung der Regeln ordnungsmäßiger Wirtschaft ist der Nießbraucher ggf. schadensersatzpflichtig.[148]

(3) Nießbrauch und Zwangsversteigerung

177 Ein im Grundbuch zu Lasten eines Grundstücks eingetragener Nießbrauch steht weder einer Vollstreckungsversteigerung noch einer Teilungsversteigerung entgegen.[149] Über das rechtliche Schicksal des Nießbrauchsrechts entscheidet

---

[148] MüKo/*Petzoldt* § 1036 Rn 4.
[149] BayObLG NJW 1959, 1780.

das Rangverhältnis zu demjenigen Gläubiger, der die Beschlagnahme des Grundstücks erwirkt hat.

Bei Vorrang des Nießbrauchsrechts wird es in das geringste Gebot aufgenommen und bleibt auch nach dem Zuschlag des Grundstücks an den Ersteher bestehen, §§ 44, 52 ZVG, es sei denn, sein Wegfall wäre gemäß § 59 ZVG bestimmt. Hat der Nießbrauch Nachrang, so erlischt er durch den Zuschlag, §§ 52 I, 91 I ZVG. Ausnahmsweise kann aber das Bestehenbleiben in den Versteigerungsbedingungen bestimmt (§ 59 III ZVG) oder zwischen Nießbraucher und neuem Eigentümer vereinbart werden (§ 91 II ZVG).

178

Beim **Erlöschen** tritt an die Stelle des Nießbrauchs der Anspruch auf **Wertersatz** aus dem Versteigerungserlös. Als Wertersatz wird eine Geldrente geschuldet, deren Höhe dem Jahreswert des Nießbrauchs gleichkommt, §§ 92 II 2 ZVG; 760 II BGB. In den Teilungsplan ist das dafür erforderliche Deckungskapital einzustellen, § 121 ZVG.[150]

179

gg) Nießbrauch an Rechten

(1) Allgemeines

Der Nießbrauch kann grundsätzlich an Rechten jeder Art eingeräumt werden, wenn und soweit das Recht übertragbar ist, §§ 1068, 1069 II BGB, und mittelbar oder unmittelbar Nutzungen abwirft. Praktische Bedeutung hat der Nießbrauch an Rechten beim **Unternehmensnießbrauch**, beim Nießbrauch an **Gesellschaftsbeteiligungen** und bei **Sachgesamtheiten** (§ 1085 BGB), wo wegen des Spezialitätsgrundsatzes der Nießbrauch an jedem einzelnen Vermögensgegenstand, also auch an den dazu gehörenden Rechten, bestellt werden muß.

180

Besonders geregelt sind der Nießbrauch an einer **Leibrente** (§ 1073 BGB), an einer **Forderung** (§§ 1074 – 1079 BGB), an einer Grund- oder Rentenschuld (§ 1080 BGB) sowie an **Inhaber-** und **Orderpapieren** (§§ 1081 – 1084 BGB).

181

---

150 Zu den Einzelheiten siehe *Staudinger/Frank* vor 1030 Rn 90 ff.

Im wesentlichen gelten hierfür dieselben Vorschriften wie bezüglich des Nießbrauchs an **Sachen**, § 1068 II BGB. Auch der Nießbrauch an einem Recht gewährt ein unmittelbares dingliches Recht und beinhaltet ein Recht auf die Nutzungen.

182 Einige besondere Regeln gelten hier:
- Die Aufhebung oder Änderung eines Rechts, das dem Nießbrauch unterliegt, kann nur mit Zustimmung des Nießbrauchers erfolgen. Dies gilt hinsichtlich der Rechtsänderung nur dann, wenn dadurch der Nießbrauch beeinträchtigt wird, § 1071 BGB. Wird die Zustimmung nicht erteilt, so bleibt das Rechtsgeschäft gegenüber dem Nießbraucher – also relativ – unwirksam.[151]
- Der Nießbrauch an **Aktien** und **GmbH-Geschäftsanteilen** wird in der Literatur kontrovers diskutiert.[152] Nach herrschender Meinung steht dem Aktionär das Bezugsrecht auf neue Aktien zu. Umstritten ist, ob das Stimmrecht dem Aktionär oder dem Nießbraucher zusteht.
- Auch der Nießbrauch am **Anteil** einer **Personengesellschaft** bringt schwierige rechtliche Probleme mit sich. Ein Nießbrauch an einem Anteil einer Personengesellschaft kann bestellt werden, wenn der Gesellschaftsvertrag dies gestattet oder wenn die übrigen Gesellschafter zustimmen.

(2) Nießbrauch an einem Unternehmen

183 Eine besondere gesetzliche Regelung für einen **Nießbrauch** an einem **Unternehmen** fehlt. In § 22 HGB wird seine Zulässigkeit aber vorausgesetzt. Zu klären ist mit dem Erblasser zunächst, was im einzelnen gewollt ist. Denkbar wäre ein Unternehmensnießbrauch, bei dem der Nießbraucher als Unternehmer auftritt oder ein Ertragsnießbrauch, bei dem der Nießbrauchbesteller selbst Inhaber des Unternehmens bleibt, während der Ertrag ganz oder zum Teil an den Nießbraucher auszukehren ist.

184 Welchen Rechtscharakter der Nießbrauch an einem Unternehmen hat, ist streitig. Nach heute herrschender Meinung bedarf es zwar zur Begründung des Nießbrauchs am Unternehmen wegen des sachenrechtlichen Spezialitätsgrundsatzes der Einräumung des Nießbrauchs an den zum Unternehmen gehörenden Sachen

---

151 MüKo/*Petzoldt* § 1071 Rn 2.
152 *Staudinger/Frank* Anhang zu §§ 1068 ff. Rn 93–120; MüKo/*Petzoldt* § 1068 Rn 32–37; *Soergel/Baur* § 1068 Rn 9.

und Rechten durch konkreten Einzelbestellungsakt. Trotzdem entsteht darüber hinaus ein dinglich wirkender Nießbrauch am Unternehmen als Ganzes.[153]

(3) Rechtsstellung des Unternehmers

Der Rechtsberater hat bei der Testamentsgestaltung zu klären, ob der Nießbraucher selbst die rechtliche Stellung des Unternehmers einnehmen soll oder ob dem Nießbraucher nur die Erträge des Unternehmens zufließen sollen. Dabei besteht Einigkeit darüber, daß der eigentliche Unternehmensnießbrauch die Unternehmereigenschaft des Nießbrauchers selbst bedeutet.[154]

Beim „Ertragsnießbrauch" verbleibt die Unternehmerstellung beim Nießbrauchsbesteller; in der Praxis wird häufig in solchen Fällen nur eine Quote des Ertrags dem Begünstigten zugewandt. Ein eigentliches Nießbrauchsrecht beinhaltet diese Konstruktion nicht.

(4) Rechtswirkungen

Da der Nießbrauch an einem Unternehmen gleichzeitig ein Nießbrauch an den dazugehörenden Sachen und Rechten ist, gelten die Vorschriften der §§ 1030 bis 1084 BGB. Sollte das Unternehmen jedoch das gesamte Vermögen des Nießbrauchsbestellers darstellen, so wären auch die Vorschriften über den Vermögensnießbrauch anzuwenden (§§ 1085 bis 1089 BGB).

(a) Umlaufvermögen des Unternehmens

Das betriebswirtschaftliche Umlaufvermögen stellt verbrauchbare Sachen im Sinne des § 1067 BGB dar. Deshalb wird das Umlaufvermögen nach dieser Vorschrift Eigentum des Nießbrauchers. Verbunden damit ist das Verfügungsrecht des Nießbrauchers.

---

153 Vgl. *Staudinger/Frank* Anhang zu §§ 1068, 1069 Rn 29 mwN.
154 *Staudinger/Frank* Anhang zu §§ 1068, 1069 Rn 32.

(b) Anlagevermögen

188 Im Umkehrschluß zu § 1067 BGB verbleibt das Anlagevermögen im Eigentum des Nießbrauchsbestellers. Der Nießbraucher kann über die Gegenstände des Anlagevermögens nicht verfügen. Denkbar wäre, dem Nießbraucher insofern durch den Erblasser eine Vollmacht erteilen zu lassen.[155]

(c) Fortführung des Unternehmens

189 Da der Nießbraucher verpflichtet ist, die nießbrauchsbelastete Sache in ihrem wirtschaftlichen Bestand zu erhalten, ist er auch verpflichtet, das Unternehmen fortlaufend zu betreiben. Es ist ihm auch nicht gestattet, den Betrieb wesentlich umzugestalten oder zu verändern.

(d) Fortführung der Firma

190 Der Nießbraucher kann gemäß § 22 II HGB die Firma fortführen, wenn der Nießbrauchsbesteller darin einwilligt. Aus § 1041 BGB kann sich eine Verpflichtung zur Einwilligung in die Fortführung der Firma ergeben.

(e) Haftung für Geschäftsschulden

191 Führt der Nießbraucher das Geschäft unter der bisherigen Firma weiter, so haftet er für die bereits bestehenden Geschäftsverbindlichkeiten persönlich mit seinem gesamten Vermögen nach § 25 HGB.[156] Für neu eingegangene Geschäftsverbindlichkeiten haftet der Nießbraucher ohnehin kraft Rechtsgeschäfts. Fraglich ist jedoch, ob der Nießbrauchsbesteller solche Verbindlichkeiten bei Nießbrauchsbeendigung zu übernehmen hat und ob ihn insofern eine Haftung nach § 25 HGB trifft. Diese Frage dürfte zu bejahen sein.[157]

(f) Gewinnermittlung

Hochstreitig ist die Frage, wie der dem Nießbraucher zustehende Reingewinn zu ermitteln ist. Fraglich ist dabei insbesondere, welche Aufwendungen

---

155 *Staudinger/Frank* Anhang zu §§ 1068, 1069 Rn 39.
156 RGZ 133, 322.
157 *Staudinger/Frank* Anhang zu §§ 1068, 1069 Rn 44.

abzuziehen sind.[158] Wenn der Erblasser sich zu einem Unternehmensnießbrauch entschließt, sollten deshalb, um Streitigkeiten vorzubeugen, Regeln über die Ermittlung des Reingewinns in das Testament mit aufgenommen werden.

(5) Nießbrauch an der Beteiligung an einer Personengesellschaft

(a) Allgemeines

Der Nießbrauch an Personengesellschaftsbeteiligungen als eine Form des Nießbrauchs an einem Recht (§§ 1030, 1069 ff. BGB) gehört mit zum schwierigsten Fragenkreis im Recht des Nießbrauchs.[159] Da nach § 1069 II BGB an nichtübertragbaren Rechten ein Nießbrauch nicht bestellt werden kann, ist zunächst zu klären, ob der Gesellschaftsanteil, der mit einem Nießbrauch belastet werden soll, übertragbar ist. Dabei ist zu differenzieren zwischen der Mitgliedschaft an der Gesellschaft einerseits und den einzelnen daraus entspringenden Beteiligungsrechten, insbesondere dem Stimmrecht andererseits.

192

(b) Vorrang des Gesellschaftsrechts vor Sachenrecht

Der Inhalt und insbesondere die Reichweite der Rechte des Nießbrauchers an der Beteiligung, insbesondere im Hinblick auf seine gesellschaftsrechtlichen Befugnisse, wird vorrangig vom Gesellschaftsrecht und nur in zweiter Linie vom Sachenrecht bestimmt.[160]

193

(c) Treuhandlösung und Nießbrauchslösung

Analog der Problematik bei der Testamentsvollstreckung werden auch beim Nießbrauch im wesentlichen zwei Meinungen zu der Frage der Rechtsform vertreten, nämlich die Treuhandlösung und die Nießbrauchslösung (vgl. beim Testamentsvollstrecker § 20 Rn 135 ff.).

194

Nach der überkommenen, heute noch weit verbreiteten Meinung nimmt der Nießbraucher für die Dauer des Bestehens seines Rechts eine volle

195

---

158 Siehe dazu BGH BB 1956, 18; *Soergel/Stürer* § 1085 Rn 8; *Staudinger/Frank* Anhang zu §§ 1068, 1069 Rn 46, 47.
159 *Staudinger/Frank* Anhang zu §§ 1068, 1069 Rn 51 ff.
160 *Haegele* BWNotZ 1974, 24, 27; *Staudinger/Frank* Anhang zu §§ 1068, 1069 Rn 53.

Gesellschafterstellung ein.[161] Damit ist aber selbstredend der rechtliche Rahmen des Nießbrauchs über das gesetzliche Leitbild hinaus erweitert, denn dem Nießbraucher kommt damit nicht ein beschränkt dingliches Recht zu, sondern ein zeitweiliges Vollrecht. Will der Erblasser dem Vermächtnisnehmer eine solche Treuhänderstellung gewähren, so sollte dies zur Rechtsklarheit im Testament unbedingt auch deutlich gesagt werden.

196 Vom BGH[162] und von einer in der Literatur vertretenen Meinung wird eine Nießbrauchseinräumung am Gesellschaftsanteil ohne gleichzeitige volle Übertragung des Anteils als Vollrecht für zulässig erachtet.[163] Hat der Nießbraucher eine Treuhänderstellung inne, so stehen ihm sämtliche Gesellschafterrechte nach innen und nach außen zu.

197 Nimmt man jedoch ein sachenrechtlich wirkendes Nießbrauchsrecht an – wie wohl der BGH –, so ist zu klären, welche Rechte im Verhältnis zwischen Gesellschafter einerseits und Nießbraucher andererseits wem zustehen. Darunter fallen Stimmrecht, Kontrollrechte und gesellschaftsinterne Rechtshandlungen. Dazu werden in der Literatur im wesentlichen zwei Meinungen vertreten:

- Nach einer Ansicht bleibt grundsätzlich der Gesellschafter für die Ausübung der Gesellschafterrechte zuständig, während der Nießbraucher solche Rechte ausüben kann, die seine Rechtsstellung in der Gesellschaft betreffen.[164] (Zu den Einzelheiten vgl. *Staudinger/Frank* Anhang zu §§ 1068, 1069 Rn 70.)
- Eine andere Meinung will die Gesellschafterrechte durch Gesellschafter und Nießbraucher gemeinsam ausüben lassen (zum Meinungsstand s. *Staudinger/Frank* aaO).

Dazu neuerdings BGH (NJW 1999, 571 = NJW-RR 1999, 826): Die Kompetenz des Gesellschafters, bei Beschlüssen, welche die Grundlagen der Gesellschaft betreffen, selbst abzustimmen, wird durch die Einräumung des Nießbrauchs an seinem Gesellschaftsanteil grundsätzlich nicht genommen.

---

161 Vgl. *Staudinger/Frank* Anhang zu §§ 1068, 1069 Rn 58 mwN.
162 BGHZ 58, 316, aber in DNotZ 1975, 735, 737 wieder offen gelassen.
163 Vgl. Literaturnachweise bei *Staudinger/Frank* Anhang zu §§ 1068, 1069 Rn 61.
164 *Flume* Seite 785 ff.; *Baumbach/Duden/Hopt* § 124 Anm. 2 D; *MüKo/Ulmer* § 705 Rn 85.

(d) Beschränkung des Nießbrauchs auf das Gewinnbezugsrecht

198 Statt dem Nießbraucher ein Recht am Gesellschaftsanteil als solchem zuzuwenden, käme die einfachere Variante in Betracht, dem Vermächtnisnehmer nur Rechte zum Gewinnbezug zuzuwenden. Da nach § 717 S. 2 BGB (der auch für oHG und KG anzuwenden ist) vermögensrechtliche Bezüge – insbesondere Gewinnanteile – und der Anspruch auf das Auseinandersetzungsguthaben übertragbar sind, kann daran auch das Nießbrauchsrecht gemäß § 1069 II BGB eingeräumt werden. Da dieser Aspekt in den meisten Fällen des Nießbrauchsrechts im Vordergrund stehen dürfte, erscheint es zweckmäßig, ein Nießbrauchsvermächtnis auf das Gewinnbezugsrecht zu beschränken, um den oben dargestellten Schwierigkeiten aus dem Weg zu gehen. Zu den Einzelheiten der Gewinnermittlung s. *Staudinger/Frank* Anh zu §§ 1068, 1069 Rn 80 ff.

(6) Nießbrauch an Erbteilen

199 In Ehegattentestamenten oder Ehegattenerbverträgen wird dem Überlebenden häufig ein Nießbrauchsrecht zugewandt. Dabei ist besonders zu differenzieren, ob der Nießbrauch am Nachlaß zugewandt wurde – dann gelten die Vorschriften über den Vermögensnießbrauch, §§ 1085 ff. BGB – oder der Nießbrauch am jeweiligen Erbteil der Kinder – dann handelt es sich jeweils um einen Nießbrauch an einem Recht (§§ 1068, 1069 BGB).

Der Nießbrauch am Nachlaß lastet auf jedem einzelnen Nachlaßgegenstand und damit, wenn der überlebende Ehegatte als Nießbraucher auch zum Kreis der Erben gehört, auch auf seinem Anteil an den einzelnen Nachlaßgegenständen. Beim Erbteilsnießbrauch ist sein Erbteil nicht belastet.

200 Bei der **Erfüllung** des Vermächtnisanspruchs bestehen Unterschiede:
- Ist der Nießbrauch am Nachlaß eingeräumt, so erfolgt die Bestellung je nach Art des Nachlaßgegenstandes nach den Vorschriften über die Nießbrauchsbestellung an Sachen bzw. Rechten, was für die Praxis in aller Regel einfacher zu handhaben ist, weil formlose Einigungen ausreichen. Bei Grundstücken wäre allerdings noch eine Eintragung im Grundbuch erforderlich, § 873 BGB.
- Beim Erbteilsnießbrauch erfolgt die Bestellung durch notarielle Beurkundung, §§ 1069, 2033 I BGB, was in der Praxis nach aller Erfahrung – wohl aus Kostengründen – so gut wie nie geschieht.

2 Das erbrechtliche Mandat vor dem Erbfall

201 Bezüglich der **Verfügung** über Nachlaßgegenstände, der dinglichen **Surrogation** und der **Erbauseinandersetzung** ergeben sich weitere Besonderheiten:
- In entsprechender Anwendung von § 1071 BGB kann bei einem Nießbrauch an einem Erbteil der nießbrauchsbelastete Erbe nicht mehr zusammen mit den anderen Miterben über den einzelnen Nachlaßgegenstand verfügen. Vielmehr ist die Zustimmung des Nießbrauchers dazu erforderlich, weil andernfalls der Erbteil substantiell verändert würde.[165]
- Beim Nießbrauch an Sachen und am gesamten Nachlaß gibt es keine dinglich wirkende Surrogation, während der Nießbraucher am Erbteil über die Surrogationsvorschrift des § 2041 BGB in der Erbengemeinschaft daran ebenfalls teilnimmt.
- Nießbrauchsbelasteter Erbe und Nießbraucher können nur gemeinsam die Auseinandersetzung des Nachlasses verlangen, §§ 2042 I, 1066 II BGB. Der Nießbrauch kann bei der Auseinandersetzung nicht ohne Zustimmung des Nießbrauchers aufgehoben werden, § 1071 I BGB.

202 Wird der Nießbrauch an sämtlichen Erbteilen derselben Person eingeräumt, so ist es Auslegungsfrage, ob damit ein Nießbrauch an allen Nachlaßgegenständen bestellt werden soll oder ob es sich um einzelne Nießbrauchsrechte am jweiligen Erbteil handeln soll.[166]

203 Bei der Testamentsgestaltung sollte deshalb genau geklärt werden, welche Art von Nießbrauch eingeräumt werden soll – der Nießbrauch an allen oder einzelnen Erbteilen oder der Nießbrauch an allen oder einzelnen Nachlaßgegenständen. Sehr häufig wird in der Praxis die Rechtsstellung des Nießbrauchers (überlebender Ehegatte) dadurch gestärkt, daß er zusätzlich zum Verwaltungstestamentsvollstrecker eingesetzt wird. Damit erhält er neben dem Nutzziehungsrecht noch die Verwaltungs- und Verfügungsbefugnis über die Nachlaßgegenstände nach §§ 2205, 2211 BGB.

---

165 *Staudinger/Frank* § 1089 Rn 29, 30.
166 *Staudinger/Frank* § 1089 Rn 37, 38.

hh) Beendigung des Nießbrauchs

Der Nießbrauch endet u. a. durch 204
- Tod des Nießbrauchers;
- bei juristischen Personen mit ihrem Erlöschen, § 1061 BGB;
- Eintritt einer Bedingung, zum Beispiel der Wiederverheiratung des Nießbrauchers; sehr häufig in Testamenten, die ein Nießbrauchsvermächtnis zugunsten des überlebenden Ehegatten bis zu seiner Wiederverheiratung vorsehen;
- einseitige Erklärung des Nießbrauchers, daß er den Nießbrauch aufhebe, §§ 1064, 1068, 1072 BGB; beim Grundstücksnießbrauch muß zusätzlich die Löschung im Grundbuch erfolgen;
- Zwangsversteigerung der Sache, sofern der Nießbrauch dem Beschlagnahmegläubiger im Rang nachgeht und deshalb nicht in das geringste Gebot fällt (vgl. oben Rn 177 ff.).[167]

Nach Beendigung des Nießbrauchs hat der Nießbraucher die Sache an den Eigentümer zur Zeit der Beendigung zurückzugeben, § 1055 BGB. Dabei gilt folgendes: 205

Die Sache ist in dem Zustand zurückzugeben, in dem sie sich bei ordnungsmäßiger Wirtschaft befinden müßte. Veränderungen und Verschlechterungen lösen insoweit keine Ersatzansprüche aus, als sie durch ordnungsmäßige Ausübung des Nießbrauchs entstanden oder durch außergewöhnliche Vorkommnisse bedingt sind, die der Nießbraucher nicht zu vertreten hat.

Die **Beweislast** für eine Pflichtverletzung trifft den Eigentümer.[168] Gibt der Nießbraucher die Sache in einem schlechteren Zustand zurück als sie bei ordnungsmäßiger Wirtschaft hätte haben dürfen, so hat der Eigentümer einen Schadensersatzanspruch gegen den Nießbraucher, wenn dieser die Verschlechterung zu vertreten hat.[169] Bestand der Nießbrauch an einem Grundstück, so muß der Nießbraucher in die Löschung seiner Rechte im Grundbuch einwilligen, § 19 GBO. Waren verbrauchbare Sachen Gegenstand des Nießbrauchs, die nach 206

---

167 *Staudinger/Frank* vor § 1030 Rn 64 bis 66.
168 *Erman/Ronke* § 1055 Rn 3.
169 *MüKo/Petzoldt* § 1055 Rn 3.

§ 1067 BGB Eigentum des Nießbrauchers geworden sind, so hat der Nießbraucher nach Beendigung des Nießbrauchs dem Eigentümer (in der Regel dem Erben) den Wert zu ersetzen, den die Sachen zur Zeit der Nießbrauchsbestellung hatten.

ii) Auskunftspflichten

207 Sowohl Nießbraucher als auch Eigentümer haben jederzeit das Recht, den Zustand der nießbrauchsbelasteten Sache auf eigene Kosten durch Sachverständige feststellen zu lassen, § 1034 BGB. Weiter sind nach § 1035 BGB beim Nießbrauch an einem Inbegriff von Sachen Nießbraucher und Eigentümer auf Verlangen einander verpflichtet, zur Aufnahme eines Verzeichnisses der Sachen mitzuwirken. Jeder Teil kann eine öffentliche Beglaubigung sowie die Aufnahme des Verzeichnisses durch einen Notar verlangen. Eine Angabe des Wertes ist nicht vorgesehen. Das Verlangen nach Aufnahme eines Verzeichnisses kann jederzeit – auch wiederholt – gestellt werden.[170] Diese Rechte bestehen auch bei einem Nießbrauch an einem Inbegriff von Rechten bzw. Sachen.

208 Der Nießbraucher hat den Eigentümer gemäß § 1042 BGB unverzüglich zu benachrichtigen, wenn
- die Sache zerstört oder beschädigt wird,
- eine außergewöhnliche Ausbesserungs- oder Erneuerungsmaßnahme notwendig wird,
- eine Vorkehrung zum Schutz der Sache gegen eine nicht vorhergesehene Gefahr zu treffen ist,
- ein Dritter sich ein Recht an der Sache anmaßt.

Zur Rechnungslegung ist der Nießbraucher nicht verpflichtet.

jj) Nießbrauch an einem Vermögen

(1) Allgemeines

209 An dem Vermögen einer Person kann der Nießbrauch nur in der Weise bestellt werden, daß der Nießbraucher den Nießbrauch an jedem einzelnen zum Vermögen gehörenden Gegenstand erlangt, § 1085 BGB. Damit sind im

---

170 MüKo/*Petzoldt* § 1035 Rn 3.

allgemeinen die für die Nießbrauchsbestellung an den einzelnen Gegenständen geltenden Bestimmungen anzuwenden. Der Vermögensnießbrauch kommt am häufigsten in der Form des Nießbrauchs an einem Nachlaß vor, § 1089 BGB.

Während die Bestellung des Nießbrauchs durch gesonderte Belastung jedes einzelnen Vermögensgegenstandes vorgenommen werden muß, kann die zugrundeliegende schuldrechtliche Verpflichtung (die Anordnung des Nießbrauchsvermächtnisses) durch einen einheitlichen Vorgang, die Vermächtnisanordnung im Testament, erfolgen. Voraussetzung des Vermögensnießbrauchs ist u. a., daß die belasteten Gegenstände (beim Unternehmensnießbrauch zum Beispiel das Handelsgeschäft) im wesentlichen das gesamte Vermögen des Erblassers ausmachen. 210

Die besonderen Rechtsfolgen des Vermögensnießbrauchs betreffen hauptsächlich die Schuldenhaftung gegenüber den Gläubigern des Erblassers, §§ 1086 bis 1088 BGB. Danach können die Gläubiger, wenn ihre Forderungen vor der Bestellung entstanden sind, ohne Rücksicht auf den Nießbrauch Befriedigung aus den dem Nießbrauch unterliegenden Gegenständen verlangen. Mit dieser Regelung soll eine Gefährdung der Gläubiger ausgeschaltet werden; denn andernfalls würde der Nießbraucher aufgrund seines dinglichen Rechts das Vermögen des Erblassers und damit die Haftungsgrundlage dem Zugriff der Gläubiger entziehen. 211

Weiterhin modifizieren Bestimmungen des Vermögensnießbrauchs das Innenverhältnis zwischen Nießbraucher und Besteller (Erben). Ansonsten gelten die Bestimmungen über den Nießbrauch an dem einzelnen belasteten Gegenstand (Sache bzw. Recht); der Nießbrauch am Vermögen gewährt also keine besonderen Rechte. Ein einmal bestellter Nießbrauch dauert auch dann fort, wenn der Gegenstand aus dem Vermögen ausscheidet. Umgekehrt ist der Nießbrauch für neu in das Vermögen gelangende Gegenstände gesondert zu bestellen.[171] 212

Auch auf den – praktisch bedeutsamen – Nießbrauch an einer Erbschaft sind gemäß § 1089 BGB die Vorschriften über den Vermögensnießbrauch entsprechend anzuwenden. Zu unterscheiden ist der Nießbrauch an der Erbschaft, das heißt an sämtlichen Nachlaßgegenständen, und der Nießbrauch an (einzelnen oder sämtlichen) Erbteilen. Durch die Bestellung des Nießbrauchs an Erbteilen 213

---

[171] MüKo/*Petzoldt* § 1085 Rn 4.

entsteht ein Nießbrauch an Rechten, nicht automatisch ein Nießbrauch an der Erbschaft.

214 Auf der Grundlage der Vermächtnisanordnung zugunsten des Nießbrauchers ist der Erbe verpflichtet, den Nießbrauch entsprechend § 1085 BGB an jedem einzelnen zum Nachlaß gehörenden Gegenstand zu bestellen. Gehören höchstpersönliche Rechte zum Nachlaß (beispielsweise Gesellschaftsrechte, die nicht übertragbar sind), so ist die Anordnung des Vermächtnisses für diese Teile des Nachlasses unwirksam, § 1069 II BGB. Jedoch wird der Erbe in der Regel verpflichtet sein, dem Nießbraucher zumindest die Nutzung der Rechte – auf der Grundlage eines schuldrechtlichen Nutzungsrechts – zu überlassen.[172]

Beim Erbschaftsnießbrauch sind Gläubiger im Sinne der §§ 1086, 1088 BGB nur die Nachlaßgläubiger, nicht auch die persönlichen Gläubiger des Erben.[173]

(2) Nießbrauch am Nachlaß

215 Auch hier gelten die allgemeinen Regeln, daß die Vorschriften über den Vermögensnießbrauch (§§ 1086 ff. BGB) nur dann anzuwenden sind, wenn für den wesentlichen Teil des Nachlasses der Nießbrauch bestellt wird. Andernfalls gelten für die Einzelgegenstände die Vorschriften über den Sach- bzw. Rechtsnießbrauch.

216 Ist der Nießbrauch nur an einer Quote des Nachlasses zugewandt, so gelten dieselben Regeln wie bei einem **Quotennießbrauch** an einem Vermögen, § 1089 BGB (und damit die Haftungsvorschriften der §§ 1086–1088 BGB) ist also anwendbar, weil der Nießbrauch nur seinem Umfang nach begrenzt ist, nicht aber in Bezug auf den belasteten Gegenstand.[174]

217 Im Gegensatz dazu hat der **Bruchteilsnießbrauch** nicht die Anwendung der §§ 1086 ff. BGB zur Folge.[175] Dies hat insbesondere zur Konsequenz, daß die besonderen Haftungsvorschriften der §§ 1086–1088 BGB beim Bruchteilsnießbrauch nicht anzuwenden sind – im Gegensatz zum Quotennießbrauch.

---

172 *Staudinger/Frank* § 1089 Rn 12.
173 MüKo/*Petzoldt* § 1089 Rn 6; *Staudinger/Frank* § 1089 Rn 8.
174 *Staudinger/Frank* § 1089 Rn 23.
175 *Staudinger/Frank* § 1089 Rn 24.

kk) Nutzziehungsrecht des Nießbrauchers

Der Nießbraucher ist berechtigt, alle Nutzungen der belasteten Sache zu ziehen, § 1030 I BGB. Das Reichsgericht[176] hat jedoch klargestellt, aus Zweck und Wesen des Nießbrauchs folge, daß „der Nießbraucher die Nutzungen nur insoweit haben soll, als sie bei ordnungsmäßiger Wirtschaft den Reinertrag bilden". Die nähere Bestimmung dieses Reinertrags ist jedoch nicht klar geregelt; Rechtsprechung dazu fehlt weitgehend. Deshalb ist dringend zu empfehlen, entsprechende Regelungen in die Verfügung von Todes wegen aufzunehmen. Fehlen solche Regelungen, so dürfte dem Nießbraucher der nach betriebswirtschaftlichen Grundsätzen ermittelte Reingewinn zustehen.[177]

218

Die Verfügung von Todes wegen sollte auch Aussagen dazu machen, wer etwa entstehende Verluste zu tragen hat. Da bei der Anordnung eines Unternehmensnießbrauchs vielfältige Streitpunkte entstehen können, empfiehlt sich gerade für diese Fälle die Einsetzung eines Schiedsgerichts, das bereits vom Erblasser in der Verfügung von Todes wegen angeordnet werden kann (vgl. unten Teil 5 § 28 Rn 1 ff., § 32 Rn 1 ff.).

219

ll) Zusammentreffen von Testamentsvollstreckung und Nießbrauch in einer Person

Der überlebende Ehegatte soll aufgrund gemeinschaftlicher Verfügung von Todes wegen häufig sowohl Nießbraucher am Nachlaß als auch Testamentsvollstrecker zur Verwaltung des gesamten Nachlasses des Erstversterbenden werden. Der Nießbraucher, dem sonst nur Verwaltungs- und geringe Verfügungsbefugnisse an den dem Nießbrauch unterliegenden Nachlaßgegenständen zustehen, erhält mit dem Amt des Testamentsvollstreckers das Verwaltungsrecht, § 2205 BGB, und Verfügungsrecht, § 2211 BGB.

220

Ein Vorteil dieser Verbindung besteht darin, daß der Nießbraucher sich in seiner Eigenschaft als Testamentsvollstrecker den Nießbrauch selbst bestellen kann. Gleichzeitig ist der Erbe auf die reine Rechtsposition des Eigentümers beschränkt, ohne auch Verwaltungs- und Nutzungsrechte am Nachlaß zu haben. Fraglich ist in solchen Fällen bei einem zum Nachlaß gehörenden

221

---

176 RGZ 153, 29, 32.
177 MüKo/*Petzoldt* § 1085 Rn 15.

Handelsgeschäft, in welcher Eigenschaft dieses Handelsgeschäft weitergeführt werden soll, ob als Nießbraucher oder als Testamentsvollstrecker. Hier bedarf es bei der Gestaltung der Verfügung von Todes wegen eindeutiger Regelungen. Möglich wäre, daß der Erblasser die Testamentsvollstreckung nur zum Zwecke der Bestellung des Nießbrauchs angeordnet haben will.

mm) Andere Nutzungsrechte

222 Der Nießbrauch ist nicht das einzige Nutzungsrecht, das einem Vermächtnisnehmer eingeräumt werden kann. Denkbar sind auch **schuldrechtliche** Nutzungsrechte wie **Miet-** und **Pachtverhältnisse** oder atypische Nutzungs-Rechtsverhältnisse, die gemäß §§ 241, 305 BGB zugewandt werden können, solange sie weder gesetz- noch sittenwidrig sind. Sobald darin ein Vermögensvorteil erblickt werden kann, kann es Gegenstand eines Vermächtnisses sein. So ist bspw. die Einräumung eines Mietrechts schon dann ein Vermögensvorteil, wenn dem Begünstigten dadurch ein Umzug erspart bleibt.

> *Hinweis*
> Das Bundesministerium der Finanzen hat am 24.7.1998 einen neuen Nießbrauchs-Erlaß veröffentlicht, abgedruckt in BStBl 1998 I, 914 ff.

223 Beim Nießbrauch am **Nachlaß** handelt es sich um eine Form des Vermögensnießbrauchs, mithin einen Nießbrauch an den einzelnen Nachlaßgegenständen, wobei dieser jeweils nach den für sie geltenden Vorschriften bestellt wird. Der Nießbrauch erlischt auch nicht durch Ausscheiden einzelner Gegenstände aus dem Nachlaß, insbesondere besteht keine dingliche Surrogation bezüglich der Ersatzgegenstände. An diesen kann ein weiterer Nießbrauch nur durch ein weiteres Vermächtnis bestellt werden.

224 Abgegrenzt werden muß der Nießbrauch am Nachlaß zum Nießbrauch an **Erbteilen**, insbesondere wegen der unterschiedlichen Bestellung, Wirkung und Nachlaßauseinandersetzung. Die Bestellung des Nießbrauchs am Erbteil erfolgt durch notarielle Beurkundung gemäß §§ 1069, 2033 I BGB.

225 Beim Nießbrauch am **Nachlaß** können die Erben die Auseinandersetzung ohne den Nießbraucher vornehmen, wobei dessen Recht an den einzelnen Gegenständen auch nach der Teilung bestehen bleibt, während eine Auseinandersetzung beim Nießbrauch an allen Erbteilen nur mit Zustimmung des Nießbrauchers

gemäß §§ 1068 II, 1066 II, und 1071 BGB möglich ist, weil mit Aufhebung der Erbengemeinschaft der Nießbrauch an den **Erbteilen** untergehen würde.

Es sollte deshalb im Testament bzw. Erbvertrag klar bestimmt werden, welche der beiden Nießbrauchsarten zugewandt werden soll mit der Folge, daß derjenige, dem ein Nießbrauch am Nachlaß vermacht ist, sich nicht darauf einlassen muß, daß die Erben ihm den Nießbrauch an den einzelnen Erbteilen bestellen.   226

Zu beachten ist, daß im Falle der Alleinerbschaft natürlich nur ein Nießbrauchsvermächtnis am Nachlaß möglich ist.   227

g) Das Rentenvermächtnis

aa) Allgemeines

Zur Versorgung eines Ehepartners, eines nichtehelichen Lebenspartners, eines Kindes oder einer sonstigen Person, die dem Erblasser nahesteht, kommt die Gewährung einer zeitlich befristeten oder lebenslangen Rente durch die Erben in Betracht. Das Rechtsinstitut der Leibrente ist in den §§ 759 – 761 BGB geregelt.   228

Entscheidend ist, daß sie nicht etwa eine Mehrzahl einzelner selbständiger Ansprüche mit fortlaufenden aufeinanderfolgenden Fälligkeitsterminen darstellt, vielmehr setzt sie ein selbständiges Rentenstammrecht voraus; die einzelnen Rentenzahlungen haben den Charakter von Rechtsfrüchten nach §§ 99, 100 BGB.[178] Die in § 761 BGB vorgesehene Schriftform ist bei der Errichtung einer Verfügung von Todes wegen und der vermächtnisweisen Zuwendung der Rente unproblematisch, weil hier die Formerfordernisse noch qualifizierter sind.

Dem Einkommensteuerrecht entstammt der Begriff der **dauernden Last**. Sie ist eine Unterart wiederkehrender Bezüge.[179] Verpflichtungsgrund für eine Zahlung als dauernde Last kann auch ein Vermächtnis sein.   229

---

178 RGZ 89, 259; BGH BB 1966, 305.
179 GrS BFHE 165, 225 = BStBl II 92, 78

Nach h.M. müssen Renten und dauernde Lasten unter einkommensteuerrechtlichen Gesichtspunkten eine Mindestlaufzeit von 10 Jahren haben (§ 10 I Nr. 1a EStG, BFH in HFR 65, 504 und BFHE 77, 662 = BStBl III 63, 563).

230 Renten und dauernde Lasten unterscheiden sich vor allem darin, daß Renten in regelmäßigen Zeitabständen und stets in gleicher Höhe fällig sind, während dauernde Lasten unregelmäßig und in unterschiedlicher Höhe geleistet werden können. Aber auch regelmäßige und gleichbleibende Zahlungen können als dauernde Last, und unregelmäßige Zahlungen in unterschiedlicher Höhe können als Rente zu beurteilen sein: Entscheidend ist, ob nach der Anordnung des Erblassers eine Änderungsklausel enthalten ist. Eine dauernde Last darf nur in analoger Anwendung von § 323 ZPO abänderbar sein, nicht aber eine Rente. Die Anpassung einer Rente im Wege der Wertsicherung führt aber nicht dazu, daß die Rente zur dauernden Last würde.[180] Bei ihr darf eine Änderung nach § 323 ZPO nicht vereinbart sein (BFHE 116, 501 = BStBl II 75, 881).

231 Große Unterschiede zwischen Rente und dauernder Last bestehen bei deren einkommensteuerrechtlicher Behandlung: Eine Leibrente ist mit dem Ertragsanteil beim Schuldner (= Vermächtnisbeschwerter) steuerabzugsfähig; dementsprechend muß der Empfänger (= Vermächtnisnehmer) auch nur den Ertragsanteil versteuern (§§ 22 Nr. 1 EStG, 55 EStDV). Eine dauernde Last kann hingegen in voller Höhe als Sonderausgabe abgesetzt werden und muß dementsprechend vom Empfänger in voller Höhe versteuert werden.

Da die Abgrenzung zwischen Rente und dauernder Last sehr schwierig ist, sollte ein Steuerfachmann zugezogen werden.

Muster: Untervermächtnis in Form eines Unterhaltszuschusses als dauernde Last

▼

232 Meinen Sohn _____, der meine gesamten Gesellschaftsbeteiligungen vermächtnisweise erhalten wird, beschwere ich mit folgendem Untervermächtnis:

Er hat meiner Tochter _____ als dauernde Last einen monatlichen Unterhaltszuschuß von _____ DM auf eine Laufzeit von 10 Jahren ab meinem Tod zu leisten. Für die Abänderungsmöglichkeit dieses Zuschusses gilt § 323 ZPO entsprechend.

---

180 BFH, BStBl 1983 II, 99.

Die Leistungspflicht beginnt am Ersten des auf meinen Tod folgenden Kalendermonats. Ein Ersatzvermächtnisnehmer wird nicht benannt.

bb) Leistungsstörungen

Veränderungen der Geschäftsgrundlage können grundsätzlich gemäß § 242 BGB zu einer Anpassung der Leistungsverpflichtung führen (zur Wertsicherung siehe unten Rn 234). Dabei ist auf den Zweck der Rentenzuwendung (Unterhaltssicherung, Belohnung) abzustellen. Im Nachlaßkonkurs oder im Privatkonkurs bzw. -insolvenz des zahlungspflichtigen Erben ist das Rentenstammrecht zur Konkurstabelle bzw. Insolvenztabelle anzumelden; der Rentenanspruch gilt gemäß §§ 65 I, 66, 69 KO bzw. §§ 41–45 InsO als fällig und ist entsprechend der Lebenserwartung des Rentenberechtigten zu kapitalisieren. **233**

cc) Wertsicherung

Leistungen, die in Geldbeträgen zu erbringen sind, unterliegen der Kaufkraftveränderung. Wenn eine Rentenzahlung den Lebensunterhalt einer Person sicherstellen soll, ist die Frage zu klären, in welcher Weise sich Kaufkraftveränderungen auf die Leistungsverpflichtung auswirken sollen, damit der Lebensstandard des Vermächtnisnehmers mit fortschreitender Zeit auf dem Niveau gehalten werden kann, den die Geldzahlung zu Beginn des Schuldverhältnisses ermöglicht hat. Dafür bietet das Schuldrecht im wesentlichen vier Lösungswege an: **234**

- Die Verzinsung einer Ratenzahlungsschuld (keine währungsrechtliche Genehmigung erforderlich),
- den Leistungsvorbehalt (keine währungsrechtliche Genehmigung erforderlich),
- die Spannungsklausel (keine währungsrechtliche Genehmigung erforderlich),
- die Wertsicherungsklausel mit automatischer Anpassung (währungsrechtliche Genehmigungspflicht).

2 Das erbrechtliche Mandat vor dem Erbfall

(1) Ratenzahlung

235 Der Erblasser kann ein Geldvermächtnis aussetzen, das in Raten zu zahlen ist, und zwar entweder in einer bestimmten Gesamtsumme, auf Lebenszeit oder bis zum Eintritt eines Ereignisses (verzinslich oder unverzinslich).

236 *Hinweis*
Seit 1.1.1999 ist an die Stelle des Diskontsatzes der bisherigen Deutschen Bundesbank (mit den Landeszentralbanken als Zweigstellen) der Basiszinssatz der Europäischen Zentralbank getreten. Er verändert sich mit Beginn des 1. Januar, 1. Mai und 1. September jeden Jahres, erstmals per 01.05.1999 (Art. 1 § 1 EuroEG vom 09.06.1998 BGBl 1998 I 1242).

Muster: Geldvermächtnis als Ratenzahlung
▼

237 Meiner Tochter _____ setze ich ein Geldvermächtnis in Höhe von _____ DM aus, zahlbar in monatlichen Raten zu je _____ DM, beginnend am Ersten des auf meinen Tod folgenden Kalendermonats.
023
Die Geldschuld ist mit 3 % über dem seit 01.01.1999 geltenden Basiszinssatz der Europäischen Zentralbank jährlich zu verzinsen.
Sicherheit kann nicht verlangt werden. Ersatzvermächtnisnehmer werden nicht benannt.
▲

Muster: Ratenzahlung bis zur Verheiratung
▼

238 Meiner Tochter _____ setze ich ein Geldvermächtnis in Höhe von monatlich _____ DM zahlbar bis zu ihrer Verheiratung in montlichen Raten zu je _____
024 DM, erstmals zum Ersten des auf meinen Tod folgenden Kalendermonats, aus.
Die Geldschuld ist mit 3 % über dem jeweiligen seit 01.01.1999 geltenden Basiszinssatz der Europäischen Zentralbank jährlich zu verzinsen. Sicherheit kann nicht verlangt werden. Ersatzvermächtnisnehmer werden nicht benannt.
▲

(2) Leistungsvorbehalt

Die Höhe der Geldschuld kann sich nach einer Vergleichsgröße wie Lebenshaltungskostenindex, Beamtengehalt o.ä. richten, ohne daß damit eine automatische Anpassung in der Höhe der Leistungsverpflichtung verbunden wäre. Charakteristikum des Leistungsvorbehaltes ist, daß bei einer entsprechenden Veränderung der Bezugsgröße die Parteien des Schuldverhältnisses verpflichtet sind, Verhandlungen über eine Anpassung aufzunehmen. Der BGH[181] hielt bisher eine enge Auslegung von § 3 Währungsgesetz im Hinblick auf die damit verbundene Beschränkung der Vertragsfreiheit für geboten. In Fällen, in denen sich die Bezifferung erst aufgrund eines Tätigwerdens der Parteien, insbesondere von Vertragsverhandlungen, ergibt, tritt keine automatische Anpassung der Leistungsverpflichtung ein; eine Genehmigungspflicht nach § 3 Währungsgesetz war deshalb nicht gegeben.[182]

239

(3) Genehmigungspflichtige Wertsicherungsklausel

In Betracht kommen Klauseln mit einer automatischen Anpassung der Leistungshöhe an bestimmte Gehälter (bspw. Beamtengehalt einer bestimmten Besoldungsgruppe) oder – am verbreitetsten – an den Lebenshaltungskostenindex. Die Genehmigungsfähigkeit von Anpassungsklauseln, die sich an Beamtengehältern orientieren, ist eingeschränkt.

240

Mit dem Euro-Einführungsgesetz vom 9.6.1998, BGBl I 1242, wurden u.a. § 3 WährG und § 49 Außenwirtschaftsgesetz zum 1.1.1999 aufgehoben, Art. 9 § 1 und Art. 13 EuroEG. Art. 9 § 4 EuroEG ändert die Überschrift des Preisangabengesetzes vom 3.12.1984, BGBl I 1429, in „Preisangaben- und Preisklauselgesetz" (PreisG) und schafft einen neuen § 2. Er entspricht weitgehend § 3 S. 2 WährG und § 49 II AußenWG. Wertsicherungsklauseln bleiben daher innerhalb der elf Euro-Staaten nur in Deutschland staatlich reguliert, wie dies bisher schon der Fall war. § 3 WährG war Besatzungsrecht, das nach der Rechtsprechung des BVerwG nicht auf seine Vereinbarkeit mit dem Grundgesetz überprüft werden konnte.[183] Das PreisG in seiner Neufassung genießt diesen Schutz jetzt nicht mehr.

241

---

181 BGHZ 62, 737.
182 Vgl. auch *Dürkes* B Rn 46 ff.
183 Urteil vom 3.10.1972, NJW 1973, 529.

Aufgrund der Ermächtigung in § 2 II PreisG hat die Bundesregierung am 23.9.1998 die Preisklauselverordnung (PrKV) erlassen (BGBl I 3043). Diese ist am 1.1.1999 in Kraft getreten. Seit 1.1.1999 gelten für Wertsicherungsklauseln nur noch § 2 PreisG und die PrKV.

Das EuroEG enthält für das Indexierungsverbot kein Überleitungsrecht. Alle bis 31.12.1998 dem § 3 WährG unterliegenden Wertsicherungsklauseln, deren Genehmigung noch nicht erteilt wurde, unterliegen jetzt dem § 2 PreisG.

Die nach altem Recht genehmigten bzw. genehmigungsfreien Wertsicherungsklauseln dürften nicht noch einmal nach § 2 PreisG, soweit dessen Anwendungsbereich reicht, genehmigungspflichtig sein.[184]

§ 2 I S. 1 PreisG enthält folgendes neues Indexierungsverbot:

„*Der Betrag von Geldschulden darf*
1. *nicht unmittelbar und selbsttätig durch den Preis oder Wert von anderen Gütern und Leistungen bestimmt werden, die*
2. *mit den vereinbarten Gütern und Leistungen nicht vergleichbar sind.*"

Das neue Indexierungsverbot erfaßt also nur Gleitklauseln, die die Geldschuld automatisch an die Entwicklung eines schuldfremden Wertsicherungsmaßstabes anpassen. § 2 I S. 2 PreisG und die PrKV nennen diese Gleitklauseln „Preisklauseln" und das neue Indexierungsverbot „Preisklauselverbot". Wie weit sein Geltungsbereich reicht, ist noch nicht völlig klar.

242 Gleitklauseln mit schuldfremden Wertsicherungsmaßstäben (Preisklauseln) bedürfen grundsätzlich der Genehmigung. Genehmigungsbehörde ist seit 1.1.1999 das Bundesamt für Wirtschaft (BAW) in Eschborn; Adresse: Postfach 5171, 67756 Eschborn/Taunus, Tel. 06196/4040.

Nach § 2 I S. 2 PreisG können Gleitklauseln mit schuldfremden Wertsicherungsmaßstäben auf Antrag genehmigt werden, wenn
1. Zahlungen langfristig zu erbringen sind oder
2. besondere Gründe des Wettbewerbs eine Wertsicherung rechtfertigen und
3. die Gleitklausel nicht eine Vertragspartei unangemessen benachteiligt.

---

184 So Schmidt-Räntsch, NJW 1998, 3170.

Genehmigungspflichtige Gleitklauseln haben nach § 2 PrKV nur Aussicht auf Genehmigung, wenn sie – wie bisher –
1. hinreichend bestimmt sind, den Wertsicherungsmaßstab genau bezeichnen, z.B. darf die Wertsicherung nicht allgemein von der künftigen Preisentwicklung oder einem anderen Maßstab abhängig sein, der nicht erkennen läßt, welcher Preis oder Wert Wertsiche-rungsmaßstab ist (§ 2 I PrKV), und
2. eine Vertragspartei nicht unangemessen benachteiligen, z.B
   - nicht einseitig nur Erhöhungen zulassen, aber keine Minderungen,
   - den geschuldeten Betrag im Vergleich zum Wertsicherungsmaßstab der Bezugsgröße nicht überproportional ändern, § 2 II PrKV.

Bei § 3 I PrKV ist es die Kombination eines vom Statistischen Bundesamt oder einem Statistischen Landesamt ermittelten Preisindexes für die Gesamtlebenshaltung oder eines vom Statistischen Amt der Europäischen Gemeinschaft ermittelten Verbraucherpreisindexes mit
1. wiederkehrenden Zahlungen, die zu erbringen sind
   a) auf Lebenszeit des Gläubigers oder Schuldners,
   b) bis der Empfänger erwerbsfähig ist oder ein bestimmtes Ausbildungsziel erreicht hat,
   c) bis zum Beginn der Altersversorgung des Empfängers,
   d) für die Dauer von mindestens zehn Jahren ab Vertragsschluß oder
   e) aufgrund von Verträgen, in denen der Gläubiger für die Dauer von mindestens zehn Jahren auf sein ordentliches Kündigungsrecht verzichtet oder der Schuldner das Recht hat, die Vertragsdauer auf zehn Jahre zu verlängern,
2. Zahlungspflichten, die
   a) aufgrund von Auseinandersetzungsvereinbarungen zwischen Miterben, Ehegatten, Eltern und Kindern,
   b) aufgrund einer letztwilligen Verfügung
   c) von einem Übernehmer eines Betriebes oder eines sonstigen Sachvermögens zur Abfindung eines Dritten zu entrichten sind, sofern zwischen der Begründung der Zahlungspflicht und der Fälligkeit der letzten Rate oder des Eintritts der Fälligkeit zehn Jahre liegen oder die Zahlungen nach dem Tode eines Beteiligten zu erbringen sind.

> **Hinweis**
> Da aufgrund der neuen Rechtslage noch keine Rechtssicherheit in Bezug auf die Genehmigungspraxis besteht, ist dringend zu empfehlen, sich in Zweifelsfällen vom BAW ein Negativattest erteilen zu lassen.
>
> Nach wie vor gilt: Eine nicht genehmigungsfähige Anordnung des Erblassers kann im Wege der hypothetischen Auslegung in eine genehmigungsfähige ausgelegt werden.

243 Zwei Zeiträume sind für die Frage der Anpassung der Rentenhöhe zu unterscheiden:
- die Zeit zwischen der Errichtung einer Verfügung von Todes wegen und dem Erbfall;
- die Zeit ab dem Erbfall.

(a) Zeitraum zwischen Testamentserrichtung und Erbfall

Ein Rentenvermächtnis, das den Unterhalt des Vermächtnisnehmers sichern soll, muß sinnvollerweise der Entwicklung der Lebenshaltungskosten angepaßt werden. Da eine Verfügung von Todes wegen mit ihrer Errichtung zwar existent, aber noch nicht rechtswirksam wird, ist auch die Zahlungsverpflichtung vor dem Erbfall noch nicht wirksam geworden. Aus diesem Grund bedarf die Anpassung der Rentenhöhe in der Zeit zwischen Testamentserrichtung und Erbfall keiner währungsrechtlichen Genehmigung.[185]

(b) Anpassung nach dem Tod des Erblassers

244 Da das Testament mit dem Tod des Erblassers Rechtswirkungen erzeugt und das Schuldverhältnis zwischen Vermächtnisbegünstigtem und –belastetem mit diesem Zeitpunkt entsteht, bedarf eine Wertsicherungsklausel für diese Zeit der währungsrechtlichen Genehmigung.

245 Die oben Rn 242 dargestellten Genehmigungsvoraussetzungen bedeuten, daß eine Anpassung nach Lebenshaltungskostenindex in einer letztwilligen Verfügung für Einmalzahlungen dann zulässig ist, wenn zwischen dem Entstehen der Verbindlichkeit, also dem Anfall des Vermächtnisses (in aller Regel

---

185 Vgl. *von Oertzen* ZEV 1994, 160.

Zeitpunkt des Erbfalls), und der Fälligkeit zehn Jahre liegen oder bei Rentenvermächtnissen, wenn sie ab Erbfall mindestens zehn Jahre oder auf Lebenszeit einer Person laufen.

Basis für den Lebenshaltungskostenindex ist derzeit das Jahr 1995 (vgl. *Rasch*, DNotZ 1999, 467).

Es ist dringend zu empfehlen, eine etwa erforderliche Genehmigung bereits vor dem Erbfall einzuholen, damit der Erblasser Klarheit darüber erhält, ob das von ihm vorgesehene Rentenvermächtnis in seiner besonderen Ausgestaltung wirksam sein wird oder nicht. Bestehen Zweifel an der Genehmigungspflicht, so empfiehlt es sich, ein Negativattest ebenfalls vor dem Erbfall einzuholen. 246

> *Hinweis*
> Die Indexzahlen sind abgedruckt in NJW, FamRZ, DNotZ und im Statistischen Jahrbuch für die BRD, Ausgabe 1998 S. 631 ff. Ansagedienst des Stat. Bundesamtes in Wiesbaden: Tel. 0611/752888; Internet-Adresse des Stat. Bundesamtes: http://www.statistik-bund.de; E-Mail: stba-berlin.infodienst@t-online.de

dd) Grundbuchmäßige Absicherung mittels Reallast

Die Rentenzahlungspflicht kann durch eine im Grundbuch einzutragende Reallast gesichert werden. Ein gesetzlicher Anspruch darauf besteht nicht. Wenn der Erblasser dem Vermächtnisnehmer eine Absicherung durch Bestellung einer Reallast gewähren will, so muß sie zusätzlich zu dem Rentenversprechen vermächtnisweise gewährt werden. Damit erhält der Vermächtnisnehmer außer dem schuldrechtlichen Anspruch auf Zahlung der Rente einen dinglichen Anspruch auf Duldung der Zwangsvollstreckung in das belastete Grundstück (§§ 1105 I, 1107, 1147 BGB). Weiterhin begründet die Reallast einen persönlichen Anspruch gegen den jeweiligen Eigentümer des belasteten Grundstücks auf Zahlung derjenigen Rentenlteilbeträge, die während der Dauer seines Eigentums fällig werden (§ 1108 I BGB). 247

Ist eine Wertsicherung vorgesehen, so kann auch diese als dinglicher Inhalt der Reallast im Grundbuch eingetragen werden.[186]

---

186 BayObLG NJW-RR 1993, 1171 = DNotZ 1993, 743; OLG Oldenburg NJW-RR 1990, 1174.

Muster: Rentenzahlungsverpflichtung mit Reallast

▼

248

025

Meiner Tochter ▬▬▬ wende ich eine lebenslange Rente in Höhe von monatlich ▬▬▬ DM, zahlbar erstmals zum Ersten des auf meinen Tod folgenden Kalendermonats, zu.

Verändert sich der vom Statistischen Bundesamt festgestellte Preisindex für die Gesamtlebenshaltungskosten aller privaten Haushalte in Deutschland gegenüber heute um mehr als 10 Punkte, so können sowohl die Erben als auch die Vermächtnisnehmerin eine entsprechende Anpassung der Rente im selben Verhältnis verlangen für die Zeit ab dem Ersten des auf die Vereinbarung folgenden Monats. Basisjahr für den Index ist das Jahr 1995 = 100 Punkte. Bezogen hierauf beträgt der Index derzeit Punkte.

Ersatzvermächtnisnehmer werden entgegen jeder anderslautenden gesetzlichen oder richterlichen Auslegungs- und Vermutungsregel nicht benannt.

Die Vermächtnisnehmerin kann die Sicherstellung der Rentenzahlungsverpflichtung durch Eintragung einer Reallast zu Lasten des Grundstücks ▬▬▬ verlangen.

▲

h) Wohnungsrecht[187]

249 Bei dem durch Vermächtnis zugewandten Wohnungsrecht besteht zum einen die Möglichkeit, ein dingliches Wohnungsrecht (§ 1093 BGB) zu vereinbaren, auf der anderen Seite kann ein Wohnrecht aber auch schuldrechtlich vereinbart und durch Wohnungsreallast gesichert werden. Das Vermächtnis dinglicher Wohnungsrechte nach § 1093 BGB bzw. als Wohnungsreallast bietet, da diese Rechte grundsätzlich unveräußerlich und nicht vererbbar sind, die Möglichkeit, einer Generation die wirtschaftliche Nutzung des Grundstücks zuzuwenden und gleichzeitig der nächsten den Erhalt seiner Substanz zu gewährleisten. Das dingliche Wohnungsrecht nach § 1093 BGB hat den Vorteil, daß dadurch zwischen den Beteiligten ein eingehendes und ausgewogenes gesetzliches Schuldverhältnis begründet wird, das zumeist ohne Abänderung übernommen werden kann.[188]

---

[187] Zur Abgrenzung zwischen Wohnungsrecht und Wohnrecht siehe *Weirich*, Grundstücksrecht, Rn 736 ff.
[188] *Nieder*, Münchner Vertragshandbuch, XVI 8 Anm. 8.

Der Nachteil eines dinglichen Wohnungsrechts ist, daß das Wohnungsrecht bei Zerstörung des Gebäudes erlischt.[189] Den Eigentümer trifft insoweit auch keine **Wiederaufbaupflicht** bzw. Wiedereinräumungspflicht, falls er sich hierzu nicht bei der Bestellung schuldrechtlich verpflichtet hat bzw. sie ihm nach Landesrecht auferlegt wurde.[190]   250

Insofern erscheint es günstiger, als Vermächtnis eine Wohnungsreallast einzuräumen, die den Eigentümer nur allgemein zur Wohnungsgewährung verpflichtet und nicht an genau bestimmten Räumen unter Ausschluß des Eigentümers. Da dann die Wohnungsgewährung nicht vom Bestand des Gebäudes abhängig ist, bleibt sie bestehen, wenn das Gebäude oder ein Gebäudeteil zerstört wird.[191]   251

Der Nachteil der Wohnungsreallast besteht in deren Pfändbarkeit, wohingegen beim dinglichen Wohnungsrecht nach § 1093 BGB eine Pfändung nur dann erfolgen kann, wenn die Befugnis zu seiner Ausübung durch andere ausdrücklich gestattet ist (§ 1092 I S. 2 BGB).   252

Der Wohnungsberechtigte hat grundsätzlich für die **Erhaltung** der Wohnung zu sorgen und trägt die laufenden Kosten. Der Eigentümer kann aber gemäß § 1021 BGB mit dinglicher Wirkung verpflichtet werden, die Wohnung instand zu halten,[192] als auch die Kosten für Heizung, Strom, Wasser und Gas zu tragen.   253

Im Falle eines dinglichen Wohnungsrechts trägt der Grundstückseigentümer im Gegensatz zum Nießbrauch die öffentlichen und privaten Lasten des Grundstücks allein.[193]   254

---

189 BGHZ 7, 268.
190 *Nieder*, Münchener Vertragshandbuch, XVI 8 Anm. 8.
191 *Nieder*, BWNotZ 1975, 303.
192 MüKo/*Joost*, § 1093 Rn 8.
193 *Langenfeld*, Rn 294.

Muster: Wohnungsrechtsvermächtnis zugunsten der Lebensgefährtin
▼

255

026

Testament

Ich, ..., geboren am .... in ...., wohnhaft in ...., verwitwet, deutscher Staatsangehöriger, errichte nachfolgendes Testament.

Wohnungsrechtsvermächtnis

Meine Lebensgefährtin ...., geb. am .... in ...., wohnhaft in ...., erhält im Wege des Vermächtnisses ein lebenslanges, nicht übertragbares dingliches Wohnungsrecht (§ 1093 BGB) an der Erdgeschoßwohnung meines Hauses in ...., ... Straße ...., eingetragen im Grundbuch von .... Band, ... Bl.Nr .... Das Wohnungsrecht umfaßt auch die alleinige Benutzung des Kellerraumes im Untergeschoß am Ende des Kellerflures rechts gelegen. Es berechtigt zur Mitbenutzung aller dem gemeinschaftlichen Gebrauch der Hausbewohner dienenden Einrichtungen und Anlagen, insbesondere des Waschmaschinenraumes, des Trockenraumes, des Gartens und aller Zugänge. Dem Wohnungsrecht dürfen in Abt. III des Grundbuchs Grundpfandrechte bis zur Höhe von 100.000 DM samt Zinsen bis 18 % jährlich im Rang vorgehen. Die Berechtigte darf in Erweiterung zu § 1093 II BGB auch Dritte in die Wohnung mit aufnehmen. Der Eigentümer ist zur Instandhaltung verpflichtet. Er trägt die außergewöhnlichen Erhaltungskosten. Die gewöhnlichen Ausbesserungskosten sowie die Kosten für Heizung, Strom, Wasser, Abwasser und Gas trägt die Berechtigte dagegen selbst. Das Wohnungsrecht ruht, wenn die Wohnungsberechtigte die Räume verläßt. Die Kosten der Vermächtniserfüllung tragen die Erben.

Ort, Datum, Unterschrift

▲

XIII. Enterbung, Pflichtteilsentziehung und Pflichtteilsbeschränkung

1. Die Enterbung (§ 1938 BGB)

a) Allgemeines

256 Unter Enterbung versteht man den Ausschluß eines gesetzlichen Erben durch Verfügung von Todes wegen. Die **Enterbung** kann grundsätzlich durch ein sogenanntes Negativ-Testament (§ 1938 BGB) oder durch ein Positiv-Testament (§ 1937 BGB) erreicht werden.

257 Ein **negatives** Testament beinhaltet den ausdrücklichen Erbausschluß gesetzlicher Erben mit der Folge, daß zwar grundsätzlich die gesetzliche Erbfolge eintritt, die ausdrücklich Enterbten aber so behandelt werden, als wenn sie nicht vorhanden wären.

Das **positive** Testament stellt dagegen lediglich eine **konkludente** Enterbung dar. Dadurch, daß bestimmte Personen als Erben eingesetzt werden und der volle Nachlaß vergeben wird, bleibt kein Raum mehr für den Eintritt der gesetzlichen Erbfolge. Die Enterbung gesetzlicher Erben ergibt sich in einem solchen Fall zwangsläufig. Die sogenannte positive Erbeinsetzung führt daher ohne ausdrückliche Enterbung zum Ausschluß der gesetzlichen Erbfolge. Beim positiven Testament besteht das Problem, ob bei **Nichtigkeit der Erbeinsetzungen** die enterbende Wirkung der Verfügung erhalten bleibt. Die hM verneint dies.[194] Etwas anderes gilt nur, wenn die Verfügung von Todes wegen einen anderen Willen des Erblassers erkennen läßt.

258

Die Enterbung eines gesetzlichen Erben erfolgt grundsätzlich nur in seiner Person und hindert das Eintrittsrecht seiner Abkömmlinge gemäß § 1924 Abs. 3 BGB nicht.[195] Soll sich die Enterbung auch auf die Abkömmlinge erstrecken, dann sollte dies in der Verfügung ausdrücklich erklärt werden.[196] Nicht enterbt werden kann der Fiskus.[197]

259

Ein Ausschluß von der Erbfolge und mithin eine Enterbung liegt auch dann vor, wenn der Pflichtteilsberechtigte nur als Ersatzerbe nach § 2096 BGB eingesetzt ist.[198]

Will der Erblasser sicher gehen, daß eine bestimmte Person nicht Erbe wird, dann bietet sich an, ihn ausdrücklich von der Erbfolge auszuschließen – andernfalls bestünde die Gefahr, daß der zunächst nicht Bedachte über eine Ersatzerbenregelung oder den Eintritt einer gesetzlichen Erbfolge bei Ausschlagung, doch noch Erbe wird. In der Regel soll hierbei auch der ganze Stamm von der Erbfolge ausgeschlossen werden.

---

[194] OLG Stuttgart BWNotZ 1981, 144; OLG Darmstadt OLGE 14, 314.
[195] Vgl. hierzu MüKo/*Leipold* § 1938 Rn 4.
[196] BGH DNotZ 1990, 425.
[197] MüKo/*Leipold* § 1938 Rn 2.
[198] *Klingelhöffer* Rn 51.

2 Das erbrechtliche Mandat vor dem Erbfall

Muster: Die Enterbung

▼

260 Meinen Sohn _____, geb. am _____ in _____, schließe ich ausdrücklich mit seinem ganzen Stamm von der Erbfolge aus, weil er bereits zu Lebzeiten von mir das Baugrundstück _____ Str. _____ in _____ und ein Sparkonto in Höhe von DM _____ erhalten hat. Die Enterbung erfolgt unabhängig vom Wert der lebzeitigen Zuwendung und dem Wert des Nachlasses zum Zeitpunkt des Erbfalls.

▲

b) Die Einsetzung zum Nacherben

261 Keine Enterbung ist die Einsetzung als **Nacherbe** nach § 2100 BGB. Der Nacherbe ist zwar rechtlich nicht von der Erbfolge ausgeschlossen, wird aber beim Erbfall nicht sofort Erbe, sondern erst, nachdem zuvor ein anderer Erbe geworden ist, wobei er ggf. auch noch die Nachteile einer befreiten Vorerbschaft erleidet. Der Nacherbe wird insoweit gemäß § 2306 II BGB wie ein pflichtteilsberechtigter Vorerbe behandelt.

c) Die Erbeinsetzung auf den Pflichtteil

262 Zu Schwierigkeiten kann in der Praxis die häufig in Laientestamenten enthaltene Formulierung führen, daß eine bestimmte Person nur ihren **Pflichtteil** erhält. Es stellt sich dann konkret die Frage, ob eine solche Anordnung lediglich eine Feststellung, eine Enterbung, eine Erbeinsetzung in Höhe des Pflichtteils oder gar eine Vermächtniszuweisung in Höhe des Pflichtteilsbetrages ist.[199]

263 § 2304 BGB enthält für diesen Fall eine Auslegungsregel dahingehend, daß die Zuwendung des Pflichtteils im Zweifel nicht als Erbeinsetzung anzusehen sei. Es besteht dann aber noch die Möglichkeit, daß die Zuwendung des Pflichtteils als **Vermächtnis** angeordnet ist mit der Folge, daß der Bedachte den Pflichtteil durch letztwillige Verfügung und nicht kraft Gesetzes erhält.[200] Der praktische Unterschied besteht darin, daß der Pflichtteilsanspruch nach 3 Jahren, ein eventueller Vermächtnisanspruch aber erst nach 30 Jahren verjährt.

---

199 *Palandt/Edenhofer* § 2087 Rn 8.
200 *Palandt/Edenhofer* § 2304 Rn 1.

Beim Ehegatten, der mit dem Erblasser im gesetzlichen Güterstand der Zugewinngemeinschaft lebt, soll im Falle der vermächtnisweisen Zuwendung des Pflichtteils der erhöhte Pflichtteil zugewandt sein.[201]

264

> *Hinweis*
> Gemäß § 17 BeurkG obliegt dem Notar eine Belehrungspflicht dahingehend, den Erblasser auf die Pflichtteilsrechte und deren Bedeutung im Erbfall hinzuweisen.

2. Die Pflichtteilsentziehung (§§ 2333 ff. BGB)[202]

a) Die Pflichtteilsentziehung bei Abkömmlingen

aa) Allgemeines
Grundsätzlich ist es dem Erblasser nicht möglich, seine pflichtteilsberechtigten Verwandten zu übergehen. Der Schutz des Pflichtteilsrechts steht dem Abkömmling jedoch nicht uneingeschränkt zu.

265

bb) Entziehung wegen versuchten Totschlags
Der Erblasser kann einem **Abkömmling** den **Pflichtteil entziehen**, wenn der Abkömmling dem Erblasser, dem Ehegatten oder einem anderen Abkömmling des Erblassers nach dem Leben trachtet. Dies ist dann der Fall, wenn der ernsthafte Wille betätigt wird, den **Tod** des anderen herbeizuführen, wobei ein einmaliger Versuch genügt. Beharrlichkeit ist nicht erforderlich. Hierbei genügt auch Mittäterschaft, Beihilfe oder Anstiftung, § 2333 Nr. 1 BGB.[203]

266

cc) Entziehung wegen körperlicher Mißhandlung
Das gleiche gilt, wenn der Abkömmling sich einer vorsätzlichen **körperlichen Mißhandlung** des Erblassers oder des Ehegatten des Erblassers schuldig macht, im Falle der Mißhandlung des Ehegatten jedoch nur, wenn der

267

---

201 *Palandt/Edenhofer* § 2304 Rn 5.
202 OLG Dresden NJWE-FER 1999, 275 zu der Frage des Wirksamwerdens einer Pflichtteilsentziehung nach Beitritt der DDR.
203 *Palandt/Edenhofer* § 2333 Rn 3.

Abkömmling von diesem abstammt oder von diesem adoptiert wurde.[204] Die Mißhandlung muß nach hM eine konkrete schwere Pietätsverletzung darstellen.[205] Unter vorsätzlicher, körperlicher Mißhandlung versteht man eine üble, unangemessene Behandlung, durch die das körperliche Wohlbefinden oder die körperliche Unversehrtheit nicht nur unerheblich beeinträchtigt wird (§ 223 StGB). Hierbei genügt auch eine nur mittelbare Einwirkung.

Muster: Pflichtteilsentziehung gemäß § 2333 Nr. 2 BGB

▼

268 Ich, ▨▨▨, entziehe hiermit meinem Sohn ▨▨▨, geb. am ▨▨▨ in ▨▨▨, den Pflichtteil aus folgendem Grund:

Abgesehen davon, daß er ohnehin schon immer das schwarze Schaf der Familie war und durch seine Trunk- und Spielsucht nichts als Schande über die Familie gebracht hat, setzte er dem Ganzen die Krone auf, als er mich anläßlich der Feier meines 60. Geburtstages vor versammelter Gesellschaft anspuckte und dann zu Boden schlug. Hierbei erlitt ich mehrere Hämatome und einen Unterkieferbruch. Zum Beweis: der mich behandelnde Arzt Dr. ▨▨▨ in ▨▨▨, den bzw. dessen Nachfolger ich hiermit von der Schweigepflicht entbinde.

▲

dd) Entziehung wegen eines schweren vorsätzlichen Vergehens

269 Die Entziehung des Pflichtteils ist auch dann möglich, wenn der Abkömmling sich eines **Verbrechens** oder eines **schweren vorsätzlichen Vergehens** gegen den Erblasser oder dessen Ehegatten schuldig macht, wobei eine strafrechtliche Verurteilung nicht erforderlich ist. Ob ein schweres Vergehen vorliegt, beurteilt sich nach dem Grad des sittlichen Verschuldens.

ee) Entziehung wegen böswilliger Verletzung der Unterhaltspflicht

270 Als weiteren Entziehungsgrund nennt § 2333 Nr. 4 BGB die böswillige **Verletzung** der dem Abkömmling dem Erblasser gegenüber gesetzlich obliegenden **Unterhaltspflicht**, wozu auch die Unterlassung der Pflege im Krankheitsfall

---

204 MüKo/*Frank* § 2333 Rn 10.
205 BGHZ 109, 306.

gehört. Eine tatsächliche Pflege ist nicht erforderlich, solange die Abkömmlinge dem Erblasser finanzielle Unterstützung leisten. Nach hM wird weiterhin verlangt, daß der Abkömmling **verwerflich** gehandelt hat.[206]

Muster: Pflichtteilsentziehung gemäß § 2333 Nr. 4 BGB

Da mein Sohn ▬▬▬ sich trotz meiner schweren Krankheit nie um mich gekümmert, eine Pflege selbst für nur kurze Zeiträume, um seine Schwester zu entlasten, beharrlich verweigert hat und auch nicht für die Kosten eines Pflegeheims trotz seines großen Vermögens aufkommen wollte, entziehe ich ihm hiermit den Pflichtteil. Zum Beweis: Sein Schreiben vom ▬▬▬, in dem er mir mitteilt, daß es ihm egal ist, in welchem Zustand ich mich befinde und in dem er mitteilt, daß ich keinen Pfennig von ihm zu erwarten habe.

ff) Entziehung wegen eines ehrlosen und unsittlichen Lebenswandels

Die Vorschrift des § 2333 Nr. 5 BGB benennt den Entziehungsgrund des **ehrlosen** oder **unsittlichen** Lebenswandels des Abkömmlings wider den Willen des Erblassers. Da Entziehungsgrund die Verletzung der Familienehre ist, sind hier Ehrbegriffe und die Lebensführung der Familie des Erblassers für die Beurteilung maßgeblich. Ein ehrloser oder unsittlicher Lebenswandel erfordert einen festgewurzelten Hang und eine gewisse Dauer. Eine strafrechtliche Verurteilung ist nicht erforderlich. Da der ehrlose und unsittliche Lebenswandel gegen den Willen des Erblassers erfolgen muß, darf dieser ihm weder zugestimmt noch an ihm teilgenommen haben. Erforderlich ist auch, daß ein Einwirken in den Interessenkreis des Erblassers vorliegt, andernfalls scheidet eine Verletzung der **Familienehre** aus.[207] Darüber hinaus muß gemäß § 2336 IV BGB der ehrlose und unsittliche Lebenswandel zum Zeitpunkt des Erbfalls noch andauern.[208]

Beispiele hierfür sind: Prostitution, gewerbsmäßiges Glücksspiel, unverbesserliche Trunk- oder Rauschgiftsucht[209] und gewerbsmäßige Unzucht.[210]

---

206 MüKo/*Frank* § 2333 Rn 12; *Soergel/Dieckmann* 2333 Rn 10.
207 BGHZ 76, 109.
208 Palandt/*Edenhofer* § 2333 Rn 7.
209 OLG Düsseldorf NJW 1968, 944.
210 MüKo/*Frank* § 2333 Rn 15.

Muster: Pflichtteilsentziehung gemäß § 2333 Nr. 5 BGB

▼

273 Meiner Tochter ▓▓▓▓ entziehe ich hiermit den Pflichtteil. Sie ist seit mindestens 10 Jahren schwer heroinabhängig und finanziert ihren Drogenkonsum durch Prostitution und Eigentums- und Vermögensdelikte, deretwegen sie bereits mehrfach vorbestraft ist. Sie wurde durch Urteil vom ▓▓▓▓ des ▓▓▓▓ Gerichts in ▓▓▓▓ zu einer Haftstrafe von ▓▓▓▓ und durch Urteil vom ▓▓▓▓ zu einer Haftstrafe von ▓▓▓▓ Jahren verurteilt. Mehrere Versuche einer Entziehungskur scheiterten, da sie schon nach wenigen Tagen von meiner Tochter grundlos abgebrochen wurden. Da sie der Prostitution in unserer Gemeinde nachgeht, werden wir von den Mitbewohnern ausgegrenzt. Ihre Geschwister werden in der Schule gehänselt und man zeigt mit dem „Finger" auf sie. Letzte Woche, am ▓▓▓▓, wurden wir nach der Kirche von Kindern sogar angespuckt. Zum Beweis: ▓▓▓▓.

▲

b) Die Pflichtteilsentziehung gegenüber den Eltern

274 Die **Pflichtteilsentziehung** gegenüber den **Eltern** des Erblassers erfolgt nach § 2334 BGB. Danach kann der Erblasser demjenigen Elternteil den Pflichtteil entziehen, der sich einer der in § 2333 Nr. 1 3 4 BGB bezeichneten Verfehlungen schuldig gemacht hat.

c) Die Pflichtteilsentziehung gegenüber dem Ehegatten

275 Die Vorschrift des § 2335 BGB nennt die Gründe für eine Pflichtteilsentziehung gegenüber dem Ehegatten. Abgesehen von den darin genannten Gründen ist im weiteren § 1933 BGB zu beachten. Danach ist das Erb- und Pflichtteilsrecht des überlebenden Ehegatten grundsätzlich ausgeschlossen, wenn zur Zeit des Todes des Erblassers die Voraussetzungen für die Scheidung der Ehe gegeben waren und der Erblasser die Scheidung beantragt oder ihr zugestimmt hatte.

d) Die Form der Entziehung

276 Die Pflichtteilsentziehung erfolgt durch letztwillige Verfügung, § 2336 BGB. Außerdem muß der Grund der Entziehung zur **Zeit** der **Errichtung** des Testamentes bestehen und in der Verfügung angegeben werden. Die Gründe können schon länger zurückliegen, sie dürfen jedoch nicht lediglich in der Zukunft liegen. Im einzelnen sind der gesetzliche Tatbestand und die ihn ausfüllenden Tatsachen anzugeben.

Möglich ist aber eine Entziehung für den Fall, daß ein vom Erblasser vermuteter, aber noch nicht sicher feststehender Entziehungsgrund vorliegt.

Das Pflichtteilsentziehungsrecht erlischt bzw. die Pflichtteilsentziehung wird unwirksam durch **Verzeihung**. Diese ist grundsätzlich unwiderruflich. Unter Verzeihung ist der Ausdruck des Versöhnungswillens gegenüber dem Schuldigen zu verstehen, d.h. die Absicht, aus der Verfehlung keinerlei Nachteile mehr für den Schuldigen entstehen zu lassen. Eine konkludente Verzeihung genügt.

Muster: Pflichtteilsentziehung für den Fall, daß ein vom Erblasser vermuteter, aber noch nicht sicher feststehender Entziehungsgrund vorliegt

▼

Ich unterhalte den dringenden Verdacht, daß der Mordversuch, der am ▓▓▓ in ▓▓▓ auf mich verübt wurde, von meinem Sohn ▓▓▓ geplant und mit ausgeführt wurde. Sollte sich dieser Verdacht durch die staatsanwaltschaftlichen Ermittlungen in dieser Sache bestätigen, so entziehe ich hiermit meinem Sohn den Pflichtteil.

277

▲

3. Pflichtteilsbeschränkung in guter Absicht, § 2338 BGB

a) Allgemeines

Die Beschränkung des Pflichtteils **in guter Absicht** ist möglich, wenn der spätere Erwerb der Erbschaft durch Verschwendungssucht oder durch erhebliche Verschuldung des erbenden Abkömmlings gefährdet ist. Die Beschränkung ist hierbei nicht nur auf den Pflichtteil bezogen, sie kann vielmehr auch den gesetzlichen Erbteil und mehr umfassen (§ 863 ZPO). Der Pflichtteil ist nur das Mindestmaß der beschränkbaren Zuwendung.

278

Eine solche Beschränkung kann aber nur gegenüber dem Abkömmling, nicht gegenüber dem Ehegatten[211] oder den Eltern des Erblassers erfolgen.[212]

279

---

211 Vgl. hierzu auch *Langenfeld* Rn 331.
212 MüKo/*Frank* § 2338 Rn 2.

280 Zielsetzung der Pflichtteilsbeschränkung in guter Absicht ist einerseits, die Erbschaft vor dem Zugriff der **Gläubiger zu schützen** und andererseits, den pflichtteilsberechtigten Erben daran zu hindern, seine Erbschaft zu verschwenden. Hierfür stellt das Gesetz in § 2338 BGB zwei Möglichkeiten zur Verfügung, die auch nebeneinander angewendet werden können und sollten: die Vorerbschaft und die Dauertestamentsvollstreckung.[213]

b) Gestaltung der Beschränkung

281 Nach § 2338 I 1 BGB kann der Erblasser dem Erben seinen Erb- oder Pflichtteil lediglich als **Vorerbe** bzw. **Vorvermächtnisnehmer** zukommen lassen und die gesetzlichen Erben des Pflichtteilsberechtigten zu dessen Nacherben bzw. Nachvermächtnisnehmern bestimmen. Dies hat zur Folge, daß durch die Vorerbschaft nicht nur der Pflichtteil bzw. Erbteil der Pfändung entzogen ist, sondern gemäß § 863 ZPO auch die Nutzungen, soweit diese für den standesgemäßen Unterhalt des Pflichtteilsberechtigten und dessen Familie erforderlich sind.[214]

Im Falle einer Nachvermächtnisanordnung ist aber immer eine begleitende **Verwaltungsvollstreckung** anzuordnen, weil sich der Bedachte ansonsten durch Verfügung über den Gegenstand von der Beschränkung des Nachvermächtnisnehmers befreien kann.[215]

282 Gleiches gilt für die nach § 2338 I 2 BGB bestehende Möglichkeit, eine Dauertestamentsvollstreckung anzuordnen. Hier greift ebenfalls der Schutz des § 863 ZPO ein, und dem Abkömmling steht ein Anspruch auf den jährlichen Reinertrag zu.

c) Grund der Pflichtteilsbeschränkung

283 Der Grund der Beschränkung muß zum **Zeitpunkt** der **Errichtung** der Verfügung bereits bestehen, und der Abkömmling darf sich zum Zeitpunkt des Erbfalls nicht dauerhaft von der Verschwendung abgewendet haben bzw. die Überschuldung muß noch bestehen.[216]

---

213 *Nieder* Rn 499.
214 *Langenfeld* Rn 330.
215 *Weirich* Rn 915.
216 Vgl. hierzu MüKo/*Frank* § 2338 Rn 6.

Die Pflichtteilsbeschränkung muß in der **Form** einer letztwilligen Verfügung erfolgen. Liegen die Voraussetzungen des § 2338 BGB vor, dann greift die Pflichtteilsbeschränkung auch in Bezug auf den Pflichtteilsrestanspruch nach § 2305 BGB oder den Pflichtteil nach §§ 2315, 2316 BGB ein. Sie tritt auch dann ein, wenn der Erbe nach § 2306 BGB ausschlägt und seinen Pflichtteil verlangen will, da der ihm zustehende Pflichtteil den Beschränkungen des § 2338 BGB unterliegt.

284

Der Pflichtteil kann bei wirksamer Beschränkung nicht geltend gemacht werden. Die Vorschrift ist insoweit lex specialis zu § 2306 BGB, was letztlich auch dazu führt, daß entgegen § 2306 I 1 BGB die Beschränkung nach § 2338 BGB bestehen bleibt, wenn der dem Abkömmling hinterlassene Erbteil gleich oder geringer als der Pflichtteil ist.[217]

Die Pflichtteilsbeschränkung in guter Absicht hat also für die gestaltende Praxis mehr Bedeutung als ihr bisher zukommt.[218]

Muster: Pflichtteilsbeschränkung in guter Absicht

▼

Ich bestimme meine beiden Kinder ...., geb. am .... in ...., und ...., geb. am .... in ...., zu meinen Erben zu jeweils gleichen Teilen. Meine Tochter ...., geb. am .... in ...., erhält ihren Erbteil jedoch nur als Vorerbin. Ein Ersatzvorerbe wird entgegen jeder anderslautenden gesetzlichen oder richterlichen Auslegungs- und Vermutungsregel nicht benannt, es gilt die Vorschrift des § 2102 I BGB.
Zu Nacherben bestimme ich die Abkömmlinge meiner Tochter, ersatzweise deren Abkömmlinge. Die Nacherbenanwartschaft ist weder vererblich noch übertragbar. Der Nacherbfall tritt mit dem Tod des Vorerben ein.
Sollte meine Tochter .... die Erbschaft ausschlagen und ihren Pflichtteil verlangen, so soll dieser ebenfalls den gleichen Beschränkungen unterliegen. Ich habe die genannten Beschränkungen angeordnet, weil der spätere Erwerb durch eine erhebliche Überschuldung meiner Tochter .... gefährdet ist. Derzeit wird eine Zwangsversteigerung vor dem .... in das Haus meiner Tochter aufgrund erheblicher Bankschulden etc. betrieben (Aktenzeichen ....). Im übrigen hat meine Tochter bei folgenden Gläubigern weitere Verbindlichkeiten in Höhe von mindestens DM ....

285

---

217 *Staudinger/Ferid/Cieslar* § 2338 Rn 56.
218 Vgl. auch *Baumann* ZEV 1996, 126.

Darüber hinaus ordne ich für die Zeit der Vorerbschaft Verwaltungstestamentsvollstreckung an. Der Testamentsvollstrecker hat die Aufgabe, den jährlichen Reinertrag des Erbteils an meine Tochter auszubezahlen. Die Testamentsvollstreckung soll auch dann bestehen bleiben, wenn die Gründe für die Pflichtteilsentziehung zum Zeitpunkt des Erbfalls nicht mehr vorliegen und unsere Tochter dies auch bewiesen hat. Zum Testamentsvollstrecker bestimme ich ▬▬▬, ersatzweise für den Fall, daß der Testamentsvollstrecker vor oder nach dem Amtsantritt entfällt, soll das Nachlaßgericht einen geeigneten Testamentsvollstrecker bestimmen.

▲

4. Checkliste: Pflichtteilsberechtigte

286 I. Die ausdrückliche Enterbung
- der Eltern
- des Ehegatten
- der Abkömmlinge – einschließlich des ganzen Stammes

II. Die Pflichtteilsentziehung
- eines Abkömmlings
- des Ehegatten
- der Eltern
- Angabe des Sachverhalts

III. Die Pflichtteilsbeschränkung in guter Absicht
- Vor- und Nacherbschaft
- Dauertestamentsvollstreckung
- Angabe des Sachverhalts

XIV. Die Auflage[219]

1. Allgemeines

287 Bei der Anordnung einer Auflage ist im Gegensatz zum Vermächtnisanspruch **keine** Zuwendung eines **Vermögensvorteils** an einen anderen erforderlich. Es genügt vielmehr jedes Tun und Unterlassen zugunsten eines anderen oder zur Verwirklichung eines objektiven Zwecks. Insoweit gewährt eine Auflage einem eventuell Begünstigten auch keinen Anspruch auf die Leistung gemäß § 1940

---

[219] Vgl. zu den interessanten Gestaltungsmöglichkeiten durch Auflagen *Daragan/Tanck* ZErb 1999, 2 ff.

BGB. In der Praxis wird ihre Erzwingung jedoch fast immer auf einen **Testamentsvollstrecker** oder ähnliche Person übertragen. Dies führt dann, ebenso wie bei einem Vermächtnis, dazu, daß der Beschwerte die Anordnung erfüllen muß.[220]

Da bei der Anordnung einer Auflage kein echter Begünstigter vorhanden sein muß, bietet sich die Möglichkeit, **nicht rechtsfähigen** Personengemeinschaften oder aber auch Tieren etwas zukommen zu lassen.[221] Da die Auflage auch einen bestimmten Zweck verfolgen kann, ohne jemanden direkt zu begünstigen, bietet sie die „Zufluchtstätte" für alle Leistungen, die nicht in das Vermächtnis aufgenommen werden können,[222] (z.B. ein bestimmtes Haustier in Obhut zu nehmen und zu versorgen). 288

Mit einer Auflage kann ein Erbe oder Vermächtnisnehmer beschwert werden, wobei im Zweifel der Erbe gemäß §§ 2147, 2192 BGB als beschwert gilt. Mehrere Erben gelten im Zweifel im Verhältnis ihrer Erbteile als beschwert. Bei Wegfall des zunächst Beschwerten gilt § 2161 BGB.[223] Beschwert ist derjenige, dem der Wegfall des zunächst Beschwerten unmittelbar zustatten kommt. 289

Auch die Auflage fällt grundsätzlich mit dem Erbfall an (vgl. § 2176 BGB). Der Begünstigte wird Inhaber einer schuldrechtlichen Anwartschaft, wenn er auch kein Forderungsrecht hat.[224] Für die Geltendmachung, den Umfang und die Änderung der Leistungspflicht können die Grundsätze des unechten Vertrags zugunsten Dritter herangezogen werden. 290

2. Inhalt der Auflage

Grundsätzlich können als Inhalt einer Auflage sowohl Geld, als auch Sachleistungen angeordnet werden. Als typische Auflage wird in der Praxis die **Grabpflege**, die **Pflege** von **Haustieren** nach dem Tod des Erblassers oder aber die Verpflichtung zur Erteilung einer Vollmacht an einen Testamentsvollstrecker zur Fortführung eines Einzelunternehmens angeordnet.[225] 291

---

220 *Lange/Kuchinke*, § 30 I 1.
221 *Nieder*, Rn 762.
222 *Lange/Kuchinke*, § 30 II 3.
223 MüKo/*Schlichting*, § 2192 Rn 9.
224 *Lange/Kuchinke*, § 30 III 2.
225 MüKo/*Leipold*, § 1940 Rn 6.

3. Der Vollziehungsberechtigte

292 Vollziehungsberechtigter einer Auflage ist gemäß § 2194 BGB der Erbe gegenüber dem beschwerten Vermächtnisnehmer, der Miterbe gegenüber den beschwerten Miterben und jeder, dem der Wegfall des Beschwerten unmittelbar zustatten kommen würde. Man spricht hier auch vom sogenannten „**Wegfallbegünstigten**".[226] Hierzu zählt auch der Testamentsvollstrecker.[227]

293 Der Wegfall der Auflage führt in der Regel nicht zum Wegfall der beschwerten Verfügung, es sei denn, ein anderweitiger (auch mutmaßlicher) Wille des Erblassers ist insoweit zu erkennen.

294 *Hinweis*
Bei Gestaltung einer Verfügung von Todes wegen ist also in der Regel von einer Auflage abzusehen, wenn der durch Auflage Begünstigte einen eigenen vollziehbaren Anspruch haben soll, es sei denn, es wird ein Testamentsvollstrecker benannt, der die Auflage zu erfüllen hat.

XV. Familienrechtliche Anordnungen

1. Allgemeines

295 Zwei Bereiche mit familienrechtlichem Bezug sind im Testamentsrecht von praktischer Bedeutung:

Der Eingriff in elterliche Vermögensverwaltungsrechte nach Scheidung und die Benennung von Vormündern und Pflegern für unversorgte Kinder. Nach Scheidung einer Ehe wird nicht selten der Wunsch an den Berater herangetragen, eine Regelung zu finden, die verhindert, daß das Vermögen, das die gemeinschaftlichen Kinder erben werden, nicht vom geschiedenen Ehepartner verwaltet wird. Welche Motive den Mandanten dabei bewegen, mag dahinstehen. Wird der Mandant darüber aufgeklärt, daß der geschiedene Partner Vermögenseinkünfte des Kindes gemäß § 1649 II 1 BGB uU für seinen eigenen Unterhalt verwenden kann, so wird meistens der Wunsch geäußert, dies auszuschließen.

---

226 *Nieder*, Rn 730.
227 *Lange/Kuchinke*, § 30 III 3.

2. Elterliche Verwaltung des Kindesvermögens

Nach § 1626 I BGB stehen das Recht und die Pflicht der elterlichen Vermögenssorge für das eheliche Kind beiden Eltern zu. Daraus folgt gemäß § 1629 I BGB ein Gesamtvertretungsrecht beider Eltern nach außen. Nach dem Tod eines Elternteils steht die elterliche Sorge dem Überlebenden allein zu. Bei Kindern, deren Eltern nicht miteinander verheiratet sind (bis 30.6.1998 „nichteheliche Kinder") steht gemäß § 1626 a II BGB nF. das Vermögenssorgerecht der Mutter allein zu, es sei denn, die Eltern erklären, daß sie die Sorge gemeinsam übernehmen wollen, sie also eine Sorgeerklärung nach §§ 1626 a I Nr. 1, 1626 b ff. BGB nF. in beurkundeter Form abgeben. Diese Möglichkeit wurde durch das Kindschaftsrechtsreformgesetz vom 16.12.1997, in Kraft seit 1.7.1998, eröffnet.

296

Wurde eine solche Sorgeerklärung abgegeben, so steht beim Tod eines (nichtehelichen) Elternteils die elterliche Sorge dem Überlebenden zu (§ 1680 I BGB).

a) Entzug des Verwaltungsrechts

Ein Erblasser kann das elterliche Vermögenssorgerecht für Vermögensteile, die aus seinem dereinstigen Nachlaß stammen – sei es in der Form der Erbeinsetzung, des Vermächtnisses oder des Pflichtteils – gemäß § 1638 BGB ausschließen. Eine Begründung braucht für die Entziehung des Vermögenssorgerechts in der Verfügung von Todes wegen nicht angegeben zu werden.

297

Hat der Erblasser das Vermögenssorgerecht nur **eines Elternteils** ausgeschlossen, so wird das betreffende Vermögen vom anderen Elternteil verwaltet. Ist das Verwaltungsrecht beiden Eltern entzogen oder dem Überlebenden von ihnen, so hat das Kind insofern keinen gesetzlichen Vertreter mehr und braucht für diese Aufgabe einen Ergänzungspfleger nach § 1909 BGB, der vom Vormundschaftsgericht bestellt wird, sobald dieses von dem Umstand mangelnder Vertretung Kenntnis erlangt.

Der Erblasser kann den Pfleger gemäß § 1917 I BGB im Testament benennen.

Muster: Entziehung des Verwaltungsrechts, Pflegerbenennung

▼

298 Den Eltern des minderjährigen ▓▓▓▓ entziehe ich gemäß § 1638 BGB das Vermögensverwaltungsrecht bezüglich all der Vermögensgegenstände, die er von mir von Todes wegen erwirbt.

Als Pfleger zur Ausübung des Verwaltungsrechts benenne ich Herrn ▓▓▓▓.

▲

b) Verwaltungsanordnungen

299 Statt der Entziehung des Verwaltungsrechts kann der Erblasser den Eltern auch bestimmte Regeln über die Art und Weise der Verwaltung des ererbten Vermögens vorgeben, § 1639 BGB. In Betracht kommen beispielsweise Vorgaben zur Liquidität, zu Rücklagen, zur Vermögensstreuung uä. Die Eltern können mit Zustimmung des Familiengerichts (bis 30.06.1998 des Vormundschaftsgerichts) von den Anordnungen abweichen, §§ 1639 II, 1803 II, III BGB.

Solche Anordnungen sind grundsätzlich nicht zu empfehlen, weil der Erblasser kaum abschätzen kann, welche Maßnahmen im einzelnen in der Zukunft sinnvoll sind. Wenn er den Eltern die Verwaltung nicht belassen will, sollte er eine zuverlässige Person seines Vertrauens als Pfleger benennen, die freie Hand bei den Verwaltungsentscheidungen hat.

c) Verwaltung des Kindesvermögens nach Scheidung der Eltern

aa) Alte und neue gesetzliche Regelung

300 Nach dem bis 30.06.1998 geltenden Sorgerecht war gleichzeitig mit der Scheidung grundsätzlich die elterliche Sorge für gemeinschaftliche Kinder auf einen Elternteil zu übertragen, § 1671 I BGB aF. Damit stand diesem Elternteil auch das alleinige Vermögenssorgerecht zu. Nach dem Tod dieses Elternteils war dem anderen Elternteil grundsätzlich die elterliche Sorge und damit das Vermögenssorgerecht zu übertragen, § 1681 I 2 BGB aF.

Seit dem 1.7.1998 bleiben auch nach der Scheidung der Eltern diese gemeinsam Inhaber des elterlichen Sorgerechts und damit des Rechts zur Vermögenssorge. Ausnahmsweise kann bereits ab dem endgültigen Getrenntleben auf Antrag eines Elternteils die elterliche Sorge auf ihn allein übertragen werden, § 1671 BGB nF.

Stirbt ein geschiedener Elternteil bei gemeinsamer elterlicher Sorge, so wird der Überlebende alleiniger Sorgerechtsinhaber, § 1680 I BGB nF. War einem Elternteil das Sorgerecht allein übertragen, so hat das Familiengericht dem überlebenden Elternteil grundsätzlich das Sorgerecht zu übertragen, § 1680 II BGB nF.

bb) Entzug des Verwaltungsrechts

Werden minderjährige Kinder geschiedener Eltern Erben eines Elternteils, so steht letztlich das Vermögenssorgerecht an dem ererbten Vermögen grundsätzlich dem anderen Elternteil, also dem geschiedenen Ehegatten, zu. Geschiedene Erblasser wünschen den Eintritt einer solchen Situation häufig nicht.

In einer Verfügung von Todes wegen kann der Erblasser gemäß § 1638 BGB anordnen, daß das von einem minderjährigen Kind von Todes wegen erworbene Vermögen (Erbteil, Vermächtnis, Pflichtteil) nicht vom geschiedenen Ehegatten als dem Inhaber der elterlichen Vermögenssorge verwaltet wird. Dabei kommt es nicht darauf an, ob der Erwerb von Todes wegen auf gesetzlichem oder gewillkürtem Erbrecht beruht.

Möglich ist also auch, die gesetzliche Erbfolge zu belassen und den gesetzlichen Erbteil von der elterlichen Vermögenssorge auszunehmen.

Muster: Verwaltungsentzug

▼

Bezüglich des Erbteils, den mein Kind ▬▬▬, geboren am ▬▬▬, an meinem Nachlaß erwirbt, entziehe ich dem Vater/der Mutter das elterliche Vermögenssorgerecht.

▲

Da das minderjährige Kind bezüglich dieses Vermögensteils infolge des Verwaltungsentzugs keinen gesetzlichen Vertreter hat, muß ihm für diese Aufgabe ein Ergänzungs- oder Zwischenpfleger nach § 1909 BGB vom Vormundschaftsgericht bestellt werden, der in Bezug auf das von ihm verwaltete Vermögen das Kind gesetzlich vertritt. Sein Wirkungskreis kann sich lediglich auf die

Vermögensverwaltung beziehen, nicht auch auf die Entscheidung, die Erbschaft anzunehmen oder auszuschlagen. Diese Befugnis steht dem Elternteil als Sorgerechtsinhaber zu. Für die Ausschlagung ist im Falle des § 1643 II BGB nF. die Genehmigung des Familiengerichts (seit 1.7.1998 nicht mehr des Vormundschaftsgerichts!) erforderlich.[228]

304 Zuständig für die Bestellung des Ergänzungspflegers ist das Amtsgericht als Vormundschaftsgericht am Wohnsitz des Kindes (§§ 35, 36, 37 FGG). In Baden-Württemberg ist im Landesteil Württemberg (nicht auch im Landesteil Baden) das Staatliche Notariat, dort der Notar im Landesdienst, zuständig (Art. 147 EGBGB, § 36 Baden-Württembergisches LFGG).

Der Erblasser kann die Person des Pflegers benennen, § 1917 I BGB.

Muster: Pflegerbenennung
▼

305 Zur Verwaltung des aus meinem Nachlaß stammenden Erbteils soll Herr ▨▨▨▨▨ als Pfleger bestellt werden.

035 ▲

306 Diese vom Erblasser benannte Person kann vom Vormundschaftsgericht nur in den in § 1778 BGB genannten Fällen übergangen werden, vgl. § 1917 I Hs. 2 BGB. Der Pfleger unterliegt der Aufsicht durch das Vormundschaftsgericht, §§ 1915, 1774 ff. BGB. Von einigen in den §§ 1852 bis 1854 BGB genannten Pflichten des Pflegers kann der Erblasser Befreiung erteilen (sogenannte „befreite Pflegschaft").

Muster: Befreite Pflegschaft
▼

307 Herr ▨▨▨▨▨ als Pfleger wird von der Verpflichtung zur Rechnungslegung gegenüber dem Vormundschaftsgericht befreit.

036 ▲

---

[228] OLG Karlsruhe FamRZ 1965, 573; *Soergel/Damrau* § 1909 Rn 9.

Hinweis 308
Einkünfte aus dem Kindesvermögen dienen gemäß § 1649 I 1 BGB zur Bestreitung des Kindesunterhalts. Der Pfleger hat also dem im übrigen sorgeberechtigten Elternteil die Einkünfte für Unterhaltszwecke zur Verfügung zu stellen.

Aber gemäß § 1649 II 1 BGB können Eltern Vermögenseinkünfte des Kindes (nicht auch Arbeitseinkünfte!) unter Billigkeitsgesichtspunkten uU auch für ihren eigenen Unterhalt und den der Geschwister verwenden. Unterhaltsbedürftigkeit nach § 1603 BGB wird dabei nicht vorausgesetzt. U.E. kann dieses Recht der Eltern bzw. eines Elternteils ausgeschlossen werden.

Man sollte diese Vorschrift allerdings nicht überbewerten. Da nur Vermögenseinkünfte in Betracht kommen, dürften solche Möglichkeiten der Eltern nur bei großen Vermögen bestehen, deren Erträge auch tatsächlich ins Gewicht fallen.

Muster: Ausschluß des Unterhaltsverwendungsrechts

Meinem geschiedenen Ehemann entziehe ich das Recht, Einkünfte meiner Kinder aus dem Vermögen, das sie von mir erben werden, nach § 1649 II 1 BGB zu seinem eigenen Unterhalt zu verwenden. 309

cc) Surrogation

Surrogate solcher Vermögensteile, die dem Verwaltungsrecht der Eltern oder einem von ihnen entzogen sind, fallen wiederum in diesen besonderen Vermögensteil, der dem elterlichen Verwaltungsrecht entzogen ist, § 1638 II BGB. 310

d) Rechtscharakter

Die Verwaltungsentziehung ist eine Anordnung eigener Art und keine Beschwerung im Sinne des § 2306 BGB. Deshalb ist die Anordnung auch nicht unwirksam, wenn der dem Kind hinterlassene Erbteil kleiner als sein Pflichtteil oder gleich groß wie dieser ist. Der Sorgerechtsinhaber kann dem minderjährigen 311

Kind auch nicht mittels Ausschlagung das Pflichtteilsrecht eröffnen, um sich nach § 2306 I 2 BGB der Verwaltungsanordnung zu entziehen.

Im übrigen: Selbst der Pflichtteil und das daraus fließende Vermögen kann der Verwaltungsanordnung nach § 1638 BGB unterworfen werden.

e) Vormundbenennungsrecht

312 Eltern können für den Fall, daß ihre minderjährigen Kinder nach ihrem Tod eines Vormunds bedürfen, im Testament diejenige Person benennen, die Vormund werden soll, §§ 1776, 1777 III BGB. Der Benannte darf nur unter den in § 1778 BGB bezeichneten Voraussetzungen übergangen werden.

Muster: Vormundbenennung

313 Hiermit benennen wir, falls unsere minderjährigen Kinder nach unserem Tod ohne gesetzliche Vertreter sind, als Vormund
- in erster Linie Herrn
- in zweiter Linie Frau
- in dritter Linie Herrn

f) Entziehung des güterrechtlichen Verwaltungsrechts

314 Der Erblasser kann für den Fall, daß der Bedachte mit seinem Ehegatten im Güterstand der **Gütergemeinschaft** lebt, anordnen, daß das zugewandte Vermögen dessen Vorbehaltsgut wird und nicht in das Gesamtgut fällt, §§ 1418 II Nr. 2, 1468 I BGB. Mit der abnehmenden Bedeutung der Gütergemeinschaft spielen diese Anordungen in der Praxis eine immer geringere Rolle. Zur **fortgesetzten Gütergemeinschaft** sind Anordnungen nach §§ 1509, 1511, 1516 BGB möglich.

XVI. Testamentsvollstreckung

1. Allgemeines

315 Die Ernennung des Testamentsvollstreckers kann sowohl im Testament als auch in einem Erbvertrag erfolgen; der Testamentsvollstrecker kann zum Allein- oder Gesamtvollstrecker gemäß § 2224 BGB ernannt werden. Als

Testamentsvollstrecker kann jede natürliche oder juristische Person fungieren, auch einer der Miterben, nicht aber der Alleinerbe.[229]

Die Testamentsvollstreckung gibt dem Testamentsvollstrecker im Außenverhältnis eine fast unbeschränkte Verfügungsbefugnis über den Nachlaß, ohne daß hierzu eine Mitwirkung der Erben erforderlich wäre. Im Innenverhältnis besteht zu den Erben keine Weisungsgebundenheit, diese ist vielmehr nur im Verhältnis zum Willen des Erblassers gegeben. Vgl. dazu auch § 20 „Der Testamentsvollstrecker als Mandant". 316

2. Die Arten der Testamentsvollstreckung

Bei der Anordnung einer Testamentsvollstreckung ist zwischen einer Abwicklungs- und einer Dauervollstreckung zu unterscheiden.[230] 317

Gemäß §§ 2203, 2204 BGB beinhaltet die **Abwicklungsvollstreckung** die Ausführung der letztwilligen Verfügungen des Erblassers sowie der Bewirkung der Auseinandersetzung und der Erfüllung der Nachlaßverbindlichkeiten. Es handelt sich hierbei um den Regelfall der Testamentsvollstreckung. 318

Die Auseinandersetzung der Erbengemeinschaft erfolgt grundsätzlich nach §§ 2204, 2046 ff, 2050 ff, 752–754, 755 ff BGB. Zu beachten ist insoweit die Möglichkeit des § 2048 S. 2 und S. 3 BGB, wonach vom Erblasser angeordnet werden kann, daß die Auseinandersetzung nach dem billigen Ermessen eines Dritten erfolgen soll. Vgl. dazu auch § 13 Rn 165 ff. 319

Bei der **Verwaltungsvollstreckung** besteht die einzige Aufgabe des Testamentsvollstreckers in der reinen Verwaltung des Nachlasses. Die Anordnung der Verwaltungsvollstreckung bietet sich vor allem bis zur Volljährigkeit eines Miterben, zugunsten des überlebenden Ehegatten auf dessen Lebenszeit, als Instrument der Enterbung in guter Absicht gemäß § 2338 BGB, sowie zum Schutz eines überschuldeten Erben vor dessen Eigengläubigern an.[231] Vgl. dazu auch § 20 Rn 7. 320

---

229 MüKo/*Brandner*, § 2197 Rn 11.
230 MüKo/*Brandner*, Vor § 2197 Rn 4.
231 *Nieder*, Rn 679.

321 Gemäß § 2222 BGB kann der Erblasser einen Testamentsvollstrecker auch zu dem Zwecke ernennen, daß dieser bis zu dem Eintritt einer angeordneten Nacherbfolge die Rechte des **Nacherben** ausübt und dessen Pflichten erfüllt. Vgl. dazu auch § 20 Rn 8.

3. Sinn und Zweck der Testamentsvollstreckung, Kosten

322 Die Testamentsvollstreckung ist dort sinnvoll, wo der Erblasser befürchten muß, daß seine Erben sich im Erbfall nicht einigen können und die von ihm angeordnete Nachlaßverteilung nicht reibungslos funktionieren wird. Auch in den Fällen, in denen einzelne Erben nicht die zur Verwaltung eines größeren Vermögens, wie etwa eines **Unternehmens** oder einer Unternehmensbeteiligung, erforderliche Sachkenntnis besitzen, ist dringend zur Anordnung der Testamentsvollstreckung zu raten. Gleiches gilt bei Vorhandensein von Minderjährigen.

323 Die Testamentsvollstreckung erfüllt **friedenssichernde** Funktionen. Der Testamentsvollstrecker übt als „fremdnütziger und unparteiischer Sachverwalter" die tatsächliche und rechtliche Herrschaft über den Nachlaß aus.[232] In das Verhältnis zu **Sinn** und **Zweck** der Anordnung der Testamentsvollstreckung im konkreten Fall sind natürlich immer die dadurch entstehenden **Kosten** zu setzen.

324 Sinnvoll vor diesem Hintergrund erscheint naturgemäß eine Testamentsvollstreckung bei **großem** Vermögen, während bei eher kleinen oder mittleren Vermögen eine genaue Abwägung anhand der oben dargestellten Kriterien zu erfolgen hat.

325 Zu empfehlen ist aber immer eine genaue Festsetzung der **Testamentsvollstreckervergütung**[233] in der letztwilligen Verfügung, auch auf die Gefahr hin, daß der zum Testamentsvollstrecker Ernannte das Amt zu diesen Bedingungen nicht annimmt. Diesem Fall ist dann dadurch Sorge zu tragen, daß entweder direkt ein Ersatztestamentsvollstrecker vom Erblasser ernannt wird oder daß das Bestimmungsrecht dem Nachlaßgericht übertragen wird.

---

232 *Bengel/Reimann*, Handbuch der Testamentsvollstreckung, I 2. Rn 6.
233 Vgl. hierzu § 20 Rn 119 ff.

4. Die Grenzen der Testamentsvollstreckung

Die Grenzen der Möglichkeit einer Anordnung der Testamentsvollstreckung ist zum einen wie bei der Anordnung eines Vermächtnisses oder einer Nacherbschaft durch die Vorschrift des § 2306 I 1 BGB begrenzt, andererseits aber auch durch gesellschaftsrechtliche Regelungen.

326

Auch im Rahmen der Anordnung einer Testamentsvollstreckung gilt es, § 2306 I 1 BGB zu beachten. Wird die Testamentsvollstreckung zu Lasten eines Erbteils angeordnet, der geringer als der Pflichtteil ist, dann gilt diese gegenüber dem Erben als nicht angeordnet.

327

Bei einer Testamentsvollstreckung im **Unternehmensbereich** geht es insbesondere um die Führung des Unternehmens in der Zeit zwischen dem Erbfall bis zur Altersreife der möglichen Nachfolger. Die praktische Bedeutung einer Testamentsvollstreckung an Einzelunternehmen und Personengesellschaften ist dementsprechend groß.

328

Die Differenzen zwischen Erb- und Gesellschaftsrecht, insbesondere bei persönlich haftenden Gesellschaftern, wirkt sich auch auf das Amt des Testamentsvollstreckers aus. Während mittlerweile die **Fremdverwaltung** von **Kommanditanteilen** durch einen Testamentsvollstrecker möglich ist,[234] besteht bei einer persönlich haftenden Gesellschafterposition die Schwierigkeit, daß diese nicht durch einen Testamentsvollstrecker übernommen werden kann.

329

Eine Testamentsvollstreckung an einem ererbten **Anteil** einer **Personengesellschaft** ist aber nach Ansicht des BGH[235] nicht insgesamt ausgeschlossen. Sie beschränkt sich vielmehr nur auf die „Außenseite" des Gesellschaftsanteils.[236]

330

Ähnliches gilt auch für die Fortführung eines **Einzelunternehmens**. Würde der Testamentsvollstrecker als solcher ein einzelkaufmännisches Unternehmen fortführen, so hätte dies zur Folge, daß er selbst nicht persönlich für die von ihm neu begründeten Verbindlichkeiten haften würde und die Erben als Unternehmensträger nur auf den Nachlaß beschränkt hafteten. Dies würde dann zu einer „Zulassung eines einzelkaufmännischen Unternehmens mit beschränkter

331

---

234 BGHZ 108, 187.
235 BGH ZEV 1996, 110.
236 Zu den Rechten, die dem Testamentsvollstrecker hierbei zustehen, siehe § 3 Rn 817.

Haftung" führen. Ebenso ist eine Eintragung der Testamentsvollstreckung im **Handelsregister** nicht vorgesehen.

332 Für die Lösung des Problems ist auf die in der Literatur diskutierten Ersatzmöglichkeiten der „**Vollmachtslösung**" oder „**Treuhandlösung**" zurückzugreifen,[237] wobei die in der Literatur ebenfalls vorhandenen Bedenken hinreichend berücksichtigt werden sollten.[238]

333 Bei der sogenannten **Vollmachtslösung** werden die Erben als Inhaber des ererbten Unternehmens als Erbengemeinschaft im Handelsregister ohne Testamentsvollstreckervermerk eingetragen. Vgl. auch Teil 4. Der Testamentsvollstrecker führt sodann in **Vollmacht** und im Namen der Erben das Unternehmen fort mit der Folge, daß er persönlich nicht haftet, vielmehr haften die Erben für Neuschulden unbeschränkt und für Altschulden erbrechtlich beschränkbar. Der Testamentsvollstrecker benötigt insoweit eine Bevollmächtigung über die §§ 2206, 2207 BGB hinaus. Zur Erteilung dieser Vollmacht muß der Erblasser die Erben ausdrücklich durch entsprechende **Bedingung** oder **Auflage** verpflichten.

334 Diese Lösung erscheint indes problematisch, da der Erbe insoweit gezwungen wird, notfalls auch gegen seinen Willen das Handelsgeschäft selbst zu betreiben und handelsrechtlich voll zu haften. Außerdem bleibt bei dieser Lösung einem Dritten der interne Ausschluß der Erben von der Geschäftsführung verborgen. Auch wäre bei Minderjährigkeit eines Erben eine vormundschaftsgerichtliche Genehmigung nach § 1822 Ziff. 3 BGB bzw. des Familiengerichts nach § 1643 BGB erforderlich.

335 Bei der **Treuhandlösung** führt der Testamentsvollstrecker das Handelsgeschäft nach außen im eigenen Namen und in unbeschränkter Haftung fort, während er im Innenverhältnis aber für Rechnung der Erben als deren **Treuhänder** tätig wird. Insoweit muß der Erblasser die Erben durch Auflage verpflichten (zumindest konkludent durch Anordnung der Testamentsvollstreckung), die treuhänderische Übertragung des Geschäfts auf den Testamentsvollstrecker

---

[237] *Bengel/Reimann*, Handbuch der Testamentsvollstreckung Seite 201 ff.
[238] *Muscheler* Die Haftungsordnung der Testamentsvollstreckung, Seite 368 ff; *Lorz* Testamentsvollstreckung und Unternehmensrecht, Seite 70 ff.

vorzunehmen, damit dieser einen Anspruch auf Befreiung von seiner unbeschränkten Außenhaftung gemäß §§ 2218, 670 BGB erhält.[239]

Bei dieser Lösung bleiben nach herrschender Meinung die Erben Eigentümer des Geschäftsvermögens und Inhaber der zu ihm gehörenden Forderungen. Es besteht weiterhin die Möglichkeit der Verpachtung und Freigabe des Handelsgeschäfts durch den Testamentsvollstrecker an die Erben im Außenverhältnis unter Vorbehalt der Entscheidungsbefugnis im Innenverhältnis.[240]

336

Wünscht der Mandant im Rahmen der Gestaltung einer Verfügung von Todes wegen die Anordnung einer Testamentsvollstreckung zu Lasten von Gesellschaftsanteilen, dann ist ihm die oben geschilderte Problematik zu erläutern und auf ihre jeweiligen Risiken hinzuweisen.

337

Vgl. zum Minderjährigenhaftungsbeschränkungsgesetz *Behnke* NZG, 1999, 244 und *Reimann* DNotZ 1999, 179, sowie § 3 Rn 407 ff.

Checkliste: Einzeltestament
▼

- Testierfreiheit
- Testierfähigkeit
- Erbeinsetzung
- Vollerbeneinsetzung
- Vor- Nacherbeneinsetzung
- Ersatzerbenbestimmung
- Anordnungen für die Auseinandersetzung (Erbengemeinschaft)
- Teilungsanordnung
- Vorausvermächtnis
- Übernahmerecht
- Vermächtnisse
- Ersatzvermächtnisnehmer
- Wegfall des Vermächtnisgegenstands
- Reduzierung des Gesamtnachlasses
- Auflage
- Testamentsvollstreckung zur Vollziehung
- Ausschluß eines Vollziehungsberechtigten
- Familienrechtliche Anordnungen
- Entziehung der Vermögensverwaltung

338

---

239 MüKo/*Brandner*, § 2205 Rn 16.
240 *Staudinger/Reimann*, § 2205 Rn 77.

- Anordnung für die Verwaltung
- Vormundsbenennung
- Testamentsvollstreckung
- Abwicklung
- Dauervollstreckung

C. Das Testament bei einem behinderten Kind

I. Allgemeines

339 Die Frage nach der richtigen Gestaltung einer Verfügung von Todes wegen für den Fall des Vorhandenseins behinderter Kinder wird in zunehmendem Maße aktueller. Die fortwährend sich leerenden öffentlichen Kassen, gerade im Bereich der Sozialhilfe, wie auch andererseits die nicht unbeträchtlichen Vermögensmassen, die derzeit zur Vererbung in die nächste Generation anstehen, lassen dieses Thema immer brisanter werden.

II. Die Art der Gestaltung und die Frage der Sittenwidrigkeit

340 Die Gestaltung eines sogenannten **Behindertentestaments** sieht in der Praxis so aus, daß der Erblasser das behinderte Kind als Vorerbe auf einen Erbteil einsetzt, der höher als sein Pflichtteil ist und ein gesundes Kind bzw. einen Abkömmling dieses Kindes als Nacherben bestimmt. Gleichzeitig wird für den Vorerben eine Dauertestamentsvollstreckung[241] auf Lebzeiten angeordnet mit der Maßgabe, dem Vorerben bestimmte Nutzungen zukommen zu lassen.[242] Bei den Nutzungen sollte es sich um Erträgnisse handeln, die die Lebensqualität des Kindes verbessern und die zum geschützten **Schonvermögen** nach § 88 II BSHG gehören.

341 Mit der Anordnung der Nacherbschaft wird bezweckt, das elterliche Vermögen nicht in den Nachlaß des behinderten Abkömmlings fallen zu lassen und so daß es insoweit auch nicht nach § 92 c BSHG für die Kosten des Sozialhilfeträgers herangezogen werden kann. Da bei einer Vorerbschaft in der Regel die

---

[241] Dafür, daß die Testamentsvollstreckung der Vorerbschaft nicht widerspricht BGHZ 111, 36.
[242] *Nieder* Rn 1048.

Nutzungen des Erbteils dem Erben zustehen und demnach einem Zugriff der Gläubiger ausgesetzt sind, ist die Vorerbschaft einschließlich der Nutzungen der Testamentsvollstreckung (§§ 2209, 2210 BGB) zu unterwerfen.

Der BGH[243] hat diese Gestaltung der Vor- und Nacherbschaft, zuletzt in seiner Entscheidung vom 20.10.1993, grundsätzlich als **nicht sittenwidrig** angesehen.[244] Ein Verstoß gegen § 138 BGB wird insoweit verneint, als das behinderte Kind gegenüber einem nicht behinderten Geschwisterteil benachteiligt wird, als auch dahingehend, daß durch die Anordnung der Nacherbschaft der Zugriff des Sozialhilfeträgers (§ 92 c BSHG) verhindert wird.[245]

342

Fraglich ist in diesem Zusammenhang, ob die Anordnung der **Testamentsvollstreckung** als sittenwidrig angesehen werden könnte. Dies ist aufgrund der Tatsache, daß der Nacherbe die Substanz erhalten soll und der Vorerbe die „Zusatzleistungen" erhält, wohl zu verneinen. Da es sich bei dem Sozialhilfeträger auch nicht um einen Beteiligten im Sinne von § 2216 II BGB handelt, kommt die Möglichkeit der Aufhebung einzelner Testamentsvollstreckungsanordnungen nicht in Betracht.

343

Neben dieser „klassischen" Gestaltungsvariante sollte aber immer überlegt werden, wie dem behinderten Bedachten weitere Vorteile zugewandt werden können. Lebt das Kind bspw. im elterlichen Haus, dann bietet sich an, ihm im Wege des Vermächtnisses ein Wohnungsrecht zu gewähren. *Weirich*[246] schlägt hierzu vor, das Vermächtnis von der Bedingung abhängig zu machen, daß das Kind bzw. der Betreuer den Pflichtteil nicht geltend macht.

344

Vgl. zum Wohnungsrechtsvermächtnis oben Rn 249 ff.

III. Überleitung des Ausschlagungsrechts[247]

Im weiteren hat sich die Frage gestellt, ob das Ausschlagungsrecht des behinderten Kindes nach § 2306 I 2 BGB auf den Sozialhilfeträger übergeleitet

345

---

243 BGHZ 123, 368.
244 Vgl. hierzu auch *Pieroth* NJW 1993, 173.
245 *Kuchinke* FamRZ 1992, 362.
246 *Weirich*, Rn 681.
247 Vgl. hierzu ausführlich *Engelmann* Letztwillige Verfügungen zugunsten Verschuldeter und Sozialhilfebedürftiger, Seite 36

werden kann. Dies wird von der hM[248] grundsätzlich verneint. Bei dem Ausschlagungsrecht nach § 2306 I 2 BGB handelt es sich, unabhängig vom Entstehen eines Pflichtteilsanspruchs, um ein **höchstpersönliches Recht**, das nicht überleitungsfähig ist.

Anderes gilt aber wohl für den **Betreuer** des behinderten Kindes. Dieser kann mit Zustimmung des Vormundschaftsgerichts die Ausschlagung erklären und den Pflichtteil geltend machen (§§ 1793, 1902, 1908i, 1822 Nr. 2 BGB). Er hat grundsätzlich zu prüfen, ob eine Ausschlagung für das Kind vorteilhaft wäre. In der Regel wird dies jedoch zu verneinen sein, da das Kind dann nicht einmal mehr die „Nutzungszuwendungen" erhalten würde und es somit letztlich schlechter stünde als durch die beschränkte Vorerbenstellung.

346 Zu unterscheiden ist hiervon der Fall, daß der Pflichtteilsberechtigte noch keine Sozialhilfe erhält. In diesem Fall wird der Betreuer idR zu der Entscheidung gelangen, daß der Pflichtteil für den Behinderten vorteilhaft ist. Erhält der Behinderte dagegen bereits Leistungen des Sozialhilfeträgers, dann hätte er in der Nichtausschlagung einen Vorteil, wenn das Testament Zuwendungen im Sinne von § 88 II BSHG vorsieht. Dies ist eine rein **wirtschaftliche** Betrachtungsweise.

347 Will der Betreuer sicher gehen, daß er richtig handelt, kann er bspw. deklaratorisch schon einmal die Zustimmung des Vormundschaftsgerichtes einholen, die nach § 1822 II BGB notwendig ist. Wird diese versagt, so ist er hierdurch hinreichend abgesichert. Wird einer Ausschlagung seitens des Vormundschaftsgerichts stattgegeben, so kann sich der Betreuer immer noch entscheiden, ob er sich zu einer Ausschlagung entschließt. Die Entscheidung liegt insofern bei ihm.

IV. Zu vermeidende Gestaltungen

1. Berücksichtung von § 2306 I 1 BGB

348 Bei der Gestaltung eines Behindertentestamentes ist unbedingt darauf zu achten, daß der **Erbteil** des behinderten Kindes höher als sein Pflichtteil ist. Ansonsten

---

248 Vgl. *Weirich*, Rn 677; *Nieder* NJW 1994, 1264; *Mayer* DNotZ 1994, 347; offengelassen von BGH NJW 1994, 248; a.A. *Van de Loo* NJW 1990, 2852.

kann zum einen der durch § 2305 BGB entstehende **Zusatzpflichtteil** auf den Sozialhilfeträger übergeleitet werden und zum anderen gilt die Anordnung der Nacherbschaft und der Testamentsvollstreckung nach § 2306 I 1 BGB als nicht angeordnet. Gerade im Hinblick auf eine etwaige Sittenwidrigkeit sollte die Erbteilsbemessung des Behinderten nicht zu knapp ausgestaltet werden. Vor einer Einsetzung bspw. „1 % über dem Pflichtteil" ist zu warnen. Darüber hinaus sollten dem behinderten Kind im Rahmen der Testamentsvollstreckung keine Zuwendungen gemacht werden, die nicht als Schonvermögen angesehen werden (§ 88 II BSHG).

2. Vor- und Nachvermächtnis

Große Probleme können auch entstehen, wenn für das Behindertentestament **Vor- und Nachvermächtnis** gewählt werden. Auch wenn dies, ebenfalls in Verbindung mit einer Dauertestamentsvollstreckung, zu Lebzeiten des Behinderten zunächst die gleiche Wirkung entfaltet, so entstehen doch beim Tod des Kindes mit Eintritt des Nachvermächtnisfalles erhebliche Schwierigkeiten. Es besteht dann nämlich eine Konkurrenzsituation zwischen dem **Kostenerstattungsanspruch** des Sozialhilfeträgers nach § 92 c BSHG (10 Jahre) und dem Anspruch des **Nachvermächtnisnehmers** auf Erfüllung seines Vermächtnisanspruchs.[249] Denn anders als bei der Nacherbschaft fällt der Vermächtnisanspruch des Nachvermächtnisnehmers in den Nachlaß des Vorvermächtnisnehmers.

Da der Nachlaß des behinderten Kindes in der Regel verschuldet sein wird und ein Nachlaßkonkurs nicht erspart bleibt, besteht insoweit Konkurrenz[250] zwischen beiden Ansprüchen. Im Ergebnis wird es dann wohl zu einer anteilsmäßigen Befriedigung von Sozialhilfeträger und Nachvermächtnisnehmer kommen, sofern zwischen ihnen nicht ein Vorrang- und Nachrang-Verhältnis angenommen wird.

---

249 Vgl. hierzu ausführlich *Damrau* ZEV 1998, 1; und das Gutachten DNotJ-Report 1999, 149.
250 Ein Vorrecht des Sozialhilfeträgers ist aus § 92 c II BSHG nicht herzuleiten. Andererseits fällt der Anspruch des Nachvermächtnisnehmers nicht unter § 226 Nr. 5 KO.

3. Häufung der Ämter

351 Im übrigen ist darauf zu achten, daß es im Rahmen eines Behindertentestamentes **nicht** zu einer **Häufung der Ämter** kommt. So sollte der Betreuer bspw. nicht gleichzeitig Testamentsvollstrecker sein.[251]

V. Die Prognose bezüglich der Sittenwidrigkeit[252]

352 Oftmals stellt sich, auch seitens des Mandanten, die Frage, ob das sogenannte Behindertentestament in Zukunft auch sicher sei und bei jeder Vermögensgröße Bestand haben wird. Der BGH hat die Frage der Sittenwidrigkeit für den Fall des Vorhandenseins von **mittlerem Vermögen** entschieden. In der Entscheidung wird aber ausdrücklich insofern auf die Vermögensgröße abgestellt, als ein Vergleich dahingehend angestellt wird, ob der Pflichtteilsanspruch des Behinderten seine Versorgung auf Lebzeiten sicherstellen würde.

Der BGH[253] führt hierzu aus:

„Der Nachlaß der Erblasserin ist hier zwar nicht so bescheiden ... Er ist aber auch nicht so groß, daß die Versorgung der Behinderten allein mit ihrem Pflichtteil auf Lebenszeiten sichergestellt wäre. Sie wäre vielmehr mit dem Pflichtteil nur „eine Zeitlang" in der Lage gewesen, für sich selbst zu sorgen, ... Durch die im Erbvertrag getroffene Regelung gelangt die Behinderte dagegen auf Dauer sowohl in den Genuß der Sozialhilfeleistungen als auch zusätzlicher Annehmlichkeiten und Vorteile, die als Schonvermögen im Sinne von § 88 II BSHG nicht dem Zugriff des Klägers unterliegen. Damit verschafft der Erbvertrag der behinderten Tochter im vorliegenden Fall also eine günstigere Rechtsstellung als sie durch das Pflichtteilsrecht gewährleistet wird."

Hieraus kann wohl geschlossen werden, daß auch in Zukunft eine Sittenwidrigkeit bei kleineren und mittleren Vermögen verneint wird, während diese Frage, die der BGH auch am Vorteil und an der Höhe des Pflichtteils mißt, bei größeren Vermögen ungewiß sein wird.[254]

---

251 Vgl. hierzu auch *Damrau* ZEV 1994, 1.
252 Vgl. über zukünftige Prognosen des Behindertentestaments *J. Mayer* ZErb 1999, 61.
253 BGHZ 123, 368.
254 *Bengel* ZEV 1994, 29; *Nieder* NJW 1994, 1264; *J. Mayer* DNotZ 1994, 347.

Muster: Einzeltestament

▼

Ich, ▨▨▨, geb. am ▨▨▨, errichte folgendes Testament:

§ 1 Testierfreiheit

Ich erkläre, daß ich nicht durch Bindungen aus einem früheren gemeinschaftlichen Testament oder aus einem Erbvertrag an der Errichtung dieses Testaments gehindert bin. Vorsorglich hebe ich alle bisher von mir getroffenen Verfügungen von Todes wegen in vollem Umfang auf.

§ 2 Erbeinsetzung

Hiermit setze ich meinen Sohn S. zu 2/3 und meine Tochter T. zu 1/3, zu meinen Erben ein. Meine Tochter T. wird jedoch nur Vorerbin. Nacherbe nach meiner Tochter T wird mein Sohn S, ersatzweise seine Abkömmlinge entsprechend den Vorschriften der gesetzlichen Erbfolge. Die Nacherbenanwartschaft ist weder veräußerbar noch vererblich. Der Nacherbfall tritt mit dem Tod des Vorerben ein.

Zum Ersatzerben für meinen Sohn S und meine Tochter T bestimme ich entgegen jeder anderslautenden gesetzlichen Vermutungs- und Auslegungsregel meine Frau F., wiederum ersatzweise ▨▨▨.

§ 3 Vermächtnisse

Meine Ehefrau F., geb. am ▨▨▨, erhält im Wege des Vermächtnisses mein Haus in ▨▨▨ (Fl.Nr ▨▨▨), in dem wir derzeit wohnen. Sollte das Haus zum Zeitpunkt meines Todes nicht mehr im Nachlaß vorhanden sein, so ist ein Ersatz nicht zu leisten. Etwaige Belastungen des Grundstücks tragen die Erben.

Im Wege des Vermächtnisses erhält meine Ehefrau ▨▨▨ das gesamte Inventar und den Hausrat unseres Wohnhauses in ▨▨▨. Darüber hinaus erhält sie 1/3 des zum Zeitpunkt des Erbfalls noch vorhandenen Barvermögens und aller Guthaben auf Bankkonten einschließlich Bausparkonten als Geldvermächtnis.

Fällt meine Ehefrau vor oder nach dem Erbfall weg, so wird ein Ersatzvermächtnisnehmer entgegen jeder anderslautenden gesetzlichen Vermutungs- oder Auslegungsregel nicht benannt.

Alle Kosten für die Umschreibung des Eigentums im Grundbuch fallen dem Nachlaß zur Last.

§ 4 Testamentsvollstreckung für meine Tochter T.

Mit Rücksicht darauf, daß meine Tochter T. wegen ihrer Behinderung derzeit nicht in der Lage sein wird, ihre Angelegenheiten selbst zu besorgen, insbesondere die ihr durch den jeweiligen Erbfall zufallenden Vermögensteile selbst zu verwalten, ordne ich für den Fall meines Todes für den Erbteil von T. Testamentsvollstreckung als Dauervollstreckung auf die Lebenszeit von T. an. Die Testamentsvollstreckung setzt sich am auseinandergesetzten Nachlaßvermögen, welches meiner Tochter T. zusteht, fort.

Zum Testamentsvollstrecker benenne ich meinen Sohn S., ersatzweise , wiederum ersatzweise soll das Nachlaßgericht einen geeigneten Testamentsvollstrecker bestimmen. Der Testamentsvollstrecker ist gegebenenfalls von den Einschränkungen des § 181 BGB befreit. Über den Erbteil insgesamt darf der Testamentsvollstrecker aber nur mit Zustimmung des Vormundschaftsgerichts verfügen.

Der Testamentsvollstrecker hat den Erbteil einschließlich der Erträge und Nutzungen zu verwalten, Geldbeträge gewinnbringend anzulegen und, falls Grundstücke vorhanden sind, diese in ordnungsgemäßem Zustand zu halten und zu vermieten. Er ist berechtigt, Gegenstände zu veräußern und zu ersetzen, wenn die Gefahr eines Wertverfalls besteht.

Der Testamentsvollstrecker ist **verpflichtet**, meiner Tochter T. entsprechende Mittel aus den Erträgnissen des Erbteils zur Verfügung zu stellen für

- Taschengeld in angemessener Höhe
- Kleidung, Bettwäsche
- persönliche Anschaffungen, beispielsweise zur Erfüllung geistiger oder künstlerischer Bedürfnisse, wozu insbesondere auch die Ausübung von Hobbies und Liebhabereien zählt, gerade im Hinblick auf die Stärkung der Psyche
- die Einrichtung ihres Zimmers
- Freizeiten und Urlaubsaufenthalte einschließlich der Anschaffung der dafür notwendigen Materialien und Ausstattungsgegenstände
- ärztliche Behandlung, Therapien und Medikamente, die von der Krankenkasse nicht oder nicht vollständig bezahlt werden, z.B. Brille, Zahnersatz
- Kuraufenthalte
- Besuche bei Verwandten und Freunden.

Auf die Substanz des Vermögens darf der Testamentsvollstrecker zurückgreifen, sofern dies notwendig ist.

Für den Fall, daß meine Ehefrau vorverstorben ist, schlage ich vor, ersatzweise zum Betreuer meiner Tochter zu bestellen.

Datum/Ort/Unterschrift

D. Das Unternehmertestament

I. Allgemeines

354 Bei der Testamentsgestaltung für einen Unternehmer ist im Hinblick auf die zu treffenden Verfügungen unbedingt darauf zu achten, daß bei der Ermittlung des Sachverhalts Privat- und Betriebsvermögen getrennt erfaßt werden. Verfügt der Erblasser neben **Privatvermögen** auch über **Betriebsvermögen** (bzw.

Sonderbetriebsvermögen), dann sind die Besonderheiten bei der Vererbung von Einzelunternehmen und von Anteilen an Personen- und Kapitalgesellschaften zu berücksichtigen. Es sollte auch immer geprüft werden, wer Eigentümer von Grund und Boden ist. Gehört der Grund und Boden dem Unternehmer selbst, so handelt es sich hier meist um Betriebs- bzw. Sonderbetriebsvermögen (z.B. auf eigenem Grund und Boden wird betrieben: ein Einzelunternehmen = Betriebsvermögen; eine „Einmann"-GmbH & Co KG = Sonderbetriebsvermögen; eine „Einmann"-GmbH = Betriebsaufspaltung).

Allgemein ist aus **zivilrechtlicher** Sicht zum einen darauf zu achten, daß bei der Nachfolge in das Unternehmen eine Vor- und Nacherbschaft und/oder ein Nießbrauchsvermächtnis vermieden werden.[255] Zum anderen sind bei **Personengesellschaften** insbesondere auch die gesellschaftsrechtlichen Nachfolgeklauseln zu berücksichtigen. Sieht bei einer Personengesellschaft die vertragliche (qualifizierte) Nachfolgeklausel beispielsweise vor, daß nur „diejenigen Abkömmlinge Nachfolger in der Gesellschaft werden können, die auch Erben werden", so kann die Ehefrau des Unternehmers nicht als Erbin bezüglich des Personengesellschaftsanteils eingesetzt werden, da sie „kein Abkömmling" ist.[256] Da die Nachfolgeklausel in einem solchen Fall ein Nachrücken nicht vorsieht bzw. auch nicht zuläßt, würde die testamentarische Verfügung insoweit ins Leere gehen (vgl. hierzu auch § 1 Rn 45). 355

Es ist also im Rahmen der Gestaltung eines „Unternehmertestamentes" unbedingt eine Abstimmung zwischen **Gesellschaftsverträgen** und **testamentarischer** bzw. erbvertraglicher **Verfügung** notwendig.[257] 356

Darüber hinaus ist bei Gesellschaftsbeteiligungen immer die Frage zu prüfen, ob ein Gesellschaftsanteil überhaupt vererblich gestellt ist und ob bei einem Anteil an einer **Kapitalgesellschaft** nicht möglicherweise beim Tod eines Gesellschafters ein **Einziehungsrecht** der übrigen Gesellschafter besteht, was dazu führen kann, daß nach dem Tod des Erblassers die übrigen Gesellschafter zu bestimmten Konditionen seine Gesellschaftsanteile einziehen. 357

---

255 Vgl. *Nieder*, Rn 1058.
256 BGH NJW 1995, 2551.
257 Vgl. auch das Beispiel von *Flick* ZEV 1994, 34.

358 Aus **steuerlicher** Sicht ist bei der Gestaltung eines Unternehmertestaments nach Möglichkeit die Entstehung einer Erbengemeinschaft zu vermeiden. Seit der Entscheidung des Großen Senats des BFH vom 5.7.90[258] sind Miterben in Bezug auf das Betriebsvermögen im Nachlaß als Mitunternehmer im Sinne von § 15 I Nr. 2 EStG anzusehen, was dazu führt, daß bei der Erbauseinandersetzung ein Veräußerungsgewinn (§§ 16, 34 EStG) entstehen kann, der von den betreffenden Erben zu versteuern ist. Kommt es hierbei zu einer Aufdeckung **stiller Reserven**, so kann eine nicht unbeträchtliche Steuerzahlung entstehen, die den Fortbestand des Betriebes erheblich gefährden könnte.[259]

II. Die Vererblichkeit von Gesellschaftsanteilen

1. Allgemeines

359 Wie bereits ausgeführt, bedarf es bei Gesellschaftsverträgen, besonders bei Personengesellschaften, einer präzisen Abstimmung von Gesellschaftsvertrag und Verfügung von Todes wegen. Vor allem deshalb, weil der gesellschaftsrechtlichen Bestimmung grundsätzlich der Vorrang vor der erbrechtlichen Bestimmung einzuräumen ist (§ 2 EGHGB). So fallen Anteile an Kapitalgesellschaften ebenso wie ein Einzelunternehmen in den Nachlaß des Erblassers, während die gesetzlichen Regelungen bei Personengesellschaften nach dem HGB-Reformgesetz seit 1.7.1998 unterschiedlich sind (vgl. § 8 Rn 364).

2. Die Rechtsnachfolge am Einzelunternehmen

360 Aus § 22 I HGB ergibt sich die grundsätzliche Vererblichkeit eines **einzelkaufmännischen** Unternehmens im Wege der Gesamtrechtsnachfolge (§ 1922 BGB). Anders als bei Personengesellschaften fällt das Handelsgeschäft als wirtschaftliche Einheit in den Nachlaß und wird gemeinschaftliches Gesamthandsvermögen aller Miterben (§ 2032 BGB).[260]

Nach Ansicht des BGH[261] kann ein zum Nachlaß gehörendes Einzelunternehmen, unabhängig von der Frage, ob dies sinnvoll ist, auch durch eine

---

258 NJW 1991, 249.
259 Vgl. dazu *Pohl*, Unternehmensnachfolge durch Teilungsanordnung und Sondererbfolge im Einkommensteuerrecht.
260 BGHZ 30, 391.
261 BGHZ 17, 299.

Erbengemeinschaft fortgeführt werden, und zwar ohne zeitliche Begrenzung und ohne daß hierfür eine Personengesellschaft gegründet werden müßte.

Für die anwaltliche Gestaltungstätigkeit gilt es jedoch, in jedem Fall zu vermeiden, daß ein kaufmännisches Einzelunternehmen in eine Erbengemeinschaft gelangt. Neben den problematischen Fragen der **Vertretung** und **Verwaltung**[262] können gerade bei einer eventuellen Auseinandersetzung der Erbengemeinschaft erhebliche steuerliche Belastungen, z.b. durch die Aufdeckung stiller Reserven, hervorgerufen werden.

3. Die Rechtsnachfolge bei Kapitalgesellschaften

a) Die GmbH

Die Anteile an einer GmbH sind grundsätzlich frei vererblich (§ 15 GmbHG). Die Vererblichkeit der GmbH-Anteile kann auch nicht durch die Satzung ausgeschlossen werden.[263] Der Übergang auf die Erben erfolgt nach § 1922 BGB, so daß es einer Mitwirkung der Gesellschafter nicht bedarf. Mehrere Miterben halten den GmbH-Anteil gesamthänderisch (§ 2032 BGB) und üben ihre Mitgliedschaftsrechte gemeinsam aus (§ 18 GmbHG).

361

Die Vererblichkeit eines GmbH-Anteils kann aber durch die Satzung eingeschränkt werden. So kann ein gesellschaftsvertragliches **Einziehungsrecht**[264] oder eine **Abtretungspflicht**[265] verhindern, daß unerwünschte Personen in die Gesellschaft nachrücken. Sieht die Satzung einer GmbH vor, daß die Anteile verstorbener Gesellschafter einzuziehen sind, dann fallen diese zwar zunächst in den Nachlaß,[266] können aber durch Gesellschafterbeschluß gegenüber den Erben eingezogen werden.[267]

---

262 *Ebenroth* Rn 854 ff.
263 *Buchholz* MittRhNotK 1991, 37.
264 *Esch/Baumann/Schulze* zur Wiesche 1. Buch Rn 1272.
265 *Priester* GmbH-Rdsch 1981, 206.
266 *K. Schmidt*, Gesellschaftsrecht, § 35 II 3a.
267 *Vogel* GmbH-Rdsch 1971, 132.

b) Die Aktiengesellschaft

362 Auch Aktien sind grundsätzlich frei vererblich. Die Satzung kann dies nicht ausschließen. Die Aktien gehen im Wege der Gesamtrechtsnachfolge (§ 1922 BGB) auf die Erben über. Mehrere Miterben halten die Aktien gesamthänderisch als gemeinschaftliches Vermögen (§ 2032 BGB). Jedoch kann auch hier, ähnlich wie bei GmbH-Anteilen, gemäß § 237 AktG die Zwangseinziehung im Falle des Todes vorgesehen sein.[268] Unzulässig ist aber die Bestimmung in der Satzung, daß die Erben verpflichtet sind, die Anteile an bestimmte Aktionäre zu übertragen.[269]

4. Die Rechtsnachfolge in Personengesellschaften

a) Allgemeines

363 Schwieriger gestaltet sich die Vererbung von Anteilen an **Personengesellschaften**. Hier stellt sich im einzelnen die Frage, ob der Gesellschaftsanteil an einer Personengesellschaft in den Nachlaß fällt und ob die oder der Miterben in die Position des Erblassers einrückt/einrücken.

b) Die gesetzlichen Regelungen nach dem HGB-Reformgesetz

364 Nach dem HRefG gilt seit 1.7.1998 hinsichtlich der Vererbung von Anteilen an Personengesellschaften folgendes:

Bei der **Gesellschaft bürgerlichen Rechts** verbleibt es bei der bisherigen Regelung, daß die Gesellschaft durch den Tod eines Gesellschafters gemäß § 727 I BGB aufgelöst wird, sofern sich aus dem Gesellschaftsvertrag nichts anderes ergibt.[270]

Für die **OHG** galt die bisherige Regelung, daß die Gesellschaft mit dem Tod eines Gesellschafters aufgelöst wird (§ 131 HGB aF.). Gemäß der geänderten Vorschrift des § 131 II Nr. 1 HGB nF. führt der Tod eines Gesellschafters nun nicht mehr zur Auflösung, sondern zu dessen Ausscheiden aus der Gesellschaft, sofern der Gesellschaftsvertrag nichts anderes vorsieht.[271] Gleiches gilt auch

---

268 *Esch/Baumann/Schulze zur Wiesche* 1. Buch Rn 1371.
269 *Schaub* ZEV 1995, 82.
270 BGBl. I 1998 Seite 1474; *Schmidt* NJW 1998, 2161, 2166.
271 BGBl. I 1998 Seite 1474, 1476; *Schmidt* NJW 1998, 2161, 2166.

für die Vererbung eines **Komplementäranteils** einer KG (§§ 161 II, 131 II Nr. 1 HGB nF.). Bezüglich des Anteils eines **Kommanditisten** bestimmt die Neufassung des § 171 HGB, daß mit dessen Tod mangels abweichender Anordnungen die Gesellschaft mit den Erben fortgesetzt wird.[272]

365 Die Gesellschafter haben jedoch die Möglichkeit, eine hiervon abweichende vertragliche Vereinbarung zu treffen. In der Praxis kommen drei verschiedene Fortführungsarten zum Tragen: die sogenannte **Fortsetzungsklausel**, die **Eintrittsklausel** und die **Nachfolgeklausel** (qualifizierte Nachfolgeklausel).

> *Hinweis*
> Alle Gesellschaftsverträge von Personenhandelsgesellschaften aus der Zeit vor dem 1.7.1998 sind auf die Aktualität der Nachfolgeregelung zu überprüfen.[273]

Vgl. zum Minderjährigenhaftungsbeschränkungsgesetz § 13 Rn 361 ff.

c) Die Fortsetzungsklausel

366 Unter **Fortsetzungsklausel** versteht man die gesellschaftsvertragliche Vereinbarung, daß bei dem Tod eines Gesellschafters die Gesellschaft mit den übrigen Gesellschaftern fortgeführt wird. Der Anteil des Verstorbenen wächst hierbei den übrigen Gesellschaftern an. Für die Erben des Gesellschafters hat dies zur Folge, daß der Gesellschaftsanteil nicht in den Nachlaß fällt, sondern lediglich der schuldrechtliche Abfindungsanspruch, sofern dieser nicht für alle Gesellschafter ausgeschlossen wurde.

367 Die Fortsetzung ist nunmehr seit 1.7.1998 beim Tod eines OHG-Gesellschafters und beim Tod des KG-Komplementärs gesetzliche Folge, §§ 131 II Nr. 1, 161 II HGB nF. Einer Fortsetzungsklausel bedarf es nur noch bei der GbR.

368 Die Fortsetzungsklausel setzt aber voraus, daß im Erbfall eines Gesellschafters noch mindestens zwei Gesellschafter vorhanden sind. Ansonsten kann vereinbart werden, daß beim Tod des anderen Gesellschafters der Überlebende ein Übernahmerecht hat (Übernahmeklausel).[274] Enthält eine zweigliedrige

---

272 BGBl. I 1998 Seite 1474, 1477.
273 Vgl. *Schmidt* NJW 1998, 2161, 2166.
274 BGH NJW 1970, 1638; BGH NJW 1981, 1956.

2 Das erbrechtliche Mandat vor dem Erbfall

Personengesellschaft eine Fortsetzungsklausel, dann kann diese gegebenenfalls in ein Übernahmerecht umgedeutet werden.[275] Im übrigen kann die Fortsetzungsklausel auch nur für den Tod bestimmter Personen (die z.B. keine eigenen Abkömmlinge haben) angeordnet werden.[276] Ebenso kann auch vereinbart werden, daß der Gesellschaftsanteil eines verstorbenen Gesellschafters nicht allen, sondern nur einzelnen Gesellschaftern zufällt.[277]

369 Ist im Gesellschaftsvertrag eine solche Fortsetzungsklausel vorgesehen, dann besteht keine Möglichkeit des Erblassers, hierüber durch Testament oder Erbvertrag zu verfügen. Eine Verfügung von Todes wegen ist insoweit auch nicht erforderlich, da der Gesellschaftsanteil durch lebzeitige Verfügung (bzw. kraft Gesetzes bei OHG und KG) den übrigen Gesellschaftern anwächst.

Muster: Fortsetzungsklausel

370 Stirbt einer der Gesellschafter, so wird die Gesellschaft unter den übrigen Gesellschaftern fortgesetzt. Den Erben des verstorbenen Gesellschafters steht entsprechend dem Anteil des Erblassers ein Abfindungsanspruch zu. Die Höhe des Abfindungsanspruchs berechnet sich nach den Buchwerten ohne Berücksichtigung der stillen Reserven und eines eventuell vorhandenen Firmenwertes (good will). Ebenso unberücksichtigt bleiben bei der Bewertung die noch nicht abgewickelten Geschäfte.

041

371 **Die steuerlichen Folgen:** Aus einkommensteuerlicher Sicht stellt sich die Anwachsung des Gesellschaftsanteils wie eine Veräußerung dar, wobei der Veräußerungsgewinn noch in der Person des Erblassers entsteht. Die Abfindungszahlungen an die Erben führen aber wohl zu keinem einkommensteuerpflichtigen Vorgang.[278]

---

275 BGH WM 1957, 512.
276 *Nieder* Rn 987.
277 *Nieder* Rn 987.
278 *Schoor* Seite 157.

d) Die einfache Nachfolgeklausel[279]

Die **Nachfolgeklausel** sieht hingegen die Fortführung der Gesellschaft mit dem oder den Erben des verstorbenen Gesellschafters vor. Hierbei handelt es sich um einen rein erbrechtlichen Übergang. Der Gesellschafter kann so seinen Nachfolger selbst bestimmen. Die Erben treten automatisch an die Stelle des Erblassers, was auch für den Ersatzerben wie den Vor- und Nacherben gilt.[280]

Nach hM[281] erfolgt der Übergang ausnahmsweise im Wege der **Singularsukzession (Sondererbfolge)**, d.h., daß der Gesellschaftsanteil unmittelbar auf die jeweils berufenen Erben übergeht und jeder Erbe in **Höhe** seiner **Erbquote** in die Gesellschafterstellung einrückt.[282] Der Gesellschaftsanteil wird demnach mangels Gesamtrechtsnachfolge nicht Gesamthandsvermögen der Erbengemeinschaft.

Vermächtnisnehmer und durch Teilungsanordnung begünstigte Miterben treten dagegen nicht automatisch an die Stelle des verstorbenen Gesellschafters.[283] Es bedarf also zusätzlich eines Übertragungsaktes. Um sicherzustellen, daß auch ein Vermächtnisnehmer, wenn zwar nicht sofort mit dinglicher Wirkung, in die Gesellschaft eintreten kann, sollte dies in der Nachfolgeklausel des Gesellschaftsvertrages vorgesehen sein. Will der Erblasser nur einem bestimmten Bedachten seinen Gesellschaftsanteil zuwenden, dann sollte er ihn bei der einfachen Nachfolgeklausel als Alleinerben einsetzen.[284]

372

---

279 Zur steueroptimalen Gestaltung bei Nachfolgeklauseln siehe *Haas* BRAK-Mitt. 1997, 193.
280 *Nieder* Rn 997.
281 BGHZ 22, 186; OLG Frankfurt NJW 1983, 1806.
282 Die Sondererbfolge wird von der hM deshalb angewandt, weil sonst die Vereinbarkeit von Erbrecht und Gesellschaftsrecht nicht herzustellen wäre. Denn würde die Erbengemeinschaft selbst in die Gesellschafterstellung eintreten, was nach dem Grundsatz der Universalsukzession der Fall wäre, würde dies zu einem Ausschluß der unbeschränkten persönlichen Haftung (§ 128 HGB) führen.
283 *Göbel* DNotZ 1979, 144.
284 MüKo/*Ulmer* § 727 Rn 23.

Muster: Einfache Nachfolgeklausel

▼

373 Beim Tod eines Gesellschafters wird die Gesellschaft mit seinen Erben oder anderweitig durch Verfügung von Todes wegen Bedachten fortgesetzt. Sind mehrere Erben oder anderweitig durch Verfügung von Todes wegen Bedachte vorhanden, so haben sich die Erben von einem Bevollmächtigten vertreten zu lassen. Wird kein Bevollmächtigter benannt, dann ruht das Stimmrecht.

▲

374 **Die steuerlichen Folgen der einfachen Nachfolgeklausel:** Aus einkommensteuerlicher Sicht führt die Vererbung des Gesellschaftsanteils durch einfache Nachfolgeklausel noch nicht zu einer Gewinnrealisierung. Auch durch die Tatsache, daß der Gesellschaftsanteil im Wege der Sondererbfolge unmittelbar auf die Erben entsprechend deren Quoten übergeht, ändert nichts an dem durch Erbfall eintretenden unentgeltlichen Erwerb. Gleiches gilt auch für vorhandes Sonderbetriebsvermögen. Dieses fällt im Wege der Gesamtrechtsnachfolge zwar in das Gesamthandsvermögen der Erbengemeinschaft, aufgrund der Identität zwischen Gesellschaftern und Miterben überlassen diese das Wirtschaftsgut weiterhin der Gesellschaft.[285] Eine Aufdeckung stiller Reserven durch den Erbfall selbst entsteht zunächst nicht.[286]

e) Die qualifizierte Nachfolgeklausel

375 Sieht die Nachfolgeklausel vor, daß nur einzelne Miterben oder ein bestimmter Erbe in die Gesellschaft eintreten sollen (sog. **qualifizierte Nachfolgeklausel**), dann geht nach Ansicht des BGH[287] der ganze Gesellschaftsanteil unmittelbar auf den/die bevorzugten (Mit-)Erben über. Dies führt dazu, daß auch bei Vorhandensein von Miterben der Gesellschaftsanteil nur auf den gesellschaftsvertraglich zugelassenen Miterben im Wege der **unmittelbaren Vollnachfolge**[288] übergeht bzw. dieser in die Position des Erblassers einrückt. Den anderen Miterben steht aber grundsätzlich ein Wertausgleichsanspruch gegen den eintretenden

---

285 BFH 26.03.1981 BStBl. II 1981, 614.
286 Hinsichtlich der Erbauseinandersetzung über einen Mitunternehmeranteil wird der Vorgang wie bei der Auseinandersetzung über ein Einzelunternehmen behandelt BStBl. II 1992, Seite 512.
287 BGHZ 68, 225.
288 BGHZ 68, 225 ff.

Miterben zu, da davon ausgegangen wird, daß zwar die Gesellschafterposition direkt auf den Gesellschaftsnachfolger übergegangen ist, daß aber der Wert des Gesellschaftsanteils zum Nachlaß gehört.

Die Erbquote der jeweiligen Miterben hat aber Auswirkungen auf die Frage des Wertausgleiches zwischen den Miterben, da die qualifizierte Nachfolgeklausel grundsätzlich lediglich die Wirkung einer **Teilungsanordnung** hat.[289] Dem kann nur durch Anordnung eines Vorausvermächtnisses hinsichtlich[290] des Vermögenswertes des Gesellschaftsanteils abgeholfen werden[291] oder in entsprechender Anordnung einer höheren Erbquote des nachfolgenden Gesellschafters. Die vermögensmäßige Zuweisung des Gesellschaftsanteils bei mehreren Miterben sollte, auch wenn verschiedene Meinungen in der Literatur[292] dies durch Auslegung der letztwilligen Verfügung als gegeben ansehen wollen, sicherheitshalber immer in der Verfügung von Todes wegen erfolgen.[293]

376

Gerade im Rahmen der qualifizierten Nachfolgeklausel läßt sich aber bei Vorhandensein von Sonderbetriebsvermögen eine Alleinerbeinsetzung des Nachfolgers nicht verhindern, so daß dann die Zuwendung eines Vorausvermächtnisses entbehrlich ist.

Bei der qualifizierten Nachfolgeklausel besteht allerdings kein Abfindungsanspruch gegenüber der Gesellschaft selbst.[294]

Hat der Erblasser dagegen diejenigen Personen, die in der qualifizierten Nachfolgeklausel als Nachfolger bestimmt sind, zu seinen Erben eingesetzt, dann findet ein Übergang wie bei der einfachen Nachfolgeklausel statt.[295]

---

289 BGHZ 68, 225 ff.
290 MüKo/*Ulmer* § 727 Rn 29.
291 BayObLG DNotZ 1981, 702.
292 *Ulmer* ZGR 1972, 324, 328 Fn 152 mwN.
293 *Loritz* NJW 1988, 2697.
294 *Nieder*, Rn 1012.
295 *Nieder*, Rn 1006.

Muster: Beispiel für eine qualifizierte Nachfolgeklausel

▼

377 Beim Tod eines Gesellschafters wird die Gesellschaft mit demjenigen Erben oder dem anderweitig durch Verfügung von Todes wegen Bedachten, den der Erblasser als Nachfolger für seinen Gesellschaftsanteil bestimmt hat, fortgeführt. Bestimmt der Erblasser keinen Nachfolger, so scheidet er mit dem Tod aus der Gesellschaft aus. Die Gesellschaft wird dann unter den übrigen Gesellschaftern fortgesetzt. Den weichenden Erben steht dann ein Abfindungsanspruch entsprechend den Vorschriften der Kündigung durch einen Gesellschafter zu.

▲

378 **Die steuerlichen Folgen der qualifizierten Nachfolgeklausel:** Ebenso wie bei der einfachen Nachfolgeklausel kommt es bei der Vererbung eines Gesellschaftsanteils im Wege der qualifizierten Nachfolgeklausel grds. zu keiner Gewinnrealisierung. Probleme ergeben sich allerdings dann, wenn der Erblasser Sonderbetriebsvermögen hinterläßt. Das Sonderbetriebsvermögen fällt nämlich in das Gesamthandsvermögen der Erbengemeinschaft, während diese aufgrund der qualifizierten Gesellschaftsnachfolge nicht in die Personengesellschaft eintritt. Die Folge ist hierbei, daß es bereits **durch Erbanfall** zu einer Aufdeckung stiller Reserven kommt.[296] Darüber hinaus hat grundsätzlich auch der aufgrund der qualifizierten Nachfolgeklausel in die Gesellschaft eintretende Miterbe die weichenden Erben abzufinden, wenn der Wert seiner Beteiligung seine Erbquote übersteigt.[297] Vgl. hierzu auch ausführlich *Daragan/Zacher-Röder* DStR 1999, 89.

f) Die Eintrittsklausel

379 Des weiteren kann ein Gesellschaftsvertrag auch ein sogenanntes **Eintrittsrecht** für einen oder alle Erben vorsehen.[298] Dann wird die Gesellschaft zunächst unter den übrigen Gesellschaftern fortgesetzt. Die Erben haben aber das Recht (Option), in die Gesellschaft einzutreten. Die Mitgliedschaft in der Gesellschaft wird hierbei aber nicht kraft Erbrechts, sondern vielmehr durch Rechtsgeschäft unter Lebenden begründet. Bei der Eintrittsklausel handelt es sich insoweit

---

[296] BMF-Schreiben vom 11.1.1993.
[297] Zur einkommensteuerlichen Auswirkung solcher Abfindungszahlungen vgl. *Pohl* Seite 170 ff.
[298] BGH DNotZ 1967, 387.

um einen Vertrag zugunsten Dritter (§§ 328 ff. BGB). Der Eintritt in die Gesellschaft erfolgt somit nicht durch Erbfolge.

III. Gestaltung einer Verfügung von Todes wegen bei Vorhandensein von Betriebsvermögen[299]

1. Allgemeines

Im Rahmen der Gestaltung einer Verfügung von Todes wegen ist der Problematik, die bei der Vererbung von Betriebsvermögen auftreten kann, hinreichend Rechnung zu tragen. Um die oben dargestellten gesellschafts- und steuerrechtlichen Probleme zu vermeiden, sind verschiedene Lösungsmöglichkeiten denkbar, wobei hier noch einmal angemerkt werden darf, daß bei **Anteilen** an **Personengesellschaften** eine Vererbung des jeweiligen Anteils nur möglich ist, wenn der Gesellschaftsvertrag eine entsprechende (auf die letztwillige Verfügung abgestimmte) Nachfolgeklausel vorsieht und daß im übrigen die Gestaltung bei Vorhandensein von **Sonderbetriebsvermögen** stets einer besonders sorgfältigen steuerlichen Überprüfung im Einzelfall bedarf.[300]

380

2. Die Alleinerbenlösung

Es ergibt sich aus der Natur der Sache, daß bei der Gestaltung eines „Unternehmertestamentes" darauf zu achten ist, daß nach Möglichkeit das Betriebsvermögen in einer Hand an einen Erben weitergegeben wird. Die mit Abstand sicherste Lösung ist hierfür die Alleinerbeneinsetzung des Betriebsnachfolgers (**Alleinerbenlösung**). Der Erblasser bestimmt seinen Unternehmensnachfolger zum Alleinerben und setzt zu Gunsten der übrigen weichenden Erben Vermächtnisse aus dem Privatvermögen aus. Insoweit macht es auch keinen Unterschied, ob das Unternehmen in Form eines Einzelunternehmens, einer Personengesellschaft oder einer Kapitalgesellschaft betrieben wird.

381

Bei der Anordnung der Vermächtnisse für die weichenden Erben ist aber darauf zu achten, daß nur Gegenstände des Privatvermögens im Wege des Vermächtnisses auf die übrigen Bedachten übergehen. Wird z.B. ein Grundstück auf einen

382

---

299 Zur steuerlichen Gestaltung bei Nachfolgeklauseln siehe *Haas* BRAK-Mitt. 1997, 193.
300 Zur Frage der Gewerbesteuer bei Entnahme von Sonderbetriebsvermögen vgl. BFH ZEV 1998, 275.

Vermächtnisnehmer übertragen, welches sich im **Sonderbetriebsvermögen** des Erblassers befunden hat, dann führt dies zu einer sog. Entnahme und somit zur Aufdeckung stiller Reserven.[301]

Dies gilt aber auch für die sonstigen im Betriebsvermögen befindlichen Wirtschaftsgüter. Wird der Erbe verpflichtet, aufgrund einer Vermächtnisanordnung einzelne Wirtschaftsgüter auf einen Vermächtnisnehmer zu übertragen, so führt dies steuerrechtlich zu einer Entnahme, die nicht der Vermächtnisnehmer, sondern der Erbe zu versteuern hat.[302] Dies gilt auch dann, wenn das Wirtschaftsgut beim Vermächtnisnehmer wieder Betriebsvermögen wird.[303]

383 Befindet sich in einem Nachlaß fast ausschließlich Betriebsvermögen, so besteht die praktische Schwierigkeit, daß die übrigen Erben nicht durch entsprechende Vermächtnisse abgefunden werden können. Hier ist daran zu denken, den weichenden Erben im Wege des Vermächtnisses beispielsweise eine **stille Beteiligung**[304] einzuräumen, einen **ratenweise** zu zahlenden **Geldbetrag** (der aber wesentlich über dem Pflichtteil liegt) oder eine **Rentenzahlung** zukommen zu lassen.

3. Die Vermächtnislösung

384 Neben der Alleinerbenlösung besteht grds. auch die Möglichkeit, den Betrieb insgesamt im Wege des Vermächtnisses (**Sachvermächtnis**) auf den Nachfolger zu übertragen. Im Rahmen der Vermächtnislösung ist jedoch die Gesellschaftsform bei der Vererbung einer persönlich haftenden Gesellschaftsbeteiligung je nach konkret vorliegender Nachfolgeklausel von entscheidender Bedeutung. Darüber hinaus kann es auch einen Unterschied machen, ob ein Einzelwirtschaftsgut aus dem Betriebsvermögen durch Vermächtnis an einen Nicht-Miterben oder durch Vorausvermächtnis an einen Miterben weitergegeben wird.[305]

385 Die Übertragung eines gesamten Betriebes oder **Gesellschaftsanteils** (an einer Personengesellschaft) im Wege des Sachvermächtnisses führt, anders

---

301 BFH Urteil v. 11.7.1973 BStBl 1974 II S. 50.
302 *Gebel* BB 1995, 2611 mwN.
303 BFH Urteil v. 28.9.1993 BStBl. II 1994, 319 ff.
304 Vgl. hierzu *Langenfeld* Rn 391 ff.
305 BMF-Schreiben vom 11.1.1993 Tz 74, NJW 1993, 977.

als bei einzelnen Wirtschaftsgütern,[306] nicht zu einer Entnahme.[307] Sieht die gesellschaftsrechtliche Nachfolgeklausel die vermächtnisweise Zuwendung des Anteils vor, dann kann dieser im Wege des Vermächtnisses insgesamt auf den Nachfolger übertragen werden. Erbengemeinschaft oder Alleinerbe erzielen hierbei keinen Veräußerungs- oder Aufgabegewinn. Der Vermächtnisnehmer führt nach § 7 I EStDV die Buchwerte der Erbengemeinschaft fort.[308]

Probleme können sich bei der Vermächtnislösung aber einmal bei der Zurechnung der Einkünfte zwischen Erbfall und Vermächtniserfüllung ergeben und zum anderen dann, wenn der Erblasser **Sonderbetriebsvermögen** hinterlassen hat (vgl. zur Aufdeckung stiller Reserven bei der qualifizierten Nachfolgeklausel § 8 Rn 378). 386

a) Die Zuordnung der Einkünfte zwischen Erbfall und Vermächtniserfüllung

Schwierigkeiten bestehen bei der Vermächtnislösung bei der Zurechnung der Einkünfte zwischen Erbfall und Vermächtniserfüllung, da zunächst grundsätzlich der Erbe Inhaber der Einkunftsquelle ist.[309] BFH BStBl. II 1992, 332 bestätigt die Einkunftzurechnung zunächst beim Erben. Ausnahmsweise sind die zwischen Erbfall und Vermächtniserfüllung erzielten Einkünfte dem Vermächtnisnehmer zuzurechnen, wenn dieser schon vor Vermächtniserfüllung als Inhaber des Betriebes angesehen werden kann.[310] 387

Die unterschiedliche Zurechnung der Einkünfte vor und nach Erfüllung des Vermächtnisses kann zur Folge haben, daß der Erbe gemäß § 2184 BGB gezogene **Früchte** herausgeben muß. Da die für den Zwischenzeitraum gezahlte Einkommensteuer wohl keine Verwendung und keine Aufwendung iSv § 2185 BGB darstellt, kann dies dazu führen, daß der Erbe die erzielten Erlöse an den Vermächtnisnehmer herausgeben und die Steuerlast selbst tragen muß.[311] Zur 388

---

306 *Gebel* BB 1995, 2611 mwN.
307 *Kapp/Ebeling* III. Teil Rn 354.
308 BMF-Schreiben vom 11.1.1993 Tz 68.
309 BMF-Schreiben v. 11.1.1993 BStBl. I 1993, 62; aA *Spiegelberger* Rn 339; *Groh* DB 1992, 1312.
310 BFH v. 24.9.1991 BStBl. II 1992, 330.
311 *v. Oertzen* ZEV 1996, 459.

Lösung dieses Problems schlägt *v. Oertzen* vor, daß der Erbe nur die Herausgabe der Nettobeträge schuldet.[312]

389 Anders als bei der Beendigung einer Erbengemeinschaft, bei der eine rückwirkende Zurechnung der Einkünfte in engen Grenzen anerkannt wird (BMF-Schreiben v. 11.1.1993: sechs Monate), gilt dies wohl, zumindest dem Wortlaut nach, nicht im Rahmen des Vermächtnisvollzuges.[313] Auch wenn diese Frage bisher nicht abschließend geklärt ist, sollte bei der Vermächtnislösung auf einen raschen Vermächtnisvollzug geachtet und dieser durch entsprechende Gestaltung unterstützt werden (Testamentsvollstreckung, Vollmachten).

b) Die Zuwendung von Sonderbetriebsvermögen durch Vermächtnis

390 Schwierigkeiten können bei der Vermächtnislösung darüber hinaus entstehen, wenn der Erblasser **Sonderbetriebsvermögen** hinterläßt, welches ebenfalls durch Vermächtnis auf den Nachfolger übergehen soll. Aus zivilrechtlicher Sicht ist dieses als gesondertes **Sachvermächtnis** eines **Einzelwirtschaftsgutes** in der Verfügung von Todes wegen dem Nachfolger zuzuordnen.

391 Aus steuerrechtlicher Sicht kommt es dann aber grundsätzlich zu einer Entnahme, weil das Sonderbetriebsvermögen zunächst immer Gesamthandsvermögen der Erbengemeinschaft wird, und zwar auch dann, wenn es sich um eine qualifizierte Nachfolgeklausel handelt.[314] Bei der qualifizierten Nachfolgeklausel tritt der Entnahmetatbestand bereits mit dem Erbfall ein, so daß es auf die vermächtnisweise Zuwendung nicht mehr ankommt.[315]

392 Zu prüfen ist bei der Vermächtnislösung daher aus steuerlicher Sicht in jedem Fall das Problem der Aufdeckung und insbesondere die Höhe der **stillen Reserven**.[316]

393 Ist hinsichtlich des Sonderbetriebsvermögens mit einer erheblichen Aufdeckung stiller Reserven zu rechnen, dann scheidet die Vermächtnislösung in

---

312 Vgl. auch den Formulierungsvorschlag *v. Oertzen* ZEV 1996, 459, 460.
313 BMF-Schreiben v. 11.3.1993 Tz 68; *Langenfeld*, Rn 445.
314 *Groh* DB 1992, 1312.
315 Vgl. hierzu auch *Langenfeld*, Rn 407.
316 *Kapp/Ebeling* III. Teil Rn 351 ff.

der Regel aus.³¹⁷ Alternativ besteht die Möglichkeit, das Sonderbetriebsvermögen zu reinem Betriebsvermögen zu machen – was wohl unter fremden Gesellschaftern nicht gewollt und bei Familiengesellschaften aus haftungsrechtlicher Sicht ungünstig ist –, oder der Erblasser bringt das Sonderbetriebsvermögen in eine gewerblich geprägte Peronengesellschaft, z.b. in eine GmbH & Co KG ein, die ebenfalls eine qualifizierte Nachfolgeklausel vorsieht.³¹⁸ Letzteres ist allerdings umständlich und kostenaufwendig und bietet sich daher nur bei erheblichen stillen Reserven an.³¹⁹

c) Die Zuwendung von Sonderbetriebsvermögen durch einfache Nachfolgeklausel und Vorausvermächtnis

Wird ein Einzelwirtschaftsgut aus dem Betriebsvermögen der Erbengemeinschaft in ein anderes Betriebsvermögen eines Miterben überführt, so entsteht auch hier ein Entnahmegewinn bei allen Miterben, allerdings besteht das Wahlrecht zur gewinnneutralen Buchwertfortführung.³²⁰   **394**

4. Das Frankfurter Testament

Eine Alternative zu der Vermächtnis- oder Alleinerbenlösung ist das sogenannte „**Frankfurter Testament**". Dieses sieht vor, daß Betriebs- und Privatvermögen innerhalb einer Erbengemeinschaft durch Teilungsanordnung in entsprechender Erbquote gemäß dem Wert des jeweiligen Nachlaßgegenstands aufgeteilt werden.³²¹   **395**

Die von *Felix*³²² vorgeschlagene **Konstruktion** führt jedoch zu einer komplizierten Nachlaßabwicklung, insbesondere dann, wenn sich die Erben später nicht einig sind. Darüber hinaus setzt sie auch voraus, daß Betriebs- und Privatvermögen zu entsprechenden Anteilen vorhanden ist. Weil die Quote nicht festgelegt wird, bestehen hiergegen gerade im Hinblick auf die spätere Abwicklung erhebliche Bedenken.³²³

---

317 BMF-Schreiben v.11.1.1993 BStBl 1993 I Seite 62.
318 *Groh* DB 1992, 1312.
319 *Menges/Stähle* BB 1994, 2122.
320 BMF-Schreiben v. 11.03.1993 Tz 74; *Langenfeld*, Rn 407.
321 *Meincke* NJW 1991, 198.
322 *Felix* KÖSDI 1990, 8265.
323 Vgl. hierzu auch *Langenfeld*, Rn 404.

Vgl. zur steuerlichen Behandlung von Sonderbetriebsvermögen aufgrund Teilungsanordnung BFH ZEV 1998, 274 mit Anmerkung von *Häfke*.

5. Das vorzeitige Unternehmertestament

396 Gerade bei jüngeren Unternehmern stellt sich oftmals die Schwierigkeit, daß sie ihren Nachfolger noch nicht bestimmen können. Hier bietet sich die vermächtnisweise Zuwendung des Unternehmens an, mit der Bestimmung, daß ein Dritter den Nachfolger aus einem bereits feststehenden und abgrenzbaren Personenkreis auswählen soll. Steht der Personenkreis noch nicht fest, so bietet sich nur die sogenannte „Auflagenlösung" an, bei der das Unternehmen insgesamt durch Auflage auf einen noch zu bestimmenden Nachfolger übergeht – mit der Besonderheit, daß einem Dritten die Bestimmung der Person insgesamt überlassen werden kann.[324]

6. Die Zuordnung des Betriebsvermögensfreibetrages

a) Allgemeines

397 Bei Abfassung eines Unternehmertestaments ist darauf zu achten, daß der Betriebsnachfolger auch den **Betriebsvermögensfreibetrag** nach § 13 a ErbStG erhält. Dieser sollte dem Bedachten im Testament ausdrücklich zugeordnet werden. Die Aufteilung bzw. Zuordnung des Freibetrages ist eine einseitige höchstpersönliche Erklärung des Erblassers. Sie ist als Gestaltungsrecht grundsätzlich bedingungsfeindlich und sowohl für den Bedachten als auch für das Finanzamt verbindlich. Im Falle der Ausschlagung durch den Bedachten steht der Freibetrag oder der Anteil des Freibetrages demjenigen zu, der an die Stelle des Ausschlagenden tritt, sofern sich aus der Verfügung des Erblassers nichts anderes ergibt.[325]

398 Probleme können sich dadurch ergeben, daß der als Nachfolger bestimmte Miterbe bei der Auseinandersetzung mehr begünstigtes Vermögen erhält als dies dem Erbanfall (seiner Quote) entspricht.[326]

---

324 Vgl. hierzu *Daragan/Tanck* ZErb 1999, 2; *Daragan/Zacher-Röcher* DSHR 1999, 89.
325 Gleichlautender Ländererlaß vom 17.6.1997 Tz 30.
326 BFH-Urteil vom 1.4.1992.

Beispiel
Der Erblasser E hinterläßt in seinem Nachlaß ein einzelkaufmännisches Unternehmen, das zum Zeitpunkt seines Todes einen Steuerwert von 600.000 DM hat. Er hinterläßt zwei Kinder, seinen Sohn S und seine Tochter T. In seinem Testament hat er durch Teilungsanordnung bestimmt, daß sein Sohn S den Betrieb erhalten soll. Da beide Kinder zu Erben zu je 1/2 eingesetzt sind, hat der Sohn S zunächst Betriebsvermögen in Höhe von 300.000 DM erworben. In dieser Höhe kann er den Betriebsvermögensfreibetrag in Ansatz bringen. Die durch Teilungsanordnung erworbenen anderen 300.000 DM können durch den Betriebsvermögensfreibetrag nicht mehr begünstigt werden. Hier besteht dann nur noch die Möglichkeit, daß der Bewertungsabschlag in Höhe von 40 % zum Tragen kommt. Bei der Gestaltung des Testamentes hätte der Erblasser darauf achten müssen, daß er seinen Sohn als Alleinerben einsetzt und die Tochter im Wege des Vermächtnisses abgefunden wird. Die Verteilung des Betriebsvermögensfreibetrages auf den Sohn hätte insoweit nichts gebracht, da der Freibetrag nur in der Höhe zugeordnet werden kann, in der der Erbanfall des Betriebsvermögens erfolgt.[327]

399 Die **Zuordnung** des Betriebsvermögensfreibetrages sollte aber wohl durchdacht sein. In manchen Fällen ist es z.B. günstiger, bestimmten Erben einen größeren oder den gesamten Anteil am Betriebsvermögensfreibetrag zuzuordnen. Dies ist insbesondere dann empfehlenswert, wenn der Erblasser mehrere Unternehmen auf verschiedene Nachfolger vererbt und die Erwerber im Verhältnis zum Erblasser in unterschiedlichen Steuerklassen stehen. Dies ist z.B. der Fall, wenn der Erblasser zum einen seinen Sohn und zum anderen seinen Enkel zu Nachfolgern zweier unterschiedlicher Betriebe einsetzt. Der Betriebsvermögensfreibetrag ist hier **vermögensausgleichend** einzusetzen. D.h., daß der Enkel, der einen persönlichen Freibetrag nach § 16 ErbStG in Höhe von 100.000 DM hat, einen höheren Anteil des Betriebsvermögensfreibetrages erhalten sollte als der Sohn, der gemäß § 16 ErbStG bereits einen persönlichen Freibetrag in Höhe von 400.000 DM hat.

400 Erfolgt **keine** ausdrückliche **Zuordnung** des Freibetrages, dann ist wie folgt zu unterscheiden: Im Falle, daß das begünstigte Vermögen ausschließlich auf

---

[327] *Kapp/Ebeling* § 13 a Rn 9.

Erben übergeht, ist der Freibetrag entsprechend den Erbteilen aufzuteilen.[328] Erhalten Erben und Nichterben begünstigtes Vermögen, dann steht der Freibetrag allen Erwerbern zu gleichen Teilen zu.

> *Beispiel*
> Erblasser E hinterläßt seine beiden Kinder K_1 und K_2 und zwei getrennte Einzelunternehmen. Er setzt seine beiden Kinder zu Erben ein und vermacht im Wege des Vermächtnisses seinem Freund F eines der Unternehmen. Hier erhalten sowohl K_1 und K_2 als auch F den Freibetrag in Höhe von jeweils einem Drittel.

Nach Schrifttum[329] und Finanzverwaltung[330] läßt sich der Freibetrag nicht auf den Betriebsnachfolger konzentrieren, wenn der Erblasser keine ausdrückliche Zuordnung angeordnet hat.[331]

b) Betriebsvermögensfreibetrag bei Weitergabeverpflichtung

401 Gemäß § 13 a III ErbStG kann ein Erwerber den Freibetrag nicht in Anspruch nehmen, wenn er aufgrund einer letztwilligen Verfügung des Erblassers begünstigtes Vermögen auf einen Dritten übertragen muß.[332] Hierzu kann er durch Vermächtnis oder Vorausvermächtnis verpflichtet sein.

c) Bei der Vor- und Nacherbschaft

402 Ist ein privilegiertes Vermögen Gegenstand einer **Vor-** und **Nacherbschaft**, dann kommt die Vergünstigung nach § 13 a ErbStG sowohl für den Vorerben, als auch für den Nacherben in Betracht, da es sich um zwei getrennte Erwerbsfälle handelt.[333] Wird allerdings der Nacherbfall nicht durch den Tod des Vorerben ausgelöst, kommt die Regelung des § 13 a ErbStG nur dem Nacherben zugute.[334]

---

328 Gleichlautender Ländererlaß vom 17.6.1997 Tz 25.
329 *Gebel* BB 1997, 814.
330 Ländererlasse v. 17.6.97 BStBl. I 1997, 673 Tz 44.
331 *Brüggemann* Erbfolgebesteuerung 10/97.
332 Gleichlautender Ländererlaß vom 17.06.1997 Tz 42.
333 *Kapp/Ebeling* § 13 a Rn 11; BMF-Schreiben vom 17.6.1997 BStBl. 1997 I Seite 673 Tz 21.
334 *Kapp/Ebeling* § 13 a Rn 11; *Felix* BB 1994, 477.

7. Der Bewertungsabschlag für Betriebsvermögen

Bei der Planung der letztwilligen Unternehmensnachfolge ist der neben dem Betriebsvermögensfreibetrag nach § 13 a II ErbStG bestehende Bewertungsabschlag zu berücksichtigen. Das nach Abzug des Freibetrags verbleibende Betriebsvermögen wird danach für die Besteuerung nur mit einem sechzigprozentigen Wert in Ansatz gebracht. Das heißt, es wird hier nochmal ein Abschlag in Höhe von 40 % vorgenommen. 403

8. Die Tarifvergünstigung (§ 19 a ErbStG)

Eine weitere Privilegierung ist die sogenannte Tarifbegünstigung nach § 19 a ErbStG. Danach wird bei der Vererbung von Betriebsvermögen grundsätzlich die günstige Steuerklasse I zugrunde gelegt, und zwar auch dann, wenn der Erwerber im Verhältnis zum Erblasser eigentlich in Steuerklasse II oder III steht. Vorteile aus dieser Regelung ziehen somit all diejenigen, die mit dem Erblasser entfernt oder gar nicht verwandt sind. 404

9. Der Verlust der Privilegierung

Wichtig ist für den späteren Übergang, daß die Privilegierungen nicht uneingeschränkt gelten. Der Betriebsvermögensfreibetrag, der Bewertungsabschlag und die Tarifbegrenzung können rückwirkend entfallen, wenn der Erwerber innerhalb von fünf Jahren 405

- den Betrieb, einen Teil oder einen Anteil veräußert,
- den Betrieb aufgibt oder in das Privatvermögen überführt
- oder Entnahmen von mehr als 100.000 DM getätigt werden.

Gerade die beschränkte Entnahmemöglichkeit wird dem Nachfolger dann zu schaffen machen, wenn er mit erheblichen Nachlaßverbindlichkeiten belastet ist und nicht hinreichend Privatvermögen im Nachlaß vorhanden ist.

Muster: Unternehmertestament

406 Ich, ▬▬▬, errichte folgendes Einzeltestament:

044 **§ 1 Testierfreiheit**
Ich erkläre, daß ich nicht durch Bindungen aus einem früheren gemeinschaftlichen Testament oder aus einem Erbvertrag an der Errichtung dieses Testaments gehindert bin. Vorsorglich hebe ich alle bisherigen Verfügungen von Todes wegen in vollem Umfang auf.

§ 2 Erbeinsetzung
Ich setze meinen Sohn ▬▬▬, zu meinem alleinigen Erben meines gesamten Nachlasses ein. Ihm ordne ich den gesamten Betriebsvermögensfreibetrag (§ 13 a ErbStG) zu.

§ 3 Vermächtnisse
(1)
Meine **Ehefrau** ▬▬▬ erhält von dem Erben in Form eines Vermächtnisses eine monatliche Leibrente in Höhe von monatlich DM ▬▬▬. Die Höhe der ausgesetzten Rente ist dem Preisindex des Statistischen Bundesamtes für die Lebenshaltung eines 4-Personen-Haushaltes mit mittlerem Einkommen anzupassen. Von der Anpassung sind die im Zeitraum bis zu meinem Ableben als auch danach eintretenden Änderungen betroffen. Der Preisindex beträgt gegenwärtig ▬▬▬. Anpassungen sollen aber jeweils nur dann erfolgen, wenn die Änderung mehr als 10 % der jeweils letzten Höhe beträgt.
Kommt der Verpflichtete öfter als drei Mal mit den Rentenzahlungen in Rückstand, so wird die gesamte Rentensumme sofort fällig. Die Höhe der sofort fälligen Ablösesumme berechnet sich nach der künftigen Lebenserwartung der Berechtigten (Sterbetabelle und Kapitalisierung) zuzüglich einem Zuschlag von 3 % pro Jahr (alternativ Anl. 13 zu § 11 BewG).

(2)
Zur Sicherung der Leibrente ist zu Gunsten der Rentenberechtigten auf dem Grundstück ▬▬▬ eine Reallast gemäß §§ 1105 ff BGB einzutragen. Der verpflichtete Erbe hat jedoch das Recht, einen Rangvorbehalt für Grundpfandrechte bis zu einer Höhe von 25 % des Schätzwertes des Gutachterausschusses der Stadt ▬▬▬, eintragen zu lassen, sofern dieser Betrag nicht bereits durch ein Grundpfandrecht besetzt ist. Ist dies der Fall, so besteht das Recht nur in Höhe der Differenz, so daß insgesamt nicht mehr als 25 % besetzt sind.
Darüber hinaus erhält meine **Ehefrau** ▬▬▬ ebenfalls im Wege des Vermächtnisses ein lebenslängliches, nicht übertragbares dingliches Wohnrecht (§ 1093 BGB) an meinem Hause. Das Wohnrecht geht auch auf den Rechtsnachfolger des Eigentümers über. Die Berechtigte darf in Erweiterung zu § 1093 II BGB auch Dritte in die Wohnung mit aufnehmen. Der Eigentümer ist zur Instandhaltung verpflichtet. Er trägt die außergewöhnlichen Erhaltungskosten. Die gewöhnlichen

Ausbesserungskosten, sowie die Kosten für Strom, Wasser und Gas, trägt die Berechtigte dagegen selbst. Das Wohnrecht ruht, wenn die Wohnungsberechtigte die Räume verläßt.

(3)
Im Wege des Vermächtnisses erhält meine **Ehefrau** das gesamte Inventar und den Hausrat unserer Wohnung im Untergeschoß meines Wohnhauses. Fällt meine **Ehefrau** vor oder nach dem Erbfall weg, so wird ein Ersatzvermächtnisnehmer entgegen jeder anderslautenden gesetzlichen Vermutungs- oder Auslegungsregel nicht benannt.

(4)
Meine **Tochter** erhält ein Geldvermächtnis in Höhe von DM 600 000,–. Das Vermächtnis ist sechs Monate nach dem Erbfall fällig. Die Vermächtnisnehmerin ist aber berechtigt, anstatt des Geldbetrages bzw. eines Teils des Geldbetrages (§ 2154 BGB) von dem Erben im Wege des Verschaffungsvermächtnisses (§ 2170 BGB) ein dem Wert von DM 500 000,– entsprechendes Grundstück mit Wohnhaus oder eine entsprechende Eigentumswohnung, welche nicht zum Nachlaß gehört, zu verlangen. Meine **Tochter** erhält darüber hinaus im Wege des Vermächtnisses das Recht (**Übernahmerecht**), sich an meinem auf den Erben übergegangenen Gesellschaftsanteil an der OHG als typischer stiller Gesellschafter (Unterbeteiligung § 230 HGB) zu beteiligen. Der Erbe ist verpflichtet, auf Verlangen meiner Tochter ihr in Höhe von bis zu DM 100000,– eine typische stille Beteiligung einzuräumen. Es ist hierbei darauf zu achten, daß nur eine typische stille Beteiligung und keine Beteiligung an den stillen Reserven erfolgt. Bei Beendigung der stillen Gesellschaft ist die Einlage an den Vermächtnisnehmer zurückzuerstatten. Die Beteiligung soll auf maximal 20 Jahre befristet sein. Dem Vermächtnisnehmer soll eine ertragsmäßig und steuerlich günstige Stellung eingeräumt werden. Die Beteiligung ist weder vererblich noch veräußerbar, es sei denn, die Veräußerung erfolgt an den Erben selbst. Die Einzelheiten des zwischen dem Erben und meiner Tochter zu schließenden Beteiligungsvertrages sind vom Testamentsvollstrecker vorzunehmen bzw. durch ihn vornehmen zu lassen. Er hat dies nach steuerlich günstigen und möglichen Gesichtspunkten vorzunehmen.

(5)
Sollte der Erbe Vermögensteile, die mehr als 10 % des Gesamtvermögens des Nachlasses ausmachen, veräußern und den Erlös nicht binnen 24 Monaten wieder im Betrieb investieren, so steht meiner Ehefrau und meiner Tochter im Wege des Vermächtnisses jeweils 1/3 des Erlöses nach „Ertragssteuern aus diesem Verkauf" zu.

(6)
Schlägt einer der Erben oder Vermächtnisnehmer seine Zuwendung aus und macht seinen Pflichtteil geltend, dann ist er mit dem ganzen Stamm von der Erbfolge ausgeschlossen.

§ 4 Testamentsvollstreckung

Für meinen Nachlaß ordne ich Testamentsvollstreckung an. Zum Testamentsvollstrecker bestimme ich ▬▬▬▬, ersatzweise soll das Nachlaßgericht einen geeigneten Testamentsvollstrecker bestimmen. Der Testamentsvollstrecker hat die Aufgabe, den Nachlaß abzuwickeln, insbesondere die Vermächtnisse und Auflagen zu erfüllen und die notwendigen Grundbuchumschreibungen vorzunehmen bzw. vornehmen zu lassen.

Datum/Ort/Unterschrift

E. Die Erstellung eines Ehegattentestaments[335]

I. Einleitung

407 Bei der Gestaltung eines Ehegattentestaments besteht die Besonderheit, daß Verfügungen von Todes wegen für zwei Sterbefälle getroffen werden. Es unterscheidet sich dabei vom Einzeltestament insoweit, als beide Ehegatten ihre Verfügungen von Todes wegen in einer **gemeinsamen Urkunde** errichten. Ein rechtlicher Unterschied ist, daß die Auswirkungen der Wechselbezüglichkeit der §§ 2270, 2271 BGB eine gegenseitige **Bindungswirkung** nach sich ziehen können (gegenseitiges gemeinschaftliches Testament) und somit auch einen materiellen Unterschied bewirken, wobei zu beachten ist, daß bei einem gemeinschaftlichen Testament nicht unbedingt immer eine Wechselbezüglichkeit vorliegen muß. Die Ehegatten können durchaus bestimmen, daß keine (einfaches Ehegattentestament)[336] oder nur eine teilweise Wechselbezüglichkeit gegeben sein soll.

408 In der Praxis macht ein Ehegattentestament ohne Wechselbezüglichkeit und Bindungswirkung in der Regel wenig Sinn. Der einzige Vorteil besteht in der Ausnutzung der vereinfachten Formvorschrift des § 2267 BGB. Gerade die gemäß § 2271 II BGB nach dem ersten Todesfall eintretende Bindungswirkung erlaubt es den Ehegatten, sich gegenseitig zu Lebzeiten abzusichern und

---

335 Vgl. *Keller* in BWNotZ 1970, 49 zu allg. Überlegungen zum Ehegattentestament.
336 *Ebenroth*, Rn 222.

dennoch den Vermögensfluß in Richtung auf die eigenen Abkömmlinge nach dem Tod des Überlebenden bindend zu steuern.

Bei der Gestaltung eines Ehegattentestaments ist je nach Fall darauf zu achten, daß die wesentlichen Verfügungen wechselbezüglich und bindend sind und daß der überlebende Ehegatte von der Bindungswirkung in einem gewissen Maße befreit wird, um zum Beispiel in bezug auf eine Abänderung der Schlußerbenbestimmung der eigenen (ehegemeinschaftlichen) Kinder und gegebenenfalls deren Abkömmlinge handlungsfähig zu bleiben. 409

Eine generelle Abänderungsmöglichkeit bzw. Freistellungsklausel führt dagegen wieder zu einer Aufhebung der Bindungswirkung und ist deshalb nicht sinnvoll. 410

Für den formellen Aufbau eines gemeinschaftlichen Testaments ist es ratsam, eine klare Trennung zwischen der Verfügung für den ersten Todesfall, der Verfügung für den zweiten Todesfall und der Bestimmung, welche der Verfügungen mit welchem Inhalt nach wechselbezüglich sein sollen, vorzunehmen. 411

II. Verfügungen für den ersten Todesfall

1. Erbeinsetzung

Ebenso wie beim Einzeltestament kann die Alleinerbeneinsetzung des Ehegatten sowohl in Form der Vollerbschaft als auch im Wege der Vor- und Nacherbschaft erfolgen. Ersteres wird auch als sogenannte **Einheitslösung** bezeichnet, während letzteres, aufgrund der Entstehung von zwei getrennten Vermögensmassen beim Überlebenden als **Trennungslösung** gekennzeichnet ist. 412

Bei der Vollerbenlösung setzen die Ehegatten sich gegenseitig zu alleinigen Vollerben ein (**Berliner Testament**).[337] Dies hat zur Folge, daß das Vermögen des Erstversterbenden in das Vermögen des Überlebenden übergeht und zu einer einheitlichen Vermögensmasse verschmilzt. In der Verfügung für den zweiten Todesfall sollte dann bestimmt werden, was nach dem Tod des 413

---

337 Vgl. Formulierungsvorschlag bei *Tanck/Kerscher/Krug* § 20 Rn 10.

Überlebenden damit geschehen bzw. an wen das einheitliche Vermögen fließen soll (Schlußerbfolge).

414 Nach der Auslegungsregel des § 2269 I BGB wird „im Zweifel" von einer **Vollerbeneinsetzung** des Überlebenden ausgegangen, wenn die Ehegatten sich in ihrem Testament gegenseitig als Erben eingesetzt und bestimmt haben, daß nach dem Tod des Überlebenden der Nachlaß an einen Dritten fallen soll.

415 Des weiteren ist zu beachten, daß bei der Verfügung für den ersten Todesfall alle testamentarischen Gestaltungsmittel, die dem Testierenden auch beim Einzeltestament zur Verfügung stehen, zum Einsatz kommen können. Es sollte somit auch bestimmt werden, ob nach dem Tod des Erstversterbenden zusätzlich Vermächtnisse ausgesetzt werden oder ob bspw. Auflagen zu erfüllen sind.

416 *Hinweis*
Da die gegenseitige Alleinerbeneinsetzung aus **erbschaftsteuerlicher** *Sicht ungünstig ist, weil den Abkömmlingen dadurch die Ausnutzung ihrer Freibeträge nach dem erstversterbenden Elternteil genommen wird, hat dies in der Praxis dazu geführt, daß bei größeren Vermögen zugunsten der Abkömmlinge nach dem Tod des Erstversterbenden bereits Geldvermächtnisse in bestimmter Höhe (Pflichtteil oder gesetzlicher Erbteil) ausgesetzt werden. Um den überlebenden Ehegatten nicht mit den Vermächtniszahlungen zu belasten wird vorgeschlagen, das Vermächtnis bis zum Tod bzw. bis zu einem bestimmten Zeitpunkt zu stunden.[338]*

Die erbschaftsteuerlichen Folgen eines solchen Hinausschiebens der Fälligkeit sind aber noch nicht abschließend geklärt.[339] Es ist insbesondere fraglich, ob dies nicht zu einer Anwendung des § 6 IV ErbStG und somit zu einer doppelten Besteuerung wie bei der Vor- und Nacherbschaft führen kann.[340]

Bis zu einer richterlichen Entscheidung über diese Frage wird dem Mandanten zu raten sein, die Fälligkeit nicht an den Tod des überlebenden Ehegatten, sondern an einen bestimmten Zeitpunkt (10 Jahre) oder an ein bestimmtes

---

338 Vgl. *Schmidt* BWNotZ 1998, 97.
339 Vgl. hierzu *Tanck/Kerscher/Krug* § 20 Rn 12, 13.
340 *Mayer*, ZEV 1997, 325.

anderes Ereignis (z.B. die Wiederverheiratung etc.) zu knüpfen.[341] Vgl. auch zur erbschaftsteuerlichen Gestaltungsmöglichkeiten durch Auflagen *Daragan* DStR 1999, 393 und zu den ertragssteuerlichen Problemen von zinslos gestundeten Vermächtnissen *J. Mayer* ZEV 1998, 50 ff.

Bei der **Trennungslösung** wird der überlebende Ehegatte hingegen (meist befreiter) Vorerbe, und die Abkömmlinge der Ehegatten (oder Dritte) werden als Nacherben eingesetzt. Es kommt hier nicht, wie bei der Einheitslösung, zu einer Verschmelzung beider Vermögensmassen.[342] **417**

Der Überlebende erhält das Vermögen des Erstversterbenden als Vorerbenvermögen und hat daneben sein gesondertes Eigenvermögen. In der Verfügung für den ersten Todesfall ist also zugleich die Nacherbenregelung zu treffen, während in der Verfügung für den zweiten Todesfall nur noch bezüglich des Eigenvermögens des überlebenden Ehegatten eine Regelung für den Schlußerbfall getroffen werden kann.

Die Ehegatten haben bei der Ausgestaltung der Vorerbschaft ebenso wie beim Einzeltestament die Möglichkeiten der Befreiung von den Beschränkungen der §§ 2113 ff BGB. **418**

Hinweis **419**
Aus steuerlicher Sicht ist die Vor- und Nacherbschaft ungünstig, da nach § 6 ErbStG sowohl der Anfall der Erbschaft beim Vorerben als auch beim Nacherben besteuert wird, vgl. § 8 Rn 77.

Die Vor- und Nacherbschaft kann auch aus zivilrechtlicher Sicht ungünstig sein, weil der Vorerbe Verfügungsbeschränkungen unterliegt, was in der Praxis häufig zu Differenzen mit den Nacherben führt. **420**

Da der überlebende Ehegatte bei der Trennungslösung nicht zum unbeschränkten Vollerben eingesetzt wird, sollte in jedem Fall bei der Gestaltung des Testaments die Frage aufgeworfen werden, ob der Längstlebende im Wege des Vorausvermächtnisses zumindest den Hausrat und die sonstigen persönlichen Gegenstände (einschließlich des Pkw) des Erstversterbenden erhalten soll und **421**

---
341 Vgl. *Bühler*, BB 1997, 551.
342 *Tanck/Kerscher/Krug*, § 20 Rn 19.

ihm diese dann zur unbeschränkten Verfügung stehen (§ 2110 BGB). Man spricht hierbei auch von einem sogenannten **Hausratsvermächtnis**.[343]

422 Als eine weitere Konstellation bietet sich bei einem Ehegattentestament die sogenannte **Nießbrauchslösung** an.[344] Bei der Nießbrauchslösung werden regelmäßig die Kinder der Ehegatten zu Vollerben des Erstversterbenden eingesetzt und der überlebende Ehegatte erhält ein Nießbrauchsvermächtnis am Nachlaß – alternativ besteht auch die Möglichkeit gesetzliche Erbfolge mit einem Nießbrauchsvermächtnis am Nachlaß oder an den Erbteilen der Abkömmlinge anzuordnen.

Vgl. zum Nießbrauchsvermächtnis § 8 Rn 150.

2. Der Anfechtungsverzicht

423 Beim **Anfechtungsverzicht** im gegenseitigen Testament geht es um die Frage der Beseitigung der Bindungswirkung durch **Selbstanfechtung** eines Ehegatten und um das Anfechtungsrecht Dritter. Die eigene wechselbezügliche Verfügung, die erst nach dem Tod des Erstversterbenden bindend geworden ist, kann nach hM[345] in analoger Anwendung der §§ 2281 ff, §§ 2078, 2079 BGB selbst angefochten werden.[346]

424 Bei gegenseitigen Testamenten (und Erbverträgen) ist im Gegensatz zu den Anfechtungsrechten nach §§ 119 ff BGB auch eine Anfechtung wegen Motivirrtums (§ 2078 II BGB) und sogar hinsichtlich sogenannter unbewußter Erwartungen nach den dafür geltenden Sonderregelungen der §§ 2078 bis 2083 BGB möglich.

425 Das **Selbstanfechtungsrecht** des Ehegatten und das Anfechtungsrecht Dritter kann aber in der gegenseitigen Verfügung von Todes wegen ausgeschlossen werden.[347]

---

343 *Keller*, BWNotZ 1970, 49 ff.
344 MüKo/*Musielak*, § 2269 Rn 4.
345 *Nieder*, Rn 671.
346 Vgl. zum Wiederaufleben eines Einzeltestaments bei Anfechtung des gemeinschaftlichen Testaments durch den überlebenden Ehegatten BayObLG NJW-FER 1999, 273.
347 Vgl. zur Selbstanfechtung nach Eintritt des ersten Erbfalls OLG Oldenburg OLG-Report 99, 23.

Ein **Ausschluß** der **Anfechtungsmöglichkeit** wegen Hinzutretens weiterer **426**
Pflichtteilsberechtigter gemäß § 2079 BGB sollte in jeder Verfügung von Todes
wegen enthalten sein. Nach § 2079 BGB kann eine letztwillige Verfügung
angefochten werden, wenn der Erblasser einen Pflichtteilsberechtigten übergangen hat, dessen Vorhandensein ihm nicht bekannt war oder der erst nach
Errichtung der Verfügung von Todes wegen pflichtteilsberechtigt wurde.[348] Vgl.
zur Anfechtung auch § 11 Rn 169 ff.

III. Verfügungen für den zweiten Todesfall

Da es bei der **Vollerbenlösung** zu insgesamt einer Vermögensmasse kommt, **427**
ist in der Verfügung für den zweiten Todesfall diesbezüglich eine Schlußerbenregelung zu treffen. Den Testierenden stehen hier sämtliche Gestaltungsmittel
des Einzeltestaments zur Verfügung.

Da es sich bei der Schlußerbenregelung letztlich um die Verfügung einer Person
handelt, nämlich des überlebenden Ehegatten, ist bezüglich der Erbeinsetzung
darauf zu achten, daß wie beim Einzeltestament eine ausreichende Ersatzerbenregelung vorhanden ist (s.o.).

Muster: Berliner Testament (Einheitslösung)

▼

Wir, die Eheleute   , geb. am   in   und   , geborene **428**
         , geb. am   in   , wohnhaft in   , setzen uns gegenseitig
zu alleinigen Vollerben unseres gesamten Vermögens ein.
Zu Schlußerben des Längstlebenden von uns bestimmen wir unsere gemeinschaftlichen Kinder   , geb. am   in   , wohnhaft   , und
         , geb. am   in   , wohnhaft   und   , geb. am
         in   , wohnhaft   , zu jeweils gleichen Teilen. Zu Ersatzerben
bestimmen wir die Abkömmlinge unserer ehegemeinschaftlichen Kinder nach den
Regeln der gesetzlichen Erbfolgeordnung, wiederum ersatzweise soll Anwachsung – zunächst innerhalb eines Stammes – eintreten.

▲

Bei der **Vor-** und **Nacherbschaft** ist in der Verfügung für den zweiten Todesfall **429**
nur noch eine Bestimmung im Hinblick auf das gesonderte Eigenvermögen

---

[348] Vgl. zur Übergehung des Pflichtteilsberechtigten durch den Erblasser OLG Düsseldorf MittBayNot 1999, 296.

2 Das erbrechtliche Mandat vor dem Erbfall

des überlebenden Ehegatten zu treffen. Den Testierenden stehen hier ebenfalls sämtliche Gestaltungsmittel des Einzeltestaments zur Verfügung.

Muster: Ehegattentestament (Trennungslösung)
▼

430
046

Wir, die Eheleute ▬▬, geb. am ▬▬ und ▬▬, geborene ▬▬, geb. am ▬▬, wohnhaft in ▬▬, setzen uns gegenseitig zu unseren alleinigen Erben unseres gesamten Vermögens ein. Der überlebende Ehegatte ist jedoch nur Vorerbe. Er ist von allen gesetzlichen Beschränkungen befreit, soweit dies möglich und rechtlich zulässig ist. Ein Ersatzvorerbe wird nicht bestimmt, es gilt die Vorschrift des § 2102 I BGB.

Zu Nacherben hinsichtlich des zum Zeitpunkt des zweiten Erbfalls übrigen Nachlasses bestimmen wir unsere ehegemeinschaftlichen Kinder ▬▬, geb. am ▬▬, wohnhaft in ▬▬, und ▬▬, geb. am ▬▬, wohnhaft in ▬▬, zu jeweils gleichen Teilen. Zu Ersatznacherben bestimmen wir die Abkömmlinge unserer ehegemeinschaftlichen Kinder nach den Regeln der gesetzlichen Erbfolgeordnung, wiederum ersatzweise soll Anwachsung – zunächst innerhalb eines Stammes – eintreten. Schlägt einer der Abkömmlinge die Erbschaft aus und verlangt er seinen Pflichtteil, dann werden seine Abkömmlinge nicht Ersatznacherben. Er ist dann sowohl für den ersten als auch für den zweiten Erbfall mit seinem ganzen Stamm von der Erbfolge einschließlich mit angeordneter Verfügungen enterbt. Gleiches gilt, wenn er einen Zuwendungsverzicht abgegeben hat.

Die Nacherbenanwartschaft ist weder vererblich noch übertragbar. Der Nacherbfall tritt mit dem Tod des Vorerben ein, soweit nichts anderes bestimmt ist.

Zu Vollerben des Längstlebenden von uns bestimmen wir unsere ehegemeinschaftlichen Kinder ▬▬, geb. am ▬▬ und ▬▬, geb. am ▬▬, zu jeweils gleichen Teilen. Ersatzerben werden die Abkömmlinge unserer ehegemeinschaftlichen Kinder nach den Regeln der gesetzlichen Erbfolgeordnung, wiederum ersatzweise tritt Anwachsung – zunächst innerhalb eines Stammes – ein. Schlägt einer der Erben des überlebenden Ehegatten seinen Erbteil aus und macht er seinen Pflichtteil geltend, dann werden seine Abkömmlinge nicht Ersatzerben. Gleiches gilt, wenn er einen Zuwendungsverzicht abgegeben hat.

▲

IV. Bindungswirkung, Wechselbezüglichkeit und Abänderungsmöglichkeit

1. Wechselbezüglichkeit und Bindungswirkung

431 Sinn und Zweck des Ehegattentestaments ist es, daß die gemeinschaftlichen Verfügungen wechselbezüglich angeordnet werden und daß diese dann nach dem Tod des Erstversterbenden gemäß § 2271 Abs. 2 BGB ganz oder teilweise Bindungswirkung entfalten.

Eine Bindungswirkung kann jedoch nur hinsichtlich der sogenannten **wechselbezüglichen** Verfügungen entstehen. Gemäß § 2270 Abs. 3 BGB beschränkt sich eine mögliche Wechselbezüglichkeit auf die **Erbeinsetzung**, die **Vermächtnisse** und **Auflagen**.[349]

432

Wechselbezüglichkeit bedeutet, daß es sich um in ihrer Gültigkeit von einander abhängige Verfügungen handelt. D. h., daß jede Verfügung für sich nur mit Rücksicht auf die andere Verfügung getroffen worden ist.

433

Da es sich bei § 2270 Abs. 1 BGB um eine Auslegungsregel handelt, ist es für die testamentarische Gestaltung unabdingbar, diese ausdrücklich zu konkretisieren, damit es durch spätere Auslegung nicht zu einem vom Erblasser abweichenden Willen kommt. Da nur einzelne Verfügungen wechselbezüglich sein können[350] und nicht das gemeinschaftliche Testament insgesamt, ist eine exakte Formulierung im Testament zu empfehlen.

434

Im Regelfall wird davon ausgegangen, daß sowohl die Verfügungen des Mannes als auch die Verfügungen der Ehefrau wechselbezüglich und bindend sein sollen. Es ist aber auch durchaus möglich, daß sich die Wechselbezüglichkeit nur auf die Verfügungen eines Ehegatten beziehen soll.[351]

435

In der Praxis ist eine solche Gestaltungsvariante bspw. dann interessant, wenn das Vermögen **einseitig** bei nur einem Ehegattenteil vorhanden ist. Dieser hat dann ein großes Interesse daran, daß der überlebende Ehegatte im Falle seines Todes an die Verfügungen gebunden ist. Andersherum, wenn der nichtvermögende Ehegatte zuerst verstirbt, ist eine Bindung des Überlebenden im Regelfall nicht befriedigend, weil der Vorverstorbene dem Überlebenden nichts zukommen läßt, dieser aber dennoch in seiner Gestaltungsfreiheit eingeschränkt wird.

436

---

349 *Palandt/Edenhofer*, § 2270 1.
350 BGH LM zu § 2270 Nr. 2.
351 MüKo/*Musielak*, § 2270 Rn 3.

437 Es ist somit im Testament klarzustellen, ob die Verfügungen beider Ehegatten wechselbezüglich und bindend sein sollen.[352]

438 Sollen die in einem gemeinschaftlichen Testament getroffenen Verfügungen nicht wechselbezüglich und bindend sein, so ist dies, um die gesetzliche Vermutung des § 2270 BGB nicht eintreten zu lassen, ausdrücklich in der Verfügung zu erwähnen.[353]

2. Abänderungsvorbehalt bei der Einheitslösung

439 Im Rahmen der Wechselbezüglichkeit und Bindungswirkung spielt die Frage eines Abänderungsrechts des überlebenden Ehegatten (**Freistellungsklauseln**) eine große Rolle. In § 2270 Abs. 1 BGB ist es den Ehegatten freigestellt, ob sie ihre letztwilligen Verfügungen wechselbezüglich und bindend sein lassen wollen. Die Ehegatten können sich demnach auch das Recht einräumen, diese Bindungswirkung nach dem ersten Erbfall ganz oder teilweise aufzuheben bzw. abzuändern.[354]

440 Eine solche **Freistellungs-** bzw. **Abänderungsklausel** hat den Vorteil, daß der nach dem Tod des Erstversterbenden gebundene Ehegatte die Möglichkeit hat, auf gewisse Änderungen im Leben der möglicherweise als Schlußerben eingesetzten Kinder zu reagieren. In der Praxis hat sich gezeigt, daß gerade in bezug auf nicht ehegemeinschaftliche Kinder beim Wegfall eines Ehegatten unvorhersehbare Entwicklungen eintreten können.

441 Die Ehegatten sind bei der Gestaltung der Freistellungsklausel hinsichtlich der Art und des Umfangs völlig frei.[355] So kann sich die Abänderungsbefugnis auf eine rein gegenständliche Abänderung, eine Quotenabänderung oder eine allgemeine Abänderung beschränken. Ebenso kann auch der Personenkreis, z.B. die ehegemeinschaftlichen Kinder, festgelegt werden. Häufig besteht ein

---

352 Vgl. Formulierungsbeispiel bei *Tanck/Kerscher/Krug* § 10 Rn 40.
353 Vgl. Formulierungsbeispiel bei *Tanck/Kerscher/Krug* § 20 Rn 46. Vgl. zu der Frage der Wechselbezüglichkeit bei zeitlich nacheinander abgefassten gemeinschaftlichen Testamenten ZEV 1999, 311 und BayObLG ZEV 1999, 227.
354 BGHZ 30, 261/266.
355 *Nieder*, Rn 400.

Abänderungsvorbehalt auch darin, daß der Überlebende hinsichtlich der Erbfolge gebunden ist, jedoch das Recht hat, im gewissen Umfang Vermächtnisse auszusetzen.[356]

3. Abänderungsvorbehalt bei der Trennungslösung

Haben die Ehegatten bei ihrer Verfügung für den ersten Sterbefall die **Vor-** und **Nacherbschaft** gewählt (Trennungslösung), so ist hier zu beachten, daß eine Abänderungsbefugnis des überlebenden Ehegatten nur in bezug auf sein von der Vorerbschaft nicht umfaßtes **Eigenvermögen** möglich ist. Bezüglich des **Vorerbenvermögens** liegt nämlich schon eine Bindung aufgrund des Instituts der Vor- und Nacherbschaft vor, nicht aufgrund der Wechselbezüglichkeit eines gegenseitigen Testaments. Nach § 2065 BGB ist der Überlebende grundsätzlich nicht berechtigt, die Nacherbeneinsetzung neu zu bestimmen. 442

Nimmt man daher eine Abänderungsklausel in der Form auf, daß der überlebende Ehegatte nach dem Tod des Erstversterbenden berechtigt sein soll, die Nacherbeneinsetzung abzuändern, so wird dies von der hM so ausgelegt, daß eine **aufschiebend bedingte** Vollerbeneinsetzung vorliegt, was dazu führt, daß der überlebende Ehegatte von Anfang an so behandelt wird. Letztlich führt dies zu einer Auflösung der Vor- und Nacherbschaft, was in der Praxis nicht gewollt ist. 443

Im Rahmen der Vor- und Nacherbschaft ist der Abänderungsvorbehalt daher auf das Vermögen des überlebenden Ehegatten zu beschränken. 444

4. Besondere Freistellungsklauseln

Ein in der Praxis selten diskutiertes Problem ist die Frage, ob das nach dem Tod des Erstversterbenden erlangte Vermögen des überlebenden Ehegatten ebenfalls unter die Bindungswirkung fallen soll, oder ob der Ehegatte diesbezüglich frei entscheiden kann. Geht man davon aus, daß durch die Bindungswirkung des gegenseitigen Testaments der derzeitige Vermögensstand gesichert und an die Schlußerben weitergeleitet werden soll, so ist es durchaus gerecht, wenn der überlebende Ehegatte über das neu hinzugekommene Vermögen selbst entscheiden kann. Es macht Sinn, dem überlebenden Ehegatten im Hinblick 445

---

356 BGH WM 1973, 205.

auf das nach dem Tod des Erstversterbenden neu erworbene Vermögen freie Hand zu lassen.

446 Um aber nicht gegen den Grundsatz der Universalsukzession zu verstoßen, ist dem überlebenden Ehegatten in einer solchen Freistellungsklausel einzuräumen, im Wege des Vermächtnisses über sein neu erworbenes Vermögen zu verfügen.

447 Die Frage, ob und wieweit die wechselbezüglichen Verfügungen des Vorverstorbenen gemäß § 2270 Abs. 1 BGB unwirksam werden, wenn der Überlebende von der Abänderungsmöglichkeit Gebrauch macht und seine Verfügungen ändert, ist nicht unstrittig und auch nicht abschließend geklärt. Es sollte in der Freistellungsklausel deshalb klargestellt werden, daß der Überlebende nicht nur von der **Bindung**, sondern auch von der **Wechselbezüglichkeit** befreit ist.[357]

Muster: Abänderungsmöglichkeit nur bezüglich des „neu" erworbenen Vermögens

448 Unsere in diesem Testament getroffenen Verfügungen für den ersten und den zweiten Todesfall sollen wechselbezüglich und bindend sein mit der Maßgabe, daß der überlebende Ehegatte berechtigt ist, hinsichtlich seines nach dem Tod des Erststerbenden neu hinzu erworbenen Vermögens (welches nicht während der Ehezeit gemeinsam erworben wurde) die Verfügung für den Schlußerbfall dahingehend abzuändern, daß er hierüber durch Anordnung von Vermächtnissen frei verfügen kann. Bei Ausübung des Abänderungsrechtes bleibt die Verfügung des Erstverstorbenen (entgegen § 2270 I BGB) weiterhin wirksam.

Die Schlußerben erhalten im Wege des Vermächtnisses jeweils einzeln das Recht, zum ersten Todesfall ein notarielles Nachlaßverzeichnis sowie ein Verzeichnis über den Vermögensbestand des überlebenden Ehegatten erstellen zu lassen. Der überlebende Ehegatte hat dies zu dulden. Zu den der Bindung unterliegenden Vermögenswerten gehören auch Surrogat-Gegenstände unter entsprechender Anwendung von § 2041 BGB.

---

357 BGH NJW 1987, 901; *Nieder*, Rn 401.

V. Die Wiederverheiratungsklausel

1. Allgemeines

Die **Wiederverheiratungsklausel**[358] soll in der Regel dem Schutz der Schlußerben vor einer zusätzlichen Schmälerung des Nachlasses durch Hinzutreten weiterer pflichtteilsberechtigter Ehegatten dienen. Das was die Ehegatten den Schlußerben, meistens den eigenen Kindern, zugedacht haben, soll ihnen auch letztendlich zukommen. Die Gestaltung der Wiederverheiratungsklausel ist je nach gewählter Testamentsform (Einheitslösung, Trennungslösung) unterschiedlich zu formulieren. 449

Bei der **Trennungslösung** ist z.b. aufgrund der durch das Institut der Vor- und Nacherbschaft getrennten Vermögen bereits eine Sicherung der Schlußerben gegeben. An dem Vermögen des Erstversterbenden können bei der Trennungslösung keine Pflichtteilsrechte des neuen Ehegatten entstehen. Anders dagegen bei der **Einheitslösung**. Hier würde der neue Ehegatte an dem Vermögen des Erstversterbenden zwangsläufig partizipieren. 450

In der praktischen Gestaltung ist somit darauf zu achten, daß die Wiederverheiratungsklausel mit dem gewählten Testamentstyp im Einklang steht. Es sind hierbei folgende Kategorien zu unterscheiden: 451

2. Wiederverheiratungsklausel bei der Vor- und Nacherbschaft (Trennungslösung)

Haben die Ehegatten das Modell der Vor- u. Nacherbschaft gewählt, so bieten sich folgende Möglichkeiten einer Gestaltung der Wiederverheiratungsklausel an:[359] 452

Liegt eine nach § 2136 BGB befreite Vorerbschaft des überlebenden Ehegatten vor, so bietet sich ein als am wenigsten intensiver Eingriff die Möglichkeit an, durch die Bedingung der Wiederverheiratung eine **nicht befreite** Vorerbschaft eintreten zu lassen. Da die Anordnung der Befreiung des Vorerben gemäß § 2136 BGB grundsätzlich wie jedes Rechtsgeschäft auch unter einer 453

---

358 MüKo/*Musielak*, § 2269 Rn 45.
359 MüKo/*Musielak*, § 2269 Rn 47.

auflösenden Bedingung (Wiederverheiratung) erfolgen kann, bestehen hiergegen rein rechtlich keine Bedenken.[360]

454 Um die Rechte der Nacherben und die Beachtung der zu diesem Zeitpunkt eintretenden Beschränkungen zusätzlich zu sichern, können die Verfügungsbeschränkungen, Mitwirkungs-, Kontroll- u. Sicherungsrechte der Nacherben durch die Anordnung einer **Nacherbentestamentsvollstreckung** (§ 2222 BGB) ab dem Zeitpunkt der Wiederverheiratung gesichert werden.

455 Eine weitere Möglichkeit einer Wiederverheiratungsklausel ist, daß mit der Wiederverheiratung eine zusätzliche Bedingung für den Eintritt des Nacherbfalls gesetzt wird. Das heißt, daß der **Nacherbfall** nicht nur mit dem Tod des überlebenden Ehegatten, sondern auch mit der Wiederverheiratung **eintreten soll**. Zu beachten ist hier, daß nicht die Nacherbfolge bedingt ist, sondern der Eintritt der Nacherbfolge. Da eine überwiegende Meinung in Rechtsprechung[361] und Literatur davon ausgeht, daß im Falle einer solchen Wiederverheiratungsklausel eine befreite Vorerbschaft des überlebenden Ehegatten vorgelegen hat, ist es sinnvoll, dies in der Wiederverheiratungsklausel klarzustellen.

456 Schließlich bietet sich als Wiederverheiratungsklausel an, daß die Nacherbfolge nur zu einem Bruchteil des Nachlasses, z.B. zu dem den gesetzlichen Erbteil des überlebenden Ehegatten übersteigenden Teil, eintreten soll. Der dem überlebenden Ehegatten zustehende Restbruchteil (gesetzlicher Erbteil) ist sodann mit der Wiederverheiratung von der Nacherbenbindung freizustellen. Bei dieser Gestaltungsform ist der überlebende Ehegatte auflösend bedingter Vorerbe bezüglich des ganzen Nachlasses und aufschiebend bedingter Vollerbe hinsichtlich seines gesetzlichen Erbteils.[362]

457 Im weiteren bleibt zu überlegen, ob dem überlebenden Ehegatten ein auf den Zeitpunkt des Eintritts des Nacherbfalls aufschiebend **bedingtes Vermächtnis** zustehen soll, da ihm ansonsten sein nach dem Tod des Erstversterbenden zustehender Pflichtteil genommen wird. Sinn und Zweck der Wiederverheiratungsklausel sollte in erster Linie die Sicherung des Vermögensbestands zugunsten

---

360 *Nieder*, Rn 608.
361 BGH FamRZ 1972, 36.
362 *Nieder*, Rn 608.

der Schlußerben, nicht aber die Bestrafung des überlebenden Ehegatten für eine eventuelle Wiederverheiratung sein.

Neben einem Geldvermächtnis zugunsten des überlebenden Ehegatten kann es, abhängig vom Sachverhalt, auch sinnvoll sein, dem überlebenden Ehegatten ein Nießbrauchs- oder Rentenvermächtnis zuzuwenden.[363] **458**

Vgl. zum Nießbrauchsvermächtnis § 8 Rn 150 ff und zum Rentenvermächtnis § 8 Rn 228 ff.

3. Die Wiederverheiratungsklausel bei der Einheitslösung

Bei der Einheitslösung[364] besteht im Unterschied zur Vor- u. Nacherbschaft keine Trennung zwischen dem Vermögen des Erstversterbenden und dem Vermögen des noch lebenden Ehegatten. Beide Vermögensgegenstände verschmelzen im Zeitpunkt des ersten Todesfalls zu einer Vermögensmasse. Die richtige Gestaltung einer Wiederverheiratungsklausel bei der Einheitslösung ist, zum Zwecke der Aufteilung der Vermögensmasse, exakt zu formulieren. **459**

Gestaltet man die Wiederverheiratungsklausel lediglich dahingehend, daß „im Falle der Wiederverheiratung der Nachlaß des Erstversterbenden an die Schlußerben herauszugeben ist", dann wird dies von der herrschenden Meinung[365] so ausgelegt, daß der überlebende Ehegatte bei einer solchen Wiederverheiratungsklausel ab dem Tod des Erstversterbenden durch die Wiederheirat **auflösend** bedingter **Vollerbe** als auch **aufschiebend** bedingter **Vorerbe** ist. Eine solche Formulierung verwandelt somit die Einheitslösung in die Trennungslösung.[366] **460**

Auch wenn eine durch die Wiederheirat auflösend bedingte Vollerbschaft als auch aufschiebend bedingte Vor- und Nacherbschaft theoretisch möglich ist, so sollte dies in der praktischen Gestaltung aus Gründen der Rechtssicherheit und Klarheit möglichst vermieden werden. Ob es sich hierbei um einen, wie von *Langenfeld*[367] behauptet, Gestaltungsfehler handelt, mag dahingestellt bleiben, **461**

---

363 *Nieder*, Rn 608.
364 MüKo/*Musielak*, § 2269 Rn 48 ff.
365 RGZ 156, 172 ff; BGHZ 96, 198 ff.
366 *Langenfeld*, Rn 249.
367 *Langenfeld*, Rn 249.

da es letztendlich einer systematischen Testamentsgestaltung widerspricht. Es bleibt nämlich bei einer solchen Umwandlung das Problem, daß die bis zur Wiederverheiratung getätigten Verfügungen als Vollerbe erfolgten, während ab diesem Zeitpunkt eine von Anfang an geltende (rückwirkende) Vorerbschaft angenommen wird.[368]

462 Bei der Formulierung der Wiederverheiratungsklausel im Falle der Einheitslösung ist demnach darauf zu achten, daß dies in Form eines **Herausgabevermächtnisses** erfolgt. Das Herausgabevermächtnis kann sich hierbei auf den noch vorhandenen Rest des Nachlasses, eine bestimmte Quote in Geld, einen bestimmten Betrag oder auch auf einen bestimmten Nachlaßgegenstand beziehen.[369]

Muster: Wiederverheiratungsklausel in Form des Herausgabevermächtnisses

463 Für den Fall, daß sich der überlebende Ehegatte wiederverheiratet, hat er an die Schlußerben Geldvermächtnisse in Höhe des seinen eigenen gesetzlichen Ehegattenerbteil übersteigenden Betrags herauszugeben. Jeder Schlußerbe hat einen seiner Schlußerbenquote entsprechenden selbständigen, von den anderen unabhängigen Vermächtnisanspruch. Für die Berechnung ist der reine Wert des Nachlasses zum Zeitpunkt des ersten Todesfalls maßgebend. Unter dem reinen Wert des Nachlasses ist der Aktivnachlaß abzüglich der Erblasserschulden und der Erbfallkosten vor Steuern und evtl. Pflichtteilsansprüchen zu verstehen. Die Vermächtnisse fallen mit Wiederverheiratung an, sind drei Monate danach fällig und bis dahin unverzinslich.

464 Zu beachten ist auch, daß dieses Vermächtnis sinnvollerweise schon bei Wiederverheiratung anfallen und kurz danach fällig sein sollte. Das Vermächtnis bis zum Tode des überlebenden Ehegatten zu stunden,[370] ist nur dann zu empfehlen, wenn es beispielsweise durch **Grundpfandrechte** gesichert werden

---

368 Nach überwiegender Meinung wird zur Abschwächung dieses Problems aufgrund einer tatsächlichen Vermutung in solchen Fällen eine befreite Vorerbschaft angenommen; *Nieder*, Rn 528.
369 *Nieder*, Rn 610.
370 *Langenfeld*, Rn 250.

kann,[371] da man ansonsten Gefahr läuft, daß das Vermögen in der neuen Ehe bis zum Tode des überlebenden Ehegatten verbraucht wird.

Für die Höhe des Nachlasses, aus dem sich die Vermächtnisse berechnen, sollte immer der Zeitpunkt des Todes des Erstversterbenden zugrundegelegt werden. Dies belastet zwar den überlebenden Ehegatten mehr, als wenn sich die Vermächtnisse aus dem Nachlaß zum Zeitpunkt der Wiederverheiratung bemessen würden, letztendlich vermeidet man damit aber vorhersehbare Streitigkeiten über die Höhe des damaligen und jetzigen Nachlaßbestands. 465

Um nicht rückwirkend die Höhe des Nachlasses ermitteln zu müssen, besteht die Möglichkeit, zum Zeitpunkt des Todes des Erstversterbenden eine **amtliche Nachlaßschätzung** und die Aufstellung eines **Nachlaßverzeichnisses** anzuordnen, in dem man den Abkömmlingen bereits nach dem Tod des Erstversterbenden im Wege des Vermächtnisses diesen Anspruch zukommen läßt oder einen Testamentsvollstrecker damit beauftragt. 466

4. Wiederverheiratungsklausel bei der Nießbrauchslösung

Von der Systematik der Testamentsgestaltung ist die Vorsorge für den Fall der Wiederverheiratung schon direkt bei der Anordnung des Nießbrauchsvermächtnisses zu klären (s.o. Nießbrauch am Nachlaß Rn 166 ff.). Um eine, der Wiederverheiratungsklausel entsprechende Rechtsfolge zu erreichen, muß nämlich nur als Zeitpunkt des Erlöschens des Nießbrauchs (verbunden mit einer möglichen Abfindung) der Wiederverheiratungszeitpunkt bestimmt werden. 467

5. Bindung an die Schlußerbeneinsetzung im Falle der Wiederverheiratung

Problematisch ist auch die Frage, welche Rechtsfolgen die Wiederverheiratung und somit das Inkrafttreten einer Wiederverheiratungsklausel für die auf den Tod des Längstlebenden getroffene Verfügung hat. 468

Nach herrschender Meinung wird, falls nichts Gegenteiliges angeordnet ist, davon ausgegangen, daß mit der Wiederverheiratung und dem Inkrafttreten einer **Wiederverheiratungsklausel** die **Bindung** des überlebenden Ehegatten 469

---

371 *Ripfel*, Rechtspfleger 1951, 583.

an seine wechselbezüglichen Verfügungen im gemeinschaftlichen Testament entfällt.[372] Um hier Streitigkeiten zu vermeiden, ist es sinnvoll, in der Wiederverehelichungsklausel zu regeln, was mit den wechselbezüglichen und bindenden Verfügungen des überlebenden Ehegatten bezüglich des zweiten Todesfalls mit Eintritt der Wiederverheiratung gelten soll.

470 Muß der Ehegatte bspw. alles herausgeben, was vom Erblasser stammte, und wird ihm dann rein wertmäßig nicht einmal der Erb- oder Pflichtteil nach dem Erstversterbenden verbleiben, dann ist es auch nicht gerechtfertigt, ihn weiterhin an die Schlußerbfolge zu binden. Die Wahl der jeweiligen Formulierung ist somit je nach Einzelfall vorzunehmen.

471 Der hier beschriebene Änderungsvorbehalt ist nicht zu verwechseln mit der Freistellung des vom überlebenden Ehegatten nach dem Tod des Erstversterbenden erwirtschafteten Vermögens. Die Aufhebung der Bindungswirkung aufgrund der Wiederverheiratung betrifft nämlich auch das Altvermögen des überlebenden Ehegatten und hat somit eine weitreichendere Wirkung.

VI. Pflichtteilsklausel[373]

1. Bei der Einheitslösung

472 Bei der Einheitslösung kommt es durch die gegenseitige Vollerbeneinsetzung der Ehegatten regelmäßig zu einer Enterbung der Abkömmlinge nach dem Tod des Erstversterbenden. Die Abkömmlinge, die bei der **Einheitslösung** zu Schlußerben nach dem Tod des Längstlebenden berufen sind, können, ohne einen Erbteil ausschlagen zu müssen, ihren Pflichtteil verlangen. Um dem hierdurch eintretenden vorzeitigen Vermögensabfluß vorzubeugen, besteht die Möglichkeit, sogenannte Pflichtteilsklauseln in das Testament mitaufzunehmen.[374]

473 Eine mögliche **Pflichtteilsklausel** ist die, daß der Überlebende im Falle der Geltendmachung von Pflichtteilen von der Bindungswirkung befreit wird und

---

[372] KG JW 1937, 2520; FamRZ 1972, 277.
[373] MüKo/*Musielak*, § 2269 Rn 63 ff.
[374] Vgl. zu den Auslegungsschwierigkeiten von Pflichtteilsklauseln, wenn die Eheleute kurz hintereinander versterben und Abkömmlinge zwar Pflichtteilsansprüche geltend gemacht haben *J. Mayer* MittBayNot 1999, 265 ff.

so selbst entscheiden kann, ob er denjenigen, der den Pflichtteil geltend macht, von der Erbfolge ausschließt.

Eine weitere Möglichkeit ist die sogenannte **einfache** Pflichtteilsklausel. Die Ehegatten bestimmen hier, daß im Falle der Geltendmachung eines Pflichtteils der Abkömmling auch jetzt schon für den zweiten Todesfall enterbt ist. 474

Muster: Einfache Pflichtteilsklausel

Macht einer unserer Abkömmlinge nach dem Tod des Erststerbenden entgegen dem Willen des überlebenden Ehegatten seinen Pflichtteil oder Pflichtteilsergänzungsanschpruch geltend und erhält er ihn auch, dann ist er mit seinem ganzen Stamm sowohl für den ersten als auch für den zweiten Erbfall von der Erbfolge einschließlich angeordneter Vermächtnisse und Auflagen ausgeschlossen. 475

Die hier angeordnete auflösend bedingte Schlußerbeinsetzung wird in nicht wechselbezüglicher und bindender Weise getroffen, so daß der überlebende Ehegatte die Möglichkeit hat, die Enterbung für den Schlußerbfall zu widerufen bzw. abzuändern. Er kann jedoch nur den Zustand wieder herstellen, der vor Eintritt der Enterbung bestanden hat. Er ist nicht berechtigt, eine andere Schlußerbfolge anzuordnen.

Die weitergehende Klausel ist die sogenannte **Jastrow'sche** Klausel (Pflichtteilsstrafklausel). Bei dieser sog. Pflichtteilsstrafklausel erhalten diejenigen Abkömmlinge, die keinen Pflichtteil geltend machen, einen **zusätzlichen** Vermächtnisanspruch nach dem Tod des Erstversterbenden, der jedoch erst mit dem zweiten Todesfall anfällt. Die sogenannte „Bestrafung" tritt dadurch ein, daß sich der Nachlaß des Längstlebenden erheblich reduziert und somit den Pflichtteil nach dem zweiten Todesfall schmälert.[375] Die Klausel greift allerdings nur bei Vorhandensein mehrerer pflichtteilsberechtigter Abkömmlinge.[376] 476

Die Pflichtteilsklauseln können mit ihrer Funktion der Enterbung grundsätzlich von der Wechselbezüglichkeit mitumfaßt sein und unterliegen dann der Bindungswirkung. Der überlebende Ehegatte ist im Falle der Pflichtteils- und Pflichtteilsstrafklausel an die Enterbung gebunden. Stellt sich aber nun heraus, 477

---

375 *Tanck/Kerscher/Krug* § 20 Rn 105.
376 MüKo/*Musielak*, § 2269 Rn 67.

daß der Abkömmling, der den Pflichtteil geltend gemacht hat, sich gegenüber dem überlebenden Ehegatten dankbar erweist, so wäre es zweckmäßig, wenn der überlebende Ehegatte die Enterbung für den zweiten Todesfall widerrufen könnte. Es ist insoweit an eine für diese Pflichtteilsklauseln geltende Abänderungsbefugnis zu denken.

2. Bei der Trennungslösung

478 Will ein Abkömmling bei der **Vor-** und **Nacherbschaft** seinen Pflichtteilsanspruch geltend machen, so muß er eine Nacherbeneinsetzung nach § 2306 I, II BGB ausschlagen.[377]

479 Bei der **Trennungslösung** besteht die Pflichtteilsklausel somit in dem durch die Ausschlagung berechtigten Ausschluß von der Nacherbfolge und in der Enterbung durch eine **einfache** Pflichtteilsklausel für den zweiten Todesfall.

480 Eine Pflichtteilsstrafklausel in Form der **Jastrow'schen** Klausel macht bei der Vor- und Nacherbschaft keinen Sinn, da durch die Vergabe von Vermächtnissen das Eigenvermögen des überlebenden Ehegatten nicht gemindert werden kann. Wie bereits erwähnt, wird bei der Trennungslösung in der Verfügung für den zweiten Todesfall nur eine Regelung bezüglich des gesonderten Eigenvermögens des überlebenden Ehegatten getroffen.

VII. Fortbestand der gemeinschaftlichen Verfügung trotz Scheiterns der Ehe

481 Ein in der Praxis oft übergangenes Problem ist die Vermutungsregel des § 2268 II BGB, die die Frage regelt, ob im Falle der Erhebung der Klage auf Auflösung oder Scheidung der Ehe oder im Falle der Zustimmung zur Scheidung durch den Erblasser, eine Verfügung wirksam bleiben soll.[378]

482 Nach §§ 2077, 2268 BGB spricht eine Vermutung dafür, daß das gemeinschaftliche Testament unwirksam ist, wenn die Ehe vor dem Tod des Erblassers aufgelöst wurde. Hierbei handelt es sich um eine Auslegungsregel, bei der die Rechtsprechung mehr und mehr zu einer individuellen Auslegung tendiert.[379]

---

377 Siehe hierzu Teil 3 § 11 Rn 237 ff.
378 Vgl. auch OLG Zweibrücken MittBayNot 1999, 84.
379 *Mayer*, ZEV 1997, 280.

Darüberhinaus gilt gemäß § 2077 I 2 BGB die Auslegungsregel nur, wenn der Erblasser selbst den Scheidungsantrag gestellt hat.[380]

Um Auslegungsstreitigkeiten zu vermeiden, sollte im Testament sowohl positiv als auch negativ die Feststellung getroffen werden, ob die Verfügung auch bei den oben genannten Voraussetzungen gelten soll oder nicht. Im Rahmen der Gestaltung der gemeinschaftlichen Verfügung von Todes wegen ist somit immer eine Regelung für den Fall der Scheidung aufzunehmen.

Muster: Anordnung für den Fall der Scheidung

▼

Für den Fall, daß unsere Ehe vor dem Tode eines Ehegatten aufgelöst oder Klage auf Aufhebung erhoben oder die Scheidung der Ehe beantragt wurde oder im Falle der Zustimmung zur Scheidung durch den Erblasser selbst, sollen die hier getroffenen Verfügungen ihrem ganzen Inhalt nach unwirksam sein, und zwar unabhängig davon, wer von uns beiden den Antrag auf Scheidung gestellt oder Klage auf Aufhebung erhoben hat.

▲

Checkliste: Ehegattentestament
- Testierfähigkeit jedes Ehegatten
- Testierfreiheit
- gemeinschaftliches Testament
- Erbvertrag
- Erbeinsetzung (Einheitslösung / Trennungslösung)
- Verfügung für den ersten Todesfall
- Verfügung für den zweiten Todesfall
- Ersatzerbenbestimmung
- Wechselbezüglichkeit / Bindungswirkung
- einzelne Bestimmungen
- beider Ehegatten
- nur eines Ehegatten
- Anfechtungsverzicht (§ 2079 BGB)
- Wiederverheiratungsklausel
- bei Vollerbeneinsetzung

---
380 *Mayer*, ZEV 1997, 280.

2 Das erbrechtliche Mandat vor dem Erbfall

- bei Vor- Nacherbschaft
- Pflichtteilsklausel
- einfache Pflichtteilsklausel
- Pflichtteilsstrafklausel
- Katastrophenklausel (gleichzeitiger Tod)
- Regelung für den Fall der Scheidung (§ 2077 BGB)
- Postmortale (oder transmortale) Vollmacht
- Bezugsberechtigung aus Lebensversicherung

486		Berliner Testament (Vollerbschaft)	Vor- und Nacherbschaft	Erbengemeinschaft Nießbrauch Ehepartner
Verfügungen für den ersten Todesfall (Erbeinsetzung)		überlebender Ehegatte wird Alleinerbe (Vollerbe)	überlebender Ehegatte wird Vorerbe	überlebender Ehegatte als Miterbe mit Kindern (oder Dritte) in Erbengemeinschaft
			Nacherben werden die Kinder (o. Dritte)	Nießbrauch Ehegatte an Erbteilen der Kinder § 2044 BGB
			(nur bzgl. Vermögen des Erstversterbenden)	Ehegatte wird Testamentsvollstrecker Auseinandersetzungsausschluß
Verfügungen für den zweiten Todesfall (Erbeinsetzung)		Schlußerben werden Kinder (oder Dritte)	Kinder (oder Dritte) Schlußerben bzgl. Eigenvermögen des überlebenden Ehegatten	Kinder Schlußerben bzgl. des Erbteils des überlebenden Ehegatten und dessen Eigenvermögen
			(möglich als Vor- oder Vollerben)	

Der Erblasser als Mandant § 8

	Berliner Testament (Vollerbschaft)	Vor- und Nacherbschaft	Erbengemeinschaft Nießbrauch Ehepartner
Bindungswirkung Wechselbezüglichkeit Abänderungsvereinbarung	bezüglich 1. u. 2. Todesfall Abänderungsbefugnis des überlebenden Ehegatten	bezüglich 1. u. 2. Todesfall Abänderungsvorbehalt des überlebenden Ehegatten nur in Bezug auf sein Eigenvermögen möglich	1. u. 2. Todesfall Abänderung bezüglich Eigenvermögen
Wiederverheiratungsklauseln	Herausgabevermächtnis zugunsten der Schlußerben i.H. des den (gesetzl.) Pflichtteil des Ehegatten übersteigenden Betrags (Nicht Herausgabe des Nachlasses des zuerst Verstorbenen)	Von befreiter zu nicht befreiter Vorerbschaft oder Eintritt des Nacherbfalls	Nießbrauch erlischt TV endet Nachlaßteilung ist vorzunehmen
Pflichtteilsklauseln	einfache Pflichtteils-Klausel „Jastrowsche" PT-Strafklausel (+ Vermächtnis)	nur einfache Pflichtteils-Klausel möglich	Pflichtteil und „Jastrowsche" Klausel nur bei Ausschlagung
Anfechtungsverzicht	§ 2079 BGB wg. Hinzutretens weiterer PT-Berechtigter	§ 2079 BGB wg. Hinzutretens weiterer PT-Berechtigter	§ 2079 BGB wg. Hinzutretens weiterer PT-Berechtigter

Muster: Gemeinschaftliches Testament (Trennungslösung)[381]

▼

487 Wir, die Eheleute ▬▬▬ errichten das nachfolgende gemeinschaftliche Testament:

§ 1 Testierfreiheit
Jeder von uns erklärt, daß er nicht durch Bindungen aus einem früheren gemeinschaftlichen Testament oder aus einem Erbvertrag an der Errichtung dieses gemeinschaftlichen Testaments gehindert ist. Vorsorglich heben wir alle unsere bisherigen Verfügungen von Todes wegen einzeln und gemeinsam in vollem Umfang auf.

§ 2 Verfügung für den ersten Todesfall
Wir, die Eheleute ▬▬▬, setzen uns gegenseitig zu unseren alleinigen Erben ein.
Für den Fall, daß der **Ehemann** vorverstirbt, wird der überlebende Ehegatte jedoch nur Vorerbe. Er ist von den gesetzlichen Beschränkungen befreit, soweit dies zulässig und rechtlich möglich ist.
Ein Ersatzvorerbe wird entgegen jeder gesetzlichen Vermutungs- und Auslegungsregel nicht bestimmt. Es gilt die Vorschrift des § 2102 I BGB.
Nacherben werden unsere ehegemeinschaftlichen Abkömmlinge zu gleichen Teilen. Sollte einer der Abkömmlinge vor oder nach dem Erbfall wegfallen, so erben ersatzweise seine Abkömmlinge. Hinterläßt eines unserer Kinder keine eigenen Abkömmlinge, dann tritt Anwachsung ein. Für den Fall, daß keine Abkömmlinge mehr vorhanden sind oder alle Abkömmlinge die Erbschaft ausgeschlagen haben, wird entgegen jeder anderslautenden Vermutungs- und Auslegungsregel als Ersatznacherbe ▬▬▬ ersatzweise ▬▬▬ bestimmt.
Die Nacherbenanwartschaft ist weder übertragbar noch vererblich. Der Nacherbfall tritt mit dem Tod des Vorerben ein.
Für den Fall, daß die **Ehefrau** vorverstirbt, wird der überlebende Ehegatte alleiniger Vollerbe.

§ 3 Wiederverheiratungsklausel
Für den Fall, daß der **Ehemann** vorverstirbt und der überlebende Ehegatte sich wiederverheiratet, tritt die Nacherbfolge bezüglich unserer ehegemeinschaftlichen Kinder sofort ein.
Für den Fall, daß die **Ehefrau** vorverstirbt und der überlebende Ehegatte sich wiederverheiratet, hat er unseren ehegemeinschaftlichen Kindern nach Maßgabe der gesetzlichen Erbfolge, wie sie zum Zeitpunkt des Todes des Erstversterbenden eingetreten wäre, Geldvermächtnisse auszubezahlen. Maßgeblich hierfür

---

[381] Bei unterschiedlichen Bestimmungen je nach Vorversterben des Ehemanns oder der Ehefrau bspw. weil Vermögen zum Großteil beim Ehemann liegt.

ist der reine Nachlaß des Erstversterbenden zum Zeitpunkt des Erbfalls. Jedem Abkömmling steht ein vom anderen Abkömmling unabhängiger Vermächtnisanspruch zu. Die Vermächtnisse sind drei Monate nach Wiederverheiratung fällig und bis dahin nicht zu verzinsen. Der Anspruch entfällt, wenn einer der Abkömmlinge oder einer seiner weggefallenen Vorfahren seinen Pflichtteil nach dem Ableben des Erstversterbenden geltend gemacht hat. Der Eintritt der Wiederverheiratungsklausel berührt die Wechselbezüglichkeit und Bindungswirkung nicht.

§ 4 Verzicht auf Anfechtung
Wir verzichten auf das uns nach dem Gesetz zustehende Anfechtungsrecht nach § 2079 BGB für den Fall des Hinzutretens weiterer Pflichtteilsberechtigter. Unsere letztwilligen Verfügungen erfolgen somit unabhängig davon, welche Pflichtteilsberechtigten beim Ableben eines jeden vorhanden sind oder noch hinzutreten. Insbesondere schließen wir insoweit auch ein Anfechtungsrecht Dritter aus.

§ 5 Verfügung für den zweiten Todesfall
Erben des Längstlebenden von uns werden unsere ehegemeinschaftlichen Kinder im Verhältnis ihrer gesetzlichen Erbteile, ersatzweise deren Abkömmlinge, wiederum ersatzweise soll Anwachsung eintreten. Für den Fall, daß keine Abkömmlinge mehr vorhanden sind oder alle Abkömmlinge die Erbschaft ausgeschlagen haben, wird entgegen jeder anderslautenden Vermutungs- und Auslegungsregel als Ersatzerbe ▬▬▬ ersatzweise ▬▬▬ bestimmt.

§ 6 Pflichtteilsklausel
Macht einer unserer Abkömmlinge nach dem Tode des Erstversterbenden von uns gegen dessen Willen seinen Pflichtteilsanspruch geltend (und erhält er diesen auch), dann ist er auch für den zweiten Todesfall von der Erbfolge ausgeschlossen. Er ist dann mit seinem ganzen Stamm sowohl für den ersten als auch für den zweiten Todesfall von der Erbfolge ausgeschlossen.

§ 7 Pflegevergütungsvermächtnis
In dem Fall, daß der überlebende Ehegatte von einem oder mehreren unserer ehegemeinschaftlichen Kinder gepflegt wird, bestimmen wir, daß zugunsten desjenigen Kindes bzw. derjenigen Kinder ein Pflegevermächtnis auszusetzen ist. Dieses Pflegevermächtnis soll von Art und Umfang demjenigen entsprechen, was wir für eine gleichwertige häusliche Pflege durch Einsatzkräfte der örtlichen Hilfsdienste (Sozialstation, Caritas) hätten bezahlen müssen. Auf das Pflegevermächtnis sind die zu Lebzeiten auf die Pflege geleisteten Vergütungen anzurechnen. Die Festsetzung der Höhe dieses Pflegeentgelts sowie die Auswahl der Vermächtnisnehmer erfolgt durch den Testamentsvollstrecker (§§ 2151, 2153, 2155 BGB).

§ 8 Wechselbezüglichkeit/Bindungswirkung
Unsere gegenseitig getroffenen Verfügungen für den ersten wie auch für den zweiten Todesfall sollen wechselbezüglich und bindend sein. Der überlebende Ehegatte ist aber berechtigt, die Schlußerbfolge für den zweiten Sterbefall wie folgt ab-

zuändern. Die Abänderung darf nur zu Gunsten oder zu Lasten und nur innerhalb der ehegemeinschaftlichen Kinder und deren Abkömmlinge erfolgen. Er hat auch das Recht, einen anderen Testamentsvollstrecker zu benennen und Vermächtnisse innerhalb der ehegemeinschaftlichen Kinder anzuordnen. Bei Ausübung des Abänderungsrechts bleibt die Verfügung des Erstverstorbenen entgegen § 2270 I BGB weiterhin wirksam.

§ 9 Testamentsvollstreckung
Wir ordnen sowohl für den ersten als auch für den zweiten Todesfall Testamentsvollstreckung wie folgt an:

Der Testamentsvollstrecker hat die Aufgabe, den Nachlaß abzuwickeln, insbesondere die Vermächtnisse zu erfüllen und die notwendigen Grundbuchumschreibungen vorzunehmen bzw. vornehmen zu lassen. Darüber hinaus hat er die Rechte und Pflichten der Nacherben gemäß § 2222 BGB auszuüben und zu überwachen.

Zum Testamentsvollstrecker sowohl für die Abwicklung als auch für die Dauervollstreckung bestimmen wir ▬▬▬, ersatzweise ▬▬▬, wiederum ersatzweise soll das Nachlaßgericht einen geeigneten Testamentsvollstrecker bestimmen.

§ 10 Katastrophenklausel
Für den Fall, daß wir beide gleichzeitig oder kurz hintereinander aufgrund der gleichen Ursache, z.B. eines Unfalls, innerhalb eines Monats versterben, werden wir beide entsprechend der Schlußerbenfolge für den zweiten Todesfall beerbt.

§ 11 Regelung für den Fall der Scheidung
Die von uns getroffenen Verfügungen sollen nur dann gelten, wenn unsere Ehe zum Zeitpunkt des Todes des Erstversterbenden noch nicht aufgelöst ist. Gleiches gilt auch für den Fall, daß unsere Ehe nichtig war oder wenn einer der Ehegatten Scheidungsantrag gestellt hat und zum Zeitpunkt des Todes die materiell-rechtlichen Voraussetzungen der Scheidung gegeben waren.

§ 12 Postmortale Vollmacht
Für den ersten Todesfall erteilen wir dem jeweils überlebenden Ehegatten Vollmacht zur Vornahme aller nach dem Tod des anderen erforderlichen Rechtsgeschäfte und Rechtshandlungen, ohne daß es eines Erbscheins bedarf.

Nach dem Tod des Letztversterbenden von uns erteilen wir unseren Kindern gemeinsam Vollmacht zur Vornahme aller nach unserem Tod erforderlichen Rechtsgeschäfte und Rechtshandlungen, ohne daß es eines Erbscheins bedarf.

Datum Ort Unterschrift

Das ist auch mein letzter Wille

Datum Ort Unterschrift

Muster: Gemeinschaftliches Testament (Nießbrauchslösung)

der Eheleute
1.
2.
beide wohnhaft

§ 1 Vorwort
Wir leben in beiderseits erster Ehe und mangels Ehevertrags im gesetzlichen Güterstand der Zugewinngemeinschaft. Jeder ist deutscher Staatsangehöriger. Wir haben zwei Kinder
1.
2.

§ 2 Testierfreiheit
Alle früheren Verfügungen von Todes wegen widerrufen wir hiermit bzw. heben wir hiermit auf. Keiner von uns ist an ein früheres Testament oder einen Erbvertrag gebunden.

§ 3 Erbeinsetzung
Der Erststerbende von uns setzt zu seinen Erben ein:
   1. den Überlebenden von uns   zur Hälfte
   2. unsere Kinder
      a)   zu einem Viertel,
      b)   zu einem Viertel.
Ersatzerben unserer Kinder sind deren Abkömmlinge, nach gesetzlicher Erbfolgeordnung berufen und berechtigt. Mangels von solchen tritt – zunächst innerhalb eines Stammes – Anwachsung ein.

§ 4 Nießbrauchsvermächtnis
Dem Überlebenden von uns wird der lebenslange unentgeltliche Nießbrauch an den Erbteilen unserer Abkömmlinge eingeräumt.

§ 5 Testamentsvollstreckung
Der Überlebende wird für die Dauer seiner Lebenszeit – längstens jedoch bis zu seiner Wiederverheiratung – zum Testamentsvollstrecker für den ganzen Nachlaß berufen. Er hat alle Rechte und Pflichten, die einem Testamentsvollstrecker

nach dem Gesetz eingeräumt werden können. In der Eingehung von Verbindlichkeiten für den Nachlaß ist er nicht beschränkt.
Er kann einzelne Nachlaßgegenstände aus seiner Verwaltung freigeben.

§ 6 Ausenandersetzungsausschluß

Solange Testamentsvollstreckung und Nießbrauch bestehen, ist die Auseinandersetzung des Nachlasses nur mit Zustimmung des Überlebenden zulässig. Der Überlebende kann die Nachlaßauseinandersetzung jederzeit vornehmen. Nießbrauch, Testamentsvollstreckung und Auseinandersetzungsausschluß enden mit der Wiederverheiratung des Überlebenden.

§ 7 Hausratsvermächtnis

Der Überlebende erhält als Vorausvermächtnis den gesamten Hausrat und den Pkw.

§ 8 Schlußerbfolge

Der Überlebende von uns setzt zu seinen Erben ein unsere Kinder

1. ▇▇▇▇▇ zur Hälfte
2. ▇▇▇▇▇ zur Hälfte.

Ersatzerben sind deren Abkömmlinge, nach gesetzlicher Erbfolgeordnung berufen und berechtigt. Mangels von solchen tritt – zunächst innerhalb eines Stammes – Anwachsung ein. Der Überlebende ist an diese Erbeinsetzung insofern gebunden, als er die Erbteile unserer Abkömmlinge nicht niedriger als die Pflichtteilsquote festsetzen kann. Er kann im übrigen frei von Todes wegen verfügen.

§ 9 Pflichtteilsklausel

Wir wünschen nicht, daß unsere Kinder bzw. deren Abkömmlinge auf den Tod des Erststerbenden von uns den Pflichtteil verlangen.

Sollte ein Abkömmling trotzdem gegen den Willen des Überlebenden den Pflichtteil verlangen, so ist der betreffende Abkömmling mitsamt seinem Stamm von der Erbfolge am Überlebenden von uns ausgeschlossen.

§ 10 Katastrophenklausel

Sollten wir gleichzeitig oder aufgrund desselben Ereignisses innerhalb eines Monats sterben, so scheidet eine Erbfolge der Ehegatten aneinander aus. In diesem Falle setzt jeder von uns unsere gemeinschaftlichen Kinder bzw. Abkömmlinge wie oben § 8 zu seinen Erben ein.

▇▇▇▇▇ , den

Dieses Testament ist auch mein Testament.

▇▇▇▇▇ , den ▇▇▇▇▇

F. Der Erbvertrag

I. Begriff

Im Gegensatz zum Testament als einseitiger Willenserklärung steht der Erbvertrag, bei dem entweder beide Vertragsteile oder nur einer eine Verfügung von Todes wegen mit vertraglicher Bindung treffen, § 1941 BGB. Wesentliches Merkmal der Testierfreiheit ist die Möglichkeit, testamentarische Verfügungen jederzeit frei zu widerrufen. Diese freie Widerruflichkeit gilt für vertraglich angeordnete Verfügungen von Todes wegen nicht. Hierin liegt eine Ausnahme vom grundsätzlichen Verbot des § 2302 BGB, wonach Verträge über die Testierfreiheit des Erblassers eigentlich unzulässig sind.

489

Die Rechtsnatur des Erbvertrags wird von zwei Elementen geprägt: Einerseits trifft der Erblasser eine Verfügung von Todes wegen; andererseits wird diese Verfügung im Einverständnis mit dem Vertragspartner getroffen. Bereits zu Lebzeiten des Erblassers tritt für ihn eine vertragliche Bindung ein. Auf der einen Seite steht die höchstpersönliche Verfügung von Todes wegen, auf der anderen finden sich Elemente eines zweiseitigen Vertrags. Aus diesem Grund spricht man auch von der „Doppelnatur" des Erbvertrags.[382] Weil aber die Wirkungen erst mit dem Tod des Erblassers eintreten, wird der Erbvertrag auch als „Vertrag sui generis" gekennzeichnet.[383] Damit wird gleichzeitig klargestellt, daß die Vorschriften des BGB für schuldrechtliche Verträge einschließlich der Vorschriften über gegenseitige Verträge nicht anwendbar sind.[384] Auch wenn sich die Vertragschließenden – häufig Ehegatten – gegenseitig zu Erben einsetzen oder wenn einerseits der Erblasser eine Person zum Erben einsetzt und diese Person eine Verpflichtung zur Erbringung einer Leistung zu Lebzeiten verspricht, so finden die schuldrechtlichen Vorschriften auf den Erbvertrag dennoch keine Anwendung. Denkbar wäre in einem solchen Fall allenfalls eine Verbindung der beiden Verträge nach § 139 BGB, falls ein entsprechender Parteiwille festgestellt werden kann.

490

---

382 MüKo/*Musielak* vor § 2274 Rn 3.
383 *Nolting* JA 1993, 129.
384 *Leipold* Rn 369.

2 Das erbrechtliche Mandat vor dem Erbfall

491 Weitere Folgen der vertraglichen Bindung des Erblassers sind:
- Die vertragsmäßig getroffenen Verfügungen können nicht einseitig widerrufen werden (Ausnahme: Anfechtung und Rücktritt).
- Der Erblasser kann keine anderslautende Verfügung von Todes wegen errichten (§ 2289 I BGB).

Die vertragsmäßige Verfügung von Todes wegen kann entweder zugunsten des Vertragspartners oder zugunsten eines Dritten erfolgen.

492 Der Erbvertrag kann zwischen fremden Personen geschlossen werden, ist also nicht auf Ehegatten beschränkt. Von den mehreren fremden Personen kann jede oder nur eine als Erblasser handeln.

493 *Hinweis*
Nicht jede Rechtsordnung hat sich so extrem komplizierte Regeln wie die der vertraglichen letztwilligen Verfügungen zu eigen gemacht. Die zum romanischen Rechtskreis gehörenden Staaten kennen in der Regel weder den Erbvertrag noch das gemeinschaftliche Testament. Da sich das Erbstatut grundsätzlich nach der Staatsangehörigkeit des Erblassers richtet (Art. 25 I EGBGB), ist immer Vorsicht geboten, wenn ein Staatsangehöriger aus diesem Rechtskreis ein gemeinschaftliches Testament oder einen Erbvertrag als Erblasser errichten will. Ein Verstoß gegen das Verbot gemeinschaftlicher letztwilliger Verfügungen hätte in aller Regel deren Formnichtigkeit zur Folge.

II. Arten von Erbverträgen

494 Man unterscheidet **einseitige** Erbverträge sowie zwei- oder **mehrseitige** Erbverträge.

1. Einseitiger Erbvertrag

495 Wenn nur ein Vertragsteil eine Verfügung von Todes wegen trifft, der andere Vertragsteil aber nicht, so spricht man vom einseitigen Erbvertrag. Diese Art von Erbverträgen wird häufig in der Form geschlossen, daß sich ein Teil verpflichtet, den Erblasser lebenslang zu pflegen und dieser dafür den anderen vertraglich zum Erben einsetzt. Ein solcher Vertrag enthält eine schuldrechtliche Verpflichtung als Gegenleistung für die Erbeinsetzung. Die Regeln über den **ge-**

genseitigen Vertrag im Sinne der §§ 320 ff. BGB finden jedoch **keine Anwendung**, weil die Verfügung des Erblassers keine schuldrechtliche Verpflichtung darstellt, sondern eine Verfügung von Todes wegen. Der Erbvertrag steht mit der Gegenleistung in einem Entgeltlichkeitszusammenhang. Man spricht von einem „synallagmatischen Vertrag ohne obligatorischen Charakter". Die eingegangene Verpflichtung zur Gegenleistung ist Rechtsgeschäft unter Lebenden, das nicht Bestandteil des Erbvertrags ist.[385]

Übernimmt der Vertragspartner keine Gegenleistung für die letztwillige Zuwendung, so spricht man von einem unentgeltlichen Erbvertrag. Die rechtliche Konstruktion der Verbindung von Erbvertrag und Vereinbarung über die Gegenleistung kann erfolgen als

- gegenseitige Bedingung,
- Zweckvorgabe im Sinne von § 812 I 2 Hs. 2 BGB,
- Vereinbarung eines Gesamtrechtsgeschäfts, das bei Teilunwirksamkeit insgesamt unwirksam wird gemäß § 139 BGB.[386]

Sind im Erbvertrag keine eindeutigen Regeln zu diesem Fragenkreis getroffen, so ist der entsprechende Wille der Vertragsparteien durch Auslegung zu ermitteln. Die Praxis neigt am ehesten zur Anwendung von § 139 BGB.

2. Zweiseitiger oder mehrseitiger Erbvertrag

Der Vorteil des Erbvertrags besteht u. a. darin, daß nicht nur ein Vertragspartner Verfügungen von Todes wegen zu treffen braucht, sondern daß auch zwei oder mehr Vertragspartner ihrerseits Verfügungen von Todes wegen treffen. Am häufigsten ist der zweiseitige Erbvertrag, der unter Ehegatten geschlossen wird. Er gewinnt auch zunehmende Bedeutung für geschiedene Ehegatten, die sicherstellen wollen, daß gemeinsame Vermögensgegenstände, insbesondere Immobilien, im Erbgang an gemeinschaftliche Kinder gehen. Sie wollen damit erreichen, daß gemeinsam erarbeitetes Vermögen nicht an Dritte, insbesondere nicht an einen neuen Ehepartner und Kinder aus einer neuen Ehe, fällt. Erbverträge solcher Art können zusammen mit einer Scheidungsfolgenvereinbarung geschlossen werden und erleichtern nicht selten eine einvernehmliche Regelung bezüglich der Scheidungsfolgen. Auch eine erbvertragliche Regelung

---

385 BGHZ 36, 65.
386 *Palandt/Edenhofer* § 2295 Rn 2.

in einem gerichtlichen (Scheidungs-)Vergleich ist möglich, weil die gerichtliche Protokollierung die notarielle Beurkundung ersetzt, § 127 a BGB; bei Anwaltszwang unter Mitwirkung des Anwalts.[387] Vgl. Formulierungsbeispiel bei *Tanck/Kerscher/Krug* § 23 Rn 37.

498 Wird der Erbvertrag äußerlich mit einem anderen Rechtsgeschäft verbunden, so verlieren die einzelnen Rechtsgeschäfte dadurch ihre Selbständigkeit nicht. Ein **Ehe- und Erbvertrag** ist eine Verbindung eines Ehevertrags, der die güterrechtlichen Verhältnisse regelt (§§ 1408, 2276 II BGB), mit einem Erbvertrag unter Ehegatten. Beide Vertragstypen bleiben selbständig; der Ehevertrag ist ein Rechtsgeschäft unter Lebenden, der Erbvertrag eine Verfügung von Todes wegen.

499 Unter Ehegatten, von denen einer eine ausländische Staatsangehörigkeit besitzt, empfiehlt es sich, die gewünschte Rechtswahl bezüglich des Güterrechts einerseits (Art. 14, 15 EGBGB) und des Erbrechts andererseits (Art. 25 II EGBGB) in einem Ehe- und Erbvertrag zu treffen. Vgl. Formulierungsbeispiel bei *Tanck/Kerscher/Krug* § 23 Rn 35.

3. Inhalt des Erbvertrags

a) Vertragsmäßige Verfügungen

500 Welche letztwilligen Verfügungen in einem Erbvertrag vertragsmäßig getroffen werden können, bestimmt § 2278 II BGB. Genannt werden dort nur die Erbeinsetzung, die Anordnung eines Vermächtnisses oder einer Auflage. Vertragsmäßig bedacht sein kann neben dem Vertragspartner auch ein Dritter. Der Grund für die Einengung der Bandbreite möglicher vertragsmäßiger Verfügungen in § 2278 II BGB liegt darin, daß sich der Erblasser mit einer vertragsmäßigen Verfügung seiner Testierfreiheit begibt, anderslautende Verfügungen zu treffen. Da es sich insoweit um eine Ausnahme von § 2302 BGB handelt, soll dies nur in eingeschränktem Umfang möglich sein, um die Testierfreiheit des Erblassers noch für einen Rest zu erhalten. Die in § 2278 II BGB genannten Verfügungen **können** zwar vertragsmäßig getroffen werden, sie müssen es aber nicht. In jedem einzelnen Fall ist eine Überprüfung und Abgrenzung danach vorzunehmen,

---

387 BayObLG NJW 1965, 1276; BGHZ 14, 381.

ob die betreffende Verfügung vertragsmäßig oder einseitig getroffen wurde. Es ist Aufgabe des Beraters, insoweit eindeutige Bestimmungen in den Erbvertrag aufzunehmen, um späteren Auslegungsschwierigkeiten zu begegnen.

Wurde trotzdem nicht ausdrücklich gekennzeichnet, welche Verfügungen vertragsgemäß und welche einseitig sind, so ist fraglich, nach welchen Kriterien eine Einordnung vorzunehmen ist. Nach der Rechtsprechung des BGH[388] kommt es auf die Interessenlage der Parteien an. Dafür spricht der Vertragscharakter, auch wenn es sich nur um einen einseitigen Erbvertrag handelt, auf den die §§ 133, 157 BGB bei der Vertragsauslegung angewandt werden.[389] Danach kann eine Verfügung dann als vertragsmäßig qualifiziert werden, wenn die Vertragsparteien sie der vertraglichen Bindung unterwerfen wollten. Dies ist in der Regel dann der Fall, wenn der Vertragspartner ein eigenes Interesse an der Verfügung hat, insbesondere also bei einer Zuwendung an den Vertragspartner oder an eine ihm nahestehende Person.

501

b) Vertragsmäßige und wechselbezügliche (korespektive) Verfügungen

Von der Vertragsmäßigkeit einer angeordneten letztwilligen Verfügung zu unterscheiden ist die Frage der Wechselbezüglichkeit (Korrespektivität). Korrespektiv können Verfügungen von Todes wegen nur sein, wenn mindestens zwei Personen als Erblasser handeln und die Verfügung des einen mit der des anderen steht und fällt, § 2298 BGB.

502

Die Nichtigkeit einer vertragsmäßigen Verfügung führt nach § 2298 I BGB dann zur Unwirksamkeit des ganzen Erbvertrags, wenn in ihm von beiden Teilen vertragsmäßige Verfügungen getroffen worden sind. Von dieser gegenseitigen Abhängigkeit (Wechselbezüglichkeit oder Korrespektivität) nach § 2298 I BGB ist immer auszugehen, wenn nicht ein anderer Wille der Vertragschließenden anzunehmen ist, § 2298 III BGB. Damit wird dem Interesse beider Vertragserblasser Rechnung getragen, da regelmäßig keiner seine Verfügung ohne die Verfügung des anderen getroffen haben würde.

503

---

388 BGHZ 26, 204; 36, 115, 120; 106, 359, 361.
389 BGHZ 106, 359, 361.

504 Im Gegensatz dazu führt die Nichtigkeit einer lediglich vertragsmäßigen Verfügung (die nicht auch korrespektiv ist) nur dann zur Unwirksamkeit einer nicht vertragsmäßigen Verfügung, wenn im Rahmen von § 2085 BGB anzunehmen ist, daß der Erblasser diese Verfügung ohne die unwirksame Verfügung nicht getroffen hätte.

c) Einseitige Verfügungen

505 Im Erbvertrag können einseitige Verfügungen (beispielsweise Testamentsvollstreckung, Teilungsanordnung) getroffen werden, die auch in einem einseitigen Testament getroffen werden könnten, § 2299 I BGB. Das bedeutet aber auch, daß Erbeinsetzung, Vermächtnis- und Auflagenanordnung im Erbvertrag einseitige Verfügungen sein können. Entscheidend ist der Wille des/der Erblasser/s, der notfalls durch Auslegung zu ermitteln ist. Für die einseitigen Anordnungen gilt Testamentsrecht (§ 2299 II BGB), insbesondere die Möglichkeit und die Formen des Widerrufs.

4. Errichtung des Erbvertrags

506 Auch für den Erbvertrag müssen bestimmte Voraussetzungen erfüllt sein, damit er mit dem Tod des Erblassers Rechtswirkungen erzeugen kann.

a) Abschlußfähigkeit

Für den Abschluß eines Erbvertrags als Erblasser ist nach § 2275 I BGB im allgemeinen unbeschränkte Geschäftsfähigkeit erforderlich. Ehegatten und Verlobte können Erbverträge schließen, wenn sie beschränkt geschäftsfähig sind, § 2275 II, III BGB. Sie bedürfen dazu allerdings der formlosen Zustimmung des gesetzlichen Vertreters, § 182 II BGB. Häufig gibt es in Erbrechtsprozessen Streit über die Geschäfts- bzw. Testierfähigkeit des Erblassers. Dabei entsteht immer wieder das Problem, ob der behandelnde Arzt von seiner ärztlichen Schweigepflicht entbunden ist. Es ist unstreitig, daß der Erblasser diese Entbindung selbst vornehmen kann. Deshalb ist zu empfehlen, in die Verfügung von Todes wegen eine solche Entbindungserklärung aufzunehmen.

Muster: Entbindung von der ärztlichen Schweigepflicht

▼

Ich, , entbinde schon heute die mich bisher und zukünftig behandelnden Ärzte von ihrer Schweigepflicht, soweit es um die Frage meiner Geschäfts- bzw. Testierfähigkeit geht.

▲

507

Die Feststellung des Notars über die Geschäfts- bzw. Testierfähigkeit, die gemäß § 28 BeurkG in die Urkunden aufgenommen werden sollen, erbringen zwar nicht den Beweis für die Geschäfts- bzw. Testierfähigkeit im Sinne der §§ 415 ff. ZPO, sind aber im Prozeß und im FG-Verfahren gem. den §§ 286 ZPO, 15 FGG zu würdigen.

Derjenige Vertragspartner, der nicht als Erblasser handelt, kann den Erbvertrag schließen, wenn er nach den allgemeinen Vorschriften geschäftsfähig ist (§§ 104 ff. BGB). Übernimmt ein Vertragspartner im Erbvertrag keine eigenen Verpflichtungen, so kann er den Vertrag selbst schließen, auch wenn er minderjährig ist, § 2275 BGB, weil damit für ihn lediglich ein rechtlicher Vorteil verbunden ist, § 107 BGB.

508

b) Höchstpersönlichkeit

Der Erblasser kann den Erbvertrag nur höchstpersönlich schließen, § 2274 BGB, wie im Parallelfall der Testamentserrichtung nach § 2064 BGB. Stellvertretung ist damit ausgeschlossen. Allerdings kann der Vertragspartner bei einem einseitigen Erbvertrag durch einen Bevollmächtigten vertreten werden. Insoweit gelten die allgemeinen Vorschriften. Für den geschäftsunfähigen Vertragspartner handelt sein gesetzlicher Vertreter.

509

c) Formvorschriften

Zwingend vorgeschrieben ist notarielle Beurkundung bei **gleichzeitiger Anwesenheit** der Vertragschließenden, § 2276 I BGB („Simultanbeurkundung"). Eine Trennung des Vertrags in Vertragsangebot und Vertragsannahme ist damit ausgeschlossen. Auf den Beurkundungsvorgang finden die Vorschriften über die Errichtung eines öffentlichen Testaments entsprechende Anwendung, § 2276 I 2 Hs. 1 BGB. Die Erklärung kann somit nur mündlich oder durch Übergabe einer offenen oder verschlossenen Schrift abgegeben werden mit der Bestim-

510

mung, daß sie die Verfügung von Todes wegen enthalte, §§ 2231 Nr. 1, 2232, 2233 BGB. Diese Vorschriften gelten sowohl für den Erblasser als auch für den Vertragspartner, der nicht als Erblasser handelt, § 2276 I 2 Hs. 2 BGB. Schließen Ehegatten einen Erbvertrag, den sie mit einem Ehevertrag in einer Urkunde verbinden, so genügt die für den Ehevertrag vorgeschriebene Form, §§ 2276 II, 1410 BGB.

d) Verwahrung

511 Der Erbvertrag soll grundsätzlich in die besondere amtliche Verwahrung eines Amtsgerichts verbracht werden (in Baden-Württemberg eines Staatlichen Notariats), wenn nichts anderes verlangt wird, § 2277 BGB. Die Beteiligten können die amtliche Verwahrung ausschließen, § 34 II BeurkG. Dann verbleibt die Urkunde in der Verwahrung des Notars, der in diesem Fall verpflichtet ist, die Standesämter des jeweiligen Geburtsortes der Erblasser oder die Hauptkartei für Testamente beim Amtsgericht in Berlin-Schöneberg nach den Vorschriften über die Benachrichtigung in Nachlaßsachen zu benachrichtigen und dies auf der Urkunde zu vermerken (§§ 25 I 1 BNotO, 16 II DONot). Mit dieser Handhabung sparen die Beteiligten die Verwahrungsgebühr nach § 101 KostO. Nach § 34 III BeurkG idF des Gesetzes vom 31.8.1998 (BGBl. I 2585), in Kraft seit 8.9.1998, hat der Notar den Erbvertrag nach Eintritt des Erbfalls an das Nachlaßgericht abzuliefern, in dessen Verwahrung er verbleibt.

512 In Bezug auf die Rücknahme aus der amtlichen Verwahrung hat der Erbvertrag einen entscheidenden formalen Nachteil:

Die Rücknahme aus der Verwahrung gilt bei ihm nicht als Aufhebung wie bei einem notariellen einseitigen oder gemeinschaftlichen Testament. Bei Testamenten wird durch ihre Rücknahme aus der Verwahrung eine spätere Eröffnung und Bekanntgabe ihres Inhalts an die Beteiligten vermieden. Dies ist beim Erbvertrag anders: Auch ein inhaltlich durch eine neue Verfügung von Todes wegen aufgehobener Erbvertrag muß eröffnet werden und wird nicht an die Vertragschließenden ausgehändigt, §§ 25 II BNotO, 16 III DONot. Befindet sich der Erbvertrag in der amtlichen Verwahrung eines Amtsgerichts (oder Staatlichen Notariats), so können die Vertragsparteien zwar die Verwahrung aufheben, die Urkunde wird jedoch nicht ihnen ausgehändigt, sondern an den Notar zurückgegeben, der die Beurkundung vorgenommen hat.[390]

e) Verfügungen unter Lebenden und erbvertragliche Bindung

Nach den allgemeinen Regeln des Vertragsrechts (§§ 145 ff. BGB) werden die vertraglich vereinbarten Anordnungen mit Vertragsabschluß bindend, dh unwiderruflich. Die Wirkungen des Erbvertrags als einer Verfügung von Todes wegen treten aber erst mit dem Erbfall ein. **513**

aa) Rechtsstellung des Bedachten

Der vertragsmäßig Bedachte, der nicht Vertragspartner ist, erwirbt mit dem Abschluß des Erbvertrags – trotz eingetretener Bindung – weder einen künftigen Anspruch noch eine Anwartschaft, sondern nur eine „tatsächliche Aussicht" auf den Erwerb, die noch keinen Rechtsboden für die Eintragung einer Vormerkung im Grundbuch abgeben kann.[391] Der Erbvertrag ist kein Vertrag zugunsten Dritter im Sinne von § 328 BGB. **514**

Ist der vertragsmäßig Bedachte zugleich Vertragspartner und besteht kein Rücktrittsrecht, so spricht man von einer **Anwartschaft**, nicht Anwartschaftsrecht, deren Bestehen zwar Gegenstand einer Feststellungsklage sein kann, die aber im Grundbuch ebenfalls nicht vormerkbar ist.[392] **515**

Weder Aussicht noch Anwartschaft sind durch § 823 I BGB deliktsrechtlich geschützt und gewähren auch keinen Anspruch auf einstweilige Verfügung gegen Beeinträchtigungen durch den Erblasser.[393]

bb) Rechtsstellung des Erblassers

(1) Grundsatz

Der Erblasser hat nach der ausdrücklichen Bestimmung des § 2286 BGB grundsätzlich die Freiheit, **unter Lebenden** über sein Vermögen oder über den **516**

---

390 Zu Reformvorschlägen in diesem Zusammenhang vgl. *Weirich* DNotZ 1997, 7.
391 BGHZ 12, 115.
392 BGHZ 37, 319; *Lange* NJW 1963, 1573.
393 KG OLG 21, 362; MüKo/*Musielak* § 2286 Rn 5.

(im Wege des Vermächtnisses) zugewandten Gegenstand zu verfügen. Daß der Zuwendungsempfänger dadurch betroffen wird, nimmt das Gesetz in Kauf.

(2) Zusätzlicher Verfügungsunterlassungsvertrag

517 Der Erblasser kann sich in einem schuldrechtlichen Vertrag zusätzlich verpflichten, über den Gegenstand der erbvertraglichen Anordnung nicht zu verfügen (§ 137 II BGB).[394] Dieser Vertrag bedarf, auch wenn er sich auf Grundstücke bezieht, keiner Form.[395] Er ist Rechtsgeschäft unter Lebenden. Ein solcher zusätzlicher Verfügungsunterlassungsvertrag wirkt aber nur schuldrechtlich; Verfügungen, die dagegen verstoßen, sind wirksam. Allerdings macht sich der Erblasser schadenersatzpflichtig mit der Folge, daß für diese Nachlaßverbindlichkeit die Erben haften, §§ 1967, 2058 BGB.[396]

518 Der Unterlassungsanspruch auf Nichtvornahme einer Verfügung ist im Grundbuch nicht durch Vormerkung sicherbar,[397] wohl aber kann er gesichert werden durch ein im Wege der einstweiligen Verfügung erreichbares gerichtliches Verfügungsverbot nach § 938 II ZPO.

(3) Beeinträchtigende Schenkungen

519 Der durch Erbvertrag eingesetzte Erbe wird durch § 2287 BGB gegen beeinträchtigende Schenkungen des Erblassers geschützt. Allerdings sind die vorgenommenen Schenkungen wirksam; sie geben dem benachteiligten Erben lediglich nach dem Tode des Erblassers einen Anspruch auf Herausgabe des Geschenkes nach den Vorschriften über die Herausgabe einer ungerechtfertigten Bereicherung. Damit besteht für den vertragsmäßig Bedachten auch die Gefahr, daß die Bereicherung zwischenzeitlich weggefallen sein könnte, § 818 III BGB.

520 Voraussetzungen für das Bestehen eines solchen bereicherungsrechtlichen Herausgabeanspruchs sind:

---

[394] BGH NJW 1963, 1576; BGHZ 31, 13.
[395] BGH FamRZ 1967, 470.
[396] BGH NJW 1964, 549.
[397] BGH FamRZ 1967, 470.

1. Der Erblasser muß durch **Schenkung** verfügt haben. Der Schenkungsbegriff 521 ist derselbe wie bei § 516 BGB, dh objektive und subjektive Unentgeltlichkeit.[398] Handelt es sich um eine gemischte Schenkung, so müssen sich die Vertragsparteien (des Schenkungsvertrages) über die teilweise Unentgeltlichkeit einig gewesen sein.[399]

2. **Zeitpunkt der Schenkung:** Nur eine Schenkung, die nach Abschluß des 522 Erbvertrags vorgenommen wird, kann einen Anspruch nach § 2287 BGB auslösen. Dieser wiederum kann erst mit Anfall der Erbschaft entstehen.

3. **Objektive Beeinträchtigung:** Nur eine auch objektive Beeinträchtigung 523 des Vertragserben ist entscheidend. Hierbei ist zu prüfen, inwieweit der Vertragserbe bspw. bei lebzeitigen Zuwendungen an den Ehegatten tatsächlich benachteiligt ist, da der Bereicherungsanspruch aus § 2287 BGB auf dasjenige beschränkt ist, was nach Begleichung des Pflichtteils (ggfls. auch der Zugewinnausgleichsforderung) übrig bleibt.[400]

4. **Beeinträchtigungsabsicht:** Der Erblasser muß die objektive Beeinträch- 524 tigung des Vertragserben auch beabsichtigt haben (subjektive Beeinträchtigung). Es reicht aus, daß die Beeinträchtigung – neben möglicherweise anderen Motiven – gewollt war (so BGH in seiner neueren Rechtsprechung unter Aufgabe der bisherigen „Aushöhlungsrechtsprechung", NJW-RR 1986, 1135). Der BGH (aaO) hat hier zurecht darauf hingewiesen, daß dem Vertragserben erhebliche Beweisschwierigkeiten obliegen, wenn er die Benachteiligungsabsicht des Erblassers beweisen muß und daß es letztlich darauf ankommt, ob die Schenkung ihrem Inhalt nach darauf gerichtet war, den Erbvertrag zu korrigieren, was dann der Fall sein soll, wenn der Erblasser dem Bedachten ohne lebzeitiges Eigeninteressse Vermögenswerte ohne angemessene Gegenleistung zukommen läßt.[401]

5. **Mißbrauch der Verfügungsfreiheit:** Die Absicht, den Vertragserben zu 525 beeinträchtigen, wird daher am lebzeitigen Eigeninteresse gemessen. Aus-

---

398 BGH NJW-RR 1986, 1135.
399 BGH FamRZ 1964, 429.
400 BGH NJW-RR 1996, 133.
401 BGHZ 59, 343; 66, 8; 77, 264; NJW-RR 1986, 1135; vgl. hierzu ausführlich auch *Staudinger/Kanzleiter*, § 2287 Rn 8 ff.

schlaggebend ist, welche Gründe den Erblasser bewogen haben, wobei eine Gesamtabwägung zwischen den Interessen des Vertragserben einerseits und dem Nachteil des Erblassers, an den Vertrag gebunden zu sein, andererseits vorzunehmen ist.[402] Ein **lebzeitiges Eigeninteresse** des Erblassers ist anzunehmen, wenn der Erblasser mit der Schenkung seine Pflege oder Versorgung im Alter sichern wollte.[403]

526 Im einzelnen handelt es sich bei dem lebzeitigen Eigeninteresse um die Wahrnehmung einer sittlichen Verpflichtung des Erblassers, die sich aus besonderen Leistungen des Beschenkten gegenüber dem Erblasser ergibt.[404]

527 Ein lebzeitiges Eigeninteresse ist in der Rechtsprechung bisher in folgenden Fällen bejaht worden:
- Wenn der Erblasser die Schenkung gegenüber einer jüngeren Ehefrau im Hinblick auf die spätere Betreuung und Pflege gemacht hat.[405]
- Zur Erfüllung einer Unterhaltsverpflichtung gegenüber dem zweiten Ehegatten durch Bestellung eines Nießbrauchs.[406]
- Wenn die Übertragung eines Geschäftsanteils auf einen Mitarbeiter erfolgte, um diesen aufgrund seiner besonderen Fähigkeiten im Betrieb zu halten.[407]
- Wenn die Schenkung aus ideellen Gründen als Belohnung für geleistete Dienste in angemessenem Umfang erfolgte, beispielsweise für eine Pflege.[408]
- Wenn mit der Schenkung die Interessen des Vertragserben wahrgenommen wurden oder wenn der Vertragserbe sich schwerer Verfehlungen gegenüber dem Erblasser schuldig gemacht hat[409] oder wenn der Erblasser die Schenkung aus Gründen der Altersversorgung vorgenommen hat.[410]

---

402 BGH aaO.
403 BGH NJW 1984, 121.
404 BGH FamRZ 1992, 607.
405 BGH NJW 1992, 2630.
406 BGH ZEV 1996, 25.
407 BGHZ 97, 188, 193.
408 BGHZ 66, 8.
409 BGH MDR 1981, 582.
410 BGHZ 77, 264.

Ein lebzeitiges Eigeninteresse des Erblassers wurde in der Rechtsprechung bisher verneint: 528
- Wenn der Erblasser nach Abschluß des Erbvertrags zum Beschenkten eine enge persönliche Beziehung entwickelte und durch die Schenkung seine Zuneigung bekunden wollte.[411]
- Wenn der Erblasser die Schenkung gemacht hat, weil er feststellen mußte, daß er den Beschenkten im Rahmen der Verfügung von Todes wegen zu gering bedacht hatte.[412]
- Wenn die Schenkung darauf gerichtet war, die Verfügung von Todes wegen zu korrigieren.[413]

Neben der Prüfung, ob bei einer lebzeitigen Verfügung ein berechtigtes Eigeninteresse vorlag, bleibt auch trotz der Aufgabe der „Aushöhlungsrechtsprechung" zu prüfen, ob die lebzeitige Verfügung im Einzelfall nicht sittenwidrig ist.[414] Handeln der Erblasser und der Beschenkte bewußt gemeinsam zu Lasten des eingesetzten Erben („kollusives Zusammenwirken") und hat der Beschenkte Kenntnis von der Beeinträchtigungsabsicht, dann kann auch ein Schadensersatzanspruch aus § 826 BGB in Betracht kommen.[415] 529

Die **Beweislast** für Schenkung, Beeinträchtigung – objektiv und subjektiv – und für den Mißbrauch trägt derjenige, der Rechte aus § 2287 BGB herleiten will.[416] Vgl. zur Klage Teil 5 § 30 Rn 1 ff. und Rn 14. 530

Die Rechtsprechung gewährt dem Vertragserben einen **Auskunftsanspruch** gegen den mutmaßlich vom Erblasser Beschenkten, wenn er hinreichende Anhaltspunkte für eine unentgeltliche Verfügung darlegt.[417] Mitumfaßt dürften nach der Rechtsprechung des BGH zur unbenannten Zuwendung und zur Vereinbarung der Gütergemeinschaft auch Auskünfte sein, die sich auf solche Rechtsgeschäfte beziehen.[418] So dürfte sich die Auskunftspflicht auch auf 531

---

411 BGH FamRZ 1992, 607.
412 BGHZ 77, 264.
413 BGHZ 66, 8.
414 BGHZ 59, 343.
415 OLG Düsseldorf NJW-RR 1986, 806.
416 BGHZ 97, 188 = NJW 1986, 1755.
417 BGHZ 97, 188 = NJW 1986, 1755 = FamRZ 1986, 569.
418 BGH NJW 1992, 558, 564.

ehebedingte Zuwendungen und den Inhalt von Eheverträgen erstrecken. In analoger Anwendung von § 2314 BGB gewährt die Rechtsprechung dem Vertragserben einen Wertermittlungsanspruch, wenn dieser den Wert einer Schenkung nicht kennen kann.[419] Vgl. zu Auskunftsansprüchen im Erbrecht Teil 5 Rn 1 ff.

(4) Unbenannte Zuwendungen unter Ehegatten

532 Unbenannte Zuwendungen unter Ehegatten (auch ehebedingte oder ehebezogene Zuwendungen genannt) behandelt der BGH im Zusammenhang mit § 2287 BGB wie Schenkungen, soweit sie objektiv unentgeltlich sind; davon sei im Regelfall auszugehen.[420]

(5) Begründung der ehelichen Gütergemeinschaft

533 Auch in der Begründung der ehelichen Gütergemeinschaft kann ausnahmsweise eine beeinträchtigende Schenkung im Sinne des § 2287 BGB gesehen werden, wenn ein Ehegatte kein Vermögen einbringt.[421]

cc) Beeinträchtigung eines Vermächtnisnehmers

534 Der vertragsmäßig bedachte Vermächtnisnehmer wird gemäß § 2288 BGB geschützt gegen Beeinträchtigung, Zerstörung, Beiseiteschaffen und Beschädigen des Vermächtnisgegenstandes. Hat der Erblasser in Beeinträchtigungsabsicht gehandelt, so steht dem Vermächtnisnehmer ein Anspruch auf Wiederherstellung, Wiederbeschaffung oder Wertersatz zu.

Ist durch Verfügung unter Lebenden – gleichgültig, ob entgeltlich oder unentgeltlich – der Vermächtnisgegenstand in Beeinträchtigungsabsicht veräußert oder belastet worden, so hat der Erbe den Gegenstand dem Vermächtnisnehmer zu verschaffen bzw. die Belastung zu beseitigen, § 2288 II BGB.

---

419 BGH NJW 1986, 127.
420 BGHZ 116, 167 = NJW 1992, 564; BGH NJW-RR 1996, 133; anders aber BGHZ 127, 48 = NJW 1994, 2545; siehe auch *Meincke* NJW 1995, 2769.
421 BGHZ 116, 178 = NJW 1992, 558.

dd) Unterschied zwischen § 2288 BGB und § 2287 BGB

Der Schutz des Vermächtnisnehmers geht über den des Erben hinaus, weil nicht nur Schenkungen des Erblassers erfaßt werden, sondern rein tatsächliche Handlungen und auch entgeltliche Rechtsgeschäfte. Der verstärkte Schutz gilt im Hinblick auf §§ 2167, 2171 BGB, die die Wirksamkeit einer Vermächtnisanordnung vom Vorhandensein des Vermächtnisgegenstands im Nachlaß abhängig machen und im Hinblick darauf, daß die Beseitigung einer Belastung grundsätzlich nicht verlangt werden kann, § 2165 BGB. 535

III. Verfügungen von Todes wegen im Verhältnis zum Erbvertrag

1. Allgemeines

Der Erbvertrag hat, soweit Bindung besteht, gemäß § 2289 BGB eine Beschränkung der Testierfreiheit des Erblassers zur Folge. § 2289 BGB hat insofern eine zentrale Bedeutung im Recht des Erbvertrags. Nach dieser Vorschrift hat die Errichtung eines Erbvertrages im Verhältnis zu anderen Verfügungen von Todes wegen die nachfolgend beschriebenen Wirkungen. 536

2. Verfügung von Todes wegen, die vor dem Erbvertrag errichtet wurde

Ein bestehendes Testament wird durch den später abgeschlossenen Erbvertrag aufgehoben, soweit dadurch das Recht des vertragsmäßig Bedachten beeinträchtigt wird, § 2289 I 1 BGB (**Aufhebungswirkung**). 537

Ein Erbvertrag, der zwischen denselben Personen geschlossen worden war, wird unwirksam, soweit er dem zweiten widerspricht, es gilt der letzte. Damit wird im zweiten Erbvertrag eine ganze oder teilweise einverständliche Vertragsaufhebung nach § 2290 BGB gesehen. Soweit der Vertrag mit einem anderen Vertragspartner geschlossen wurde, siehe nachfolgend Rn 541-546. 538

> *Hinweis*
> Wegen dieser weitreichenden Rechtswirkung eines Erbvertrages muß vor dessen Beurkundung sehr sorgfältig recherchiert werden, ob der Erblasser bereits einen Erbvertrag oder ein Testament errichtet hat.

3. Verfügung von Todes wegen, die nach dem Erbvertrag errichtet wurde

539 Sowohl ein späteres Testament als auch ein späterer Erbvertrag sind insoweit absolut unwirksam, als die Rechtsstellung des vertragsmäßig Bedachten im Zeitpunkt des Erbfalls beeinträchtigt wird, § 2289 I 2 BGB.

4. Begriff der Beeinträchtigung

540 Geschützt wird das Recht des vertragsmäßig Bedachten. Würde die anderweitige Verfügung von Todes wegen diese Rechtsstellung mindern, beschränken, belasten oder gegenstandslos machen, so ist eine Beeinträchtigung gegeben. Ob eine nur wirtschaftliche Beeinträchtigung ausreicht, ist umstritten. Es dürfte auf die nachteilige Veränderung der rechtlichen Position des vertragsmäßig Bedachten ankommen. Beispielsweise wenn der Erblasser nach Abschluß des Erbvertrages eine Testamentsvollstreckung anordnen will. Damit würde die Rechtsstellung des vertragsmäßig Bedachten beschränkt werden, insbesondere im Hinblick auf seine Verwaltungs- und Verfügungsbefugnis bezüglich der einzelnen Nachlaßgegenstände, §§ 2205, 2211 BGB. Umstritten ist, ob es für die Feststellung einer Beeinträchtigung im Sinne des § 2289 I BGB allein auf einen Vergleich aus rechtlicher Sicht ankommt[422] oder ob auch wirtschaftliche Gesichtspunkte berücksichtigt werden müssen.[423]

Gegen die Berücksichtigung wirtschaftlicher Gesichtspunkte hat sich der BGH ausgesprochen.[424] Danach kommt es ausschließlich auf die Beeinträchtigung in rechtlicher Hinsicht an.

5. Zustimmung des vertraglich Bedachten

541 Die Zustimmung des vertraglich Eingesetzten zu einer späteren Verfügung von Todes wegen gibt dem Erblasser seine Testierfreiheit wieder zurück. Die Zustimmung bedarf der notariellen Beurkundung, weil darin eine ganze oder teilweise Aufhebung des Erbvertrags zu sehen ist, §§ 2290 IV, 2276 BGB.[425]

---

422 MüKo/*Musielak* § 2289 Rn 10.
423 *Soergel/Wolf* § 2289 Rn 2.
424 BGH JZ 1958, 399.
425 BGHZ 108, 252.

Der Erblasser als Mandant § 8

Unter Ehegatten genügt die Form des gemeinschaftlichen Testaments, § 2291 BGB.

Für ein vertragsmäßig angeordnetes Vermächtnis oder eine Auflage sieht das Gesetz ausdrücklich die Möglichkeit einer anderweitigen Verfügung nach vorausgegangener Zustimmung des Bedachten in § 2291 BGB vor. Auch hierfür ist notarielle Beurkundung erforderlich, § 2291 II BGB.

542

Allerdings könnte demjenigen, der formlos zugestimmt hat, und der sich auf das fehlende Formerfordernis beruft, ein Verstoß gegen Treu und Glauben entgegengehalten werden („venire contra factum proprium"). [426]

543

6. Zustimmung des Vermächtnisnehmers zu anderweitigen Verfügungen

Der vertragsmäßig bedachte Vermächtnisnehmer kann gegenüber dem Erblasser seine Zustimmung dazu geben, daß der Erblasser ein abweichendes Testament errichten kann, § 2291 BGB. Die Zustimmungserklärung bedarf der notariellen Beurkundung, § 2291 II BGB, weil darin eine (zumindest teilweise) Aufhebung des Erbvertrags liegt. Mit Zugang der Zustimmung an den Erblasser wird sie unwiderruflich, § 2291 II BGB. Die Zustimmung kann entweder vor der Errichtung des Aufhebungstestaments erklärt werden oder danach. Sie kann auch schon im Erbvertrag selbst enthalten sein. Allerdings bestehen in einem solchen Fall Zweifel, ob dann überhaupt eine vertragsmäßige Vermächtnisanordnung vorliegt. [427]

544

Muster: Zustimmung des Vermächtnisnehmers zu Aufhebungstestament

▼

Notarielle Urkundenformalien
Es erscheint Herr – persönlich bekannt und zweifelsfrei geschäftsfähig –
.
Er gibt folgende Zustimmungserklärung ab:
In der Urkunde des Notars ▓▓▓ in ▓▓▓ – Urkunden-Rolle Nr. ▓▓▓ – habe ich mit Herrn ▓▓▓ einen Erbvertrag geschlossen. Nach Ziff. ▓▓▓ hat

545

---
[426] BGHZ 108, 252.
[427] *Soergel/Wolf* § 2291 Rn 3.

mir Herr ▒▒▒ für den Fall seines Todes ein Vermächtnis folgenden Inhalts zugewandt: ▒▒▒.

Hiermit erkläre ich meine Zustimmung dazu, daß diese Vermächtnisanordnung ganz oder teilweise aufgehoben wird. Mir ist bekannt, daß diese Zustimmungserklärung mit Zugang bei Herrn ▒▒▒ unwiderruflich ist.

Ich bitte um Erteilung von zwei Ausfertigungen dieser Urkunde, von denen ich eine Herrn ▒▒▒ übergeben werde.

Diese Niederschrift wurde vom Notar dem Anwesenden vorgelesen, von ihm genehmigt und wie folgt eigenhändig unterschrieben:

▲

Muster: Aufhebungstestament nach Zustimmung durch den Vermächtnisnehmer

▼

546
055

Ich, ▒▒▒, geboren am ▒▒▒ in ▒▒▒, wohnhaft in ▒▒▒, errichte folgendes

Testament:

Am ▒▒▒ habe ich in der Urkunde des Notars ▒▒▒ in ▒▒▒ unter Urkunden-Rolle Nr. ▒▒▒ mit Herrn ▒▒▒ einen Erbvertrag geschlossen und ihm in Ziff. ▒▒▒ der Urkunde auf meinen Tod folgendes Vermächtnis zugewandt: ▒▒▒

Herr ▒▒▒ hat in der Urkunde des Notars ▒▒▒ in ▒▒▒ unter Urkunden-Rolle Nr. ▒▒▒ seine Zustimmung zur ganzen oder teilweisen Aufhebung dieses Vermächtnisses erklärt. Von dieser Zustimmungserklärung, die mir in Ausfertigung zugegangen ist, habe ich Kenntnis genommen.

Hiermit hebe ich die oben näher bezeichnete, zugunsten von Herrn ▒▒▒ getroffene Vermächtnisanordnung ihrem gesamten Inhalt nach auf.

▒▒▒

Ort, Datum, Unterschrift

▲

7. Beschränkung in guter Absicht

547 Eine Beschränkung eines vertraglich bedachten Abkömmlings in guter Absicht durch späteres Testament läßt das Gesetz in § 2289 II BGB zu. Insofern kann der Erbvertrag bei Vorliegen der Voraussetzungen des § 2338 BGB auch später geändert werden. Vgl. zur Pflichtteilsbeschränkung in guter Absicht oben Rn 278 ff.

8. Wegfall der Aufhebungswirkung bei Unwirksamwerden des Erbvertrags

Die Aufhebungswirkung des § 2289 I 1 BGB entfällt, wenn der Erbvertrag aufgehoben, er durch Vorversterben des Bedachten oder Ausschlagung gegenstandslos wird, wenn vom Erbvertrag zurückgetreten wird oder wenn – beim Ehegattenerbvertrag – die Ehe geschieden wird. Haben sich Eheleute in einem Erbvertrag durch vertragliche Verfügung gegenseitig zu Alleinerben und ihr einziges Kind zum Schlußerben eingesetzt, so entfällt die vertragliche Bindung bezüglich der Einsetzung des Schlußerben mit der Scheidung der Ehe der Eltern, es sei denn, es läßt sich feststellen, daß sie bei Abschluß des Erbvertrags die Einsetzung des Kindes als Schlußerben auch für diesen Fall gewollt haben, §§ 2077 I, II, 2280, 2298 BGB.[428]

9. Erbvertragsaufhebung

Der Erbvertrag kann durch notariellen Vertrag aufgehoben werden, § 2290 BGB.

Muster: Aufhebung eines Erbvertrags

▼

Notarielle Urkundenformalien

Es erscheinen
1. Herr ▓▓▓▓ – persönlich bekannt –
2. Frau ▓▓▓▓ – persönlich bekannt –
Herr und Frau ▓▓▓▓ sind zweifelsfrei geschäftsfähig.
Sie erklären mit der Bitte um Beurkundung:
Wir schließen folgenden Vertrag zur
Aufhebung eines Erbvertrags
Am ▓▓▓▓ haben wir vor Notar ▓▓▓▓ unter dessen Urkunden-Rolle Nr. ▓▓▓▓ einen Erbvertrag geschlossen, dessen Urschrift beim Amtsgericht ▓▓▓▓ unter der Verwahrungsnummer ▓▓▓▓ verwahrt wird.
Diesen Erbvertrag heben wir hiermit seinem gesamten Inhalt nach auf.
Diese Niederschrift wurde vom Notar den Anwesenden vorgelesen, von ihnen genehmigt und sodann von ihnen und dem Notar eigenhändig unterschrieben

---

428 OLG Hamm FamRZ 1994, 994.

2 Das erbrechtliche Mandat vor dem Erbfall

10. Erbvertragsaufhebung durch gemeinschaftliches Testament

551 Der unter Ehegatten geschlossene Erbvertrag kann in der Form des gemeinschaftlichen Testaments aufgehoben werden, § 2292 BGB, also auch in der Form des privatschriftlichen Testaments, § 2267 BGB.

Muster: Erbvertragsaufhebung

▼

552 **Gemeinschaftliches Testament**

057 Wir, die Eheleute ▮▮▮, haben in der Urkunde des Notars ▮▮▮ in ▮▮▮ am ▮▮▮ unter Urkunden-Rolle Nr. ▮▮▮ einen Erbvertrag errichtet. Diesen Erbvertrag heben wir hiermit seinem gesamten Inhalt nach auf.

Ort, Datum, Unterschrift

Dieses Testament ist auch mein Testament.

Ort, Datum, Unterschrift

▲

Muster: Aufhebung zweiseitiger Erbvertrag durch Testament nach Ausschlagung

▼

553 Ich, ▮▮▮, geboren am ▮▮▮ in ▮▮▮, wohnhaft in ▮▮▮, errichte folgendes

058 **Testament:**

In der Urkunde des Notars ▮▮▮ in ▮▮▮ am ▮▮▮, habe ich mit meinem verstorbenen Ehemann ▮▮▮ unter Urkunden-Rolle Nr. ▮▮▮ einen gegenseitigen Erbvertrag errichtet, wonach auf den Tod des Erststerbenden von uns gesetzliche Erbfolge eintreten sollte, ich den Nießbrauch am Nachlaß vermächtnisweise erhalten und Testamentsvollstreckerin werden sollte.

Mein Ehemann ist am ▮▮▮ in ▮▮▮ gestorben (vgl. Nachlaßakten des Amtsgerichts ▮▮▮, Az. ▮▮▮).

Mit notariell beglaubigter Erklärung vom ▮▮▮ – Urkunden-Rolle Nr. ▮▮▮ des Notars ▮▮▮ in ▮▮▮ – habe ich die mir nach dem Erbvertrag angefallene Erbschaft und das Nießbrauchsvermächtnis ausgeschlagen. Das Amt des Testamentsvollstreckers habe ich nicht angenommen.

Die Ausschlagungserklärung ist am ▮▮▮ beim Nachlaßgericht ▮▮▮ (Amtsgericht) eingegangen und im Hinblick auf die Ausschlagung des Nießbrauchsvermächtnisses den Erben am ▮▮▮ zugegangen.

In dem bezeichneten Erbvertrag (vgl. Ziffer ....) hat der Überlebende auf seinen Tod unsere gemeinschaftlichen Kinder in vertraglicher Weise zu seinen Erben eingesetzt.
Diese Verfügung auf den Tod des Überlebenden (Erbeinsetzung der gemeinschaftlichen Kinder) hebe ich hiermit ihrem gesamten Inhalt nach auf.
Gleichzeitig treffe ich für den Fall meines Todes folgende neue Verfügung: ....

Ort, Datum, Unterschrift

IV. Änderungsvorbehalt und vertragliche Verfügungen

1. Allgemeines

Die durch vertragsmäßige Verfügung erzeugte Bindungswirkung muß nicht in jedem Fall endgültig sein. Das Gesetz sieht drei Möglichkeiten vor, wie der Erblasser die eingetretene Bindung beseitigen und er seine durch den Erbvertrag eingeschränkte Testierfreiheit wieder erlangen kann:

- Ausübung des Rücktritts nach §§ 2293 bis 2297 BGB; (vgl. Rn 586 ff.).
- Anfechtung des Erbvertrags § 2281 ff. BGB, (vgl. Rn 563 ff.).
- Aufhebung des Erbvertrags durch die Vertragsparteien selbst, §§ 2290–2292 BGB (vgl. Rn 549 ff.).

Allerdings kann die Beseitigung der Bindung nicht erfolgen, ohne dem Vertragspartner davon Kenntnis zu geben.

Fraglich ist, ob der Erblasser sich eine weitere Möglichkeit der Lösung von der Bindung durch einen sog. **Änderungsvorbehalt** eröffnen kann. Mancher Erblasser wünscht sich, einen Erbvertrag durch einfaches Testament wieder ändern zu können. Eine ausdrückliche gesetzliche Regelung hierzu fehlt. In der Literatur und in der Rechtsprechung besteht Einigkeit darüber, daß ein solcher Änderungsvorbehalt zulässig ist, seine Grenzen sind jedoch umstritten. Unklar ist auch, wie sich ein Änderungsvorbehalt auf die Vertragsmäßigkeit erbvertraglich getroffener Verfügungen auswirkt.

2. Zulässigkeit des Änderungsvorbehalts

556 In Rechtsprechung und Literatur bestehen keine Zweifel an der grundsätzlichen Zulässigkeit eines Änderungsvorbehalts.[429] Begründet wird diese Zulässigkeit mit der Vertragsfreiheit, die auch für den Erbvertrag gelte.

Der BGH[430] führt in seinem Urteil vom 2.12.1981 u. a. aus:
„Vielmehr kann dem Erblasser in dem Erbvertrag das Recht vorbehalten werden, die Rechte vertragsmäßig Bedachter in gewissem Umfang durch nachträgliche letztwillige Verfügungen zu beeinträchtigen und sie etwa mit bestimmten Vermächtnissen (zusätzlich) zu beschweren oder mit zu beschweren ...,"

3. Grenzen des Änderungsvorbehalts

557 Ungeklärt sind die Frage der Reichweite eines solchen Änderungsvorbehalts und die Frage, welchen Inhalt er haben kann, insbesondere, ob jegliche Änderung einer vertragsmäßig getroffenen Verfügung zulässig ist. Dabei ist entscheidend, daß der Erbvertrag als besondere Einrichtung des Vertragsrechts zumindest **einer vertraglich bindenden** Regelung bedarf, weil andernfalls das essentielle Charakteristikum eines Vertrages, nämlich seine Bindung, beseitigt würde. Deshalb wird ein Änderungsvorbehalt nur dann für zulässig gehalten, wenn beim Erblasser noch eine gewisse vertragliche Bindung bestehen bleibt. Dies bedeutet wiederum, daß ein Änderungsvorbehalt nicht so weit gehen kann, daß der Erblasser dadurch seine gesamte Testierfreiheit, deren er sich durch die eingegangene Bindung teilweise begeben hat, wieder erlangt. Eine auf Seiten des Vertragspartners erlangte vertragliche Position muß diesem erhalten bleiben, andernfalls entfiele das vertragstypische Merkmal schlechthin.

558 Deshalb ist die in einem Teil der Literatur vertretene Auffassung, der Änderungsvorbehalt könne auch als sog. Totalvorbehalt vereinbart werden, kritisch zu betrachten.[431] Danach könnten nämlich sämtliche vertragsmäßigen Verfügungen durch abweichende letztwillige Verfügung beseitigt werden. *Weiler*[432]

---

429 BGH NJW 1982, 441, 442; BayObLG FamRZ 1991, 1359, 1360; *Mayer* DNotZ 1990, 755; *Weiler* DNotZ 1994, 427.
430 NJW 1982, 441, 442.
431 *Lange/Kuchinke* 37 III 4; *Küster* JZ 1958, 394.
432 DNotZ 1994, 427, 431.

vertritt deshalb unseres Erachtens zu Recht die Auffassung, ein Totalvorbehalt könne nicht als zulässig erachtet werden, weil der Erblasser dann in seiner Testierfreiheit nicht eingeschränkt wäre, wenn es ihm gestattet wäre, ohne weiteres von allen vertragsmäßigen Verfügungen durch einseitige Verfügung von Todes wegen wieder abzuweichen. Damit entfiele jegliche Bindung für den Erblasser und damit würde sich der Erbvertrag nicht mehr vom Testament unterscheiden. Die Konsequenz wäre, daß der Vertragspartner keinerlei irgendwie gefestigte Rechtsposition erhielte. Vielmehr wäre die entsprechende im Erbvertrag enthaltene Verfügung als einseitige Verfügung nach § 2299 BGB einzuordnen.

Dem Einwand, der Erblasser könne sich auch ein vollständiges Rücktrittsrecht vom Erbvertrag vorbehalten und damit die Bindungswirkung ebenfalls einseitig beseitigen, ist entgegenzuhalten: Die Rücktrittsvorschriften sind streng formalisiert; ohne Kenntnis des Vertragspartners wird ein Rücktritt nicht wirksam, während beim Änderungsvorbehalt eine Lösung vom Erbvertrag auch hinter dem Rücken des Vertragspartners möglich wäre. Würde man für die Ausübung eines Änderungsvorbehalts die Einhaltung der Rücktrittsformen für analog anwendbar halten, wie es ein Teil der Literatur vorsieht,[433] so stünde der Änderungsvorbehalt dem Rücktrittsvorbehalt gleich; ein praktisches Erfordernis für ihn wäre damit nicht erkennbar.[434] 559

Die Rechtsprechung orientiert sich bei der Bestimmung der Grenzen eines Änderungsvorbehalts an dem Charakteristikum der erbvertraglichen Bindung. Der BGH[435] betont, daß der Erbvertrag durch den Vorbehalt seines vertraglichen Wesens nicht entkleidet werden dürfe. Dies sei aber dann der Fall, wenn für den Erblasser keine Bindung mehr bestehe. Deshalb müsse der Vorbehalt wenigstens **eine** für den Erblasser bindende Verfügung im Sinne des § 2278 II BGB bestehen lassen. In der beratenden Praxis muß deshalb streng darauf geachtet werden, daß wenigstens eine einzige vertragsmäßige Verfügung im Erbvertrag nicht vom Änderungsvorbehalt erfaßt wird. So hat der BGH einen Vorbehalt, die Schlußerbeneinsetzung jederzeit abändern zu können, als zulässig erachtet, weil daneben noch eine vorbehaltlose gegenseitige 560

---

433 *Küster* JZ 1958, 394.
434 So auch *Staudinger/Kanzleiter* § 2278 Rn 12.
435 BGHZ 26, 204, 208; WM 1970, 482, 483; NJW 1982, 441, 442.

Erbeinsetzung der Vertragschließenden im Erbvertrag enthalten war. Enthält ein Erbvertrag nur eine einzige vertragsmäßige Verfügung, dann darf der Vorbehalt nur so weit reichen, daß der Erblasser den Inhalt der Verfügung nicht vollkommen abändern kann; ein unabänderbarer Teil muß bestehen bleiben.[436]

Der BGH[437] führt aus:
"Ein Vorbehalt, der den Erblasser berechtige, sämtliche vertragsmäßigen Verfügungen durch einseitige zu ersetzen, gewähre ihm letztlich ein Rücktrittsrecht ohne Einhaltung der vom Gesetz vorgesehenen strengen Vorschriften der §§ 2293 ff. BGB. Da es sich insoweit um eine Umgehung handle, sei dieser unbeschränkte Änderungsvorbehalt unzulässig."

561 Nach der herrschenden Rechtsprechung ist ein Änderungsvorbehalt unzulässig, wenn er dem Erblasser gestattet, von allen vertraglichen Verfügungen ohne weiteres und ohne Einhaltung der Rücktrittsvorschriften abzuweichen.

BGH[438] im Urteil vom 08.01.1958:
"Es muß durch Auslegung der letztwilligen Verfügung ermittelt werden, ob es sich ... um eine vertragsmäßige Bestimmung handelt. Soweit einer an dem Erbvertrag beteiligten Person in dem Vertrag etwas zugewendet ist, ist in aller Regel davon auszugehen, daß diese Zuwendung vertragsmäßig getroffen ist ... Mit Rücksicht auf die Vertragsfreiheit, die auch für den Abschluß von Erbverträgen gilt, ist es zulässig, daß die Parteien in dem Erbvertrag dem Erblasser das Recht vorbehalten, in gewissem Umfang letztwillige Verfügungen zu treffen, die mit den in dem Erbvertrag getroffenen unvereinbar sind. Dieser Vorbehalt kann aber nicht so weit gehen, daß damit der Erbvertrag seines eigentlichen Wesens entkleidet wird. Für die Frage, in welchem Umfang ein solcher Vorbehalt zulässig ist, ist zu beachten, daß der Erbvertrag, auch wenn der Erblasser von dem Vorbehalt Gebrauch macht, seinen Inhalt behalten muß. Es muß in ihm weiter eine vertragsmäßig nach § 2278 II BGB zu treffende Verfügung enthalten bleiben. Soweit das nicht zutrifft, würde die letztwillige Verfügung, falls nicht der Vorbehalt wirksam wäre, kein Erbvertrag sein, da es den Parteien nicht gestattet ist, dem Erblasser zu ermöglichen, den

---

436 MüKo/*Musielak* § 2278 Rn 17; *Staudinger/Kanzleiter* § 2278 Rn 12.
437 BGHZ 26, 204, 208.
438 BGHZ 26, 204, 208, 209.

Vertrag auf andere Weise als im Wege der eben wiedergegebenen gesetzlichen Bestimmungen außer Kraft zu setzen. Wer den Willen hat, eine Verfügung von Todes wegen als vertragsmäßige zu errichten, kann auch nicht wollen, daß sie eine nur einseitige sei. ... Zulässig ist es, daß der Erblasser, der vertraglich eine Person als Erben einsetzt, sich vorbehält, über einzelne Gegenstände seines Vermögens anderweitig durch Anordnung von Vermächtnissen zu verfügen oder eine Testamentsvollstreckung anzuordnen. ... Zulässig wäre es auch, wenn der Erblasser sich in einem Erbvertrag, durch den er den Vertragspartner zum Alleinerben eingesetzt hat, vorbehält, dieses Recht zu beschränken und neben dem Vertragserben auch eine andere Person zu einem bestimmten Bruchteil als Erben einzusetzen. In diesem Fall wäre der Vertragserbe von vornherein nur zu dem geringeren Bruchteil vertraglich als Erbe berufen. Notwendig ist, daß der Erbvertrag und der in ihm enthaltene Vorbehalt so gefaßt sind, daß eindeutig bestimmt werden kann, welches Recht dem vertragsmäßig Bedachten bindend zugewandt ist. Der Vorbehalt darf auch nicht dazu führen, dem Erblasser den Rücktritt von dem Erbvertrag unter Umgehung der Bestimmungen der §§ 2293 ff. BGB zu ermöglichen.,,

Zu neueren Entwicklungen im Bereich des Änderungsvorbehalts in der Literatur siehe *Weiler* DNotZ 1994, 427, 435 ff.

V. Auslegung des Erbvertrags

Da der Erbvertrag keine einseitige, jederzeit frei widerrufliche letztwillige Verfügung ist, können die weitreichenden Auslegungsvorschriften, die im Testamentsrecht gelten, nicht ohne weiteres übernommen werden. Vielmehr ist für die Frage, wie eine Willenserklärung verstanden werden kann, auf den oder die Vertragspartner Rücksicht zu nehmen. Im Hinblick auf den Vertrauensschutz der am Vertrag beteiligten Personen ist neben § 133 BGB auch § 157 BGB anzuwenden. Zu prüfen ist deshalb immer, ob eine Auslegung, die dem Willen des einen Vertragspartners entspricht, auch mit dem Willen des anderen vereinbar ist.[439] Diese Grundsätze sind auch bei der ergänzenden Auslegung von Erbverträgen zu beachten. Beim Ehegattenerbvertrag können aus dem späteren Verhalten des überlebenden Ehegatten in aller Regel keine Schlüsse auf den Willen des erstverstorbenen Ehegatten gezogen werden. Im übrigen

562

---

439 BGH NJW 1961, 120.

gelten die Auslegungsvorschriften beim einseitigen und gemeinschaftlichen Testament. Vgl. zur neueren Rechtsprechung zur Auslegung *Mayer* in DNotZ 1998, 772 ff.

VI. Anfechtung des Erbvertrags

1. Allgemeines

563 Bei der Anfechtung der bei einem Erbvertrag abgegebenen Willenserklärungen ist in dreifacher Weise zu unterscheiden: Die Erklärungen des Vertragspartners, der nicht als Erblasser gehandelt hat, die vertraglich bindenden Verfügungen des Erblassers und die einseitigen Verfügungen des Erblassers (§ 2299 BGB).

2. Erklärungen des Vertragspartners

564 Für die Erklärungen des Vertragspartners, die keine Verfügungen von Todes wegen sind, gelten die allgemeinen Anfechtungsvorschriften der §§ 119 ff. BGB, insbesondere die eingeschränkte Motivirrtumsanfechtung des § 119 II BGB. Damit gelten auch die Fristen der §§ 121, 124 BGB. Die Anfechtungserklärung kann formlos abgegeben werden; sie ist eine empfangsbedürftige Willenserklärung, die dem Erblasser oder dessen Rechtsnachfolger als Anfechtungsgegner gegenüber abzugeben ist, § 143 BGB.

3. Erbvertraglich bindende Verfügungen

a) Anfechtung durch den Erblasser

aa) Allgemeines

565 Der Selbstanfechtung von vertraglich bindend gewordenen Verfügungen durch den Erblasser selbst kommt in der Praxis einige Bedeutung zu. Trotz des Beurkundungszwanges und der damit verbundenen Belehrung sind sich Erblasser nicht immer im Klaren über die Reichweite der von ihnen eingegangenen vertraglichen Bindung. Hinzu kommt – und diese Kritik sei erlaubt –, daß auch juristische Berater nicht selten zum Institut des Erbvertrags greifen, obwohl dies nicht unbedingt notwendig wäre. Man denke nur an viele Ehegattenerbverträge, die bei genauerem Hinsehen sinnvollerweise als gemeinschaftliche Testamente hätten beurkundet werden sollen, bei denen man aber aus Kostengründen einen

Erbvertrag gewählt hat, der mit einem Ehevertrag verbunden wurde im Hinblick auf die Vorschrift des § 46 III KostO.

§ 2281 I BGB gewährt dem Erblasser eine Anfechtungsmöglichkeit, deren Tatbestände grundsätzlich dieselben sind wie bei der Testamentsanfechtung, §§ 2281, 2078, 2079 BGB. Dies ist ein entscheidender Unterschied zum Anfechtungsrecht beim Einzeltestament. Dort kann der Erblasser jederzeit seine Erklärung widerrufen, deshalb hat er selbst kein Anfechtungsrecht; vielmehr kann dies nur Dritten zustehen. Dies hat andererseits aber auch zur Folge, daß der Erblasser einseitig im Erbvertrag (§ 2299 BGB) getroffene Verfügungen nicht anfechten kann, weil ihm insoweit ebenfalls die Widerrufsmöglichkeit offensteht (§ 2299 II BGB).

Da es beim Erbvertrag verschiedene Vertragstypen gibt, ist eine Einzelbetrachtung erforderlich. So geht das Gesetz im allgemeinen vom einseitigen Erbvertrag aus (§ 2274 BGB), es kennt jedoch auch die Sonderform des Ehegattenerbvertrags (§§ 2280, 2292 BGB) und sonstige zweiseitige Erbverträge (§ 2298 BGB).

bb) Einseitiger Erbvertrag; Selbstanfechtungsrecht des Erblassers

(1) Vertragliche Verfügungen von Todes wegen

Mit erbvertraglich bindender Wirkung können nur Erbeinsetzung, Vermächtnisanordnung und Auflagenanordnung vereinbart werden, § 2278 II BGB. Da nur insoweit eine vertragliche Bindung entstehen kann, kann sich das Selbstanfechtungsrecht des Erblassers auch nur auf solche Anordnungen beziehen. Sind die Regelungen im Erbvertrag zur Frage der Reichweite der Bindung nicht eindeutig, so muß die Frage, ob eine Bindung gewollt ist oder nicht, durch Auslegung ermittelt werden (§§ 133, 157 BGB). Es gibt auch Verfügungen, bezüglich derer der Erblasser sich einen Änderungsvorbehalt in den Vertrag hat aufnehmen lassen; solange von der Abänderungsmöglichkeit kein Gebrauch gemacht wurde, ist die betreffende Verfügung bindend.[440]

---

440 *Veit* NJW 1993, 1543, 1553.

(2) Anfechtungsgründe

(a) Inhalts- und Erklärungsirrtum

567 Hier gelten dieselben Grundsätze wie beim Testamentsanfechtungsrecht, §§ 2281 I, 2078 I BGB. Allerdings kann ein Inhaltsirrtum auch in der Weise bestehen, daß sich der Erblasser über die rechtliche Tragweite, vor allem über die Bindungswirkung des Erbvertrags, bei seinem Abschluß nicht im Klaren war.[441]

568 Das objektive Moment, das in § 119 I BGB bei der Anfechtung von Willenserklärungen aufgenommen wurde, nämlich die Einschränkung, daß eine Anfechtung ausgeschlossen ist, wenn der Erklärende bei Kenntnis der Sachlage und bei verständiger Würdigung des Falles die Erklärung trotzdem so abgegeben hätte, gilt weder beim Testament noch beim Erbvertrag. Vielmehr ist hier die subjektive Denk- und Anschauungsweise des Erblassers maßgebend.[442] Zu der Frage, ob die Vorstellungen des Erblassers positiv sein müssen oder ob auch eine unbewußte Vorstellung ausreicht, hat der BGH in seiner Rechtsprechung folgende Grundsätze entwickelt:[443]

569
- Allein die Vorstellungen des Erblassers bei Errichtung der letztwilligen Verfügung sind maßgebend,
- diese Vorstellungen müssen nicht im Testament oder Erbvertrag ihren Niederschlag gefunden haben,
- als Vorstellungen genügen auch unbewußte, dh solche, die der Erblasser zwar nicht wirklich hatte, die er aber als selbstverständlich seiner Verfügung zugrundegelegt hat,
- diese Vorstellungen müssen zumindest auch (kausal) mitbestimmend für die Verfügung/den Erbvertrag gewesen sein,
- zwischen Testamentsanfechtung und Erbvertragsanfechtung wird, was die Vorstellungen des Erblassers betrifft, kein Unterschied gemacht.

---

441 OLG Hamm OLGZ 1966, 479; OLG Hamm Rpfleger 1978, 1079.
442 BGHZ 4, 91 =NJW 1952, 491; BGH NJW 1963, 246.
443 Nach *Veit* NJW 1993, 1553, 1555.

(b) Motivirrtum

Auch der Motivirrtum berechtigt den Erblasser zur Anfechtung, §§ 2281, 2078 II BGB. Anfechtungsgründe können sein: Irrtum, Drohung oder Täuschung (§§ 2281 I, 2078 BGB) oder das Übergehen eines Pflichtteilsberechtigten als vom Gesetz vermuteter Irrtum (§§ 2281 I, 2079 BGB). Voraussetzung für eine Anfechtung wegen des Übergehens eines Pflichtteilsberechtigten ist aber, daß dieser zum Zeitpunkt der Anfechtung noch vorhanden ist, § 2281 I Hs. 2 BGB. **570**

(c) Form und Frist der Anfechtung

Die Anfechtung muß durch den Erblasser persönlich erklärt werden, § 2282 I BGB; für einen geschäftsunfähigen Erblasser handelt der gesetzliche Vertreter mit Genehmigung des Vormundschaftsgerichts, § 2282 II BGB. Die Anfechtungserklärung bedarf der notariellen Beurkundung, § 2282 III BGB, und muß zu Lebzeiten des Vertragspartners diesem gegenüber erklärt werden, § 143 II BGB, nach dem Tod des Vertragspartners gegenüber dem Nachlaßgericht, § 2281 II BGB. Die Anfechtungsfrist beträgt 1 Jahr, § 2283 I BGB, und beginnt im Falle eines Irrtums mit Kenntnis vom Irrtum, § 2282 II BGB, im Falle der Drohung mit Beendigung der Zwangslage. **571**

Die Jahresfrist zur Anfechtung des Erbvertrags ist eine Ausschlußfrist. Sie kann weder verlängert noch kann gegen ihre Versäumung Wiedereinsetzung in den vorigen Stand gewährt werden. Deshalb muß der Rechtsberater, der wegen einer in Betracht kommenden Anfechtung aufgesucht wird, rasch alle in Betracht kommenden Umstände aufklären. **572**

> *Hinweis*
> Die Anfechtungserklärung muß dem anderen Vertragsteil in Ausfertigung zugehen, begl. Abschrift reicht nicht! Dies muß überwacht werden.

(d) Rechtswirkungen der Anfechtung

Es gilt der allgemeine Grundsatz, wonach die wirksame Anfechtung zur Unwirksamkeit der Erklärung führt (§ 142 I BGB). Ist die Anfechtung in der erforderlichen Form und fristgemäß dem richtigen Anfechtungsgegner (§§ 143 II, 2281 II 1 BGB) zugegangen, so ist eine Rücknahme nicht mehr möglich, **573** weil sie als Gestaltungserklärung ihre Rechtswirkungen damit entfaltet hat; eine Bestätigung des Erbvertrags ist damit nicht mehr möglich (§ 2284 BGB).

cc) Bestätigung eines anfechtbaren Erbvertrags

574 Wurde ein eigentlich bestehendes Anfechtungsrecht nicht ausgeübt, so kann der anfechtbare Erbvertrag vom Erblasser bestätigt werden, § 2284 BGB. Die Möglichkeit einer Bestätigung nach § 2284 BGB erstreckt sich nur auf vertragliche Verfügungen, weil einseitige Verfügungen ohnehin jederzeit widerruflich sind. Die Ausübung der Bestätigung kann nur höchstpersönlich durch den Erblasser erfolgen, § 2284 S. 1 BGB.

575 Da die Ausübung des Anfechtungsrechts einer einjährigen Ausschlußfrist unterliegt (§§ 2282, 2283 BGB), käme auch das Verstreichenlassen der Anfechtungsfrist in Betracht. Damit würde der Erblasser dasselbe Ergebnis wie mit einer Bestätigung erreichen. Stirbt der Erblasser jedoch vor Ablauf der Anfechtungsfrist, so könnten dritte Personen nach §§ 2285, 2080 BGB das Anfechtungsrecht noch ausüben. Dies wäre jedoch dann ausgeschlossen, wenn der Erblasser vorher die anfechtbaren Bestimmungen bestätigt gehabt hätte.

Für die Form der Bestätigung gilt die allgemeine Vorschrift des § 144 II BGB, dh die Bestätigung ist formlos möglich.

576 Möglich ist aber auch ein Verzicht von Seiten des Erblassers auf künftige noch nicht bekannte Anfechtungsgründe. Ein solcher Verzicht ist grundsätzlich im Hinblick auf die Anfechtungsmöglichkeit nach § 2079 BGB (Übergehen eines Pflichtteilsberechtigten) in Erbverträgen zu empfehlen, um damit die Rechtsposition des Vertragspartners „aufzubessern". Vgl. zum Anfechtungsverzicht oben Rn 423 ff.

dd) Anfechtung des zweiseitigen und mehrseitigen Erbvertrags

577 Bei gegenseitigen Erbverträgen, insbesondere bei Ehegattenerbverträgen, geben beide oder alle Vertragspartner Willenserklärungen auf den Todesfall ab. Für jeden von ihnen gelten die Vorschriften über die Erblasseranfechtung.

(1) Anfechtungserklärung

Die **Anfechtungserklärung** ist gegenüber dem bzw. den anderen Vertragschließenden abzugeben, § 143 II BGB. Nach dem Tod eines Erblassers sind diejenigen Verfügungen, die zu seinen Gunsten angeordnet wurden, nicht mehr anfechtbar; sie sind gegenstandslos geworden. Hat der überlebende Erblasser oder haben die überlebenden Erblasser zugunsten dritter Personen Verfügungen getroffen, so müssen diese gegenüber dem Nachlaßgericht des bereits verstorbenen Erblassers angefochten werden, § 2281 II BGB. Ficht der überlebende Erblasser als Dritter im Sinne der §§ 2279 I, 2080 BGB Verfügungen des bereits verstorbenen Erblassers an, die zugunsten eines Dritten vorgenommen wurden, so ist die Anfechtungserklärung entweder gegenüber dem Nachlaßgericht abzugeben, wenn es sich um Erbeinsetzungen und Testamentsvollstreckungsanordnungen handelt (§ 2181 I, III BGB) oder gegenüber dem Beschwerten, wenn es sich um Vermächtnisse handelt (§ 143 IV 1 BGB).

578

(2) Frist

Die Anfechtungsfrist des § 2283 I BGB läuft für jeden anfechtungsberechtigten Erblasser gesondert. Für den Beginn des Fristenlaufs kommt es auf die Kenntnis des jeweiligen Erblassers an.

579

(3) Rechtswirkungen der erklärten Anfechtung

Nach der allgemeinen Vorschrift des § 142 I BGB wird die angefochtene Verfügung von Anfang an nichtig. Beim gegenseitigen Erbvertrag (§ 2298 BGB) erfaßt die damit eingetretene Nichtigkeit den gesamten Vertrag. § 2298 BGB enthält eine Vermutung für die Wechselbezüglichkeit vertraglicher Verfügungen in einem gegenseitigen Erbvertrag. Dabei kommt es nicht darauf an, ob die Erblasser sich gegenseitig oder dritte Personen vertraglich zu Erben eingesetzt oder andere vertraglich zulässige Anordnungen getroffen haben.

580

Diese Regelung des § 2298 BGB ist allerdings nicht zwingender Natur, die Erblasser können sie im Erbvertrag abbedingen; eine Nicht-Wechselbezüglichkeit kann sich auch durch Auslegung ergeben. Schadensersatzpflicht des Erblassers bei Selbstanfechtung: Ob der Erblasser bei Irrtumsanfechtung eines Erbvertrags einem Schadensersatzanspruch gemäß § 122 BGB ausgesetzt ist, ist streitig.

581

Tanck/Krug

Verneinend: OLG München ZEV 1998, 69; bejahend: *Mankowski* ZEV 1998, 46.

582 *Hinweis*
Der Berater sollte unbedingt klären, inwieweit Verfügungen wechselbezüglich sind und dies auch eindeutig im Erbvertrag formulieren.

(4) Ausschluß des Anfechtungsrechts

583 Die Regeln über die Bestätigung eines anfechtbaren Erbvertrags gelten auch hier, wobei jeder Erblasser für sich allein seine anfechtbare Verfügung bestätigen kann.

Die Rechtsprechung hat die Möglichkeit der Anfechtung nach dem Tod des Erblassers beim gegenseitigen Erbvertrag dadurch erschwert, daß sie bei der Anwendung des § 2079 S. 2 BGB (Übergehen eines Pflichtteilsberechtigten) auf den hypothetischen Willen des vorverstorbenen Erblassers Rücksicht nimmt.[444] Die Tendenz der Rechtsprechung zu restriktiver Handhabung des Anfechtungsrechts erklärt sich daraus, daß nach dem Tod eines Erblassers beim gegenseitigen Erbvertrag dessen erbvertragliche Anordnungen bereits wirksam geworden sind. Es besteht eine gewisse Vermutung dafür, daß es dem Willen des vorverstorbenen Erblassers nicht entsprochen hätte, wenn der Erbvertrag rückwirkend auf seinen Todesfall wieder entfiele. Würde eine solche rückwirkende Unwirksamkeit angenommen werden, so wäre der Erbe des vorverstorbenen Erblassers von Anfang an nicht Erbe geworden, auch nicht etwa Vorerbe; vielmehr wäre er Erbschaftsbesitzer gewesen. Wäre ihm die Anfechtbarkeit sogar bekannt gewesen oder infolge grober Fahrlässigkeit unbekannt geblieben, so würde er als bösgläubiger Erbschaftsbesitzer nach verschärften Grundsätzen haften (§§ 2024, 932 II, 142 II BGB).

Auch aus diesen Gründen, die zu einschneidenden Rechtsfolgen führen würden, sollten Anfechtungsrechte zumindest in gemeinschaftlichen Verfügungen von Todes wegen (gegenseitige Erbverträge bzw. gemeinschaftliche Testamente) soweit wie möglich ausgeschlossen werden. Dies gilt insbesondere für die Fälle des § 2079 BGB.

---

444 OLG Hamm Rpfleger 1978, 179.

ee) Anfechtbarkeit einseitiger Verfügungen

Für diejenigen Erklärungen des Erblassers im Erbvertrag, die den Charakter einseitiger Verfügungen von Todes wegen haben, bedarf es der Anfechtung nicht, weil sie nach den allgemeinen Vorschriften des Testamentsrechts widerrufen werden können. Für die Anfechtung solcher Verfügungen von Todes wegen durch Dritte gelten die allgemeinen Testamentsanfechtungsvorschriften der §§ 2078 ff. BGB.

584

4. Anfechtung des Erbvertrags durch Dritte

Nach dem Erbfall kann derjenige, dem die Aufhebung der letztwilligen Verfügung unmittelbar zustatten kommen würde, nach allgemeinen Testamentsregeln anfechten, §§ 2080, 2285 BGB. Es gelten die Vorschriften der §§ 2078 ff. BGB. Vgl. zum Testamentsanfechtungsrecht Teil 5.

585

VII. Rücktritt vom Erbvertrag

1. Rücktritt des Vertragspartners

Der Vertragspartner, der nicht als Erblasser gehandelt hat, kann nach den allgemeinen Regeln über den Rücktritt vom Vertrag (§§ 346 ff. BGB) vom Erbvertrag zurücktreten, sofern er sich ein Rücktrittsrecht vorbehalten hat. Damit entsteht ein Rückabwicklungsverhältnis. Ein Rücktrittsrecht nach § 325 BGB scheidet aus, weil es sich beim Erbvertrag nicht um einen gegenseitigen Vertrag im Sinne der §§ 320 ff. BGB handelt.

586

Für seine Rücktrittserklärung gelten die Formvorschriften der §§ 2296, 2297 BGB nicht; sie kann vielmehr formlos abgegeben werden. Eines gesetzlichen Rücktrittsrechtes für den Vertragspartner, der nicht zugleich Erblasser ist, bedarf es nicht, weil er die ihm gemachte Zuwendung ausschlagen kann.[445] Die Ausübung des Rücktrittsrechts durch den Vertragspartner vernichtet die Verfügung des Erblassers nicht automatisch; aber sie kann bei ihm ein Rücktrittsrecht nach § 2295 BGB auslösen.

587

---

445 *Palandt/Edenhofer* § 2293 Rn 5.

2 Das erbrechtliche Mandat vor dem Erbfall

2. Rücktrittsrecht des Erblassers

588 Dem Erblasser kann entweder ein vertraglich vereinbartes vollständiges oder teilweises Rücktrittsrecht (§ 2293 BGB) oder ein durch Gesetz gewährtes zustehen (§§ 2294 ff. BGB). An dieser Stelle muß dringend darauf hingewiesen werden, daß in den Fällen, in denen aus Kostenersparnisgründen statt eines gemeinschaftlichen Testaments ein Erbvertrag unter Ehegatten errichtet wird, notwendigerweise auch das Rücktrittsrecht für beide Vertragsteile vorbehalten werden sollte, weil diese Möglichkeit beim gemeinschaftlichen Testament ohnehin kraft Gesetzes bestünde. Die Erblasser sollten in diesem Punkt bei Wahl eines Erbvertrags nicht schlechter gestellt sein, als wenn sie ein gemeinschaftliches Testament errichtet hätten.

a) Vorbehaltenes Rücktrittsrecht

589 Das im Erbvertrag vorbehaltene Rücktrittsrecht bietet dem Erblasser die Möglichkeit, durch einseitige Erklärung vom Vertrag loszukommen. Ob und in welchem Umfang die Rücktrittsmöglichkeit bestehen soll, unterliegt dem Willen der Vertragsparteien und ist notfalls durch Auslegung zu ermitteln, wobei auch auf den Empfängerhorizont abzustellen ist.

> *Hinweis*
> Der Umfang des vorbehaltenen Rücktrittsrechts ist präzise zu formulieren.

b) Gesetzliches Rücktrittsrecht

aa) Rücktritt bei Verfehlungen des Bedachten

590 Macht sich der Bedachte einer Verfehlung schuldig, die den Erblasser berechtigt, ihm den Pflichtteil zu entziehen oder – falls der Bedachte nicht zum Kreis der Pflichtteilsberechtigten gehört – ihn berechtigen würde, einem Abkömmling den Pflichtteil zu entziehen, so kann der Erblasser vom Erbvertrag zurücktreten (§ 2294 BGB). Die Pflichtteilsentziehungsgründe sind in § 2333 BGB abschließend aufgezählt.

591 Nur wenn die Verfehlung nach Vertragserrichtung begangen wurde, entsteht das Rücktrittsrecht. War sie bereits vorher begangen worden, hatte der Erblasser

aber keine Kenntnis davon, so kann ein Anfechtungsrecht in Betracht kommen.
Die **Beweislast** für das Vorliegen der Rücktrittsvoraussetzungen trägt der
Erblasser.

bb) Rücktritt bei Wegfall der Gegenverpflichtung

§ 2295 BGB gewährt dem Erblasser ein Rücktrittsrecht, wenn die Verpflichtung 592
des Vertragspartners auf wiederkehrende Leistungen gegenüber dem Erblasser
vor dem Tod des Erblassers aufgehoben wird. Diese Vorschrift zielt auf
entgeltliche Erbverträge ab. Seine bereits erbrachten Leistungen kann der
Vertragspartner im Falle des Rücktritts nach § 812 I 2 BGB zurückverlangen
(Nichterreichen des bezweckten Erfolgs).

Leistet der Vertragspartner schlecht oder kommt er in Verzug, so hat der 593
Erblasser kein Rücktrittsrecht, weil §§ 325, 326 BGB nicht gelten. Es kommt
ein Anfechtungsrecht nach §§ 2281, 2078 II BGB in Betracht (Irrtum über den
künftigen Umstand der Schlechterfüllung).

c) Die Rücktrittserklärung

aa) Zu Lebzeiten beider Vertragspartner

Die Rücktrittserklärung bedarf der notariellen Beurkundung, § 2296 II BGB; sie 594
ist gegenüber dem anderen Vertragsteil zu erklären; die Erklärung muß höchstpersönlich
abgegeben werden.

Muster: Rücktritt des Erblassers vom einseitigen Erbvertrag

▼

Notarielle Urkundenformalien 595

Es erscheint Herr ▓▓▓▓
Er ist nach der Überzeugung des Notars zweifelsfrei geschäftsfähig. Sodann erklärt er folgenden

Rücktritt von einem Erbvertrag

I. Vorwort
In der Urkunde des Notars ▓▓▓▓ in ▓▓▓▓ vom ▓▓▓▓ habe ich unter Urkunden-Rolle Nr. ▓▓▓▓ mit Frau ▓▓▓▓ einen Erbvertrag errichtet, wonach sich
Frau ▓▓▓▓ zu Dienstleistungen mir gegenüber verpflichtet hat und ich ihr ein
Wohnungsrechtsvermächtnis zugewandt habe.

Frau .... ist seit längerer Zeit krank und kann seit .... die Dienstleistungen nicht mehr erbringen. Unter diesen Voraussetzungen bin ich berechtigt, nach Ziffer .... der bezeichneten Urkunde vom Erbvertrag zurückzutreten.

II. Rücktrittserklärung
Hiermit trete ich von dem in Ziff. I bezeichneten Erbvertrag in vollem Umfang zurück. Der beurkundende Notar bzw. sein jeweiliger Vertreter im Amt wird hiermit beauftragt, Frau .... eine Ausfertigung dieser Rücktrittserklärung durch den zuständigen Gerichtsvollzieher zustellen zu lassen.
Diese Niederschrift wurde vom Notar dem Anwesenden vorgelesen, von ihm genehmigt und sodann von ihm und dem Notar unterschrieben

▲

bb) Nach dem Tod des Vertragspartners

> *Hinweis*
> Der Rücktritt muß dem anderen Vertragsteil in Ausfertigung zugehen, beglaubigte Abschrift reicht nicht! Dies ist zu überwachen.

596   Der Rücktritt kann durch Testament ausgeübt werden, § 2297 BGB.

d) Rücktritt durch Testament

597   Wie das vorbehaltene oder gesetzlich gewährte Rücktrittsrecht vom Erbvertrag **zu Lebzeiten des Vertragspartners** ausgeübt wird, regelt § 2296 BGB (vgl. oben Rn 586). **Nach dem Tod des Vertragspartners** übt der Erblasser beim einseitigen Erbvertrag sein Rücktrittsrecht durch Testament aus, § 2297 BGB (Ist der Erblasser ebenfalls gestorben, so ist der Rücktritt ausgeschlossen).

598   Beim einseitigen Erbvertrag erlischt das vorbehaltene oder gesetzliche Rücktrittsrecht durch den Tod des Vertragspartners grundsätzlich nicht – es sei denn, die Vertragsparteien hätten etwas anderes vereinbart. Mit der Zulassung des Testaments als Form der Ausübung des Rücktrittsrechts wird die Empfangsbedürftigkeit der Rücktrittserklärung beseitigt. Der Rücktritt erfolgt nicht etwa durch Erklärung gegenüber den Erben des verstorbenen Vertragspartners. Im Rahmen des § 2297 BGB gelten die allgemeinen Testamentsformen.

599   Für den zweiseitigen oder mehrseitigen Erbvertrag ist die gesetzliche Vermutung umgekehrt: Mit dem Tod des/der anderen Vertragschließenden erlischt das Rücktrittsrecht, § 2298 II 2 BGB, sofern die Vertragsparteien nichts anderes vereinbart haben, § 2298 III BGB.

Aber auch beim zweiseitigen oder mehrseitigen Erbvertrag eröffnet sich der überlebende Vertragspartner das Recht zum Rücktritt nach dem Tod eines (Erblasser-)Vertragspartners (vom Gesetz in § 2298 II 3 BGB „Aufhebung" genannt), wenn er das „ihm durch den Vertrag Zugewendete ausschlägt." Diese Art des Rücktritts („Aufhebung") erfolgt durch einseitiges Testament, § 2298 II 3 BGB. **600**

Steht dem Erblasser beim einseitigen Erbvertrag ein gesetzliches Rücktrittsrecht nach § 2294 BGB zu (Rücktrittsrecht bei Vorliegen von Pflichtteilsentziehungsgründen beim Vertragspartner), so müssen – anders als bei der Rücktrittserklärung unter Lebenden nach § 2296 BGB – die Rücktrittsgründe im Aufhebungstestament angegeben werden; der Rücktrittsgrund muß im Zeitpunkt der Errichtung des Aufhebungstestaments noch bestehen, §§ 2297 S. 2, 2336 II – IV BGB. Ist der Rücktrittsgrund verziehen, so kann der Erblasser den Erbvertrag nicht mehr aufheben, § 2337 BGB. **601**

Für all diese Sonderformen der Ausübung des Rücktritts nach §§ 2297, 2298 BGB gilt: Sie finden nur auf die vertragsmäßig getroffenen Verfügungen Anwendung, denn einseitige Verfügungen, die im Erbvertrag bekanntlich ebenfalls möglich sind (§ 2299 BGB), können ohnehin jederzeit vom Erblasser einseitig nach den Regeln des Testamentswiderrufs widerrufen werden. **602**

Muster: Rücktritt durch Testament

▼

Ich, ▓▓▓▓, geboren am ▓▓▓▓ in ▓▓▓▓, wohnhaft ▓▓▓▓, errichte hiermit folgendes **603**

Testament:

Ich habe in der Urkunde des Notars ▓▓▓▓ in ▓▓▓▓ am ▓▓▓▓ unter Urkunden-Rolle Nr. ▓▓▓▓ mit Herrn ▓▓▓▓ einen Erbvertrag geschlossen, bei dem ich als Erblasser vertragsmäßige Verfügungen von Todes wegen getroffen habe (vgl. Ziff. ▓▓▓▓ der Vertragsurkunde), während Herr ▓▓▓▓ als Vertragspartner gehandelt hat. In dem Erbvertrag habe ich mir unter Ziffer ▓▓▓▓ das Recht zum Rücktritt vom gesamten Vertrag vorbehalten. Herr ▓▓▓▓ ist am ▓▓▓▓ gestorben.

Hiermit hebe ich die in dem bezeichneten Erbvertrag von mir getroffenen Verfügungen von Todes wegen ihrem gesamten Inhalt nach auf und treffe für den Fall meines Todes nunmehr folgende Anordnungen: .

Ort, Datum, Unterschrift

3. Besonderheiten beim zweiseitigen korrespektiven Erbvertrag

604 Werden von beiden Vertragsteilen vertragsmäßige Verfügungen getroffen, so wird nach § 2298 II BGB vermutet, daß diese Verfügungen des einen vom Bestehen der Verfügungen des anderen abhängig sein sollen. Eine ausdrückliche Regelung im Erbvertrag oder seine Auslegung kann ergeben, daß etwas anderes vereinbart sein soll, § 2298 III BGB.

605 Die Nichtigkeit einer der Verfügungen hat die Unwirksamkeit der anderen zur Folge. Die Ausübung des vereinbarten Rücktrittsrechts führt im Zweifel zur Aufhebung des gesamten Vertrages.

Beim Rücktritt aufgrund gesetzlichen Rücktrittsrechts (§§ 2294, 2295 BGB) bleiben im Zweifel die übrigen, vom Rücktritt nicht betroffenen Verfügungen gemäß §§ 2279, 2085 BGB bestehen.

G. Die Verfügung von Todes wegen bei nichtehelichen Lebenspartnern

606 Den Partnern einer nichtehelichen Lebensgemeinschaft stehen beim Tod eines Lebensgefährten weder ein gesetzliches Erbrecht noch bestimmte Vermögensgegenstände zu. Jedem Lebensgefährten steht allerdings das Recht zu, den anderen Lebenspartner durch Einzeltestament zum Alleinerben einzusetzen. Die Grenze liegt allerdings in der von der Rechtsprechung[446] entwickelten Gesamtbetrachtung zur **Sittenwidrigkeit** von Testamenten „**gebundener**" Lebenspartner.[447]

---

446 BGHZ 53, 369.
447 Vgl. hierzu ausführlich *Grziwotz*, Nichteheliche Lebensgemeinschaft § 30 Rn 1 ff.; *Zwißler*, Nichteheliche Lebensgemeinschaft § 19 Rn 17.

Im Gegensatz zu Ehegatten haben die Partner einer nichtehelichen Lebensgemeinschaft aber nicht die Möglichkeit, ein **gemeinschaftliches** Testament mit wechselbezüglichen Verfügungen zu errichten. Kommt es den Partnern im Rahmen einer gemeinschaftlichen Planung darauf an, den Vermögensfluß auch in bezug auf den Überlebenden zu steuern, dann besteht die Möglichkeit, durch einen **Erbvertrag** dieselbe Rechtswirkung zu erzielen wie bei einem Ehegattentestament.[448]

Um sich zu Lebzeiten nicht vollends zu binden, können sich die Lebenspartner zunächst erbvertraglich zu Alleinerben einsetzen und sich ein bedingungsloses **Rücktrittsrecht** zu Lebzeiten vorbehalten. Es tritt hier insoweit die gleiche Wirkung ein, als jeder Beteiligte nur durch notariellen Widerruf gegenüber dem anderen Lebenspartner von seiner Verfügung Abstand nehmen kann. Nach dem Eintritt des ersten Todesfalls ist der Überlebende an die erbvertragliche Verfügung gebunden, soweit hierfür keine gesonderten Abänderungsmöglichkeiten vorgesehen sind.

Will sich der Überlebende von der Bindungswirkung nach dem Eintritt des Erbfalls befreien, so kann er dies dadurch erreichen, daß er das ihm durch Erbvertrag Zugewendete ausschlägt (§ 2298 II 3 BGB).[449]

Muster: Erbvertrag der Partner einer nichtehelichen Lebensgemeinschaft (notariell beurkundet)

▼

§ 1 Gegenseitige Erbeinsetzung mit Schlußerbeneinsetzung

Wir, ▬▬▬ (Name) und ▬▬▬ (Name), sind beide unverheiratet und leben in nichtehelicher Lebensgemeinschaft.
Wir setzen uns hiermit vertragsmäßig gegenseitig zu Alleinerben ein. Nach dem Tode des Letztversterbenden von uns beiden sollen die beiden Kinder der (Name) und das Patenkind des ▬▬▬ (Name) Schlußerben zu gleichen Teilen sein.
Wir nehmen diese Erklärungen gegenseitig und mit erbvertraglicher Wirkung an.

---
448 *Nieder*, Rn 629.
449 MüKo/*Musielak*, § 2298 Rn 6.

2 Das erbrechtliche Mandat vor dem Erbfall

§ 2 Rücktrittsrecht
Jeder von uns beiden ist zum Rücktritt von diesem Erbvertrag berechtigt, wenn die nichteheliche Lebengemeinschaft anders als durch den Tod eines der Partner aufgelöst wird.
Als Auflösung ist ein dauerndes Getrenntleben entsprechend den gesetzlichen Voraussetzungen des § 1567 BGB anzusehen.

§ 3 Verheiratungsklausel
Für den Fall, daß der Überlebende von uns sich verheiratet, hat er an die Schlußerben Geldvermächtnisse in Höhe von jeweils 1/3 des Nachlaßwertes herauszugeben. Sollte zu diesem Zeitpunkt einer oder mehrere der Schlußerben weggefallen sein, so wächst dessen Vermächtnisanteil den übrigen Schlußerben zu gleichen Teilen an.
Jeder Schlußerbe hat einen seiner Schlußerbenquote entsprechenden selbständigen, von den anderen unabhängigen Vermächtnisanspruch.
Für die Berechnung ist der Wert des Nachlasses zum Zeitpunkt des ersten Sterbefalles maßgebend. Die Vermächtnisse fallen mit der Verheiratung an und sind drei Monate danach fällig und bis dahin unverzinslich.

§ 4 Pflichtteilsklausel
Für den Fall, daß ▆▆▆ (Name) zuerst verstirbt und eines ihrer bzw. beide Kinder seinen/ihren Pflichtteilsanspruch geltend macht/machen, entfällt dessen Schlußerbeneinsetzung nach dem Letztversterbenden.

▲

H. Beratung eines Mandanten hinsichtlich einer lebzeitigen Übertragung (Übergabevertrag)

I. Die lebzeitige Verfügung bei mangelnder Testierfreiheit

611 Im Rahmen der Testierfreiheit und des Schutzes des Vertragserben durch Verfügungen von Todes wegen hat auch die Frage des Schutzes durch **lebzeitige Verfügungen** eine besondere Bedeutung. Denn nicht selten folgt auf die festgestellte Bindungswirkung und die mangelnde Testierfreiheit die Frage des Mandanten, ob er denn wenigstens zu Lebzeiten über sein Vermögen frei verfügen könne.

1. Beim Erbvertrag

Grundsätzlich gilt gemäß §§ 2286, 2287 BGB, daß der Erblasser frei ist, durch Rechtsgeschäft unter Lebenden über sein Vermögen zu verfügen. Das Wort **Erbvertrag** verleitet zwar schnell zu dem Eindruck, der Vertragserbe habe eine gesicherte Rechtsposition, dies ist so jedoch nicht richtig. Der Erblasser wird durch den Erbvertrag zwar in seiner Testierfreiheit beschränkt, nicht aber an einer Verfügung unter Lebenden gehindert. Eine solche ist grundsätzlich wirksam; lediglich wenn es sich um eine **unentgeltliche** Verfügung handelt, bestehen im Rahmen der §§ 2287, 2288 BGB unter Umständen Herausgabeansprüche der Erben (vgl. § 30 Rn 1 ff.). Bis zum Erbfall selbst hat der Begünstigte dagegen keine gesicherte Rechtsposition, insbesondere steht ihm auch **kein** rechtlich sicherbares **Anwartschaftsrecht** zu,[450] vgl. § 8 Rn 515.

612

2. Beim gemeinschaftlichen Testament

Nach hM[451] findet § 2287 BGB zum Schutz der Schlußerben auch Anwendung bei bindend gewordenen **gemeinschaftlichen Testamenten**. Hat der Erblasser lebzeitig Schenkungen getätigt und liegen die Voraussetzungen des § 2287 BGB vor, dann kann der Schlußerbe die Schenkungsgegenstände herausverlangen. Das Recht entsteht allerdings gemäß § 2287 BGB erst mit dem Tod des Erblassers, was in der Regel nur ein schwacher Schutz ist, da der Beschenkte bis dahin die Möglichkeit hat, den Gegenstand zu verbrauchen. Dem Vertrags- oder Schlußerben steht diesbezüglich auch nicht einmal ein Sicherungsrecht durch Arrest oder einstweilige Verfügung zu.[452] Dem Schlußerben kann aber nach Ansicht des BGH[453] unter bestimmten Voraussetzungen bereits zu Lebzeiten ein Auskunftsanspruch gegenüber dem Beschenkten nach § 242 BGB zustehen.

613

3. Der Herausgabeanspruch des Vertrags-(Schluß)erben

Die Voraussetzungen des § 2287 BGB sind zum einen das Vorliegen einer **objektiven Beeinträchtigung** des Vertrags- oder Schlußerben sowie einer Beeinträchtigungsabsicht (subjektiver Tatbestand). § 2287 BGB findet Anwendung auf Schenkungen, gemischte Schenkungen und Auflagenschenkungen und

614

---

450 BGHZ 12, 117; *Palandt/Edenhofer*, § 2287 Rn 1, § 1922 Rn 3.
451 BGHZ 82, 274, § 8 Rn 515 ff.
452 *Palandt/Edenhofer*, § 2287 Rn 17; aA *Hohmann*, ZEV 1994, 133.
453 BGHZ 97, 188.

wohl auch auf ehebezogene Zuwendungen.[454] Eine objektive Beeinträchtigung liegt jedoch dann nicht vor, wenn:

615
- das Testament einen ausreichenden Änderungsvorbehalt bzw. eine Freistellungsklausel vorgesehen hat
- eine echte Wertverschiebung nicht erfolgte[455]
- die Zuwendung im Rahmen einer vorweggenommenen Vermächtniserfüllung erfolgte.[456]

616 Soweit der Empfänger Pflichtteilsberechtigter war und soweit sein Pflichtteilsanspruch besteht, ist eine Herausgabe nicht möglich bzw. liegt eine objektive Beeinträchtigung nur in Höhe der Differenz vor, so daß auch nur eine Herausgabe Zug um Zug gegen Zahlung des Pflichtteils zu erfolgen hat.[457] Gleiches gilt, wenn eine Zuwendung an den Miterben erfolgte, hier liegt dann nur eine objektive Beeinträchtigung in Höhe der Differenz zwischen der Quote des Miterben zu den Quoten der übrigen Erben vor.[458]

617 Im subjektiven Tatbestand setzt § 2287 BGB die **Beeinträchtigungsabsicht** voraus. Die Absicht des Erblassers, dem Vertrags- oder Schußerben die Erbeinsetzung zu entziehen oder zu verringern, muß nicht der ausschließliche Grund der Schenkung sein. Während die Rechtsprechung des BGH früher jeden Mißbrauch der Verfügungsfreiheit als Beeinträchtigung angesehen hat, ist nach derzeitiger Rechtsprechung des BGH ein Mißbrauch der Verfügungsfreiheit einer Interessenabwägung nach objektiven Kriterien zu unterziehen. D. h., es muß geprüft werden, ob nicht etwa der Erblasser ein **lebzeitiges Eigeninteresse** an der Schenkung hatte. Liegt ein solches vor, dann schließt dies die Beeinträchtigungsabsicht aus.[459]

618 Die Interessenabwägung ist somit dahingehend vorzunehmen, ob aus Sicht eines objektiven Betrachters die Beweggründe der Schenkung des Erblassers den Umständen nach insoweit nachzuvollziehen sind, daß der Vertragserbe

---

454 BGHZ 116, 167.
455 BGHZ 82, 274.
456 BGHZ 97, 188, 193.
457 BGHZ 88, 269.
458 BGH NJW 1989, 2389.
459 BGHZ 82, 274; BGH NJW 1992, 564.

sie anerkennen und hinnehmen muß.[460] Im einzelnen handelt es sich bei dem lebzeitigen Eigeninteresse um die Wahrnehmung einer sittlichen Verpflichtung des Erblassers, die sich aus besonderen Leistungen des Beschenkten gegenüber dem Erblasser ergeben.[461] Im einzelnen ist dies bisher **bejaht** worden:

- wenn der Erblasser dies aus Gründen der Altersvorsorge getan hat[462]
- wenn er die Schenkung gegenüber einer jüngeren Ehefrau zwecks späterer Betreuung und Pflege gemacht hat[463]
- zur Erfüllung einer Unterhaltsverpflichtung gegenüber dem zweiten Ehegatten durch Bestellung eines Nießbrauchsrechts[464]
- wenn die Übertragung eines Geschäftsanteils auf einen Mitarbeiter erfolgte, um diesen aufgrund seiner besonderen Fähigkeiten zu halten[465]
- wenn die Schenkung aus ideellen Gründen als Belohnung für geleistete Dienste im angemessenen Umfang erfolgte, beispielsweise für Pflege[466]
- wenn mit der Schenkung die Interessen des Vertragserben wahrgenommen wurden
- oder wenn der Vertragserbe sich schwerer Verfehlungen gegenüber dem Erblasser schuldig gemacht hat.[467]

619

Ein lebzeitiges Eigeninteresse wurde bisher **verneint**:

620

- wenn der Erblasser nach Abschluß des Erbvertrags zum Beschenkten eine enge persönliche Beziehung entwickelte und durch die Schenkung seine Zuneigung bekunden möchte[468]
- wenn er die Schenkung gemacht hat, weil er feststellen mußte, daß er den Beschenkten im Rahmen der Verfügung von Todes wegen zu gering bedacht hatte[469]

---

460 BGHZ 83, 44.
461 FamRZ 1992, 607.
462 BGHZ 66, 8; BGHZ 77, 264.
463 NJW 1992, 2630.
464 BGH ZEV 1996, 25.
465 BGHZ 97, 188, 193.
466 BGHZ 66, 8.
467 MDR 1981, 582.
468 FamRZ 1992, 607.
469 BGHZ 77, 264.

2 Das erbrechtliche Mandat vor dem Erbfall

- oder wenn die Schenkung darauf gerichtet war, die Verfügung von Todes wegen zu korrigieren.[470]

621 Neben der Prüfung, ob bei einer lebzeitigen Verfügung ein berechtigtes Eigeninteresse vorlag, bleibt auch trotz Abkehr des BGH von den Grundsätzen der „Aushöhlungsnichtigkeit" zu prüfen, ob die lebzeitige Verfügung im Einzelfall nicht **sittenwidrig** ist.[471] Handeln der Erblasser und der Beschenkte bewußt gemeinsam zu Lasten des Begünstigten („kollusives Zusammenwirken") und hat der Beschenkte Kenntnis von der Beeinträchtigungsabsicht, dann kann auch ein **Schadensersatzanspruch nach § 826 BGB** in Betracht kommen.[472]

II. Die lebzeitige Übertragung (vorweggenommene Erbfolge)

1. Allgemeines[473]

622 Die Übertragung von Eigentum, insbesondere Grundbesitz, zu Lebzeiten des Erblassers auf Abkömmlinge oder Ehegatten hat mit der Entscheidung des Bundesverfassungsgerichts zur Verfassungswidrigkeit der Einheitswertbesteuerung zunehmend an Bedeutung gewonnen. Nicht selten wird der Anwalt mit der Frage konfrontiert, ob es nicht notwendig sei, bereits zu Lebzeiten einzelne Vermögensgegenstände auf die Kinder zu übertragen. Hierbei spielen nicht nur die Vorstellungen, Steuern zu sparen, eine Rolle, sondern oftmals auch der Wunsch des Übergebers, den Übernehmer im Verhältnis zu den anderen Erben bevorzugt zu behandeln und mögliche Pflichtteilsansprüche zu reduzieren.

623 Daneben können aber auch eine Vielzahl anderer Gründe für eine derartige Übertragung vorliegen, wie die Absicherung einer späteren Pflege, die gerechte Verteilung zu Lebzeiten, damit später kein Streit unter den Geschwistern entsteht, oder bei der Zuwendung von Grundstücken, Wohnungen und Häusern die Ermöglichung der vorzeitigen Schaffung eines Eigenheims.

624 Bei noch jüngeren Übergebern steht die steuerliche Überlegung dahingehend im Vordergrund, die Freibeträge nach dem ErbStG alle 10 Jahre nutzen zu

---

470 BGHZ 66, 8.
471 BGHZ 59, 343.
472 BGH DNotZ 1959, 205; BGH NJW 1989, 2389; OLG Düsseldorf NJW-RR 1986, 806; OLG München OLGR 1999, 107.
473 Vgl. zum Begriff des Übergabevertrages *J. Mayer* § 1 Rn 1 ff.

können. Dieser sog. **Dekadentransfer** ist die ideale Gestaltungsmöglichkeit, um größere Vermögen, auch Unternehmen etc., möglichst ohne Steuerbelastung auf die nächste Generation zu übertragen.

> *Hinweis* **625**
> Im Rahmen der Beratung des Mandanten bezüglich einer lebzeitigen Übertragung müssen drei bedeutende Gesichtspunkte eine Rolle spielen:
> - das mehrmalige Ausnutzen der steuerlichen Freibeträge
> - die Reduzierung von Pflichtteilsergänzungsansprüchen durch Vereinbarung von Auflagen und Gegenleistungen
> - die Vermeidung von Ansprüchen des Sozialhilfeträgers (Sozialhilferegreß).

Vgl. zur Problematik bei Übertragung gegen Leibgeding bzw. Altenteilsrechten *J. Mayer* § 1 Rn 13 ff und 24 ff.

2. Steuerliche Gesichtspunkte der Übertragung

Verpflichtet sich der Übernehmer, in dem Übergabevertrag gewisse Gegenleistungen zu erbringen oder Auflagen zu erfüllen, dann handelt es sich regelmäßig um ein teilentgeltliches Rechtsgeschäft, welches zu einer Reduzierung einer etwaigen Schenkungsteuerlast führen kann. Die Übernahme von Verbindlichkeiten, Gleichstellungszahlungen an die Geschwister und Abstandszahlungen an den Übergeber bzw. seinen Ehegatten können zu Anschaffungskosten führen. Die Vereinbarung einer Rente, die als dauernde Last oder Leibrente ausgestaltet ist[474] kann für den Übernehmer zum Sonderausgabenabzug gemäß § 10 I 1 a EStG führen, während sie beim Übergeber gemäß § 22 EStG zu versteuern ist, wobei bei der Leibrente nur der Ertragsanteil zu Buche steht.[475] **626**

3. Der Pflichtteilsergänzungsanspruch

Erfolgt die Übertragung des Eigentums vorwiegend aus dem Grund, den Nachlaß und etwaige Pflichtteilsansprüche anderer Abkömmlinge zu reduzieren, dann ist darauf zu achten, daß es sich beim überwiegenden Teil der Übertragung um ein **entgeltliches** Rechtsgeschäft handelt. Im Rahmen der Übergabe hat der **627**

---

474 Zur Unterscheidung dauernde Last und Leibrente siehe § 8 Rn 230 f.
475 Der Ertragsanteil berechnet sich nach der Ertragswerttabelle des § 22 Nr. 1 Satz 2 a EStG.

BGH[476] entschieden, daß sowohl die echte **Gegenleistung** als auch eine **Auflage** bei der Bemessung der Höhe des Wertes, der dem Pflichtteilsergänzungsanspruch zugrunde zu legen ist, in Abzug zu bringen ist. Der BGH macht insoweit für die Berechnung des Ergänzungsanspruchs keinen Unterschied zwischen Auflage und echter Gegenleistung.[477]

628 Nicht vergessen darf man, daß im Rahmen der Vereinbarung von Gegenleistungen die 10-Jahresfrist des § 2325 III BGB zu berücksichtigen ist. Hierzu hat der BGH entschieden, daß die Frist für den Pflichtteilsergänzungsanspruch dann nicht zu laufen beginnt, wenn der Übergeber sich tatsächlich nicht von den **Vorteilen** und dem **wirtschaftlichen Nutzen** des übergebenen Gegenstandes getrennt hat.[478]

629 Für die Beratung bedeutet dies, daß bei jüngeren Übergebern darauf zu achten ist, daß Gegenleistungen vereinbart werden, die die 10-Jahresfrist in Gang setzen, während bei älteren Übergebern, bei denen nicht mehr damit zu rechnen ist, daß sie 10 Jahre überleben, grds. jede Gegenleistung vereinbart werden kann.

630 Als typische Verpflichtungen des Übernehmers werden beispielsweise ein **Nießbrauchsvorbehalt**, eine **Rente**, ein **Wohnungsrecht** oder aber auch eine **Pflegeverpflichtung** (häusliche Pflege) vereinbart.

4. Die Übertragung gegen Gegenleistung

a) Wohnungsrecht

631 Als Gegenleistung kann zunächst die Vereinbarung eines Wohnungsrechts getroffen werden. Bei der Art des Wohnungsrechts ist zum einen das **dingliche** Wohnungsrecht nach § 1093 BGB und zum anderen das **schuldrechtliche** Wohnrecht, welches durch eine sog. **Wohnungsreallast** zu sichern ist, zu unterscheiden.

---

476 BGH ZEV 1996, 186.
477 *Kerscher/Tanck*, § 7 Rn 9 ff.
478 BGH ZEV 1994, 233 (für den Nießbrauchsvorbehalt); *N. Mayer*, ZEV 1994, 325 (für das Wohnungsrecht).

Der wesentliche Unterschied besteht darin, daß die Wohnungsreallast lediglich ein Recht auf Wohnungsgewährung allgemeiner Art gibt, während das dingliche Wohnrecht ein Recht auf Wohnung an einem bereits festgelegten Grundstücksteil begründet, mit der Konsequenz, daß das dingliche Wohnrecht bei Zerstörung bzw. Untergang des Objektes erlischt, während die Wohnungsreallast dazu führt, daß ein entsprechender Wohnraum erneut zur Verfügung zu stellen ist.

Bei der Gestaltung ist bspw. zu klären, ob der Wohnungsberechtigte die Wohnung auch Dritten überlassen kann oder ob er sie nur höchstpersönlich, in gesetzlichem Regelumfang, benutzen darf. Daneben ist die Lastentragung zu regeln, dh, es ist zu regeln, wer die mit der Ausübung des Wohnrechts verbundenen Ausgaben (gewöhnliche/außergewöhnliche) zu tragen hat. Dabei handelt es sich zum einen um verbrauchsbezogene Ausgaben, zum anderen um substanzbezogene Aufwendungen, wie beispielsweise Reparaturen, Sanierungs- und Modernisierungsmaßnahmen.

Vgl. zur Überleitungsfähigkeit des Wohnungsrechts, wenn der Berechtigte in einem Heim untergebracht werden muß § 8 Rn 710 ff, 712 ff, 718.

Checkliste: Wohnungsrecht

1. Art des Wohnrechts (dinglich/schuldrechtlich)
2. Berechtigte des Wohnrechts (Eheleute als Gesamtberechtigte nach § 428 BGB)
3. Beginn des Wohnungsrechts
4. Ende des Wohnungsrechts – (Tod des Berechtigten)
5. Gegenstand des Wohnungsrechts (Flurstücknummer, Gemarkung, Haus)[479] bei Wohnräumen genaue Bezeichnung nach Stockwerk, Lage, Himmelsrichtung, Mitbenutzung im Haus, im Freien (Kellerräume, Garten etc.). Bei Wohnungseigentum Stimmrecht klären.[480]
6. Kostentragung
   - für Schönheitsreparaturen
   - Erhaltung und Instandsetzung (gewöhnlich und außergewöhnlich)
   - Tragung öffentlicher und privater Lasten
   - Tragung der Betriebskosten (Heizung, Strom, Wasser), die gemäß II. Berechnungsverordnung auf Mieter umgelegt werden können

---

479 U.U. Beifügung eines Grundrisses.
480 BGH DNotZ 1978, 157.

7. Benutzung durch Dritte
- Darf Ausübung der Rechte Dritten, ggf. gegen Entgelt, überlassen werden?
- Einschränkung der gesetzlichen Regelung über die Mitbenutzung durch Familienangehörige
- Ruhen des Wohnrechts, wenn Berechtigter die Räume verläßt.

8. Absicherung des Wohnungsrechts im Grundbuch
- für Wohnungsrecht beschränkte persönliche Dienstbarkeit
- für Nebenleistungspflichten (Instandsetzung, Betriebskosten)
- entweder über Dienstbarkeit selbst oder über eine Reallast – hier Löschungserleichterung nicht vergessen.
- bei Wohnungsreallast Rangvormerkung[481]
- Zusammenfassung mit anderen Rechten als Leibgeding

b) Die Übertragung gegen Nießbrauch

635 Die Übergabe unter Nießbrauchsvorbehalt kommt insbesondere dann in Betracht, wenn der Übergeber die umfassende Nutzung des Vertragsgegenstandes weiterhin für sich beansprucht, insbesondere auf die **Miet- und Pachteinnahmen** aus dem Vertragsobjekt weiterhin angewiesen ist. Gesetzlich geregelt ist der Nießbrauch in den Vorschriften der §§ 1030 ff. BGB.

636 Auch im Rahmen des Nießbrauchsvorbehalts empfiehlt es sich, die Frage, wer die **privaten** und **öffentlichen** Lasten, insbesondere die außerordentlichen Ausgaben, zu tragen hat, ausführlich zu regeln. Erfolgt keine vertragliche Regelung, so hat der Nießbraucher nur die gewöhnlichen Unterhaltungskosten zu tragen. Reparaturen, die nicht zu den gewöhnlichen Unterhaltungskosten der Sache gehören, kann der Nießbraucher nicht als Werbungskosten geltend machen, es sei denn, daß er die Ausführung dieser Reparaturen dem Eigentümer gegenüber vertraglich übernommen hat.[482]

637 *Hinweis*
Zu beachten ist, daß die Vereinbarung eines Nießbrauchsvorbehalts den Beginn der 10 Jahresfrist des § 2325 III BGB nicht auslöst.[483]

---

481 *Langenfeld*, Grundstückszuwendungen im Zivil- und Steuerrecht, Rn 188, 384.
482 *Langenfeld*, Grundstückszuwendungen im Zivil- und Steuerrecht, Rn 385.
483 *Kerscher/Tanck*, § 7 Rn 65 ff.

c) Die Übertragung gegen Rente

638 Ebenso zur Absicherung der Liquidität des Übergebers dient die Vereinbarung einer Rente. Hier ist zu unterscheiden zwischen der **Leibrente** (§ 759 BGB) und der sog. **dauernden Last** (§ 323 ZPO). Die Leibrente unterscheidet sich gegenüber der dauernden Last dadurch, daß es sich bei ihr um eine gleichbleibende Geldleistung handelt.[484] Die Höhe einer dauernden Last orientiert sich dagegen an der Bedürftigkeit des Übergebers und der Leistungsfähigkeit des Übernehmers.[485] Die Anpassung erfolgt entsprechend § 323 ZPO. Fehlt eine Bezugnahme auf § 323 ZPO im Übergabevertrag, so kann sich die Qualifizierung der Zahlungsverpflichtung als dauernde Last aus der Rechtsnatur des Versorgungsvertrages ergeben.[486]

639 Während aus steuerlicher Sicht der dauernden Last aufgrund ihrer Abzugsfähigkeit der Vorzug zu geben ist, sollte der beratende Anwalt den Übergeber auf jeden Fall auf das Problem der Abänderbarkeit nach § 323 ZPO hinweisen. Insbesondere ist dem Übergeber verständlich zu machen, daß im Falle des Vermögensverfalls bzw. einer Insolvenz des Übernehmers sein Anspruch sich auf Null reduzieren kann. Merkt der Berater, daß dies zu einem Versorgungs- bzw. Liquiditätsengpass des Übergebers führen könnte, so hat er von einer dauernden Last abzuraten und zugunsten des Übergebers stattdessen eine Leibrente zu vereinbaren.

640 Eine dauernde Last kann aber auch für den Übernehmer zu einem Risiko werden, wenn bspw. der Übergeber zu einem Pflegefall wird und durch die Aufnahme in ein Alten- oder Pflegeheim nicht vorhersehbare **Mehraufwendungen** auftreten. Denn die Abänderbarkeit nach § 323 ZPO würde dann zu einer Erhöhung der dauernden Last wegen des pflegebedingten Mehrbedarfs führen. Dem versucht man in der Praxis durch eine sogenannte „**Mehrbedarfsausschlußklausel**" entgegenzuwirken.[487] Eine solche Klausel schließt für einen solchen Fall eine Abänderung nach § 323 ZPO aus. Nach wohl überwiegender Ansicht in der Literatur wird eine solche Klausel auch für

---

484 *Jerschke*, Beck'sches Notarhandbuch, A V Rn 166.
485 BFHE 165, 225.
486 *Schwarz*, ZEV 1997, 309; BFHE 165, 225.
487 Beispiel bei *Jerschke*, Beck'sches Notarhandbuch, A V Rn 201.

2 Das erbrechtliche Mandat vor dem Erbfall

zulässig angesehen,[488] soweit der Ausschluß der Abänderbarkeit nicht **allein** auf den Fall der Aufnahme in ein Alten- oder Pflegeheim beschränkt ist und somit lediglich zu Lasten des Sozialhilfeträgers wirken würde.

641 Zu achten ist weiterhin auch auf eine Wertsicherung der Rentenzahlung, insbesondere dann, wenn diese dem Lebensunterhalt des Übergebers dient. Eine **Wertsicherungsklausel** führt auch nicht dazu, daß bei einer Leibrente das Merkmal der gleichmäßigen Leistung entfällt.[489] Soll eine dauernde Last wertgesichert werden, so ist auf die Genehmigungsfähigkeit des Bundesamt für Wirtschaft zu achten. Bei der Wertsicherung kann die Anpassung entweder **automatisch** erfolgen oder erst nach **Geltendmachung** durch den Berechtigten. Vgl. zu den neuen seit 1. 1. 1999 geltenden Preis- und Genehmigungsvorschriften § 8 Rn 243, 244.

642 Sinnvoll ist es auch, für den Fall des mehrmaligen Zahlungsverzugs des Übernehmers ein **Ablösungsrecht** des Übergebers zu vereinbaren.[490] Darüberhinaus sollte auch eine etwaige Unterwerfung unter die sofortige **Zwangsvollstreckung**[491] (§ 794 I Nr. 5 ZPO)[492] im Rahmen der Beratung eingegangen werden. Gleiches gilt für die Sicherung der Rente durch eine **Reallast** im Grundbuch.

Checkliste: Renten/dauernde Lasten

643 1. Art der Rente

- Zeitrente/Leibrente auf Lebenszeit oder mit Mindest- oder Höchstlaufzeit
- dauernde Last (aus steuerlichen Gründen) Abänderbarkeit § 323 ZPO

2. Rentenberechtigter
- Einzelperson/mehrere- hier Angabe des Gemeinschaftsverhältnisses

3. Zahlungsweise
- wöchentlich, monatlich, jährlich,
- im voraus oder nachschüssig

---

[488] *Krauß*, MittBayNot 1992, 77; *Langenfeld*, Grundstückszuwendungen im Zivil- und Steuerrecht, S. 190; *Schwarz*, ZEV 1997, 309.
[489] *Mayer*, MittBayNot 1992, 70.
[490] Vgl. *Koenen*, MittRhNot 1994, 329, 338.
[491] *Jerschke*, Beck'sches Notarhandbuch, A V Rn 183.
[492] Die Zwangsvollstreckungsunterwerfung bedarf der notariellen Beurkundung auch dann, wenn ansonsten ein formfreies Rechtsgeschäft vorliegt.

4. Ablöserecht bei Zahlungsverzug
5. Wertsicherungsklausel
▪ genehmigungspflichtig/nicht genehmigungspflichtig (§ 2 PreisG, PrKV)
▪ automatisch/erst bei Geltendmachung
6. Zwangsvollstreckungsunterwerfung
▪ ausreichende Bestimmtheit
▪ Klarstellung ob sich Unterwerfungsklausel auch auf die Wertsicherung beziehen soll[493]
▪ Problem: Lebenshaltungskostenindex
7. Grundbuchsicherung
▪ Reallast mit ausreichender Bestimmbarkeit
▪ Problem: Anwendbarkeit des § 323 ZPO

▲

d) Die Übertragung gegen Pflegeverpflichtung[494]

Die Vereinbarung einer Pflegeverpflichtung ist aus den verschiedensten Gesichtspunkten heraus sinnvoll, insbesondere dann, wenn es sich bei dem Übernehmer um einen nahen Familienangehörigen (Abkömmling) des Übergebers handelt. Sinn und Zweck ist es zunächst, daß eine Versorgung des Übergebers im Alter gesichert ist und daß die Pflege durch einen Familienangehörigen, zumindest im häuslichen Bereich, gewährleistet ist. Bei einer frühzeitigen Unterbringung in einem Alters- und Pflegeheim dient die vertraglich vereinbarte Pflegeverpflichtung als Abzugsposten im Falle der Überleitung nach § 90 BSHG; § 528 BGB.[495] Darüberhinaus wird sie auch im Rahmen von Pflichtteilsergänzungsansprüchen wertmindernd zu berücksichtigen sein.[496]

644

Im Rahmen der Vereinbarung einer Pflegeverpflichtung empfiehlt es sich aber, daß der Übernehmer lediglich die häusliche Pflege (bis zur Pflegestufe I) übernimmt.[497] Es ist darauf zu achten, daß das Pflegegeld, welches gemäß § 37 SGB XI aus der Pflegeversicherung gewährt wird, beim Übergeber verbleibt, wenn ein hoher Abzugsposten angestrebt wird.[498]

645

---

493 *Kersten/Bühling*, Formularbuch, S. 207, 998.
494 Vgl. hierzu ausführlich *J. Mayer* § 2 Rn 79 ff.
495 BGH ZEV 1995, 265.
496 *Kerscher/Tanck*, § 7 Rn 25.
497 Vgl. zum Umfang einer Pflegeversicherung OLG Koblenz MittBayNot 1999, 284.
498 *Mayer*, ZEV 1995, 269.

2 Das erbrechtliche Mandat vor dem Erbfall

Checkliste: Pflegeverpflichtung[499]

▼

646
064
1. Pflegeverpflichteter/Berechtigter Eheleute als Gesamtberechtigte
2. Pflegeanlaß: Alter, Krankheit, Gebrechlichkeit
3. Pflegeort: häuslicher Bereich
4. Umfang der Pflegeleistung: häusliche Pflege, Verköstigung, Mobilität
5. Pflegegeld verbleibt dem Übergeber
6. Regelung der Rechtsfolgen bei Leistungsstörung (Pflegefall)

▲

e) Rückübertragungsansprüche des Übergebers

647 In der Praxis hat sich gezeigt, daß gerade bei einer lebzeitigen Übertragung von Grundbesitz (vorweggenommene Erbfolge) ein Bedürfnis für eine Rückübertragung besteht. Beispielsweise dann, wenn der Übernehmer vor dem Übergeber verstirbt oder wenn über das Vermögen des Übernehmers ein Insolvenzverfahren eröffnet wird, aber auch, wenn sich das Verhältnis zwischen dem Übergeber und dem Übernehmer verschlechtert.[500]

648 Auf den ersten Blick bietet ein solcher Rückübertragungsanspruch viele Vorteile, bspw. indem er den Verlust des übergebenen Vertragsgegenstandes abfängt. Auf der anderen Seite sollte aber der Rückübertragungsanspruch nicht auf alle beliebigen Gründe ausgedehnt werden, zumal dieser grundsätzlich nach §§ 846 ff ZPO pfändbar ist, was auch dann gelten soll, wenn der Rückübertragungsanspruch als nicht übertragbar ausgestaltet ist.[501]

---

499 Beck'sches Notarhandbuch, A V Rn 205.
500 Weitere Rückforderungstatbestände bei *Langenfeld*, Grundstückszuwendungen im Zivil- und Steuerrecht, Rn 322.
501 *Kollhosser*, ZEV 1995, 391; a.A. *Ellenbeck*, MittRhNotK 1997, 53 der bis zur Ausübung des Rückforderungsrechts eine Pfändung ausschließt.

Muster: Übergabevertrag

▼

Heute, den ▓▓▓
erschienen vor mir
Notar ▓▓▓
mit dem Amtssitz in ▓▓▓, in der Geschäftsstelle in ▓▓▓

1. als Übergeber:

▓▓▓

im gesetzlichen Güterstand verheiratet mit der Erschienenen zu 3

(im weiteren „Übergeber" genannt)

2. als Erwerber:

▓▓▓

(im weiteren „Übernehmer" genannt)

3. die Ehefrau des Übergebers:

▓▓▓

Auf Ersuchen der Erschienenen beurkunde ich ihren Erklärungen gemäß, die sie bei gleichzeitiger Anwesenheit vor mir abgaben, was folgt:

A) Zuwendung

1. Vertragsobjekt

Der Übergeber ist im Grundbuch des Amtsgerichts ▓▓▓ für ▓▓▓ als Alleineigentümer folgenden Grundbesitzes eingetragen:

Blatt Nr. ▓▓▓
Gemarkung ▓▓▓
FlurstückNr. ▓▓▓

Das Grundstück ist in Abt. II ▓▓▓ wie folgt belastet ▓▓▓
In Abt. III ▓▓▓ sind folgende Belastung eingetragen ▓▓▓

2. Vorbemerkung

Zwischen den Erschienenen besteht Einigkeit darüber, daß der Erwerber ▓▓▓ das Anwesen einschließlich der dazugehörenden Flächen des Übergebers teils entgeltlich, teils im Wege der vorweggenommenen Erbfolge übertragen bekommt. Die weiteren Einzelheiten ergeben sich aus nachfolgenden Bestimmungen.

3. Übertragung

Der Übergeber überträgt hiermit mit allen Rechten und Pflichten, den Bestandteilen und dem Zubehör (ausgenommen das Zubehör des Wohnhauses) den unter Ziff. 1. beschriebenen Grundbesitz **in** ▓▓▓**, Flurstücknr.** ▓▓▓

an

2   Das erbrechtliche Mandat vor dem Erbfall

den Übernehmer, Herrn ▇▇▇ zu Alleineigentum. Mitübertragen sind alle bestehenden und künftigen Eigentümerrechte, Rückgewähr- und Löschungsansprüche.
Der Übernehmer nimmt die Übertragung an.
Die Ehefrau des Übergebers, Frau ▇▇▇, stimmt der Übertragung gemäß § 1365 BGB zu.

4. Auflassung
Die Vertragsparteien sind über den vorbezeichneten Eigentumsübergang einig und
bewilligen und beantragen
die Eintragung der jeweiligen Rechtsänderung im Grundbuch. Auf Eintragung einer Auflassungsvormerkung für den Übernehmer wird vorläufig verzichtet. Der Übergeber bewilligt jedoch schon heute die Eintragung einer solchen Vormerkung.

5. Besitzübergang, Gewährleistung
(1) Der Besitzübergang mit Nutzen, Lasten und Gefahr erfolgt vorbehaltlich der unter B) vereinbarten Rechte sofort.
(2) Jegliche Haftung für sichtbare oder unsichtbare Sachmängel, sowie für Größe, Güte und Beschaffenheit wird ausgeschlossen. Besondere Eigenschaften sind nicht zugesichert. Der Übernehmer hat den Grundbesitz besichtigt.
Insbesondere gehen mit Beurkundung auf den Übernehmer über:
- die den Vertragsgegenstand treffenden Steuern und sonstigen öffentlichen Abgaben und Lasten, insbesondere Erschließungskosten und Ausbaubeiträge sowie kommunale Abgaben.
- Eventuelle Rückerstattungen stehen dem Übernehmer zu.
- (Das Risiko einer Betriebsprüfung trägt der Übernehmer. Er stellt den Übergeber von etwaigen Nachzahlungspflichten frei.)

B) Vorbehalte und Gegenleistungen

1. Leibrente[502]
(1) Als Gegenleistung für die heutige Übertragung verpflichtet sich der Erwerber, an den Übergeber und an dessen Ehefrau, auf Lebenszeit des Längstlebenden, als Gesamtgläubiger im Sinne von § 428 BGB monatlich im voraus bis zum 3. eines Monats, erstmals am ▇▇▇, als Leibrente einen Geldbetrag in Höhe von

DM ▇▇▇

---
[502] Muster für eine dauernde Last siehe bei *Langenfeld*, Grundstückszuwendungen im Zivil- und Steuerrecht Rn 387.

zu bezahlen. Die Höhe der Leibrente ändert sich nicht durch den Tod des Übergebers oder seiner Ehefrau. Sie ist nicht vererblich. Bezüglich der monatlich zu zahlenden Leibrente wird eine Wertsicherungsvereinbarung getroffen. Ändert sich daher der vom Statistischen Bundesamt berechnete Preisindex für die Lebenshaltung aller privaten Haushalte in ganz Deutschland – bezogen auf die Basis (1995 = 100) – um 5% (fünf) oder mehr Prozent nach oben oder unten gegenüber dem Stand des letzten Anpassungsverlangens, so kann sowohl der Übergeber, wie auch der Übernehmer eine entsprechende Veränderung des monatlichen Rentenbetrages nun um den gleichen Prozentsatz verlangen, und zwar von Beginn des nächsten Kalendermonats, der dieser Änderung folgt. Das Anpassungsverlangen kann nur für die Zukunft gestellt werden und ist schriftlich zu erklären.

(2) Für den Fall, daß die vorstehende Wertsicherungsvereinbarung vom Bundesamt für Wirtschaft genehmigt[503] werden muß, wird diese Genehmigung hiermit **beantragt**.

Der Notar wird beauftragt, dem Bundesamt für Wirtschaft eine Abschrift dieser Urkunde zu übersenden und die Genehmigung einzuholen und entgegenzunehmen.[504]

Der Erwerber unterwirft sich wegen der vorstehenden eingegangenen Verpflichtung zur Zahlung monatlicher Beträge von je DM ▬▬▬, bzw. in der Höhe, die sich aufgrund oben genannter Wertsicherungsklausel ergeben, der sofortigen Zwangsvollstreckung aus dieser Urkunde in das gesamte Vermögen. Dem Übergeber und seiner Ehefrau ist insoweit jederzeit auf Verlangen, ohne weitere Nachweise, eine vollstreckbare Urkunde dieser Ausfertigung zu erteilen.

2. Wohnrecht

(1) Der Übergeber behält sich an dem Vertragsgegenstand, dem Wohnhaus ▬▬▬ ein lebenslanges Wohnrecht gemäß § 1093 BGB des Inhalts vor, daß er die Wohnung im ▬▬▬ geschoß des Hausanwesens ▬▬▬ unter Ausschluß des Eigentümers zum Wohnen nutzen darf.
(2) Die Wohnung darf Dritten (nicht) überlassen werden.
(3) Der Wohnungsberechtigte hat das Recht zur Mitbenutzung der gemeinschaftlichen Anlagen und Einrichtungen, insbesondere des Gartens, des Kellers, des Speichers.
(4) Der Wohnungsberechtigte darf in die Wohnung einen etwaigen nichtehelichen Lebensgefährten aufnehmen.

---

503 Die Voraussetzungen der Genehmigung sind, daß die Zahlung auf die Dauer von mindestens 10 Jahren vereinbart werden, daß Veränderungen nach oben und auch nach unten berücksichtigt werden und die Klausel sich nicht überproportional auswirkt.
504 Vgl. § 2 PreisG und die PrKV; Genehmigungsbehörde ist seit dem 1. 1. 1999 das Bundesamt für Wirtschaft in Eschborn, Pf. 5171, 67756 Eschborn, Tel. 06196/4040.

(5) Der Eigentümer ist verpflichtet, das Gebäude einschließlich der Wohnung der Wohnungsberechtigten instandzuhalten und im Zerstörungsfall wieder aufzubauen. Die jeweiligen Betriebskosten (Strom, Wasser, Gas) tragen die Berechtigten selbst.
(7) Die Parteien vereinbaren, daß das vorbezeichnete Wohnrecht in gleichem Umfang der Ehefrau (Erschienenen zu 3.) zustehen soll, wobei vereinbart wird, daß der Übergeber und seine Ehefrau (Erschienene zu 3.) bezüglich des Wohnrechts Gesamtberechtigte nach § 428 BGB sind.

3. Pflegeverpflichtung[505]

Bei Krankheit, Gebrechlichkeit oder Altersschwäche des Übergebers oder seiner Ehefrau und sofern diese dies verlangen, verpflichtet sich der Übernehmer gegenüber beiden als Gesamtberechtigten zu sorgsamer häuslicher Wart und Pflege.
Hierzu gehören
a) die hauswirtschaftliche Versorgung, insbesondere die Verrichtung der anfallenden häuslichen Arbeiten wie Reinigung der Räume, der Kleidung, der Wäsche und des Schuhwerks und die Besorgung der erforderlich werdenden Gänge und Fahrten zum Einkaufen, zum Arzt, zur Apotheke, zum Krankenhaus und zur Kirche und
b) die häusliche Grundpflege der Übergeber selbst, insbesondere die Hilfe bei Aufstehen und Zubettgehen, An- und Auskleiden, Nahrungsaufnahme, Körperpflege und Pflege im hygienischen Bereich, Verabreichung von Medikamenten und Umschlägen, Einreibungen und ähnliches.

Diese Verpflichtungen bestehen jedoch nur, wenn diese vom Übernehmer ohne besondere Ausbildung, gegebenenfalls unter Hinzuziehung seines Ehegatten oder der örtlich vorhandenen ambulanten Pflegedienste (Sozialstation oder ähnliches) in einer dem Alters- und Gesundheitszustand des Übergebers angemessenen Weise zuhause erbracht werden können und beim jeweiligen Übergeber höchstens eine Pflegebedürftigkeit im Sinne der Pflegestufe I des Pflegeversicherungsgesetzes vom 26.05.1994 vorliegt.

Diese Verpflichtungen ruhen auf alle Fälle ersatzlos hinsichtlich desjenigen Berechtigten, der in einem Krankenhaus, einem Pflegeheim oder einer ähnlichen Heileinrichtung untergebracht ist, weil nach fachärztlicher Feststellung aus medizinischen oder pflegerischen Gründen ein Verbleiben auf dem Vertragsanwesen nicht mehr zumutbar ist. Ein etwaiges Pflegegeld verbleibt dem Übergeber.

Auf die weitergehende gesetzliche Unterhaltspflicht des Übernehmers und seiner Geschwister auch und gerade in den Fällen der Heimunterbringung des Übergebers und seiner Frau wurde ebenso hingewiesen wie auf die Pflegestufen nach dem Pflegeversicherungsgesetz.

---

505 Nach *J. Mayer*; Erbrechtstagung der DVEV vom Juni 1997.

4. Grundbuchantrag

Der Übernehmer bestellt dem Übergeber und seiner Ehefrau als Gesamtberechtigten nach § 428 BGB für das Wohnrecht nach Ziff. 2 eine beschränkte persönliche Dienstbarkeit und für die Leibrente nach Ziff. 1 und die Pflegeverpflichtung nach Ziff. 3 je eine Reallast je an dem in Abschnitt A.1 bezeichneten Vertragsobjekt. Die Eintragung dieser Rechte unter der zusammenfassenden Bezeichnung Leibgeding wird

beantragt und bewilligt

mit dem Vermerk, daß zur Löschung der Nachweis des Todes des jeweiligen Berechtigten genügt.
Das Leibgeding erhält Rang nach den in A.1 genannten Belastungen.

5. Rückforderungsrecht

1. Der Übergeber behält sich das Recht vor, die Rückübertragung des gesamten Vertragsobjektes auf sich zu verlangen, wenn
   a) der **Übernehmer vor** dem Längstlebenden der Eheleute verstirbt, sofern er nicht mit seiner Ehefrau einen Erbvertrag abgeschlossen hat, wonach die ehegemeinschaftlichen Kinder zu Erben oder Vermächtnisnehmern im Hinblick auf den Vertragsgegenstand berufen werden. Hierbei genügt es, wenn die Kinder Nacherben werden und der überlebende Ehegatte befreiter Vorerbe ist. Ausreichend ist es ebenfalls, wenn der Eigentumserwerb der ehegemeinschaftlichen Kinder in sonstiger Weise vertraglich sichergestellt wird, oder
   b) der Übernehmer sich **scheiden läßt** und er nicht die Substanz des übernommenen Grundbesitzes und seine Werterhöhung durch Ehevertrag vom Zugewinn ausgenommen hat, oder
   c) der Übergeber oder seine Ehefrau berechtigt ist, dem Übernehmer den **Pflichtteil** zu entziehen, oder
   d) über das Vermögen des Übernehmers das **Insolvenzverfahren** eröffnet oder mangels Masse abgelehnt wird oder die **Zwangsversteigerung** oder Zwangsverwaltung des Vertragsgegenstandes durchgeführt wird. Dem steht die Einleitung von Vollstreckungsmaßnahmen in das sonstige Vermögen des Übernehmers durch private oder öffentliche Gläubiger gleich.
2. Das Rückübertragungsverlangen kann nur nach Bedingungseintritt durch schriftliche Erklärung ausgeübt werden. Der bedingte Rückübertragungsanspruch kann nur innerhalb Jahresfrist ab Kenntnis der tatsächlichen Umstände, die einen Rückübertragungsanspruch auslösen, geltend gemacht werden. Der aufschiebend bedingte Rückübertragungsanspruch ist nicht vererblich.
3. Werterhöhende Investitionen sind dem Erwerber zu dem im Zeitpunkt der Rückübertragung bestehenden Zeitwert zu ersetzen soweit nicht Verbindlichkeiten bestehen, die zu übernehmen sind. Grundpfandrechte hat der Übergeber nur insoweit zu übernehmen, als sie gegenwärtig bestehen oder Verbindlichkeiten sichern, zu deren Erfüllung der Übergeber verpflichtet ist. Die durch die Rückübertragung entstehenden Kosten und Steuern hat der Übernehmer zu tragen.

4. Zur **Sicherung** des bedingten Anspruches auf Übertragung des Eigentums aus den vorstehenden Vereinbarungen wird

bewilligt und beantragt,

eine Vormerkung gemäß § 883 BGB im Grundbuch an dem Vertragsgrundbesitz für den Übergeber einzutragen. Die Auflassungsvormerkung erhält Rang nach dem Leibgeding.

6. Ehegattenrechte

Nach dem Ableben des Übergebers steht ein Erwerbsrecht in entsprechender Anwendung von B.4. in derselben Weise der Ehefrau des Übergebers, Frau ▬▬▬, zu, als ob sie selbst den Vertragsgegenstand auf den Erwerber übertragen hätte. Insbesondere ist sie nach dem Ableben des Übergebers auf Lebensdauer berechtigt.

Zur Sicherung des bedingten Erwerbsrechtes wird die Eintragung einer Auflassungsvormerkung gemäß § 883 BGB an dem Vertragsgegenstand für die Ehefrau des Übergebers

bewilligt und beantragt.

Die Vormerkung erhält Rang nach dem Leibgeding und der Auflassungsvormerkung für den Übergeber.

C) Weitere Bestimmungen

1. Anrechnung

Der heutige Empfang ist, soweit er unentgeltlich erfolgt, auf den Pflichtteils- und Pflichtteilsergänzungsanspruch des Übernehmers am Nachlaß des Übergebers anzurechnen. Eine Ausgleichung unter den Abkömmlingen des Übergebers findet nicht statt.

2. Hinweise, Belehrungen

Alle Vereinbarungen müssen vollständig beurkundet sein, da andernfalls der Vertrag nichtig sein könnte.

Die Beteiligten wurden vom Notar darüber belehrt, daß für Rückstände an öffentlichen Lasten und Abgaben, insbesondere für Erschließungsbeiträge sowie für etwaige im Grundbuch eingetragene Belastungen, bis zur Freistellung weiterhin der Vertragsgrundbesitz haftet, ferner, daß für Kosten und Steuern kraft Gesetzes alle Beteiligten haften, auch wenn eine Partei sie vertraglich alleine übernommen hat, sowie daß das Eigentum erst mit Eintragung im Grundbuch auf den Übernehmer übergeht.

3. Kosten, Steuern

Die Kosten dieses Vertrages und seines Vollzugs tragen die Beteiligten, die Eheleute ▬▬▬ und ▬▬▬ je zur Hälfte.

4. Ausfertigungen und Abschriften
Von dieser Urkunde erhalten die Vertragsteile sowie das Grundbuchamt je eine Ausfertigung; beglaubigte Abschriften erhalten
- das Finanzamt, Grunderwerbsteuerstelle
- die Schenkungsteuerstelle.

Vollmacht
Zum Vollzug, zur Ergänzung und Berichtigung dieser Urkunde erteilen die Beteiligten jedem Angestellten beim Notariat für sich allein, unter Befreiung von den Beschränkungen des § 181 BGB, Vollmacht. Ferner wird der Notar bevollmächtigt, alle zum Vollzug der Urkunde erforderlichen Erklärungen abzugeben und Anträge zu stellen, erforderlichenfalls auch abzuändern oder zurückzuziehen.

▲

I. Die Beratung des Mandanten hinsichtlich einer Vollmacht (Vorsorgevollmacht, postmortale Vollmacht, transmortale Vollmacht)

I. Allgemeines

Häufig meinen der Mandant und auch der beratende Anwalt, daß es mit der Erstellung eines Testaments getan ist und für den Todesfall alle Vorsorgemaßnahmen getroffen seien. Dies ist, wie die Praxis zeigt, oftmals ein großer Irrtum. Die Überlastung der Gerichte und die Streitigkeiten unter den Erben führen dazu, daß der Nachlaß nach dem Erbfall in der Regel mindestens 1/2 Jahr, wenn nicht länger, brach liegt und über die einzelnen Gegenstände nicht verfügt werden kann, weil entweder noch kein Erbschein vorliegt oder die Parteien im Erbscheinsverfahren streiten. Hier hilft in der Regel auch die Einsetzung eines Testamentsvollstreckers nicht weiter, da auch das Testamentsvollstreckerzeugnis in der Regel nicht vor Ablauf von 4–5 Monaten erteilt wird. 650

Ab dem Zeitpunkt des Erbfalls bis zur Erteilung eines Erbscheins oder eines Testamentsvollstreckerzeugnisses macht es deshalb Sinn, einem Erben oder einem Dritten eine sog. **postmortale Vollmacht** zu erteilen, damit wenigstens die wichtigsten Dinge, wie Beerdigungskosten, Grabsteinkosten etc. beglichen 651 werden können und zu diesem Zweck über die Konten des Erblassers verfügt werden kann.[506]

652 Aber auch schon zu **Lebzeiten** des Erblassers kann es Bedarf für eine sogenannte Vorsorgevollmacht geben. Konkret heißt dies, daß beispielsweise für den Fall, daß der Erblasser noch lebt, aber geschäftsunfähig geworden ist, eine **Vorsorgevollmacht** vorhanden sein muß, damit nicht ein gesetzlicher Betreuer bestimmt wird, der das Vermögen möglicherweise nicht nach dem eigentlichen Willen des Erblassers verwaltet.

Übersicht über Vollmachtsphasen:

653

II. Die Postmortale Vollmacht[507]

654 Soll dem Beauftragten eine Vollmacht erteilt werden, so ist sowohl eine Vollmacht über den Tod hinaus (**transmortale** Vollmacht) als auch eine solche auf den Todesfall (**postmortale** Vollmacht) zulässig. In den §§ 168, 172 BGB wird lediglich die Fortgeltung einer bereits vor dem Tod des Vollmachtgebers bestehenden Vollmacht angesprochen. Grundsätzlich ist aber auch eine Vollmacht auf den Todesfall zulässig. Eine solche stellt trotz einiger Bedenken keine Gefahr der Umgehung der Bestimmungen über die Testamentsvollstreckung dar.[508] Grundsätzlich endet die Vollmacht mit dem Grundverhältnis gemäß § 168 S. 1 BGB. Bei Fortbestehen des der Vollmacht zugrundeliegenden Rechtsverhältnisses kann die Vollmacht jedenfalls widerrufen werden, sofern sich aus dem Rechtsverhältnis selbst nichts anderes ergibt.

---

506 MüKo/*Brandner*, Vor § 2197 Rn 9.
507 Muster für eine Vollmacht *Heidel/Pauly/Amend-Rohlfing*, AnwaltFormulare, S. 530
508 *Brox*, Rn 719.

655 Auch wenn durch den Tod des Erblassers weder die Vollmacht selbst (§ 168 BGB) noch das zugrundeliegende Kausalverhältnis (§§ 672, 675 BGB) erlischt, ist es sinnvoll, den Fortbestand der Vollmacht nach dem Tod des Vollmachtgebers ausdrücklich anzuordnen.

656 Bezüglich der **Form** der Vollmacht genügt es zwar, diese in einer Verfügung von Todes wegen[509] mitaufzunehmen, dennoch sollte sie aus Beweisgründen und zur Vorlage beim Grundbuchamt oder einer Bank in einer gesonderten Urkunde erteilt und nach Möglichkeit notariell beurkundet werden.

657 Schwierigkeiten bestehen in der Praxis bei der Auswahl des Bevollmächtigten. Hier ist darauf zu achten, daß der Bevollmächtigte eine Vertrauensperson ist und daß nicht nur das **Außenverhältnis**, sondern auch das zugrundeliegende **Innenverhältnis** (Auftrag etc.) sorgfältig zu regeln ist, da ansonsten eine erhebliche Mißbrauchsgefahr besteht.[510]

658 Der Nachteil der Vollmacht ist, daß sie seitens der Erben und zwar von jedem einzelnen, jederzeit **widerrufen**[511] werden kann.[512] So hat jeder Miterbe mit Wirkung für sich das Recht, die Vollmacht zu widerrufen.[513] Ebenso der Nachlaßverwalter[514] und der Nachlaßpfleger.[515] Strittig ist derzeit, ob auch ein Testamentsvollstrecker eine postmortale Vollmacht widerrufen kann, die Literatur bejaht dies durchgehend, von der Rechtsprechung wird dies jedoch verneint.[516]

659 Ein Schutz des Bevollmächtigten gegen den Widerruf durch die Erben kann beispielsweise durch eine **Strafklausel** in einer letztwilligen Verfügung erreicht werden.[517] So kann ein aufschiebend bedingtes Vermächtnis für den Fall, daß der Erbe die Vollmacht widerruft, seitens des Erblassers ausgesetzt werden.

---

509 RGZ 170, 380.
510 BGH ZEV 1995, 187.
511 Zur Frage der Unwiderruflichkeit einer Vollmacht BGH NJW 1988, 2603.
512 Zur Frage des konkludenten Widerrufs einer Vollmacht BGH ZEV 1995, 190.
513 NJW 1962, 1718.
514 KG NJW 1971, 566.
515 *Gleismer*, Rechtspfleger 1985, 482.
516 Hanseatisches Reichsgericht HANS RGZ 33 B 325.
517 BayObLG FamRZ 1986, 34.

660 Der Umfang der Vertretungsmacht richtet sich nach den Anordnungen des Erblassers. Problematisch und immer wieder streitig sind die Fälle, in denen durch eine postmortale Vollmacht eine Schenkung zu Lasten des Nachlasses vollzogen wird. Kritisch ist insbesondere der Bereich, in dem der Erblasser zu Lebzeiten ein **Schenkungsversprechen** getätigt hat und der Bevollmächtigte nach dem Tod des Erblassers die Schenkung vollzieht, so daß eine **Heilung** des **Formmangels** nach § 518 II BGB eintritt.

661 Der BGH hat hierzu entschieden, daß für den Fall der Vornahme einer Schenkung unter Lebenden tatsächlich eine Heilung gemäß § 518 II BGB eintreten kann.[518] Liegt dagegen ein Schenkungsversprechen von Todes wegen vor, so verneint der BGH den Schenkungsvollzug im Sinne des § 2301 II BGB, wenn das Schenkungsversprechen nach dem Tod des Schenkers erfüllt wird.[519] Im Gegensatz zur Heilung eines bereits formnichtig erteilten Schenkungsversprechens unter Lebenden durch einen Bevollmächtigten handelt es sich bei einem Schenkungsversprechen, welches unter der Bedingung erteilt wird, daß der Beschenkte den Schenker überlebt, um eine Schenkung von Todes wegen, die, ebenso wie eine Verfügung von Todes wegen,[520] nicht durch eine Handlung einer vom Erblasser bevollmächtigten Person vollzogen werden kann.[521]

III. Die Vorsorgevollmacht

1. Allgemeines

662 Von der postmortalen Vollmacht zu unterscheiden ist die sogenannte Vorsorgevollmacht.[522] Die Vorsorgevollmacht vermeidet im Falle der Betreuungsbedürftigkeit ein gerichtliches Eingreifen und eine Betreuung durch einen „unbekannten" Dritten (§ 1896 II S. 2 BGB).[523]

663 Die Erteilung einer **Vorsorgevollmacht** ist mit Blick auf die Selbstbestimmung und die Würde des Betroffenen im Falle seiner Betreuungsbedürftigkeit

---

518 BGH FamRZ 1985, 693; 1988, 2731.
519 BGHZ 87, 19; BGH JZ 1987, 361.
520 BGHZ 87, 19.
521 BGHZ 99, 97.
522 *Walter*, Die Vorsorgevollmacht, 1997.
523 LG Frankfurt FamRZ 1994, 125 zur Frage der Bestellung eines Kontrollbetreuers.

regelmäßig empfehlenswert und wird in rein vermögensrechtlichen Fragen als unproblematisch angesehen. Der Vollmachtgeber kann in Kenntnis seines Umfelds seine Betreuung naturgemäß sachnäher gestalten als dies jemals durch die Bestellung eines Betreuers seitens des Gerichts erfolgen könnte. Der Vollmachtgeber kann seinen Vertreter völlig frei aussuchen und ist nicht wie bei der Betreuerbestellung durch das Gericht nach § 1897 V BGB an verwandtschaftliche Ordnungen gebunden.

Zwar besteht auch mittels **Betreuungsverfügung**[524] die Möglichkeit, den Betreuer frei auszuwählen und eine zukünftige Versorgung zu gestalten, allerdings mit der Einschränkung, daß die getroffenen Anordnungen nicht dem Wohl des Betreuten zuwiderlaufen dürfen. Dies bedeutet de facto, daß der Betreute seine Anordnungen nicht durchsetzen kann bzw. diese nicht zu befolgen sind, wenn das Gericht bezüglich seines Wohls anderer Auffassung ist, als er selbst. **664**

Auf der anderen Seite bringt die Erteilung einer Altersvorsorgevollmacht, mangels gesetzlicher Beschränkungen, nicht unerhebliche Mißbrauchsgefahren mit sich. Die Gefahren des Vollmachtsmißbrauchs oder der eigensüchtigen Vollmachtshandhabung können allerdings durch eine sinnvolle Gestaltung der Vollmacht und des **Grundverhältnisses** weitgehend vermieden werden. **665**

Lange Zeit war streitig, ob eine Vorsorgevollmacht auch für den Bereich der persönlichen Angelegenheiten (Gesundheitsfürsorge) angeordnet werden kann. Durch das am 1. 1. 1999 in Kraft getretene **Betreuungsrechtsänderungsgesetz** ist diesbezüglich Rechtsklarheit und Sicherheit geschaffen. Der Gesetzgeber hat hier durch die neue Regelung der §§ 1904, 1906 BGB im Hinblick auf die Vorsorgevollmacht diese Frage nunmehr zu Gunsten der Vorsorgevollmacht entschieden. **666**

---

524 Eine **Betreuungsverfügung** ist eine formlose Bestimmung der Person des Betreuers und/oder der Ausgestaltung des Betreuungsverhältnisses im Falle der Betreuungsbedürftigkeit des Ausstellers. Nach § 1896 I BGB bestellt das Vormundschaftsgericht auf Antrag oder von Amts wegen einen Betreuer, wenn ein Volljähriger „auf Grund einer psychischen Krankheit oder einer körperlichen, geistigen oder seelischen Behinderung seine Angelegenheiten ganz oder teilweise nicht besorgen" kann. Liegt eine Betreuungsverfügung vor, so ist diese grundsätzlich zu beachten (§§ 1901, 1901 a BGB).

2. Die Form der Vollmachtserteilung

667 Nach § 176 II BGB kann die Erteilung einer Vollmacht **grundsätzlich formlos**[525] erfolgen. Allerdings wird in der Praxis[526] immer wieder der Nachweis der Bevollmächtigung verlangt werden, so daß zumindest eine schriftliche Vollmacht unerläßlich ist. Um die Vollmacht **bank-** und **grundbuchtauglich** zu machen und sie außerdem mit einer gewissen Beweiskraft zugunsten der Geschäftsfähigkeit des Vollmachtgebers zum Erklärungszeitpunkt auszustatten, ist sogar eine **notarielle Beurkundung** zu empfehlen.[527]

Grundsätzlich kann auch die Vorsorgevollmacht formlos erteilt werden. Soll diese aber auch die Einwilligung des Bevollmächtigten in Maßnahmen nach §§ 1904 und 1906 BGB mit umfassen, so bedarf nach § 1904, Abs. 2 und § 1906 Abs. 5 BGB die Bevollmächtigung der schriftlichen Form.

3. Art und Inhalt der Vollmachtserteilung

668 Grundsätzlich bestimmt der Inhalt einer Vorsorgevollmacht, welche Person in welchem Rahmen den Vollmachtgeber gegenüber Dritten, dh im Außenverhältnis, vertreten kann. Dies kann durch eine **Generalvollmacht**, mit oder ohne Einschränkungen bezüglich bestimmter Aufgaben, oder durch Benennung **einzelner Aufgabenbereiche** erfolgen. Soweit eine Bevollmächtigung nur für einzelne Aufgaben gewünscht wird, ist zu bedenken, daß seitens des Vormundschaftsgerichts ein Betreuer bestellt wird, wenn Maßnahmen zur Betreuung des Vollmachtgebers erforderlich werden, die von der Vollmacht nicht erfaßt sind.

669 Auch die Erteilung einer Vollmacht für den persönlichen Bereich kann das Problem der Bestellung eines Betreuers durch das Vormundschaftsgericht mit sich bringen, wenn Aufgaben im persönlichen Bereich des Betreuungsbedürftigen anfallen, die durch die Vorsorgevollmacht nicht gedeckt sind. Anders als bei vermögensrechtlichen Vollmachten ist es dringend geboten, die einzelnen Bereiche der Bevollmächtigung so gegenständlich möglich zu beschreiben.[528]

---

525 *Palandt/Edenhofer*, § 313 Rn 19 ff.
526 *Veit*, FamRZ 1996, 1309.
527 *Bühler*, BWNotZ 1990, 1.
528 *Müller*, DNotZ S. 107 ff.

Sollen Maßnahmen nach §§ 1904 und 1906 BGB von der Bevollmächtigung umfasst sein, ist es nicht ausreichend, lediglich auf die §§ 1904 und 1906 BGB in der Vollmachtsurkunde zu verweisen. Vielmehr empfiehlt es sich, die gesetzliche Formulierung wörtlich in die Vollmacht zu übernehmen, da ansonsten die Gefahr besteht, daß das Vormundschaftsgericht eine Betreuerbestellung für erforderlich hält.[529]

Eine Vollmacht für **einzelne** Angelegenheiten eignet sich nur dann, wenn die Verhältnisse des Vollmachtgebers einfach und überschaubar sind. So kann beispielsweise bei einem Menschen, der zur Miete wohnt und außer seiner Rente kein nennenswertes Vermögen hat, eine Bankvollmacht kombiniert mit einer Vollmacht für Wohnungsangelegenheiten und für den Einkauf des täglichen Lebens genügen. 670

Regelmäßig sinnvoller ist die Erteilung einer **Generalvollmacht**. Im Unterschied zur Vollmacht für einzelne Aufgabenkreise besteht die Generalvollmacht grundsätzlich bezüglich **aller** Angelegenheiten. Zum **Schutz des Vollmachtgebers** sieht das Gesetz (§ 1896 III BGB) die Möglichkeit der Bestellung eines Überwachungsbetreuers vor. Dieser hat allein die Aufgabe, etwaige Rechte des Betreuten gegenüber dem Bevollmächtigten geltend zu machen. Die Bestellung eines Überwachungsbetreuers erfolgt nur dann, wenn das Vormundschaftsgericht von einer unzulänglichen Betreuung erfährt. 671

Da ein **Überwachungsbetreuer** nur bei konkretem Anlaß zu bestellen ist, kann zusätzlich eine rechtsgeschäftliche Beschränkung sinnvoll sein. Zum einen bietet sich an, besondere Vorstellungen des Vollmachtgebers durch verbindliche Weisungen in das der Vollmacht zugrundeliegende Grundverhältnis (Auftrag oder Geschäftsbesorgungsvertrag) aufzunehmen. Dies hat allerdings den Nachteil, daß im Falle eines weisungswidrigen Verhaltens des Bevollmächtigten der Vollmachtgeber im Außenverhältnis dennoch an das seinen Interessen widerstrebende Geschäft gebunden ist. 672

Daher ist regelmäßig eine **Beschränkung** durch Benennung der nicht vorzunehmenden Tätigkeiten **in der Vollmacht selbst** vorzuziehen. Für diese durch die Vollmacht ausgenommenen Aufgaben ist dann gegebenenfalls ein Betreuer 673

---

529 OLG Stuttgart FamRZ 1994 Seite 1417 ff.

zu bestellen, der seinerseits den gesetzlichen Genehmigungsvorbehalten unterliegt. Es ist allerdings zu bedenken, daß eine Beschränkung der Vollmacht hinreichend konkret und auf das Notwendigste reduziert sein sollte, um nicht Gefahr zu laufen, daß wegen unzureichender Bevollmächtigung insgesamt ein Betreuer seitens des Vormundschaftsgerichts bestellt werden muß.

674 So ist die Beschränkung lediglich auf Ausnahmen zu erstrecken, wie bspw. Verfügungen über bestimmte „wichtige" Gegenstände, Verfügungen über Forderungen und Wertpapiere, Verfügungen über das Vermögen im Ganzen, Annahme und Ausschlagung von Erbschaften, Aufnahme von Krediten, Eingehung von Bürgschaften u. a. Verbindlichkeiten größeren Umfangs, Grundstücksgeschäfte und Schenkungen. Je nach Umfang des zu verwaltenden Vermögens sind entsprechende Grenzen zu setzen. Zu beachten ist stets, daß durch die getroffenen Beschränkungen nicht etwa eine sinnvolle Verwaltung gefährdet wird.

4. Untervollmacht – Doppelvollmacht

675 Für den Fall, daß der Hauptbevollmächtigte beispielsweise aus gesundheitlichen Gründen ausfällt, sollte der Vollmachtgeber einen Ersatzbevollmächtigten bestellen oder den Hauptbevollmächtigten ermächtigen, seinerseits einen Ersatzbevollmächtigten oder **Unterbevollmächtigten**[530] zu benennen, wobei für eine nur vorübergehende Verhinderung die Benennung eines Unterbevollmächtigten durch den Hauptbevollmächtigten genügt. Dagegen wird der Ersatzvertreter erst dann tätig, wenn der Vertreter endgültig ausfällt.

676 Die Vorsorgevollmacht kann auch als **Doppelvollmacht** erteilt werden. Die Bevollmächtigung einer zweiten Person hat den Vorteil der Arbeitsteilung und der gegenseitigen Kontrolle. Auch ist im Falle der Verhinderung des einen Vertreters die Versorgung des Betreuungsbedürftigen durch den zweiten Vertreter sichergestellt, ohne daß es einer Unterbevollmächtigung bedarf.[531]

677 Als mögliche Form bietet sich an**,** beiden Vertretern **denselben Aufgabenkreis** zu übertragen und sie darin jeweils unabhängig voneinander handeln zu

---

530 *Bühler*, BWNotZ 1990, 1.
531 *Langenfeld*, Vorsorgevollmacht, Betreuungsverfügung und Patiententestament nach dem neuen Betreuungsrecht, S. 56.

lassen. Dabei ist in der Vollmachtserteilung die Anordnung möglich, daß bei Meinungsverschiedenheiten die Entscheidung in der Sache einem bestimmten Vertreter obliegt. Auch ist bei Erteilung einer Generalvollmacht zugunsten zweier Vertreter zu bedenken, daß die Vertreter sich gegenseitig die Vollmacht entziehen können. Daher sollte das Recht zum **Widerruf** der Vollmacht in der Vollmachtsurkunde geregelt sein.

Die Doppelvollmacht kann auch in der Weise erteilt werden, daß grundsätzlich beide Vertreter umfassend vertretungsbefugt sind, jedoch im Innenverhältnis die Aufgabe des einen Vertreters lediglich in der Überwachung des anderen Vertreters besteht. Der sog. **Überwachungsvertreter** wird somit nach außen nur im Konfliktfall und nur dann, wenn der angewiesene Vertreter den Anweisungen nicht folgt, tätig. 678

Als weitere „Absicherung" kommt die **Vollmachtserteilung nur in Gesamtvertretung** in Betracht. In diesem Fall können die Bevollmächtigten Vertretungshandlungen nur gemeinsam vornehmen. Auch kann nur hinsichtlich bestimmter Aufgaben eine Gesamtvertretung angeordnet werden. Die Vertreter können sich untereinander ermächtigen, für bestimmte Aufgaben ohne Zustimmung zu handeln. Eine Gesamtvertretung in allen Angelegenheiten hat den erheblichen Nachteil, daß die Vertreter übermäßig gebunden sind, und wird daher regelmäßig nicht zu empfehlen sein. 679

Die **Doppelvollmacht** ist, soweit zwei geeignete Vertreter vorhanden sind, grundsätzlich zu empfehlen. Dabei sind die Details der Vollmachterteilung nach dem jeweiligen Einzelfall abzustimmen. Als Grundmodell empfiehlt sich eine umfassende Bevollmächtigung beider Vertreter, um bei Verhinderung eines Vertreters eine hinreichende Betreuung, auch ohne Unterbevollmächtigung, sicherzustellen. Im **Innenverhältnis** sollten allerdings zur Vermeidung von Konflikten die jeweiligen Zuständigkeiten geregelt sein. 680

5. Der Ersatzbevollmächtigte

Die Benennung eines Ersatzvertreters ist sinnvoll, wenn hierfür eine geeignete Person zur Verfügung steht. Zumindest sollten die Hauptbevollmächtigten ermächtigt sein, im Notfall ihrerseits einen **Ersatzbevollmächtigten** oder Unterbevollmächtigten zu benennnen. Angelegenheiten mit besonderer Bedeutung können den Bevollmächtigten in Gesamtvertretung übertragen werden. 681

Es sollte dann allerdings wiederum in der Vollmacht bestimmt sein, wessen Entscheidung bei Meinungsverschiedenheiten der Hauptbevollmächtigten den Vorrang genießt.

6. Die Grenzen der Vollmachtserteilung

682 Nachdem das Betreuungsrechtsänderungsgesetz am 01.01.1999 in Kraft getreten ist, ist eine Bevollmächtigung im Rahmen einer Vorsorgevollmacht sowohl für Vermögensangelegenheiten als auch im persönlichen Bereich zulässig. Somit kann grundsätzlich ein Bevollmächtigter für alle Aufgabenbereiche bestellt werden, für die auch eine Betreuung möglich ist. Zu beachten ist jedoch, daß § 1904 Abs. 2 BGB und § 1906 Abs. 5 BGB das Erfordernis einer vormundschaftsgerichtlichen Genehmigung auch für den Bevollmächtigten bei den hier geregelten Maßnahmen vorsieht. Fraglich ist jedoch in diesem Zusammenhang, ob die Einwilligung in den **Abbruch von Heilbehandlungen** bei infauster Prognose gemäß § 1904 BGB analog einer vormundschaftsgerichtlichen Genehmigung bedarf, wenn dahingehend Vollmacht erteilt wurde. Bislang musste nach der in der Rechtsprechung vertretenen Meinung davon ausgegangen werden.[532] Allerdings ist in jüngster Rechtsprechung eine Abkehr von diesem Genehmigungserfordernis gemacht worden.[533] Demnach soll § 1904 BGB weder direkt noch entsprechend für vormundschaftsgerichtliche Genehmigungen von lebensbeendenden Maßnahmen anwendbar sein. Vielmehr sollen im Ergebnis Ärzte und Angehörige über lebensbeendende Maßnahmen in eigener Verantwortung zu entscheiden haben. Bis zu einer endgültigen Klärung der Frage, ob eine vormundschaftsgerichtliche Genehmigungsbedürftigkeit auch bei einer Entscheidung über lebensbeendende Maßnahmen besteht, gilt es die höchstrichterliche Rechtsprechung zu verfolgen.[534] Dem Vollmachtgeber ist daher zu empfehlen, neben der ausdrücklichen Bevollmächtigung zur Einwilligung in den Abbruch von Heilbehandlungen bei infauster Prognose gleichzeitig auch eine Patientenverfügung zu erstellen, die seinen diesbezüglichen Willen deutlich zum Ausdruck bringt. So wird der Wunsch des Vollmachtgebers nach einem Behandlungsabbruch zumindest bei der Ermittlung seines mutmaßlichen Willens Berücksichtigung finden.

---

532 OLG Frankfurt/Main FamRZ 1998, 1137 ff.
533 LG München NJW 1999, 1788.
534 Endgültige Klarheit sollte hier aber der Gesetzgeber schaffen.

7. Die Haftung des Bevollmächtigten

Bei der Frage der Haftung eines Bevollmächtigten muß zwischen der Haftung gegenüber dem Vollmachtgeber und gegenüber einem Dritten unterschieden werden. **683**

Gegenüber dem Vollmachtgeber haftet der Bevollmächtigte nach Maßgabe des der Vollmacht zugrundeliegenden Vertrages. Arbeitet der Vertreter entgeltlich, so liegt ein Geschäftsbesorgungsvertrag im Sinne des § 675 BGB vor. Übernimmt der Bevollmächtigte die Vertretung unentgeltlich, so liegt im Grundverhältnis ein Auftrag gemäß § 662 BGB vor. In beiden Fällen haftet der Bevollmächtigte dem Vollmachtgeber für jede **fahrlässige** oder **vorsätzliche** Verletzung seiner Pflichten aus dem Grundverhältnis.

> *Hinweis* **684**
> Angesichts der weitreichenden Haftung des Bevollmächtigten, nämlich für jede Form der Fahrlässigkeit, ist bei Errichtung der Altersvorsorgevollmacht zu bedenken, ob die Haftung gegenüber dem Vollmachtgeber vertraglich nicht auf Vorsatz und grobe Fahrlässigkeit zu beschränken ist.

Gegenüber Dritten haftet nach § 278 BGB der Vollmachtgeber, wenn der Bevollmächtigte bei rechtsgeschäftlichem Handeln im Rahmen seiner Tätigkeit einem Dritten schuldhaft, dh fahrlässig oder vorsätzlich, einen Schaden zugefügt hat. Im Innenverhältnis ist allerdings der Bevollmächtigte nach den oben genannten Grundsätzen dem Vollmachtgeber für den Schaden verantwortlich. Der Bevollmächtigte haftet dem Dritten selbst für eigenes Verschulden. **685**

Dagegen haftet der Bevollmächtigte grundsätzlich nicht für Schäden, die der Vollmachtgeber Dritten zufügt. Eine Haftung des Bevollmächtigten für solche Schäden kann nur dann angenommen werden, wenn der Vertreter die Aufsicht über den Vollmachtgeber vertraglich ausdrücklich übernommen hat und die Schädigung des Dritten auf eine Verletzung der Aufsichtspflicht zurückzuführen ist (vgl. § 832 II BGB). **686**

2 Das erbrechtliche Mandat vor dem Erbfall

8. Kosten, Geschäftswert

687 Für den Geschäftswert einer Vorsorgevollmacht ist grundsätzlich der Umfang der Vollmacht und des Vermögens des Vollmachtgebers zugrundezulegen. Nicht zulässig ist es, den Wert pauschal auf einen bestimmten Betrag, bspw. DM 5000,– festzulegen. Die Tatsache, daß die Vollmacht erst mit Eintritt der Bedingung der mangelnden Geschäftsfähigkeit, also unter Umständen nie, Wirkung entfaltet, kann aber nach Ansicht des LG Osnabrück[535] dazu berechtigen, nicht den gesamten Vermögenswert in Ansatz zu bringen.

Muster: Vorsorgevollmacht

▼

688 **Vorsorgevollmacht**

066 Im Vollbesitz meiner geistigen Kräfte und in Kenntnis der Tragweite meiner Anordnungen, über die ich mich informiert und beraten habe lassen, erteile ich ▆▆▆, ▆▆▆, geb. am ▆▆▆, nachfolgende Vollmacht:

1. Generalvollmacht

von

Name: ▆▆▆
Vorname: ▆▆▆
Geburtsdatum: ▆▆▆
Straße: ▆▆▆
PLZ/Wohnort: ▆▆▆
Telefon: ▆▆▆
Ohne Zwang und aus freiem Willen bevollmächtige ich
Frau/Herr
Name: ▆▆▆
Vorname: ▆▆▆
Geburtsdatum: ▆▆▆
Straße: ▆▆▆
PLZ/Wohnort: ▆▆▆
Telefon: ▆▆▆

soweit gesetzlich möglich, mich in allen persönlichen Angelegenheiten, auch soweit sie meine Gesundheit betreffen, sowie in allen Vermögens-, Steuer- und sonstigen Rechtsangelegenheiten in jeder denkbaren Richtung zu vertreten.
Die Vollmacht beinhaltet ausdrücklich auch

---

535 LG Osnabrück FamRZ 1997, 832.

- Vermögenserwerbungen und -veräußerungen sowie Belastungen jeder Art für den Vollmachtgeber vorzunehmen und Verbindlichkeiten beliebiger Art und Höhe für mich – auch in vollstreckbarer Form – einzugehen.
- Vermögenswerte beliebiger Art, namentlich Geld, Sachen, Wertpapiere und Schriftstücke für mich in Empfang zu nehmen;
- über meine vorhandenen Konten bei Banken beliebig zu verfügen[536];
- Verträge sonstiger Art unter beliebigen Bestimmungen abzuschließen, Vergleiche einzugehen, Verzichte zu erklären und Nachlässe zu bewilligen;
- mich als Erben, Pflichtteilsberechtigten, Vermächtnisnehmer, Schenker oder Beschenkten in jeder Weise, namentlich auch bei Vermögens- und Gemeinschaftsauseinandersetzungen jeder Art, zu vertreten und auch Ausschlagungserklärungen für mich abzugeben;
- meine Versorgungsangelegenheiten (Pension, Rente usw.) zu regeln;
- Prozesse für mich als Kläger oder Beklagter zu führen und hierbei die Rechte eines Prozeßbevollmächtigten im vollen Umfange des § 81 ZPO auszuüben, mich in allen gerichtlichen und außergerichtlichen Verfahren als Gläubiger oder Schuldner, Kläger oder Beklagten oder in jeder sonstwie in Frage kommenden Eigenschaft ohne jede Einschränkung zu vertreten;
- zu allen Verfahrenshandlungen, auch i.s.v. § 13 SGB X;
- den Haushalt aufzulösen und über das Inventar zu verfügen;
- Vereinbarungen mit Kliniken, Alters- und Pflegeheimen abzuschließen und zum Zwecke hierfür Sicherungshypotheken auch für den Sozialhilfeträger zu bestellen;
- über Art und Umfang der Beerdigung zu entscheiden und Sterbegelder in Empfang zu nehmen und darüber zu quittieren;
- den Nachlaß bis zur amtlichen Feststellung der Erben in Besitz zu nehmen und zu verwalten.

Im Bereich der gesundheitlichen Fürsorge und des Selbstbestimmungsrechts umfaßt diese Vollmacht insbesondere folgende Maßnahmen:

- Die Aufenthaltsbestimmung, vor allem die Entscheidung über die Unterbringung in einem Pflegeheim oder Hospiz, in einer geschlossenen Anstalt, Aufnahme in ein Krankenhaus oder ähnliche Einrichtung;
- Eine Maßnahme nach § 1906 Abs. 1 BGB, eine Unterbringung, die zu meinem Wohl erforderlich ist, weil aufgrund einer psychischen Krankheit oder geistigen oder seelischen Behinderung die Gefahr besteht, daß ich mich selbst töte, oder erhebliche Gefahr besteht, daß ich mir gesundheitlichen Schaden zufüge, oder eine Untersuchung meines Gesundheitszustandes, eine Heilbehandlung oder

---

536 Im Bereich der Kontovollmachten akzeptieren viele Banken nur Vollmachten, die unter Verwendung der bankeigenen Vollmachtsformulare erstellt werden. Dies sollte vorab vom Vollmachtgeber in Erfahrung gebracht werden.

ein ärztlicher Eingriff notwendig ist, oder meine Unterbringung nicht durchgeführt werden kann, und ich aufgrund einer psychischen Krankheit oder geistigen oder seelischen Behinderung, die Notwendigkeit einer solchen Unterbringung nicht kennen oder nicht nach dieser Einsicht handeln kann.

- Eine Maßnahme nach § 1906 Abs. 4 BGB, ich mich also in einer Anstalt, einem Heim oder sonstigen Einrichtung aufhalte, ohne dort untergebracht zu sein, und mir die Freiheit über einen längeren Zeitraum oder regelmäßig durch mechanische Vorrichtungen, Medikamente oder auf andere Weise entzogen werden soll.
- Maßnahmen nach § 1904 Abs. 1 BGB, also die Einwilligung in eine Untersuchung meines Gesundheitszustandes eine Heilbehandlung oder ein ärztlicher Eingriff, wenn die begründete Gefahr besteht, daß ich aufgrund dieser Maßnahme versterbe oder einen schweren und länger andauernden gesundheitlichen Schaden erleiden kann.
- Die Entscheidung über die Verabreichung von Medikamenten, die erhebliche unerwünschte Nebenwirkungen haben oder haben können.
- Die Entscheidung darüber, ob bei einem voraussichtlich länger andauernden Zustand der Bewußtlosigkeit (Wachkoma) eine künstliche Ernährung oder Flüssigkeitszufuhr eingeleitet oder abgebrochen wird.
- Die Entscheidung über einen Behandlungsabbruch oder die Einstellung lebenserhaltender oder lebensverlängernder Maßnahmen, wenn das Grundleiden mit infauster Prognose irreversiblen Verlauf genommen hat und ich mich in einem Zustand befinde, in dem ein bewußtes und umweltbezogenes Leben mit eigener Persönlichkeitsgestaltung nicht mehr möglich ist. Zu den lebenserhaltenden Maßnahmen gehören insbesondere künstliche Wasser- und Nahrungszufuhr, Sauerstoffzufuhr, künstliche Beatmung, Medikation, Bluttransfusion und Dialyse.
Mein Bevollmächtigter kann hierzu in die Krankenunterlagen einsehen und alle Auskünfte und Informationen von den behandelnden Ärzten und dem Krankenhaus verlangen; diese werden von der Schweigepflicht entbunden.
- Die Entscheidung darüber, ob nach meinem Tod zu Transplantationszwecken Organe entnommen werden dürfen.
- Die Kontrolle darüber, ob die Klinik, die Ärzte und das Pflegepersonal mir trotz meiner Bewußtlosigkeit oder Entscheidungsunfähigkeit eine angemessene ärztliche und pflegerische Betreuung zukommen lassen, die zugleich auch eine menschenwürdige Unterbringung umfaßt. Die Kontrolle bezieht sich auch auf eine Sterbebegleitung und die Leithilfe, die Ärzte und Pflegepersonal verpflichten, Schmerz, Atemnot, unstillbaren Brechreiz, Erstickungsangst oder vergleichbar schweren Angstzuständen entgegenzuwirken. Selbst wenn mit diesen palliativen Maßnahmen das Risiko einer Lebensverkürzung nicht ausgeschlossen werden kann.
- Im Falle der Bestellung eines Betreuers oder Kontrollbetreuers seitens des Vormundschaftsgerichts gelten diese Anweisungen gleichzeitig auch für den Betreuer.

Der Erblasser als Mandant § 8

Die bevollmächtigte Person darf in meinem Namen auch bereits erteilte Einwilligungen zurücknehmen oder Einwilligungen verweigern, Krankenunterlagen einsehen und deren Herausgabe an Dritte bewilligen.

Sollte das Vormundschaftsgericht eine Betreuung oder eine Kontrollbetreuung für erforderlich halten, möchte ich, daß hierzu bestimmt wird:

Frau/Herr
Name:
Vorname:
Geburtsdatum:
Straße:
PLZ/Wohnort:
Telefon:

Von den Beschränkungen des § 181 BGB ist der Bevollmächtigte befreit.

Die Vollmacht erlischt nicht, wenn der Vollmachtgeber geschäftsunfähig werden sollte; sie erlischt auch nicht durch den Tod des Vollmachtgebers.

Die Vollmacht ist frei widerruflich.

2. Untervollmacht

Untervollmacht darf im Rahmen der dem Generalbevollmächtigten zuteil werdenden Vertretungsmacht erteilt werden. Die Vertretungsmacht des Unterbevollmächtigten ist grundsätzlich auf die Geschäfte des täglichen Lebens zu beschränken. Eine Unterbevollmächtigung in diesem Bereich ist nur bezüglich einzelner Aufgabenkreise möglich. Sie bedarf der Schriftform. Die Bestellung eines Unterbevollmächtigten ist dem Überwachungsvertreter anzuzeigen.

3. Ersatzbevollmächtigter

Für den Fall, daß dem Generalbevollmächtigten die Wahrnehmung meiner Interessen dauerhaft unmöglich ist, ist er berechtigt, eine Ersatzperson zu bevollmächtigen. Ist eine formgerechte Bevollmächtigung unterblieben oder hat der Generalbevollmächtigte das ihm eingeräumte Vertrauen schwerwiegend mißbraucht, soll

Name   , geb. am   , wohnhaft in   , Telefon

Ersatzbevollmächtigter werden. Der Ersatzbevollmächtigte hat dieselbe Vertretungsmacht wie der von ihm zu ersetzende Bevollmächtigte. Mit der Bestellung der Ersatzperson erlischt die Vollmacht des zunächst Bevollmächtigten. Die Bestellung einer Ersatzperson ist dem Überwachungsvertreter anzuzeigen.

4. Überwachungsvertreter

Zum Überwachungsvertreter benenne ich

Name   , geb. am   , wohnhaft in   , Telefon   .

Der Überwachungsvertreter hat keine Befugnis, mich im Geschäftsleben zu vertreten. Seine Aufgabe besteht darin, im Rahmen des Aufgabenkreises des Generalbevollmächtigten, mit beschränkter Vertretungsmacht, durch Zustimmung oder

Tanck/Krug

2 Das erbrechtliche Mandat vor dem Erbfall

Verweigerung derselben, interessengerecht mitzuwirken und im Falle eines vorsätzlichen und schwerwiegenden Mißbrauchs der Bevollmächtigung die Vollmacht zu widerrufen. Der Überwachungsvertreter ist, soweit geboten, dem jeweils Bevollmächtigten gegenüber zur Auskunft berechtigt. Der Ersatzbevollmächtigte ist darüber hinaus dem Überwachungsbetreuer jährlich zur Auskunft verpflichtet.

5. Wirksamkeitsbedingung (bei notarieller Beurkundung)
Die Vollmacht wird erst dann wirksam, wenn dem Bevollmächtigten eine Ausfertigung der Vollmacht erteilt wird. Dem Bevollmächtigten ist eine auf seinen Namen lautende Ausfertigung zu erteilen, wenn er durch Attest meines Hausarztes nachweist, daß ich nicht mehr in der Lage bin, meine Geschäfte zu tätigen, oder daß das Vormundschaftsgericht sonst einen Betreuer bestellen würde. Der Ersatzbevollmächtigte hat zusätzlich nachzuweisen, daß der Bevollmächtigte weggefallen ist. Für den Widerruf gelten die allgemeinen Vorschriften. Sollte eine der vorbezeichneten Bestimmungen unwirksam sein oder werden, bleiben die übrigen Bestimmungen dennoch wirksam.

Unterschrift Datum

▲

Muster: Grundverhältnis

▼

689
067

Grundverhältnis

Der Bevollmächtigte ist verpflichtet, bei der Ausübung der Vorsorgevollmacht insbesondere folgende Anweisungen zu beachten. Für den Fall meiner Pflegebedürftigkeit wünsche ich:

Sollte eine Pflege durch Dritte nötig werden, möchte ich vom Pflegedienst ▮▮▮▮ betreut werden. Der Bevollmächtigte soll, soweit irgendwie möglich, häusliche Pflege organisieren. Sollte eine Einweisung in ein Altenheim unumgänglich werden, so möchte ich im Altenheim ▮▮▮▮ untergebracht werden.

Der Bevollmächtigte soll mir neben den erforderlichen Aufwendungen für Pflege und Unterkunft DM ▮▮▮▮ monatlich zur Verfügung stellen. Hierfür kann der Kapitalstamm meines Vermögens angegriffen werden. Dieser Betrag soll wie folgt verwendet werden:

u.a Geschenke an Kinder etc.

▮▮▮▮

▮▮▮▮

Der Bevollmächtigte ist verpflichtet, dem Ersatzbevollmächtigten Mitteilung zu machen, wenn er die Niederlegung seiner Pflichten beabsichtigt. Die Bestellung einer Ersatzperson ist dem Überwachungsvertreter anzuzeigen.

Der Bevollmächtigte hat einen Unterbevollmächtigten zu überwachen und meine Rechte ihm gegenüber zu wahren. Die Vertretungsmacht des Unterbevollmächtigten ist grundsätzlich auf die Geschäfte des täglichen Lebens zu beschränken. Darüber hinausgehende Tätigkeiten sollen nur ausnahmsweise auf einen Unterbevollmächtigten übertragen werden. Eine Unterbevollmächtigung in diesem Bereich ist nur bezüglich einzelner Aufgabenkreise möglich. Sie bedarf der Schriftform. Die Bestellung eines Unterbevollmächtigten über den Geschäftskreis des täglichen Lebens hinaus ist dem Überwachungsvertreter anzuzeigen.

Der Bevollmächtigte haftet nur für Vorsatz und grobe Fahrlässigkeit. Er ist grundsätzlich im Rahmen des Grundverhältnisses Dritten gegenüber weder auskunftsnoch rechenschaftspflichtig. Erbrechtliche Bestimmungen bleiben hiervon unberührt. Soweit es der Erfüllung der Aufgaben des Überwachungsvertreters dienlich ist, ist der Bevollmächtigte gegenüber dem Überwachungsvertreter auskunfts- und rechenschaftspflichtig.

Der Bevollmächtigte erhält aus meinem Vermögen monatlich pauschal DM als Vergütung. Sollte diese Pauschale die erforderlichen Aufwendungen des Bevollmächtigten nicht decken, ist nach Zustimmung des Überwachungsvertreters ein darüber hinausgehender Aufwendungsersatz aus meinem Vermögen aufzubringen. Es gilt dann die für die Leistung übliche Vergütung.

Sollte mein Bevollmächtigter oder eine von ihm benannte Person seitens des Vormundschaftsgerichts zum Betreuer bestellt werden, soll der Betreuer über seine gesetzlich vorgesehene Vergütung hinaus monatlich DM   erhalten.

Unterschrift Datum

▲

IV. Patientenverfügung

Die Patientenverfügung, oftmals auch als Patiententestament bezeichnet, beinhaltet eine formfreie schriftliche Anweisung des Patienten an seinen Arzt, in einer bestimmten zukünftigen Situation, in welcher er selbst nicht mehr entscheidungsfähig ist, bestimmte medizinische Maßnahmen, wie beispielsweise künstliche, lebensverlängernde Maßnahmen, zu unterlassen oder aber auch durchzuführen.

Testierfähigkeit im Sinne des § 2229 BGB ist bei Errichtung der Patientenverfügung nicht erforderlich; der Verfügende muß aber einsicht- und urteilsfähig sein. Einer besonderen gesetzlichen Formvorschrift unterliegt die Patientenverfügung nicht. Aus Beweis- und Praktikabilitätsgründen ist jedoch die Schriftform unabdingbar. Bezüglich der Aufbewahrung gilt, daß auf jeden Fall sichergestellt sein muß, daß die Verfügung im Original aufgefunden wird und die behandelnden Ärzte davon Kenntnis erlangen können.

Umstritten ist in der Literatur allerdings die Verbindlichkeit einer solchen Patientenverfügung. Der BGH[537] hat hierzu bisher auch keine grundsätzliche Entscheidung getroffen.

692 Auch wenn eine Entscheidung der Rechtsprechung zur Rechtsverbindlichkeit derzeit noch nicht vorliegt, ist es sinnvoll, eine solche Notfallvorsorge zu treffen. Eine solche Anweisung in einer Patientenverfügung stellt zumindest ein im Rahmen der Ermittlung des mutmaßlichen Willens des Patienten zu berücksichtigendes Indiz dar.

693 Strittig ist, ob bei Vorliegen einer hinreichend konkreten Patientenverfügung die Einholung der **Genehmigung** des **Vormundschaftsgerichts** den Adressaten entbehrlich ist. Dies ist weder gesetzlich geregelt, noch liegt eine gefestigte Rechtsprechung hierzu vor. Zum Teil finden sich in der derzeitigen Rechtsprechung Hinweise, daß die Einholung einer vormundschaftsgerichtlichen Genehmigung trotz Vorliegens einer Patientenverfügung analog § 1904 BGB erforderlich ist.[538] Andererseits zeigt eine neue Tendenz in der Rechtsprechung, daß die Einholung einer vormundschaftsgerichtlichen Genehmigung für lebensbeendende Maßnahmen nicht erforderlich ist und § 1904 BGB weder direkt noch entsprechend anzuwenden sei.[539] Insoweit bleibt abzuwarten, ob sich der eingeschlagene Weg der Rechtsprechung verfestigt. Bis dahin ist dem Adressaten einer Patientenverfügung im Hinblick auf die Einleitung von lebensbeendenden Maßnahmen die Einholung einer vormundschaftsgerichtlichen Genehmigung zu empfehlen.

---

537 BGH NJW 1984, 2639; 1988, 1532.
538 OLG Frankfurt/Main FamRZ 1998, 1137 ff.
539 LG München NJW 1999, 1788.

Muster: Patientenverfügung

▼

**Patientenverfügung mit Wunsch nach
Behandlungsabbruch nach infauster Prognose**

Patientenverfügung von:
Name:
Vorname:
Geburtsdatum/Ort:
Straße:
PLZ/Wohnsitz:

Für den Fall, daß ich nicht mehr in der Lage sein sollte, meine Angelegenheiten selbst zu regeln, verfüge ich im jetzigen Vollbesitz meiner Kräfte und in voller Kenntnis über den Inhalt und die Tragweite meines hier geäußerten Willens wie folgt:

Wenn bei schwerstem körperlichen Leiden oder Verletzungen, Dauerbewußtlosigkeit sowie fortschreitendem geistigen Verfall auch vor dem Endstadium einer tödlich verlaufenden Krankheit und vor Eintritt des eigentlichen Sterbevorgangs keine Aussicht mehr auf Besserung im Sinne eines für mich erträglichen und umweltbezogenen Lebens mit eigener Persönlichkeitsgestaltung besteht,

- sollen an mir keine lebenserhaltenden Maßnahmen (z.B. Wiederbelebung, Beatmung, Dialyse, Bluttransfusionen, Medikamente) vorgenommen werden bzw. bereits begonnene abgebrochen werden,
- wünsche ich keine Ernährung durch Magensonde und Magenfistel
- wünsche ich keine Antibiotikaeingabe bei fieberhaften Begleitinfekten
- wünsche ich weitestgehend Beseitigung von Begleitsymptomen, insbesondere von Schmerzen; eine damit unter Umständen verbunden Lebensverkürzende Wirkung nehme ich in Kauf
- wünsche ich mir geistlichen Beistand durch
- wünsche ich, daß mein Hausarzt:

Name/Vorname
Adresse
Telefonnummer

Und folgende weitere Personen
Name/Vorname
Adresse
Telefonnummer
benachrichtigt werden.

Desweiteren
- bin ich mit einer Obduktion zur Befundsklärung einverstanden
- bin ich mit einer Organentnahme einverstanden (Organspendeausweis liegt der Verfügung bei)

2 Das erbrechtliche Mandat vor dem Erbfall

- will ich, falls ein Betreuer für mich bestellt wird, daß dieser meinen hier geäußerten Wünschen nach § 1901 Abs.2 BGB entsprechen soll.

Die in dieser Verfügung getroffenen Entscheidungen erfolgten nach eingehender und reiflicher Überlegung und stellen meine generelle ethische Grundeinstellung zu Fragen eines Behandlungsabbruchs dar.

In einer konkreten Situation, in der über einen Behandlungsabbruch der an mir vorgenommenen Heilmaßnahmen zu entscheiden ist, bitte ich meine behandelnden Ärzte, diese Patientenverfügung als verbindlich anzunehmen und entsprechend meinem Willen zu verfahren. Eine andere Entscheidung als die hier zum Ausdruck gebrachte kommt für mich nicht in Frage.

Für den Fall, daß für mich ein Betreuer bestellt wird, ist dieser ebenfalls an die Erklärung gebunden. Meine in dieser Verfügung getroffenen Erklärungen gelten insoweit als Betreuungsverfügung.

Ort/Datum
Unterschrift

Nachfolgende Zeugen bestätigen, daß ich die Verfügung im Vollbesitz meiner geistigen Kräfte verfaßt habe:

Name:
Vorname:
Geburtsdatum:
Straße:
PLZ/Ort:

Ort/Datum

Unterschrift

Name:
Vorname:
Geburtsdatum:
Straße:
PLZ/Ort:

Ort/Datum
Unterschrift

▲

J. Die Beratung des Mandanten hinsichtlich eines Sozialhilferegresses

Mit wachsender Staatsverschuldung werden Regreßansprüche des Sozialhilfeträgers in zunehmendem Maße aktueller. So sind seitens des beratenden Anwalts hinsichtlich einer lebzeitigen Übergabe, aber auch bei der testamentarischen Gestaltung oder der Beratung eines Pflichtteilsberechtigten, die möglichen (**Regress-**) Ansprüche eines Sozialhilfeträgers zu berücksichtigen. Eine zentrale Bedeutung hat diese Frage insbesondere beim Übergabevertrag, da hier der Übergeber nicht selten fast sein gesamtes Vermögen weggibt.

695

Zu unterscheiden ist zum einen der Sozialhilferegress im Hinblick auf eine Bedürftigkeit des künftigen Erblassers zu dessen Lebzeiten (§§ 90 BSHG, 528 BGB), die Überleitung von Erb- und Pflichtteilsansprüchen eines Sozialhilfebedürftigen und die Inanspruchnahme des Erben nach den Grundsätzen der selbständigen Erbenhaftung (§§ 92 a, 92 c BSHG). Zu prüfen bleibt letztlich auch immer eine Haftung nach § 419 BGB.[540]

696

I. §§ 528 BGB, 90 BSHG: Überleitung des Rückforderungsanspruchs des Schenkers auf den Sozialhilfeträger

1. Allgemeines

Eine typische Beratungssituation in der Praxis ist der Fall, daß der Schenker (Erblasser) in ein Pflegeheim kommt und nicht alle Kosten von der Pflegeversicherung übernommen werden. Gemäß § 90 BSHG kann der Sozialhilfeträger den Rückforderungsanspruch des Schenkers (§ 528 BGB) gegenüber dem Beschenkten auf sich überleiten. Dies ist auch nach dem Tod des sozialhilfebedürftig gewordenen Schenkers möglich.[541] Voraussetzung ist allerdings, daß der Rückforderungsanspruch besteht. Stirbt der Beschenkte dagegen vor Verarmung des Schenkers, dann richtet sich der Rückforderungsanspruch gegen die Erben.[542]

697

---

540 *Palandt/Heinrichs*, § 419 Rn 14.
541 BGH NJW 1995, 2287; BGHZ 96, 380.
542 BGH NJW 1991, 2358.

2. Die Rückforderung nach § 528 BGB

698 Grundsätzlich richtet sich die Rückabwicklung einer schenkweisen Übergabe nach den §§ 346 ff. BGB bzw. nach Bereicherungsrecht und erscheint daher praktisch fast ausgeschlossen, wenn das Vertragsobjekt durch vom Übernehmer zwischenzeitlich bestellte Grundpfandrechte in erheblichem Umfang belastet ist oder der Übernehmer erhebliche Aufwendungen getätigt hat, die ihm dann anläßlich der Rückübereignung zu ersetzen sind.[543]

699 Diese Problematik stellt sich jedoch bei § 528 BGB nicht in dieser Weise, da es insoweit nicht zu einer Rückabwicklung, sondern zu einer laufenden Ablösezahlung des Wertes der Schenkung kommt.[544] Der Rückforderungsanspruch wird also auf regelmäßig wiederkehrende Leistungen nach dem **Bedarfsdeckungsprinzip** beschränkt.[545]

700 Im einzelnen setzt § 528 BGB voraus, daß eine nach § 518 BGB vollzogene Schenkung und ein Notbedarf vorliegen.[546] Nicht notwendig ist, daß die Schenkung kausal für den Notbedarf war.[547] D. h., der Anspruch besteht unabhängig davon, wer die Notlage verursacht hat.

701 Wie bereits erwähnt, richtet sich der Herausgabeanspruch nach den Vorschriften über die ungerechtfertigte Bereicherung. Ist die geleistete Sozialhilfe **niedriger** als der Wert des Geschenkes, so kommt nur ein Anspruch auf anteiligen Wertersatz in Betracht. Handelt es sich wie bei der Schenkung von Grundstücken um **unteilbare** Gegenstände, dann kann gemäß § 818 II BGB lediglich Wertersatz für denjenigen Teil der Schenkung verlangt werden, der wertmäßig zur Deckung des Unterhaltsbedarfs zwar ausreichend wäre, dessen Herausgabe aber infolge Unteilbarkeit des Grundstücks unmöglich ist. Somit richtet sich der Anspruch in einem solchen Fall nur auf Zahlung des Betrags in Höhe des der Bedürftigkeit des Schenkers entsprechenden Wertanteils des Geschenkes.[548]

---

543 *Mayer*, DNotZ 1996, 605.
544 Vgl. hierzu ausführlich *Littig/Mayer* Sozialhilferegress gegenüber Erben und Beschenkten § 2 Rn 43, 44 ff.
545 BGH ZEV 1996, 152; FamRZ 1993, 184.
546 FamRZ 1993, 1434.
547 *Palandt/Putzo*, § 528 Rn 5.
548 BGHZ 94, 141.

In der Beratungssituation, in der der Mandant hinsichtlich des Übergabevertrags 702
einen Rat einholt, wie er seinen Abkömmlingen diesbezüglich eine „sichere
Übertragung" gewährleisten kann, ist auf dieses Problem unbedingt einzugehen.
Hierbei ist zu beachten, daß der **Anspruch aus § 528 BGB dem Unterhaltsanspruch des Schenkers vorgeht**.[549] Dies ist insofern von Bedeutung, als
sich das Sozialamt zunächst an den Beschenkten halten muß. Erst danach sind
beispielsweise weichende Abkömmlinge aufgrund ihrer Unterhaltspflicht in
Anspruch zu nehmen.

Beispiel 703
Erblasser E hat zu Lebzeiten auf Kind K1 übertragen. Die Kinder K2 und K3
haben keine Abfindungszahlungen erhalten. Nach der Übertragung verarmt
der Schenker. Das Sozialamt muß sich nun nach §§ 528 BGB, 90 BSHG,
obwohl die Abkömmlinge insgesamt unterhaltspflichtig sind, zunächst an
den beschenkten Abkömmling K1 halten und von ihm Ersatz verlangen.

Ein Rückforderungsanspruch kann auch nicht dadurch umgangen werden, 704
daß der Beschenkte den Gegenstand unentgeltlich weiterüberträgt. In einem
solchen Fall ist nach Ansicht des BGH[550] § 822 BGB entsprechend anwendbar.

Der Rückforderungsanspruch ist ausgeschlossen, wenn nach § 529 BGB die 705
10-Jahres-Frist abgelaufen ist oder wenn der Schenker seine Bedürftigkeit
vorsätzlich bzw. grob fahrlässig selbst herbeigeführt hat.[551] Ob hier im Rahmen
des § 529 BGB die gleichen Grundsätze wie zu 2325 BGB gelten, ist
bisher noch nicht entschieden worden, in der Literatur wird dies jedoch als
höchstwahrscheinlich angesehen.[552]

---

549 BGH NJW 1991, 1824.
550 BGHZ 106, 354.
551 *Palandt/Putzo*, § 529 Rn 2.
552 Vgl. *Littig/Mayer*, § 2 Rn 76.

3. Die Vermeidung von Regreßansprüchen

706 Kommt ein Mandant mit dem Anliegen, im Wege der lebzeitigen Übertragung Eigentum an einen oder mehrere Abkömmlinge zu übertragen, so ist im Hinblick auf die oben genannte Problematik wegen einer eventuellen Verarmung des Schenkers bei zu erwartender Wahrscheinlichkeit zu versuchen, nach Möglichkeit einen reinen Schenkungsvertrag zu vermeiden. Vielmehr sollte man versuchen, eine entgeltliche Übergabe zu konstruieren.

707 Gegenleistungen schränken grundsätzlich den Rückforderungsanspruch ein und schließen ihn sogar ganz aus, wenn der Schenkungscharakter nicht überwiegt.[553] Gerade im Bereich des § 528 BGB wird man, da öffentliche bzw. fiskalische Interessen auf dem Spiel stehen, nicht jede vereinbarte Gegenleistung anerkennen können.[554] Berücksichtigungsfähig sind aber solche Leistungen, die demselben Interesse wie die Rückforderungsnorm des § 528 BGB dienen, nämlich der Absicherung des Übergebers. So soll bspw. bei Wart- und Pflegeleistungen gerade eine Heimunterbringung und die damit unter Umständen verbundene Verarmung des Übergebers verhindert werden, so daß hier gleichlaufende Interessen vorliegen.

Als abzugsfähige Leistungen bieten sich im einzelnen an:
- eine vertragliche Pflegeverpflichtung
- Einräumung eines Wohnungsrechts
- eine Schuldübernahme

a) Vereinbarung einer vertraglichen Pflegeverpflichtung

708 Hier ist in erster Linie darauf zu achten, daß der Übernehmer die Pflegeverpflichtung auf den häuslichen Bereich beschränkt, so daß er später nicht unerwartet verpflichtet ist, eine Heimpflege, die er in der Regel wohl nicht sachgerecht ausführen kann, zu übernehmen bzw. dafür Ersatz zu leisten. Für das Verhältnis der Pflegeverpflichtung zu sozialrechtlichen Ansprüchen gilt folgendes: Leistung nach dem PflegeversicherungsG wie Pflegegeld (§ 37 SGS XI), häusliche Pflegehilfe (§ 36 SGB XI) sowie die Übernahme vollstationärer Pflege (§ 43 SGB XI) werden durch die Übernahme einer vertraglichen Pflegeverpflichtung nicht eingeschränkt. Es erfolgt keine Kürzung der Leistung,

---

[553] BGHZ 30, 120.
[554] *Mayer*, DNotZ 1996, 616.

wenn der Übergeber vertragliche Pflegeansprüche gegen den Übernehmer hat. Anders ist dies bei Leistungen nach dem BSHG; diese Leistungen sind gemäß § 2 BSHG subsidiär. Eine vertragliche Pflegeverpflichtung im häuslichen Bereich kann insbesondere Einfluß auf das Pflegegeld (§ 69 a BSHG) oder eine Erstattung von Aufwendungen für Pflegepersonen (§ 69 b BSHG) haben.[555]

Werden Leistungen nach dem BSHG erbracht, aber keine aus der Pflegeversicherung, so erfolgt beim Bestehen einer vertraglichen Pflegeverpflichtung eine Reduzierung nach dem BSHG (§ 68 ff), u.U. kann es auch zum vollständigen Wegfall der Leistung kommen.[556]

Insoweit empfiehlt sich eine Beschränkung der vertraglichen Pflegeleistung auf den häuslichen Bereich (vgl. Muster § 8 Rn 649 und zu der Frage der Sittenwidrigkeit von Nachrangsvereinbarungen *Mayer* Rn 86.).

Vgl. zur Problematik der Überleitung von Pflegeverpflichtungen *Littig/Mayer* § 2 Rn 95 ff.

b) Zuwendungen mit befreiender Schuldübernahme

Hier ist zu beachten, daß in Höhe der übernommenen Darlehensschuld eine entgeltliche Übertragung vorliegt, sofern sie so gestaltet ist, daß sie einem Drittvergleich (wie unter Fremden) standhält. Es ist aber darauf zu achten, daß der Übernehmer in der Lage ist, auch tatsächlich die Schulden aus seinem Vermögen zu leisten. 709

c) Einräumung eines Wohnungsrechts

Haben die Parteien ein Wohnrecht zugunsten des Übergebers vereinbart, so ist darauf zu achten, daß der Sozialhilfeträger diesen vertraglichen Anspruch nicht überleiten kann. Es wird teilweise empfohlen, diesbezüglich im Rahmen der Vereinbarung des Wohnrechts die Klausel aufzunehmen, daß das Wohnungsrecht ruht, wenn der Berechtigte sich nicht mehr in der Wohnung aufhält.[557] 710

---

555 Vgl. *Mayer*, Der Übergabevertrag, Rn 45.
556 *Rastätter* ZEV 1996, 281.
557 *Krauß*, MittBayNot 1992, 77, 81 ff; MittRhNotK 1988, 131, 138 ff. und 65 ff. und ZEV 1995, 391 und 202.

Desweiteren sollte darauf geachtet werden, daß das Wohnnungsrecht nicht Dritten überlassen werden darf (§ 1092 I 2 BGB), da ansonsten eine Pfändberkeit nach § 857 III ZPO gegeben und eine Überleitung nach § 90 BSHG möglich ist.[558]

Vgl. aber die neuere Rechtsprechung § 8 Rn 718 zur Anpassung nach § 242 BGB.

711 *Hinweis*
Beachtet werden sollte insgesamt, daß mit jeder Vereinbarung einer Gegenleistung möglicherweise auch ein Überleitungsanspruch geschaffen werden kann. Es gilt, dies im Einzelfall exakt zu prüfen.

II. Überleitung schuldrechtlicher Ansprüche im Falle der Leistungsstörung

Neben einer Rückforderung wegen Verarmung des Schenkers besteht immer die Möglichkeit der Überleitung schuldrechtlicher Ansprüche.

712 Im Rahmen von Versorgungsleistungen bei **Leibgedingverträgen** (Altenteilsverträgen) ist darauf zu achten, daß diese nach Art. 96 EGBGB i. V. mit der jeweiligen landesrechtlichen Vorschrift überleitungsfähig sind, dh, daß für den Fall der Leistungsstörung in dem jeweiligen Land eine besondere abweichende Regelung von den §§ 320 ff BGB gilt.[559]

713 So sehen beispielsweise die landesrechtlichen Ergänzungsvorschriften vor, daß im Rahmen der Unmöglichkeit ein Wertersatzanspruch zu leisten ist. Kann also der Übergeber aufgrund seiner Pflegebedürftigkeit nicht mehr sein ihm eingetragenes Wohnrecht ausüben, so hat der Übernehmer diesbezüglich Wertersatz zu leisten. Dieser Wertersatzanspruch kann dann auf den Sozialhilfeträger übergeleitet werden.

714 Zu prüfen bleibt immer, ob es sich auch tatsächlich um einen Leibgedingsvertrag handelt (Altenteilsvertrag). Nicht jede **Versorgungsvereinbarung** in einem Übergabevertrag ist ein Leibgeding i. S. des Art. 96 EGBGB.

---

558 Vgl. *Littig/Mayer*, § 2 Rn 90 ff.
559 Vgl. *Littig/Mayer*, § 2 Rn 100 ff.

715 Unter einem „Leibgedingsvertrag" versteht man einen Inbegriff von Rechten verschiedener Art, die durch ihre Zweckbestimmung, dem Berechtigten ganz oder teilweise für eine bestimmte Zeit oder dauernd Versorgung zu gewähren, zu einer Wiortschaftseinheit verbunden sind.[560]

716 Charakterisiert wird der Leibgedingsvertrag durch die vertragstypische Generationenfolge, die subjektive Unentgeltlichkeit und dadurch, daß es sich bei dem Übergabeobjekt um eine die Existenz wenigstens teilweise begründende Wirtschaftseinheit handeln muß. Hierbei ist eine ganzheitliche, abwägende Beurteilung des gesamten Vertragscharakters ausgehend von Motiv (Versorgungsabsicht des Übergebers, Sicherung der Generationennachfolge) und Inhalt (Versorgungsleistungen, Übertragung eines wesentlichen Vermögenswertes)[561] der Übertragung vorzunehmen.

717 Soweit es sich um einen **typischen Leibgedingsvertrag** i. S.d. Art. 96 EGBGB mit einer umfangreichen Pflegeverpflichtung zugunsten des Übergebers handelt, liegt außerdem ein Dauerschuldverhältnis vor. Für dieses kann aber keine Rückabwicklung „ex tunc", sondern nur eine Kündigung „ex nunc" erfolgen. Diese Schwierigkeit der Rückabwicklung hat dazu geführt, daß die meisten Ausführungsgesetze der Länder zum BGB für den Leibgedingsvertrag die Geltendmachung gesetzlicher Rücktrittsrechte ausschließen.

718 *Hinweis*
Die normalen Versorgungsverträge – also keine Leibgedingsverträge – können aber über den Wegfall der Geschäftsgrundlage (§ 242 BGB) auch Wertersatzansprüche auslösen, die wiederum überleitungsfähig sind; vgl. hierzu OLG Celle DNotI-Report 1999, 104 für die Umwandlung eines Wohnungsrechts in einen Geldanspruch und OLG Karlsruhe DNotI-Report 1999, 105 zur Frage, ob auch ein Dritter Grundstückserwerber zur Zahlung der Geldrente verpflichtet werden kann. Nutzt der Wohnungsverpflichtete den Wohnraum der Berechtigten nach deren Auszug selbst, so tritt nach Ansicht des AG Lahr an die Stelle des Wohnungsrechts ein Anspruch auf eine Geldrente; AG Lahr MittRhNotK 1999, 112.

---

560 BGH NJW-RR 1989, 451.
561 *J. Mayer*, DNotZ 1996 S. 622.

III. Die „Ausstattung" als Alternative zur gemischten Schenkung

719 Eine in der Praxis selten anzutreffende Zuwendungsart ist die der **Ausstattung**[562] nach § 1624 BGB. Da es sich bei der Ausstattung nicht um eine Schenkung handelt, sondern der Rechtsgrund vielmehr eine causa sui generis ist, kommen die §§ 528, 530 ff BGB hier nicht zur Anwendung.[563]

720 Befindet man sich mit dem Mandanten im Rahmen der Beratung in der Situation, daß die Eltern beispielsweise einen Bauplatz etc. auf einen ihrer Abkömmlinge übertragen wollen, so bietet es sich an, um den oben genannten Risiken vorzubeugen, die Übertragung im Wege der Ausstattung vorzunehmen. Nachteil der Ausstattung ist, daß die Ausgleichungspflicht der Ausstattung nach §§ 2316 III, 2050 I BGB nicht abbedungen werden kann, was heißt, daß der andere Abkömmling einen höheren Pflichtteilsanspruch hat. Dies ist beispielsweise dann nicht gewollt, wenn der andere Abkömmling sich als „undankbar" erweist.

IV. Übergang von Unterhaltsansprüchen auf den Sozialhilfeträger, § 91 BSHG

721 Auch wenn es sich beim Übergang des Unterhaltsanspruchs nicht um ein rein erbrechtliches Problem handelt, so sollte es doch der Vollständigkeit halber hier erwähnt werden. Gerade bei einer umfassenden Beratung eines Mandanten im Hinblick auf sozialhilferechtliche Regreßansprüche wird diese Frage genauso relevant, wie die der Überleitung von Rückforderungsansprüchen nach § 528 BGB, § 90 BSHG.[564]

722 Nach der seit 27.06.1993[565] geltenden Fassung des § 91 BSHG handelt es sich bei dieser Vorschrift um eine **cessio legis**. Der Unterhaltsanspruch geht also kraft Gesetzes und nicht wie früher erst durch eine Überleitung auf den Sozialhilfeträger über.[566] Eine Prüfung der Überleitung entfällt hiermit, so daß,

---

562 *Kerscher/Tanck*, ZEV 1997, 354.
563 *Palandt/Diederichsen*, § 1624 Rn 3.
564 Der Unterhaltsanspruch steht jedoch im Rang hinter dem Rückforderungsanspruch nach § 528 BGB. Auf die Unterhaltsverpflichtung wird insoweit erst zurückgegriffen, wenn der Wert der Zuwendung, die der Übernehmer erhalten hat, erschöpft ist.
565 BGBl I, S. 944.
566 LPK-BSHG § 91 Rn 5.

wie in § 91 IV BSHG vorgesehen, nur noch im Zivilrechtsweg zu entscheiden ist.

V. Überleitung von Erb- und Pflichtteilsansprüchen auf den Sozialhilfeträger nach § 90 BSHG[567]

Typisch für eine Beratungssituation ist, daß der Erblasser wissen will, ob er einen Abkömmling enterben soll, damit Gläubiger bzw. auch der Sozialhilfeträger später nicht auf das ererbte Vermögen zugreifen können. Diese Frage stellt sich dann, wenn der Abkömmling **verschuldet** ist oder es sich bspw. um ein **behindertes** Kind handelt, welches Leistungen des Sozialhilfeträgers in Anspruch nimmt.

723

Hier besteht seitens des Sozialhilfeträgers zunächst die Möglichkeit, den Pflichtteilsanspruch des Enterbten nach § 90 BSHG überzuleiten (eine Pfändung des Pflichtteilsanspruchs ist allerdings erst dann möglich, wenn er geltend gemacht wurde).

724

Als Lösung bietet sich an, das „Problemkind" auf eine Quote, die etwas mehr als seinem Pflichtteil entspricht, einzusetzen und dann im Rahmen einer Dauertestamentsvollstreckung dem Abkömmling bestimmte Nutzungen etc. zukommen zu lassen. Der Sozialhilfeträger hat hier nicht die Möglichkeit, nach §§ 2306, 2307 BGB auszuschlagen und den vollen Pflichtteil zu verlangen, da es sich beim Ausschlagungsrecht um ein höchstpersönliches Recht des Pflichtteilsberechtigten handelt.[568] Dieses kann nicht durch einen Dritten ausgeübt werden.[569]

725

Im Rahmen einer solchen Gestaltung ist aber dann unbedingt darauf zu achten, daß der Pflichtteilsberechtigte etwas mehr als seinen Pflichtteil erhält, da ansonsten der Zusatzpflichtteil nach §§ 2305, 2307 BGB dem Zugriff des Sozialhilfeträgers ungeschützt ausgesetzt ist.

726

---

567 *Van de Loo*, MittRhNotK 1989, 233.
568 Vgl. auch § 8 Rn 339 ff.
569 *Nieder*, Rn 1048.

VI. Die Erbenhaftung nach § 92 c BSHG

727 Die selbständige Erbenhaftung begründet eine Pflicht der Rechtsnachfolger des Sozialhilfeempfängers. Die Erben sind verpflichtet, die Kosten der letzten zehn Jahre vor dem Erbfall, die das 2-fache des Grundbetrages gemäß § 81 I BSHG übersteigen, zu ersetzen (§ 92 c Abs. 3 Nr. 1 BSHG).[570] Hierbei handelt es sich um eine Nachlaßverbindlichkeit, die auch den Vorerben trifft.

728 § 92 c BSHG stellt insoweit eine Ausnahme von dem Grundsatz dar, daß rechtmäßig gewährte Sozialhilfe nicht zurückgezahlt werden muß. Es handelt sich um eine unmittelbare Erbenhaftung. Die Ersatzpflicht entsteht mit dem Tod des Hilfeempfängers.

729 Die vom Ersatz umfaßten Kosten sind solche der Hilfe zum Lebensunterhalt oder der Hilfe in besonderen Lebenslagen. Die Ersatzpflicht wird durch § 92 c Abs. 1 S. 2 und Abs. 3 Nr. 1 und 2 BSHG eingeschränkt. So haftet der Erbe nach § 92 c Abs. 2 BSHG nur mit dem Nachlaß. Das zum Zeitpunkt der Hilfegewährung vorhandene „Schonvermögen" gemäß § 88 II und III BSHG ist dagegen voll dem Nachlaß hinzuzurechnen.

730 Nach § 92 c Abs. 3 Nr. 2 BSHG haben Verwandte und Ehegatten, die mit dem Erblasser in einer häuslichen Gemeinschaft gelebt und diesen gepflegt haben, einen Freibetrag in Höhe von DM 30000,–.

731 In § 92 c III BSHG ist eine Härteklausel vorgesehen, die diejenigen Fälle umfaßt, bei denen ein Kostenersatz nicht geltend gemacht werden darf. Dies ist bspw. dann der Fall, wenn der Erbe durch eigene Investitionen den Wert des Nachlasses erheblich gesteigert hat.[571]

732 Der Ersatzanspruch des Sozialhilfeträgers geht, mit Ausnahme der §§ 1967 ff BGB, den übrigen Nachlaßverbindlichkeiten vor.

---

[570] Der Freibetrag nach § 92 c Abs. 3 Nr. 1 BSHG beträgt derzeit DM 2900,– in den neuen Bundesländern DM 2650,–; LPK-BSHG, § 92 c Rn 10.
[571] LPK-BSHG, § 92 c Rn 12.

K. Die Beratung des Mandanten über die Rechtsnachfolge im Gesellschaftsrecht

Wie bereits im Rahmen der Gestaltung einer Verfügung von Todes wegen angesprochen, bedarf es im Rahmen von Gesellschaftsverträgen, insbesondere von Personengesellschaften, einer besonderen Abstimmung von Gesellschaftsvertrag und Verfügung von Todes wegen. Dies nicht zuletzt deswegen, weil der gesellschaftsrechtlichen Bestimmung grundsätzlich der Vorrang vor der erbrechtlichen Bestimmung einzuräumen ist. 733

So fallen Anteile an Kapitalgesellschaften ebenso wie ein Einzelunternehmen in den Nachlaß des Erblassers, während die gesetzlichen Regelungen bei Personengesellschaften je nach Gesellschaftsform unterschiedlich sind. 734

In der Praxis ist man jedoch dazu übergegangen, bei Personengesellschaften durch eine entsprechende Klausel die Fortführung oder die Nachfolge zu ermöglichen.[572]

I. Die Rechtsnachfolge in einem Einzelunternehmen

Aus § 22 I HGB ergibt sich die grundsätzliche Vererblichkeit eines einzelkaufmännischen Unternehmens im Wege der Gesamtrechtsnachfolge (§ 1922 BGB). Anders als bei Personengesellschaften fällt das Handelsgeschäft als wirtschaftliche Einheit in den Nachlaß und wird gemeinschaftliches Gesamthandsvermögen aller Miterben (§ 2032 BGB).[573] Nach Ansicht des BGH[574] kann ein zum Nachlaß gehörendes Einzelunternehmen, unabhängig von der Frage, ob dies sinnvoll ist, auch durch eine Erbengemeinschaft fortgeführt werden, und zwar ohne zeitliche Begrenzung und ohne daß hierfür eine Personengesellschaft begründet werden müßte. 735

Für die anwaltliche Gestaltungstätigkeit gilt es jedoch in jedem Fall zu vermeiden, daß ein kaufmännisches Einzelunternehmen in eine Erbengemeinschaft gelangt. Neben den problematischen Fragen der Vertretung und Verwaltung,[575] 736

---

572 *Schröder*, INF 1997, 16.
573 BGHZ 30, 391.
574 BGHZ 17, 299.
575 *Ebenroth*, Erbrecht, Rn 854 ff.

können gerade bei einer eventuellen Auseinandersetzung der Erbengemeinschaft erhebliche steuerliche Belastungen, bspw. durch die Aufdeckung stiller Reserven, hervorgerufen werden.

II. Die Rechtsnachfolge bei Kapitalgesellschaften

1. Die GmbH

737 Während bei Personengesellschaften die Gesellschaft bei Tod eines Gesellschafters aufgelöst, bzw. der Gesellschaftsanteil durch eine gesellschaftsrechtliche Klausel auf einen Nachfolger übertragen wird, sind die Anteile an einer GmbH frei vererblich (§ 15 GmbHG). Die Vererblichkeit der GmbH-Anteile kann grundsätzlich auch nicht durch die Satzung ausgeschlossen werden.[576] Der Übergang auf die Erben erfolgt nach § 1922 BGB, so daß es einer Mitwirkung der Gesellschafter nicht bedarf. Mehrere Miterben halten den GmbH-Anteil gesamthänderisch (§ 2032 BGB) und üben ihr Mitgliedschaftsrecht gemeinsam aus (§ 18 GmbHG).

738 Die Vererblichkeit eines GmbH-Anteils kann aber durch die Satzung eingeschränkt werden. So kann bspw. ein gesellschaftsvertragliches **Einziehungsrecht**[577] oder eine **Abtretungspflicht**[578] verhindern, daß nicht erwünschte Personen in die Gesellschaft nachrücken. Sieht die Satzung einer GmbH vor, daß die Anteile verstorbener Gesellschafter einzuziehen sind, so fallen diese zunächst in den Nachlaß[579] und können dann durch Gesellschafterbeschluß gegenüber den Erben eingezogen werden.[580]

2. Die Aktiengesellschaft

739 Auch für Aktien gilt, daß diese grundsätzlich frei vererblich sind und die Satzung eine Vererblichkeit nicht ausschließen kann. Die Aktien gehen im Wege der Gesamtrechtsnachfolge (§ 1922 BGB) auf die Erben über. Mehrere Miterben halten die Aktien gesamthänderisch als gemeinschaftliches Vermögen

---

576 *Buchholz*, MittRhNotK 1991, 37.
577 *Esch/Baumann/Schulze zur Wiesche*, Handbuch der Vermögensnachfolge, 1. Buch, Rn 1272.
578 *Priester*, GmbH-Rdsch 1981, 206.
579 *Karsten Schmidt*, Gesellschaftsrecht, § 35 II 3a.
580 *Vogel*, GmbH-Rdsch 1971, 132.

(§ 2032 BGB). Jedoch kann auch hier, ähnlich wie bei GmbH-Anteilen, gemäß § 237 AktG die Zwangseinziehung im Falle des Todes vorgesehen sein.[581] Unzulässig ist aber die Bestimmung in einer Satzung, daß die Erben verpflichtet sind, die Anteile an bestimmte Aktionäre zu übertragen.[582]

III. Die Rechtsnachfolge in Personengesellschaften

1. Allgemeines

Schwieriger gestaltet sich die Vererbung von Personengesellschaften. Hier stellt sich im einzelnen die Frage, ob der Gesellschaftsanteil an einer Personengesellschaft in den Nachlaß fällt, bzw. wenn es um Fragen der Gestaltung geht, ob er später einmal in den Nachlaß fallen soll. **740**

2. Fällt der Gesellschaftsanteil in den Nachlaß

Nach dem HRefG gilt seit 1.7.1998 hinsichtlich der Vererbung von Anteilen an Personengesellschaften folgendes: **741**

Bei der **Gesellschaft bürgerlichen Rechts** verbleibt es bei der bisherigen Regelung, daß die Gesellschaft durch den Tod eines Gesellschafters gemäß § 727 I BGB aufgelöst wird, sofern sich aus dem Gesellschaftsvertrag nichts anderes ergibt.[583]

Für die **OHG** galt die bisherige Regelung, daß die Gesellschaft mit dem Tod eines Gesellschafters aufgelöst wird (§ 131 HGB aF.). Gemäß der geänderten Vorschrift des § 131 II Nr. 1 HGB nF. führt der Tod eines Gesellschafters nun nicht mehr zur Auflösung, sondern zu dessen Ausscheiden aus der Gesellschaft, sofern der Gesellschaftsvertrag nichts anderes vorsieht.[584] Gleiches gilt auch für die Vererbung eines **Komplementäranteils** einer KG (§§ 161 II, 131 II Nr. 1 HGB nF.). Bezüglich des Anteils eines **Kommanditisten** bestimmt die Neufassung des § 171 HGB, daß mit dessen Tod mangels abweichender Anordnungen die Gesellschaft mit den Erben fortgesetzt wird.[585]

---

581 *Esch/Baumann/Schulze zur Wiesche*, Handbuch der Vermögensnachfolge, 1. Buch, Rn 1371.
582 *Schaub*, ZEV 1995, 82.
583 BGBl. I 1998 Seite 1474; *Schmidt* NJW 1998, 2161, 2166.
584 BGBl. I 1998 Seite 1474, 1476; *Schmidt* NJW 1998, 2161, 2166.
585 BGBl. I 1998 Seite 1474, 1477.

742 Die Gesellschafter haben jedoch die Möglichkeit, eine hiervon abweichende vertragliche Vereinbarung zu treffen. In der Praxis kommen drei verschiedene Fortführungsarten zum Tragen: die sogenannte **Fortsetzungsklausel**, die **Eintrittsklausel** und die **Nachfolgeklausel** (einfache und qualifizierte Nachfolgeklausel).

Hinweis
Alle Gesellschaftsverträge von Personenhandelsgesellschaften aus der Zeit vor dem 1.7.1998 sind auf die Aktualität der Nachfolgeregelung zu überprüfen (vgl. *Schmidt* NJW 1998, 2161, 2166).

a) Die Fortsetzungsklausel

743 Unter der **Fortsetzungsklausel** versteht man die gesellschaftsvertragliche Vereinbarung, daß bei dem Tod eines Gesellschafters die Gesellschaft mit den übrigen Gesellschaftern fortgeführt wird (§ 138 HGB). Der Anteil des Verstorbenen wächst hierbei den übrigen Gesellschaftern an. Bei einer Ausgestaltung der Fortsetzungsklausel sollte unbedingt die Frage, ob und in welcher Höhe bzw. nach welcher Bemessungsgrundlage die Erben einen Abfindungsanspruch erhalten, geregelt sein. Die Fortsetzung der Gesellschaft ist seit 1. 7. 1998 bei oHG und KG der gesetzliche Regelfall.

Muster: Fortsetzungsklausel

▼

744 Stirbt einer der Gesellschafter, so wird die Gesellschaft unter den übrigen Gesellschaftern fortgesetzt. Den Erben des verstorbenen Gesellschafters steht kein Abfindungsanspruch zu.
Alternativ: Den Erben des Gesellschafters steht entsprechend seinem Anteil ein Abfindungsanspruch zu. Die Höhe des Abfindungsanspruchs berechnet sich nach den Buchwerten ohne Berücksichtigung der stillen Reserven und eines eventuell vorhandenen Firmenwertes (good will). Ebenso unberücksichtigt bleiben bei der Bewertung noch nicht abgewickelte Geschäfte.

▲

b) Die Nachfolgeklausel[586]

Anders ist dies hingegen bei der **Nachfolgeklausel**. Sie sieht die Fortführung der Gesellschaft mit dem oder den Erben vor. Hierbei handelt es sich um einen erbrechtlichen Übergang. Die Erben treten automatisch an die Stelle des Erblassers. Nach hM[587] erfolgt der Übergang ausnahmsweise im Wege der Singularsukzession, dh, daß der Gesellschaftsanteil unmittelbar auf die berufenen Erben übergeht und jeder Erbe in Höhe seiner Erbquote in die Gesellschafterstellung einrückt.[588]

Bei der Ausgestaltung der Nachfolgeklausel ist darauf zu achten, daß die Nachfolge sowohl als Erbe als auch im Wege des Vermächtnisses möglich ist.

Muster: Einfache Nachfolgeklausel

▼

Im Falle des Versterbens eines Gesellschafters wird die Gesellschaft mit seinen Erben fortgesetzt. Sind mehrere Erben vorhanden, so haben sich die Erben von einem Bevollmächtigten vertreten zu lassen. Wird kein Bevollmächtigter benannt, dann ruht das Stimmrecht.

▲

Sieht die Nachfolgeklausel vor, daß nur ein bestimmter Erbe in die Gesellschaft eintreten soll (**sog. qualifizierte Nachfolgeklausel**), dann geht nach Ansicht des BGH[589] der ganze Gesellschaftsanteil unmittelbar auf den bevorzugten Erben über.

---

586 Zur steueroptimalen Gestaltung bei Nachfolgeklauseln siehe Haas, BRAK-Mitt. 1997, 193.
587 BGHZ 22, 186; OLG Frankfurt NJW 1983, 1806.
588 Die Sondererbfolge wird von der hM deshalb angewandt, weil ansonsten keine Vereinbarkeit zwischen Erbrecht und Gesellschaftsrecht herzustellen wäre. Denn würde die Erbengemeinschaft selbst in die Gesellschafterstellung eintreten, was nach dem Grundsatz der Universalsukzession der Fall wäre, würde dies zu einem Ausschluß der persönlichen Haftung (§ 128 HGB) führen.
589 BGHZ 68, 225.

2 Das erbrechtliche Mandat vor dem Erbfall

Muster: Qualifizierte Nachfolgeklausel

▼

749 Für den Fall des Versterbens eines Gesellschafters wird die Gesellschaft mit demjenigen Erben oder den anderweitig durch Verfügung von Todes wegen Bedachten, den der Erblasser bestimmt hat, fortgeführt. Bestimmt der Erblasser keinen Nachfolger, so scheidet er mit dem Tod aus der Gesellschaft aus. Die Gesellschaft wird dann unter den übrigen Gesellschaftern fortgesetzt. Den weichenden Erben steht ein Abfindungsanspruch entsprechend den Vorschriften der Kündigung eines Gesellschafters zu.

▲

c) Die Eintrittsklausel

750 Des weiteren kann ein Gesellschaftsvertrag auch ein sogenanntes **Eintrittsrecht** für einen oder alle Erben vorsehen.[590] Dann wird die Gesellschaft zunächst unter den übrigen Gesellschaftern fortgesetzt. Die Erben haben aber das Recht (Option), in die Gesellschaft einzutreten. Die Mitgliedschaft in der Gesellschaft wird hierbei aber nicht kraft Erbrechts, sondern vielmehr durch Rechtsgeschäft unter Lebenden begründet. Bei der Eintrittsklausel handelt es sich insoweit um einen Vertrag zugunsten Dritter (§§ 328 ff BGB). Der Eintritt in die Gesellschaft erfolgt somit nicht durch Erbfolge.[591]

---

590 BGH DNotZ 1967, 387.
591 *Nieder*, Münchener Vertragshandbuch, XVI 10 (Muster).

§ 9 Der den Erblasser Pflegende als Mandant

A. Allgemeines

Häufig stellt sich die Frage, ob einer Person, die den Erblasser gepflegt 1
hat, ein Anspruch auf irgendein Entgelt für diese Pflegeleistungen zusteht,
der nach dem Erbfall geltend gemacht werden könnte, wenn im Testament
kein entsprechendes Pflegevergütungsvermächtnis ausgesetzt wurde. Gleiches
gilt auch bei der Pflege, die im Rahmen einer Pflegeverpflichtung (z.B. aus
einem Übergabevertrag) über den Umfang der vereinbarten Verpflichtung
hinausgeht.

B. Vertragliche Ansprüche

Denkbar ist dies natürlich immer im Rahmen **schuldrechtlicher Vereinbarun-** 2
gen zwischen Erblasser und Pflegeperson. Falls der Nachweis einer solchen
Vereinbarung (Dienstvertrag) gelingt, besteht in der Tat ein Anspruch auf die
vereinbarte bzw. übliche Vergütung. Hier ist allerdings zu beachten, daß ein solcher Vertrag unter Umständen **arbeitsrechtliche** Probleme aufwerfen kann.

Im übrigen dürfte gerade für den Fall, daß eine dem Erblasser nahestehende 3
Person, etwa ein naher **Verwandter**, diesen gepflegt hat, der Nachweis
eines vereinbarten Entgelts schwer zu führen sein. Bei Dienstleistungen von
Verwandten, Freunden und in eheähnlichen Verhältnissen Lebenden wird
grundsätzlich ein Indiz für eine Unentgeltlichkeit anzunehmen sein.

C. Anspruch aus GoA

Zu denken wäre weiterhin an einen Anspruch aus **Geschäftsführung ohne** 4
Auftrag gemäß §§ 677, 683 BGB, wobei zu beachten ist, daß dieses Rechtsinstitut lediglich Aufwendungsersatz entsprechend eines Beauftragten gewährt,
nicht aber ein Entgelt. Jedoch ist § 683 BGB im Wege der korrigierenden Interpretation so auszulegen, daß dem Geschäftsführer eine angemessene Vergütung

zusteht, wenn die Übernahme der Geschäftsführung den Umständen nach nur gegen eine Vergütung zu erwarten ist.[1]

5   Bei der Prüfung der Voraussetzungen einer Geschäftsführung ohne Auftrag wird jedoch die Abgrenzung zwischen reinem Gefälligkeitsverhältnis und rechtsgeschäftlichem Verhältnis relevant.

6   Das reine **Gefälligkeitsverhältnis** begründet nämlich weder Erfüllungs- noch Aufwendungsersatzansprüche. Würde in Fällen der vorliegenden Art generell ein Vergütungsanspruch zugebilligt, wäre eine Abgrenzung zwischen altruistischen und aus menschlichen Gründen gewährten Hilfeleistungen gegenüber rechtlichen Verpflichtungen und schuldrechtlichen Verträgen nicht möglich.

7   Entscheidend bei der Abgrenzung ist nicht der innere Wille der Beteiligten, sondern wie sich das Verhalten der Beteiligten bei Würdigung aller Umstände einem objektiven Betrachter gegenüber darstellt.[2] Aus den im Gesetz geregelten Gefälligkeitsverträgen (z.B. § 662 BGB) ergibt sich, daß ein Rechtsbindungswille auch bei einem unentgeltlichen und uneigennützigen Handeln anzunehmen sein kann.

8   Zu würdigen sind die rechtliche und wirtschaftliche Bedeutung der Angelegenheit, vor allem für den Begünstigten, Art, Grund und Zweck der Gefälligkeit sowie die Interessenlage. Eine vertragliche Bindung muß dann gegeben sein, wenn der Begünstigte sich auf die Zusage verläßt und für ihn erhebliche Werte auf dem Spiel stehen.[3]

9   Es ist hier also darauf abzustellen, ob die Pflegeperson ihre Tätigkeit ohne weiteres, insbes. ohne Kündigung beenden bzw. der Pflegebedürftige auf die Leistung ohne weiteres verzichten und entsprechende Kostgeldzahlungen o.ä. einstellen könnte.

10 Voraussetzung des § 683 BGB ist, daß der Geschäftsführer zumindest ein **auch fremdes Geschäft** führt. Dies ist bei der Pflegeleistung an einem Pflegebedürftigen der Fall. Auch der Fremdgeschäftsführungswille ist insoweit gegeben. Die Geschäftsführung muß allerdings „ohne Auftrag" erfolgt sein.

---

1 MüKo/*Seiler*, § 683 Rn 26.
2 *Palandt/Heinrichs*, Einl v. § 241 Rn 9 ff.
3 BGHZ 56, 210.

Damit wird verlangt, daß der Geschäftsführer nicht anderweitig zur Geschäftsbesorgung dem Geschäftsherrn gegenüber legitimiert oder sogar verpflichtet ist. Eine solche Legitimation kann sich ergeben aus Rechtsgeschäft, Organ- oder Amtsstellung, öffentlich-rechtlichem besonderem Gewaltverhältnis oder aber aus familienrechtlichem Status.[4] In diesen Fällen gibt es nämlich für die Geschäftsbesorgung spezielle Regelungen, die die Anwendung der Grundsätze der Geschäftsführung ohne Auftrag ausschließen.

Zu unterscheiden ist demnach zwischen unterhaltsverpflichteten Familienangehörigen und Dritten, die die Pflege des Pflegebedürftigen übernommen haben. **11**

Handelt es sich bei der pflegenden Person um einen Abkömmling, dann ist grundsätzlich auch die Unterhaltspflicht nach §§ 1601 ff BGB zu beachten. Zwar schuldet der Unterhaltsverpflichtete dem Unterhaltsberechtigten gemäß § 1612 BGB grundsätzlich die Gewährung einer Geldrente. Gemäß § 1612 I S. 2 BGB kann der Verpflichtete jedoch verlangen, daß ihm die Gewährung des Unterhalts in anderer Art gestattet wird, wenn besondere Gründe dies rechtfertigen. **12**

Bei der Prüfung von Ersatzansprüchen nach den Regeln der Geschäftsführung ohne Auftrag ist also stets der Einzelfall entscheidend. Eine allgemein gültige Beurteilung kann hier nicht vorgenommen werden. **13**

D. Ansprüche aus Sozialversicherungsrecht

Ansprüche aus **Sozialversicherungsrecht** bzw. aus dem **BSHG** scheiden grundsätzlich aus, da im Sozialversicherungsrecht nur derjenige anspruchsberechtigt ist, der gepflegt wird, mithin der Pflegebedürftige selbst, nicht aber die Pflegeperson. Die Ansprüche der Pflegeperson selbst sind in § 44 SGB XI geregelt. Sie umfassen Ansprüche auf Rentenversicherungsbeiträge, auf Versicherungsschutz in der gesetzlichen Unfallversicherung sowie auf Unterhaltsgeld gemäß § 46 ArbFG. Darüber hinaus gewährt § 45 SGB XI einen Anspruch auf kostenlose Schulungskurse. **14**

---

4 MüKo/*Seiler*, § 677 Rn 34.

15 Demgegenüber werden **Pflegeleistungen**, wie das Pflegegeld, ausschließlich gemäß §§ 36, 37 SGB XI dem Pflegebedürftigen selbst, und nicht der häuslichen Pflegehilfe, gewährt. Das gleiche gilt für das Pflegegeld im Rahmen des BSHG; hier hat ebenfalls nur der Pflegebedürftige selbst einen Anspruch aus § 69 a BSHG.

E. Gesetzlicher Ausgleichsanspruch bei Abkömmlingen nach § 2057 a BGB

16 Handelt es sich bei der pflegenden Person um einen Abkömmling des Erblassers, dann kann im Falle des Todes eine **Ausgleichung** der erbrachten **Pflegeleistung** nach der Vorschrift des § 2057a BGB erfolgen. Nach dem Ausgleichungstatbestand des § 2057 a BGB sind Pflegeleistungen, die Abkömmlinge gegenüber dem Erblasser erbracht haben, bei der Auseinandersetzung zu berücksichtigen. Bei § 2057 a BGB handelt es sich ebenso wie bei den §§ 2050 ff BGB um eine gesetzliche Vermutungsregel, die durch einen anderslautenden Erblasserwillen widerlegt werden kann.[5]

17 Ein Ausgleichsanspruch kommt aber nur dann in Betracht, wenn die Leistung unentgeltlich gewesen ist und der Abkömmling auch keinen Anspruch aufgrund eines anderen Rechtsgrundes, beispielsweise aus § 812 BGB, hat.[6] Besteht ein solcher Anspruch aus Bereicherungsrecht, so ist dieser eine Nachlaßverbindlichkeit, die letztlich alle Erben trifft.[7] In der Praxis entstehen hier oftmals Abgrenzungsschwierigkeiten.

18 Die Anwendung des § 2057 a BGB setzt voraus, daß die Leistung von einem Abkömmling des Erblassers erbracht wurde, der gesetzlicher oder gewillkürter Erbe im Sinne von § 2052 BGB geworden ist. Hierbei ist nicht unbedingt notwendig, daß der Abkömmling die Leistung selbst erbringt. Es genügt, wenn sie durch seine Familie oder in seinem Auftrag erfolgte.[8] Die Pflege muß aber

---

5 Zur Aufhebung der Ausgleichspflicht durch letztwillige Verfügung siehe *Damrau*, FamRZ 1969, 581; *Palandt/Edenhofer*, § 2057 a Rn 16; *Staudinger/Werner*, § 2057 a Rn 4.
6 DNotZ 1970, 535; *Damrau*, FamRZ 1969, 581.
7 *Lange/Kuchinke*, § 15 III 5.
8 *Staudinger/Werner*, § 2057 a Rn 13; *Bosch*, FamRZ 1972, 173 Fn 36.

immer gegenüber dem Erblasser selbst erfolgen und nicht gegenüber einem anderen Familienmitglied.[9]

Unter der besonderen Voraussetzung des Verzichts auf eigene berufliche Einkünfte (§ 2057 a S. 2 BGB) ist die erbrachte **Pflegeleistung** ausgleichsfähig. Darüber hinaus muß sie in besonderem Maße erfolgen. Auch muß sie über einen bestimmten Zeitraum hinweg erbracht werden. Da die Pflegeleistung in der Regel intensiver ist als eine bloße Mitarbeit, kann es aber als gerechtfertigt anzusehen sein, eine intensive ein- bis zweimonatige Pflegedauer bereits als ausgleichspflichtig anzuerkennen.[10] 19

Hinweis 20
Die Leistung muß auch hier grundsätzlich gegenüber dem Erblasser erbracht werden. Haben die Ehegatten ein gemeinschaftliches Testament mit gegenseitiger Alleinerbeneinsetzung gehabt, so ist als Erblasser auch der vorverstorbene Ehegatte anzusehen, dh, daß eine Ausgleichung auch dann stattfindet, wenn der Abkömmling die Leistungen gegenüber dem erstverstorbenen Ehegatten erbracht hat.[11] Es gilt hier insoweit der erweiterte Erblasserbegriff.

Große Schwierigkeiten bestehen in der anwaltlichen Praxis in der Wertbemessung des Ausgleichsbetrages nach § 2057 a BGB. Nach Ansicht des BGH[12] wird der Gesamtbetrag der Ausgleichung nicht einzeln errechnet, sondern nach Billigkeitserwägungen geschätzt. 21

Gemäß § 2057 a III BGB sind für die Ermittlung des Ausgleichsbetrages drei Kriterien ausschlaggebend. Nämlich die Dauer und der Umfang der erbrachten Leistung, der Wert des Nachlasses zum Zeitpunkt des Erbfalls und die Auswirkungen der Leistung auf das Vermögen des Erblassers, sprich in welcher Höhe eine vermögenserhaltende Wirkung stattgefunden hat. Die Höhe des ausgleichspflichtigen Betrages muß nach den vorgenannten Kriterien so bemessen werden, daß er der **Billigkeit** entspricht und daß er im Verhältnis 22

---

9 *Staudinger/Werner*, § 2057 a Rn 18.
10 *Staudinger/Werner*, § 2057 a Rn 17; anders *Lange/Kuchinke*, § 15 III 5 c der einen Zeitraum von 6 Wochen unter Bezug auf § 1617 BGB als nicht ausreichend erachtet.
11 *Knur*, FamRZ 1970, 277; *Staudinger/Werner*, § 2057 a Rn 20.
12 BGH NJW 1988, 712, 714.

zum Restnachlaß als **angemessen** erscheint.[13] Als ungefähre Orientierungshilfe sind vergleichsweise z.B. Richtsätze für mithelfende Familienangehörige in der Landwirtschaft heranzuziehen[14] oder möglicherweise auch Bewertungen aus dem Unfall- und Familienrecht über den Wert der Arbeitskraft eines Ehegatten im familiären Haushalt.[15]

23 Können sich die Parteien auf keinen Wert einigen, dann sieht *Kuchinke*[16] angesichts der Schwierigkeit der Feststellung der Bemessungshöhe lediglich die Möglichkeit, im Streitfalle in Abweichung zu § 253 II ZPO einen **unbezifferten Antrag** zu stellen. Im Rahmen der richterlichen Beweiswürdigung (§ 287 ZPO) ist dann ein der Billigkeit entsprechender Betrag durch das Gericht festzusetzen.[17]

24 Die Berechnung der Ausgleichung erfolgt entsprechend den Vorschriften der §§ 2050 ff BGB,[18] vgl. hierzu § 13 Rn 322.

---

13 LG Ravensburg BWNotZ 1989, 147.
14 LG Ravensburg BWNotZ 1989, 147, AgrarR 1991, 252.
15 Zur Wertbemessung im Höferecht siehe *Wöhrmann/Stöcker*, § 12 Rn 89 ff.
16 *Lange/Kuchinke*, § 15 III 5 d.
17 MüKo/*Dütz*, § 2057 a Rn 37.
18 Siehe hierzu *Kerscher/Tanck*, § 5 Rn 73.

§ 10 Der Pflichtteilsberechtigte als Mandant

Nicht selten wird der Anwalt bereits vor dem Erbfall mit der Frage über die Rechte eines Pflichtteilsberechtigten konfrontiert. Die Fragen lassen sich grundsätzlich in zwei Kategorien aufgliedern. Zum einen interessiert den Mandanten schon zu Lebzeiten des Erblassers die Höhe seines Pflichtteilsanspruchs, aber auch die Frage der Rechtmäßigkeit einer Pflichtteilsentziehung,[1] und zum anderen wird im Rahmen von Übergabeverträgen die Frage der Anrechnung und Ausgleichung nach §§ 2050 ff., 2315, 2316 BGB zu prüfen sein.

A. Die Rechte des Pflichtteilsberechtigten vor dem Erbfall

Vor dem Erbfall stehen dem Pflichtteilsberechtigten so gut wie keine Rechte zu. Er kann sich zwar bereits jetzt hinsichtlich der Höhe seines Pflichtteils erkundigen, dies ist jedoch nur vorläufig, da sich zum einen durch eine Güterrechtsvereinbarung die Pflichtteilsquote und zum anderen durch eine Erhöhung oder Reduzierung des Nachlasses die Pflichtteilssumme erheblich verändern kann.

Fraglich ist, inwieweit dem Pflichtteilsberechtigten das Recht zusteht, die Rechtmäßigkeit einer Pflichtteilsentziehung zu Lebzeiten des Erblassers gerichtlich feststellen zu lassen. Der BGH hat dies bislang nur in einem Sonderfall zugelassen.[2] Grundsätzlich tendiert die Rechtsprechung aber dazu, ein Rechtsschutzinteresse eines künftigen Erblassers zu bejahen, das Rechtsschutzinteresse im Falle eines Pflichtteilsberechtigten aufgrund der Aufschiebbarkeit eher zu verneinen. Die Entscheidung hierüber ist jedoch offengelassen worden.[3]

---

1 BGH NJW 1974, 1084.
2 BGHZ 109, 306.
3 MüKo/*Frank*, § 2333 Rn 29.

B. Die lebzeitige Zuwendung und die Auswirkung auf den Pflichtteil

4 Bei der Beratung eines pflichtteilsberechtigten Abkömmlings hinsichtlich einer lebzeitigen Zuwendung durch den Erblasser kann sich das Problem der **Anrechnung** und **Ausgleichung** der Zuwendung auf den Pflichtteil stellen (§§ 2315, 2316 BGB).[4] Nicht selten ist dies in den notariellen Übergabeverträgen vorgesehen. Dem pflichtteilsberechtigten Mandanten ist bei der Überprüfung eines Übergabevertrages die Bedeutung und Auswirkung der Anrechnung nach §§ 2050 ff, 2315 BGB und der Ausgleichung nach § 2316 BGB zu erläutern.

5 Gleiches gilt für die Anrechnung eines Eigengeschenks im Rahmen des Pflichtteilsergänzungsanspruchs nach § 2327 BGB. Die Anrechnung eines **Eigengeschenks** erfolgt bei der Berechnung des Pflichtteilsergänzungsanspruchs unabhängig von einer Anordnung durch den Erblasser.

I. Die Anrechnung nach § 2315 BGB

6 Bei der Anrechnung nach § 2315 BGB muß sich der Pflichtteilsberechtigte einen Vorempfang, den er zu Lebzeiten des Erblassers erhalten hat, auf seinen Pflichtteilsanspruch anrechnen lassen, sofern der Erblasser die Zuwendung mit einer entsprechenden Bestimmung versehen hat. Dabei muß der Erblasser die Anrechnung spätestens im Zeitpunkt der Zuwendung bestimmt haben.[5]

7 Die Anwendbarkeit des § 2315 BGB setzt voraus, daß der Erblasser eine Zuwendung mit der Bestimmung gemacht hat, daß diese auf den Pflichtteilsanspruch anzurechnen ist. Zeitlich muß die Anrechnungsbestimmung **gleichzeitig** mit der Zuwendung dem Empfänger zugehen. Sie kann aber auch vorher für

---

4 In der Praxis stellt man fest, daß sowohl die Anrechnung auf den Pflichtteil (§ 2315 BGB) als auch die Ausgleichung unter Abkömmlingen (§§ 2050, 2316 BGB) eher willkürlich in die Verträge aufgenommen werden. So kann es passieren, daß bei mehreren Übergabeverträgen ein Teil der Zuwendungen als ausgleichspflichtig, der übrige Teil als nicht ausgleichspflichtig angeordnet wurde. Eine genau Überprüfung der Vertragsklauseln ist hier unbedingt erforderlich.

5 Dem Pflichtteilsberechtigten soll die Möglichkeit der Zurückweisung der Zuwendung gegeben werden.

eine oder mehrere, später folgende Zuwendungen erfolgen[6] und auch von einer Bedingung abhängig gemacht werden.[7]

Nicht möglich ist es nach hM, daß die Anrechnungsbestimmung nach der Zuwendung, z.B. durch Verfügung von Todes wegen, erfolgt.[8]

An die äußere **Form** der Anrechnungsbestimmung werden keine besonderen Anforderungen gestellt. Sie kann auch konkludent erfolgen.[9] Eine solche konkludente Anrechnungsbestimmung ist aber nur dann anzunehmen, wenn der Empfänger sie bewußt erkannt hat und dennoch die Zuwendung nicht zurückweist.[10] Die innere Form muß darauf gerichtet sein, daß die Zuwendung auf den Pflichtteil anzurechnen ist.

So ist grundsätzlich eine Zuwendung mit der Bestimmung, daß diese auf den „Erbteil" anzurechnen ist, nur als ausgleichspflichtig im Sinne von §§ 2050 ff, 2316 BGB anzusehen, nicht aber als anrechnungspflichtig im Sinne von § 2315 BGB.[11] Nur unter bestimmten Voraussetzungen kann durch Auslegung ermittelt werden, daß auch eine Anrechnung auf den Pflichtteil gemeint war.[12] Der Zuwendende muß seinen Anrechnungswillen dem Empfänger gegenüber bewußt gemacht haben.[13] So soll die Bestimmung, daß der Empfänger nach Annahme der Zuwendung „nichts mehr bekomme", als Anrechnungsbestimmung im Sinne von § 2315 BGB gewertet werden können.[14]

Die Anrechnungsbestimmung führt nach der Rechtsprechung des BGH[15] bei einer unentgeltlichen Zuwendung an einen **Minderjährigen** nicht dazu, daß diese iSv. § 107 BGB rechtlich nachteilig ist. Anders sieht dies hingegen die Meinung im Schrifttum.[16]

---

6 *Staudinger/Haas*, § 2315 Rn 17.
7 *Staudinger/Ferid/Cieslar*, § 2315 Rn 40.
8 *Staudinger/Haas*, § 2315 Rn 17.
9 *Palandt/Edenhofer*, § 2315 Rn 2; *Kipp/Coing*, § 11 Fn 1.
10 BayOLGZ 1959, 77 ff; *Lange/Kuchinke*, § 37 Seite 863.
11 *Palandt/Edenhofer*, § 2315 Rn 2.
12 *Staudinger/Haas*, § 2315 Rn 23.
13 BayObLGZ 1959, 81.
14 BayObLG HRR 1929 Nr. 390.
15 BGH NJW 1955, 1353.
16 *Staudinger/Haas*, § 2315 Rn 31; *Lange/Kuchinke*, § 37 VI Seite 863.

Vgl. zur Berechnung *Kerscher/Tanck* § 8 Rn 27 aE.

II. Die Ausgleichung nach §§ 2050 ff., 2316 BGB unter Abkömmlingen

12 Die Anwendbarkeit der Ausgleichungsvorschrift des § 2316 BGB ist dann gegeben, wenn mehrere Abkömmlinge vorhanden sind, die im **hypothetischen Falle**, wenn es zu einer gesetzlichen Erbfolge kommen würde, gesetzliche Erben geworden wären. D.h., es ist hier nicht ausschlaggebend, welche letztwillige Verfügung der Erblasser hinterlassen hat, ob er einen Abkömmling enterbt hat[17] oder ein anderer Alleinerbe[18] geworden ist. Für die Berechnung des Pflichtteils nach den Ausgleichsvorschriften kommt es vielmehr nur auf den hypothetischen gesetzlichen Erbteil an. Für die Vorgehensweise ist demnach festzuhalten, daß vorab zu prüfen ist, ob hier nach gesetzlicher Erbfolge ein Ausgleichungstatbestand gemäß den §§ 2050 ff BGB vorliegen würde.

13 Gemäß § 2316 BGB sind nur die Abkömmlinge eines Erblassers am Ausgleichungsvorgang beteiligt. Der Pflichtteil des Ehegatten berechnet sich ohne Berücksichtigung der Vorempfänge. Nicht mitberücksichtigt werden nach § 2316 I Satz 2 BGB aber diejenigen Abkömmlinge, die einen **Erbverzicht** abgegeben oder einen vorzeitigen **Erbausgleich** nach § 1934 d BGB geltend gemacht haben. Dies folgt aus § 2310 S. 2 BGB. Sie bleiben mit ihren Zuwendungen außen vor.

14 Dies gilt nach Ansicht des BGH[19] aber nicht für denjenigen, der nur auf sein **Pflichtteilsrecht verzichtet** hat. Derjenige Abkömmling, der durch Verfügung von Todes wegen von der Erbfolge ausgeschlossen wurde oder der die Erbschaft ausgeschlagen hat oder für erbunwürdig erklärt wurde, wird dagegen mit seinem Vorempfang berücksichtigt.

15 Für die Berechnung des Pflichtteils gilt in bezug auf die Ausgleichung die Besonderheit, daß gemäß § 2316 III BGB der Erblasser durch abweichende Anordnung die Berücksichtigung einer **Ausstattung** nicht gegenüber einem

---

17 *Palandt/Edenhofer*, § 2316 Rn 1.
18 BGH NJW 1993, 1197.
19 BGH NJW 1982, 2497.

Pflichtteilsberechtigten ausschließen kann.[20] Die Ausstattung ist somit bei der Berechnung des Pflichtteils immer zu berücksichtigen. Eine gegenteilige Anordnung des Erblassers bleibt wirkungslos. In der Praxis wird dies häufig übersehen.

Vgl. zur Berechnung *Kerscher/Tanck* § 8 Rn 12 ff.

III. Die Anrechnung eines Eigengeschenks nach § 2327 BGB

Unabhängig von einer Anrechnungs- oder Ausgleichsbestimmung ist bei der Berechnung eines Pflichtteilsergänzungsanspruchs ein Eigengeschenk des Pflichtteilsberechtigten zu berücksichtigen. Nach § 2327 BGB muß sich der Pflichtteilsberechtigte **Eigengeschenke**, die er vom Erblasser erhalten hat, auf seinen Pflichtteilsergänzungsanspruch anrechnen lassen.[21] Bei der Ermittlung des Ergänzungsnachlasses ist das Eigengeschenk dem Nachlaß hinzuzurechnen und von dem daraus ermittelten Ergänzungsanspruch in voller Höhe abzuziehen.[22] Zu beachten ist, daß im Rahmen des § 2327 BGB bei der Anrechnung des Eigengeschenks die Zehnjahresfrist des § 2325 III BGB außer Ansatz bleibt.[23]

16

---

20 *Palandt/Edenhofer*, § 2050 Rn 3.
21 *Kretzschmar*, Recht 1912, 39 ff.
22 BGH NJW 1983, 2875.
23 BGH LM § 2327 Nr. 1.

Teil 3: Das erbrechtliche Mandat nach dem Erbfall

§ 11 Der Alleinerbe als Mandant

A. Allgemeines

Hier stellt sich als erstes die Frage, ob der Erbe die Erbschaft annehmen sollte. **1** Dies ist sicherlich dann zu bejahen, wenn der Nachlaß nicht überschuldet ist. Für die Feststellung hat der Erbe in der Regel sechs Wochen Zeit. Danach muß er sich entscheiden, ob er die Erbschaft annimmt oder nicht.

Handelt es sich bei dem Erben um einen Pflichtteilsberechtigten, dann gestaltet **2** sich die Frage etwas schwieriger. Hier besteht nämlich unter Umständen die Möglichkeit, daß dieser die Erbschaft ausschlagen und seinen Pflichtteilsanspruch geltend machen kann. Dies ist insbesondere dann erforderlich, wenn neben einer Erbeinsetzung Vermächtnisse angeordnet wurden, die den Wert des Nachlasses erheblich mindern. Vergißt der Erbe in einem solchen Fall auszuschlagen, dann kann dies dazu führen, daß er die Vermächtnisse erfüllen muß und ihm letztlich weniger als sein Pflichtteil verbleibt.

Im folgenden werden nun die für die Bearbeitung erbrechtlicher Mandate wichtigsten Problempunkte angesprochen.

B. Die Sicherung des Nachlasses

Unter der Bezeichnung „Nachlaßsicherung" werden grundsätzlich die Rege- **3** lungen in §§ 1960–1962 BGB verstanden. Hier sollen jedoch – wegen der praktischen Bedeutung – auch die Regeln über die Verfügungen des vorläufigen Erben, der die Erbschaft ausschlägt, der Erbschaftsanspruch und die Vorschriften über die Verpflichtung zur Ablieferung von Testamenten behandelt werden.

3 Das erbrechtliche Mandat nach dem Erbfall

I. Allgemeines

1. Unklarheit der Erbfolge

4 Regelmäßig wird dem Nachlaßgericht der Tod einer Person durch Anzeige des Standesbeamten bekannt. Da die Mitteilung des Standesamts an das Nachlaßgericht im Rahmen eines verwaltungsmäßigen Verfahrens erfolgt, vergehen zumindest mehrere Tage zwischen dem Tod einer Person und dessen Bekanntwerden beim Nachlaßgericht. In der Zwischenzeit können Veränderungen im Bestand des Nachlasses vorgenommen worden sein oder – was so selten nicht geschieht – privatschriftliche Testamente beseitigt worden sein.

5 Bis zur Ermittlung der Erben kann weitere Zeit verstreichen, während der einerseits unklar ist, wer verfügungsberechtigt ist über die Nachlaßgegenstände und während der möglicherweise Nichtberechtigte Verfügungen vornehmen und auf diese Weise den Nachlaß schmälern.

6 Deshalb ist unter dem Gesichtspunkt der Sicherung des Nachlaßbestandes zu empfehlen, daß der Erblasser einer Vertrauensperson eine postmortale oder eine transmortale Vollmacht erteilt, um die Zeit zwischen dem Erbfall und der zuverlässigen Feststellung der Erbfolge zu überbrücken. Ein Bevollmächtigter ist in jedem Falle befugt, sofort nach dem Erbfall Anordnungen zur Sicherung des Nachlaßbestandes zu treffen und gegebenenfalls entsprechende Verfügungen vorzunehmen, noch bevor der endgültig Verfügungsberechtigte feststeht. Dies gilt auch für den Fall, daß der Erblasser einen Testamentsvollstrecker eingesetzt hat, weil das Amt des Testamentsvollstreckers erst mit der ausdrücklichen Amtsannahme gegenüber dem Nachlaßgericht beginnt (§ 2202 I BGB). Zur Vollmacht s. oben Teil 2 § 8 Rn 650 ff.

2. Sicherung des Erblasserwillens

7 Zur Sicherung der Erbfolge durch Verfügung von Todes wegen ist deren amtliche Verwahrung sinnvoll, da so sichergestellt ist, daß der Inhalt auch bekannt wird.

Das Standesamt des Geburtsorts des Erblassers ist von der erfolgten Verwahrung zu benachrichtigen. Dieses wird beim Tod des Erblassers vom Standesamt des Wohnortes verständigt und benachrichtigt nun seinerseits das verwahrende Gericht bzw. Notariat. Errichtet der Erblasser ein privatschriftliches Testament, so kann er auch dieses in die besondere amtliche Verwahrung geben (§ 2248 BGB). Sollte ein Erblasser sich auch dazu nicht entschließen können, so empfiehlt es sich, mehrere Originale des Privattestaments anzufertigen und diese entweder an verschiedenen Stellen zu verwahren oder sie denjenigen Personen auszuhändigen, die in diesem Testament begünstigt sind.

Testamentsablieferungspflicht: Das Nachlaßgericht ist verpflichtet, vorhandene Verfügungen von Todes wegen zu eröffnen (§§ 2259–2264 BGB). Nur wenn sich das zu eröffnende Testament in der Verwahrung eines anderen Gerichts befindet, nimmt dieses nach § 2261 Satz 1 BGB die Eröffnung vor. In allen anderen Fällen, insbesondere bei Testamenten, die sich im Privatbesitz oder im Besitz einer nichtgerichtlichen Behörde befinden, obliegt die Eröffnung dem Nachlaßgericht. 8

§ 2259 BGB ordnet an, daß Privatpersonen oder andere Behörden nach Kenntnis vom Eintritt des Erbfalls in ihrem Besitz befindliche testamentarische Verfügungen an das Nachlaßgericht abzuliefern haben. Die Pflicht zur Ablieferung besteht nicht nur gegenüber dem Nachlaßgericht; vielmehr kann jeder Betroffene die Ablieferung des Testaments durch Klage erzwingen. 9

Wird die Ablieferung verweigert, so kann das Nachlaßgericht gemäß §§ 83 I, 33 I FGG Ordnungsstrafen verhängen oder unmittelbaren Zwang durch den Gerichtsvollzieher anwenden lassen (beispielsweise Wegnahme der Testamentsurkunde, § 33 II FGG). Außerdem macht sich eine Privatperson, die ein Testament nicht an das Nachlaßgericht abliefert, der Urkundenunterdrückung nach § 274 I Nr. 1 StGB strafbar und kann entsprechend § 2339 I Nr. 4 BGB ihr Erbrecht verlieren, wenn im Wege der Anfechtungsklage eine Erbunwürdigkeitserklärung erfolgt. 10

II. Zuständigkeit für Sicherungsmaßnahmen

Wird dem Nachlaßgericht ein Todesfall bekannt, so hat es zu prüfen, ob zu einer amtlichen Fürsorgemaßnahme nach den Vorschriften der §§ 1960–1962 BGB Anlaß besteht. Dies gilt auch für jedes Amtsgericht, in dessen Bezirk das Bedürfnis der Fürsorge für die Sicherung des Nachlasses auftritt (§ 74 FGG). Dies führt jedoch nicht dazu, daß das Amtsgericht der Fürsorge 11 zum Nachlaßgericht werden würde. Sicherungsmaßnahmen werden vor allem erforderlich, wenn Angehörige des Erblassers nicht bekannt sind oder in Suizidfällen alleinstehender Personen.

12 Für Maßnahmen der Nachlaßsicherung ist grundsätzlich der Rechtspfleger (bzw. in Ba.-Wü. der Notar im Landesdienst) zuständig, § 3 Nr. 2 c RPflG. Auf der Grundlage von Artikel 140, 147 EGBGB haben verschiedene Länder die Aufgaben nachlaßgerichtlicher Verrichtungen im Zusammenhang mit Sicherungsmaßnahmen auf andere Behörden als Nachlaßgerichte übertragen.

13
- **Baden-Württemberg:** Gemeinde und Notar im Landesdienst (§§ 40, 41 V Ba.-Wü. LFGG; vgl. auch AV v. 30.6.75, Die Justiz 1975, 304),
- **Bayern:** Gemeinde (Bürgermeister), Notar und Urkundsbeamter der Geschäftsstelle (Art. 16, 36 Bay AGGVG),
- **Berlin:** Dorfgerichte und ähnliche Behörden (Fortgeltung der Art. 21–24 PrFGG),
- **Bremen:** Die Polizeibehörden haben bei Gefahr im Verzuge für die Sicherung des Nachlasses zu sorgen (§ 5 Brem.AGFGG),
- **Hamburg:** Alle im Zusammenhang mit einem Todesfall befaßten Behörden haben erforderliche Sicherungsmaßnahmen zu ergreifen (§ 3 Hamb.FGG),
- **Hessen:** Ortsgerichtsvorsteher (§ 16 Ortsgerichtsgesetz),
- **Niedersachsen:** Übertragung auf Notar durch Anordnung des Nachlaßgerichts (Art. 13 NiedersFGG),
- **Nordrhein-Westfalen:** Wie Berlin (Dorfgerichte und ähnliche Behörden, Art. 21–24 PrFGG),
- **Rheinland-Pfalz:** Notaren kann die Aufnahme von Nachlaßverzeichnissen, Nachlaßinventaren und Anlegung von Siegeln zur Nachlaßsicherung übertragen werden (§ 13 RhPfLFGG),
- **Saarland:** Die Gemeinde hat bei Gefahr im Verzug vorläufige Maßnahmen zur Nachlaßsicherung zu treffen (§ 54 II G zAusf.bundesrechtl.Justizgesetze v. 5.2.1997 (Abl 258),
- **Schleswig-Holstein:** Wie Berlin (Dorfgerichte und ähnliche Behörden, Art. 21–24 PrFGG),
- **Neue Bundesländer:** Die Amtsgerichte als Nachlaßgerichte sind für Sicherungsmaßnahmen zuständig. Von dem Vorbehalt des Art. 147 EGBGB wurde bisher nicht Gebrauch gemacht.

Verhältnis zum Polizeirecht

In den Fällen, in denen die Polizeibehörde ausdrücklich mit Nachlaßsicherungsmaßnahmen betraut ist, wird sie nicht polizeirechtlich tätig, sondern nachlaßbehördlich. 14

Allerdings gelten daneben die allgemeinen Regeln des Polizeirechts zur Verhütung von Verstößen gegen Strafgesetze und zur Abwehr von Gefahren. In diesem Rahmen wird die Polizeibehörde in Ausnahmefällen tätig werden, wie z.b. bei der Gefahr des Diebstahls von Nachlaßgegenständen oder bei der Gefahr von deren Veruntreuung. 15

Für den Rechtsweg gegen Anordnungen der Polizei- und Ordnungsbehörden gelten die allgemeinen Vorschriften des Polizei- und Verwaltungsrechts. 16

In den Fällen, in denen die Polizeibehörde und andere Verwaltungsbehörden ausdrücklich mit Nachlaßsicherungsmaßnahmen betraut sind, werden sie nicht polizeirechtlich bzw. verwaltungsrechtlich tätig, sondern im Auftrag des Nachlaßgerichts und damit nachlaßbehördlich. Dies ist insbesondere im Hinblick auf die statthaften Rechtsbehelfe und den Rechtsweg wichtig. Ihre Anordnungen unterliegen, soweit sie nachlaßbehördlich tätig sind, der Beschwerde nach § 19 FGG (mit evtl. weiterer Beschwerde nach §§ 27-29 FGG) und nicht etwa dem Widerspruchsverfahren nach den Verwaltungsverfahrensgesetzen und der VwGO.

III. Sicherungsfälle

Das Gesetz unterscheidet zwischen dem Vorliegen 17
- eines **Sicherungsanlass** und
- eines **Sicherungsbedürfnis** („**Fürsorgebedürfnis**").

1. Sicherungsanlässe

Das Nachlaßgericht kann nach § 1960 I BGB Fürsorgemaßnahmen anordnen, wenn 18
- der Erbe dem Nachlaßgericht unbekannt ist,
- der Erbe zwar bekannt ist, die Erbschaft bisher aber nicht angenommen hat,
- ungewiß ist, ob der Erbe die Erbschaft angenommen hat.

2. Das Sicherungsbedürfnis („Fürsorgebedürfnis")

19 Das Vorliegen von Umständen, die einen Sicherungsanlaß bedeuten, reicht aber noch nicht aus für das Ergreifen einer Maßnahme zur Nachlaßsicherung. Vielmehr ist in allen drei Fällen zusätzlich ein **Bedürfnis zur Fürsorge** erforderlich. Ob ein Fürsorgebedürfnis besteht, entscheidet das Nachlaßgericht nach **pflichtgemäßem Ermessen**. Dabei ist das Interesse des endgültigen Erben an der Sicherung und Erhaltung des Nachlasses maßgebend. Die Bedürfnisprüfung nimmt nicht nur das Nachlaßgericht vor, sondern u.U. auch das Prozeßgericht in einem Rechtsstreit, den ein Nachlaßpfleger führt (KG, ZEV 1999, 395).

Auf das Interesse von Nachlaßgläubigern ist dabei nicht abzustellen, weil diese einen Antrag auf Anordnung der Nachlaßverwaltung stellen können (§§ 1983 II, 1975 BGB).

Besonderen Schutzes bedürfen minderjährige oder abwesende Erben (die sich bspw. im Ausland aufhalten).

3. Zu verneinendes Fürsorgebedürfnis

20 Ein Fürsorgebedürfnis wird meistens zu verneinen sein, wenn ein Testamentsvollstrecker oder ein Bevollmächtigter vorhanden ist, dessen Vollmacht über den Tod hinaus reicht[1]

21 Das Gesetz kennt in einigen Sonderfällen des Bestehens besonderer Rechtsbeziehungen die Fürsorgepflicht einzelner Personen:
- bei **beendeter Gütergemeinschaft** die Fürsorgepflicht des überlebenden Ehegatten nach § 1472 IV BGB,
- bei der **elterlichen Vermögenssorge** die Fürsorgepflicht der Eltern für das Kindesvermögen nach § 1698 b BGB,
- bei bestehender **Vormundschaft** die Fürsorgepflicht des Vormundes für das Vermögen des Mündels nach § 1893 BGB,
- bei bestehender **Pflegschaft** die Fürsorgepflicht des Pflegers für das Vermögen des Pfleglings, soweit sein Wirkungskreis reicht, nach §§ 1915, 1893 BGB,

---

1 Einzelheiten s. BGH NJW 1969, 1245; *Hopt:* Die Auswirkungen des Todes des Vollmachtgebers auf die Vollmacht und das zugrundeliegende Rechtsverhältnis in ZHR 133, 305.

- des **Betreuers** für das Vermögen des Betreuten, soweit sein Wirkungskreis reicht, §§ 1908i, 1893 BGB,
- bei bestehendem **Auftragsverhältnis** die Fürsorgepflicht des Beauftragten für das Vermögen des Auftraggebers nach § 672 BGB.

Bei Gefahr im Verzug sind diese Personen berechtigt, weiterhin tätig zu sein. In diesen Fällen dürfte ein Fürsorgebedürfnis durch das Nachlaßgericht zu verneinen sein.

4. Wann ist ein Erbe unbekannt?

Welche Anforderungen sind an den Grad der Gewißheit bzw. der Ungewißheit bezüglich des Erbrechts einer Person zu stellen?

Volle Gewißheit über das Erbrecht ist nicht erforderlich. Ein Erbe kann als bekannt angesehen werden, wenn ein hoher Grad von Wahrscheinlichkeit für sein Erbrecht spricht. Zweifel an der Gültigkeit eines Testaments genügen nicht.[2]

Fälle des Unbekanntseins des Erben:
- Erhebliche, nicht sofort entkräftbare Zweifel an der Testierfähigkeit des Erblassers bei Vorliegen eines Testaments,
- Beachtliche Unwirksamkeitsgründe bspw. bei evtl. Sittenwidrigkeit eines Testaments,
- Die Vaterschaft eines nichtehelichen Kindes ist beim Erbfall noch nicht festgestellt (von besonderer Bedeutung seit dem Inkrafttreten des Erbrechtsgleichstellungsgesetzes am 1.4.1998, weil seitdem nichteheliche Kinder volles Erbrecht haben und nicht nur Nachlaßgläubiger bzgl. des Erbersatzanspruchs sind). – Hier sei darauf hingewiesen, daß Nachlaßsicherung – bspw. die Bestellung eines Nachlaßpflegers – auch nur bezüglich eines Erbteils möglich ist, wenn nur insoweit der Erbe/die Erben unbekannt ist/sind.
- Der Erbe ist vor dem Erbfall gezeugt, aber noch nicht geboren (§ 1923 II BGB „nasciturus").
- Bei Einsetzung einer genehmigungspflichtigen Stiftung zur Erbin ist bis zur Erteilung der Genehmigung die Erbfolge ebenfalls unklar.

---

2 OLG Nürnberg, BWNotZ 1978, 163.

Ist der Erbe zwar bekannt, aber abwesend, so kommt die Bestellung eines **Abwesenheitspflegers** nach § 1911 BGB in Betracht. Dafür ist allerdings nicht das Nachlaßgericht, sondern das Vormundschaftsgericht zuständig.

5. Sicherungsfall bei Vor- und Nacherbschaft

23 Auch nach Beendigung der Erbenstellung eines Vorerben (§ 2139 BGB) kann eine Nachlaßsicherung erforderlich werden, wenn der Nacherbe unbekannt ist.

24 **Sicherung der Nachlässe von Ausländern:** Die internationale Zuständigkeit deutscher Nachlaßgerichte zur Sicherung von Ausländernachlässen ist anerkannt.[3] Allerdings sind entsprechende Staatsverträge zu beachten. Die örtliche Zuständigkeit sowie die Voraussetzungen für eine Sicherungsmaßnahme und die Art der Sicherungsmaßregeln einschließlich des zugrunde liegenden Verfahrens bestimmen sich nach deutschem Recht.

IV. Sicherungsmittel

25 Das Nachlaßgericht ist in der Auswahl der Sicherungsmittel frei, die in § 1960 II BGB getroffene Aufzählung ist nicht abschließend. Wichtigste Mittel zur Sicherung des Nachlasses sind:
- die Anlegung von Siegeln;
- die amtliche Inverwahrnahme von einzelnen Nachlaßgegenständen, beispielsweise von Schmuck oder Wertpapieren;
- die Aufnahme eines Nachlaßverzeichnisses;
- die Anordnung der Nachlaßpflegschaft.

1. Anlegung von Siegeln

26 Die Anordnung der Versiegelung von Räumen oder Behältnissen ist Aufgabe des Nachlaßgerichts, während die Ausführung der Siegelung selbst der Nachlaßrichter einem anderen Organ übertragen kann. Maßgebend dafür ist das Landesrecht auf der Grundlage von Artikel 140 EGBGB. Bundesrechtliche Vorschriften über das Verfahren bei der Anlegung von Siegeln bestehen nicht.

---

3 BGHZ 49, 1.

Wird die Anlegung von Siegeln behindert, so kann sie erforderlichenfalls 27
mit den Gewaltmitteln des § 33 FGG erzwungen und durchgesetzt werden.
Der Sicherungszweck verlangt ein rasches Handeln, so daß notfalls auch zur
Nachtzeit und an Sonn- und Feiertagen eine Siegelung vorzunehmen ist.

Sowohl über die Siegelung als auch über die Entsiegelung ist jeweils ein 28
Protokoll aufzunehmen.

Aber: Ohne gesonderte richterliche Anordnung kann bei der Versiegelung von
Räumen nicht in die Besitzrechte Dritter eingegriffen werden (Mitmieter oder
Zutritt über fremde Räume).

Das Land Baden-Württemberg hat eine Verwaltungsvorschrift erlassen über
die nähere Ausgestaltung einer angeordneten Siegelung. Die dort aufgestellten
Regeln können grundsätzlich auf einen solchen Vorgang angewandt werden.
Siehe unten Rn 52.

2. Die amtliche Inverwahrungnahme

Eine amtliche Inverwahrungnahme kann in mehrfacher Hinsicht in Betracht 29
kommen: Bei der Siegelung des Nachlasses werden Geld, Kostbarkeiten o. ä.
vorgefunden: Solche Gegenstände sind, falls das Nachlaßgericht nichts anderes
anordnet, von dem Beamten, der die Siegelung vornimmt, zu verzeichnen und
in die amtliche Aufbewahrung zu verbringen. Ausnahmsweise können die
Gegenstände mit Zustimmung der anwesenden Beteiligten an dem bisherigen
Verwahrungsort belassen werden, wenn sie unter sicheren Verschluß gebracht
werden können.
Solche Gegenstände werden beim Nachlaßgericht abgeliefert. Die Ablieferung
kann erforderlichenfalls durch Zwangsmaßnahmen nach § 33 FGG erzwungen
werden.

Die allgemein anerkannte Befugnis des Nachlaßgerichts, den Beteiligten für 30
die Fortführung des Haushalts, des Geschäfts- und Wirtschaftsbetriebs sowie
zur Erfüllung dringender Nachlaßverbindlichkeiten, vor allem zur Bestreitung
der Beerdigungskosten, eine bestimmte Geldsumme gegen ein schriftliches
Empfangsbekenntnis zu überlassen mit der Verpflichtung, später mit den Erben
darüber abzurechnen, ist für die Praxis von besonderer Bedeutung (vgl. dazu
den früheren § 11 II der Bayerischen Nachlaßordnung).

3 Das erbrechtliche Mandat nach dem Erbfall

31 Bei kleineren Beträgen kann der mit der Sicherung Beauftragte selbständig handeln, bei größeren Beträgen empfiehlt es sich, eine ausdrückliche Anordnung des Nachlaßgerichts herbeizuführen. Das Nachlaßgericht ist als befugt anzusehen, auch Geldinstitute anzuweisen, vom Konto des Verstorbenen Geldbeträge an bestimmte Personen auszuzahlen.

32 Bei geringfügigen Nachlässen kann auf diesem Wege Abstand von oft langwierigen Erbenermittlungen genommen werden, die Ausstellung eines Erbscheins, auf dessen Vorlage die Bankinstitute im allgemeinen bestehen, wird damit entbehrlich.

33 Als weitere Sicherungsmaßnahme kommt auch eine **Kontensperrung** in Betracht.

3. Aufnahme eines Nachlaßverzeichnisses

34 Der Inhalt des Nachlaßverzeichnisses bestimmt sich nach dem Bedürfnis, das zur Anordnung des Verzeichnisses Anlaß gibt.

35 Zur Anordnung der Aufnahme eines Nachlaßverzeichnisses ist das Nachlaßgericht, außerdem das Amtsgericht der Fürsorge zuständig. Das Verzeichnis wird in der Form des § 2001 BGB errichtet. Eine Wertangabe der einzelnen Nachlaßgegenstände ist nicht erforderlich. Allerdings kann das Nachlaßgericht anordnen, daß zur Bestimmung des Nachlasses ein Schätzer hinzugezogen wird.

36 Das Verzeichnis ist an Ort und Stelle aufzunehmen, kann aber an einem anderen Ort – möglichst im Beisein der Beteiligten und der zugezogenen Auskunftspersonen – niedergeschrieben werden. Die Form unterliegt den Vorschriften der §§ 1 II, 36, 60, 61 I Nr. 2 BeurkG sowie etwaigen landesrechtlichen Vorschriften über nicht rechtsgeschäftliche Beurkundungen. Erforderlich ist eine Niederschrift in der Form des § 37 BeurkG. Das aufgenommene Verzeichnis ist bei den Nachlaßakten des Nachlaßgerichts aufzubewahren.

4. Die Nachlaßpflegschaft

Das BGB unterscheidet drei Fälle der Nachlaßpflegschaft: 37
- Sicherungspflegschaft nach § 1960 BGB;
- Klagepflegschaft nach § 1961 BGB;
- Nachlaßverwaltung der §§ 1975 ff. BGB.

Die **Sicherungspflegschaft** stellt das für die Praxis bedeutsamste Sicherungs- 38
mittel dar. Den noch unbekannten endgültigen Erben wird ein Vertreter (Personenpfleger) bestellt[4] dessen Aufgabe es ist,
- den Nachlaß zu sichern und zu erhalten,
- ihn zu verwalten,
- die Erben zu ermitteln.

Allerdings wird das Vorhandensein des Fürsorgebedürfnisses für eine Nachlaßpflegschaft nicht vermutet. Seine Bejahung verlangt vielmehr über den Sicherungsanlaß hinaus konkrete Anhaltspunkte für eine weitergehende Gefährdung des Nachlasses[5] Führt der Nachlaßpfleger einen Rechtsstreit, so kann das Prozeßgericht das Bedürfnis für eine Nachlaßpflegschaft prüfen (KG, ZEV 1999, 395).
Der Nachlaßpfleger ist grundsätzlich nicht befugt, den Nachlaß auseinanderzusetzen.

5. Teil-Nachlaßpflegschaft

Sind von mehreren Erben nur einzelne unbekannt, so kann insoweit eine Teil-Nachlaßpflegschaft angeordnet werden. Die Befugnisse des Nachlaßpflegers beziehen sich dann nur auf den/die betreffenden Erbteil/Erbteile.

6. Verhältnis zu anderen Verwaltungen

Während der Vertretene bei der Nachlaßpflegschaft unbekannt ist, ist er bei der 39
Abwesenheitspflegschaft (§ 1911 BGB) bekannt.

Die Nachlaßpflegschaft ist ein Sonderfall der Pflegschaft für unbekannte 40
Beteiligte nach § 1913 BGB. Sofern alle Voraussetzungen des § 1960 BGB vorliegen, scheidet eine Abwesenheitspflegschaft nach § 1911 BGB aus; fehlt

---
[4] BGH NJW 1983, 226.
[5] OLG Düsseldorf, FamRZ 1998, 583.

jedoch eine Voraussetzung zur Anwendung des § 1960 BGB, kann auf § 1911 BGB zurückgegriffen werden.

41 Allerdings erscheint es zulässig, gleichzeitig Nachlaßpflegschaft nach § 1960 BGB und Nachlaßverwaltung nach § 1975 BGB anzuordnen, weil die jeweilige Pflegschaft verschiedene Zwecke verfolgt: der Nachlaßpfleger soll in erster Linie die Erben ermitteln – die Nachlaßverwaltung ist eine Haftungsbeschränkungsmaßnahme zur Vermeidung der unbeschränkten Haftung der – evtl. noch unbekannten – Erben.

42 Es wird auch für zulässig gehalten, dieselbe Person sowohl zum Nachlaßpfleger als auch zum Nachlaßverwalter zu bestellen.

7. Beendigung der Nachlaßpflegschaft

43 Spätestens mit Fortfall des Sicherungsanlasses sind die getroffenen Sicherungsmaßnahmen, insbesondere eine Nachlaßpflegschaft, aufzuheben.

8. Vergütung

44 Zur Bemessung der Vergütung des Nachlaßpflegers kommt noch heute den Richtlinien des Rheinpreußischen Notarvereins[6] die Bedeutung eines Maßstabes zur Überprüfung der Ermessensausübung des Nachlaßgerichts zu[7]

9. Ansprüche Dritter

45 Ansprüche Dritter auf Nachlaßgegenstände, die von Sicherungsmaßnahmen betroffen sind, sind im Klagewege gegen den Nachlaßpfleger geltend zu machen (s. auch § 1961 BGB). Das Nachlaßgericht selbst hat hierfür keine Entscheidungskompetenz.

10. Rechtsbehelfe

46 Gegen die Anordnungen des Nachlaßgerichts ist die einfache Beschwerde nach § 19 FGG statthaft (kein Anwaltszwang).

---

6 JW 1935, 1831.
7 OLG Düsseldorf, NJW-RR 1998, 657.

Hinweis
Seit 1.10.1998 ist die Rechtspflegererinnerung nach § 11 RPflG im nachlaßgerichtlichen Bereich entfallen (Art. 1 Nr. 4 des Dritten Gesetzes zur Änderung des RPflG und anderer Gesetze vom 6.8.1998, BGBl I 2030).

Damit geht die Beschwerde sofort zur **Zivilkammer des Landerichts.** Die **weitere Beschwerde** nach §§ 27–29 FGG geht zum Zivilsenat des **Oberlandesgerichts.** Dafür besteht **Anwaltszwang** (§ 29 FGG).

11. Landesrechtliche Abweichungen

Nach Art. 140 EGBGB kann das Landesrecht auch unter anderen als den in § 1960 BGB genannten Voraussetzungen die Anfertigung eines Nachlaßverzeichnisses sowie die Anordnung anderer Sicherungsmaßregeln vorsehen. 47

Muster: Antrag auf Anordnung der Nachlaßpflegschaft

▼

An das Amtsgericht (bezw. Notariat in Ba.-Wü.)
– Nachlaßgericht – 48

072

Betreff: Antrag auf Anordnung der Nachlaßpflegschaft in der Nachlaßsache des am ▬▬▬ verstorbenen ▬▬▬, zuletzt wohnhaft in ▬▬▬.
Am ▬▬▬ ist ▬▬▬, zuletzt wohnhaft in ▬▬▬ gestorben. Vom Vorhandensein einer Verfügung von Todes wegen ist nichts bekannt. Der Erblasser hat Verwandte hinterlassen, die zum Kreis der dritten Erbfolgeordnung gehören (§ 1926 BGB). Die Personen sind im einzelnen noch unbekannt.
Der Erblasser hat bis zuletzt ein Feinkostgeschäft betrieben und dabei insbesondere Südfrüchte und Wildfleisch im Angebot gehabt. Das Geschäft befindet sich in ▬▬▬.
Es wird von den beiden Angestellten, die bisher bereits im Geschäft tätig waren, Herrn ▬▬▬ und Frau ▬▬▬, fortgeführt. Ein großer Warenbestand ist vorhanden, außerdem sind Belieferungsverträge für zumindest die folgenden drei Monate abgeschlossen. Im Interesse der Erben und zur Vermeidung von Schadenersatzansprüchen der Lieferanten ist die Fortführung des Geschäfts dringend erforderlich. Außerdem sind nicht unerhebliche Zahlungen aus bereits getätigten Lieferungen zu leisten.
Ich beantrage, im Namen der beiden Angestellten einen Nachlaßpfleger zu bestellen. Für dieses Amt wird Herr Rechtsanwalt ▬▬▬ vorgeschlagen.
Der Wert des Nettonachlasses dürfte schätzungsweise bei DM 500.000,00 liegen.

Eine Vollmacht der beiden Angestellten, Herrn ▓▓▓ und Frau ▓▓▓, füge ich bei.
Ebenso ist eine beglaubigte Abschrift der Sterbeurkunde des Erblassers beigefügt.
Rechtsanwalt

Für die Nachlaßpflegschaft kann Prozeßkostenhilfe bewilligt werden, sofern der Nachlaß dürftig ist[8]

12. Besonderheiten in Baden-Württemberg

49 Auszüge aus dem Baden-Württembergischen Landesgesetz über die freiwillige Gerichtsbarkeit (LFGG) vom 12. Februar 1975, in Kraft seit 1.7.1975:

§ 39 Mitteilungen an das Nachlaßgericht

(1) Der Standesbeamte, der den Tod einer Person beurkundet, hat den Sterbefall dem Nachlaßgericht seines Bezirks mitzuteilen. Hatte der Verstorbene seinen letzten Wohnsitz oder gewöhnlichen Aufenthalt in einer anderen Gemeinde des Landes, so ist die Mitteilung über den Standesbeamten der anderen Gemeinde dem für diese zuständigen Nachlaßgericht zu übersenden.
(2) Einen Sterbefall außerhalb des Landes hat die Gemeinde, in der der Verstorbene seinen letzten Wohnsitz oder gewöhnlichen Aufenthalt hatte, dem Nachlaßgericht mitzuteilen, sobald der Tod amtlich bekannt wird.
(3) Hat der Verstorbene das 16. Lebensjahr nicht vollendet und wohnte er zuletzt bei seinen Eltern, so unterbleibt eine Mitteilung nach Absatz 1 und 2.
(4) Jeder Standesbeamte hat auf Ersuchen des Nachlaßgerichts Personenstandsurkunden auf Grund seiner Personenstandsbücher zu erteilen. In den Fällen der Absätze 1 und 2 hat der Standesbeamte der Mitteilung des Sterbefalls auf Grund seiner Personenstandsbücher die Personenstandsurkunden anzuschließen, die für die Ermittlung der gesetzlichen Erben und der Erbersatzberechtigten erforderlich sind.
(5) Das Amtsgericht hat dem zuständigen Nachlaßgericht jede rechtskräftige Todeserklärung oder Feststellung der Todeszeit mitzuteilen.

---

8 BVerfG RPfleger 1998, 525; *Elzer*, RPfleger 1999, 162.

§ 40 Mitwirkung der Gemeinde

(1) Die Gemeinde, in deren Gebiet der Verstorbene seinen Aufenthalt oder letzten Wohnsitz hatte, soll dem Nachlaßgericht unverzüglich die Tatsachen mitteilen, die für eine von Amts wegen vorzunehmende Tätigkeit Bedeutung haben können. Personen, die ein eigenhändiges Testament eines Verstorbenen in Besitz haben, sollen auf ihre Ablieferungspflicht (§ 2259 Abs. 1 BGB) hingewiesen werden.

(2) Bei Gefahr in Verzug hat die Gemeinde in ihrem Gebiet die nach § 1960 BGB zur Sicherung des Nachlasses erforderlichen Anordnungen, ausgenommen die Anordnung einer Nachlaßpflegschaft, zu treffen und auszuführen. Die Anordnungen sind unverzüglich dem Nachlaßgericht mitzuteilen. Das Nachlaßgericht kann die Anordnungen abändern oder aufheben.

(3) Die Gemeinde hat nach den Anordnungen des Nachlaßgerichts bei der Aufnahme eines Nachlaßverzeichnisses mitzuwirken. Der Gemeinde kann vom Nachlaßgericht ebenso die Ausführung der Anordnung oder Aufhebung von Sicherungsmaßnahmen übertragen werden. Auf Verlangen des Nachlaßgerichts ist der Wert von Nachlaßgegenständen zu schätzen.

(4) Wird bei der Ausführung von Anordnungen nach Absatz 2, Absatz 3 Satz 2 die Anwendung von Gewalt erforderlich, so ist die Gemeinde hierzu befugt, wenn das Nachlaßgericht eine besondere Verfügung nach § 33 Abs. 2 Satz 1 des Reichsgesetzes über die Angelegenheiten der freiwilligen Gerichtsbarkeit erlassen hat.

(5) Die bei der Mitwirkung der Gemeinde in Nachlaßsachen anfallenden Akten werden beim Nachlaßgericht verwahrt.

(6) Gegen Verfügungen der Gemeinde nach Absatz 2 und Absatz 4 ist die Erinnerung zulässig. § 33 ist mit der Maßgabe entsprechend anwendbar, daß anstelle des Notars das Nachlaßgericht tritt.

§ 41 Aufgaben des Nachlaßgerichts nach Landesrecht

(1) Das Nachlaßgericht hat Erben und Erbersatzberechtigte von Amts wegen zu ermitteln. Hiervon kann abgesehen werden, wenn die Ermittlung mit unverhältnismäßigem Aufwand verbunden wäre oder der Nachlaß geringfügig ist.

(2) Die nach Absatz 1 ermittelten Erben und Erbersatzberechtigten sind von dem Erbfall und dem sie betreffenden Ermittlungsergebnis zu benachrichtigen,

3 Das erbrechtliche Mandat nach dem Erbfall

wenn dies ohne wesentliche Schwierigkeiten möglich und nicht anzunehmen ist, daß sie auf andere Weise Kenntnis erlangt haben.
(3) Das Nachlaßgericht soll bei Bedürfnis Erben, Erbersatzberechtigte, Pflichtteilsberechtigte und Vermächtnisnehmer auf Ansuchen über die erbrechtlichen Rechtswirkungen in angemessenem Umfang belehren.
(4) Das Nachlaßgericht kann, sofern ein berechtigtes Interesse dargelegt wird, auf Antrag eines Erben die Anfertigung eines Nachlaßverzeichnisses anordnen. Bis zur Fertigstellung des Verzeichnisses kann es die erforderlichen Sicherungsmaßregeln anordnen.
(5) Das Nachlaßgericht kann die Aufnahme von Nachlaßverzeichnissen und Nachlaßinventaren einem Notar übertragen. Für die Mitwirkung bei der Aufnahme eines Inventars nach § 2002 BGB und für die Aufnahme weiterer Verzeichnisse, bei welchen nach Bundesrecht die Aufnahme durch eine zuständige Behörde oder durch einen zuständigen Beamten oder Notar zu geschehen hat, sind nur die Notare zuständig.
(6) Das Nachlaßgericht soll den Verpflichteten bei der Aufnahme eines Vermögensverzeichnisses anläßlich eines Sterbefalls unterstützen.

Literatur: *Sandweg,* Die von Amts wegen vorzunehmenden Tätigkeiten des Nachlaßgerichts gemäß § 41 LFGG, BWNotZ 1979, 25.

Auszug aus der „Ersten Verwaltungsvorschrift zur Ausführung des Landesgesetzes über die freiwillige Gerichtsbarkeit" (AV d. JuM v. 5.5.1975 – DJ 1975, 201 –)

52 § 9 Siegelung

(1) Wird die Siegelung oder Entsiegelung nach § 40 Abs. 2 und Abs. 3 Satz 2 LFGG von der Gemeinde ausgeführt, ist eine Niederschrift aufzunehmen.
(2) Die Niederschrift über die Siegelung soll enthalten:
1. den Ort und Tag der Handlung,
2. die Bezeichnung der Nachlaßsache,
3. die Namen der mitwirkenden und anwesenden Personen,
4. den Gang der Handlung,
5. die Bezeichnung der versiegelten Räume und Behältnisse und ihres hauptsächlichen Inhalts,

6. *die Bezeichnung der nicht unter Siegel gelegten Gegenstände und der zu ihrer Sicherung getroffenen Maßnahmen,*
7. *die Feststellung, daß die bei der Siegelung Anwesenden auf die strafrechtlichen Folgen der Verletzung der Siegel aufmerksam gemacht wurden.*
Die Niederschrift über die Entsiegelung soll die in Absatz 2 Ziff. 1 bis 4 aufgeführten Angaben enthalten. Weiter soll darin angegeben werden, ob die Siegel unverletzt und die versiegelten und sonstigen Sachen vorhanden waren.

V. Die Geschäftsführung durch den vorläufigen Erben vor der Ausschlagung

1. Grundsatz

Die Erbschaft fällt dem Erben nach § 1922 BGB ohne sein eigenes Zutun an. Der Erbe kann den Eintritt dieser Rechtswirkungen durch wirksame Ausschlagung innerhalb der für ihn geltenden Frist wieder rückgängig machen. Zu den formalen Erfordernissen einer Ausschlagung s. Rn 252 ff. Durch die Ausschlagung verliert der vorläufige Erbe seine Rechtszuständigkeit für den Nachlaß nicht nur für die Zukunft, sondern mit Rückwirkung auf den Zeitpunkt des Erbfalls (§ 1953 I BGB). Damit wird den von ihm vorgenommenen Rechtsgeschäften nachträglich die Grundlage entzogen. Andererseits kann das Gesetz nicht an der Tatsache vorbeigehen, daß der vorläufige Erbe bis zur Ausschlagung Rechtsträger des Nachlasses war und als solcher zur Fürsorge für den Nachlaß berechtigt war. Auch Dritte mußten, wenn sie gegenüber dem Nachlaß Rechtshandlungen vorgenommen haben, sich an den vorläufigen Erben halten. Deshalb modifiziert das Gesetz in § 1959 BGB die Konsequenzen der gemäß § 1953 I BGB ex tunc wirkenden Ausschlagung. Das Verhältnis zwischen dem vorläufigen und dem endgültigen Erben wird nicht bereicherungs- oder deliktsrechtlich abgewickelt, sondern nach den Grundsätzen über die Geschäftsführung ohne Auftrag. Unaufschiebbare Verfügungen über Nachlaßgegenstände bleiben gemäß § 1959 II BGB wirksam.

2. Das Rechtsverhältnis zwischen dem vorläufigen und dem endgültigen Erben

54 Soweit der vorläufige Erbe erbschaftliche Geschäfte besorgt hat, bestimmt sich das Rechtsverhältnis zwischen ihm und dem endgültigen Erben nach den Vorschriften der Geschäftsführung ohne Auftrag (§§ 1959 I; 677 ff. BGB). Dem endgültigen Erben stehen nicht die Ansprüche nach §§ 2018 ff. BGB zur Verfügung, sondern dingliche Einzelansprüche, die sich aus den jeweiligen Rechten an den einzelnen Nachlaßgegenständen ergeben, wie beispielsweise der Herausgabeanspruch nach § 985 BGB. Die Regeln des Eigentümer-Besitzer-Verhältnisses gelten für die Zeit vor der Ausschlagung nicht, weil man den vorläufigen Erben bis zu diesem Zeitpunkt als berechtigten Besitzer anzusehen hat.

3. Verfügungen des vorläufigen Erben über Nachlaßgegenstände

55 Unaufschiebbare Verfügungen des vorläufigen Erben sind im Außenverhältnis wirksam (§ 1959 II BGB). Diese Verfügungen werden wie Verfügungen des Berechtigten behandelt, so daß es auf einen guten Glauben des Erwerbers nicht ankommt.

56 Ob eine Verfügung ohne Nachteil für den Nachlaß verschoben werden konnte, ist objektiv und wirtschaftlich zu beurteilen, wobei die Verhältnisse aus dem Zeitpunkt der Vornahme der Verfügung zu betrachten sind. Von Bedeutung sind in diesem Zusammenhang die Veräußerung von Nachlaßgegenständen, bei denen durch natürlichen Verderb oder durch die zu erwartende wirtschaftliche Entwicklung (z.B. Kursverfall von Wertpapieren) mit einer wesentlichen Entwertung zu rechnen ist. § 1959 II BGB erfaßt nur das Verfügungsgeschäft und führt nicht dazu, daß das Verpflichtungsgeschäft unmittelbar für und gegen den endgültigen Erben wirken würde.[9] Der vorläufige Erbe kann in diesen Fällen über § 683 iVm § 670 BGB Aufwendungsersatz bzw. Freistellung nach § 257 BGB verlangen. Auch die Erfüllung von fälligen Nachlaßverbindlichkeiten durch Verfügung über Nachlaßgegenstände fällt unter § 1959 II BGB, wenn bei Nichterfüllung mit wirtschaftlichen Nachteilen für den Nachlaß zu rechnen ist.

---

9 *Palandt/Edenhofer*, § 1959 Rn 3.

Soweit der endgültige Erbe die nicht von § 1959 II BGB gedeckten Verfügungen 57
nicht genehmigt (§ 185 II BGB), können sie nur nach den Vorschriften über den
gutgläubigen Erwerb wirksam bleiben. Dabei genügt es nicht, daß der Erwerber
den vorläufigen Erben für den Eigentümer hält – was dieser zum Zeitpunkt der
Verfügung ja tatsächlich war –, sondern er muß auch bezüglich der Vorläufigkeit
seiner Rechtsstellung gutgläubig gewesen sein. Analog § 142 II BGB scheitert
der gutgläubige Erwerb, wenn der Erwerber wußte, daß der Erbe noch
ausschlagen könnte.[10]

4. Rechtsgeschäfte gegenüber dem vorläufigen Erben

Durch § 1959 III BGB wird die Rechtsausübung für Dritte erleichtert. Wer 58
Willenserklärungen mit Wirkung gegenüber dem Nachlaß abzugeben hat, kann
sich an den vorläufigen Erben halten, weil diese Rechtsgeschäfte auch nach der
Ausschlagung wirksam bleiben. Dies ist nicht zuletzt in Fällen fristgebundener
Erklärungen von Bedeutung; dazu gehören vor allem Anfechtung, Rücktritt,
Kündigung, Widerruf und Erklärung der Aufrechnung eines Nachlaßschuldners
mit einer Forderung gegen den Nachlaß. Ebenfalls dazu gehören Wandelung
und Minderung.

5. Aktivprozesse des vorläufigen Erben

Das Gesetz enthält keine ausdrückliche Vorschrift darüber, ob der Erbe schon 59
vor der Annahme Rechte des Nachlasses gerichtlich geltend machen kann
und wie sich die Ausschlagung auf solche Prozesse auswirkt. Von Bedeutung
kann dies beim einstweiligen Rechtsschutz sein. § 1958 BGB erklärt lediglich
Prozesse über Nachlaßverbindlichkeiten (Passivprozesse) vor der Erbschaftsannahme für unzulässig. Da jedoch der vorläufige Erbe Träger des Nachlaßvermögens ist, steht ihm nach allgemeinen Grundsätzen auch das Prozeßführungsrecht
zu. Allerdings kann in der Klageerhebung die Annahme der Erbschaft liegen.
Für die weiteren Rechtsfolgen gelten dann keine Besonderheiten. Kann in
der Klageerhebung jedoch keine Annahme der Erbschaft gesehen werden, so
stellt sich die Rechtslage nach den allgemeinen Vorschriften wie folgt dar:
Schlägt der vorläufige Erbe im Laufe des Rechtsstreits aus, so ist die Klage
unbegründet, weil eine Fortführung des Prozesses in Prozeßstandschaft für den

---

10 Vgl. *Soergel/Stein*, Rn 11.

endgültigen Erben in der ZPO nicht vorgesehen ist. Dieses Ergebnis erscheint jedoch unbefriedigend. Deshalb erscheint eine analoge Anwendung der §§ 242, 239 ZPO geboten. Damit würde mit der Ausschlagung eine Unterbrechung des Rechtsstreits eintreten und ein Parteiwechsel ermöglicht. Die Aufnahme des Rechtsstreits gegenüber dem endgültigen Erben wäre nach §§ 242, 239 V ZPO jedoch erst zulässig, wenn dieser die Erbschaft angenommen hat. Im Anwaltsprozeß tritt die Unterbrechung gemäß § 246 ZPO nur auf Antrag ein.

60 Streitig ist, ob in den Fällen der Anfechtung einer Ausschlagung oder einer Annahme (§§ 1954–1956, 2308 BGB) die Vorschrift des § 1959 BGB analog anzuwenden ist oder aber die Vorschriften über den Erbschaftsbesitzer nach §§ 2018 ff. BGB.[11]

VI. Der Erbschaftsanspruch (§§ 2018 ff. BGB)

61 Der Nachlaß geht gemäß § 1922 BGB im Wege der Gesamtrechtsnachfolge auf den Erben über, dies gilt gemäß § 857 BGB auch für den unmittelbaren und mittelbaren Besitz. Wo sich der Nachlaß befindet und wer ihn tatsächlich in Besitz hat, ist für den Rechtserwerb auf Seiten des Erben nicht entscheidend. Verschiedene Umstände (Anfechtung einer Erbeinsetzung mit Rückwirkung auf den Erbfall, spätere Auffindung eines Testaments) können dazu führen, daß der Nachlaß zunächst in die Hände eines vermeintlichen, letztlich aber nicht berechtigten Erben gelangt.

1. Gesamtanspruch – Einzelansprüche

62 Der Erbe kann die aus seiner Rechtsposition fließenden Einzelrechte geltend machen, z.B. Herausgabeansprüche (§§ 985 ff. BGB), Schadensersatz, Anspruch auf Besitzeinräumung (§ 861 BGB). Neben den Einzelansprüchen hat der Erbe einen Gesamtanspruch auf Herausgabe des gesamten Nachlasses, den Erbschaftsanspruch (§ 2018 BGB). Er hat das Wahlrecht, ob er die Einzelansprüche oder den Gesamtanspruch geltend machen will. Der Anspruch erstreckt sich auf Surrogate (§ 2019 BGB).

63 **Anspruchsgläubiger** ist der Erbe; für Miterben gilt § 2039 BGB.

---

11 *Palandt/Edenhofer*, § 1957 Rn 2.

Anspruchsschuldner ist der Erbschaftsbesitzer, der den Nachlaß oder Teile davon aufgrund einer Erbrechtsanmaßung erlangt hat.[12] Nicht unter § 2018 BGB fällt der ausschlagende Erbe; für ihn gilt die Sonderregelung des § 1959 BGB.

2. Auskunftsanspruch

Damit der Erbe die herauszugebenden Gegenstände im Klageantrag genau bezeichnen kann, gewährt ihm das Gesetz einen Auskunftsanspruch (§ 2027 BGB). Auskunftsanspruch und Herausgabeanspruch können im Wege der Stufenklage (§ 254 ZPO) geltend gemacht werden.[13] Ist auch das Erbrecht selbst streitig, so empfiehlt es sich, mit der Stufenklage die Klage auf **Feststellung des Erbrechts** zu verbinden. Andernfalls wäre nur über den Herausgabeanspruch rechtskräftig entschieden, nicht aber auch über das Erbrecht selbst.

3. Haftungsumfang

Der Erbschaftsbesitzer hat auch die aus den Nachlaßgegenständen gezogenen Nutzungen herauszugeben, kann aber seinerseits Ersatz seiner Verwendungen verlangen (§§ 2020, 2022 BGB). Ist die Herausgabe nicht möglich, so haftet er auf Wertersatz (§§ 2021, 818 II BGB), soweit er bereichert ist (§ 818 III BGB). Ist der Erbschaftsbesitzer bösgläubig oder ist Rechtshängigkeit eingetreten, so richtet sich die Haftung nach den Vorschriften über das Eigentümer-Besitzer-Verhältnis (§§ 2023, 2024, 987 ff. BGB). Dies gilt auch dann, wenn der Erbe nicht den Gesamtanspruch, sondern die Einzelansprüche geltend macht (§ 2029 BGB).

---

12 Vgl. im einzelnen BGH FamRZ 1985, 693; NJW 1985, 3069.
13 OLG Nürnberg OLGZ 81, 115.

3 Das erbrechtliche Mandat nach dem Erbfall

C. Die Feststellung des Erbrechts[14]

I. Erbrechtliche Ausschließungsgründe

67 Wie in der Einleitung bereits erwähnt, gibt es Fälle, in denen eine Erb- und Pflichtteilsberechtigung zur Zeit des Erbfalls nicht mehr besteht, weil beispielsweise ein Fall der **Ausschlagung** oder der **Erbunwürdigkeit** vorliegt oder der Erblasser den Pflichtteil dem Berechtigten wirksam entzogen hat. Gleiches gilt auch für den Fall, daß der Abkömmling oder der Ehegatte einen **Erb- und Pflichtteilsverzicht** abgegeben oder ein nichteheliches Kind den **vorzeitigen Erbausgleich** geltend gemacht hat.

In einer Vorstufe ist somit sinnvollerweise zu prüfen, ob einer dieser erbrechtlichen Ausschließungsgründe vorliegt.

1. Die Wirkung der Erbausschlagung gemäß § 1953 BGB

68 Schlägt der Erbe die Erbschaft aus, so gilt gemäß § 1953 I BGB der Anfall der Erbschaft an den Erben als nicht erfolgt. Die Erbschaft fällt dann gemäß § 1953 II BGB demjenigen zu, der erben würde, wenn der Ausschlagende den Erbfall nicht erlebt hätte. Durch die **Ausschlagung** verliert der Erbe gegebenenfalls auch seinen Pflichtteilsanspruch. Nur in Ausnahmefällen, wie die der Ausschlagungsmöglichkeit nach §§ 2306 I 2, 2307 BGB bei testamentarischer Erb- oder Vermächtniseinsetzung oder bei § 1371 III BGB bleibt trotz Ausschlagung das Recht auf den Pflichtteil erhalten.[15] Zu der Frage, wann eine Erbschaft sinnvollerweise ausgeschlagen werden sollte, siehe § 11 Rn 237.

2. Der Erb- und Pflichtteilsverzicht nach § 2346 BGB

69 Gemäß § 2346 BGB können die Verwandten und der Ehegatte auf das gesetzliche Erbrecht verzichten. Ein **Erbverzicht** umfaßt dem Wortlaut des Gesetzes nach auch einen Pflichtteilsverzicht. Es wird in der Regel angenommen, daß der Verzichtende auch auf sein Pflichtteilsrecht verzichten will (§ 2346 I Satz 2 HS 2 BGB). Dennoch ist es nach herrschender Ansicht möglich, daß der Verzichtende

---

[14] Vgl. zu den rechtspolitischen Gerichtspunkten des Erb- und Pflichtteilsrechts Strätz *FamRZ* 1998, 1553.
[15] *Kerscher/Tanck*, Die „taktische" Ausschlagung, ZAP 1997, S. 689.

sich entgegen dem Wortlaut des § 2346 BGB sein Pflichtteilsrecht vorbehält.[16]
Vgl. auch § 2346 II BGB wonach der Verzicht auf den Pflichtteil beschränkt werden kann.

Der Erbverzicht führt dazu, daß der Verzichtende im Erbfall so zu behandeln ist, als wäre er bereits verstorben. Der Erbverzicht erstreckt sich auch auf die Abkömmlinge des Verzichtenden. Er schließt somit den ganzen Stamm des Verzichtenden von der Erbfolge aus. Ein Erbverzicht wirkt sich jedoch nicht in umgekehrter Folge aus. Stirbt also der Enkel eines nach § 2349 BGB verzichtenden Kindes, so werden die Großeltern Erben, wenn die Eltern bereits vorverstorben sind. 70

Beispiel 71
Erblasser E hinterläßt seine Ehefrau F sowie seine drei Kinder K1 bis K3. F und K1 haben im Ehe- und Erbvertrag einen Erbverzicht abgegeben. K1 hinterläßt ein Kind, den Enkel E1. K2 ist vorverstorben, er hinterläßt ebenfalls ein Kind, den Enkel E2.

Erben werden Kind K3 und der Enkel E2, der an die Stelle seines verstorbenen Vaters tritt. Der Erbverzicht von K1 erstreckt sich gemäß § 2349 BGB auch auf seinen Abkömmling E1. Die Ehefrau F hat ebenfalls einen Erbverzicht abgegeben und scheidet deshalb von der Erbfolge aus. Durch diese Erstreckungswirkung des § 2349 BGB auf die Abkömmlinge unterscheidet sich der Erbverzicht von den anderen Gründen (z.B. Erbunwürdigkeit), die zum Wegfall eines Erben führen können.

Ein in der Praxis auftretendes Problem ist die Frage nach der Aufhebung des Erb- und Pflichtteilsverzichts gemäß § 2351 BGB zu Lebzeiten der Parteien, wenn ein Abkömmling den Erb- und Pflichtteilsverzicht angesichts einer Erbauseinandersetzung unter Miterben abgegeben und von der Erbengemeinschaft dafür eine Abfindung erhalten hat. Es stellt sich hier das Problem, ob die Miterben, die die Abfindung gezahlt haben, der Aufhebung des Erbverzichts zustimmen müssen. 72

---

16 *Lange/Kuchinke*, Seite 161; *Palandt/Edenhofer*, § 2346 Rn 9.

3　Das erbrechtliche Mandat nach dem Erbfall

73　*Beispiel*
Erblasser E verstirbt und hinterläßt seine Ehefrau F und seine Kinder K1 und K2. Der Nachlaß besteht aus einem Betrieb und einem Privatgrundstück. Es tritt gesetzliche Erbfolge ein. Die Erbengemeinschaft setzt sich so auseinander, daß Kind K1 einen Erb- und Pflichtteilsverzicht gegenüber der Mutter abgibt und dafür von der Erbengemeinschaft eine Abfindung erhält. Zugleich schließt die Mutter einen Erbvertrag mit K2, in dem sie ihm im Wege des Vermächtnisses ihre Anteile am Betrieb zuschreibt. Zwei Jahre später widerrufen die Mutter und K1 ihren Erb- und Pflichtteilsverzichtsvertrag. Die Mutter setzt sodann Kind K1 zum Alleinerben ein.

Da der Erbverzichtsvertrag nur zwischen der Ehefrau F und den Verzichtenden getroffen wird, war die Aufhebung hier zulässig. Sie bedurfte auch nicht der Zustimmung von Kind K2.[17] Allerdings ist Kind K2 möglicherweise berechtigt, die von der Erbengemeinschaft geleistete Abfindungszahlung nach § 812 BGB zurückzuverlangen.[18]

74　Strittig ist, ob der Erbverzichtsvertrag nur zu **Lebzeiten** des Verzichtenden aufgehoben werden kann oder ob das Aufhebungsrecht selbst auch auf die Erben (Abkömmlinge) des Verzichtenden übergeht. Nach Ansicht der Literatur ist ein Aufhebungsvertrag nur zu Lebzeiten des Verzichtenden möglich.[19] Nach einer Entscheidung des OLG München[20] sind die Abkömmlinge des Verzichtenden dagegen berechtigt, den Erbverzicht mit dem Erblasser wieder aufzuheben. Nach Ansicht des BGH kann der Erbverzicht aber nach dem Tode des Verzichtenden nicht mehr aufgehoben werden.[21]

75　Ein Erb- und Pflichtteilsverzicht kann aber auch **konkludent** gegeben sein. Nach Meinung des BGH[22] kann in einem Erbvertrag, in dem sich Ehegatten gegenseitig als Alleinerben und ein gemeinsames Kind, das Vertragspartner des Erbvertrags ist, zum Schlußerben einsetzen, ein stillschweigender Verzicht

---

17　BGH NJW 1980, 2307.
18　*Palandt/Edenhofer* § 2351 Rn 3; MüKo/*Strobel*, § 2351 Rn 5.
19　MüKo/*Strobel*, § 2351 Rn 2.
20　OLG München ZEV 1997, 299 Revision beim BGH anhängig.
21　BGH NJW 1998, 3117.
22　BGHZ 22, 364.

des Kindes nach dem Erstversterbenden angenommen werden, sofern nicht besondere Umstände, die für das Gegenteil sprechen, vorliegen.

Ebenso kann nach Ansicht des BGH[23] in einem notariell beurkundeten gemeinschaftlichen Testament ein **stillschweigender** Erb- oder Pflichtteilsverzicht eines Ehegatten enthalten sein, sofern noch andere Anhaltspunkte hierfür sprechen, wie etwa der Umstand, daß die Ehegatten den Willen hatten, eine vollständige Trennung ihres Vermögens auch für die Zeit nach ihrem Tode vorzunehmen.

In der Literatur wird die konkludente Annahme eines Erb- und Pflichtteilsverzichts heftig kritisiert. Insbesondere wird dabei auf das Formerfordernis des § 2348 BGB abgestellt, weil die mit der Beurkundung verfolgten Zwecke, insbesondere die Belehrung und Beratung des Verzichtenden, bei einem stillschweigenden Pflichtteilsverzicht ins Leere liefen. Der Verzicht müsse demnach ausdrücklich erfolgen.[24]

Desweiteren gilt es zu beachten, daß nach Ansicht des BGH ein Erb- und Pflichtteilsverzichtsvertrag nur zu Lebzeiten des Erblassers wirksam vereinbart werden kann.[25]

> *Hinweis*
> Zu beachten ist, daß der Erbverzicht nicht den Anspruch auf den Zugewinnausgleich umfaßt.

3. Der vorzeitige Erbausgleich nach § 1934 d BGB

Das zum 1. 4. 1998 in Kraft getretene Erbrechtsgleichstellungsgesetz (ErbGleichG) vom 16. 12. 1997 hat dazu geführt, daß grundsätzlich auch nichtehelichen Kindern nunmehr ein „volles" gesetzliches Erbrecht am Nachlaß ihres Vaters zusteht.[26] Das bisherige Recht gilt lediglich dann weiter, wenn der Erblasser vor dem 1. 4. 1998 verstorben ist oder über den vorzeitigen Erbausgleich eine wirksame Vereinbarung getroffen oder der Erbausgleich durch

---

23 BGH NJW 1977, 1728.
24 MüKo/*Strobel*, § 2348 Rn 8; BayObLGZ 1981, 35; BayObLG RPfleger 1984, 191.
25 BGH Jus 1997, 373.
26 *Rauscher* ZEV 1998, 41.

rechtskräftiges Urteil zuerkannt worden ist. Dies gilt es bei der Frage der Pflichtteilsberechtigung von nichtehelichen Kindern vorab zu prüfen.

80 Bei dem Anspruch auf den vorzeitigen Erbausgleich handelte es sich um ein Abfindungsverlangen des nichtehelichen Kindes gegenüber seinem Vater. Das nichteheliche Kind „verzichtet" gegen eine Abfindungszahlung in Höhe des dreifachen Jahresunterhalts aus dem Durchschnitt der letzten fünf Jahre (§ 1934 d II BGB) auf das ihm zustehende Erb- und Pflichtteilsrecht.

Der vorzeitige Erbausgleich war eine dem Erbverzicht ähnliche Regelung und bedurfte deshalb der notariellen Beurkundung gemäß § 1934 d IV Satz 1 BGB. Das nichteheliche Kind konnte das Ausgleichsverlangen stellen, wenn es das 21. Lebensjahr und noch nicht das 27. Lebensjahr vollendet hatte. Hierbei ist zu beachten, daß die Vaterschaft feststehen mußte.

81 Sinn und Zweck der Vorschrift war es, den nichtehelichen Kindern, denen es häufig an einem familiären Rückhalt in der Familie des Erblassers fehlt, die Möglichkeit zu geben, sich frühzeitig wirtschaftlich selbständig zu machen.

82 Die Wirkung des vorzeitigen Erbausgleichs geht weiter als der Erbverzicht, da er nicht nur das nichteheliche Kind und dessen Abkömmlinge von der Erbfolge nach den väterlichen Verwandten ausschließt, sondern auch umgekehrt den Vater und dessen Verwandten von der Erbfolge nach dem nichtehelichen Kind.

War der Vater nicht freiwillig bereit, dem Ausgleichsverlangen nachzukommen, konnte das nichteheliche Kind Leistungsklage erheben, die auf Zahlung des Ausgleichsbetrags nach Eintritt der Rechtskraft zu erheben ist.[27]

> *Hinweis*
> Ist auf den vorzeitigen Erbausgleich geklagt worden und ist bis zum 31. 3. 1998 kein rechtskräftiges Urteil mehr ergangen, dann konnte hierüber nicht mehr entschieden werden, weil ab 1. 4. 1998 neues Recht galt (Art. 227 I Nr. 2 EGBGB).

---

27 BGHZ 96, 262.

4. Die Erb- und Pflichtteilsunwürdigkeit gemäß §§ 2339, 2345 II BGB

Eine Erbunwürdigkeit liegt vor, wenn der Erbe sich eines der in § 2339 BGB aufgelisteten Vergehen gegenüber dem Erblasser schuldig gemacht hat. Dabei werden von dem Begriff der Erbunwürdigkeit nicht nur die Erben, sondern auch Vermächtnisnehmer und Pflichtteilsberechtigte umfaßt (§ 2345 BGB).[28] Eine Erbunwürdigkeit zieht demnach eine Pflichtteilsunwürdigkeit nach sich. Erb- und Pflichtteilsunwürdigkeit bedeutet, daß dem durch Erbfolge Berechtigten das Erbrecht im **Nachhinein** entzogen wird.

a) Die Gründe der Erb- und Pflichtteilsunwürdigkeit

Die Gründe für die Pflichtteilsunwürdigkeit sind in § 2339 BGB geregelt. Unwürdig ist danach, wer den Erblasser vorsätzlich oder widerrechtlich getötet oder zu töten versucht hat. Gleiches gilt für den Fall, daß der Unwürdige den Erblasser in einen Zustand versetzt hat, der es dem Erblasser bis zum Tode unmöglich gemacht hat, eine Verfügung von Todes wegen zu errichten (§ 2339 I Ziff. 1 BGB).

Der Tatbestand der Pflichtteilsunwürdigkeit ist auch dann erfüllt, wenn der Pflichtteilsberechtigte den Erblasser durch arglistige Täuschung oder Drohung gehindert hat, ein Testament zu errichten oder aber auch zu vernichten. Unter § 2339 I Ziff. 2 BGB fällt auch der Fall, daß der Pflichtteilsberechtigte es absichtlich unterläßt, dem Willen des Erblassers auf Vernichtung eines Testamentes nachzukommen, oder wenn er den Erblasser in den Glauben versetzt, es genüge für die Errichtung einer Verfügung von Todes wegen eine Form, die in Wirklichkeit nicht ausreichend ist.

Letztlich ist auch derjenige unwürdig, der durch arglistige Täuschung oder Drohung den Erblasser dazu bestimmt hat, eine Verfügung von Todes wegen zu errichten (§ 2339 I Ziff. 3 BGB), oder der sich in Ansehung einer Verfügung von Todes wegen der Urkundenfälschung strafbar gemacht hat (§ 2339 I Ziff. 4 BGB).[29]

---

28 Vgl. *Soergel/Damrau* Vor § 2339 Rn 3.
29 Vgl. auch *Speckmann* JuS 1971, 235.

b) Die Folgen der Erb- und Pflichtteilsunwürdigkeit

87 Die Erbunwürdigkeit hat zur Folge, daß der Erbe von der Erbfolge ausgeschlossen wird und der Pflichtteilsberechtigte (Erbe) somit auch keinen Anspruch auf den Pflichtteil hat. Mitumfaßt ist auch der Anspruch auf den Voraus nach § 1932 BGB und den Dreißigsten nach § 1969 BGB. § 2339 BGB hat, auch wenn dies dem BGB ansonsten fremd ist, Strafcharakter.[30]

88 Die Feststellung der Erbunwürdigkeit und der damit verbundene Ausschluß von der Erbfolge muß durch **Anfechtungsklage** von dem Erben oder demjenigen, dem der Wegfall zustatten kommt, vor den ordentlichen Gerichten geltend gemacht werden (§ 2342 BGB). Die Anfechtung umfaßt jede Art des Pflichtteilsanspruchs, auch den Pflichtteilsergänzungsanspruch. Gemäß §§ 2340 III, 2082 BGB beträgt die Anfechtungsfrist ein Jahr und beginnt mit Kenntnis des Anfechtungsgrundes.[31] Die Anfechtungsklage ist aber gemäß § 2340 II S. 1 BGB erst nach dem Anfall der Erbschaft zulässig. Gegenüber einem Nacherben kann die Anfechtung ab dem Zeitpunkt erfolgen, ab dem die Erbschaft dem Vorerben angefallen ist.

89 Die Erbunwürdigkeit schließt aber nicht das Erbrecht der Abkömmlinge des für erbunwürdig Erklärten aus.

90 Die Gründe, die eine Erbunwürdigkeit bestimmen, sind nicht identisch mit denen in § 1381 BGB. Deshalb ist bei festgestellter Erbunwürdigkeit des Ehegatten sein Anspruch auf den Zugewinnausgleich nicht ausgeschlossen. Dieser kann ihm nur gemäß § 1381 BGB bei grober Unbilligkeit aus wirtschaftlichen Gründen verweigert werden.[32]

II. Das gesetzliche Erbrecht

1. Allgemeines

91 Die gesetzliche Erbfolge beruht auf dem Grundsatz, daß sich das Vermögen des Erblassers in der Familie weiter vererben soll. Neben den einzelnen **Erbenordnungen** wird dem Ehegatten des Erblassers eine Art Sondererbrecht

---

30 *Kipp/Coing*, Erbrecht, Seite 473.
31 BGH NJW 1989, 3214.
32 *Lange/Kuchinke*, Lehrbuch des Erbrechtes, Seite 151.

eingeräumt (§ 1931 BGB). Er fällt als Erbe nicht unter die Erbenordnung. Nach dem Gesetz kommt es zur gesetzlichen Erbfolge, wenn der Erblasser keine Erben durch Verfügung von Todes wegen benennt. Es gilt also der Vorrang der gewillkürten vor der gesetzlichen Erbfolge. Wenn der Erblasser keine Verfügung von Todes wegen errichtet hat oder wenn das erstellte Testament aufgrund Formmangels oder wegen nicht vorhandener Testierfähigkeit unwirksam ist, gilt die gesetzliche Erbfolge.

Gleiches trifft zu, wenn die Verfügung durch **Anfechtung** vernichtet wurde oder der Erbe die Erbschaft **ausgeschlagen** hat (§ 1953 BGB) und ein Ersatzerbe nicht ermittelt werden kann (§ 2069 BGB). Bei der Ermittlung des Erben sind die gesetzlichen Vermutungsregeln für die Ersatzerbenbestimmung (§ 2069 BGB), die Anwachsung (§ 2094 BGB) und die Vererblichkeit des Nacherbenrechts (§ 2108 II BGB) zu beachten. 92

Gesetzliche und gewillkürte Erbfolge können aber auch gleichzeitig zur Anwendung kommen, wenn der Erblasser beispielsweise nur bezüglich eines Teils seines Nachlasses ein Testament errichtet hat. Für den Rest des Nachlasses gilt dann die gesetzliche Erbfolge. 93

Bei dem gesetzlichen Erbrecht der Verwandtenerbfolge gilt im Rahmen der 1. bis 3. Ordnung das sogenannte Parentelsystem. Danach wird der Nachlaß grundsätzlich nach Stämmen und nicht nach der Anzahl der Personen geteilt. Ab der 4. Erbenordnung erben hingegen gemäß dem in § 1928 BGB enthaltenen Gradualsystem Verwandte im gleichen Verwandtschaftsgrad zu gleichen Teilen. 94

2. Die Erben erster Ordnung

Die gesetzlichen Erben erster Ordnung sind die Abkömmlinge des Erblassers, also seine Kinder, Enkel und Urenkel (§ 1924 I BGB). Dabei ist zu beachten, daß jedes Kind des Erblassers seine eigenen Abkömmlinge von der Erbfolge nach dem Erblasser ausschließt. Das heißt, der Enkel beerbt seinen Großvater nur dann, wenn das Kind des Großvaters, also der Elternteil des Enkels, weggefallen ist (§ 1924 II BGB). Solange Erben erster Ordnung vorhanden sind, werden alle anderen Verwandten von der Erbfolge ausgeschlossen (§ 1930 BGB). Dies bedeutet, daß jedes Kind des Erblassers seinen Stamm 95 vertritt und insoweit seine eigenen Abkömmlinge von der Erbfolge ausschließt (**Repräsentationsprinzip**).

96 Im Rahmen der Erben 1.Ordnung ist als Besonderheit das Erbrecht des **adoptierten** Kindes zu berücksichtigen. Das am 01.01.1977 in Kraft getretene Adoptionsgesetz führte zu einer Gleichstellung von adoptierten und ehelichen leiblichen Kindern. Durch den Ausspruch der Adoption gemäß § 1752 I BGB erlangt das adoptierte Kind die Stellung eines ehelichen Kindes. Das adoptierte Kind erbt somit neben den ehelichen Kindern zu gleichen Teilen.

97 Für das Erbrecht des adoptierten Kindes ergeben sich dennoch verschiedene Fallgestaltungen. Zu trennen sind die Fälle der sogenannten Altadoption für Adoptionen vor dem 01.01.1977 und die Fälle der Adoptionen nach dem 01.01.1977. Während es bei den Altadoptionen nicht auf das Alter der Person ankam, unterscheidet man bei der Adoption nach dem 01.01.1977 zwischen Minderjährigkeit und Volljährigkeit.

98 Des weiteren ist auch, bis auf einige Ausnahmen, grundsätzlich davon auszugehen, daß bei den Altadoptionen das Verwandtschaftsverhältnis zu den leiblichen Eltern und deren Verwandten fortbestehen blieb, während bei einer Adoption nach dem 01.01.1977 das Verwandtschaftsverhältnis zu den leiblichen Eltern regelmäßig gelöst wurde. Das adoptierte Kind kann somit unter Umständen nach beiden Elternteilen erben.

3. Die Erben zweiter Ordnung

99 Die gesetzlichen Erben der zweiten Ordnung sind die Eltern des Erblassers und deren Abkömmlinge (§ 1925 I BGB). Leben zum Zeitpunkt des Erbfalls noch beide Elternteile, so erben diese allein und zu gleichen Teilen (§ 1925 II BGB) und zwar unabhängig davon, ob ihre Ehe noch besteht. Lebt nur noch ein Elternteil, so treten an die Stelle des verstorbenen Elternteils dessen Abkömmlinge (§ 1925 III BGB). Hinterläßt der vorverstorbene Elternteil keine Abkömmlinge, so fällt seine Hälfte an den noch lebenden Elternteil (§ 1925 III Satz 2 BGB).

4. Die Erben dritter Ordnung

Die gesetzlichen Erben dritter Ordnung sind die Großeltern des Erblassers und ihre Abkömmlinge (§ 1926 I BGB). Dabei erben die Großeltern väterlicherseits und die Großeltern mütterlicherseits jeweils die Hälfte. Zu beachten ist, daß hier zwei Gruppen von Erben entstehen und beim Vorversterben eines Großelternpaares das andere Großelternpaar nur dann zusätzlich erbt, wenn keine Abkömmlinge des verstorbenen Großelternpaares mehr vorhanden sind (§ 1926 IV BGB). 100

Lebt nur ein Teil eines Großelternpaares nicht mehr, so treten an die Stelle des verstorbenen Teils dessen Abkömmlinge (§ 1926 III BGB). Hat der verstorbene Großelternteil keine Abkömmlinge, so fällt die Erbschaft dem überlebenden Großelternteil, und wenn dieser ebenfalls nicht mehr lebt, dessen Abkömmlingen zu (§ 1926 III S. 2 BGB). 101

5. Die Erben vierter Ordnung

Die gesetzlichen Erben vierter Ordnung sind die Urgroßeltern des Erblassers und deren Abkömmlinge (§ 1928 I BGB). Im Unterschied zu den Erben vorhergehender Ordnungen erben hier die Großeltern alleine und ansonsten nur derjenige Abkömmling, der mit dem Erblasser am nächsten verwandt ist (§ 1928 II, III BGB). Gemäß § 1589 S. 3 BGB bestimmt sich der Grad der Verwandtschaft nach der Zahl der sie vermittelnden Geburten. 102

Der Gesetzgeber hat im Range der vierten Erbenordnung das Stamm- und Liniensystem aufgegeben und ist zum sogenannten Gradualsystem übergegangen. In der Praxis stellt sich das Problem der Erbenermittlung in der vierten Erbenordnung aber eher selten, insoweit handelt es sich um ein theoretisches Problem. 103

III. Die testamentarische Erbfolge

1. Allgemeines

Während bei der gesetzlichen Erbfolge die Nachfolge festgelegt ist, besteht bei einer **gewillkürten** Erbfolge das Problem, den tatsächlichen Willen des Erblassers zu ermitteln. Das von einem Erblasser selbst verfaßte Testament bringt in der Praxis idR erhebliche Auslegungsprobleme mit sich. Dies 104 beginnt schon bei der von juristischen Laien oft verwechselten Unterscheidung zwischen Vermächtnis und Erbeinsetzung.

105 Die Frage der **Auslegung** und **Anfechtung** spielt insoweit bei der Bearbeitung erbrechtlicher Mandate eine zentrale Rolle.

2. Die Auslegung von Testamenten

a) Allgemeines

106 Mit zu den schwersten Aufgaben der anwaltlichen Tätigkeit nach dem Erbfall zählt die **Auslegung** zweifelhafter letztwilliger Verfügungen von Todes wegen. Da im Rahmen einer auslegungsbedürftigen Verfügung erhebliche Schwierigkeiten liegen und insbesondere auch das weitere Vorgehen des Anwalts für den potentiellen Erben davon abhängt, ist in diesem Bereich besondere Vorsicht geboten. Es sollten nicht zu schnell allgemeines Wissen oder bereits in diesem Gebiet abgeschlossene Mandate als Vergleich herangezogen werden.

107 Gerade im Rahmen der Auslegung hängt für die Frage, ob beispielsweise eine Erbeinsetzung oder nur eine vermächtnisweise Zuwendung seitens des Erblassers gewollt war, viel von den Umständen des Einzelfalls ab.[33] Insoweit ist jeder Sachverhalt anders und explizit in seiner Eigenheit zu überprüfen.

108 Die Auslegung kann sich in den verschiedensten Bereichen ergeben. So ist beispielsweise nicht nur in bezug auf den Inhalt einer letztwilligen Verfügung (Erbeinsetzung oder Vermächtnis), sondern auch auf die Fragen, ob überhaupt eine letztwillige Verfügung vorliegt und um welche Art von Verfügung es sich handelt, einzugehen.[34]

109 In einer Vorprüfung einer jeden Auslegung ist festzustellen, daß die letztwillige Verfügung überhaupt **auslegungsbedürftig** ist. Hiervon ist auszugehen, wenn an der Verfügung nach ihrem Wortlaut oder auch gemessen an den Umständen, die außerhalb liegen, Zweifel bestehen.[35]

---

33 MüKo/*Leipold*, § 2084 Rn 1 ff.
34 OLG Köln FamRZ 1995, 1301.
35 BayObLG FamRZ 1991, 231.

Schwierigkeiten bestehen auch bei der Frage der **Abgrenzung** zwischen **Auslegung** und **Anfechtung**. Insbesondere deshalb, weil die Rechtsprechung mittlerweile beide Rechtsinstitute eng miteinander verknüpft.[36]

b) Die Auslegung von Einzeltestamenten

Vorrangiges Ziel einer jeden Auslegung ist es, den tatsächlichen Willen des Erblassers zu ermitteln (§ 133 BGB). Hierfür ist grundsätzlich der Zeitpunkt der Errichtung der letztwilligen Verfügung maßgebend. Nach hM kommt es im Rahmen der Auslegung eines **Einzeltestaments** einzig und allein auf die Sicht des Erblassers selbst an.[37] Es ist festzustellen, was der Erblasser mit dieser Niederschrift aussagen wollte. § 157 BGB ist bei der Auslegung eines Einzeltestaments im Gegensatz zum gemeinschaftlichen Testament oder Erbvertrag nicht anzuwenden, da es beim Einzeltestament auf den Empfängerhorizont gerade nicht ankommt.

Bei der Auslegung der Verfügung von Todes wegen können aber alle Umstände zu berücksichtigen sein, die im Zusammenhang mit den im Testament enthaltenen Erklärungen stehen, wie z.B. das Verhalten, die Handlungen und die Äußerungen des Erblassers selbst.[38]

Aufgrund der Formbedürftigkeit der Verfügung von Todes wegen darf durch Auslegung aber kein anderer Wille des Testators ermittelt werden, als der, der zumindest andeutungsweise im Testament enthalten ist. Es gilt hier die sogenannte **Andeutungstheorie**.[39] Jede Auslegung ist dahingehend zu überprüfen, ob der ermittelte Wille auch hinreichend im Testament verankert ist bzw. Anhaltspunkte dafür bietet.[40]

Die Tatsache, daß der Erblasserwille am Wortlaut des Testaments zu erforschen ist, bedeutet jedoch nicht, daß man sich auf eine Analyse des geschriebenen

---

36 Vgl. BayObLG ZEV 1997, 339.
37 BGH NJW 1993, 256.
38 BayObLG FamRZ 1994, 1206.
39 BayOLGZ 1981, 79.
40 BHGZ 80, 242.

Wortes beschränken darf. Es können vielmehr auch alle außerhalb des Testaments liegenden Informationen und Umstände für die Auslegung herangezogen werden, sofern sie sich im Wortlaut niederschlagen.[41]

115 Nach Ansicht des BGH[42] ist somit in erster Linie der **tatsächliche** Erblasserwille maßgebend, wenn er feststeht und formgerecht erklärt wurde. Für die Feststellung des Erblasserwillens ist demnach von dem Wortlaut der Verfügung von Todes wegen auszugehen. Soll bei der Auslegung vom Wortlaut abgewichen werden, so müssen hierfür besondere Umstände vorliegen, aus denen sich ergibt, daß der Erblasser mit dem Gesagten etwas anderes gemeint hat.[43] Ist der tatsächliche Wille des Erblassers trotz Auslegung nicht festzustellen, so ist in einem weiteren Schritt der **mutmaßliche Wille** des Erblassers zu ermitteln bzw. ist der Inhalt der Verfügung dahingehend auszulegen.[44]

116 Von der tatsächlichen Auslegung zu unterscheiden ist die **ergänzende Auslegung**. Die ergänzende Auslegung greift in dem Fall, in dem es gilt, Veränderungen, die zwischen der Testamentserrichtung und dem Zeitpunkt des Erbfalls eingetreten sind, dem Willen des Erblassers anzupassen.[45] Im Rahmen der ergänzenden Testamentsauslegung ist letztlich der Wille des Erblassers zu ermitteln, den dieser gehabt hätte, wenn er die späteren Veränderungen vorhergesehen oder bedacht hätte. Ein typischer Anwendungsfall der ergänzenden Auslegung sind beispielsweise die durch die Wende der ehemaligen DDR auftretenden Veränderungen.[46] Vgl. auch zur ergänzenden Auslegung eines Testaments, welches die Erblasser in der irrigen Erwartung verfaßt haben, ein zuvor errichteter Erbvertrag sei aufgrund geänderter Rechtslage nichtig BayObLG NJW-FER 1999, 275.

117 Nach neuester Rechtsprechung des BayObLG[47] soll eine ergänzende Auslegung auch dann möglich sein, wenn sich der Erblasser über tatsächliche Verhältnisse zum Zeitpunkt der Testamentserrichtung geirrt hat. Das BayObLG begründet

---

41 BGH NJW-RR 1993, 1226.
42 BGH NJW 1993, 256.
43 BGHZ 80, 246.
44 BGHZ 86, 41.
45 BayObLG NJW 1988, 2744.
46 *Sprau*, ZAP, Nr. 1 vom 10.01.1996, S. 32.
47 BayObLG ZEV 1997, 339.

dies damit, daß sich eine **Unvollkommenheit**, die Voraussetzung für eine ergänzende Testamentsauslegung ist, auch daraus ergeben kann, daß der Erblasser die Verhältnisse zum Zeitpunkt der Errichtung der Verfügung von Todes wegen falsch beurteilt hat. Beispielsweise, wenn der Erblasser fehlerhafte rechtliche Schlußfolgerungen[48] gezogen oder sich über bestimmte Vertragsinhalte getäuscht hat.[49]

Für den Fall, daß nach Ermittlung des Erblasserwillens und nach Auslegung der letztwilligen Verfügung nach den allgemeinen Vorschriften des BGB (§ 133 BGB) noch weitere offene Fragen bestehen und kein endgültiges Ergebnis erzielt wurde, kann auf die **gesetzlichen Auslegungsvorschriften** des 5. Buches des BGB zurückgegriffen werden, die nur im Zweifel eingreifen. 118

Das 5. Buch des BGB enthält für jeden Bereich eigene Auslegungsregeln. So sind beispielsweise in den §§ 2066–2076 BGB allgemeine Auslegungsregeln für das Testament enthalten. Für die Erbeinsetzung bestimmen die §§ 2087–2099 BGB und für das Vermächtnis die §§ 2148 ff. BGB gesonderte Auslegungsregeln. 119

c) Typische Auslegungsprobleme in der Praxis

Der einem Laien nur schwer zu erklärende Unterschied zwischen **Erbeinsetzung**[50] und **Vermächtnis** führt zu einer Vielzahl von auslegungsbedürftigen Verfügungen von Todes wegen. 120

Der klassische Fall ist hierbei, daß der Erblasser in seiner Verfügung einen bestimmten Gegenstand einer Person zuwendet. Nach Ansicht des BayObLG[51] ist dies dahingehend auszulegen, daß, wenn es sich bei dem Gegenstand um den **wesentlichen** Teil des **Vermögens** des Nachlasses handelt, eine Erbeinsetzung anzunehmen sei. 121

---

48 MüKo/*Leipold* § 2084, Rn 42.
49 BGH NJW 1997, 264.
50 Zur Testamentsauslegung bei Anordnung einer Vor- und Nacherbschaft siehe *Avenarius* NJW 1997, 2740.
51 BayObLG FamRZ 1993, 854.

122 Entsprechendes gilt nach Ansicht des BGH[52] auch dann, wenn der Erblasser sein gesamtes Vermögen entweder nach **Vermögensgruppen** oder nach Einzelgegenständen unter den bedachten Personen aufgeteilt hat. Hier ist es naheliegend, daß seitens des Erblassers eine Erbeinsetzung gewollt war. Die Höhe der Erbquote richtet sich hierbei regelmäßig nach dem Wert der jeweils zugeordneten Gegenstände.[53] Für den **Zeitpunkt** der **Bewertung** ist darauf abzustellen, ob es dem Erblasser darauf ankam, den Bedachten entsprechend einem bestimmten Wertverhältnis am Nachlaß zu beteiligen, dann ist der Zeitpunkt der Testamentserrichtung maßgebend. Kam es dem Erblasser dagegen in erster Linie darauf an, dem Bedachten die ihm zugewandten Gegenstände zukommen zu lassen, dann ist deren Wert zum Zeitpunkt des Erbfalls für die Bewertung der einzelnen Gegenstände ausschlaggebend.[54]

123 Hat bspw. der zur Miete lebende Erblasser einen Begünstigten zum Alleinerben seiner Wohnung bestimmt und bewahrt er darin einen Großteil seines Vermögens auf, dann kann dies dahingehend ausgelegt werden, daß der Bedachte bezüglich aller wesentlichen Nachlaßteile Alleinerbe sein soll.[55]

124 Wendet der Erblasser dagegen einem Erben einzelne Gegenstände zu, dann kann, wenn darin keine Erbeinsetzung nach Vermögensgruppen (§ 2087 II BGB) zu sehen ist, die Zuwendung als **Vermächtnis** bzw. **Vorausvermächtnis** gewertet werden.[56]

125 Ebenso problematisch wie die Unterscheidung zwischen Erbeinsetzung und Vermächtnis ist die Abgrenzung zwischen der Anordnung einer **Teilungsanordnung** und einem **Vorausvermächtnis**.

126 Grundsätzlich ist von einer Teilungsanordnung auszugehen, wenn der Erblasser dem Bedachten zwar einzelne Gegenstände zugeordnet, aber damit keine wertmäßige Besserstellung über die Erbquote hinaus bezwecken wollte. Wollte der Erblasser mit der Zuordnung einzelner Gegenstände dagegen eine wertmäßige

---

52 BGH DNotZ 1972, 500.
53 MüKo/*Schlichting*, § 2087 Rn 11.
54 BGH NJW 1997, 392.
55 BayObLG NJW-RR 1994, 1032.
56 BGH FamRZ 1985, 62.

Besserstellung erreichen, dann ist von einem Vorausvermächtnis zugunsten des Bedachten auszugehen.

Ist in der Verfügung von Todes wegen eine **Anrechnung** auf den **Erbteil** angeordnet, dann ist dies regelmäßig ein Indiz für eine Teilungsanordnung. Die Frage einer wertmäßigen Besserstellung und einer Anrechnungsbestimmung ist aber, wie die im folgenden zitierte Entscheidung des BGH zeigt, nicht unbedingt das einzige Abgrenzungskriterium, so daß eine genaue Prüfung im Einzelfall erforderlich ist. **127**

> *BGH FamRZ 1995, 228* **128**
> Wendet der Erblasser einen bestimmten Gegenstand einem Miterben zu und ordnet er die **Anrechnung** des Wertes dieses Gegenstands auf den Erbanteil des Bedachten an, ist eine Auslegung dieser letztwilligen Zuwendung als **Vorausvermächtnis** nicht unter allen Umständen ausgeschlossen, vielmehr kann im Einzelfall ein von der Erbeinsetzung unabhängiger Geltungsgrund für die Zuwendung und damit ein Vorausvermächtnis gewollt sein. Die Auslegung des Testaments kann nämlich unter Berücksichtigung des Erblasserwillens ergeben, daß ein bestimmter Gegenstand einem Miterben etwa für den bei Testamentserrichtung hypothetischen Fall zugewendet werden soll, daß er das Erbe ausschlägt oder aus anderen Gründen nicht Erbe wird. War die Zuwendung des Gegenstands so gemeint, liegt ein von der Erbeinsetzung unabhängiger Geltungsgrund selbst dann vor, wenn das Vermächtnis die Erbquote wertmäßig nicht verschiebt, sondern wie hier auf die Erbquote anzurechnen ist. Somit ist klargestellt worden, daß mit der Abgrenzung des Vermächtnisses von der Teilungsanordnung anhand des Kriteriums einer wertmäßigen Begünstigung nicht alle Unterschiede zwischen beiden Rechtsinstituten erfaßt sind.

Ein weiteres klassisches Problem ist, daß der Erblasser den Zeitpunkt zwischen der Errichtung der Verfügung von Todes wegen und dem Eintritt des Erbfalls nicht genau bedacht hat. Änderungen können hinsichtlich einzelner vermachter Gegenstände oder aber auch bezüglich der gesamten Vermögenslage eintreten. Gleiches gilt auch für den Fall, daß bspw. eine bedachte Person wegfällt. **129**

Befindet sich ein bestimmter Gegenstand, der vermächtnisweise einem Bedachten zugewandt wurde, nicht mehr im Nachlaß, so ist entsprechend den **130**

Vorschriften der §§ 2169, 2170, 2173 BGB zu prüfen, ob nicht ein **Verschaffungsvermächtnis** vorliegt. Darüber hinaus kann sich auch die Frage stellen, ob ein durch Veräußerung erlangtes **Surrogat** an Stelle des ursprünglichen Vermächtnisgegenstands getreten ist.[57]

131 Ändert sich die gesamte **Vermögenslage** des Erblassers in erheblichem Umfang, so kann es als gerechtfertigt angesehen werden, den Testamentsinhalt der neuen Sachlage anzupassen.[58] Inwieweit auch Veränderungen nach dem Erbfall anzupassen sind, richtet sich dagegen nach der Art des Vermächtnisses selbst.[59]

132 *Hinweis*
Hat der Erblasser zugunsten seiner Ehefrau einen Rentenanspruch ausgesetzt und diesen nicht an den Fortbestand eines Unternehmens geknüpft, so bleibt dem Erben im Falle des Untergangs des Unternehmens nur die Möglichkeit der Dürftigkeitseinrede nach § 1990 BGB.[60]

133 Insbesondere wird hier häufig für den Fall des **Wegfalls** einer als Erben oder Vermächtnisnehmer bestimmten **Person** keine Ersatzerben- oder Ersatzvermächtnisnehmerregelung getroffen. Fehlt eine solche Ersatzerbenregelung, dann ist durch Auslegung zu ermitteln, ob eine Ersatzerbenbestimmung gewollt war.

134 Die wichtigste Auslegungsvorschrift im Rahmen einer **Ersatzerbenbestimmung** ist der § 2069 BGB. Danach ist im Zweifel davon auszugehen, daß beim Wegfall eines Abkömmlings dessen Abkömmlinge nach den Regeln der gesetzlichen Erbfolge Ersatzerben sind.[61] Hierbei gilt es zu beachten, daß § 2069 BGB nur Anwendung findet, wenn es sich um Abkömmlinge des Erblassers in gerader Linie handelt.[62]

---

57 MüKo/*Leipold*, § 2084, Rn 55.
58 MüKo/*Leipold*, § 2084, Rn 56.
59 OLG Düsseldorf ZEV 1996, 466.
60 OLG Düsseldorf ZEV 1996, 466; mit Anmerkung *Medicus*, S. 467.
61 Nieder, Rn 484.
62 BayObLG FamRZ 1991, 865.

Nach der Rechtsprechung des BGH[63] ist jedoch im Rahmen der **ergänzenden** 135
Auslegung der Rechtsgedanke des § 2069 BGB heranzuziehen.[64] So wird
im Rahmen einer **hypothetischen** Ersatzerbeneinsetzung § 2069 BGB auch
dann angewandt, wenn es sich bei der weggefallenen Person um einen
„**nahen Angehörigen**" des Erblassers gehandelt hat oder wenn ein solch enges
Verhältnis zu ihm bestand, daß dieses mit dem eines Abkömmlings vergleichbar
ist.[65] Im einzelnen ist dies entschieden worden für:

- den Ehegatten[66]
- Stief- und Geschwisterkinder[67]
- Geschwister[68]
- Mutter.[69]

Abgelehnt worden ist eine Annahme eines solch engen Verhältnisses für die 136
Einsetzung aufgrund eines **Bekanntschafts-** oder **Liebesverhältnisses**.[70] Hier
ist eine Ersatzerbenbestimmung des Abkömmlings nicht anzunehmen.

Die Regelungen des Ersatzerben nach §§ 2069 ff. BGB gelten entsprechend für 137
die **Vermächtniseinsetzung** und Auflagenbestimmung.[71]

Hat der Erblasser mehrere Erben eingesetzt, ohne eine Quote zu bestimmen, so 138
ist die Ergänzungsregelung des § 2066 S. 1 BGB zu beachten. Sind **mehrere
Erben** eingesetzt und hat der Erblasser einen Ersatzerben nicht bestimmt und
läßt sich der Ersatzerbe auch nicht durch ergänzende Auslegung ermitteln,
dann gilt der Grundsatz der **Anwachsung** (§ 2094 BGB). Dies bedeutet,
daß der Erbteil den übrigen Erben im Verhältnis ihrer Anteile anwächst. Eine
Anwachsung geht also einer Ersatzerbenregelung nach.[72]

---

63 Die vom BGH geforderte Andeutung wird hier im Rahmen der Einsetzung einer ihm
nahestehenden Person als ausreichend empfunden.
64 BGH NJW 1973, 240.
65 *Nieder*, Rn 485.
66 KG MDR 1954, 39.
67 RGZ 99, 82.
68 BGH NJW 1973, 242.
69 OLG Hamburg FamRZ 1988, 1322.
70 OLG Hamm NJW-RR 87, 648.
71 *Nieder*, Rn 505.
72 OLG Karlsruhe FamRZ 1993, 363.

3 Das erbrechtliche Mandat nach dem Erbfall

139 Eine umstrittene Situation kann sich auch immer dann ergeben, wenn der Erblasser seine Ehefrau als Erbin eingesetzt hat und nach **Scheidung** vergessen hat, die Verfügung von Todes wegen abzuändern. Hier entsteht insbesondere der Streit, ob der Erblasser die Verfügung auch für den Fall der Scheidung getroffen hätte. Hat der Erblasser zum Zeitpunkt der Errichtung des Testaments den Fall der Scheidung oder der Nichtigkeit einer Ehe nicht bedacht, so ist sein hypothetischer Wille zu ermitteln.[73]

140 Im Regelfall ist anzunehmen, daß eine Erbeinsetzung nur aufgrund einer bestehenden Ehe erfolgen sollte, so daß Gegenteiliges nur bei Vorliegen besonderer Umstände angenommen werden kann.[74] Nach § 2077 I, III BGB ist davon auszugehen, daß eine letztwillige Verfügung, in der der Erblasser seinen Ehegatten bedacht hat, unwirksam ist, wenn die Ehe nichtig oder vor dem Tode des Erblassers aufgelöst wurde. Hierbei handelt es sich jedoch nur um eine Vermutungsregelung, die nur zum Tragen kommt, wenn ein wirklicher oder mutmaßlicher Wille des Erblassers nicht zu ermitteln ist.

141 Da die Gerichte zunehmend einer individuellen Auslegung den Vorzug geben,[75] ist aus anwaltlicher Sicht sowohl bei der Gestaltung vor dem Erbfall als auch bei der Prüfung des erbrechtlichen Anspruchs nach dem Erbfall besondere Vorsicht geboten.

142 Nach h.M findet die Vorschrift des § 2077 I BGB auch dann Anwendung, wenn der Erblasser und die bedachte Person zum Zeitpunkt der Errichtung des Testaments verlobt waren und später geheiratet haben.[76]

143 *Hinweis*
Im Rahmen der Rechtshängigkeit eines Scheidungsantrags besteht die Besonderheit, daß nach § 2077 I 2 BGB die den Überlebenden begünstigende Verfügung nur dann unwirksam wird, wenn der Erblasser selbst Scheidungsantrag gestellt oder ihm zugestimmt hat. Dagegen soll § 2077 BGB nicht

---

73 BGH FamRZ 1961, 364.
74 BayObLG FamRZ 1995, 1088.
75 *Mayer*, ZEV 1997, 281.
76 BGH FamRZ 1961, 364.

zur Anwendung kommen, wenn der begünstigte Ehegatte selbst den Antrag gestellt hat und bei Tod des Erblassers hierüber nicht entschieden war.[77]

Auslegungsprobleme können sich aber auch aufgrund nicht hinreichend bestimmter Anordnungen ergeben. Hat der Erblasser bspw. einem Begünstigten ein **Wohnungsrechtsvermächtnis**eingeräumt, so stellt sich die Frage, ob dieses auch Dritten überlassen werden darf, um, wie nicht selten vorkommend, an einem anderen Ort eine neue Wohnung zu beziehen. 144

Das OLG Düsseldorf[78] hat dies bejaht, wenn es dem Erblasser darum ging, dem Bedachten ein mietfreies Wohnen auf Lebzeiten zu Lasten der Erben zu gewähren. Kam es dem Erblasser nicht darauf an, dem Begünstigten eine bestimmte Wohnung zu überlassen, sondern ihm die finanziellen Mittel für einen entsprechenden Wohnraum zur Verfügung zu stellen, dann ist hierin auch das Recht des Begünstigten enthalten, das Wohnrecht entgeltlich auf Dritte zu übertragen. 145

d) Die Auslegung eines Ehegattentestaments

Im Rahmen der Auslegung eines **Ehegattentestaments** findet, anders als beim Einzeltestament, § 157 BGB Anwendung. D. h., daß eine Ehegattenverfügung aus der Sicht des Empfängers zu beurteilen ist. Nach Ansicht des BGH[79] ist daher die Auslegung auch dahingehend zu prüfen, ob sie mit dem Willen des anderen Ehegatten übereinstimmt.[80] 146

Das ist nötig, weil die beiderseitigen Verfügungen in gemeinschaftlichen Testamenten nicht nur aufeinander abgestimmt (§ 2270 BGB), sondern erfahrungsgemäß in der Regel auch inhaltlich abgesprochen werden und insofern Ergebnis und Ausdruck eines gemeinsam gefaßten Entschlusses beider Teile sind. 147

Läßt sich bei der Auslegung der einzelnen Verfügung eine derartige Übereinstimmung der beiderseitigen Vorstellungen und Absichten nicht feststellen 148

---

77 BayObLG FamRZ 1990, 322; Bengel, ZEV 1994, 360.
78 OLG Düsseldorf OLG-Rp 1996, 243.
79 BGH NJW 1993, 256.
80 Zur Auslegung eines gemeinschaftlichen Testaments bei einer Verfügung für den Fall des gleichzeitigen Versterbens siehe BayObLG MittBayNot 1997, 46.

oder lag eine solche nicht vor, dann muß allerdings auf den Willen gerade des Erblassers abgestellt werden, um dessen testamentarische Verfügung es geht. Für den Zeitpunkt der übereinstimmenden Willenserklärung ist die Errichtung der Verfügung von Todes wegen maßgebend.

149 Ein häufiges Problem bei der Auslegung von Ehegattentestamenten ist die Frage der **Wechselbezüglichkeit** bzw. der **Bindungswirkung** der gegenseitigen Erbeinsetzungen.[81] Nach § 2270 III BGB können neben der Erbeinsetzung auch das Vermächtnis und die Auflage wechselbezüglich sein.

150 In der Regel wird bei einem „Laientestament", bei dem der Testator keine juristische Beratung eingeholt hat, eine Regelung hinsichtlich einer solchen Wechselbezüglichkeit fehlen. Soweit das Testament diesbezüglich keine Aussage trifft, ist für die oben genannten Verfügungen einzeln durch Auslegung zu ermitteln, ob diese wechselbezüglich und damit bindend sein sollen.

151 Kommt man bei der Beurteilung des Einzelfalls zu keinem Ergebnis, dann ist die gesetzliche Auslegungsregel des § 2270 II BGB anzuwenden. Danach ist eine Bindungswirkung anzunehmen, wenn ein Ehegatte dem anderen eine Zuwendung macht und für den Fall des Überlebens (Schlußerbfolge) eine Verfügung zugunsten einer Person getroffen wird, die mit dem erstversterbenden Ehegatten verwandt ist oder ihm **nahesteht**, wobei die Definition des Begriffs „nahestehen" eng zu fassen ist.[82]

152 So greift die Regelung des § 2270 II BGB, wenn die übrigen Voraussetzungen vorliegen, bspw. für die Erbeinsetzung der gemeinsamen Kinder als Schlußerben, ein.[83] Gleiches kann für den Fall gelten, daß sich kinderlose Ehegatten gegenseitig als Alleinerben einsetzen und jeweils ein eigenes und ein Geschwister des anderen Ehegatten als Schlußerben bestimmen.[84]

153 Dagegen bietet die Tatsache, daß das **Vermögen kopflastig** bei nur einem Ehegatten liegt, Anlaß zur Prüfung, ob sich der vermögende Ehegatte überhaupt einer Bindung unterwerfen wollte.[85] Sind die testierenden Ehegatten mit den

---

81 BayObLG FamRZ 1997, 1241.
82 BayObLG FamRZ 1991, 1232.
83 OLG Köln FamRZ 1993, 1371.
84 BayObLG FamRZ 1994, 1422.
85 OLG Hamm ZEV 1995, 146.

Schlußerben nicht verwandt oder verschwägert, dann ist im Zweifel eine Wechselbezüglichkeit nicht anzunehmen.[86] Gegen eine Wechselbezüglichkeit spricht auch eine Freistellungsklausel des überlebenden Ehegatten, wenn dieser berechtigt ist, einen anderen Schlußerben einzusetzen.

Die Tatsache, daß der überlebende Ehegatte berechtigt ist, lebzeitig zu verfügen, schließt dagegen eine Wechselbezüglichkeit nicht aus.[87] Ein gemeinschaftliches Testament kann aber auch dann wechselbezüglich sein, wenn die Ehegatten gleichlautende Verfügungen **zugunsten** eines **Dritten** getroffen haben und zwar auch dann, wenn die Verfügung von Todes wegen ansonsten eine Zuwendung an den Ehegatten nicht enthält.[88]

154

Neben der Frage der Wechselbezüglichkeit kann sich auch generell das Problem stellen, daß nicht eindeutig geklärt ist, ob die Ehegatten überhaupt ein gemeinschaftliches Testament errichten wollten.[89] Haben die Ehegatten ihre Verfügung in einer **gemeinsamen Urkunde** errichtet, so ergibt sich hieraus in der Regel der Wille, gemeinschaftlich zu handeln. Für den Fall, daß die Eheleute in getrennten Urkunden testiert haben oder zeitlich versetzt, muß der gemeinschaftliche Wille durch Auslegung ermittelt werden.[90]

155

Die Auslegungsregeln des § 2270 II BGB sind auch dann anzuwenden, wenn die Verfügungen von Todes wegen **zeitversetzt** errichtet wurden, die Auslegung jedoch ergibt, daß die Eheleute ein gemeinsames Testament errichten wollten. Der Wille der Eheleute, gemeinsam über den Nachlaß zu verfügen, muß dabei aber formgerecht zum Ausdruck kommen.[91]

156

---

86 BayObLG FamRZ 1991, 1232.
87 BayObLG FamRZ 1994, 1422.
88 BayObLG FamRZ 1994, 1210.
89 OLG Düsseldorf OLG-Rp 1997, 165: ein solches unwirksames gemeinschaftliches Testament oder der Entwurf einer gemeinsamen Verfügung kann in ein wirksames Einzeltestament umgedeutet werden, sofern die betreffende Verfügung nach dem Willen des Testierenden nicht wechselbezüglich ist.
90 BayObLG FamRZ 1994, 191.
91 BGHZ 9, 113, 116.

157 Auch beim Ehegattentestament spielt die Frage der **Ehescheidung** eine bedeutende Rolle. So ist über § 2268 I BGB der § 2077 I BGB auf alle in dem gemeinschaftlichen Testament errichteten Verfügungen anzuwenden.[92]

158 Weitere Zweifel treten bei einem Laientestament grundsätzlich bei der Frage auf, ob die gegenseitige Erbeinsetzung in Form der **Einheitslösung** oder der **Trennungslösung** erfolgen sollte. Im Zweifel ist nach § 2269 I BGB von der Einheitslösung auszugehen.[93] § 2269 BGB ist aber nur anwendbar, wenn sich kein anderer Wille aus dem Testament ergibt.[94] Er setzt voraus, daß die Eheleute sich gegenseitig als alleinige Erben und einen Dritten als Schlußerben des überlebenden Ehegatten eingesetzt haben. Maßgeblich ist insoweit auch ein einheitlicher Vermögensübergang vom überlebenden Ehegatten auf die Schlußerben, wobei eine Unterscheidung zwischen eigenem und vom Erstverstorbenen ererbtem Vermögen gerade nicht vorgenommen werden soll.

159 Für eine **Vor-** und **Nacherbschaft** spricht dagegen, wenn jeder Ehegatte nach dem Tod des Überlebenden von seinen Verwandten beerbt werden soll.[95] Für eine befreite Vorerbschaft spricht nach Ansicht des OLG Hamm, daß die Ehefrau erheblich zum Erwerb des Erblasservermögens beigetragen hat, zumindest dann, wenn statt der Kinder ein entfernter Verwandter eingesetzt wird.[96]

> *OLG Düsseldorf NJW-RR 1997, 136*
> Die Verwendung des Begriffs „Nacherbe" in einem gemeinschaftlichen Testament mit gegenseitiger Erbeinsetzung läßt für sich allein nicht auf die Bestimmung einer Vor- und Nacherbfolge schließen, sofern es sich nicht um ein notarielles Testament handelt. Das zusätzliche Vorliegen einer sogenannten Pflichtteilsklausel, derzufolge Abkömmlinge, die beim Tod des Erstversterbenden Erbansprüche stellen, lediglich den Pflichtteil erhalten sollen, ist ein gewichtiges Indiz für die Errichtung eines „Berliner Testaments" im Sinne von § 2269 BGB mit der Bestimmung eines Schlußerben,

---

92 BayObLG FamRZ 1993, 362.
93 OLG Bremen ZEV 1994, 365.
94 BGHZ 22, 364.
95 MüKo/*Musilak*, § 2269 Rn 11.
96 OLG Hamm ZEV 1997, 73.

da die Pflichtteilsklausel eine für das Berliner Testament typische Sanktion ist.

Ein großes Auslegungsbedürfnis besteht auch im Rahmen von sogenannten **Wiederverheiratungsklauseln**. Eine in der Praxis äußerst relevante Frage ist, ob beim Inkrafttreten einer Wiederverheiratungsklausel, die im Rahmen der Vor- und Nacherbschaft den Eintritt der Nacherbfolge zum Zeitpunkt der Wiederverheiratung vorsieht, die Wechselbezüglichkeit an eine Schlußerbenbestimmung hinsichtlich des eigenen Vermögens des Überlebenden entfallen läßt. 160

Nach Ansicht des KG[97] ist hiervon in der Regel auszugehen, da der überlebende Ehegatte mit der Wiederheirat seine Erbenstellung verliert und sein Interesse, der zweiten Familie ebenso etwas zukommen zu lassen, in den Vordergrund tritt. Nach einhelliger Ansicht wird in einem solchen Fall mit der Wiederheirat die getroffene Verfügung für den zweiten Todesfall entsprechend § 2270 I BGB gegenstandslos, ohne daß es eines ausdrücklichen Widerrufs bedarf.[98] 161

Haben Ehegatten in einem gemeinschaftlichen Testament beispielsweise bestimmt, daß im Falle der Wiederverheiratung die als Schlußerben bestimmten Kinder sofort erben sollen, dann stellt sich das Problem der **auflösend bedingten** Vollerbeneinsetzung bzw. **der aufschiebend bedingten** Vor- und Nacherbschaft. Das Reichsgericht[99] hat es in einem solchen Fall für möglich gehalten, daß der Überlebende im Falle der Wiederheirat auflösend bedingter Vollerbe und aufschiebend bedingter Vorerbe sein kann. Der BGH[100] hat sich dieser Meinung angeschlossen. 162

Diese Erbeinsetzung, die sich auf die Nacherbfolge nach dem Erstversterbenden bezieht, führt zu einer Anwendung der §§ 2100 ff BGB, was bedeutet, daß der überlebende Ehegatte nach dem Tod des Erstversterbenden den §§ 2113 ff BGB unterliegt. Allerdings wird in der Regel von einer befreiten Vorerbschaft auszugehen sein. 163

97 KG FamRZ 1957, 1073; KG FamRZ 1968, 331.
98 OLG Hamm NJW-RR 1994, 1355.
99 RGZ 156, 172.
100 BGHZ 96, 198.

164 Schwierigkeiten bestehen auch bei der Auslegung sogenannter **Pflichtteilsklauseln**. Eine Pflichtteilsklausel kann zum einen bedeuten, daß der überlebende Ehegatte Vollerbe wird und an eine Schlußerbenbestimmung nicht mehr gebunden ist.[101] Zum anderen, was in der Regel der Fall ist, wollen die Erblasser den Schlußerben unter der aufschiebenden Bedingung zum Erben einsetzen, daß ein Pflichtteil nach dem Tod des Erstversterbenden nicht geltend gemacht wird.[102]

e) Der Auslegungsvertrag[103]

165 Aufgrund der Schwierigkeiten, die sich bei der Auslegung von Testamenten ergeben, und aufgrund der Tatsache, daß eine Prognose über den Ausgang eines Verfahrens auf Feststellung des Erbrechts in den meisten Fällen unmöglich ist, ist die außergerichtliche Vergleichsbereitschaft der Mandanten und Parteien in der Regel gegeben.

166 Die Einigung der Beteiligten über die Auslegung einer Verfügung von Todes wegen kann in einem sogenannten **Auslegungsvertrag** erfolgen.[104] Der Auslegungsvertrag hat aber keine dingliche Wirkung. Er verpflichtet die Parteien lediglich, sich gegenseitig so zu stellen, als sei die vereinbarte Auslegung richtig. Vgl. zu der Frage, ob das Nachlaßgericht an den Auslegungsvertrag gebunden ist, *Dressler* ZEV 1999, 289, 291,

167 Trifft der Auslegungsvertrag eine Feststellung über ein Erbrecht, was in der Regel der Fall sein wird, dann ist er gemäß §§ 2371, 2385 BGB **notariell zu beurkunden**.[105] Gleiches gilt für den Fall, daß es sich zwar um einen Auseinandersetzungsvertrag handelt, und aufgrund anderer Vorschriften, bspw. § 313 BGB, eine notarielle Beurkundung aber notwendig ist.[106]

---

101 BayObLG FamRZ 1990, 1158.
102 BayObLG FamRZ 1995, 1019.
103 *Dressler* ZEV 1999, 289, vgl. auch Teil 5 § 25 Rn 62 ff.
104 BGH NJW 1986, 1812.
105 *Nieder*, Rn 859.
106 *Damrau*, JR 1986, 375.

Muster: Auslegungsvertrag

▼

Verhandelt
zu ▓▓▓▓ am ▓▓▓▓
Vor mir, dem unterzeichnenden Notar
▓▓▓▓
im Bezirk des ▓▓▓▓
mit dem Amtssitz zu ▓▓▓▓
erschienen heute:
1. Herr Peter Muster, Sohn des Erblassers
2. Herr Rudolf Muster, Sohn des Erblassers
3. Frau Petra Muster, Tochter des Erblassers
4. Frau Marianne Muster, die Ehefrau des Erblassers
5. Herr Steuerberater Mayer als Testamentsvollstrecker,
und erklärten zur Beurkundung folgende

Vereinbarung

über die Auslegung des notariellen Testaments vom ▓▓▓▓ des Notars im Bezirk des Oberlandesgerichts ▓▓▓▓ und über die Abwicklung des Nachlasses des am ▓▓▓▓ verstorbenen Erblassers ▓▓▓▓.

Es besteht Unklarheit über die Auslegung des Testaments vom ▓▓▓▓ und insbesondere auch über die Frage der Höhe der Vermächtnisse sowie der Verteilung der Pflichtteils- und Vermächtnislasten. Die Summe der ausgesetzten Vermächtnisse übersteigt den vorhandenen Nachlaß um ein Vielfaches. Inwieweit sich der Erblasser über das Mißverhältnis von verfügbarem Nachlaß einerseits und Höhe der Vermächtnislasten andererseits bereits im Zeitpunkt der Errichtung des Testaments im Klaren war, ist unbekannt. Die den Erben treffenden Pflichtteils- und Vermächtnislasten drohen die Erbschaft auszuhöhlen.

Unklar ist, ob neben der Alleinerbeneinsetzung der Aufgeführten zu 4. dieser in bezug auf das Immobilienvermögen ein Vorausvermächtnis zustehen sollte. Um diese und etwaige weitere Auslegungsprobleme zu beseitigen, wollen alle Beteiligten ihr Verhältnis untereinander verbindlich festlegen, ohne Rücksicht darauf, ob sich ihre Auslegung im nachhinein als zutreffend oder unzutreffend erweisen sollte. Damit wollen die Vertragsschließenden die Auslegung des Testaments einem künftigen Streit entziehen.

Zu diesem Zweck schließen sie den nachstehenden Feststellungs- oder Auslegungsvertrag gemäß §§ 305, 2385 BGB.
1. Die Aufgeführte zu 4, Frau Marianne Muster ist Alleinerbin und hat die nachstehend aufgeführten Pflichtteils- und Vermächtnislasten allein zu tragen.
2. Dem Aufgeführten zu 1, Herrn Peter Muster, steht ein Vermächtnis in Höhe von DM 1.000.000,– (in Worten: Deutsche Mark eine Million) zu.
3. Dem Aufgeführten zu 2, Herrn Rudolf Muster, steht ein Vermächtnis in Höhe von DM 1.000.000,– (in Worten: Deutsche Mark eine Million) zu.

3 Das erbrechtliche Mandat nach dem Erbfall

4. Der Aufgeführten zu 3, Frau Petra Muster, steht ein Pflichtteilsanspruch in Höhe von DM 250.000,– (in Worten: Deutsche Mark zweihundertfünfzigtausend) zu.

Alle Beteiligten verpflichten sich, in einem etwaigen Erbscheinsverfahren darauf hinzuwirken, daß die Aufgeführte zu 4. als Alleinerbin im Erbschein genannt wird.

Die Vermächtnisnehmer sind von sämtlichen Lasten aus der Erfüllung etwaiger Pflichtteils- und Pflichtteilsergänzungsansprüche freigestellt, insbesondere erfolgt keine Kürzung vorstehender Ansprüche.

Sollten sich die bisher bekannten und der Vermögensaufstellung zugrundegelegten Vermögenswerte im nachhinein ändern, sei es, daß bisher überhaupt nicht bekannte Vermögenswerte auftauchen, z.B. aus finanziellen Transaktionen des Erblassers, oder daß Ansprüche aus dem EALG (Entschädigungs- und Ausgleichsleistungsgesetz) realisiert werden oder daß sich die in der Vermögensaufstellung genannten Steuerschulden für die noch nicht veranlagten Zeiträume bis 1995 wesentlich ändern, erhalten die in diesem Vertrag aufgeführten Personen Nr. 2–4 entsprechende Nachzahlungen.

Maßgebend für die Aufteilung sind die Quoten, welche sich aus der nachstehenden Übersicht ergeben. Diese Quoten betragen für:

1. Frau Marianne Muster   DM 750.000,–   (3/12)
2. Herrn Peter Muster   DM 1.000.000,–   (1/3)
3. Herrn Rudolf Muster   DM 1.000.000,–   (1/3)
4. Frau Petra Muster   DM 250.000,–   (1/12)

Der Nachlaßbestand entspricht der Aufstellung vom ▓▓▓▓▓ (Anlage dieser Urkunde). Der Testamentsvollstrecker behält vorsorglich für Erbschaftsteuer und seine Kosten den Betrag von DM ▓▓▓▓▓ zurück. Der Testamentsvollstrecker schuldet die Erfüllung der Pflichtteils- und Vermächtnisansprüche innerhalb von einem Monat nach endgültiger Genehmigung dieser Vereinbarung durch alle Aufgeführten.

Allerdings ist er berechtigt, von den vorgenannten Beträgen zum Zwecke der Zahlung der von ihm gesamtschuldnerisch mitgeschuldeten Erbschaftsteuern folgende Einbehalte zu machen, bezüglich:

1. Frau Marianne Muster   DM ▓▓▓▓▓
2. Herrn Peter Muster   DM ▓▓▓▓▓
3. Herrn Rudolf Muster   DM ▓▓▓▓▓
4. Frau Petra Muster   DM ▓▓▓▓▓

Der Testamentsvollstrecker zahlt nach der durch die einzelnen Bedachten vorzunehmenden Vorlage der bestands- oder rechtskräftigen Steuerbescheide die jeweils von diesen geschuldeten Beträge. Der Restbetrag des Einbehalts wird sodann an jeden Aufgeführten ausbezahlt. Die Vertragschließenden erklären, daß mit der Erfüllung der unter Ziffer 1. genannten Zahlungen die jeweiligen Ansprüche gegen den Nachlaß des am ▓▓▓▓▓ verstorbenen Erblassers und damit auch gegen die Aufgeführten zu 1 und den Testamentsvollstrecker auf der Basis des bekannten Nachlasses erfüllt sind.

Etwaige Forderungen dritter Gläubiger hat die Alleinerbin im Innen- und Außenverhältnis allein zu tragen.

Die Vermächtnisnehmer, die Pflichtteilsberechtigten und der Erbe erklären, daß sie die vom Testamentsvollstrecker bisher vorgenommenen Bewertungen und die Berechnung der einzelnen Ansprüche als ordnungsgemäß und endgültig anerkennen.

Vorbehaltlich der Ansprüche und Rechte aus diesem Vertrag verzichten die Aufgeführten zu 2–4 auf die Geltendmachung weiterer erbrechtlicher Ansprüche und Rechte gleich welchen Grundes. Der Verzicht wird allseits und wechselseitig angenommen.

Die Aufgeführten zu 1. – 4. tragen die durch ihre Rechtsanwälte bzw. Verfahrensbevollmächtigten entstandenen Kosten selbst. Etwaige Klagen oder Anträge werden von den Aufgeführten auf deren Kosten zurückgezogen. Erstattungsansprüche werden weder gegen den Erben noch gegen den Testamentsvollstrecker geltend gemacht.

Der Aufgeführte zu 1. stellt die Aufgeführte zu 4. im Innenverhältnis von der Kostentragungspflicht bezüglich der vorstehenden notariellen Urkunde frei. Die Kosten dieser Urkunde tragen somit im Innenverhältnis die Aufgeführte zu 1–3 jeweils zu 1/3. Diese Niederschrift nebst Anlage lag den Erschienenen zur Durchsicht vor, wurde den Erschienenen von dem unterzeichnenden Notar vorgelesen, von ihnen genehmigt und eigenhändig, wie folgt, unterschrieben:

Unterschriften

3. Die Anfechtung einer Verfügung von Todes wegen

a) Allgemeines

Neben der Auslegung letztwilliger Verfügungen spielt auch die Frage der Anfechtung eine bedeutende Rolle. Für eine Anfechtung bleibt aber grundsätzlich nur dann Raum, wenn der Wille des Erblassers nicht durch Auslegung ermittelt werden kann. Daher hat sowohl die erläuternde als auch die ergänzende **Auslegung**[107] immer **Vorrang** vor einer möglichen Anfechtung.[108]

---

[107] BGH NJW 1978, 264.
[108] *Nieder*, Rn 660; MüKo/*Leipold*, § 2078 Rn 9.

170 Bei der Anfechtung letztwilliger Verfügungen steht aufgrund der Verfügungsfreiheit immer der Wille des Erblassers im Vordergrund, dem gegenüber die Interessen der Bedachten unterzuordnen sind.[109]

171 Die §§ 119 ff BGB werden deshalb durch besondere Anfechtungsmöglichkeiten im Erbrecht verdrängt (§§ 2078, 2079, 2281 BGB). Die wichtigsten Unterschiede bei der Anfechtung nach den §§ 2078, 2079 BGB liegen in den Anfechtungsgründen, – so erweitert § 2078 II BGB die Anfechtungsgründe dahingehend, daß auch der reine **Motivirrtum** des Erblassers ein Anfechtungsrecht begründet – der Anfechtungsberechtigung (vorwiegend andere Personen als der Erklärende) und dem Ausschluß des Schadensersatzanspruchs gemäß § 122 BGB. Eine weitere Besonderheit im Gegensatz zu der Anfechtung von Willenserklärungen nach §§ 119 ff BGB ist in den längeren Anfechtungsfristen gemäß §§ 2082, 2283 BGB zu sehen.

172 Der Anwendungsbereich des § 2078 BGB erstreckt sich auch auf die Rücknahme eines Testaments aus der amtlichen Verwahrung und den darin liegenden Widerruf des Testaments sowie auf ein Schenkungsversprechen auf den Todesfall gemäß § 2301 BGB.[110] Streitig ist dies aber für den Übergabevertrag im Rahmen der vorweggenommenen Erbfolge.[111]

173 Die **Beweislast** für das Vorliegen eines der oben genannten Anfechtungsgründe obliegt grundsätzlich dem Anfechtenden.

b) Die Anfechtungsvoraussetzungen

174 In § 2078 I BGB sind die gleichen Tatbestände wie in § 119 BGB, nämlich der Inhalts- und Erklärungsirrtum, geregelt, so daß insoweit die Grundsätze der §§ 119 ff BGB entsprechend anzuwenden sind.

175 Beispiele für einen **Erklärungsirrtum** sind das Verschreiben beim eigenhändigen Testament gemäß § 2247 BGB, der Irrtum des Ehegatten beim gemeinschaftlichen Testament über den Wortlaut der von ihm mitunterschriebenen

---

[109] *Brox*, Rn 226.
[110] MüKo/*Leipold*, § 2078 Rn 15.
[111] Bejahend: *Olzen*, Die vorweggenommene Erbfolge; verneinend: *Soergel/Loritz*, § 2078 Rn 9 und MüKo/*Leipold*, § 2078 Rn 15 mit dem Hinweis, daß hier wohl eher die Grundsätze über den Wegfall der Geschäftsgrundlage anzuwenden seien.

Verfügung gemäß § 2267 I BGB, der Irrtum über den Wortlaut der dem Notar übergebenen Verfügung gemäß § 2232 S. 2 BGB bzw. der von diesem errichteten Niederschrift gemäß § 2232 S. 1 BGB oder die Tatsache, daß der Erblasser eigentlich nur ganz unverbindlich seine Nachlaßüberlegungen und – gedanken festhalten wollte, tatsächlich aber ein formgültiges eigenhändiges Testament geschaffen hat.[112]

176 Bei einem **Inhaltsirrtum** irrt sich der Erblasser etwa über die rechtliche Bedeutung der Vor- und Nacherbeneinsetzung, über das Vorhandensein einer erbvertraglichen Bindung, über die gesetzliche Erbfolge oder über die Widerrufswirkung der Rücknahme eines öffentlichen Testaments aus der besonderen amtlichen Verwahrung gemäß § 2256 BGB.[113]

177 Ein Irrtum über die **Rechtsfolgen** einer letztwilligen Verfügung berechtigt nur dann zur Anfechtung, wenn er sich insoweit auf wesentliche Rechtsfolgen und damit auf die **Rechtsnatur** als solche bezieht.[114]

178 **Erheblichkeit** eines Inhaltsirrtums liegt dann vor, wenn im Hinblick auf den Zweck der Anfechtung und unter Zugrundelegung der subjektiven Denk- und Anschauungsweise des Erblassers die Verfügung unterblieben wäre, wobei sittenwidrige Zielvorstellungen nicht zu berücksichtigen sind.[115] Erforderlich ist aber weiter, daß der Irrtum so gewichtig ist, daß er der Verfügung ihre „innere Rechtfertigung" nimmt.[116]

179 § 2078 II BGB behandelt die Anfechtung wegen widerrechtlicher **Drohung** entsprechend § 123 BGB. Die Widerrechtlichkeit der Drohung ist dann gegeben, wenn das angedrohte Übel oder der angestrebte Erfolg oder aber die Zweck-Mittel-Relation insgesamt unerlaubt ist.[117] Die Drohung bspw. damit, den Erblasser nicht mehr wie bisher zu pflegen, kann auch dann rechtswidrig sein, wenn der Drohende zu der Leistung gar nicht verpflichtet ist, sein Verhalten aber darauf abzielt, den Erblasser in eine konkrete Notsituation zu bringen.[118]

---

[112] *Nieder*, Rn 662.
[113] *Nieder*, Rn 662.
[114] MüKo/*Leipold*, § 2078 Rn 18.
[115] MüKo/*Leipold*, § 2078 Rn 18.
[116] MüKo/*Leipold*, § 2078 Rn 20.
[117] *Brox*, Rn 230.
[118] MüKo/*Leipold*, § 2078 Rn 40.

Erforderlich ist aber entsprechend des strafrechtlichen Nötigungstatbestands immer die Ankündigung eines Übels, hinsichtlich dessen der Drohende vorgibt, es beherrschen zu können.

180 Ob der Bedachte selbst oder gar ein Unbeteiligter die Drohung verübt hat, spielt im Gegensatz zu § 123 II BGB keine Rolle (auch nicht beim Erbvertrag).[119]

181 Zu beachten ist, daß gemäß § 2078 II BGB auch eine umfassende Anfechtungsmöglichkeit wegen **Motivirrtums** gegeben ist, während dies in § 119 II BGB nur bezüglich verkehrswesentlicher Eigenschaften einer Person oder Sache der Fall ist.

182 Voraussetzung für die Anfechtung nach § 2078 II BGB ist, daß den Erblasser eine bestimmte Erwartung oder Vorstellung **im Zeitpunkt der Testamentserrichtung** dazu veranlaßt hat, die Verfügung so und nicht anders vorzunehmen, wobei diese Erwartung oder Vorstellung schließlich fehlgeschlagen sein muß.[120] Beispiele für eine Anfechtung wegen Motivirrtums sind, daß der Erblasser angenommen hat, er oder sein überlebender Ehegatte werde nicht mehr heiraten, einzelne Abkömmlinge seien wirtschaftlich besser gestellt als andere, der Bedachte werde eine bestimmte Gegenleistung erbringen oder sein Vermögen habe einen bestimmten Umfang.[121]

183 Die Anfechtung ist dann abzulehnen, wenn der Erblasser die zu einem früheren Zeitpunkt errichtete Verfügung vergessen hatte und in der Annahme, es würde die gesetzliche Erbfolge eintreten, die seinem Willen entsprach, die Vornahme einer erneuten anders lautenden Verfügung unterließ. Das gleiche muß gelten, wenn die rechtliche Wirkung einer früher erfolgten Verfügung falsch eingeschätzt wird.[122]

184 Grundsätzlich muß der Erblasser einer „gefestigten Erwartung vom künftigen Verlauf unter normalen Umständen" gefolgt sein.[123] Sollte der Erblasser aber trotz erheblicher Zweifel über die Sachlage die Verfügung errichtet haben, ohne sich dadurch gegen den Eintritt oder das Vorliegen anderer

---

119 MüKo/*Leipold*, § 2078 Rn 30.
120 *Nieder*, Rn 664.
121 *Nieder*, Rn 664 mit zahlreichen Beispielen.
122 MüKo/*Leipold*, § 2078 Rn 32.
123 MüKo/*Leipold*, § 2078 Rn 22.

Umstände abzusichern, daß er von besimmten Gestaltungsmöglichkeiten (etwa Bedingung, Testamentsvollstreckung, Vor- und Nacherbeneinsetzung o.ä.) Gebrauch gemacht hat, dann ist dies so zu werten, daß der Erblasser das damit verbundene Risiko bewußt in Kauf nahm.[124]

Der BGH hat die Anwendbarkeit einer Anfechtung wegen **Motivirrtums** aber auch für den Fall bejaht, in dem sich der Erblasser über die zur Anfechtung herangezogenen Umstände **keine konkreten Gedanken gemacht** hat. Dies soll in erster Linie für nicht bedachte zukünftige Umstände bzw. auf die Zukunft gerichtete Erwartungen gelten, „die in der Vorstellungswelt des Erblassers ohne nähere Überlegungen so selbstverständlich waren, daß er sie zwar nicht konkret im Bewußtsein hatte, aber doch jederzeit abrufen und in sein Bewußtsein holen konnte".[125] Hierbei können allerdings nur besonders schwerwiegende Umstände, „die gerade diesen Erblasser auch unter Berücksichtigung seiner ihm eigenen Vorstellungen mit Sicherheit dazu gebracht hätte, anders zu testieren",[126] eine Anfechtung begründen.

185

Zu beachten ist aber, daß als Anfechtungsgrund nicht ausreichend ist, daß ein dahingehendes bestehendes Vertrauen enttäuscht wurde. § 2078 II BGB verlangt, daß der die Vorstellung des Erblassers ausmachende und zur Anfechtung berechtigende Umstand nicht nur eine Ursache, sondern **der bewegende Grund** für die letztwillige Verfügung war.[127]

186

Nicht entschieden wurde vom BGH allerdings bisher die Frage, ob **Umstände**, die erst **nach dem Erbfall** eingetreten sind, als Anfechtungsgrund herangezogen werden können. Die bisher in diesem Zusammenhang ergangene Rechtsprechung tendiert allerdings dazu, zumindest in den Fällen, in denen der Irrtum des Erblassers darin bestand, anzunehmen, die deutsche Teilung werde weiter bestehen, so daß auf dem Staatsgebiet der DDR belegenes Vermögen auch weiterhin nicht verfügbar sein werde, auch die nach dem Erbfall eingetretene Entwicklung zu berücksichtigen.[128]

187

---

124 MüKo/*Leipold*, § 2078 Rn 22.
125 BGH NJW-RR 1987, 1412 ff.
126 BGH NJW-RR 1987, 1412 ff.
127 BGH NJW-RR 1987, 1412 ff.
128 MüKo/*Leipold*, § 2078 Rn 35a; OLG Frankfurt FamRZ 1993, 613; LG Gießen DNotZ 1993, 3, 10.

188 Des weiteren sind im Rahmen des § 2078 I, 2078 II BGB immer nur **einzelne** im Testament enthaltene Verfügungen, nicht die Verfügung von Todes wegen als solche anfechtbar und zwar im Hinblick auf den ausdrücklichen Wortlaut des § 2078 BGB nur insoweit, als der Irrtum reicht und auf den Inhalt der Erklärung eingewirkt hat.[129]

189 Einen speziellen Fall des Motivirrtums regelt § 2079 BGB. Danach ist eine letztwillige Verfügung anfechtbar, wenn der Erblasser einen **Pflichtteilsberechtigten** übergangen hat,
- der zum Zeitpunkt der Errichtung vorhanden war
- der ihm zum Zeitpunkt der Errichtung nicht bekannt war
- oder der erst nach der Errichtung geboren oder pflichtteilsberechtigt wurde.

190 Die Anfechtung nach § 2078 BGB wird durch die gleichzeitig erklärte Anfechtung wegen Hinzutretens eines neuen Pflichtteilsberechtigten gemäß § 2079 BGB nicht ausgeschlossen, weil es sich hierbei um zwei selbständige Anfechtungstatbestände handelt, die auf verschiedenen tatsächlichen Voraussetzungen beruhen.[130]

191 Der Irrtum muß **unmittelbar kausal** für die entsprechende Verfügung geworden sein. Wie bereits erwähnt, ist dabei allein auf die subjektive Denk- und Anschauungsweise des Erblassers abzustellen. Es gelten strenge Anforderungen an den Kausalitätsnachweis zwischen irriger Vorstellung und letztwilliger Verfügung. Zu beachten ist auch, daß insoweit lediglich schwerwiegende Fehlvorstellungen des Erblassers zu berücksichtigen sind, um die Anfechtungsmöglichkeiten nicht völlig ausufern zu lassen. Zweckmäßiger erscheint es daher, von **Erheblichkeit** und nicht von Kausalität zu sprechen.

192 Die Fehlvorstellung muß allerdings nicht der alleinige Grund für die Verfügung gewesen sein, es genügt, wenn sie zumindest wesentlich mitbestimmend für die Entschließung des Erblassers war (Motivbündel).[131] Bei der Anfechtung wegen Übergehung eines Pflichtteilsberechtigten gemäß § 2079 BGB ist zu

---

129 BGH Urteil vom 8.5.1985.
130 BayObLG ZEV 1997, 377 ff.
131 BGH FamRZ 1956, 83; BGH FamRZ 1961, 364, 366; OLG Hamm OLGZ 1968, 86; *Nieder*, Rn 668; *Lange/Kuchinke*, § 35 IV 1, Fn 78.

beachten, daß der Erblasser sich im Gegensatz zu § 2078 II BGB keine positiven Vorstellungen bezüglich des Pflichtteilsberechtigten gemacht zu haben braucht, so daß hier das Fehlen jedweder Vorstellung über den Kreis der Pflichtteilsberechtigten einer positiven Fehlvorstellung gleichsteht. Satz 2 stellt insoweit eine gesetzliche Vermutung auf. Hier tritt gleichzeitig eine Beweislastumkehr ein. Der Irrtum gilt so lange als kausal für die Verfügung, bis das Gegenteil bewiesen wird.

Die Voraussetzung der Erheblichkeit der Fehlvorstellung spielt insbesondere dann eine wichtige Rolle, wenn der Erblasser den Anfechtungsgrund selbst unter Verstoß gegen Treu und Glauben herbeigeführt, so z.B. den Bedachten zu einem Fehlverhalten provoziert hat.[132]

> **Hinweis**
> Zu empfehlen ist die **Angabe des Verfügungsmotivs** im Testament dann, wenn die Verfügung von Todes wegen ungewöhnliche Bestimmungen enthält, um den Erben oder eventuell dritten Personen nach dem Erbfall den Nachweis zu erleichtern, daß die niedergelegten Motive auch tatsächlich bestimmend für die Errichtung des Testaments waren.[133] Ansonsten ist mit der Angabe von Motiven Zurückhaltung geboten, um einer willkürlichen Anfechtung nach dem Erbfall nicht Tür und Tor zu öffnen.

c) Anfechtungsberechtigung

Zur Anfechtung einer letztwilligen Verfügung ist nur derjenige berechtigt, dem deren Aufhebung **unmittelbar** zustatten kommen würde. Es genügt daher nicht, wenn die Unwirksamkeit der Erbeinsetzung einem Miterben im Hinblick auf seine Einsetzung als Ersatzmiterbe in dem Testament nur „zugutekommen kann" oder wenn der Miterbe alsdann als gesetzlicher Miterbe (lediglich) „in Betracht kommt".[134]

Zu beachten ist, daß die Anfechtung des Einzeltestaments **erst nach dem Erbfall** möglich ist, da zuvor noch keinerlei gesicherte Rechtsposition gegeben sein kann.

---

132 MüKo/*Leipold*, § 2078 Rn 36.
133 BGH NJW 1965, 584; MüKo/*Leipold*, § 2078, Rn 31.
134 BGH FamRZ 1985, 806 ff.

d) Wirkung der Anfechtung

197 Die Anfechtung bewirkt gemäß § 142 BGB, daß die Verfügung als **von Anfang an** unwirksam bzw. **nichtig** angesehen wird.

Grundsätzlich wirkt die Anfechtung absolut.[135] Die Unwirksamkeit erfaßt aber mit Ausnahme des § 2079 BGB[136] im Gegensatz zu den Allgemeinregelungen des BGB lediglich die einzelnen in der Verfügung von Todes wegen enthaltenen Verfügungen, dies aber nur, soweit der Irrtum die entsprechende Verfügung auch betraf und auf deren Inhalt Einfluß genommen hat.[137]

198 Gemäß § 2085 BGB hat die Wirksamkeit einer von mehreren in einem Testament enthaltenen Verfügungen die Unwirksamkeit der übrigen Verfügungen nur zur Folge, wenn anzunehmen ist, daß der Erblasser diese ohne die unwirksame Verfügung nicht getroffen haben würde.

e) Ausschluß der Anfechtung

199 Ausgeschlossen ist die Anfechtung regelmäßig, wenn der Erblasser die letztwillige Verfügung trotz Kenntnis des Anfechtungsgrundes bewußt weiter bestehen ließ.[138] Das gleiche gilt, wenn er sich überhaupt keine Gedanken über seine Motive gemacht hat.

200 Zwar kann nach § 2083 BGB der Erbe die Erfüllung eines anfechtbaren **Vermächtnisses** auch dann verweigern, wenn er die Anfechtungsfrist des § 2082 BGB versäumt hat. Darauf kann der Erbe sich jedoch nicht stützen, wenn bereits der Erblasser nicht innerhalb der Frist des § 2283 BGB angefochten hat und dem Erben schon deshalb gemäß § 2285 BGB kein Anfechtungsrecht zustehen konnte.

201 Nach Ansicht des BGH[139] scheidet eine Anfechtung nach § 2079 BGB aber aus, wenn sich durch Auslegung eines gemeinschaftlichen Testaments ergibt,

---

135 BGH NJW 1985, 2025.
136 Die Anfechtung nach § 2079 BGB hat die Nichtigkeit des Testaments zur Folge und führt somit zur gesetzlichen Erbfolge, soweit nicht anzunehmen ist, daß der Erblasser die Verfügung auch bei Kenntnis der Sachlage getroffen haben würde. Zur Teilnichtigkeit NJW 1971, 1567.
137 BGH NJW 1986 1813.
138 BGH FamRZ 1977, 768.
139 BGH ZEV 1995, 456.

daß dieses tatsächlich für neue Pflichtteilsberechtigte offengehalten wurde, z.B. weil sich die testamentarischen Zuwendungen nach der gesetzlichen Erbfolge richten sollten, die beim Tod des Längstlebenden gelten würde, und damit von vornherein das Testament für spätere Änderungen in der gesetzlichen Erbfolge sowie neue Pflichtteilsberechtigte offen war.

Auch ein **Anfechtungsverzicht** schließt eine Anfechtung grundsätzlich aus, allerdings nur wegen solcher Tatsachen, auf die der Verzicht sich ausdrücklich bezieht. Ist beispielsweise in einem Erbvertrag die Rede davon, Veränderungen nach Vertragsschluß sollten keinerlei Einfluß auf die Wirksamkeit der letztwilligen Verfügung haben, so ist dies so auszulegen, daß damit nur Veränderungen gemeint sind, mit denen der Erblasser vernünftigerweise rechnen mußte.[140]

202

f) Bestätigung eines anfechtbaren Testaments

Als Bestätigung bezeichnet man ein Verhalten, aus dem sich der Wille erkennen läßt, das Testament trotz Kenntnis des Anfechtungsgrundes gelten zu lassen mit der Folge, daß eine nachfolgende Anfechtung dann ausgeschlossen ist.

203

Fraglich ist, ob eine solche Bestätigung durch den Erblasser selbst erfolgen kann. Die hM lehnt dies mit der Begründung ab, § 144 BGB könne für ihn deshalb nicht gelten, da er selbst auch seine einseitige letztwillige Verfügung nicht anfechten könne.[141] Dies wird jedoch mit der Begründung kritisiert, der Erblasser habe, da er sein Testament zwar nicht anfechten, aber doch frei widerrufen könne, eine gesteigerte Herrschaft über seine Willenserklärung.[142]

204

Nach dem Erbfall spricht vieles dafür, daß eine Bestätigung des Testaments durch die Anfechtungsberechtigten erfolgen kann mit der Folge, daß eine Anfechtung **durch die bestätigende Person** nicht mehr möglich ist.[143]

205

---

140 OLG Celle NJW 1963, 353; *Bengel*, DNotZ 1984, 132 ff.; MüKo/*Musielak*, § 2281 Rn 16.
141 *Bengel* DNotZ 1984, 132 ff.; *Kipp/Coing*, § 24 VII 1; *Brox*, Rn 237; BayObLG Rpfleger 1975, 242.
142 MüKo/*Leipold*, § 2078, Rn 47 mit weiteren Nachweisen.
143 MüKo/*Leipold*, § 2078, Rn 48 mit weiteren Nachweisen.

g) Die Anfechtung gegenseitiger Verfügungen in einem gemeinschaftlichen Testament

206 Da eine gesetzliche Regelung für diesen Fall nicht ausdrücklich besteht, finden nach hM[144] die Vorschriften über die Anfechtung erbvertraglicher Regelungen Anwendung, die wiederum auf die §§ 2078 ff BGB verweisen.[145] Zweck der Anfechtung ist hier, wo der **Erblasser** im Gegensatz zur Einzeltestamentsanfechtung **selbst anfechtungsberechtigt** ist, die Beseitigung der Bindung der gegenseitigen Verfügung und die Wiedererlangung der Testierfreiheit.[146] Eine Anfechtung durch **Dritte** ist hingegen wie beim Einzeltestament erst nach dem Erbfall möglich.

h) Die Anfechtung durch den Verfügenden selbst

207 Den **Erblassern** steht bezüglich ihrer eigenen Verfügungen das Anfechtungsrecht des § 2281 BGB zu, während die Anfechtung der gemeinsamen Verfügungen immer möglich ist, wenn dem Anfechtenden die Aufhebung der Verfügung unmittelbar zustatten kommen würde.[147] Die weitreichende Anfechtbarkeit von wechselseitigen Verfügungen im gemeinschaftlichen Testament bzw. Erbvertrag ist nichts anderes als eine Abschwächung von deren Bindungswirkung, die nur dadurch umgangen werden kann, daß ein ausdrücklicher Anfechtungsverzicht im gemeinschaftlichen Testament abgegeben wird.[148] Vgl. Teil 2 § 8 Rn 423 ff.

208 Die Anfechtung ist gemäß § 143 II BGB stets dem **Vertragspartner** gegenüber zu erklären, sofern dieser noch lebt, ansonsten gegenüber dem nach §§ 72, 73 FGG zuständigen **Nachlaßgericht**.

209 Für den Fall, daß der **Überlebende** seine eigenen wechselbezüglichen Verfügungen **anficht**, ist der Wille des verstorbenen Ehegatten nicht zu berücksichtigen, da das Gesetz die Interessen des verstorbenen Ehegatten durch die Vorschrift des § 2271 I BGB hinreichend schützt.[149] Die Selbstanfechtung hat

---

144 BGH FamRZ 1970, 79; BGHZ 37, 331.
145 §§ 2279 S. 1, 2078–2083, 2281–2285 BGB.
146 MüKo/*Leipold*, § 2078, Rn 8.
147 MüKo/*Musielak*, § 2281, Rn 4.
148 MüKo/*Leipold*, § 2078, Rn 8.
149 MüKo/*Musielak*, § 2271, Rn 36.

aber zur Folge, daß die Verfügungen des Erblassers, die wechselbezüglich zu den durch Anfechtung unwirksamen Verfügungen sind, gemäß § 2270 I BGB ebenfalls nichtig werden.

Bei lediglich **teilweiser** Anfechtung bleiben die Verfügungen des vorverstorbenen Ehegatten wirksam, soweit anzunehmen ist, er hätte sie auch getroffen, wenn sein Ehepartner nur die nicht angefochtenen Verfügungen getroffen hätte.[150] Maßgebend ist hierbei nicht etwa der Wille des Vertragspartners des Erbvertrages, also der Empfängerhorizont wie bei der Auslegung, sondern lediglich der hypothetische Wille des Erblassers im Zeitpunkt der Errichtung der letztwilligen Verfügung.[151] Ein Ausweg aus diesem Problem wird darin gesehen, daß die Möglichkeit für den überlebenden Ehegatten besteht, dem Schlußerben einen Zuwendungsverzichtsvertrag gemäß § 2352 BGB gewissermaßen „abzukaufen", um auf diese Weise seine Testierfreiheit wiederzuerlangen.[152]

210

Hinsichtlich der **Anfechtungsgründe** kann grundsätzlich auf das zur Anfechtung des Einzeltestaments Gesagte verwiesen werden.

211

Für eine Selbstanfechtung wegen **Motivirrtums** kommen hier z.B. Störungen der Gegenleistung bei entgeltlichen Erbverträgen in Betracht. Ein **Inhaltsirrtum** gemäß § 2281 I iVm § 2078 I, § 119 I BGB liegt dagegen vor, wenn sich der Erblasser bei Abschluß der letztwilligen Verfügung über dessen rechtliche Tragweite, insbesondere über die bestehende Bindungswirkung, geirrt hat.[153]

212

Möglich ist auch, daß der Erblasser den Erbvertrag wegen Übergehung eines **Pflichtteilsberechtigten** selbst anficht, wobei dies auch nur in der Absicht erfolgen kann, sich von der vertragsmäßigen Bindung zu befreien, auch ohne danach den Pflichtteilsberechtigten tatsächlich zu bedenken.[154] § 2079 BGB wird durch § 2281 I BGB insoweit modifiziert, als der Pflichtteilsberechtigte nur den Anfechtungszeitpunkt, nicht aber den Erbfall erleben muß. Vgl. zur Erbvertragsanfechtung Teil 2 § 8 Rn 563 ff.

213

---

150 *Dittmann/Reimann/Bengel*, § 2271, Rn 61.
151 *Nieder*, Rn 670; *Soergel/Wolf*, § 2281, Rn 10.
152 *Peter*, BWNotZ 1977, 113 ff.
153 *Soergel/Loritz*, § 2078 Rn 12; BayObLG ZEV 1997, 377 ff.
154 BGH NJW 1970, 279.

214 Ein Sonderproblem stellt der Anfechtungsgrund des Wegfalls des Rechts zur **Pflichtteilsentziehung** bei vertragsmäßig getroffenen Verfügungen dar. In einem solchen Fall könnte natürlich ein Interesse des Erblassers dahingehend bestehen, dem Pflichtteilsberechtigten nunmehr doch noch etwas zukommen zu lassen. Insbesondere stellt sich hier die Frage, ob ein Anfechtungsrecht auch im Falle der **Verzeihung** gemäß § 2337 BGB in Betracht kommt. Der Gesetzgeber war dieser Ansicht nicht,[155] da er befürchtete, die Zuerkennung eines Anfechtungsrechts für diesen Fall würde zu willkürlichen „Verzeihungen" führen, die einzig und allein den Zweck hätten, den lästigen Erbvertrag zu beseitigen und die volle Verfügungsfreiheit wiederzuerlangen. Dagegen sprechen indes Wortlaut, Sinn und Zweck des § 2337 BGB,[156] der eindeutig bestimmt, daß eine Verfügung, durch die der Erblasser die Pflichtteilsentziehung angeordnet hat, durch Verzeihung unwirksam wird.

215 Zu beachten ist, daß die Selbstanfechtung grundsätzlich durch den Erblasser **höchstpersönlich** zu erfolgen hat. Es ist hier weder eine Vertretung im Willen noch in der Erklärung zulässig.[157]

216 Die Anfechtung vertragsmäßiger Verfügungen im Erbvertrag bzw. wechselbezüglicher Verfügungen im gemeinschaftlichen Testament muß gemäß § 2282 III BGB **notariell** beurkundet werden. Die entsprechende Anfechtungserklärung muß dann dem Anfechtungsgegner in Urschrift oder Ausfertigung zugehen bzw. nach den Vorschriften der ZPO zugestellt werden.[158]

217 Die Anfechtung hat gemäß § 143 II BGB gegenüber dem Vertragspartner zu erfolgen, sofern dieser noch lebt. Erst nach seinem Tod ist gemäß § 2281 II BGB die Anfechtung gegenüber dem zuständigen Nachlaßgericht (§§ 72, 73 FGG) zu erklären.[159]

218 Nach § 2282 I 2 BGB muß ein in der **Geschäftsfähigkeit** lediglich beschränkter Erblasser für die Selbstanfechtung nicht die Zustimmung seines gesetzlichen

---

155 Prot.V, S. 412 f.
156 So auch: MüKo/*Musielak*, § 2281, Rn 14; *Palandt/Edenhofer* § 2281, Rn 5.
157 *Nieder*, Rn 672.
158 BayObLG NJW 1964, 205, 206.
159 *Nieder*, Rn 672.

Vertreters einholen. Dies ist nur für den geschäftsunfähigen Erblasser gemäß § 2282 II BGB vorgeschrieben.

Die **Anfechtungsfrist** beträgt gemäß § 2283 I BGB **ein Jahr.** Sie beginnt nach § 2283 II BGB im Falle der Drohung mit dem Zeitpunkt, in dem die Zwangslage aufhört, in den übrigen Fällen mit dem Zeitpunkt, in dem der Erblasser von dem Anfechtungsgrund Kenntnis erlangt. **219**

Grundsätzlich trägt derjenige, der sich auf die Unwirksamkeit des Erbvertrages bzw. der bindenden wechselbezüglichen Verfügung beruft, sowohl die **Darlegungs-** als auch die **Beweis-** und **Feststellungslast.** Derjenige, der die Folgen des Ablaufs der Anfechtungsfrist geltend macht, ist wiederum hierfür darlegungs- und beweispflichtig.[160] **220**

Es besteht die Möglichkeit, daß der Erblasser bereits zu Lebzeiten zusätzlich zur Anfechtung eine **Feststellungsklage** gegen die als Erben oder Vermächtnisnehmer eingesetzten Personen erhebt, um zu erreichen, daß festgestellt wird, daß die Anfechtung begründet ist.[161] **221**

i) Anfechtung durch Dritte bei gemeinschaftlichem Testament und Erbvertrag

Ein Anfechtungsrecht **Dritter** kann beim **Erbvertrag** erst mit dem Tode des Erblassers entstehen, da zuvor dieser allein anfechtungsberechtigt ist.[162] Der im einzelnen anfechtungsberechtigte Personenkreis ergibt sich aus § 2080 BGB. Hierbei ist wiederum zu beachten, daß die Anfechtung von **Erbeinsetzungen** und **Auflagen** gegenüber dem Nachlaßgericht, die Anfechtung eines **Vermächtnisses** nach hM gemäß § 143 IV BGB gegenüber dem Bedachten vorzunehmen ist.[163] **222**

Umstritten ist weiterhin, ob Umstände, die erst **nach** dem Erbfall eingetreten sind, eine Anfechtung begründen können.[164] **223**

---

160 *Palandt/Edenhofer*, § 2281, Rn 11.
161 MüKo/*Musielak*, § 2281, Rn 22.
162 MüKo/*Musielak*, § 2285, Rn 2.
163 MüKo/*Musielak*, § 2285, Rn 2.
164 Offen gelassen von BGH NJW-RR 1987, 1412, 1413.

224 Beim **gemeinschaftlichen Testament** können Dritte, die durch die Aufhebung des Testaments einen Vorteil erlangen würden, sowohl die Verfügung des Erst- als auch des Letztversterbenden durch formlose Erklärung gegenüber dem Nachlaßgericht gemäß § 2081 BGB anfechten, wenn die Voraussetzungen der §§ 2078 ff BGB vorliegen.

225 Die Anfechtung wechselbezüglicher Verfügungen des Letztversterbenden durch Dritte ist jedoch nach § 2285 BGB analog **ausgeschlossen**, wenn der Erblasser selbst sein Recht auf Selbstanfechtung gemäß § 2281 BGB bereits verloren hat, so etwa bei Ablauf der Frist des § 2282 I BGB, der Bestätigung gem § 2284 BGB oder aber der rechtsmißbräuchlichen Schaffung eines Anfechtungsgrundes.[165] Zu beachten ist, daß die Anfechtungsfrist des § 2082 BGB für die Schlußerben immer erst mit dem Tod des Überlebenden beginnt.[166]

226 Der Erblasser kann bereits im Erbvertrag oder im gemeinschaftlichen Testament auf einen konkret möglich erscheinenden Anfechtungsgrund ganz oder teilweise **verzichten**, was auch vertragsmäßig gemäß § 2278 II BGB oder wechselbezüglich gemäß § 2270 III BGB vereinbart werden kann.[167] Nicht möglich ist dies aber generell bei jedweder Anfechtungsmöglichkeit. Auch ein **nachträglicher** Anfechtungsverzicht ist **unzulässig**.[168]

j) Rechtsfolge der Anfechtung

227 Auch bei der Anfechtung gemeinschaftlicher Verfügungen von Todes wegen tritt entsprechend den Anfechtungsgründen der §§ 2078, 2079 BGB **Nichtigkeit** der Verfügungen ein, die von der Anfechtung erfaßt sind. Die Frage, ob die Nichtigkeit auch andere mit dem Erbvertrag verbundene Verträge erfaßt, ist vom Willen der Vertragsschließenden abhängig.[169]

228 Im Falle der Selbstanfechtung des Erblassers besteht nach § 2078 II BGB, auf den die §§ 2281 I, 2279 I BGB verweisen, keine Schadensersatzpflicht des Anfechtenden nach § 122 BGB, da der durch Erbvertrag oder gemeinschaftliches Testament Bedachte keinerlei rechtlich gesicherte Anwartschaft erwirbt und

---

165 *Dittmann/Reimann/Bengel*, § 2271, Rn 68.
166 BayObLG FamRZ 1977, 347, 349.
167 BGH NJW 1983, 2247, 2249.
168 *Bengel*, DNotZ 1984, 132, 138.
169 MüKo/*Musielak* § 2281, Rn 17.

dementsprechend auch keinen Vertrauensschutz verdient.[170] Allerdings haftet der Erblasser für die Beurkundungskosten nach den Grundsätzen der culpa in contrahendo, sofern ihn ein Verschulden trifft.[171]

Neuerdings wird diese Frage kontrovers diskutiert: Verneinend OLG München ZEV 1998, 69; bejahend *Mankowski* ZEV 1998, 46.

4. Anfechtung eines Erb- bzw. Pflichtteilverzichts

Hier muß grundsätzlich zwischen der Anfechtung des abstrakten Erbverzichts und der Anfechtung des dem Erbverzicht zugrundeliegenden Kausalgeschäfts unterschieden werden. 229

Die Anfechtung des **abstrakten** Erbverzichts wegen Irrtums, Drohung und Arglist richtet sich nach den §§ 119 ff. BGB, da es sich insoweit um ein Rechtsgeschäft unter Lebenden handelt. Ein reiner Motivirrtum ist daher anders als bei § 2078 II BGB unbeachtlich.[172] Die Anfechtung kann nur zu Lebzeiten des Erblassers erfolgen.[173] Der Zugang der Anfechtungserklärung hat spätestens bis zum Tode des Erblassers demjenigen gegenüber zu erfolgen, gegenüber dem sie abzugeben ist. Ob auch der Erblasser selbst den Erbverzicht anfechten kann, ist streitig.[174] 230

Rechtsfolge der wirksamen Anfechtung ist, daß der Verzichtende automatisch dieselbe Rechtsstellung wiedererlangt, die er vor dem Verzicht hatte, wohingegen die Anfechtung des Kausalgeschäfts, das dem Erbverzichtsvertrag zugrunde liegt, nur bewirkt, daß der Vertrag gemäß §§ 142 I, 812 BGB rückabzuwickeln ist.[175] 231

Das **Kausalgeschäft** zum Erbverzicht als schuldrechtlicher Vertrag kann nach den allgemeinen Grundsätzen der §§ 119 ff. BGB anfechtbar sein. Eine **arglistige Täuschung** ist in diesem Zusammenhang dann gegeben, wenn der Erblasser den Verzichtenden über Umfang oder Wert des Vermögens getäuscht 232

---

170 MüKo/*Musielak* § 2281, Rn 20.
171 MüKo/*Musielak* aaO.
172 *Staudinger/Schotten*, § 2346, Rn 103.
173 OLG Koblenz FamRZ 1993, 1498 ff.
174 Zum Streitstand vgl. *Staudinger/Schotten*, § 2346, Rn 107.
175 OLG Koblenz FamRZ 1993, 1498 ff.

hat, wobei diese Täuschungshandlung auch in einem Verschweigen gesehen werden kann.[176]

233 Eine Anfechtung wegen Irrtums über **verkehrswesentliche Eigenschaften** nach § 119 II BGB ist möglich bei einem Irrtum über die wertbildenden Faktoren oder den Bestand des gegenwärtigen Vermögens des Erblassers, sofern dies als Berechnungsgrundlage für die Höhe der Abfindung gedient hat.[177] Es bedarf insoweit allerdings eines **erheblichen** Bewertungsfehlers.

234 Auch hier muß die Anfechtung zu Lebzeiten des Erblassers erfolgen,[178] da es sich auch insoweit um ein reines Rechtsgeschäft unter Lebenden gehandelt hatte.

Falls das Kausalgeschäft durch die Anfechtung gemäß § 142 I BGB als von Anfang an nichtig anzusehen ist, erfassen die entsprechenden Nichtigkeitsgründe zumeist auch den abstrakten Erbverzicht mit der Folge, daß der Erblasser die Herausgabe der geleisteten Abfindung nach Bereicherungsrecht verlangen kann.

235 Sofern allerdings nur das Kausalgeschäft, nicht aber der abstrakte Erbverzicht nichtig ist, kann der Verzichtende zusätzlich die vom Erblasser durch den Erbverzicht erworbene vorteilhafte Rechtsstellung nach Bereicherungsrecht herausverlangen, wobei dies allerdings streitig ist.[179] Praktisch erfolgt die Herausgabe durch Aufhebung des Verzichtsvertrages gemäß § 2351 BGB,[180] was nach dem Tode des Erblassers allerdings nicht mehr möglich ist mit der Folge, daß dann anstelle der Aufhebung des Verzichtsvertrages durch die Erben Wertersatz hinsichtlich des Erbteils, auf den verzichtet wurde, gemäß § 818 II BGB geleistet werden muß.[181]

236 Der Verzicht kann auch gemäß § 2346 II BGB lediglich auf den **Pflichtteil** beschränkt werden. Umfaßt wird hiervon außer dem ordentlichen Pflichtteil

---

176 OLG Koblenz FamRZ 1993, 1498 ff; *Staudinger/Schotten*, § 2346, Rn 175.
177 *Staudinger*, aaO, Rn 178 mit weiteren Nachweisen.
178 A.A.*Soergel/Damrau*, § 2346, Rn 20.
179 *Staudinger/Schotten*, § 2346 Rn 183 mit weiteren Nachweisen.
180 BGB-RGRK/*Johannsen*, § 2351 Rn 6; Lange, in FS Nottarp 119, 129.
181 *Staudinger/Schotten*, § 2346 Rn 184.

auch der Pflichtteilsrestanspruch, der Pflichtteilsergänzungsanspruch sowie gegebenenfalls der Anspruch des nichtehelichen Kindes auf vorzeitigen Erbausgleich.[182] Für die Anfechtung dieses Verzichts gilt dann das oben Gesagte entsprechend.

Vgl. zur Anfechtung der Annahme einer Erbschaft § 11 Rn 254 ff.

D. Die Ausschlagung der Erbschaft unter Beibehaltung des Pflichtteilsanspruchs

I. Allgemeines

Die Frage, ob der pflichtteilsberechtigte Erbe die Erbschaft ausschlagen soll, richtet sich zum einen danach, ob er dadurch wertmäßig besser gestellt wäre, und zum anderen danach, ob die Voraussetzungen einer Ausschlagungsmöglichkeit gegeben sind, ohne daß der Erbe seine Rechte (Pflichtteil) verliert. Grundsätzlich gilt, daß der oder die Erben mit der Ausschlagung ihr Erb- und Pflichtteilsrecht verlieren. Nur in den Fällen des § 2306 I 2 BGB, der sogenannten „**taktischen**"[183] Ausschlagung, hat der Erbe die Möglichkeit, das Erbe auszuschlagen **und** seinen Pflichtteil zu verlangen.[184] 237

Der pflichtteilsberechtigte Erbe kann nach § 2306 I 2 BGB die Erbschaft ausschlagen und seinen Pflichtteil verlangen, wenn ihm **mehr** als die Hälfte des gesetzlichen Erbteils zugewandt wurde und der Erbteil mit Bschränkungen und/oder Beschwerungen belastet ist. Das bedeutet, daß der Erbe mehr erhalten haben muß als seine Pflichtteilsquote. 238

Hat er dagegen **weniger** als oder gleichviel wie seine Pflichtteilsquote erhalten, so gilt § 2306 I 1 BGB. Danach gelten **Beschränkungen** und **Beschwerungen** 239

---

182 Staudinger/Schotten, § 2346 Rn 30; Münchener Kommentar–Leipold, § 1934 d Rn 15; teilweise bezweifelt von Palandt/Edenhofer, § 1934 d Rn 9.
183 Kerscher/Tanck ZAP 1997, 689.
184 Der Begriff „taktische Ausschlagung" ist eine eigene Wortschöpfung der Verfasser, der die zentrale Norm des § 2306 BGB aus Sicht der anwaltlichen Vertretung treffend beschreibt. Für den Vermächtnisnehmer ist die Ausschlagungsmöglichkeit in § 2307 BGB und für den Ehegatten in Zugewinngemeinschaft in § 1371 III BGB geregelt.

als nicht angeordnet, wenn der hinterlassene Erbteil die Hälfte des gesetzlichen Erbteils nicht übersteigt. Ist dem Erben also gleich oder weniger als seine Pflichtteilsquote zugewandt worden, dann muß er die in § 2306 I 1 BGB aufgezählten Beschränkungen und Beschwerungen nicht erfüllen.

240 Im Rahmen des § 2306 I 2 BGB kann der Erbteil eingeschränkt sein durch **Beschwerungen,** bspw. mit einem **Vermächtnis,** oder mit einer **Auflage.** Die **Beschränkungen** bestehen in der Anordnung eines **Nacherben,**[185] der Ernennung eines **Testamentsvollstreckers** oder einer **Teilungsanordnung.** Die Aufzählung in § 2306 I BGB ist **abschließend,** eine Ausdehnung auf andere Tatbestände ist abzulehnen.[186]

241 Entfällt eine Beschränkung oder Beschwerung bereits nach § 2306 I 1 BGB, dann kann der pflichtteilsberechtigte Erbe die Erbschaft nicht mehr ausschlagen, um seinen vollen Pflichtteil geltend zu machen. Insoweit ist er auch nicht mehr schutzbedürftig. Er hat dann nämlich die Möglichkeit, seinen **Restpflichtteil,** die Differenz zwischen dem erlangten Erbteil und seinem eigentlichen Pflichtteil, nach § 2305 BGB zu fordern.

242 Die Möglichkeit der „taktischen" Ausschlagung bietet sich somit immer nur dann, wenn der Pflichtteilsberechtigte bereits durch Erbeinsetzung **mehr** als seinen Pflichtteil erhalten hat. Für eine Anwendbarkeit der „taktischen" Ausschlagung ist zunächst die Höhe des erlangten Erbteils festzustellen, nämlich ob dieser größer oder kleiner als der Pflichtteil ist.

II. Die Feststellung der Höhe des hinterlassenen Erbteils

1. Die Quotentheorie

243 Maßgebend für die Feststellung der Höhe des Erbteils ist hierbei grundsätzlich allein die **Quote** des hinterlassenen Erbteils, ohne Berücksichtigung der Beschränkungen und Beschwerungen.[187] Dies bedeutet, daß Vermächtnisse und Auflagen nicht in Abzug zu bringen sind. Auch auf den Wert der

---

[185] Die Einsetzung des Pflichtteilsberechtigten als Nacherbe steht einer Beschränkung der Erbeinsetzung gleich (§ 2306 II BGB).
[186] MüKo/*Frank,* § 2306 Rn 4.
[187] BGH NJW 1983, 2378 ff; BGH LM § 2306 BGB Nr. 4; BGHZ 19, 309 ff.

Zuwendung kommt es grundsätzlich nicht an.[188] Es ist lediglich die konkrete Quote zu bestimmen. Ist diese höher als die Hälfte der gesetzlichen Erbquote (Pflichtteilsquote), so greift die Ausschlagungsmöglichkeit des § 2306 I 2 BGB ein. Ist der Erbe auf eine konkrete Erbquote eingesetzt, die geringer oder gleichviel wie die Hälfte der gesetzlichen Erbquote ist, so gilt § 2306 I 1 BGB mit der Folge, daß die Beschränkungen und Beschwerungen gegenüber dem Pflichtteilsberechtigten als nicht angeordnet gelten.

Ist in einer Verfügung von Todes wegen keine **quotale Verteilung**[189] vorgenommen worden, so ist zunächst in einer Vorüberlegung nach den allgemeinen Regeln der **Testamentsauslegung** zu bestimmen, ob eine Erbeinsetzung gewollt war und in welcher Höhe. Danach ist dann zu prüfen, ob eine Ausschlagungsmöglichkeit nach § 2306 I 2 BGB besteht. 244

2. Sonderfälle (Werttheorie)

Die Quotentheorie versagt aber, wenn zur Berechnung des Pflichtteils Werte heranzuziehen sind, die nicht effektiv im Nachlaß enthalten sind. Dies ist bei Anwendung der **Anrechnungsvorschriften** gemäß § 2315 BGB oder bei Anwendung der **Ausgleichungsvorschriften** gemäß § 2316 BGB der Fall. Denn wenn der Pflichtteilsberechtigte bereits einen ausgleichspflichtigen Vorempfang erhalten hat, dann ist sein Pflichtteil in Wirklichkeit nicht mehr die Hälfte der gesetzlichen Erbquote, sondern nur die Hälfte des durch Ausgleichung ermittelten Erbteils (§§ 2050 ff, 2316 BGB).[190] 245

In diesen Fällen, wo die Erb- und Pflichtteilsquote durch die für **Vorempfänge** geltenden Rechenoperationen verändert wird, ist der tatsächliche Wert des Pflichtteils, also der Wert nach vollzogener Rechenoperation, nicht aber „die Hälfte des gesetzlichen Erbteils" (Quote), mit dem Wert des hinterlassenen Erbteils zu vergleichen. Diesem, vom RG[191] so entschiedenen Fall, hat sich auch die hM im Schrifttum angeschlossen.[192] Zu beachten ist aber, daß dies 246

---

188 *Soergel/Dieckmann*, § 2306 Rn 2.
189 RG LZ 1932, 1050; MüKo/*Frank*, § 2306 Rn 2.
190 Vgl. Berechnungsbeispiel bei *Kerscher/Tanck* § 6 Rn 57
191 Seit RGZ 93, 3 ff; hM.
192 *Kipp/Coing*, § 10 I 3; *Lange/Kuchinke*, § 39 Fn 6; *Staudinger/Ferid/Cieslar*, § 2320 Rn 48; a.A. OLG Stuttgart 1959, 1735.

nach Ansicht des OLG Celle nur für die Berechnung derjenigen Person gilt, die den ausgleichs- oder anrechnungspflichtigen Vorempfang selbst erhalten hat.[193]

III. Wegfall der Beschränkung und Beschwerung

247 Ein weiteres Problem in diesem Zusammenhang ist die Frage, inwieweit die Beschränkungen und Beschwerungen wegfallen. Grundsätzlich gilt, daß die Beschränkungen und Beschwerungen nur gegenüber demjenigen wegfallen, dessen Pflichtteil auch beschwert ist.[194]

248 Dies gilt aber dann nicht, wenn es sich um eine Beschwerung handelt, die nur durch alle Erben erfüllt werden kann. So beispielsweise, wenn die drei Kinder des Erblassers ein Hausgrundstück erhalten und ein Kind aber einen so geringen Erbteil erhält, daß dieser unter seinem Pflichtteil liegt und zugunsten der Mutter ein dingliches Wohnrechtsvermächtnis ausgegeben wurde. Hier kann das Vermächtnis nur insgesamt wegfallen, weil ansonsten die Belastung gegenüber dem Kind, dessen Pflichtteil tangiert ist, bestehen bleiben müßte.[195]

IV. Ausschlagungsfrist

249 Grundsätzlich beträgt die Ausschlagungsfrist gemäß § 1944 I BGB sechs Wochen und beginnt gemäß § 1944 II BGB ab Kenntnis des Erbfalls und des Berufungsgrundes. Ist der Erbe durch Verfügung von Todes wegen berufen, dann beginnt die Frist nicht vor Verkündung der Verfügung von Todes wegen zu laufen (§ 1944 II BGB). Für die Ausübung des Wahlrechts nach § 2306 I 2 BGB beginnt die Frist allerdings erst ab Kenntnis des Pflichtteilsberechtigten von den Beschränkungen und Beschwerungen.[196] Bei Anwendung der Werttheorie kann die Frist somit erst mit dem Zeitpunkt zu laufen beginnen, in dem der Pflichtteilsberechtigte die Wertverhältnisse überblicken kann.[197] Vgl. im übrigen zum Fristbeginn *U. Mayer* DNotZ 1996, 433.

---

193 OLG Celle ZEV 1996, 307; *Kerscher/Tanck*, § 6 Rn 76 ff.
194 So bleibt beispielsweise eine Testamentsvollstreckung, die für den gesamten Nachlaß bestellt wurde, gegenüber den übrigen Miterben bestehen; *Staudinger/Ferid/Cieslar* § 2306 Rn 56.
195 MüKo/*Frank*, § 2306 Rn 13; BGH NJW 1981, 1837.
196 *Palandt/Edenhofer*, § 2306 Rn 13.
197 *Staudinger/Haas*, § 2306 Rn 64.

250 Ein in diesem Zusammenhang auftretendes Problem ist die Frage der Ausschlagung durch die Schlußerben, wenn die Ehegatten ein gegenseitiges Testament errichtet haben. Liegt ein gegenseitiges Testament in Form der **Einheitslösung** vor, so bedarf es einer Ausschlagung nicht. Der pflichtteilsberechtigte Schlußerbe kann seinen Pflichtteil gleich geltend machen, da er für den ersten Todesfall enterbt ist.

Liegt dagegen ein Ehegattentestament in der Form der **Trennungslösung** (Vor- und Nacherbschaft) vor, so muß der Nacherbe alsbald die Nacherbschaft ausschlagen, um seinen Pflichtteil geltend machen zu können, denn er ist, wenn auch nur als Nacherbe, Erbe geworden. Hier gilt es zu beachten, daß die Ausschlagungsfrist nicht vor Eintritt des Nacherbfalls zu laufen beginnt (§§ 1944, 2139, 2142 I BGB); anders dagegen die Verjährungsfrist des Pflichtteilsanspruchs, die bereits mit Kenntnis vom Erbfall (nicht Nacherbfall) beginnt.[198]

Für die Praxis stellt sich weiter das Problem, daß bei einem von den Ehegatten selbst verfaßten Testament nicht immer eindeutig geklärt ist, ob eine Vor- und Nacherbschaft, oder eine Vollerbeneinsetzung des überlebenden Ehegatten gewollt ist. Bei einem „**zweifelhaften**" Ehegattentestament ist daher daran zu denken, vorsorglich die Ausschlagung zu erklären, zumindest, wenn feststeht, daß der Pflichtteil geltend gemacht werden soll. Die Ausschlagung sollte dann für den Fall erklärt werden, daß sich herausstellt, daß seitens des Erblassers eine Vor- und Nacherbschaft gewollt war.

251 In einem solchen Fall handelt es sich nicht um eine ausschlagungsfeindliche **Bedingung** im Sinne von § 1947 BGB. Denn die Tatsache bzw. der Wille des Erblassers, daß eine Vor- und Nacherbschaft vorliegt, steht zum Zeitpunkt der Ausschlagung bereits fest. Insoweit handelt es sich nicht um eine echte rechtsgeschäftliche Bedingung, sondern um eine sogenannte unschädliche Gegenwartsbedingung.[199]

---

198 *Soergel/Dieckmann*, §2306 Rn 6.
199 MüKo/*Frank*, § 1947 Rn 3.

V. Die Formbedürftigkeit der Ausschlagung der Erbschaft

252 In der Praxis wird oftmals übersehen, daß die Ausschlagung des Erbteils formbedürftig ist. Hierbei ist darauf zu achten, daß die Ausschlagung des Erben nach § 2306 I 2 BGB gegenüber dem Nachlaßgericht zu erfolgen hat (§ 1945 I BGB). Die Ausschlagung hat nach § 1945 I S 2 BGB durch öffentlich **beglaubigte Form** zu erfolgen. Anders hingegen die Ausschlagung des Vermächtnisnehmers nach § 2307 I 2 BGB. Diese kann ohne Einhaltung einer bestimmten Form direkt gegenüber dem Erben erklärt werden.

> *Hinweis*
> Im Rahmen einer Erklärung der Ausschlagung ist im Hinblick auf § 1943 Abs. 1 BGB immer zu prüfen, ob die Erbschaft nicht bereits ausdrücklich oder aber auch **konkludent** angenommen wurde. Ist bereits eine Annahme erfolgt, so reicht die einfache Ausschlagungserklärung – selbst wenn sie fristgerecht erfolgt – nicht aus, vielmehr bedarf es dann einer Anfechtung der Annahme.[200]

Muster: Ausschlagung der Erbschaft

253 An das
Nachlaßgericht ▓▓▓▓▓
Nachlaß des am ▓▓▓▓ in ▓▓▓▓ verstorbenen Erblassers ▓▓▓▓
Der Erblasser ▓▓▓▓ ist am ▓▓▓▓ in ▓▓▓▓ verstorben. Er hinterließ ein eigenhändiges Testament, das am ▓▓▓▓ vom Nachlaßgericht in ▓▓▓▓ eröffnet wurde und in dem ich als Nacherbe eingesetzt bin. Ich schlage meine Nacherbeneinsetzung hiermit aus, um meinen Pflichtteil verlangen zu können. Vorsorglich schlage ich die Erbschaft auch aus allen anderen Berufungsgründen aus.

▓▓▓▓ (Name Erbe Ort Datum)
Notarielle Unterschriftsbeglaubigung

---

200 BGH NJW 1989, 2885.

Hinweis
Vgl. zu der Frage, ob die Ausschlagung vor einem deutschen Nachlaßgericht auch einen außerhalb der Bundesrepublik Deutschland liegenden Nachlaß erfaßt bzw. zu der Frage, ob die Ausschlagungserklärung in einem solchen Fall wirksam ist, wenn der Erbfall ausschließlich nach ausländischem Recht zu beurteilen ist (im konkreten Fall nach griechischem Recht)[201]

VI. Die Anfechtung der Annahme bzw. Ausschlagung der Erbschaft

1. Allgemeines

Hier finden grundsätzlich die §§ 119 ff BGB Anwendung,[202] da §§ 1954 bis 1957 BGB lediglich einzelne Sondervorschriften enthalten. Die **Anfechtungsfrist** beträgt gemäß § 1954 BGB sechs Wochen. Die Frist beginnt mit **Kenntnis** des anfechtungsberechtigten Erben vom **Anfechtungsgrund**, bei der Anfechtung wegen Drohung mit dem Wegfall der Zwangslage.

Für den Fall, daß der Anfechtungsberechtigte vor Ablauf der Anfechtungsfrist verstirbt und das Anfechtungsrecht dann auf den Erbeserben übergeht, endet die Frist frühestens sechs Wochen (§ 1954 I BGB) bzw. Monate (§ 1954 III BGB) nach Annahme der Erbschaft durch den Erbeserben. **Anfechtungsberechtigt** ist grundsätzlich nur der Erbe, der zuvor Annahme oder Ausschlagung erklärt hatte bzw. wiederum dessen Erben.[203]

2. Die Anfechtungsgründe

Hinsichtlich der **Anfechtungsgründe** ist vollumfänglich auf §§ 119 ff BGB zu verweisen mit der Folge, daß hier im Gegensatz zur Anfechtung letztwilliger Verfügungen der Motivirrtum – mit Ausnahme des Sonderfalls des § 119 II BGB – nicht zu einem Anfechtungsrecht führt.

---

201 BayObLG FamRZ 1998, 1198 ff.
202 *Nieder*, Rn 658.
203 MüKo/*Leipold*, § 1954 Rn 14.

a) Anfechtung wegen Erklärungs- und Inhaltsirrtums

257 In Betracht kommt hier zunächst der **Erklärungsirrtum** gemäß § 119 I 2.Alt. BGB sowie der **Inhaltsirrtum** nach § 119 I 1.Alt. BGB. Einen **Inhaltsirrtum** stellen etwa die Fälle dar, in denen der Annahmewille trotz äußeren Anscheins in Wirklichkeit gar nicht vorliegt. Dies wird besonders deshalb relevant, weil die Annahme der Erbschaft auch durch schlüssiges Verhalten, z.b. Auszahlung von Nachlaßgläubigern aufgrund angenommener Rechtspflicht, wobei der Erbe die Erbschaft letztlich gar nicht behalten will, erfolgen kann.[204]

258 Eine **Anfechtung** der **Ausschlagung** scheidet allerdings aus, wenn der Ausschlagende irrtümlich angenommen hatte, der Nachlaß falle nunmehr bestimmten Personen zu, wobei in Wahrheit andere Personen zum Zuge kommen. Der Irrtum bezieht sich hier nämlich nicht auf die mit der Ausschlagung beabsichtigte unmittelbare Rechtsfolge (Rückgängigmachung des Anfalls der Erbschaft), sondern auf mittelbare weitere gesetzliche Auswirkungen dieser Ausschlagung.[205] Genausowenig berechtigt der Irrtum, der Nächstberufene werde die Erbschaft annehmen, zur Ausschlagung.[206] Allerdings wird dann ein relevanter Inhaltsirrtum angenommen, wenn der Erbe in der Absicht ausschlägt, dadurch seinen Pflichtteilsanspruch i. S.d. § 2306 I 2 BGB geltend machen zu können, in Wirklichkeit die Voraussetzungen dieses Anspruchs aber überhaupt nicht vorliegen.[207]

259 Ein Pflichtteilsberechtigter kann die **Annahme** der Erbschaft demgegenüber nicht mit der Begründung **anfechten**, daß er sich in Unkenntnis über den damit eintretenden Verlust seines Pflichtteilsanspruchs befand.[208] Ebenso kann der Erbe nicht mit der Begründung anfechten, daß er nicht gewußt habe, daß er die Erbschaft ausschlagen kann.[209]

---

[204] MüKo/*Leipold*, § 1954 Rn 5.
[205] MüKo/*Leipold*, § 1954 Rn 6.
[206] MüKo/*Leipold*, § 1954 Rn 6.
[207] MüKo/*Leipold*, § 1954 Rn 6.
[208] BayObLG MittBayNot 1999, 193.
[209] BayObLG FamRZ 1996, 59.

b) Anfechtung wegen Irrtums über eine verkehrswesentliche Eigenschaft

Zwar ist eine Anfechtung hier nicht allgemein wegen Motivirrtums möglich, jedoch berechtigt § 119 II BGB zur Anfechtung wegen **Irrtums** über **verkehrswesentliche Eigenschaften** der Erbschaft. 260

Ein entsprechender Anfechtungsgrund ist etwa dann gegeben, wenn einem Erben bei **Annahme** der Erbschaft die testamentarische **Berufung** eines weiteren **Miterben** nicht bekannt ist. Hier kann er die Annahme wegen Irrtums über eine verkehrswesentliche Eigenschaft des Nachlasses anfechten. Dies hat seinen Grund darin, daß in jedem Fall der Miterbe bis zur Erbteilung dinglich an allen Nachlaßgegenständen mitberechtigt ist, selbst wenn sie ihm letzten Endes nicht zustehen (§§ 2032 ff, 2040 BGB). Ohne seine Zustimmung kann die Erbengemeinschaft auch hinsichtlich der den anderen Miterben zugedachten Nachlaßgegenständen nicht auseinandergesetzt werden. Vor der Erbteilung steht ihm nämlich gemeinschaftlich mit den anderen Miterben die Verwaltung des gesamten Nachlasses zu.[210] Ebenso kann der Miterbe zum Nachlaß gehörende Ansprüche selbständig geltend machen (§§ 2038, 2039 BGB). Schon im Hinblick auf diese Rechte ist die bei Annahme der Erbschaft unbekannte Berufung eines zusätzlichen Miterben ebenso als eine zur Anfechtung berechtigende verkehrswesentliche Eigenschaft des Nachlasses anzusehen wie die Beschränkung des Erben durch Testamentsvollstreckung oder Nacherbeneinsetzung, für die dies anerkannt ist.[211] 261

Zum Irrtum über eine verkehrswesentliche Eigenschaft gehört **nicht** der **Wert** des Nachlasses, sondern lediglich dessen **wertbildende** Faktoren, also die Zusammensetzung des Nachlasses, insbesondere die Zugehörigkeit bestimmter Rechte zum Nachlaß, die Art der Nachlaßverbindlichkeiten, Auflagen und Beschränkungen des Erben, die Eigenschaft der konkreten Rechtsstellung, die dem Erben zugefallen ist, die Berufung eines weiteren Miterben usw.[212] Ein weiteres Beispiel ist der Irrtum über den rechtlichen Bestand eines Vermächtnisses, das den Nachlaß derart belastet, daß der Pflichtteil des Erben 262

---

210 BGH NJW-RR 1997, 449.
211 MüKo/*Leipold*, § 1954 Rn 9; *Staudinger/Otte*, § 1954 Rn 7.
212 MüKo/*Leipold*, § 1954 Rn 7 ff; BayObLG NJW-RR 1999, 50.

gefährdet wäre.²¹³ Der Irrtum über den **Wert einzelner Nachlaßbestandteile** (sowie auch der eines Vermächtnisses) ist dagegen **nicht** als Anfechtungsgrund anzusehen.²¹⁴

263 Der Pflichtteilsberechtigte hat darüber hinaus gemäß § 2308 BGB einen weiteren Anfechtungsgrund, wenn die **Beschränkung** und **Beschwerung** zwischen Erbfall und Ausschlagung **weggefallen** war und der Pflichtteilsberechtigte hiervon keine Kenntnis hatte.

264 Der BGH²¹⁵ hat hierzu entschieden, daß die **Ausschlagung** durch den Pflichtteilsberechtigten gemäß § 2308 I BGB auch dann **anfechtbar** sein kann, wenn dieser nach der Ausschlagung eine ihn belastende Beschränkung oder Beschwerung durch Testamentsanfechtung mit Rückwirkung selbst beseitigt hat. In dem entschiedenen Fall wurde bemängelt, daß das Berufungsgericht die Testamentsanfechtung u. a. daran hatte scheitern lassen, daß der Kläger nur seine Verfügung, nicht aber diejenige der Erblasserin angefochten habe und daß er infolge der Ausschlagung seine Anfechtungsberechtigung verloren habe. Der Kläger hatte in dem entschiedenen Fall einer entsprechenden Vermächtnisanordnung der Erblasserin in einem gemeinschaftlichen Testament ausdrücklich zugestimmt. Insofern hat der BGH den Kläger selbst als Verfügenden dieses gemeinschaftlichen Testaments angesehen und entschieden, daß dieser durch die Ausschlagung der Erbschaft sein Anfechtungsrecht gerade nicht verloren habe. Dieses könne ihm nicht von vorneherein abgeschnitten werden, weil es sich insoweit um seine eigene, rechtsgestaltende und insofern verfügende Erklärung gehandelt habe. Als eigener, unmittelbarer rechtlicher Vorteil im Sinne von § 2080 BGB sei auch ein Gestaltungsrecht anzusehen. Als ein solches Recht komme auch ein etwaiges Recht darauf in Betracht, eine abgegebene Ausschlagungserklärung anzufechten. Die erfolgreiche Testamentsanfechtung hat nämlich gemäß §§ 142 ff BGB Rückwirkung, so daß die Beschwerung zur Zeit der Ausschlagung bereits weggefallen gewesen sein kann, ohne daß dem Kläger der Wegfall bekannt war (§ 2308 I BGB).²¹⁶

---

213 BGH FamRZ 1989, 496 ff.
214 BayObLG FamRZ 1996, 59.
215 BGH NJW 1991, 169 ff.
216 BGH NJW 1991, 169 ff.

Für eine wirksame Anfechtung erforderlich ist natürlich, daß der jeweilige Irrtum als Anfechtungsgrund auch **kausal** für die Ausschlagung bzw. Annahme war, wobei wirtschaftlichen Erwägungen hier besonderes Gewicht zukommen wird.[217]

265

Probleme der **Anfechtung** der **Ausschlagung** ergeben sich insbesondere auch in den Fällen, in denen es um Vermögen bzw. Erbfälle auf dem Staatsgebiet der **ehemaligen DDR** geht. Hier ist zwischen Erbfällen vor **Inkrafttreten des ZBG am 1.1.1976** und danach zu unterscheiden. Die Regelungen des BGB finden Anwendung, sofern es sich um einen **Erbfall vor** dem 1.1.1976 handelt, selbst wenn die Anfechtung der Ausschlagung erst danach erfolgt war.[218] Hier kann eine Anfechtung gemäß § 119 II BGB in Betracht kommen, sofern der Ausschlagende zum Zeitpunkt der Ausschlagung nicht gewußt hatte, daß Grundstücke bzw. Ansprüche nach dem VermG zum Nachlaß gehören.[219]

266

Hiervon streng zu unterscheiden ist der Irrtum über die künftige politische und wirtschaftliche Entwicklung in der DDR, insbesondere was die künftige Zugriffsmöglichkeit auf dort belegene Vermögensgegenstände und deren Wertsteigerung betrifft. In einem solchen Fall liegt nämlich wiederum ein bloßer Motivirrtum vor, der im Rahmen des § 1954 BGB nicht zur Anfechtung berechtigt.[220]

267

Für **Erbfälle zwischen dem 1.1.1976** und dem 3.10.1990 sind demgegenüber die Vorschriften des ZGB anzuwenden, die hinsichtlich der Anfechtung der Ausschlagung im wesentlichen mit den Vorschriften des BGB, also auch mit den eben genannten Grundsätzen, übereinstimmen. Für die Erbfälle ab dem 3.10.1990 gelten die Anfechtungsvorschriften des BGB (Art. 235 § 1 I EGBGB).

268

---

217 MüKo/*Leipold*, § 1954 Rn 11.
218 MüKo/*Leipold*, § 1954 Rn 19.
219 MüKo/*Leipold*, § 1954 Rn 20.
220 MüKo/*Leipold*, § 1954 Rn 20.

VII. Die Anfechtung der Fristversäumung

269 Gemäß § 1956 BGB kann die Versäumung der **Ausschlagungsfrist** in gleicher Weise wie die Annahme der Erbschaft angefochten werden. Dies stellt eine Besonderheit innerhalb der Struktur des BGB dar.[221] Als **Anfechtungsgründe** kommen hier ebenfalls diejenigen des Allgemeinen Teils des BGB in Betracht.

270 Eine Anfechtung wegen arglistiger **Täuschung** oder **Drohung** gemäß § 123 BGB ist dann begründet, wenn der Erbe durch die Täuschung oder Drohung dazu veranlaßt wurde, die Frist verstreichen zu lassen, wobei ein unbewußtes Verstreichenlassen genügt.[222]

271 Die Anfechtung wegen Eigenschaftsirrtums nach § 119 II BGB kann indes nur gegeben sein, wenn der Anfechtende zwar **Kenntnis** vom Fristablauf hatte, die Anfechtung aber wegen eines Irrtums hinsichtlich der Eigenschaften der Erbschaft (vgl. die Ausführungen oben) unterließ.[223]

272 Problematisch ist hier eine Anfechtbarkeit wegen **Inhalts-** oder **Erklärungsirrtums** gemäß § 119 I 2.Alt. BGB, da in der Annahme durch Fristablauf keine Willenserklärung gesehen werden kann.[224] In Betracht kann daher auch nur eine analoge Anwendung des § 119 I 2.Alt. BGB kommen. Dem Anfechtenden muß jedenfalls die Kenntnis gefehlt haben, durch den Fristablauf das Ausschlagungsrecht zu verlieren, unabhängig davon, ob er Kenntnis vom Fristablauf hatte. Ausreichend ist also auch Unkenntnis über das Bestehen der Frist, deren Lauf oder die Rechtsfolge des Fristablaufs.[225] Weiterhin darf der Erbe nicht den Willen gehabt haben, die Erbschaft endgültig zu behalten.

273 Im übrigen ist für die **Kausalität** des Irrtums erforderlich, daß der Anfechtungsberechtigte bei Kenntnis der wahren Sachlage und verständiger Würdigung die Ausschlagung erklärt hätte, was durch objektive Wertung festgestellt werden

---

221 Eine entsprechende Regelung ist § 405 I S. 3 des ZGB der ehemaligen DDR zu entnehmen.
222 MüKo/*Leipold*, § 1956 Rn 5.
223 MüKo/*Leipold*, § 1956 Rn 6.
224 MüKo/*Leipold*, § 1956 Rn 7.
225 OLG Hamm Rpfleger 1985, 364.

muß.²²⁶ Die Kausalität ist jedenfalls dann zu bejahen, wenn aufgrund allgemeiner Lebenserfahrung davon ausgegangen werden muß, daß die Erbschaft wegen Überschuldung des Nachlasses ausgeschlagen worden wäre oder aber der Erbe irrtümlich davon ausgegangen war, die Ausschlagung bereits wirksam erklärt zu haben. Vgl. hierzu BayObLG NJW-RR 1999, 590.

Die **Anfechtungsfrist** beginnt in diesem Fall mit Kenntnis vom Lauf der Ausschlagungsfrist und deren Rechtsfolgen. Umstritten ist, ob die Versäumung der Anfechtungsfrist wiederum eine Anfechtung nach § 1956 BGB begründet.²²⁷

274

---

226 MüKo/*Leipold*, § 1956 Rn 8.
227 Vgl. zum Streitstand MüKo/*Leipold*, § 1956 Rn 9.

3 | Das erbrechtliche Mandat nach dem Erbfall

§ 12 Der (Vor-) Nacherbe als Mandant[1]

A. Allgemeines

1 Selten, aber von erheblicher Bedeutung ist das Mandat, bei dem sich der Vor- bzw. Nacherbe Rat einholt. Oftmals weiß der Nacherbe gar nicht, welche Rechte ihm zustehen und gibt sich mit der Tatsache zufrieden, daß er einmal unbeschränkter Erbe werden wird. Die Probleme zwischen **Vor-** und **Nacherben** sind in der Praxis mannigfaltig. Das beginnt bereits bei der Frage, wer bspw. die Kosten der Erhaltung der der Vorerbschaft unterliegenden Gegenstände trägt.

2 Dem Vorerben stehen grundsätzlich die gesamten **Nutzungen** des Nachlasses zu. Er trägt die gewöhnlichen Erhaltungskosten.[2] Der Nacherbe, dem die Substanz erhalten bleiben soll, hat dagegen die außerordentlichen Lasten zu tragen (§ 2126 BGB).

3 Von Bedeutung ist hier im einzelnen die Kenntnis über die **Beschränkungen** des Vorerben und die **Kontroll-** und **Mitbestimmungsrechte** des Nacherben.

4 Da der Vorerbe gemäß § 2130 I 1 BGB die Erbschaft dem Nacherben in dem Zustand herauszugeben hat, wie sie sich aus einer bis zur Herausgabe fortgesetzten **ordnungsgemäßen Verwaltung** ergibt, ist er gehalten, nicht gegen die Grundsätze ordnungsgemäßer Verwaltung zu verstoßen. Zwischen Vor- und Nacherbe besteht ein **gesetzliches Schuldverhältnis,** welches bei Verletzung zu Schadensersatzansprüchen führen kann.[3]

5 Die Rechte des Nacherben gemäß §§ 2127, 2128 BGB machen aus dieser Abrechnungspflicht eine Verwaltungspflicht im Erbschaftsinteresse des Nacherben. Gehört hierzu eine Verfügung des Vorerben, die der Zustimmung des Nacherben bedarf, so ist dieser aber gemäß § 2120 BGB verpflichtet, diese

---

[1] Vgl. hierzu *Wehrstedt* in MittRhNotK 1999, 103 ff.
[2] Vgl. zum Ersatzanspruch des Vorerben, wenn er auf dem Nachlaß stehende Hypothekenverbindlichkeiten aus eigenen Mitteln tilgt, OLG Bremen NJW-FER 1999, 277
[3] MüKo/*Grunsky*, § 2100 Rn 19.

auf Verlangen, erforderlichenfalls auf Kosten des Vorerben, in öffentlich beglaubigter Form zu erteilen.[4] Haftungsmaßstab in bezug auf den Vorerben ist gemäß § 2131 BGB die diligentia quam in suis.

B. Die Kontrollrechte

So hat der Nacherbe beispielsweise das Recht, daß der Vorerbe ihm ein **Verzeichnis** über die vorhandenen Nachlaßgegenstände erstellt (§ 2121 BGB), dessen Erfüllung erforderlichenfalls vor dem Prozeßgericht zu erzwingen ist. Kontroll- und Feststellungsmöglichkeiten für den Nacherben bietet dabei § 2121 II BGB, wonach dieser verlangen kann, bei der Aufnahme hinzugezogen zu werden.   6

Nach § 2121 III BGB kann der Vorerbe das Verzeichnis **amtlich** aufnehmen lassen; auf Verlangen des Nacherben muß er dies tun, wobei gemäß § 2121 IV BGB die Kosten den Nachlaß treffen.[5] Diese Vorkehrung sollte der Nacherbe insbesondere treffen, wenn sich bereits im Vorfeld ein streitiges Verhältnis abzeichnet, oder auch dann, wenn der Zeitpunkt des Nacherbfalls der Tod des Vorerben ist, da sich dann die Frage der Nachlaßzugehörigkeit schwieriger bestimmen läßt und der Streit mit den Erben des Vorerben programmiert ist. Zu beachten ist, daß der Anspruch nach § 2121 BGB dem Nacherben nur **einmal** zusteht.[6]   7

Darüber hinaus steht dem Nacherben, aber auch dem Vorerben, das Recht zu, den Zustand der Nachlaßgegenstände durch einen Sachverständigen feststellen zu lassen (§ 2122 BGB).   8

Sinnvoll und aus Sicht des Nacherben unbedingt erforderlich sind die verschiedenen **Hinterlegungs-** und **Anlagerechte**. So sind beispielsweise auf Verlangen des Nacherben Wertpapiere so zu hinterlegen, daß die Herausgabe nur mit Einwilligung des Nacherben erfolgen kann (§ 2116 BGB). Ähnliches gilt für das zum Nachlaß gehörende Bargeld. Dieses ist mit Ausnahme des zur ordnungsgemäßen Verwaltung benötigte nach §§ 2119, 1806 BGB anzulegen.   9

---

4 *Lange/Kuchinke*, § 28 V 2.
5 *Lange/Kuchinke*, § 28 V 6.
6 BGHZ 127, 360.

10 Zu den Kontrollrechten des Nacherben gehört auch das **Auskunftsrecht** über den Bestand des Nachlasses gemäß § 2127 BGB. Nur wenn Grund zu der Annahme besteht, daß der Vorerbe durch seine Verwaltung die Rechte des Nacherben erheblich verletzt, ist er dem Nacherben über den jetzigen Stand der Erbschaft gemäß § 2127 BGB auskunftspflichtig. Im Zeitraum zwischen Besorgnis, Verdacht und Grund zur Annahme ist somit der Nacherbe wehrlos, wobei der BGH dem Nacherben auch gegenüber dem vom Vorerben Beschenkten einen Auskunftsanspruch einräumt, wenn die Interessenabwägung dies rechtfertigt.[7]

11 Zeigt sich, daß der Vorerbe in wirtschaftliche Schwierigkeiten gerät und das Nacherbenvermögen gefährdet, so kann der Nacherbe im Wege der Zwangsvollstreckung **Zwangsverwaltung** anordnen lassen (§ 2129 BGB). Diese sollte selbst dann angeordnet werden, wenn in den Nachlaß durch Gläubiger vollstreckt wird, was bei Eintritt des Nacherbfalls unwirksam ist (§ 2115 BGB). Mit der Anordnung der Zwangsverwaltung wird dem Vorerben nicht nur das Verwaltungsrecht, sondern auch die Verfügungsbefugnis entzogen.[8]

12 Der Nacherbe kann außerdem **Sicherheitsleistung** gem. § 2128 I BGB verlangen, zu deren Leistung der Vorerbe aber nur selten in der Lage sein wird. Zur Begründung der Gefährdung der Rechte des Nacherben genügt insoweit ein hierfür geeignetes Verhalten des Vorerben oder dessen ungünstige Vermögenslage. Nach fruchtlosem Ablauf der Frist gemäß §§ 255, 764 ZPO kann der Nacherbe fordern, daß die Ausübung der Vorerbschaft einem gerichtlich bestellten Verwalter übertragen wird, §§ 2128 II, 1052 BGB.

13 Mit dieser Bestellung verliert der Vorerbe gemäß § 2129 I BGB das Recht, über Erbschaftsgegenstände zu verfügen. Der Nachlaß unterliegt zwar damit der Treuhandverwaltung, die bis zum Nacherbfall dauert, jedoch erfolgt nicht etwa eine Vorverlegung des Nacherbfalls, so daß die **Erträge** nach wie vor dem **Vorerben** zustehen.[9]

---

[7] BGHZ 58, 237 NJW 1972, 907.
[8] MüKo/*Grunsky*, § 2129 Rn 1.
[9] *Lange/Kuchinke*, § 28 V 6.

Der Vorerbe ist zur Herausgabe der Erbschaft im Umfang des § 2130 I 1 BGB verpflichtet. Auf Verlangen des Nacherben hat der Vorerbe gemäß § 2130 II BGB **Rechenschaft** abzulegen. Diese erstreckt sich aber lediglich auf die Substanz des Nachlasses. 14

Sofern der Vorerbe Erbschaftsgegenstände für sich verwendet hat, ist er gemäß § 2134 S. 1 BGB zum Wertersatz, sofern er das ihm gestattete Sorgfaltsmaß unterschritten hat, ist er darüber hinaus gemäß § 2134 S. 2 BGB zu vollem **Schadensersatz** verpflichtet.[10] 15

C. Die Beschränkungen

Neben den Kontrollrechten sind, ausgehend von einer **nicht befreiten Vorerbschaft**, die Beschränkungen des Vorerben zu prüfen. Bedeutsam ist hier zum einen die **Verfügungsbeschränkung** hinsichtlich der zum Nachlaß gehörenden **Grundstücke** und Grundstücksrechte und zum anderen das **Schenkungsverbot** des Vorerben (§ 2113 II BGB). 16

Nach § 2113 I BGB sind Verfügungen des Vorerben über **Grundstücke** mit dem Eintritt der Nacherbfolge unwirksam. Dies gilt allerdings nicht schlechthin, sondern nur insoweit, als die Rechte des Nacherben vereitelt werden.[11] Da das Gesetz von einer **rechtlichen** Betrachtungsweise ausgeht, liegt eine Vereitelung auch dann vor, wenn das Entgelt für die Veräußerung des Grundstücks zum Zeitpunkt des Erbfalls noch im Nachlaß vorhanden ist.[12] 17

> *Hinweis*
> Der Antrag auf Teilungsversteigerung ist keine Verfügung über ein Grundstück und steht den Vorschriften der §§ 2113, 2115 BGB nicht entgegen; vgl. *Klawikowski* Rpfleger 1998, 100 ff.

Mit Eintritt der Nacherbfolge wird der Nacherbe als Eigentümer ins Grundbuch eingetragen und zwar auch dann, wenn zwischenzeitlich ein Dritter eingetragen wurde. Dieser kann sich insoweit auch nicht auf einen Gutglaubensschutz 18

---

10 *Lange/Kuchinke*, § 28 V 7.
11 *Brox*, Rn 350.
12 MüKo/*Grunsky*, § 2113 Rn 11.

berufen, selbst dann nicht, wenn das Grundbuchamt vergessen hat, den Nacherbenvermerk einzutragen (§ 51 GBO).

19 Nach § 2113 II BGB ist es dem Vorerben untersagt, **unentgeltliche** Verfügungen zu tätigen. Eine Unentgeltlichkeit liegt vor, wenn der Verfügung kein dem Wert des Gegenstands entsprechendes Entgelt gegenübersteht, wobei dies nach objektiven Kriterien zu beurteilen ist.[13]

20 Auszugehen ist dabei wohl von einer wirtschaftlichen Betrachtungsweise, weil nach Ansicht des BGH[14] eine unentgeltliche Verfügung wirksam ist, wenn sie einer ordnungsgemäßen Verwaltung entspricht, wobei nicht jede ordnungsgemäße Verwaltung für eine Entgeltlichkeit spricht.[15] In der genannten Entscheidung ist ein nahezu unverkäuflicher Gegenstand, der lediglich Kosten verursacht hat, verschenkt worden. Eine Entgeltlichkeit liegt auch dann vor, wenn der Nachlaß von Verbindlichkeiten befreit wird.[16]

21 *Hinweis*
Im Gegensatz zu § 2113 I BGB kann der Erblasser in einer Verfügung von Todes wegen den Vorerben nicht von dem Schenkungsverbot des § 2113 II BGB befreien.

22 Im Rahmen der Unwirksamkeit von Schenkungen stellt sich das Problem, inwieweit bei **gemischten** Schenkungen die Unwirksamkeit auch den entgeltlichen Teil betrifft. Nach Ansicht des BGH ist in diesem Fall die ganze Schenkung unwirksam.[17]

---

13 MüKo/*Grunsky*, § 2113 Rn 22.
14 BGH NJW 1984, 366.
15 MüKo/*Grunsky*, § 2113 Rn 22a.
16 BGH NJW 1984, 366.
17 BGH LM Nr. 1 zu § 2113 BGB; die vom RG LZ 1932, 94 vertretene Auffassung, daß dem Nacherben nur ein Zahlungsanspruch in Höhe der Wertdifferenz zusteht, ist aufgegeben worden.

§ 13 Der Miterbe als Mandant (die Erbengemeinschaft)

A. Gesamtrechtsnachfolge und Erbengemeinschaft

I. Gesamtrechtsnachfolge

Die Erben werden Gesamtrechtsnachfolger des Erblassers, § 1922 BGB (**Universalsukzession**). Mit Eintritt des medizinischen Todes des Erblassers werden die Erben Inhaber aller vermögensrechtlichen Positionen, die der Erblasser innehatte, gleichgültig, ob die Erben oder einzelne von ihnen Kenntnis vom Tod des Erblassers oder gar vom Berufungsgrund haben. 1

Entscheidend ist auch nicht, ob die Erben die einzelnen Vermögensgegenstände kennen, deren Rechtsträger sie – gleichsam über Nacht – geworden sind. 2

Es bedarf insbesondere nicht einer ausdrücklichen Annahme oder des „Antritts" der Erbschaft. – Unabhängig davon kann jeder Erbe nach erfolgtem Anfall die Erbschaft – mit Rückwirkung auf den Erbfall – ausschlagen.
Zur Ausschlagung s. oben § 11 Rn 237 ff.

Die mehreren Erben organisiert das BGB als **Gesamthandsgemeinschaft**, an der jeder Miterbe mit einem bestimmten Anteil, seinem „Erbteil", beteiligt ist (§ 1922 II BGB). Erbengemeinschaften tendieren zur Auflösung, sie sind „geborene" Liquidationsgemeinschaften. 3

II. Umfang des Nachlasses

Höchstpersönliche Rechte des Erblassers sind nicht vererblich (bspw. die Vorstandseigenschaft bei einer Aktiengesellschaft). 4

Für die Erben ist es von entscheidender Bedeutung, so schnell wie möglich Kenntnis vom Umfang und der Art der Zusammensetzung des Nachlasses zu erlangen. Diese Frage ist zuallererst bedeutend für die Entscheidung, ob sie die Erbschaft behalten wollen und welche Risiken möglicherweise auf sie im Zusammenhang mit der Haftung für Nachlaßverbindlichkeiten zukommen können. 5

3 Das erbrechtliche Mandat nach dem Erbfall

Aber die Erben wollen die einzelnen zum Nachlaß gehörenden Gegenstände auch in Besitz nehmen, sie verwalten und die daran bestehende Gemeinschaft irgendwann auseinandersetzen. **6**

Wie können die Erben den Umfang des Nachlasses feststellen?

7 Die Beantwortung dieser Frage ist nicht nur für die Inbesitznahme des Nachlasses für die Miterben wichtig, sondern auch zur Vorbereitung der späteren Nachlaßauseinandersetzung. Für die notwendigen Informationen sind am verläßlichsten die Auskünfte von dritter Seite wie Banken, Finanzbehörden, Grundbuchamt und Handelsregistergericht.

8 Daneben sind von Bedeutung die spezifisch erbrechtlichen Auskunftsansprüche, die sich häufig gegen andere Miterben richten, wie bspw. der Auskunftsanspruch gegenüber dem Erbschaftsbesitzer (§ 2027 BGB), gegenüber Hausgenossen (§ 2028 BGB) oder gegen diejenigen Miterben, die für den Erblasser entweder vor seinem Tod oder danach das Vermögen bzw. den Nachlaß verwaltet haben gemäß den Vorschriften im Auftragsrecht (§§ 666, 681 BGB).

9 Ausnahmsweise besteht ein Auskunftsrecht einzelner Miterben gegenüber den anderen, wenn einzelne Erben in entschuldbarer Weise über den Nachlaßumfang oder seinen Verbleib im ungewissen sind, andere Erben die erforderliche Auskunft aber ohne Schwierigkeiten erteilen können. Dieses Auskunftsrecht wird aus allgemeinen Grundsätzen von Treu und Glauben (§ 242 BGB) abgeleitet.

10 Eine allgemeine Auskunftspflicht der Miterben untereinander über den Nachlaß als Inbegriff von Gegenständen verneint die hM.[1]

Um die Auskunftspflicht aus § 242 BGB einzugrenzen, hat der BGH[2] wiederholt darauf hingewiesen, daß ein Auskunftsanspruch grundsätzlich nur bei einer bestehenden Sonderbeziehung zwischen zwei Miterben bestehe. Voraussetzung

---

1 RGZ 81, 30, s. BGH DB 1989, 525; *Staudinger/Werner* § 2038 Rn 18; *Soergel/Wolf*, § 2038 Rn 17; RGRK/*Kregel*, § 2039 Rn 13; a.A. *Jauernig/Stürner*, § 2038 Anm. 7 u. ausführlich *Stürner*, Die Aufklärungspflicht der Parteien des Zivilprozesses, 1976, 327 mwN; *Brox*, Rn 474; *Schlüter*, § 38 II 5.
2 BGH JR 1990, 16, 17 mwN.

sei das Bestehen eines Leistungsanspruchs dem Grunde nach. Wenn der Anspruchsinhalt daraus offen sei, könne eine Auskunftspflicht bejaht werden. Nur ausnahmsweise dient § 242 BGB als Auffangtatbestand.

Zu Auskunftsansprüchen s. unten Teil 5 § 24 Rn 1 ff.

B. Die Verwaltung des Nachlasses

Fall als Einstieg: **11**
Zwischen der Mutter und zwei Kindern – einer Tochter T und einem Sohn S – besteht nach dem Tod des Vaters eine Erbengemeinschaft. Die Mutter wurde zur Hälfte Miterbin, die Kinder zu je einem Viertel. Zum Nachlaß gehört ein Festgeldkonto mit einem Guthaben von DM 200.000,–. Über die Auseinandersetzung konnten sich die Erben wegen streitiger Ausgleichspflichten bisher nicht einigen. Der Sohn S ist Betriebswirt bei einer Bank und ist der Meinung, daß im Hinblick auf die Unsicherheit über die endgültige Stabilität des Euro ein Teil des Geldes – jeweils DM 50.000 – in Gold und Schweizer Franken angelegt werden müsse, um einen etwaigen Schaden zu begrenzen. Eine solche Umschichtung hält er im Interesse aller Erben für eine ordnungsgemäße Verwaltungsmaßnahme. Die beiden anderen Miterbinnen haben dem Vorhaben jedoch nicht zugestimmt.
Er will wissen, ob er deren Zustimmung dazu braucht und wenn ja, ob sie zu deren Erteilung verpflichtet sind.

Die Beantwortung dieser Fragen erfolgt im Laufe dieser Abhandlung.

I. Allgemeines

Grundsätzlich ist die Erbengemeinschaft auf Auseinandersetzung angelegt. Sie **12** dient in erster Linie dem Zweck, nach der Befriedigung der Nachlaßgläubiger und Versilberung der Nachlaßgegenstände durch Verteilung des Überschusses an die Erben aufgelöst zu werden. Sie hat – im Gegensatz zu anderen Gesamthandsgemeinschaften – keinen werbenden Zweck. Dies ergibt sich aus dem Auseinandersetzungsanspruch jedes Miterben nach § 2042 I BGB.

3 Das erbrechtliche Mandat nach dem Erbfall

13 Zwischen dem Erbfall und der endgültigen Auflösung der Gemeinschaft muß der Nachlaß trotzdem sinnvoll verwaltet werden. Diese Verwaltungsbefugnis kommt den Miterben zu, es sei denn, der Erblasser hätte sie einem Testamentsvollstrecker übertragen.

14 Nur wenige Bestimmungen hat das Gesetz über die Nachlaßverwaltung vorgesehen, nämlich die §§ 2038 bis 2040 BGB. Im übrigen verweist es in § 2038 II BGB auf einzelne Vorschriften der Bruchteilsgemeinschaft.

II. Begriff

15 Die Verwaltung umfaßt alle Maßnahmen zur Erhaltung oder Vermehrung des Nachlasses, gleichgültig, ob es sich um Maßnahmen des Innenverhältnisses oder des Außenverhältnisses handelt.

Wir erinnern uns an den Ausgangsfall: Der Sohn will mit der Umschichtung das Festgeld in seinem Wert erhalten.

Nach außen gilt grundsätzlich das Prinzip **gesamthänderischen Handelns,** das nur ausnahmsweise durch Fälle gesetzlicher Stellvertretung bei Notmaßnahmen der ordnungsgemäßen Verwaltung durchbrochen wird.

16 **Beispiele für Verwaltungsmaßnahmen:**
- Abschluß und Kündigung von Miet- und Pachtverträgen,[3]
- Begleichung laufender Verbindlichkeiten,[4]
- Fortführung eines Erwerbsgeschäfts,[5]
- Durchsetzung von Forderungen im Klageweg und der Abschluß eines Vergleichs hierüber.[6]

17 **Keine Verwaltungshandlung** ist der Widerruf einer Erblasservollmacht, die jeder Miterbe mit Wirkung gegen sich alleine widerruft.[7]

---

[3] BGHZ 56, 50.
[4] BGH FamRZ 1965, 269.
[5] BGHZ 30, 394.
[6] BGHZ 46, 280.
[7] BGHZ 30, 397.

III. Grundsatz der gemeinschaftlichen Verwaltung

1. Organisation der Erbengemeinschaft

Anders als das Recht der Personengesellschaft unterscheidet das Recht der Erbengemeinschaft bei der Strukturierung ihrer Organisation nicht zwischen Geschäftsführung als Berechtigung und Verpflichtung im Innenverhältnis einerseits und Vertretung im Außenverhältnis andererseits, sondern spricht von **Verwaltung** und **Verfügung** über Nachlaßgegenstände. 18

Für die Verwaltung gilt grundsätzlich das Mehrheitsprinzip nach Erbquoten (§§ 2038 II, 745 I BGB), während für Verfügungen gemeinschaftliches Handeln vorgesehen ist (§ 2040 I BGB) – freilich nicht gleichzeitiges und gleichartiges: Eine frühere Einwilligung oder eine spätere Genehmigung eines Miterben reicht aus. 19

Nach hM berechtigt ein wirksamer Mehrheitsbeschluß die Mehrheit der Erben zwar grundsätzlich, mit Wirkung für und gegen die Gesamthandsgemeinschaft zu handeln, sie sind jedoch bei Verfügungen über Nachlaßgegenstände auf die Mitwirkung der überstimmten Miterben angewiesen mit der Konsequenz, daß diese Mitwirkungspflicht notfalls gemäß § 2038 I 2 HS. 1 BGB einzuklagen ist.[8] 20

Die neuere Rechtsprechung des BGH und das jüngere Schrifttum haben sich jedoch inzwischen auch bei § 2040 I BGB dem Mehrheitsprinzip des § 2038 BGB angenähert,[9] obwohl der BGH seine bisherige Meinung, daß die überstimmten Miterben notfalls zu verklagen sind, noch nicht aufgegeben zu haben scheint. 21

Für das **Außenverhältnis** gegenüber Dritten ergeben sich dadurch enorme Probleme, weil der Dritte nicht beurteilen kann, ob die Mehrheit handeln darf oder nicht. Aus Gründen der Rechtssicherheit wird der Dritte die Zustimmung aller Erben verlangen. 22

---

8 Vgl. MüKo/*Dütz*, § 2038 Rn 53; Staudinger/Werner, § 2038 Rn 40, *Brox*, Rn 484.
9 BGHZ 108, 21, 30 = NJW 1989, 2694, 2697 = FamRZ 1989, 963, *Ebenroth* Rn 765; *Palandt/Edenhofer* § 2038 Rn 2; Soergel/*Wolf*, § 2038 Rn 5; *Jauernig/Stürner*, § 2038 Anm. 1.

3 Das erbrechtliche Mandat nach dem Erbfall

2. Das Innenverhältnis

23 Bei Verwaltungsmaßnahmen der Miterben im Innenverhältnis ist in dreifacher Hinsicht zu unterscheiden zwischen
- ordnungsgemäßen Verwaltungsmaßnahmen,
- nicht ordnungsgemäßen (außerordentlichen) Verwaltungsmaßnahmen und
- Notverwaltungsmaßnahmen.

24 *Begriff*
Die ordnungsgemäße Verwaltung umfaßt Maßnahmen, die der Beschaffenheit des betreffenden Nachlaßgegenstandes im konkreten Fall und dem objektiven Interesse aller Miterben entsprechen unter Ausschluß wesentlicher Veränderungen (§ 745 I BGB).

25 Zu Entscheidungen über Maßnahmen ordnungsgemäßer Verwaltung läßt § 2038 I 2 BGB i.V. mit § 745 BGB einen Mehrheitsbeschluß der Miterben genügen, weil jeder Miterbe den anderen gegenüber verpflichtet ist, zu Maßregeln mitzuwirken, die zur ordnungsgemäßen Verwaltung erforderlich sind.

26 **Beispiele für ordnungsgemäße Verwaltung:**
- Maßnahmen zur Wahrnehmung der Verkehrssicherungspflicht,
- Abschluß und Kündigung von Mietverträgen als Vermieter.

a) Mehrheitsbeschluß

Maßnahmen der ordnungsgemäßen Verwaltung können von den Miterben mit einfacher Stimmenmehrheit beschlossen werden. Die Stimmen berechnen sich nach der Größe der Erbteile (§§ 2038 II, 745 I 2 BGB). Ausgleichungspflichten werden bei der Größe des Erbteils nicht berücksichtigt.[10]

b) Anspruch auf Zustimmung

27 Der Mitwirkungsanspruch kann notfalls im Klagewege durchgesetzt werden, wobei der Klageantrag auf Zustimmung zu einer bestimmten Maßnahme zu richten ist, die dem Interesse aller Miterben nach billigem Ermessen entsprechen muß.[11] Die Mitwirkungspflicht ist dann von Bedeutung, wenn die erforderliche

---
10 MüKo/*Dütz*, § 2038 Rn 35.
11 MüKo/*Dütz*, § 2038 Rn 42.

Stimmenmehrheit nicht erreicht wurde. Weigern sich nur einzelne Miterben, so sind nur sie zu verklagen. Für eine Klage gegen die anderen würde das Rechtsschutzbedürfnis fehlen. Streitig ist, inwieweit die Minderheitserben ein Recht auf Anhörung im Rahmen der Mehrheitsentscheidung haben[12]

c) Maßnahmen der außerordentlichen Verwaltung

Außerordentliche (nicht ordnungsgemäße) Verwaltungsmaßnahmen bedürfen der Einstimmigkeit (§ 2038 I 1 BGB). Darunter fallen außergewöhnliche Dispositionen über den Nachlaß, die eine erhebliche wirtschaftliche Bedeutung haben.

28

Beispiele für außerordentliche Verwaltung:
- Umänderung einer Erbengemeinschaft in eine werbende Gesellschaft,
- Umwandlung eines Gewerbes in ein Unternehmen einer anderen Branche.[13]

d) Maßnahmen der Notverwaltung

Bei Notverwaltungsmaßnahmen hat jeder Miterbe ein Alleinverwaltungsrecht (**Notgeschäftsführung**, § 2038 I 2 a.E. BGB). Ihnen unterfallen nur Maßnahmen der ordnungsgemäßen Verwaltung. Sie sind zulässig bei bedeutsamen Maßnahmen in Dringlichkeitsfällen, wenn die Stellungnahme bzw. Zustimmung der anderen Miterben nicht mehr eingeholt werden kann. Im Falle der Notgeschäftsführung ist der betreffende Erbe auch zur Alleinverfügung nach außen gem. § 2040 BGB berechtigt.

29

Beispiel
Verstopfung des Abwassersystems im Wohnhaus der Erbengemeinschaft. Ein Miterbe kann die erforderlichen Reparaturaufträge erteilen. Aus dem Auftrag entsteht eine Nachlaßverbindlichkeit.
Für das Außenverhältnis s. unten Rn 38.

30

---

12 *Werkmüller*, ZEV 1999, 218; *Muscheler*, ZEV 1997, 169.
13 Vgl. *Brox*, Rn 469.

e) Lösung des Ausgangsfalls

31 Zu fragen ist, wo unser Ausgangsfall mit dem Festgeldkonto eingeordnet werden kann.

- Eine Notgeschäftsführungsmaßnahme ist die von S vorgesehene Umschichtung sicher nicht.
- Handelt es sich um eine Maßnahme der ordnungsgemäßen Verwaltung? Was will der Sohn? Er befürchtet einen nachhaltigen Wertverlust des Euro. Diese Prognose ist zum jetzigen Zeitpunkt reine Spekulation. Niemand kann vorhersagen, wie das Wertverhältnis zwischen Euro und Dollar bzw. Schweizer Franken auf Dauer sein wird. Unter diesen Gesichtspunkten kann die Umschichtung nicht als ordnungsmäßige Verwaltung angesehen werden, zu der die beiden Miterbinnen gezwungen werden könnten. Dasselbe gilt für die Werthaltigkeit von Gold.
- Vielmehr handelt es sich um eine außerordentliche Verwaltungsmaßnahme, zu der Einstimmigkeit erforderlich ist, auf die der Sohn keinen Anspruch hat.

f) Weitere Beispiele

32
- Wo ist der Antrag eines Miterben auf Erteilung eines Erbscheins einzuordnen? Der Sache nach dürfte es sich um eine Verwaltungsmaßnahme handeln, allerdings sieht das Gesetz eine Sonderregelung in § 2357 I 2 BGB vor. Danach kann jeder von mehreren Erben die Erteilung eines Erbscheins beantragen.
- Antrag auf Grundbuchberichtigung: Auch hier gibt es in § 13 GBO eine Sondervorschrift. Jeder, der durch die Eintragung eine Rechtsposition „gewinnt", kann den Antrag stellen. Also kann jeder Miterbe allein – weil er eine Buchposition erlangt – den Antrag auf Grundbuchberichtigung nach §§ 13, 22 GBO stellen.

3. Weitere Regeln für das Innenverhältnis

a) Vorschußpflicht, Aufwendungsersatz

33 Derjenige Miterbe, der für die anderen bei der Verwaltung tätig wird, kann für die entstehenden Aufwendungen einen Vorschuß (§ 669 BGB) oder nachträglich Aufwendungsersatz (§ 670 BGB) verlangen. Dies gilt auch, wenn der Miterbe zunächst ohne den erforderlichen Beschluß gehandelt hat, die Miterben seinen Maßnahmen jedoch später zugestimmt haben – oder in den Fällen der Notgeschäftsführung. Wird die Zustimmung nicht erteilt, so kann der Handelnde nach den Vorschriften über die Geschäftsführung ohne Auftrag Ersatz verlangen (§§ 683, 684 BGB).

b) Kosten und Lasten

Die Verteilung der Kosten und Lasten für die Erhaltung, Verwaltung und gemeinschaftliche Nutzung von Nachlaßgegenständen richtet sich nach dem Verhältnis der Erbteile (§§ 2038 II 1, 748 BGB).   34

c) Früchte und Gebrauchsvorteile

aa) Früchte

Die Früchte eines Nachlaßgegenstandes stehen den Miterben entsprechend ihrem jeweiligen Anteil an der Erbengemeinschaft zu (§§ 2038 II, 743 I BGB). Geteilt werden die Früchte aber grundsätzlich erst bei der Auseinandersetzung, ohne daß ein Anspruch auf Abschlagszahlungen bestünde (§ 2038 II 2 BGB). Abweichendes kann nur durch Vereinbarung unter allen Erben geregelt werden. Ein Mehrheitsbeschluß reicht nicht.[14]   35

Ausnahme: Ist die Auseinandersetzung auf längere Zeit als ein Jahr ausgeschlossen, so kann jeder Miterbe am Schluß jedes Jahres die Teilung des Reinertrags verlangen (§ 2038 II 3 BGB). Bei dieser Verteilung sind die Ausgleichungspflichten nach §§ 2050 ff. BGB aber zu berücksichtigen.[15]   36

bb) Gebrauchsvorteile

Zum Gebrauch der Nachlaßgegenstände ist jeder Miterbe insoweit befugt, als er dadurch die anderen Miterben nicht in ihrem Recht auf Mitgebrauch beeinträchtigt (§§ 2038 II, 743 II BGB).   37

---

14 RGZ 81, 243; *Jauernig/Stürner*, § 2038 Anm. 6.
15 BGHZ 96, 179.

3 Das erbrechtliche Mandat nach dem Erbfall

In der Praxis regeln die Miterben den Gebrauch regelmäßig durch ausdrückliche oder konkludente Vereinbarung. Solche Vereinbarungen entsprechen grundsätzlich einer ordnungsmäßigen Verwaltung. Kommt eine einstimmige Regelung nicht zustande, so reicht Mehrheitsbeschluß (ordnungsmäßige Verwaltung!).

Bei wesentlichen Änderungen ist eine Anpassung der Nutzungsvereinbarung vorzunehmen, auf die jeder Miterbe Anspruch hat.[16]

4. Das Außenverhältnis

38 Nach außen gilt der Grundsatz gemeinschaftlichen Handelns aller Miterben. Aber davon gibt es Ausnahmen.

a) Verpflichtungsgeschäfte

39 Hierbei kommt es wiederum darauf an, welcher Art von Verwaltungsmaßnahme das Verpflichtungsgeschäft zuzuordnen ist: ordnungsmäßige Verwaltung, außerordentliche Verwaltung, Notverwaltung.

b) Ordnungsmäßige Verwaltung

40 Der von den Erben gefaßte Mehrheitsbeschluß hat insofern Außenwirkung, als die Erbenmehrheit oder ein einzelner beauftragter Miterbe die Erbengemeinschaft nach außen wirksam vertreten kann.[17] Die im Rahmen des Mehrheitsbeschlusses getätigten Rechtsgeschäfte **berechtigen und verpflichten** den Nachlaß unmittelbar, dh es entsteht eine Nachlaßverbindlichkeit, wenn der handelnde Erbe hat erkennen lassen, daß die Rechtswirkungen den Nachlaß treffen sollen. Fehlt es daran, so haftet der handelnde Miterbe persönlich. Im Innenverhältnis gelten dann Geschäftsführungsregeln. Also: Anspruch des Erben auf Freistellung von der Verbindlichkeit oder Aufwendungsersatz.

---

16 BGH NJW 1982, 1753.
17 BGHZ 56, 47, 50; *Jauernig/Stürner*, § 2038 Anm. 1; *Soergel/Wolf*, § 2038 Rn 9; RGRK-*Kregel*, § 2038 Rn 8.

Beispiel 41
Der Erblasser hatte verschiedene Konten bei verschiedenen Banken. Von insgesamt drei Miterben wollen zwei diese Konten auf alle Miterben in Erbengemeinschaft umschreiben lassen, der dritte weigert sich und will die Konten auf den Namen des Erblassers weiter laufen lassen.

Die Umschreibung der Konten auf die Miterben entspricht der Anpassung an die neu eingetretene materielle Rechtslage und ist deshalb als ordnungsgemäße Verwaltungsmaßnahme anzusehen, zu deren Mitwirkung der dritte Miterbe verpflichtet ist. Nach der wohl noch herrschenden Rechtsprechung des BGH müssen die anderen zwei Miterben den dritten auf Zustimmung zur Umschreibung der Konten verklagen. Mit dem rechtskräftigen Urteil, das mit Rechtskraft die Zustimmung des dritten Erben nach § 894 ZPO ersetzt, können die zwei anderen die Umschreibung bei den Banken vornehmen lassen.

c) Außerordentliche Verwaltung
Hier gilt der Grundsatz des gesamthänderischen Handelns: Alle Erben müssen nach außen auftreten, um den Nachlaß zu berechtigen und zu verpflichten. Ein Mehrheitsbeschluß reicht nicht. 42

d) Notverwaltung
Hierbei sieht das Gesetz eine gesetzliche Vertretungsmacht für den handelnden Erben vor (§ 2038 I 2 a.E. BGB). Aus der rechtsgeschäftlichen Handlung wird der Nachlaß unmittelbar berechtigt und verpflichtet. Lagen die tatbestandsmäßigen Voraussetzungen einer Notverwaltungsmaßnahme nicht vor, so haftet der handelnde Miterbe allein, eine Nachlaßverbindlichkeit entsteht dann nicht. 43

C. Verfügung über Nachlaßgegenstände

I. Grundsatz

44 Gegenstand der Verfügung ist der einzelne Nachlaßgegenstand, nicht etwa der Erbteil. Es gilt der Grundsatz, daß alle Miterben gemeinsam handeln müssen (§ 2040 I BGB).

II. Begriff

45 Verfügung ist jedes Rechtsgeschäft, durch das ein Recht unmittelbar übertragen, belastet, geändert oder aufgehoben wird. Die Rspr. versteht darunter auch die Ausübung von Gestaltungsrechten, wie Anfechtung nach § 119 BGB,[18] Kündigung einer Forderung.[19] In der Literatur wird die Meinung vertreten, daß auch Wandlung, Kündigung und Rücktritt darunter fallen.[20]

III. Gesetzliches Vertretungsrecht

46 Der Wortlaut des § 2040 I BGB mit seinem Erfordernis der ausschließlichen Einstimmigkeit könnte einen Widerspruch zu § 2038 BGB mit seinen drei Abstufungen vermuten lassen. Bestünde zwischen § 2040 BGB und § 2038 BGB tatsächlich ein Widerspruch, so würde § 2038 BGB in den Fällen der ordnungsmäßigen Verwaltung und der Notverwaltung leerlaufen, wenn die betreffende Verwaltungsmaßnahme gleichzeitig eine Verfügung beinhalten würde. Zumindest bei der **Notverwaltungsmaßnahme** muß der Handelnde für die anderen Miterben verfügen können, weil die Notgeschäftsführung anders nicht praktiziert werden könnte. Der handelnde Miterbe hat ein gesetzliches Vertretungsrecht für die anderen (arg. aus § 2038 I 2 a.E. BGB).

47 Bei der **ordnungsmäßigen Verwaltung** verlangt der BGH wohl noch immer Einstimmigkeit bei der Verfügungshandlung, obwohl er sich entgegen seiner früheren Rechtsprechung jetzt der neueren Literatur angenähert haben dürfte, die keine Einstimmigkeit mehr für die Verfügung vorsieht. Die neuere Literatur ist der Ansicht, daß ein Mehrheitsbeschluß für das Verfügungsrecht der

---

18 BGH NJW 51, 308.
19 RGZ 65, 5.
20 MüKo/*Dütz*, § 2040 Rn 9; *Soergel/Wolf*, § 2040 Rn 3; *Jauernig/Stürner*, § 2040 Anm. 3; *Brox*, Rn 483.

handelnden Miterben genügen muß, weil andernfalls die Mehrheitsregelung des § 2038 I BGB leerliefe.[21] Nach der älteren Rspr. des BGH sollten die nicht zustimmenden Miterben in jedem Fall auf Zustimmung verklagt werden.

D. Der Surrogationserwerb

I. Zweck

1. Werterhaltung der Sachgesamtheit Nachlaß

Nachlässe in gesamthänderischer Bindung einer Erbengemeinschaft werden oft jahrzehntelang von den Miterben verwaltet. Diese Gesamthand, die kraft Gesetzes als „Zufallsgemeinschaft" entstanden ist, rechtsgeschäftlich aber weder begründet noch erweitert werden kann, muß als Sondervermögen und als Verwaltungseinheit sowohl den Erben als auch den Nachlaßgläubigern im Wert erhalten bleiben. 48

Ergreifen die Erben Haftungsbeschränkungsmaßnahmen, so steht den Nachlaßgläubigern als Zugriffsobjekt nur der Nachlaß zur Verfügung, nicht auch das jeweilige Eigenvermögen der Erben.

Im Interesse der Erben und der Nachlaßgläubiger sichert die in § 2041 S. 1 BGB angeordnete **dingliche Surrogation** die Erhaltung des Sondervermögens Nachlaß in seinem wirtschaftlichen Wert bis zur Auseinandersetzung. Unabhängig von der Willensrichtung des für den Nachlaß Handelnden sollen bestimmte Erwerbsvorgänge dem Nachlaß zugeordnet werden. Das Prinzip der dinglichen Surrogation stellt den Ausgleich dafür dar, daß der Nachlaß kein werbendes Vermögen ist, also grundsätzlich keine neuen Vermögensgegenstände für den Nachlaß in gesamthänderischer Bindung der Erbengemeinschaft erworben werden können. Dann sollen wenigstens die an die Stelle ursprünglich vorhandener Gegenstände tretenden neuen Gegenstände zum Sondervermögen gehören, um die Vermögensgesamtheit Nachlaß zu erhalten. Von besonderer Bedeutung ist 49

---

21 Vgl. BGHZ 108, 21, 30 = NJW 1989, 2694, 2697 = FamRZ 1989, 963 entgegen früher BGHZ 38, 122, 124; BGHZ 56, 47, 50; aber auch wie neuere BGH-Rspr.: *Soergel/Wolf* § 2040 Rn 1; *Ebenroth*, Rn 765; *Jauernig/Stürner*, § 2040 Anm. 3; *Palandt/Edenhofer*, § 2038 Rn 2; MüKo/*Dütz*, § 2038 Rn 53.

die dingliche Surrogation bei der Fortführung eines Handelsgeschäfts durch die Erbengemeinschaft.

2. Fortbestand der Verwaltungseinheit

50 Die dingliche Surrogation dient aber auch der **Erhaltung der Verwaltungseinheit und Verwaltungszuständigkeit.** Eine vernünftige und sachgemäße Verwaltung von Vermögen macht Rechtshandlungen wie die Einziehung von Forderungen, die Veräußerung von Sachen und die Anschaffung neuer Stücke unvermeidbar. Würden die infolge der Verwaltungsmaßnahmen vorhandenen Ersatzgegenstände nicht aufgrund dinglicher Surrogation wieder unmittelbar in die Verwaltungszuständigkeit des Sondervermögens fallen, so bestünde die Gefahr, daß die Verwaltungshandlungen letztlich von selbst das Vermögen als Verwaltungseinheit aushöhlen und aufheben würden.

II. Die drei Surrogationsarten des § 2041 BGB

51 In § 2041 BGB sind drei Arten der dinglichen Surrogation normiert:
- die Rechtssurrogation,
- die Ersatzsurrogation und
- die Beziehungs- bzw. Mittelsurrogation.

1. Die Rechtssurrogation

52 Alles was auf Grund eines zum Nachlaß gehörenden Rechts erworben wird, gehört zum Nachlaß. Wird eine zum Nachlaß gehörende Forderung erfüllt, so fällt das Geleistete in den Nachlaß, bspw. der Mietzins für eine zum Nachlaß gehörende vermietete Sache. Dazu gehören auch die Früchte eines Rechts (§ 99 Abs. 2 BGB). Ebenso Ansprüche, die als Folge der Ausübung eines Gestaltungsrechts (Anfechtung, Rücktritt, Kündigung) entstehen. Auch Ansprüche nach § 985 BGB gehören hierher.

> *Zwei Beispiele*
> (1) Gehört zum Nachlaß ein Geschäftsanteil an einer GmbH, so fällt bei einer Kapitalerhöhung die bei der Erhöhung neu entstehende und auf die Erben entfallende Stammeinlage in den Nachlaß, weil allen Gesellschaftern ein Übernahmerecht im Verhältnis ihrer bisherigen Beteiligung zusteht

(§ 55 Abs. 2 GmbHG). Nach der Meinung des OLG Hamm[22] tritt diese Rechtsfolge nicht kraft einer Beziehungssurrogation, sondern aufgrund der Rechtssurrogation ein.

(2) Rückabwicklung eines Nachlaßauseinandersetzungsvertrags: Beim Rücktritt vom oder Anfechtung des Nachlassauseinandersetzungsvertrags gehört der Rückgewähranspruch (§ 346 Satz 1 bzw. § 812 Abs. 1 BGB) zum Nachlaß, so daß an den auseinandergesetzten Nachlaßgegenständen wieder Gesamthandseigentum in Erbengemeinschaft entsteht, das erneut auseinanderzusetzen ist.

Gleichgültig ist, ob die originären Rechtspositionen dem Zivilrecht oder dem öffentlichen Recht entspringen. Wurden noch zu Lebzeiten des Erblassers Ansprüche nach dem Vermögensgesetz (BGBl 1990 II, 1159) begründet, so gehören die entsprechenden Leistungen zum Nachlaß, und zwar kraft der Rechtssurrogation[23]

2. Die Ersatzsurrogation

Was als Ersatz für die Zerstörung, Beschädigung oder Entziehung eines Nachlaßgegenstandes anzusehen ist, fällt in den Nachlaß; also alle Schadensersatzansprüche aus unerlaubter Handlung oder wegen Vertragsverletzung. Auch Versicherungsansprüche über Nachlaßgegenstände werden von der Ersatzsurrogation erfaßt.

3. Die Beziehungssurrogation

Der Erwerb aus einem – schuldrechtlichen oder dinglichen – Rechtsgeschäft, das sich auf den Nachlaß bezieht, fällt in den Nachlaß. Jeder Erwerb mit Mitteln des Nachlasses oder für den Nachlaß fällt darunter. Dabei kommt es nicht darauf an, ob ein einzeln handelnder Miterbe zur Vornahme des Rechtsgeschäfts befugt war. Fraglich ist, ob eine rein objektive Beziehung zum Nachlaß ausreicht, oder ob zusätzlich ein entsprechender Wille des Handelnden erforderlich ist. Die Beantwortung dieser Frage ist abhängig davon, woher die eingesetzten Mittel stammen.

---

22 OLGZ 1975, 164.
23 *Wasmuth*, DNotZ 1992, 3, 16.

a) Erwerb mit Nachlaßmitteln

55 Wird das Rechtsgeschäft **mit Mitteln des Nachlasses** vorgenommen, so reicht eine objektive Beziehung zu dem Sondervermögen Nachlaß aus. Andernfalls wäre der Schutzzweck des § 2041 BGB – die Erhaltung des Nachlaßwertes – nicht zu erfüllen.[24] Selbst ein anderslautender Wille der Handelnden ist bedeutungslos.[25] Der BGH hat eine objektive Beziehung ausreichen lassen, wenn sich das Geschäft als eine typische Maßnahme der Nachlaßverwaltung darstellt, gleichgültig, mit welchen Mitteln das Geschäft finanziert wird.[26] So beruht die Verpachtung eines zum Nachlaß gehörenden Gewerbebetriebs auf Nachlaßmitteln mit der Folge, daß der Pachtzins zum Nachlaß selbst dann gehört, wenn der handelnde Miterbe die Verpachtung im eigenen Namen vorgenommen hatte, um den Pachtzins für sich zu kassieren.[27]

Der Gesellschaftsanteil an einer oHG oder KG fällt kraft Beziehungssurrogation in den Nachlaß, wenn die Einlage aus Nachlaßmitteln erbracht wurde.[28] Dazu gehören die Gewinnrechte ebenso wie der Anspruch auf das Auseinandersetzungsguthaben.

b) Erwerb mit nachlaßfremden Mitteln

56 Wird mit privaten Mitteln eines Miterben und deshalb mit **nachlaßfremden Mitteln** erworben, so sind sowohl ein subjektiver Wille, für den Nachlaß erwerben zu wollen, als auch ein objektiver innerer Zusammenhang erforderlich. Ein objektiver Zusammenhang kann grundsätzlich bejaht werden, wenn das Geschäft der Erhaltung und Verwaltung des Nachlasses dient. Der subjektive Wille des Miterben braucht dem Geschäftspartner gegenüber nicht zum Ausdruck zu kommen, er muß aber objektiv erkennbar sein. Insbesondere die Einverleibung eines Gegenstandes in den Nachlaß läßt auf einen solchen objektiv erkennbaren subjektiven Willen schließen. Typische Verwaltungsmaßnahmen können – wie

---

24 MüKo/*Dütz* § 2041 Rn 22.
25 BGH NJW 1968, 1824; OLG Köln RPfl 1987, 409.
26 BGH NJW 1968, 1824.
27 BGH NJW 1968, 1824
28 BGH NJW 1990, 514 = BGHZ 109, 214.

die BGH-Rechtsprechung zeigt – als Auslegungshilfe für den subjektiven Willen dienen.[29]

c) Ersatz im Innenverhältnis

Die Surrogation regelt die – dingliche – Rechtszuständigkeit. Inwieweit beim Erwerb mit fremden Mitteln Ersatz- oder Ausgleichsansprüche intern bestehen können, bestimmt sich nach dem Innenverhältnis, bspw. nach Auftragsrecht (§§ 683, 670 BGB). 57

d) Wesentliche Bestandteile

Wesentliche Bestandteile eines Nachlaßgegenstandes fallen, ohne daß es der dinglichen Surrogation bedürfte, gem. §§ 93, 94 BGB in den Nachlaß. 58

e) Handelsgeschäft

Wird ein im Nachlaß befindliches Handelsgeschäft fortgeführt, so kommt es darauf an, mit welchen Mitteln dies geschieht: Stammen die Mittel aus dem Nachlaß, so ergibt sich die Zuordnung ohne weiteres aus der Mittelsurrogation. Werden fremde Mittel eingesetzt, bspw. eines Miterben, so ist der objektive Zusammenhang mit dem Nachlaß erkennbar, wenn die abgeschlossenen Geschäfte der Geschäftsfortführung dienen. Damit gehören die erworbenen Ersatzgegenstände zum Handelsgeschäft und somit zum Nachlaß. 59

III. Die Rechtswirkungen der dinglichen Surrogation

1. Grundsatz: Erwerb kraft Gesetzes

Liegen die Voraussetzungen des § 2041 BGB vor, so gehört der Ersatzgegenstand **kraft Gesetzes** zum Nachlaß und muß nicht etwa aufgrund eines Forderungsrechts auf die Erben in Gesamthandsgemeinschaft übertragen werden. Es ist gleichgültig, ob der Handelnde zu erkennen gibt, für den Nachlaß handeln zu wollen. Auch **gegen den Willen** beider Vertragsparteien wird Eigentum bzw. Rechtsinhaberschaft der Erben in Erbengemeinschaft begründet.[30] 60

---

29 KG JFG 15, 155; OLG Köln OLGZ 65, 117; *Soergel/Wolf* 12. Aufl. 1992 § 2041 Rn 11; aM MüKo/*Dütz* 3. Aufl. 1997 § 2041 Rn 25.
30 BGH NJW 1968, 1824.

3 Das erbrechtliche Mandat nach dem Erbfall

Dies zeigt, daß die dingliche Surrogation in erster Linie dem Schutz der Nachlaßgläubiger dient.

Der BGH formuliert in NJW 1990, 515:
"Die erbrechtlichen Fälle der dinglichen Surrogation haben den Sinn, die realen Werte ... eines bestimmten Sondervermögens (Nachlaß bzw. Erbschaft) zu binden und im Interesse bestimmter begünstigter Personen ... und ihrer Gläubiger über allen Wechsel der zu ihm gehörenden konkreten Bestandteile hinweg zusammenzuhalten und für den Zweck des Sondervermögens zu reservieren. Dieser Zweck wird dadurch erreicht, daß die im Laufe der wirtschaftlichen Entwicklung ... des Sondervermögens eintretenden Änderungen im konkreten Bestand seiner Einzelteile unter bestimmten Voraussetzungen in den vom Gesetz angeordneten Surrogationsfällen kraft Gesetzes auch zu einer entsprechenden rechtlichen (dinglichen) Zuordnung der Ersatzstücke (Surrogate) zu dem Sondervermögen und seinen Trägern führen. Dahinter steht der Gedanke: Der **Wert** *des Sondervermögens und nicht seine konkrete Erscheinungsform ist das Ausschlaggebende."*

61 *Beispiel*
Erblasser E, der die Tochter T und den Sohn S hat, hinterläßt ein formgültiges Testament, wonach der Sohn S zum Alleinerben eingesetzt, die Tochter T aber enterbt ist. S läßt sich vom Nachlaßgericht einen Erbschein erteilen, der sein Alleinerbrecht ausweist. Unter Vorlage dieses Erbscheins läßt er sich von der Bank das auf den Erblasser lautende Sparguthaben auszahlen.
Danach wird ein Testament aufgefunden, wonach das die Alleinerbeinsetzung des S anordnende Testament wirksam widerrufen wurde, ohne daß E eine neue Erbeinsetzung vorgenommen hätte. Die beiden Kinder S und T werden zu gleichen Teilen gesetzliche Erben und lassen sich nach erfolgter Einziehung des ersten Erbscheins einen neuen Erbschein erteilen, der ihr gesetzliches Erbrecht ausweist.
Mit der Auszahlung des Sparguthabens an S ist die Forderung kraft der Gutglaubenswirkung des Erbscheins erloschen (§ 2367 BGB). Das Eigentum an dem ausgezahlten Geld fällt aber, weil es aufgrund des zum Nachlaß gehörenden Forderungsrechts erworben wurde, gem. § 2041 BGB unmittelbar in den Nachlaß, an dem S und T seit dem Zeitpunkt des

Erbfalls als Miterben je hälftig beteiligt sind. Obwohl das Geld nur an S allein übereignet wurde, wird er nicht Alleineigentümer. Vielmehr geht das Geld auf S und T in Gesamthandseigentum der Erbengemeinschaft nach dem Erblasser E über. Leistet S nicht freiwillig in den Nachlaß, so kann T den Anspruch aus § 985 BGB gem. § 2039 BGB in gesetzlicher Prozeßstandschaft zur Leistung (evtl. durch Hinterlegung nach § 2039 S. 2 BGB) für beide gegenüber S geltend machen.[31] Zur Zurückbehaltung nach § 273 Abs. 1 BGB ist ein Miterbenschuldner im Hinblick auf seinen Auseinandersetzungsanspruch grundsätzlich nicht berechtigt.[32] U.U. kann die Geltendmachung der Forderung gegen den Miterben-Schuldner gegen Treu und Glauben verstoßen, wenn seine Schuld mit Sicherheit durch seinen Erbanteil gedeckt wird.[33]

2. Ausnahme: Bei Erwerb mit fremden Mitteln kommt es auf den Willen des Handelnden an

Bei der Beziehungssurrogation kommt es ausnahmsweise beim Erwerb mit nachlaßfremden Mitteln auf den Willen des handelnden Miterben an (s. oben Rn 349). Aber auch in diesem Falle ist nicht maßgebend, ob der Veräußerer an die Miterben übertragen will oder nicht. Beträge, die zur Erfüllung einer Forderung geleistet werden, gehören zur Gesamthand und unterliegen den Regeln der Nachlaßauseinandersetzung.

IV. Surrogation unübertragbarer Rechte

Auch **nicht übertragbare Rechte** können der dinglichen Surrogation unterliegen, sofern der Zweck der Nichtübertragbarkeit nicht entgegensteht. Gründen bspw. Miterben mit Mitteln des Nachlasses eine BGB-Gesellschaft, so steht der Gesellschaftsanteil zwar nicht den Erben als Gesamthändern der Erbengemein-

62

---

31 BGH LM Nr. 3 zu § 249; BGH WM 1975, 1179.
32 *Dütz* NJW 1967, 1110.
33 BGH FamRZ 1971, 644.

schaft zu, sondern den einzelnen Erben im Verhältnis der auf sie entfallenden Einlage, aber der Anteil jedes Miterben gehört zum Nachlaß.[34]

V. Direkterwerb – kein Durchgangserwerb

63 Die **dingliche Surrogation** sorgt dafür, daß der Rechtsinhaber des ursprünglichen Nachlaßgegenstandes keine Schmälerung seiner Rechtsposition erleidet. Der bisherige Rechtsinhaber erhält kraft Gesetzes eine gleichwertige Rechtsposition am Ersatzgegenstand und ist nicht auf die Durchsetzung schuldrechtlicher Ansprüche angewiesen. Es findet also **kein Durchgangserwerb** bei einem Dritten statt – was zu einer Gefährdung der Rechtsposition des Rechtsinhabers führen könnte. Ein entgegengesetzter einverständlicher Wille aller Miterben kann in Fällen der Verwendung von Nachlaßmitteln die Surrogationswirkung nicht verhindern. Das ist Gläubigerschutz in Reinkultur.

VI. Kettensurrogation

64 **Mehrere Surrogationsfälle** können aufeinander folgen (sog. **Kettensurrogation**). Beispiel: Ein Nachlaßgrundstück wird verkauft; mit dem kraft Gesetzes zum Nachlaß gehörenden Erlös kaufen die Miterben ein anderes Grundstück. Dies ist gem. § 47 GBO wiederum in Erbengemeinschaft im Grundbuch einzutragen. Nur kraft der Surrogationswirkung kann dieses Grundstück in Erbengemeinschaft erworben werden, während eine vertraglich vereinbarte Erbengemeinschaft nicht denkbar wäre. Natürlich muß es bereits bei der Auflassung auf die Miterben in Erbengemeinschaft übertragen werden (§§ 925 BGB, 47 GBO).

VII. Abgrenzung zur schuldrechtlichen Surrogation

65 Im Gesetz ist auch die schuldrechtliche Surrogation geregelt, wie die Fälle der §§ 281 und 816 Abs. 1 S. 1 BGB zeigen. Bei der obligatorischen Surrogation besteht die **Verpflichtung,** die ursprüngliche Rechtslage am Ersatzgegenstand wieder herzustellen, während bei der dinglichen Surrogation der Ersatzgegenstand unmittelbar kraft Gesetzes in die Rechtsposition des ursprünglichen Gegenstandes eintritt.

---

34 BGH NJW 1986, 2431; NJW 1990, 514, 515 = BGHZ 109, 214.

Bei der schuldrechtlichen Surrogation findet ein Erwerb über das Vermögen eines Dritten statt, also ein **Durchgangserwerb.** Veräußert ein Nichtberechtigter einen Gegenstand und erwirbt der Erwerber gutgläubig, so steht der Veräußerungserlös nicht von selbst dem Eigentümer zu, vielmehr hat dieser nur einen schuldrechtlichen Anspruch nach § 816 Abs. 1 S. 1 BGB auf dessen Auskehrung. Die obligatorische Surrogation ist schwächer und bietet nicht den Bestandsschutz, den die dingliche Surrogation sicherstellen will.

VIII. Surrogation und Testamentsvollstreckung

1. Fehlende gesetzliche Regelung

Obwohl im Falle der Verwaltung eines Nachlasses durch einen Testamentsvollstrecker ebenfalls ein Bedürfnis besteht, den Bestand dieses Sondervermögens für die Miterben und die Nachlaßgläubiger zu sichern, hat das Gesetz für die Verwaltungshandlungen des Testamentsvollstreckers nicht die dingliche Surrogation vorgesehen. Es ist deshalb zu fragen, ob die Grundsätze der dinglichen Surrogation analog angewandt werden können.

66

2. Nachlaß als Verwaltungseinheit

Der Testamentsvollstrecker ist zur Wahrnehmung seiner Befugnis und Verpflichtung zur ordnungsgemäßen Verwaltung des Nachlasses (§ 2205 BGB) häufig darauf angewiesen, Forderungen einzuziehen, Gegenstände zu veräußern und neue Gegenstände anzuschaffen.

67

Diese Ersatzgegenstände fallen unmittelbar in den Nachlaß, wenn der Testamentsvollstrecker gemäß dem Offenkundigkeitsprinzip erkennbar für den Nachlaß handelt.[35] Damit wird zugleich, wenn auch unausgesprochen unterstellt, daß der Ersatzgegenstand wieder in die Verwaltungszuständigkeit des Testamentsvollstreckers fällt. Andernfalls würde die Vornahme pflichtgemäßer Verwaltungshandlungen zur ständigen Verminderung des Nachlasses führen und durch ordnungsgemäße Verwaltung der Zweck der Testamentsvollstreckung von selbst unmöglich gemacht. Außerdem wäre zu fragen, welchem Vermögen die erworbenen Gegenstände zuzuordnen wären, wenn nicht dem Nachlaß.

---

35 *Soergel/Damrau* 12. Aufl. 1992 § 2205 Rn 9.

Unklar ist die Rechtslage jedoch, wenn der Testamentsvollstrecker nicht offenkundig für den Nachlaß handelt oder wenn aus anderen Gründen zum Nachlaß gehörende Gegenstände nicht an den Erben, sondern in das Vermögen des Testamentsvollstreckers gelangen.

68 *Beispiel:*
Der Testamentsvollstrecker verkauft einen im Nachlaß befindlichen Gegenstand. Er gibt sich beim Verkauf nicht als Testamentsvollstrecker zu erkennen und erhält vom Käufer den Kaufpreis in bar ausbezahlt.

69 Sofern in diesem Falle nicht die dingliche Surrogation eingriffe, würde der Kaufpreis in das Privatvermögen des Testamentsvollstreckers fallen, der das Erlangte nach §§ 2218, 667 BGB auf den Nachlaß zu übertragen hätte. In der Zwischenzeit unterlägen sie dem Zugriff der Privatgläubiger des Testamentsvollstreckers. Damit bestünde für die Nachlaßgläubiger die Gefahr der Verminderung ihrer Haftungsgrundlage. Das BGB wollte aber mit seinen Vorschriften zur dinglichen Surrogation gerade den Nachlaß als Haftungseinheit erhalten. Auch gehört der Testamentsvollstrecker aufgrund seiner Verwaltungsbefugnis zu den Personen, die diese Haftungsmasse zum Nachteil der Nachlaßgläubiger besonders gefährden können.

70 Das Prinzip der Erhaltung der Haftungsmasse erfordert deshalb die analoge Anwendung der dinglichen Surrogation des § 2041 BGB auf den Testamentsvollstrecker auch insoweit, als Ersatzgegenstände ihm privat übertragen werden. Die privaten Gläubiger des Testamentsvollstreckers sind demgegenüber nicht schutzwürdig; sie sollen nicht auf Vermögensgegenstände zugreifen können, die wirtschaftlich zum Nachlaß gehören.[36]

71 Beim Verkauf eines Nachlaßgegenstandes unterliegt der Verkaufserlös wiederum der Testamentsvollstreckung. Auch eine mit Mitteln des Nachlasses erworbene Sache gehört zum Nachlaß, an der sich die Testamentsvollstreckung fortsetzt. Beim Erwerb mit Mitteln des Nachlasses tritt Mittelsurrogation selbst bei entgegenstehendem Willen des Testamentsvollstreckers oder der Erben ein. Allein die objektive Beziehung zum Nachlaß reicht aus.[37]

---

[36] Vgl. RGZ 138, 133; BayObLG NJW-RR 1992, 62; MüKo/*Dütz* 3. Aufl. 1997 § 2041 Rn 3 mwN; *Wolf*, JuS 1975, 714 ff.
[37] BGH NJW 1990, 1237.

3. Ausnahme: Nachlaßauseinandersetzung

Allerdings ist immer zu prüfen, ob im Falle der Auskehrung eines Verkaufserlöses an die Erben nicht eine **teilweise Nachlaßauseinandersetzung** vorgenommen wurde. Mit dem Vollzug einer ganzen oder teilweisen Nachlaßauseinandersetzung erlöschen die Verwaltungs- und Verfügungsbefugnisse des Testamentsvollstreckers am entsprechenden Nachlaßteil.

4. Freigabe aus der Verwaltung

Aus dem Haftungsverband des Nachlasses scheidet ein Gegenstand auch aus, wenn ihn der Testamentsvollstrecker gem. § 2217 BGB aus seiner **Verwaltung frei gibt**. Ist die Freigabe irrtümlich erfolgt, so hat der Testamentsvollstrecker einen schuldrechtlichen Anspruch auf Wiederherstellung seiner Verfügungsgewalt nach § 812 Abs. 1 S. 1, 1. Alt. BGB.[38]

5. Surrogation auch bei Alleinerbfolge

Die dingliche Surrogation gilt auch dann, wenn ein Testamentsvollstrecker den Nachlaß eines Alleinerben verwaltet, weil die Verwaltungseinheit erhalten bleiben muß.

IX. Gutglaubensschutz

Der durch § 2041 S. 2 BGB für anwendbar erklärte § 2019 Abs. 2 BGB betrifft den Schutz des gutgläubigen Schuldners einer aufgrund Surrogation zum Nachlaß gehörenden Forderung. Für ihn gelten die §§ 406–408 BGB entsprechend. Er muß deshalb z. B. die Zugehörigkeit einer Forderung zum Nachlaß erst gegen sich gelten lassen, wenn er davon Kenntnis hat (§ 407 Abs. 1 BGB).

X. Weitere Fälle der Surrogation im Erbrecht

1. Die Surrogation beim Vorerben

Das Surrogationsprinzip der Erhaltung der Haftungsmasse liegt auch § 2111 BGB zugrunde. Weil sich die Nachlaßgläubiger nach Eintritt des Nacherbfalls grundsätzlich nur an den Nacherben halten können (§§ 2144, 2145 BGB),

---

[38] BGHZ 24, 106.

muß sichergestellt werden, daß das Nachlaßvermögen durch Maßnahmen des Vorerben nicht auseinandergerissen wird, sondern als Haftungseinheit auch beim Übergang auf den Nacherben erhalten bleibt.

77 Bringt ein Vorerbe bspw. Nachlaßgegenstände als seine Einlage in eine Kommanditgesellschaft ein und wird er Kommanditist, dann gehört seine Rechtsstellung als Kommanditist als Surrogat zum Nachlaß.[39]

Allerdings gebühren dem Vorerben kraft seines originären Nutzziehungsrechts an den einzelnen Nachlaßgegenständen die Nutzungen. Leztere werden von der Surrogation nicht erfaßt, § 2133 BGB.

2. Die Surrogation beim Erbschaftsbesitzer

78 § 2019 BGB sieht vor, daß bei Rechtshandlungen des Erbschaftsbesitzers zum Sondervermögen der Erbschaft auch gehört, was mit Mitteln der Erbschaft erworben wird. Dies gilt insbesondere, wenn eine zur Erbschaft gehörende Sache verkauft wird. Die Kaufpreisforderung bzw. nach deren Einziehung der erlangte Erlös fällt aufgrund dinglicher Surrogation in den Nachlaß. Entscheidend ist allein die Herkunft der eingesetzten Mittel. Die dingliche Surrogation gilt aber nur, wenn das betreffende Rechtsgeschäft vom Erbschaftsbesitzer vorgenommen wird. Verfügt dagegen ein anderer Nichtberechtigter über einen Nachlaßgegenstand, so findet nicht die dingliche Surrogation Anwendung, vielmehr bestehen die allgemeinen schuldrechtlichen Ausgleichsansprüche.

XI. Surrogation im Recht des Nießbrauchers

79 Der Nießbrauch spielt im Erbrecht eine große Rolle. Häufig ist der überlebende Elternteil Inhaber des Nießbrauchs an den Erbteilen der Kinder, oder dem Nießbraucher unterliegt die Nutznießung des gesamten Nachlasses. Nicht selten wird ein Nießbrauch an einem einzelnen Nachlaßgegenstand, bspw. einem Gebäude, bestellt. Veräußertes Inventar, über das der Nießbraucher nach § 1048 BGB verfügen kann, obwohl er nicht Eigentümer ist, surrogiert nach § 1048 Abs. 1 S. 2 BGB durch die Ersatzbeschaffung des Nießbrauchers im Augenblick der Einverleibung in das Inventar. Die Surrogationsvorschrift des

---

39 BGH NJW 1990, 514 = BGHZ 109, 214 unter Aufgabe der früheren Rechtsprechung.

§ 1048 Abs. 1 S. 2 BGB findet analoge Anwendung auf den Nießbrauch an einem Sachinbegriff, wie z. B. einem Unternehmen.[40] Keine dingliche, sondern nur eine schuldrechtliche Surrogation sieht das Gesetz in § 1067 BGB vor, wenn verbrauchbare Sachen Gegenstand des Nießbrauchsrechts sind.

An **verbrauchbaren Sachen** (§ 92 BGB) erlangt der Nießbraucher das Eigentum mit der Bestellung (§ 1032 BGB). Nach Beendigung des Nießbrauchs hat er dem Besteller den Wert zu ersetzen, den die Sachen zur Zeit der Bestellung hatten.

XII. Versteigerungserlös

Nach § 92 Abs. 1 ZVG ist eine gestaffelte Surrogation (Kettensurrogation, s. oben Rn 64) möglich: Der Anspruch gegen den Ersteher ist Surrogat für das Grundstück; die Leistung des Ersteigerers ist Surrogat des Anspruchs gegen ihn. Von Bedeutung ist dies für die Teilungsversteigerung zur Vorbereitung der Nachlaßauseinandersetzung nach §§ 2042 Abs. 2, 753 BGB, 180 ff. ZVG. 80

XIII. Dingliche Surrogation im ehelichen Güterrecht

Als Vorfrage für die Klärung des Nachlaßbestandes ist beim Tod eines Ehegatten wichtig, welcher Ehegatte Eigentümer welcher Gegenstände war. Da die Erwerbsvorgänge oft Jahrzehnte zurückliegen, ist die Surrogation von erheblicher Bedeutung. 81

1. Surrogation bei der Zugewinngemeinschaft

§ 1370 BGB, der sich auf Haushaltsgegenstände bezieht, regelt gleichzeitig die Frage, welche Gegenstände zum gesetzlichen Voraus des § 1932 BGB gehören: *„Haushaltsgegenstände, die an Stelle von nicht mehr vorhandenen oder wertlos gewordenen Gegenständen angeschafft werden, werden Eigentum des Ehegatten, dem die nicht mehr vorhandenen oder wertlos gewordenen Gegenstände gehört haben."* 82

Der Ehegattenvoraus stellt ein gesetzliches Vermächtnis dar, das vor der Nachlaßauseinandersetzung zu erfüllen ist (§§ 1967, 2046 BGB). Der verbleibende

---

40 BGH LM § 930 Nr. 12.

Nachlaß unterliegt der gesamthänderischen Verwaltung nach § 2038 BGB und ist unter den Miterben aufzuteilen (§ 2047 BGB).

Die Surrogation findet statt bei jedem rechtsgeschäftlichen Erwerb mit Ersatzwidmung, wenn Haushaltsgegenstände nicht mehr vorhanden oder wertlos geworden sind (Funktionsidentität reicht aus). Mit der Eingliederung in den Haushalt findet die Surrogation statt.[41]

2. Surrogation bei der Gütergemeinschaft

83 Nach § 1418 Abs. 2 Nr. 3 BGB gehören u. a. solche Gegenstände zum Vorbehaltsgut, *"die ein Ehegatte auf Grund eines zu seinem Vorbehaltsgut gehörenden Rechtes oder als Ersatz für die Zerstörung, Beschädigung oder Entziehung eines zum Vorbehaltsgut gehörenden Gegenstandes oder durch ein Rechtsgeschäft erwirbt, das sich auf das Vorbehaltsgut bezieht."* Dies ist deshalb wichtig, weil andernfalls der betreffende Gegenstand in das Gesamtgut fiele (§ 1416 Abs. 2 BGB).

Befindet sich eine Gütergemeinschaft in Liquidation, was meistens mit Eintritt eines Erbfalls geschieht, so regelt § 1473 Abs. 1 BGB über die dingliche Surrogation die Zuordnung zum Gesamtgut der beendeten aber nicht auseinandergesetzten Gütergemeinschaft. Der Anteil des verstorbenen Ehegatten am Gesamtgut gehört zum Nachlaß (§ 1482 BGB).

XIV. Dingliche Surrogation bei anderen Sondervermögen

1. Personengesellschaft

84 Zum Gesellschaftsvermögen einer Gesellschaft bürgerlichen Rechts gehört nach § 718 Abs. 2 BGB auch, *"was auf Grund eines zu dem Gesellschaftsvermögen gehörenden Rechts oder als Ersatz für die Zerstörung, Beschädigung oder Entziehung eines zu dem Gesellschaftsvermögen gehörenden Gegenstandes*

---

41 MüKo/*Gernhuber* 3. Aufl. 1996 § 1370 Rn 5.

erworben wird." Über §§ 105 Abs. 2 und 161 Abs. 2 HGB gilt dies auch für oHG und KG.

2. Kindesvermögen

Wenn Eltern mit Mitteln des Kindes, das sie gesetzliche vertreten (§ 1629 Abs. 1 BGB), bewegliche Sachen erwerben, so gehen diese in das Kindesvermögen über, § 1646 Abs. 1 BGB. Auch hier kommt es nicht auf die Willensrichtung der Eltern an.

85

Für Kindesvermögen, das der elterlichen Verwaltung entzogen ist und damit der Verwaltung durch einen Pfleger vorbehalten bleibt, ordnet § 1638 Abs. 2 BGB die dingliche Surrogation zur Erhaltung getrennter Verwaltungsbereiche an.

E. Nießbrauch an Erbteilen

I. Ausgangssituation

Der Erblasser kann einem Dritten oder einem Miterben den Anspruch auf Bestellung eines Nießbrauchs an einem Erbteil vermächtnisweise zuwenden. Dies ist ein schuldrechtlicher Anspruch auf dingliche Einräumung des Nießbrauchsrechts. Eine unmittelbar dinglich wirkende Zuwendung des Nießbrauchs wäre nicht möglich.

86

Der Nießbrauch an einem Erbteil ist ein Nießbrauch an einem Recht im Sinne der §§ 1068 ff BGB. Die Bestellung des Nießbrauchs an einem Recht erfolgt nach den Regeln der Rechtsübertragung (§ 1069 I BGB). Damit gilt § 2033 I BGB und die dort vorgesehene notarielle Beurkundung für die Nießbrauchsbestellung.

II. Besonderheiten bei Grundstücken

Gehört ein Grundstück zum Nachlaß, so ist nicht dieses Grundstück oder ein Anteil an dem Grundstück belastet. Der Nießbrauch selbst kann im Grundbuch also nicht eingetragen werden. Aber im Hinblick auf die Verfügungsbeschränkung des § 1071 BGB ist außerhalb des Grundbuchs eine Beschränkung der

87

Verfügungsbefugnis entstanden. Deshalb läßt die Rechtspraxis die Eintragung eines berichtigenden Vermerks im Grundbuch in Abt. II zu.[42]

88 Da der Miterbe, dessen Erbteil mit einem Nießbrauch belastet ist, nur noch mit Zustimmung des Nießbrauchers „nießbrauchsschädliche" Verfügungen über den Anteil vornehmen kann, ist die Verlautbarung im Grundbuch von besonderer Bedeutung (§ 1071 I 1, II BGB), weil andernfalls der nießbrauchsbelastete Miterbe zusammen mit den anderen Miterben über das Grundstück zugunsten eines Gutgläubigen verfügen könnte und dieser das Grundstück ohne teilweise Belastung mit dem Nießbrauch erwerben würde.

89 Zunächst ist im Grundbuch die Erbengemeinschaft gemäß § 39 GBO – unter Nachweis des Erbrechts mittels eines Erbscheins (§ 35 GBO) – voreinzutragen. Erst dann kann der Vermerk über die Nießbrauchsbestellung an einem Erbteil eingetragen werden.

III. Rechtswirkungen

90 Ein Verstoß gegen § 1071 BGB führt lediglich zur relativen Unwirksamkeit der vorgenommenen Verfügung. Der Nießbraucher nimmt die Rechte des Miterben in Bezug auf Verwaltung und Nutzung des Nachlasses wahr (§ 1066 I BGB). Die Auseinandersetzung des Nachlasses kann der Nießbraucher nur gemeinsam mit dem betreffenden Miterben verlangen (§ 1066 II BGB).

F. Forderungen im Nachlaß

I. Grundsatz und Ausnahme

91 Nach dem Prinzip gesamthänderischer Bindung könnten Forderungen, die zum Nachlaß gehören, grundsätzlich nur von allen Erben gemeinsam geltendgemacht und eingezogen werden.

Dies wäre für die Praxis jedoch viel zu schwerfällig. Deshalb macht § 2039 I BGB eine Ausnahme von diesem Grundsatz: Jeder Miterbe hat die Befugnis,

---

[42] MüKo/*Dütz*, § 2033 Rn 29; *Soergel/Wolf*, § 2033 Rn 4.

eine Nachlaßforderung allein geltend zu machen, muß aber Leistung an alle Miterben gemeinschaftlich verlangen.

Aber die Vorschrift gilt nur für Ansprüche iSv § 194 BGB. Darunter fallen: **92**
- Freistellungsanspruch,[43]
- Unterlassungsanspruch,[44]
- öffentlich-rechtliche Versorgungsansprüche,[45]
- Schadensersatzansprüche gegen beurkundenden Notar,[46]
- Ansprüche auf Rechnungslegung.[47]

Auf Herausgabeansprüche wendet die Rspr. § 2039 BGB analog an.[48] **93**
- Auch der Anspruch der Erbengemeinschaft auf Grundbuchberichtigung (§ 894 BGB) fällt unter § 2039 BGB, so daß ihn ein Erbe für alle geltend machen kann.[49] Den dazu erforderlichen Antrag nach § 13 GBO kann ohnehin jeder Miterbe allein stellen.

Ist eine Darlehensforderung im Nachlaß, die zur Fälligkeit der Kündigung bedarf, so fällt die Ausübung des Kündigungsrechts nicht unter § 2039 BGB, vielmehr ist sie nach der Rechtssprechung eine Verfügung, die dem Einstimmigkeitserfordernis des § 2040 BGB unterliegt.[50] Es erscheint überlegenswert, ob hier nicht § 2038 BGB angewandt werden sollte, zumal die Kündigung einer Forderung auch eine Verwaltungshandlung darstellt.

II. Befugnisse des einzelnen Miterben

1. Außergerichtlich

Der handelnde Miterbe kann Verzug herbeiführen durch Mahnung. **94**

---

43 RGZ 158, 42.
44 OLG Hamm NJW-RR 92, 330.
45 BVerfG 17, 86.
46 BGH NJW 87, 435.
47 BGH NJW 65, 396.
48 RGZ 150, 190.
49 BGH FamRZ 1976, 146 mAv *Schwab* in FamRZ 1976, 268.
50 RGZ 65, 5.

2. Prozeßführungsbefugnis

95 Der Miterbe kann auf Leistung oder Feststellung klagen,[51] er kann die Zwangsvollstreckung betreiben,[52] er kann Prozesse, die durch den Tod des Erblassers unterbrochen wurden, wieder aufnehmen.[53]

Der Miterbe ist **gesetzlicher Prozeßstandschafter** und handelt deshalb in eigenem Namen (für den Nachlaß; was im Rubrum selbstverständlich zum Ausdruck kommen muß). Aber weil nur der klagende Miterbe Partei ist, können die anderen Miterben als Zeugen vernommen werden.

III. Prozeßrecht

96 Weder das obsiegende noch das unterliegende **Leistungsurteil** schafft Rechtskraft für die anderen, am Prozeß nicht beteiligten Erben.[54] Nach *Jauernig/Stürner* (aaO) soll das obsiegende Leistungsurteil Rechtskraft für die Miterben entfalten, nicht aber das unterliegende, es sei denn, die Miterben hätten der Prozeßführung zugestimmt.

97 Wenn einzelne Erben von ihrer Prozeßführungsbefugnis nach § 2039 BGB keinen Gebrauch machen und **alle Erben** den Schuldner verklagen, so handelt es sich um eine Gesamthandsklage, bei der alle Miterben notwendige Streitgenossen sind.

98 Ist einer der Miterben selbst Schuldner an den Nachlaß, so kann grundsätzlich jeder Miterbe gegenüber dem anderen Miterben eine solche Forderung geltend machen.[55] Dem Schuldner-Miterben steht kein Zurückbehaltungsrecht zu wegen seines ihm bei der Nachlaßteilung zukommenden Auseinandersetzungsguthabens.[56]

---

51 RGZ 75, 26.
52 KG NJW 1957, 1154.
53 BGH FamRZ 1964, 360.
54 BGHZ 92, 354; BGH NJW 1985, 2825, aber sehr streitig, s. *Jauernig/Stürner*, § 2039 Anm. 6; Ro/*Schwab-Gottwald*, § 49 II 2.
55 BGH WM 1971, 653; MüKo/*Dütz*, § 2039 Rn 32.
56 *Jauernig/Stürner*, § 2039 Anm. 5.

Soll eine **Feststellungsklage** in bezug auf ein absolutes Recht oder ein Rechtsverhältnis erhoben werden, so ist sie von allen Erben als notwendigen Streitgenossen zu erheben (§ 62 I 2. Alt. ZPO). 99

G. Verwaltung des Nachlasses und Unternehmensrecht

I. Einzelkaufmännisches Handelsgeschäft im Nachlaß

Hat der Erblasser als Einzelkaufmann ein Handelsgeschäft betrieben, so fällt es in den Nachlaß. Nach § 22 I HGB können die Erben dieses Geschäft fortführen, ohne daß mit dessen Fortführung durch mehrere Erben notwendig ein gesellschaftlicher Zusammenschluß der Miterben verbunden wäre.[57] Selbst eine Erbengemeinschaft, die nur aus Vorerben besteht, kann das Handelsgeschäft als Erbengemeinschaft fortführen,[58] nicht aber eine Gemeinschaft, die nur aus Erbteilserwerbern besteht.[59] 100

Eine Sondererbfolge wie bei oHG und KG findet beim einzelkaufmännischen Handelsgeschäft nicht statt. Das zum Nachlaß gehörende Handelsgeschäft kann von den Erben ohne zeitliche Begrenzung in ungeteilter Erbengemeinschaft fortgeführt werden (Fälle aus der BGH-Rechtsprechung: Fortführung 17 bzw. 6 Jahre). 101

Nach § 31 I HGB sind die Miterben in das Handelsregister einzutragen, und zwar in Erbengemeinschaft. 102

Im Schrifttum wird – im Gegensatz zur BGH-Rechtsprechung – teilweise die Meinung vertreten, die gemeinschaftliche Fortführung des Handelsgeschäfts über die dreimonatige Frist des § 27 II HGB hinaus habe eine Zwangsumwandlung der Erbengemeinschaft in eine oHG in Bezug auf das Handelsgeschäft zur Folge.[60] Aber das geltende Recht kennt einen solchen Umwandlungszwang aus

---

57 BGHZ 30, 391, 394; BGHZ 92, 259; BGH DB 1984, 2682 und Besprechung von *Strothmann* in ZIP 1985, 969 ff.
58 KG, ZEV 1999, 28.
59 KG, ZEV 1999, 28.
60 *Fischer* ZHR 144 (1981), 1, 13.

einer Erbengemeinschaft in eine oHG nicht. Denn dafür wäre der Abschluß eines Gesellschaftsvertrags erforderlich.

103 Daraus folgt: Die Fortführung des Handelsgeschäfts ist Verwaltung iSv § 2038 BGB und unterliegt deshalb denselben Regelungen wie die Verwaltung des sonstigen Nachlasses nach §§ 2038, 743 ff BGB.

104 Im **Innenverhältnis** können auf die zwischen den Miterben bestehenden Rechtsbeziehungen die Grundsätze der oHG anwendbar sein, wenn das Unternehmen längere Zeit als werbende Gesellschaft fortgeführt wird.[61]

105 Die Fragen der Vertretung bei Geschäftsfortführung sind wegen der gesamthänderischen Handlungsweise der Miterben unbefriedigend gelöst.

106 Ein von den Miterben bestellter Vertreter kann immer nur die Miterben als solche, nicht aber die Erbengemeinschaft (wegen ihrer mangelnden Rechtsfähigkeit) vertreten. **Die von den Miterben erteilte Vollmacht** stellt demnach keine einheitliche Bevollmächtigung der Erbengemeinschaft dar, sondern **ist eine Mehrzahl von Einzelvollmachten. Deshalb muß eine Prokura auch von sämtlichen Miterben** erteilt werden. Dies hat zur Folge, daß auch der Widerruf der Prokura nicht von den Miterben gemeinsam erfolgt, sondern jeder einzelne Miterbe kann für sich die Prokura widerrufen mit Wirkung nur für sich selbst.

107 Die nach Erbrecht beschränkbare Haftung der Erben auf den Nachlaß kann für das Handelsrecht nicht ohne weiteres gelten.

108 Nach §§ 27 I, 25 I HGB haften die Erben unbeschränkt für alle vom Erblasser in seinem Unternehmen begründeten Verbindlichkeiten, wenn die Erben das Geschäft unter der bisherigen Firma mit oder ohne Beifügung eines Nachfolgezusatzes fortführen. Das bedeutet: Die nach dem BGB vorgesehenen Möglichkeiten der Haftungsbeschränkung für die Erben bleiben wirkungslos.

109 Voraussetzung für diese Haftungsverschärfung ist jedoch die Eintragung des Kaufmanns in das Handelsregister (§ 5 HGB n.F.), weil § 25 I HGB die

---

61 BGHZ 17, 299, 302; *Palandt/Edenhofer*, § 2032 Rn 6.

Fortführung eines Handelsgeschäfts unter der bisherigen Firma voraussetzt.[62] Dies gilt für die bereits bestehenden Geschäftsverbindlichkeiten.

Schulden, die **nach dem Erbfall** im Zusammenhang mit der Fortführung des Handelsgeschäfts begründet werden, sind Nachlaßerbenschulden, wenn ihre Eingehung zur ordnungsmäßigen Verwaltung des Nachlasses gehört (§ 2038 I BGB). 110

Der Gläubiger erlangt damit eine doppelte Haftungsgrundlage: Die Verbindlichkeiten erfassen zum einen den Nachlaß, zum anderen das Eigenvermögen der Miterben. 111

Beteiligung Minderjähriger an der Erbengemeinschaft 112
Eltern können über ihr Vertretungsrecht aus § 1629 I BGB ihre minderjährigen Kinder unbegrenzt verpflichten. Bei der Fortführung eines Handelsgeschäfts durch die Miterben in Erbengemeinschaft unter Beteiligung Minderjähriger würden diese aus den Geschäftsverbindlichkeiten, die ihre gesetzlichen Vertreter für sie eingehen, mitverpflichtet. So hat auch der BGH entschieden.[63]

Das BVerfG hat mit Beschluß vom 13.5.1986 das Urteil des BGH aufgehoben und § 1629 Abs. 1 iVm § 1643 Abs. 1 BGB als mit Art. 2 Abs. 1 GG (allgemeines Persönlichkeitsrecht des Minderjährigen) insoweit unvereinbar erklärt, als „Eltern ihre Kinder kraft elterlicher Vertretung bei Fortführung eines ererbten Handelsgeschäfts in ungeteilter Erbengemeinschaft finanziell unbegrenzt verpflichten können" und damit ohne vormundschaftsgerichtliche Genehmigung Verbindlichkeiten zu Lasten ihrer minderjährigen Kinder eingehen können, die über deren Haftung mit dem ererbten Vermögen hinausgehen.[64] 113

1. Neuerungen durch das Minderjährigenhaftungsbeschränkungsgesetz

Die durch das am 1.1.1999 in Kraft getretene Minderjährigenhaftungsbeschränkungsgesetz vom 25.8.1998 (BGBl I 2487) eingefügte Vorschrift des § 1629 a BGB stellt die Verfassungsmäßigkeit der Vorschriften über die gesetzliche Vertretung minderjähriger Kinder durch ihre Eltern wieder her. Das Gesetz 114

---

62 BGHZ 18, 248; BGH NJW 1982, 577.
63 BGHZ 92, 259, 261.
64 BVerfGE 72, 155 = NJW 1986, 1859 = FamRZ 1986, 769.

hat kein zusätzliches vormundschaftsgerichtliches Genehmigungserfordernis eingeführt – was verfassungsrechtlich möglich gewesen wäre –, sondern ist den Weg einer Haftungsbeschränkung zugunsten des Kindes gegangen. Die Interessen von Gläubigern und des Rechtsverkehrs wurden durch die Schaffung zweier Vermutungstatbestände gewahrt (§ 1629 a Abs. 4 BGB) und durch die Einführung eines außerordentliche Kündigungsrechts des Kindes, mit dem es seine Mitgliedschaft in einer Gesamthandsgemeinschaft bzw. Personengesellschaft beenden kann.

a) Haftungsbeschränkung – § 1629 a Abs. 1 BGB

115 Nach § 1629 a Abs. 1 BGB hat das volljährig gewordene Kind die Möglichkeit, die Haftung für Verbindlichkeiten, die seine Eltern ihm gegenüber bei Ausübung der gesetzlichen Vertretung begründet haben, und für Verbindlichkeiten, die durch einen in der Zeit der Minderjährigkeit eingetretenen Erwerb von Todes wegen begründet wurden, auf den **Bestand desjenigen Vermögens** zu beschränken, das **im Zeitpunkt des Eintritts der Volljährigkeit** vorhanden ist.

116 Die Haftungsbeschränkung erfolgt in entsprechender Anwendung der §§ 1990, 1991 BGB (wohl als Rechtsfolgenverweisung) auf das bei Eintritt der Volljährigkeit vorhandene Vermögen (§ 1629 a Abs. 1 BGB; zur Methodik der Haftungsbeschränkung vgl. *Behnke,* NJW 1998, 3078, 3079). Das Minderj.haftg.beschrG geht also über die Forderungen des BVerfG weit hinaus und erfaßt grundsätzlich alle Verbindlichkeiten des Minderjährigen. § 1629 a Abs. 1 BGB unterscheidet nicht danach, ob der Minderjährige die Mitgliedschaft in der Gesellschaft von Todes wegen erworben hat, die Eltern den Gesellschaftsvertrag selbst im Namen des Kindes abgeschlossen haben oder das Kind selbst mit Zustimmung der Eltern den Beitritt zu einer Gesellschaft erklärt hat.

b) Das Sonderkündigungsrecht des volljährig Gewordenen – die Idee des „Neustarts bei Null"

117 Ist der Minderjährige Mitglied einer Erbengemeinschaft, Inhaber eines Handelsgeschäfts oder unbeschränkt haftender Gesellschafter einer BGB-Gesellschaft, OHG oder KG, so wird die Anordnung der Haftungsbeschränkung nach § 1629 a Abs. 1 BGB um das in § 723 Abs. 1 S. 3 Nr. 2 BGB ausdrücklich niedergelegte Recht ergänzt, die Position im Geschäftsleben mit Eintritt der Volljährigkeit endgültig aufzugeben, um auf diese Weise eine vollständige Haftungsentledigung zu erreichen. In § 723 BGB ist die Vollendung des 18. Lebensjahres als wichtiger Grund zur Kündigung der BGB-Gesellschaft festgelegt worden, wobei diese Kündigung innerhalb von drei Monaten erklärt werden muß, § 723 Abs. 1 S. 4 BGB. Über die Verweisungsnormen §§ 105 Abs. 2, 161 Abs. 2 HGB gilt dies auch für OHG und KG. Zumindest ist ein wichtiger Grund iSv § 133 HGB anzunehmen (BT-Drucks. 13/5624 S. 10).

c) Die doppelte Vermutung in § 1629 a Abs. 4 BGB

Das Sonderkündigungsrecht steht im Zusammenhang mit der Beweislastverteilung, die in § 1629 a IV S. 1 BGB aufgenommen wurde. Diese Vorschrift enthält **zwei widerlegliche Vermutungen** zugunsten der Gläubiger: **118**

1. Verlangt der volljährig Gewordene nicht die Auseinandersetzung der Erbengemeinschaft nach § 2042 Abs. 1 BGB, kündigt er eine Beteiligung an einer Personengesellschaft nach § 723 Abs. 1 Nr. 2 BGB nicht innerhalb von drei Monaten nach Erreichen der Volljährigkeit oder stellt er ein Handelsgewerbe nicht innerhalb dieses Zeitraums ein, so wird vermutet, daß die Verbindlichkeit **nach Vollendung des 18. Lebensjahres** begründet wurde (Satz 1) und damit nicht der Haftungsbeschränkung des Abs. 1 unterliegt. Der Eintritt der Volljährigkeit wird als wichtiger Grund iSv §§ 749 Abs. 2 1, 2042 Abs. 2 BGB angesehen (BT-Drucks. 13/5624 S. 10). Diese Vermutung führt, wenn sie nicht widerlegt wird, zum Verlust der Haftungsbeschränkung. **119**

2. Weiter wird unter den in Ziff. 1 genannten Voraussetzungen vermutet, daß das gegenwärtige Vermögen bei Erreichen der Volljährigkeit vorhanden war (Satz 2). Diese Vermutung kommt erst zum Tragen, wenn die erste Vermutung widerlegt ist. Selbst wenn bewiesen werden kann, daß eine konkrete Verbindlichkeit bereits vor Eintritt der Volljährigkeit entstanden ist, so wird vermutet, daß das jetzt vorhandene Vermögen bereits vor Volljährigkeit erworben wurde, und damit das ganze Vermögen des volljährig Gewordenen die Haftungsmasse darstellt. **120**

3 Das erbrechtliche Mandat nach dem Erbfall

2. Hinweise für die Beratungspraxis

a) Schutz des Minderjährigen

121 Im Gesetzgebungsverfahren wurde bereits erkannt, daß es dem gesetzlichen Vertreter des Minderjährigen bzw. dem volljährig Gewordenen selbst zu empfehlen ist, ein **Inventar über das Vermögen des Minderjährigen** zum Stichtag seiner Volljährigkeit zu errichten, um die Vermutungen des § 1629 a Abs. 4 BGB widerlegen zu können (BT-Drucks. 13/5624 S. 10). Für den Fall des Erwerbs von Todes wegen sieht das Gesetz in § 1640 BGB ohnehin eine Inventarerrichtungspflicht für die Eltern vor. Bei Erreichen der Volljährigkeit sind sie dem Kind nach § 1698 BGB zur Rechenschaft verpflichtet.

Eine **Inventarisierung** des vorhandenen Vermögens ist noch aus einem anderen Grund empfehlenswert: In § 1629 a BGB wird u. a. auf § 1991 BGB verwiesen. Dies hat zur Folge, daß der Volljährige nach §§ 1991 Abs. 1, 1978 Abs. 1 und 662 ff. BGB den Gläubigern gegenüber wie ein Beauftragter für die Verwaltung und Erhaltung des bei seiner Volljährigkeit vorhandenen Vermögens verantwortlich ist und nach § 666 BGB auch Rechnung zu legen hat. Vgl. zu der Vorschrift des § 1991 BGB unten § 21 Rn 123 ff.; 175 ff.

b) Schutz der Gläubiger

122 Gläubiger können sich in erster Linie gegen die Haftungsbeschränkung schützen, indem sie sich Sicherheiten gewähren lassen (§ 1629 a Abs. 3 BGB; vgl. auch Peschel-Gutzeit, FuR 1997, 38).

II. Mitgliedschaft an einer Personengesellschaft

123 Beim Tod eines Gesellschafters einer BGB-Gesellschaft wird die Gesellschaft nach der gesetzlichen Regelung aufgelöst (§ 727 BGB). Damit wandelt sich die Gesellschaft kraft Gesetzes in eine Liquidationsgesellschaft um. Die Erben werden Mitglied der Liquidationsgesellschaft.

Dies hat die nachstehenden Folgen:
- Der dem Erblasser zustehende Gesellschaftsanteil fällt in den Nachlaß und steht damit den Erben in ungeteilter Erbengemeinschaft zu.

Der Miterbe als Mandant (die Erbengemeinschaft) § 13

- Das auf den Anteil des Erblassers entfallende Auseinandersetzungsguthaben ist bei der Erbteilung unter den Erben aufzuteilen. Bzw. die sich daraus ergebende Forderung ist einzuziehen und der Erlös zu teilen.

Seit 1.7.1998 gilt aufgrund des Handelsrechtsreformgesetzes – HRefG – vom 22.6.1998 (BGBl I, 1474) beim Tod eines oHG-Gesellschafters oder eines persönlich haftenden Gesellschafters einer KG folgendes:
Der betreffende Gesellschafter scheidet aus der Gesellschaft aus, sofern im Gesellschaftsvertrag nichts Abweichendes vereinbart ist (§§ 131 Abs. 2 Nr. 1, 161 Abs. 2 HGB). Damit wird die Gesellschaft nicht aufgelöst, sondern mit den verbleibenden Gesellschaftern – ohne Teilnahme der Erben des Verstorbenen – fortgesetzt. Im Hinblick auf die bis 30.6.1998 geltende gesetzliche Regelung, wonach die oHG bzw. KG beim Tod eines persönlich haftenden Gesellschafters aufgelöst wurde (§§ 131 Nr. 4, 161 Abs. 2 HGB), enthalten viele Gesellschaftsverträge eine sog. Fortsetzungsklausel. Eine solche Möglichkeit gesellschaftsvertraglicher Vereinbarung ist und war in §§ 736 BGB, 138 HGB vorgesehen. **124**

Rechtswirkungen der gesetzlich geregelten Fortsetzung bzw. der vertraglich vereinbarten Fortsetzungsklausel: **125**

- Die Beteiligung des Erblassers wächst den übrigen Gesellschaftern an (§§ 738 I S. 1 BGB, 105 II HGB),
- Den Erben steht als Gesamthändern der Anspruch auf das Auseinandersetzungsguthaben und auf Freistellung von den Gesellschaftsschulden zu,[65]
- gem. § 146 I S. 2 HGB haben die Miterben einen gemeinsamen Vertreter zur Ausübung ihrer Gesellschafterrechte zu bestellen.

Bei der Beteiligung des Erblassers an einer KG ist zu differenzieren, ob der Erblasser Komplementär war oder Kommanditist. Für die Komplementärstellung gilt dasselbe wie bei BGB-Gesellschaft und oHG. Dagegen ist der Kommanditanteil frei vererblich (§ 177 HGB). **126**

Sieht der Gesellschaftsvertrag nicht die Auflösung der Gesellschaft vor, so kommen verschiedene Möglichkeiten der Fortsetzung der Gesellschaft in Betracht: **127**

---

65 BGHZ 17, 130, 136.

- Fortsetzung unter Ausschluß der Erben (sog. **Fortsetzungsklausel**), seit 1.7.1998 gesetzliche Regel
- Fortsetzung mit allen oder einzelnen Erben (einfache und qualifizierte **Nachfolgeklauseln**).

128 Bei Nachfolgeklauseln gelten kraft in den letzten Jahren entwickelten Richterrechts folgende Regeln:

Miterben können nicht im Zusammenschluß einer Erbengemeinschaft Mitglieder einer Personengesellschaft sein, weil sich insbesondere die Haftungsvorschriften des Erbrechts nicht mit denen des Gesellschaftsrechts vereinbaren lassen.

129 Nach inzwischen gefestigter Rechtsprechung werden vererbliche Beteiligungen an einer Personengesellschaft im Erbfall nicht gemeinschaftliches Vermögen der Miterben. Vielmehr geht der Gesellschaftsanteil im Wege der **Sondererbfolge** unmittelbar im Verhältnis der Erbteile auf die eintrittsberechtigten Miterben über, ohne daß es dafür eines besonderen Übertragungsaktes bedürfte.[66]

130 Das vom BGH entwickelte Prinzip der Sondererbfolge ist eine Zweckschöpfung, die es der Erbengemeinschaft verwehren soll, als Gesamthand eine Gesellschafterstellung zu übernehmen. Aber sie führt auch zu der hochstreitigen Frage, inwieweit der Gesellschaftsanteil überhaupt als Nachlaßbestandteil anzusehen ist und demzufolge der Testamentsvollstreckung unterliegt bzw. im Rahmen von Nachlaßverwaltung und Nachlaßkonkurs bzw. Nachlaßinsolvenz als Vermögenswert den Nachlaßgläubigern zur Verfügung steht.

131 Der für Gesellschaftsrecht zuständige II. Zivilsenat des BGH und der für Erbrecht zuständige IV. Zivilsenat (früher IVa.-Zivilsenat) waren sich zumindest in der Vergangenheit darüber nicht einig.

132 Der Erbrechtssenat bejaht die Zugehörigkeit des Gesellschaftsanteils zum Nachlaß – nur eben nicht in gesamthänderischer Bindung,[67] daraus folgt die Zulässigkeit nicht nur einer Auseinandersetzungs-Testamentsvollstreckung, sondern auch einer Verwaltungs- oder Dauervollstreckung nach § 2209 BGB,

---

66 BGH NJW 1983, 2376; BGH NJW 1986, 2431.
67 BGH NJW 1983, 2376, 2377; BGHZ 98, 48, 53 ff.

wobei der Erbrechtssenat allerdings die Konturen der Rechtsmacht des Testamentsvollstreckers nicht genau zeichnete.

Demgegenüber war der Gesellschaftsrechtssenat der Ansicht, nur die nach § 717 S. 2 BGB selbständig abtretbaren Ansprüche auf den Gewinn und das zukünftige Auseinandersetzungsguthaben gehörten zum Nachlaß – sog. „Abspaltungsthese".[68] In seiner späteren Entscheidung in BGHZ 108, 187 ff., anerkannte auch der Gesellschaftsrechtssenat die Nachlaßzugehörigkeit vererbter Personengesellschaftsanteile und die Zulässigkeit der Testamentsvollstreckung an Kommanditbeteiligungen, ließ aber ebenfalls die Reichweite der Befugnisse des Testamentsvollstreckers ausdrücklich offen.

133

In seinem neuerlichen Beschluß vom 10.1.1996 (IV ZB 21/94, ZEV 1996, 110) weist der IV. Zivilsenat des BGH darauf hin, daß weitgehend Einigkeit zwischen dem Erbrechtssenat und dem Gesellschaftsrechtssenat insoweit bestehe, als beide der Ansicht sind, daß der durch Sondererbfolge übergegangene Gesellschaftsanteil insofern zum Nachlaß gehört, als er Teil des vom Erblasser hinterlassenen Vermögens ist, obwohl der Anteil nicht in das Gesamthandsvermögen der Erbengemeinschaft falle, weil dies mit den verschiedenen Haftungssystemen des Gesellschaftsrechts und des Erbrechts nicht vereinbar sei.[69] Wie groß die Unterschiede zwischen den Auffassungen der beiden Senate noch sind, ist nicht mehr ganz deutlich.

134

Der BGH[70] hält in seinem oben zitierten Beschluß vom 10.1.1996 die Zulässigkeit der Testamentsvollstreckung bezüglich des ererbten Anteils an einer BGB-Gesellschaft grundsätzlich für zulässig. Siehe dazu unten Rn 143.

135

III. GmbH-Anteil

§ 15 I GmbHG sieht ausdrücklich die Vererblichkeit von GmbH-Anteilen vor. Mehrere Erben werden auch Anteilsinhaber in gesamthänderischer Bindung der Erbengemeinschaft. Damit werden die Miterben Mitberechtigte iSv § 18 GmbHG, der eine gemeinschaftliche Ausübung ihrer Rechte, insbesondere

136

---

68 BGH JZ 1987, 880.
69 BGH ZEV 1996, 111.
70 BGH ZEV 1996, 110.

des Stimmrechts, vorsieht. Allerdings können sich die Miterben durch einen gemeinsamen Vertreter vertreten lassen.

IV. Anteil an einer Partnerschaft

137 Das am 1.7.1995 in Kraft getretene Partnerschaftsgesellschaftsgesetz stellt in § 9 I die Regel auf, daß auf das Ausscheiden eines Partners und die Auflösung der Partnerschaft die §§ 131 bis 144 HGB entsprechend anzuwenden sind, soweit in den nachfolgenden Bestimmungen nichts anderes geregelt ist. Daneben finden subsidiär gemäß § 1 IV PartGG die Vorschriften des BGB über die Gesellschaft bürgerlichen Rechts Anwendung. Für die Rechtsnachfolge beim Tod eines Partners enthält allerdings § 9 II PartGG eine wichtige abweichende Regelung. Danach bewirkt u. a. der Tod eines Partners nicht die Auflösung der Partnerschaft, sondern nur dessen Ausscheiden aus derselben.

H. Verwaltung durch Testamentsvollstrecker

I. Grundsätzliches

138 Der Erblasser bestimmt in seiner letztwilligen Verfügung die Aufgaben des Testamentsvollstreckers. Im Regelfall der Abwicklungsvollstreckung muß der Testamentsvollstrecker den Nachlaß solange verwalten, bis die von ihm vorzunehmende Auseinandersetzung des Nachlasses vollzogen ist. S. auch unten § 20 „Der Testamentsvollstrecker als Mandant".

139 Bei der **Verwaltungs- oder Dauervollstreckung** (§ 2209 BGB) steht nicht die Nachlaßauseinandersetzung im Vordergrund, sondern die ordnungsmäßige langjährige Verwaltung des Nachlasses als Sondervermögen der Erben. In der Praxis wird eine Dauervollstreckung häufig angeordnet für behinderte Kinder oder für Kinder bis zur Vollendung eines bestimmten Lebensalters (nicht selten bis zur Vollendung des 25. Lebensjahres).

Die Rechte des Testamentsvollstreckers aus § 2205 BGB bestehen vor allem darin,
- den Nachlaß in Besitz zu nehmen,
- den Nachlaß ordnungsgemäß zu verwalten und
- über einzelne Nachlaßgegenstände zu verfügen.

Soweit der Testamentsvollstrecker Verwaltungs- und Verfügungsbefugnis hat, sind die Erben von der Verwaltung und Verfügung ausgeschlossen (§ 2211 BGB). 140

II. Die Verwaltungsbefugnis des Testamentsvollstreckers

Bei der Verwaltung ist der Testamentsvollstrecker nicht an Weisungen der Erben gebunden. Für ihn gilt lediglich der Grundsatz der ordnungsgemäßen Verwaltung (§ 2216 BGB), der ihm besondere Gewissenhaftigkeit und Sorgfalt abverlangt. Für die Beurteilung der Ordnungsmäßigkeit sind objektive Maßstäbe anzulegen.[71] Seine Pflicht ist es, den Nachlaß zu erhalten und wenn möglich auch zu mehren. 141

BGH in NJW 1987, 1070: 142
Bei Anlageentscheidungen des Testamentsvollstreckers steht im Vordergrund „das Bild eines zwar umsichtigen und soliden, aber dynamischen Geschäftsführers, der die Risiken und Chancen kalkuliert und dann eingeht oder nicht."

III. Sonderproblem Testamentsvollstreckung an einem Gesellschaftsanteil einer Personengesellschaft

Zunächst ein Zitat aus dem Beschluß des BGH vom 10.1.1996 (IV ZB 21/94, ZEV 1996, 110): 143

„An dem vererbten Anteil einer Gesellschaft bürgerlichen Rechts ist Testamentsvollstreckung nicht schlechthin ausgeschlossen. Dies gilt auch, wenn die Erben des Gesellschaftsanteils vor dem Erbfall bereits an der Gesellschaft beteiligt waren."

Dieser Beschluß sorgt für weitere Klarheit in dem Problemkreis, den die Anordnung einer Dauertestamentsvollstreckung über Anteile an einer Personengesellschaft hervorruft. 144

Die Frage der Zulässigkeit einer Dauertestamentsvollstreckung stellt eines der schwierigsten Probleme im Grenzbereich zwischen Gesellschaftsrecht 145

---

71 BGHZ 25, 275, 280.

und Erbrecht dar. Die grundsätzliche Zulässigkeit einer Dauertestamentsvollstreckung hat der II. (Gesellschaftsrechts)-Senat für den Kommanditanteil durch Beschluß vom 3.7.1989 bereits bejaht.[72]

Jetzt geht es um die Frage, inwieweit auch eine Dauervollstreckung am Anteil eines Komplementärs, oHG- oder BGB-Gesellschafters möglich ist, also dort, wo mit der gesellschaftsrechtlichen Position eine unbeschränkte persönliche Haftung verbunden ist.

146 Gegen die Zulässigkeit der Dauervollstreckung spricht hier noch immer die Diskrepanz zwischen erbrechtlichen und gesellschaftsrechtlichen Haftungsregeln, die sich u. a. auch aus der auf den Nachlaß beschränkten Verpflichtungsbefugnis des Testamentsvollstreckers herleitet (§ 2206 BGB).

147 Eine Fremdverwaltung vollhaftender Beteiligungen ist nach ganz hM nur auf der Grundlage der Ersatzkonstruktionen der Vollmacht- und Treuhandlösung möglich.

In der Literatur wurde die Möglichkeit erörtert, den Erben mittels Auflage (§ 1940 BGB) oder aufschiebend bedingter Erbeinsetzung (§ 2074 BGB) zur Erteilung einer unwiderruflichen Vollmacht zu bewegen bzw. den Widerruf einer widerruflichen – in der Regel postmortalen oder transmortalen – Vollmacht mittels auflösend bedingter Erbeinsetzung (§ 2075 BGB) unter gleichzeitiger Bestimmung eines Ersatzerben zu sanktionieren.[73]

148 Die Aussage in dem zitierten Beschluß, eine Testamentsvollstreckung am Anteil eines BGB-Gesellschafters sei „nicht schlechthin" ausgeschlossen, ließ sich bereits auf der Grundlage der bisherigen Rechtsprechung von Erbrechts- und Gesellschaftsrechtssenat treffen. Der Erbrechtssenat hatte bereits mit seiner Entscheidung vom 14.5.1986[74] eine differenzierte Betrachtung angestellt: Zwar habe der Testamentsvollstrecker in der Gesellschaft selbst, bezüglich der sog. „Innenseite" der Beteiligung, keine Mitwirkungsrechte. Dagegen unterfielen die verkehrsfähigen vermögensrechtlichen Ansprüche auf Gewinnbeteiligung und

---

[72] BGHZ 108, 187.
[73] *Haegele/Winkler*, Der Testamentsvollstrecker, Rn 350 ff; weitere Literaturnachweise s. bei *Dörrie*, ZEV 1996, 370, Fn 7 und 8.
[74] BGHZ 98, 48.

künftigem Auseinandersetzungsguthaben als „Außenseite" der gesellschaftsrechtlichen Beteiligung der Machtbefugnis des Testamentsvollstreckers, weil hierfür keine Zustimmung der Mitgesellschafter (für eine Fremdverwaltung) erforderlich sei.

Auch der Gesellschaftsrechtssenat hat – unabhängig von dem Streit, inwieweit der Personengesellschaftsanteil zum Nachlaß gehört – die Verfügungsbefugnis des Testamentsvollstreckers über die mit der Beteiligung verbundenen Vermögensrechte nie in Zweifel gezogen. 149

Der IV. Senat hat mit seinem Beschluß deutlich gemacht, daß die alte Streitfrage, ob sich die Unzulässigkeit einer Testamentsvollstreckung an Personengesellschaftsanteilen unter Berufung auf die Besonderheiten der Sondererbfolge und die daraus angeblich folgende Nichtzugehörigkeit des Anteils am Nachlaß begründen läßt, als zwischen Erbrechts- und Gesellschaftsrechtssenat geklärt anzusehen ist. 150

In jüngerer Zeit mehren sich die Stimmen, die vorschlagen, eine Dauervollstreckung am Anteil eines unbeschränkt haftenden Personengesellschafters nicht nur an der sog. „Außenseite", sondern auch an der „Innenseite", also den Mitgliedschaftsrechten, dann ohne Vorbehalt zuzulassen, wenn der Testamentsvollstrecker aus dem vererbten Anteil keine organschaftliche Geschäftsführungs- und Vertretungsbefugnisse wahrnehmen kann, weil diese auch schon dem Erblasser nicht zugestanden haben. Sei nämlich bereits der Erblasser von Geschäftsführungs- und Vertretungsbefugnissen ausgeschlossen gewesen, habe auch der Testamentsvollstrecker in seiner Eigenschaft als Amtsinhaber keine Möglichkeit, den Gesellschafter-Erben unbeschränkt zu verpflichten.[75] 151

Der Beschluß des BGH ist noch in einem anderen Punkt von Bedeutung: Die Zulässigkeit einer Testamentsvollstreckung an einem Personengesellschaftsanteil war bisher unter Hinweis auf den Grundsatz der Einheitlichkeit des Gesellschaftsanteils in Frage gestellt worden, wenn der Gesellschafter-Erbe bereits Mitgesellschafter war. Dieser Grundsatz (der Einheitlichkeit) steht einer 152

---

[75] Vgl. *Lorz* in ZEV 1996, 112; *Weidlich*, Die Testamentsvollstreckung im Recht der Personengesellschaften, 1993, 63 ff. und weitere Literaturnachweise bei *Dörrie*, ZEV 1996, 370 Fn 12.

3 Das erbrechtliche Mandat nach dem Erbfall

Testamentsvollstreckung am ererbten Anteil zumindest insoweit nicht entgegen, als es sich um die Verwaltung der aus dem Anteil folgenden übertragbaren Vermögensrechte handelt.

153 Beschränkt man allerdings – in der Folge des BGH-Beschlusses – die Machtbefugnisse des Testamentsvollstreckers auf die verkehrsfähigen Vermögensrechte, so bleibt der konkrete Umfang der Handlungsmacht des Testamentsvollstreckers letztlich unklar.

Lorz (ZEV 1996, 113) schlägt deshalb vor:
„Will der Erblasser dem Testamentsvollstrecker auch in bezug auf die „Innenseite" des Anteils Mitwirkungsbefugnisse einräumen, so kann dies allerdings auf der Basis der sog. „Weisungsgeberlösung" geschehen. Hierbei ermächtigt der Erblasser den Testamentsvollstrecker auf der Grundlage von § 2208 II zur Erteilung von Weisungen an den im Verhältnis zur Gesellschaft selbständig tätigen Gesellschafter-Erben."

I. Die transmortale und postmortale Vollmacht

1. Zweck

154 Dem Anliegen des Erblassers, eine Vertrauensperson mit der Abwicklung seines Nachlasses zu beauftragen, kann auch mit einer Vollmacht entsprochen werden, die entweder bereits zu Lebzeiten erteilt wird und über den Tod hinaus gilt oder aber mit einer Vollmacht, die erst mit dem Tod wirksam wird. Im ersteren Fall spricht man von einer **transmortalen Vollmacht,** im zweiten Fall von einer **postmortalen Vollmacht.** Für beide Formen der Vollmacht besteht ein großes praktisches Bedürfnis.

155 Der Vorzug der Bevollmächtigung besteht vor allem darin, daß der Bevollmächtigte sofort nach dem Tod des Erblassers handeln kann, während der Testamentsvollstrecker erst die Eröffnung des Testaments und evtl. die Erteilung eines TV-Zeugnisses abwarten muß. Solche Wartezeiten können für eine effektive Verwaltung des Nachlasses nachteilig sein.

Bei Vermögensverwaltungen (bspw. von Wertpapierdepots) besteht häufig kontinuierlicher Handlungsbedarf, bei dem Entscheidungen nicht ohne Schaden aufgeschoben werden können.

II. Befugnisse des Bevollmächtigten

Der Erblasser kann die Vollmacht für bestimmte Rechtsgeschäfte erteilen oder den Bevollmächtigten mit einer Generalvollmacht ausstatten. Bevollmächtigt werden kann jeder Dritte, selbstverständlich aber auch der Testamentsvollstrecker oder ein Erbe. **156**

Soweit die Vollmacht über die zulässigen Befugnisse des Testamentsvollstreckers hinausgeht, kann die Koppelung von Testamentsvollstreckeramt und Generalvollmacht dazu verwendet werden, die Rechte des Testamentsvollstreckers zu erweitern.[76] So ist es dem Bevollmächtigten im Gegensatz zum TV gestattet, unentgeltliche Verfügungen vorzunehmen (§ 2205 S. 3 BGB). Die Vollmacht bezieht sich nur auf den Nachlaß und erstreckt sich nicht auf das Privatvermögen des Erben, da insoweit nicht der Erblasser, sondern nur der Erbe selbst wirksam Vollmacht erteilen kann.[77] Der Bevollmächtigte ist Vertreter der Erben, während der Testamentsvollstrecker Träger eines Amtes ist. **157**

Bei der transmortalen Vollmacht hält es *Brandner*[78] für möglich, daß der Bevollmächtigte den Erben auch mit seinem Privatvermögen verpflichten kann, wenn der Erbe die Vollmacht nicht widerruft und bestehen läßt. Letztlich entscheidet die Auslegung des Innenverhältnisses zwischen dem Vertreter und dem Erblasser und eines späteren Verhaltens des Erben über den Umfang der Vollmacht. Da ein Dritter von diesen Umständen in der Regel keine nähere Kenntnis hat, wird er von der Beschränkung auf den Nachlaß ausgehen müssen. **158**

Der Bevollmächtigte bedarf insbesondere auch keiner Genehmigung des Vormundschaftsgerichts für solche Geschäfte, die ein Vormund oder Eltern **159**

---

76 BGH NJW 1962, 1718; *Reithmann* BB 1984, 1394.
77 MüKo/*Schramm*, § 168 Rn 24; MüKo/*Brandner*, vor § 2197 Rn 14.
78 MüKo/*Brandner*, vor § 2197 Rn 19.

eines minderjährigen Erben nur mit einer solchen Genehmigung vornehmen könnten.

III. Grenzen der Vollmacht

160 Die vom Erblasser erteilte transmortale oder postmortale Vollmacht kann von jedem Erben, auch während einer bestehenden Erbengemeinschaft und trotz angeordneter Testamentsvollstreckung, jederzeit widerrufen werden. Ein Widerruf der Vollmacht kann nur durch entsprechende erbrechtliche Strafklauseln und Auflagen oder durch die Erteilung einer unwiderruflichen Vollmacht verhindert werden. Die Erteilung einer abstrakten, unwiderruflichen Generalvollmacht über den Tod hinaus wird andererseits wegen der nicht zu billigenden Knebelung der Erben und der damit verbundenen Umgehung der Testamentsvollstreckung als sittenwidrig angesehen.[79]

Im Zweifel hat der Bevollmächtigte seine Befugnisse unter Wahrung der Interessen des Erben auszuüben.[80]

IV. Postmortale Vollmacht und Testamentsvollstreckung

161 Die sich überschneidenden Aufgaben und Befugnisse können zu einer Kollision zwischen Testamentsvollstrecker und Bevollmächtigtem führen. Zweifelhaft ist dann, ob sich die Anordnung einer Testamentsvollstreckung beschränkend auf eine postmortale Vollmacht auswirkt. Aus der Sicht eines Dritten geht es um die Frage, ob er sich auf den Bestand der Vollmacht verlassen kann, wenn er von der Anordnung einer Testamentsvollstreckung Kenntnis erlangt. Die Antwort auf diese Frage ist umstritten.

Nach der in Rechtsprechung und Literatur herrschenden Meinung wird eine postmortale Vollmacht durch die Anordnung einer Testamentsvollstreckung nicht beeinträchtigt. Beide Befugnisse können nebeneinander bestehen.[81]

---

[79] BGH DNotZ 1972, 229, *Palandt/Edenhofer*, vor § 2197 Rn 8, 11.
[80] Zu Fragen der postmortalen Vollmacht über Bankkonten s. *Merkel*, WM 1987, 1001 ff., BGH ZEV 1995, 187.
[81] BGH NJW 1962, 1718, MüKo/*Schramm*, § 168 Rn 24; *Soergel/Damrau*, § 2205 Rn 62; *Merkel*, WM 1987, 1001, 1003.

Die postmortale Vollmacht besteht bis zum Widerruf durch die Erben fort. Erlangt ein Dritter Kenntnis von der Testamentsvollstreckung, so besteht grundsätzlich kein Anlaß für ihn, anzunehmen, der Erblasser habe auch die postmortale Vollmacht widerrufen wollen.

162

Ist der Testamentsvollstrecker gleichzeitig auch Generalbevollmächtigter mit postmortaler Vollmacht, so unterliegt er, wenn er als Bevollmächtigter tätig wird, nicht den Beschränkungen, denen ein Testamentsvollstrecker unterworfen ist. Die Rechtsstellung als Bevollmächtigter geht durch die Ernennung als Testamentsvollstrecker nicht verloren.

163

V. Der Mißbrauch der postmortalen Vollmacht

Für den Mißbrauch einer postmortalen Vollmacht gelten nach der in der Rechtsprechung vertretenen hM die allgemeinen Grundsätze zum Mißbrauch der Vollmacht.[82] Darüber hinaus wird bei einer postmortalen Vollmacht für einen Mißbrauch vorausgesetzt, daß das Handeln des Vertreters sich ausnahmsweise als eine unzulässige Rechtsausübung darstellt (§ 242 BGB) oder gegen die guten Sitten verstößt (§ 138 BGB). Ob ein solcher Ausnahmetatbestand vorliegt, lasse sich nur anhand sämtlicher Umstände des Einzelfalles beantworten. Dabei könne nicht allein auf die Interessen der Erben abgestellt werden, vielmehr wirkten die Interessen des Erblassers fort und seien deshalb ebenfalls zu berücksichtigen.[83]

164

J. Die Auseinandersetzung des Nachlasses

I. Der Anspruch auf Auseinandersetzung

1. Ausgangspunkt

Zentrale Vorschrift des Rechts über die Auseinandersetzung der Erbengemeinschaft ist § 2042 BGB. Nach dessen Abs. 1 kann jeder Miterbe grundsätzlich

165

---

82 BGH NJW 1995, 250, 251.
83 BGH NJW 1969, 1246 FamRZ 1985, 693; MüKo/*Schramm*, § 168 Rn 20; *Palandt/Edenhofer*, vor § 2197 Rn 19; *Trapp*; ZEV 1995, 314, 317.

3 Das erbrechtliche Mandat nach dem Erbfall

jederzeit die Auseinandersetzung verlangen. Ausnahmen von diesem Grundsatz ergeben sich aus
- dem Gesetz,
- Vereinbarungen unter den Miterben,
- Anordnungen des Erblassers.

2. Begriffe

166 Von **Erbauseinandersetzung** spricht man, wenn der Nachlaß abgewickelt und aufgeteilt wird. Dazu gehört die Bereinigung des Nachlasses von Nachlaßverbindlichkeiten und die Verwertung von Nachlaßgegenständen, um liquide Mittel für die Befriedigung von Nachlaßgläubigern zu erhalten. So sieht das Gesetz eine strenge Reihenfolge vor: Zunächst sind die Nachlaßverbindlichkeiten zu erfüllen, vgl. §§ 2046, 755, 756, 2042 II BGB.

> *Hinweis*
> Werden die Nachlaßverbindlichkeiten vor der Teilung des Nachlasses nicht erfüllt, so sieht das Gesetz dafür eine strenge Sanktion vor: Gem. § 2062 HS. 2 BGB kann **nach Vornahme der Erbteilung** keine Nachlaßverwaltung mehr beantragt werden. Das bedeutet: Für einen **zulänglichen Nachlaß** können die Miterben keine Haftungsbeschränkung mehr herbeiführen. Und das heißt wiederum, daß sie gem. § 2058 BGB in diesem Falle unbeschränkt und gesamtschuldnerisch haften.
> Für einen **unzulänglichen Nachlaß** gilt dies nicht. Nachlaßinsolvenz kann und Nachlaßkonkurs konnte auch nach der Teilung noch beantragt werden: §§ 317 InsO, 217 KO.
> Nach § 2045 BGB kann jeder Miterbe zunächst die Klärung der Schulden verlangen, bevor geteilt wird.

167 Bei **nicht fälligen oder streitigen** Verbindlichkeiten kann jeder Miterbe verlangen, daß das **Erforderliche zurückbehalten** wird, § 2046 I BGB. Besteht nur unter den Miterben Streit darüber, ob eine Verbindlichkeit besteht, so reicht dies aus, um entsprechende Mittel zurückzubehalten. Dasselbe gilt auch für Streitigkeiten über Ausgleichungspflichten nach §§ 2050 ff. BGB.[84]

---

[84] KG OLG 9, 389; *Staudinger/Werner* Rn 15; *MüKo/Dütz* Rn 10; *Palandt/Edenhofer* Rn 1, 2 je zu § 2046.

Der Miterbe als Mandant (die Erbengemeinschaft) § 13

Die zurückbehaltenen Mittel bleiben gemeinschaftlich auch nach der Teilung der übrigen Nachlaßgegenstände. Insofern besteht nur Anspruch auf eine teilweise Auseinandersetzung des Nachlasses. Praktische Bedeutung gewinnt das Problem der Zurückbehaltung von Nachlaßmitteln bei einer zu erwartenden **steuerrechtlichen Nachveranlagung** des Erblassers.

Die **Nachlaßteilung** beinhaltet die Aufteilung des reinen Aktivnachlasses unter den Miterben. 168

3. Endziel der Erbauseinandersetzung

a) Überführung des Miteigentums in Alleineigentum jedes Miterben

Da die gemeinschaftlichen Gegenstände am Ende der Auseinandersetzung nicht mehr im gemeinschaftlichen Eigentum, sondern im jeweiligen Alleineigentum bzw. in alleiniger Rechtsinhaberschaft stehen dürfen, ist eine dingliche Rechtsübertragung zur Erreichung dieses Ziels erforderlich.

Gelingt eine solche Übertragung nicht einvernehmlich unter den Miterben, so gibt § 2042 Abs. 1 BGB eine Anspruchsgrundlage für eine Klage, die auf Zustimmung zu den entsprechenden Einigungsverträgen und Vornahme der erforderlichen Rechtshandlungen (bspw. Herausgabe) gerichtet ist. Die Summe der dinglichen Verträge ist der geschuldete **Auseinandersetzungsvertrag = Teilungsplan.** 169

b) Vollzug des klagestattgebenden Urteils

Mit Rechtskraft des Urteils gilt die Zustimmung der beklagten Miterben gem. § 894 ZPO als ersetzt. Da die Einigung rechtlich ein Vertrag ist, muß die noch fehlende Erklärung des Klägers zur Komplettierung des Vertrags als zweiseitiges Rechtsgeschäft erfolgen – was in der Praxis in der Regel zumindest konkludent erfolgen wird. 170

Für formbedürftige Rechtsgeschäfte wie bspw. die Auflassung (§ 925 BGB) muß die Erklärung des klagenden Miterben noch in der erforderlichen Form, also bspw. vor einem Notar, abgegeben werden. Erst dann ist das dingliche Rechtsgeschäft vollständig und formgerecht zustande gekommen.

c) Inhalt des kausalen Rechtsverhältnisses

171 Die dem geschuldeten dinglichen Rechtsgeschäft zugrundeliegenden Einzelregelungen des kausalen Schuldverhältnisses ergeben sich, soweit sich die Miterben nicht geeinigt haben, aus den gesetzlichen Teilungsvorschriften. Deshalb muß der eingeklagte Teilungsplan exakt diesen gesetzlichen Regeln entsprechen, weil auf eine andere Rechtsfolge kein Anspruch besteht. Der Richter hat deren Voraussetzungen zu prüfen und kann nur entweder der Klage stattgeben, wenn alle Auseinandersetzungserfordernisse erfüllt sind, oder aber die Klage abweisen, wenn sie nicht vollständig erfüllt sind. Würde er eine andere als die eingeklagte Aufteilung zusprechen, so würde er ein „aliud" geben – nicht ein minus –, was prozeßrechtlich nicht zulässig wäre.

4. Der Anspruch auf Auseinandersetzung

a) Miterben als Anspruchsberechtigte

172 Jeder einzelne Miterbe – gleichgültig wie groß sein Erbteil ist – kann die Aufhebung der Erbengemeinschaft verlangen. Gerichtet ist der Anspruch gegen alle anderen Miterben. Er geht auf Mitwirkung bei der Auseinandersetzung, genauer: auf Zustimmung zu einem Auseinandersetzungsvertrag (= Teilungsplan). Welche Mitwirkungshandlungen im einzelnen geschuldet sind, hängt vom Einzelfall ab. Grundsätzlich geht es dabei um

- die Einwilligung in die Verwertung von Nachlaßgegenständen zur Befriedigung der Nachlaßgläubiger und
- die Einwilligung in die Durchführung der Nachlaßteilung nach einem konkreten Teilungsplan.

b) Weitere Anspruchsberechtigte

173 Es ist völlig unstreitig, daß außer den originären Miterben selbst noch weitere Personen den Anspruch auf Auseinandersetzung geltend machen können:

- Jeder **Erbteilserwerber** (§ 2033 I BGB),
- der **Pfandgläubiger bei Pfandreife (Verkaufsreife)** nach den Vorschriften der §§ 1258 II, 1228 II, 1273 II BGB.[85] Vor der Pfandreife können nur der

---

[85] RGZ 60, 126; 84, 396.

Inhaber des verpfändeten Erbteils und der Pfandgläubiger **gemeinsam** die Auseinandersetzung verlangen (§§ 1258 II, 1273 II BGB),
- der **Pfändungspfandgläubiger** kann nach hM ebenfalls die Auseinandersetzung verlangen, weil ihm über §§ 857, 859 ZPO diese Rechte zukommen und über § 804 II ZPO auch § 1258 I BGB gilt (§ 86 II FGG).[86] Mindermeinung: Der Pfändungspfandgläubiger kann die Auseinandersetzung nur gemeinsam mit dem Miterben des gepfändeten Erbteils verlangen.
- der **Nießbraucher** nur in Gemeinschaft mit dem Erben, dessen Erbteil mit dem Nießbrauch belastet ist (§ 1066 II BGB).

II. Ausschluß und Aufschub der Auseinandersetzung

1. Gesetzliche Regelung

a) Unsicherheit über vorrangige Rechtsverhältnisse

Für verschiedene Fälle, die in der Praxis selten sind, ordnet das Gesetz in § 2043 BGB den Aufschub der Auseinandersetzung an: wenn die Erbteile wegen

- der zu erwartenden **Geburt** eines Miterben,
- eines noch offenen Antrags über eine **Annahme an Kindes statt** oder
- der noch ausstehenden **Genehmigung** einer vom Erblasser errichteten **Stiftung** noch unbestimmt sind.

174

b) Nicht fällige Nachlaßverbindlichkeiten

Bei **nicht fälligen oder streitigen** Verbindlichkeiten kann jeder Miterbe verlangen, daß das **Erforderliche zurückbehalten** wird, § 2046 I BGB. Besteht nur unter den Miterben Streit darüber, ob eine Verbindlichkeit besteht, so reicht dies aus, um entsprechende Mittel zurückzubehalten. Dasselbe gilt auch für Streitigkeiten über Ausgleichungspflichten nach §§ 2050 ff. BGB[87] Die zurückbehaltenen Mittel bleiben gemeinschaftlich auch nach der Teilung der übrigen Nachlaßgegenstände. Insofern besteht nur Anspruch auf eine **teilweise Auseinandersetzung** des Nachlasses. Praktische Bedeutung gewinnt

175

---

[86] RGZ 95, 231, *Thomas/Putzo*, ZPO, § 859 Rn 9.
[87] KG OLG 9, 389; *Staudinger/Werner* Rn 15; MüKo/*Dütz* Rn 10; *Palandt/Edenhofer* Rn 1, 2 je zu § 2046.

das Problem der Zurückbehaltung von Nachlaßmitteln bei einer zu erwartenden **steuerrechtlichen Nachveranlagung** des Erblassers.

Jeder Miterbe kann den Aufschub der Auseinandersetzung verlangen, bis ein Gläubigeraufgebot abgeschlossen ist, § 2045 BGB.

2. Auseinandersetzungsausschluß aufgrund letztwilliger Verfügung

176 Die Fälle des vom Erblasser selbst angeordneten Ausschlusses der Auseinandersetzung sind von großer praktischer Bedeutung. Nach § 2044 I BGB kann der Erblasser die Auseinandersetzung des gesamten Nachlasses oder einzelner Nachlaßgegenstände auf Dauer oder für einen bestimmten Zeitraum ausschließen. Möglich ist auch die Auseinandersetzung unter Einhaltung einer Kündigungsfrist.

a) Rechtsnatur des Auseinandersetzungsausschlusses

177 Sogenannte „Teilungsverbote" können rechtlich qualifiziert werden als
- eine rechtlich nicht bindende Bitte,
- eine Anordnung nach § 2044 I BGB
- eine Auflage (§§ 1940, 2194 ff BGB),
- ein Vermächtnis (§§ 1939, 2147 ff. BGB),
- unter Umständen eine bedingte Erbeinsetzung.[88]

178 Je nach Qualifikation sind die Rechtsfolgen ganz unterschiedlich:
Nur als Auflage oder Vermächtnis kommt eine Bindung in einem Erbvertrag oder einem gemeinschaftlichen Testament in Betracht. Nur das Vermächtnis könnte ausgeschlagen werden. Der Wille des Erblassers ist notfalls durch Auslegung unter Zugrundelegung des Normzwecks zu ermitteln.

b) Keine Bindung für die Erben

179 Die reine Anordnung des Erblassers nach § 2044 BGB wirkt nur schuldrechtlich. Für die Verfügungsbefugnis der Miterben über die Nachlaßgegenstände bedeutet dies, daß ihre Verfügungsmacht nach § 2040 BGB nach außen nicht

---

[88] Vgl. *Nieder*, Handbuch der Testamentsgestaltung Rn 757; weitere Literatur: *Bengel*, Zur Rechtsnatur des vom Erblasser verfügten Erbteilungsverbots, ZEV 1995, 178 ff.

beschränkt ist, weil dem Gesetz ein dinglich wirkendes rechtsgeschäftliches Verfügungsverbot nach § 137 BGB fremd ist.

Die Erben können sich **einvernehmlich** über den Auseinandersetzungsausschluß des Erblassers hinwegsetzen und entgegen seiner Anordnung die sofortige Auseinandersetzung vornehmen.[89] 180

Wollte der Erblasser eine solche Umgehung seines Willens verhindern, so müßte er Testamentsvollstreckung anordnen. Der TV ist an das Auseinandersetzungsverbot des Erblassers gebunden (§§ 2204, 2044 BGB). Aber selbst in diesem Fall könnten sich TV, alle Erben und die Vermächtnisnehmer bei entsprechender Einigung über das Verbot des Erblassers hinwegsetzen.[90]

c) Grenzen des Auseinandersetzungsausschlusses
Zeitliche Grenze: Nach § 2044 II BGB wird das Verbot nach Ablauf von 30 181
Jahren seit dem Erbfall wirkungslos (mit Ausnahmen in § 2044 II S. 2 BGB, wenn der Erblasser die Aufhebung des Ausschlusses vom Eintritt bestimmter Ereignisse abhängig macht).

Tod eines Miterben: Eine zeitlich begrenzte Ausschlußanordnung tritt beim 182
Tod eines Miterben außer Kraft (§§ 2044 I 2, 750 BGB), es sei denn, es wäre etwas anderes angeordnet (was natürlich auch durch Auslegung ermittelt werden kann).

Gläubiger: Gegenüber Gläubigern der Erben ist das Auseinandersetzungsver- 183
bot bei Pfändung des Erbteils wirkungslos (§§ 2044 I 2, 751 S. 2 BGB), sobald der Erbteil aufgrund eines endgültig vollstreckbaren Titels gepfändet wurde.

Das Auseinandersetzungsverbot ist auch wirkungslos in der Insolvenz des 184
Miterben nach § 84 II InsO bzw. im Konkurs des Miterben nach § 16 II 2 KO.

Wichtiger Grund: Die Anordnung wird bei Vorliegen eines wichtigen Grundes 185
unwirksam (§§ 2044 I 2, 749 II BGB). Ein wichtiger Grund ist seit 1.1.1999 der Eintritt der Volljährigkeit eines minderjährigen Miterben (§ 1629 a IV BGB), s. dazu die nachfolgenden Ausführungen bei Ziff. (4).

---

89 BGHZ 40, 115, 118.
90 BGHZ 40, 115, 118, BGHZ 56, 275, 281.

186 Grenzen durch Pflichtteilsrecht: Beträgt der einem pflichtteilsberechtigten Miterben hinterlassene Erbteil die Hälfte seines gesetzlichen Erbteils oder weniger, so gilt eine getroffene Teilungsanordnung gegenüber dem betreffenden Pflichtteilsberechtigten gemäß § 2306 I 1 BGB nicht. Pflichtteilsberechtigte Miterben, deren Erbteil höher als die Hälfte des gesetzlichen Erbteils ist, können bei bestehender Teilungsanordnung die Erbschaft ausschlagen und den Pflichtteil verlangen und sich auf diese Weise der Teilungsanordnung entledigen (§ 2306 I 2 BGB). Vgl. zur „taktischen Ausschlagung" oben § 11 Rn 237 ff.

d) Außerordentliches Auseinandersetzungsverlangen nach dem Minderjährigenhaftungsbeschränkungsgesetz

187 Das BVerfG hat mit Beschluß vom 13.5.1986 § 1629 I iVm § 1643 I BGB als mit Art. 2 I GG unvereinbar erklärt, als „Eltern ihre Kinder kraft elterlicher Vertretung bei Fortführung eines ererbten Handelsgeschäfts in ungeteilter Erbengemeinschaft finanziell unbegrenzt verpflichten können" und damit ohne vormundschaftsgerichtliche Genehmigung Verbindlichkeiten zu Lasten ihrer minderjährigen Kinder eingehen können, die über deren Haftung mit dem ererbten Vermögen hinausgehen.[91]

Die durch das am 1.1.1999 in Kraft getretene Minderjährigenhaftungsbeschränkungsgesetz vom 25.8.1998 (BGBl I, 2487) eingefügte Vorschrift des § 1629 a BGB stellt die Verfassungsmäßigkeit der Vorschriften über die gesetzliche Vertretung minderjähriger Kinder durch ihre Eltern wieder her.

188 Die Interessen von Gläubigern und des Rechtsverkehrs wurden durch die Schaffung zweier Vermutungstatbestände gewahrt (§ 1629 a IV BGB) und durch die Einführung eines außerordentlichen Kündigungsrechts des Kindes, mit dem es seine Mitgliedschaft in einer Gesamthandsgemeinschaft (hier: Erbengemeinschaft) bzw. Personengesellschaft beenden kann.

189 Nach § 1629 a I BGB hat das volljährig gewordene Kind die Möglichkeit, die Haftung für Verbindlichkeiten, die seine Eltern ihm gegenüber bei Ausübung der gesetzlichen Vertretung begründet haben, und für Verbindlichkeiten, die durch einen in der Zeit der Minderjährigkeit eingetretenen Erwerb von

---

91 BVerfGE 72, 155 = NJW 1986, 1859 = FamRZ 1986, 769.

Todes wegen begründet wurden, auf den Bestand desjenigen Vermögens zu beschränken, das im Zeitpunkt des Eintritts der Volljährigkeit vorhanden ist.

Ist ein volljährig gewordener Minderjähriger Miterbe an einer Erbengemeinschaft, so wird in § 1629 a IV BGB vermutet, daß die Verbindlichkeit nach Vollendung des 18. Lebensjahres begründet wurde, sofern der jetzt volljährige Miterbe nicht **binnen drei Monaten nach Erreichen der Volljährigkeit** seine Miterbenstellung aufgegeben hat, dh er muß innerhalb dieses Zeitraumes das Auseinandersetzungsverlangen nach § 2042 BGB stellen, wobei der Eintritt der Volljährigkeit als **wichtiger Grund** iSv §§ 749 II S. 1, 2042 II BGB angesehen wird (BT-Drucks. 13/5624 S. 10).

3. Auseinandersetzungsausschluß durch Vereinbarung

Die Erben können unter sich den Ausschluß der Auseinandersetzung durch Vertrag vereinbaren. Eine solche Vereinbarung wird bei Vorliegen eines wichtigen Grundes unwirksam (§ 749 II BGB). Wer sich auf ein Auseinandersetzungshindernis beruft, hat dies notfalls zu beweisen.[92]

4. Wiederverheiratung eines Elternteils

Besteht zwischen dem das Kindesvermögen verwaltenden überlebenden Elternteil einerseits und einem minderjährigen Kind andererseits eine Vermögensgemeinschaft, so kann bei bevorstehender Wiederverheiratung des Elternteils trotz eines angeordneten oder vereinbarten Auseinandersetzungsausschlusses die Erbteilung verlangt werden (§ 1683 S. 1,2 BGB). Die Wiederverheiratung stellt einen wichtigen Grund iSv § 749 II BGB dar, die dem Elternteil die Möglichkeit gibt, die Auseinandersetzung zu verlangen (§§ 2044 I, 2, 749 II BGB).[93]

5. Sonderrechtsnachfolge in den Erbteil bei Vorhandensein eines Nachlaßgrundstücks

§ 2044 I 2 BGB verweist auf § 1010 BGB. Diese Vorschrift besagt, daß ein Auseinandersetzungsausschluß gegenüber Sonderrechtsnachfolgern nur gilt, wenn der Ausschluß im Grundbuch eingetragen ist. Soweit das Teilungsverbot

---

92 BGH NJW-RR 1991, 947.
93 Vgl. BayObLGZ 67, 230.

auf einer Vereinbarung der Miterben beruht, ist die Eintragungsfähigkeit und ihre Wirkung unproblematisch. Unklar ist die Situation jedoch bei einem vom Erblasser angeordneten Teilungsverbot.

194 Die hM nimmt an, die Anwendung des § 1010 I BGB im Rahmen des § 2044 BGB setze voraus, daß der Erblasser die Umwandlung der Erbengemeinschaft in eine Bruchteilsgemeinschaft an dem Nachlaßgrundstück gestattet hat, deren Auseinandersetzung aber ausgeschlossen wissen wollte. Nach dieser Meinung gilt § 1010 I BGB bei Gesamthandsgemeinschaften und damit auch bei einer Erbengemeinschaft nicht.[94]

195 Nach anderer Ansicht[95] gilt § 1010 I BGB im Rahmen einer Erbengemeinschaft nur dann, wenn ein einzelnes Nachlaßgrundstück von dem Auseinandersetzungsverbot des Erblassers betroffen ist.

6. Weitere Gründe für den Aufschub der Erbauseinandersetzung

196 Solange ein Aufgebotsverfahren zur Gläubigerermittlung noch nicht abgeschlossen ist, kann jeder Miterbe den Aufschub der Auseinandersetzung verlangen (§ 2045 S. 1 BGB). Hinter dieser Regelung steht die Verschärfung der Erbenhaftung nach der Teilung des Nachlasses nach §§ 2058, 2059 BGB. Dasselbe gilt, wenn die Einleitung des Gläubiger-Aufgebotsverfahrens unmittelbar bevorsteht (§ 2045 S. 2 BGB).

III. Auseinandersetzungsregeln

197 Die gesetzlichen Auseinandersetzungsregeln der §§ 2045 ff BGB. gelten insofern nur subsidiär, als die Auseinandersetzungsanordnungen des Erblassers grundsätzlich Vorrang vor der gesetzlichen Regelung haben (Grundsatz der Testierfreiheit). Auch die Erben selbst können vom Gesetz abweichende Auseinandersetzungsregeln vereinbaren (Grundsatz der Vertragsfreiheit, Art. 2 GG, §§ 241, 305 BGB). Ein solcher Auseinandersetzungsvertrag ist dann formbedürftig, wenn dies durch den Inhalt der vorgesehenen Verpflichtung notwendig ist (bei Grundstücken § 313 BGB, bei GmbH-Anteilen § 15 GmbHG).

---

[94] KG DNotZ 1944, 15, DR 1944, 191; *Kipp/Coing* § 116, IV 1; *Staudinger/Lehmann*, § 2044 Anm. 8.
[95] So *Güthe-Triebel*, GBO Bd II, 1807.

Der Miterbe als Mandant (die Erbengemeinschaft) § 13

Die gesetzlichen Teilungsvorschriften sehen in strenger Reihenfolge zwei Stufen vor: 198
- In erster Linie sind die gemeinschaftlichen Gegenstände in Natur – also real – aufzuteilen, § 752 BGB.
- In zweiter Linie sind sie – falls eine Realteilung nicht möglich ist – zu veräußern, notfalls durch Zwangsverkauf; der Erlös ist aufzuteilen. Bei Immobilien erfolgt der Zwangsverkauf im Wege der Teilungsversteigerung, § 753 BGB.

Das Gesetz stellt diese zweistufige strenge Rangfolge auf. Erst wenn feststeht, daß eine Realteilung nicht möglich ist, kommt ein Zwangsverkauf und damit eine Teilungsversteigerung in Betracht.

1. Erstes Auseinandersetzungsprinzip: Die Teilung in Natur

§ 752 S. 1 BGB, auf den § 2042 II BGB u. a. verweist, nennt die Grundregel 199 der Auseinandersetzung: *"Die Aufhebung der Gemeinschaft erfolgt durch Teilung in Natur, wenn der gemeinschaftliche Gegenstand oder, falls mehrere Gegenstände gemeinschaftlich sind, diese sich ohne Verminderung des Wertes in gleichartige, den Anteilen der Teilhaber entsprechende Teile zerlegen lassen."*

Drei Voraussetzungen hat dieser Anspruch auf Teilung in Natur:
- Der gemeinschaftliche Gegenstand muß sich in gleichartige Teile zerlegen lassen.
- Eine Zerlegung muß gerade in solche gleichartige Teile möglich sein, die den Quoten der Miterben entsprechen.
- Eine Wertminderung darf durch diese Zerlegung nicht eintreten.

a) Gleichartigkeit der Teile

Das Gesetz verlangt nicht Gleichheit der entstehenden Teile, sondern Gleichartigkeit. Für deren Beurteilung kommt es auf die **Verkehrsanschauung** an. Gleichartigkeit bedeutet auch nicht Gleichwertigkeit, denn Bewertungsschwierigkeiten und -streitigkeiten sollen mittels der körperlichen Aufteilung – ohne Herstellung eines Bezugs zu einem Wertmaßstab – gerade vermieden werden. Sobald zur realen Aufteilung die Einholung eines Bewertungsgutachtens erforderlich werden würde, ist gerade keine Teilung in Natur möglich. 200

Da ein Nachlaß so gut wie immer aus mehreren Gegenständen bestehen wird, wird ein Teil in Natur teilbar sein und ein anderer Teil nicht.

b) Realteilung im Verhältnis der Erbquoten

201 Die durch die reale Aufteilung zu erzielenden Teile müssen so groß sein, daß sie den Erbquoten der Miterben am gesamten Nachlaß entsprechen. Wenn also bei der Teilung „Reste" übrigbleiben würden, die durch Ausgleichszahlungen zu kompensieren wären, liegen die Voraussetzungen für eine Realteilung nicht vor.[96]

c) Teilung ohne Wertminderung

202 Eine Wertminderung tritt dann nicht ein, wenn das Ganze nicht mehr wert ist als die Summe aller durch die Realteilung gewonnenen Einzelteile. Dabei kommt es auf den **Verkehrswert** an.

Fallen für die Aufteilung **Kosten** an, so sind sie bei der Bewertung unberücksichtigt zu lassen, bspw. Kosten der Aufteilung eines unbebauten Grundstücks, für die Vermessungs-, Notar- und Grundbuchkosten anfallen.[97] Selbst wenn die Kosten der Aufteilung höher sind als die Kosten einer Versteigerung – zur Erzielung eines Erlöses –, kann die Versteigerung nicht verlangt werden, nur weil sie kostengünstiger ist.

d) In Natur teilbare Gegenstände

203 Am leichtesten teilbar ist Geld ohne Wertminderung, aber auch gleichartige Wertpapiere und Warenvorräte. Forderungen, die auf eine teilbare Leistung gerichtet sind, können geteilt werden (einfachstes Beispiel: Bankguthaben). Teilbar ist auch ein **Erbteil**. Ein Erbteil kann dann zum Nachlaß gehören, wenn mehrere Erbfälle hintereinander stattgefunden haben und Miterben in Erbengemeinschaft ihrerseits an einer anderen Erbengemeinschaft beteiligt sind – „ineinander geschachtelte Erbengemeinschaften".
Die Teilung dieses Erbteils erfolgt in der Weise, daß im Wege der Übertragung des Erbteils nach § 2033 I BGB auf jeden Miterben ein Bruchteil des Erbteils

---

[96] *Staudinger/Langhein* § 752 Rn 9, *Esser/Schmidt* § 38 IV 2.d.
[97] *Staudinger/Langhein* § 752 Rn 13.

übertragen wird, der seiner Erbquote entspricht.[98] Bezüglich dieses Erbteils entsteht unter den Miterben nicht etwa eine Bruchteilsgemeinschaft nach §§ 741 ff. BGB, vielmehr hat jeder einen realen eigenen Anteil an dem Erbteil.[99]

Ob **unbebaute Grundstücke** in Natur teilbar sind, hängt vom Einzelfall ab. Nur selten wird eine gleichartige Aufteilung möglich sein, ohne daß eine Wertminderung entsteht (OLG Hamm NJW-RR 1992, 666).

e) Durchführung der Realteilung

aa) Sachen

Die Teilung von Sachen geschieht in drei Schritten:
- **Zerlegung** des Gegenstandes in die den Erbquoten entsprechenden Anteile,
- **Zuweisung** der einzelnen so entstandenen Teile
- **Übertragung** der einzelnen Teile auf den einzelnen Miterben. – Damit ist das oben genannte Ziel der Auseinandersetzung erreicht: Alleineigentum bei jedem Miterben.

204

bb) Rechte

Die Teilung von Rechten, insbesondere Forderungen, ist einfacher: Die übrigen Miterben treten dem jeweiligen Teilhaber gem. § 398 BGB einen seiner Erbquote entsprechenden Teil der Forderung oder des Rechts ab.

205

f) Die Kosten der Teilung

Jeder Miterbe hat den Teil der Kosten zu tragen, der seinem Anteil entspricht, § 748 BGB.

206

---

98 BGH NJW 1963, 1610 mwN.
99 *Staudinger/Langhein* § 752 Rn 16.

g) Zwangsweise Durchsetzung

207 Wirken die übrigen Miterben bei der Realteilung nicht mit, so ist gegen sie Leistungsklage zu erheben mit dem Antrag, diejenigen Handlungen vorzunehmen (Zerlegung und Übergabe) und diejenigen Erklärungen abzugeben (Übereignung bzw. Abtretung), die zur Teilung erforderlich sind.

Die Vollstreckung des entsprechenden Urteils erfolgt
- soweit es um Zerlegung geht, nach § 887 ZPO,
- soweit es um rechtsgeschäftliche Erklärungen geht, nach § 894 ZPO,
- soweit es um die Herausgabe geht, nach §§ 883, 885 ZPO,
- soweit es um die Duldung vorbereitender Maßnahmen geht (Vermessung eines Grundstücks), nach § 890 ZPO.

2. Ausschluß der Realteilung wegen gemeinsamer Schulden

Auch wenn ein Nachlaßgegenstand real teilbar ist, so ist seine Teilung in Natur ausgeschlossen, soweit aus dem Gegenstand gemeinschaftliche Schulden erfüllt werden müssen, §§ 755, 756 BGB. Soweit zur Erfüllung dieser gemeinschaftlichen Schuld der Verkauf des Nachlaßgegenstandes erforderlich ist, erfolgt der Verkauf, sofern sich die Erben nicht einig werden, nach § 753 BGB, also bei beweglichen Sachen im Wege des Pfandverkaufs und bei Grundstücken im Wege der Teilungsversteigerung.

3. Unteilbare Gegenstände

208 Bei **Gebäuden** ist eine Teilung in Natur so gut wie immer ausgeschlossen. Der häufig gemachte Vorschlag, eine Aufteilung in Wohnungseigentum bzw. Teileigentum vorzunehmen, ist durch §§ 749 I, 752 BGB nicht gedeckt, denn damit würde eine Wohnungseigentümergemeinschaft entstehen, die gem. § 11 WEG unauflöslich ist. Es würde also ein noch engerer Verband unter den Miterben entstehen als er mit der Erbengemeinschaft besteht.[100] Das Gesetz verfolgt aber das gegenteilige Ziel: An dem betreffenden Gegenstand darf keinerlei Gemeinschaft mehr bestehen.

Unteilbar sind insbesondere grundstücksgleiche Rechte (Erbbaurecht), Schiffe, Schiffsbauwerke, Luftfahrzeuge, Unternehmen und Kunstwerke.

---

100 OLG München JZ 1953, 148.

In Bezug auf **Schriftstücke,** die sich auf die persönlichen Verhältnisse des Erblassers, auf dessen Familie oder auf den ganzen Nachlaß beziehen, besteht kein Auseinandersetzungsanspruch, § 2047 II BGB. Eine Teilung ist aber nicht gesetzlich verboten; die Erben können sich einvernehmlich einigen über die Verteilung. Kommt eine Einigung nicht zustande, so bleiben die Schriftstücke im gesamthänderischen Eigentum aller Miterben, dessen Verwaltung sich nach §§ 2038, 745 BGB richtet.

4. Auch Teilung in Natur bei bestehender Ausgleichungspflicht

a) Bei auszugleichenden Vorempfängen ist eine Bewertung des Nachlasses erforderlich

Bewertungen der einzelnen Nachlaßgegenstände werden erst erforderlich, wenn eine Teilung in Natur wegen der Beschaffenheit der Nachlaßgegenstände nicht möglich ist oder wenn Vorempfänge auszugleichen sind. Beim Vorhandensein ausgleichungspflichtiger Vorempfänge wird der Verteilerschlüssel für die Erbteilung, der sich primär nach den Erbquoten richtet, verändert. Zur Ermittlung der neuen Aufteilungsquoten ist eine Bewertung des Nachlasses vorzunehmen, weil sich anders die neuen Beteiligungsrelationen der Miterben nicht feststellen lassen.[101] Berechnungsbeispiele siehe unten Rn 343/344.

Der BGH führt dazu in BGHZ 86, 178/179/180 aus:
"Hat der Erblasser keine Anordnungen gemäß § 2048 BGB getroffen, und vereinbaren auch die Beteiligten nichts anderes, dann ist der Nachlaß unter die Miterben nach den Vorschriften der §§ 2042 ff. BGB auseinanderzusetzen. Der um die Nachlaßverbindlichkeiten verminderte Nachlaß (§ 2046 Abs. 1 Satz 1 BGB) gebührt den Miterben dabei gemäß § 2047 Abs. 1 BGB grundsätzlich nach dem Verhältnis ihrer Erbteile. Hat dagegen eine Ausgleichung von Vorempfängen gemäß §§ 2050, 2052 BGB stattzufinden, dann ist das Verfahren zur Berechnung dessen, was auf die Miterben bei der Teilung entfällt, durch §§ 2055, 2056 BGB modifiziert. In einem solchen Falle ist nicht der reale Nettonachlaß nach dem Verhältnis der Erbteile aufzuteilen, sondern gemäß § 2055 Abs. 1 Satz 2 BGB ist der Nettonachlaß, soweit er ausgleichungspflichtigen

---

101 So auch BGHZ 86, 174, 180.

Miterben zukommt, zunächst rechnerisch um die auszugleichenden Zuwendungen zu vermehren. Da die Zuwendungen dem Nachlaß aber nicht wirklich zugeführt werden, ergeben sich bei der Aufteilung des so erhöhten Nachlasses nach dem Verhältnis der Erbteile überhöhte Rechnungsgrößen, die bei den mit der Ausgleichung belasteten Miterben gemäß § 2055 Abs. 1 Satz 1 BGB durch Kürzung um die auszugleichenden Zuwendungen (die sie ja schon erhalten haben) deshalb wieder zu vermindern sind. Diese Rechnung muß im allgemeinen zu einer Teilungsquote (Teilungsverhältnis) führen, die von dem Quotienten der Erbteile (Erbschaftsquoten) abweicht und im Gegensatz zu diesen die davon verschiedene wirtschaftliche (finanzielle) Beteiligung der einzelnen Miterben am Nachlaß genauer widerspiegelt. ... Die nach diesen Grundsätzen ermittelte Teilungsquote ist demgemäß auch für die hier zu beurteilende Teilauseinandersetzung zugrundezulegen. Dem steht nicht entgegen, daß es sich um einen in Natur teilbaren Posten von Inhaberaktien handelt. Soweit im Schrifttum die Auffassung vertreten wird, die infolge der Ausgleichung verschobenen Teilungsquoten seien nur oder vorzugsweise bei der Verteilung von Geld zu berücksichtigen ..., vermag der Senat dem nicht zu folgen. Für sie findet sich im Gesetz keine hinreichende Grundlage. Die §§ 2042 Abs. 2, 752 BGB schreiben für die Teilung des Nachlasses in erster Linie die Teilung in Natur vor. Diese Vorschrift läßt es nicht zu, zwischen verschiedenen Arten teilbarer Gegenstände zu differenzieren und Vorempfänge nur oder in erster Linie mit Geld auszugleichen. Einem derartigen Vorgehen steht auch entgegen, daß der Ausgleichungsberechtigte gerade keinen Geldanspruch auf Ausgleichung hat, sondern daß es sich lediglich um einen Rechnungsposten handelt ..., der der Teilung zugrunde zu legen ist..."*

b) Die Veränderung des Verteilerschlüssels läßt die Teilungsregeln unberührt

210 Alle anderen Grundsätze der Erbteilung bleiben aber auch in einem solchen Fall erhalten:
- Zum einen, daß die Miterben nur den **im Zeitpunkt der Erbteilung** vorhandenen realen Nachlaß unter Berücksichtigung aller vorgenommenen Verwaltungsmaßnahmen und Verfügungen untereinander aufteilen können (was denn auch sonst?) und

- zum anderen, daß das Prinzip der **Teilung in Natur** unter Berücksichtigung neuer Teilungsquoten durchzuführen ist, sofern dies entsprechend der Zusammensetzung des Nachlasses möglich ist.
Vgl. hierzu das obige Zitat aus BGHZ 86, 178–180.

5. Zweites Auseinandersetzungsprinzip: der Zwangsverkauf

§ 753 I S. 1 BGB bestimmt: *"Ist die Teilung in Natur ausgeschlossen, so erfolgt die Aufhebung der Gemeinschaft durch Verkauf des gemeinschaftlichen Gegenstandes ..., bei Grundstücken durch Zwangsversteigerung, und durch Teilung des Erlöses."*

211

Da – wie oben bereits ausgeführt – Gebäudegrundstücke grundsätzlich nicht in Natur teilbar sind, findet bei ihnen sehr häufig die Zwangsversteigerung zur Vorbereitung der Nachlaßauseinandersetzung statt, sofern sich die Erben nicht über einen freihändigen Verkauf einig werden. Vor dem (Zwangs-)Verkauf ist der Nachlaß noch nicht teilungsreif. Deshalb muß zuerst die Teilungsversteigerung abgewickelt werden, bevor eine etwaige Erbauseinandersetzungsklage erhoben wird.

Mit der Zwangsversteigerung wird aber die Gemeinschaft noch nicht aufgelöst. Vielmehr setzt sich die Erbengemeinschaft am Erlös fort;[102] der Erlös stellt ein dingliches Surrogat i. S.v. § 2041 BGB dar. Erst mit der Verteilung des Erlöses unter den Miterben ist die Erbengemeinschaft aufgelöst. Vgl. zur dinglichen Surrogation in der Erbengemeinschaft oben Rn 48 ff.

6. Versteigerung unter den Miterben, § 753 I S. 2 BGB

In drei Fällen kann die Veräußerung eines Nachlaßgegenstandes unstatthaft sein, nämlich wenn

212

- die Miterben untereinander **vereinbart** haben, daß die Veräußerung an einen Dritten unstatthaft sein soll. Eine solche Vereinbarung hat schuldrechtliche Wirkung, die derjenige beweisen muß, der sich darauf beruft.[103]
- der Erblasser in der **Verfügung von Todes wegen** verboten hat, bei der Nachlaßauseinandersetzung einen bestimmten Gegenstand an einen Dritten zu veräußern, § 2048 S. 1 BGB.

---

102 BGH WM 1966, 577.
103 *Staudinger/Langhein* § 753 Rn 39.

3 Das erbrechtliche Mandat nach dem Erbfall

- ein im Nachlaß befindliches Recht seinem Inhalt nach so ausgestaltet ist, daß es an Dritte nicht veräußerbar ist, bspw. ein im Nachlaß befindlicher GmbH-Anteil ist vinkuliert (§ 15 V GmbH), und die Genehmigung der Gesellschaft zur Veräußerung an einen Dritten oder zur Realteilung (§ 17 GmbHG) ist nicht zu erhalten. Oder bei einer Forderung wurde die Nichtabtretbarkeit gem. § 399 BGB vereinbart. Oder die nach GrdstVG erforderliche Genehmigung wird nicht erteilt.

213 Die Versteigerung erfolgt in der Weise, daß die Miterben sich auf einen Versteigerer – beim Grundstück auf einen Notar – einigen. Ist dies nicht der Fall, so findet Teilungsversteigerung statt, zu der aber nur die Miterben zuzulassen sind.[104]

Gem. § 181 ZVG kann bei Grundstücken jeder Miterbe die Versteigerung unter den Miterben beantragen. Dazu muß er aber das Einverständnis der übrigen Miterben nachweisen. Erforderlichenfalls muß er die anderen Miterben auf Duldung der Zwangsversteigerung unter den Miterben verklagen.
Beantragt ein Miterbe in einem solchen Fall gem. § 181 ZVG eine offene Teilungsversteigerung, so müssen die anderen Erben, die damit nicht einverstanden sind, Widerspruchsklage analog § 771 ZPO erheben mit dem Ziel, nur die Miterben als Bieter zuzulassen.[105]

7. Abweichende Teilung in Ausnahmefällen?

214 Daß sich der einzelne Miterbe – und sei sein Anteil noch so klein – mit seinem Auseinandersetzungsanspruch nach § 2042 I BGB und der Möglichkeit, gem. § 753 BGB Grundvermögen in die Zwangsversteigerung zu bringen, gegenüber Familieninteressen an der Erhaltung langjährigen Familienbesitzes durchsetzen kann, ist immer wieder Gegenstand der Kritik an der gesetzlichen Regelung.[106]
Auch die Versteigerung des ehelichen Wohnhauses nach dem Tod eines Ehegatten kann für den Überlebenden eine große Härte bedeuten.[107]

---

104 RGZ 52, 174, 177.
105 *Staudinger/Langhein* § 753 Rn 41.
106 Vgl. dazu auch *Krenz*, ACP 1995, 362; *Sarres*, ZEV 1999, 377.
107 Vgl. OLG Frankfurt FamRZ 1998, 641; LG Essen FamRZ 1981, 457.

So führt das OLG Frankfurt[108] aus:
"Beantragt ein Ehemann nach der Scheidung die Teilungsversteigerung des ehemaligen Familienwohnhauses, in dem seine nunmehr querschnittsgelähmte frühere Ehefrau lebt, so kann dies rechtsmißbräuchlich sein . . .. Das sich aus § 749 BGB ergebende Recht eines Miteigentümers, jederzeit die Aufhebung der Gemeinschaft verlangen zu dürfen, kann nur in besonderen Ausnahmefällen nach § 242 BGB wegen Verstoßes gegen Treu und Glauben als rechtsmißbräuchlich ausgeschlossen sein, wenn nämlich die Auswirkungen der Teilungsversteigerung für den anderen Miteigentümer schlechterdings unzumutbar sind, was in der Rspr. praktisch nur für geschiedene Eheleute diskutiert wird (BGHZ 68, 299 = FamRZ 1977, 458; FamRZ 1982, 246 = NJW 1982, 1093; OLG München, NJW-RR 1989, 715)."

8. Teilungsversteigerung

Hinweis

Das ZVG ist mit Wirkung seit 1.8.1998 in einzelnen Teilen durch „Gesetz zur Änderung des Gesetzes über die Zwangsversteigerung und die Zwangsverwaltung und anderer Gesetze" vom 18.2.1998 – BGBl I 866 – geändert.

215

a) Ausgangslage

Ausgangspunkt ist § 2042 I BGB, wonach jeder Miterbe jederzeit die Auseinandersetzung des Nachlasses, der sich in Erbengemeinschaft befindet, verlangen kann, sofern weder der Erblasser etwas anderes angeordnet hat noch die Erben durch Vereinbarung einen ganzen oder teilweisen Auseinandersetzungsausschluß bezüglich des Nachlasses vereinbart haben. Wie sich solche Anordnungen bzw. Vereinbarungen auf das Auseinandersetzungsverlangen auswirken, vgl. unten Rn 218 ff. Auf die Größe des Erbteils dessen, der die Auseinandersetzung verlangt, kommt es nicht an.

216

Für die Art und Weise der Auseinandersetzung verweist § 2042 II BGB auf das Recht der Auseinandersetzung einer Gemeinschaft (§§ 749 II, III; 750–758 BGB).

---

108 AaO

b) Besonderheit Testamentsvollstreckung

217 Besteht Testamentsvollstreckung mit dem Aufgabenkreis der Verwaltung und Auseinandersetzung des Nachlasses (§ 2204 BGB), so ist den Erben die Aufteilung des Nachlasses entzogen. Vielmehr verfügt der Testamentsvollstrecker kraft der ihm verliehenen Rechtsmacht über die Nachlaßgegenstände (§ 2205 BGB) und vollzieht die Teilung unter den Miterben in erster Linie nach den Anordnungen des Erblassers, den Vereinbarungen der Erben und in letzter Linie nach den gesetzlichen Vorschriften. Zum Antragsrecht des Testamentsvollstreckers s. unten Rn 225.

c) Ausschluß und Beschränkung der Auseinandersetzung

218 Das Auseinandersetzungsverlangen nach § 2042 I BGB kann durch Anordnungen des Erblassers oder durch Vereinbarungen unter den Erben ausgeschlossen oder eingeschränkt sein. Solche Anordnungen und Vereinbarungen wirken sich auf das Verfahren der Teilungsversteigerung aus.

aa) Jederzeitige Fälligkeit

219 Nach den gesetzlichen Vorschriften – also ohne entsprechende letztwillige Anordnungen des Erblassers oder Vereinbarungen unter den Erben – kann die Aufhebung der Gemeinschaft **jederzeit** verlangt werden. Bewußt wurde keine Bestimmung aufgenommen, wonach die Aufhebung nicht *zur Unzeit* verlangt werden dürfe.[109] Im Gesetzgebungsverfahren hielt man es für ausreichend, daß der Erblasser durch Anordnungen bzw. die Teilhaber durch Vereinbarung gegen rücksichtslose Ausübung des Aufhebungsrechts Vorsorge treffen können.

Im Konfliktfall hat also das Interesse des einzelnen Miterben an einer sofortigen Verwertung Vorrang vor dem Interesse der übrigen Erben an der Erhaltung des gemeinschaftlichen Gegenstandes[110] Abgemildert wird dieses Individualrecht durch die Vorschriften des ZVG über die einstweilige Einstellung des Versteigerungsverfahrens.

---

109 BGH BB 1975, 296, 297.
110 *Staudinger/Langhein* § 749 Rn 45.

Allerdings kann in besonders schwerwiegenden Fällen die Geltendmachung des Auseinandersetzungsanspruchs treuwidrig sein.[111] Im Fall BGHZ 58, 146 ging es nicht um den Ausschluss des Aufhebungsrechts, sondern nur darum, daß sich die beklagte Teilhaberin nach § 242 BGB mit einer anderen Art der Aufhebung als gesetzlich vorgesehen abfinden mußte. Ist ein Miterbe der Ansicht, den Gegenstand später günstiger verwerten zu können, so hat er grundsätzlich kein Recht darauf, die übrigen Miterben gegen ihren Willen an seiner Spekulation zu beteiligen. Allerdings kommen die im ZVG geregelten Möglichkeiten der vorläufigen Einstellung des Versteigerungsverfahrens dem Anliegen eines solchen Miterben ein Stück entgegen.

bb) Die Regelung des ZVG

Das Zwangsversteigerungsgesetz kennt verschiedene Arten der Zwangsversteigerung, darunter ist die wichtigste die Vollstreckungsversteigerung nach §§ 1–171 ZVG. Die Teilungsversteigerung, geregelt in §§ 180–185 ZVG, dürfte von der Häufigkeit her an zweiter Stelle stehen. Man darf davon ausgehen, daß jedes 6. bis 8. Versteigerungsverfahren eine Teilungsversteigerung ist.[112]

Nach § 180 I ZVG finden die Vorschriften über die Vollstreckungsversteigerung entsprechende Anwendung, sofern sich nicht aus den §§ 181–185 ZVG etwas anderes ergibt. Diese „entsprechende Anwendung" führt zu zahlreichen Zweifelsfragen. Objekt der Teilungsversteigerung können nicht nur Grundstücke sein, sondern auch grundstücksgleiche Rechte (Erbbaurecht), Eigentumswohnungen, Schiffe, Schiffsbauwerke und Luftfahrzeuge (vgl. §§ 162 ff ZVG).

d) Verfahrensgrundsätze

Um eine Zwangsvollstreckung handelt es sich nicht; dies wird durch § 181 I ZVG klargestellt: *"Ein vollstreckbarer Titel ist nicht erforderlich."* Es mehren sich jedoch die Stimmen derer, die trotzdem die Meinung vertreten, die Teilungsversteigerung sei ein Akt der Zwangsvollstreckung.[113] Es fehlt an der für ein Vollstreckungsverfahren typischen Konstellation von Gläubiger-

---

111 BGHZ 58, 146, 149; 63, 348, 352 ff.
112 Vgl. *Schiffhauer*, ZIP 1982, 526.
113 *Zeller/Stöber* ZVG § 172 Rn 1.3; *Rosenberg/Gaul/Schilken* Zwangsvollstreckungsrecht § 1 I mwN.

und Schuldnerposition. Weil aber die Vorschriften über die Vollstreckungsversteigerung entsprechend gelten, hat der Antragsteller im Verfahren auf die Teilungsversteigerung dieselbe Stellung wie der Gläubiger in der Vollstreckungsversteigerung, der Antragsgegner die des dortigen Schuldners. Tritt der Antragsgegner, der ja auch Miterbe ist, und deshalb ebenfalls über §§ 2042, 753 BGB die Zwangsversteigerung betreiben kann, dem Verfahren bei, so wird er seinerseits ebenfalls zum Antragsteller und der bisherige Antragsteller zum Antragsgegner, beide haben damit eine Doppelrolle von (Erst-)Antragsteller/(Zweit-)Antragsgegner und (Erst-)Antragsgegner/(Zweit-)Antragsteller.

e) Überblick über den Gang des Versteigerungsverfahrens

223
- Anordnungsbeschluß des Versteigerungsgerichts nach ordnungsgemäßem Antrag,
- Zustellung des Beschlusses an Antragsgegner,
- Festsetzung des Grundstückswerts gem. §§ 74a, 85 a ZVG,
- Bestimmung und Abhaltung des Versteigerungstermins,
- Ermittlung des geringsten Gebots,
- Erteilung des Zuschlags an den Ersteher,
- Erlösverteilung,
- Ersuchen des Versteigerungsgerichts an das Grundbuchamt um Eintragung des Erstehers als neuer Eigentümer im Grundbuch.

aa) Antrag

224 Die materiellrechtliche Anspruchsgrundlage auf Durchführung der Teilungsversteigerung findet sich in §§ 2042, 753 BGB. Die Anordnung der Teilungsversteigerung erfolgt nur auf Antrag beim Versteigerungsgericht, dem Amtsgericht, in dessen Bezirk das Grundstück liegt (§§ 1, 15 ZVG).

225 **Antragsberechtigt** sind:
- **jeder Miterbe**, auch der Vorerbe, nicht aber der Nacherbe vor Eintritt des Nacherbfalls. Steht dem Miterben nur noch ein „hohler Erbteil" zu, weil er so viele ausgleichungspflichtige Vorempfänge erhalten hat, daß für ihn kein Auseinandersetzungsguthaben verbleibt, so kann er die Teilungsversteige-

rung nicht betreiben[114] – wohl aber die Erbauseinandersetzung nach § 2042 BGB, weil er aus dieser Gemeinschaft austreten können muß –
- der **Erbteilserwerber** nach dinglicher Übertragung des Erbteils,
- der **Pfändungspfandgläubiger** bezgl. eines Erbteils, dessen Titel endgültig vollstreckbar ist,[115]
- der Nießbraucher zusammen mit dem Miterben (§ 1066 II BGB).
- der Testamentsvollstrecker, dessen Rechte sich lediglich auf einen Erbteil beziehen.

Nicht antragsberechtigt sind Nachlaßgläubiger und der Nachlaßpfleger.

Formale Erfordernisse für den Antrag 226
Aus dem Antrag müssen sich ergeben:
- das zu versteigernde Grundstück, § 16 ZVG
- das Gemeinschaftsverhältnis, das aufgehoben werden soll, sowie die Art der Beteiligung des Antragstellers,
- die Antragsgegner, also die anderen Miterben, mit ladungsfähiger Anschrift,
- das Ersuchen, die Zwangsversteigerung zum Zwecke der Aufhebung der Gemeinschaft anzuordnen.

bb) Voreintragung des Antragstellers im Grundbuch

Der Antragsteller muß entweder im Grundbuch als Miteigentümer eingetragen 227
sein oder sein Erbrecht nach einem eingetragenen Miteigentümer entweder mittels eines Erbscheins oder beglaubigter Abschriften einer Verfügung von Todes wegen samt Eröffnungsprotokoll des Nachlaßgerichts nachweisen. Da § 17 III ZVG – im Gegensatz zu § 35 GBO – nicht von „öffentlichen Urkunden" spricht, reicht auch ein privatschriftliches Testament. Es ist Urkunde iSv § 416 ZPO und damit Beweismittel. Seine Beurteilung, insbesondere im Hinblick auf die Gültigkeit, erfolgt im Rahmen der freien Beweiswürdigung des § 286 ZPO. Die Eigentumseintragung des Antragstellers oder des Erben muß dem Vollstreckungsgericht gegenüber durch Vorlage eines Zeugnisses nach § 17 ZVG oder durch beglaubigte Grundbuchabschrift nachgewiesen werden.

---

114 OLG Celle HRR 1935 Nr. 353; MüKo/*Dütz* § 2042 Rn 5.
115 BGH, Rpfleger 1999, 140.

3 Das erbrechtliche Mandat nach dem Erbfall

Wird der Antrag von einem Sachwalter (Konkurs- bzw. Insolvenzverwalter, Testamentsvollstrecker, Pfandgläubiger u. dergl.) gestellt, so hat dieser zunächst die Nachweise für die Eigentümer- bzw. Erbenposition dessen zu erbringen, dessen Recht er wahrnimmt, und hat dann die eigene Rechtsposition nachzuweisen durch Vorlage entsprechender Urkunden (Bestallungsurkunde, Pfändungsbeschluß u. dergl.).

(1) Prüfungspflicht des Versteigerungsgerichts

228 Ein formaler Nachweis des Auseinandersetzungsanspruchs durch Vorlage eines Vollstreckungstitels ist gem. § 181 I ZVG entbehrlich, das Gericht hat jedoch zu prüfen, ob die Teilungsversteigerung von Grundstücken der in Rede stehenden Gemeinschaftsart grundsätzlich zulässig ist. Dies folgt aus § 28 ZVG: Wird dem Gericht ein aus dem Grundbuch ersichtliches Recht bekannt, das der Versteigerung entgegensteht, so ist das Verfahren sofort aufzuheben oder einstweilen einzustellen. Nicht grundbuchersichtliche Hinderungsgründe sind vom Versteigerungsgericht grundsätzlich nicht zu beachten, sondern außerhalb des Versteigerungsverfahrens im Wege der Widerspruchsklage (analog § 771 ZPO) geltend zu machen.

(2) Das große und das kleine Antragsrecht

229 Sind mehrere Grundstücksgemeinschaften „ineinander verschachtelt", so kann mit dem „kleinen Antrag" die Aufhebung einer der mehreren Gemeinschaften betrieben werden, mit dem „großen Antrag" die Aufhebung aller Gemeinschaften an dem Grundstück.

> *Beispiel*
> Im Grundbuch waren die Eheleute F und M je hälftig als Eigentümer eines Gebäudegrundstücks eingetragen. M ist gestorben, er wurde von F zu 1/2 und Sohn S und Tochter T zu je 1/4 beerbt. Hier besteht zwischen F einerseits und der Erbengemeinschaft andererseits eine Bruchteilsgemeinschaft nach §§ 741 ff BGB. Unter den Erben besteht bezüglich der von M stammenden Miteigentumshälfte eine Erbengemeinschaft als Gesamthand. Ein einzelner Miterbe kann mit dem „kleinen Antrag" die Aufhebung der Erbengemeinschaft, die an der Miteigentumshälfte besteht, verlangen oder aber mit dem

"großen Antrag" die Aufhebung der beiden Gemeinschaften am ganzen Grundstück.

cc) Zustimmungserfordernis nach § 1365 BGB
Stellt der Anteil des Antragstellers sein ganzes oder wesentliches Vermögen i. S.v. § 1365 BGB dar, so ist die Zustimmung seines Ehegatten erforderlich, wenn er im Güterstand der Zugewinngemeinschaft lebt, weil der Antrag auf Teilungsversteigerung auf die Veräußerung des Grundstücks gerichtet ist.[116] Die Zustimmung ist dem Antrag beizufügen.[117] Allerdings prüft das Vollstreckungsgericht von sich aus nicht ein etwaiges Zustimmungserfordernis.[118] Die fehlende Zustimmung kann vom Antragsgegner als materiell-rechtliche Einwendung mit der Widerspruchsklage (analog § 771 ZPO) geltend gemacht werden.[119]
Hat das Versteigerungsgericht allerdings konkrete Anhaltspunkte für eine Zustimmungsbedürftigkeit nach § 1365 BGB – etwa weil sich dies bei der Anhörung des A'gg. ergeben hat –, dann trifft es eine Prüfungspflicht.[120] Zuständig für die Widerspruchsklage ist das **Familiengericht** gem. § 621 Abs. 1 Nr. 8 ZPO.[121]

230

Zum Zustimmungserfordernis nach § 1365 BGB führt das OLG Frankfurt a.M. in NJW-RR 1999, 731 (732) aus:
"*Der Antrag auf Durchführung der Zwangsversteigerung nach § 180 ZVG (ist zwar) noch keine Verfügung über das Grundstück. Er ist jedoch die*

---

116 BGHZ 77, 293 = NJW 1980, 2350; BayObLG NJW-RR 1996, 962; OLG Stuttgart NJW 1983, 643; OLG Bremen FamRZ 1984, 272; OLG Düsseldorf NJW 1982, 1543; OLG Frankfurt NJW-RR 1999, 731; LG Lüneburg FamRZ 1996, 1489.
117 A.M. OLG Frankfurt, RPfl 1997, 490: Vorlage der Zustimmung im Zeitpunkt des Zuschlags reicht aus.
118 BGHZ 35, 135, *Zeller/Stöber* § 180 ZVG Rn 3.13.
119 OLG Koblenz RPfl 1979, 203; aM OLG Frankfurt, RPfl 1997, 490; NJW-RR 1999, 731: Erinnerung nach § 766 Abs. 1 ZPO.
120 OLG Karlsruhe FamRZ 1970, 194; OLG Koblenz RPfl 1979, 203; OLG Hamburg MDR 1982, 330; OLG Bremen RPfl 1984, 156.
121 BGH NJW 1985, 3066; OLG München FamRZ 1979, 721; a.M. OLG Zweibrücken FamRZ 1979, 839.

unerläßliche Voraussetzung dafür, daß durch die Teilungsversteigerung später eine Rechtsänderung herbeigeführt werden kann. Auch der Zuschlag ist keine rechtsgeschäftliche Verfügung iS des § 1365 BGB, sondern aufgrund des Zuschlags tritt der Eigentumsübergang kraft Gesetzes ein (§ 90 ZVG). Deshalb kommt in jedem Fall nur eine entsprechende Anwendung des § 1365 BGB in Betracht. Bei der Frage, ob die Wirksamkeit des Versteigerungsantrages oder erst die Wirksamkeit des Zuschlagsbeschlusses die Zustimmung des anderen Ehegatten erfordert, verdient die hM den Vorzug. Die (abweichende Auffassung) führt nämlich zu erheblichen Rechtsunsicherheiten im Zwangsversteigerungsverfahren. ... Liegt nämlich die Einwilligung des anderen Ehegatten nicht vor, muß diese bis spätestens zur Erteilung des Zuschlags beigebracht werden. Ob dies gelingt, ist bei Antragstellung nicht zuverlässig absehbar. ... Durch das wirksam eingeleitete Zwangsversteigerungsverfahren werden aber bereits Kosten ausgelöst, obwohl nicht zuverlässig absehbar ist, ob überhaupt wegen der fehlenden Zustimmung des anderen Ehegatten eine Zwangsversteigerung erfolgreich durchgeführt werden kann. Aus Gründen der Rechtssicherheit ist es daher zweckmäßig, daß bereits der Versteigerungsantrag nach § 180 ZVG nur wirksam ist, wenn bei Antragstellung die Einwilligung des Ehegatten oder eine diese Einwilligung ersetzende Entscheidung des VormG vorliegt. Damit wird bereits bei Antragstellung Klarheit darüber geschaffen, ob sich aufgrund der Verfügungsbeschränkung des Ast. nach § 1365 BGB ein Verfahrenshindernis ergibt oder nicht."

231 Diese Zustimmungsbedürftigkeit besteht grundsätzlich auch nach Scheidung und vor Durchführung des Zugewinnausgleichs fort, sofern das Verfahren vor Scheidung eingeleitet wurde, weil andernfalls der Anspruch auf Zugewinnausgleich gefährdet sein könnte.[122] Für einen ähnlich gelagerten Fall hat der BGH[123] das Zustimmungserfordernis bejaht: Für schwebend unwirksame Verträge, die ohne Zustimmung nach § 1365 BGB geschlossen wurden, entfalle das Zustimmungserfordernis nach rechtskräftiger Scheidung nicht, solange der damit verfolgte Schutzzweck noch nicht erreicht ist.
Diese Rechtsprechung dürfte auch hier gelten, weil der Antrag auf Teilungsversteigerung einer Verfügung gleichgestellt wird.

---

122 BayObLG FamRZ 1981, 46; OLG Hamm RPfl 1984, 15; a.M. OLG Celle FamRZ 1983, 591; LG Braunschweig RPfl 1985, 76.
123 NJW 1978, 1380.

Streitig ist auch die Frage, ob die Zustimmung nach § 1365 BGB dann erforderlich ist, wenn ein Gläubiger den Anteil eines Ehegatten hat pfänden und sich überweisen lassen, um seinerseits den Versteigerungsantrag zu stellen. Von der h.M. wird das Zustimmungserfordernis verneint, weil Normadressat des § 1365 BGB der andere Ehegatte sei, nicht aber ein Gläubiger.[124]

dd) Antragsrecht des Pfandgläubigers

(1) Pfändungspfandgläubiger

232 Der Anteil eines Miterben am ungeteilten Nachlaß kann gem. § 859 II ZPO gepfändet werden. Nach Pfändung und Überweisung hat der Gläubiger nach allgemeiner Auffassung das Recht, die Teilungsversteigerung zu betreiben.[125] Pfändung allein reicht nicht aus; erst die Überweisung zur Einziehung oder an Zahlungs Statt gewährt dem Gläubiger ein Recht auf Befriedigung, andernfalls nur auf Sicherung. Dieses Recht des Pfändungspfandgläubigers wird durch einen vereinbarten oder in einer Verfügung von Todes wegen angeordneten Teilungsausschluß/Beschränkung nicht ausgeschlossen, sofern der Vollstreckungstitel des Gläubigers nicht nur vorläufig vollstreckbar ist (§§ 2042 II, 2044 I S. 2, 751 S. 2 BGB). Ein Auseinandersetzungsausschluß wirkt also nicht gegenüber dem Pfändungspfandgläubiger.

233 Der Pfändungsgläubiger befindet sich in der Rolle des Versteigerungs-Gläubigers und übt die Rechte des Miterben in der Weise aus, wie sie diesem selbst zustehen. Der Miterbe (Schuldner des Pfändungspfandgläubigers) behält seine Beteiligtenstellung im Versteigerungsverfahren (§ 9 Nr. 1 ZVG). Auseinandersetzung der Erbengemeinschaft kann der Pfändungspfandgläubiger betreiben und notfalls die Teilungsklage erheben. Sein Pfandrecht setzt sich dann am Auseinandersetzungsguthaben fort.[126]

---

124 OLG Hamburg FamRZ 1970, 407; OLG Köln NJW-RR 1989, 325; KG RPfl 1992, 211; aM. Zeller/Stöber ZVG § 180 Rn 3.13.
125 BGH, Rpfleger 1999, 140.
126 BGH RPfl 1969, 750.

234 Trotz der Rechte des Pfändungsgläubigers kann der Miterbe von sich aus und ohne dessen Zustimmung die Teilungsversteigerung beantragen.[127] Zurücknehmen kann der Pfändungsgläubiger den Versteigerungsantrag des Schuldner-Miterben nicht.[128]
Streitig ist, ob der Schuldner-Miterbe unabhängig vom Pfändungsgläubiger gem. § 180 II ZVG die einstweilige Einstellung der Teilungsversteigerung beantragen kann. Für ein solches Antragsrecht: LG Kempten NJW 1976, 299.
Der Versteigerungserlös steht aber den Miterben zu; die Pfändung besteht fort; mit der Teilungsversteigerung hat lediglich eine Umwandlung einer Immobilie in Geld stattgefunden.

(2) Rechtsgeschäftliches Pfandrecht

235 Der Erbteil eines Miterben kann gem. §§ 1273, 1274, 2033 I BGB verpfändet werden (bspw. als Sicherungsmittel für einen Realkredit). Formerfordernis: notarielle Beurkundung, § 2033 I BGB.

Vor Pfandreife können Pfandgläubiger und Miterbe nur **gemeinsam** die Teilungsversteigerung beantragen. **Nach der Pfandreife** hat der Pfandgläubiger alleiniges Antragsrecht, § 1228 II BGB. Voraussetzung dafür sind allerdings
- ein dinglicher Titel (Duldungstitel) und
- Pfändung und Überweisung.

Eine zwischen den Miterben vereinbarte Auseinandersetzungsbeschränkung ist dem Pfandgläubiger gegenüber unwirksam, §§ 1273 II, 1258 II S. 2 BGB. Hat dagegen der Erblasser die Auseinandersetzung ausgeschlossen oder erschwert (§ 2044 BGB), so wirkt dies auch gegenüber dem Pfandgläubiger.[129]

ee) Nießbrauchsbelasteter Erbteil

236 Die Rechte des Nießbrauchers dürfen durch die Teilungsversteigerung nicht beeinträchtigt werden. Deshalb ordnet § 1066 BGB an:
- Derjenige Miterbe, dessen Erbteil mit dem Nießbrauch belastet ist, kann die Teilungsversteigerung nur mit Zustimmung des Nießbrauchers betreiben,

---

127 OLG Hamm RPfl 1958, 269; LG Wuppertal NJW 1961, 785; aM OLG Hamburg MDR 1958, 45.
128 LG Wuppertal NJW 1961, 785.
129 MüKo/*Damrau* § 1274 Rn 26; *Zeller/Stöber* ZVG § 180 Rn 11.9.

Der Miterbe als Mandant (die Erbengemeinschaft) § 13

§§ 1066 II, 1068 BGB. Folge dieser Regelung: Miterbe und Nießbraucher sind nur **gemeinsam antragsberechtigt**.

- Der auf den Erbteil entfallende Erlösanteil geht kraft dinglicher Surrogation auf den Nießbraucher über, §§ 1066 III, 1068 BGB.[130]

Entspricht die Aufhebung der Gemeinschaft einer „ordnungsmäßigen Wirtschaft", so ist der Nießbraucher zur Mitwirkung an der Aufhebung verpflichtet.[131]

Muster: Antrag auf Anordnung der Teilungsversteigerung

▼

Rechtsanwalt
An das
Amtsgericht
– Abteilung für Zwangsversteigerungssachen –

Namens des Herrn ▬▬▬, dessen Vollmacht ich anliegend vorlege, beantrage ich hiermit die

Zwangsversteigerung

des im Grundbuch von ▬▬▬, Amtsgericht ▬▬▬, Band ▬▬▬, Heft ▬▬▬ Bestandsverzeichnis Nr. ▬▬▬, eingetragenen Gebäudegrundstücks der Gemarkung ▬▬▬, Flst. Nr. ▬▬▬, Fläche: ▬▬▬

zur Aufhebung der Gemeinschaft.

Im Grundbuch sind als Eigentümer eingetragen die Eheleute Karl und Ida Maier je zur Hälfte – vgl. die anliegende beglaubigte Grundbuchabschrift vom ▬▬▬ Herr Karl Maier ist am ▬▬▬ gestorben. Seine Erben wurden nach dem Erbschein des Amtsgerichts – Nachlaßgericht – vom ▬▬▬ (Az. ▬▬▬) die Witwe zur Hälfte, der Sohn S und die Tochter T zu je einem Viertel in Erbengemeinschaft. Eine Ausfertigung des bezeichneten Erbscheins liegt ebenfalls bei.

Namens meines Mandanten beantrage ich die Versteigerung des **gesamten Grundstücks** und nicht nur der Hälfte, die den Erben nach Karl Maier in Erbengemeinschaft zusteht.

Der Erbteil meines Mandanten am Nachlaß seines Vaters Karl Maier stellt weder sein ganzes noch sein wesentliches Vermögen dar. Die Zustimmung seiner Ehefrau im Rahmen der zwischen ihnen bestehenden Zugewinngemeinschaft (§ 1365 BGB) ist also nicht erforderlich.

Weder der Erblasser hat einen Ausschluß der Auseinandersetzung der Gemeinschaft angeordnet noch haben die Erben einen solchen Auseinandersetzungsausschluß vereinbart.

---

130 *Zeller/Stöber*, ZVG, § 180 Rn 7.17; *Dassler/Schiffhauer* ZVG § 181 Rn 25.
131 MüKo/*Petzoldt*, § 1066 Rn 4; RGRK § 1066 Rn 3.

Das Grundstück ist nach Abt. II des Grundbuchs nicht belastet. In Abt. III ist unter Nr. 1 eine Grundschuld über DM 100.000,– mit einem Jahreszinssatz von 15 % für die Landesbausparkasse XY eingetragen. Diese Grundschuld valutiert zum Ende des vergangenen Monats in Höhe von DM 35.555,55. Sie wurde von den Eheleuten Karl und Ida Maier zur Absicherung eines Renovierungsdarlehens bestellt.

Das Gebäude ist vermietet an die Eheleute ▓▓▓▓ zu einem monatlichen Mietpreis von DM ▓▓▓▓ zuzüglich Nebenkosten von monatlich ▓▓▓▓ Der schriftliche Mietvertrag vom ▓▓▓▓ liegt in beglaubigter Kopie an.

Öffentliche Abgaben, die das Grundstück selbst betreffen, wie Grundsteuern, Anliegerbeiträge uä sind nicht rückständig.

Die Miteigentümer versuchen schon seit drei Jahren, das Gebäudegrundstück einvernehmlich zu veräußern. Dies ist bisher nicht gelungen. Zur Vorbereitung der Nachlaßteilung ist nunmehr die Versteigerung des Gebäudes zum Zwecke der Aufhebung der Gemeinschaft erforderlich.

Die ladungsfähigen Anschriften der Beteiligten:
- Antragsteller: ▓▓▓▓ Prozeßbevollmächtigter:
- Miteigentümerin Ida Maier ▓▓▓▓
- Miteigentümerin T ▓▓▓▓
- Landesbausparkasse XY ▓▓▓▓ zu Bausparvertrag-Nr. ▓▓▓▓

Der Antragsteller hat zur Ermittlung des Verkehrswerts eine Kurz-Expertise des Maklers M erstellen lassen. Danach beträgt der Verkehrswert per ▓▓▓▓ ca. DM ▓▓▓▓ Eine Kopie der Expertise liegt bei.

Rechtsanwalt

238 **Verfahrensbeteiligte:** Die Vorschriften über die Vollstreckungsversteigerung finden entsprechende Anwendung. Der Antragsteller nimmt die Stellung des betreibenden Gläubigers ein, während die übrigen Grundstücksmiteigentümer als Antragsgegner sich in der Rolle des Schuldners befinden.

ff) Entscheidung des Vollstreckungsgerichts

239 Ob dem Antragsgegner vor Anordnung der Teilungsversteigerung gem. Art. 103 I GG durch Zusendung einer Abschrift des Antrags **rechtliches Gehör** zu gewähren ist, ist umstritten.

Die Pflicht zur vorherigen Gewährung rechtlichen Gehörs kann nicht mit dem Argument verneint werden, durch die Verfahrensanordnung geschehe nichts Endgültiges, der Anordnungsbeschluß könne auf Erinnerung gem. § 766 ZPO aufgehoben werden und die Kosten seien dann dem Antragsteller aufzuerlegen. Dieser Einwand könnte bei jedem gerichtlichen Verfahren vorgebracht werden.

Praktisch würde damit der Grundsatz des Art. 103 Abs. 1 GG unterlaufen. Bei der vorherigen Übersendung des Antrags an den Gegner werden nicht selten Rechte bekannt, die der Versteigerung entgegenstehen und die aus dem Grundbuch nicht ersichtlich sind.

Ordnet das Gericht durch Beschluß die Zwangsversteigerung an, so liegt darin eine **Beschlagnahme des Grundstücks** (§ 20 ZVG). Sie hat aber bei der Teilungsversteigerung nicht dieselbe Wirkung wie bei der Vollstreckungsversteigerung. Das Grundstück wird von der Beschlagnahme nur insoweit ergriffen, als dies zur Durchführung des Verfahrens erforderlich ist.[132] Die Veräußerungsbeschränkung wie sie in § 23 ZVG für die Vollstreckungsversteigerung vorgesehen ist, tritt nicht ein, weil bei der Erbengemeinschaft ohnehin alle Miterben bei einer Verfügung mitwirken müssen (§ 2040 BGB).

Der Anordnungsbeschluß ist den übrigen Miteigentümern von Amts wegen zuzustellen (§ 3 ZVG) mit dem Hinweis auf die Einstellungsmöglichkeit nach §§ 180 II – IV, 30 b ZVG. Das Gericht ersucht gem. § 19 ZVG das Grundbuchamt um die Eintragung des Zwangsversteigerungsvermerks im Grundbuch (dort in Abt. II als Verfügungsbeschränkung). Die Beschlagnahme hat Bedeutung für die Frage, welchen Rang im Rahmen des § 10 I ZVG Zinsen genießen.

240

(1) Möglichkeiten der Verfahrenseinstellung

Zum Schutz der Beteiligten und insbesondere als Korrektiv der streng gehandhabten Vorschriften der §§ 2042 II, 753 BGB zum Auseinandersetzungsverlangen sieht des ZVG verschiedene Möglichkeiten der zeitweiligen Verfahrenseinstellung vor.

241

- Einstweilige Einstellung auf Bewilligung des Antragstellers

Nach § 30 ZVG ist das Verfahren einstweilen einzustellen, wenn der Gläubiger (= Antragsteller in der Teilungsversteigerung) die Einstellung bewilligt. Beantragt der Antragsteller die Aufhebung des Versteigerungstermins, so liegt darin die Bewilligung der Einstellung, § 30 II ZVG.

---

132 BGHZ 4, 84 = NJW 1952, 263.

242 *Hinweis*
Eine Fortsetzung des Verfahrens erfolgt nicht von Amts wegen, sondern nur auf **Antrag des Antragstellers,** § 31 I S. 1 ZVG. Dieser Antrag muß binnen **sechs Monaten** gestellt werden, andernfalls wird das Verfahren **aufgehoben,** § 31 I S. 2 ZVG. Auf den Fristlauf und die Rechtsfolgen hat das Gericht den A'St. hinzuweisen, § 31 III ZVG. Eine Einstellung kann nur zweimal erfolgen, § 30 I S. 2 ZVG. Die dritte Bewilligung der Verfahrenseinstellung gilt als **Rücknahme des Versteigerungsantrags!!** (§ 30 I S. 3 ZVG)

243 ■ Einstellung auf Antrag eines Miterben (Antragsgegner)
Nach § 180 II ZVG kann auf Antrag eines Miteigentümers das Verfahren auf die Dauer von höchstens **sechs Monaten** eingestellt werden, wenn dies bei Abwägung der Interessen der mehreren Miteigentümer angemessen erscheint.

■ Antragsfrist
Der Einstellungsantrag muß innerhalb einer **Notfrist** von **zwei Wochen,** beginnend mit der Belehrungsverfügung (§ 30 b I ZVG), gestellt werden.

Hinweis
Die Belehrungsfrist beginnt mit jedem Anordnungs- und Beitrittsbeschluß von neuem.

Die Antragsfrist gilt sowohl für den ersten Antrag als auch für den zweiten des § 180 II S. 2 ZVG.[133]

244 ■ Gründe für die Einstellung
Mit der Einstellung nach § 180 II ZVG soll ein **Aufschub** der Versteigerung erreicht werden, um vorübergehende ungünstige Umstände zu überbrücken, wie bspw.
■ bevorstehende Wertsteigerung wegen Ausweisung als Bauland,[134]
■ Schwierigkeiten beim ernsthaften Bemühen um Ersatzwohnraum,[135]
■ ernsthafte und erfolgversprechende Vergleichsverhandlungen,[136]

---

[133] BGHZ 79, 249 = NJW 1981, 2065.
[134] *Zeller/Stöber* § 180 Rn 12.3.
[135] *Storz* S. 126.
[136] LG Nürnberg-Fürth JurBüro 1980, 1906.

- bevorstehende Werterhöhung durch Ausführung von Reparturarbeiten oder Baumaßnahmen.[137]

Die Einstellung darf bis zu **sechs Monaten** angeordnet und **einmal wiederholt** werden, § 180 II S. 1 ZVG. Da jedes einzelne Verfahren nach einem Beitritt ein selbständiges Verfahren ist, kann es zu mehrfachen Einstellungen kommen, weil jedes einzelne bis zu zweimal eingestellt werden kann.
Auch hier wird das Verfahren **nicht von Amtswegen, sondern nur auf Antrag** fortgesetzt, § 31 ZVG. Der Fortsetzungsantrag ist binnen sechs Monaten zu stellen. 245

Eine Einstellung zum Schutz gemeinschaftlicher Kinder nach § 180 III ZVG kommt nur in Betracht, wenn das Verfahren unter Ehegatten oder früheren Ehegatten geführt wird; nicht auch, wenn dritte Personen beteiligt sind.[138]

- Einstweilige Einstellung nach § 765 a ZPO? 246

Fall: Der 80-jährige Antragsteller wohnt Zeit seines Lebens in seinem ehemals elterlichen Haus, dessen Miteigentümer er ist. Er ist behindert und hat die von ihm bewohnten Räume behindertengerecht ausbauen lassen. Mit dem in der Versteigerung zu erwartenden Erlösanteil kann er nichts Gleichwertiges erwerben. Nach ärztlicher Prognose hätte ein Umzug schwere körperliche und psychische Schäden zur Folge.[139]

Ein Einstellungsantrag, dem dieser Sachverhalt zugrundeliegt, müßte nach § 180 II ZVG zurückgewiesen werden, weil die Umstände nicht behebbar sind, sondern von anhaltender Dauer. Nur die Anwendung von § 765 a ZPO würde die Möglichkeit eröffnen, die Gründe zu prüfen. Der Vollstreckungsschutz ist zu gewähren, wenn wegen ganz besonderer Umstände eine mit den guten Sitten nicht zu vereinbarende Härte eintreten würde.
Allerdings ist auch bei einer nach § 765 a ZPO vorzunehmenden Interessenabwägung zu berücksichtigen, daß nahezu jede Versteigerung für den Antragsgegner Härten mit sich bringen kann, wie Verlust der Wohnung, des Eigentums und des bisherigen sozialen Umfelds. Diese Härten sind sachbedingt und können nicht zu einer Einstellung führen. Darüber hinaus müssen besondere Härten eintreten, wie bspw. ernsthafte Gesundheits- oder auch Lebensgefahr.[140] Aber auch eine fortgeschrittene Schwangerschaft.[141]

---

137 BGH RPfl 1981, 187.
138 *Zeller/Stöber* § 180 Rn 13.3.; *Storz* S. 134.
139 Nach *Eickmann*, Rn 211.
140 BVerfGE 52, 214, 219.
141 OLG Frankfurt, RPfl 1981, 24.

3 Das erbrechtliche Mandat nach dem Erbfall

Die hM lehnt die Anwendbarkeit von § 765 a ZPO ab unter Hinweis darauf, daß es sich bei der Teilungsversteigerung nicht um einen Akt der Zwangsvollstreckung handle und außerdem enthalte § 180 II ZVG eine ausreichende Schutzvorschrift.[142]

Eine Mindermeinung wendet § 765 a ZPO an, weil der Schutz von § 180 II ZVG nicht ausreiche und über die Verweisung in § 180 I ZVG und § 869 ZPO auch § 765 a ZPO angewandt werden könne, gleichgültig, ob man die Teilungsversteigerung als Vollstreckung definiere.[143]

247 Der Schutz vor **Grundstücksverschleuderungen** kann letztlich wirksam nur über § 765 a ZPO gewährt werden. Wenn mit der Teilungsversteigerung versucht wird – evtl. mit Hilfe von Strohmännern – ein Grundstück möglichst billig zu erwerben, so bietet zwar § 85 a ZVG einen gewissen Schutz. Dieser versagt jedoch, wenn ein zweiter Termin stattfinden muß, § 85 a II S. 2 ZVG.

■ Eine weitere Einstellungsmöglichkeit sieht § 185 ZVG vor:
Wenn ein Zuteilungsverfahren betr. einen landwirtschaftlichen Betrieb nach § 13 GrdstVG anhängig ist, kann insolange ein Teilungsversteigerungsverfahren eingestellt werden.

(2) Muster: Antrag auf einstweilige Einstellung des Verfahrens
▼

248 Rechtsanwalt

An das
Amtsgericht
– Vollstreckungsgericht –
zu Az.

In dem Verfahren auf Versteigerung des Grundstücks zum Zwecke der daran bestehenden Gemeinschaft beantrage ich namens des Antragstellers , dessen Vollmacht ich vorlege,

die einstweilige Einstellung des Verfahrens

für die Dauer der gesetzlich längst möglichen Frist.
Begründung:
Die Durchführung der Teilungsversteigerung zum jetzigen Zeitpunkt bringt für alle Beteiligten und damit auch für meinen Mandanten erhebliche wirtschaftliche Nachteile. Zum einen ist der Grundstücksmarkt zur Zeit für die Verkäufer äußerst

---

142 OLG Koblenz NJW 1960, 828; OLG München NJW 1961, 787; OLG Hamm KTS 1973, 143; OLG Karlsruhe ZMR 1973, 89; LG Bielefeld RPfl 1983, 168; LG Berlin FamRZ 1987, 1067, RPfl 1993, 297; *Schiffhauer* ZIP 1982, 526, 535.
143 OLG Karlsruhe RPfl 1994, 223; Zeller/Stöber ZVG Einl. Rn 52.6; *Eickmann* Rn 152.

schlecht, zum anderen werden gerade in Zwangsversteigerungsverfahren erheblich niedrigere Erlöse erzielt als bei einem freihändigen Verkauf. Diese Umstände dürften gerichtsbekannt sein.
Mein Mandant will noch einmal versuchen, einen potenten Käufer zu finden bei einem Kaufpreis, der von allen Miterben akzeptiert werden kann. Diese Chance sollte noch einmal wahrgenommen werden.
Rechtsanwalt

gg) Dem Versteigerungsverfahren entgegenstehende Rechte

■ Teilung in Natur 249

Nach dem ersten Auseinandersetzungsprinzip des § 752 BGB hat bei teilbaren Gegenständen die Teilung in Natur zu erfolgen (vgl. oben Rn 199 ff). Für ein in dieser Weise teilbares Grundstück – was selten sein dürfte – darf die Teilungsversteigerung nicht angeordnet werden, weil ihre Voraussetzungen nicht vorliegen.[144] Ihre Anordnung wäre unzulässig. Das Versteigerungsgericht prüft dies jedoch nicht von Amts wegen.[145] Der Antragsgegner kann seine Rechte im Wege des § 771 ZPO geltend machen. Die Erinnerung nach § 766 ZPO ist nach allgemeiner Meinung nicht statthaft.[146]
Die Möglichkeit einer Realteilung wurde bei Bauland angenommen, wenn jede Teilparzelle selbständig bebaubar und der vorhandene Verkehrsanschluß für alle Teile nutzbar ist.[147]

■ Widerspruchsklage: Rechte, die dem Versteigerungsverfahren entgegenstehen, werden vom Berechtigten mit einer Widerspruchsklage auf der Grundlage von § 771 ZPO geltend gemacht, dh. mit der Klage muß beantragt werden, „die Teilungsversteigerung in das Grundstück ... für unzulässig zu erklären." 250

■ Verstoß gegen § 242 BGB 251
Unter besonderen Umständen kann ein Miterbe, der die Teilungsversteigerung betreibt, nach Treu und Glauben gehalten sein, auf die Versteigerung zu

---

144 OLG Hamm RPfl 1964, 341; OLG Stuttgart BWNotZ 1984, 172.
145 OLG Hamm RPfl 1964, 341.
146 OLG Hamm RPfl 1964, 341; OLG Schleswig RPfl 1979, 471; *Zeller/Stöber* ZVG § 180 Rn 9.15.
147 OLG Hamm NJW-RR 1992, 665.

verzichten und sich mit einem auch seinen Interessen gerecht werdenden und zumutbaren Realteilungsvorschlag der anderen Miterben zufrieden zu geben (BGHZ 58, 146 = NJW 1972, 818).

252 ■ Rechtsmißbrauch
Eine Teilungsversteigerung kann auch unzulässig sein, wenn der Antragsteller sein Recht rechtsmißbräuchlich ausübt.[148] Geltendzumachen mit der Widerspruchsklage analog § 771 ZPO. Vgl. auch OLG Köln, RPfl. 1998, 168.

253 ■ Auseinandersetzungsausschluß
Das Aufhebungsverlangen ist **unzulässig** und damit der Antrag auf Teilungsversteigerung unbegründet, wenn
- nach §§ 2042 II, 751 BGB die Auseinandersetzung für immer oder auf Zeit ausgeschlossen ist. Soll die Veräußerung an einen Dritten nach § 753 I S. 2 BGB nicht gestattet sein, dann steht dies zwar der Einleitung des Verfahrens nicht entgegen, im Versteigerungstermin darf aber das Gebot eines Dritten nicht zugelassen werden, es wäre nach § 71 ZVG zurückzuweisen.
- der Erblasser durch Verfügung von Todes wegen die Auseinandersetzung ausgeschlossen hat nach § 2044 BGB. Die Anordnung des Auseinandersetzungsausschlusses ist möglich, auch wenn nicht gewillkürte, sondern gesetzliche Erbfolge eintritt.[149] Der Ausschluss kann sich entweder auf den gesamten Nachlaß oder nur auf einzelne Gegenstände, insbesondere Grundstücke, beziehen.

Aber auch Zwischenformen sind denkbar, wie etwa eine (qualifizierte) Mehrheit der Miterben für das Auseinandersetzungsverlangen oder auch die Einhaltung einer Kündigungsfrist. Allerdings ist die 30-Jahres-Schranke des § 2044 II BGB zu beachten.

Da der Auseinandersetzungsausschluß keine dingliche Wirkung hat, sondern lediglich schuldrechtlicher Natur ist, und die Erben sich aus diesem Grund einstimmig darüber hinwegsetzen können, wird der Ausschluss nicht von Amts wegen beachtet, sondern nur, wenn ein Miterbe entsprechend § 771 ZPO den Einwand geltend macht. Bei Vorliegen eines wichtigen Grundes wird das Auseinandersetzungsverbot wirkungslos, §§ 2044 I S. 2, 749 II BGB;

---

148 Vgl. OLG Frankfurt FamRZ 1998, 641; LG Essen FamRZ 1981, 457.
149 BayObLG NJW 1967, 1136.

eine entgegenstehende Vereinbarung wäre nichtig, § 749 III BGB. Da es sich um eine Ausnahmeregelung handelt, ist ein strenger Maßstab anzulegen.[150] Unzumutbar ist die Fortsetzung der Gemeinschaft nicht schon bei Uneinigkeit oder gegenseitigen Schikanen. Derjenige Miterbe, der die Aufhebung der Gemeinschaft begehrt, darf den wichtigen Grund nicht allein oder überwiegend herbeigeführt haben.[151]

254 Das Gesetz sieht als wichtigen Grund den **Tod eines Miterben** an, § 750 BGB. Als wichtige Gründe kommen weiter in Betracht:
- Verfeindung der Miterben,[152]
- Verwertungs- bzw. Nutzungsbedarf hinsichtlich des Nachlasses bei Verheiratung oder Vermögensverfall eines Miterben.[153]

Der Auseinandersetzungsausschluß wirkt gem. § 751 BGB gegenüber einem Sonderrechtsnachfolger, der den Erbteil gem. § 2033 Abs. 1 BGB erworben hat.

255 - Wiederverheiratung eines Elternteils

Besteht zwischen dem das Kindesvermögen verwaltenden überlebenden Elternteil einerseits und einem minderjährigen Kind andererseits eine Vermögensgemeinschaft, so kann bei bevorstehender Wiederverheiratung des Elternteils trotz eines angeordneten oder vereinbarten Auseinandersetzungsausschlusses die Erbteilung verlangt werden (§ 1683 S. 1,2 BGB). Die Wiederverheiratung stellt einen wichtigen Grund iSv § 749 Abs. 2 BGB dar, die dem Elternteil die Möglichkeit gibt, die Auseinandersetzung zu verlangen (§§ 2044 Abs. 1, 2, 749 Abs. 2, vgl. BayObLGZ 67, 230).

256 - Sonderrechtsnachfolge in den Erbteil

§ 2044 I S. 2 BGB verweist auf § 1010 BGB. Diese Vorschrift besagt, daß ein Auseinandersetzungsausschluß gegenüber Sonderrechtsnachfolgern nur gilt, wenn der Ausschluss im Grundbuch eingetragen ist. Soweit das Teilungsverbot auf einer Vereinbarung der Miterben beruht, ist die Eintragungsfähigkeit und ihre Wirkung unproblematisch. Unklar ist die Situation jedoch bei einem vom Erblasser angeordneten Teilungsverbot.

---

150 BGH DB 1995, 317.
151 BGH ZIP 1995, 113.
152 LG Düsseldorf FamRZ 1955, 303.
153 *Staudinger/Werner* § 2044 Rn 12.

Die hM nimmt an, die Anwendung des § 1010 I BGB im Rahmen des § 2044 BGB setze voraus, daß der Erblasser die Umwandlung der Erbengemeinschaft in eine Bruchteilsgemeinschaft an dem Nachlaßgrundstück gestattet hat, deren Auseinandersetzung aber ausgeschlossen wissen wollte. Nach dieser Meinung gilt § 1010 I BGB bei Gesamthandsgemeinschaften und damit auch bei einer Erbengemeinschaft nicht.[154]

Nach anderer Ansicht[155] gilt § 1010 I BGB im Rahmen einer Erbengemeinschaft nur dann, wenn ein einzelnes Nachlaßgrundstück von dem Auseinandersetzungsverbot des Erblassers betroffen ist.

257 **Weitere Gründe für den Aufschub der Erbauseinandersetzung:**
Solange ein Aufgebotsverfahren zur Gläubigerermittlung noch nicht abgeschlossen ist, kann jeder Miterbe den Aufschub der Auseinandersetzung verlangen (§ 2045 S. 1 BGB). Hinter dieser Regelung steht die Verschärfung der Erbenhaftung nach der Teilung des Nachlasses nach §§ 2058, 2059 BGB. Dasselbe gilt, wenn die Einleitung des Gläubiger-Aufgebotsverfahrens unmittelbar bevorsteht (§ 2045 S. 2 BGB).

258 Sind die Einwendungen gegen die Zulässigkeit der Teilungsversteigerung aus dem Grundbuch ersichtlich, so sind sie vom Versteigerungsgericht von Amts wegen zu berücksichtigen.[156] Der Antrag auf Teilungsversteigerung ist zurückzuweisen bzw., falls die Anordnung erfolgt ist, ist das Verfahren gem. § 28 ZVG aufzuheben. Behauptet der Antragsteller das Vorliegen eines wichtigen Grundes im Sinne des § 749 II 2 BGB, so kann ihm das Versteigerungsgericht eine Frist setzen, binnen derer er ein Urteil gegen die anderen Miterben über das Bestehen des wichtigen Grundes beizubringen hat.[157]

---

154 KG DNotZ 1944, 15, DR 1944, 191, *Kipp-Coing* § 116, IV 1, *Staudinger/Lehmann* § 2044 Anm. 8.
155 So *Güthe-Triebel*, GBO 6. Auflage Bd II, 1807.
156 OLG Bamberg JW 1927, 2473.
157 OLG Hamburg NJW 1961, 610.

hh) Unzulässigkeit der Teilungsversteigerung in Einzelfällen

- Problem Ausschluss des Aufhebungsverlangens bei einer Bruchteilsgemeinschaft unter Ehegatten nach Scheidung der Ehe und Tod eines Ehegatten: Fallkonstellation: Als je hälftige Miteigentümer eines Wohnhauses waren Ehegatten im Grundbuch eingetragen. Die Ehe wurde rechtskräftig geschieden. Der Ehemann bewohnt das Haus, das bisher als Familienheim gedient hat. Die Ehefrau stirbt, ihre Erben bilden eine Erbengemeinschaft. Mit dem „großen Antragsrecht" kann einer der Miterben die Versteigerung des ganzen Hauses betreiben. **259**

Kann der EM Einwendungen aus dem (nachwirkenden) eherechtlichen Verhältnis erheben, evtl. im Hinblick auf Zugewinnausgleichsforderungen, die ihm noch aus dem Scheidungsverfahren zustehen?

Zugewinnausgleichsrechtliche Aspekte: Hat ein Ehegatte Zugewinnausgleich zu beanspruchen, so kann das Familiengericht ihm auf Antrag unter Anrechnung auf die Ausgleichsforderung einen Anspruch auf Übertragung des Miteigentumsanteils zusprechen, wenn dies erforderlich ist, um eine „grobe Unbilligkeit" für den ausgleichsberechtigten Ehegatten zu vermeiden, und wenn dies dem anderen Ehegatten „zugemutet" werden kann, § 1383 BGB. Diese Möglichkeit dürfte durch den Tod des ausgleichsverpflichteten Ehegatten erst recht zur Anwendung kommen, weil der verpflichtete Ehegatte keines Schutzes mehr bedarf und seine Erben davon wohl kaum profitieren können.

Im Versteigerungsverfahren wird dies durch Erhebung einer Widerspruchsklage analog § 771 ZPO geltend gemacht.

- Zuweisung nach Treu und Glauben? **260**

Unter Berufung auf BGHZ 58, 146 hat der BGH in BGHZ 63, 348, 352 angenommen, die Aufhebung der Miteigentumsgemeinschaft zwischen Ehegatten bei Scheidung der Ehe sei nach Treu und Glauben ausgeschlossen, und der eine Ehegatte sei nach Treu und Glauben gegen angemessenen Ausgleich zur Übertragung seines Anteils an den anderen Ehegatten verpflichtet, wenn die Zwangsversteigerung des Grundstücks für den anderen Ehegatten „schlechthin unzumutbar" sei. Ob Unzumutbarkeit vorliege, sei Tatfrage des Einzelfalls. Allerdings müsse die von der gesetzlichen Regelung abweichende Lösung nach § 242 BGB auf Ausnahmefälle beschränkt bleiben. Der erforderliche Ausgleich könne dadurch geleistet werden, daß der vom Richter zu schätzende

Gesamtwert des Grundstücks beim Zugewinnausgleich dem Endvermögen des übernehmenden Ehegatten zugerechnet werde; auf diese Weise nehme der weichende Ehegatte (in unserem Fall die weichende Erbengemeinschaft) gem. § 1378 II BGB an der Hälfte des Grundstückswerts teil (BGHZ 68, 299: Eheschließung im Jahr 1960; 1963 Erwerb eines Baugrundstücks mit Mitteln des EM, Eintragung der Eheleute im Grundbuch zu je hälftigem Eigentum; Errichtung eines Hauses mit zwei Wohnungen mit finanziellen Mitteln und mit Arbeitsleistungen des Mannes; Bestimmung des Hauses zu Wohnzwecken der Familie und zur gemeinsamen Alterssicherung; Trennung 1966; Auszug der Ehefrau 1969: Scheidung im Jahr 1969 und Wiederverheiratung der Ehefrau. Entscheidung: Unzulässigkeit der von der EF betriebenen Teilungsversteigerung und Verurteilung der EF, ihren Miteigentumsanteil gegen einen vom Berufungsgericht noch festzusetzenden Ausgleichsbetrag auf den Mann zu übertragen; vgl. auch *Staudinger/Langhein* § 749 Rn 41).

ii) Kein Zurückbehaltungsrecht der anderen Miterben

261 Die anderen Miterben, denen gegenüber das Aufhebungsverlangen geltend gemacht wird, können dem Antragsteller gegenüber kein Zurückbehaltungsrecht gem. § 273 BGB wegen Ansprüchen geltend machen, die ihnen aus dem Gemeinschaftsverhältnis gegen den Antragsteller zustehen.[158] Mit § 756 BGB steht eine Regelung zur Verfügung, die dem Anliegen der anderen Miterben gerecht wird: Danach ist der Anspruch aus dem Gemeinschaftsverhältnis bei der Teilung des Erlöses vorweg zu befriedigen. Deshalb bedarf es des Zurückbehaltungsrechts nicht. Es wäre widersprüchlich, wenn die Miterben die Auseinandersetzung verhindern könnten, die gerade zur Erfüllung ihrer Ansprüche aus der Erbengemeinschaft führt.

jj) Rechtsbehelf gegen Anordnungsbeschluß

262 Eine **Erinnerung** gegen den Anordnungsbeschluß gem. § 766 ZPO ist nur dann zulässig, wenn eine vom Versteigerungsgericht von Amts wegen zu beachtende Anordnungsvoraussetzung fehlt. Die zulässige und begründete Erinnerung führt zur Aufhebung des Anordnungsbeschlusses oder – falls sie erst nach Abhaltung des Versteigerungstermins erhoben wurde – zur Versagung des Zuschlags,

---

158 BGH NJW-RR 1990, 134; BGHZ 63, 348, entgegen RGZ 109, 167.

§ 83 Nr. 6 ZVG. In allen anderen Fällen ist eine Widerspruchsklage analog § 771 ZPO zu erheben. Damit ist auch die Möglichkeit einer einstweiligen Einstellung gem. §§ 769 I, 771 III ZPO eröffnet. In dringenden Fällen kann das Versteigerungsgericht die einstweilige Einstellung gem. § 769 II ZPO mit Fristbestimmung anordnen.

Auseinandersetzungsausschlußgründe oder -Beschränkungen können von jedem anderen Miterben in jedem Stadium des Verfahrens im Wege der Widerspruchsklage (analog § 771 ZPO) geltend gemacht werden. Antrag und Tenorierung: „Die Anordnung der Teilungsversteigerung des Grundstücks ... ist unzulässig". Damit wird die Mitberechtigung der anderen Miterben wie ein „die Veräußerung hinderndes Recht" behandelt. **263**

Wurden die Antragsgegner vor Erlaß des Beschlusses über die Anordnung bzw. den Beitritt gehört, so findet sofortige Beschwerde gem. § 793 I ZPO statt, die dem Rechtsmittelgericht (Landgericht) vorzulegen ist. Gegen die Entscheidung des Landgerichts findet weitere sofortige Beschwerde statt, wenn ein neuer selbständiger Beschwerdegrund vorliegt (§§ 793 II, 568 II ZPO). **264**

> *Hinweis*
> Die Rechtspflegererinnerung gem. § 11 RPflG ist seit 1.10.1998 im Versteigerungsverfahren abgeschafft (Art. 1 Nr. 4 des Dritten Gesetzes zur Änderung des RPflG und anderer Gesetze vom 6.8.1998, BGBl I, 2030).

kk) Beitritt zur Teilungsversteigerung

Zum **Beitritt zum Verfahren** ist jeder Miterbe berechtigt, der seinerseits den Antrag auf Teilungsversteigerung stellen könnte (§§ 180 I, 27 ZVG). Mit dem erfolgten Beitritt wird dieser bisherige Antragsgegner zum weiteren Antragsteller. Sie finden sich damit in der Rolle von Gläubiger und Schuldner.[159] Damit kann der Beitretende mehr Verfahrensrechte wahrnehmen, als wenn er nur Antragsgegner wäre. Aus taktischen Gründen kann dies von Bedeutung sein. Aber nur jeder Aufhebungsberechtigte kann beitreten – also idR ein Miterbe –, nicht auch ein Gläubiger. Mit dem Beitritt entstehen mehrere rechtlich **265**

---

159 BGH NJW 1981, 3065.

selbständige Einzelverfahren, die zu einem gemeinsamen Verfahrensbetrieb zusammengefaßt sind.[160]

II) Festsetzung des Verkehrswerts

266 Zum Schutz der Beteiligten vor der Verschleuderung von Grundvermögen in der Versteigerung hat das Versteigerungsgericht den Verkehrswert des Grundstücks von Amts wegen festzusetzen, §§ 74a, 85 a ZVG. Der **Verkehrswert** ist nach der Definition in § 194 BauGB der *"Preis, der in dem Zeitpunkt, auf den sich die Ermittlung bezieht, im gewöhnlichen Geschäftsverkehr nach den rechtlichen Gegebenheiten und tatsächlichen Eigenschaften, der sonstigen Beschaffenheit und der Lage des Grundstücks ... ohne Rücksicht auf ungewöhnliche oder persönliche Verhältnisse zu erzielen wäre."*

Die Wertermittlungsverordnung vom 6.12.1988 (BGBl I 2209) sieht drei Methoden vor:
- das **Vergleichswertverfahren** (§§ 13, 14),
- das **Ertragswertverfahren** (§§ 15–20),
- das **Sachwertverfahren** (§§ 21–25).

267 Das Gericht setzt auf der Grundlage eines von ihm einzuholenden Wertgutachtens nach § 74 a V ZVG den Wert des Grundstücks durch mit Gründen versehenen Beschluß fest.[161] Das Gutachten ist Beweismittel und deshalb gem. § 286 ZPO frei zu würdigen. Zur Gewährung rechtlichen Gehörs ist den Verfahrensbeteiligten eine Mehrfertigung des Gutachtens zu übersenden. Der Beschluß ist gem. § 74 a V S. 3 ZVG mit der **sofortigen Beschwerde** anfechtbar und muß deshalb den Beteiligten förmlich zugestellt werden, § 329 III ZPO. Der Lauf der Beschwerdefrist beginnt für jeden Beschwerdeberechtigten mit der Zustellung des Beschlusses an ihn. Eine weitere Beschwerde ist nicht statthaft, § 74 a V S. 3, HS. 2 ZVG.

268 Eine **Änderung der Wertfestsetzung** ist zulässig, wenn sich nach der Festsetzung entscheidungserhebliche Faktoren geändert haben.[162] Darin liegt kein Verstoß gegen die Rechtskraft des Festsetzungsbeschlusses, denn es ist ein

---

160 *Eickmann* § 2 I 3.
161 BGH NJW 1963, 1492.
162 BGH NJW 1971, 1751.

Der Miterbe als Mandant (die Erbengemeinschaft) § 13

neuer Sachverhalt eingetreten, der der Ausgangsentscheidung nicht zugrunde lag. Die Höhe des festgesetzten Wertes hat Auswirkungen auf die Gebote und die Zuschlagsentscheidung.

mm) Fristen des Versteigerungsverfahrens

Das Versteigerungsverfahren ist streng formalisiert. Zum Schutz der Beteiligtenrechte sind bis zum Versteigerungstermin für die einzelnen Verfahrensstationen Fristen einzuhalten, deren Verletzung im Einzelfall einen Zuschlagsversagungs- bzw. -anfechtungsgrund darstellen kann. 269

- **Beschlußzustellungsfrist:** Der Anordnungs- bzw. Beitrittsbeschluß sowie der Verfahrensfortsetzungsbeschluß nach vorausgegangener Einstellung muß dem Schuldner (= Antragsgegner) mindestens vier Wochen vor dem Versteigerungstermin zugestellt worden sein. Bei mehreren Antragstellern bzw. Beitretenden ist wegen der Selbständigkeit jedes einzelnen Verfahrens jeweils getrennt die vierwöchige Frist einzuhalten. Nichteinhaltung der Frist führt zur Versagung des Zuschlags, § 83 Nr. 1 ZVG. Aber Heilung nach § 84 ZVG ist möglich. 270
- **Terminsfrist:** Zwischen der Terminsbestimmung und dem Versteigerungstermin sollen nicht mehr als sechs Monate liegen, § 36 Abs. 2 ZVG.
- **Bekanntmachungsfrist:** Die Terminsbestimmung muß sechs Wochen – nach Einstellung zwei Wochen – vor dem Versteigerungstermin öffentlich bekannt gemacht werden, §§ 43 I, 39 I ZVG. Der Verstoß gegen die Bekanntmachungsfrist stellt einen unheilbaren Zuschlagsversagungs- bzw. Aufhebungsgrund dar, §§ 83 Nr. 7, 84 I, 100 I, III ZVG. Die Bekanntmachung **muß** angeben, daß es sich nicht um eine Vollstreckungs- sondern um eine Teilungsversteigerung handelt.
- **Ladungsfrist:** Zwischen der Ladung zum Termin und dem Versteigerungstermin selbst müssen mindestens vier Wochen liegen, §§ 43 I S. 2, 41 I ZVG. Ein Verstoß stellt einen Zuschlagsversagungsgrund nach § 83 Nr. 1 ZVG dar, der allerdings gem. § 84 ZVG geheilt werden kann.
- **Mitteilungsfrist:** Im Laufe der vierten Woche vor dem Versteigerungstermin soll den Beteiligten mitgeteilt werden, auf wessen Antrag und wegen welcher Ansprüche die Versteigerung durchgeführt wird, § 41 II ZVG. Dies dient der Vorbereitung der Berechnung des geringsten Gebots. Ein

Verstoß dagegen stellt weder einen Zuschlagsversagungsgrund noch einen -anfechtungsgrund dar, kann aber Amtshaftungsansprüche auslösen.

nn) Geringstes Gebot

(1) Begriff

271 Dem ZVG liegt der Grundsatz zugrunde, daß der Zuschlag an den Ersteher nur erteilt werden darf, wenn alle im Grundbuch eingetragenen Rechte, die dem das Versteigerungsverfahren betreibenden Gläubiger im Rang vorgehen, gedeckt sind (**Deckungsgrundsatz**). Sie dürfen durch eine Versteigerung, die sie nicht selbst in die Wege geleitet haben, keinen Rechtsverlust erleiden, andernfalls wäre ihre dingliche Sicherung im Grundbuch nichts wert. Das Risiko einer Versteigerung soll derjenige tragen, der sie betreibt.

Nach § 44 I ZVG liegt der Versteigerung die Verfahrensbedingung zugrunde, daß die dem betreibenden Gläubiger im Rang vorgehenden Rechte auf jeden Fall gedeckt werden müssen. Sie sind in das geringste Gebot aufzunehmen. Nur ein solches Gebot kann im Versteigerungstermin zugelassen werden, durch das mindestens die Verfahrenskosten und die dinglichen Rechte in der Rangordnung des § 10 ZVG gedeckt sind (§ 182 ZVG). **Rechtsverfolgungskosten** sind rechtzeitig anzumelden (§§ 37 Nr. 4, 110, 10 II ZVG).

(2) Anwendung auf die Teilungsversteigerung

272 In der Teilungsversteigerung gibt es keinen Gläubiger, dem Rechte im Rang nach § 879 BGB vorgehen könnten. Infolge der Verweisung auf die Vorschriften der Vollstreckungsversteigerung wird der Antragsteller bei der Teilungsversteigerung wie ein Gläubiger behandelt. Die Interessenlage der dinglich Berechtigten ist aber bei der Teilungsversteigerung die gleiche wie bei der Vollstreckungsversteigerung. Diesem Interesse und dem Grundgedanken des § 44 ZVG kann nur dadurch Rechnung getragen werden, daß alle das Grundstück belastenden Rechte Vorrang haben vor dem Auseinandersetzungsanspruch des Antragstellers und deshalb in das geringste Gebot aufzunehmen sind.[163]

Die Rechtsfolge ist, daß Grundpfandrechte nach dem Zuschlag am Grundstück bestehen bleiben und vom Erwerber weiter verzinst und getilgt werden müssen,

---

163 BGH, Rpfleger 1999, 140.

Belastungen nach Abt. II des Grundbuchs müssen vom Ersteher geduldet werden.

(3) Die zwei Teile des geringsten Gebots
Das geringste Gebot besteht aus zwei Teilen: 273
- dem **Barteil,** der einen Zahlbetrag angibt,
- den bestehen bleibenden Rechten.

Der Barteil: Folgende vom Ersteher bar zu zahlenden Beträge werden gem. § 49 I ZVG in das geringste Gebot aufgenommen:
- die Gerichtskosten des Versteigerungsverfahrens, § 109 ZVG,
- Ansprüche aus den Rangklassen Nr. 1–3 des § 10 ZVG,
- die Kosten der Rechtsverfolgung und Ansprüche auf wiederkehrende Leistungen (Berechnung nach § 47 ZVG) aus dinglichen Rechten, die bestehen bleiben.

Die bestehenbleibenden Rechte: Nach dem **Deckungsgrundsatz** bleiben bei   274
der Teilungsversteigerung alle dinglichen Rechte bestehen, weil sie als dem betreibenden Antragsteller im Rang vorgehend angesehen werden.

(4) Die Feststellung des geringsten Gebots
Nach Anhörung der im Versteigerungstermin anwesenden Verfahrensbeteiligten   275
wird das geringste Gebot festgestellt, § 66 I ZVG. Die Feststellung erfolgt durch Beschluß, der unanfechtbar ist, weil es sich um eine unselbständige den Zuschlag vorbereitende Zwischenentscheidung nach § 95 ZVG handelt. Wurde das geringste Gebot jedoch unrichtig festgestellt, so ist dies ein Zuschlagsanfechtungsgrund nach § 83 Nr. 1 ZVG. Veränderungen in den rechtlichen Grundlagen der Feststellung des geringsten Gebots können auch zu einer Änderung des geringsten Gebots führen, § 44 II ZVG.

oo) Versteigerungstermin
In ihm werden Gebote von Interessenten abgegeben. Bieter können sich durch   276
Bevollmächtigte vertreten lassen, die Vollmacht bedarf der notariellen Beglaubigung (§ 71 II ZVG). Erforderlichenfalls kann vom Bieter eine **Sicherheitsleistung** in Höhe von 10 % des in der Terminsbestimmung genannten, andernfalls

des festgesetzten Verkehrswerts verlangt werden (§§ 67, 68, 49 I, 109 ZVG – jeweils in der seit 1.8.1998 geltenden Fassung –).

Haben die Miterben vereinbart oder der Erblasser angeordnet, daß das Grundstück nur innerhalb eines bestimmten Personenkreises versteigert werden darf, so dürfen Gebote Außenstehender nicht zugelassen werden, sie sind zurückzuweisen, § 71 ZVG. Ein etwa an einen Außenstehenden erteilter Zuschlag ist anfechtbar.[164]

Hat ein Gläubiger den Anteil eines Miterben oder den Erlösanteil gepfändet, so ist höchst problematisch, ob die unter den Erben vereinbarte oder vom Erblasser angeordnete Beschränkung des Bieterkreises dem Pfandgläubiger gegenüber wirksam ist.

pp) Vergleich

277 Ein Auseinandersetzungsvergleich im Zwangsversteigerungsverfahren entspricht der Form des § 313 BGB (vgl. § 127 a BGB). Zuständig für die Beurkundung eines Vergleichs innerhalb des Teilungsversteigerungsverfahrens ist der Rechtspfleger.[165]

qq) Zuschlag

278 ■ **Zuschlagsbeschluß**: Die Entscheidung über den Zuschlag ergeht nach Anhörung aller Beteiligten durch Beschluß. Er ist dem Meistbietenden zu erteilen, wenn das geringste Gebot erreicht ist (§ 81 ZVG). Nur unter bestimmten Voraussetzungen kann er versagt werden (§§ 33, 83, 85 a ZVG). Die Zuschlagsversagungsgründe können in zwei Gruppen eingeteilt werden:
■ Fehlerhafter Verfahrensbetrieb ist ein Zuschlagsversagungsgrund, § 83 ZVG. Teils sind die Fehler heilbar, teils wirken sie absolut.
■ Durch Verfahrensbeteiligte oder den Meistbieter können trotz verfahrensfehlerfreien Verfahrens Zuschlagsversagungsgründe entstehen, §§ 85, 85 a ZVG.

Rechtsbehelf gegen Zuschlagsbeschluß: Gegen den Zuschlagsbeschluß ist die **sofortige Beschwerde** nach § 96 ZVG statthaft.

---

164 RGZ 52, 174, 177.
165 OLG München DNotZ 1971, 544 = MDR 1970, 928, OLG Nürnberg RPfl 1972, 305.

Hinweis 279
Ab 1.10.1998 gibt es dagegen keine Rechtspflegererinnerung mehr, vielmehr entscheidet sofort das Landgericht. Die Beschwerdeberechtigung ist in § 97 ZVG geregelt. Beschwerdegründe sind in § 100 I ZVG abschließend aufgezählt.

■ Schutz vor Grundstücksverschleuderung

■ Die 7/10-Grenze 280
Nach § 74 a ZVG kann ein Berechtigter die Versagung des Zuschlages beantragen, wenn das Meistgebot unter 7/10 des festgesetzten Verkehrswertes bleibt. Dann muß ein neuer Versteigerungstermin abgehalten werden. Danach kann der Zuschlag wegen Nichterreichens der 70 % -Grenze nicht versagt werden, § 74 a IV ZVG.

■ Die 5/10-Grenze 281
Nach § 85 a ZVG ist der Zuschlag von Amts wegen zu versagen, wenn das Meistgebot unter 50 % des festgesetzten Wertes bleibt. Ein neuer Versteigerungstermin ist abzuhalten. Danach kann der Zuschlag wegen Nichterreichens der 50 % – Grenze nicht versagt werden, § 85 a II S. 2 ZVG.

■ Erlöschende Rechte 282
Diejenigen Rechte, die nicht in das geringste Gebot aufgenommen wurden, erlöschen, §§ 91 Abs. 1; 52 Abs. 1 ZVG.

■ Bestehenbleibende Rechte 283
Grundsätzlich bleiben alle dinglichen Rechte bestehen, weil sie kein Rangverhältnis gegenüber dem Antrag des betreibenden Miterben haben.

■ Miet- und Pachtrechte 284
Der Ersteher tritt in die Miet- und Pachtrechte ein, § 57 ZVG. Allerdings steht ihm bei der Teilungsversteigerung kein Sonderkündigungsrecht nach §§ 57a, 57 b ZVG zu, § 183 ZVG.

■ Öffentlich-rechtliche Vorkaufsrechte 285
Ob das Vorkaufsrecht nach BauGB bei der Teilungsversteigerung ausgeübt werden kann, ist streitig.[166]

---

166 Vgl. *Zeller/Stöber* § 81 Rn 10.

286 ■ **Nießbrauch**

Besteht ein Nießbrauch am ganzen Grundstück, dann wird er durch die TeilungsV nicht berührt, sondern bleibt gem. § 182 ZVG bestehen. Der Nießbraucher ist als Grundbuchberechtigter Verfahrensbeteiligter nach § 9 Nr. 1 ZVG. Besteht der Nießbrauch dagegen am Erbteil, so kann der Miterbe nur mit dem Nießbraucher gemeinsam und umgekehrt die TeilungsV beantragen, § 1066 Abs. 2 BGB. Mit der TeilungsV überträgt sich der Nießbrauch auf den Erlösanteil.[167] Würde ein Nießbrauch durch die TeilungsV erlöschen, was kaum denkbar ist, so wäre Wertersatz nach § 92 Abs. 2 ZVG zu leisten.

rr) Erlösverteilung

(1) Grundsatz

287 Sie erfolgt in einem besonderen Verteilungstermin aufgrund eines Teilungsplans (§§ 105 ff ZVG). Die Aufteilung unter die Miteigentümer nimmt das Vollstreckungsgericht allerdings nicht vor. Notfalls wird der Erlös nach Abzug der abzudeckenden Verbindlichkeiten hinterlegt (§ 117 II ZVG).

(2) Ausgleich von Aufwendungen unter Ehegatten

288 Bei der Auseinandersetzung einer ursprünglichen Ehegattengrundstücksgemeinschaft ist zu fragen, wie höhere Aufwendungen eines Ehegatten für die Anschaffung, Bebauung und Unterhaltung des Grundstücks berücksichtigt werden können. Demjenigen Ehegatten, der Lasten und Kosten des gemeinschaftlichen Grundstücks allein getragen hat, steht nach § 748 BGB ein Ausgleichsanspruch gegen den anderen (bzw. dessen Erben) zu. Meistens wird hier jedoch eine Abgrenzung zu **Unterhaltsleistungen** nach § 1360 b BGB zu finden sein. Sie können nämlich nicht zurückverlangt werden, auch wenn sie das geschuldete Maß überschritten haben.

Für eine Vereinbarung, daß sich ein Ehegatte gegenüber dem anderen verpflichtet hat, Aufwendungen für einen Hausbau anteilig zurückzuerstatten, dürfte es nur selten Anhaltspunkte geben. Bei einer Trennung der Ehegatten kommt allenfalls ein Anspruch aus **Zweckverfehlungskondiktion** nach § 812 I S. 2,

---

[167] *Haegele* DNotZ 1976, 5.

2. Alt. BGB in Betracht. Haben die Ehegatten im Güterstand der Zugewinngemeinschaft gelebt, so haben die Vorschriften über den Zugewinnausgleich Vorrang.[168]

ss) Vollzug des Zuschlags

Nach Rechtskraft des Zuschlagsbeschlusses und Ausführung des Teilungsplans ersucht das Vollstreckungsgericht das Grundbuchamt um Eintragung des Erstehers als neuen Eigentümer und Löschung des Zwangsversteigerungsvermerks (§ 130 ZVG). 289

tt) Rechtsanwaltsgebühren

Bei Vertretung eines Beteiligten (§ 9 ZVG) erhält der Rechtsanwalt folgende Gebühren: 290
- allgemeine Verfahrensgebühr 3/10 (§ 68 I Nr. 1 BRAGO),
- für die Wahrnehmung des Versteigerungstermins 4/10 (§ 68 I Nr. 2 BRAGO),
- für die Mitwirkung am Verteilungsverfahren 3/10 (§ 68 I Nr. 3 BRAGO).
- für die Vertretung eines Bieters 2/10 (§ 68 II BRAGO).

Gegenstandswert: § 68 III BRAGO.

uu) Teilungsversteigerung und Vollstreckungsversteigerung

Teilungsversteigerung und Vollstreckungsversteigerung sind verschiedene Verfahren, die nicht gem. § 18 ZVG miteinander verbunden werden können, vielmehr laufen sie unabhängig voneinander.[169] Wie ihr Verhältnis zueinander ist, regelt das Gesetz nicht. Weil es sich um getrennte Verfahren mit verschiedenen Strukturen handelt – gerade auch im Hinblick auf die unterschiedlichen Beschlagnahmewirkungen –, nimmt die Praxis an, daß im Grundbuch **zwei Versteigerungsvermerke** einzutragen sind.[170] Dies erscheint jedoch zweifelhaft, weil das Gesetz in § 27 ZVG nicht auf verschiedene Verfahren abstellt, sondern auf das Versteigerungsobjekt, also das Grundstück. Bei der Erbengemeinschaft hat die Vollstreckungsversteigerung im Hinblick auf § 2046 BGB Vorrang 291

---

168 BGH grundlegend in BGHZ 65, 320, bestätigt in BGHZ 68, 299, 302.
169 *Zeller/Stöber* ZVG § 180 Rn 14; *Steiner/Teufel* ZVG § 180 Rn 95, 96.
170 *Schiffhauer*, ZIP 1982, 526, 533.

vor der Teilungsversteigerung.[171] Damit wird die Teilungsversteigerung gegenstandslos.

f) Besonderheiten

aa) Testamentsvollstreckung

(1) Testamentsvollstreckung am ganzen Grundstück

292 Der Testamentsvollstrecker hat das alleinige Verfügungs- und Auseinandersetzungsrecht, §§ 2204, 2205, 2211 BGB. Er ist deshalb auf die Teilungsversteigerung nicht angewiesen, weil er das real nicht teilbare Grundstück durch Veräußerung selbst in Erlös umwandeln kann. Er ist an § 753 BGB nicht gebunden.[172]

Handbücher für die Praxis empfehlen bei landwirtschaftlichen Grundstücken die Teilungsversteigerung, da der Ersteher keiner Genehmigung nach dem GrdstVG bedarf.[173]

Betreibt trotz bestehender Testamentsvollstreckung ein Miterbe die Versteigerung, so ist der Antrag als unzulässig zurückzuweisen, denn in aller Regel wird die Testamentsvollstreckung aus dem Grundbuch ersichtlich sein (§ 52 GBO).

Wird die Versteigerung trotzdem angeordnet, so kann der Testamentsvollstrecker mit der Erinnerung dagegen vorgehen (§ 766 ZPO). Dieselben Grundsätze gelten, wenn sich die Testamentsvollstreckung auf den ganzen Nachlaß erstreckt.

---

171 OLG Schleswig, zit. nach *Schiffhauer*, ZIP 1982, 533 Fn 111; LG Essen FamRZ 1981, 457; LG Berlin MDR 1959, 47; *Eickmann* Rn 141.
172 RGZ 108, 289.
173 *Haegele/Winkler*, Der Testamentsvollstrecker Rn 512; *Klingenstein* BWNotZ 1965, 25.

(2) Testamentsvollstreckung an einem Erbteil

Sofern dem Testamentsvollstrecker die Verwaltung zusteht, hat der mit der Testamentsvollstreckung belastete Miterbe kein Antragsrecht, dies wird vielmehr vom TV ausgeübt. Da der Testamentsvollstrecker-Vermerk aus dem Grundbuch ersichtlich ist (§ 52 GBO), ist der Antrag desjenigen Miterben, der mit der Testamentsvollstreckung belastet ist, zurückzuweisen. Wird das Antragsrecht des Testamentsvollstreckers vom Versteigerungsgericht nicht beachtet, so steht dem Testamentsvollstrecker die Erinnerung nach § 766 ZPO zu.[174]

293

bb) Vor- und Nacherbfolge

(1) Grundsatz

Ein Nacherbenrecht hindert die Teilungsversteigerung auf Antrag eines – auch nicht befreiten – Vorerben nicht.[175] Eine Zwangsvollstreckung im Sinne des § 2115 BGB liegt hier nicht vor, denn es geht nicht um die Geltendmachung einer Verbindlichkeit gegen den Vorerben, sondern um die Durchsetzung des auch dem Mitvorerben zustehenden Rechts auf Aufhebung der Erbengemeinschaft.

294

Falls die Auseinandersetzung ausnahmsweise ausgeschlossen sein sollte (§§ 2043–2045 BGB), hat das Gericht dies nur zu beachten, wenn es sich aus dem Grundbuch (§ 28 ZVG) oder den evtl. erforderlichen Antragsunterlagen ergibt oder wenn dies bei der Anhörung des Antragsgegners bekannt wird,[176] ansonsten ist der Ausschluss durch Klage entsprechend § 771 ZPO geltend zu machen.

Der Nacherbe hat vor Eintritt des Nacherbfalls ein Anwartschaftsrecht auf das Eigentum am Grundstück bzw. Grundstücksanteil, das als Verfügungsbeschränkung zu Lasten des Vorerben gem. § 2113 BGB wirkt. Dieses Recht des Nacherben ergibt sich entweder aus dem Grundbuch, denn der Nacherbenvermerk ist mit der Eintragung des Vorerben als (Mit-)Eigentümer von Amts wegen in Abt. II des Grundbuchs einzutragen (§ 51 GBO) oder aus dem Erbschein, wenn der Vorerbe noch nicht im Grundbuch eingetragen ist (§ 2363 BGB).

---

174 *Schneider*, RPfl 1976, 384.
175 BayObLG NJW 1965, 1966; OLG Celle NJW 1968, 801; OLG Hamm NJW 1969, 516.
176 *Klawikowski*, RPfl 1998, 100.

295 Der Nacherbe ist damit gem. § 9 Nr. 1 ZVG von Amts wegen am Verfahren zu beteiligen. Ist die Person des Nacherben – noch – nicht bekannt, dürfte für eine Beteiligung am Verfahren die Bestellung eines Zustellungsvertreters nach § 6 ZVG nicht ausreichen, vielmehr bedarf es der Bestellung eines Pflegers nach § 1913 BGB (unbekannte Beteiligte), die durch das Vormundschaftsgericht erfolgt, nachdem es vom Versteigerungsgericht informiert worden ist (§ 35 a FGG). Der so bestellte Pfleger hat die Rechte des Nacherben wahrzunehmen. Zustellungen und Benachrichtigungen im Verfahren erfolgen an ihn.[177]

Wichtig sind in diesem Zusammenhang die Vorschriften der §§ 2041, 2111 BGB über die dingliche Surrogation: das Recht des/der Nacherben setzt sich am Erlös als einem Surrogat des Grundstücks fort.[178]

(2) Der Nacherbenvermerk im Grundbuch und seine verfahrensmäßige Behandlung

296 Der Nacherbenvermerk war gem. § 51 GBO bei der Eintragung des Vorerben als Eigentümer in Abt. II des Grundbuchs von Amts wegen einzutragen. Er ist kein Recht am Grundstück im Sinne der §§ 44, 45 ZVG und ist deshalb auch nicht in das geringste Gebot einzustellen.

Da der Erwerb durch den Ersteher auch gegenüber dem/den Nacherben rechtswirksam ist, erwirbt der Ersteher das Eigentum ohne die Belastung mit der Nacherbschaft – die Nacherbschaft setzt sich vielmehr am Erlös fort. Deshalb ist gleichzeitig mit der Eintragung des Erstehers als neuer Eigentümer im Grundbuch der Nacherbenvermerk dort zu löschen. Das Vollstreckungsgericht ersucht nach Rechtskraft des Zuschlagsbeschlusses das Grundbuchamt um Eintragung des Erstehers im Grundbuch als neuen Eigentümer, § 130 ZVG. Gleichzeitig ist das Ersuchen darauf zu richten, den Nacherbenvermerk zu löschen.

297 Der Nacherbenvermerk darf aber ausnahmsweise nicht gelöscht werden, wenn nach den Versteigerungsbedingungen Rechte bestehen bleiben, die dem Nacherben gegenüber gem. §§ 2113, 2115 BGB (absolut) unwirksam sind. Diese Rechte bestehen nur unter der Bedingung, daß der Nacherbfall nicht

---

177 *Klawikowski*, RPfl 1998, 100.
178 BGHZ 52, 99.

eintritt. Nach dem Eintritt des Nacherbfalls fallen sie weg. Ob solche Rechte auf Dauer Bestand haben werden oder nicht, ergibt sich aus den Eintragungen im Grundbuch, insbesondere aus ihrer Rangfolge. Erst nach Eintritt des Erbfalls oder nach Gewißheit darüber, daß er nicht eintreten wird, kann ihr rechtliches Schicksal endgültig beurteilt werden. Deshalb ist so lange der Nacherbenvermerk im Grundbuch erforderlich. Sein Zweck ist der Schutz der Nacherben vor Verfügungen, die der Vorerbe nach §§ 2113, 2115 BGB nicht treffen darf.

(3) Verteilung des Erlöses

Der Versteigerungserlös ist an diejenigen auszuzahlen, die einen Anspruch gegen den Grundstückseigentümer haben, §§ 114 I, 117 I ZVG. Sind Eigentümerrechte (insbesondere Eigentümergrundschulden) für den Vorerben bzw. den Erblasser eingetragen, so gilt § 2114 BGB. Danach haben Anspruch auf das Kapital der Vor- und Nacherbe nur gemeinschaftlich. Der Erlös kann deshalb ihnen nur gemeinsam zugeteilt werden, er ist erforderlichenfalls für beide zu hinterlegen, § 2114 S. 2 BGB. Ist der Vorerbe befreiter Vorerbe im Sinne des § 2136 BGB, so ist er auch allein zur Einziehung der Forderung berechtigt; die Auszahlung des Erlöses kann deshalb auch an ihn allein erfolgen. Die Auszahlung des Erlöses an Vorerbe und Nacherbe gemeinsam kann auch so begründet werden:

Der Erlös ist Surrogat für das Grundstück, § 2111 BGB. Dem Vorerben ist es nicht gestattet, zum Nachteil des Nacherben über den Erlös zu verfügen. Diese Rechte des Nacherben wurden bisher durch die Eintragung des Nacherbenvermerks im Grundbuch gesichert. Mit der Eintragung des Erstehers im Grundbuch und der gleichzeitigen Löschung des Nacherbenvermerks ist dieser Schutz entfallen. Die bisher dem Grundbuchamt zugefallene Aufgabe des Schutzes der Nacherbenrechte ist nunmehr vom Versteigerungsgericht wahrzunehmen. Zur Sicherung des Grundstücksersatzes, des Versteigerungserlöses, ist dieser nur beiden zu überlassen bzw. nur für beide gemeinsam zu hinterlegen. Für den befreiten Vorerben gilt auch hier: Ihm sind lediglich unentgeltliche Verfügungen über einzelne Nachlaßgegenstände verwehrt. In der Entgegennahme des Versteigerungserlöses ist keine unentgeltliche Verfügung zu sehen. Deshalb kann dem befreiten Vorerben der Erlös allein überlassen werden.

g) Fälle mit Auslandsberührung

299 Das IPR bestimmt, welche Rechtsordnung auf Sachverhalte mit Auslandsbezug anzuwenden ist. Nach Art. 25 I EGBGB bestimmt sich das Erbrechtsstatut grundsätzlich nach der Staatsangehörigkeit des Erblassers. Deshalb kann auf einen Erbfall ausländisches Recht zur Anwendung kommen. Dieses Erbstatut regelt auch die Organisation einer Erbengemeinschaft als Gesamthands- oder Bruchteilsgemeinschaft und die Erbteilung.[179] Die Eigentümer eines Grundstücks, die in einer nach ausländischem Recht gebildeten Gemeinschaft verbunden sind, können unter Hinweis auf das maßgebliche Recht in das Grundbuch eingetragen werden.[180]

300 Für Verfahrensrecht, wozu insbesondere das Zwangsvollstreckungsrecht, hier in seiner Besonderheit des ZVG gehört, gilt grundsätzlich die lex fori, dh das deutsche Gericht wendet sein eigenes Verfahrensrecht an. Aber: Deutsches Verfahrensrecht ist selbstredend auf deutsches materielles Recht abgestimmt. Sind im deutschen Grundbuch die Eigentümer in einem ausländischen Gemeinschaftsverhältnis eingetragen, so stellt sich die Frage, ob zur Auseinandersetzung dieser Gemeinschaft der Antrag auf Anordnung der Zwangsversteigerung gestellt werden kann und welche Nachweise der Antragsteller beizubringen hat. Die Literatur zur Anwendung ausländischen materiellen Rechts im Rahmen der Teilungsversteigerung ist nur spärlich. Dort wird die Meinung vertreten, daß nur im Prozeßwege auf Widerspruchsklage über die Beachtung ausländischen materiellen Rechts zu entscheiden sei, bspw. über ein Auseinandersetzungsverbot innerhalb einer ausländischen Erbengemeinschaft.[181]

301 Dem kann man so nicht folgen. Denn deutsche Gerichte haben im Hinblick auf materielles Recht ausländisches Recht genauso anzuwenden wie deutsches. Im Rahmen von § 28 ZVG müssen deshalb ausländische Normen berücksichtigt werden, die möglicherweise einer Teilungsversteigerung entgegenstehen.
Wird somit die Teilungsversteigerung eines Grundstücks beantragt, dessen Eigentümer im Grundbuch in einem Gemeinschaftsverhältnis nach ausländischem Recht eingetragen sind, so muß das Versteigerungsgericht prüfen, ob eine derartige Gemeinschaft nach der maßgeblichen ausländischen Rechtsordnung

---

179 *Staudinger/Dörner* EGBGB Art. 25 Rn 214 ff; MüKo/*Birk* EGBGB Art. 25 Rn 244 ff.
180 *Kuntze/Ertl/Herrmann/Eickmann*, Grundbuchrecht, § 20 Rn 105.
181 *Zeller* ZVG, 9. Aufl. Anm. 8; weitere Nachweise bei *Rellermeyer* RPfl 1997, 514 Fn 77.

auf diesem Wege oder durch ein ähnliches, der deutschen Teilungsversteigerung entsprechendes Verfahren grundsätzlich auseinandergesetzt werden kann. Ist ein solches Verfahren im Ausland nicht vorgesehen, so hindert dies, weil durch die Eintragung der Gemeinschaftsform grundbuchersichtlich, das Verfahren auch in Deutschland.[182]

3. Teilungsanordnungen

a) Zweck

Die Durchführung der gesetzlichen Teilungsregeln führt häufig zur Zerschlagung wirtschaftlicher Werte (s. die Folgen von Erbteilungen bei Bauernhöfen über Jahrhunderte in Württemberg). Um solche Nachteile zu vermeiden, kann der Erblasser vom Gesetz abweichende Teilungsanordnungen treffen (§ 2048 BGB). Sie sind als solche weder bindend (im gemeinschaftlichen Testament) noch vertraglich (im Erbvertrag) denkbar. Lediglich wenn ihnen Vermächtnis- oder Auflagencharakter zukommt, ist auch eine Bindung möglich. 302

Der Erblasser kann auch anordnen, daß die Teilung nach dem billigen Ermessen eines Dritten – evtl. dem gleichzeitig eingesetzten Testamentsvollstrecker – erfolgen soll. Wäre ein von dem Dritten aufgestellter Teilungsplan unbillig, so könnte dies durch Urteil festgestellt werden. Anstelle des vom Dritten aufgestellten – unbilligen – Teilungsplans tritt dann der im Urteil aufgestellte Teilungsplan. 303

b) Rechtswirkung

Mit der Teilungsanordnung ist kein unmittelbarer Rechtsübergang verbunden; vielmehr bedarf es des dinglichen Vollzugs durch die Miterben im Rahmen der Auseinandersetzung des Nachlasses. Da die Teilungsanordnung nur schuldrechtlich wirkt, ist der betreffende Nachlaßgegenstand, auf den sich die Anordnung bezieht, bis zur Auseinandersetzung im gesamthänderischen Eigentum der Miterben. 304

Wegen ihrer schuldrechtlichen Natur können sich die Erben einvernehmlich über sie hinwegsetzen.[183] Allerdings kann der Erblasser die Teilungsanordnung 305

---

182 *Rellermeyer*, RPfl 1997, 514.
183 MüKo, § 2048 Rn 8; *Staudinger/Werner*, § 2048 Rn 3.

mit den Rechtswirkungen einer Auflage ausstatten – entweder ausdrücklich oder durch Auslegung zu ermitteln –. Dann kann jeder Miterbe von den anderen den Vollzug der Teilungsanordnung verlangen (§§ 1940, 2194 BGB).

306 Die Teilungsanordnung hat nicht zur Folge, daß dem daraus Berechtigten bei der Auseinandersetzung mehr zukommen würde als ihm quotenmäßig und unter Berücksichtigung der Ausgleichungspflichten zustehen würde.

307 Erhält der betreffende Miterbe in der Auseinandersetzung wertmäßig mehr als ihm eigentlich zukommen würde, so ist er den anderen Erben gegenüber ausgleichspflichtig (nicht zu verwechseln mit den Ausgleichungsvorschriften der §§ 2050 ff BGB).

Die „überquotale" Teilungsanordnung

308 In den Fällen, in denen der Erblasser einzelnen Erben Nachlaßgegenstände zuweist, deren Wert über dem Gesamtwert der von ihm für den jeweiligen Miterben bestimmten Zuteilungsquote am Gesamtnachlaß liegt, ist die Frage zu beantworten, ob es sich dabei um ein Vorausvermächtnis oder eine Teilungsanordnung handelt.

309 In erster Linie kommt es darauf an, ob der Erblasser dem Begünstigten den Mehrwert zusätzlich zu seinem Erbteil zuwenden wollte – dann bezüglich des Mehrwerts Vorausvermächtnis – oder ob eine entsprechende Zuwendung ausgeschlossen werden sollte – dann Teilungsanordnung.[184] Der „überquotal" Begünstigte hat im Falle der Annahme einer Teilungsanordnung den ihm nicht gebührenden Mehrwert wieder auszugleichen. Ist er dazu nicht bereit, so ist die Teilungsanordnung unbeachtlich.[185]

c) Abgrenzung der Teilungsanordnung vom Vorausvermächtnis

310 Die Teilungsanordnung entfaltet ihre Wirkung erst bei der Nachlaßteilung. Das Vermächtnis hingegen ist Nachlaßverbindlichkeit (§ 1967 II BGB) und ist deshalb vor der Teilung zu erfüllen (§ 2046 BGB). Im Einzelfall kann es schwierig sein, festzustellen, ob die Anordnung des Erblassers den Charakter

---

[184] BGH NJW 1995, 721.
[185] Zur Problematik: *Siegmann*, „Überquotale" Teilungsanordnung und Teilungsversteigerung in ZEV 1996, 47 ff.

Der Miterbe als Mandant (die Erbengemeinschaft) § 13

einer Teilungsanordnung oder eines Vorausvermächtnisses nach § 2150 BGB hat.

Hat der Erblasser keine insoweit eindeutige Erklärung abgegeben, so ist der Wille durch Auslegung zu ermitteln. Während die Teilungsanordnung den Erbteil quasi konkretisiert, wird das Vorausvermächtnis **zusätzlich** zum Erbteil gewährt. Nach der neueren Rechtsprechung des BGH handelt es sich um eine Teilungsanordnung, wenn die Höhe des Erbteils durch die Besonderheit der Auseinandersetzung nicht verändert werden soll. Ein etwaiger höherer Wert des zugeteilten Nachlaßgegenstandes als dem Auseinandersetzungsguthaben entspräche, ist unter den Erben auszugleichen. 311

Soll dagegen dem betreffenden Miterben ein nicht ausgleichungspflichtiger Mehrwert in Form eines besonderen Vermögensvorteils zufließen, so liegt ein Vorausvermächtnis vor.[186] Der BGH stellt darauf ab, ob der Erblasser dem Begünstigten einen Vermögensvorteil verschaffen wollte, ob er ihn also gegenüber den anderen Miterben begünstigen wollte – Stichwort: **Begünstigungswille**.[187] Oder – anders ausgedrückt: 312

"Eine vom Erblasser in letztwilliger Verfügung getroffene Anordnung für die Auseinandersetzung unter den Miterben stellt dann eine Teilungsanordnung dar, wenn er die zuvor festgelegten Erbquoten durch seine Verfügung nicht verschieben, sondern unangetastet lassen wollte.
Eine Teilungsanordnung – mit der Folge, daß der die Erbquote übersteigende Wert ausgeglichen werden muß – liegt auch dann vor, wenn dem Bedachten objektiv ein zusätzlicher Vermögensvorteil zugewendet worden ist, ohne daß der Erblasser ihn gegenüber den Miterben bevorzugen wollte. Ob eine solche Bevorzugung nicht gewollt war, ist im Wege der Auslegung der letztwilligen Verfügung zu ermitteln."
(OLG Braunschweig, ZEV 1996, 69)

Die wesentliche Unterscheidung nach Teilungsanordnung und Vorausvermächtnis anhand eines Vermögensvorteils und eines Begünstigungswillens ist aber nicht das einzige Abgrenzungskriterium. Im Urteil vom 7.12.1994[188] hat der 313

---

186 BGH NJW 85, 51, 52, FamRZ 87, 475, 476; NJW-RR 1990, 1220.
187 BGH NJW-RR 1990, 1220.
188 ZEV 1995, 144

BGH klargestellt, daß der Erblasser grundsätzlich auch einen von der Erbeinsetzung unabhängigen Grund haben kann, einem Miterben einen bestimmten Gegenstand zuzuwenden. Dies kann bspw. dann der Fall sein, wenn der Erbe seinen Erbteil ausschlägt, er nach dem Willen des Erblassers den Gegenstand aber dennoch erhalten soll. Die wertmäßige Begünstigung ist demnach nur ein wichtiges Indiz, nicht aber zwingende Voraussetzung für die Auslegung als Vorausvermächtnis[189]

314 Der Miterbe kann nach Annahme der Erbschaft die Übernahme des ihm durch Teilungsanordnung zugedachten Gegenstandes grundsätzlich nicht verweigern. Demgegenüber kann ein Vorausvermächtnis ohne weiteres ausgeschlagen werden. Bei Ausschlagung der Erbschaft wird die mit einem Erbteil verbundene Teilungsanordnung eo ipso gegenstandslos, nicht dagegen ein Vorausvermächtnis, das grundsätzlich – soweit der Erblasser nichts anderes angeordnet hat – unabhängig vom Erbteil weiter besteht.

315 Ist eine Teilungsanordnung im gemeinschaftlichen Testament oder Erbvertrag enthalten, so ist sie jederzeit widerruflich, weil sie nicht bindend angeordnet werden kann. Anders dagegen das Vorausvermächtnis: Es kann mit Bindungswirkung angeordnet werden. Im Falle erbvertraglicher Anordnung genießt der durch Vorausvermächtnis Bedachte schon vor dem Erbfall den Schutz des § 2288 BGB gegen eine beeinträchtigende Verfügung unter Lebenden.

316 Legt der Erblasser für einen Nachlaßgegenstand (häufig Grundstück) einen Übernahmepreis (in der Auseinandersetzung anzurechnender Betrag) fest, so ist zu differenzieren:
- Ist der objektive Wert höher als der Übernahmepreis, so liegt in Höhe der Differenz ein Vorausvermächtnis für den begünstigten Miterben vor.
- Ist der objektive Wert niedriger als der Übernahmepreis, so ist ein Vorausvermächtnis zugunsten der anderen, nicht übernahmeberechtigten Miterben angeordnet.

---

[189] *Skibbe* ZEV 1995, 145.

d) Zur Bindungswirkung eines gemeinschaftlichen Testaments bei der Teilungsanordnung

Dazu folgendes **Beispiel** (nach DNotI-Report 16/1999): 317
Die Eheleute M und F errichteten im Jahr 1966 ein privatschriftliches gemeinschaftliches Testament, in dem sie sich gegenseitig zu Alleinerben einsetzten und folgende Regelung auf den Schlusserbfall trafen:
"Nach dem Tode des Längstlebenden soll der gesamte Nachlaß unseren Kindern A, B und C anfallen und unter ihnen zu gleichen Teilen aufgeteilt werden. Dabei soll der Grundbesitz entsprechend dem Einheitswert in möglichst gleichwertige reale Teile aufgeteilt und verteilt werden. Überschießende Beträge sind nach dem Verkehrswert auszugleichen."
Der Ehemann verstarb im Jahr 1966. Die überlebende Ehefrau will jetzt ein Testament errichten. Das Hausgrundstück (Verkehrswert ca. 1 Mio DM) soll ihren Kindern A und B zu je 1/2 Anteil zufallen, das weitere Grundstück (Bauplatz, Verkehrswert ca. DM 300.000) soll an C gehen. Der Wertunterschied soll ausgeglichen werden.
Steht die Bindungswirkung des gemeinschaftlichen Testaments der beabsichtigten Testamentserrichtung entgegen?

Lösung:
a) Von der erbrechtlichen Bindung werden beim gemeinschaftlichen Testament 318
nur die letztwilligen Verfügungen des überlebenden Ehegatten erfasst, die mit letztwilligen Verfügungen des vorverstorbenen Ehegatten im Verhältnis der Wechselbezüglichkeit stehen, §§ 2270, 2271 II BGB. Bei dem hier vorliegenden „Berliner Testament" ist im Zweifel die Schlusserbeneinsetzung der gemeinschaftlichen Abkömmlinge durch den überlebenden Ehegatten wechselbezüglich zur Erbeinsetzung des überlebenden Ehegatten durch den vorverstorbenen Ehegatten, § 2270 II, Alt. 2 BGB.[190]
Wechselbezüglich können nur Erbeinsetzungen, Vermächtnisse und Auflagen sein, § 2270 III BGB. Bei der im gemeinschaftlichen Testament getroffenen Anordnung zur Aufteilung des Nachlasses handelt es sich um eine Teilungsanordnung nach § 2048 BGB. Da eine Teilungsanordnung aber nicht im Verhältnis der Wechselbezüglichkeit stehen kann, folgt daraus, daß der überlebende

---

[190] Dittmann/Reimann/Bengel, Testament und Erbvertrag, 2. Aufl. 1986, § 2270 Rn 19.

Ehegatte nicht gehindert ist, eine solche Teilungsanordnung nachträglich zu widerrufen, und insoweit keine erbrechtliche Bindung eingetreten ist.[191]

319 b) Eine andere Frage ist, ob der überlebende Ehegatte auch nachträglich erstmalig eine Teilungsanordnung treffen bzw. eine widerrufene Teilungsanordnung durch eine andere ersetzen kann. Diese Frage ist umstritten. Zulässig wäre die nachträgliche erstmalige Anordnung einer Teilungsanordnung oder deren „Auswechslung", wenn für den überlebenden Ehegatten ein entsprechender Vorbehalt im Testament enthalten wäre.[192]

Nach der Rechtsprechung des BGH[193] gilt dies jedoch für eine nachträgliche erstmalige Anordnung der Teilungsanordnung bzw. ihrer „Auswechslung" auch dann, wenn dem überlebenden Ehegatten diese Befugnis im gemeinschaftlichen Testament oder im Erbvertrag nicht vorbehalten worden ist. Danach ist die nachträgliche erstmalige Anordnung einer Teilungsanordnung bzw. ihre „Auswechslung" keine beeinträchtigende Verfügung iSv § 2289 I BGB, sofern diese nicht zu einer Verschiebung der den bindend Bedachten zukommenden Erbquoten führt.[194] Der BGH begründet seine Meinung mit dem Wortlaut des § 2070 III BGB, wonach eine Teilungsanordnung nicht an der Bindungswirkung des gemeinschaftlichen Testaments bzw. des Erbvertrags teilnehme.[195]

320 Die BGH-Rechtsprechung wird von der Literatur zum Teil kritisiert mit dem Hinweis, eine Teilungsanordnung sei stets – auch bei vollem Wertausgleich – eine beeinträchtigende Verfügung.[196]

Die wohl hM in der Literatur[197] und ein Teil der neueren Rechtsprechung[198] haben sich der BGH-Rechtsprechung angeschlossen.

---

191 *Lehmann*, MittBayNot 1988, 158.
192 *Pal.-Edenhofer*, 58. Aufl. 1999, § 2271 Rn 19 ff.
193 NJW 1982, 441, 442.
194 BGHZ 82, 274, 279.
195 NJW 1982, 441, 442.
196 *Lehmann*, MittBayNot 1988, 158; *Staudinger/Kanzleiter*, BGB 13. Aufl. 1998, § 2289 Rn 12; OLG Koblenz, DNotZ 1998, 218, 219.
197 *Pal.-Edenhofer* § 2271 Rn 16; *Soergel/Wolf* BGB 3. Aufl. 1992, § 2271 Rn 16; MüKo/*Musielak*, BGB, 3. Aufl. 1997, § 2217 Rn 17.
198 OLG Braunschweig, ZEV 1996, 69, 70.

Nach der hM kann F die von ihr beabsichtigte Teilungsanordnung verfügen, wenn ein etwaiger Wertunterschied ausgeglichen wird. Eine andere Lösungsmöglichkeit bestünde im Abschluss eines Zuwendungsverzichtsvertrags nach § 2352 BGB zwischen F und den gemeinschaftlichen Kindern. Diese Lösung wäre sicherer als die einseitige Auswechslung der bestehenden Teilungsanordnung.

4. Übernahmerecht

Unter einem Übernahmerecht versteht man die Zuweisung eines bestimmten Nachlaßgegenstands an einen Miterben mit der Bestimmung, daß dieser das Recht haben solle, den betreffenden Gegenstand zu übernehmen und zwar entweder zum Verkehrswert oder zu einem vom Erblasser festgesetzten Übernahmepreis.

Das Übernahmerecht unterscheidet sich von der reinen Teilungsanordnung dadurch, daß der Miterbe beim **Übernahmerecht** nicht verpflichtet ist, den zugewandten Gegenstand zu übernehmen, sondern frei über eine eventuelle Übernahme entscheiden kann.[199] Der Unterschied zum Vorausvermächtnis liegt darin, daß der Übernehmer hier einen vollen Wertausgleich zu leisten hat. Ihm steht lediglich das Recht zu, einen bestimmten Gegenstand aus dem Nachlaß auszuwählen.

Ein Problem tritt dann auf, wenn sich die Differenz zwischen Verkehrswert und dem vom Erblasser festgelegten Übernahmepreis bis zum Eintritt des Erbfalls entscheidend ändert. Der BGH möchte dem über den Grundsatz von Treu und Glauben gemäß § 242 BGB abhelfen.[200]

5. Ausgleichungsvorschriften mit Berechnungsbeispielen

Grund für die in §§ 2050 ff BGB geregelten Ausgleichungspflichten ist der vom Gesetz vermutete Wille des Erblassers, seine Abkömmlinge an der Rechtsnachfolge in sein Vermögen (zu Lebzeiten und nach seinem Tod, dh an seiner wirtschaftlichen Lebensleistung) gleichmäßig teilhaben zu lassen. Vorempfänge einer bestimmten Art gelten daher grundsätzlich als auf den künftigen Erbteil erfolgt.

199 *Langenfeld* Rn 174.
200 BGH NJW 1960, 1759.

323 Ausgleichung bedeutet nur eine rechnerische Einbeziehung der zu Lebzeiten erhaltenen Vermögenswerte in die Teilung **unter den Abkömmlingen,** eine Modalität der Berechnung der endgültigen Anteile am effektiven Nachlaß, dh am Auseinandersetzungsguthaben, und damit eine Veränderung des Verteilerschlüssels.

a) Wer hat auszugleichen?

324
- **Abkömmlinge,** und zwar
- als gesetzliche Erben, § 2050 BGB,
- als testamentarische Erben, wenn die Erbteile den gesetzlichen entsprechen oder doch in solchem Verhältnis zueinander stehen, § 2052 BGB,
- eintretende oder durch Erhöhung bzw. Anwachsung begünstigte Abkömmlinge an Stelle ihrer Vormänner. Sie sollen insgesamt die „Stammportion" erhalten, § 2051 I BGB,
- Ersatzerben, §§ 2051 II, 2096 BGB.

Grundsätzlich sind nur diejenigen Vorempfänge auszugleichen, die der Abkömmling zu Lebzeiten vom Erblasser selbst erhalten hat. Anders aber, wenn die Eltern ein „Berliner Testament" (§ 2269 BGB) oder einen entsprechenden Erbvertrag gem. § 2280 BGB errichtet hatten: Hier ist im Sinne des Ausgleichungsrechts auch der vorverstorbene Elternteil als Erblasser anzusehen. Man spricht vom „erweiterten Erblasserbegriff".[201]

b) Was ist auszugleichen?

325
- **Ausstattungen** ohne weiteres, Abweichendes müßte ausdrücklich bestimmt sein (§ 2050 I BGB).
- **Übermaß an Zuschüssen** zu den Einkünften zum Zweck der Bestreitung der laufenden Ausgaben (§ 2050 II BGB),
- **Übermaß an Berufsausbildungskosten** (§ 2050 II BGB),
- **Andere Zuwendungen, insbesondere Schenkungen,** falls die Ausgleichungspflicht bei der Zuwendung angeordnet wurde (§ 2050 III BGB). Die Anordnung muß für den Empfänger erkennbar sein – damit die Zuwendung zurückgewiesen werden könnte, falls er mit der Anordnung nicht einverstanden ist.

---

201 BGHZ 88, 102 = NJW 1983, 2875.

Der Miterbe als Mandant (die Erbengemeinschaft) § 13

■ **Zum Begriff der Ausstattung**: Eltern sind gegenüber ihren Kindern verpflichtet, zu deren Existenzgründung dadurch beizutragen, daß sie ihnen Unterhalt zur Erlangung einer Berufsausbildung gewähren (§ 1610 II BGB).

Auf freiwilliger Basis können Eltern ihren Kindern aber auch Vermögensgegenstände als zusätzliche Starthilfe übertragen. Zuwendungszweck und damit Vertragsinhalt – als Geschäftsgrundlage – ist die Begründung oder Erhaltung der Wirtschafts- und Lebensstellung. Rechtsgrund der Ausstattung ist gerade keine Schenkung, sondern der eigenständige Zuwendungszweck der Existenzhilfe. 326

Unterschied zur Schenkung: Die besonderen Regeln für die Ausstattung gelten nur insoweit, als die Zuwendung die Vermögensverhältnisse des Zuwendenden nicht übersteigen. Für das Übermaß gilt Schenkungsrecht (§ 1624 I BGB). Die Abgrenzung zwischen Ausstattungs- und Schenkungsteil ist in der Praxis häufig sehr schwierig. Deshalb empfiehlt sich eine entsprechende Vereinbarung im Vertrag. 327

Beweislast: Wer Übermaß behauptet, hat es zu beweisen.[202] 328

Zum Übermaß an Berufsausbildungskosten: Berufsausbildungskosten sind zB Studien-, Promotions- oder Fachschulkosten, nicht aber die Kosten für die allgemeine Schulbildung. Übermaß liegt nicht schon deshalb vor, weil die Aufwendungen für einen Abkömmling höher sind als die für die anderen. Für die Beurteilung der Frage, ob solche Aufwendungen das den Verhältnissen des Erblassers entsprechende Maß übersteigen, sind die gesamten Vermögensverhältnisse zur Zeit der Zuwendung maßgebend.[203] 329

Die Ausstattung führt in der Praxis zwischenzeitlich ein stiefmütterliches Dasein, obwohl sie gegenüber der Schenkung wesentliche Vorteile hat, wie der nachfolgende Exkurs zeigen wird. 330

Exkurs in das Recht der Ausstattung: 331

■ Sie ist keine Schenkung, sondern **causa sui generis** (Existenzhilfe), 332

---

202 Zum Übermaß: *Schmid*, BWNotZ 1971, 29/30.
203 Vgl. *Dieckmann*, FamRZ 1988, 712/714.

- Da sie keine Schenkung ist, bedarf das Ausstattungsversprechen grundsätzlich keiner Form; insbesondere gilt nicht § 518 I BGB,
- Die Regeln über die Notbedarfseinrede (§ 519 BGB), die Rückforderung wegen Notbedarfs (§ 528 BGB) und den Widerruf (§ 530 BGB) gelten nicht, weil keine Schenkung vorliegt,
- § 814 BGB gilt nicht,
- Es gibt keine Gläubigeranfechtung nach §§ 3 I Nr. 3 AnfG; 134 InsO; 32 Nr. 1; 63 Nr. 4 KO.[204]
- Aus der Ausstattung kann es keinen Ergänzungspflichtteil nach §§ 2325 ff BGB geben,
- Die Mängelgewährleistung richtet sich nach Schenkungsrecht (vgl. §§ 1624 II, 523, 524 BGB),
- Die Ausstattungsgewährung ist grundsätzlich sittliche Pflicht iSv § 1375 II Nr. 1 BGB[205]
- Auslegungsregel des § 1625 BGB: Gewährt ein Elternteil einem Kind, dessen Vermögen kraft elterlicher Sorge, Vormundschaft oder Betreuung seiner Verwaltung unterliegt, eine Ausstattung, so ist im Zweifel anzunehmen, daß er sie aus dem Kindesvermögen gewährt hat, sie also letztlich keine Zuwendung von einem Elternteil an das Kind ist. Deshalb sollte in Ausstattungsverträge eine entsprechende Klarstellung aufgenommen werden.

333 **Zum Begriff der Schenkung:** Es gelten die §§ 516 ff BGB, insbesondere ist erforderlich die Einigung über die Unentgeltlichkeit. Reine Schenkungen sind selten. IdR sind Gegenleistungen – und seien es nur Auflagen – mit der Schenkung verbunden. Vgl. zur Schenkung unter Auflagen Teil 2 § 8 Rn 622 ff.

334 Von **gemischter Schenkung** spricht man, wenn der Wert des geschenkten Gegenstandes objektiv höher ist als der der Gegenleistung. Es liegt eine teilweise Unentgeltlichkeitsabrede vor: Die Parteien kennen das objektive Mißverhältnis von Leistung und Gegenleistung und sind sich darüber einig, daß der Mehrwert unentgeltlich zugewandt sein soll. Der BGH hat in einem Urteil vom 6.3.1996[206] noch einmal ausdrücklich darauf hingewiesen, daß eine

---

204 So *Palandt/Diederichsen*, § 1624 Rn 3; aM *Staudinger/Coester*, § 1624 Rn 4.
205 Vgl. *Soergel/Strätz*, § 1624 Rn 9.
206 BGH ZEV 1996, 197.

gemischte Schenkung eine Einigung der Vertragsparteien über die teilweise Unentgeltlichkeit voraussetzt.[207]

Der unentgeltliche Teil der Zuwendung ist gemäß § 2050 III BGB unter Abkömmlingen auszugleichen, wenn der Zuwendende dies bei der Zuwendung bestimmt. Die Anordnung der Ausgleichungspflicht gehört nicht zwingend zur Schenkung. Denkbar ist, daß der Schenker die Ausgleichung gerade nicht will, weil er einen bestimmten Erben bevorzugen will oder weil Zuwendungen an andere Erben erfolgt sind und dort die Anordnung der Ausgleichung – bewußt oder versehentlich – unterblieben ist. **335**

c) Wie wird ausgeglichen?
§ 2055 BGB:
1. Schritt: Die Erbteile der an der Ausgleichung nicht teilnehmenden Erben, insbesondere der Erbteil des überlebenden Ehegatten, werden berechnet und vorweg abgezogen. Der Rest verbleibt für die Abkömmlinge.
2. Schritt: Dem so ermittelten Nachlaß werden sämtliche Ausgleichspositionen zugerechnet. Dies ergibt die rechnerische Teilungsmasse.
3. Schritt: Die rechnerische Teilungsmasse wird nach Erbquoten – bezogen auf die Teilungsmasse – geteilt. **Nota bene:** Die **rechnerische Quote** ändert sich jetzt, weil jetzt nur noch der unter den Abkömmlingen aufzuteilende Nachlaßteil betroffen ist.
4. Schritt: Beim betreffenden Erben wird der jeweilige Vorempfang auf das der Erbquote entsprechende vorläufige Auseinandersetzungsguthaben angerechnet. **336**

d) Maßgebender Wert
Maßgebend ist der Wert zur Zeit der Zuwendung. Spätere Wertänderungen und Erträge bleiben ohne Ansatz. Allerdings ist der **Kaufkraftschwund** zu berücksichtigen.[208] Der ausgleichungspflichtige Wert errechnet sich nach folgender Formel: **337**

---

207 Vgl. auch BGHZ 82, 274, 281, 282.
208 BGH NJW 1975, 1831, BGHZ 65, 75.

$$\frac{\text{Wert im Zeitpunkt der Zuwendung} \times \text{Lebenshaltungskostenindex im Zeitpunkt der Teilung}}{\text{Lebenshaltungskostenindex im Zeitpunkt der Zuwendung}}$$

(Quelle der Indexzahlen: Statistisches Jahrbuch, teilw. abgedruckt in Palandt bei § 1376 BGB).

338 Quelle der Indexzahlen: Palandt zu § 1376 BGB – wieder seit 58. Aufl. 1999 –; Statistisches Jahrbuch, teilw. abgedruckt in NJW, FamRZ und DNotZ.

Das Statistische Bundesamt in Wiesbaden hat einen telefonischen Ansagedienst eingerichtet: Tel. 0611/752888; Internet-Adresse des Stat. Bundesamtes: http://www.statistik-bund.de; E-Mail: stba-berlin.infodienst @ t-online.de. Dort erhalten Sie die neuesten Index-Zahlen.

339 **Wichtig:** Nicht der Index zum Zeitpunkt des Todestages ist maßgebend, sondern der Index zum Zeitpunkt der Teilung – oder im Prozeß: zum Zeitpunkt der letzten mündlichen Tatsachenverhandlung –, weil die Erben den Nachlaß so teilen, wie er sich im Zeitpunkt der Teilung darstellt. – Anders BGH:[209] Maßgebend für die Indexierung sei der Zeitpunkt des Erbfalls. Gewichtige Gegenstimmen in der Literatur, die – wie hier – die Meinung vertreten, daß der Zeitpunkt der Teilung für die Indexierung maßgebend ist: *Staudinger/Werner* Rn 1; *Soergel/Wolf* Rn 1 je zu § 2055; *Peter*, BWNotZ 1986, 28, 30.[210]

340 Anders im Pflichtteilsrecht: Dort gibt es das Stichtagsprinzip des Erbfalls, weil es lediglich um einen schuldrechtlichen Anspruch geht und § 2311 BGB dies anordnet. Bei Indexierungen ist dort der Index im Zeitpunkt des Todestages maßgebend. Und: Der Pflichtteilsberechtigte soll am Verwaltungsergebnis der/des Erben nicht mehr teilnehmen. Der Erblasser kann bei der Zuwendung

---

[209] BGHZ 65, 75; 96, 174, 181.
[210] Siehe ausführlich zu dieser Problematik: *Krug*, „Die Kaufkraftproblematik bei ausgleichungspflichtigen Vorempfängen in der Erbteilung – eine Kritik an der BGH-Rechtsprechung", voraussichtlich in ZEV Heft 1 oder 2 2000.

den anzurechnenden Wert festsetzen; eine solche Anordnung kann sich auch aus den Umständen des Falles ergeben.[211]

e) Keine Rückgabe des Mehrempfangs (§ 2056 BGB)

Stellt sich bei der Berechnung des Auseinandersetzungsguthabens unter Einschluß aller ausgleichungspflichtiger Vorempfänge heraus, daß ein Miterbe zu Lebzeiten des Erblassers schon mehr erhalten hat als ihm nach dem Erbfall zustehen würde, so ist der betreffende Miterbe zur Rückzahlung nicht verpflichtet. Darin zeigt sich die Rechtsnatur der Ausgleichung als bloße Veränderung des Verteilerschlüssels.

341

Folge: Unter Wegfall des betreffenden Miterben wird neu gerechnet (§ 2056 S. 2 BGB).

342

f) Berechnungsbeispiele

(1) Der Erblasser stirbt im Jahr 1999 unter Hinterlassung der Witwe W, des Sohnes S und der Tochter T. Der reine Nachlaßwert beträgt DM 100.000. Als ausgleichungspflichtige Vorempfänge haben erhalten: S im Jahr 1979 Aktien im Kurswert von DM 32.500, indexierter Wert: DM 68.000,00; T im Jahr 1989 ein Grundstück im Wert von DM 20.000, indexierter Wert: DM 26.000,00. Mit W hat der Erblasser im gesetzlichen Güterstand der Zugewinngemeinschaft gelebt; gesetzliche Erbfolge tritt ein. Wie ist der Nachlaß aufzuteilen?

343

---

211 OLG Hamm MDR 1966, 330, *Werner*, DNotZ 1978, 66.

3 Das erbrechtliche Mandat nach dem Erbfall

Reinnachlaß	DM 100.000,–	(= effektiver Nachlaß)
./. gesetzl. Erbteil W 1/2 (§ 2055 I 2!)	DM 50.000,–	

Unter den Abkömmlingen
(bei gesetzl. Erbf.)
aufzuteilender Nachlaß: DM 50.000,–
+ Vorempfang S, indexierter Wert   DM 68.000,–   (= fiktiver Nachlaß)
+ Vorempfang T, indexierter Wert   DM 26.000,–   (= fiktiver Nachlaß)
                                                            ─────────
                                                            DM 144.000,–

Berechnung Anspruch S:
Von diesem Restnachlaß entfällt auf
S als gesetzl. Erbteil 1/2   = DM 72.000,–
(Die Erbquote von 1/4 bezog
sich auf den Gesamtnachlaß;
auf den halben Nachlaß bezogen
einschl. der Vorempfänge be-
trägt sie 1/2)
./. Vorempfang S   DM 68.000,–
                                                            ─────────
Auseinandersetzungsguthaben S   DM   4.000,–

Berechnung Anspruch T:
Von dem Restnachlaß von   DM 144.000,–   (s. oben)
entfällt auf T als gesetzl. Erbteil 1/2   = DM 72.000,–
./. Vorempfang T   DM 26.000,–
                                                            ─────────
Auseinandersetzungsguthaben T   DM 46.000,–.

Proberechnung:
Von dem effektiven Nachlaß erhalten:

Witwe W	DM 50.000,–
Sohn S	DM 4.000,–
Tochter T	DM 46.000,–

Ergibt Wert des effektiven Reinnachlasses DM 100.000,–.

(2) Erblasser E hinterläßt die fünf Kinder A, B, C, D, E, die gesetzliche Erben werden. Der reine Nachlaß beträgt DM 200.000,–. Als ausgleichungspflichtige Vorempfänge haben A DM 100.000,– (indexiert) und B DM 150.000,– (indexiert) erhalten. Wie ist der Nachlaß aufzuteilen? **344**

Nachlaßwert	DM 200.000,–	(= effektiver Nachlaß)
zzgl. Vorempfänge: A	DM 100.000,–	(= fiktiver Nachlaß)
B	DM 150.000,–	(= fiktiver Nachlaß)
Rechnerische Teilungsmasse	DM 450.000,–,	
von der auf jedes Kind 1/5 entfällt =	DM 90.000,–.	

Es zeigt sich, daß sowohl A als auch B schon zu Lebzeiten mehr erhalten haben als ihnen zustehen würde. Sie scheiden deshalb bei der Erbteilung aus, ohne zur Rückzahlung des Mehrempfangs verpflichtet zu sein (§ 2056 S. 1 BGB). Unter den verbleibenden Kindern C, D und E ist eine Neuberechnung vorzunehmen (§ 2056 S. 2 BGB):

Nachlaßwert	DM 200.000,–,
wovon auf C, D und E je 1/3 entfällt =	DM 66.666,66.

g) Auskunftsanspruch wegen ausgleichungspflichtiger Vorempfänge

Damit die Auseinandersetzung ordnungsgemäß vorgenommen werden kann, gewährt § 2057 BGB einen Anspruch auf Auskunft über ausgleichungspflichtige Vorempfänge (Ausstattungen, §§ 2050 I, 1624 BGB; Schenkungen, §§ 2050 III, 516 BGB). **345**

Gläubiger ist jeder Miterbe, der zum Kreis der Ausgleichungsberechtigten gehört, also Abkömmling des Erblassers ist. Aber auch der Testamentsvollstrecker, zu dessen Aufgabe die Auseinandersetzung des Nachlasses gehört, kann Auskunft verlangen, weil er andernfalls eine ordnungsgemäße Auseinandersetzung nicht vornehmen könnte.[212]
Schuldner des Auskunftsanspruchs sind die nach §§ 2050 ff. BGB Ausgleichungsverpflichteten, und auch ein nichterbender pflichtteilsberechtigter Abkömmling.[213]

Inhalt des Auskunftsanspruchs: Nicht über jede Zuwendung ist Auskunft zu geben, sondern nur über solche, die auch der Ausgleichung nach §§ 2050 ff. BGB unterliegen. Anzugeben sind solche Zuwendungen, die nach ihren generellen Eigenschaften, also auch nur möglicherweise von den Ausgleichungsvorschriften erfaßt werden.[214]

Die Wertung, ob eine Zuwendung ausgleichungspflichtig ist oder nicht, kann nicht dem Empfänger allein überlassen bleiben. Deshalb hat er im Zweifel auch über solche Zuwendungen Auskunft zu erteilen, die er als nicht ausgleichungspflichtig ansieht.

In der Praxis ist auch zu fragen nach **erlassenen Schulden** (Erlaßvertrag = dingliches Rechtsgeschäft, § 397 BGB), deren Kausalgeschäft ebenfalls eine ausgleichungspflichtige Zuwendung (Ausstattung oder Schenkung) sein kann.

Wegen der Verpflichtung zur Abgabe einer **eidesstattlichen Versicherung** verweist § 2057 BGB auf § 260 BGB.

h) Ausgleichspflicht für besondere Leistungen

346 Hat ein Abkömmling für den Erblasser besondere Leistungen erbracht, bspw. durch Mitarbeit im elterlichen Haushalt oder durch Pflege des Erblassers, und wurden dadurch Aufwendungen erspart, so daß der Nachlaß nicht oder weniger geschmälert wurde, so kann er von den Abkömmlingen, die mit ihm zusammen Erben werden, einen Ausgleich bei der Nachlaßauseinandersetzung verlangen, sofern er kein – angemessenes – Entgelt dafür erhalten hat, § 2057 a BGB.

---

212 MüKo/*Dütz* Rn 4; *Staudinger/Werner* Rn 3 je zu § 2057.
213 OLG Nürnberg NJW 1957, 1482.
214 RGZ 73, 372, 377.

Der Miterbe als Mandant (die Erbengemeinschaft) § 13

Dauer und Umfang der Leistung einerseits und der Wert des Nachlasses andereseits sind für die Höhe des Ausgleichsbetrags entscheidend. Anhaltspunkte können Richtsätze für mithelfende Familienangehörige sein; in der Landwirtschaft evtl. die Richtsätze der Wirtschaftsminister.[215]

Es handelt sich praktisch um eine Ausgleichung mit umgekehrten Vorzeichen. 347

Durchführung der Ausgleichung (§ 2057 a IV BGB): Von der den ausgleichungspflichtigen Abkömmlingen verbleibenden Teilungsmasse ist der auszugleichende Betrag abzuziehen. Von dem verbleibenden Betrag sind die Erbteile der Abkömmlinge zu berechnen. Zu dem für den ausgleichsberechtigten Abkömmling entsprechend seinem Erbteil errechneten Auseinandersetzungsguthaben ist der Ausgleichungsbetrag hinzuzurechnen. 348

Berechnungsbeispiel 349
Der Erblasser hinterläßt eine Witwe, mit der er in Zugewinngemeinschaft gelebt hat, und die drei Kinder A, B, C. Der reine Nachlaßwert beträgt DM 70.000,–. Das Kind C hat für den Erblasser besondere Leistungen erbracht, die mit einem Wert von DM 5.000,– auszugleichen sind. Die Auseinandersetzungsguthaben sind zu berechnen.

Erbquoten: W   1/2 (§§ 1931 I, III, 1371 I BGB)
          A, B u. C   A, B und C je 1/6
Ausgleichung findet nur unter den Abkömmlingen statt, deshalb ist vorher der Wert des Erbteils der Witwe W abzuziehen (§ 2057 a IV 2 BGB).

---

215 So LG Ravensburg BWNotZ 1989, 146, 147.

Reinnachlaß:	DM 70.000,–
abzügl. 1/2 Erbteil W	DM 35.000,–
Wert des unter den Abkömmlingen aufzuteilenden Nachlasses:	DM 35.000,–
abzügl. ausgleichspflichtige Leistung	DM 5.000,–
fiktive Teilungsmasse	DM 30.000,–
Erbteil A: 1/6 des Gesamtnachlasses = 1/3 aus dem halben Nachlaß=	DM 10.000,–
Erbteil B: 1/3 =	DM 10.000,–
Erbteil C: 1/3 =	DM 10.000,–
zzgl. ausgleichspflichtige Leistung =	DM 5.000,–
Auseinandersetzungsguthaben C	DM 15.000,–.

350 Da die Höhe des Ausgleichsbetrages entscheidend von Billigkeitserwägungen bestimmt wird, ist daran zu denken, im Prozeß insoweit (analog der Praxis in Schmerzensgeldprozessen) einen unbezifferten Antrag zu stellen. Erforderlichenfalls wird das Gericht gem. § 287 ZPO den Betrag schätzen. Da die Ausgleichung aber nur im Rahmen der Erbteilung stattfindet und die Erbteilungsklage einen konkreten Teilungsplan beinhalten muß, käme ein solcher unbezifferter Antrag nur als Feststellungsklage zur Vorbereitung der Erbteilung in Betracht.[216]

Muster: Formulierung eines Antrags zur Feststellungsklage

▼

351 „Es wird beantragt festzustellen, daß die Klägerin bei der Erbteilung des Nachlasses des am verstorbenen Erblassers berechtigt ist, eine ausgleichungspflichtige Leistung iSv § 2057 a BGB einzustellen, deren Höhe das Gericht nach billigem Ermessen festsetzen möge."

▲

---

216 MüKo/*Dütz* § 2057 a Rn 37; *Lange*/*Kuchinke* § 15 III 5 d.

i) Erweiterter Erblasserbegriff beim Berliner Testament

Haben gemeinschaftliche Abkömmlinge von ihren beiden Eltern ausgleichspflichtige Zuwendungen erhalten und werden sie Schlußerben des überlebenden Elternteils, so sind auch die ausgleichspflichtigen Zuwendungen des Erststerbenden auf den Tod des Überlebenden auszugleichen.[217]

352

K. Die Teilauseinandersetzung

Grundsätzlich bezieht sich der Anspruch auf Nachlaßauseinandersetzung auf den gesamten Nachlaß. Sind alle Miterben einverstanden, so kann der Nachlaß auch nur zum Teil auseinandergesetzt werden. Ausnahmsweise kann ein Miterbe auch dann die teilweise Auseinandersetzung verlangen, wenn besondere Gründe vorliegen und die Belange der übrigen Erben nicht beeinträchtigt werden. Der BGH hat die Voraussetzungen für eine Teilauseinandersetzung in einem Fall als erfüllt angesehen, in dem ein Miterbe den durch die Weiterführung eines zum Nachlaß gehörenden Gewerbebetriebs entstandenen Gewinn für sich behielt und ein anderer Miterbe die Herausgabe des ihm bei der endgültigen Auseinandersetzung zufallenden Anteils am Gewinn verlangte.[218]

353

I. Nicht fällige oder unsichere Nachlaßverbindlichkeiten

Ausnahmsweise kann es bei nicht fälligen oder unsicheren Nachlaßverbindlichkeiten einen Anspruch auf teilweise Nachlaßauseinandersetzung geben: Bei **nicht fälligen oder streitigen** Verbindlichkeiten kann jeder Miterbe verlangen, daß das **Erforderliche zurückbehalten** wird, § 2046 I BGB. Besteht nur unter den Miterben Streit darüber, ob eine Verbindlichkeit besteht, so reicht dies aus, um entsprechende Mittel zurückzubehalten. Dasselbe gilt auch für Streitigkeiten über Ausgleichungspflichten nach §§ 2050 ff. BGB.[219]

354

Die zurückbehaltenen Mittel bleiben gemeinschaftlich auch nach der Teilung der übrigen Nachlaßgegenstände. Insofern besteht nur Anspruch auf eine

---

[217] BGHZ 88, 102.
[218] Urt. v. 13.3.63, BB 1963, 575.
[219] KG OLG 9, 389; *Staudinger/Werner* Rn 15; MüKo/*Dütz* Rn 10; *Palandt/Edenhofer* Rn 1, 2 je zu § 2046.

teilweise Auseinandersetzung des Nachlasses. Praktische Bedeutung gewinnt das Problem der Zurückbehaltung von Nachlaßmitteln bei einer zu erwartenden **steuerrechtlichen Nachveranlagung** des Erblassers.

Zur personellen Teilauseinandersetzung durch „Abschichtung" einzelner Miterben s. unten Rn 383 ff.

II. Nachlaßspaltung

355 Tritt Nachlaßspaltung ein, weil ein Teil des Nachlasses im Ausland liegt und dort ausländischem Erbrecht unterliegt, so wird jeder Teil nach den jeweils geltenden Auseinandersetzungsregeln des betreffenden Erbrechtsstatuts geteilt. Dabei handelt es sich nicht um eine Teilauseinandersetzung, da die durch Aufspaltung entstandenen Nachlaßteile grundsätzlich als jeweils selbständiger Nachlaß zu behandeln sind.[220]

Muster: Teilauseinandersetzung
▼

356 Vertrag zur teilweisen Auseinandersetzung des Nachlasses
079 der Frau ▬▬, geb. ▬▬, geb. am ▬▬, gestorben am ▬▬, zuletzt wohnhaft in ▬▬

zwischen

Frau ▬▬, wohnhaft ▬▬,
– Beteiligte zu 1 –
vertreten durch die Rechtsanwälte ▬▬
Herrn ▬▬, wohnhaft ▬▬
– Beteiligter zu 2 –
vertreten durch Rechtsanwalt ▬▬
Frau ▬▬, wohnhaft ▬▬
– Beteiligte zu 3 –
vertreten durch Rechtsanwalt ▬▬
Frau ▬▬, wohnhaft ▬▬
– Beteiligte zu 4-
Herrn ▬▬, wohnhaft ▬▬
– Beteiligter zu 5 –.

---

220 BGHZ 24, 355.

§ 1 Vorbemerkung

1.) Die Erblasserin, Frau _____, war mit Herrn _____, der am 03.12.96 verstorben ist, verheiratet. Die Eheleute haben keine Abkömmlinge hinterlassen. In einem gemeinschaftlichen Testament vom _____ haben sie sich gegenseitig zum Alleinerben eingesetzt, so daß Frau _____ nach dem Tod des Herrn _____ dessen Alleinerbin geworden ist.

Auf den Tod des Überlebenden, also auf den Tod von Frau _____, haben sie die Beteiligte zu 1 als Vorerbin zur Hälfte und die Beteiligten zu 2 und 3 jeweils als Vollerben zu 1/4 eingesetzt. Zu Nacherben der Vorerbin sind deren Abkömmlinge, die Beteiligte zu 4 und der Beteiligte zu 5, zu jeweils gleichen Teilen berufen.

Ein Erbschein wurde bisher nicht erteilt.

2.) Der Nachlaß der Erblasserin bestand am Todestag – einschl. dessen, was sie von ihrem Ehemann als Alleinerbin geerbt hat – im wesentlichen aus:

a) Der Eigentumswohnung in _____, Straße _____, eingetragen im Grundbuch von _____, AG _____, Band _____, Heft _____, Bestandsverzeichnis _____

b) Dem Hausgrundstück _____, Straße _____ in _____, eingetragen im Grundbuch von _____, AG _____, Band _____, Heft _____, Bestandsverzeichnis _____, Gemarkung _____

c) Bankguthaben auf folgenden Konten:
Postbank Kto.-Nr. _____, Guthaben per _____ DM _____
X–Bank Kto.-Nr. _____, Guthaben per _____ DM _____
Y–Bank Kto.-Nr. _____, Guthaben per _____ DM _____

3.) Der Beteiligten zu 1 ist bereits zu Lebzeiten der Erblasserin von dieser am _____ eine beurkundete Vollmacht erteilt worden, die über den Tod hinaus gilt (UR-Nr. _____ des Notars _____ in _____).

Die Erblasserin hat kurz vor Weihnachten 1998 gegenüber den beiden Nacherben, der Beteiligten zu 4 und des Beteiligten zu 5, ein Schenkungsversprechen des Inhalts abgegeben, daß jeder Beschenkte den Betrag von DM _____ erhalten soll. Die Beteiligte zu 1 hat im Auftrag der Erblasserin dieses Schenkungsversprechen erfüllt.

Darüberhinaus hat die Beteiligte zu 1 als Bevollmächtigte nach dem Tod der Erblasserin das Hausgrundstück in _____ veräußert. Der Erlös aus dem Hausverkauf wurde unter den Beteiligten zu 1 bis zu 3 entsprechend den Erbquoten aufgeteilt.

4.) Mit der nachfolgenden Teilauseinandersetzung sollen die Streitigkeiten unter den Beteiligten einschl. der Nacherben über den Hausverkauf und den Schenkungsvollzug vergleichsweise beigelegt werden. Gegenstand des Auseinandersetzungsvertrages ist der gesamte Nachlaß mit Ausnahme der Eigentumswohnung in _____

§ 2 Nachlaßverzeichnis und Bewertung

Der Nachlaß der Frau _____ besteht per heute aus folgenden Nachlaßgegenständen:

3 Das erbrechtliche Mandat nach dem Erbfall

A. Aktiva

1. Eigentumswohnung in ▒▒▒▒. Die Eigentumswohnung soll verkauft werden, damit ist der Makler ▒▒▒▒ beauftragt. Er bietet die Wohnung derzeit zu einem Preis von DM ▒▒▒▒ an.

2. Bankguthaben auf dem Konto Nr. ▒▒▒▒ bei der ▒▒▒▒ Bank ▒▒▒▒, heutiger Stand DM ▒▒▒▒

B. Passiva

1. Beerdigungskosten   DM ▒▒▒▒
2. Kosten des Grabsteins   DM ▒▒▒▒

§ 3 Teilauseinandersetzung

Die Mitglieder der Erbengemeinschaft setzen sich über den Nachlaß der Frau ▒▒▒▒ teilweise wie folgt auseinander:

1.) Das Bankguthaben bei der ▒▒▒▒ Bank, ▒▒▒▒, Kto.-Nr. ▒▒▒▒ wird wie folgt aufgeteilt:

Es erhalten

die Beteiligte zu 1 die Hälfte mit   DM ▒▒▒▒ (zu überweisen auf das Konto ▒▒▒▒)

die Beteiligte zu 2 ein Viertel mit   DM ▒▒▒▒ (zu überweisen auf das Konto ▒▒▒▒)

der Beteiligte zu 3 ein Viertel mit   DM ▒▒▒▒ (zu überweisen auf das Konto ▒▒▒▒)

Alle Beteiligten stimmen der Auszahlung durch die Bank zu.

2.) Im Hinblick auf die zu Lebzeiten der Erblasserin an die beiden Nacherben erfolgten Zuwendungen verpflichtet sich die Vorerbin, die Beteiligte zu 1, an die Beteiligten zu 2 und zu 3 jeweils einen Betrag von DM ▒▒▒▒ zusammen also DM ▒▒▒▒, zu zahlen durch Überweisung auf das Konto ▒▒▒▒ (Beteiligte zu 2) und das Konto ▒▒▒▒ (Beteiligte zu 3).

3.) Die Erbengemeinschaft besteht an der Eigentumswohnung ▒▒▒▒ vorerst fort. Irgendwelche Ansprüche der Vertragsschließenden, die sich auf diese Wohnung beziehen, sind mit dieser Teilauseinandersetzung nicht abgegolten.

Im übrigen sind alle gegenseitigen Ansprüche der Vertragsschließenden, gleich aus welchem Grunde, die sich auf die Nachlässe des Herrn ▒▒▒▒ und der Frau ▒▒▒▒ beziehen, mit der Erfüllung der vorliegenden Vereinbarung erledigt.

4.) Wir erklären verbindlich, daß die uns beratenden Anwälte ▒▒▒▒ uns umfassend über die unterschiedlichen Möglichkeiten einer Nachlaßauseinandersetzung und die Rechtsfolgen dieser Teilauseinandersetzung – mit Ausnahme steuerlicher Folgen – aufgeklärt haben. Zu einer steuerlichen Beratung waren sie nicht verpflichtet.

5.) Jeder Beteiligte trägt seine Kosten und die ihn betreffenden steuerlichen Lasten selbst.

Unterschriften   Ort/Datum

L. Der Teilungsvertrag

I. Ausgangslage

Nach Vorwegerfüllung der Nachlaßverbindlichkeiten (§ 2046 BGB) ist der Überschuß nach den oben behandelten Teilungsvorschriften unter die Erben im Verhältnis ihrer Erbteile und unter Berücksichtigung der Ausgleichungspflichten aufzuteilen. Das bedeutet, daß einzelne Nachlaßgegenstände in das Eigenvermögen des jeweiligen Miterben zu übertragen sind. Dabei ist die jeweilige für den einzelnen Nachlaßgegenstand vorgesehene Form einzuhalten: bei beweglichen Sachen Einigung und Übergabe (§ 929 BGB), bei Grundstücken Auflassung und Eigentumseintragung im Grundbuch (§§ 925, 873 BGB), bei Forderungen Abtretung (§ 398 BGB). 357

Mit der Erfüllung der Nachlaßverbindlichkeiten vor der Teilung ist es dem Gesetz Ernst: Wird diese Verpflichtung verletzt, so knüpft das Gesetz daran strenge Haftungssanktionen: 358
- gesamtschuldnerische Haftung jedes Miterben (§§ 2058, 2059 BGB),
- Ausschluss der Nachlaßverwaltung als Haftungsbeschränkungsmaßnahme (§ 2062, HS. 2 BGB). Und das bedeutet, daß die Erben eines zulänglichen Nachlasses für noch offene Verbindlichkeiten unbeschränkt und gesamtschuldnerisch haften, wenn sie die Regel des § 2046 BGB verletzt haben.

II. Freie Vertragsgestaltung

Es ist Aufgabe der Erben, sich über die konkrete Aufteilung des Nachlasses vertraglich zu einigen. Zu diesem Zweck schließen sie einen Teilungsvertrag. In der inhaltlichen Ausgestaltung dieses Vertrages sind die Erben nach den Regeln der Vertragsfreiheit und der §§ 241, 305 BGB frei. Sie können insbesondere von den gesetzlichen Auseinandersetzungsvorschriften der §§ 2042 ff. BGB 359 abweichende Vereinbarungen treffen. Auch hier ist zu unterscheiden zwischen dem schuldrechtlichen Verpflichtungsgeschäft einerseits und dem dinglichen Erfüllungsgeschäft andererseits.

III. Minderjährige Erben

1. Vertretung

360 Sind neben Eltern deren minderjährige Kinder an der Erbengemeinschaft beteiligt, so sind die Eltern im Hinblick auf §§ 1629, 1795, 181 BGB bei Vertragsabschluß von der Vertretung ihrer Kinder ausgeschlossen. **Jedes Kind** bedarf eines **Ergänzungspflegers** nach § 1909 BGB. Ausnahmsweise kann ein Pfleger mehrere Kinder vertreten, wenn die gesetzlichen Auseinandersetzungsregeln der §§ 2042 ff. BGB ohne jede vertragliche Abweichung eingehalten werden. In diesem Falle handelt es sich lediglich um die Erfüllung einer nach Gesetz begründeten Verbindlichkeit, bei der § 181 BGB nicht gilt. Dies dürfte eher selten der Fall sein.

2. Neuerungen durch das Minderjährigenhaftungsbeschränkungsgesetz

361 Das BVerfG hat mit Beschluß vom 13.5.1986 § 1629 I iVm § 1643 I BGB insoweit als mit Art. 2 I GG unvereinbar erklärt, als „Eltern ihre Kinder kraft elterlicher Vertretung bei Fortführung eines ererbten Handelsgeschäfts in ungeteilter Erbengemeinschaft finanziell unbegrenzt verpflichten können" und damit ohne vormundschaftsgerichtliche Genehmigung Verbindlichkeiten zu Lasten ihrer minderjährigen Kinder eingehen können, die über deren Haftung mit dem ererbten Vermögen hinausgehen (BVerfGE 72, 155 = NJW 1986, 1859 = FamRZ 1986, 769).

Die durch das am 1.1.1999 in Kraft getretene Minderjährigenhaftungsbeschränkungsgesetz vom 25.8.1998 (BGBl I 2487) eingefügte Vorschrift des § 1629 a BGB stellt die Verfassungsmäßigkeit der Vorschriften über die gesetzliche Vertretung minderjähriger Kinder durch ihre Eltern wieder her.

362 Das Gesetz hat kein zusätzliches vormundschaftsgerichtliches Genehmigungserfordernis eingeführt – was verfassungsrechtlich möglich gewesen wäre –, sondern ist den Weg einer Haftungsbeschränkung zugunsten des Kindes gegangen. Die Interessen von Gläubigern und des Rechtsverkehrs wurden durch die Schaffung zweier Vermutungstatbestände gewahrt (§ 1629 a IV BGB) und durch die Einführung eines außerordentliches Kündigungsrechts des Kindes, mit dem es seine Mitgliedschaft in einer Gesamthandsgemeinschaft (hier: Erbengemeinschaft) bzw. Personengesellschaft beenden kann.

Nach § 1629 a I BGB hat das volljährig gewordene Kind die Möglichkeit, die Haftung für Verbindlichkeiten, die seine Eltern ihm gegenüber bei Ausübung der gesetzlichen Vertretung begründet haben, und für Verbindlichkeiten, die durch einen in der Zeit der Minderjährigkeit eingetretenen Erwerb von Todes wegen begründet wurden, auf den Bestand desjenigen Vermögens zu beschränken, das im Zeitpunkt des Eintritts der Volljährigkeit vorhanden ist. 363

Ist ein volljährig gewordener Minderjähriger Miterbe an einer Erbengemeinschaft, so wird in § 1629 a IV BGB vermutet, daß die Verbindlichkeit nach Vollendung des 18. Lebensjahres begründet wurde, sofern der jetzt volljährige Miterbe nicht binnen drei Monaten nach Erreichen der Volljährigkeit seine Miterbenstellung aufgegeben hat, dh er muß innerhalb dieses Zeitraumes das Auseinandersetzungsverlangen nach § 2042 BGB stellen, wobei der Eintritt der Volljährigkeit als wichtiger Grund iSv §§ 749 II S. 1, 2042 II BGB angesehen wird (BT-Drucks. 13/5624 S. 10). Siehe weitere Ausführungen zur Neuregelung der Minderjährigenhaftung oben Rn 112 ff. 364

IV. Zustimmungserfordernisse nach §§ 1365, 1450 BGB

Nach § 1365 I BGB kann sich ein Ehegatte nur mit Zustimmung des anderen Ehegatten verpflichten, über sein Vermögen im ganzen oder über sein wesentliches Vermögen zu verfügen. 365

Das bedeutet für den Teilungsvertrag: Wenn der Erbteil des Ehepartners sein ganzes oder wesentliches Vermögen darstellt, ist die Zustimmung des anderen erforderlich.[221]

Besteht zwischen einem Miterben und seinem Ehegatten Gütergemeinschaft, so bedarf es der Zustimmung des Ehegatten, wenn der Erbteil zum Gesamtgut der Gütergemeinschaft gehört, der Erbteil das ganze Vermögen des Miterben darstellt und dieser das Gesamtgut allein verwaltet (§§ 1423, 1424 BGB). 366

221 Vgl. BGHZ 35, 135 = NJW 1961, 1301.

367 Wird das Gesamtgut von beiden Ehegatten gemeinsam verwaltet – was in der Praxis eher die Regel ist –, dann können nur beide Ehegatten gemeinsam über das Gesamtgut verfügen (§ 1450 I 1 BGB). Deshalb muß der Teilungsvertrag unter Mitwirkung beider Ehegatten geschlossen werden.

368 Bei bestehender Gütertrennung bedarf es keiner Zustimmung des Ehegatten.

M. Auseinandersetzung durch Erbteilskauf

369 Die Nachlaßauseinandersetzung kann auch in der Weise vorgenommen werden, daß ein Miterbe die Erbteile der anderen Miterben aufkauft. Auf diesem Weg wird das Gesamthandseigentum aller Miterben in das Alleineigentum des Erwerbers überführt. Das Kausalgeschäft – in der Regel ein Kaufvertrag – bedarf nach § 2371 BGB der notariellen Beurkundung, ebenso das Erfüllungsgeschäft, die Erbteilsübertragung nach § 2033 I BGB.

I. Verkauf des Erbteils

Auch beim Verkauf eines dem Miterben angefallenen Erbteils ist – wie üblich – zwischen Verpflichtungs- und Erfüllungsgeschäft zu unterscheiden.

1. Verpflichtungsgeschäft

Erbschafts-(Erbteils-)kauf nach §§ 2371 ff. BGB. Da die Verfügung des Miterben über seinen Gesamthandsanteil **an einzelnen Nachlaßgegenständen** nach § 2033 II BGB ausgeschlossen ist, wäre ein etwa hierauf gerichteter Verpflichtungsvertrag gem. § 306 BGB nichtig. Für den Erbschaftskauf gelten neben den Sonderbestimmungen der §§ 2371 ff. BGB die allgemeinen Vorschriften des Kaufrechts (§§ 433 ff. BGB) und des gegenseitigen Vertrags (§§ 320 ff. BGB).

2. Erfüllungsgeschäft

Erbteilsübertragungsvertrag nach § 2033 I BGB.

3. Wirkung

Durch die Erbschafts- bzw. Erbteilsübertragung wird der Erwerber nicht Erbe. Der Erwerb begründet lediglich den **schuldrechtlichen Anspruch**, wirtschaftlich so gestellt zu werden, als ob der Käufer und nicht der Verkäufer Erbe wäre. Zum Vorkaufsrecht der Miterben s. unten Rn 376 ff.

II. Vertragsgegenstand

1. Die Verschaffungsverpflichtung des Verkäufers – § 433 I BGB

Sie beinhaltet die Verpflichtung zum Abschluss eines Erbteilsübertragungsvertrags iSv § 2033 I BGB. 370

2. Die Gegenverpflichtungen des Käufers – § 433 II BGB

Der Käufer ist zur Kaufpreiszahlung und Abnahme verpflichtet. Der Käufer erwirbt nicht nur die Aktiva – Vertragsobjekt ist ein ganzes Vermögen bzw. ein Vermögensteil –, er muß dem Verkäufer gegenüber auch die Passiva übernehmen (§ 2378 BGB).

III. Gewährleistung

Im Unterschied zu §§ 440 ff. BGB (Rechtsmängelhaftung) und zu §§ 459 ff. BGB (Sachmängelhaftung) ist die Gewährleistung beschränkt: 371

1. Bei der Rechtsmängelhaftung gem. § 2376 I BGB auf

- das Zustehen des Erbrechts (Verität § 437 BGB), insbesondere, daß der Erbteil
  oder das Auseinandersetzungsguthaben nicht bereits an eine andere Person abgetreten oder verpfändet ist,
- das Nichtbestehen von
- unbeschränkter Haftung gegenüber Nachlaßgläubigern,
- Nacherbeneinsetzung,
- Testamentsvollstreckungsanordnung,
- Vermächtnissen und Auflagen,
- Pflichtteilslasten,
- Ausgleichungsverpflichtungen („hohler Erbteil"),

- Teilungsanordnungen,
- Ausgleichsforderung nach beendeter Zugewinngemeinschaft.

2. Die Sachmängelhaftung

372 Die Sachmängelhaftung ist vollkommen ausgeschlossen (§ 2376 II BGB). Darin liegt die entscheidende Bedeutung gegenüber Einzelverträgen. Ausnahme: Arglistiges Verschweigen (§ 443 BGB) und Zusicherung von Eigenschaften (§§ 459 II, 463 BGB). Zum Innenverhältnis zwischen Veräußerer und Erwerber bezüglich Lastentragung, Gefahrübergang, Nutzungsaufteilung und Ersatz von Verwendungen: §§ 2379–2381 BGB.

IV. Verhältnis zu den Nachlaßgläubigern (Außenverhältnis)

373 Die Stellung der Nachlaßgläubiger darf, weil sie auf den Verkauf keinerlei Einfluß haben, nicht verschlechtert werden.

1. Wer haftet nach dem Verkauf?

Es findet gesetzliche gesamtschuldnerische (kumulative) Schuldübernahme durch den Käufer statt (§ 2382 I BGB, wie bei dem bis 31.12.1998 geltenden § 419 BGB!). Ein vertraglicher Haftungsausschluß zwischen Käufer und Verkäufer ist nicht möglich (§ 2382 II BGB). Die Haftung erlischt jedoch, wenn die Miterben beim Erbteilskauf durch einen Dritten das Vorkaufsrecht ausüben (§§ 2034, 2036 BGB).

2. Was haftet nach dem Verkauf?

Haftete der Verkäufer bereits **unbeschränkt,** so haftet auch der Käufer **unbeschränkt** (§ 2383 I 2 BGB). Deshalb geht auch der Gewährleistungsanspruch in diese Richtung (§ 2376 I BGB). Verkäufer **und** Käufer können, da sie ja beide nebeneinander haften, Maßnahmen zur **Haftungsbeschränkung** ergreifen.

V. Form

374 Sowohl der Erbschaftskaufvertrag als auch das Erfüllungsgeschäft (Erbteilsübertragung) bedürfen der notariellen Beurkundung (§§ 2371, 2033 I BGB). Formlose Nebenabreden führen uU zur Gesamtnichtigkeit.[222] Der Vollzug des

---

[222] §§ 125, 139 BGB, BGH NJW 1967, 1129.

Erfüllungsgeschäfts bewirkt keine Heilung des formnichtigen Kaufvertrags, auch nicht die Übertragung des Erbteils nach § 2033 I BGB.[223] Ist nur ein Grundstück der alleinige oder nahezu alleinige Nachlaßgegenstand, so kann bei nichtiger Erbteilsübertragung auch Umdeutung (§ 140 BGB) in einen Grundstückskauf in Betracht kommen mit der Heilungswirkung von § 313 S. 2 BGB.

VI. Keine Grunderwerbsteuerpflicht

Befinden sich Grundstücke im Nachlaß, so ist die Erbteilsübertragung, die zum Zwecke der Nachlaßauseinandersetzung erfolgt, nach § 3 Nr. 3 GrdErwStG grunderwerbsteuerfrei.

375

VII. Vorkaufsrecht – § 2034 BGB

1. Zweck

Um das Eindringen Fremder in den engen Verband der Erbengemeinschaft zu verhindern, steht beim Verkauf eines Erbteils den anderen Miterben ein gesetzliches Vorkaufsrecht zu (§ 2034 BGB).

376

2. Verkauf als Tatbestandsmerkmal

Lediglich der Verkauf löst das Vorkaufsrecht aus, nicht auch Tausch, Schenkung und Sicherungsabtretung. Der Erbteil muß Gegenstand des Kaufs sein. Kein Vorkaufsfall liegt in der Zwangsversteigerung gem. §§ 2042, 753 BGB; 180 ZVG. Für das Vorkaufsrecht gelten die allgemeinen Vorschriften der §§ 504 ff. BGB.

377

3. Vorkaufsberechtigte

Die übrigen Miterben sind **als Gesamthänder** zum Vorkauf berechtigt.[224] Einzelne Miterben können das Vorkaufsrecht für sich ausüben, wenn die übrigen Miterben verzichten (§ 513 S. 2 BGB). Der Erbteilserwerber ist, wenn nach seinem Eintreten ein anderer Erbteil verkauft wird, nicht vorkaufsberechtigt.[225]

378

---

223 BGH NJW 1967, 1131.
224 BGH WM 1979, 1067.
225 BGHZ 86, 379=NJW 1983, 1555.

Ein Miterbe, der seinen Erbteil bereits verkauft und übertragen hat, zählt nicht mehr zu den vorkaufsberechtigten Miterben.[226]

379

Hinweis
Der Verkäufer ist verpflichtet, den Verkauf des Erbteils dem Nachlaßgericht unverzüglich anzuzeigen und den Namen des Käufers mitzuteilen, § 2384 BGB.

4. Wirkung

Die das Vorkaufsrecht ausübenden Miterben haben Anspruch auf Übertragung des Erbteils, nicht etwa einzelner Nachlaßgegenstände. Der Übertragungsanspruch richtet sich gegen den verkaufenden Miterben. Nach erfolgter Übertragung auf den Käufer gilt § 2035 BGB. Die Miterben erwerben als Gesamthänder.[227]

Eintritt des Vorkaufsberechtigten in fünf Schritten:
1. Schritt: Abschluss des Erbteilskaufvertrags (§ 2371 BGB)
2. Schritt: Anzeige nach § 510 BGB
3. Schritt: Vorkaufserklärung des Vorkaufsberechtigten nach § 505 BGB
4. Schritt: Entstehung eines Schuldverhältnisses zwischen Verkäufer und Vorkaufsberechtigtem nach § 505 II BGB
5. Schritt: Erbteilsübertragungsvertrag nach § 2033 I BGB als Erfüllungs-Rechtsgeschäft.

---

226 BGH FamRZ 1993, 420 unter Änderung der bisherigen Rechtsprechung.
227 BayObLG NJW 1981, 830.

Muster: Erbteilsübertragung bei zwei Miterben

▼

Notarielle Urkundenformalien

380

080

Erschienen sind
1. Herr
2. Frau
Sie erklären mit der Bitte um Beurkundung: Wir schließen folgenden

Erbteilskauf- und -übertragungsvertrag

I. Vorwort
1. Unsere Mutter, Frau ▮▮▮, zuletzt wohnhaft in ▮▮▮, ist am ▮▮▮ in ▮▮▮ gestorben. Sie war verwitwet und besaß nach unserer Kenntnis immer die deutsche Staatsangehörigkeit.
2. Eine Verfügung von Todes wegen hat sie nicht hinterlassen; es ist deshalb gesetzliche Erbfolge eingetreten. Erben wurden wir beide, die Erschienenen Ziff. 1 und 2, je zur Hälfte. Wir haben die uns angefallene Erbschaft angenommen. Das Nachlaßgericht ▮▮▮ hat unter Az. ▮▮▮ am ▮▮▮ einen Erbschein über unser Erbrecht erteilt. Eine Ausfertigung dieses Erbscheins liegt heute bei der Beurkundung vor.
3. Mit dem nachstehenden Vertrag soll im Wege der Erbteilsübertragung die Nachlaßauseinandersetzung durchgeführt werden.

II. Übertragungsverpflichtung
Herr ▮▮▮, der Erschienene Ziff. 1 – nachfolgend „der Verkäufer" genannt –, verkauft seinen Erbteil von 1/2 am Nachlaß der Frau ▮▮▮ an seine Schwester, Frau ▮▮▮, die Erschienene Ziff. 2 – nachfolgend „die Erwerberin" genannt –.

III. Kaufpreis
Die Erwerberin verpflichtet sich, an den Verkäufer als Kaufpreis DM ▮▮▮ zu zahlen, zahlungsfällig am ▮▮▮ Wegen des Kaufpreiszahlungsanspruchs in Höhe von DM ▮▮▮ unterwirft sich die Erwerberin der sofortigen Zwangsvollstreckung in ihr gesamtes Vermögen. Auf Antrag des Verkäufers kann diesem jederzeit eine vollstreckbare Ausfertigung dieser Urkunde erteilt werden.

IV. Gewährleistung
Die Gewährleistung richtet sich grundsätzlich nach den gesetzlichen Bestimmungen. Der Erwerberin ist der gesamte Nachlaß bekannt.

V. Erbteilsübertragung
Wir sind uns darüber einig, daß der hälftige Erbteil des Verkäufers hiermit auf die Erwerberin übergeht.

3 Das erbrechtliche Mandat nach dem Erbfall

VI. Mitteilung an das Nachlaßgericht
Der beurkundende Notar wird hiermit beauftragt, dem Nachlaßgericht ▓▓▓▓ eine beglaubigte Abschrift dieser Urkunde als Anzeige nach § 2384 BGB zu übersenden.
Wir stellen fest, daß ein gesetzliches Vorkaufsrecht nicht besteht, weil außer uns keine weiteren Personen zu Miterben berufen sind.

VII. Grunderwerbsteuer
Da die Erbteilsübertragung zum Zwecke der Nachlaßauseinandersetzung erfolgt, entsteht gem. § 3 Ziff. 3 GrdErwStG. keine Grunderwerbsteuer.

VIII. Grundbuchberichtigung
Im Grundbuch des Amtsgerichts ▓▓▓▓ für ▓▓▓▓ sind wir beide in Erbengemeinschaft als Miteigentümer des Grundstücks Markung ▓▓▓▓ Flst. Nr. ▓▓▓▓ Bestandsverzeichnis Nr. ▓▓▓▓ eingetragen.
Wir bewilligen, die Erwerberin beantragt hiermit ihre Eintragung als Alleineigentümerin des bezeichneten Grundstücks im Wege der Grundbuchberichtigung.
Diese Niederschrift wurde vom Notar vorgelesen, von den Erschienenen genehmigt und von ihnen und vom Notar eigenhändig unterschrieben:

Muster: Erbteilsübertragung bei fünf Miterben

381 Notarielle Urkundenformalien
Erschienen sind die vier Geschwister A, B, C und D.
Sie erklären mit der Bitte um Beurkundung:
Wir schließen folgenden

Erbteilskauf- und -übertragungsvertrag:

I. Vorwort
1. Erbfolge
Am ▓▓▓▓ ist unser Vater, Herr ▓▓▓▓, geboren am ▓▓▓▓, deutscher Staatsangehöriger, zuletzt wohnhaft in ▓▓▓▓ gestorben.
Er hat keine Verfügung von Todes wegen hinterlassen. Nach dem Erbschein des Nachlaßgerichts ▓▓▓▓ vom ▓▓▓▓ Az. ▓▓▓▓ sind seine gesetzlichen Erben geworden:
1. die Witwe W. zur Hälfte des Nachlasses,
2. die Tochter A zu einem Achtel des Nachlasses,
3. die Tochter B zu einem Achtel des Nachlasses,
4. der Sohn C zu einem Achtel des Nachlasses,
5. der Sohn D zu einem Achtel des Nachlasses.

Der Miterbe als Mandant (die Erbengemeinschaft) § 13

Eine Ausfertigung des bezeichneten Erbscheins liegt heute bei der Beurkundung vor.

2. Nachlaßgrundstück
Im Nachlaß des Erblassers ▓▓▓▓ befindet sich nur noch das Grundstück ▓▓▓▓, eingetragen im Grundbuch des Amtsgerichts ▓▓▓▓ für ▓▓▓▓ Blatt Gemarkung ▓▓▓▓ BV Nr. ▓▓▓▓ Flst. Nr. ▓▓▓▓.
Alle übrigen Nachlaßgegenstände sind bereits unter den Erben aufgeteilt.

3. Kein güterrechtliches Zustimmungserfordernis
Die Veräußerer versichern, daß sie durch diesen Vertrag nicht über ihr wesentliches Vermögen oder ihr Vermögen im ganzen verfügen (§ 1365 BGB).

II. Erbteilskauf
Frau B, Herr C und Herr D verkaufen hiermit ihren jeweiligen Erbteil am Nachlaß ihres Vaters ▓▓▓▓ von je einem Achtel an Frau A.

III. Kaufpreis
Frau A verpflichtet sich, an Frau B, Herrn C und Herrn D jeweils den Betrag von DM ▓▓▓▓ zu zahlen. Die Beträge sind fällig spätestens am ▓▓▓▓.
Wegen ihrer Zahlungsverpflichtungen gegenüber Frau B, Herrn C und D unterwirft sich Frau A der sofortigen Zwangsvollstreckung in ihr gesamtes Vermögen.
Auf jederzeitiges Verlangen jedes Verkäufers hat der beurkundende Notar dem betreffenden Gläubiger eine vollstreckbare Ausfertigung dieser Urkunde zu erteilen, ohne daß es des Nachweises der Tatsachen bedarf, die die Fälligkeit begründen.

IV. Anteilsübertragung
Frau B, Herr C und Herr D übertragen hiermit ihren jeweiligen Erbteil am Nachlaß ihres Vaters ▓▓▓▓ von je einem Achtel auf Frau A, welche die Übertragung hiermit annimmt. Die Beteiligten sind sich über den Rechtsübergang einig.

V. Vorkaufsrecht, Besitzübergabe, Grunderwerbsteuer, Kosten
Wir stellen fest, daß ein gesetzliches Vorkaufsrecht der Witwe W. nach § 2034 BGB nicht besteht, weil die Veräußerung der Erbteile nicht an einen Dritten erfolgt ist.
Die Mitbesitz-Übergabe an dem in I/2 bezeichneten Grundstück erfolgt unmittelbar nach vollständiger Kaufpreiszahlung.
Eine Grunderwerbsteuer fällt gem. § 3 Nr. 3 GrdErwStG nicht an, weil die Erbteilsübertragung der Nachlaßauseinandersetzung dient.
Die Kosten dieses Vertrags und ihres Vollzugs trägt die Erwerberin.

VI. Anzeige ans Nachlaßgericht
Der beurkundende Notar wird beauftragt, die Erbteilsübertragungen dem Nachlaßgericht ▓▓▓▓ nach § 2384 BGB anzuzeigen.

VII. Grundbuchberichtigungsantrag

Beim Amtsgericht ▓▓▓ als Grundbuchamt beantragen die Beteiligten B, C und D die Berichtigung des Grundbuchs dahingehend, daß Frau A anstelle von B, C und D als Miteigentümerin des oben I/2 näher bezeichneten Grundstücks in Erbengemeinschaft im Grundbuch eingetragen wird.
Alle Beteiligten bewilligen diese Eintragung hiermit.
Diese Niederschrift wurde vorgelesen, genehmigt und unterschrieben.

Muster: Erbteilsübertragung mit DDR-Grundstück und Entschädigung nach VermG

Notarielle Urkundenformalien

Erschienen sind:
1. Herr A
2. Herr B
Sie erklären mit der Bitte um notarielle Beurkundung:
Wir schließen folgenden

Erbteilskauf- und -übertragungsvertrag

I. Vorwort

Herr A – der Beteiligte Ziff. 1 – ist Miterbe zu einem Fünftel am Nachlaß der am ▓▓▓ verstorbenen Frau ▓▓▓, zuletzt wohnhaft in ▓▓▓. Eine Ausfertigung des vom Amtsgericht – Nachlaßgericht – ▓▓▓ am ▓▓▓ unter Az. ▓▓▓ erteilten Erbscheins liegt heute vor.
Danach sind Erben der Erblasserin geworden die Herren A und B sowie ihre Geschwister C, D und E zu je einem Fünftel.
Im Nachlaß der Erblasserin befindet sich das Grundstück, eingetragen im Grundbuch des Amtsgerichts ▓▓▓ für ▓▓▓ Gemarkung ▓▓▓ (Sachsen), Flst Nr. ▓▓▓ BV Nr. ▓▓▓
Dieses Grundstück wurde mit Bescheid des Landratsamts ▓▓▓ vom ▓▓▓ an die bezeichneten fünf Miterben zurückerstattet. Auf Ersuchen des Landkreises ▓▓▓ (Vermögens- und Ausgleichsamt) ist die Eintragung der Miterben im Grundbuch erfolgt (§ 34 II, IV VermG).
In Abt. II Nr. 1 lit. a) – c) sind Vorkaufsrechte nach § 20 VermG für den ersten Verkaufsfall zugunsten der dort genannten Nutzungsberechtigten eingetragen. Die Nutzungsentgelte nach dem Nutzungsentschädigungsgesetz werden an die Miterben bezahlt.
Bezüglich der Grundstücke ▓▓▓ war das Restitutionsverfahren nicht erfolgreich. Durch Bescheid des Landratsamts ▓▓▓ vom ▓▓▓ Az. ▓▓▓ wurde den Miterben dem Grunde nach eine Entschädigung zuerkannt. Diese Entschädigung wurde durch Bescheid des Landratsamts ▓▓▓ vom ▓▓▓ Az. ▓▓▓

auf DM ▓▓▓ festgesetzt. Alle Bescheide sind zwischenzeitlich bestandskräftig. Die Entschädigung ist noch nicht ausbezahlt.
Außer dem bezeichneten Grundstück und der Entschädigungssumme nach VermG ist kein weiterer Nachlaß vorhanden.

II. Erbteilskauf
1. Herr A verkauft an Herrn B seinen Erbteil von einem Fünftel am Nachlaß der Erblasserin ▓▓▓ Mitverkauft sind insbesondere alle Rechte des Verkäufers im Hinblick auf die noch nicht bezahlte Entschädigungssumme.
2. Der Kaufpreis beträgt DM ▓▓▓ und ist sofort zahlungsfällig. Hierwegen unterwirft sich Herr B der sofortigen Zwangsvollstreckung in sein gesamtes Vermögen.
3. Der Notar wird beauftragt, sowohl dem Nachlaßgericht ▓▓▓ als auch dem Landratsamt ▓▓▓ eine beglaubigte Abschrift dieser Urkunde als Anzeige nach § 2384 BGB bzw. als Mitteilung des Rechtsübergangs bezüglich der Entschädigungssumme zu übersenden.

Weitere Bestimmungen wie im vorhergehenden Muster.

N. Die Abschichtung einzelner Miterben

I. Begriff

Unter der Abschichtung von Miterben versteht man eine teilweise Auseinandersetzung des Nachlasses in personeller Hinsicht. Sie kommt in der Praxis häufig vor. Neuerdings hat Damrau eine systematische Gliederung vorgenommen.[228]

Der BGH hat diese Möglichkeit in seinem Urteil vom 21.1.1998[229] ausdrücklich anerkannt. Beachtliche Kritik an der BGH-Rechtsprechung übt Rieger in DNotZ 1999, 64 ff.

Der Abzuschichtende erhält einzelne Nachlaßgegenstände übertragen, die dem Wert seines Anteils entsprechen. Bleiben sie unter diesem Wert, so zahlen die verbleibenden Erben einen Ausgleich. Damit beinhaltet diese

---
228 ZEV1996, 361 ff.
229 FamRZ 1998, 673 = DNotZ 1999, 60 = ZEV 1998, 141.

Art der personellen Teilauseinandersetzung gleichzeitig eine gegenständliche Teilauseinandersetzung.

II. Abschichtung durch Erbteilsübertragung

384 Das Ausscheiden des „weichenden" Miterben kann dadurch geschehen, daß er seinen Anteil den verbleibenden Erben nach § 2033 BGB überträgt. Auf diese Weise erfolgt eine Anwachsung bei den anderen Miterben analog §§ 1935, 2094 BGB.[230] Die Erbengemeinschaft umfaßt damit nur noch die verbleibenden Miterben. Die Übertragung des Erbteils nach § 2033 BGB ist der entschieden sicherere Weg.

385 Dem steht allerdings die Meinung gegenüber, ein Ausscheiden eines Miterben könne auch ohne Erbteilsübertragung erfolgen; dies geschehe in der Weise, daß sich alle Erben über das Ausscheiden des Betroffenen einig sind und auf diesen Nachlaßgegenstände übertragen. Das Kammergericht hat dies direkt dem Gesetz entnommen, heute wird dies mit einer Analogie aus dem Recht der BGB-Gesellschaft, dem § 738 BGB, entnommen.

386 Die hM nimmt allerdings an, der Abschichtungsvertrag unterliege im schuldrechtlichen Teil den Vorschriften der §§ 2385, 2371 BGB und müsse deshalb notariell beurkundet werden.[231]

III. Abschichtung ohne Erbteilsübertragung

387 Die Abschichtung ohne Erbteilsübertragung ist die in der Praxis am häufigsten vorkommende Form. Die Miterben einigen sich darauf, daß der Abzuschichtende mit dem Erhalt bestimmter Nachlaßgegenstände aus der Erbengemeinschaft ausscheidet und diese unter den verbleibenden Miterben weiterbesteht. Dabei stellt sich die Frage, ob der Ausscheidende überhaupt ohne Erbteilsübertragung aus der Erbengemeinschaft ausscheidet.

388 In der Literatur werden zwei Lösungsmöglichkeiten diskutiert:
- Das Ausscheiden nach gesellschaftsrechtlichen Grundsätzen und
- der Verzicht auf den Erbteil.[232]

---

230 BGHZ 21, 229.
231 RGRK/*Kregel*, § 2033 Rn 13 mwN.
232 Siehe *Damrau*, ZEV 1996, 361, 365.

Der Miterbe als Mandant (die Erbengemeinschaft) § 13

Dabei wird der Verzicht neben der Veräußerung als eigenständiges Rechtsinstitut angesehen und wie eine Verfügung nach § 2033 BGB behandelt.

389

Der BGH hat schon in seinem Urteil vom 11.3.1968[233] eine andere Möglichkeit des Ausscheidens eines Miterben erörtert: Der abzuschichtende Miterbe erhält aus dem Nachlaß bestimmte Nachlaßgegenstände übertragen, mit denen er sich für abgefunden erklärt, und überträgt seinerseits den anderen Erben dasjenige, was ihm bei der Auseinandersetzung zukommen würde.

Diese Rechtsprechung hat der BGH nunmehr in einem Urteil vom 21.1.1998[234] bestätigt:

390

"Ein Miterbe kann auch aus einer Erbengemeinschaft, zu der ein Grundstück gehört, formfrei im Wege der Abschichtung ausscheiden. Ob seine Abfindung aus dem Nachlaß oder aus dem Privatvermögen des (oder der) anderen Erben geleistet wird, ist für die Formbedürftigkeit des Ausscheidens nicht von Bedeutung.

Wenn als Abfindung aber die Leistung eines Gegenstands vereinbart wird, der nur durch ein formbedürftiges Rechtsgeschäft übertragen werden kann (etwa ein Grundstück), ist die für dieses Rechtsgeschäft geltende Form zu beachten (§ 313 S. 1 BGB)."

Reimann nennt dies den „dritten Weg" der Erbauseinandersetzung.[235] Der BGH[236] betrachtet den Abschichtungsvertrag als **formfrei** mögliche Erbauseinandersetzung gem. § 2042 BGB, deren dingliche Wirkung über die Anwachsung analog § 738 BGB eintritt. Damit wächst das nach Abschichtung verbleibende Nachlaßvermögen den übrigen Miterben in Erbengemeinschaft an. Häufig wird es sich bei der Abschichtung um eine personelle und gegenständliche Teilauseinandersetzung handeln. Verbleibt aber nur noch ein Miterbe, so ist der ganze Nachlaß damit auseinandergesetzt.

391

Da somit kein Fall einer Verfügung über den Erbteil vorliegt, gilt auch nicht die Formvorschrift des § 2033 I S. 2 BGB. Allerdings ist der Abschichtungsvertrag dann formbedürftig, wenn als Abfindung die Leistung eines Gegenstandes

392

---

233 III ZR 223/65, wiedergegeben bei *Bühler* in BWNotZ 1987, 73.
234 FamRZ 1998, 673 = ZEV 1998, 141 = DNotZ 1999, 60.
235 ZEV 1998, 213.
236 AaO.

vereinbart wird, der nur durch ein formbedürftiges Rechtsgeschäft übertragen werden kann, bei Grundstücken gem. § 313 S. 1 BGB, bei Geschäftsanteilen einer GmbH gem. § 15 IV GmbHG. Reimann[237] empfiehlt trotzdem aus Gründen der Rechtssicherheit und der Rechtsklarheit die Beurkundung des Abschichtungsvertrags (vgl. seinen Formulierungsvorschlag lit. aa). Dies dürfte insbesondere dann von Vorteil sein, wenn nur noch **ein Miterbe** übrigbleibt und damit der ganze Nachlaß aufgeteilt ist.

Nach dem Vollzug des Abschichtungsvertrags erfolgt bezüglich der Nachlaßgrundstücke, die in Erbengemeinschaft verbleiben, eine Grundbuchberichtigung, wonach der abgeschichtete Miterbe als Gesamthänder ausgeschieden ist. Dies gilt auch dann, wenn nur noch **ein Miterbe** übrigbleibt und dieser kraft Anwachsung Alleineigentümer wird. Die Unrichtigkeit des Grundbuchs (§ 22 GBO) muß entweder in der Form des § 29 GBO nachgewiesen werden, oder es bedarf der beglaubigten Bewilligung des ausgeschiedenen Miterben (§§ 22, 19 GBO). Vgl. zum Grundbuchberichtigungsantrag bei Abschichtung Teil 4 § 22 Rn 73 ff.

O. Sonderproblem Beteiligung an einer Personengesellschaft

I. Gesetzliche Regelung

393 Beim Tod eines persönlich haftenden Gesellschafters einer BGB-Gesellschaft wird die Gesellschaft nach der gesetzlichen Regelung aufgelöst (§ 727 BGB). Damit wandelt sich die Gesellschaft kraft Gesetzes in eine Liquidationsgesellschaft um. Die Erben werden Mitglieder der Liquidationsgesellschaft.

Dies hat die nachstehenden Folgen:
- Der dem Erblasser zustehende Gesellschaftsanteil fällt in den Nachlaß und steht damit den Erben in ungeteilter Erbengemeinschaft zu.
- Das auf den Anteil des Erblassers entfallende Auseinandersetzungsguthaben ist bei der Erbteilung unter den Erben aufzuteilen. Bzw. die sich daraus ergebende Forderung ist einzuziehen und der Erlös zu teilen.

---

[237] ZEV 1998, 213.

II. Fortsetzungsregelung

Seit 1.7.1998 gilt aufgrund des Handelsrechtsreformgesetzes – HRefG – vom 22.6.1998 (BGBl I, 1474) beim Tod eines oHG-Gesellschafters oder eines persönlich haftenden Gesellschafters einer KG folgendes: Der betreffende Gesellschafter scheidet aus der Gesellschaft aus, sofern im Gesellschaftsvertrag nichts Abweichendes vereinbart ist (§§ 131 II Nr. 1, 161 II HGB). Damit wird die Gesellschaft nicht aufgelöst, sondern mit den verbleibenden Gesellschaftern – ohne Teilnahme der Erben des Verstorbenen – fortgesetzt. Im Hinblick auf die bis 30.6.1998 geltende gesetzliche Regelung, wonach die oHG bzw. KG beim Tod eines persönlich haftenden Gesellschafters aufgelöst wurde (§§ 131 Nr. 4; 161 II HGB), enthalten viele Gesellschaftsverträge eine sog. Fortsetzungsklausel. Eine Möglichkeit gesellschaftsvertraglicher Vereinbarung ist und war in §§ 736 BGB, 138 HGB vorgesehen.

394

Rechtswirkungen der gesetzlich geregelten Fortsetzung bzw. der vertraglich vereinbarten Fortsetzungsklausel:
- Die Beteiligung des Erblassers wächst den übrigen Gesellschaftern an (§ 738 I 1 BGB, 105 II HGB).
- Den Erben steht als Gesamthänder der Anspruch auf das Auseinandersetzungsguthaben und auf Freistellung von den Gesellschaftsschulden zu.[238]

Zur Höhe des Auseinandersetzungsguthabens:
Es errechnet sich grundsätzlich nach dem wirklichen Wert der Beteiligung unter Berücksichtigung aller stillen Reserven und des good will[239] im Zeitpunkt des Erbfalls, also zu dem Zeitpunkt, zu dem der Erblasser (genauer: die Miterben) ausscheidet. Zur Wertermittlung ist eine Gesamtbewertung des ganzen Unternehmens vorzunehmen, die in aller Regel nicht ohne die Einholung eines Sachverständigengutachtens möglich ist.

395

Die meisten Gesellschaftsverträge sehen vor, daß bei der Ermittlung des Werts des Auseinandersetzungsguthabens für die Erben die Faktoren *good will und know how* den Firmenwert nicht mitbestimmen sollen. In diesem Fall spricht man von der **Buchwertklausel**.[240]

396

---

238 BGHZ 17, 130, 136.
239 BGH NJW 1985, 192, 193.
240 BGH NJW 1979, 104.

III. Nachfolgeklauseln

397 Die von der Rechtsprechung entwickelten Grundsätze der Sondererbfolge ermöglichen es dem Erblasser und den Gesellschaftern, durch Gesellschaftsvertrag und dazu konforme Verfügung von Todes wegen vorzusehen, daß alle Erben oder einzelne von ihnen die Gesellschaft anstelle des Erblassers mit den verbliebenen Gesellschaftern fortsetzen (sog. **einfache bzw. qualifizierte Nachfolgeklausel**).

398 Mit der Vereinbarung einer Nachfolgeklausel im Gesellschaftsvertrag ist ausgesagt, daß der Gesellschaftsanteil in Abweichung der Vorschriften in §§ 727 I BGB, 131 II Nr. 1 HGB n.F. vererblich ist.

399 Folgen nach dem Gesellschaftsvertrag und aufgrund erbrechtlicher Legitimation alle Erben entsprechend ihrer Beteiligung am Nachlaß (einfache Nachfolgeklausel) oder nur einzelne bestimmte Erben (qualifizierte Nachfolgeklausel) in die Gesellschaft nach, so geschieht dies bei Personengesellschaften ipso iure; ein Aufnahmevertrag mit ihnen wird also nicht geschlossen. Der Geschäftsanteil geht mit allen Bestandteilen als Teil des Nachlasses gem. § 1922 BGB auf die Erben über. Die Erben können über den Eintritt in die Gesellschaft nur zusammen mit der Annahme der ganzen Erbschaft entscheiden, wobei die Nachfolge in die Gesellschafterstellung sich als Teil der Erbfolge nach den allgemeinen Regeln des Erbrechts richtet.

400 Damit vollzieht sich ein **automatisches Splitting** unter den eintretenden Miterben, das letztlich auf eine kraft Gesetzes (kraft Richterrechts) stattfindende teilweise Nachlaßauseinandersetzung – in Bezug auf den Gesellschaftsanteil – hinausläuft. Mit der Annahme der Erbschaft treffen den Erben die im Gesellschaftsvertrag festgelegten Rechte und Pflichten.[241]

Für minderjährige eintretende Erben ist eine vormundschaftsgerichtliche Genehmigung nach § 1822 Nr. 3 BGB nicht erforderlich.[242] Lediglich bei Ausschlagung der Erbschaft für den Minderjährigen gilt die Genehmigungspflicht nach § 1822 Nr. 2 BGB i.V. mit § 1643 BGB. Mit der Annahme der Erbschaft treffen den Erben die im Gesellschaftsvertrag festgelegten Rechte und Pflichten.

---

[241] *Reimann*, DNotZ 1999, 179, 194.
[242] BGH NJW 1971, 1268.

Die nach § 1643 BGB erforderliche Genehmigung wird seit 1. 7. 1998 vom FamG erteilt.

401 Eine familien- bzw. vormundschaftsgerichtliche Genehmigung ist nicht erforderlich, wenn bei einer Kapitalgesellschaft mehrere Erben entsprechend ihrer Beteiligung (in Erbengemeinschaft, § 18 I GmbHG) am Nachlaß in die Beteiligung im Erbwege nachfolgen. Handelt es sich um eine – auch bei Kapitalgesellschaften mögliche – qualifizierte Nachfolgeklausel, ist allerdings ein rechtsgeschäftlicher Übertragungsakt – von den Erben auf den qualifizierten Miterben – erforderlich; hierfür ist ein Genehmigungstatbestand nicht ersichtlich.[243]

402 Soll die Gesellschaft mit einem Dritten, der nicht Erbe, aber aufgrund eines **Vermächtnisses** erbrechtlich legitimiert ist, fortgesetzt werden, so ist dieser nicht Gesamtrechtsnachfolger und tritt nicht ohne weiteres in die Gesellschafterstellung ein.

Der begünstigte Dritte erlangt die Gesellschafterstellung erst durch Erfüllung des Vermächtnisses und den damit verbundenen Vertrag mit den übrigen Gesellschaftern. Nach dem Wortlaut des § 1822 Nr. 3 BGB bedarf dieser Vertrag für den eintretenden Minderjährigen der vormundschaftsgerichtlichen Genehmigung. Dieses Ergebnis erscheint jedoch zweifelhaft im Hinblick darauf, daß der gesetzliche Vertreter lediglich zur Ausschlagung einer Erbschaft, nicht aber zu deren Annahme der Genehmigung bedarf. Hat er nicht ausgeschlagen, so ist das Erfüllungsgeschäft zu Gunsten des Minderjährigen von einer Genehmigung freigestellt.[244]

Handhabung der Nachfolgeklausel bei der Nachlaßteilung:
403 Bei der Auseinandersetzung der Erbengemeinschaft muß sich der/die eintretende/n Erbe/n den Wert des Gesellschaftsanteils auf sein Auseinandersetzungsguthaben anrechnen lassen, sofern der Erblasser ihm den Anteil nicht im Wege des nicht anrechenbaren Vorausvermächtnisses zugewandt hat.

---

243 *Reimann*, DNotZ 1999, 179, 194.
244 *Reimann*, DNotZ 1999, 179, 195.

404 Übersteigt der Wert des Gesellschaftsanteils den Wert des Auseinandersetzungsguthabens des eintretenden Miterben, so hat dieser den übrigen Erben einen entsprechenden Ausgleich zu zahlen.

405 Da die Ausgleichsansprüche der übrigen Erben gegen den eintretenden ihre Grundlage im Recht der Nachlaßteilung haben, richten sie sich gegen den Erben und nicht gegen die Gesellschaft.

IV. Erbrechtliche Eintrittsklauseln

406 Anders als bei der erbrechtlichen Nachfolge gestaltet sich die Rechtslage, wenn bei Personengesellschaften einem oder allen Erben nur gestattet ist, in die Gesellschaft einzutreten (erbrechtliche Eintrittsklausel). Hier erlischt das Mitgliedschaftsrecht des Erblassers, aber die Gesellschaft besteht fort. Die Erben können durch einseitige Eintrittserklärungen in die Gesellschaft eintreten. Diese stellt die Annahme des bereits im Gesellschaftsvertrag enthaltenen bindenden Angebots dar. Sie bewirkt für den Eintretenden den Vertragsabschluß.

Für einen solchen Eintritt bedarf der Minderjährige der familien- bzw. vormundschaftsgerichtlichen Genehmigung nach § 1822 Nr. 3 BGB, weil erst durch seine Erklärung die Zugehörigkeit zur Gesellschaft begründet wird.[245]

V. Besonderheiten bei Minderjährigen, die als Miterben in eine Personengesellschaft eintreten

407 Die neue haftungsrechtliche Situation seit 1.1.1999: Der Beschluß des BVerfG v. 13.5.1986 (aaO) stellte vordergründig die Vertretungsmacht der Eltern in Bezug auf ein in den Nachlaß fallendes Handelsgeschäft in Frage. Die Überlegungen, die seitdem angestellt wurden, haben nunmehr zu einem Ergebnis geführt, das über den vom BVerfG entschiedenen Fall hinaus geht. Der Gesetzgeber hatte die Wahl, den in den bisherigen §§ 1629 I, 1643 I BGB liegenden Verfassungsverstoß entweder dadurch zu beheben, daß der Katalog der genehmigungspflichtigen Geschäfte ausgeweitet oder aber eine Möglichkeit, die Haftung für die durch den gesetzlichen Vertreter begründeten Verbindlichkeiten zu beschränken, eingeführt würde. Der Gesetzgeber hat sich

---

[245] *Winkler*, ZGR 1973, 177, 190.

für die letztere Möglichkeit entschieden. Die Haftungsbeschränkung wurde durch zwei gesetzgeberische Maßnahmen realisiert:

aa) Der volljährig Gewordene kann sich nach § 1629 a BGB auf die **Beschränkung seiner Haftung** berufen. Es treten dann die Rechtsfolgen der §§ 1990, 1991 BGB ein (nach dem Modell der beschränkten Erbenhaftung in der Form der Dürftigkeitseinrede bzw. der Erschöpfungseinrede, vgl. dazu im einzelnen § 21 Kapitel „Der Gläubiger als Mandant" Rn 123 ff). 408

Durch die Verweisung auf § 1990 BGB wird dem jetzt Volljährigen die **Erschöpfungseinrede** gewährt. Er kann die Befriedigung eines Altgläubigers insoweit verweigern, als der Bestand des bei Eintritt der Volljährigkeit vorhandenen Vermögens nicht ausreicht. Das Gesetz greift somit die vom BVerfG genannte Regelungsmöglichkeit, die Minderjährigen „nicht über den Umfang des ererbten Vermögens hinaus zu Schuldnern werden zu lassen", nicht auf. Es haftet also den Altgläubigern das **gesamte bei Volljährigkeit vorhandene Vermögen**, nicht nur das ererbte. 409

Mit der Verweisung auf § 1991 BGB wird bewirkt, daß der jetzt Volljährige, wenn er von seinem Recht der Haftungsbeschränkung Gebrauch macht, den Gläubigern für die Verwaltung des bei Eintritt der Volljährigkeit vorhandenen Vermögens wie ein Beauftragter verantwortlich ist (§§ 1991 I, 1978 I, 662 ff. BGB). Er haftet für die ordnungsgemäße Verwaltung und Erhaltung des bei Eintritt der Volljährigkeit vorhandenen Vermögens (§§ 662, 276 BGB) und ist auf Verlangen verpflichtet, Auskunft zu erteilen und Rechenschaft abzulegen (§ 666 BGB).

Die gewählte Lösung geht also über den vom BVerfG erteilten Auftrag hinaus, nämlich insoweit, als in die Haftungsbeschränkung auch Verbindlichkeiten aus Rechtsgeschäften, die sonstige vertretungsberechtigte Personen für das Kind eingehen, einbezogen werden, sowie solche, zu denen die Eltern die Genehmigung des VormundschaftsG. bzw. FamilienG. erhalten haben, ferner Verbindlichkeiten, die aufgrund eines während der Minderjährigkeit erfolgten Erwerbs von Todes wegen angefallen sind.[246]

---

[246] *Reimann*, MittBayNot 1998, 326; DNotZ 1999, 179, 180, 181.

410 bb) Der jetzt Volljährige hat künftig neben der Haftungsbeschränkung auch das Recht, aus einer Personengemeinschaft auszuscheiden und seine bisherige Position im Geschäftsleben aufzugeben. Hierfür wurde ein **außerordentliches Kündigungsrecht** des volljährig Gewordenen eingeführt (§ 723 I S. 3 Nr. 2 BGB). Es gilt über die §§ 105 II, 161 II HGB auch für die vollhaftenden Gesellschafter in OHG und KG.

Anmerkung: Die Minderjährigkeit eines Einzelkaufmanns oder eines persönlich haftenden Gesellschafters ist eine rechtserhebliche Tatsache des Handelsverkehrs, die in das Handelsregister einzutragen ist.

VI. Die Ausübung des Wahlrechts nach § 139 HGB

411 Der Erbe eines an einer OHG oder KG beteiligten vollhaftenden Gesellschafters kann nach § 139 I HGB sein Verbleiben in der Gesellschaft davon abhängig machen, daß seine Beteiligung in die eines Kommanditisten umgewandelt wird. Dieses Wahlrecht steht neben der Möglichkeit des jetzt Volljährigen, die Haftung nach § 1629 a BGB zu beschränken.

Die Beteiligungsumwandlung nach § 139 HGB wird zweistufig realisiert:
- durch den formlosen Antrag des Erben an die übrigen Gesellschafter[247] und
- durch Abschluss eines Vertrages mit den Gesellschaftern über die Beteiligungsumwandlung, falls es zu dieser kommt. Mehrere Erben können das Wahlrecht jeweils nur einzeln ausüben, auch eine unterschiedliche Ausübung ist möglich.[248]

412 Ist der **Erbe minderjährig**, so vertritt ihn bei der Ausübung des Wahlrechts sein gesetzlicher Vertreter. Ist dieser selbst Gesellschafter und damit Beteiligter des Umwandlungsvertrags, ist er gem. § 181 BGB an der Vertretung gehindert. Für den minderjährigen Erben ist deshalb ein **Ergänzungspfleger** gem. § 1909 BGB zu bestellen, für mehrere Minderjährige jeweils ein Ergänzungspfleger, weil für den Pfleger wiederum § 181 BGB gilt. Die Ausübung des Wahlrechts

---

247 BGHZ 55, 267, 270
248 BGH NJW 1971, 1268.

bedarf nach h.M. nicht der familien- bzw. vormundschaftsgerichtlichen Genehmigung.[249]

Kommt es zu einem Vertrag über die Beteiligungsumwandlung nach § 139 HGB, wird der Erbe mit Vertragsschluß Kommanditist, kommt es jedoch nicht zum Vertrag, so hat der Erbe die Wahl zwischen dem Verbleib in der Gesellschaft als endgültig vollhaftender Gesellschafter oder seinem Ausscheiden aus der Gesellschaft.

Das Wahlrecht des Erben nach § 139 HGB kann gesellschaftsvertraglich nicht ausgeschlossen werden (§ 139 V HGB), ein solcher Ausschluss ist aber im erbrechtlichen Wege dadurch zu erreichen, daß dem Gesellschafter-Nachfolger durch Verfügung von Todes wegen eine Eintrittspflicht auferlegt wird. Dies kann durch Bedingung oder Auflage geschehen. Ist die Eintrittspflicht letztwillig wirksam angeordnet, so bleibt dem Nachfolger nur die Möglichkeit, entweder persönlich haftender Gesellschafter zu werden oder die Erbschaft bzw. die Vermächtniszuwendung auszuschlagen. Denkbar ist auch, daß der Erblasser bei Minderjährigen die Kompetenz für die Ausübung des Wahlrechts dem gesetzlichen Vertreter gem. § 1638 BGB entzieht und sie einem Ergänzungspfleger zuweist.

Vgl. zu dieser Art familienrechtlicher Anordnungen in einer letztwilligen Verfügung Teil 2 § 8 Rn 301 ff.

P. Vermittlung der Auseinandersetzung durch das Nachlaßgericht

Jeder Miterbe kann beim Nachlaßgericht die Vermittlung der Auseinandersetzung nach §§ 86 ff. FGG beantragen. Das Nachlaßgericht darf allerdings nur vermitteln, nicht entscheiden. Nachlaßgläubiger haben kein Antragsrecht.

Ein vom Nachlaßgericht bestätigter Auseinandersetzungsplan hat die Wirkung eines Auseinandersetzungsvertrags (§ 97 FGG) und ist Vollstreckungstitel (§ 98 FGG). In der Praxis hat sich diese Verfahrensart nicht durchgesetzt.

---

249 *Reimann*, DNotZ 1999, 179, 196.

Q. Testamentsvollstreckung und Nachlaßauseinandersetzung

I. Pflicht des Testamentsvollstreckers zur Auseinandersetzung

416 Der TV hat nicht nur das Recht, sondern auch die Pflicht, unter den Miterben die Auseinandersetzung des Nachlasses zu bewirken, falls der Erblasser nichts anderes bestimmt hat (§ 2204 BGB).

Kommt der TV dieser Pflicht nicht nach, so kann er von den Erben dazu verklagt werden.[250] Die Auseinandersetzung hat unverzüglich nach dem Erbfall bzw. zu dem vom Erblasser bestimmten Zeitpunkt zu erfolgen.

417 Besteht die Testamentsvollstreckung nur an einem Erbteil, so kann der Testamentsvollstrecker von den übrigen Erben die Mitwirkung bei der Auseinandersetzung verlangen.[251] Der TV, der Auseinandersetzungsbefugnis hat, kann nicht die Vermittlung der Auseinandersetzung durch das Nachlaßgericht nach §§ 86 ff. FGG beantragen. Vielmehr hat er selbst die Auseinandersetzung vorzunehmen.

418 Ist der TV selbst **Miterbe** (bspw. als überlebender Ehegatte), so hindert ihn das nicht daran, die Auseinandersetzung vorzunehmen.

Auch für den TV gelten die allgemeinen Regeln über die Art und Weise der Auseinandersetzung. Aber der Erblasser kann ihm auch gestatten, die Auseinandersetzung nach **billigem Ermessen** zu bewirken (§ 2048 S. 2 BGB).

II. Die Auseinandersetzung durch den TV nach den gesetzlichen Regeln

419 Zur Bereinigung der Nachlaßverbindlichkeiten ist der Nachlaß in Geld umzusetzen (§§ 2046, 755 BGB). Bei streitigen oder nicht fälligen Verbindlichkeiten ist der erforderliche Betrag zurückzubehalten.

420 Der nach Erfüllung der Nachlaßverbindlichkeiten verbleibende Überschuß des Nachlasses ist unter die Erben im Verhältnis ihrer Erbteile unter Berücksichtigung von Ausgleichungspflichten unter Abkömmlingen zu verteilen.

---

250 RGZ 100, 97.
251 *Lange/Kuchinke*, § 46 II 1 b.

Soweit **Teilung in Natur** (§ 752 BGB) ausgeschlossen ist und der TV nicht aufgrund seines Verfügungsrechts einzelne unteilbare Gegenstände auf die Erben übertragen will, kann er den Nachlaß nach seinem pflichtgemäßen Ermessen im Wege des freihändigen Verkaufs verwerten. Er kann sie natürlich auch an einzelne Miterben verkaufen (was in der Praxis nicht selten geschieht). 421

An die für den Fall der Uneinigkeit der Erben geschaffene Vorschrift des § 753 BGB, die den Verkauf nach den Regeln des Pfandverkaufs, also durch Versteigerung beweglicher Sachen und die Zwangsversteigerung von Grundstücken (nach §§ 180 ff. ZVG) vorsieht, ist der TV nicht zwingend gebunden.[252] 422

Falls doch zwangsversteigert werden soll, so kann nur der TV den Antrag auf Teilungsversteigerung stellen. 423

III. Der Teilungsplan des Testamentsvollstreckers

1. Verfahren

Der TV hat nach Befriedigung der Nachlaßgläubiger einen Teilungsplan aufzustellen und für verbindlich zu erklären. Vor der Ausführung des Planes sind die Erben zu hören (rechtliches Gehör, § 2204 II BGB). 424

2. Wirkungen des Teilungsplans

Der Teilungsplan ersetzt den Auseinandersetzungsvertrag unter den Miterben und wirkt verpflichtend und berechtigend für und gegen die Erben.[253] Er bindet TV und Erben erst, wenn der TV ihn für verbindlich erklärt hat, maW wenn er erklärt hat, daß die Teilung nach diesem Plan zu geschehen habe. Den bindend gewordenen Teilungsplan kann der TV nicht mehr einseitig rückgängig machen,[254] wohl aber dann, wenn sich TV und alle Erben einig sind. 425

Der Plan selbst hat noch keine unmittelbar dingliche Wirkung. In Vollzug des Plans und kraft seiner Verfügungsmacht aus § 2205 BGB überträgt der TV dinglich zum Zwecke der Teilung unter den Erben die einzelnen 426

---

252 RGZ 108, 289.
253 RG JW 1938, 2972, *Palandt/Edenhofer*, § 2204 Rn 4.
254 KG, OLGZ 11, 244.

Nachlaßgegenstände auf den jeweiligen Erben. Dazu ist er auch befugt, wenn ein Miterbe widersprochen hat.

3. Ungesetzlicher Teilungsplan

427 Der Teilungsplan kann wegen Ungesetzlichkeit oder offenbarer Unbilligkeit von jedem Miterben durch Klage gegen den TV angefochten werden, ohne daß er seine Miterben verklagen muß.[255]

Vorläufiger Rechtsschutz: Einstweilige Verfügung auf Untersagung der Ausführung des Teilungsplans.

4. Formvorschriften

428 Die für den jeweiligen Nachlaßgegenstand geltenden besonderen Übertragungsvorschriften sind zu beachten (Auflassung bei Grundstücken, Einigung und Übergabe bei bewegl. Sachen). Bei land- und forstwirtschaftlichen Grundstücken besteht u.U. eine Genehmigungspflicht nach § 2 GrdstVG.[256]

5. Schadenersatzpflicht des Testamentsvollstreckers

429 Setzt sich der TV über die Anordnungen des Erblassers hinweg, macht er sich schadensersatzpflichtig. Der von ihm aufgestellte Teilungsplan ist dann unverbindlich (notfalls per Feststellungsklage klärbar). Die Konsequenz hieraus: Die Leistungen an die Erben sind ohne Rechtsgrund erfolgt und deshalb kondizierbar (§ 812 I 1 BGB). Den Rückgewähranspruch kann jeder Miterbe nach § 2039 BGB geltend machen.[257]

6. Selbstkontrahieren des Testamentsvollstreckers

430 Bei der Rechtsübertragung kann der TV grundsätzlich nicht beide Seiten vertreten (§ 181 BGB), soweit ihm dies nicht im Rahmen einer ordnungsgemäßen Verwaltung gestattet ist (§ 2216 I BGB). Dem TV, der nicht Miterbe ist, sind deshalb Insichgeschäfte versagt, sie sind grundsätzlich unwirksam. Soweit der TV zugleich Miterbe ist, kann davon ausgegangen werden, daß der Erblasser eine Befreiung von den Beschränkungen des § 181 BGB haben wollte,

---

[255] OLG Karlsruhe NJW-RR 1994, 905.
[256] OLG Stuttgart RdL 66, 123.
[257] BGH bei *Johannsen* WM 1970, 744.

auch wenn damit ein Interessenkonflikt verbunden ist. In einem solchen Fall kann er das ihm nach seinem eigenen Teilungsplan Zugeteilte annehmen und insbesondere Grundstücke an sich selbst auflassen.

7. Kosten

Die Kosten der Auseinandersetzung samt Auslagen (evtl. für Grundstückswertgutachten) treffen den Nachlaß und damit die Erben (§§ 2218, 670 BGB). 431

8. Besonderheiten bei der Zuteilung von Grundstücken

Hat der Erblasser einem Miterben oder einem Dritten ein Grundstück vermächtnisweise zugewandt, so erklärt der TV die Auflassung mit dem Empfänger aufgrund seiner Verfügungsbefugnis nach § 2205 BGB. Es handelt sich um die Bereinigung einer Nachlaßverbindlichkeit im Rahmen von § 2046 BGB. 432

Sieht eine vom Erblasser getroffene Teilungsanordnung vor, daß einem Miterben ein Grundstück zu übertragen ist, so erklärt der TV zusammen mit dem Miterben die Auflassung, ohne daß es zuvor des Abschlusses eines schuldrechtlichen Vertrages in notarieller Form bedürfte, weil der Verpflichtungsgrund für die Übertragung in der letztwilligen Teilungsanordnung des Erblassers liegt. Auf diese Weise kann durch privatschriftliches Testament eine Grundstücksübertragungsverpflichtung (§ 2247 BGB) geschaffen werden. 433

Das gleiche gilt, wenn der TV den Nachlaß nach billigem Ermessen oder nach Gesetz aufteilt und dabei einem Miterben ein Nachlaßgrundstück zuweist. Auch dabei gilt § 313 BGB nicht. 434

Bei der Auflassung wirkt der Erwerber selbst mit. Der TV überträgt das Grundstück auf den Miterben in Ausführung des Teilungsplans und in Anrechnung auf dessen Auseinandersetzungsguthaben. Darin liegt die causa für den Eigentumsübergang. 435

9. Genehmigung des Familiengerichts (seit 1.7.1998) bzw. des Vormundschaftsgerichts

Soweit minderjährige oder unter Betreuung stehende Personen an der Nachlaßauseinandersetzung beteiligt sind, ist eine Genehmigung des Familiengerichts für Minderjährige (§ 1643 BGB) bzw. des Vormundschaftsgerichts für 436 unter Betreuung Stehende nicht erforderlich, weil der Teilungsplan kein Vertrag ist, sondern diesen ersetzt.[258] Etwas anderes gilt, wenn im Teilungsplan besondere Vereinbarungen der Erben enthalten sind, die weder den Anordnungen des Erblassers noch den gesetzlichen Teilungsvorschriften entsprechen.[259]

437 Ist der TV als Elternteil gleichzeitig gesetzlicher Vertreter eines minderjährigen Miterben, so ist er bei der Teilung an der gesetzlichen Vertretung gehindert, die Bestellung eines Ergänzungspflegers nach § 1909 BGB ist also erforderlich.[260] Der Pfleger bedarf nicht der Genehmigung des Vormundschaftsgerichts, wenn sich der Teilungsplan im Rahmen der Anordnungen des Erblassers oder der gesetzlichen Teilungsvorschriften hält. Da dies aber selten der Fall sein dürfte, ist idR von einer Genehmigungspflicht nach §§ 1915, 1822 Nr. 1 BGB auszugehen.

10. Auseinandersetzungsvertrag der Erben

438 Der TV ist an Vereinbarungen der Erben über die Art und Weise der Teilung nicht gebunden – dies widerspräche seiner authentischen Befugnis, den Willen des Erblassers – auch notfalls gegen den Willen der Erben – durchzusetzen. Deshalb können die Erben auch dem TV die Befugnis zur Bewirkung der Auseinandersetzung nicht entziehen.

439 Damit der TV in die Lage versetzt wird, die Teilung ordnungsgemäß vorzunehmen, sind die Erben verpflichtet, ihm Auskunft über ausgleichungspflichtige Vorempfänge zu geben. Er kann notfalls die Abgabe einer eidesstattlichen Versicherung nach §§ 2057 S. 2, 260, 261 BGB verlangen.[261]

---

258 BayObLG 67, 240.
259 BGHZ 56, 275.
260 OLG Hamm OLGZ 93, 392; *Damrau*, ZEV 1994, 1.
261 *Palandt/Edenhofer*, § 2057 BGB Rn 1.

R. Besonderheiten des Landwirtschaftserbrechts

I. Bewertung bei Übernahme eines landwirtschaftlichen Betriebes

Für die Bewertung eines landwirtschaftlichen Betriebs („Landgut") im Falle seiner Übernahme durch einen Miterben aus der Erbengemeinschaft sieht § 2049 BGB eine Sonderregelung vor: Als Übernahmewert ist der Ertragswert anzusetzen. **440**
Der Übernehmer soll sich durch die Auszahlung an die anderen Miterben nicht so hoch verschulden müssen, daß er den Hof gar nicht weiterführen könnte.

Begriff: Landgut ist eine Besitzung, die eine zum selbständen Betrieb der Land- oder Forstwirtschaft geeignete Wirtschaftseinheit darstellt, und die mit den erforderlichen Wohn- und Wirtschaftsgebäuden ausgestattet ist.[262] **441**

§ 2049 BGB stellt jedoch nur eine **Auslegungsregel** dar für den Fall, daß der Erblasser einem Miterben ein Übernahmerecht eingeräumt hat. Der Erblasser kann auch eine abweichende Anordnung treffen.
Der Ertragswert wird nach § 2049 II BGB auf der Grundlage des Reinertrags ermittelt. Wie der Ertragswert aus dem Reinertrag zu errechnen ist, sagt § 2049 BGB nicht. Art. 137 EGBGB ermöglicht es den Ländern, hierzu nähere Bestimmungen zu treffen.
Je nach Bundesland wird teilweise das 25fache, teilweise das 18fache des jährlichen Reinertrags als Ertragswert angenommen.

§ 48 Ba.-Wü. AGBGB bestimmt:
"(1) Bei der Berechnung des Ertragswerts ... wird der jährliche Reinertrag des Landgutes durch Schätzung ermittelt.
(2) Als Ertragswert gilt das 18fache des jährlichen Reinertrags."

(S. auch *Haegele,* BWNotZ 1979, 34).

Art. 68 BayAGBGB sieht ebenfalls den 18fachen jährlichen Reinertrag als Ertragswert an.

---
262 BGH NJW 1964, 1414, 1416.

3 Das erbrechtliche Mandat nach dem Erbfall

II. Landwirtschaftliches Sondererbrecht

1. Gesetzeslage

442 Die meisten alten Bundesländer – nicht auch die neuen – haben Sonderregeln für die Vererbung land- und forstwirtschaftlicher Betriebe erlassen. Neben diesen Sondervorschriften auf Länderebene eröffnet § 13 GrundstVerkG die Möglichkeit der Zuweisung eines Hofes an einen Miterben als bundeseinheitliche Regelung, und damit gibt es auch in den neuen Bundesländern ein besonderes Landwirtschaftserbrecht. Ermächtigungsgrundlage für landesrechtliche Sonderregeln ist Art. 64 EGBGB. Die Sondervorschriften weichen zum Teil erheblich von den §§ 1922 ff BGB ab.

Rechtspolitischer Hintergrund ist das agrarpolitische Interesse an der geschlossenen Vererbung landwirtschaftlich lebensfähiger Einheiten. Aus diesem Grund soll es **einem Hoferben – bei Ehegatten auch beiden** – ermöglicht werden, die Rechtsnachfolge in einen Hof anzutreten. Um dieses Ziel zu erreichen, sind insbesondere Bestimmungen über die Abfindung weichender Erben erforderlich. Wobei sich die Abfindungsleistungen nicht am Verkehrswert des Hofes orientieren können, weil der Übernehmer andernfalls finanziell überfordert wäre.

2. Die Höfeordnung

a) Rechtsgrundlage

443 Die Höfeordnung in der Fassung vom 26.7.1976 (BGBl I, 1933) gilt seit 1.7.1976 in den Ländern Hamburg, Niedersachsen, Nordrhein-Westfalen und Schleswig-Holstein, und zwar als partikuläres Bundesrecht gem. Art. 125, 72 II, 74 Nr. 1 GG. Nur im Saarland, in Bayern, in Berlin und in den neuen Bundesländern gelten keine höferechtlichen Sonderregelungen. In Baden-Württemberg gilt unterschiedliches Recht; vgl. hierzu unten Rn 455.

444 Der HöfeO unterfallen alle land- und forstwirtschaftlichen Besitzungen mit einer zu ihrer Bewirtschaftung geeigneten Hofstelle, die sich im Alleineigentum einer natürlichen Person oder im gemeinschaftlichen Eigentum von Ehegatten befindet, sofern sie einen nach § 46 BewG bestimmten Wirtschaftswert von mindestens DM 20.000 haben.

Begriffsbestimmung: § 1 II GrdstVerkG.
Höfe mit einem Wirtschaftswert zwischen DM 20.000 und DM 10.000 erhalten die Hofeigenschaft durch entsprechende, öffentlich beglaubigte Erklärung gegenüber dem Landwirtschaftsgericht und mit der Eintragung des Hofvermerks im Grundbuch (§ 1 Abs. 1 HöfeO, §§ 2 ff. HöfeVfO v. 29.3.1976, BGBl I, 885). Ein Hof, dessen Wirtschaftswert weniger als DM 10.000 beträgt und der im Eigentum von Ehegatten steht, wird gem. § 1 II HöfeO mit der Eintragung des Hofvermerks im Grundbuch zum Ehegattenhof.

Die Hofeigenschaft kann aufgegeben werden, indem der Hofeigentümer den Hofvermerk im Grundbuch löschen läßt, § 1 IV HöfeO.

b) Gesetzliche Sondererbfolge

Abweichend von der in § 1922 BGB angeordneten Gesamtrechtsnachfolge (Universalsukzession) sieht § 4 HöfeO eine **Sondererbfolge** vor: Der Hof geht mit dem Erbfall kraft Gesetzes auf einen einzigen Erben, den Hoferben, über. Der Rechtsübergang kraft Sondererbfolge erstreckt sich gem. §§ 2, 3 HöfeO auf das gesamte Zubehör, auf die Grundstücke, die vom Hof aus bewirtschaftet werden, und auf die dem Hof dienenden Rechte. 445

Wer Hoferbe wird, bestimmt der Erblasser durch Verfügung von Todes wegen, § 7 HöfeO.

Ist dies nicht geschehen, so tritt gesetzliche Hoferbfolge ein: Gesetzliche Hoferben der ersten Ordnung sind die Kinder des Erblassers und deren Abkömmlinge, § 5 Nr. 1 HöfeO, und zwar **seit 1.4.1998 auch die nichtehelichen Kinder** und deren Abkömmlinge, die nach dem 1.7.1949 geboren sind, weil diese den ehelichen Kindern erbrechtlich jetzt gleichstehen. Hoferbe der zweiten Ordnung ist der Ehegatte. Die Eltern des Erblassers sind Hoferben der dritten Ordnung, sofern der Hof von ihnen oder aus ihren Familien stammt oder mit ihren Mitteln erworben wurde. Geschwister des Erblassers und deren Abkömmlinge sind Hoferben der vierten Ordnung. Ist weder ein Hoferbe wirksam bestimmt, noch ein gesetzlicher Hoferbe vorhanden, so vererbt sich der Hof nach den Vorschriften des allgemeinen Erbrechts. 446

Das Anliegen des Höferechts ist, den Hof nur auf **eine** natürliche Person übergehen zu lassen. Deshalb regelt § 6 HöfeO die Rangfolge unter mehreren Personen in der ersten Erbfolgeordnung: Derjenige ist in erster Linie zum 447

Hoferben berufen, dem der Erblasser ohne ausdrücklichen Vorbehalt einer Hoferbenbestimmung die Bewirtschaftung des Hofes im Zeitpunkt des Erbfalls auf Dauer übertragen hatte, § 6 I S. 1 Nr. 1 HöfeO.

In zweiter Linie ist derjenige Hoferbe, bei dem der Erblasser durch die Ausbildung oder durch Art und Umfang der Beschäftigung auf dem Hof hat erkennen lassen, daß er den Hof übernehmen soll. Liegen diese Voraussetzungen bei mehreren Abkömmlingen vor, ohne daß ein Vorrecht eines Abkömmlings erkennbar wäre, so ist der Älteste, in Gegenden, in denen Jüngstenrecht Brauch ist, der Jüngste Hoferbe, § 6 I S. 1 Nr. 2 HöfeO.

c) Wirtschaftsfähigkeit des Hoferben

448 Hoferbe kann nur derjenige werden, der im Zeitpunkt des Erbfalls wirtschaftsfähig ist. **Wirtschaftsfähig** ist derjenige, der nach seinen körperlichen und geistigen Fähigkeiten, nach seinen Kenntnissen und seiner Persönlichkeit in der Lage ist, den Hof selbständig zu bewirtschaften, § 6 VII HöfeO. Scheidet der zunächst Berufene wegen fehlender Wirtschaftsfähigkeit aus, so fällt der Hof demjenigen zu, der berufen wäre, wenn der Ausscheidende im Zeitpunkt des Erbfalls nicht gelebt hätte, § 6 VI HöfeO.

d) Abfindung der weichenden Erben

449 Für diejenigen nach § 1922 BGB berufenen Miterben, die nicht Hoferben geworden sind (bei Erbfällen **seit 1.4.1998 auch die nichtehelichen Kinder**), tritt gem. § 4 S. 2 HöfeO an die Stelle des Hofes der **Hofwert**. Sofern der Erblasser durch Verfügung von Todes wegen oder Rechtsgeschäft unter Lebenden nichts anderes bestimmt hat, erhalten diese Erben als Abfindung einen Geldanspruch gegen den Hoferben, der sich nach § 12 HöfeO bestimmt. Für die Abfindung weichender Erben wird von dem 1,5-fachen des zuletzt festgestellten Einheitswertes (nach BewG) ausgegangen, wobei in Sonderfällen Zu- oder Abschläge nach billigem Ermessen gemacht werden können, § 12 II HöfeO.

450 **Berechnung des Abfindungsbetrags:** Zunächst werden die Nachlaßverbindlichkeiten vom so ermittelten Hofeswert abgezogen, die im Verhältnis der Erben untereinander den Hof betreffen und die der Hoferbe deshalb allein zu tragen hat. Die weichenden Erben erhalten entsprechend ihrer Erbquote einen

Anteil von dem verbleibenden Betrag, mindestens jedoch von einem Drittel des Hofwertes. Gehört der Hoferbe ebenfalls zu den Miterben des Erblassers, so ist er auch bei der Berechnung der Erbquote zu berücksichtigen, § 12 III HöfeO.

Falls der Hoferbe innerhalb von 20 Jahren seit dem Erbfall den Hof oder wesentliche Teile des Hofzubehörs veräußert oder den Hof in anderer Weise als land- bzw. forstwirtschaftlich nutzt und auf diese Weise erhebliche Gewinne erzielt, können die weichenden Erben Ergänzungsansprüche geltend machen, § 13 I, IV HöfeO. **451**

III. Sonderregeln in Baden-Württemberg

Hier besteht ein Zustand der Rechtsvielfalt. Für Teile des ehemaligen Landes Baden gilt das badische Hofgüter-Gesetz in der Fassung vom 12.7.1949 (GVBl S. 288), zuletzt geändert durch Gesetz vom 30.6.1970 (GBl S. 289), das württembergische Gesetz über das Anerbenrecht vom 14.2.1930 in der Fassung vom 30.7.1948 (RegBl Württ.Ba S. 165), zuletzt geändert durch Gesetz vom 30.6.1970 (GBl S. 289) gilt in Nordwürttemberg seit 24.4.1947 und seit 1.8.1948 in Nordbaden. In Südwürttemberg ist es in der Fassung vom 8.8.1950 (RegBl Württ.Hohenzollern S. 279), zuletzt geändert durch Gesetz vom 25.11.1985 (GBl Ba-Wü S. 385) anzuwenden. **452**

IV. Hofzuweisung aus der Erbengemeinschaft

In all den Fällen, in denen das Höferecht nicht gilt – und damit in weiten Teilen Baden-Württembergs und in Bayern –, kann ein Miterbe, wenn **kraft gesetzlicher Erbfolge** eine Erbengemeinschaft entstanden ist, zu der ein landwirtschaftlicher Hof gehört, die Zuweisung des Hofes gem. § 13 GrundstückverkehrsG beantragen. Zuständig ist das Landwirtschaftsgericht – Amtsgericht –. **453**

1. Voraussetzungen für ein Hofzuweisungsverfahren

- Nur wenn nach dem Tod des Hofeigentümers **kraft Gesetzes eine Erbengemeinschaft** entstanden ist, der in den seit 1.4.1998 eingetretenen Erbfällen auch **nichteheliche Kinder** angehören können, ist ein Hofzuweisungsverfahren zulässig. Ist die Erbengemeinschaft auf der Grundlage einer **Verfügung von Todes wegen** entstanden, so findet das Zuweisungsverfahren nicht statt, § 13 I S. 1 GrdstVG. **454**

- Nur ein **landwirtschaftlicher Betrieb** kann zugewiesen werden. Bei rein forstwirtschaftlichen Betrieben gilt das Zuweisungsverfahren nach GrdstVG nicht.[263] Häufig handelt es sich um einen gemischt landwirtschaftlichen/forstwirtschaftlichen Betrieb. In solchen Fällen kommt es auf die Gewichtung an. Auch bei gewerblicher und industrieller Produktion kommt eine Zuweisung nicht in Betracht. Gerade im Hinblick auf die besonderen Abfindungsregeln für weichende Erben können die Sondervorschriften der §§ 13 ff. GrdstVG nicht auf andere Fälle als den des landwirtschaftlichen Betriebs ausgedehnt werden.
- Eine Hofstelle muß vorhanden sein, die zur Bewirtschaftung geeignet ist, § 14 I GrdstVG.
- Die Erträge des landw. Betriebs müssen im wesentlichen zum Unterhalt einer bäuerlichen Familie ausreichen, § 14 I GrdstVG.
  Erträge = nachhaltig erzielbare Überschüsse. Erträge aus zugepachteten Grundstücken sind mit zu berücksichtigen, soweit gesichert ist, daß das Pachtland dem Zuweisungsempfänger zur Bewirtschaftung zustehen wird, § 14 I S. 2 GrdstVG.
- Verfahrensrechtliches:
- Förmlicher Antrag eines Miterben auf Zuweisung des landw. Betriebs beim zuständigen Landwirtschaftsgericht, §§ 13 I S. 1 GrdstVG, 1 Ziff. 2; 10 LwVG
- Erfolglosigkeit eines Einigungsversuchs, § 14 II GrdstVG,
- Ein gleichzeitig laufendes Teilungsversteigerungsverfahren kann für die Dauer des Zuweisungsverfahrens eingestellt werden, § 185 I ZVG.

2. Der Zuweisungsempfänger

455 Der landw. Betrieb ist demjenigen Miterben zuzuweisen, dem er nach dem wirklichen oder mutmaßlichen Willen des Erblassers zugedacht war, § 15 I S. 1 GrdstVG. Da Voraussetzung für ein gerichtliches Zuweisungsverfahren eine kraft Gesetzes entstandene Miterbengemeinschaft ist, wird in den meisten Fällen ein ausdrücklich in einer Verfügung von Todes wegen festgelegter Erblasserwille nicht feststellbar sein. Deshalb kommt es auf sonstige Umstände

---

263 *Lange*, GrdstVG § 17 Anm. 3, 2. Aufl. 1964.

an, bspw. die bisherige Mitarbeit im Betrieb, Willensbekundungen, die erforderlichenfalls durch Zeugenaussagen oder Urkunden (Briefe) festgestellt werden können.
Nur ein **bewirtschaftungsbereiter und bewirtschaftungsfähiger** Miterbe (seit 1.4.1998 auch ein **nichteheliches Kind**) kann Zuweisungsempfänger sein. Ist dies weder der Ehegatte noch ein Abkömmling des Erblassers, so ist Voraussetzung, daß der Zuweisungsempfänger den Betrieb bewohnt und bewirtschaftet oder auch nur mitbewirtschaftet, § 15 I S. 2 GrdstVG.

3. Zuweisungsgegenstand

Zugewiesen werden kann nur der **ungeteilte Betrieb**, § 13 I S. 1 GrdstVG. Ist eine Aufteilung in mehrere Betriebe, deren einzelne Teile ausreichend Erträge sichern, möglich, so können einzelne Teile verschiedenen Miterben zugewiesen werden, § 13 I S. 1 GrdstVG. Von der Zuweisung ausgenommen werden sollen solche Grundstücke, die nach Lage und Beschaffenheit in absehbarer Zeit anderen als landwirtschaftlichen Zwecken dienen werden, wie bspw. Rohbauland, Bauland, gewerbliche Grundstücke, Sand- und Steinbrüche.

Von der Zuweisung mit umfaßt werden können aber auch Zubehör, Nutzungsrechte sowie Kapital- und Geschäftsanteile, wenn diese zur ordnungsgemäßen Bewirtschaftung des Betriebes notwendig sind, § 13 I S. 3 GrdstVG.

456

4. Rechtswirkungen der Zuweisung

Mit Rechtskraft der Entscheidung des Landwirtschaftsgerichts geht das Eigentum an den zugewiesenen Sachen und Rechten auf den Zuweisungsempfänger über, § 13 II GrdstVG. Die weichenden Miterben erhalten statt ihres Erbteils am landw. Betrieb einen Abfindungsanspruch in Geld, der wertmäßig ihrem Anteil am Betrieb entspricht, § 16 I S. 1 GrdstVG. Bewertungsbasis für diese Abfindungsansprüche ist der Ertragswert des Hofes, §§ 16 I S. 2 GrdstVG, 2049 II BGB.

457

OLG Düsseldorf in FamRZ 1986, 168:
"Der Ertragswert ist nach betriebswirtschaftlichen Grundsätzen ein bestimmtes Vielfaches des Reinertrags, der nicht nach dem Bewertungsgesetz ermittelt wird, sondern wegen der Besonderheit jedes Einzelfalls nach betriebswirtschaftlichen Jahresabschlüssen."

Nach Art. 137 EGBGB kann landesrechtlich § 2049 II BGB ergänzt werden durch die Bestimmung eines Vervielfältigers des Reinertrags – meist das 25-fache, aber auch das 18-fache, wie bspw. in Bayern nach Art. 68 BayAGBGB, vgl. § 48 Ba.-Wü. AGBGB:

"(1) Bei der Berechnung des Ertragswerts ... wird der jährliche Reinertrag des Landgutes durch Schätzung ermittelt.
(2) Als Ertragswert gilt das 18fache des jährlichen Reinertrags."

(S. auch *Haegele*, BWNotZ 1979, 34).

5. Nachlaßverbindlichkeiten

458 Nachlaßverbindlichkeiten, die auf einem Grundstück des landw. Betriebs dinglich gesichert sind, kann das LandwGericht auf Antrag mit Zustimmung des betreffenden Gläubigers aus dem Haftungsverband der Erbengemeinschaft herausnehmen und die alleinige Haftung des Zuweisungsempfängers bestimmen.

Andere Nachlaßverbindlichkeiten, die im Zeitpunkt des Eigentumserwerbs durch den Zuweisungsempfänger noch bestehen, sind aus dem außerhalb des Hofes vorhandenen Nachlaß zu erfüllen, soweit dieser dafür ausreicht.

6. Späterer Ausgleich für die weichenden Erben

459 Die Abfindung für die weichenden Erben auf Ertragswertbasis und die Haftung für Verbindlichkeiten mit dem hoffreien Nachlaß sind für die weichenden Miterben gravierende Nachteile, die nur gerechtfertigt sind, wenn der Hof auch tatsächlich weitergeführt wird. Deshalb bestimmt § 17 I S. 1 GrdstVG:

" Zieht der Erwerber binnen fünfzehn Jahren nach dem Erwerb (§ 13 Abs. 2) aus dem Betrieb oder einzelnen zugewiesenen Gegenständen durch Veräußerung oder auf andere Weise, die den Zwecken der Zuweisung fremd ist, erhebliche Gewinne, so hat er, soweit es der Billigkeit entspricht, die Miterben auf Verlangen so zu stellen, wie wenn der in Betracht kommende Gegenstand im Zeitpunkt des Erwerbes verkauft und der Kaufpreis unter den Miterben entsprechend ihren Erbteilen verteilt worden wäre."

Bemerkenswert ist, daß sich die Höhe der **Nachabfindungsansprüche** der weichenden Miterben nicht nach dem später tatsächlich erzielten Kaufpreis richtet, sondern nach dem Preis, der zum Zeitpunkt der Zuteilung erzielt worden wäre. Immerhin können zwischen Zuteilung und dem Nachabfindungsansprüche auslösenden Verkauf bis zu 15 Jahre liegen.

Zur Reformbedürftigkeit des landwirtschaftlichen Sondererbrechts s. *Haselhoff* "Neugestaltung der Hoferbfolgebestimmungen in der Bundesrepublik" in RdL 1993, 225 ff.

S. Die Vorerbengemeinschaft

Hat der Erblasser mehrere Personen zu Vorerben eingesetzt, so entsteht zwischen ihnen eine **Vorerbengemeinschaft**.[264] Selbst wenn die Erbengemeinschaft nur aus Vorerben besteht, kann ein vom Erblasser betriebenes einzelkaufmännisches Unternehmen in Erbengemeinschaft von den Vorerben fortgeführt werden.[265]

460

Jeder Vorerbe kann jederzeit gem. § 2042 I BGB die Auseinandersetzung der Vorerbengemeinschaft verlangen. Einer Mitwirkung des Nacherben bedarf es hierfür nur, wenn zum Vollzug der Auseinandersetzung Verfügungen notwendig sind, die unter die Vorschriften der §§ 2113, 2114 BGB fallen.[266]

Der Nacherbe kann nicht die Auseinandersetzung des Nachlasses unter den Vorerben verhindern. Grundsätzlich ist er verpflichtet, einer ordnungsgemäßen Auseinandersetzung des Nachlasses unter den Vorerben zuzustimmen.[267] Denkbar ist auch, daß einzelne Miterben oder nur ein Miterbe Vorerbe sind/ist, während die anderen Miterben Vollerben sind.

---

[264] Zu deren Auseinandersetzung und zu Teilungsanordnungen in einem solchen Fall s. *Staudinger/Behrends/Avenarius* § 2110 Rn 11.
[265] KG, ZEV 1999, 28.
[266] OLG Hamm ZEV 1995, 336; *Staudinger/Behrends/Avenarius* § 2112 Rn 15.
[267] *Soergel/Harder* § 2112 Rn 6.

3 Das erbrechtliche Mandat nach dem Erbfall

T. Fälle mit Auslandsberührung

I. Kollisionsrecht

461 Die Auslandsberührung im Erbrecht kann den Erblasser, den Nachlaß oder die Erben betreffen. Kollisionsnormen des deutschen IPR finden sich in Art. 25 und 26 EGBGB. Nach diesen Vorschriften ist zu bestimmen, welches sachliche Recht (Erbstatut) in einem konkreten Erbfall anzuwenden ist. Vgl. auch Teil 6.

II. Erbstatut nach Staatsangehörigkeit

462 Das deutsche Kollisionsrecht hat sich bezüglich des Erbrechts (Sachrecht) für das Heimatrecht des Erblassers entschieden (**Staatsangehörigkeitsprinzip**). Die Grundregel von Art. 25 I EGBGB bestimmt: Die Erbfolge einer Person richtet sich nach dem Recht des Staates, dem der Erblasser zum Zeitpunkt seines Todes angehörte. Bei Personen mit deutscher und ausländischer Staatsangehörigkeit geht nach Art. 5 Abs. 1 2 EGBGB die deutsche Staatsangehörigkeit vor. Im Falle von staatenlosen Personen wird nach Art. 12 des New Yorker Übereinkommens über die Rechtsstellung Staatenloser vom 28.9.1954 – in Kraft seit 24.1.1977, BGBl Abs. 2 1976, 473, BGBl. II 1977, 235 – an das Recht des Landes seines Wohnsitzes oder in Ermangelung eines solchen an das Land seines Aufenthaltes angeknüpft. Soweit dieses Übereinkommen nicht greift, gilt Art. 5 II EGBGB, wonach das Recht des Landes des gewöhnlichen Aufenthalts gilt. Fehlt es auch daran, so kommt es auf den schlichten Aufenthalt an.

III. Die Reichweite des Erbstatuts

1. Zusammensetzung des Nachlasses

463 Das Erbstatut bestimmt, welche Aktiva und Passiva zum Nachlaß gehören. Aber der Inhalt des jeweiligen dinglichen oder schuldrechtlichen Rechts bestimmt sich nach dem Einzelstatut des betreffenden Gegenstandes. Bspw. gibt das Recht der belegenen Sache (lex rei sitae) Auskunft darüber, ob ein daran bestehendes dingliches Recht (bspw. Nießbrauch) überhaupt vererblich ist und welchen konkreten Inhalt es hat.

Das Erbstatut beantwortet auch die Frage, inwieweit nach Eintritt des Erbfalls einzelne Nachlaßgegenstände durch Handlungen des Erben oder eines Testamentsvollstreckers wiederum zum Nachlaß gehören (Probleme der Surrogation) und wie sich die Haftung für Schulden des Erblassers regelt.

2. Erbfähigkeit
Die Erbfähigkeit der Erben richtet sich nach dem Erbstatut.

3. Inhalt der erbrechtlichen Rechtsstellung
Die Frage, ob jemand zum Kreis der gesetzlichen Erben gehört, ob er Ehegatte, eheliches, nichteheliches oder adoptiertes Kind ist, ist grundsätzlich eine unabhängig vom Erbstatut selbständig zu klärende Vorfrage.

Das Erbstatut regelt die Einordnung der Rechtsstellung als Erbe oder Vermächtnisnehmer und bei einer Personenmehrheit alle mit der **Erbengemeinschaft** zusammenhängenden Fragen. Die Organisationsform der Erbengemeinschaft als Gesamthand oder als Bruchteilsgemeinschaft – oder wie auch immer – sowie die Regeln über die Verwaltung des Nachlasses und dessen Auseinandersetzung bestimmen sich nach dem Erbstatut.

464

3 Das erbrechtliche Mandat nach dem Erbfall

§ 14 Der Ehegatte als Mandant

A. Das gesetzliche Erbrecht des Ehegatten

1 Das Erbrecht des Ehegatten ist in keiner Erbenordnung enthalten. Dem Ehegatten steht neben den Ordnungserben eine Art Sondererbrecht zu. Entscheidend für die Höhe des Ehegattenerbteils ist zum einen der **eheliche Güterstand** und zum anderen, neben welcher **Erbenordnung** der Ehegatte Erbe wird. Der Ehegatte des Erblassers ist nicht erbberechtigt, wenn zum Zeitpunkt des Todes die Voraussetzungen zur Scheidung der Ehe bestanden haben oder der Erblasser die Scheidung beantragt oder ihr zugestimmt hat (§ 1933 BGB).

2 Gemäß § 1931 BGB erbt der Ehegatte neben Erben 1. Ordnung zu 1/4 und neben Erben 2. Ordnung zu 1/2. Neben Erben 3. Ordnung ist zu unterscheiden. Sind noch alle Großeltern vorhanden, so erbt der Ehegatte zu 1/2. Sind dagegen nicht mehr alle Großeltern vorhanden und treffen die Abkömmlinge der nicht mehr vorhandenen Großeltern mit anderen Großeltern zusammen, so erbt der Ehegatte noch den Anteil der Abkömmlinge (§ 1931 I S. 2 BGB). Sind keine Großeltern mehr vorhanden, so erbt der Ehegatte allein. Neben Erben 4. Ordnung wird der Ehegatte ebenfalls Alleinerbe (§ 1931 II BGB).

3 Lebten die Ehegatten im gesetzlichen Güterstand der Zugewinngemeinschaft, so erhöht sich der Erbteil gemäß § 1371 BGB um ein Viertel.

Fall: Der Erblasser E hinterläßt seine Ehefrau F und seine Eltern V und M. Die Eheleute lebten im Güterstand der Zugewinngemeinschaft und haben keine Abkömmlinge.

Lösung: Der Ehegatte erhält neben Erben 2. Ordnung 1/2 (§ 1931 I S. 1 2. HS. BGB). Darüber hinaus steht ihm der pauschale Zugewinn von 1/4 nach § 1371 BGB zu. Die Ehefrau F des Erblassers erbt neben den Eltern V und M zu 3/4 (§ 1931 I Vm. § 1371 BGB). Die Eltern M und V erhalten jeweils 1/8.

4 Gemäß § 1931 II BGB erbt der Ehegatte, wie bereits erwähnt, allein, wenn keine Großeltern mehr vorhanden sind. Sind alle Großeltern noch vorhanden, so erbt er die Hälfte.

Leben nicht mehr alle Großeltern, so entsteht nach § 1931 Abs. 1 Satz 2 BGB eine umstrittene Situation. Nach überwiegender Meinung[1] fällt der Anteil weggefallener Großeltern dann dem Ehegatten zu, wenn mit den weggefallenen Großeltern Abkömmlinge zusammentreffen. Der Anteil der verstorbenen Großeltern fällt also nur dann dem überlebenden Großelternteil zu, wenn die Großeltern selbst keine lebenden Abkömmlinge mehr haben.

Fall: Der Erblasser E hinterläßt seine Ehefrau F. Es sind keine Erben zweiter Ordnung (Eltern des Erblassers) mehr vorhanden. Es leben jedoch noch die beiden Großmütter G2 und G4 sowie die Tante T (Abkömmling von G2). Die Eheleute lebten im Güterstand der Zugewinngemeinschaft.

Lösung: Erben werden die Großmutter G2 zu 1/16 und die Großmutter G4 zu 2/16 sowie die Ehefrau F zu 13/16. Großmutter G4 erhält somit den Anteil von 1/16 von dem bereits verstorbenen Großvater G3. Großmutter G2 erhält den Anteil von Großvater G1 nicht, weil Tante T noch lebt. Der Anteil von Großvater G1 fällt zusätzlich an die überlebende Ehefrau F und nicht an die Tante T.

Lebten die Ehegatten im gesetzlichen Güterstand der **Zugewinngemeinschaft** und wurde dieser durch Tod eines Ehegatten beendet, so erhöht sich der gesetzliche Erbteil des Überlebenden pauschal um 1/4 (**erbrechtliche Lösung** §§ 1931 III, 1371 I BGB).[2] Die pauschale Erhöhung findet dabei unabhängig davon statt, ob der Ehegatte überhaupt einen Zugewinn erzielt hätte.[3]

Der Ehegatte hat aber auch die Möglichkeit, die Erbschaft auszuschlagen und dann gemäß §§ 1371 III, I, 1373 ff BGB den konkreten Zugewinnausgleich und den kleinen Pflichtteil geltend zu machen (**güterrechtliche Lösung**). Die güterrechtliche Lösung greift auch dann ein, wenn der Ehegatte durch Verfügung von Todes wegen enterbt wurde.[4] Der Ehegatte hat in diesem Fall aber nach h.M. kein Wahlrecht auf den sogenannten großen Pflichtteil.[5]

Fall: Der Erblasser E hinterläßt seine Ehefrau F und seine drei Kinder K1 bis K3. Die Eheleute lebten im Güterstand der Zugewinngemeinschaft.

1 *Lange/Kuchinke* Seite 242; kritisch dazu *Staudinger/Werner*, § 1931 Rn 26; *Kipp/Coing* Seite 42 Fn 15.
2 Steht dem Ehegatten wegen § 1931 I 2 BGB bereits 3/4 der Erbschaft zu, so wird er im Falle der Zugewinngemeinschaft Alleinerbe.
3 *Palandt/Edenhofer*, § 1931 Rn 8.
4 *Weirich*, Rn 501.
5 *Palandt/Edenhofer*, § 1371 Rn 15; BGH NJW 1982, 2497.

3   Das erbrechtliche Mandat nach dem Erbfall

Lösung: Die Ehefrau F des Erblassers erbt neben den Kindern K1 bis K3 zu 1/2 (nach § 1931 I, III BGB 1/4 und daneben erhält sie gemäß § 1371 BGB den pauschalierten Zugewinn von 1/4, also insgesamt 1/2). Die Kinder K1 bis K3 erhalten je 1/6. Die Ehefrau hat daneben aber auch das Wahlrecht des § 1371 III BGB, der ihr die Möglichkeit bietet, die Erbschaft auszuschlagen und den konkreten Zugewinn und den kleinen Pflichtteil geltend zu machen. Dieser beläuft sich auf die Hälfte von 1/4 = 1/8, und zwar aus dem um den konkreten Zugewinnausgleichsanspruch verminderten Nachlaß.

8   Für die anwaltliche Praxis sei hier erwähnt, daß der Anspruch auf den Zugewinnausgleich nicht entsteht, wenn beide Ehegatten **gleichzeitig** versterben. Gemäß § 1378 III Satz 1 BGB ist der Zugewinnausgleich zwar vererblich, der Anspruch auf den Zugewinn muß jedoch vorher entstanden sein. Dies ist beispielsweise nicht der Fall, wenn beide Ehegatten gleichzeitig versterben, denn § 1371 BGB setzt das Überleben eines Ehegatten voraus. Während Teile der Literatur[6] in diesem Fall eine analoge Anwendung von § 1371 II BGB annehmen, was dazu führt, daß die Erben der Eheleute den Zugewinn geltend machen können, wird dies vom BGH[7] zu Recht abgelehnt. Denn Ziel und Zweck des § 1371 II BGB kann es nicht sein, daß der Anspruch auf den Zugwinn erstmals in der Person des Erben entsteht.

9   Der Güterstand der **Gütergemeinschaft** führt hingegen nicht zu einer Veränderung der Erbquote. Es bleibt hier bei der Regelung des § 1931 I, II BGB. War eine fortgesetzte Gütergemeinschaft vereinbart, so wird die Gemeinschaft mit den Abkömmlingen und dem überlebenden Ehegatten des verstorbenen Elternteils selbstverständlich nur am Gesamtgut fortgesetzt, ein Erbfall tritt insoweit nicht ein, § 1483 BGB. Nur bezüglich des Vorbehalts- und des Sondergutes tritt die eingangs genannte Erbfolge ein, §§ 1417, 1418 BGB.

Fall: Der Erblasser E hinterläßt seine Ehefrau F und seine drei Kinder K1 bis K3. Die Eheleute lebten im Güterstand der Gütergemeinschaft.

Lösung: Die Ehefrau F des Erblassers erbt neben den Kindern K1 bis K3 zu 1/4 (§ 1931 I BGB). Die Kinder K1 bis K3 erhalten ebenfalls je 1/4. Hätte E nur ein Kind hinterlassen, so hätte dieses zu 3/4 geerbt.

10   Anders ist dies im Falle des Güterstandes der **Gütertrennung**. Hier besteht für die Erbfälle nach dem 30.6.70 die Besonderheit des § 1931 IV BGB. Danach

---

6   *Palandt/Edenhofer* § 1371 Rn 13.
7   BGHZ 72, 85.

erbt der überlebende Ehegatte neben einem oder zwei Kindern zu gleichen Teilen. Dies bedeutet, daß sein Erbteil von 1/4 nach § 1931 I BGB entsprechend erhöht wird. § 1931 IV BGB soll sicherstellen, daß der Ehegatte nicht weniger erbt als die Kinder. D.h. neben einem Kind erbt er zu 1/2, neben zwei zu 1/3 und bei mehr als zwei Kindern zu 1/4. Darüber hinaus ist zu beachten, daß bei der Vereinbarung von Gütertrennung auch der Ausbildungsbeihilfeanspruch gemäß § 1371 IV BGB von Stiefabkömmlingen des Erblassers entfällt.

Fall: Der Erblasser E hinterläßt seine Ehefrau F und zwei Kinder K1 und K2. Die Eheleute leben im Güterstand der Gütertrennung.

Lösung: Die Ehefrau F des Erblassers erbt neben den Kindern K1 und K2 zu 1/3 (§ 1931 I, IV BGB). Die Kinder K1 und K2 erhalten ebenfalls 1/3, da im Falle der Gütertrennung der Ehegatte gemäß § 1931 I, IV BGB beim Vorhandensein von einem oder zwei Kindern zu gleichen Teilen erbt.

B. Die Wahl des richtigen Güterstandes

Durch die Wahl des richtigen Güterstandes kann somit die Erb- und Pflichtteilsquote aller am Erbfall Beteiligten beeinflußt werden. Der Anwalt, der einen Mandanten bezüglich eines Testamentes berät, hat dies immer zu berücksichtigen. Besteht nämlich beispielsweise die Gefahr, daß sich der überlebende Ehegatte nach dem Tod des Erstversterbenden Pflichtteilsansprüchen der Kinder ausgesetzt sieht, dann ist es nicht nur notwendig, eine Pflichtteilsstrafklausel in das Testament aufzunehmen, sondern gegebenenfalls auch zu prüfen, ob durch Veränderung des Güterstandes der Erbteil des Ehegatten erhöht und dadurch gleichzeitig der Pflichtteil der Abkömmlinge verringert werden kann. Dies ist beispielsweise immer dann der Fall, wenn die Eheleute im Güterstand der Gütertrennung leben und diesen dann aufheben würden.

> **Hinweis**
> Hat der Erblasser im Zeitpunkt des Erbfalls in Doppelehe gelebt und ist eine Nichtigkeitsklage nicht erhoben worden, so erhält jeder Ehegatte die Hälfte des Ehegattenerbteils.[8]

---

8 MüKo/*Leipold*, § 1931 Rn 9.

Der Erbanteil des Ehegatten

Erbanteil des Ehegatten	Anzahl der noch lebenden Kinder (Stämme)			Keine Erben I. Ordnung vorhanden (aber Erben 2. Ordnung)	Keine Erben I. und II. Ordnung vorhanden, Großeltern bereits verstorben
Güterstand	1	2	>2		
Zugewinngemeinschaft	1/2	1/2	1/2	3/4	1/1
Gütertrennung	1/2	1/3	1/4	1/2	1/1
Gütergemeinschaft	1/4	1/4	1/4	1/2	1/1

C. Das Wahlrecht des überlebenden Ehegatten beim gesetzlichen Güterstand

13 Ebenso wie der pflichtteilsberechtigte Erbe hat der überlebende Ehegatte beim Güterstand der Zugewinngemeinschaft ein sogenanntes „taktisches" Ausschlagungsrecht. Im Unterschied zu § 2306 I 2 BGB steht dem Ehegatten nach § 1371 III BGB das Ausschlagungsrecht auch dann zu, wenn der Erbteil nicht durch Anordnung von Beschränkungen und Beschwerungen belastet ist. Wird der überlebende Ehegatte **gesetzlicher Miterbe**, dann kann er es hierbei belassen, und eine konkrete Geltendmachung des ehegüterrechtlichen Zugewinnausgleichs scheidet aus (§ 1371 I BGB). Er hat aber auch die Möglichkeit, die Erbschaft auszuschlagen und den Pflichtteil nach §§ 1931, 2303 II BGB sowie den konkreten Zugewinnausgleich zu verlangen.

14 Der Pflichtteil des Ehegatten berechnet sich in diesem Fall nach dem nicht erhöhten Erbteil des Ehegatten gemäß § 1371 II 2.HS BGB (§ 1371 III BGB = sog. kleiner Pflichtteil).[9] Des weiteren ist zu berücksichtigen, daß der Zugewinnausgleich eine Nachlaßverbindlichkeit darstellt und sich die Pflichtteile nur vom Restwert des Nachlasses errechnen.[10]

---

9 Bei gleichzeitigem Versterben (§ 11 VerschG) steht ein etwaiger Anspruch auf den Zugewinn nicht den Erben des Verstorbenen zu; MüKo/*Leipold*, § 1931 Rn 26.
10 BGH NJW 1962, 1719.

Beispiel 15
Erblasser E hinterläßt seine Frau F und seine Kinder A, B und C. Der Erblasser hat ein Vermögen von DM 200000,–. Zum Zeitpunkt der Eheschließung hatte weder der Erblasser noch seine Frau F ein Vermögen. Die DM 200000,– unterliegen voll dem Zugewinnausgleich. Zum Zeitpunkt des Todes hat die Frau F kein eigenes Vermögen. E hat keine Verfügung von Todes wegen errichtet. Die Ehefrau F schlägt die Erbschaft aus und macht ihren konkreten Zugewinnausgleich und ihren Pflichtteilsanspruch geltend. Die Ehefrau F erhält aus der Erbschaft insgesamt DM 112500,–. Sie hat einen konkreten Zugewinnausgleich in Höhe von DM 100000,–. Ihr kleiner Pflichtteil berechnet sich nach dem um die Nachlaßverbindlichkeiten (hier der Zugewinnausgleich) gekürzten Nachlaß in Höhe von DM 100000,–. Der nicht erhöhte gesetzliche Erbteil nach § 1925 I BGB beträgt 1/4, der Pflichtteil somit 1/8. Der (kleine) Pflichtteil von F beträgt demnach 1/8 aus DM 100000,–, also DM 12500,–. Hätte die Ehefrau F nicht ausgeschlagen, dann stünde ihr ein Erbteil von 1/2 und somit nur DM 100000,– zu.

Wird der überlebende Ehegatte aufgrund Verfügung von Todes wegen Erbe, so ergeben sich folgende Möglichkeiten: 16

Hat der überlebende Ehegatte durch Testament einen Erbteil oder ein Vermächtnis erhalten, welches kleiner ist als die Hälfte seines nach § 1371 I BGB **erhöhten** gesetzlichen Erbteils (großer Pflichtteil), dann kann er gemäß §§ 2305 I, 2307 I BGB einen **Zusatzpflichtteil** auf die Hälfte des erhöhten gesetzlichen Erbteils verlangen. Er kann aber auch, wie oben bereits erwähnt, die Erbschaft ausschlagen und den konkreten Zugewinn in Verbindung mit dem **kleinen** Pflichtteil geltend machen.

Beispiel 17
Der Erblasser E hinterläßt seine Frau F und seine zwei Kinder A und B. E hat in einem Testament seine Kinder als Erben zu jeweils 2/5 und seine Frau F als Erbin zu 1/5 eingesetzt. Seinem Freund X hat er ein Vermächtnis

in Höhe von DM 5000,– zugewandt. Die Eheleute lebten im Güterstand der Zugewinngemeinschaft. Ein Zugewinnausgleichsanspruch der F besteht nicht. E hinterläßt ein Vermögen in Höhe von DM 20000,–. Soll F die Erbschaft annehmen oder ausschlagen?

Aufgrund testamentarischer Anordnung steht der Ehefrau F 1/5 zu. Die Frau F hat aber einen Pflichtteilsanspruch von 1/4 (Pflichtteil nach dem nach § 1371 BGB erhöhten Erbteil). Sie kann somit gemäß § 2305 I BGB einen Zusatzpflichtteil in Höhe von DM 1000,– verlangen (Differenz zwischen 1/4 und 1/5). Insgesamt erhält sie somit ihren Erbteil in Höhe von DM 4000,– und den Zusatzpflichtteil von DM 1000,–. Schlägt die Ehefrau F ihren Erbteil von 1/5 aus, so könnte sie ihren konkreten Zugewinnausgleich und den kleinen Pflichtteil geltend machen. Ein Zugewinnausgleich steht ihr hier nicht zu. Der kleine Pflichtteil errechnet sich aus dem nicht erhöhten Erbteil gemäß § 1931 I BGB. Dieser beträgt 1/4, der Pflichtteil beträgt demnach 1/8 von DM 20000,– = DM 2500,–.

Im Ergebnis ist der F zu raten, den Erbteil anzunehmen und ihren Zusatzpflichtteil geltend zu machen, da sie bei einer Ausschlagung des Erbes wertmäßig schlechter gestellt wäre.

18 Ist der überlebende Ehegatte hingegen **enterbt** worden, so bleibt ihm nur die Möglichkeit, den konkreten Zugewinnausgleich und den kleinen Pflichtteil zu verlangen.[11] Er hat keinen Anspruch auf den großen Pflichtteil.[12]

19 *Beispiel*
Der Erblasser E hinterläßt seine Frau F und seine beiden Kinder A und B. E hat in einem Testament sein Kind A zu 3/5 und sein Kind B zu 2/5 zu Miterben eingesetzt. Seine Frau F ist enterbt. Seinem Freund X hat er ein Vermächtnis in Höhe von DM 10000,– vermacht. Die Eheleute lebten im Güterstand der Zugewinngemeinschaft. Ein Zugewinnausgleichsanspruch der F besteht nicht. E hinterläßt ein Vermögen in Höhe von DM 20000,–. Welche Rechte hat F?

---

11 MüKo/*Leipold*, § 1931 Rn 26.
12 BGH NJW 1964, 2404; 1982, 2497.

Ist der überlebende Ehegatte enterbt worden und auch nicht mit einem Vermächtnis bedacht, dann hat er nur die Möglichkeit, den konkreten Zugewinnausgleich und den kleinen Pflichtteil geltend zu machen. Er hat kein Wahlrecht dahingehend, daß er den großen Pflichtteil verlangen könnte.[13]

Da ein Zugewinnausgleichsanspruch nicht besteht, kann die Ehefrau lediglich ihren kleinen Pflichtteil in Höhe von 1/8 aus DM 20000,–, also DM 2500,–, geltend machen.

D. Taktisches Vorgehen durch den Berater

Für die Wahl zwischen der erbrechtlichen und der güterrechtlichen Lösung kommt es darauf an, wie hoch der konkrete Zugewinnausgleich im Verhältnis zum Nachlaß ist und neben welcher Erbenordnung der Ehegatte Erbe werden würde. *Nieder* [14] hat für den Fall, daß nur der verstorbene Ehegatte einen Zugewinn erzielt hat, folgende Rechenformel aufgestellt:

Nieder'sche Formel
- Neben Verwandten 1. Ordnung muß der Anteil des Zugewinns mindestens 6/7 bzw. 85,71 % betragen, damit sich die güterrechtliche Lösung rentiert.
- Neben Verwandten 2. Ordnung bringt dagegen die erbrechtliche Lösung stets einen Vorteil.[15]

Hinweis
Aus prozeßrechtlicher Sicht bleibt zu bedenken, daß der Anspruch auf den Zugewinnausgleich und der Pflichtteilsanspruch bei **unterschiedlichen Gerichten** geltend zu machen ist. Der Pflichtteil beim allgemeinen Prozeßgericht und der Zugewinn beim Familiengericht.

---

13 BGH NJW 1964, 2404.
14 *Nieder*, Rn 22.
15 *Nieder*, Rn 23, 24.

E. Der Voraus des Ehegatten nach § 1932 BGB

23 Bei der Ermittlung des Umfangs des Ehegattenerbrechts wird in der Praxis oftmals der **Ehegattenvoraus** nach § 1932 BGB übersehen. Bei dem Voraus handelt es sich um ein gesetzliches Vorausvermächtnis zugunsten des überlebenden Ehegatten. Der Voraus umfaßt die zum ehelichen **Haushalt** gehörenden Gegenstände sowie die **Hochzeitsgeschenke**. Die Vorschrift des § 1932 BGB kommt allerdings nur dann zur Anwendung, wenn die Ehe zum Zeitpunkt des Todes noch bestanden hat und wenn der überlebende Ehegatte aufgrund **gesetzlicher Erbfolge** Erbe wird.

24 Im Rahmen der oben dargestellten Ausschlagung ist dies ebenfalls zu berücksichtigen. Handelt es sich beispielsweise um einen geringen Nachlaß, ist aber der Hausrat einigermaßen wertvoll (z. B. Küche, Möbel etc.), dann ist dies bei der Berechnung von erheblicher Bedeutung. Gegebenenfalls kann der gesetzliche Erbteil in Verbindung mit dem Vorausvermächtnis mehr wert sein als der konkrete Zugewinn und der (kleine) Pflichtteilsanspruch.

25 *Hinweis*
An dieser Stelle sei bereits darauf hingewiesen, daß der Ehegattenvoraus als gesetzliches Vorausvermächtnis **pflichtteilsreduzierend** *wirkt, da er bei der Pflichtteilsberechnung vom Bestand des Nachlasses abzuziehen ist. Dies gilt jedoch nur für den Voraus. Andere Vermächtnisse werden hingegen bei der Pflichtteilsberechnung nicht vorab vom Nachlaß abgezogen. Nach h.M. gilt die pflichtteilsreduzierende Wirkung auch nur dann, wenn der Ehegatte nach der gesetzlichen Erbfolge Erbe wird.*[16] *Eine Anwendung auch bei gewillkürter Erbfolge wird vom BGH in diesem Zusammenhang abgelehnt.*[17]

---

16 *Kipp/Coing*, § 9 II 3.
17 BGHZ 73, 29.

§ 15 Der nichteheliche Lebenspartner als Mandant

A. Allgemeines

Ein gesetzliches Erbrecht bzgl. Partnern einer nichtehelichen Lebensgemeinschaft besteht unter keinem rechtlich denkbaren Gesichtspunkt. Eine analoge Anwendung des Ehegattenerbrechts gemäß §§ 1371 I, 1931 BGB scheidet wegen Verstoßes gegen Art. 6 I GG aus.[1]

B. Die Verfügung zugunsten des nichtehelichen Lebenspartners

Ein Erbrecht kann somit nur im Wege einer letztwilligen Verfügung geschaffen werden. Hierbei ist wiederum zu beachten, daß nur ein **einseitiges** Testament oder aber ein **Erbvertrag** in Betracht kommt. Ein **gemeinschaftliches Testament** ist demgegenüber nur unter Ehegatten möglich. Falls trotzdem ein gemeinschaftliches Testament errichtet wurde, so ist allenfalls eine Umdeutung in zwei Einzeltestamente in Erwägung zu ziehen. Hierbei besteht jedoch das Problem, daß ein eigenhändiges Einzeltestament insgesamt gemäß § 2247 I BGB handschriftlich errichtet werden muß, das gemeinschaftliche Testament in der Regel aber handschriftlich nur von einem Partner stammt und vom anderen lediglich mitunterschrieben wird, so daß dann insoweit Unwirksamkeit vorliegt. Vgl. zum Partnerschaftsvertrag und Erbvertrag *N. Mayer* in ZEV 1999, 384, BGH in ZEV 1999, 398 und OLG Frankfurt/M ZEV 1999, 404. Vgl. hierzu auch *Zwißler* § 19 Rn 1 ff.

C. Sittenwidrigkeit

Hat der Anwalt die Aufgabe, das Erbrecht des nichtehelichen Partners festzustellen, dann ist als entscheidender Punkt, neben der Frage der Testierfähigkeit, der Gesichtspunkt der **Sittenwidrigkeit** zu prüfen, der unter Umständen die Testierfähigkeit in diesem Bereich begrenzt. Eine Begrenzung durch Sittenwidrigkeit könnte nach der Rechtsprechung des BGH in Betracht kommen, wenn

---

1 BVerfGE 43, 108.

3 Das erbrechtliche Mandat nach dem Erbfall

es sich um einen gebundenen Erblasser handelt (noch verheiratet) und/oder eheliche leibliche Kinder vorhanden sind. In den gesetzlichen Erbrechten des Ehegatten sowie der ehegemeinschaftlichen Kinder wird von der Rechtsprechung eine grundlegende rechtliche und sittliche Wertung gesehen.

4 Der BGH[2] hat entschieden, daß maßgebend für eine eventuelle Sittenwidrigkeit der Verfügung von Todes wegen deren **Gesamtcharakter** ist. Berücksichtigt werden müssen in erster Linie Inhalt und Wirkungen der Verfügung, deren Beweggrund und der verfolgte Zweck. Es kommt außerdem entscheidend auf die rechtlichen und wirtschaftlichen Auswirkungen der Verfügung für den Bedachten einerseits und für den Zurückgesetzten andererseits an. Hierbei ist auch zu berücksichtigen, aus welcher Familie das Vermögen stammt.

5 Sittenwidrigkeit liegt beispielsweise nicht vor, wenn neben einer erotischen Beziehung auch andere achtenswerte Beweggründe maßgebend waren und die Verfügung nicht allein als Belohnung für eine intime Beziehung oder zur Bestärkung der Fortsetzung dieser Beziehung gedacht war. Dies wurde etwa auch bei einer Unterstützung im Betrieb oder einer Pflege im Krankheitsfall angenommen. Immerhin spricht nach BGH[3] für das Vorliegen solcher achtenswerter Motive bei einer nichtehelichen Lebensgemeinschaft eine Vermutung.

6 Der BGH ist in der Vergangenheit auch soweit gegangen, teilweise Sittenwidrigkeit anzunehmen, wenn der nichteheliche Lebenspartner mit einem zu großen Anteil bedacht worden war. Der BGH reduzierte daraufhin die Quote des testamentarisch Bedachten und ließ in den frei werdenden Teil die zurückgesetzten gesetzlichen Erben einrücken, so daß diesen im Ergebnis ein **Noterbrecht** gewährt wurde, das im BGB allerdings gerade nicht vorgesehen ist.[4] Das für solche Fälle eigentlich vorgesehene Pflichtteilsrecht wurde so zugunsten eines Noterbrechts naher Verwandter verdrängt. Es ist allerdings wohl davon auszugehen, daß eine solche Entscheidung einer Überprüfung in einem gleichgelagerten Fall heute nicht mehr standhalten würde.

7 Es besteht jedoch weiterhin noch die Möglichkeit der Umdeutung der Zuwendung in ein Anerkenntnis des Erblassers, dem Partner einen Vergütungsan-

---

2 BGH FamRZ 1964, 140.
3 BGH NJW 1973, 1645.
4 BGHZ 53, 369.

spruch nach Dienstvertragsrecht zu schulden, falls der Eingesetzte für geleistete Dienste entlohnt werden sollte.

Es ist streitig, ob im Falle der Beendigung der Lebensgemeinschaft vor dem 8 Erbfall § 2077 BGB analog angewendet werden kann mit der Folge, daß die letztwillige Verfügung unwirksam wird. Die Rechtsprechung lehnt die Analogie ab.[5] In Betracht kommt aber jedenfalls ein **Anfechtungsrecht** gemäß § 2078 II BGB, wobei aber der Nachweis eines solchen Irrtums immer schwieriger wird, je mehr Zeit nach der Trennung verstrichen ist und der Erblasser das Testament nicht widerrufen hat.

Die **Beweislast** für die Sittenwidrigkeit trifft grundsätzlich denjenigen, der 9 sich darauf beruft.[6] Maßgeblicher Zeitpunkt ist insoweit der Zeitpunkt der Testamentserrichtung.[7]

---

5 BayObLG Rpfleger 1983, 440; MüKo/*Leipold*, § 2077 Rn 11; aA: *Meier-Scherling*, DRiZ 1979, 296.
6 BGH NJW 1973, 1645.
7 BGHZ 20, 71.

§ 16 Das nichteheliche Kind als Mandant

A. Allgemeines

Nichteheliche Kinder hatten schon bisher volles gesetzliches Erbrecht an ihrer Mutter; umgekehrt hatte auch die Mutter gesetzliches Erbrecht an ihrem nichtehelichen Kind. Dagegen wurden die Vorschriften über das gesetzliche Erbrecht nichtehelicher Kinder an ihrem Vater und des nichtehelichen Vaters am Kind in den letzten Jahrzehnten mehrfach geändert.

1 Für nichteheliche Kinder gilt seit dem 1.4.1998 neues Recht: Sie haben seitdem auch volles Erbrecht am Vater und umgekehrt, sofern der Erbfall nach dem 31.3.1998 eingetreten ist (Gesetz zur erbrechtlichen Gleichstellung nichtehelicher Kinder vom 16.12.1997 – ErbGleichG BGBl. 1997 I 2968). Das bisherige Recht gilt weiter, wenn vor dem 1.4.1998
- der Erblasser gestorben ist oder
- über den Erbausgleich eine wirksame Vereinbarung

getroffen oder der Erbausgleich durch rechtskräftiges Urteil zuerkannt worden ist (Artikel 225 I EGBGB nF.)

2 Die Vereinbarung über den **vorzeitigen Ausgleich** bedurfte zur Formwirksamkeit der notariellen Beurkundung, § 1934 d Abs. 4 Satz 1 BGB aF. Aus Gründen der Rechtssicherheit wurden solche Erbfälle, die vor dem Inkrafttreten des Erbrechtsgleichstellungsgesetzes eingetreten sind, von der Reform des Nichtehelichen-Erbrechts ausgenommen. Das bisher geltende Erbrecht nichtehelicher Kinder wurde grundlegend geändert, und zwar in der Weise, daß keine neuen erbrechtlichen Vorschriften geschaffen wurden; vielmehr wurde die Rechtsstellung nichtehelicher Kinder denen der ehelichen durch das Streichen bestehender Sondervorschriften angeglichen. Deshalb sind die §§ 1934 a, 1934 b, 2338 a BGB aF., die den Erbersatzanspruch geregelt haben, ersatzlos gestrichen worden.

3 Die erbrechtlichen Verhältnisse zwischen dem nichtehelichen Kind und dem nichtehelichen Vater entsprechen seit dem 1.4.1998 denen des ehelichen Kindes und richten sich ebenso nach den §§ 1924 ff. BGB. Das Rechtsinstitut des vorzeitigen Erbausgleichs ist seit 1.4.1998 vollständig entfallen.

Auch die **Höfeordnung** hat die Gleichstellung nichtehelicher und ehelicher Kinder mit vollzogen. §§ 5 und 10 Höfeordnung nF. wurden entsprechend geändert. Will der Erblasser nicht, daß das nichteheliche Kind nach neuem Recht Hoferbe wird, so muß er entweder von der Möglichkeit Gebrauch machen, die Hofübergabe bereits zu Lebzeiten vorzunehmen oder eine entsprechende letztwillige Verfügung – wie dies bezüglich ehelicher Kinder auch möglich ist – errichten. Entscheidet er sich für keines von beidem, so enthält § 6 I Höfeordnung eine Regelung, die dem vermuteten Willen des Erblassers Rechnung trägt.

4

B. Vaterschaft

Die erbrechtlichen Wirkungen zwischen nichtehelichem Kind und Vater treten (mit Rückwirkung auf den Erbfall) erst nach Vaterschaftsanerkenntnis oder rechtskräftiger Vaterschaftsfeststellung ein, §§ 1594, 1600 d IV BGB nF. Zum Anerkenntnis ist die Zustimmung der Mutter in beurkundeter Form erforderlich, §§ 1595, 1597 BGB. Da das Gesetz seit dem 1.7.1998 – dem Inkrafttreten des KindRG vom 16.12.1997 – terminologisch nicht mehr unterscheidet zwischen ehelichen und nichtehelichen Kindern, sondern lediglich danach, ob die Eltern eines Kindes miteinander verheiratet sind oder nicht, hat dies auch Auswirkungen auf die Regeln über die Vaterschaftsvermutung.

5

Die Vorschriften zur Vaterschaftsfeststellung sind zweigeteilt und unterscheiden danach, ob dieser im Zeitpunkt der Geburt mit der Mutter des Kindes verheiratet ist – dann gelten §§ 1592 Nr. 1, 1593 BGB nF. Besteht keine Ehe mit der Mutter, gelten §§ 1592 Nr. 2 und 3; 1594 bis 1598, 1600 d, e BGB nF. Vater eines Kindes ist demnach der Mann, der entweder im Zeitpunkt der Geburt mit der Mutter verheiratet ist, die Vaterschaft anerkannt hat oder dessen Vaterschaft nach § 1600 d BGB nF. gerichtlich festgestellt ist.

Stirbt der Vater vor der Geburt des Kindes und wird das Kind innerhalb von 300 Tagen nach dem Tod des Ehemannes der Mutter geboren, so gilt dieser ebenfalls als Vater, § 1593 BGB nF.

3 Das erbrechtliche Mandat nach dem Erbfall

I. Vaterschaft kraft Anerkennung

6 Für nichteheliche Kinder erfolgt die Vater-Kind-Zuordnung durch Anerkennung gemäß § 1592 Nr. 2 BGB nF. Nähere Voraussetzungen enthalten die §§ 1594 bis 1598 BGB nF. Die Anerkennung ist ein einseitiges, zustimmungsbedürftiges Rechtsgeschäft, das nicht statusbegründend ist, sondern statusfestigend. Die Anerkennung ist solange schwebend unwirksam, als noch ein anderer Mann als Vater des Kindes gilt. Erst mit erfolgreicher Anfechtung der Vaterschaft des Schein-Vaters wird die Anerkennung des neuen Vaters wirksam.

II. Vaterschaft im Falle der Ehescheidung

7 Wurde das Kind nach rechtskräftiger Scheidung geboren, so ist zur Bestimmung der Vaterschaft die Vaterschaftsanerkennung oder eine gerichtliche Vaterschaftsfeststellung erforderlich. Heiratet die Mutter vor der Geburt des Kindes wieder, so ist nach der Vermutungsregel des § 1592 Nr. 1 BGB nF. die Vaterschaft des neuen Ehemannes anzunehmen.

Wird das Kind nach Anhängigkeit des Scheidungsantrags, aber vor Rechtskraft der Scheidung geboren, so entfällt die Vaterschaftsvermutung in Bezug auf den Ehemann, wenn ein anderer Mann entweder während der Ehe oder binnen eines Jahres nach Rechtskraft der Scheidung die Vaterschaft anerkennt, § 1599 II BGB.

> *Hinweis*
> Die rein tatsächlich erfolgte Trennung der Eheleute ändert an der Vaterschaftszurechnung nichts.

III. Gerichtliche Vaterschaftsfeststellung

8 Zuständig ist das Familiengericht gemäß § 1600 e I BGB nF., § 621 I Nr. 10 ZPO. Die Rechtswirkungen können erst mit Rechtskraft des Feststellungsurteils geltend gemacht werden, § 1600 d IV BGB nF. Klagebefugt sind:
- der Mann gegen das Kind,
- das Kind gegen den Mann,
- die Mutter gegen den Mann, § 1600 e BGB nF.

Ist die Person, gegen die die Klage zu richten wäre, verstorben, so entscheidet das Gericht auf Antrag der klagebefugten Person, § 1600 e I, II BGB nF. War beim Tod des Vaters bereits eine Klage zur Feststellung der Vaterschaft rechtshängig, so tritt Erledigung des Rechtsstreits gemäß §§ 640 I, 619 ZPO ein.

Nach dem Tod des Vaters kann die Feststellung auf Antrag des Kindes oder der Mutter beim Familiengericht im Verfahren der freiwilligen Gerichtsbarkeit erfolgen gemäß §§ 1600 e II BGB nF., 56 c FGG.

IV. Anfechtung der Vaterschaft

Zuständig ist das Familiengericht gemäß §§ 1600 e I BGB nF., § 621 I Nr. 10 ZPO. Mit Rechtskraft des Urteils tritt die Statusveränderung ein. Anfechtungsberechtigt sind: **9**
- der Mann, dem die Vaterschaft aufgrund bestehender Ehe mit der Mutter nach § 1592 Nr. 2 BGB nF. oder gemäß § 1593 BGB nF. zugerechnet wird;
- das Kind, § 1600 BGB nF.,
- die Mutter, § 1600 BGB nF.

Die **Anfechtungsfrist** beträgt für alle Beteiligten einheitlich zwei Jahre ab Kenntnis des Klageberechtigten von den Umständen, die gegen die Vaterschaft sprechen, § 1600 b BGB nF. Die Frist beginnt jedoch nicht vor der Geburt des Kindes.

V. Hinweispflicht des Beraters

Bei der Testamentsberatung und -beurkundung ist unbedingt auf die geänderte gesetzliche Erbfolge hinzuweisen, weil nicht ohne weiteres davon ausgegangen werden kann, daß die neuen Regelungen bzgl. nichtehelicher Kinder/Abkömmlinge allen Bevölkerungskreisen bekannt sind. **10**

VI. Auslegung

Bei der Auslegung des Begriffs „gesetzliche Erbfolge" ist zu bedenken, daß dazu jetzt auch nichteheliche Abkömmlinge gehören. Grundsätzlich dürfte bei den §§ 2066, 2069 BGB die im Zeitpunkt des Erbfalls geltende gesetzliche

Erbfolge gemeint sein, sofern sich kein Anhaltspunkt für einen anderen Willen des Erblassers aus der Verfügung ergibt.

> **Hinweis**
> Ist in Verfügungen von Todes wegen aus der Zeit vor dem 1.4.1998 auf die gesetzliche Erbfolge verwiesen, so ist abzuklären, ob damit auch nichteheliche Abkömmlinge in der väterlichen Linie gemeint sein sollen.

C. Mutterschaft

11 Seit dem 1.7.1998 kennt das BGB eine Definition der Mutterschaft: „*Mutter eines Kindes ist die Frau, die es geboren hat*", § 1591 BGB nF. Maßgebend ist also der Vorgang der Geburt. Es kommt nicht auf die genetische Abstammung an, beispielsweise auf die Herkunft der befruchteten Eizelle. Eine Anfechtung der Mutterschaft ist ausgeschlossen.

D. Rechtsstellung der vor dem 1.7.1949 geborenen Kinder

12 Obwohl eheliche und nichteheliche Kinder mit dem Erbrechtsgleichstellungsgesetz erbrechtlich grundsätzlich gleich behandelt werden, bleibt die bisherige Rechtsstellung der vor dem 1.7.1949 geborenen nichtehelichen Kinder erhalten. Sie haben weiterhin nach Artikel 12 § 10 Abs. 2 Nichtehelichengesetz kein gesetzliches Erbrecht an ihrem Vater und umgekehrt. Diese Regelung wurde ausdrücklich beibehalten.[1] Damit sollte vermieden werden, daß Väter nach über 40 Jahren mit Pflichtteilsansprüchen konfrontiert werden, die sie bei ihren vermögens- und erbrechtlichen Dispositionen bisher nicht berücksichtigen mußten.

E. Übergangsregelungen für die ehemalige DDR

13 Ist der Vater eines nichtehelichen Kindes vor dem 3.10.1990, dem Zeitpunkt des Beitritts der **neuen Bundesländer**, gestorben und hatte er seinen gewöhnlichen Aufenthalt in der ehemaligen DDR, so hat dieses Kind wie bisher volles Erbrecht wie ein eheliches Kind, Artikel 235 § 1 I EGBGB nF. Diese Regelung

---

1 Vgl. *Rauscher* ZEV 1998, 44; Bundestagsdrucksache 13/4183 Seite 12, 15.

Das nichteheliche Kind als Mandant § 16

entsprach dem bisherigen Recht der früheren DDR. Artikel 235 § 1 II EGBGB nF. hat insofern klarstellende Funktion, als eindeutig bestimmt wird, daß auch nichteheliche Kinder, deren Vater nach dem Beitritt am 3.10.1990 gestorben ist, volles Erbrecht wie eheliche Kinder haben.

Da die erbrechtliche Regelung der früheren DDR auch für nichteheliche Kinder galt, die vor dem 1.7.1949 geboren wurden, behalten diese Kinder auch nach der Wiedervereinigung ihr volles Erbrecht.[2] Für das Erbrecht des Vaters und der väterlichen Verwandten bei Tod des Kindes ist wichtig: Entscheidend ist, welchen gewöhnlichen Aufenthalt der nichteheliche Vater des Kindes (nicht der Erblasser!) im Zeitpunkt der Wiedervereinigung hatte. **14**

Das Bundesverfassungsgericht hat die für die vor dem 1.7.1949 geborenen Kinder gemachte erbrechtliche Zäsur für zulässig erklärt.[3] Mit der unterschiedlichen Regelung für die vor dem 1.7.1949 geborenen Kinder bleibt auf Jahrzehnte hinaus eine abweichende Behandlung solcher Fälle bestehen.

F. Der Gleichstellungsvertrag

Im Zusammenhang mit der Fortgeltung alten Rechts für die vor dem 1.7.1949 geborenen nichtehelichen Kinder enthält § 10 a des Kindschaftsrechtsreformgesetzes vom 16.12.1997 eine wichtige Änderung des Nichtehelichengesetzes vom 19.8.1969. § 10 II 2 Nichtehelichengesetz ordnete an, daß die vor dem 1.7.1949 geborenen nichtehelichen Kinder und deren Abkömmlinge im Verhältnis zu ihrem Vater und dessen Verwandten weiterhin erbrechtlich nach dem bis dahin geltenden Recht zu behandeln seien. Diese Vorschrift gilt, wie oben ausgeführt, unverändert fort. Sie wird nunmehr durch § 10 a I Nichtehelichengesetz in der Fassung des Kindschaftsrechtsreformgesetzes insofern ergänzt, als § 10 II Nichtehelichengesetz keine Anwendung findet, wenn der Vater und das Kind dies vereinbaren. **15**

Die Vereinbarung gilt jedoch nur für künftige Erbfälle (ab 1.7.1998). Für die Vereinbarung ist notarielle Beurkundung vorgeschrieben; Vater und Kind **16**

---

2 Bundestagsdrucksache 13/4183 Seite 13.
3 BVerfGE 44, 1.

können nur persönlich handeln, § 10 II Nichtehelichengesetz nF. Ist der Vater oder das Kind verheiratet, so bedarf die Vereinbarung der Einwilligung des Ehepartners in notarieller Form, § 10 III Nichtehelichengesetz nF.

17 Mit der sogenannten „**Gleichstellungsvereinbarung**" hat der Gesetzgeber rechtsdogmatisches Neuland betreten. Die Vereinbarung ist ein Vertrag über ein künftiges Erbrecht und steht damit rechtsdogmatisch in der gleichen Reihe wie Erbvertrag, Erbverzichtsvertrag und Pflichtteilsverzichtsvertrag.[4] Das Besondere an diesem Gleichstellungsvertrag ist seine pflichtteilsbegründende Wirkung und damit einhergehende Auswirkungen auf das Pflichtteilsrecht anderer Abkömmlinge.

Zimmermann[5] empfiehlt für die notarielle Praxis, den Gleichstellungsvertrag tunlichst bei gleichzeitiger persönlicher Anwesenheit von Erblasser, nichtehelichem Kind und den Ehegatten des Erblassers und des nichtehelichen Kindes zusammen mit allen erforderlichen Erklärungen in einer einheitlichen Urkunde zu beurkunden. Da im Gesetz nichts darüber geregelt ist, ob die Anfechtungsvorschriften der §§ 119 ff. BGB oder auch die Vorschriften des gegenseitigen Vertrags (§§ 320 ff. BGB) angewandt werden können, empfiehlt *Zimmermann* eine eingehende Regelung insbesondere zur Unwiderruflichkeit der Vereinbarung.

18 Der Gleichstellungsvertrag ist ein Ersatz dafür, daß die Vorschriften über die Ehelichkeitserklärung nichtehelicher Kinder per 1.7.1998 aufgehoben wurden. Bis zum 30.6.1998 konnte der nichteheliche Vater durch Ehelicherklärung seinem nichtehelichen Kind ein gesetzliches Erbrecht und damit ein Pflichtteilsrecht verschaffen.

Vgl. zu der Frage, ob ein Gleichstellungsvertrag auch zwischen dem Erblasser und den Abkömmlingen seines nichtehelichen Kindes zulässig ist, *Bestelmeyer* in FamRZ 1999, 970.

---

4 *Zimmermann* DNotZ 1998, 404, 432.
5 DNotZ 1998, 433.

§ 17 Der Vermächtnisnehmer als Mandant

A. Das Ausschlagungsrecht des Vermächtnisnehmers

Das Ausschlagungsrecht des Vermächtnisnehmers ist in § 2307 BGB geregelt. Darüber hinaus ist in § 2307 I 2 BGB die Anrechnungspflicht des nicht ausschlagenden Vermächtnisnehmers im Hinblick auf den Restpflichtteil geregelt. § 2307 BGB findet auch auf das Untervermächtnis[1] und für befristete[2] und bedingte[3] Vermächtnisse (z. B. Vor- und Nachvermächtnis) Anwendung. Erhält der Pflichtteilsberechtigte neben dem Vermächtnis noch einen Erbteil, so schließt das die Anwendung des § 2307 BGB nicht aus.[4]

Nach § 2307 I Satz 1 BGB hat der mit einem Vermächtnis bedachte Pflichtteilsberechtigte nur dann Anspruch auf den **vollen** Pflichtteil, wenn er das Vermächtnis ausschlägt.[5] Nimmt er das Vermächtnis an und ist dies geringer als der Pflichtteil, so kann er lediglich den **Restpflichtteil** verlangen (§ 2307 I Satz 2 1.HS BGB). Ist das Vermächtnis größer, so entfällt der Pflichtteil ganz.

Gemäß § 2307 I Satz 2 2.HS BGB sind **Beschränkungen** und **Beschwerungen** (z. B. ein Untervermächtnis) nicht in Ansatz zu bringen. Die Vorschrift stellt klar, daß der Vermächtnisnehmer die Beschränkung oder Beschwerung zu erfüllen hat, wenn er das Vermächtnis angenommen hat. Eine dem § 2306 I 2 BGB entsprechende Regelung sieht § 2307 BGB gerade nicht vor. Das bedeutet, daß die Beschwerung auch dann nicht wegfällt, wenn das zugewandte Vermächtnis geringer als die Hälfte des gesetzlichen Erbteils ist.[6]

Für das **Ausschlagungsrecht** des Vermächtnisnehmers nach § 2307 BGB bestehen grundsätzlich keine Fristen (§ 2180 BGB). Der Erbe, der mit dem Vermächtnis belastet ist, hat jedoch die Möglichkeit, dem Vermächtnisnehmer eine Frist zu setzen, innerhalb derer der Vermächtnisnehmer sich entscheiden

---

1 *Staudinger/Haas*, § 2307 Rn 3.
2 *Staudinger/Haas*, § 2307 Rn 5.
3 *Staudinger/Haas*, § 2307 Rn 5.
4 Über die einzelnen Folgen bei Erb- und Vermächtniseinsetzung siehe die übersichtliche Darstellung bei *Staudinger/Ferid/Cieslar*, § 2307 Rn 4 ff.
5 BGHZ 80, 263, 265.
6 OLGE 11, 233.

3 Das erbrechtliche Mandat nach dem Erbfall

muß, ob er das Vermächtnis annimmt oder nicht. Es handelt sich hierbei um eine **Annahmefrist**, so daß gemäß § 2307 II Satz 2 BGB das Vermächtnis als ausgeschlagen gilt, wenn es nicht innerhalb der Frist angenommen wurde. Hierbei ist zu beachten, daß mehrere Erben die Frist nur gemeinsam setzen können.[7]

5 Für den Anwalt, der den Erben vertritt, stellt sich in der Praxis somit die Frage, ob der oder die Vermächtnisnehmer nicht alsbald zur Annahme des Vermächtnisses aufzufordern sind. Dies sollte nicht zuletzt deshalb geschehen, um klare Verhältnisse zu schaffen, zumal die eigene Frist für die Annahme der Erbschaft grundsätzlich nur 6 Wochen beträgt. Die Ausschlagung des Vermächtnisnehmers nach § 2307 I 2 BGB kann ohne Einhaltung einer bestimmten Form gegenüber dem Erben erfolgen.

Muster: Ausschlagung des Vermächtnisses nach § 2307 BGB

6 An
den/die Erben
– Einschreiben mit Rückschein –

Der Erblasser ......, verstorben am ......, hat ein Testament hinterlassen, in dem mir vermächtnishalber ...... zugewendet wurde. Ich schlage hiermit das Vermächtnis aus, um meinen Pflichtteil geltend zu machen.

B. Die Sicherung aufschiebend bedingter Vermächtnisansprüche

7 Schwierigkeiten bestehen in der Praxis seitens des Anwalts oftmals bei der Frage, ob etwa ein aufschiebend bedingtes Vermächtnis gesichert werden kann. Hierfür ist zunächst danach zu unterscheiden, ob es um die Frage einer Sicherung vor dem Eintritt des Erbfalls oder danach geht.

---

7 OLG München FamRZ 1987, 752.

Vor Eintritt des Erbfalls besteht grundsätzlich keine Möglichkeit, einen Vermächtnisanspruch zu sichern, da die Forderung frühestens mit dem Erbfall (§ 2176 BGB) entsteht. Dies gilt auch dann, wenn der Vermächtnisanspruch durch eine erbvertragliche Regelung angeordnet wurde (§ 2288 BGB).[8] Insoweit gilt das gleiche wie bei der Frage nach dem Schutz des Vertrags- oder Schlußerben im Rahmen des § 2287 BGB – allerdings mit dem erweiterten Schutz des § 2288 BGB.

Nach dem Eintritt des **Erbfalls** ist der Vermächtnisnehmer eines aufschiebend bedingten Vermächtnisses dagegen nicht mehr schutzlos gestellt. Von diesem Zeitpunkt an hat er grundsätzlich einen schuldrechtlichen Anspruch auf Leistung des vermachten Gegenstands. Aus § 160 I BGB ergibt sich ein rechtlich geschütztes **Anwartschaftsrecht** des Vermächtnisnehmers. Dieses ist grundsätzlich wie jedes andere Anwartschaftsrecht vererblich und übertragbar.[9]

Dieses Anwartschaftsrecht des aufschiebend bedingten Vermächtnisnehmers kann durch **Arrest** und **einstweilige Verfügung** oder durch eine Hypothek gesichert werden, wobei darauf zu achten ist, daß eine hypothekarische Sicherung nur dann in Betracht kommt, wenn sie in der letztwilligen Verfügung mit vermacht wurde.[10]

Handelt es sich bei dem aufschiebend bedingten Vermächtnisgegenstand um ein Grundstück oder **Grundstücksrecht**, so kann mit Hilfe einer **Vormerkung** gemäß § 883 BGB dem Vermächtnisanwartschaftsberechtigten eine dem Anwartschaftsrecht des Nacherben vergleichbare Sicherung gewährt werden.[11] Da sich aus dem Vermächtnisanspruch an sich noch kein Anspruch auf Bewilligung einer Vormerkung ergibt,[12] ist dieser daher durch eine einstweilige Verfügung zu beantragen.[13]

---

8 BGHZ 12, 115.
9 BGH MDR 1963, 824; *Bengel*, NJW 1990, 1828.
10 *Staudinger/Otte*, § 2179 Rn 11.
11 OLG Hamm, Urt. v. 05.10.1995, 28 U 22/95.
12 *Zawar*, DNotZ 1986, 402.
13 Zu der Frage, ob es sich bei dem aufschiebend bedingten Vermächtnis um einen künftigen vormerkungsfähigen Anspruch handelt, siehe *Staudinger/Otte*, § 2179 Rn 12; *Lichtenberger*, NJW 1977, 1755; BayObLG NJW 1977, 1781; wobei zu berücksichtigen ist, daß das OLG Hamm in der Entscheidung vom 05.10.1995 dies als problemlos vorausgesetzt hat.

3 Das erbrechtliche Mandat nach dem Erbfall

12 Der aufschiebend bedingte Vermächtnisnehmer hat aber grundsätzlich keinen Schutz gegen **Zwischenverfügungen**. Der Schutz des § 161 BGB kommt hier nicht zur Anwendung, weil es sich bei dem Vermächtnisanspruch lediglich um einen schuldrechtlichen Anspruch handelt.

13 Die Tatsache, daß der Vermächtnisnehmer aus dem aufschiebend bedingten Vermächtnis nach §§ 2179, 160 ff. BGB eine geschützte Rechtsposition hat, zieht auch einen **Auskunftsanspruch** des Vermächtnisnehmers über Bestand und Schicksal des vermächtnisweise zugewandten Gegenstands nach sich.[14] Ist der Bedingungseintritt ein angeordneter Nacherbfall, so richtet sich der Auskunftsanspruch gegen den Vorerben, und zwar auch dann, wenn es sich um eine befreite Vorerbschaft handelt.[15]

C. Die Kürzung des Vermächtnisanspruchs nach § 2318 BGB

14 Gemäß § 2318 I BGB kann der Erbe gegenüber dem Vermächtnisnehmer das Vermächtnis kürzen, wenn er einen Pflichtteil auszahlen muß. Der Vermächtnisnehmer hat sich insoweit an der Pflichtteilslast zu beteiligen. Das **Kürzungsrecht** des Erben nach § 2318 I BGB besteht dergestalt, daß der Vermächtnisnehmer im Verhältnis seiner Einsetzung die Pflichtteilslast zu tragen hat. Die Pflichtteilslast wird also im Verhältnis von Erbeinsetzung und Vermächtnis verteilt. Im einzelnen berechnet sich dies wie folgt:

Fall: Der Erblasser E setzt seinen Freund F zum Alleinerben ein. Zugunsten seines weiteren Freundes A setzt er ein Vermächtnis von DM 20.000,– aus. Sein Sohn S, als einziger gesetzlicher Erbe, ist damit enterbt. Der Nachlaßwert beträgt DM 100.000,–. S verlangt von F den Pflichtteil. Wie hoch ist der Pflichtteilsanspruch und wer hat ihn zu erfüllen?

Lösung: Der Sohn S hat als einziger gesetzlicher Erbe einen Pflichtteilsanspruch von 1/2 des Nachlasses. Dies sind DM 50 000,–. Nach § 2318 I BGB kann F die Erfüllung des Vermächtnisses an A insoweit verweigern, als die Pflichtteilslast von ihm und dem Vermächtnisnehmer A verhältnismäßig getragen wird. Das Verhältnis zwischen Vermächtnis und Nachlaß beträgt 20:100. Mithin muß sich A im Innenverhältnis zu F im Verhältnis 20/100 = 1/5 an der Pflichtteilslast beteiligen. 1/5 von 50 000,– DM sind 10 000,– DM. In dieser Höhe muß sich der Vermächtnisnehmer

---

14 OLG Oldenburg NJW-RR 1990, S. 650.

15 OLG Oldenburg NJW-RR 1990. S. 650; inwieweit das oben Gesagte auch auf den Nachvermächtnisnehmer angewandt werden kann, siehe *Bengel*, NJW 1990, 1826.

seinen Anspruch kürzen lassen. A kann daher Erfüllung des Vermächtnisses nur in Höhe von DM 20 000,– abzüglich DM 10 000,– verlangen. Bei F verbleibt die Pflichtteilslast in Höhe von DM 40 000,–.

Der Pflichtteilsberechtigte Sohn erhält als Pflichtteil   DM 50 000,–
Der Freund F erhält   DM 40 000,–
Der weitere Freund A erhält   DM 10 000,–

Formel: Das Kürzungsrecht bei Vermächtnissen § 2318 I BGB

$$\text{Kürzungsrecht} = \frac{\text{Pflichtteil} \times \text{Vermächtnis}}{\text{Nachlaß}}$$

Das Kürzungsrecht des § 2318 I BGB kann, neben den Erben, auch nach § 2188 BGB den Vermächtnisnehmern selbst zustehen, wenn diese wiederum mit einem Untervermächtnis belastet sind. Sind mehrere Vermächtnisnehmer vorhanden, so ist jedem gegenüber ein verhältnismäßiges Kürzungsrecht gegeben.[16]

Erhält ein Beteiligter vermächtnisweise einen **unteilbaren Gegenstand**, so kann der Erbe bei Geltendmachung des Vermächtnisses im Gegenzug den Kürzungsbetrag verlangen.[17] Lehnt der Vermächtnisnehmer dies ab, so ist der Erbe berechtigt, dem Vermächtnisnehmer den Wert des Vermächtnisses unter Abzug des Kürzungsbetrags auszubezahlen.[18]

Ein weiteres Problem ist in diesem Zusammenhang, ob der Pflichtteilsanspruch bereits geltend gemacht worden sein muß, damit das Kürzungsrecht des § 2318 BGB eingreift, oder ob bereits das Bestehen und die Erwartung der Pflichtteilslast genügt. Unseres Erachtens muß das Pflichtteilsrecht konkret geltend gemacht werden, damit das Kürzungsrecht eingreift.

Haben die Erben bei der Nachlaßteilung den Pflichtteilsanspruch nicht berücksichtigt und das Vermächtnis in voller Höhe ausbezahlt, steht Ihnen ein Rückforderungsanspruch zu. Werden sie nun nachträglich mit einem Pflichtteil belastet, so ist ihnen gegenüber dem Vermächtnisnehmer ein Anspruch auf Rückzahlung des Kürzungsbetrags gemäß § 813 I S. 1 i.V.m § 2318 BGB zu

---

16 *Staudinger/Haas*, § 2318 Rn 14.
17 *Kipp/Coing* § 12 II 2 a.
18 BGHZ 19, 309, 311.

gewähren.[19] Dies gilt insbesondere auch dann, wenn der Pflichtteilsschuldner in Unkenntnis seines Kürzungsrechts den Pflichtteil geleistet hat.[20]

18 Strittig ist aber, ob der „bereicherungsrechtliche" Anspruch abtretbar ist (§§ 398, 399, 813, 2318 BGB). Während das OLG Frankfurt[21] dies mit dem Argument verneint, daß es sich hierbei um einen höchstpersönlichen „Billigkeitsanspruch" zwischen Erbe und Vermächtnisnehmer handelt, hält die h.M. in der Literatur[22] eine Abtretung für zulässig, da es sich nicht um einen personenbezogenen Kondiktionsanspruch handelt.

19 *Hinweis*
Die Höhe des Kürzungsrechts bemißt sich zwangsläufig nach der Höhe des Pflichtteilsanspruchs. Der für das Kürzungsrecht beweispflichtige Erbe sollte daher, da das zwischen Erben und Pflichtteilsberechtigten erstrittene Urteil keine Rechtskraft im Verhältnis zum Vermächtnisnehmer oder Auflagenbegünstigten entfaltet, diesen den Streit verkünden.

20 Will der Erblasser dem Vermächtnisnehmer das Vermächtnis in ungekürzter Form zukommen lassen, so muß er in seiner Verfügung von Todes wegen die Vorschrift des § 2318 I BGB abbedingen, wozu er nach § 2324 BGB berechtigt ist.

21 Treffen § 2318 I BGB und § 2318 II BGB in der Weise zusammen, daß neben einem pflichtteilsberechtigten Vermächtnisnehmer und einem nicht pflichtteilsberechtigten Vermächtnisnehmer noch ein weiterer Pflichtteilsberechtigter vorhanden ist, der keinen Vermächtnisanspruch hat, ist vorab das Vermächtnis des pflichtteilsberechtigten Vermächtnisnehmers, **soweit es nach § 2318 II BGB nicht zu kürzen ist**, vom Nachlaß abzuziehen.[23] Der Teil des Vermächtnisses, der nicht durch § 2318 II BGB geschützt ist, unterliegt dann voll dem Kürzungsrecht des § 2318 I BGB. Den anderen Teil des Vermächtnisses, der der Höhe des Pflichtteils entspricht, erhält der Vermächtnisnehmer ungekürzt.

---

19 *v. Olshausen* FamRZ 1986, 524, 526 Fn 18.
20 KG FamRZ 1977, 267, 269.
21 FamRZ 1991, 238.
22 MüKo/*Frank*, § 2318 Rn 8, *Staudinger/Haas*, § 2318 Rn 3.
23 *Staudinger/Ferid/Cieslar*, § 2318 Rn 27.

Fall: Erblasser E hinterläßt zwei Söhne A und B. Sohn A erhält ein Vermächtnis von DM 2 000,–. Der Nachlaß beträgt DM 8 000,–. Ein Dritter D erhält ebenfalls ein Vermächtnis in Höhe von DM 2 000,–. Alleinerbe wird X. Der Sohn B macht seinen Pflichtteil geltend. Wer hat die Pflichtteilslast zu tragen?

Lösung: Zuerst ist das Vermächtnis des pflichtteilsberechtigten Sohnes A auszubezahlen (§ 2318 II BGB). Die Pflichtteilslast des B, ebenfalls in Höhe von DM 2 000,–, ist gemäß § 2318 I BGB zwischen X und D aufzuteilen (DM 8 000,– – DM 2 000,– = DM 6 000,– = DM 4 000,– : DM 2 000,– = 2:1).
X hat somit von den DM 2 000,– 2/3 = DM 1 333,33 zu tragen. er kann den Vermächtnisanspruch des D um DM 666,66 kürzen. Das Vermächtnis von A ist nicht zu kürzen, da es genau dem Pflichtteil entspricht.

Fall: Wie oben, nur erhält A ein Vermächtnis in Höhe von DM 2 500,–.

Lösung: A muß jetzt den Pflichtteil des B gemäß seinem Anteil am Nachlaß nach dem Abzug seines nicht zu kürzenden Vermächtnisses tragen. A erhält vorab DM 2 000,– als ungekürztes Vermächtnis, da dies seinem Pflichtteil entspricht und DM 500,– als gekürztes Vermächtnis nach § 2318 I BGB. Dem Kürzungsrecht unterliegt nur der Betrag, der den Pflichtteil übersteigt. Sohn A erhält noch als gekürztes Vermächtnis DM 375,–.

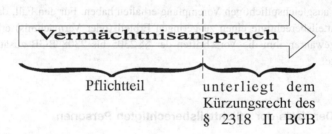

§ 18 Der Pflichtteilsberechtigte als Mandant

A. Allgemeines

1 Da der Erblasser aufgrund seiner Testierfreiheit die Möglichkeit hat, alle seine nächsten Angehörigen zu enterben, sieht das Gesetz in den §§ 2303 ff BGB für diesen Personenkreis ein Pflichtteilsrecht vor. Der Aufnahme eines solchen **Pflichtteilsrechts** lag letztlich der Gedanke zugrunde, daß dem Erblasser eine über seinen Tod hinausgehende, Sorgfaltspflicht gegenüber dem genannten Personenkreis zukommt. Das Pflichtteilsrecht hat seine verfassungsrechtlichen Wurzeln in der **Erbrechtsgarantie** des Art. 14 GG.[1]

2 Damit der Erblasser das Pflichtteilsrecht zu Lebzeiten nicht umgehen kann, steht dem Pflichtteilsberechtigten ein sogenannter Pflichtteilsergänzungsanspruch zu, wenn der Erblasser zu Lebzeiten (innerhalb von 10 Jahren vor seinem Tod) Schenkungen gemacht hat.

3 Einen weiteren Schutz des Pflichtteils bieten die Vorschriften der Ausgleichung nach §§ 2050, 2316 BGB, wenn Erben oder Pflichtteilsberechtigte bereits einen ausgleichspflichtigen Vorempfang erhalten haben. Für den Fall, daß der Pflichtteilsberechtigte einen zu geringen Erbteil (oder Vermächtnis) erhalten hat, gewähren ihm die Vorschriften der §§ 2305 bis 2308 BGB zusätzliche Rechte.

B. Der Kreis der pflichtteilsberechtigten Personen

4 Vor der Berechnung des Pflichtteilsanspruchs ist zunächst zu prüfen, ob die jeweilige Person überhaupt zum Kreis der pflichtteilsberechtigten Personen gehört. Wer pflichtteilsberechtigt ist, bestimmt § 2303 BGB und die oftmals mißverstandene Vorschrift des § 2309 BGB.

5 Zu den pflichtteilsberechtigten Personen gehören zunächst die **Abkömmlinge** des Erblassers und sein **Ehegatte**, und nur, wenn keine Abkömmlinge vorhanden sind, seine **Eltern**. Dabei steht den Eltern des Erblassers und entfernteren

---

[1] Vgl. zu den rechtspolitischen Überlegungen zum Pflichtteilsrecht *Strätz* in FamRZ 1998, 1553, 1566

Abkömmlingen (Enkel) nur dann ein Pflichtteil zu, wenn nähere Abkömmlinge (Kinder) nicht mehr vorhanden sind (§§ 2303, 2309 BGB). Zu den Pflichtteilsberechtigten gehört auch das **adoptierte** Kind und das **nichteheliche** Kind, wenn diesem der Erbersatzanspruch (bzw. in den Erbfällen seit 1. 4. 1998 der Erbteil) entzogen wurde.[2]

Ein Pflichtteilsanspruch ist gegeben, wenn die Berechtigten nach der gesetzlichen Erbfolge Erben geworden wären, sie aber im konkreten Fall durch eine Verfügung von Todes wegen **enterbt** wurden. Handlungen des Berechtigten selbst, die zum Verlust des gesetzlichen Erbrechts führen, führen auch in der Regel zum Verlust des Pflichtteilsrechts (z. B. der Erbverzicht, Erbausschlagung etc.). 6

Einen Pflichtteilsanspruch hat somit grundsätzlich nur derjenige, der enterbt ist. Hiervon gibt es jedoch auch einige Ausnahmen. Es handelt sich um die Fälle der sogenannten „taktischen Ausschlagung"[3], vgl. § 11 Rn 237 ff. 7

C. Das Pflichtteilsrecht entfernter Abkömmlinge und der Eltern nach § 2309 BGB

Entfernte Abkömmlinge (Enkel) und die Eltern des Erblassers sind nur dann pflichtteilsberechtigt, wenn sie bei Eintritt der gesetzlichen Erbfolge Erben werden würden. Voraussetzung ist zum einen, daß die Abkömmlinge nicht durch nähere Abkömmlinge und daß die Eltern nicht durch Abkömmlinge von der gesetzlichen Erbfolge ausgeschlossen sind, und daß sie zum anderen ebenfalls durch den Erblasser enterbt wurden bzw. die Voraussetzungen für die Pflichtteilsberechtigung nach § 2303 BGB vorliegen. 8

Ein näherer Pflichtteilsberechtigter entfällt also gemäß § 2309 BGB nur dann, wenn er vor dem Erbfall **verstorben** ist, er nach § 1953 BGB **ausgeschlagen** hat oder er für **erbunwürdig** erklärt wurde.[4] Gleiches gilt für den Fall, daß ihm 9

---

2 *Weirich*, Rn 491.
3 Der Begriff „taktische Ausschlagung" ist eine eigene Wortschöpfung der Verfasser, die darauf zurückzuführen ist, daß der Pflichtteilsberechtigte von seinem Ausschlagungsrecht nur Gebrauch machen wird, wenn dies für ihn vorteilhafter ist.
4 *Nieder*, Rn 225.

der Pflichtteil vom Erblasser wirksam **entzogen** wurde oder er einen **Erb- und Pflichtteilsverzicht** abgegeben hat, der sich nicht auf die Abkömmlinge erstreckt.

10   Nicht pflichtteilsberechtigt sind entferntere Abkömmlinge und Eltern also dann, wenn der nähere Abkömmling den Pflichtteil verlangen kann, wobei er hierzu nicht verpflichtet ist, oder wenn er nach §§ 2306, 2307 BGB **ausgeschlagen** hat und letztlich auch dann, wenn er das ihm Zugewandte annimmt.[5] Ziel und Zweck des § 2309 BGB ist es, daß es letztlich nicht zu einer Doppelbegünstigung desselben Stammes kommt, indem ihm mehrere Pflichtteilsrechte zustehen.

D.   Die Höhe des Pflichtteilsanspruchs

11   Die Höhe des Pflichtteilsanspruchs wird von drei Faktoren bestimmt, nämlich von der Höhe der gesetzlichen **Erbquote** und weiter von dem **Wert** und dem **Bestand** des Nachlasses zum Zeitpunkt des Erbfalls (§§ 2303 I 2, 2311 BGB). Der Pflichtteil beträgt die Hälfte der gesetzlichen Erbquote.

12   Für die konkrete Ermittlung des **Nachlaßwertes** ist so vorzugehen, daß in einem ersten Schritt der Bestand des Nachlasses festzustellen ist, das heißt, daß diejenigen Vermögenspositionen vom Nachlaß auszusondern sind, die für die Berechnung des Pflichtteilsanspruchs nicht berücksichtigt werden dürfen, so beispielsweise Verträge zu Gunsten Dritter auf den Todesfall (Lebensversicherungen).[6]

13   Nachdem der Bestand des Nachlasses feststeht, ist der Wert der Nachlaßgegenstände (Aktiva) zu ermitteln. Von den Aktiva des Nachlasses sind dann die Passiva, welche die Erblasserschulden und die Erbfallkosten darstellen, abzuziehen. Aus diesem Vergleich zwischen **Aktiva** und **Passiva**, nach Ermittlung des Nachlaßbestandes, ist der Pflichtteil entsprechend der Quote zu berechnen.

---

5   Vgl. *J. Mayer* ZEV 1998, 433 zu der Frage, ob die Eltern einen Plichtteil haben, wenn die Abkömmlinge gegen Entgelt auf ihr Erb- und Pflichtteilsrecht verzichtet haben.
6   Vgl. *Kerscher/Tanck*, § 9 Rn 1 ff.

E. Die Höhe der gesetzlichen Erbquote

Der gesetzliche Erbteil hängt also von der Zahl der „gesetzlichen Miterben" ab, da sich danach die Erbquote bestimmt. Bei der Bestimmung der Erbquote werden daher auch die Enterbten (§ 1938 BGB), die für erbunwürdig Erklärten (§§ 2339 ff BGB) und diejenigen, die ausgeschlagen haben, mitgezählt. Auch das nichteheliche Kind wird bei der Bestimmung des Pflichtteils eines anderen Pflichtteilsberechtigten mitgezählt.[7] Es wird für die Bestimmung der Pflichtteilsquote wie ein eheliches Kind behandelt.

14

Nicht mitgezählt werden dagegen diejenigen, die zum Zeitpunkt des Erbfalls vorverstorben sind, und diejenigen, welche auf ihren Erbteil **verzichtet** haben (§ 2310 BGB). Ein Erbverzicht wirkt also pflichtteilserhöhend.

15

Hinweis
Daher ist insoweit dringend vor dem Abschluß eines Erbverzichtsvertrags zu warnen. Vielmehr reicht ein Pflichtteilsverzichtsvertrag in der Regel aus. Auch ein gegenständlicher Pflichtteilsverzicht, z. B. bezüglich des Betriebsvermögens, ist oftmals ausreichend.

16

Auch beim gesetzlichen Güterstand der Zugewinngemeinschaft kann es zu einer Verschiebung der Erbquote des Ehegatten und somit zu einer Veränderung der Pflichtteilsquoten kommen.

17

Wird der Ehegatte weder Erbe noch Vermächtnisnehmer, aufgrund **Enterbung** oder **Ausschlagung**,[8] so bestimmt sich sein Pflichtteil nach der nicht erhöhten Erbquote gemäß §§ 1931, 1371 II BGB. Neben Erben erster Ordnung hat der Ehegatte somit einen Pflichtteil von 1/8. Zu beachten ist, daß sich in einem solchen Fall auch der Pflichtteil anderer Pflichtteilsberechtigter automatisch erhöht (§ 1371 II 2 BGB).

18

Wird der Ehegatte dagegen **Alleinerbe**, so bemessen sich die Pflichtteilsquoten der anderen Pflichtteilsberechtigten nach dem erhöhten Erbteil des Ehegatten.[9]

19

---

7 *Palandt/Edenhofer*, § 2310 Rn 3.
8 *Palandt/Edenhofer*, § 2303 Rn 6.
9 BGHZ 37, 58, *Soergel/Dieckmann*, § 2303 Rn 35.

F. Der Bestand des Nachlasses

I. Allgemeines

20 Für die Berechnung des Pflichtteils ist neben der Feststellung der Quote der Bestand des Nachlasses festzulegen. Bei der Feststellung des Nachlaßbestands sind diejenigen Vermögenspositionen abzuziehen, die **unvererblich** sind oder die **außerhalb** des **Nachlasses** auf Dritte übergehen, so z.B die Lebensversicherung (Vertrag zu Gunsten Dritter), wenn ein Bezugsberechtigter benannt ist.[10]

21 Nicht mitzubewerten sind auch diejenigen Gegenstände, auf die sich z. B. ein gegenständlich bezogener Pflichtteilsverzicht nach §§ 2346 ff BGB erstreckt.[11] Unberücksichtigt bleiben auch aufschiebend bedingte Rechte und Verbindlichkeiten (§ 2313 I 1 BGB). Auflösend bedingte Rechte kommen dagegen voll zum Ansatz (§ 2313 I 2 BGB). Nach Bedingungseintritt sich ergebende Differenzen sind später auszugleichen (§ 2313 BGB). Alle Rechte, die durch Konfusion erloschen sind, gelten für die Pflichtteilsberechnung als nicht erloschen; vgl. *Staudinger/Haas* § 2311, Rn 15 und BGHZ 98, 382.

22 Nicht zum Bestand des Nachlasses gehört das **Sondervermögen** des Erblassers wie beispielsweise der Anteil des Ehegatten am Gesamtgut bei der fortgesetzten Gütergemeinschaft,[12] oder die **Vorerbschaft**[13] des Erblassers, da diese mit dem Tod des Erben direkt an die Nacherben fällt. Beides ist somit aus dem Bestand des Nachlasses herauszurechnen. Anders dagegen beim **Vor- und Nachvermächtnis**. Hier fällt der Vermächtnisgegenstand zunächst in den Nachlaß des Vorvermächtnisnehmers und kann dann erst vom Nachvermächtnisnehmer herausverlangt werden.

---

10 Siehe hierzu die ausführliche Darstellung bei *Nieder*, Rn 133 ff. Nach neuester Rechtsprechung des BGH fällt aber die „Kreditsichernde Lebensversicherung" in Höhe des abgetretenen Sicherungsbetrages in den Nachlaß; BGH ZEV 1996, 263.
11 *Staudinger/Haas*, § 2311 Rn 20.
12 *Staudinger/Haas*, § 2311 Rn 20.
13 *Staudinger/Haas*, § 2311 Rn 23.

Hinweis

Der sogenannte Ehegattenvoraus wird vor der Berechnung des Pflichtteils abgezogen. In der Praxis zeigt sich, daß dem Ehegattenvoraus eine größere Bedeutung beigemessen werden sollte, als dies bislang getan wird. Gerade bei kleineren Nachlässen kann die Abzugsfähigkeit des Ehegattenvoraus den Pflichtteil erheblich mindern und somit von entscheidender Bedeutung sein.

Beispiel

Der kinderlos verheiratete Erblasser E verstirbt. Er hinterläßt einen Nachlaß von DM 100.000,–, der im wesentlichen „Gegenstände des ehelichen Haushalts" im Wert von DM 80.000,– umfaßt. Neben seiner Ehefrau F lebt noch seine Mutter. E schließt seine Mutter von der Erbfolge aus.

Gesetzlicher Erbteil der Mutter (E lebte in gesetzlichem Güterstand) 1/4, Pflichtteil daher 1/8. Die Bemessungsgrundlage des Pflichtteilsanspruchs ist aber der Nachlaß abzüglich Haushaltsgegenständen = DM 20.000,–. DM 20.000,– geteilt durch 8 = DM 2.500,–.

Nicht abgezogen vom Bestand des Nachlasses werden hingegen die Auflagen und sonstigen Vermächtnisse. Dies ergibt sich nicht zuletzt aus § 1991 IV BGB iVm § 327 InsO. Gemäß § 1991 IV BGB hat der Erbe Verbindlichkeiten und Auflagen so zu berichtigen, wie sie im Falle des Insolvenzverfahrens zur Berichtigung kommen würden. Im Falle eines Insolvenzverfahrens ist nach § 327 I InsO folgende Rangfolge vorgesehen:
- Nr. 1: Verbindlichkeiten gegenüber Pflichtteilsberechtigten
- Nr. 2: Verbindlichkeiten aus Vermächtnissen und Auflagen

Vermächtnis und Auflage gehen daher dem Pflichtteilsrecht nach. Sie können deshalb bei der Berechnung des Pflichtteils nicht abgezogen werden. Gleiches gilt auch für den Pflichtteilsanspruch selbst und zwar auch dann, wenn nach § 327 II InsO ein Vermächtnis dem Pflichtteil gleichgestellt ist.[14]

---

14 MüKo/*Frank* § 2311 Rn 11.

II. Anteile an Personengesellschaften

27 Schwierigkeiten bestehen bei der Frage, ob ein **Anteil** an **Personengesellschaften** in den Nachlaßbestand fällt und bei der Pflichtteilsberechnung zu berücksichtigen ist. Inwieweit ein Anteil an einer Personengesellschaft in den Nachlaß fällt, hängt letztlich von der im Gesellschaftsvertrag vereinbarten Nachfolgeregelung ab.

1. Bei der Fortsetzungsklausel

28 Wird bei dem Tod eines Gesellschafters eine Personengesellschaft aufgrund einer **Fortsetzungsklausel** oder seit 1.7.1998 Kraft Gesetzes unter den Überlebenden fortgesetzt, so stellt sich die Frage, ob der Gesellschaftsanteil bzw. der Abfindungsanspruch des Erblassers Nachlaßbestandteil wird und wie der Wert des Anteils zu bemessen ist.

29 Nach § 738 I Satz 2 Fall 3 BGB steht dem ausscheidenden Gesellschafter ein **Abfindungsanspruch** [15] für den Verlust seines Gesellschaftsanteils zu. Dieser Abfindungsanspruch fällt nach h.M.[16] in den Nachlaß und ist deshalb bei der Berechnung des Pflichtteilsanspruchs zu berücksichtigen.

30 Für die Wertbemessung des Abfindungsanspruchs nach § 738 II BGB ist nach der Rechtsprechung des BGH[17] von dem Ertragswert auszugehen. Da die Fortsetzungsklausel gerade zu einer Fortführung der Gesellschaft führen soll, ist der sog. **Fortführungswert** und nicht etwa der Liquidationswert maßgebend.[18]

31 Nach überwiegender Ansicht[19] ist § 738 I Satz 2 BGB aber dispositiv. Die Gesellschafter haben somit die Möglichkeit, eine hiervon abweichende Regelung zu treffen. So kann beispielsweise vereinbart werden, für die Wertbemessung des Abfindungsanspruchs den sogenannten Buchwert zugrundezulegen.[20]

---

15 Der Abfindungsanspruch ist entgegen § 271 BGB erst mit der Feststellung der Abschichtungsbilanz fällig MüKo/*Ulmer*, § 738 Rn 15.
16 BGHZ 22, 186; MüKo/*Leipold*, § 1922 Rn 33.
17 BGH NJW 1982, 2441.
18 BGH NJW 1985, 192.
19 BGHZ 22, 186; RGZ 145, 289.
20 BGH DB 1989, 1399; kritisch BGH NJW 1985, 192.

Ein völliger **Ausschluß** des **Abfindungsanspruchs** wird bei lebzeitigem Ausscheiden[21] eines Gesellschafters verneint, bei Ausscheiden von Todes[22] wegen allerdings bejaht.[23] Ist im Gesellschaftsvertrag ein solcher Ausschluß vereinbart worden, so entsteht kein Abfindungsanspruch und auch kein hieran zu bemessender Pflichtteilsanspruch. Es kommt dann lediglich ein Pflichtteilsergänzungsanspruch in Betracht.[24]

32

2. Bei der Nachfolgeklausel

Bei der **Nachfolgeklausel** erfolgt der Übergang des Gesellschaftsanteils im Wege des Erbrechts.[25] Für den Pflichtteil ergeben sich somit auf den ersten Blick keine Besonderheiten, da bei einem Übergang im Wege des Erbrechts der Gesellschaftsanteil zunächst in den Nachlaß fällt und somit bei der Berechnung des ordentlichen Pflichtteils mitberücksichtigt wird.[26]

33

Das Problem in der Praxis stellt sich aber bei der Berechnung der Höhe des Pflichtteilsanspruchs, wenn der Gesellschaftsvertrag eine Abfindungsklausel für den Fall des Ausscheidens enthält, die einen Anspruch unter dem realen Wert des Anteils vorsieht. Dabei handelt es sich um die sogenannte **Buchwertklausel**, die besagt, daß bei der Bemessung des Abfindungsanspruchs der Buchwert des Gesellschaftsanteils zugrunde zu legen ist. Die Buchwertklausel hat den Vorteil, daß in einem solchen Fall beispielsweise die stillen Reserven unberücksichtigt bleiben.[27]

34

Für den Erben, der in die Gesellschaft eintritt, stellt sich nun folgendes Problem. Nimmt er die Erbschaft an und tritt er demzufolge in die Gesellschafterstellung ein, dann stellt sich die Frage, auf welcher Grundlage ein eventueller Pflichtteilsanspruch zu berechnen ist. Ist dies der **Wert des Gesellschaftsanteils** oder ist es der **Wert des Abfindungsanspruchs**. Ersteres würde dazu führen, daß der

35

---

21 RG Recht 1909 Nr. 1319.
22 BGHZ 50, 316.
23 Im übrigen sind die Grenzen der Zulässigkeit anhand der §§ 138, 242 BGB und 133, 135 HGB zu bemessen.
24 Siehe § 18 Rn 72 ff.
25 BGHZ 22, 168; 68, 225; a.A. *Brox*, Rn 754 der in der Nachfolgeklausel einen rechtsgeschäftlichen Übergang in Form einer Verfügung unter Lebenden auf den Todesfall sieht.
26 *Flume*, NJW 1988, 161.
27 Zur Gültigkeit der Buchwertklauseln siehe BGH DB 1978, 1971; NJW 1979, 1391.

Pflichtteil aus einem höheren Wert zu bezahlen ist. Muß der Erbe dann aber seinen Gesellschaftsanteil verkaufen, damit er die Pflichtteilsansprüche bezahlen kann, erhält er einen niedrigeren Wert, was bei ungünstiger Konstellation auch dazu führen kann, daß die Pflichtteile höher sind als die Zuwendung aus dem Nachlaß.

36 In der Literatur und der Rechtsprechung werden hier verschiedene Lösungswege diskutiert.

37 So wird die Ansicht[28] vertreten, daß zunächst von dem Wert des Gesellschaftsanteils auszugehen und dieser gegebenenfalls später, falls es zum **Zwangsverkauf** des Anteils wegen der Pflichtteilslast kommt, zu korrigieren ist. Da dies gegen das in § 2311 BGB verankerte Stichtagsprinzip verstößt, wird auch die Meinung vertreten, daß von einem endgültigen Wert auszugehen sei. Dies könne von Anfang an der Wert des Gesellschaftsanteils[29] oder aber auch der sogenannte Klauselwert sein.[30] Eine weitere Meinung[31] will als Ausnahme vom Stichtagsprinzip in analoger Anwendung des § 139 III HGB eine Veräußerung zum Klauselwert innerhalb der dreimonatigen Frist berücksichtigt wissen.

38 Der BGH[32] hat sich für die Annahme eines endgültigen Wertes in Form eines „Zwischenwertes" entschieden. So soll zunächst der Wert des Gesellschaftsanteils der Berechnung zugrunde zu legen sein und dann die Wahrscheinlichkeit, daß es zu einer Veräußerung aufgrund der Abfindungsklausel kommt, als **wertmindernder Faktor** berücksichtigt werden, wobei festzuhalten ist, daß die Wertminderung eine reine Ermessensfrage ist und nach Ansicht des BGH[33] dem Richter überlassen bleibt.[34] Nach neuerer Rechtsprechung des BGH soll die Anpassung bei Buchwertklauseln nach Treu und Glauben erfolgen.[35] In der

---

28 *Großkommentar/Ulmer*, § 139 HGB Anm. 199.
29 *Baumbach/Duden/Hopt*, § 139 HGB Anm. 1.
30 *Meincke*, Nachlaßbewertung, S. 202.
31 *Schmitt*, Gesellschaftsvertrag und Pflichtteilsrecht, Diss. 1993, S. 106 ff.
32 BGHZ 75, 195; BGH WM 1965, 924.
33 BGH a.a.O.
34 Zu Rechenvorschlägen in diesem Fall siehe *Goroncy*, NJW 1962, 1895 und *Däubler* GmbH-Geschäftsanteil, S. 45.
35 BGH MittBayNot 1994, 159.

Praxis stellt sich hier aber das Problem, wie der Pflichtteilsanspruch zu beziffern ist.

3. Bei der Eintrittsklausel

Die **Eintrittsklausel** stellt, wie schon erwähnt, einen Vertrag zugunsten Dritter dar. Sie gibt dem Begünstigten das Recht, in die Gesellschaft eintreten zu dürfen. Insoweit fällt der Gesellschaftsanteil hier nicht in den Nachlaßbestand. 39

> *Hinweis*
> Das Recht allein, in die Gesellschaft eintreten zu dürfen, nützt dem Berechtigten in der Regel wenig, da er dann noch eine Gesellschaftereinlage erbringen muß. Deshalb ist es wichtig, daß der Erblasser dem Begünstigten auch den Kapitalanteil zukommen läßt. Dies erfolgt durch Zuweisung des Abfindungsanspruchs.[36] Auf erbrechtlichem Wege kann dies durch die Einsetzung als Alleinerbe, durch Vermächtnis bzw. Vorausvermächtnis oder durch eine Teilungsanordnung nach § 2048 BGB erfolgen. Der Abfindungsanspruch des Erblassers fällt dann in den Nachlaß und ist bei der Berechnung des ordentlichen Pflichtteils zu berücksichtigen.[37]

III. Lebensversicherung und Nachlaßbestand

Ob eine Lebensversicherung **in den Nachlaßbestand** fällt, hängt in erster Linie davon ab, ob ein Vertrag zugunsten Dritter vorliegt und um welche Art von Lebensversicherung es sich handelt. 40

Der Versicherungsvertrag ist dann ein Vertrag zugunsten Dritter, wenn ein Bezugsberechtigter benannt wird und der Versicherer verpflichtet wird, an den Bezugsberechtigten zu leisten.[38] Liegt ein solcher Vertrag zugunsten Dritter vor, dann entsteht der Anspruch direkt beim Bezugsberechtigten, ohne vorher im Vermögen des Erblassers vorhanden gewesen zu sein und ohne vorher in den Nachlaß zu fallen.[39] 41

---

36 *Hopt/Hehl*, Gesellschaftsrecht Rn 662.
37 MüKo/*Ulmer*, § 727 Rn 38.
38 *Palandt/Heinrichs*, § 330 Rn 2.
39 BGHZ 13, 232, 32, 47.

3 Das erbrechtliche Mandat nach dem Erbfall

42 In Rechtsprechung und Schrifttum ist man sich dahingehend einig, daß dies auch dann gilt, wenn der Versicherungsfall der Todesfall ist. Hierfür sprechen die gesetzlichen Vermutungsregeln der §§ 330 BGB und 167 VVG. Nach h.M. fällt die Versicherungssumme einer Kapitallebensversicherung gemäß der Auslegungsregel des § 167 II VVG auch dann nicht in den Nachlaß, wenn der oder die Erben als Empfänger benannt sind. Hier ist im Zweifel anzunehmen, daß die Erben, ihren Anteilen entsprechend, bezugsberechtigt sind.[40]

43 Hat der Versicherungsnehmer testamentarisch **Vor-** und **Nacherbfolge** angeordnet, so ist der Vorerbe als alleiniger Erbe im Zeitpunkt des Todesfalls der alleinige Bezugsberechtigte.[41] Die Konsequenz ist, daß die Versicherungssumme somit nicht in den Nachlaß fällt und die Erben die Erbschaft ausschlagen können und die Versicherungssumme neben möglichen Pflichtteilen erhalten.

44 Die Lebensversicherungssumme fällt also nicht in den Nachlaß, wenn ein **Bezugsberechtigter** benannt ist, und zwar unabhängig davon, wann das Bezugsrecht eingeräumt wurde. Die Frage, ob ein Bezugsrecht von Anfang an eingeräumt wurde oder erst später durch Änderung des Versicherungsvertrags, hat lediglich auf die Frage der Anfechtung wegen Gläubigerbenachteiligung Auswirkung, da nach h.M. ein von Anfang an eingeräumtes Bezugsrecht nicht der Anfechtung unterliegt.[42]

45 Verstirbt der nach § 331 BGB Begünstigte vor dem Erblasser selbst, dann fällt der Anspruch im Zweifel in den Nachlaß, wenn kein Ersatzbegünstigter benannt wurde.[43]

46 *Hinweis*
Nach Ansicht des BGH[44] ist aber bei einer „kreditsichernden" Lebensversicherung der Betrag, in dessen Höhe die Versicherung zur Deckung eines Darlehens an die Bank abgetreten ist, in den Bestand des Nachlasses zu rechnen. Ansonsten würden die Erblasserschulden den Anspruch des

---

40 *Palandt/Heinrichs*, § 330 Rn 2.
41 Schleswig-Holsteinisches OLG ZEV 1995, 415.
42 *Palandt/Heinrichs*, § 330 Rn 6.
43 BGH MDR 1993, 769.
44 BGH ZEV 1996, 263.

Pflichtteilsberechtigten auf der Passivseite schmälern, obwohl die Schulden rein wirtschaftlich gesehen nicht durch den Nachlaß getragen werden müßten.

Die Benennung eines Bezugsberechtigten kann aber zu einem Pflichtteilsergänzungsanspruch führen. Denn anders als beim Pflichtteilsanspruch richtet sich die Berechnung des Pflichtteilsergänzungsanspruchs nach dem dem Vertrag zugunsten Dritter zugrundeliegenden Valutaverhältnis. Liegt im Valutaverhältnis zwischen Versicherungsnehmer (Erblasser) und dem Bezugsberechtigten eine Schenkung vor, so fällt diese in den Pflichtteilsergänzungsanspruch. Nach einhelliger Meinung ist Gegenstand der Schenkung jedoch nur die Prämienzahlung der letzten 10 Jahre, nicht die auszubezahlende Versicherungssumme.[45]

47

G. Der Abzug von Nachlaßverbindlichkeiten („Passiva")

Zu den Erblasserschulden zählen alle **Verbindlichkeiten**, die der Erblasser vor seinem Tod eingegangen ist. Dies sind zunächst alle Schulden des Erblassers, wie beispielsweise unbezahlte Rechnungen, Darlehen, Bankschulden oder Beitragsrückstände. Hierbei ist darauf zu achten, in welcher Höhe die Schulden den Erblasser selbst treffen und inwieweit er die Schulden auf andere abwälzen kann, oder ihm gar ein Erstattungsanspruch zusteht.

48

Ist beispielsweise noch eine offene Arztrechnung vorhanden, so stellt dies eine Nachlaßverbindlichkeit dar, wobei aber gegebenenfalls ein vorhandener Anspruch gegenüber einer Krankenversicherung in Abzug zu bringen ist. Desweiteren ist darauf zu achten, daß bei gemeinsamen Schulden von Ehegatten, beispielsweise ein gemeinsam aufgenommener Kredit, für die sie gesamtschuldnerisch haften, grds. nur die Hälfte, also der im Innenverhältnis auf den Erblasser fallende Teil, in Abzug zu bringen ist. Es ist aber zu prüfen, ob ausdrücklich oder konkludent eine andere Vereinbarung nach § 426 I BGB vorlag.

---

45 BGH FamRZ 1976, 616.

49 Zu den **Erblasserschulden** zählen insbesondere auch alle noch offenen **Steuerschulden**, soweit sie in der Person des Erblassers entstanden sind. Dies gilt unabhängig davon, ob die Steuer bereits veranlagt wurde.

50 Fraglich ist, ob rückständige Einkommensteuerschulden auch dann voll in Abzug zu bringen sind, wenn die Ehegatten gemeinsam veranlagt wurden, aber nur der Erblasser gearbeitet hat. Der BGH[46] hat für den Fall der gemeinsamen Veranlagung entschieden, daß dies nicht zur Folge hat, daß beide Ehegatten gemäß § 426 I 1 BGB zu gleichen Teilen die Steuern tragen müssen. Dies ergibt sich nicht zuletzt aus der güterrechtlichen Beziehung der Ehegatten zueinander. Denn ebenso getrennt wie das Vermögen im gesetzlichen Güterstand der Zugewinngemeinschaft sind auch die Schulden zu behandeln. Deshalb hat jeder Ehegatte für die auf seine Einkünfte fallenden Steuern selbst aufzukommen. Hat also wie im genannten Fall, lediglich der Erblasser Einkünfte gehabt, sind die Ehegatten aber gemeinsam veranlagt worden, dann sind die noch offenen Steuerschulden insgesamt als Passiva in Abzug zu bringen. Der Pflichtteilsberechtigte muß sich diese voll entgegenhalten lassen.

51 Nicht als Nachlaßverbindlichkeit anzusetzen ist jedoch die **Erbschaftsteuerschuld**.[47] Gleiches gilt nach Ansicht des BGH[48] für die bei Aufgabe eines Gewerbebetriebs nach § 16 EStG anfallende Ertragsteuer. Die für den Veräußerungsgewinn anfallende Ertragsteuer kann jedoch bei der Bewertung des Unternehmens zu berücksichtigen sein.

52 Auch die **Rückforderungsansprüche** des **Sozialhilfeträgers** nach § 92 c BSHG sind abzugsfähige Erblasserschulden.[49] Gleiches gilt für Ansprüche von als Darlehen bewilligtem Unterhaltsgeld im Rahmen des AFG.[50]

53 Ebenso zählen Verbindlichkeiten, die aus unerlaubter Handlung entstanden sind, zum Passivbestand des Nachlasses.[51] Zu beachten ist, daß **Grundschulden**

---

46 BGH NJW 1979, 546.
47 MüKo/*Frank*, § 2311 Rn 11; RGRK/*Johannsen* § 2311 Rn 7.
48 BGH NJW 1972, 1269.
49 *Palandt/Edenhofer*, § 2311 Rn 5.
50 Landessozialgericht Baden-Württemberg v. 13.04.1996, Az L 13 Ar 2184/95.
51 *Nieder*, Rn 245.

und **Hypotheken** bei der Bemessung der Nachlaßpassiva nur in Höhe ihrer Valutierung zu berücksichtigen sind.[52]

Problematisch ist, inwieweit eine bestehende **Unterhaltsverpflichtung** des Erblassers eine Nachlaßverbindlichkeit darstellt. Vom Aktivnachlaß in Abzug zu bringen sind diejenigen Unterhaltsansprüche gegen den Erblasser, die durch den Tod nicht erloschen sind. Hierunter fällt beispielsweise der Unterhaltsanspruch des getrennt lebenden Ehegatten nach Wegfall seines Ehegattenerbrechts gemäß § 1933 BGB und des geschiedenen Ehegatten nach § 1586 b BGB, allerdings begrenzt auf den fiktiven nicht erhöhten Pflichtteil des Ehegatten, die Ansprüche der Mutter eines nichtehelichen Kindes nach §§ 1615 k, 1615 l BGB und wohl auch der Unterhaltsanspruch einer werdenden Mutter nach § 1963 BGB.[53] 54

Die zweite Kategorie der Nachlaßpassiva umfaßt die Erbfallschulden. Dies sind grundsätzlich diejenigen Verbindlichkeiten, die durch den Tod des Erblassers selbst entstehen. Hierunter fallen im einzelnen die **Beerdigungskosten** (§ 1968 BGB), die Kosten für das **Grabmal** und die **Grabstätte** sowie die **Zugewinnausgleichsforderung** des überlebenden Ehegatten.[54] Zu den Beerdigungskosten zählen aber nicht die Kosten der Grabpflege. Diese können bei der Pflichtteilsberechnung nicht in Abzug gebracht werden.[55] Ebenfalls als Abzugsposten zu berücksichtigen sind die Kosten der Ermittlung der Nachlaßgläubiger sowie die Kosten der Wertermittlung des Nachlasses nach § 2314 II BGB.[56] Gleiches gilt auch für die Kosten einer etwaigen Nachlaßverwaltung oder Nachlaßsicherung.[57] 55

Die Kosten einer **Testamentsvollstreckung** sind nach der Rechtsprechung des BGH[58] in der Regel keine Nachlaßverbindlichkeiten und deshalb nicht in Abzug zu bringen, es sei denn, daß die Testamentsvollstreckung für den Pflichtteilsberechtigten einen Vorteil darstellt. Ebenfalls keine Nachlaßverbindlichkeit 56

---

52 *Klingelhöffer*, Rn 265.
53 *Lange/Kuchinke*, § 37 Fn 308 aber strittig.
54 BGH NJW 1988, 136.
55 OLG Oldenburg FamRZ 1992, 987.
56 BGH NJW 1975, 258.
57 MüKo/*Frank*, § 2311 Rn 10.
58 BGH NJW 1985, 2828.

i.S.v. § 2311 BGB ist der Erbersatzanspruch des nichtehelichen Kindes und der Anspruch auf den Dreißigsten nach § 1969 BGB.

Zur Frage der Abzugsfähigkeit von **Rechtsanwaltskosten** vgl. BGH LM § 2311 Nr. 12.

> *Hinweis*
> An dieser Stelle sei bemerkt, daß bei einer außergerichtlichen Einigung über den Pflichtteilsanspruch darauf zu achten ist, daß eine Nachbesserungsklausel für den Fall aufgenommen wird, daß sich innerhalb einer bestimmten Frist die Berechnungsgrundlage des Pflichtteils, sei es durch Hinzutreten weiterer Pflichtteilsberechtigter oder durch nachträglich auftretende Erblasserschulden, ändert.
>
> Die Formulierung könnte wie folgt lauten:
> *„Sollte einer der Beteiligten innerhalb der Frist <...> Kenntnis von Tatsachen erlangen und beweisen, die zu einer Veränderung des für die Abfindung zugrunde gelegten Pflichtteilsanspruches führen, beispielsweise aufgrund von nachträglich bekanntgewordenen Nachlaßverbindlichkeiten, so kann eine Neuberechnung aufgrund der geänderten Rechtslage verlangt werden, wenn die Veränderung des Ergebnisses um 10 % von der bisherigen Vereinbarung abweichen würde."*

H. Der Wert des Nachlasses („Aktiva")

57 Die Feststellung des Nachlaßwertes bereitet dem Anwalt in der Praxis erhebliche Schwierigkeiten. In manchen Fällen ist die exakte Bestimmung des Wertes auch nicht möglich.[59] Während das Steuerrecht durch das BewertungsG und verschiedene Verwaltungserlasse eine umfangreiche Unterstützung bietet, mangelt es im zivilrechtlichen Bereich an solchen Vorschriften.[60]

58 Die Zentralnorm im BGB für die Wertbestimmung ist § 2311 I 1 BGB. Maßgeblich ist der Bestand und der gemeine Wert der Nachlaßgegenstände im Zeitpunkt des Erbfalls. Bestimmungen des Erblassers sind insoweit unverbindlich (§ 2311

---

59 BGHZ 29, 217 für individuell bebaute Grundstücke.
60 BGH NJW 1993, 131 spricht von erbrechtlichem Bewertungsrecht.

II 2 BGB). Die Wertermittlung erfolgt nach dem **Stichtagsprinzip**. Nachträgliche Wertsteigerungen oder Wertminderungen müssen deshalb außer Betracht bleiben.[61] Eine bestimmte Bewertungsmethode ist hierbei, mit Ausnahme des § 2312 BGB, nicht vorgeschrieben.

Der Pflichtteilsberechtigte ist wirtschaftlich so zu stellen, als sei der Nachlaß beim Tod des Erblassers in Geld umgesetzt worden. Daher ist grundsätzlich auf den gemeinen Wert abzustellen, der dem **Verkaufswert** (Verkehrswert) entspricht.[62] Eine bestimmte Methode der Wertberechnung ist, wie bereits erwähnt, im BGB nicht vorgeschrieben.[63] Sie obliegt, wie *Mayer*[64] zutreffend feststellt, dem Ermessensspielraum der Gerichte. 59

Vorrangig gilt eine Bewertung, die sich an einen **tatsächlichen** Verkauf des zu bewertenden Nachlaßgegenstands anlehnen kann. § 2311 II Satz 1 BGB bestimmt aber, daß der Wert des Nachlaßgegenstands im Zweifel zu schätzen, gegebenenfalls durch Sachverständigengutachten zu ermitteln ist.[65] 60

Die Schätzung ist nach gefestigter Rechtsprechung des BGH[66] aber dann nachrangig, wenn der Nachlaßgegenstand bald nach dem Erbfall **veräußert** wurde.[67] Der BGH begründet dies damit, daß jede Schätzung mit einem Unsicherheitsfaktor belastet ist und es deshalb im erbrechtlichen Bewertungsrecht nicht sachgerecht ist, die „gesicherte Ebene" des tatsächlich erzielten Verkaufserlöses außer acht zu lassen.[68] Wann eine Veräußerung zeitnah ist und somit als Bewertungsmaßstab dienen kann, liegt im richterlichen Ermessen. Grundstücks- und Betriebsveräußerungen von bis zu einem Jahr nach dem Erbfall werden vom BGH als zeitnah angesehen.[69] In Ausnahmefällen, wenn die Marktverhältnisse sich nicht wesentlich verändert haben, kann auch ein 61

---

61 BGH NJW 1952, 1173.
62 BGHZ 14, 376.
63 BGH NJW 1972, 1269.
64 *J. Mayer*, ZEV 1994, 331.
65 WM 1979, 635.
66 BGH NJW RR 1991, 901; NJW-RR 1993, 131.
67 BGH ZEV 1994, 361.
68 BGH NJW-RR 1993, 131.
69 BGH ZEV 1994, 361.

Verkaufserlös, der 5 Jahre nach dem Erbfall erzielt wurde, ausschlaggebend sein.[70]

62 Besonderheiten bei der Bewertung ergeben sich aber bspw. auch beim Vorhandensein von landwirtschaftlichem Vermögen. Nach § 2312 BGB ist für die Bewertung des Pflichtteilsanspruchs der Ertragswert maßgeblich.[71]

I. Der Pflichtteilsergänzungsanspruch

I. Allgemeines

63 Der Pflichtteilsergänzungsanspruch, auch außerordentlicher Pflichtteil genannt,[72] ist ein vom ordentlichen Pflichtteil unabhängiger Anspruch eines Pflichtteilsberechtigten. Während sich der ordentliche Pflichtteilsanspruch aus dem zum Zeitpunkt des Erbfalls tatsächlich vorhandenen Nachlaß berechnet, wird der Pflichtteilsergänzungsanspruch aus dem fiktiven Nachlaß (lebzeitigen Schenkung) ermittelt.

64 Der Pflichtteilsergänzungsanspruch soll einen Ausgleich für die zu Lebzeiten des Erblassers getätigten Schenkungen schaffen und so verhindern, daß der Erblasser durch lebzeitige Zuwendungen den Nachlaß vermindert und die Rechte der Pflichtteilsberechtigten umgeht. Haben die Ehegatten ein gemeinschaftliches Testament in Form des Berliner Testaments (§ 2269 BGB) hinterlassen, so ist als Erblasser im Sinne von § 2325 BGB immer nur der überlebende Ehegatte anzusehen.[73] Anders als bei den Ausgleichungsvorschriften nach §§ 2050 ff BGB gilt hier nicht der sogenannte **erweiterte Erblasserbegriff**. Die Geschenke des vorverstorbenen Ehegatten finden demnach beim Tod des Überlebenden im Rahmen des Pflichtteilsergänzungsanspruchs keine Berücksichtigung.

---

70 BGH NJW-RR 1993, 131. Kritisch hierzu *Mayer*, ZEV 1994, 331, der zu bedenken gibt, daß dem streitsüchtigen Pflichtteilsberechtigten über die normalen Verjährungsfristen hinaus die Möglichkeit einer Nachabfindung geboten wird.
71 *Kerscher/Tanck*, § 6 Rn 41 ff.
72 BGHZ 102, 333.
73 BGHZ 88, 102.

Der Pflichtteilsberechtigte als Mandant § 18

Der Pflichtteilsergänzungsanspruch ist ein **selbständiger** Pflichtteilsanspruch,[74] der grundsätzlich auf eine Geldzahlung gerichtet ist. Er steht dem Pflichtteilsberechtigten unabhängig vom ordentlichen Pflichtteil zu, was sich bereits aus der Klarstellung des § 2326 BGB ergibt. Er steht dem Berechtigten auch dann zu, wenn dieser nicht durch eine Verfügung von Todes wegen von der Erbfolge ausgeschlossen ist[75] oder die Erbschaft ausgeschlagen hat.[76] 65

Rechtlich wird der Pflichtteilsergänzungsanspruch entsprechend dem ordentlichen Pflichtteilsanspruch behandelt, und zwar hinsichtlich seines Entstehens und seiner Übertragbarkeit.[77] Gleiches gilt auch für die **Auskunftspflicht** und den **Wertermittlungsanspruch**, auch wenn dem Miterben gegenüber den anderen Miterben grundsätzlich kein Auskunftsanspruch zusteht.[78] 66

II. Der Pflichtteilsergänzungsanspruch nach § 2325 BGB

1. Allgemeines

Gemäß § 2325 I BGB kann der Pflichtteilsberechtigte einen Pflichtteilsergänzungsanspruch gegen den oder die Erben geltend machen, wenn der Erblasser einem Dritten eine Schenkung gemacht hat. Berücksichtigt werden gemäß § 2325 III BGB nur Schenkungen, die innerhalb der letzten 10 Jahre vor dem Erbfall getätigt wurden. Erfolgte die Schenkung unter Ehegatten, so beginnt die Zehnjahresfrist nicht vor Auflösung der Ehe (§ 2325 III HS. 2 BGB). 67

Nach Ansicht des BGH[79] unterliegen auch die **ehebezogenen** Zuwendungen[80] dem Pflichtteilsergänzungsanspruch.[81] Die Höhe des Pflichtteilsergänzungsanspruchs ist der Betrag, um den sich der Pflichtteil erhöht hätte, wenn der verschenkte Gegenstand wertmäßig dem Nachlaß hinzugerechnet worden wäre. 68

---

74 BGHZ 103, 333.
75 § 2326 Satz 1 BGB.
76 BGHZ 43, 995.
77 Vgl. § 2317 BGB.
78 *Palandt/Edenhofer*, § 2325 Rn 2.
79 BGH FamRZ 1992, 300 ff.
80 In Ausnahmefällen auch die Gütergemeinschaft, vgl. *Kerscher/Tanck*, § 7 Rn 47.
81 Vgl. zu den Auswirkungen unbenannter Zuwendungen im Erbrecht *Stehlin* ZErb 1999, 52.

2. Der Schenkungsbegriff

69 Der **Schenkungsbegriff** des § 2325 I BGB deckt sich mit dem des § 516 I BGB. Danach sind zwei Voraussetzungen für das Vorliegen einer Schenkung maßgebend, zum einen die objektive Bereicherung des Dritten und zum andern das Einigsein zwischen Erblasser und Zuwendungsempfänger über die objektive Unentgeltlichkeit der Zuwendung. Entscheidend ist grundsätzlich nicht die Höhe des Vermögensabflusses, sondern das Maß der beim Zuwendungsempfänger bewirkten Bereicherung. Diese ist objektiv festzustellen.[82] Die Bemessungsgrundlage für den Pflichtteilsergänzungsanspruch ist somit der Wert der unentgeltlichen Zuwendung.

3. Die Pflichtteilsergänzung beim Vertrag zugunsten Dritter

70 Ein Vertrag zu Gunsten Dritter (Lebensversicherung) kann dann zu einem Pflichtteilsergänzungsanspruch führen, wenn im Valutaverhältnis zwischen Erblasser und Bezugsberechtigtem eine Schenkung vorliegt. Dem Pflichtteilsergänzungsanspruch unterliegen bei der Lebensversicherung die **Prämienzahlungen** der letzten 10 Jahre.[83]

71 *Hinweis*
Setzt der Erblasser seine Ehefrau als Bezugsberechtigte ein, dann liegt im Valutaverhältnis insoweit keine Schenkung vor, als es sich um eine angemessene Versorgung der Ehefrau handelt.[84] Die Zuwendung ist dann nicht unentgeltlich, wenn sie sich im Rahmen einer den Lebensverhältnissen der Eheleute angepaßten Alterssicherung bewegt.[85]

4. Die Pflichtteilsergänzung bei Gesellschaftsanteilen an Personengesellschaften

72 Umstritten ist aber die Frage, ob in gesellschaftsvertraglichen Abfindungsverzichten eine Schenkung zugunsten der anderen Mitgesellschafter zu sehen ist.

73 Ausgehend von dem Schenkungsbegriff der §§ 516, 517 BGB muß es sich hierbei um eine objektive Bereicherung der übrigen Gesellschafter handeln,

---

82 *Palandt/Putzo*, § 516 Rn 6.
83 BGH FamRZ 1976, 616.
84 BGHZ 116, 167.
85 BGH NJW 1972, 580.

und es muß Einigkeit darüber bestehen, daß die Zuwendung unentgeltlich erfolgt.[86]

Fraglich ist in der Literatur, worin die Zuwendung bei einem gesellschaftsvertraglich vereinbarten Abfindungsverzicht zu sehen ist. Teilweise wird vertreten, daß bereits der Abfindungsverzicht selbst ein Vermögensopfer im Sinne des Schenkungsbegriffs sei.[87] Andere vertreten wiederum die Auffassung, daß der Kapitalanteil[88] oder der Gesellschaftsanteil[89] selbst der Zuwendungsgegenstand sei. 74

Ein weitaus größeres Problem ist aber die Frage der Unentgeltlichkeit der Zuwendung. Erfolgt der **Ausschluß** des Abfindungsrechts nur **für einzelne Gesellschafter**, so ist nach h.M.[90] von einer unentgeltlichen Zuwendung auszugehen. Den Erben steht dann insoweit ein Pflichtteilsergänzungsanspruch zu. Hierbei beginnt die Frist des § 2325 III BGB nach der Rechtsprechung des BGH[91] erst mit dem Tod des Gesellschafters zu laufen, da erst ab diesem Zeitpunkt eine Beeinträchtigung des Vermögens des Erblassers vorliegt. 75

Erfolgt der **Ausschluß** hingegen **für alle Gesellschafter** einheitlich, so wird von der h.M. ein Schenkungstatbestand mit der Begründung abgelehnt,[92] daß es sich hierbei aufgrund der Chance, einen anderen Gesellschaftsanteil zu erwerben unter Inkaufnahme des Risikos, den eigenen Anteil zu verlieren, um ein entgeltliches Geschäft handelt.[93] 76

Ein Anspruch auf den Pflichtteilsergänzungsanspruch besteht somit nach h.M. nur dann, wenn der Abfindungsausschluß nicht für alle Gesellschafter insgesamt gilt; vgl. hierzu *Kerscher/Tanck* § 10 Rn 17 und 18 unter Bezugnahme auf *J. Mayer*. 77

---

86 *Palandt/Edenhofer,* § 2325 Rn 7.
87 *Heckelmann,* Abfindungsklauseln, S. 67.
88 *Siebert,* Gesellschaftsvertrag und Erbrecht bei der offenen Handelsgesellschaft, S. 15.
89 *Flume,* Festschrift für Ballerstedt 1975, S. 197 ff.
90 BGH NJW 1981, 1956; BGH DNotZ 1966, 620; *Brox,* Rn 748; *Staudinger/Ferid/Cieslar,* Einl. § 2303 Rn 134.
91 BGHZ 98, 226.
92 BGHZ 22, 186, 194; BGH NJW 1957, 180.
93 BGH NJW 1981, 1956; BGH WM 1971, 1338; a.A. MüKo/*Ulmer,* § 738 Rn 41.

78 Schwierig ist auch die Frage zu bewerten, ob die **Übertragung** von **Gesellschaftsanteilen** zu einem Pflichtteilsergänzungsanspruch führen kann. Nach überwiegender Ansicht[94] ist der Eintritt in eine Personengesellschaft grundsätzlich keine **unentgeltliche Zuwendung**, auch dann nicht, wenn die Aufnahme des Gesellschafters zu besonders günstigen Konditionen erfolgte oder der neue Gesellschafter überhaupt keine Einlage erbringt. Begründet wird dies damit, daß der eintretende Gesellschafter durch die Übernahme von Pflichten, durch die Erbringung seiner Arbeitskraft und durch das Haftungsrisiko eine entsprechende Gegenleistung übernehme.[95] Eine pauschale Festlegung kann es hier jedoch nicht geben.

79 Der BGH[96] hat in der genannten Entscheidung zum Ausdruck gebracht, daß beim Vorliegen besonderer Umstände die Annahme einer gemischten Schenkung gerechtfertigt sein könne. Erfolgt die Aufnahme lediglich als sogenannter „**stiller Gesellschafter**" ohne Haftungsübernahme und ohne Arbeitsverpflichtung, dann kann eine Unentgeltlichkeit gegeben sein. Bei der Feststellung, ob eine Unentgeltlichkeit vorliegt, ist demnach die gesellschaftsrechtliche Nachfolgeklausel zu berücksichtigen. Auch die Vereinbarung eines Abfindungsausschlusses darf hierbei nicht unberücksichtigt bleiben. In Höhe des unentgeltlichen Teils kann es dann zu Pflichtteilsergänzungsansprüchen kommen.

80 Für die Praxis ergibt sich hieraus, daß eine pauschale Bewertung der Problematik nicht möglich ist und daß je nach Einzelfall gesondert zu prüfen ist, ob nicht eine **unentgeltliche** Zuwendung vorliegt.[97]

5. Die Pflichtteilsergänzung bei gemischter Schenkung

81 Dem Pflichtteilsergänzungsanspruch unterliegt immer nur der unentgeltliche Teil einer Zuwendung. Bei der Bewertung des Ergänzungsanspruchs ist demnach im Rahmen einer **gemischten Schenkung** immer die Gegenleistung abzuziehen. In der Praxis ergibt sich oftmals die Schwierigkeit, daß nicht eindeutig geklärt ist, ob eine gemischte Schenkung vorliegt; zweitens stellt sich das

---

94 BGH NJW 1959, 1433; BGH WM 1965, 359; MüKo/*Frank*, § 2325 Rn 16.
95 BGH NJW 1981, 1956.
96 BGH a.a.O.
97 Vgl. hierzu *Kerscher/Tanck*, § 10 Rn 2 ff

Problem, daß die Gegenleistung bewertet werden muß, um den unentgeltlichen Teil ermitteln zu können.

Um den Pflichtteilsberechtigten nicht vor unlösbare Beweisprobleme zu stellen, wird seine Stellung durch eine Beweislastregel verbessert. Stehen nämlich Leistung und Gegenleistung in einem **auffälligen** und **groben Mißverhältnis**, spricht nach Auffassung des BGH[98] eine tatsächliche Vermutung dafür, daß sich die Parteien über die Unentgeltlichkeit der Wertdifferenz einig waren und daß dann eine gemischte Schenkung vorliegt. 82

Nach neuerer Rechtsprechung soll aber eine Anwendung der Beweislastregeln bereits dann möglich sein, wenn das Mehr der Leistung „**über ein geringes Maß deutlich hinausgeht**".[99] In der Rechtsprechung finden sich allerdings keine Prozentangaben wieder.[100] 83

Die **Beweislast** für das Vorliegen des Mißverhältnisses zwischen Leistung und Gegenleistung trägt allerdings immer der Pflichtteilsberechtigte.[101] Greift die Beweiserleichterung ein, dann muß sich der Übernehmer durch den Gegenbeweis entlasten, daß die getätigte Zuwendung seitens des Erblassers nicht unentgeltlich war. 84

Ein weiteres Problem in diesem Zusammenhang ist die **Bewertung** der Gegenleistung. Als typische Gegenleistung kann hier beispielsweise die *Schuldübernahme* oder die Einräumung eines *Nießbrauchsrechts* oder eines *Wohnrechts* vereinbart werden.[102] Die Gegenleistung kann in einem solchen Fall den für die Berechnung des Ergänzungsanspruchs maßgeblichen Wert mindern. Für die Bewertung selbst geht § 2325 II BGB von einer wirtschaftlichen Betrachtungsweise aus,[103] d. h., es ist der Wert des übergebenen Gegenstands unter Abzug der Gegenleistung zu ermitteln. 85

---

98 BGHZ 59, 132, 136; BGH FamRZ 1989, 732.
99 BGHZ 87, 980; NJW 1995, 1349.
100 *Kerscher/Tanck*, § 7 Rn 12.
101 BGH NJW 1981, 2458, 2459.
102 BGH ZEV 1996, 186; nach neuester Rechtsprechung des BGH ist die Einräumung eines Wohnrechts als Auflage bewertet worden, die jedoch im Rahmen des Pflichtteilsergänzungsanspruchs wie eine Gegenleistung wertmindernd zu berücksichtigen ist.
103 BGHZ 125, 395.

86 Behält sich der Erblasser einen lebenslänglichen **Nießbrauch** an dem übergebenen Grundstück vor, so ist dieser in Höhe der kapitalisierten Nutzung[104] in Abzug zu bringen,[105] soweit es auf den Zeitpunkt der Schenkung ankommt (§ 2325 II BGB). Nur der Restbetrag unterliegt dem Ergänzungsanspruch. Nach Ansicht des BGH[106] ist für die Bewertung des Nutzungsrechts auch zu berücksichtigen, inwieweit Reparatur- und Instandsetzungskosten eines Hauses über die reinen Reparaturkosten hinausgehen.

87 In der Literatur[107] und auch von einigen OLG'en[108] ist die Rechtsprechung des BGH zum Abzug von Nießbrauch und Wohnrecht bei der Ermittlung des Pflichtteilsergänzungsanspruchs stark kritisiert und abgelehnt worden. Dem Ergänzungsanspruch solle danach der tatsächliche Wert ohne Abzug der Lasten zugrunde zu legen sein. Das OLG Hamburg[109] begründet seine Auffassung unter Bezugnahme auf das Niederstwertprinzip damit, daß die Bewertungsvorschrift des § 2325 II S. 2 BGB nur die zufälligen Wertveränderungen, wie beispielsweise Preissteigerung oder Untergang des Gegenstands, berücksichtigen will, nicht aber den vorhersehbaren Wegfall eines Nießbrauchs. Dieser beeinträchtige den Wert des verschenkten Gegenstands selbst nicht. Trotz dieser weitverbreiteten Kritik kann die Rechtsprechung des BGH zur Berücksichtigung des Nießbrauchs oder Wohnrechts weitgehend als gefestigt angesehen werden.

> *Hinweis*
> Nach Ansicht des OLG Oldenburg ist eine vereinbarte Gegenleistung nicht immer wertmindernd in Abzug zu bringen. So soll ein kurzer Zeitraum von bspw. nur 14 Monaten zwischen Übertragung und Erbfall nicht zu einer Wertminderung führen; FamRZ 1999, 1315.

88 Ein weiteres Bewertungsproblem in diesem Zusammenhang ist die Frage, ob bei Abzug des Nießbrauchs von einem **abstrakten** kapitalisierten Wert auszugehen ist, oder ob, was bei der Berechnung des Pflichtteilsergänzungsanspruchs immer möglich ist, die **tatsächliche** Lebensdauer des Erblassers zu berücksichtigen

---

104 Die Kapitalisierung des Jahreswertes erfolgt nach Anlage 9 zu § 14 BewG.
105 BGHZ 118, 49; BGH FamRZ 1991, 552.
106 BGH ZEV 1996, 197.
107 *Reiff*, FamRZ 1992, 363.
108 OLG Hamburg FamRZ 1992, 228.
109 OLG Hamburg a.a.O.

ist. In konsequenter Folge zur Rechtsprechung des BGH ist auf den abstrakten kapitalisierten Nießbrauchswert abzustellen, da es um die Ermittlung des Wertes zum Zeitpunkt der Schenkung geht[110].

Den für die Berechnung notwendigen abstrakten Nießbrauchswert erhält man durch Multiplikation des Jahreswertes mit der abstrakten Lebenserwartung des Berechtigten nach Anlage 9 zu § 14 BewG.[111]

89

6. Zeitpunkt für die Bewertung der unentgeltlichen Leistung

Für die Bewertung der Leistung, die dem Ergänzungsanspruch unterliegt, kommt es bei **verbrauchbaren Sachen** grundsätzlich auf den Zeitpunkt der Zuwendung an.[112]

90

Unter verbrauchbaren Sachen (§ 92 BGB) versteht man grundsätzlich diejenigen Gegenstände, deren Existenz von einer Zeitdauer abhängt (z. B. ein wertvolles Rennpferd). Als verbrauchbare Sache wird aber auch das Geldgeschenk angesehen, wobei nach Ansicht des BGH[113] die Geldentwertung nach dem allgemeinen Lebenshaltungskostenindex auszugleichen ist. Auch der schenkweise Erlaß von Schulden wird wie eine verbrauchbare Sache behandelt und mit dem damaligen Wert berücksichtigt. Bei verbrauchbaren Sachen ist es darüber hinaus unerheblich, ob die Zuwendung zwischenzeitlich verbraucht wurde oder verloren gegangen ist.[114]

91

Für andere **nicht verbrauchbare** Gegenstände, meist Immobilien, gilt das sogenannte **Niederstwertprinzip** des § 2325 II S. 2 BGB. Für die Ermittlung des Wertes nach dem Niederstwertprinzip ist der Wert des Gegenstands an zwei **Stichtagen** festzustellen, nämlich
- zum Zeitpunkt der Schenkung und
- zum Zeitpunkt des Erbfalls.

92

Der niedrigere Wert ist dann für die Berechnung des Ergänzungsanspruchs maßgebend. Hierbei ist so vorzugehen, daß zunächst der Wert des Gegenstands

93

---

110 Vgl. *Kerscher/Tanck*, § 7 Rn 14 ff. und 63 ff.
111 Abgedruckt im Anhang.
112 BGH NJW 1964, 1323.
113 BGH NJW 1983, 1485.
114 *Staudinger/Ferid/Cieslar*, § 2325 Rn 64.

zum Zeitpunkt der Schenkung ermittelt wird. Dieser ist dann anhand des Lebenshaltungskostenindexes auf den Zeitpunkt des Erbfalls zu indizieren. Danach ist er mit dem Wert des Gegenstands zum Zeitpunkt des Erbfalls zu vergleichen. Der niedrigere Wert ist für den Pflichtteilsergänzungsanspruch maßgebend.

94 Die Feststellung des Wertes nach dem **Niederstwertprinzip** bereitet jedoch dann Schwierigkeiten, wenn die Schenkung beispielsweise unter **Nießbrauchsvorbehalt**[115] erfolgte.[116] Hier bestehen in der Rechtsprechung und in der Literatur unterschiedliche Auffassungen, ob und wie der Nießbrauch zu berücksichtigen ist.[117]

95 Der BGH läßt bei der Feststellung des Niederstwertes den Nießbrauch (die vorbehaltene Leistung) zunächst außer Betracht.[118] Ergibt die Ermittlung des Niederstwertes, daß der Wert des Gegenstands zum Zeitpunkt der Schenkung maßgebend ist, wird in einem zweiten Schritt für die konkrete Berechnung des Pflichtteilsanspruchs der Wert der Zuwendung unter Berücksichtigung des Nießbrauchs ermittelt. Ist dagegen der Wert des Gegenstands zum Zeitpunkt des Erbfalls maßgebend, so bleibt der Nießbrauch unberücksichtigt.[119] Gleiches hat der BGH auch in seiner neuesten Entscheidung für die Einräumung eines **Wohnrechts** entschieden.[120]

96 Anders hingegen die Meinung in der Literatur, die zu bedenken gibt, daß die Berechnungsweise des BGH nur dann zu einer gerechten Lösung führt, wenn für die Bestimmung des Wertes der Schenkung der Zeitpunkt der Schenkung maßgeblich ist. Ist nämlich der Zeitpunkt des Erbfalls maßgeblich, so bleibt ein Nießbrauch oder ein Wohnrecht unberücksichtigt, da dies mit dem Tod erlischt.[121] Die Literatur ist insoweit der Meinung, daß auch bei der Ermittlung der Zuwendung zum Zeitpunkt der Schenkung der Nießbrauch nicht zu berücksichtigen ist.

---

115 BGHZ 118, 49, 51.
116 BGH MittBayNot 1996, 307.
117 BGH MDR 1992, 681 ff; *Dingerdissen*, JZ 1993, 402 ff.
118 BGH MDR 1992, 681.
119 BGH FamRZ 1991, 552.
120 BGH MittBayNot 1996, 307.
121 *Dingerdissen*, JZ 1993, 402; *Reiff* FamRZ 1991, 553 ff; *Rohlfing*, § 5 Rn 188.

Die Rechtsprechung des BGH zum Niederstwertprinzip kann aber als hinreichend gefestigt angesehen werden.

Beispiel[122]
Erblasser E überträgt 1981 an sein Kind K2 ein Grundstück unter Vorbehalt eines lebenslänglichen unentgeltlichen Nießbrauchs. K2 wird Alleinerbe. E verstirbt 1990, also neun Jahre nach der Übertragung. Der kapitalisierte Wert des Nießbrauchs beträgt 1981 DM 97 000,–, der Grundstückswert zum Zeitpunkt der Schenkung DM 170 000,–, zum Zeitpunkt des Todes DM 250 000,–. K1 macht seinen Pflichtteilsergänzungsanspruch geltend.

Der für den Pflichtteilsergänzungsanspruch maßgebliche Wert berechnet sich wie folgt:
Der Wert des Grundstücks zum Zeitpunkt des Erbfalls
beträgt DM 250 000,–
Der Wert des Grundstücks zum Zeitpunkt der Schenkung
beträgt (DM 170 000,–: 88,1 X 107 = DM 206 470,–) DM 206 470,–

Im vorliegenden Fall ist somit der Wert des Grundstücks zum Zeitpunkt der Schenkung maßgebend. Es ist nun in einem nächsten Schritt der konkrete Wert des Grundstücks für den Pflichtteilsergänzungsanspruch zu ermitteln.

Wert des Grundstücks zum
Zeitpunkt der Schenkung DM 170 000,–
abzüglich Wert des
kapitalisierten Nießbrauchs DM 97 000,–
verbleiben DM 73 000,–

inflationsbereinigt (DM 73 000,–: 88,1 x 107) DM 88 660,–

Der Wert der Schenkung beträgt somit DM 88 660,–. Hieraus errechnet sich der Pflichtteilsergänzungsanspruch. Dieser beträgt 1/4 von DM 88 660,– = DM 22 165,–.

---

122 *Liedel*, MittBayNot 1992, 238 ff.

7. Die 10-Jahresfrist des § 2325 III BGB

99 Gemäß § 2325 III BGB sind jedoch nur solche Schenkungen ergänzungspflichtig, die innerhalb von zehn Jahren vor dem Erbfall erfolgten.

100 Fraglich ist, ab welchem Zeitpunkt die Frist zu laufen beginnt, da der in § 2325 III BGB genannte Zeitpunkt der „**Leistungserbringung**" ein durchaus dehnbarer Begriff ist. In Betracht kommen kann hier die bloße Leistungshandlung, aber auch der Leistungserfolg.[123]

101 Der BGH[124] stellt grundsätzlich bei Mobilien und Immobilien auf den tatsächlichen Eigentumserwerb ab. Darüberhinaus hat der BGH[125] die Zehnjahresfrist dahingehend erweitert, daß auch diejenigen Schenkungen, die nicht endgültig aus dem wirtschaftlichen Vermögensbereich des Erblassers ausgegliedert wurden und bei denen sozusagen ein „**Genußverzicht**" nicht vorliegt, unter den Pflichtteilsergänzungsanspruch fallen.

102 Stellt der Verzicht des Erblassers auf eine ihm zustehende Rente eine Schenkung dar, dann beginnt die Frist mit dem Zeitpunkt, in dem der Erblasser uneingeschränkt auf seinen Anspruch verzichtet.[126] Bei Verträgen zugunsten Dritter ist für den Fristbeginn auf den Erbfall abzustellen, zumindest dann, wenn der Erblasser sich die Verfügungsfreiheit vorbehalten hat. Bei Grundstücken ist auf den Zeitpunkt der Eintragung im Grundbuch abzustellen.[127] Vgl. aber hierzu *Behner* FamRZ 1999, 1254.

103 Während man bei Schenkungen unter Ehegatten davon ausgeht, daß der Schenker weiterhin im Genuß des Schenkungsgegenstands bleibt und § 2325 III HS. 2 BGB den Fristbeginn bereits von Gesetzes wegen bis zur Auflösung der Ehe hinausschiebt, hat der BGH weitere Fallgruppen gebildet, in denen die Frist ebenfalls nicht zu laufen beginnt. So beispielsweise für die Schenkung unter **Nießbrauchsvorbehalt**.

---

123 *Brox*, Rn 537; *Nieder*, DNotZ 1987, 319.
124 BGH NJW 1988, 821.
125 BGHZ 118, 49.
126 BGH NJW 1987, 122.
127 BGHZ 102, 289.

Der BGH hat in seinem Urteil vom 27.04.1994[128] ausgeführt, daß eine Leistung im Sinne des § 2325 III 1 BGB nur dann vorliegt, wenn der Erblasser nicht nur seine Rechtsstellung als Eigentümer endgültig aufgibt, sondern auch dann, wenn er darauf verzichtet hat, den verschenkten Gegenstand im wesentlichen weiter zu nutzen, sei es aufgrund Vorbehalts seiner dinglichen Rechte oder durch Vereinbarung schuldrechtlicher Ansprüche.

104

Behält sich der Erblasser bei der Schenkung eines Grundstücks den Nießbrauch uneingeschränkt vor (**Vorbehaltsnießbrauch**), so gibt er den „Genuß" des verschenkten Gegenstands nicht auf. Eine „Leistung" im Sinne von § 2325 III 1 BGB im Hinblick auf den verschenkten Gegenstand liegt daher trotz Umschreibung im Grundbuch nicht vor. Die Frist des § 2325 III BGB beginnt nicht zu laufen. Verzichtet der Erblasser aber im wesentlichen auf die vorbehaltene Nutzung des verschenkten Gegenstands, dann liegt darin auch ein Genußverzicht, und die Frist kann zu laufen beginnen.[129] Der Entscheidung des BGH ist zu entnehmen, daß es auf eine tatsächlich gezogene Nutzung ankommen muß.

105

Nicht entscheidend ist in diesem Zusammenhang, ob der Wert des Vorbehaltsnießbrauchs dem des Grundstücks entspricht, denn anders als bei der Bewertung nach dem Niederstwertprinzip kommt es hier im Rahmen der Frist des § 2325 III BGB nicht zu einer Aufteilung in einen entgeltlichen und einen unentgeltlichen Teil. D.h., die Frist beginnt entweder für das **gesamte Grundstück** zu laufen oder nicht. Nicht richtig ist es, wenn man annimmt, daß die Frist in bezug auf den unentgeltlichen Teil zu laufen beginnt, bezüglich des entgeltlichen Teils (in Höhe des Vorbehaltsnießbrauchs) aber nicht. Die Frage der Bewertung des Grundstücks nach § 2325 II BGB darf nicht mit der Frage nach dem Fristbeginn im Sinne von § 2325 III BGB verwechselt werden. Beide Absätze regeln unterschiedliche Tatbestände.

106

Nach einer Ansicht[130] ist die Einräumung eines **Wohnrechts** dem Nießbrauch gleichzustellen. D. h, daß die Frist auch insoweit erst ab dem Zeitpunkt zu laufen beginnt, in dem das Wohnrecht erlischt bzw. der Berechtigte davon keinen Gebrauch mehr macht. Dies gilt zumindest dann, wenn das Wohnrecht

107

---

128 BGH ZEV 1994, 233.
129 BGH ZEV 1994, 233, BGH NJW 1994, 1791.
130 *N. Mayer*, ZEV 1994, 325; *Wegmann*, MittBayNot 1994, 307.

die ganze Zuwendung erfaßt. Ob dies auch seitens der Gerichte so gehandhabt wird, bleibt abzuwarten.

108 Bei Schenkungen des Erblassers an den überlebenden **Ehegatten** beginnt die Zehnjahresfrist unabhängig vom Güterstand nicht vor Auflösung der Ehe (§ 2325 III HS. 2 BGB). Die ratio dieser im Hinblick auf Artikel 6 I, III 1 GG verfassungsrechtlich nicht unbedenklichen Sonderregelung für Zuwendungen an den Ehegatten ist neben der erhöhten Gefahr einer Verkürzungsabsicht der Umstand, daß der Erblasser bei Schenkungen an den Ehegatten noch kein spürbares Vermögensopfer erbringt.[131] Diskutiert wird hierbei auch, ob § 2325 III 2.HS BGB nicht in analoger Anwendung auf Schenkungen ausgedehnt werden soll, die vor Eheschließung erfolgten.[132] Dem liegt der Gedanke zugrunde, daß die Eheleute durch Schenkungen vor der Heirat den § 2325 III 2. HS BGB problemlos umgehen können. § 2325 III 2. HS BGB setzt voraus, daß die Ehe zum Zeitpunkt der Schenkung bereits bestand. Eine entsprechende Anwendung der Vorschrift auf vor der Eheschließung vorgenommene Schenkungen unter künftigen Ehegatten wird von der h.M jedoch abgelehnt.[133] Interessant ist in diesem Zusammenhang auch die Frage, ob die Frist zu laufen beginnt, wenn sich die Eheleute haben scheiden lassen, später aber erneut eine Ehe eingehen.[134]

III. Schuldner und Gläubiger des Ergänzungsanspruchs nach § 2325 BGB

109 Ebenso wie beim ordentlichen Pflichtteilsanspruch sind grundsätzlich der oder die Erben **Schuldner** des Ergänzungsanspruchs. Es gilt insoweit das zum ordentlichen Pflichtteil Gesagte. Nur in Ausnahmefällen, wenn der Erbe nicht verpflichtet ist, kann auch der Beschenkte in Anspruch genommen werden (§ 2329 BGB).

---

131 MüKo/*Frank*, § 2325 Rn 26; Die Kommission für die zweite Lesung des BGB-Entwurfes sah die Verschiebung des Fristbeginns als gerechtfertigt an, da davon auszugehen sei, daß der verschenkte Gegenstand unter Ehegatten gemeinschaftliches Vermögen bleibe und der Schenker somit nicht auf den Genuß des Gegenstandes zu verzichten brauche.
132 Zur analogen Anwendung des § 2325 III 2 BGB auf vor der Eheschließung erfolgte Zuwendungen unter Ehegatten *v. Olshausen*, FamRZ 1995, 717.
133 A.A. OLG Zweibrücken FamRZ 1994, 1492.
134 *Dieckmann*, FamRZ 1995, 189.

Gläubiger des Pflichtteilsergänzungsanspruchs ist der Pflichtteilsberechtigte. Voraussetzung ist aber nicht unbedingt, daß der Berechtigte im konkreten Fall auch pflichtteilsberechtigt ist. Es genügt, wenn er dem Kreis der für diesen Erbfall pflichtteilsberechtigten Personen angehört. Aufgrund der Selbständigkeit beider Ansprüche kann der Pflichtteilsberechtigte die Erbschaft annehmen und trotzdem seinen Ergänzungspflichtteil geltend machen.[135]

110

Der **Personenkreis** der Pflichtteilsberechtigten und der Ergänzungsberechtigten muß aber nicht immer übereinstimmen. Nach Ansicht des BGH[136] ist nur derjenige Pflichtteilsberechtigte auch ergänzungsberechtigt, der zum Zeitpunkt der Schenkung bereits zu dem pflichtteilsberechtigten Personenkreis gehörte.

111

Die erst nach der Schenkung geborenen Kinder haben insofern keinen Pflichtteilsergänzungsanspruch. Ebenso steht auch Adoptivkindern kein Ergänzungsanspruch zu, wenn sie erst nach der Schenkung adoptiert wurden.[137] Ein eheliches Kind ist nur dann ergänzungsberechtigt, wenn die Eltern zum Zeitpunkt der Schenkung bereits verheiratet waren.[138] Gleiches gilt auch für Ehegatten. Ihnen steht ein Ergänzungsanspruch nur bezüglich der nach der Heirat getätigten Schenkungen des anderen Ehegatten zu.

112

Diese in der Literatur diskutierte Ansicht hat der BGH[139] in einem neuen Urteil vom 25.6.1997 erneut bestätigt[140]. Gerade das letzte Urteil macht die Selbständigkeit von ordentlichem Pflichtteil und Pflichtteilsergänzungsanspruch deutlich.

113

Vgl. zur sog. Doppelberechtigung *Kerscher/Tanck* § 7 Rn 84.

---

135 BGH NJW 1973, 995 ff.
136 BGHZ 59, 210.
137 *Rohlfing*, § 5 Rn 198.
138 *Ebenroth*, Rn 979.
139 BGH, Urteil vom 25.6.1997- IV ZR 233/96.
140 Vgl. hierzu *Kerscher/Tanck*, § 7 Rn 84

IV. Die Berechnung des Pflichtteilsergänzungsanspruchs

1. Allgemeines

114 Nach § 2325 BGB kann derjenige, der zum Kreis der Pflichtteilsberechtigten zählt, von den Erben als Ergänzung des Pflichtteils den Betrag verlangen, um den sich der Pflichtteil erhöht, wenn der verschenkte Gegenstand dem Nachlaß hinzugerechnet wird. Dem Wortlaut zufolge ergibt dies, daß zum realen Nachlaß (die zum Zeitpunkt des Todes noch vorhandenen Gegenstände) sämtliche ergänzungspflichtigen Geschenke hinzuzuaddieren sind und sich hieraus, entsprechend der Pflichtteilsquote, ein **Gesamtpflichtteil** errechnet. Von diesem ist dann der ordentliche Pflichtteil abzuziehen, um die Höhe des reinen Ergänzungsanspruchs zu ermitteln.

115 *Beispiel*[141]

Erblasser E hinterläßt seine Ehefrau F und seine beiden Kinder A und B. E setzt seine Ehefrau F zur Alleinerbin ein. Im Jahre 1988 hatte E seinem Freund DM 10 000,– geschenkt. E stirbt 1999. A und B machen ihren Pflichtteil und ihren Pflichtteilsergänzungsanspruch geltend. Der Nachlaß hat einen Wert von DM 20 000,–.

A und B erhalten jeweils einen Pflichtteilsanspruch in Höhe von DM 2 500,– (1/8 von DM 20 000,– realer Nachlaß) und einen Pflichtteilsergänzungsanspruch in Höhe von DM 1250,– (1/8 von DM 10 000,– Schenkung an F). Die Ehefrau F erhält als Alleinerbin den gesamten Nachlaß in Höhe von DM 20 000,–. Sie muß jedoch die Pflichtteile von jeweils DM 2 500,– und Pflichtteilsergänzungsansprüche von jeweils DM 1 250,– auszahlen, da sie als Erbin die Pflichtteilsergänzungsansprüche zu tragen hat.

2. Anrechnung des Mehrempfangs, § 2326 S. 2 BGB

116 Nach § 2326 S. 1 BGB kann der Pflichtteilsberechtigte den Ergänzungsanspruch auch dann fordern, wenn er selbst als Erbe eingesetzt ist. § 2326 S. 1 BGB hat lediglich klarstellende Funktion. Ist der pflichtteilsberechtigte Erbe aber auf mehr als seinen Pflichtteil eingesetzt, dann hat er sich gemäß § 2326 S. 2 BGB

---

[141] Fall ohne Berücksichtigung der inflationsmäßigen Hochrechnung.

denjenigen Betrag auf seinen Ergänzungsanspruch anrechnen zu lassen, der den ordentlichen Pflichtteil übersteigt.[142]

3. Anrechnung des Eigengeschenks, § 2327 BGB

Ähnliches gilt für Eigengeschenke, die der Pflichtteilsberechtigte vom Erblasser erhalten hat. Diese sind nach § 2327 BGB zu berücksichtigen.[143] Bei der Ermittlung des Ergänzungsnachlasses ist das Eigengeschenk dem Nachlaß hinzuzurechnen und von dem daraus ermittelten Ergänzungsanspruch in voller Höhe abzuziehen.[144] Zu beachten ist, daß im Rahmen des § 2327 BGB bei der Anrechnung des Eigengeschenks die Zehnjahresfrist des § 2325 III BGB keine Rolle spielt.[145] Im einzelnen vollzieht sich die Berechnung wie folgt:

117

Beispiel 118

Der verwitwete Erblasser E hinterläßt einen Nachlaß von DM 20 000,–. Alleinerbe wird sein Freund F. Sein einziges Kind K wird enterbt. Kurz vor dem Tod hat K von E ein Geschenk in Höhe von DM 8 000,– und die Freundin C ein Geschenk in Höhe von DM 12 000,– erhalten. Wie hoch ist der Pflichtteils- und Pflichtteilsergänzungsanspruch von K?

Der ordentliche Pflichtteilsanspruch des K ist 1/2 von DM 20 000,– = DM 10 000,–. Der Pflichtteilsergänzungsanspruch berechnet sich wie folgt:

Der Ergänzungsnachlaß beträgt DM 40 000,– (realer Nachlaß DM 20 000,– + DM 20 000,– fiktiver Nachlaß). Hiervon 1/2 Ergänzungspflichtteil = DM 20 000,– abzüglich des ordentlichen Pflichtteils von DM 10 000,– ergibt einen Pflichtteilsergänzungsanspruch in Höhe von DM 10 000,–. Auf den Pflichtteilsergänzungsanspruch muß sich K jedoch gemäß § 2327 BGB das erhaltene Geschenk in Höhe von DM 8 000,– anrechnen lassen. K hat somit noch einen Pflichtteilsergänzungsanspruch in Höhe von DM 2 000,– gegen den Erben F.

Des weiteren ist zu beachten, daß das Eigengeschenk des Pflichtteilsberechtigten im Rahmen des § 2327 BGB nur auf den Ergänzungspflichtteil und 119

---

142 *Lange/Kuchinke*, § 37 IX S. 881.
143 *Kretzschmar*, Recht 1912, 39 ff.
144 BGH NJW 1983, 2875.
145 BGH LM § 2327 Nr. 1.

nicht auch auf den ordentlichen Pflichtteil anzurechnen ist. Ist somit das Eigengeschenk größer als der dem Pflichtteilsberechtigten zustehende Ergänzungpflichtteil, so ist dieser nicht verpflichtet, etwas in den Nachlaß zu zahlen oder das Eigengeschenk gar mit dem ordentlichen Pflichtteil zu verrechnen.

120 Weiterhin gilt zu beachten, daß auch im Rahmen des § 2327 BGB nicht der „erweiterte Erblasserbegriff" gilt,[146] d. h., daß der bereits vorverstorbene Ehegatte im Falle des **Berliner Testaments** nicht als Erblasser im Sinne von § 2327 BGB angesehen werden kann. Hat also der vorverstorbene Ehegatte ein Berliner Testament hinterlassen, dann sind die von ihm getätigten Geschenke an die Schlußerben zum Zeitpunkt des zweiten Todesfall bei der Pflichtteilsergänzung nicht zu berücksichtigen.[147]

121 Der Schuldner des Pflichtteils- und auch des Pflichtteilsergänzungsanspruchs ist, wie eingangs bereits erwähnt, grundsätzlich der Erbe. Ist der Erbe selbst pflichtteilsberechtigt, so steht ihm ein Leistungsverweigerungsrecht nach § 2328 BGB zu.

4. Die Einrede des § 2328 BGB

122 Die **Einrede** des § 2328 BGB steht dem Pflichtteilsberechtigten aber nur gegenüber dem Ergänzungsanspruch, nicht auch gegenüber dem ordentlichen Pflichtteilsanspruch zu. Der pflichtteilsberechtigte Erbe kann danach die Einrede in der Höhe erheben, als ihm sein ordentlicher Pflichtteil und sein Ergänzungspflichtteil verbleiben.[148]

123 Sinn und Zweck der Vorschrift des § 2328 BGB ist es, daß der pflichtteilsberechtigte Erbe davor geschützt wird, mehr herauszugeben zu müssen als seinen eigenen Pflichtteils- und Pflichtteilsergänzungsanspruch, um nicht selbst darauf angewiesen zu sein, gegen einen anderen Beschenkten vorgehen zu müssen.

124 Nach h.M.[149] steht das Leistungsverweigerungsrecht auch in analoger Anwendung dem nach § 2329 BGB als Beschenkter in Anspruch genommenen Pflichtteilsberechtigten zu.

---

146 BGHZ 88, 102.
147 *Nieder*, Rn 318.
148 BGHZ 85, 274.
149 BGH NJW 1983, 1485.

V. Der Pflichtteilsergänzungsanspruch gegen den Beschenkten (Erben) nach § 2329 BGB

Bei der Frage, gegen wen der Pflichtteilsergänzungsanspruch zu richten ist, wird oftmals angenommen, daß der Beschenkte selbst Schuldner des Anspruchs ist. Dieser Irrtum ist wohl darauf zurückzuführen, daß sich zunächst der Gedanke aufdrängt, derjenige, der etwas vom Erblasser erhalten hat, müsse auch für den daraus resultierenden Pflichtteilsergänzungsanspruch haften.

Dem ist nicht so. Wie bereits eingangs erwähnt, sind grundsätzlich der oder die Erben Schuldner der Nachlaßverbindlichkeiten und damit auch des Pflichtteilsergänzungsanspruchs. Nur wenn die Voraussetzungen des § 2329 BGB vorliegen und der Erbe selbst **nicht verpflichtet** ist, kann gegen den Beschenkten vorgegangen werden.

Der Anspruch aus § 2329 BGB ist, im Gegensatz zum Ergänzungsanspruch gegenüber dem Erben, nur ein bereicherungsrechtlicher Herausgabeanspruch. Der Beschenkte ist nach bereicherungsrechtlichen Grundsätzen[150] verpflichtet, den geschenkten Gegenstand zum Zwecke der Befriedigung wegen des fehlenden Betrages herauszugeben. Er kann aber auch nach § 2329 II BGB die Herausgabe durch Zahlung des fehlenden Betrages abwenden. Der Anspruch aus § 2329 BGB ist immer **subsidiär** gegenüber dem Anspruch aus § 2325 BGB.

Ist ein Pflichtteilsergänzungsanspruch nach § 2325 BGB nur teilweise erfüllt, weil der Erbe selbst Beschenkter ist, so kann er, soweit er nach § 2325 BGB nicht verpflichtet ist, bezüglich des restlichen Teils auch als Beschenkter nach § 2329 BGB in Anspruch genommen werden.[151] Ist der Beschenkte selbst

---

150 Der Beschenkte haftet nach § 812 III BGB nicht mehr, wenn er entreichert ist. Ab Eintritt der Rechtshängigkeit trifft den Beschenkten aber die verschärfte Haftung der §§ 818 IV, 819 BGB. Die Bereicherung kann aber auch dadurch weggefallen sein, daß der Beschenkte den Gegenstand ebenfalls wieder verschenkt hat. Dann stellt sich die Frage, ob dann der neue Beschenkte nach § 822 BGB haftet. Dies ist strittig und hängt davon ab, ob man in § 822 BGB nur eine Rechtsfolgen- oder eine Rechtsgrundverweisung sieht. *Lange/Kuchinke* Fn 534 bejahen eine Inanspruchnahme des neuen Beschenkten.
151 BGH FamRZ 1968, 150.

pflichtteilsberechtigt, dann steht ihm ebenso wie dem pflichtteilsberechtigten Erben die Einrede des § 2328 BGB zu.[152]

129 Der Pflichtteilsergänzungsanspruch richtet sich aber nur dann nach § 2329 BGB gegen den Beschenkten, wenn der Erbe „**nicht verpflichtet**" ist.[153] Die Frage, wann der Erbe nicht mehr verpflichtet ist, führt aufgrund des durchaus dehnbaren Begriffs zu erheblichen Streitigkeiten.

130 Nach Ansicht des BGH ist der Erbe dann nicht verpflichtet, wenn er nur beschränkt (§§ 1975, 1990, 2060 BGB) für den Nachlaß haftet und der Nachlaß zur Pflichtteilsergänzung nicht ausreicht.[154] Gleiches gilt für den Fall, daß dem Erben die **Einrede** nach § 2328 BGB wegen seines eigenen Ergänzungspflichtteils zusteht.[155]

131 Nach der Rechtsprechung des RG[156] und des BGH[157] ist der Erbe darüber hinaus auch dann nicht verpflichtet, wenn feststeht, daß ein **Nachlaß** von vornherein **wertlos** bzw. **überschuldet** ist und zur Befriedigung von Pflichtteilsergänzungsansprüchen nicht ausreicht. Der BGH[158] wendet zumindest beim pflichtteilsberechtigten Miterben zu Recht § 2329 I 2 BGB analog mit der Begründung an, daß hier eine mit dem Alleinerben vergleichbare Lage vorliegt. Denn die zu kurz gekommenen Miterben dürfen letztlich nicht schlechter gestellt werden als der Alleinerbe, wenn sie infolge vorangegangener Schenkungen einen zur Befriedigung der Ansprüche nicht ausreichenden Nachlaß erhalten.

132 Die Beweislast für die Frage, ob der Erbe nicht verpflichtet ist, trägt grundsätzlich der Pflichtteilsberechtigte.[159]

133 Einen weiteren Fall, in dem direkt gegen den Beschenkten vorgegangen werden kann, stellt § 2329 I S. 2 BGB dar. Macht der **pflichtteilsberechtigte Alleinerbe**

---

152 BGH FamRZ 1983, 377; BGH NJW 1983, 1485.
153 Die Beweislast trägt der Pflichtteilsberechtigte, RGZ 80, 135.
154 BGH NJW 1961, 870.
155 Vgl. zu der Frage, ob die Einrede des § 2328 BGB geltend gemacht sein muß *Kerscher/Tanck*, § 7 Rn 115 ff.
156 RGZ 80, 126.
157 BGH FamRZ 1968, 150; BGH LM § 2325 Nr. 2.
158 BGH NJW 1981, 1446.
159 RGZ 80, 135.

selbst unter Berücksichtigung von § 2326 BGB einen Ergänzungsanspruch geltend, dann ist dieser ebenfalls, ohne Unterscheidung, ob der Alleinerbe beschränkt oder unbeschränkt haftet, gegen den Beschenkten zu richten.[160]

Hinweis 134
Eine Verpflichtung des Erben entfällt,
- wenn die Haftung der Erben nach §§ 1975, 1990, 2060 BGB beschränkt ist
- wenn dem oder den Erben die Einrede des § 2328 BGB zusteht
- wenn kein Nachlaß vorhanden oder der Nachlaß überschuldet ist[161]
- wenn der Pflichtteilsberechtigte Alleinerbe ist.[162]

Hat der Erblasser **mehrere** Personen beschenkt, so ist bezüglich der Haftung eine besondere Reihenfolge der Inanspruchnahme zu beachten. Es gilt der in § 2329 III BGB niedergelegte Grundsatz, daß vorrangig immer nur derjenige, der das jüngste Geschenk erhalten hat, haftet. Ein früherer Beschenkter haftet nur, wenn ein späterer nicht verpflichtet ist. An der Haftungsreihenfolge kann der Erblasser durch eigene Anordnung nichts ändern. 135

Nach der Rechtsprechung des BGH[163] ist für die Bestimmung, welche Zuwendung zeitlich später erfolgte, auf den Vollzug der Schenkung abzustellen. Ist die Schenkung zum Zeitpunkt des Todes noch nicht vollzogen, so ist der Erbfall der maßgebliche Zeitpunkt.[164] Reicht die Zuwendung an den zuletzt Beschenkten nicht aus, dann ist das nächstjüngere Geschenk in die Haftung zu nehmen. 136

Zu beachten ist in diesem Zusammenhang auch die Frist des § 2325 III BGB. So kann beispielsweise der früher beschenkte Ehegatte, weil bei ihm die Frist nicht läuft, verpflichtet sein, während bei einem an sich später Beschenkten die Frist des § 2325 III BGB bereits abgelaufen ist und ihm gegenüber kein Ergänzungsanspruch mehr besteht. 137

---

160 *Kipp/Coing*, S. 98.
161 *Staudinger/Haas*, § 2329 Rn 7.
162 *Staudinger/Haas*, § 2329 Rn 14 ff.
163 BGH NJW 1983, 1485.
164 BGH NJW 1983, 1485.

3 Das erbrechtliche Mandat nach dem Erbfall

Checkliste: Berechnung des Pflichtteilsergänzungsanspruchs

▼

138
1.) Höhe des Pflichtteilsergänzungsanspruchs
   a) Realer Nachlaß + Schenkungen (fiktiver Nachlaß)
   b) Ermittlung der Pflichtteilsquote aus Gesamtnachlaß
   c) Abzüglich dem ordentlichen Pflichteil aus tatsächlichem Nachlaß
2.) Abzug des Mehrempfangs nach § 2326 S. 2 BGB
3.) Abzug des Eigengeschenks nach § 2327 BGB
4.) Schuldner des Pflichtteilsergänzungsanspruch sind grds. die Erben, außer Durchgriff auf die Beschenkten nach § 2329 BGB möglich.
5.) Leistungsverweigerungsrecht des Schuldners nach § 2328 BGB.

▲

J. Die Verjährung von Pflichtteils- und Pflichtteilsergänzungsanspruch

I. Allgemeines

139 Der ordentliche Pflichtteilsanspruch verjährt grundsätzlich in drei Jahren (§ 2332 I BGB). Diese dreijährige Verjährungsfrist gilt auch für den Pflichtteilsrestanspruch gemäß den §§ 2305, 2307 I 2 BGB, den Ausgleichungsanspruch nach § 2316 BGB und den Pflichtteilsergänzungsanspruch nach §§ 2325, 2329 BGB.[165] Diese relativ kurze Verjährungsfrist dient dazu, eine rasche Klärung und eine schnelle, endgültige Abwicklung des Nachlasses herbeizuführen.[166]

140 Spätestens verjähren Pflichtteils- und Pflichtteilsergänzungsansprüche in 30 Jahren (§ 195 BGB).

141 Der Beginn der dreijährigen Verjährungsfrist setzt einerseits Kenntnis des Erbfalles und andererseits Kenntnis der beeinträchtigenden Verfügung voraus. Es ist demnach eine **doppelte** Kenntnis erforderlich. Eine beeinträchtigende Verfügung kann sowohl eine letztwillige Verfügung von Todes wegen sein, als auch eine Verfügung unter Lebenden (eine unentgeltliche Zuwendung, etwa eine Schenkung). Diese positive doppelte Kenntniserlangung ist notwendig

---

165 *Staudinger/Olshausen*, § 2332 Rn 2.
166 RGZ 135, 231.

für den Beginn der Verjährungsfrist des Pflichtteilsanspruchs und Pflichtteilsergänzungsanspruchs gegen den Erben,[167] weil erst dann vom Berechtigten erwartet werden kann, daß er zur Durchsetzung seines Rechtes tätig wird.[168]

Ausnahme: Richtet sich der Pflichtteilsergänzungsanspruch gegen den Beschenkten (§ 2329 BGB), so beginnt die Frist ohne Rücksicht auf die Kenntnis der beeinträchtigenden Verfügung unter Lebenden bereits mit dem Zeitpunkt des Erbfalls (§ 2332 II BGB).[169] In diesem Fall ist es unerheblich, ob der Beschenkte auch gleichzeitig Erbe ist. Der Beschenkte ist insoweit besser gestellt als der Erbe; er ist ja auch gewissermaßen nur „Ersatzschuldner" des Pflichtteilsergänzungsanspruchs. 142

II. Die doppelte Kenntniserlangung

1. Kenntnis von der Verfügung von Todes wegen

Für den Beginn der Verjährung ist generell die Kenntnis des wesentlichen Inhaltes der **beeinträchtigenden Verfügung** erforderlich. 143

Auch muß der Berechtigte erkannt haben, daß er aufgrund der Verfügung von Todes wegen von der Erbfolge ausgeschlossen ist. Dazu ist keine in Einzelheiten gehende Prüfung der Verfügung und keine fehlerfreie Bestimmung ihrer rechtlichen Natur notwendig.[170] Ebensowenig muß eine genaue Kenntnis des Standes und des Wertes des Nachlasses vorliegen. Kenntnis setzt auch nicht voraus, daß der Pflichtteilsberechtigte die Urkunde selbst kennt.[171] Die Kenntnis von der Verfügung kann auch auf einer mündlichen Mitteilung beruhen. Insoweit kann bei einer Verfügung von Todes wegen die Frist für den Pflichtteilsanspruch auch vor der Eröffnung des Testamentes und der amtlichen Verkündung beginnen.[172] 144

---

167 BGH NJW 1964, 297.
168 BGH LM § 2332 Nr. 1 Fahrlässige Unkenntnis genügt nicht, um die Verjährungsfrist auszulösen, wenn der Pflichtteilsberechtigte zwar die Existenz eines Testamentes, aber nicht den Inhalt kennt, auch dann nicht, wenn er den Inhalt hätte in Erfahrung bringen können.
169 BGH FamRZ 1968,150; BGH JR 1986, 110.
170 BGH NJW 1995, 1157; RGZ 104, 195, 197.
171 RGZ 70, 360.
172 RGZ 66, 30 *Staudinger/Olshausen*, § 2332 Rn 20.

145 Ist der Pflichtteilsberechtigte somit allein durch eine Verfügung von Todes wegen beeinträchtigt, dann stellt diese Verfügung die Beeinträchtigung dar, auf die sich die Kenntnis beziehen muß. Besteht die Benachteiligung des Pflichtteilsberechtigten dagegen nur in der Tatsache, daß der Erblasser zu Lebzeiten einen Vermögensgegenstand verschenkt hat, dann handelt es sich bei der beeinträchtigenden Verfügung gerade um diese Schenkung, auf die sich die Kenntnis i.S.v § 2332 BGB beziehen muß. Bei mehreren Schenkungen können je nach Zeitpunkt der Kenntniserlangung **unterschiedliche Verjährungsfristen** zu laufen beginnen.[173]

146 Schwierig sind solche Fälle, in denen der Berechtigte sowohl einen Anspruch auf den ordentlichen Pflichtteil, als auch auf den Ergänzungspflichtteil hat und er zu unterschiedlichen Zeitpunkten von den Beeinträchtigungen erfährt. Es stellt sich in solch einem Fall die Frage, welcher Zeitpunkt der Kenntniserlangung als Beginn für die Verjährungsfrist angenommen wird.

Erfährt der Berechtigte zunächst von einer beeinträchtigenden letztwilligen Verfügung von Todes wegen, so beginnt der Fristlauf für den ordentlichen Pflichtteil in dem Moment, in dem der Berechtigte Kenntnis von der Verfügung von Todes wegen erlangt. Zu einem späteren Zeitpunkt erlangt er auch noch Kenntnis von einer beeinträchtigenden Verfügung unter Lebenden (Schenkung); zu diesem Zeitpunkt beginnt dann die Verjährungsfrist für den Pflichtteilsergänzungsanspruch.

Liegt der umgekehrte Fall vor, daß der Berechtigte erst von der lebzeitigen Verfügung und dann von der letztwilligen Verfügung Kenntnis erlangt, ist der Beginn der Verjährungsfrist für beide Ansprüche nicht vor Kenntniserlangung der letztwilligen Verfügung anzusetzen.[174]

Folglich können die Verjährungsfristen von **Pflichtteils-** und **Pflichtteilsergänzungsansprüchen** zu unterschiedlichen Zeitpunkten zu laufen beginnen. Es ist demnach möglich, daß der Anspruch auf den ordentlichen Pflichtteil bereits verjährt ist, der Anspruch auf die Pflichtteilsergänzung aber noch nicht.[175]

---

173 *Staudinger/Olshausen*, § 2332 Rn 16.
174 BGH NJW 1972, 760; BGHZ 95, 76, 80; vgl. auch *Soergel/Dieckmann*, § 2332 Rn 12.
175 Vgl. hierzu *Soergel/Dieckmann*, § 2332 Rn 21.

2. Kenntnis vom Erbfall

Der Pflichtteilsberechtigte hat dann **Kenntnis** vom **Erbfall**, wenn er vom Tod 147
des Erblassers erfährt. Für einen Verschollenen gilt die Kenntnis von dessen
Todeserklärung.[176] Hat der Erblasser Vor- und Nacherbschaft angeordnet, so
beginnt die Frist mit der Kenntnis vom Tod des Erblassers und nicht mit
dem Tod des **Vorerben** bzw. dem Eintritt des Nacherbfalls.[177] Ist somit
die Verjährung des Pflichtteils während der Zeit der Vorerbschaft bereits
eingetreten, dann gilt dies auch zugunsten des Nacherben.[178]

3. Beweislast

Allgemein ist zur Kenntniserlangung zu erwähnen, daß der Pflichtteilsschuldner 148
die **Beweislast** dafür trägt, daß der Pflichtteilsgläubiger Kenntnis von der
beeinträchtigenden Verfügung unter Lebenden oder der von Todes wegen hat.
Verjährt der Pflichtteilsergänzungsanspruch nach dem ordentlichen Pflichtteilsanspruch, muß der Erbe die Kenntnis von der lebzeitigen Zuwendung
darlegen und beweisen. Das Gericht kann nicht unterstellen, daß der Pflichtteilsberechtigte bald nach dem Erbfall Kenntnis von der lebzeitigen Zuwendung
erlangt hat. Die Eröffnung der Verfügung von Todes wegen wird idR aber einen
prima-facie-Beweis für die Kenntnis von deren Inhalt darstellen.[179]

4. Besonderheiten der Verjährung

Die Verjährung des Pflichtteilsanspruchs wird gemäß § 208 BGB durch ein 149
Anerkenntnis des Verpflichteten unterbrochen. Ein solches verjährungsunter-
brechendes Anerkenntnis liegt vor, wenn der Erbe sich bereit erklärt, Auskunft
über den Stand des Nachlasses zu erteilen (§ 2314 BGB) und zeigt, daß er sich
über das Bestehen des Pflichtteilsanspruchs im Klaren ist und auch bereit ist,
ihn zu befriedigen.[180]

Gemäß § 209 BGB wird die Verjährung durch **Klageerhebung** unterbro- 150
chen.[181] Allerdings unterbricht nur die Klage auf Zahlung die Verjährung. Eine

---

176 MüKo/*Frank* § 2332 Rn 4.
177 *Staudinger/Olshausen*, § 2332 Rn 11.
178 BGH NJW 1973, 1690.
179 Vgl. *Staudinger/Olshausen*, § 2332 Rn 12.
180 BGH FamRZ 1985,1021; NJW 1975,1409.
181 Vgl. OLG Düsseldorf ZErb 1999, 70 mit Anmerkung von *Bartsch*.

Klage auf Zahlung i. S.v. § 2325 BGB unterbricht die Verjährung des gegen den Beschenkten auf § 2329 BGB gestützten Duldungsanspruchs aber nur, falls es sich um denselben Verpflichteten handelt.[182]

151 Eine Klage allein auf Erteilung einer **Auskunft** gemäß § 2314 BGB dagegen unterbricht die Verjährung nicht. Falls ein Feststellungsinteresse besteht, unterbricht eine Feststellungsklage die Verjährung. Auch eine Stufenklage gemäß § 254 ZPO unterbricht die Verjährung.

K. Der Vergleich über einen Pflichtteilsanspruch

152 Da die streitige Geltendmachung des Pflichtteilsanspruchs, vom Auskunftsbegehren zur eidesstattlichen Versicherung bis hin zum Zahlungsanspruch, oftmals ein langwieriger Prozeß ist, sollte seitens des Anwalts nach Möglichkeit auf eine **außergerichtliche** Einigung hingewirkt werden. Beim Pflichtteilsanspruch handelt es sich um einen schuldrechtlichen Zahlungsanspruch, so daß ein Vergleich hierüber grundsätzlich nicht notariell beurkundet zu werden braucht.

153 Dem **Vergleich** an sich sollte ein Nachlaßverzeichnis zugrundegelegt werden, und er sollte eine Zusicherung hinsichtlich etwaiger Vorempfänge enthalten.

Muster: Außergerichtlicher Vergleich über einen Pflichtteilsanspruch
▼

154

085

Vereinbarung

zwischen

der Erbengemeinschaft nach ▓▓▓, gest. am ▓▓▓, bestehend aus:
– nachfolgend Erbengemeinschaft –
und
▓▓▓

vertreten durch RA
– nachfolgend Pflichtteilsberechtigter –
wird folgender außergerichtlicher Vergleich zur Regelung der Pflichtteilsansprüche des Pflichtteilsberechtigten geschlossen.

---

182 BGHZ 107, 200, 203.

§ 1 Vergleichsgegenstand

(1) Die Erbengemeinschaft erkennt den Anspruch des Pflichtteilsberechtigten auf einen Pflichtteil gegenüber der Erbengemeinschaft in Höhe 1/10 des Wertes des Nachlasses von ▬▬▬ an.

(2) Der Bestand des Nachlasses ergibt sich aus dem dieser Vereinbarung als wesentlicher Bestandteil beigefügten Nachlaßverzeichnis und der darin gemäß § 2311 BGB festgestellten Werte. Die Vertragsparteien erkennen die Wertfeststellung als verbindlich an.

(3) Ebenfalls mit geregelt mit dieser Vereinbarung werden die Pflichtteilsergänzungsansprüche des Pflichtteilsberechtigten, soweit im Nachlaßverzeichnis fiktive Nachlaßgegenstände aufgeführt sind.

§ 2 Zahlung, Verzugsfolgen

(1) Dem Pflichtteilsberechtigten steht gegen die Mitglieder der Erbengemeinschaft ein Pflichtteilsanspruch in Höhe von DM ▬▬▬ zu.

(2) Der Pflichtteil ist zur Zahlung fällig am ▬▬▬ (Zahlungseingang). Die Zahlung hat zu erfolgen auf das Rechtsanwalt-Anderkonto von Herrn Rechtsanwalt ▬▬▬ BLZ ▬▬▬ Konto-Nr. bei ▬▬▬ Bank.

(3) Für den Fall nicht fristgerechter Zahlung ist der rückständige Betrag mit 10% p.a. zu verzinsen, ohne daß es einer besonderen Mahnung bedarf. Hierin liegt keine Stundungsvereinbarung.

(4) Es wird klargestellt, daß die Mitglieder der Erbengemeinschaft den Pflichtteil als Gesamtschuldner schulden.

§ 3 Zusicherungen

(1) Die Erbengemeinschaft sichert ausdrücklich zu, daß das dieser Vereinbarung beigefügte Nachlaßverzeichnis vollständig ist.

(2) Die Erbengemeinschaft sichert ausdrücklich zu, daß ihr keine weiteren Umstände bekannt sind, die für die Höhe des Pflichtteils, insbesondere hinsichtlich der Bewertung, bekannt sind.

(3) Die Erbengemeinschaft sichert weiter zu, daß ihr keine Schenkungen im Sinne von § 2325 BGB bekannt und daß keine ausgleichspflichtigen Zuwendungen/Vorempfänge an die Miterben erfolgt sind.

(4) Der Pflichtteilsberechtigte sichert ausdrücklich zu, daß er keine ausgleichspflichtigen Vorempfänge vom Erblasser erhalten hat.

(5) Ansprüche der Vertragsparteien gemäß § 2313 BGB bleiben von dieser Vereinbarung unberührt.

(6) Die Erbengemeinschaft verpflichtet sich zur unverzüglichen schriftlichen Offenlegung von nachträglich nach Unterzeichnung dieser Vereinbarung erlangten Erkenntnisse über eine etwaige Erweiterung des Nachlaßbestands gegenüber dem Pflichtteilsberechtigten.

(7) Stellt sich heraus, daß eine der gegebenen Zusicherungen unzutreffend ist, so wird die gegen diese Zusicherung verstoßende Partei die andere Vertragspartei

so stellen, wie diese stünde, wenn die Zusicherung zuträfe. Danach ist der Pflichtteil neu zu berechnen und ein gegebenenfalls entstehender Unterschiedsbetrag innerhalb von zwei Wochen nach schriftlicher Geltendmachung auszugleichen. § 2 Abs. 2 bis 4 dieser Vereinbarng gilt entsprechend.

§ 4 Abgeltung, Verjährung, Verwirkung

(1) Die Parteien sind sich darüber einig, daß alle finanziellen Ansprüche aus und in Verbindung mit dem Pflichtteil des Pflichtteilsberechtigten mit der Erfüllung dieser Vereinbarung erledigt sind, vorbehaltlich etwaiger Änderungen gemäß § 3 dieser Vereinbarung. Der Auskunftsanspruch des Pflichtteilsberechtigten gemäß § 2314 BGB ist damit nicht ausgeschlossen.

(2) Alle gegenseitigen Ansprüche aus dem Vertragsverhältnis sind nach Ablauf des ▓▓▓▓ verwirkt, sofern sie nicht innerhalb dieser Frist schriftlich und innerhalb eines weiteren Monats gerichtlich geltend gemacht sind. Ausgenommen von der Verwirkung bleiben die Ansprüche gemäß § 3 dieses Vertrages.

§ 5 Sonstige Bestimmungen

(1) Sollte eine Bestimmung dieser Vereinbarung unwirksam sein, wird die Wirksamkeit der übrigen Bestimmungen davon nicht berührt. Die Parteien verpflichten sich, anstelle einer unwirksamen Bestimmung eine dieser Bestimmung möglichst nahekommende wirksame Regelung zu treffen.

(2) Jede Partei trägt die mit dieser Vereinbarung zusammenhängenden Kosten, insbesondere des jeweiligen Rechtsberaters, selbst.

(3) Mündliche Abreden oder Nebenabreden sind nicht getroffen. Änderungen und Ergänzungen der Vereinbarung bedürfen zu ihrer Gültigkeit der Schriftform. Dies gilt auch für die Abweichung von dieser Schriftformklausel selbst.

▓▓▓ den ▓▓▓   ▓▓▓ den ▓▓▓
Unterschrift ▓▓▓   Unterschrift ▓▓▓

▲

L. Der Auskunftsanspruch des Pflichtteilsberechtigten

155 In der Praxis besteht häufig das Problem, daß der Pflichtteilsberechtigte die Höhe und den Wert des Nachlasses sowie der vom Erblasser zu Lebzeiten getätigten Vorempfänge nicht kennt und er nicht in der Lage ist, die Höhe seines Pflichtteils- und Pflichtteilsergänzungsanspruchs zu beziffern. Das Gesetz hat ihm deshalb in § 2314 BGB einen Auskunftsanspruch gegen die Erben eingeräumt. § 2314 BGB regelt drei von einander unabhängige Auskunftsansprüche:

§ 18 Der Pflichtteilsberechtigte als Mandant

- den Auskunftsanspruch auf Vorlage eines privaten Bestandsverzeichnisses (§ 2314 I 1 BGB)
- den Anspruch über die Wertermittlung auf Kosten des Nachlasses (§ 2314 I 2 BGB) durch einen Sachverständigen
- und den Anspruch auf Vorlage eines amtlichen Nachlaßverzeichnisses (§ 2314 I 3 BGB).

156

Die Ansprüche sind, wie bereits erwähnt, voneinander unabhängig und schließen sich grundsätzlich nicht gegenseitig aus.[183] Der Pflichtteilsberechtigte kann also die Vorlage eines **notariellen** Bestandsverzeichnisses auch dann noch fordern, wenn er bereits ein **privates** Nachlaßverzeichnis erhalten hat.

157

Es darf an dieser Stelle bereits vorweggenommen werden, daß § 2314 BGB nur auf den pflichtteilsberechtigten **Nichterben**, nicht aber auch auf den pflichtteilsberechtigten Miterben angewendet werden kann.[184]

158

Des weiteren findet § 2314 BGB nach überwiegender Meinung analog Anwendung auf die Auskunft bezüglich des **fiktiven Nachlasses**, d. h. bezüglich der zu Lebzeiten des Erblassers getätigten Schenkungen.[185] Aber auch die analoge Anwendung des § 2314 BGB gegen den Beschenkten steht nach überwiegender Meinung nur dem pflichtteilsberechtigten Nichterben, nicht aber dem pflichtteilsberechtigten Miterben zu.[186] Der pflichtteilsberechtigte Erbe hat unter bestimmten Voraussetzungen einen Auskunftsanspruch nach § 242 BGB.

159

Anspruchsberechtigt nach § 2314 BGB ist im einzelnen jeder Nichterbe aus dem Personenkreis der §§ 2303, 2309 BGB, der Abtretungsempfänger des Pflichtteilsanspruchs gemäß §§ 2317, 398 BGB,[187] der nicht erbende Pflichtteilsberechtigte, auch gegenüber den vom Erblasser beschenkten Dritten

160

---

[183] BGHZ 33, 373, NJW 1961, 602.
[184] BGH NJW 1973, 1876.
[185] BGH NJW 1961, 602.
[186] BGHZ 108, 393; BGH NJW 1981, 2051.
[187] Wird der Pflichtteils- und Pflichtteilsergänzungsanspruch an verschiedene Gläubiger abgetreten, dann steht jedem Abtretungsempfänger ein eigener Auskunftsanspruch zu, denn der Auskunftsanspruch nach § 2314 BGB ist in dem Fall ein unselbständig zu sicherndes Nebenrecht. Gleiches gilt auch, wenn der Ergänzungsberechtigte einmal den Anspruch nach § 2325 BGB gegen die Erben und den Restergänzungsanspruch gegen den Beschenkten nach § 2329

nach § 2314 BGB analog[188] und der pflichtteilsberechtigte Ehegatte, der beim gesetzlichen Güterstand der Zugewinngemeinschaft die Erbschaft nach § 1371 III BGB ausgeschlagen hat.[189]

161 Keinen Auskunftsanspruch nach § 2314 BGB hat hingegen der pflichtteilsberechtigte Erbe,[190] der pflichtteilsberechtigte Miterbe,[191] der Nacherbe,[192] der Nacherbe[193] in bezug auf den vom Vorerben Beschenkten und derjenige, dem der Pflichtteil rechtmäßig entzogen worden ist.[194]

162 Der Auskunftsanspruch steht jedem pflichtteilsberechtigten Nichterben als eigenständiger Anspruch zu. Sind mehrere Enterbte vorhanden, so kann jeder eigenständig auf Auskunft klagen, da sie nicht als Gesamtgläubiger zu behandeln sind. Erhält der Pflichtteilsberechtigte ein Vermächtnis, so hindert dies die Auskunftsberechtigung nicht.[195]

163 Zur Auskunft verpflichtet ist der Erbe persönlich, mehrere Erben als **Gesamtschuldner**. Ferner der Beschenkte bezüglich der in den letzten zehn Jahren vor dem Erbfall erfolgten Geschenke analog § 2314 BGB.

164 Bei **Vor-** und **Nacherbschaft** trifft die Auskunftspflicht bis zum Eintritt des Nacherbfalls nur den Vorerben. Nicht nach § 2314 BGB zur Auskunft

---

BGB an verschiedene Gläubiger abtritt; im einzelnen dazu siehe *Staudinger/Ferid/Cieslar*, § 2314 Rn 13.
188 BGHZ 55, 378; 89, 24, 27.
189 *Staudinger/Haas*, § 2314 Rn 20.
190 Er hat nur einen allgemeinen Auskunftsanspruch gemäß § 242 BGB, sofern er sich die erforderlichen Erkenntnisse nicht auf andere, ihm zumutbare Weise beschaffen kann und der Beschenkte die Auskunft unschwer zu geben vermag. BGHZ 61, 180.
191 Der z. B. Ergänzungspflichtteile geltend macht; ihm steht kein Anspruch aus § 2314 BGB zu, so BGH NJW 1993, 2737. Er kann sich als Gesamthänder jederzeit selbst über den Bestand und den Wert des Nachlasses in Kenntnis setzen und dazu gegebenenfalls Mitwirkung der übrigen Miterben verlangen, so BGH NJW 1973, 1876; *Lorenz* JuS 95, 569. Ihm stehen schließlich die Ansprüche nach §§ 2027, 2028, 2038, 666, 681 BGB zu.
192 Er kann sich gemäß §§ 2121, 2122 und 2127 BGB informieren. § 2314 BGB steht ihm auch dann nicht zu, wenn seine Rechtsstellung auflösend bedingt ist, so BGH NJW 1981, 2051.
193 BGHZ 55, 378; 58, 237.
194 Hamm NJW 1983, 1067.
195 BGHZ 28, 177.

verpflichtet ist dagegen der Testamentsvollstrecker, und zwar auch dann nicht, wenn eine Verwaltungsvollstreckung angeordnet ist (§ 2213 I S. 3 BGB).

Nach § 2314 BGB sind die Erben zur Auskunft über den **Bestand** des **Nachlasses** verpflichtet. Sie müssen über sämtliche Aktiva und Passiva des Nachlasses Auskunft erteilen.[196]

165

In der Praxis hat sich der Wortlaut der Vorschrift als zu eng erwiesen, so daß die Rechtsprechung den Anwendungsbereich des § 2314 BGB nicht nur in persönlicher Hinsicht, sondern auch bezüglich des Umfangs der Auskunftspflichten ausgeweitet hat. Der berechtigte Nichterbe hat nach ständiger Rechtsprechung[197] nicht nur Anspruch auf Auskunft über die beim Erbfall tatsächlich vorhandenen Nachlaßgegenstände und Nachlaßverbindlichkeiten, sondern auch über den **fiktiven** Nachlaßbestand.

166

Der Erbe muß also auch alle **Schenkungen** der letzten 10 Jahre in das Nachlaßverzeichnis mitaufnehmen. Erfolgte eine Schenkung an den Ehegatten des Erblassers, so ist diese auch dann aufzunehmen, wenn sie länger als zehn Jahre zurückliegt.

167

Der Auskunftsanspruch ist auf die Weitergabe von Wissen gerichtet. Hat der Erbe selbst nicht die erforderliche Kenntnis, so ist er grundsätzlich verpflichtet, sich das Wissen zu beschaffen.

168

Der Erbe hat den Auskunftsanspruch durch Vorlage eines **Bestandsverzeichnisses** über den gesamten tatsächlichen und fiktiven Nachlaß gemäß § 260 BGB zu erfüllen. Der Pflichtteilsberechtigte kann ein privat oder aber auch amtlich erstelltes Nachlaßverzeichnis fordern. Der Pflichtteilsberechtigte kann zusätzlich auch verlangen, daß er bei der Erstellung des Verzeichnisses hinzugezogen wird.

169

Das Verzeichnis muß alle Aktiva und Passiva des Nachlasses enthalten, jedoch **nicht** die **Wertangaben** der einzelnen Gegenstände.[198] In der Praxis kann es jedoch nicht schaden, wenn der Erbe Wertangaben macht und diese möglichst auch belegt. Denn ein Entgegenkommen des Erben gegenüber dem

170

---

[196] BGH NJW 1961, 602.
[197] BGHZ 89, 24 m. N.
[198] *Rohlfing*, Rn 219.

Pflichtteilsberechtigten zahlt sich fast immer aus. Je mehr Bereitschaft der Erbe signalisiert, umso eher läßt sich die Auseinandersetzung gütlich beilegen und ein langjähriger Prozeß vermeiden.

171 Nicht unbedingt erforderlich ist es, ein einheitliches bzw. **lückenloses** Nachlaßverzeichnis vorzulegen. Es genügt auch, wenn mehrere Teilauskünfte vorgelegt werden, sofern sie insgesamt vollständig sind.[199] Dies gibt auch die Möglichkeit, daß nachträglich einzelne Punkte ergänzt werden.

172 Die Frage, ob der Erbe grundsätzlich zur Vorlage von **Belegen**, z. B. von Kaufverträgen etc, verpflichtet ist, ist bisher nicht eindeutig geklärt. Teilweise wird eine solche Pflicht angenommen.[200] Dies ist unseres Erachtens jedoch nicht ohne weiteres haltbar. Auch wenn es in der Praxis wünschenswert wäre, ist der Auskunftsschuldner grundsätzlich nicht zur Vorlage von Belegen verpflichtet. Er ist nach dem Wortlaut des Gesetzes lediglich verpflichtet, Auskunft über den Bestand des Nachlasses zu erteilen. Dies hat gemäß § 260 BGB durch Vorlage eines Nachlaßverzeichnisses zu erfolgen. § 260 BGB sieht aber nicht vor, daß die Richtigkeit des Verzeichnisses durch Vorlage von Belegen zu beweisen ist. Als „Mittel des Beweises" sieht das Gesetz vielmehr die Abgabe der Versicherung an Eides statt vor.

173 Eine Vorlage von Belegen ist somit nur in Ausnahmefällen zuzulassen, so z. B. für den Fall, daß sich ein **Unternehmen** im Nachlaß befindet und eine Beurteilung ohne die Vorlage von Unterlagen und Belegen nicht möglich ist.[201] Lehnen die anderen Mitgesellschafter eine Offenlegung der Bilanzen etc. ab, so muß der Auskunftsverpflichtete sie erzwingen.[202]

174 Der pflichtteilsberechtigte **Erbe**, dem nach h.M.[203] kein Auskunftsanspruch nach § 2314 BGB analog gegenüber den Miterben oder gegenüber dem Beschenkten zusteht, ist auf den allgemeinen Auskunftsanspruch nach § 242

---

[199] BGH NJW 1962, 1499.
[200] *Klingelhöffer*, Rn 152.
[201] BGHZ 65, 79; NJW 1961, 601.
[202] *Staudinger/Ferid/Cieslar*, § 2314 Rn 22.
[203] BGH NJW 1973, 1876; BGH NJW 1986, 1755; a.A. *Coing*, NJW 1970, 729.

BGB angewiesen. Dieser kann aber nur in bezug auf vom Erblasser zu Lebzeiten getätigte Zuwendungen gerichtet sein.[204]

Die vom BGH[205] geforderte Voraussetzung, daß das Schenkungsverhältnis bereits feststehen muß, damit ein solcher Auskunftsanspruch gemäß § 242 BGB begründet werden könne, ist mittlerweile aufgegeben worden.[206] Der Berechtigte muß aber in jedem Fall Anhaltspunkte für die unentgeltlichen Verfügungen darlegen. Sein Auskunftsverlangen darf nach der Rechtsprechung des BGH[207] nicht auf eine „reine Ausforschung" hinauslaufen.

Dem pflichtteilsberechtigten Erben steht somit nach h.M ein Auskunftsanspruch gegen die Miterben als auch gegen den Beschenkten zu.[208] Nach Ansicht des OLG Karlsruhe[209] steht der Anspruch aus § 242 BGB darüber hinaus auch dem an sich nicht pflichtteilsberechtigten Stiefkind zu, wenn der Erblasser diesem einen Pflichtteilsanspruch vermacht hat.

Muster: Außergerichtliches Auskunftsbegehren des Pflichtteilsberechtigten

▼

An

RA ▇▇▇▇▇▇ ▇▇▇▇▇▇ (Ort, Datum)

Auskunftsbegehren bezüglich des Nachlasses von (Erblasser)

Sehr geehrter Herr ▇▇▇▇▇▇

hiermit zeige ich an, daß ich ▇▇▇▇▇▇ anwaltlich vertrete. Die Bestätigung einer ordnungsgemäßen Bevollmächtigung ist beigefügt.

---

204 Denn bezüglich des Nachlasses stehen dem Erben gegenüber den Miterben die Ansprüche nach §§ 2027, 2028, 2038 BGB zu, und gegenüber dem Beschenkten kommt nur ein Pflichtteilsergänzungsanspruch in Betracht.
205 BGHZ 18, 67.
206 BGHZ 55, 378.
207 BGH NJW 1972, 907.
208 BGHZ 58, 237.
209 OLG Karlsruhe FamRZ 1991, 796.

Mein Mandant hat mich mit der Geltendmachung seiner Rechte in Bezug auf den am ▓▓▓▓ verstorbenen Erblasser ▓▓▓▓ beauftragt. Mein Mandant ist als enterbter Abkömmling des Erblassers pflichtteilsberechtigt. Zur Durchsetzung seiner Rechte gewährt ihm das Gesetz in § 2314 BGB einen Auskunftsanspruch gegen den Erben über den Umfang des Nachlasses. Der Erbe ist danach verpflichtet, ein Nachlaßverzeichnis vorzulegen, welches den Bestand des Nachlasses zum Zeitpunkt des Todes aufweist.

Darüberhinaus sind in dem Nachlaßverzeichnis alle vom Erblasser zu seinen Lebzeiten getätigten Schenkungen (auch gemischte Schenkungen) und ehebezogenen Zuwendungen mit aufzunehmen. Sie sind auch verpflichtet, über eventuell vorhandene Lebensversicherungen und sonstige Verträge zugunsten Dritter Auskunft zu erteilen. Das Verzeichnis muß auch alle Vorempfänge (Schenkungen, Zuwendungen etc.) enthalten, die der Erblasser zu Lebzeiten getätigt hat und die unter Abkömmlingen ausgleichspflichtig sind (§§ 2050 ff. BGB). Neben allen Aktiva sind auch die Nachlaßverbindlichkeiten anzugeben. Dies sind unter anderem die Schulden des Erblassers und die durch den Erbfall entstandenen Kosten.

Sind Ihnen einzelne Informationen selbst nicht bekannt, so sind Sie verpflichtet, sich diese gegebenenfalls zu besorgen. Darüberhinaus sind sie verpflichtet, den Güterstand, in dem der Erblasser gelebt hat, bekanntzugeben.

Wir bitten Sie, uns die von meinem Mandanten gewünschte Auskunft bis spätestens ▓▓▓▓ durch Vorlage des Nachlaßverzeichnisses einschließlich einer Kopie der noch vorhandenen Belege zukommen zu lassen. Mein Mandant macht vorerst von seinem Recht, bei der Erstellung des Verzeichnisses hinzugezogen zu werden, keinen Gebrauch.

Nur der Vollständigkeit halber möchte ich Sie darauf hinweisen, daß Sie bei nicht sorgfältiger Erstellung des Verzeichnisses dieses eidesstattlich zu versichern haben.

Rechtsanwalt

M. Der Wertermittlungsanspruch des Pflichtteilsberechtigten gemäß § 2314 II 2 BGB

177 Der Anspruch auf Wertermittlung ist anders als der Anspruch auf Auskunft nicht auf die Übermittlung von Wissen gerichtet, sondern auf die Verpflichtung, den **Wert** des **Nachlasses** oder einzelner Nachlaßgegenstände zu ermitteln, schätzen zu lassen. Der Anspruch auf Wertermittlung ist streng von dem auf Auskunft zu trennen und sollte auch im Klageantrag nicht vermischt werden.

In der Praxis geschieht dies meist durch das Gutachten eines unabhängigen **Sachverständigen**. Das Gutachten ist für die Parteien grundsätzlich unverbindlich und soll dem Pflichtteilsberechtigten die Möglichkeit bieten, den Pflichtteilsanspruch im Klageantrag möglichst genau beziffern zu können, § 253 I Nr. 2 ZPO.

Wie bereits erwähnt, ist der Auskunftsanspruch gemäß § 2314 BGB analog auch gegenüber dem vom Erblasser Beschenkten anzuwenden. Beim Wertermittlungsanspruch ist darauf zu achten, daß dieser nur gegenüber dem Erben geltend gemacht werden kann.[210]

Nach Ansicht des BGH[211] besteht seitens des Pflichtteilsberechtigten der Anspruch auf Wertermittlung nur, wenn die Zugehörigkeit des zu schätzenden Gegenstands zum realen oder fiktiven Nachlaß unstreitig ist oder vom Pflichtteilsberechtigten bewiesen wird. Besteht lediglich ein Verdacht, daß ein bestimmter Gegenstand innerhalb der Frist des § 2325 BGB weggeschenkt wurde, dann steht dem Pflichtteilsberechtigten neben dem Auskunftsanspruch nicht auch noch der Wertermittlungsanspruch zu.[212]

Problematisch und in der Rechtsprechung des BGH bisher unterschiedlich entschieden ist die Frage, ob auch dem pflichtteilsberechtigten Erben gegenüber dem **Beschenkten** im Sinne von § 2329 BGB nach § 242 BGB ein **Wertermittlungsanspruch** zustehen kann.

Während dies im Senatsurteil vom 4.12.1980[213] verneint worden ist, bejaht dies der BGH in seinem Urteil vom 8.7.1985.[214] Hier wurde dem Berechtigten ein Wertermittlungsanspruch zugesprochen. So hat letztlich auch der BGH[215] neuerdings entschieden und dem pflichtteilsberechtigten Erben einen Wertermittlungsanspruch nach § 242 BGB gegenüber dem nach § 2329 BGB Beschenkten zugesprochen, wenn der Pflichtteilsberechtigte die **Kosten** für die Wertermittlung **selbst** übernimmt.

---

210 BGH NJW 1989, 2887.
211 BGH NJW 1986, 1755.
212 BGH NJW 1984, 487.
213 NJW 1981, 2051.
214 BGH FamRZ 1985, 1249.
215 BGHZ 108, 393.

§ 19 Beratung des durch einen Vertrag zugunsten Dritter Begünstigten (Lebensversicherung)

A. Allgemeines

1 Der Erwerb und die Weitergabe von Vermögen durch Verträge zugunsten Dritter (auf den Todesfall) führt dazu, daß die vertragsgegenständlichen Leistungen nicht in den Nachlaß des Erblassers fallen. Der Begünstigte erhält die Zuwendung **außerhalb** des Nachlasses durch Verfügung unter Lebenden. Die klassischen Anwendungsfälle sind in der Praxis bspw. die Bezugsberechtigung aus einer Lebensversicherung[1] oder einem Spar- oder Depotvertrag[2] zugunsten Dritter.

B. Anforderungen an den Vertrag zugunsten Dritter

2 Nach § 328 BGB liegt ein Vertrag zugunsten Dritter vor, wenn durch Vertrag der eine Vertragspartner dem anderen verspricht, an einen begünstigten Dritten eine Leistung zu erbringen. Bei einem echten Vertrag zugunsten Dritter erwirbt der Begünstigte einen eigenen Anspruch gegenüber dem Versprechenden.[3] Gemäß § 331 BGB erwirbt der Begünstigte im Zweifel den Anspruch erst mit Eintritt des Todesfalls. Das bedeutet, daß der Versprechensempfänger zu Lebzeiten jederzeit die Begünstigung abändern kann.[4] Nach dem Erbfall erwirbt der begünstigte Dritte dann unmittelbar einen Anspruch gegen den Versprechensgeber, so daß bspw. eine Änderung der Person des Bezugsberechtigten einer Lebensversicherung durch die Erben nicht mehr möglich ist. Allerdings können die Erben unter bestimmten Voraussetzungen einen Rückabwicklungsanspruch haben.

---

1 BGH NJW 1993, 3133.
2 BGH NJW 1964, 1124.
3 *Palandt/Edenhofer*, Einf. zu § 328 Rn 1.
4 BGHZ 81, 97.

C. Rückabwicklungsanspruch der Erben

Ob die Erben des Versprechensempfängers (Erblasser) die durch Vollzugsgeschäft eintretende dingliche Wirkung hinnehmen müssen, hängt von dem zwischen Versprechensempfänger und Drittem bestehenden **Valutaverhältnis** ab. Nach der Rechtsprechung des BGH darf der Begünstigte das ihm Zugewendete nur behalten, wenn im Verhältnis zum Erblasser ein rechtlicher Grund für die Vermögensverschiebung besteht. Andernfalls ist er Konditionsansprüchen ausgesetzt.[5]

Dies gilt auch entsprechend für den Begünstigten einer Lebensversicherung. Im Verhältnis zwischen Erblasser und Begünstigtem (Valutaverhältnis) muß somit ein Rechtsgrund zum Behaltendürfen (Schenkung, Unterhalt, ehebedingte Zuwendung etc.) gegeben sein, ansonsten haben die Erben einen **Rückabwicklungsanspruch**.[6]

Die **Höhe** des Rückabwicklungsanspruchs im Rahmen des Bereicherungsausgleichs richtet sich nicht wie bei dem Pflichtteilsergänzungsanspruch nach den gezahlten Prämien, sondern nach der Höhe der Versicherungssumme. Eine Begrenzung auf die gezahlten Prämien kann nur dort in Betracht kommen, wo das Pflichtteilsrecht durch eine Schenkung beeinträchtigt wird. Im Rahmen des Bereicherungsausgleichs ist dafür kein Raum.[7]

Da es sich im Valutaverhältnis zwischen dem Erblasser und dem Begünstigten in der Regel um eine **Schenkung** (§ 516 BGB) handelt, besteht das Problem der **Formvorschrift** des § 518 BGB und einer möglichen Heilung nach § 518 II BGB. Nach § 518 II BGB wird ein Formmangel grundsätzlich durch die „Bewirkung der versprochenen Leistung" als geheilt angesehen.[8] Es muß also ein **Schenkungsvollzug** stattfinden. Dabei ist darauf zu achten, daß bei Verträgen zugunsten Dritter ein Vollzug bereits dadurch erfolgt, daß der Dritte den direkten Leistungsanspruch erwirbt.[9] Ist im konkreten Fall ein Schenkungsvertrag zustande gekommen, so liegt ein Schenkungsvollzug vor,

---

5 BGH NJW 1984, 480, BGHZ 66, 8.
6 BGH NJW 1987, 3131; BGH ZEV 1995, 153; BGH MDR 1995, 824.
7 BGHZ 9, 288.
8 MüKo/*Kollhosser*, § 518 Rn 11.
9 BGH NJW 1984, 480; BGH NJW 1964, 1124.

wenn dem Beschenkten gemäß § 328 BGB ein schuldrechtlicher Anspruch auf Zahlung oder Übereignung zusteht[10] bzw. der Dritte diesen von selbst mit dem Tod des Versprechensempfängers erwirbt (§§ 328, 331 BGB).[11]

7 Das vorbezeichnete Problem wird insbesondere auch für die Frage relevant, ob die Erben des Versprechensempfängers die Schenkung **widerrufen** können. Dies ist möglich, solange dem Dritten das Schenkungsversprechen nicht zugegangen ist und dieser die Annahme noch nicht erklärt hat. Nach Ansicht des BGH[12] kann der Dritte das Angebot auch nach dem Tod des Erblassers stillschweigend annehmen. Erfährt der Dritte erst nach dem Erbfall von seiner Begünstigung, so wird ihm das Angebot des Schenkungsversprechens durch den Versprechensgeber (Versicherung, Bank) übermittelt. Für die Erben besteht eine Widerrufsmöglichkeit nur dann, wenn dem Begünstigten das Schenkungsversprechen noch nicht zugegangen ist.

8 Aus Sicht des Begünstigten ist somit seitens des Anwalts nach Kenntnis von der Bezugsberechtigung seines Mandanten **sofort** die Annahme des Schenkungsversprechens gegenüber der Versicherung oder der Bank zu erklären, was auch konkludent durch die Geltendmachung des Auszahlungsanspruchs erfolgen kann.

9
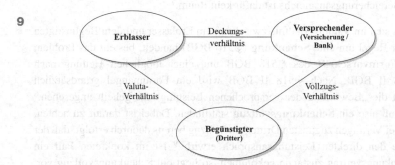

---
10 MüKo/*Kollhosser*, § 518 Rn 25.
11 BGHZ 41, 95.
12 BGHZ 91, 291.

D. Der bezugsberechtigte (begünstigte) Ehegatte

Ein häufiges Problem ist die Frage, ob die in einer Lebensversicherung als bezugsberechtigt genannte Ehefrau im Valutaverhältnis zu den Erben die Zuwendung behalten darf, wenn die Ehe vor dem Tod des Erblassers bereits **geschieden** wurde. Nach der Rechtsprechung des BGH ist § 2077 BGB nicht analog auf die Nennung der **Ehefrau** als **Bezugsberechtigte** anzuwenden.[13] § 2077 BGB ist als Sondernorm des Erbrechts nicht auf diese Fallkonstellation übertragbar.[14]

Die als bezugsberechtigt angegebene Ehefrau verliert somit durch die **Scheidung** nicht automatisch ihre Rechte an der Lebensversicherungssumme. Eine solche auflösende Bedingung ist jedoch rechtlich möglich und hängt von dem der Versicherung gegenüber erklärten Willen des Erblassers ab.[15] Allerdings bedarf es, wie bereits oben ausgeführt, nach ständiger Rechtsprechung des BGH eines **Rechtsgrundes** zwischen Erblasser und Ehegatten, um die Versicherungssumme behalten zu dürfen.[16]

Nach der Rechtsprechung des BGH liegt im Scheitern der Ehe regelmäßig ein **Wegfall der Rechtsgrundlage des Kausalgeschäfts**.[17] Beruht die Bezugsberechtigung auf einer ehebedingten Zuwendung und entfällt diese nach den Regeln des Wegfalls der Geschäftsgrundlage, so ist der Ehegatte zur Herausgabe der erlangten Versicherungssumme verpflichtet. Dies muß nach BGH auch bei einer unwiderruflichen Bezugsberechtigung gelten.[18]

---

13 BGHZ 79, 295.
14 BGH VersR 1975, 918.
15 BGH FamRZ 1987, 806; BGH ZEV 1995, 150.
16 BGH NJW 1984, 480.
17 BGHZ 84, 361.
18 BGHZ 118, 242, 252; a.A. OLG Stuttgart, Urteil vom 30.5.1990 11 UF 252/89.

3 Das erbrechtliche Mandat nach dem Erbfall

§ 20 Der Testamentsvollstrecker als Mandant

A. Allgemeines

1 Im Rahmen der anwaltlichen Beratung eines Testamentsvollstreckers kann sich zum einen die Situation ergeben, daß der Mandant, der als Testamentsvollstrecker bestimmt ist, sich vor Annahme des Amtes beraten lassen will und zum anderen eine bereits betriebene Testamentsvollstreckung vorliegt, sprich das Amt schon angenommen wurde. Im letzteren Fall wird sich die Beratung auf einzelne Teilfragen beschränken, während bei einer anfänglichen Beratung neben einer umfassenden rechtlichen Beratung auch eine wirtschaftliche Prognose abgegeben werden sollte, ob es beispielsweise ratsam ist, das Amt anzunehmen. Letztlich wird dies vom Umfang und der Zusammensetzung des Nachlasses abhängen sowie von den einzelnen persönlichen Verhältnissen zwischen den Erben und dem Testamentsvollstrecker.

2 Nicht selten wird ein Anwalt auch selbst als Testamentsvollstrecker benannt werden, so daß es unvermeidlich ist, sich die wesentlichen Grundzüge und Rechtskenntnisse über die Vorschriften der Testamentsvollstreckung anzueignen.

B. Die Arten der Testamentsvollstreckung

I. Allgemeines

3 Im wesentlichen sind zwei Arten der Testamentsvollstreckung zu unterscheiden, zum einen die **Abwicklungsvollstreckung** (§§ 2203, 2204 BGB) und zum anderen die **Dauervollstreckung** (§ 2209 S. 1 HS 2 BGB). Erstere begrenzt die Dauer der Testamentsvollstreckung auf den Zeitraum bis zum Ende der Erbauseinandersetzung, während letztere auch nach erfolgter Auseinandersetzung fortbestehen kann. Die Dauertestamentsvollstreckung erweitert den Aufgabenkreis des Testamentsvollstreckers über die reine Abwicklung hinaus. Von der Dauertestamentsvollstreckung zu unterscheiden ist noch die schlichte Verwaltungsvollstreckung (§ 2209 S. 1 HS 1 BGB), welche einzig und allein die Verwaltung des Nachlasses durch den Testamentsvollstrecker beinhaltet.

Sowohl bei der Abwicklungsvollstreckung als auch bei der Dauervollstreckung stellen sich neben den allgemeinen Problemen zwischen Erbe und Testamentsvollstrecker eine Vielzahl von Fragen hinsichtlich der einzelnen Rechte und Pflichten. Gerade die zunächst stärkere Position des Testamentsvollstreckers und die Verwaltung über den Nachlaß führt häufig zu einem Spannungsfeld zwischen Erbe und Testamentsvollstrecker. Ein solches gilt es durch eine sachlich korrekte und behutsame Auseinandersetzung mit den Vorstellungen der Erben zu vermeiden.

Neben der Abwicklungs- und der Dauervollstreckung kennt das Gesetz in § 2222 BGB noch eine spezielle **Nacherben-** und in § 2223 BGB eine **Vermächtnistestamentsvollstreckung**.

II. Die Abwicklungsvollstreckung

Die Abwicklungsvollstreckung stellt grundsätzlich den Normalfall der Testamentsvollstreckung dar, wenn der Erblasser keine anderweitigen Anordnungen getroffen hat. Die Rechte und Pflichten des Testamentsvollstreckers richten sich insbesondere nach den §§ 2204 bis 2207 BGB. Gemäß § 2203 BGB hat der Testamentsvollstrecker die letztwilligen Anordnungen des Erblassers auszuführen, und wenn mehrere Erben vorhanden sind, gemäß § 2204 BGB die Auseinandersetzung unter den Miterben nach Maßgabe der §§ 2042 bis 2056 BGB vorzunehmen. Während der Dauer der Abwicklungsvollstreckung obliegt dem Testamentsvollstrecker für diesen Zeitraum auch die ordnungsgemäße Verwaltung des Nachlasses, § 2216 BGB.

III. Die Dauertestamentsvollstreckung

Gemäß § 2209 S. 1 HS 2 BGB kann der Erblasser die Testamentsvollstreckung dahingehend erweitern, daß der Testamentvollstrecker nach der Erledigung der Abwicklung die Verwaltung des Nachlasses oder für Teile hiervon fortzuführen hat. Es kann so die Abwicklungs- und Verwaltungsvollstreckung zeitlich hintereinander angeordnet werden.[1] Inhaltlich entspricht die Dauervollstreckung aber grundsätzlich der „schlichten" Verwaltungsvollstreckung nach § 2209 S. 1 HS. 1 BGB.

---

[1] Müko-*Brandauer*, § 2209 Rn 2.

IV. Die Verwaltungsvollstreckung

7 Neben der Abwicklungs- und Dauertestamentsvollstreckung kann gemäß § 2209 S. 1 HS 1 BGB dem Testamentvollstrecker auch „**nur**" die bloße Verwaltung des Nachlasses oder einzelner Nachlaßgegenstände übertragen werden. Man spricht hierbei auch von der schlichten Verwaltungsvollstreckung.[2] Durch die Verwaltungsvollstreckung wird der Zugriff auf den Nachlaß auf die Dauer der zeitlichen Anordnung ausgeschlossen. Die Verwaltungsvollstreckung bietet sich bspw. bis zur Volljährigkeit minderjähriger Erben oder aber auch zum Schutz von Zugriffen der Eigengläubiger des Erben in den Nachlaß an.

V. Die Vermächtnisvollstreckung

8 Gemäß § 2223 BGB kann der Erblasser einen Testamentsvollstrecker auch zu dem Zwecke ernennen, daß dieser für die Ausführung der einem Vermächtnisnehmer auferlegten Beschwerungen zu sorgen hat. Darüber hinaus kann aber auch ein Testamentsvollstrecker für die Verwaltung eines Vermächtnisgegenstandes bestimmt werden, §§ 2209, 2210 BGB.

VI. Die Nacherbentestamentsvollstreckung

9 Im Unterschied zur sonstigen Testamentsvollstreckung ergeben sich die hauptsächlichen (zusätzlichen) Rechte und Pflichten des Nacherbenvollstreckers aus den Vorschriften der §§ 2116 ff. BGB.[3] Aber auch der Nacherbenvollstrecker haftet gemäß §§ 2216 I, 2219 BGB für seine Tätigkeit. Ihm obliegen nach §§ 2212, 2213 BGB die Prozeßführungsrechte.[4] Vgl. zur Möglichkeit einer Testamentsvollstreckung für den Nachvermächtnisnehmer *Dietrich* NJW 1971, 2017.

C. Die Person des Testamentsvollstreckers

10 Grundsätzlich kann jeder **natürlichen** oder **juristischen** Person das Amt des Testamentsvollstreckers übertragen werden. Bei der Einsetzung einer natürlichen Person ist aber darauf zu achten, daß diese zumindest zum

---

2 Müko-*Brandauer*, § 2209 Rn 1.
3 MüKo/*Brandner*, § 2222 Rn 2.
4 MüKo/*Brandner*, § 2222 Rn 5.

Zeitpunkt des Erbfalls volljährig ist (§ 2201 BGB). Wird eine juristische Person als Testamentsvollstrecker eingesetzt, so wird das Amt durch das entsprechende Organ ausgeübt. Strittig ist aber derzeit bspw., ob eine Bank das Amt des Testamentsvollstreckers rechtmäßigerweise ausüben kann,[5] vgl. § 20 Rn 146 ff.

Nicht möglich ist es allerdings, daß bspw. der Alleinerbe sein einziger alleiniger Testamentsvollstrecker wird.[6] Gleiches gilt, wenn ein **Notar** in einer von ihm beurkundeten Verfügung zum Testamentsvollstrecker ernannt wird.[7] Das wäre nach §§ 27, 7 BeurkG unwirksam. Wird ein **Anwalt** mit einer Testamentsvollstreckung beauftragt, so muß diese mit der anwaltlichen Tätigkeit vereinbar sein.[8]

11

Neben der Frage, wer aus rechtlicher Sicht das Amt des Testamentsvollstreckers ausüben kann, besteht auch noch das Problem der **persönlichen** Fähigkeiten. Das Amt des Testamentsvollstreckers erfordert neben einem großen Vertrauensverhältnis zu dem Erben sowohl rechtliche als auch **wirtschaftliche** Qualifikationen. Insoweit wird der in Frage kommende Personenkreis für den Erblasser in der Praxis erheblich eingeschränkt sein.

12

Checkliste: Persönliche Fähigkeiten

13

- eine dem Erblasser gut vertraute, nahestehende Person
- rechtliche und wirtschaftliche Qualifikationen
- Verhandlungsgeschick und menschliche Eignung
- ein Alter, welches es ihm ermöglicht, nach der normalen Lebenserwartung das Amt abzuschließen.

---

5 WM 1995, 225; FamRZ 1995, 845.
6 RGZ 77, 177.
7 Zur Frage des Sozius eines Notars als Testamentsvollstrecker BGH MittBayNot 1997, 248.
8 *Haegele/Winkler*, Rn 95.

3 Das erbrechtliche Mandat nach dem Erbfall

D. Annahme des Amtes als Testamentsvollstrecker

I. Annahme des Amtes und Antrag auf Erteilung eines Testamentsvollstreckerzeugnisses

14 Das Amt des Testamentsvollstreckers beginnt mit dem Zeitpunkt, in welchem der Ernannte das Amt annimmt. Die **Annahme** und die Ablehnung des Amtes erfolgen durch Erklärung gegenüber dem Nachlaßgericht. Die Annahme kann erst **nach dem Erbfall**, aber bereits vor der Testamentseröffnung erklärt werden und ist unabhängig von der Annahme der Erbschaft. Sie ist im übrigen gemäß § 2202 II S. 2 2. HS BGB **bedingungsfeindlich**. Nach erfolgter Ablehnung des Amtes ist eine Annahme nur bei erneuter Benennung durch einen Dritten oder das Nachlaßgericht möglich, sofern der Erblasser eine solche Möglichkeit angeordnet hat.[9]

Gemäß § 2368 BGB ist ein Antrag auf **Testamentvollstreckerzeugnis** zu stellen. Ein solcher Antrag ist schriftlich (wenn auf die eidesstattliche Versicherung verzichtet wird), in notarieller Urkunde, oder zur Niederschrift des Nachlaßgerichts möglich. Zuständig ist das Nachlaßgericht, das für die Nachlaßsache zuständig ist (§§ 72,73 FGG). Funktionell zuständig ist gemäß § 16 I,VI RPflG der Richter.

15 Den Antrag auf Erteilung eines **Testamentsvollstreckerzeugnisses** kann der Testamentsvollstrecker, auch wenn er zur Verfügung über Nachlaßgegenstände nicht befugt ist, und jeder Erbe nach Amtsannahme stellen. Der Testamentsvollstrecker ist auch dann antragsberechtigt, wenn sein Amt bereits beendet ist. Bei Stellung des Antrags auf Erteilung des Zeugnisses müssen folgende Daten angegeben werden:
- die Zeit des Todes des Erblassers
- die Verfügung von Todes wegen, auf der die Testamentsvollstreckerernennung beruht (notfalls auch die entsprechende Bestimmung durch einen Dritten oder durch das Nachlaßgericht gemäß den §§ 2198, 2200 BGB)
- ob und welche Personen vorhanden sind und vorhanden waren, durch die der antragstellende Testamentsvollstrecker von dem Amt ausgeschlossen oder in seinen Befugnissen beschränkt werden würde,

---

[9] *Bengel/Reimann* II Rn 231.

- ob und welche weiteren Verfügungen von Todes wegen des Erblassers vorhanden sind und
- ob ein Rechtsstreit über die Ernennung zum Testamentsvollstrecker anhängig ist.

Der Antragsteller hat die Richtigkeit seiner Angaben über den Zeitpunkt des Todes des Erblassers und die Verfügung von Todes wegen, auf der die Testamentsvollstreckung beruht, durch öffentliche Urkunden nachzuweisen und die übrigen Angaben an Eides statt zu versichern. Das Nachlaßgericht kann diese Versicherung erlassen, wenn es sie nicht für erforderlich erachtet (§§ 2368, 2355, 2356 BGB). Zur Beurkundung der **eidesstattlichen Versicherung** (mit Antrag auf Zeugniserteilung) sind außer den Notaren auch die Amtsgerichte (Rechtspfleger) zuständig. Einzuhalten ist für die aufzunehmende Urkunde die Form des Beurkundungsgesetzes. Die Beurkundungspflicht entfällt, wenn das Nachlaßgericht auf die eidesstattliche Versicherung gemäß §§ 2368, 2356 II BGB verzichtet, was in der Praxis häufig der Fall ist.

Ebenso wie beim Erbscheinsverfahren kann das Gericht in zweifelhaften Fällen einen **Vorbescheid** erlassen.[10] Der Vorbescheid kann durch einfache Beschwerde angefochten werden.[11]

Muster: Antrag auf Erteilung eines Testamentsvollstreckerzeugnisses[12]

Notarielle Urkundenformalien
Vor mir, dem Notar 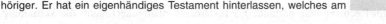 erschienen heute Herr/Frau geb. am .
Der/die Erschienene ist persönlich bekannt. Er/Sie gibt folgende Erklärung zur Beurkundung:
Am verstarb in . Der Erblasser ist deutscher Staatsangehöriger. Er hat ein eigenhändiges Testament hinterlassen, welches am

---

10 BayObLG FamRZ 1991,111.
11 Müko/*Promberger*, § 2368 Rn 25.
12 Der RA kann als Bevollmächtigter des Testamentsvollstreckers in einem Schriftsatz die Erteilung eines Testamentsvollstrecker-Zeugnisses beantragen, wenn das Nachlaßgericht die eidesstattliche Versicherung nach §§ 2368, 2356 II BGB erläßt; siehe Muster im Erbscheinsverfahren § 25 Rn 1 ff.

vom Nachlaßgericht ▬▬ unter Az. ▬▬ eröffnet wurde. In dem Testament bin ich vom Erblasser als Testamentsvollstrecker ernannt worden. In der Eingehung von Verbindlichkeiten soll ich nicht beschränkt sein. Der Erblasser hat keine weiteren Verfügungen von Todes wegen getroffen. Ein Rechtsstreit bezüglich der Wirksamkeit des Testaments und der angeordneten Testamentsvollstreckung ist nicht anhängig.

Ich erkläre hiermit, daß ich das Amt des Testamentsvollstreckers annehme. Ich versichere an Eides statt die Richtigkeit meiner Angaben und daß ich keine Kenntnisse über Tatsachen habe, die der Richtigkeit meiner Angaben entgegenstehen. Über die Bedeutung der eidesstattlichen Versicherung bin ich belehrt worden. Ich beantrage hiermit die Erteilung eines Testamentsvollstreckerzeugnisses, welches mich als Testamentsvollstrecker für den Nachlaß des Erblassers ▬▬ ausweist und in dem ich in der Eingehung von Verbindlichkeiten nicht beschränkt bin. Folgende Urkunden (Testament, Sterbeurkunde und Eröffnungsprotokoll) liegen dem Nachlaßgericht bereits vor, so daß ich darauf bezug nehme: ▬▬ Der Notar soll dem Nachlaßgericht eine Ausfertigung dieser Niederschrift vorlegen.

Wert des reinen Nachlasses: DM ▬▬

Diese Niederschrift wurde vom Notar vorgelesen, von dem Erschienenen genehmigt und eigenhändig unterschrieben.

II. Das Testamentsvollstreckerzeugnis

18 Im Testamentsvollstreckerzeugnis sind Erblasser und Testamentsvollstrecker namentlich angegeben. Ist der Testamentsvollstrecker in der Verwaltung des Nachlasses beschränkt oder hat der Erblasser angeordnet, daß er in der Eingehung von Verbindlichkeiten für den Nachlaß nicht beschränkt sein soll, so ist dies in das Zeugnis aufzunehmen.[13] Dies gilt auch hinsichtlich jeder anderen von der gesetzlichen Regelung abweichenden Anordnung des Erblassers, soweit sie für den rechtsgeschäftlichen Verkehr des Testamentsvollstreckers mit Dritten erheblich ist.[14]

19 Im Rechtsverkehr entfaltet das Testamentsvollstreckerzeugnis die Vermutung, daß der darin bezeichnete Testamentsvollstrecker rechtmäßig ernannt und, sofern nicht angegeben, in seiner Rechtsmacht nicht eingeschränkt ist. Die Angaben werden als richtig vermutet, §§ 2368, 2365, 2366 BGB. Im Gegensatz

---

[13] MüKo/*Promberger*, § 2368 Rn 7 ff.
[14] MüKo/*Promberger*, § 2368 Rn 9.

zum Erbschein wird das Testamentsvollstreckerzeugnis aber kraft Gesetzes unwirksam, wenn das Amt beendet ist (§ 2368 II 2 HS BGB).[15] Ein Rechtsschein entfällt selbst dann, wenn der Dritte von der Beendigung des Amtes keine Kenntnis hatte.[16]

Muster: Testamentsvollstreckerzeugnis

„Amtsgericht
– Nachlaßgericht –
Beschluß vom ▓▓▓▓▓▓
Testamentsvollstreckerzeugnis
1. Testamentsvollstrecker des am ▓▓▓▓▓▓ in X-Stadt verstorbenen XY ist Y. Er ist in der Eingehung von Verbindlichkeiten für den Nachlaß nicht beschränkt.
2. Zeugnisausfertigung an den Testamentsvollstrecker, Abschrift an das Erbschaftsteueramt.
3. Kostenansatz aus DM ▓▓▓▓▓▓."

Die Gebühr für die Erteilung des Testamentsvollstreckerzeugnisses richtet sich nach § 109 I Nr.2 KostO, wo bei der Geschäftswert nach § 30 II KostO zu schätzen ist.

E. Die Rechte und Pflichten des Testamentsvollstreckers

I. Umfang des Nachlasses und Gegenstand der Testamentsvollstreckung (Konstituierung des Nachlasses)

Nachdem der Testamentsvollstrecker das Amt angenommen hat, sollte in einem nächsten Schritt die Feststellung des **Bestands** des **Nachlasses** und des **Umfangs** des der Testamentsvollstreckung unterliegenden Teils erfolgen.

---

15 Zur Zulässigkeit eines Zeugnisses des Nachlaßgerichts über die Fortdauer der Testamentsvollstreckung *Bestelmeyer*, ZEV 1997, 316 ff.
16 RGZ 83, 348.

3 Das erbrechtliche Mandat nach dem Erbfall

Gemäß § 2205 BGB hat der Testamentsvollstrecker den Nachlaß in **Besitz**[17] zu nehmen und den Erben ein **Nachlaßverzeichnis** (§ 2215 BGB) über die seiner Verwaltung unterliegenden Gegenstände vorzulegen, man spricht insoweit auch von der **Konstituierung** des Nachlasses. Das Nachlaßverzeichnis ist auf den Zeitpunkt der Amtsannahme zu erstellen, wobei der Testamentvollstrecker erkennbare Veränderungen zwischen Erbfall und Amtsannahme im Verzeichnis vermerken muß.[18]

23 Die Aufstellung des Verzeichnisses und die Mitteilung an die Erben hat hierbei ohne ausdrückliche Aufforderung zu erfolgen.[19] Besteht seitens der Erben der Verdacht, daß das Nachlaßverzeichnis nicht mit der erforderlichen Sorgfalt erstellt wurde und bestehen hierfür Anhaltspunkte, dann kann jeder Miterbe die Abgabe der **eidesstattlichen Versicherung** gemäß § 260 Absatz 1 BGB verlangen.

24 Es sind aber nur diejenigen Gegenstände und Forderungen im Nachlaßverzeichnis aufzunehmen, die auch der Testamentsvollstreckung unterliegen (**tatsächlicher** Umfang). Der tatsächliche Umfang der der Testamentsvollstreckung unterliegenden Gegenstände hängt einzig und allein von der Anordnung des Erblassers ab. Er kann bspw. die Testamentsvollstreckung auf nur einen oder auf bestimmte Nachlaßgegenstände begrenzen.

25 Zu beachten ist, daß zwar einzelne Nachlaßgegenstände der Testamentsvollstreckung unterliegen können, daß sich diese jedoch nur auf Teilbereiche dieser Nachlaßgegenstände erstrecken kann, wie bspw. bei der Anordnung einer Testamentsvollstreckung bei Personengesellschaften (**rechtlicher** Umfang). Ihr unterliegt nach Ansicht des BGH[20] nur die sogenannte Außenseite der Testamentsvollstreckung, während die **Innenseite** der Gesellschaft und die

---

17 Bei beweglichen Gegenständen wird der Testamentsvollstrecker unmittelbarer Besitzer, während der oder die Erben mittelbare Besitzer bleiben. Enthält der Nachlaß Grundstücke, dann ist der Testamentsvollstreckervermerk im Grundbuch einzutragen. Gehört zum Nachlaß ein Handelsgeschäft, dann kann der Testamentsvollstrecker dieses weiterführen (im Verhältnis zu den Erben als Treuhänder), er muß sich aber als Inhaber im Handelsregister eintragen lassen, *Bengel/Reimann* Handbuch der Testamentsvollstreckung 3. Kapitel Rn 83.
18 *Klumpp* in *Bengel/Reimann* III Rn 18.
19 RG JW 1904, 338.
20 BGHZ 98, 48.

damit verbundenen **Stimmrechte** etc. nicht durch den Testamentsvollstrecker ausgeübt werden können. [21] S. dazu auch oben § 13 Rn 143 ff.

Es ist somit einmal zu unterscheiden, ob ein Gegenstand der Testamentsvollstreckung an sich unterliegt, und in einem zweiten Schritt ist zu prüfen, inwieweit die Testamentsvollstreckung in die jeweiligen Rechtspositionen eingreift. 26

In einem weiteren Schritt ist es auch sinnvoll, neben dem **Umfang** auch die **Art** der Testamentsvollstreckung festzustellen und ob es sich um eine reine Abwicklungs- oder auch um eine Dauervollstreckung handelt. Zur Konstituierung des Nachlasses gehört weiter, daß der Testamentsvollstrecker die **Verbindlichkeiten** des Erblassers und die **Erbschaftsteuerschulden** begleicht.[22] 27

Muster: Nachlaßverzeichnis

▼

Nachlaßverzeichnis 28
vom ▮▮▮ (Zeitpunkt der Aufnahme der Testamentsvollstreckertätigkeit)
in der Nachlaß-Sache ▮▮▮

I. Aktiva
1. Grundstücke
Bebaute Grundstücke
- Einfamilienhaus in ▮▮▮
  Flurstücknummer ▮▮▮ DM ▮▮▮
- Eigentumswohnung in ▮▮▮
  Flurstücknummer ▮▮▮ DM ▮▮▮
- Mehrfamilienhaus in ▮▮▮
  Flurstücknummer ▮▮▮ DM ▮▮▮

Unbebaute Grundstücke
- Bezeichnung Flurstücknummer ▮▮▮ DM ▮▮▮
- Bezeichnung Flurstücknummer ▮▮▮ DM ▮▮▮

2. Bewegliche Sachen
- Gegenstände des persönlichen Gebrauchs DM ▮▮▮
- Kraftfahrzeuge/Fahrräder DM ▮▮▮
- Sammlungen/Schmuck DM ▮▮▮
- Teppiche DM ▮▮▮

---

21 BGH ZEV 1996, 110.
22 *Eckelskemp* in *Beugel/Reimann* X Rn 8.

3 Das erbrechtliche Mandat nach dem Erbfall

- Kunstgegenstände DM
- Möbel DM
      DM

3. Geldvermögen
- Giro-Konto bei   Y Bank   Stand per   DM
- Sparbuch bei   X Bank   Stand per   DM
- Sparbrief   Z Bank   Stand per   DM
- Barvermögen   DM
                                                    DM

4. Sonstige Forderungen
                                                    DM

5. Unternehmen/Beteiligungen
- Einzelkaufmännisches Unternehmen Bezeichnung   DM
- Anteile an Personengesellschaften Bezeichnung   DM
- Anteile an Kapitalgesellschaften Bezeichnung   DM
- Sonstiges   DM
                                                    DM

Gesamtsumme der Aktiva = Brutto-Nachlaß DM

II. Passiva
1. Bankverbindlichkeiten
- Darlehen bei der X Bank   Stand per   DM
- Kontokorrentkredit   Stand per   DM

2. Steuerverbindlichkeiten
                                                    DM

3. Grundschulden und Hypotheken
Darlehensvertrag vom   Stand per   eingetragen
im Grundbuch   von   DM

4. Nachlaßkosten
- Beerdigungskosten   DM
- Grabstein   DM
- Erstbepflanzung der Grabstelle   DM

5. Sonstige laufende Schulden
                                                    DM

Gesamtsumme der Passiva DM
Gesamtsumme der Aktiva DM
Netto-Nachlaß DM

Hinweis
Das obige Nachlaßverzeichnis entspricht dem Nachlaßbestand vom   . Bisher wurden keine Veränderungen zwischen dem Nachlaßbestand zum Zeitpunkt des Erbfalls am   und dem Zeitpunkt der Errichtung des Verzeichnisses festgestellt.

Sollten Ihnen weitere Nachlaßgegenstände bekannt sein oder sonstige Veränderungen, so bitte ich Sie, mir dies umgehend mitzuteilen.

Ort, Datum
Unterschrift

▲

Muster: Anschreiben an die Erben (§ 2204 II BGB)

▼

▒▒▒ (Testamentsvollstrecker)
▒▒▒ (Adresse)

▒▒▒ Ort, Datum

In der Nachlaßsache des Erblassers Name
Sehr geehrte Damen und Herren,
in obiger Angelegenheit bin ich als Testamentsvollstrecker des am ▒▒▒ verstorbenen Erblassers ▒▒▒ durch privatschriftliches Testament vom ▒▒▒ ernannt worden.
Die Testamentseröffnung fand am ▒▒▒ vor dem Nachlaßgericht in ▒▒▒ statt. Ich habe das Amt als Testamentsvollstrecker am ▒▒▒ angenommen. Am ▒▒▒ wurde mir in Kopie beiliegendes Testamentsvollstreckerzeugnis erteilt.
In der Anlage übersende ich Ihnen ein Nachlaßverzeichnis über die der Testamentsvollstreckung unterliegenden Gegenstände und komme hiermit meiner Verpflichtung aus § 2215 BGB nach.

▒▒▒ (Unterschrift)

▲

II. Die Auseinandersetzung (Anordnung)

1. Vorbereitende Maßnahmen

In einem nächsten Schritt hat der Testamentsvollstrecker den Nachlaß abzuwickeln, das heißt i.d.R. bei Vorhandensein einer Erbengemeinschaft die Auseinandersetzung zu betreiben. Bevor der Testamentsvollstrecker mit der **Abwicklung** des **Nachlasses** und somit mit der Auseinandersetzung unter den Miterben beginnt, ist er verpflichtet, die letztwillige Verfügung des Erblassers zu prüfen.[23] Gleiches gilt für die **Feststellung**, ob wirksame **Vermächtnisse** und

---

23 *Bengel/Reimann*, 3. Kapitel, Rn 90.

Auflagen angeordnet wurden und ob gegebenenfalls **Pflichtteilsansprüche** zu erfüllen sind.

31 Ist die **Überprüfung** der letztwilligen Verfügung im Rahmen einer eigenen Auslegung durch den Testamentsvollstrecker nicht möglich, dann steht diesem auch das Recht auf gerichtliche Klärung durch Feststellungsklage zu.[24] Der Testamentsvollstrecker ist allerdings nicht berechtigt, eine letztwillige Verfügung von Todes wegen **anzufechten**. Dieses Recht steht, wie die Einrede der Anfechtbarkeit (§ 2083 BGB), **ausschließlich den Erben** zu.[25] Gleiches gilt für die Frage der **Ausschlagung** der Erbschaft.[26]

32 Ist der Nachlaß **überschuldet**, dann ist der Testamentsvollstrecker verpflichtet, die **Dürftigkeitseinrede** für die Erben nach §§ 1990, 1992 BGB zu erheben. Er kann darüber hinaus das Nachlaßinsolvenzverfahren bzw. Nachlaßverwaltung beantragen und den Antrag auf Durchführung des Aufgebotsverfahrens nach § 1970 BGB, §§ 989–1000 ZPO stellen.[27]

2. Die Auseinandersetzung durch den Testamentsvollstrecker

33 Die Auseinandersetzung des Nachlasses unter mehreren Erben gehört mit zu den kompliziertesten Aufgaben des Testamentsvollstreckers, § 2204 BGB. Bevor diese jedoch erfolgen kann, muß er zunächst gemäß § 2046 BGB die Nachlaßverbindlichkeiten erfüllen. Ist dafür ein ausreichendes Barvermögen nicht vorhanden, kann gemäß § 2046 Absatz 3 BGB der Nachlaß – soweit erforderlich – in Geld umgesetzt werden.

34 Nach der **Erfüllung** der **Nachlaßverbindlichkeiten** kann der Testamentsvollstrecker die Auseinandersetzung betreiben (§§ 2042 II, 752 ff BGB). Er hat sich hierbei grundsätzlich an die **Anordnungen des Erblassers** zu halten. Hat der Erblasser beispielsweise in der letztwilligen Verfügung eine Anordnung für die Auseinandersetzung in Form einer Teilungsanordnung getroffen, so ist diese zu befolgen (§ 2048 BGB). Wichtig ist in diesem Zusammenhang, daß der

---

[24] BGH NJW 1951, 559; BGH WM 1987, 564.
[25] BGH NJW 1962, 1058.
[26] OLG Zweibrücken OLGZ 1980, 142.
[27] Vgl. hierzu im einzelnen *Bengel/Reimann*, 3. Kapitel, Rn 96.

Testamentsvollstrecker die gesetzlichen und vom Erblasser angeordneten **ausgleichspflichtigen Vorempfänge** gemäß §§ 2050 ff BGB zu berücksichtigen hat.[28]

Grundsätzlich gilt, daß die **Teilung in Natur** zu erfolgen hat, soweit ein Gegenstand sich ohne Wertminderung in mehrere gleichartige, den Erbteilen entsprechende Quoten aufteilen läßt (§ 752 BGB). Vgl zu den Grundsätzen der Teilungsversteigerung oben § 13 Rn 215 ff.

35

Ist eine Teilung in Natur ausgeschlossen, dann hat der Testamentsvollstrecker den Nachlaß zu **verwerten** und den Erlös unter den Erben entsprechend ihren Anteilen auszubezahlen.[29] Nicht ganz eindeutig ist die Feststellung, ob es sich im konkreten Fall um eine teilbare bzw. unteilbare Sache handelt. Um einen teilbaren Gegenstand handelt es sich bspw.

- bei Barvermögen
- sonstigen Forderungen
- Geschäftsanteilen, sofern eine Teilung nicht durch Satzung ausgeschlossen wurde
- unbebauten Grundstücken, wenn eine Teilungsgenehmigung erteilt werden kann (sehr strittig).

Nicht teilbar sind hingegen Hausgrundstücke. Auch die Möglichkeit der Begründung von Wohnungseigentum führt nicht zu einer Teilbarkeit nach § 752 BGB.[30] Ebenfalls nicht teilbar sind Unternehmen, Aktien (§ 8 Absatz 3 AktG) und gewerbliche Schutzrechte.[31]

36

Vgl. dazu im einzelnen oben § 13 Rn 197 ff.

---

28 *Haegele/Winkler*, Rn 512.
29 Der Testamentsvollstrecker hat hierbei das Recht, die Gegenstände nach pflichtgemäßem Ermessen im Wege des freihändigen Verkaufs zu veräußern (RGZ 108, 283) bzw. bei beweglichen Gegenständen im Wege des Pfandverkaufs nach §§ 1253 ff BGB bzw. bei Grundstücken nach §§ 180 ff ZVG durch Zwangsversteigerung (streitig). S. § 13 Rn 292 f.
30 OLG München NJW 1952, 1297.
31 *Bengel/Reimann*, III. Rn 231.

3. Erstellung und Vollzug des Teilungsplans

37 Hat der Testamentsvollstrecker die Nachlaßverbindlichkeiten beglichen und stellt er einen Überschuß fest, so ist er verpflichtet, bezüglich des Nachlasses einen **Auseinandersetzungsplan** zu erstellen[32]. Nach Erstellung des Plans ist dieser den Erben vorzulegen. Gemäß § 2204 II BGB sind die Erben **anzuhören**, wobei die Genehmigung des Plans durch die Erben nicht notwendig ist.[33] Sind minderjährige Erben vorhanden, dann ist eine vormundschaftsgerichtliche Genehmigung nicht erforderlich, solange sich der Testamentsvollstrecker an seine Befugnisse hält.[34]

38 Eine **Bindung** der Erben an den Auseinandersetzungsplan tritt jedoch erst ein, wenn der Testamentsvollstrecker gegenüber den Erben erklärt, daß die Auseinandersetzung nach dem vorgelegten Plan erfolgen soll.[35] Danach hat der Auseinandersetzungsplan sowohl für die Erben als auch für den Testamentsvollstrecker bindende Wirkung. Er verpflichtet die Erben gegenseitig, die jeweils zugeordneten Gegenstände zu übertragen.[36]

39 Der Auseinandersetzungsplan hat jedoch nur **schuldrechtliche Wirkung**, so daß zwar eine in dem Plan begründete Forderung eines Miterben mit der endgültigen Festsetzung entsteht, für die Übertragung von Eigentum bedarf es jedoch einer Einigung zwischen Erbe und Testamentsvollstrecker und einer Übergabe im Sinne von § 929 S. 1 BGB. Der **Vollzug** des Teilungsplans erfolgt durch Verfügungsakte des Testamentsvollstreckers.

40 Der Miterbe, an den die Übertragung erfolgen soll, ist verpflichtet, diese anzunehmen. Weigert sich der Erbe, die **Annahme** zu erklären, dann kann der Testamentsvollstrecker ihn darauf verklagen.[37] Hält ein Erbe den Auseinandersetzungsplan für unbillig, dann kann er diesen im Wege der gerichtlichen Klage anfechten.[38]

---

32 Vgl. hierzu OLG Köln ZEV 1999, 226.
33 *Frieser*, Rn 407.
34 BGHZ 56, 275.
35 *Staudinger/Reimann*, § 2204 Rn 29.
36 MüKo/*Brandner*, § 2204 Rn 4.
37 *Staudinger/Reimann*, § 2204 Rn 37.
38 *Frieser*, Rn 407.

Muster: Teilungsplan

▼

Teilungsplan gemäß § 2204 BGB   41
über die Erbauseinandersetzung des am ▨
verstorbenen Erblassers, ▨ in ▨

1. Sachverhalt

Der Erblasser hat mit Testament vom ▨ seine hinterbliebene Ehefrau F ▨ als Erbin zu 1/2 und seine beiden Kinder S und T ▨ als Erben zu jeweils 1/4 eingesetzt. Die Eheleute lebten im gesetzlichen Güterstand (Zugewinngemeinschaft).

Darüber hinaus hat der Erblasser zugunsten seines Sohnes S ▨ ein Vorausvermächtnis bezüglich des Wohnhauses ▨ angeordnet. Der Sohn S ist belastet mit einem dinglichen Wohnungsrecht zugunsten der Ehefrau F in den Räumen ▨ in dem Hause ▨.

Der Erblasser hat den Unterzeichneten zum Testamentsvollstrecker benannt mit der Bestimmung, den Nachlaß abzuwickeln, die Vermächtnisse zu erfüllen und im übrigen die Nachlaßauseinandersetzung nach billigem Ermessen zu betreiben. Das Testament ist am ▨ vom Nachlaßgericht ▨ eröffnet worden. Der Testamentsvollstrecker hat mit Erklärung vom ▨ sein Amt gegenüber dem Nachlaßgericht angenommen.

Die Erben haben die Erbschaft angenommen und die Gültigkeit und Wirksamkeit des Testaments mit Erklärung vom ▨ anerkannt. Im folgenden soll nun die Auseinandersetzung des Nachlasses stattfinden.

Die Erben wurden zum nachfolgenden Teilungsplan angehört. Sie haben ihm zugestimmt.

2. Feststellung des Nachlasses

a) Grundbesitz

Einfamilienhaus in ▨ mit einer Grundstücksfläche von 1500 qm. Im Grundbuch von ▨ auf den Erblasser als Alleineigentümer eingetragen.
Verkehrswert: DM 1.000.000,–.
Festgestellt durch Sachverständigengutachten vom ▨.

b) Bewegliche Sachen

Bargeld:	DM 500.000,–
Hausrat:	DM 50.000,–
Aktien der Firma ▨:	DM 100.000,–
Summe der Aktiva (Brutto-Nachlaß)	DM 1.650.000,–

c) Verbindlichkeiten (die von den Erben zu tragen sind)

Darlehen der Sparkasse ▨ in Höhe von	DM 40.000,–
Erbfallkosten (Beerdigung, Grabmal, etc.):	DM 25.000,–
Vermächtnisse an den Sohn ▨,	
Wohnhaus mit Grundstück:	DM 1.000.000,–

3 Das erbrechtliche Mandat nach dem Erbfall

Summe der Verbindlichkeiten: DM 1.065.000,–

Es betragen

Brutto-Nachlaß	DM 1.650.000,–
Verbindlichkeiten	DM 1.065.000,–
ergibt einen Reinnachlaß von	DM 585.000,–

3. Nachlaßteilung

Vom Reinnachlaß erhalten

- die Witwe die Hälfte in Höhe von
  1/2 aus DM 585.000,–   DM 292.500,–
- der Sohn ein Viertel in Höhe von
  1/4 aus DM 585.000,–   DM 146.250,–
- die Tochter ein Viertel in Höhe von
  1/4 aus DM 585.000,–   DM 146.250,–

4. Gesamtansprüche

- die Ehefrau erhält Erbteil in Höhe von   DM 292.500,–
  und ein Untervermächtnis in Form eines
  dinglichen Wohnungsrechts
- der Sohn erhält Erbteil in Höhe von   DM 146.250,–
  und Vorausvermächtnis Haus   DM 1.000.000,–
- die Tochter erhält Erbteil in Höhe von   DM 146.250,–

ergibt einen Brutto-Nachlaß von   DM 1.585.000,–

5. Auseinandersetzungsplan

Es fordern: Es erhält:

1. Ehefrau F Erbteil   DM   DM
   Wohnungsrecht
2. Tochter T Erbteil   DM   DM
3. Sohn S Erbteil   DM   DM
   Vorausvermächtnis   DM   DM

6. Vollzug

a)

Der Sohn S ist verpflichtet, im Rahmen der Auflassung des Grundstücks an sich selbst mitzuwirken. Er hat hierbei der Ehefrau des Erblassers das angeordnete dingliche Wohnrecht zu bestellen.

Die beteiligten Erben haben ansonsten die ihnen zugeteilten Nachlaßgegenstände anzunehmen.

b)

Sämtliche Nachlaßverbindlichkeiten sind seitens des Testamentsvollstreckers mit Zustimmung der Erben getilgt worden.

c)
Alle vorliegenden Erwerbe mit Ausnahme desjenigen des Sohnes S sind erbschaftsteuerfrei, da sie innerhalb der Freibetragsgrenzen erfolgen. Zur Begleichung der Erbschaftsteuer des Sohnes S wird aus seinem Guthaben ein Betrag in Höhe von DM ▓▓▓▓ einbehalten.

d)
Der Testamentsvollstrecker erhält für seine Tätigkeit eine Vergütung i.H.v. DM ▓▓▓▓ Die Vergütung ist von den Erben im Verhältnis ihrer Anteile zu tragen.

Nach Eintragung der Grundstücksübertragung im Grundbuch und der Erledigung der Erbschaftsteuerschulden gibt der Testamentsvollstrecker die Beendigung seines Amtes bekannt und reicht die Ausfertigung des Testamentsvollstreckerzeugnisses dem Nachlaßgericht zu den Akten.

e)
Der Teilungsplan wird hiermit für verbindlich erklärt.

Unterschrift Testamentsvollstrecker

Datum, Ort

III. Verwaltung des Nachlasses (Verwaltungsvollstreckung)

Dem Testamentsvollstrecker steht nach § 2205 BGB die **Verfügungsbefugnis** über den Nachlaß zu. Die Verfügungsbefugnis bezieht sich auf sämtliche der Testamentsvollstreckung unterliegenden Gegenstände, wie beispielsweise die Belastung oder Veräußerung von Grundstücken, die Tilgung von Nachlaßverbindlichkeiten etc., wobei zu beachten ist, daß das Verfügungsgeschäft auch dann wirksam ist, wenn es nicht der ordnungsgemäßen Verwaltung (§ 2206 I 1 BGB) entspricht. Das Verfügungsgeschäft ist außen hin wirksam, lediglich im Innenverhältnis zum Erben stellt sich die Frage, ob die Verfügung im Rahmen einer ordnungsgemäßen Verwaltung notwendig gewesen ist.[39] 42

Der Testamentsvollstrecker ist allerdings nur zu entgeltlichen Verfügungen befugt. Im Hinblick auf **unentgeltliche** Verfügungen kann er auch vom Erblasser selbst nicht befreit werden[40] (§ 2205 S. 2, 2220 BGB). Nicht von dem Verfügungsrecht des § 2205 BGB umfaßt ist: 43

---

39 *Brox*, Rn 389.
40 *Frieser*, Rn 395.

44
- wenn die Testamentsvollstreckung nur auf bestimmte Nachlaßteile beschränkt wurde (tatsächlicher Umfang)
- wenn sich die Testamentsvollstreckung auf vollstreckungsfreie Teile, beispielsweise höchstpersönliche Rechte, beschränkt (rechtlicher Umfang)
- wenn der Testamentsvollstrecker durch Anordnung des Erblassers keine Verfügungsmacht über den Nachlaß hatte[41]
- und auch dann, wenn das Verwaltungsrecht durch Anordnungen des Erblassers eingeschränkt wurde.[42]

45 Die Frage, ob der Testamentsvollstrecker im Rahmen seiner Tätigkeit auch **Verpflichtungsgeschäfte** für den Nachlaß eingehen kann, ist in § 2206 I 1 BGB geregelt. Um eine Verbindlichkeit für den Nachlaß einzugehen, muß der Testamentsvollstrecker nach außen hin erkennbar als solcher handeln, ansonsten würde er ein Eigengeschäft tätigen und schließlich als Privatperson verpflichtet werden. Im Rahmen der ordnungsgemäßen Verwaltung kann der Testamentsvollstrecker alle Rechtsgeschäfte abschließen, durch die der Nachlaß verpflichtet wird, wie beispielsweise einen Kaufvertrag, einen Mietvertrag oder einen Vergleich.[43]

46 Was im einzelnen unter einer **ordnungsgemäßen** Verwaltung (§ 2216 BGB) zu verstehen ist, hängt zum einen von den letztwilligen Anordnungen des Erblassers und zum anderen von dem Zweck der Verwaltung und den Umständen des Einzelfalls ab. Hierin ist im einzelnen letztlich die „Nutzbarmachung des Nachlasses" nach **wirtschaftlichen Kriterien** unter Berücksichtigung des **Erblasserwillens** und den **Interessen der Erben** zu sehen.

47 Hierunter kann fallen, daß der Testamentsvollstrecker Forderungen einzutreiben und Verträge anzufechten, Vollstreckungsschutz und andere Rechtsbehelfe geltend zu machen hat.[44]

48 Der Begriff der ordnungsgemäßen Verwaltung wird in erster Linie durch **objektive** Kriterien bestimmt. Dennoch steht dem Testamentsvollstrecker auch ein Ermessensspielraum zu. Entsprechend seinen persönlichen Fähigkeiten

---

41 *Damrau*, JZ 1985, 106.
42 BGH NJW 1984, 2464.
43 RGZ 60, 30.
44 *Staudinger/Reimann*, § 2216 Rn 4 BGB.

(**subjektive** Merkmale) hat er den Nachlaß zu verwalten und nach bestem Können zu handeln.[45] Die Grenze des objektiven Bewertungsmaßstabs bilden insbesondere die subjektiven Fähigkeiten des Testamentsvollstreckers, d. h. seine Kenntnisse im *kaufmännischen* und organisatorischen Bereich. Er ist durchaus berechtigt, *Spekulationsgeschäfte* zu tätigen, wobei sich der weniger Bewanderte vorher beraten lassen muß. Die Grenze wird wohl das abwägbare Risiko darstellen, so sind beispielsweise *Warentermingeschäfte* etc. nicht mehr im Rahmen einer ordnungsgemäßen Verwaltung zu sehen[46].

Auf der anderen Seite darf der Testamentsvollstrecker sich auch nicht nur mit einem mäßigen Erfolg zufriedengeben. Er hat nach der Parallelwertung eines „**dynamischen**" **Geschäftsführers** zu handeln, so daß ihm letztlich nur diejenigen Verfügungen verwehrt sind, die den Grundsätzen einer wirtschaftlich gesunden Vermögensverwaltung zuwiderlaufen.[47]

Dies schließt bspw. aus, daß der Testamentsvollstrecker grundsätzlich den sichersten Weg zu gehen hat. So kann der Kauf einer kurz zuvor gefallenen Aktie oder die Streuung bei einer Kapitalanlage durchaus auch vorteilhaft sein.[48] Gehen bestimmte Kapitalanlagen später verloren, dann führt dies für sich allein noch nicht zu einer Schadensersatzpflicht, weil dafür das Verhalten des Testamentsvollstreckers bei der Anlage des Vermögens insgesamt, und nicht nur partiell auf einzelne Anlagen beschränkt, zu beurteilen ist. Um in diesem Bereich die Haftungsgefahr für den Testamentsvollstrecker zu reduzieren, bietet es sich an, in der letztwilligen Verfügung Vorgaben bzw. Richtlinien für die Verwaltung des Nachlasses anzuordnen.[49]

Ist die Eingehung der Verbindlichkeit zur **ordnungsgemäßen** Verwaltung nicht erforderlich, so ist die Verpflichtung für den Nachlaß dann wirksam, wenn der Dritte zum Zeitpunkt des Vertragsschlusses ohne Fahrlässigkeit annahm,

---

45 Zum Ermessensspielraum BGHZ 25, 275.
46 Vgl. zu den einzelnen Maßnahmen Müko-*Brandner*, § 2216 Rn 5 ff; *Klumpp* ZEV 1994, 68 ff.
47 BGH ZEV 1995, 110.
48 BGH NJW 1987, 1070.
49 *Reimann*, Testamentsvollstreckung in der Wirtschaftspraxis, Rn 596.

daß dies zur ordnungsgemäßen Verwaltung erforderlich war.[50] Der Dritte genießt insoweit in bezug auf § 2206 I 1 BGB **Gutglaubensschutz**.[51]

52 Nach § 2206 I 2 BGB ist der Testamentsvollstrecker zur Eingehung einer Verbindlichkeit zu einer Verfügung dann befugt, wenn er zu der Verfügung selbst berechtigt ist. Die Vorschrift des § 2206 I 2 BGB wollte sicherstellen, daß das dingliche Verfügungsgeschäft und die Verpflichtung zu einer Verfügung nicht auseinanderfallen. Es machte insoweit keinen Sinn, wenn der Testamentsvollstrecker die ihm im Rahmen des § 2205 BGB zugedachte Verfügungsmacht besäße, der Dritte aber aufgrund mangelnder Verpflichtungsbefugnis einem Bereicherungsanspruch der Erben ausgesetzt wäre.

53 Grundsätzlich ist somit der Vertrag mit Dritten den Erben gegenüber wirksam und zwar unabhängig von einer Haftungspflicht des Testamentsvollstreckers (§ 2219 BGB). Dies gilt ausnahmsweise nicht, wenn

54 ■ Testamentsvollstrecker und Dritte bewußt zum Nachteil der Erben gehandelt haben („kollusives Zusammenwirken")[52]
■ der Dritte erkannt hat, daß das Verpflichtungsgeschäft nicht rechtmäßig war.[53]

55 Hierbei ist zu bemerken, daß aus Sicht des Dritten die Frage, ob der Testamentsvollstrecker Verbindlichkeiten eingehen durfte, rein nach **objektiven** Kriterien zu bestimmen ist. Insofern gibt es den in § 2206 I 1 BGB vorgesehenen Gutglaubensschutz hier nicht.[54]

56 Im Rahmen der **erweiterten** Verpflichtungsbefugnis kann dem Testamentsvollstrecker über die oben genannten Möglichkeiten hinaus die Verfügungsmacht erweitert werden. Dies ist insbesondere im Zweifel dann anzunehmen, wenn der Erblasser eine Verwaltungsvollstreckung angeordnet hat.

---

50 RGZ 83, 348; BGH NJW 1983, 40.
51 *Staudinger/Reimann*, § 2206 Rn 11.
52 NJW-RR 1989, 642.
53 RGZ 130, 134; MüKo/*Brandner*, § 2206 Rn 5.
54 *Bengel/Reimann*, V Rn 86.

IV. Auskunftspflichten

Der Testamentsvollstrecker ist den Erben gegenüber grundsätzlich zur Auskunft verpflichtet.[55] Bei Erteilung einer Auskunft ist der Grundgedanke des § 666 BGB zu beachten, also die **Auskunfts-** und **Rechenschaftspflicht** im Auftragsrecht. Zweck des Auskunftsanspruchs ist es, dem auskunftverlangenden Erben die Nachrichten und den Kenntnisstand zu verschaffen, die er benötigt, um seine jeweilige Rechtsposition und die tatsächliche Stellung während der Zeit der Testamentsvollstreckung stets richtig und vollständig beurteilen zu können.[56]   57

Die **Grenze** des Auskunftsbegehrens ist § 242 BGB, d. h. das Auskunftsbegehren des Erben darf nicht gegen **Treu** und **Glauben** verstoßen. Zu berücksichtigen ist hierbei bspw. inwieweit das Interesse des Erben im Verhältnis zum Umfang der Tätigkeit steht, die der Testamentsvollstrecker dafür erbringen muß.[57] Darüber hinaus liegt die Grenze eines Auskunftsbegehrens in einem sogenannten **Schikaneverbot**.   58

Die Pflicht zur Auskunftserteilung ist eine **absolute**. Sie besteht selbst dann, wenn der Testamentsvollstrecker damit eine eigene Straftat offenbaren muß.   59

Inhalt und **Umfang** der Auskunft bestimmen sich nach dem Verlangen des Erben unter Beachtung der Ausgestaltung des Rechtsverhältnisses zwischen Erbe und Testamentsvollstrecker im übrigen.[58] Im Rechtsverhältnis zwischen Erbe und Testamentsvollstrecker ist jedoch zu beachten, daß es sich hier nicht um einen bestimmten, eng begrenzten Einzelauftrag handelt, so daß im Ergebnis alle Auskünfte, die sich auf den Nachlaß auswirken können, erteilt werden müssen. Der Testamentsvollstrecker kann eine Auskunftserteilung nur dann mit Erfolg verweigern, wenn feststeht, daß die begehrte Auskunft den Nachlaß in keinster Weise betrifft.[59]   60

Den Testamentsvollstrecker kann auch eine sogenannte „**Wissensverschaffungspflicht**" treffen, d. h. er muß von seinen eigenen Auskunftsrechten   61

---

55 *Haegele/Winkler*, Rn 479.
56 BGHZ 109, 260, 266.
57 BGH WM 1980, 1164; *Bengel/Reimann*, VI Rn 85.
58 MüKo/*Seiler*, § 666 Rn 4 und 7.
59 *Bengel/Reimann*, VI Rn 100.

gegenüber Dritten Gebrauch machen. Die vom BGH[60] für das Verhältnis zwischen Erbe und Pflichtteilsberechtigtem getroffene Entscheidung, daß der Erbe gegenüber dem Pflichtteilsberechtigten zur Wissensverschaffung verpflichtet ist, ist nach Ansicht der Literatur auch auf das Verhältnis zwischen Testamentsvollstrecker und Erbe anzuwenden.[61] Begründet wird dies damit, daß der Auskunftsanspruch, der dem Testamensvollstrecker aufgrund seiner Auskunftspflicht zusteht, letztlich nur dem Erben dient.

62 Eine besondere Form der Auskunftserteilung ist die Vorlage eines **Bestandsverzeichnisses** nach § 260 I 2. Alt. BGB. Die Pflicht hierzu trifft den Testamentsvollstrecker bereits zu Beginn seiner Tätigkeit in dem Umfang, dem Erben das Nachlaßverzeichnis nach § 2215 BGB als Grundlage ordnungsgemäßer Verwaltung vorzulegen (siehe oben). Allerdings ist es auch später im Rahmen der Ausführung des Testamentsvollstreckeramtes möglicherweise erforderlich, ein solches Bestandsverzeichnis vorzulegen, wenn der Bestand des Nachlasses durch Umschichtung, Veränderung oder Neuerwerb neu zu dokumentieren ist. In diesem Fall ist die reine Vorlage eines Nachlaßverzeichnisses nicht mehr ausreichend, da es sich beim Nachlaßverzeichnis und beim Bestandsverzeichnis i. S. des § 260 I 2. Alt. BGB um zwei verschiedene, selbständig zu erfüllende Pflichten handelt.

63 Das Bestandsverzeichnis muß eine Einteilung in **Aktiva** und **Passiva** enthalten sowie eine Untergliederung nach einzelnen Sachgruppen, sofern es sich um größere Verzeichnisse handelt.[62] Ansonsten richtet sich der Inhalt des Bestandsverzeichnisses nach den Umständen des Einzelfalls, wobei insbesondere der Zeitablauf seit Vorlage des Nachlaßverzeichnisses sowie wesentliche Veränderungen des Nachlaßvermögens durch Umschichtungen, Veräußerungen etc. und sonstige grundlegende Veränderungen der Vermögenslage zu berücksichtigen sind. Die Auskunft kann grundsätzlich auch mündlich oder fernmündlich erteilt werden. Es empfiehlt sich jedoch aus Beweisgründen, die Schriftform einzuhalten. Für die Vorlage eines Nachlaßverzeichnisses ist immer Schriftform gefordert (Grund: Überprüfbarkeit der Richtigkeit).

---

60 BGHZ 107, 104.
61 *Bengel/Reimann*, VI Rn 104.
62 BGH NJW 1961, 602.

Grundsätzlich besteht auch kein Ergänzungsanspruch. Nur in Einzelfällen, wenn einzelne Positionen infolge eines Rechtsirrtums nicht aufgenommen wurden bzw. bestimmte Angaben offensichtlich unvollständig sind, kann eine Ergänzung gefordert werden. S. zu Auskunfsansprüchen Teil 5 § 24 Rn 1 ff.

64

Die Vorlage von **Belegen** ist insoweit unnötig. Etwas anderes gilt, wenn für den Berechtigten der Besitz eines solchen Beleges notwendig ist, damit er seine Situation richtig einschätzen und entsprechend disponieren kann.[63]

65

Grundsätzlich steht der Aktivbestand des Nachlasses für die **Kosten** der Auskunftserteilung zur Verfügung.

66

Für den Fall, daß der Testamentsvollstrecker gleichzeitig **Miterbe** ist, gilt, daß er sich nicht darauf berufen kann, daß Miterben untereinander grundsätzlich nicht auskunftsverpflichtet sind. Eine Sonderbeziehung zwischen den Miterben ist hier ausnahmsweise vorhanden, weil der miterbende Testamentsvollstrecker durch seine Funktion als Abwickler bzw. Verwalter des Nachlasses zusätzliche Rechte und Pflichten gegenüber den übrigen Miterben übernommen hat, die ihn aus seiner normalen Miterbenstellung herausheben. Sämtliche Benachrichtigungs- und Auskunftspflichten eines Testamentsvollstreckers bestehen also auch uneingeschränkt dann, wenn dieser gleichzeitig Miterbe geworden ist.[64] Es ist aber jeweils genau zu prüfen, auf welchem Rechtsgrund einzelne Auskünfte dann beruhen, insbesondere ob sie aus der Testamentsvollstreckerstellung oder aber der Miterbenverpflichtung hervorgehen.

67

Der Auskunftserteilungsanspruch **verjährt** gemäß § 195 BGB in 30 Jahren. Falls jedoch der Hauptanspruch bereits verjährt ist, kann auch der Auskunftsanspruch im Regelfall nicht mehr geltend gemacht werden, da insoweit das Informationsinteresse des Berechtigten weggefallen ist.[65]

68

Gemäß § 260 II BGB kann eine Verpflichtung des Testamentsvollstreckers zur Abgabe der **eidesstattlichen** Versicherung bestehen. Voraussetzung hierfür ist, daß Grund zu der Annahme besteht, das Verzeichnis sei nicht mit der erforderlichen Sorgfalt aufgestellt worden. Die dahingehende Verpflichtung

69

---

63 MüKo/*Keller*, § 260 Rn 28.
64 *Bengel/Reimann*, Rn 122.
65 BGHZ 108, 393, 399.

ist höchstpersönlich und verbietet die Beauftragung eines Stellvertreters. Der Anspruch auf Abgabe geht demgegenüber auf die Erben der Anspruchsberechtigten über.

70 Eine weitere Voraussetzung kann die mehrfache „Nachbesserung" des Bestandsverzeichnisses sein. Entscheidend ist insoweit aber das Gesamtverhalten des Testamentsvollstreckers. Da die Abgrenzung zwischen einer Bestandsverzeichnisergänzung und der Notwendigkeit der Abgabe einer eidesstattlichen Versicherung im Einzelfall sehr schwierig sein kann, empfiehlt es sich, in solchen Fällen zur Sicherheit einen Antrag auf Ergänzung des Verzeichnisses vorzuschalten. Der anspruchsberechtigte Erbe fährt nämlich sicherer, wenn er förmlich diese Ergänzung verlangt und sich nicht auf die mittelbare Nachbesserung über die eidesstattliche Versicherung verläßt. Er wird im Regelfall mit dem Ergänzungsantrag präzisere Auskünfte erhalten.[66]

V. Rechnungslegung

71 Neben der Auskunfts- und Rechenschaftspflicht ist der Testamentsvollstrecker allerdings nur auf Verlangen der Erben verpflichtet, Rechnung über den gesamten Verlauf seiner Tätigkeit zu legen (§§ 2218, 666 BGB).[67] Der Testamentsvollstrecker hat den Erben eine geordnete Zusammenstellung der Einnahmen und Ausgaben, lückenlos mit Datumsangabe, mitzuteilen und die entsprechenden Belege vorzulegen. Befinden sich mehrere Immobilien im Nachlaß, dann hat der Testamentsvollstrecker eine getrennte Einnahmen-Ausgabenaufstellung über Mieteinnahmen, Reparaturkosten und Nebenkostenabrechnungen zu geben. Der Pflicht zur Rechnungslegung muß der Testamentsvollstrecker innerhalb einer angemessenen Frist nachkommen.[68] Bei einer länger andauernden Testamentsvollstreckung kann der Erbe gemäß § 2218 II BGB jährliche Rechnungslegung verlangen.[69]

---

66 BGH DB 1982, 2393.
67 BGHZ 39, 87.
68 Vgl. zu den Kriterien für die Fristlänge BayObLG ZEV 1998, 348.
69 Vgl. für ein Muster einer Rechenschaftslegung *Klumpp* in *Bengel/Reimann* VI Rn 317

F. Die Beendigung der Testamentsvollsteckung

I. Reguläre Beendigung des Amtes

Grundsätzlich **endet** die Testamentsvollstreckung mit der **Erledigung** der dem Testamentsvollstrecker obliegenden Aufgaben bzw. mit der Erschöpfung des Nachlasses. Gleiches gilt, wenn der Erblasser für die Testamentsvollstreckung eine bestimmte Frist bestimmt hat oder die Testamentsvollstreckung unter einer auflösenden Bedingung angeordnet wurde. Einer besonderen Aufhebung des Amtes durch das Nachlaßgericht bedarf es hierfür nicht.[70] 72

Darüber hinaus kann die Testamentsvollstreckung aber auch durch **Kündigung** seitens des Testamentsvollstreckers selbst enden. Diese ist grundsätzlich jederzeit möglich (§ 2226 S. 1 BGB). Sie darf jedoch nicht zur Unzeit erfolgen (§ 671 II 3 BGB), da sich der Testamentsvollstrecker ansonsten schadensersatzpflichtig macht.[71] 73

II. Entlassung des Testamenstvollstreckers

Bei grober Pflichtverletzung kann dem Testamentsvollstrecker das Amt auch durch **Entlassung** (§ 2227 BGB) durch das Nachlaßgericht entzogen werden.[72] Eine solche ist bspw. dann möglich, wenn der Testamentsvollstrecker es trotz mehrfacher Mahnung unterläßt, den Erben ein Nachlaßverzeichnis zu übermitteln.[73] 74

Ein wichtiger Grund für die Entlassung des Testamentvollstreckers kann aber nicht nur in den im Gesetz genannten Gründen vorliegen, sondern auch dann gegeben sein, wenn ein längeres Verbleiben im Amt der Ausführung des Erblasserwillens hinderlich ist oder eine Gefährdung des Nachlasses zu erwarten ist.[74] Die mangelnde Kooperation der Erben schließt dagegen bei kleineren Verfehlungen eine Entlassung des Testamentvollstreckers aus.[75] 75

---

70 BGHZ 41, 23.
71 *Ebenroth*, Rn 637.
72 Vgl. *Palandt/Edenhofer*, § 2227 Rn 5.
73 BayObLG ZEV 1997, 381.
74 BayObLG FamRZ 1997, 205.
75 OLG Düsseldorf ZEV 1999, 226.

Unterläßt es der Testamentsvollstreckers dagegen, eine bereits zugesagte Leistung zu erbringen, so kann hierin ein wichtiger Grund für eine Entlassung liegen.[76]

G. Der Testamentsvollstrecker im Prozeß

76 Gemäß § 2212 BGB ist der Testamentsvollstrecker zur **aktiven** Prozeßführung befugt, soweit das Recht, welches Gegenstand des Prozesses ist, seiner Verwaltung unterliegt, aber auch dann, wenn die Prozeßführung innerhalb seiner Verwaltungsaufgabe liegt.[77] Er ist insoweit **Partei kraft Amtes** (Prozeßstandschaft).[78] Ihm ist auf Antrag und bei Vorliegen der sonstigen Voraussetzungen gemäß § 114 I, III ZPO Prozeßkostenhilfe zu bewilligen. Er kann grundsätzlich alle Prozeßhandlungen vornehmen. Der Erbe selbst hat insoweit keine Aktivlegitimation, sofern der Testamentsvollstrecker ihn nicht zur Prozeßführung ermächtigt bzw. ihm das Recht zuteilt.[79]

77 Sind **mehrere** Testamentsvollstrecker vorhanden, die das Amt gemäß § 2224 BGB gemeinschaftlich ausführen, dann liegt eine notwendige **Streitgenossenschaft** gemäß § 62 ZPO vor.[80] Der Testamentsvollstrecker ist allerdings in der Regel nicht befugt, einen Prozeß über das Bestehen des Erbrechts als solches zu führen,[81] sofern er nicht ausnahmsweise ein besonderes Interesse an der Feststellung geltend machen kann.[82] Ebenso kann der Testamentsvollstrecker nach Ansicht des BGH nicht ohne Ermächtigung des Erben den Anspruch aus § 2287 BGB gerichtlich geltend machen.[83]

78 Gemäß § 327 ZPO wirkt ein **Urteil**, das der Testamentsvollstrecker über ein seiner Verwaltung unterliegendes Recht erwirkt hat, auch für und gegen die Erben. Eine Verfahrensunterbrechung findet statt bei einem Wechsel des

---

76 BayObLG ZEV 1999, 226.
77 *Haegele/Winkler*, Rn 435.
78 BGH NJW 1988, 1390.
79 *Bengel/Reimann*, V. Rn 383; BGH WM 1967, 53.
80 RGZ 98, 174.
81 BGHZ 31, 279.
82 BGH NJW-RR 1987, 1090.
83 BGH NJW 1980, 2461.

Testamentsvollstreckers während des Prozesses gemäß § 241 ZPO sowie bei Erlöschen des Amtes gemäß § 239 ZPO, sofern nicht einem Aussetzungsantrag gemäß § 246 ZPO entsprochen wird.[84]

Zu beachten ist außerdem der **besondere** und erweiterte **Gerichtsstand** der Erbschaft gemäß §§ 27, 28 ZPO.

Die **passive** Prozeßführungsbefugnis steht dem Testamentsvollstrecker gemäß § 2213 I 1 BGB i.V.m. § 748 I ZPO zu, sofern ihm die Verwaltung des **gesamten** Nachlasses obliegt und er das Amt angenommen hat. Andernfalls steht lediglich den Erben gemäß § 2213 I 2 BGB diese Befugnis nach Annahme der Erbschaft zu. Für den Fall, daß der Testamentsvollstrecker nur einzelne Nachlaßgegenstände verwaltet, sind nur die Erben passiv legitimiert, was sich aus § 2213 I 2 BGB ergibt. 79

Im Rahmen der **Zwangsvollstreckung** ist zu beachten, daß es grundsätzlich neben eines Titels gegen die Erben auch eines solchen gegen den Testamentsvollstrecker gemäß § 748 II ZPO auf Duldung der Zwangsvollstreckung bedarf. Ein Urteil gegen die Erben wirkt grundsätzlich nicht gegen den Testamentsvollstrecker. 80

Zu beachten ist insbesondere, daß im Falle der klageweisen Geltendmachung von **Pflichtteilsansprüchen** sowie deren Hilfs- und Nebenansprüchen immer nur die Erben selbst legitimiert sind.[85] Aber auch in diesem Fall muß der Testamentsvollstrecker gemäß § 748 III ZPO auf Duldung der Zwangsvollstreckung verklagt werden. Falls dies nicht geschieht, kann das gegen die Erben ergangene Urteil erst nach Wegfall der Testamentsvollstreckung vollstreckt werden. Umgekehrt wirkt das Urteil gegen den Testamentsvollstrecker auf Duldung der Zwangsvollstreckung nicht gegen die Erben.[86] 81

Gemäß § 327 II ZPO wirkt das gegen den Testamentsvollstrecker ergangene Urteil auch gegen die Erben, sofern es den Nachlaß betrifft. Bedeutsam ist insoweit, daß auch in das sonstige Vermögen des Erben vollstreckt werden kann, falls dieser sein Recht auf Haftungsbeschränkung verloren hat.[87] 82

---

84 *Haegele/Winkler*, Rn 436.
85 *Haegele/Winkler*, Rn 441.
86 *Bengel/Reimann*, S. 244 Rn 389.
87 *Haegele/Winkler*, Rn 443.

83 Eine Klage auf **Feststellung des Erbrechts** kann gegen den Testamentsvollstrecker nur für den Fall erhoben werden, daß er als einziger, im Gegensatz zu den Erben, das Erbrecht eines der Miterben bestreitet.[88]

H. Die Testamentsvollstreckung im Unternehmensbereich

I. Allgemeines

84 Der Frage der Möglichkeit einer sogenannten Fremdverwaltung (**Dauervollstreckung**) von Unternehmen oder Unternehmensteilen durch einen Testamentsvollstrecker kommt in der derzeitigen Praxis große Bedeutung zu. So kann damit beispielsweise erreicht werden, daß der Betrieb oder das Unternehmen des Erblassers für den späteren Nachfolger erhalten bleibt, falls dieser zum Zeitpunkt des Erbfalls zu jung oder zu unerfahren ist oder daß auf das Heranwachsen eines geeigneten Enkels gewartet werden kann. Auf der anderen Seite handelt es sich hierbei sicherlich um eines der schwierigsten Probleme im Bereich des Erb- und Gesellschaftsrechts.[89]

85 Während früher die Anordnung einer Testamentsvollstreckung bei persönlich haftenden **Anteilen** an **Personengesellschaften** abgelehnt wurde, ist dies nach heutiger Rechtsprechung des BGH[90] nicht gänzlich ausgeschlossen.[91] Lediglich über die Reichweite der Testamentsvollstreckung bestehen noch teilweise Unklarheiten, da der BGH die Abgrenzung der jeweiligen Pflichten durch die Begriffe „Außenseite" und „Innenseite" der Gesellschaft definiert hat.[92] Darüber hinaus wird seit der Entscheidung des BGH[93] vom 3.7.1989 eine Fremdverwaltung eines **Kommanditanteils** durch einen Dauertestamentsvollstrecker als zulässig angesehen.

---

88 *Haegele/Winkler*, Rn 447.
89 *Haegele/Winkler*, Rn 334a.
90 BGH ZEV 1996, 110.
91 *A.A. Flume*, FS *Müller/Freienfels* 1986, 113, 130.
92 *Soergel/Damrau*, § 2205 Rn 27.
93 BGHZ 108, 187.

II. Die Testamentsvollstreckung am Einzelunternehmen

Die Fortführung eines Einzelunternehmens durch einen Dauertestamentsvollstrecker ist, wie oben ausgeführt, nur eingeschränkt möglich. Nach Ansicht des BGH kann aber das Einzelunternehmen durch den Testamentsvollstrecker als **Treuhänder** im eigenen Namen und mit eigener Haftung oder als **Bevollmächtigter** fortgeführt werden.[94] Enthält die Verfügung von Todes wegen ausdrücklich keine der beiden Lösungsmöglichkeiten, so kann nach Ansicht des BGH[95] in der Anordnung einer Verwaltungstestamentsvollstreckung eine Auflage zu treuhänderischer Übertragung durch die Erben liegen. Wird die Testamentsvollstreckung an einem Einzelunternehmen willkürlich freigegeben, so kann der Testamentsvollstrecker die Wiederherstellung seines Verwaltungsrechts nach § 812 BGB verlangen.[96]

86

III. Testamentsvollstreckung an Anteilen von Personengesellschaften

Ähnlich verhält es sich auch bei **Personengesellschaften**. Hier hängen der Umfang und die Möglichkeiten einer Testamentsvollstreckertätigkeit zunächst von der jeweiligen Nachfolgeklausel ab.

87

Wird die Gesellschaft bei Vorhandensein einer **Fortsetzungsklausel** unter den übrigen Gesellschaftern fortgesetzt, was bei oHG und KG seit 1.7.1998 der gesetzliche Regelfall ist, dann hat der Testamentsvollstrecker die Möglichkeit, die Abfindungsansprüche gegenüber den Gesellschaftern geltend zu machen.

88

Wird die Gesellschaft aufgrund einer **Nachfolgeklausel** mit den Erben fortgesetzt, dann ist eine Testamentsvollstreckung nur bezüglich der „**Außenseite**" der Gesellschaftsbeteiligung möglich. D.h. der Erbe selbst kann grundsätzlich seine Stimmrechte und sonstige im Innenverhältnis zustehenden Rechte (Stimmrechte, Vertretung und Geschäftsführung) ausüben. Die Rechte des Testamentsvollstreckers beschränken sich dagegen auf die **vermögensrechtliche** Seite. Hierunter fallen etwaige Gewinnansprüche[97] oder Auseinandersetzungsguthaben des Gesellschaftererben. Gleiches gilt auch für Maßnahmen, die den

89

---

94 BGHZ 35, 13.
95 BGHZ 24, 106.
96 BGHZ 12, 100.
97 BGHZ 98, 48.

Gewinn selbst betreffen, wie bspw. Beschlüsse über Verteilung, Ausschüttung und Fälligkeit. Hierzu bedarf es der Zustimmung des Testamentsvollstreckers.[98] Darüber hinaus kann der Testamentsvollstrecker nach Ansicht des BGH auch verhindern, daß der Erbe den Gesellschaftsanteil veräußert[99] oder ein Gläubigerzugriff in den Gesellschaftsanteil stattfindet.[100]

90 Handelt es sich bei dem Gesellschaftsanteil um eine **Kommanditbeteiligung**, dann ist nach Rechtsprechung des BGH[101] die Testamentsvollstreckung auch in bezug auf das „Innenverhältnis" möglich, wenn die übrigen Gesellschafter einer Verwaltung des Gesellschaftsanteils durch einen Testamentsvollstrecker im Gesellschaftsvertrag zugestimmt haben. Fehlt eine solche Zustimmung, dann ist auch bei einem Kommanditanteil eine Testamentsvollstreckung nur in bezug auf die Außenseite der Gesellschaft möglich.[102]

91 Nach der Ansicht des BGH[103] kann dagegen bei einem „**Eintrittsrecht**" die Testamentsvollstreckung nicht angeordnet werden, da das Eintrittsrecht durch Gesellschaftsvertrag, insbesondere durch Vertrag zugunsten Dritter, und nicht durch Verfügung von Todes wegen auf den Erben übergeht.[104]

---

98 *Haegele/Winkler*, Rn 372; kritisch hierzu: *Lorz*, Testamentsvollstreckung und Unternehmensrecht, S. 164, mit dem berechtigten Hinweis, daß dies „quasi durch die Hintertür" zu einer vollumfänglichen Fremdverwaltung führen würde.
99 BGHZ 98, 48; kritisch hierzu: *Lorz*, Testamentsvollstreckung und Unternehmensrecht Seite 161.
100 *Weidlich*, ZEV 1994, 208.
101 BGH DNotZ 1990, 183.
102 *Reimann*, FamRZ 1992, 117; aA OLG Hamm, FamRZ 1992, 113.
103 BGHZ 22, 186.
104 Vgl. zu den Auswirkungen und Möglichkeiten des Gesetzes zur Beschränkung der Haftung Minderjähriger (MHbeG) v. 25.8.1998, welches zum 1.1.1999 in Kraft trat, auf die Testamentsvollstreckung im Unternehmensbereich und der Beteiligung Minderjähriger an Unternehmen und Gesellschaften *Reimann* DNotZ 1999, 179; *Behnke* NZG 1999, 244; *Klumpp* ZEV 1998, 409, und oben § 13 Rn 112 ff.

I. Die Haftung des Testamentsvollstreckers

I. Allgemeines

Zwischen Erben und Testamentsvollstrecker besteht grundsätzlich ein **gesetz-** 92
liches (kein vertragliches) **Schuldverhältnis**, aufgrund dessen eine gesetzliche Regelung der Haftung des Testamentsvollstreckers in § 2219 BGB erforderlich war.

Die Haftung aus § 2219 BGB stellt eine persönliche Haftung wegen Willkür 93
und klarer Fehlentscheidungen des Testamentsvollstreckers mit seinem eigenen Vermögen dar. Der Haftunganspruch aus § 2219 BGB ist umfassender als der des § 823 BGB und gehört zum Nachlaß gemäß § 2041 BGB.[105]

II. Anspruchsberechtigter

Anspruchsberechtigt aus § 2219 BGB ist grundsätzlich der Erbe. Keine An- 94
spruchsberechtigung hat der Nacherbe vor Eintritt des Nacherbfalls. Nach Eintritt des Nacherbfalls besteht eine Haftung auch nur dann, wenn der Testamentsvollstrecker nur bis zum Eintritt des Nacherbfalls eingesetzt war. Auch der Schlußerbe hat keinen Anspruch aus § 2219 BGB. § 2212 BGB hindert den Erben, den Anspruch aus § 2219 BGB gegen den früheren Testamentsvollstrecker bei fortdauernder Testamentsvollstreckung selbst geltend zu machen. Dieses Recht steht lediglich dem nachfolgenden Testamentsvollstrecker zu.[106]

Anspruchsberechtigt sind neben den Erben die **Vermächtnisnehmer** und zwar 95
auch die Unter- und Nachvermächtnisnehmer. Insbesondere besteht kein Subsidiaritätsverhältnis zwischen der Erben- und der Testamentsvollstreckerhaftung. Sein Schadensersatzanspruch fällt nicht als Surrogat in den Nachlaß.[107]

Eine Anspruchsberechtigung **Dritter**, die weder Erben noch Vermächtnisneh- 96
mer sind, besteht nur dann, wenn es sich um Rechtsnachfolger von Erben oder Vermächtnisnehmern handelt. Keinen Anspruch aus § 2219 BGB haben demnach Nachlaßgläubiger, Nachlaßschuldner, Pflichtteilsberechtigte oder Auflagenbegünstigte. Ihnen steht vielmehr lediglich ein Anspruch aus § 823

---

105 MüKo/*Brandner*, § 2219 Rn 6.
106 MüKo/*Brandner*, § 2219 Rn 6.
107 RGZ 138, 132 ff.

BGB zu, wobei § 831 BGB nicht anwendbar ist.[108] Zu beachten ist aber, daß für den Fall, daß der Erbe durch die unerlaubte Handlung selbst gegenüber dem Geschädigten haftbar wird, er seinerseits einen Befreiungsanspruch gegen den Testamentsvollstrecker haben kann, der vom Gläubiger gepfändet werden kann, was indirekt dann doch zu einem Anspruch des Gläubigers gegen den Testamentsvollstrecker führt.[109] Der Erbe haftet nämlich nach § 278 BGB für das Verschulden des Testamentsvollstreckers im gleichen Umfang wie für eigenes Verschulden.[110]

97 Eine **unwirksame** Bestellung zum Testamentsvollstrecker ändert an der Verantwortlichkeit gemäß § 2219 BGB nichts, da sich der unwirksam bestellte Testamentsvollstrecker vom wirksam bestellten allein durch die Unwirksamkeit der Bestellung unterscheidet, während er im übrigen sämtliche Befugnisse eines ordnungsgemäß bestellten Testamentsvollstreckers ausüben konnte und wollte.

III. Die zeitliche Begrenzung der Haftung

98 Die Haftung nach § 2219 BGB gilt auch für **vorzeitige** Handlungen des Testamentsvollstreckers, falls diesbezüglich ein ausdrücklicher Auftrag der Erben vorlag. Daneben bestünde dann auch noch ein Anspruch aus PVV, dem lediglich dann selbständige Bedeutung zukäme, wenn es um die Verjährungsproblematik geht.

99 Der Testamentsvollstrecker haftet aus § 2219 BGB auch nach **Beendigung** seines Amtes, falls er das Amt trotz Beendigung weiter fortgeführt hat. Dabei spielt es keine Rolle, ob diesbezüglich ein Verschulden seinerseits vorlag oder nicht. Beachtet werden muß außerdem, daß im Falle der Vollmachtserteilung an einen Dritten noch nach Beendigung der Testamentsvollstreckung eine Haftung des Testamentsvollstreckers aus § 179 BGB in Betracht kommt, falls der Bevollmächtigte zu diesem Zeitpunkt noch einen Vertrag geschlossen hat.

---

108 *Soergel/Damrau*, § 2219 Rn 8.
109 *Bengel/Reimann*, S. 508, Rn 16.
110 *Palandt/Edenhofer*, § 2219 Rn 5.

IV. Die Voraussetzungen der Haftung

Eine **objektive Verletzung** der dem Testamentsvollstrecker obliegenden Pflichten beurteilt sich nach der Generalklausel des § 2216 BGB, wonach der Testamentsvollstrecker zur ordnungsgemäßen Verwaltung des Nachlasses verpflichtet ist, sowie am Willen des Erblassers, der sich in erster Linie in der letztwilligen Verfügung dokumentieren muß. Dieser Wille wird regelmäßig an den Gegebenheiten im Zeitpunkt der Errichtung der letztwilligen Verfügung orientiert sein. Insoweit ist auch der fiktive Wille des Erblassers maßgebend, weil zu berücksichtigen ist, wie sich der Erblasserwille in Kenntnis der nachträglich eingetretenen Umstände dargestellt hätte. 100

Weiterhin ist erforderlich, daß den Testamentsvollstrecker hinsichtlich der objektiven Pflichtverletzung ein **Verschulden** i. S.d. § 276 BGB trifft. Maßgeblicher Zeitpunkt ist insoweit der Zeitpunkt der behaupteten Pflichtverletzung. Der Testamentsvollstrecker haftet somit für Vorsatz und jegliche Form der Fahrlässigkeit. Beachtlich ist aber, daß eine Garantie- oder Gefährdungshaftung des Testamentsvollstreckers nicht gegeben ist. Bei der erforderlichen Sorgfalt des Testamentsvollstreckers ist insbesondere zu prüfen, welche Sorgfaltspflichten und welcher Sorgfaltsmaßstab gerade im konkreten Fall, bei der konkreten Person und bei den konkreten Umständen anzuwenden sind. Insoweit liegt hier eine **subjektive**, nicht eine objektive **Betrachtung** vor, was aber grundsätzlich nicht bedeutet, daß hier die *diligentia quam in suis* gilt. Demgegenüber ist bei der Vorhersehbarkeit des Erfolgs ein objektiver Beurteilungsmaßstab anzulegen. 101

Eine Besonderheit besteht für den Fall, daß der Testamentsvollstrecker sich fachkundiger Berater zur Unterstützung seines Amtes bedient. Soweit haftet er lediglich für die gewissenhafte **Auswahl** dieser **Berater**. Maßgeblich hierfür ist eine *ex ante* Betrachtung, d. h. zu fragen ist, ob dem Testamentsvollstrecker im entscheidenden Zeitpunkt eine Vermeidung des schädigenden Ereignisses bekannt oder bekannt und möglich gewesen wäre. 102

Bei Prüfung der **Kausalität** der objektiven Pflichtverletzung für den eingetretenen Schaden ist zu prüfen, welchen Verlauf die Dinge bei pflichtgemäßem Verhalten genommen hätten und wie die Vermögenslage des Erben oder Vermächtnisnehmers sein würde, wenn der Testamentsvollstrecker die Pflichtverletzung nicht begangen, sondern pflichtgemäß gehandelt hätte. In diesem Zusammenhang sind auch der Zurechnungszusammenhang, der Schutzzweck 103 der Haftungsnorm des § 2219 BGB sowie die Frage nach dem rechtmäßigen Alternativverhalten zu beachten.

104 Die Darlegungs- und Beweislast trifft insoweit denjenigen, der die Pflichtverletzung des Testamentsvollstreckers vorträgt.[111]

V. Die Haftung mehrerer Testamentsvollstrecker

105 Mehrere Testamentsvollstrecker haften gemäß § 2219 Abs. 2 BGB als **Gesamtschuldner**. Gemeint sind hier Mitvollstrecker i. S. d. § 2224 BGB, die das Amt gemeinsam führen, nicht etwa nacheinander tätig werdende Testamentsvollstrecker. Eine gesamtschuldnerische Haftung scheidet dann aus, wenn der Erblasser bestimmt, daß jeder der Testamentsvollstrecker nur ein bestimmtes Tätigkeitsgebiet betreuen soll.[112] Im übrigen hat die interne Aufteilung der Aufgaben jedoch keine Wirkung nach außen, es bleibt im Grundsatz bei der gemeinschaftlichen Amtsführung und damit bei gegebenen Voraussetzungen auch bei der gesamtschuldnerischen Haftung.[113]

106 Eine gesamtschuldnerische Haftung setzt weiterhin voraus, daß sämtliche Mitvollstrecker ein **Verschulden** trifft.[114]

107 Zwischen den Testamentsvollstreckern gilt im **Innenverhältnis** § 426 BGB, wobei aber aufgrund der jeweiligen Umstände eine abweichende interne Verteilung geboten sein kann. Eine abweichende interne Verteilung kommt insbesondere dann in Betracht, wenn einem der Mitvollstrecker lediglich die unzureichende Überwachung eines anderen Vollstreckers zur Last gelegt werden kann. Gemäß § 1833 II S. 2 BGB analog kann der Betreffende, den das eigentliche Verschulden trifft, dann unter Umständen im Innenverhältnis sogar allein haften.[115]

---

111 *Bengel/Reimann*, S. 512.
112 *Bengel/Reimann*, S. 516.
113 *Staudinger/Reimann*, § 2219 Rn 14 und § 2224 Rn 6.
114 *Bengel/Reimann*, S. 516 Rn 55.
115 Grundsätzlich gilt bezüglich der Testamentsvollstreckung die höchstpersönliche Amtsführung. Das Amt kann insoweit nicht im Ganzen auf einen anderen übertragen werden. Demgegenüber können jedoch einzelne Verrichtungen bzw. Teilaufgaben auf Dritte übertragen werden, wobei dann zwischen Gehilfen und Fachleuten zu differenzieren ist.

Für einen reinen Gehilfen, der keine eigenverantwortliche Tätigkeit ausführt, haftet der Testamentsvollstrecker nach den Grundsätzen der Haftung für einen Erfüllungsgehilfen (§§ 278, 664, 2218 BGB).   **108**

Falls der Testamentsvollstrecker aufgrund der Schwierigkeit der Materie gezwungen ist, **sach-** und **fachkundige** Personen hinzuzuziehen, so werden diesen die entsprechenden Teilbereiche der Testamentsvollstreckertätigkeit in eigener Verantwortung übertragen. Bei dieser Art der Delegierung erschöpft sich die Verpflichtung des Testamentsvollstreckers selbst darin, einen geeigneten Fachmann zu finden und rechtzeitig zu beauftragen, ihn vollständig zu informieren, ihn zu honorieren und, soweit möglich, zu überwachen. Der Testamentsvollstrecker haftet dann lediglich für die **sorgfältige Auswahl**, Information und, im Rahmen seiner Möglichkeit, Beaufsichtigung des von ihm eingeschalteten Dritten.[116]   **109**

Im Falle der erlaubten Übertragung im Rahmen einer **Vollmacht**, Prokura oder gar Generalvollmacht muß der Testamentsvollstrecker in besonderem Maße die Vertrauenswürdigkeit und die fachlichen Fähigkeiten des Bevollmächtigten prüfen. Für den Sonderfall, daß der Testamentsvollstrecker eine seiner Aufgaben auf den Erben oder einen der Miterben selbst delegiert, gilt, daß die übrigen Miterben Schadensersatzleistungen an den Nachlaß verlangen können. Hierfür müßte dann allerdings ein Mitverschulden desjenigen Erben, der vom Testamentsvollstrecker herangezogen wurde, zu einer Anspruchsminderung führen.   **110**

Im Rahmen der §§ 2199 und 2219 BGB haftet der Testamentsvollstrecker auch für die Auswahl des **Mitvollstreckers** bzw. Nachfolgers.[117]   **111**

Ein **Mitverschulden** des Geschädigten wird über § 254 BGB berücksichtigt. Ein Mitverschulden kann bspw. vorliegen, wenn der Erbe einer Maßnahme bzw. Unterlassung des Testamentsvollstreckers zugestimmt hat. Gleiches gilt für den Fall, daß der Erbe sich der Vollstreckertätigkeit widersetzt und dadurch einen Schaden mitverursacht oder vergrößert. Das gleiche gilt auch, wenn der Erbe den Testamentsvollstrecker nicht über alle maßgeblichen   **112**

---

116 *Bengel/Reimann*, S. 518; *Staudinger/Reimann*, § 2218 Rn 9; MüKo/*Brandner*, § 2219 Rn 4, § 2218 Rn 5.
117 *Bengel/Reimann*, S. 518 Rn 64.

Umstände unterrichtet, die für seine Tätigkeit von Bedeutung sein können. Ein Mitverschulden wird insbesondere auch darin gesehen, daß der Erbe es bewußt unterlassen hat, einen Antrag auf Entlassung des Testamentsvollstreckers zu stellen, obwohl er dadurch den Schaden hätte verhindern können.[118]

VI. Verjährung, Aufrechnung und Befreiung von der Haftung

113 Für § 2219 BGB gilt nach allgemeiner Meinung die **Verjährungsfrist** des § 195 BGB von 30 Jahren.[119] Es wird jedoch vertreten, die Grundsätze des BGH zur entsprechenden Anwendung des § 852 BGB gegen den Konkursverwalter gemäß § 82 KO auf den Testamentsvollstrecker zu übertragen. Dies würde dann zu einer dreijährigen Verjährungsfrist vom Zeitpunkt der Kenntnis des Schadens und des Schädigers führen.[120]

114 Eine **Befreiung** von der **Haftung** aus § 2219 BGB durch den Erblasser ist nicht möglich, weder durch eine entsprechende Anordnung, noch durch ein Befreiungsvermächtnis. Auch eine Haftungsbeschränkung ist insoweit nicht möglich. Es ist aber daran zu denken, ein unwirksames Befreiungsvermächtnis oder eine anderweitige Befreiungsbestimmung des Erblassers als Auflage gemäß §§ 2192 ff. BGB zu qualifizieren. Seitens der Literatur[121] wird dies aber aufgrund des Wortlautes des § 2220 BGB als Umgehungsgeschäft gewertet.

115 Es ist jedoch möglich, daß die Erben bzw. Vermächtnisnehmer selbst auf Haftungsansprüche gegen den Testamentsvollstrecker **verzichten** bzw. ihm Haftungserleichterung gewähren. Da § 2220 BGB dem Schutz des Erben und Vermächtnisnehmers dient, können diese entsprechend auch auf diesen Schutz verzichten.

116 Hinsichtlich seines Vergütungsanspruchs gemäß § 2221 BGB kann der Testamentsvollstrecker gegenüber einem Regreßanspruch des Erben oder Vermächtnisnehmers **aufrechnen**. Dies betrifft auch Aufwendungen, deren Ersatz der Testamentsvollstrecker nach §§ 2218, 670 BGB vom Erben fordern kann, also Ansprüche im Rahmen eines Auftragsverhältnisses.

---

118 MüKo/*Brandner*, § 2229 Rn 2.
119 *Staudinger/Reimann*, § 2219 Rn 26; MüKo/*Brandner*, § 2219 Rn 15.
120 *Bengel/Reimann*, S. 519 Rn 70 ff.
121 *Bengel/Reimann*, S. 521 Rn 75.

Hinweis
Für den Fall, daß nur ein Miterbe einen Schadensersatzanspruch geltend macht, kann der Testamentsvollstrecker nicht mit seinem gesamten Vergütungsanspruch, sondern nur mit dem auf den jeweiligen Miterben anteilig entfallenden Anspruch aufrechnen.[122]

Gesetzlich gelten für die **Aufrechnung** die Vorschriften der §§ 387 ff. BGB. Der Honoraranspruch wird grundsätzlich erst mit dem Ende der Tätigkeit des Testamentsvollstreckers fällig. Bei längerer Vollstreckung sind allerdings Teilbeträge in regelmäßigen Zeitabschnitten zu entrichten, so daß sich mindestens insoweit fällige Forderungen zur Aufrechnung gegenüberstehen. Im übrigen ist es dem Testamentsvollstrecker unbenommen, sein Amt niederzulegen und damit die Vergütung oder zumindest die Abschlußvergütung fällig zu stellen und die Aufrechnung zu ermöglichen.

J. Die Kosten der Testamentsvollstreckung

I. Einleitung

Im Rahmen einer Tätigkeit als Testamentsvollstrecker kommt es oftmals zum Streit mit den Erben über die **Kosten** der Testamentsvollstreckung. Dies liegt zum einen daran, daß sich die Erben durch die Anordnung der Testamentsvollstreckung bereits bevormundet fühlen, und zum anderen an der ungünstigen gesetzlichen Regelung und den verschiedenen in der Praxis angewandten Tabellen und Methoden.

II. Anspruch des Testamentsvollstreckers für eigene Tätigkeiten

Nach § 2221 2.HS. BGB kann der Erblasser in der Verfügung von Todes wegen eine bestimmte Vergütung **anordnen**. Ist eine Regelung über die Vergütung nicht getroffen worden, so kann der Testamentsvollstrecker für seine Tätigkeit eine angemessene Vergütung verlangen (§ 2221 BGB).

Die Frage der Angemessenheit ist je nach Einzelfall an dem Umfang der Tätigkeit, an den Pflichten und an der den Testamentsvollstrecker treffenden Verant-

---

122 *Bengel/Reimann*, S. 522.

wortung zu bemessen.[123] In der Regel wird die Gebühr nach einem bestimmten Prozentsatz am Bruttonachlaß bemessen. D.h., daß der Vergütung lediglich der Aktivnachlaßbestand zugrundezulegen ist, da im Falle der Überschuldung des Nachlasses eine Vergütung ausscheidet. Der Zeitpunkt für die Bestimmung ist grundsätzlich der Erbfall.[124] Neben der Gebühr nach § 2221 BGB kann der Testamentsvollstrecker in besonderen Fällen auch eine Verwaltungs- und eine Konstituierungsgebühr erhalten.[125]

122 Mit der sogenannten **Konstituierungsgebühr** wird die Tätigkeit des Testamentsvollstreckers von der Übernahme des Amtes bis zur Konstituierung des Nachlasses vergütet. Hierzu gehören die Ermittlung und Inbesitznahme der Nachlaßgegenstände, die Aufstellung des Nachlaßverzeichnisses, die Bezahlung der Kosten der Beerdigung, die Regelung der Erbschaftsteuer sowie der Forderungen und Schulden des Erblassers. Die Konstituierungsgebühr steht dem Testamentsvollstrecker zu, wenn er von Beginn an eine arbeitsintensive und verantwortungsvolle Tätigkeit entfalten mußte.[126]

123 Daneben kann eine **Verwaltungsgebühr** anfallen, wenn eine Verwaltung des Nachlasses über einen längeren Zeitraum hinweg letztwillig angeordnet wurde und der Testamentsvollstrecker dahingehend tätig wird.[127] Die Verwaltungsgebühr kann auch alternativ aus dem jährlichen Gewinn oder den Bruttoeinnahmen errechnet werden.

124 Der Testamentsvollstrecker kann jedoch seinen Anspruch auf Vergütung **verwirken**, wenn er in besonders schwerer Weise gegen seine Amtspflicht verstoßen hat.[128]

---

123 *Palandt/Edenhofer*, § 2221 Rn 4.
124 BGH NJW 1963, 1615.
125 *Palandt/Edenhofer*, § 2221 Rn 5.
126 BGH NJW 1963, 1615.
127 Vgl. § 2209 BGB.
128 DNotZ 1980, 164.

III. Kostenersatz für fremde Tätigkeit

125 Grundsätzlich kann, wie eingangs erwähnt, jede natürliche und juristische Person als Testamentsvollstrecker benannt werden bzw. das Amt ausführen. Gleiches gilt für einen Rechtsanwalt, Steuerberater oder Notar oder einen sonstigen Angehörigen eines rechts- oder steuerberatenden Berufes. Ihnen steht auch im Falle der berufsmäßigen Ausübung des Amtes des Testamentsvollstreckers nur eine Vergütung nach den vorbezeichneten Grundsätzen zu. Der Rechtsanwalt hat beispielsweise keinen Anspruch darauf, daß er für seine Tätigkeit als Testamentsvollstrecker nach der BRAGO abrechnen kann.

126 Desweiteren stellt sich die Frage, ob bzw. inwieweit der Testamentsvollstrecker für die Hinzuziehung anderer Personen eine gesonderte Vergütung aus dem Nachlaß erhält bzw. inwieweit die **Hinzuziehung** dazu führt, daß seine eigenen Kosten reduziert werden. Hier gilt beispielsweise der Grundsatz, daß die Hinzuziehung von nicht notwendigen **Hilfspersonen**, die lediglich den Testamentsvollstrecker in seinen Aufgaben entlasten, zu einer Minderung seiner eigenen Vergütung führt.[129]

127 Handelt es sich jedoch bei der Hinzuziehung von Hilfspersonen, beispielsweise eines Anwalts, um notwendige Kosten, so wenn der Testamentsvollstrecker juristisch nicht gebildet ist, dann stehen diese Kosten dem Testamentsvollstrecker als zusätzlicher Anspruch gegenüber dem Nachlaß zu. Der Aufwendungsersatz richtet sich in solchen Fällen nach §§ 2218, 670 BGB. Dieser Anspruch steht dem Testamentsvollstrecker neben seiner Vergütung nach § 2221 BGB zu und ist sofort fällig.

IV. Kostenschuldner

128 Nach Ansicht des BGH[130] haben alle Miterben einer Erbengemeinschaft die Kosten einer Testamentsvollstreckung zu tragen, und zwar auch dann, wenn nur ein Teil des Nachlasses der Vollstreckung unterliegt. Denn solange die Erbengemeinschaft nicht auseinandergesetzt ist, besteht zwischen allen Erben und dem Testamentsvollstrecker ein gesetzliches Schuldverhältnis, wovon auch der vollstreckungsfreie Teil erfaßt wird. Dies ergibt sich nicht zuletzt daraus,

---

129 *Haegele/Winkler*, Rn 636, 608.
130 BGH Urteil v. 22.1.1997 Az IV ZR 283/95.

daß die Miterben bei Verfügungen über Nachlaßgegenstände der Mitwirkung des Testamentsvollstreckers bedürfen (§ 2040 I BGB).[131]

V. Die in der Praxis vorwiegend angewandten Tabellen

129 Die früher in der Praxis vorwiegend angewandte „**Rheinische Tabelle**"[132] ist aufgrund einer Vielzahl von auftretenden Fragen unpopulär geworden. So ist etwa zweifelhaft, ob durch diese auch eine Konstituierungs- und Verwaltungsgebühr erfaßt wird oder ob die Tabelle lediglich den „Normalfall" einer Testamentsvollstreckung erfaßt.[133] Aufgrund des Kaufkraftschwundes und der Veränderung der wirtschaftlichen Verhältnisse ist nach Ansicht von Teilen in der Literatur ein Aufschlag auf die sich durch die Tabelle ergebenden Gebühren in Höhe von 25 %[134] bzw. 40 %[135] notwendig, um den heutigen wirtschaftlichen Verhältnissen gerecht zu werden. Der BGH[136] vertritt dagegen die Auffassung, daß eine wesentliche Erhöhung der „Richtsätze" nicht notwendig ist.

130 Als im Vordringen bezeichnet wird heute die sogenannte **Möhringsche Tabelle**,[137] die eine Vergütung zwischen 7,5 % bei kleinen und 2,8 % bei größeren Nachlässen vorsieht. In der Praxis wird diese Tabelle zumindest im außergerichtlichen Bereich bevorzugt angewandt, wobei das OLG Köln[138] hierzu entschieden hat, daß es nicht unangemessen sei, die Testamentsvollstreckervergütung nach dieser Tabelle zu bemessen.

131 Da die doch teilweise hohen Gebühren der Möhringschen Tabelle, wenn auch dem Aufwand in der Regel angemessen, des öfteren zum Streit zwischen Erben und Testamentsvollstrecker führen können, ist es auch durchaus akzeptabel, auf die von *Weirich*[139] und *Eckelskemper*[140] entsprechend dem Geldwertschwund angepaßten Tabellen zurückzugreifen. Denn letztlich ist im Einzelfall immer

---

131 *Muscheler*, ZEV 1996, 185.
132 BGH NJW 1967, 2400.
133 *Bengel/Reimann/Eckelskemper*, Handbuch der Testamentsvollstreckung, Rn 18.
134 *Esch/Schulze zu Wiesche* I, Rn 651.
135 *Haegele/Winkler*, Rn 581.
136 BGH NJW 1967, 2402.
137 *Bengel/Reimann/Eckelskemper*, Rn 25.
138 OLG Köln, NJW-RR 1987, 1415.
139 *Weirich*, Rn 487.
140 *Bengel/Reimann/Eckelskemper*, Rn 43.

die Frage der **Angemessenheit** zur jeweiligen Tätigkeit zu prüfen. Die Angewohnheit von Juristen, alles zu verkomplizieren, führt nicht zu einer friedlichen, sondern häufig zu einer streitigen Auseinandersetzung. Dies entspricht auch nicht dem Willen des Erblassers, der einen Testamentsvollstrecker gerade deshalb einsetzt, um Streitigkeiten unter den Miterben zu vermeiden.

Rheinische Tabelle

Nachlaßwert bis zu	DM 20.000,–	4 %	**132**
Nachlaßwert bis zu	DM 100.000,–	3 %	
Nachlaßwert bis zu	DM 1.000.000,–	2 %	
Nachlaßwert über	DM 1.000.000,–	1 %	

Tabelle nach Weirich

Nachlaßwert bis zu	DM 90.000,–	4 %	**133**
Nachlaßwert bis zu	DM 450.000,–	3 %	
Nachlaßwert bis zu	DM 4.500.000,–	2 %	
Nachlaßwert über	DM 4.500.000,–	1 %	

Tabelle nach Eckelskemper

Nachlaßwert bis zu	DM 100.000,–	4 %	**134**
Nachlaßwert bis zu	DM 500.000,–	3 %	
Nachlaßwert bis zu	DM 5.000.000,–	2 %	
Nachlaßwert über	DM 5.000.000,–	1 %	

Möhringsche Tabelle

Aktivmasse des verwalteten Vermögens in DM	Vergütung in DM	Aktivmasse des verwalteten Vermögens in DM	Vergütung in DM	Aktivmasse des verwalteten Vermögens in DM	Vergütung in DM
10 000	750	**19 000**	1 425	**36 000**	2 364
11 000	825	**20 000**	1 500	**38 000**	2 472
12 000	900	**22 000**	1 608	**40 000**	2 580
13 000	975	**24 000**	1 716	**42 000**	2 688
14 000	1 050	**26 000**	1 824	**44 000**	2 796
15 000	1 125	**28 000**	1 932	**46 000**	2 904
16 000	1 200	**30 000**	2 040	**48 000**	3 012
17 000	1 275	**32 000**	2 148	**50 000**	3 120
18 000	1 350	**34 000**	2 256	**55 000**	3 390

3 Das erbrechtliche Mandat nach dem Erbfall

Aktivmasse des verwalteten Vermögens in DM	Vergütung in DM	Aktivmasse des verwalteten Vermögens in DM	Vergütung in DM	Aktivmasse des verwalteten Vermögens in DM	Vergütung in DM
60 000	3 660	420 000	17 340	820 000	31 740
65 000	3 930	430 000	17 700	830 000	32 100
70 000	4 200	440 000	18 060	840 000	32 460
75 000	4 470	450 000	18 420	850 000	32 820
80 000	4 740	460 000	18 780	860 000	33 180
85 000	5 010	470 000	19 140	870 000	33 540
90 000	5 280	480 000	19 500	880 000	33 900
95 000	5 550	490 000	19 860	890 000	34 260
100 000	5 820	500 000	20 220	900 000	34 620
110 000	6 180	510 000	20 580	910 000	34 980
120 000	6 540	520 000	20 940	920 000	35 340
130 000	6 900	530 000	21 300	930 000	35 700
140 000	7 260	540 000	21 660	940 000	36 060
150 000	7 620	550 000	22 020	950 000	36 420
160 000	7 980	560 000	22 380	960 000	36 780
170 000	8 340	570 000	22 680	970 000	37 140
180 000	8 700	580 000	23 100	980 000	37 500
190 000	9 060	590 000	23 460	990 000	37 860
200 000	9 420	600 000	23 820	1 000 000	38 220
210 000	9 780	610 000	24 180	1 010 000	38 400
220 000	10 140	620 000	24 510	1 020 000	38 580
230 000	10 500	630 000	24 900	1 030 000	38 760
240 000	10 860	640 000	25 260	1 040 000	38 940
250 000	11 220	650 000	25 620	1 050 000	39 120
260 000	11 580	660 000	25 980	1 060 000	39 300
270 000	11 940	670 000	26 340	1 070 000	39 480
280 000	12 300	680 000	26 700	1 080 000	39 660
290 000	12 660	690 000	27 060	1 090 000	39 840
300 000	13 020	700 000	27 420	1 100 000	40 020
310 000	13 380	710 000	27 780	1 110 000	40 200
320 000	13 740	720 000	28 140	1 120 000	40 380
330 000	14 100	730 000	28 500	1 130 000	40 560
340 000	14 460	740 000	28 860	1 140 000	40 740
350 000	14 820	750 000	29 220	1 150 000	40 920
360 000	15 180	760 000	29 580	1 160 000	41 100
370 000	15 540	770 000	29 940	1 170 000	41 280
380 000	15 900	780 000	30 300	1 180 000	41 460
390 000	16 260	790 000	30 660	1 190 000	41 640
400 000	16 620	800 000	31 020	1 200 000	41 820
410 000	16 980	810 000	31 380	1 210 000	42 000

Aktivmasse des verwalteten Vermögens in DM	Vergütung in DM	Aktivmasse des verwalteten Vermögens in DM	Vergütung in DM	Aktivmasse des verwalteten Vermögens in DM	Vergütung in DM
1 220 000	42 180	1 490 000	47 040	1 760 000	51 900
1 230 000	42 360	1 500 000	47 220	1 770 000	52 080
1 240 000	42 540	1 510 000	47 400	1 780 000	52 260
1 250 000	42 720	1 520 000	47 580	1 790 000	52 440
1 260 000	42 900	1 530 000	47 760	1 800 000	52 620
1 270 000	43 080	1 540 000	47 940	1 810 000	52 800
1 280 000	43 260	1 550 000	48 120	1 820 000	52 980
1 290 000	43 440	1 560 000	48 300	1 830 000	53 160
1 300 000	43 620	1 570 000	48 480	1 840 000	53 340
1 310 000	43 800	1 580 000	48 660	1 850 000	53 520
1 320 000	43 980	1 590 000	48 840	1 860 000	53 700
1 330 000	44 160	1 600 000	49 020	1 870 000	53 880
1 340 000	44 340	1 610 000	49 200	1 880 000	54 060
1 350 000	44 520	1 620 000	49 380	1 890 000	54 240
1 360 000	44 700	1 630 000	49 560	1 900 000	54 420
1 370 000	44 880	1 640 000	49 740	1 910 000	54 600
1 380 000	45 060	1 650 000	49 920	1 920 000	54 780
1 390 000	45 240	1 660 000	50 100	1 930 000	54 960
1 400 000	45 420	1 670 000	50 280	1 940 000	55 140
1 410 000	45 600	1 680 000	50 460	1 950 000	55 320
1 420 000	45 780	1 690 000	50 640	1 960 000	55 500
1 430 000	45 960	1 700 000	50 820	1 970 000	55 680
1 440 000	46 140	1 710 000	51 000	1 980 000	55 860
1 450 000	46 320	1 720 000	51 180	1 990 000	56 040
1 460 000	46 500	1 730 000	51 360	2 000 000	56 220
1 470 000	46 680	1 740 000	51 540		
1 480 000	46 860	1 750 000	51 720		

K. Die gewerbsmäßige Betreibung der Testamentsvollstreckung

In letzter Zeit ist die Frage nach der gewerbsmäßigen Betreibung der Testamentsvollstreckung, gerade im Hinblick auf die zunehmende Tätigkeit der Banken in diesem Bereich erneut diskutiert worden. Hierbei spielen berufsrechtliche **Standesregeln** wie auch die Vorschriften des **RechtsberatungsG** eine bedeutende Rolle.

135

3 Das erbrechtliche Mandat nach dem Erbfall

I. Durch Rechtsanwälte

136 Für den Rechtsanwalt ist die Übernahme des Amtes des Testamentsvollstreckers berufsrechtlich unproblematisch. Zu prüfen bleibt aber immer ein Verstoß gegen §§ 45 Nr. 2 BRAO, 46 I RichtLBRAK. Es kommt also darauf an, daß der Rechtsanwalt nicht etwa bereits im entgegengesetzten Interesse des Erblassers tätig geworden ist, wobei gemäß § 46 III RichtLBRAK bereits der Anschein **widerstreitender** Interessen vermieden werden muß.[141]

137 Die Testamentsvollstreckung darf aber nicht ausgeübt werden, wenn dadurch die berufliche Unabhängigkeit des einzelnen Rechtsanwalts gemäß § 40 I RichtLBRAK gefährdet werden könnte. Diese Gefahr besteht insbesondere bei einer bedeutenden, umfangreichen Testamentsvollstreckung. Die Frage nach der berufsrechtlichen Grenze stellt sich insbesondere in dem Fall, daß der Rechtsanwalt als Testamentsvollstrecker ein Einzelunternehmen führt bzw. die Vollhaftung in einer Personengesellschaft übernimmt.[142] Unvereinbar mit dem **Berufsbild** des Rechtsanwalts ist jedenfalls eine **werbende** kaufmännische Tätigkeit, bei der die Gefahr des Verlustes der Zulassung gemäß § 15 Nr. 2 BRAO besteht.[143]

138 Bei der Testamentsvollstreckung handelt es sich aber grundsätzlich um eine für den Rechtsanwalt berufstypische Tätigkeit, mithin um einen Teil seiner normalen Berufsausübung.[144] Dies hat zur Folge, daß auch die üblichen berufsrechtlichen Pflichten und Sanktionen eingreifen, wobei insbesondere an das **Sachlichkeits-** und **Redlichkeitsgebot** des § 1 RiLi, die Verschwiegenheitspflicht des § 42 RiLi, die besondere Sorgfaltspflicht des § 47 RiLi sowie das Rügerecht und das ehrengerichtliche Verfahren der Rechtsanwaltskammer nach § 74 und § 74 a BRAO zu denken ist.[145] In strafrechtlicher Konsequenz ist an die Anwendbarkeit des § 203 I Nr. 3 StGB zu denken.

---

[141] *Bengel/Reimann*, S. 492 Rn 2.
[142] *Bengel/Reimann*, S. 492 Rn 4.
[143] BGHZ 64, 294.
[144] *Bengel/Reimann*, S. 493 Rn 5.
[145] *Bengel/Reimann*, S. 493 Rn 6, 7.

139 Nach **Beendigung** seines Amtes darf der Rechtsanwalt als Testamentsvollstrecker gemäß § 46 II RiLiBRAK niemanden mehr gegen den Inhaber des seinerzeit von ihm verwalteten Vermögens vertreten.[146]

140 Bei der Vergütung ist zu beachten, daß insoweit grundsätzlich **nicht** die Vorschriften der **BRAGO** anzuwenden sind, falls der Erblasser nicht ausdrücklich Bezug auf sie genommen hat. Möglich ist aber eine ausdrückliche oder stillschweigende Befreiung von § 181 BGB mit der Folge, daß der Rechtsanwalt als Testamentsvollstrecker sich in seiner Eigenschaft als Rechtsanwalt (etwa für eine Prozeßführung) selbst beauftragen kann, sofern dies notwendig ist.[147]

II. Durch Notare

141 Ebenso wie beim Anwalt ist die Anordnung einer Testamentsvollstreckung durch den Notar grundsätzlich möglich. Gemäß § 8 III BNotO benötigt der **Notar** zur Ausübung des Amtes der Testamentsvollstreckung auch keine Genehmigung der Dienstaufsicht. Es handelt sich hierbei um ein **privates** Amt des Notars. Die amtliche Tätigkeit des Notars ist abschließend in den §§ 20 ff. BNotO geregelt, in denen die Testamentsvollstreckung nicht aufgeführt ist.[148]

142 Der Notar als Testamentsvollstrecker handelt insoweit im eigenen Namen,[149] so daß er damit lediglich eine berufliche Tätigkeit im **weiteren** Sinne ausübt. Im übrigen gilt das gleiche Problem der Unzulässigkeit der Testamentsvollstreckertätigkeit, das bereits beim Rechtsanwalt als Testamentsvollstrecker angesprochen wurde. Der Notar hat ohnehin immer zu prüfen, ob sich eine Tätigkeit als Testamentsvollstrecker mit seinen Amtspflichten, insbesondere der sog. „Amtsbereitschaft", vereinbaren läßt.[150]

143 Bei **Nur-Notaren** besteht im Gegensatz zum Anwalt auch grundsätzlich kein Versicherungsschutz für eine Testamentsvollstrecker-Tätigkeit, so daß hier selbständig für jede einzelne Testamentsvollstreckung gesondert eine **Versicherung** abgeschlossen werden muß. Eine Ausnahme besteht insoweit nur bei Notaren,

---

146 *Bengel/Reimann*, S. 494 Rn 10.
147 Die normale **Vermögenshaftpflichtversicherung** des Rechtsanwalts umfaßt auch die Tätigkeit als Testamentsvollstrecker entsprechend der Höhe der Versicherungssumme.
148 *Bengel/Reimann*, S. 495 Rn 17, 18.
149 BGHZ 13, 203 ff.
150 *Bengel/Reimann*, S. 495 Rn 15.

die über die Notarkasse oder die Ländernotarkasse (abhängig vom Bundesland) versichert sind, wenn auch nur mit einer begrenzten Versicherungssumme.[151]

144 Ebenso wie beim Anwalt gelten hinsichtlich der Vergütung die allgemeinen Grundsätze und nicht die KostO.

145 Beurkundungsrechtlich ebenfalls zu beachten ist das **Mitwirkungsverbot** der §§ 27, 7 Nr. 1 BeurkG, wonach der Notar nicht an der Beurkundung einer letztwilligen Verfügung mitwirken darf, in der er selbst zum Testamentsvollstrecker eingesetzt wird. Ein Verstoß führt zur Unwirksamkeit der Beurkundung. Das Schicksal der Verfügung selbst richtet sich nach § 2085 bzw. § 2298 BGB.[152] [153]

III. Durch Banken

146 Problematisch ist dagegen die gewerbsmäßige Betreibung der Testamentsvollstreckung durch Banken. Das OLG Karlsruhe geht in seinem Urteil vom 27.05.1993 von einer grundsätzlichen Inkompatibilität zwischen einer Testamentsvollstreckertätigkeit der Bank und den Vorschriften des Rechtsberatungsgesetzes aus. Im Falle der Bestätigung dieses Urteils durch den BGH wären mithin sämtliche in der Vergangenheit durchgeführten Testamentsvollstreckungen gemäß § 134 BGB nichtig.

147 Zunächst fällt die Testamentsvollstreckertätigkeit durch Banken unter den Erlaubniszwang nach Art. 1 § 1 I S. 1 RechtsberatungsG, da sie sämtliche Voraussetzungen dieser Vorschrift erfüllt.

148 Im einzelnen liegt eine **Rechtsbesorgung** im Sinne der Vorschrift vor, die von einer Tätigkeit wirtschaftlicher Art abzugrenzen ist, die durch das Rechtsberatungsgesetz nicht berührt wird. Nach herrschender Meinung sind vom Rechtsberatungsgesetz auszunehmen nur solche Tätigkeiten wirtschaftlicher Art, bei denen sich die damit notwendig verbundene rechtliche Beratung in jedermann geläufigen Formen abspielt und die daher ihrer Art nach nicht mehr

---

151 Bengel/Reimann, S. 496 Rn 24.
152 Bengel/Reimann, S. 496 Rn 29.
153 In der Praxis wird dem durch ein privatschriftliches Ergänzungstestament, das separat in die Verwahrung zu geben ist, entgegengewirkt (*Reimann*, DNotZ 1990, 433).

als Betätigung auf rechtlichem Gebiet empfunden werden.[154] Die im BGB geregelten gesetzlichen Aufgaben des Testamentsvollstreckers betreffen allerdings konkret und unmittelbar die Rechtsverhältnisse der Erben zu Dritten sowie die Rechtsverhältnisse der Erben untereinander, so daß sie Rechtsbesorgungen im Sinne des Rechtsberatungsgesetzes sind.[155]

Im einzelnen ist eine Abgrenzung aber schwierig, da eine **wirtschaftliche** Tätigkeit häufig eng mit einer **rechtlichen** verknüpft ist. Wesentliches Abgrenzungskriterium muß insoweit die Willensrichtung des Erblassers sein. Der Erblassser setzt die Bank als Testamentsvollstreckerin aber gerade deshalb ein, weil er durch sie die wirtschaftlich sinnvollste Verwaltung seines Vermögens über den Tod hinaus gewährleistet sieht, und nicht, damit diese Rechtsangelegenheiten für ihn erledigt.[156]

149

Die Bank als Testamentsvollstreckerin besorgt unstreitig auch **fremde** Rechtsangelegenheiten. Ein mittelbares Eigeninteresse, etwa im Hinblick auf die Testamentsvollstreckervergütung, beseitigt die Fremdheit nicht.[157]

150

Wesentlich für die Tatbestandsvoraussetzung der **Geschäftsmäßigkeit** ist, daß insoweit eine Wiederholungsabsicht vorliegt bzw. beabsichtigt ist, die Tätigkeit der Testamentsvollstreckung gegebenenfalls bei nächster Gelegenheit in gleicher Weise zu wiederholen und dadurch zu einem dauernden oder wiederkehrenden Bestandteil einer Tätigkeit zu machen.[158] Beim Vorhandensein **werbender** Hinweise einer Bank, die die Testamentsvollstreckung in ihre Leistungspalette ausdrücklich aufgenommen hat, ist insoweit die Annahme eines gewerbsmäßigen Charakters der Tätigkeit kaum zu vermeiden.[159]

151

Grundsätzlich können sich Banken auch nicht auf einen **Erlaubnisvorbehalt** aus den Ausnahmevorschriften des Rechtsberatungsgesetzes berufen. Zwar sieht Art. 1 § 3 Nr. 6 RechtsberatungsG vor, daß durch das Rechtsberatungsgesetz nicht die Tätigkeit als Zwangsverwalter, Konkursverwalter oder Nachlaßpfleger sowie die Tätigkeit sonstiger für ähnliche Aufgaben behördlich

152

---

154 BGH NJW 1987, 3005.
155 BGH FamRZ 1989, 859.
156 *Vortmann*, WM 1995, 1746.
157 BGH NJW 1967, 1562, 1563; OLG Karlsruhe, NJW 1988, 838.
158 BGH NJW-RR 1987, 875, 876.
159 *Schaub*, FamRZ 1995, S. 847.

eingesetzter Personen berührt wird. Jedoch ist der Testamentsvollstrecker nicht **behördlich** eingesetzt, er wird vielmehr vom Erblasser bzw. durch einen dazu im Testament bestimmten Dritten bzw. durch das Nachlaßgericht ernannt. Die Ernennung beruht allerdings, selbst wenn sie durch das Nachlaßgericht erfolgt, nicht auf behördlichem bzw. gerichtlichem Beschluß, sondern allein auf der letztwilligen Verfügung des Erblassers, der hier die Person des Testamentsvollstreckers letztlich legitimiert. [160]

153 Der **Normzweck** des Art. 1 § 3 Nr. 6 RechtsberatungsG ist der Schutz des rechtssuchenden Bürgers vor unqualifizierter Beratung, der Erhalt einer funktionierenden Rechtspflege sowie der Schutz der Rechtsanwälte vor Wettbewerb durch Personen, für die standesrechtliche Beschränkungen nicht gelten. Zwar unterliegen die in dieser Vorschrift genannten Personen, nämlich Zwangsverwalter, Konkursverwalter oder Nachlaßpfleger, im Rahmen des Auswahlverfahrens einer Qualitätsprüfung durch das Gericht, wie auch ihre laufende Geschäftstätigkeit durch dieses überwacht wird. Dies ist aber beim Testamentsvollstrecker gerade nicht der Fall, da ein Tätigwerden des Nachlaßgerichts gegen den Testamentsvollstrecker von Amts wegen nicht erfolgt.

154 Eine analoge Anwendung dieses Ausnahmetatbestands könnte aber deswegen in Betracht kommen, weil die Banken schließlich der staatlichen Aufsicht durch das Bundesaufsichtsamt für das Kreditwesen unterliegen und die im KWG enthaltenen Sanktionen und Mechanismen einer hoheitlichen Kontrolle durch das Gericht in nichts nachstehen bzw. diese sogar noch übertreffen.[161] Dies kann allerdings dann keine Rolle spielen, wenn es im Rahmen des Art. 1 § 3 RechtsberatungsG allein in abstrakter Hinsicht auf die Frage ankommt, ob das Ernennungsverfahren und die laufende Kontrolle beim Testamentsvollstrecker mit den Bedingungen im Ausnahmetatbestand des Art. 1 § 3 Nr. 6 RBerG bezüglich der dort genannten Personen vergleichbar ist.

155 Auch aus der Gesetzessystematik ergibt sich insoweit nichts anderes. Die Vorschriften des BGB befassen sich vornehmlich mit der Stellung des Testamentsvollstreckers zu den Nachlaßbeteiligten und Erben, während das Rechtsberatungsgesetz als Berufsordnungsgesetz aufzufassen ist.[162]

160 *Schaub*, FamRZ 1995, S. 847.
161 *Vortmann*, WM 1995, 1746.
162 BGH, Anwaltsblatt 1994, 254.

156 Gemäß **Art. 1 § 5 Nr. 1** RechtsberatungsG dürfen kaufmännische oder sonstige gewerbliche Unternehmer für ihre Kunden rechtliche Angelegenheiten erledigen, die mit einem Geschäft ihres Gewerbebetriebes in unmittelbarem Zusammenhang stehen. Banken als kaufmännische Unternehmen betreiben berufstypisch aber lediglich die in § 1 KWG aufgezählten Geschäfte, während die Übernahme und Durchführung von Testamentsvollstreckungen dort nicht erwähnt ist. Etwas anderes muß aber dann gelten, wenn sich die Testamentsvollstreckung nach dem Tod des Kunden auf bereits der Bank anvertrautes Vermögen, das Gegenstand lebzeitiger Kundenbeziehungen war, erstreckt. In einem solchen Fall spricht alles für eine Zulässigkeit der Testamentsvollstreckung.[163] Es ist aber jedenfalls davon auszugehen, daß im Einzelfall umso weniger Bedenken gegen eine Testamentsvollstreckertätigkeit der Bank im Hinblick auf die Vorschriften des RBerG bestehen dürften, je enger sich die Tätigkeit am Umfang der früheren Kundenbeziehung zum Erblasser selbst orientiert.

157 Auch eine Anwendung des Ausnahmetatbestands des **Art. 1 § 5 Nr. 3** RechtsberatungsG erscheint problematisch, da dessen ungenanntes Tatbestandsmerkmal zusätzlich ist, daß der genannte Personenkreis, nämlich Vermögensverwalter, Hausverwalter und ähnliche Personen, zwei Geschäfte besorgt, und zwar ein zu seiner eigentlichen Berufsaufgabe gehörendes Hauptgeschäft und ein nach Art. 1 § 1 RechtsberatungsG erlaubnispflichtiges Hilfsgeschäft.[164]

158 **Zusammenfassend** kann also gesagt werden, daß es bei der Beurteilung der Zulässigkeit der Testamentsvollstreckung durch Banken im Hinblick auf Art. 1 § 5 Nr. 3 RBerG immer auf den konkreten **Einzelfall** ankommt. Allerdings kann die Bank sich auf Art. 1 § 5 RechtsberatungsG als Ausnahmevorschrift berufen, wenn ihr Aufgabenbereich im Rahmen der Testamentsvollstreckung so festgelegt wird, daß sie sich lediglich mit bankspezifischen Tätigkeiten, die einen integralen Bestandteil ihres Berufs bilden, auseinandersetzt.[165]

159 Gemäß Art. 1 § 1 I S. 2 RechtsberatungsG kann für die Besorgung fremder Rechtsangelegenheiten zwar eine Erlaubnis erteilt werden, die Vorschrift sieht jedoch eine Erlaubniserteilung für einen Testamentsvollstrecker gerade nicht vor.

---

163 *Schaub*, FamRZ 1995, S. 848.
164 BGH, FamRZ 1989, 859.
165 *Schaub*, FamRZ 1995, S. 849.

160 *Hinweis*
Als Lösungsmöglichkeit wird in der Literatur vorgeschlagen, daß die Bank eine Tochter-GmbH mit beschränktem Unternehmenszweck, nämlich einzig und allein mit dem der Durchführung **einer** speziellen Testamentsvollstreckung, gründet. Nur wenn dies gewährleistet ist, fehlt es am Merkmal der Gewerbsmäßigkeit im Sinne des Art. 1 § 1 RechtsberatungsG. Problematisch ist hier allerdings wiederum, daß für den Fall, daß die Testamentsvollstrecker-GmbH gemäß § 2219 BGB von den Erben haftbar gemacht wird, diesen mitunter eine nur ungenügende Haftungsmasse zur Verfügung steht, soweit nicht im einzelnen die Voraussetzungen für einen Haftungsdurchgriff oder eine Haftung nach den Grundsätzen des qualifizierten faktischen Konzerns vorliegen.[166]

Die Haftung der Bank als Testamentsvollstreckerin

161 Grundsätzlich gilt auch hier der **Haftungsumfang** des § 2219 i.V.m. § 276 BGB. Bei einer Pflichtverletzung haftet die testamentsvollstreckende Bank als juristische Person, wobei die handelnden Organe für unerlaubte Handlungen selbst verantwortlich sind.[167] Bei Geldanlagen ist die testamentsvollstreckende Bank grundsätzlich wie ein Vermögensverwalter zu behandeln, wobei aber eine Mehrung des Nachlasses grundsätzlich nicht die Aufgabe des Testamentsvollstreckers ist.[168]

162 Die Gefahr einer Haftung besteht für die Bank als Testamentsvollstreckerin vor allem bei **spekulativen** Anlageformen. Dem Testamentsvollstrecker sind grundsätzlich solche Anlagen verwehrt, die nach der Lage des Falls den Grundsätzen einer wirtschaftlichen Vermögensverwaltung zuwiderlaufen. Überzogene und **unkalkulierbare** Risiken dürfen also grundsätzlich nicht eingegangen werden.[169] Rein spekulative Anlagen mit hoher Renditeerwartung sind jedenfalls dann dem Testamentsvollstrecker verwehrt, wenn dabei der gesamte oder doch ein großer Teil des Nachlasses betroffen ist und daher die Gefahr eines völligen Verlustes des Nachlaßvermögens bei Enttäuschung der ursprünglichen Renditeerwartung droht. In diesem Zusammernhang bietet sich

---
166 BGH FamRZ 1989, 859.
167 *Vortmann*, WM 1995, S. 1747.
168 BGH NJW 1989, 1068.
169 BGH NJW 1987, 1070.

die analoge Anwendung der Grundsätze über die Sorgfaltspflichtverletzung im Rahmen von Beratungs- und Aufklärungspflichten sowie der Prospekthaftung an.[170]

Auch fehlende Sachkenntnis und das Nichteinschalten **fachkundiger** Personen, insbesondere bei komplexen Sachverhalten, führt zu einer Haftung der Bank als Testamentsvollstreckerin für die sorgfältige Auswahl des Beauftragten, falls zur Klärung dieses Sachverhalts unterschiedliche Aspekte aus verschiedenen Fachrichtungen berücksichtigt werden müssen.[171]

163

Die testamentsvollstreckende Bank unterliegt im übrigen **Rechenschafts-** und **Benachrichtigungspflichten** dergestalt, daß hier eine jährliche Rechnungslegung, die Erstellung von Kurswertberechnungen sowie von Vermögensübersichten zu erfolgen hat. Eine Benachrichtigungspflicht ist insbesondere dann gegeben, wenn die Wertentwicklung des gesamten Nachlasses erheblich, d. h. um etwa 10–20 %, zurückgeht.[172]

164

IV. Testamentsvollstreckung durch den Steuerberater

Wie beim Rechtsanwalt könnte die Übernahme der Testamentsvollstreckertätigkeit für den **Steuerberater** in der Regel berufsrechtlich unproblematisch sein, da sie ohnehin zum Berufsbild des Steuerberaters gehört.[173] Die restriktive Interpretation des RBerG zieht allerdings nach sich, daß sowohl Banken als auch Steuerberater und Wirtschaftsprüfer zunächst einmal grundsätzlich von der Übernahme von Testamentsvollstreckungen ausgenommen sind.[174] Zu erwägen ist insoweit die geschäftsmäßige Übernahme einer Testamentsvollstreckung nur, wenn sie im Einzelfall in unmittelbarem Zusammenhang mit einer der in Art. 1 § 5 RBerG genannten Erwerbstätigkeiten steht, wobei jedoch immer erforderlich ist, daß die Testamentsvollstreckung als rechtsberatende Tätigkeit bloße **Hilfs-**und **Nebentätigkeit** bleibt. Sie muß also im Verhältnis zu einem konkreten Hauptgeschäft eine untergeordnete Rolle spielen. Angesichts des

165

---

170 BGH NJW 1991, 1108.
171 OLG Stuttgart, BWNotZ 1962, 61.
172 *Vortmann*, WM 1995, S. 1749.
173 *Bengel/Reimann*, Rn 44.
174 *Henssler*, ZEV 1994, S. 265.

Gesetzeswortlauts erscheint es jedoch nicht ohne weiteres vertretbar, den Ausnahmetatbestand des Art. 1 § 5 RBerG analog auf Steuerberater anzuwenden.

166 In der Praxis hat sich jedoch die Erkenntnis durchgesetzt, daß fremde Rechtsangelegenheiten stets dann mitbesorgt werden dürfen, wenn dies zur Erfüllung der eigentlichen Berufsaufgaben notwendig ist.[175] Das bloße Steuerberatermandat allein steht aber weder in einem zwingenden noch einem für Art. 1 § 5 RBerG ausreichenden unmittelbaren sachlichen Zusammenhang zur Testamentsvollstreckung.[176] Im Rahmen der **treuhänderischen**, vermögensverwaltenden Tätigkeit ist jedoch zugunsten des Steuerberaters der Ausnahmetatbestand des Art. 1 § 5 Nr. 3 RBerG anzuwenden.

167 Aber auch hier muß die berufsrechtliche Grenze wie beim Rechtsanwalt spätestens bei Führung eines Einzelunternehmens bzw. bei der Übernahme einer Vollhaftung im Rahmen einer Personengesellschaft liegen, da insoweit ein Verstoß gegen § 57 IV Nr. 1 StBerG anzunehmen sein dürfte.

168 Die Tätigkeit des Steuerberaters als Testamentsvollstrecker wird auch in vollem Umfang von dessen **Berufshaftpflichtversicherung** abgedeckt. Zu beachten ist aber, daß er für den Fall, daß er die Grenze der Amtsausübung als Testamentsvollstrecker überschreitet, seinen Versicherungsschutz verliert. Insbesondere ist hier wiederum an die Vollhaftung für ein Unternehmen zu denken. Die Risikobeschreibung der Berufshaftpflichtversicherung für Vermögensschäden erstreckt den Versicherungsschutz nämlich nur auf aufsichtsführende Treuhandtätigkeit.[177]

169 Hinsichtlich der Testamentsvollstrecker-Vergütung gilt das gleiche wie beim Rechtsanwalt, insbesondere gilt **nicht** die **StBerGebVO**, außer wenn der Erblasser dies ausdrücklich angeordnet hat. Auch hier ist eine Befreiung von § 181 BGB möglich mit der Folge, daß der Steuerberater sich im Rahmen der Testamentsvollstreckung mit einer Steuerberatertätigkeit selbst beauftragen kann.

---

175 BGH NJW 1976, 1635.
176 *Henssler*, aaO, S. 266.
177 *Bengel/Reimann*, Rn 48.

§ 21 Der Gläubiger als Mandant

A. Die Krise des Schuldverhältnisses

Mit dem Tod des Schuldners tritt jedes Schuldverhältnis in eine „existentielle Krise": Die wichtigste Person des Schuldverhältnisses, den Schuldner, gibt es nicht mehr. Von seinem rechtsgeschäftlichen Verhalten, seiner Vermögenssituation und Liquidität hing es ab, ob das zwischen dem Gläubiger und dem Schuldner = Erblasser begründete Schuldverhältnis ordnungsgemäß abgewickelt werden konnte und die dem Gläubiger gegenüber bestehenden Verpflichtungen in vollem Umfang erfüllt werden konnten.

Der Tod des Schuldners ist für den ungesicherten Gläubiger eine so einschneidende Situation, wie sie nur noch schlimmer beim Vermögensverfall eintreten kann. Diese neue, für den Gläubiger schwierige Lage erfordert gesetzliche Regeln, die seinem akut gewordenen Schutzbedürfnis gerecht werden. Deshalb hat sich das Gesetz für den streng erscheinenden Grundsatz der unbeschränkten Haftung des Erben für die Nachlaßverbindlichkeiten entschieden.

I. Die ersten zu klärenden Fragen

Aber vor allen – sicher interessanten – dogmatischen Fragen interessieren den Gläubiger und damit auch seinen Rechtsanwalt zwei Fragen:

- Wer ist Erbe geworden und damit neuer Schuldner?

- Ist die ursprünglich gegen den Erblasser gerichtete Forderung in irgendeiner Weise abgesichert oder nicht?

Denn auch hier gilt: Gleichgültig, welche Haftungssituation beim Erben eintreten wird, die Position des abgesicherten Nachlaßgläubigers ist bei der Nachlaßverwaltung, im Nachlaßkonkurs, in der Nachlaßinsolvenz und bei Erhebung der Dürftigkeitseinrede in jedem Falle besser als die des ungesicherten Gläubigers.

II. Praxis-Hinweise für den Rechtsanwalt

1. Auskünfte von Behörden

6 Wenn der Gläubiger lediglich den Tod des Schuldners vermutet, weil keine Reaktion mehr erfolgt, so kann er sich Gewißheit verschaffen durch
- Anfrage beim Einwohnermeldeamt oder Standesamt der Wohnsitzgemeinde des Schuldners; zum Umfang der Auskunft aus dem Melderegister s. OVG Münster NJW 1976, 532,
- Anfrage beim zuständigen Nachlaßgericht (Amtsgericht, in Ba.-Wü. Staatliches Notariat). Örtlich zuständig ist das Gericht des letzten Wohnsitzes des Erblassers, § 73 I FGG.
- Anfrage bei der zuständigen Testamentskartei (Amtsgericht, Staatl. Notariat, bei Ausländern oder im Ausland geborenen Erblassern: Amtsgericht Berlin-Schöneberg – Adresse: Grunewaldstr. 66–67, 10820 Berlin),
- Anfrage beim Geburtsstandesamt des Erblassers, das gem. § 43 I Nr. 1 der AVO zum PStG vom 25.7.1977 (BGBl I 377) vom Sterbefall durch das Standesamt des Sterbeortes erfährt.

2. Beschaffung eines Erbscheins

7 Der Gläubiger kann sich mit Hilfe der Vorlage einer Ausfertigung des vollstreckbaren Titels nach § 85 FGG von einem bereits erteilten Erbschein beim Nachlaßgericht (des letzten Wohnsitzes des Erblassers) eine Abschrift erteilen lassen (§§ 792 ZPO, 78 FGG).

Ist ein Erbschein noch nicht erteilt, so kann der Gläubiger – wenn er bereits im Besitz eines Titels ist – sogar das Erbscheinsverfahren betreiben, er hat ein eigenes Antragsrecht nach §§ 792, 896 ZPO und kann die nach § 2356 II BGB erforderliche eidesstattliche Versicherung abgeben.[1]

8 Der Nachlaßgläubiger kann auch das Personenstandsbuch des Erblassers einsehen, um sich die erforderlichen Informationen für das Erbscheinsverfahren zu verschaffen; er hat insofern ein rechtliches Interesse iSv § 61 I 3 PStG.[2]

---

1 OLG Hamm FamRZ 1985, 1185.
2 OLG Brandenburg, NJW-RR 1999, 660.

OLG Brandenburg:[3]
"Ein rechtliches Interesse an der Einsicht der Personenstandsbücher ist dann gegeben, wenn die Kenntnis der Personenstandsdaten eines anderen zur Verfolgung von Rechten erforderlich ist ... (Die Gläubigerin) hat ein bestehendes Recht, nämlich einen gegen die Erben ... gerichteten Darlehensrückerstattungsanspruch (§§ 607 I, 609 I BGB), glaubhaft gemacht. Da sie die – gesetzlichen – Erben nicht kennt, ist sie zur Durchsetzung ihres Anspruches auf die Personenstandsdaten der – etwaigen – Erben ..., wozu der Ehegatte ..., dessen Abkömmlinge bzw. Eltern zählen, angewiesen."

Ist ein Nachlaßpfleger bestellt, so kann sowohl dieser als auch ein von ihm beauftragter Erbenermittler die Erteilung von Personenstandsurkunden verlangen.[4]

B. Ausgangssituation

Das Prinzip der Universalsukzession des § 1922 I BGB sieht den nahtlosen Übergang aller aktiven und passiven Vermögenswerte des Erblassers auf den Erben vor und bestimmt in § 1967 BGB klarstellend, daß der Erbe für die Nachlaßverbindlichkeiten haftet.

Nach dem Erbfall treten die widerstreitenden Interessen von zumindest drei Gruppen ins Blickfeld:
- Die Gläubiger des Erblassers sind daran interessiert, den Aktivnachlaß wie bisher als Haftungsgrundlage für sich zu erhalten und daß die schon vor dem Erbfall vorhandenen Gläubiger des Erben nicht auf dieses Vermögen zugreifen.
- Die Gläubiger des Erben (sogenannte Eigengläubiger) wollen ihrerseits das dem Erben bisher schon gehörende Vermögen als ihre Haftungsgrundlage erhalten; die Gläubiger des Erblassers sollen darauf nicht zugreifen können.

---

3 AaO.
4 LG Bremen, StAZ 1998, 83.

3 Das erbrechtliche Mandat nach dem Erbfall

- Der Erbe möchte für Nachlaßverbindlichkeiten nur mit dem Nachlaß haften und nicht auch mit seinem eigenen Vermögen, andernfalls müßte er für die Schuld eines Dritten, des Erblassers, einstehen.

12 Da der Erbe mit dem Erbfall Rechtsinhaber der Vermögensmasse „Nachlaß" wurde, befinden sich nunmehr zwei Vermögensmassen, nämlich sein bisheriges Eigenvermögen und der Nachlaß, in einer Hand. Die Rechte der Nachlaßgläubiger sind deshalb besonders gefährdet, weil

- der Erbe jederzeit eine tatsächliche Vermischung der Vermögensmassen herbeiführen kann, so daß für die Nachlaßgläubiger nicht mehr feststellbar ist, welche Vermögensgegenstände ihnen bisher als Haftungsgrundlage gedient haben, und
- weil Eigengläubiger des Erben auf den Nachlaß Zugriff nehmen können, ohne daß ihnen vor dem Erbfall diese Vermögensmasse gehaftet hätte.

13 An dieser Stelle setzt das Gesetz an: Will der Erbe der unbeschränkten Haftung für eine Nachlaßverbindlichkeit entgehen, so muß er die rein tatsächliche Trennung der beiden Vermögensmassen beibehalten (sogenannte **Gütersonderung**).

Ausblick auf das Recht der Erbengemeinschaft:
Kraft der gesamthänderischen Bindung des Nachlasses in der Erbengemeinschaft besteht dort bis zur Erbteilung eine strenge Trennung zwischen Eigenvermögen der Erben einerseits und Nachlaß andererseits. Dies hat selbstverständlich Auswirkungen auf die Haftungssituation bei bestehender Erbenmehrheit. Zur Erbenhaftung der Miterben siehe unten Rn 222 ff.

C. Der Grundsatz der unbeschränkten Haftung

14 Im Grundsatz haftet der Erbe den Nachlaßgläubigern unbeschränkt, dh sowohl mit dem Nachlaß als auch mit seinem eigenen Vermögen. Die Nachlaßgläubiger können also auf das in der Hand des Erben verschmolzene Vermögen zugreifen, ohne daß eine Beschränkung auf Nachlaßgegenstände oder auf den Wert des Nachlasses einträte. Allerdings verbleibt dem Erben die Möglichkeit, die Haftung für Nachlaßverbindlichkeiten auf den Nachlaß (gegenständlich) zu beschränken (Stichwort: **Der Erbe haftet vorläufig unbeschränkt, aber beschränkbar**).

D. Erbschaftsausschlagung bei überschuldetem Nachlaß

Der Erbe könnte die ihm angefallene Erbschaft auch ausschlagen – wie dies häufig geschieht, wenn der Verdacht einer überschuldeten Erbschaft besteht. Damit wäre allerdings derjenige Erbe mit dem Haftungsproblem konfrontiert, dem die Erbschaft anstelle des Ausschlagenden nach § 1953 II BGB anfällt. Zur Anfechtung der Erbschaftsannahme bei Irrtum über die Nachlaßüberschuldung siehe unten Rn 56 ff.

15

Der Berater sollte die zunächst berufenen Erben darauf hinweisen, daß mit der Ausschlagung der Erbschaft zwar das Haftungsproblem für sie erledigt ist, sich aber für die entfernteren Verwandten neu stellt. Vielleicht gehört es auch zur sittlichen Pflicht naher Familienangehöriger, sich um die Abwicklung eines verschuldeten Nachlasses des Erblassers zu kümmern und dies nicht entfernteren Verwandten zu überlassen. Mit der Handhabung der Regeln über die beschränkte Erbenhaftung kann das Haftungsrisiko für die Erben ausgeschlossen werden.

E. Nachlaßverbindlichkeiten

I. Erblasserschulden

1. Allgemeines

Die Erlasserschulden rühren vom Erblasser her und bestanden bereits ihm gegenüber (§ 1967 II 1 BGB). Gleichgültig ist, ob die Verbindlichkeiten auf Vertrag, unerlaubter Handlung oder öffentlich-rechtlichen Rechtsverhältnissen (beispielsweise Einkommensteuerschuld) beruhen. Dort, wo nur eine höchstpersönliche Erfüllung möglich ist, findet kein Schuldenübergang statt (beispielsweise die Verpflichtung des Dienstverpflichteten, § 613 BGB oder des

16

Geschäftsführers, § 673 S. 1 BGB). Solche höchstpersönlichen Verpflichtungen erlöschen mit dem Tod des Erblassers.

2. Unterhaltsverbindlichkeiten

17 Für Unterhaltsgläubiger gelten besondere Regeln: Der Anspruch auf Verwandtenunterhalt (z. B. eines Kindes) erlischt nach § 1615 I 1 BGB mit dem Tod des Unterhaltspflichtigen. Vom Erben als Nachlaßverbindlichkeit zu erfüllen ist der Unterhaltsanspruch des Verwandten nur, wenn er auf Erfüllung oder Schadenersatz wegen Nichterfüllung für die Vergangenheit gerichtet ist (§ 1613 I BGB). Dies gilt auch für die Unterhaltspflicht gegenüber nichtehelichen Kindern und gegenüber dem überlebenden Ehegatten, von dem der Erblasser nicht geschieden war (§§ 1615a, 1360 a III, 1615, 1361 IV 4 BGB).

18 Demgegenüber geht die Unterhaltsverpflichtung des Erblassers gegenüber einem geschiedenen Ehegatten als Nachlaßverbindlichkeit auf den Erben über (§ 1586 b I BGB). Allerdings haftet der Erbe nur bis zur Höhe des Betrages, der dem Pflichtteil entspricht, der dem unterhaltsberechtigten Ehegatten zustünde, wenn die Ehe nicht geschieden worden wäre (§ 1586 b I 3 BGB). Ob der Tod des Unterhaltsschuldners ein wichtiger Grund iSv § 1585 Abs. 2 BGB ist, der dem Unterhaltsgläubiger das Recht gibt, eine Kapitalabfindung des Unterhalts verlangen zu können, ist ungeklärt. Es spricht aber vieles dafür.

3. Zugewinnausgleichsforderung

19 Eine Besonderheit ist auch für die **Zugewinnausgleichsforderung** des überlebenden Ehegatten zu beachten: Wählt der überlebende Ehegatte die güterrechtliche Lösung, die zu einer Zugewinnausgleichsforderung führt, so ist diese eine Nachlaßverbindlichkeit (§ 1371 II, III BGB). Sie hat insbesondere Vorrang vor Vermächtnissen und Pflichtteilsansprüchen.[5] Teilweise wird die Zugewinnausgleichsforderung als Erbfallschuld bezeichnet. Vgl. zu den Wahlmöglichkeiten des Ehegatten oben § 14 Rn 1 ff.

---

5 BGHZ 37, 64.

4. Forderungen des überlebenden Ehegatten aus einer „Innengesellschaft"

Hat ein Ehegatte im Geschäft oder Betrieb des anderen mitgearbeitet und findet – aus welchen Gründen auch immer – ein Ausgleich des Zugewinns nicht statt, so können Forderungen des überlebenden Ehegatten aus dem „Innengesellschaftsverhältnis" bestehen. Diese Forderungen auf Abrechnung und Zahlung des Abfindungsguthabens sind ebenfalls Erblasserschulden, die den Nachlaß schmälern.[6]

> **Hinweis**
> Dies kann für die Pflichtteilsberechnung bei der Ermittlung des Rein-Nachlasses von großer Bedeutung sein.

5. Prozeßkosten

Bezüglich eines Rechtsstreits, den der Erblasser bereits begonnen hatte, sind die Prozeßkosten Nachlaßverbindlichkeiten.

> **Hinweis**
> In einem vom Erben aufgenommenen Rechtsstreit hat der Erbe den Haftungsbeschränkungsvorbehalt gem. § 780 ZPO bezüglich der Kosten ausdrücklich in den Urteilstenor aufnehmen zu lassen. Im Kostenfestsetzungsverfahren kann dies nicht mehr nachgeholt werden.[7]

Dies bedeutet, daß beantragt werden muß, den Vorbehalt nach § 780 ZPO bezüglich Hauptsumme, Nebenforderungen und Kosten in das Urteil aufnehmen zu lassen. Wenn ein Prozeß auf Klägerseite geführt wird, so kann bei ganzem oder teilweisem Unterliegen den Erben eine Kostentragungspflicht treffen. Auch für diesen Fall ist zu beantragen, bezüglich etwaiger den Kläger treffenden Kosten den Haftungsbeschränkungsvorbehalt nach § 780 ZPO in das Urteil aufzunehmen. Vgl. im einzelnen zum Vorbehalt nach § 780 ZPO Rn 163 ff.

---

6 BGH, NJW 1982, 99; NJW 1990, 573.
7 LG Leipzig, ZEV 1999, 234.

II. Erbfallschulden

22 Das sind solche Verbindlichkeiten, die erst mit dem Erbfall entstehen, den Erblasser also zu seinen Lebzeiten noch gar nicht getroffen haben. Dazu gehören insbesondere Verbindlichkeiten aus Pflichtteilen, Vermächtnissen und Auflagen (§ 1967 II BGB). Es gehören auch dazu der Erbersatzanspruch des nichtehelichen Kindes – für Erbfälle, die bis 31.3.1998 eingetreten sind – (§ 1934 b II BGB), die Kosten einer standesgemäßen Beerdigung (§ 1968 BGB), der gesetzliche Voraus des überlebenden Ehegatten (§ 1932 BGB) und der Dreißigste (§ 1969 BGB).

23 Die sogenannten **Nachlaßkostenschulden** gehören ebenfalls zu den Erbfallschulden. Sie sind ursächlich durch den Erbfall entstanden, aber zeitlich erst nach dessen Eintritt. Dazu gehören folgende Kosten:
- der Nachlaßverwaltung (Haftungsbeschränkungsmaßnahme nach §§ 1975 ff. BGB),
- des Nachlaßkonkurses als Haftungsbeschränkungsmaßnahme (§§ 1975 ff. BGB, 214 ff. KO), bzw. der Nachlaßinsolvenz seit 1.1.1999 (§§ 1975 ff. BGB, 215 ff. InsO)
- des Gläubigeraufgebots (§ 1970 BGB),
- der Errichtung des Nachlaßinventars (§§ 1993 ff. BGB),
- der Nachlaßsicherung, insbesondere der Nachlaßpflegschaft (§§ 1960, 1961 BGB),
- der Eröffnung einer Verfügung von Todes wegen (§§ 2260, 2300 BGB).

24 Zu den **Nachlaßverwaltungsschulden** gehören zwei Arten von Verbindlichkeiten:
- Solche Verbindlichkeiten, die aus der Verwaltungstätigkeit des Nachlaßverwalters, des Nachlaßpflegers und des Testamentsvollstreckers erwachsen, einschließlich deren Ansprüche auf Vergütung.
- Verbindlichkeiten, die begründet wurden durch den Vorerben und den vorläufigen Erben (der Verwaltungshandlungen für den Nachlaß vornimmt, aber später die Erbschaft ausschlägt).

Vgl. zur Vor- und Nacherbschaft Teil 2 § 8 Rn 72 ff und zum vorläufigen Erben oben § 11 Rn 53 ff.

III. Nachlaßerbenschulden

Diese Art von Verbindlichkeiten entsteht aus Rechtshandlungen des Erben im Rahmen einer ordnungsgemäßen Nachlaßverwaltung. Für sie haften sowohl der Nachlaß als auch das Eigenvermögen des Erben, dh der Gläubiger einer Nachlaßerbenschuld kann sowohl auf den Nachlaß als auch auf das Eigenvermögen des Erben zugreifen; er hat zwei Haftungsgrundlagen. Letztlich haftet dafür der Erbe also unbeschränkt.

> *Beispiel*
> Der Erblasser hatte mit einem Hausbau begonnen, der weitgehend fertiggestellt ist. Der Erbe schließt bezüglich der Restarbeiten Werkverträge ab und nimmt dafür auch die bereits vom Erblasser beantragten Baukredite in Anspruch.
>
> Hier haftet der Erbe mit seinem Eigenvermögen auf der Grundlage der von ihm abgeschlossenen Verträge kraft Rechtsgeschäfts; es haftet aber auch der Nachlaß, weil sich die Rechtsgeschäfte eindeutig auf einen Nachlaßgegenstand beziehen.[8] Der Erbe könnte kraft rechtsgeschäftlicher Vereinbarung seine Haftung auf den Nachlaß beschränken, wenn dies im Werkvertrag bzw. in den Darlehensverträgen bezüglich der Baukredite ausdrücklich so vereinbart würde.[9]

Wird nach der Eingehung einer solchen Nachlaßerbenschuld eine Haftungsbeschränkungsmaßnahme angeordnet (Nachlaßverwaltung, Nachlaßinsolvenz, Nachlaßkonkurs etc.), so kann der Erbe Befreiung von der ihn persönlich treffenden Verbindlichkeit verlangen gem. § 257 BGB, wenn die Eingehung der Verbindlichkeit zur ordnungsgemäßen Verwaltung des Nachlasses erforderlich war. Hat der Erbe aus seinem Eigenvermögen die Verbindlichkeit erfüllt, so kann er gem. §§ 1978 III, 670 BGB Ersatz aus dem Nachlaß verlangen.

Die Abgrenzung zwischen Eigenschulden des Erben und Nachlaßverbindlichkeiten ist erforderlich, um festzustellen, ob der Erbe nach § 1978 III BGB Ersatzforderungen gegen den Nachlaß geltend machen kann. Dafür wurde von der Rechtsprechung folgender Maßstab entwickelt:

---

8 BGHZ 38, 193.
9 Vgl. *Palandt/Edenhofer*, § 1967 BGB Rn 10.

3 Das erbrechtliche Mandat nach dem Erbfall

29 Vom Erben selbst eingegangene Verbindlichkeiten sind dann sowohl Eigenverbindlichkeiten als auch Nachlaßverbindlichkeiten, wenn sie „vom Standpunkt eines sorgfältigen Verwalters in ordnungsmäßiger Verwaltung des Nachlasses eingegangen" wurden.[10] Entspricht die Verwaltungsmaßnahme, die zu der Begründung der betreffenden Verbindlichkeit geführt hat, nicht einer ordnungsmäßigen Verwaltung, so wurde damit keine Nachlaßverbindlichkeit, sondern lediglich eine Eigenverbindlichkeit des Erben begründet.

30 Praktische Bedeutung erlangt die Abgrenzung zwischen Nachlaßverbindlichkeiten und Eigenverbindlichkeiten dann, wenn eine Haftungsbeschränkungsmaßnahme herbeigeführt wird. Mit dieser tritt eine Gütersonderung ein (Trennung des Eigenvermögens des Erben vom Nachlaß). Nach Wirksamwerden einer solchen Maßnahme können Gläubiger des Erben wegen dessen Eigenschulden keinen Zugriff mehr nehmen auf Nachlaßgegenstände (§§ 1984 II BGB, 784 II ZPO). Andererseits stehen den Nachlaßgläubigern in diesem Falle Vermögensgegenstände des Erben aus seinem Eigenvermögen nicht mehr als Haftungsgrundlage zur Verfügung.

31 **Kosten des Rechtsstreits:** Es entspricht allgemeiner Meinung, daß Kosten eines Rechtsstreits, den der Erbe im Hinblick auf den Nachlaß führt, Nachlaßerbenschulden sind und daß deshalb ein Vorbehalt der Beschränkung der Erbenhaftung sich nur auf die Hauptsache, nicht aber auf die Kosten bezieht.[11] Will der Erbe der persönlichen Haftung wegen der Kosten der gerichtlichen Geltendmachung entgehen, dann bleibt ihm nur der Weg, unter den Voraussetzungen des § 93 ZPO den Anspruch unter Vorbehalt der Beschränkung der Erbenhaftung anzuerkennen.[12]

---

10 BGHZ 32, 60 ff. (64); Staudinger/Marotzke, § 1967 BGB Rn 42.
11 *Soergel/Stein*, BGB, 12. Aufl. § 1967 Rn 12; *Staudinger/Marotzke*, BGB, 13. Aufl., § 1967 Rn 47; MüKo/*Siegmann*, BGB, 3. Aufl. § 1967 Rn 37; *Stein/Jonas/Bork*, ZPO, 21. Aufl., vor § 91 Rn 10a; *Zöller/Stöber*, ZPO, 15. Aufl., § 780 Rn 7; OLG Frankfurt, RPfl 1977, 372; OLG Stuttgart, JurBüro 1976, 675.
12 *Stein/Jonas/Bork*, § 93 Rn 4; *Zöller/Stöber*, § 780 Rn 6; *Staudinger/Marotzke*, § 1967 Rn 47.

IV. Steuerforderungen

Einkommensteuer: Einkommensteuerforderungen, die auf Einkünfte entfallen, die der Erblasser bis zu seinem Tode erzielt hat, sind zweifelsfrei Erblasserschulden und damit Nachlaßverbindlichkeit. Zu versteuernde Einkünfte, die nach dem Erbfall entstehen, sind Einkünfte des Erben und damit keine Nachlaßverbindlichkeit, sondern Eigenverbindlichkeit des Erben. Der Steuersatz richtet sich nach den persönlichen steuerrechtlichen Verhältnissen des Erben. Auch wenn Nachlaßverwaltung angeordnet wird, sind die Einkünfte dem Erben persönlich zuzurechnen.[13] 32

Zur Einkommensteuer-Schuld, die durch vom Erblasser verursachten Veräußerungsgewinn entsteht, vgl. BGH in ZEV 1998, 441. Im Zeitpunkt der Erbteilung noch unsichere und/oder nicht fällige Steuerforderungen können dazu führen, daß Rückstellungen gemacht werden müssen und deshalb ein Teil des Nachlasses insolange nicht auseinandergesetzt werden kann, § 2046 I S. 2 BGB. 33

Eine im Zeitpunkt der Erbschaftsmaßnahme nicht bekannte Steuerverbindlichkeit für zurückliegende Veranlagungszeiträume kann u.U. zu einer Irrtumsanfechtung der Annahmeerklärung gem. § 119 Abs. 2 BGB führen (BayObLG, NJW-RR 1999, 590). Vgl. hierzu unten Rn 56 ff.

V. Schuldner der Nachlaßverbindlichkeiten

An die Stelle des Erblassers als bisherigem Schuldner tritt mit Eintritt des Erbfalles gem. §§ 1922, 1967 BGB der Erbe. Schuldner werden demnach nicht Vermächtnisnehmer, Ersatzanspruchsberechtigte und Pflichtteilsberechtigte; sie haben selbst die Stellung von Nachlaßgläubigern. 34

Vor- und Nacherbe: Der Vorerbe ist während seiner Zeit der Erbberechtigung, also bis zum Eintritt des Nacherbfalls, Erbe des Erblassers und haftet deshalb für Nachlaßverbindlichkeiten wie der Vollerbe. 35

Erst mit Eintritt des Nacherbfalls wird der Nacherbe Rechtsnachfolger des Erblassers und tritt damit in die Haftung für Nachlaßverbindlichkeiten ein. Zu diesem Zeitpunkt endet die Haftung des Vorerben, er verliert seine 36

---

13 BFH NJW 1993, 350 ff.

Erbenstellung (§ 2139 BGB). Für Anordnungen, die der Erblasser ausdrücklich zu Lasten des Vorerben getroffen hat (beispielsweise Vermächtnisse, Auflagen und Teilungsanordnungen), haftet der Vorerbe weiter (§ 2145 I BGB).[14]

37 Hat allerdings der Vorerbe die Möglichkeit verloren, seine Haftung auf den Nachlaß zu beschränken, dann haftet er unbeschränkt mit der Folge, daß diese unbeschränkte Haftung mit seinem eigenen Vermögen auch nach Eintritt des Nacherbfalls weiterbesteht. Hat er allerdings die Möglichkeit, seine Haftung auf den Nachlaß zu beschränken, bei Eintritt des Nacherbfalls noch nicht verloren, so kann er die Erfüllung einer Nachlaßverbindlichkeit verweigern, soweit dasjenige nicht ausreicht, was ihm vom Nachlaß gebührt (§ 2145 II BGB).

38 Was gebührt dem Vorerben aus dem Nachlaß? Es ist nicht die Nachlaßsubstanz selbst, vielmehr sind es die Nutzungen, die in das Eigenvermögen des Vorerben übergegangen sind (§§ 2111, 101 BGB). Da er insoweit haftet, bedeutet dies eine wertmäßige Haftung mit dem Eigenvermögen für Nachlaßverbindlichkeiten.

39 Für den Nacherben eröffnet sich die Möglichkeit der Herbeiführung einer beschränkten Haftung auf den Nachlaß vollkommen neu, gleichgültig, ob der Vorerbe davon Gebrauch gemacht hatte oder nicht (§§ 2144, 2145 BGB).

VI. Haftung des Erbschaftserwerbers

40 Die Stellung der Nachlaßgläubiger darf, weil sie auf die Veräußerung der Erbschaft keinerlei Einfluß haben, nicht verschlechtert werden.

Durch den Käufer findet eine gesetzliche gesamtschuldnerische (kumulative) Schuldübernahme statt (§ 2382 I BGB; wie bei § 419 BGB! Hinweis: § 419 BGB wurde mit Wirkung ab 1.1.1999 ersatzlos gestrichen im Hinblick auf das neue Insolvenzrecht). Damit haftet der Erbschaftserwerber neben dem Veräußerer gesamtschuldnerisch für die Nachlaßverbindlichkeiten ab dem Zeitpunkt des Vertragsschlusses über die Erbschaftsveräußerung.

41 Ein vertraglicher Haftungsausschluß zwischen Erwerber und Veräußerer ist nicht möglich (§ 2382 II BGB). Die Haftung erlischt jedoch, wenn die Miterben

---

14 *Palandt/Edenhofer*, § 2145 BGB Rn 1.

beim Erbteilskauf durch einen Dritten das Vorkaufsrecht ausüben (§§ 2034, 2036 BGB).

Haftete der Veräußerer bereits unbeschränkt, so haftet auch der Erwerber unbeschränkt (§ 2383 I 2 BGB). Deshalb geht auch der Gewährleistungsanspruch aus dem Erbschaftskauf in diese Richtung (§ 2376 I BGB). Veräußerer und Erwerber können, weil sie gesamtschuldnerisch haften, Maßnahmen zur Haftungsbeschränkung ergreifen. 42

Im **Innenverhältnis** ist allerdings der Erbschaftserwerber verpflichtet, den Veräußerer von den Nachlaßverbindlichkeiten freizustellen, sofern nicht der Veräußerer für ihr Nichtbestehen einzustehen hat im Sinne des § 2376 BGB. 43

Der Veräußerer haftet im Rahmen der Gewährleistung gemäß § 2376 I BGB auf das Nichtbestehen von 44
- unbeschränkter Haftung gegenüber Nachlaßgläubigern,
- Nacherbeneinsetzung
- Testamentsvollstreckungsanordnung
- Vermächtnissen und Auflagen
- Pflichtteilslasten
- Ausgleichungsverpflichtungen
- Teilungsanordnungen
- Ausgleichsforderung nach beendeter Zugewinngemeinschaft
- Bestehen eines Erbersatzanspruchs[15]

In der Praxis ist die Veräußerung der gesamten Erbschaft eher selten; häufiger kommt dagegen die Veräußerung eines Erbteils nach §§ 2371 ff. BGB vor, u. a. zur ganzen oder teilweisen Auseinandersetzung des Nachlasses. Zur Erbteilübertragung s. § 13 Rn 369 ff. 45

VII. Ab welchem Zeitpunkt haftet der Erbe?

1. Der vorläufige Erbe

Die Erbenstellung ist bis zur Annahme der Erbschaft nur vorläufig. Schlägt der Erbe die Erbschaft aus, so gilt der Anfall an ihn als nicht erfolgt (§§ 1942 I, 46

---

15 Palandt/Edenhofer, § 2376 BGB, Rn 1.

1953 I BGB). Dann hat sich das Haftungsproblem für ihn erledigt, nicht aber für denjenigen, dem die Erbschaft an seiner Stelle anfällt (§ 1953 II BGB).

47 Vor der Annahme der Erbschaft kann ein gegen den Nachlaß gerichteter Anspruch gegen den Erben nicht geltend gemacht werden (§ 1958 BGB). Dies ist eine Prozeßvoraussetzung und muß von Amts wegen beachtet werden (§§ 239 V, 778, 779 ZPO). Das bedeutet, daß eine Klage gegen den Erben **vor der Erbschaftsannahme unzulässig** ist.

48 Während dieses Schwebezustandes tritt auch trotz Mahnung **kein Schuldnerverzug** ein (§ 285 BGB).

49 § 1958 BGB gilt aber nicht bei Vorhandensein eines Testamentsvollstreckers (§ 2213 II BGB) und bei Anordnung der Nachlaßpflegschaft (§ 1960 III BGB). Will ein Gläubiger eine Nachlaßverbindlichkeit geltend machen, bevor der Erbe die Annahme erklärt hat, so muß er die Anordnung der Nachlaßpflegschaft (§ 1961 BGB) beim zuständigen Nachlaßgericht beantragen.[16]

50 § 1958 BGB wirkt sich im Verfahren auf Erteilung einer Vollstreckungsklausel in der Weise aus, daß vor Annahme der Erbschaft ein gegen den Erblasser gerichteter Titel nicht auf den Erben nach § 727 I ZPO umgeschrieben werden kann.[17]

2. Haftung nach Erbschaftsannahme

a) Die Dreimonatseinrede

51 Auch nach Annahme der Erbschaft steht dem Erben die Einrede zu, die Erfüllung einer Nachlaßverbindlichkeit **innerhalb der ersten drei Monate** nach Erbschaftsannahme zu verweigern (§ 2014 BGB). Das Gesetz gewährt dem Erben eine Schonfrist, damit er sich einen Überblick über den Nachlaß verschaffen kann. Die Frist beginnt mit der Annahme der Erbschaft, also spätestens nach Ablauf der Ausschlagungsfrist.

---

16 *Palandt/Edenhofer*, § 1958 BGB Rn 3.
17 Vgl. *Ebenroth*, Rn 1102.

Ergänzt wird § 2014 BGB durch § 305 I ZPO: Im Prozeß führt die Geltendmachung der Einrede zur Aufnahme des Vorbehalts der beschränkten Erbenhaftung in das Urteil. 52

Muster: Klageantrag

▼

„Dem Beklagten bleibt die Geltendmachung seiner Rechte aus § 2014 BGB in Bezug auf Hauptforderung, Nebenforderungen und Kosten vorbehalten."

▲

Für die Zwangsvollstreckung gilt § 782 ZPO: Aufgrund des Vorbehalts ist eine etwaige Zwangsvollstreckung auf reine Sicherungsmaßnahmen (Pfändung ohne Verwertung, §§ 930-932 ZPO) zu beschränken. Durchgesetzt wird der Vorbehalt mit der Vollstreckungsgegenklage, §§ 780 I, 782, 785, 767 ZPO. 53

b) Aufgebotseinrede

Das Gesetz gewährt dem Erben nach der Erbschaftsannahme eine weitere Schonungseinrede (§ 2015 BGB): Während des laufenden Aufgebotsverfahrens der Nachlaßgläubiger kann der Erbe ebenfalls die Erfüllung einer Nachlaßverbindlichkeit einredeweise verweigern. Auch hier soll dem Erben Gelegenheit gegeben werden, sich Klarheit über die Nachlaßverbindlichkeiten und den Nachlaßumfang zu verschaffen. 54

Folge der Erhebung der Einrede im Prozeß ist ein Vorbehaltsurteil gem. § 305 ZPO und § 782 ZPO in der Vollstreckung. 55

VIII. Die Überschuldung des Nachlasses als Motivirrtum iSv § 119 II BGB bei Annahme der Erbschaft

1. Die Anfechtung der Annahme der Erbschaft

56 Das Gesetz geht in §§ 1954 bis 1957 BGB von der Möglichkeit einer Anfechtung der Annahme einer Erbschaft aus, enthält jedoch dort keine besonderen Bestimmungen zu den Gründen, die eine solche Anfechtung rechtfertigen können. Daraus folgt, daß insoweit die allgemeinen Bestimmungen der §§ 119 ff. BGB maßgebend sind.[18]

2. Anfechtungsgründe

57 Als Anfechtungsgründe im Sinne eines Motivirrtums nach § 119 II BGB kommen die Überschuldung des Nachlasses, mangelnde Kenntnis einzelner wichtiger Nachlaßverbindlichkeiten, fehlerhafte Einschätzung des Wertes einzelner Nachlaßgegenstände in Betracht. Dabei ist als „Sache" im Sinne dieser Vorschrift bei der Anfechtung gem. §§ 1954, 1956 BGB die Erbschaft anzusehen, d. h. der dem Erben angefallene Nachlaß oder der betreffende Nachlaßteil bei einem Miterben.[19] Das bedeutet, daß die Überschuldung der Erbschaft eine verkehrswesentliche Eigenschaft gem. § 119 II BGB darstellen kann, die zur Anfechtung der Annahme der Erbschaft berechtigen kann.[20]

58 Allerdings muß die Überschuldung auch im Zeitpunkt der Annahme der Erbschaft vorliegen. Eine Überschuldung des Nachlasses als Voraussetzung für die Eröffnung der Nachlaßinsolvenz gem. § 320 S. 1 InsO liegt vor, wenn bei Gegenüberstellung der Aktiva und Passiva des Nachlasses die Verbindlichkeiten den Wert der Nachlaßgegenstände übersteigen.[21]
Maßgebend für die Bewertung von Nachlaßgegenständen im Rahmen der Überschuldensprüfung ist der jeweilige Liquidationswert,[22] d. h. der Wert, zu dem die Nachlaßgegenstände veräußert werden können.

---

18 BayObLG NJW-RR 1999, 590, 591.
19 RGZ 158, 50, 52; *Staudinger/Otte* Rn 7; MüKo/*Leipold* Rn 7 je zu § 1954; BayObLG, MittRhNotK 1979, 159, 161; NJW-RR 1999, 590, 591.
20 BayObLGZ 1980, 23, 27; NJWE-FER 1997, 132 = FamRZ 1997, 1174, 1175; OLG Zweibrücken, FGPrax 1996, 113, 114.
21 *Pal./Edenhofer*, § 1980 Rn 3.
22 *Kuhn/Uhlenbruck* § 215 KO Rn 2.

Evtl. Fehlvorstellungen des Erben über den Wert einzelner zum Nachlaß gehörender Gegenstände können für sich die Anfechtung der Annahme nicht begründen. Der Wert der Nachlaßgegenstände als solcher stellt keine verkehrswesentliche Eigenschaft iSv § 119 II BGB dar.[23]

59

Ein Irrtum über das Bestehen von Verbindlichkeiten, bspw. von Einkommensteuerschulden für zurückliegende Veranlagungszeiträume, kann grundsätzlich die Anfechtung der Annahme begründen. Allerdings ist eine einzelne Verbindlichkeit lediglich ein Rechnungsfaktor für die Bewertung des ganzen Nachlasses und damit der Überschuldung.

Zu den Eigenschaften einer Sache rechnet zwar nicht der Wert der Sache selbst, aber doch alle wertbildenden Merkmale, die die Sache unmittelbar kennzeichnen.[24] Geht es um die Eigenschaften einer Sachgesamtheit wie eines Nachlasses, so stellt deren Zusammensetzung ein solches wertbildendes Merkmal dar. Deshalb gehört es zu den wertbildenden Faktoren der Erbschaft, mit welchen Verbindlichkeiten der Nachlaß belastet ist.[25] Ein Irrtum hierüber kann jedoch die Anfechtung nur begründen, wenn sich das Bestehen einer solchen Verbindlichkeit als verkehrswesentliches Merkmal darstellt und der Irrtum hierüber für die Erklärung der Annahme ursächlich war. Insoweit ist bei der Beurteilung auf die Erbschaft als ganzes, d. h. als Zusammenfassung aller Vermögensgegenstände und Verbindlichkeiten, abzustellen. Deshalb können nur wertbildende Faktoren von besonderem Gewicht als im Verkehr wesentlich angesehen werden. Die Verbindlichkeit muß daher eine im Verhältnis zur gesamten Erbschaft erhebliche und für den Wert des Nachlasses wesentliche Bedeutung haben.[26]

60

Darüber hinaus muß anzunehmen sein, daß der Erbe bei Kenntnis der Verbindlichkeit und verständiger Würdigung des Falles die Annahme nicht erklärt hätte, § 119 I BGB. Ein solches verständliches Interesse wird aber in aller Regel nicht gegeben sein, wenn auch unter Berücksichtigung der zunächst unbekannten Verbindlichkeit ein deutlicher Überschuß der Aktiva des Nachlasses über die

61

---

23 BayObLGZ 1995, 120, 126 = NJW-RR 1995, 904.
24 Pal./Heinrichs § 119 Rn 27.
25 BGHZ 106, 359, 363 = NJW 1989, 2885.
26 BayObLG NJW-RR 1999, 590, 592.

Passiva verbleibt. Denn es ist davon auszugehen, daß man im allgemeinen bei verständiger Würdigung auch kleinere Erbschaften anzunehmen pflegt.[27]

3. Folgen der Anfechtung der Annahme

Die Anfechtung der Annahme gilt als Ausschlagung, § 1957 I BGB.

F. Die einzelnen Haftungsbeschränkungsmaßnahmen

I. Grundsatz der beschränkbaren Erbenhaftung

62 Nur durch die im Gesetz im einzelnen genannten Haftungsbeschränkungsmaßnahmen kann der Erbe die Haftung für Nachlaßverbindlichkeiten auf den Nachlaß beschränken (Grundsatz der beschränkbaren Erbenhaftung).

II. Die Haftungsbeschränkungsmöglichkeiten im Überblick

63 Zwei förmliche Verfahren stellt das Gesetz zur Verfügung:
- die **Nachlaßverwaltung** als Sonderfall der Nachlaßpflegschaft (§ 1975 BGB)
- das **Nachlaßinsolvenzverfahren,** das seit 1.1.1999 an die Stelle des Nachlaßkonkurses, der Nachlaß-Gesamtvollstreckung (ehem. DDR) und des Nachlaßvergleichsverfahrens getreten ist. Siehe dazu im einzelnen unten Rn 70 ff. und Rn 83 ff.; 99 ff.

64 Darüber hinaus ist **in zwei Fällen** eine Haftungsbeschränkung auch ohne die Durchführung eines förmlichen Verfahrens zulässig: Das Gesetz gewährt ausnahmsweise die Möglichkeit der Erhebung der **Einrede der beschränkten Haftung:**
- die **Dürftigkeitseinrede** (§ 1990 BGB),
- die **Überschwerungseinrede** (§ 1992 BGB).

Siehe dazu im einzelnen unten Rn 123 ff.; 125 ff.; 175 ff.; 183 ff.

65 Neben diesen vier Möglichkeiten einer Haftungsbeschränkung, die **allen Nachlaßgläubigern** gegenüber Wirkungen erzeugen, kann der Erbe in zwei weiteren

---

27 BayObLG, NJW-RR 1999, 590, 592.

Fällen seine Haftungsbeschränkung nur **einzelnen Gläubigern** gegenüber vorbereiten, und zwar mit
- dem **Gläubigeraufgebot,**
- dem **Nachlaßinventar.**

Siehe dazu im einzelnen unten Rn 139 ff.; 148 ff.

> *Hinweis*
> Inventarerrichtung (§§ 1993 ff. BGB) und Gläubigeraufgebot (§§ 1970–1974 BGB; 989 ff. ZPO) sind **keine Haftungsbeschränkungsmaßnahmen,** sondern können solche lediglich vorbereiten.

Diesen zeitlich unbegrenzten, insgesamt vier Haftungsbeschränkungsmaßnahmen und zweien, die die Haftungsbeschränkung vorbereiten, stehen die nur zeitweise wirkenden, aufschiebenden Einreden der §§ 2014 und 2015 BGB gegenüber. 66

Immer haftet der Erbe den Nachlaßgläubigern unbeschränkt, d.h. auch mit seinem Eigenvermögen, wenn die Voraussetzungen für eine der Möglichkeiten der Haftungsbeschränkung nicht mehr vorliegen. Der Erbe kann also seine Beschränkungsmöglichkeit auch verlieren, dann haftet er unbeschränkt.

III. Die zwei förmlichen Nachlaßverfahren zur Herbeiführung der Haftungsbeschränkung

Das Gesetz stellt zwei Verfahren zur Verfügung, die zu einer Gütersonderung führen und für den Erben seine Haftung gegenüber **allen Nachlaßgläubigern** beschränken: 67
(1) Die **Nachlaßverwaltung** als Sonderfall der Nachlaßpflegschaft (§ 1975 BGB),
(2) das **Nachlaß-Insolvenzverfahren** (§§ 315–331 InsO), das seit 1.1.1999 an die Stelle des **Nachlaßkonkurses** (§§ 1975 BGB; 214 ff. KO), des Nachlaß-Gesamtvollstreckungsverfahrens (DDR-GesVO) und des **Nachlaßvergleichsverfahrens** (§ 113 VglO) getreten ist.[28]

---

[28] Bis 31.12.1998 beantragte Nachlaßkonkurs-, Nachlaß-Gesamtvollstreckungs- und Nachlaßvergleichsverfahren werden noch nach altem Recht zu Ende geführt.

3 Das erbrechtliche Mandat nach dem Erbfall

68 Die zwei Nachlaßverfahren Nachlaßverwaltung und Nachlaßinsolvenz werden nur auf Antrag eröffnet, wie sich aus §§ 1980, 1981 BGB und 317 I InsO ergibt. Der Erbe kann von sich aus die mit der Eröffnung des Verfahrens verbundene Haftungsbeschränkung herbeiführen, weil das Gesetz ihm ein Antragsrecht gewährt (§§ 1980 I, 1981 I BGB, 317 I InsO).

IV. Zu klärende Vorfragen bei Inanspruchnahme eines Erben

69 Wird ein Erbe außergerichtlich oder gerichtlich in Anspruch genommen, so sind immer **drei Fragen** zu klären:
(1) Liegt eine **Nachlaßverbindlichkeit** vor? (Zum Begriff der Nachlaßverbindlichkeiten s. oben Rn 16 ff.)
(2) Wird für die Nachlaßverbindlichkeit **unbeschränkt** oder gegenständlich – auf den Nachlaß – **beschränkt** gehaftet?
(3) Gehört, wenn ein Vollstreckungszugriff stattgefunden hat, der Gegenstand der Vollstreckung **zum haftenden Vermögen**?

V. Die Nachlaßverwaltung, § 1975 BGB

70 Bei der eingetretenen Vermögensverschmelzung kann es in den Fällen, in denen die Gefahr der Überschuldung des Nachlasses besteht, nicht bleiben. Deshalb räumt das Gesetz dem Erben die Möglichkeit ein, die Vermögensmassen – bei einheitlicher Rechtsträgerschaft des Erben – wieder zu trennen, um auf diese Weise eine Haftungsbeschränkung rechtlich und praktischerweise auch tatsächlich erreichen zu können (Herbeiführen der Gütersonderung). Die Trennung wird auf den Zeitpunkt des Erbfalls zurückfingiert. Kennt der Erbe den Umfang des Nachlasses nicht und muß er dessen Überschuldung befürchten, so ist das geeignete Haftungsbeschränkungsmittel die Nachlaßverwaltung.

1. Verfahren

a) Zuständigkeit

71 Das Nachlaßgericht ordnet auf Antrag die Nachlaßverwaltung an, wenn eine die Kosten der Nachlaßverwaltung deckende Masse vorhanden ist, § 1982 BGB, und wenn noch kein Nachlaßkonkurs bzw. – insolvenzverfahren eröffnet ist, § 1988 BGB. **Örtliche Zuständigkeit:** Nachlaßgericht am letzten Wohnsitz des Erblassers, § 73 FGG. Funktionell zuständig ist der Rechtspfleger (§§ 3

Nr. 2 c); 16 I Nr. 1 RPflG). Bekanntmachung erfolgt gegenüber dem Erben (§ 16 FGG) und durch öffentliche Bekanntmachung (§ 1983 BGB).

b) Antragsberechtigt sind:
- der Erbe (§ 1981 II BGB), Miterben nur gemeinschaftlich (§ 2062 BGB),
- jeder **Nachlaßgläubiger** innerhalb von zwei Jahren nach Erbschaftsannahme, falls die Gefahr besteht, daß nicht alle Nachlaßverbindlichkeiten aus dem Nachlaß erfüllt werden können (§ 1981 II BGB),
- der Testamentsvollstrecker (§§ 217 I KO, 317 I InsO analog).

Der Rechtsanwalt als Bevollmächtigter des Erben (§ 13 FGG) kann die Anordnung der Nachlaßverwaltung beantragen, ebenso als Bevollmächtigter des Nachlaßgläubigers oder des Testamentsvollstreckers.

c) Rechtswirkung der Eröffnung

Nach Eröffnung der Nachlaßverwaltung kann der Erbe die Nachlaßgläubiger auf den Nachlaß beschränken, § 1975 BGB, und so den Zugriff auf sein Eigenvermögen abwehren. Das ist gerechtfertigt, weil die Einschaltung des Nachlaßverwalters die ordnungsgemäße Abwicklung des Nachlasses ausreichend sichert.

Muster: Antrag auf Anordnung der Nachlaßverwaltung

An das Amtsgericht (bzw. Notariat in Ba.-Wü.)
– Nachlaßgericht –

Nachlaßsache des am ▓▓▓ **verstorbenen** ▓▓▓ **, zuletzt wohnhaft in** ▓▓▓

Namens meiner Mandantin, der X-Bank in ▓▓▓, beantrage ich hiermit in oben bezeichneter Nachlaßsache die Anordnung der

Nachlaßverwaltung.

Begründung:
Die X-Bank hat mit dem Erblasser ▓▓▓ am ▓▓▓ einen Darlehensvertrag über DM ▓▓▓ abgeschlossen und das Darlehen am ▓▓▓ ausbezahlt. Der Zinssatz beträgt derzeit ▓▓▓ %.
Beweis: Darlehensvertrag vom ▓▓▓ (Anlage)
Der Erblasser hat mit den Zins- und Tilgungsleistungen vereinbarungsgemäß begonnen. Die Restschuld beträgt per Todestag DM ▓▓▓.

Beweis: Darlehenskontoauszug per ▬▬▬ (Anlage)

Der Erblasser war unverheiratet und hatte auch keine näheren Verwandten. Derzeit ist unklar, wer Erbe geworden ist. Deshalb hat das Nachlaßgericht Nachlaßpflegschaft gem. § 1960 BGB angeordnet, damit die Erben ermittelt werden können.

Nach Auskunft des Nachlaßpflegers, Herrn Rechtsanwalt ▬▬▬, ist zur Zeit völlig offen, ob der aktive Nachlaß für die Nachlaßverbindlichkeiten ausreichen wird.

Beweis: Schreiben des Rechtsanwalts ▬▬▬ vom ▬▬▬ (Anlage)

Es ist das Interesse jedes Nachlaßgläubigers, daß nicht einzelne Gläubiger vorweg befriedigt werden, bevor sichergestellt ist, daß der Nachlaß für alle Gläubiger ausreicht. Deshalb ist es geboten, Nachlaßverwaltung im Sinne der §§ 1975 ff. BGB anzuordnen.

Dem Nachlaßgericht bleibt es überlassen, die Person des Nachlaßverwalters auszuwählen.

Rechtsanwalt

2. Der Nachlaßverwalter

75 Er ist **Partei kraft Amtes** und untersteht der Aufsicht des Nachlaßgerichts (§§ 1975, 1961, 1962, 1915, 837 I BGB). Im Prozeß ist er **gesetzlicher Prozeßstandschafter**. Der Erbe verliert die aktive und passive Prozeßführungsbefugnis (§ 1984 I BGB). Die durch den Tod des Erblassers unterbrochenen Prozesse nimmt er auf (§§ 239, 246 ZPO). Er hat **Verwaltungs- und Verfügungsbefugnis** über den Nachlaß (§§ 1984 I 1; 1985 I BGB), d. h. er kann sich auch mit Wirkung gegenüber dem Nachlaß verpflichten (§§ 1975, 1915, 1793 BGB). Rechtshandlungen des Erben sind ab der Anordnung der Nachlaßverwaltung absolut unwirksam (§§ 1984 I 2; 81 InsO; 7 KO). Durch den Nachlaßverwalter ist ein **Verzeichnis des Nachlasses** dem Nachlaßgericht einzureichen (§§ 1975, 1962, 1915, 1802 BGB).

76 Es bestehen **Genehmigungserfordernisse** nach §§ 1821 ff BGB von seiten des Nachlaßgerichts, auch wenn der Erbe volljährig ist (wegen der Verweisung in §§ 1975, 1962, 1915 BGB). Hauptaufgabe ist die **Erfüllung der Nachlaßverbindlichkeiten** (§§ 1985 I 1, 1986 I 1 BGB). Dazu wird er in der Regel den Nachlaß liquidieren müssen. Es ist aber nicht seine Aufgabe, die Nachlaßauseinandersetzung vorzunehmen.[29]

---

29 OLG Frankfurt, FamRZ 1998, 636, 637.

Fallbeispiel:

Erblasser E hat an D einen Pkw verkauft, der Kaufpreis ist in monatlichen Raten zu bezahlen, die letzte Rate von DM 1.000 ist noch offen. Der Sohn des E, S, steht mit D in laufender Geschäftsbeziehung, aus der dem D ein Guthabensaldo von DM 3.000 zusteht.
E stirbt, sein Sohn S wird Alleinerbe. Daraufhin rechnet D mit seiner Forderung in Höhe des Teilbetrages von DM 1.000 gegen die noch offene Restkaufpreisforderung auf. Einen Monat später wird Nachlaßverwaltung angeordnet. Der Nachlaßverwalter NV fordert von D die Kaufpreisrate von DM 1.000 für den Nachlaß. D verweigert die Zahlung. NV erhebt im eigenen Namen Klage gegen D auf Zahlung der DM 1.000. D beantragt Klagabweisung, weil die Klage sowohl unzulässig als auch unbegründet sei.

NV sei nicht aktiv legitimiert, er könne die Kaufpreisforderung nicht im eigenen Namen geltend machen, allenfalls als Vertreter des Erben S. Außerdem sei die Forderung durch Aufrechnung erloschen, die Klage deshalb auch unbegründet.

Lösungsvorschlag:

Die Klage ist zulässig. NV hat als Nachlaßverwalter die Stellung einer Partei kraft Amtes und kann deshalb als gesetzlicher Prozeßstandschafter im eigenen Namen Forderungen für den Nachlaß des E geltend machen (§ 1984 I BGB; RGZ 135, 305).

Die Klage ist auch begründet. Die durch die Aufrechnungserklärung zunächst erloschene Restkaufpreisforderung ist mit der Anordnung der Nachlaßverwaltung wieder aufgelebt. Die Aufrechnung gilt gemäß § 1977 II BGB mit Rückwirkung auf den Zeitpunkt des Erbfalls als nicht erfolgt.

3. Das der Verwaltung unterliegende Vermögen

Die Verwaltung erstreckt sich auf den gesamten Nachlaß, soweit er der Zwangsvollstreckung unterliegt (entsprechend §§ 1 KO, 811 ZPO, 35, 36 InsO). **Höchstpersönliche Rechte** des Erben sind ausgenommen. Im Grundbuch ist die Nachlaßverwaltung als Verfügungsbeschränkung in Abteilung II einzutragen. Die vererbte Beteiligung des Erblassers an **einer Personenhandelsgesellschaft** ist differenziert zu betrachten:

- Die Vermögensrechte der Gesellschafterstellung, die sogenannte „Außenseite", verwaltet der Nachlaßverwalter.[30] Er verwaltet Gewinn- und Auseinandersetzungsansprüche. Dies gilt, obwohl kraft Sondererbfolge der Gesellschaftsanteil unmittelbar in das Privatvermögen des Erben gefallen ist.[31]

---

30 BGHZ 98, 57.
31 BGHZ 91, 136.

3 Das erbrechtliche Mandat nach dem Erbfall

- Die **höchstpersönlichen Mitgliedschaftsrechte** übt nach wie vor der Erbe aus.[32]

Der Nachlaß wird zum **verwaltungsmäßigen Sondervermögen**. Der Erbe ist Rechtsträger seines Eigenvermögens und des Sondervermögens „Nachlaß".

4. Grundstück im Nachlaß

78 Im Grundbuch ist die Nachlaßverwaltung als Verfügungsbeschränkung in Abteilung II einzutragen. Es empfiehlt sich, diese Eintragung herbeizuführen, damit keine Grundstücksverfügungen am Nachlaßverwalter vorbei getroffen werden.

79 Für die Eintragung reicht ein schriftlicher Antrag an das Grundbuchamt (§ 13 GBO). Dem Antrag ist eine Ausfertigung (!) des Beschlusses über die Anordnung der Nachlaßverwaltung beizufügen. Diese Ausfertigung ist eine öffentliche Urkunde im Sinne des § 29 GBO (vgl. § 47 BeurkG). Antrag des Nachlaßgläubigers (der Rechtsanwalt bedürfte einer schriftlichen Vollmacht) und Vorlage des Anordnungsbeschlusses des Nachlaßgerichts reichen aus.

5. Verantwortlichkeit des Nachlaßverwalters

80 Der Nachlaßverwalter führt sein Amt unabhängig und eigenverantwortlich. Er unterliegt der Aufsicht des Nachlaßgerichts (§§ 1960, 1962, 1915, 1837, 1886 BGB). Dieses hat den Nachlaßverwalter zu entlassen, wenn die Fortführung des Amtes, insbesondere wegen seines pflichtwidrigen Verhaltens, das Interesse der Nachlaßgläubiger gefährden würde.[33] In reinen Zweckmäßigkeitsfragen untersteht der Nachlaßverwalter aber keinen gerichtlichen Weisungen.[34]

Dem Erben haftet der Verwalter für schuldhafte Pflichtverletzung (§§ 1985 I 1, 1915 I, 1833 BGB). Zwischen ihnen besteht ein gesetzliches Schuldverhältnis. Den Nachlaßgläubigern ist er im Rahmen der §§ 1985 II, 1978, 1979, 1980 BGB verantwortlich. Die Ansprüche gehören zum Nachlaß.

---

32 BGHZ 47, 293; 98, 55; und BayObLG 1988, 24, 28 ff.
33 OLG Frankfurt FamRZ 1998, 636, 637.
34 *Palandt/Edenhofer* § 1985, Rn 2.

6. Beendigung der Nachlaßverwaltung

(1) Die Nachlaßverwaltung endet mit ihrer **Aufhebung** durch das Nachlaßgericht. Mit der Bekanntgabe des Aufhebungsbeschlusses endet das Amt des Nachlaßverwalters (§ 16 FGG). Die Aufhebung erfolgt, wenn die Nachlaßverbindlichkeiten erfüllt sind und der Restnachlaß an den Erben herausgegeben ist (§§ 1986 I, 1919 BGB). Der Verwalter ist zur Rechnungslegung verpflichtet: §§ 1915, 1890 BGB.

(2) Sie endet auch seit 01.01.1999 mit Eröffnung der Nachlaßinsolvenz bzw. endete bis 31.12.1998 mit der Eröffnung des Nachlaßkonkurses (§ 1988 I BGB).

Nach der Beendigung der Nachlaßverwaltung haftet der Erbe nur beschränkt auf den Nachlaß; es gilt § 1990 BGB analog.[35]

Der Nachlaßverwalter ist den Gläubigern gegenüber verantwortlich im Rahmen der §§ 1985 II, 1978, 1979, 1980 BGB. Die Ansprüche gegen den Nachlaßverwalter aus nicht ordnungsgemäßer Nachlaßverwaltung gehören zum Nachlaß.

VI. Der Nachlaßkonkurs – wird nach bisherigem Recht abgewickelt, wenn er bis 31.12.1998 beantragt wurde

Der Nachlaßkonkurs (§§ 1975 ff. BGB, 214 ff. KO) sorgt für eine gleichmäßige Aufteilung der unzureichenden Nachlaßmittel unter den nicht bevorrechtigten Gläubigern. Unterschied zur Nachlaßverwaltung: Der Nachlaßkonkurs ist **Sonderkonkurs** über den Nachlaß als Sondervermögen.

1. Konkurseröffnung

Konkursgrund war die Überschuldung des Nachlasses, nicht die Zahlungsunfähigkeit (§ 215 KO). Überschuldung: Die passiven Vermögenswerte übersteigen die aktiven. Vermächtnisse und Auflagen bleiben bei der Feststellung der Passiva außer Betracht (§ 1980 I 3 BGB). Die Konsequenz dieser letzteren gesetzlichen Regelung ist die Gewährung der Überschwerungseinrede für den Erben nach § 1992 BGB.

---

35 BGH NJW 1954, 635.

3 Das erbrechtliche Mandat nach dem Erbfall

85 Beim Amtsgericht als Konkursgericht (§ 214 KO) war bis einschließlich Eröffnung des Verfahrens der Richter zuständig (§ 18 RPflG), danach der Rechtspfleger (§ 3 Nr. 2 e RPflG). Eröffnungsbeschluß: § 108 I KO; Abweisungsbeschluß: § 107 KO.

86 Gemeinschuldner ist der Erbe. Mit der Eröffnung des Konkursverfahrens verliert der Erbe die Verwaltungs- und Verfügungsbefugnis über den Nachlaß. Diese kommt nunmehr dem Konkursverwalter zu. Er hat den Nachlaß in Besitz zu nehmen und zu liquidieren (§ 117 I KO). Der Konkursverwalter hat die Stellung einer Partei kraft Amtes.

87 Konkursmasse ist der Nachlaß in dem Umfang, wie er der Zwangsvollstreckung unterliegt (§§ 1 KO, 811 ZPO). Der Konkurs kann nicht beschränkt werden auf den Erbteil eines Miterben (§ 235 KO). Der Konkursvermerk kann im Grundbuch als Verfügungsbeschränkung in Abteilung II eingetragen werden. Sollte das Konkursgericht von sich aus nicht den Konkursvermerk im Grundbuch eintragen lassen, so kann jeder Gläubiger den entsprechenden Antrag stellen (§ 13 GBO). Eine Ausfertigung des Beschlusses über die Anordnung des Konkursverfahrens ist beizufügen. Diese Ausfertigung ist Urkunde im Sinne des § 29 GBO.

88 Die Konkurseröffnung hat die Wirkung, daß eine Gütersonderung herbeigeführt wird und der Erbe ab Eröffnung nur noch beschränkt auf den Nachlaß haftet (§ 1975 BGB).

2. Rechtsstellung der Nachlaßgläubiger

89 Die Nachlaßgläubiger unterscheiden sich nach den allgemeinen Regeln des Konkursrechtes in Aussonderungs- und Absonderungsberechtigte sowie Massegläubiger und alle anderen Konkursgläubiger (§ 226 KO). Mit der Eröffnung des Konkursverfahrens haben die Eigengläubiger des Erben keinen Zugriff auf die Nachlaßgegenstände.

90 **Aussonderungsberechtigte** haben keinen schuldrechtlichen Anspruch gegen den Nachlaß, sondern eine dingliche Berechtigung an einzelnen Nachlaßgegenständen und sind deshalb keine eigentlichen Konkursgläubiger (§§ 43 ff. KO). Häufigster Fall: Eigentum eines Dritten an einem Nachlaßgegenstand.

Absonderungsberechtigte realisieren ihre Rechte außerhalb des Konkursverfahrens (§§ 4, 47 ff., 127 KO). Häufigster Fall: Gläubiger eines Grundpfandrechtes. 91

Für die **Anfechtungsberechtigten** gelten die allgemeinen Regeln des Konkursrechtes (§§ 53 ff. KO). 92

Forderungen der **Massegläubiger** werden vorweg erfüllt (§ 57 KO). Die allgemeine Unterteilung in Massekosten (§ 58 KO) und Masseschulden (§ 59 KO) und deren Rangverhältnisse (§ 60 KO) gelten auch hier. Zu den Masseschulden kommen die in § 224 KO genannten hinzu, beispielsweise Beerdigungskosten, Kosten einer Nachlaßpflegschaft, Schulden aus Verwaltungsmaßnahmen des Testamentsvollstreckers. 93

Für Konkursgläubiger (= Nachlaßgläubiger) gelten die Regeln über die Bevorrechtigung nach § 61 Nr. 1–5 KO und die Nachrangigkeit gem. § 61 Nr. 6 KO. Für den Nachlaßkonkurs besonders zu regeln sind die Verbindlichkeiten aus Pflichtteilen, Vermächtnissen und Auflagen. Sie haben in der in § 226 II Nr. 4, 5 KO genannten Reihenfolge Nachrang nach den allgemeinen Nachlaßgläubigern. 94

3. Beendigung des Nachlaßkonkurses

Der Nachlaßkonkurs endigt entweder durch Einstellung, Aufhebung nach Schlußverteilung (§ 163 I KO) oder nach Bestätigung eines Zwangsvergleichs (§ 190 I KO). 95

Das Nachlaßkonkursverfahren wird eingestellt, wenn eine die Kosten des Verfahrens deckende Masse nicht vorhanden ist (§ 204 KO). Das Konkursgericht hat das Verfahren einzustellen, wenn alle Konkursgläubiger zustimmen. Dies kommt dann in Betracht, wenn alle Gläubiger außerhalb des Konkursverfahrens befriedigt wurden (§§ 202, 203 KO). 96

Die Aufhebung des Konkursverfahrens erfolgt nach Abhaltung des Schlußtermins und der Schlußverteilung (§ 163 KO). 97

4. Haftung nach Konkurs

98 Nach Beendigung des Konkursverfahrens haftet der Erbe nach wie vor beschränkt (Dürftigkeitseinrede, § 1990 I 1 BGB). Seine Haftung ist allerdings unbeschränkt, wenn er bereits vor dem Nachlaßkonkurs seine Haftungsbeschränkungsmöglichkeiten verloren hatte (beispielsweise durch Inventaruntreue).

5. Das seit 1.1.1999 geltende neue Insolvenzrecht

99 Die Insolvenzordnung (InsO) vom 5.10.1994 (BGBl I 2911) sieht gerade für das Nachlaßinsolvenzverfahren gegenüber der KO einige Neuerungen vor. Für die Nachlaßinsolvenz gelten die §§ 315–331 InsO.

Das Nachlaßinsolvenzverfahren ist ein Mittel zur Herbeiführung der Haftungsbeschränkung und der dafür erforderlichen verwaltungsmäßigen Trennung des Nachlasses vom Eigenvermögen des Erben (Gütersonderung). Es wird nur auf Antrag eröffnet, vgl. § 317 I InsO. Der Erbe kann die mit der Eröffnung des Verfahrens verbundene Haftungsbeschränkung herbeiführen, weil das Gesetz ihm ein Antragsrecht gewährt (§§ 1980 I BGB, 317 I InsO).

a) Die wesentlichen Neuerungen

100
- Ein eigenes Nachlaßvergleichsverfahren – bisher in § 113 VglO geregelt – entfällt. Es hatte schon bisher kaum praktische Bedeutung.
- Ein Insolvenzplan (§§ 217 ff InsO) soll die Möglichkeiten des bisherigen Vergleichs und des bisherigen Zwangsvergleichs im Konkursverfahren ersetzen.
- Die Vorrechte von Gläubigern werden verringert.
- Ein *novum* ist die Restschuldbefreiung (§§ 286 ff InsO).
- Insolvenzanfechtung und allgemeine Gläubigeranfechtung wurden verschärft (§§ 129 ff InsO, Neufassung des AnfG in BGBl 1994 I 2911).
- Die erbrechtlichen Haftungsvorschriften des BGB wurden der Neuregelung angepaßt (Art. 33 Nr. 31–45 EGInsO).
- Für alle vor dem 1.1.1999 beantragten Verfahren gelten noch die alten gesetzlichen Vorschriften von Konkursordnung, Vergleichsordnung und Gesamtvollstreckungsordnung.

b) Zuständigkeit

Es tritt eine Konzentration ein: Dasjenige Amtsgericht ist Insolvenzgericht für einen ganzen Landgerichtsbezirk, wo der Sitz des betreffenden Landgerichts ist (§ 2 InsO). Landesrechtlich können abweichende Regelungen getroffen werden (§ 2 II InsO). Der allgemeine Gerichtsstand des Erblassers zur Zeit seines Todes, also sein letzter Wohnsitz gem. § 13 ZPO, bestimmt die örtliche Zuständigkeit des Insolvenzgerichts (§ 315 InsO).

101

Nach § 315 S. 2 InsO kann es dazu kommen, daß mehrere Gerichte ausschließlich zuständig sind, so bspw. bei einem doppelten Wohnsitz des Erblassers. Gem. § 3 II InsO entscheidet in einem solchen Fall die zeitliche Reihenfolge. Das zuerst mit einem Antrag befaßte Gericht schließt andere zuständige Gerichte aus.

c) Gegenstand der Insolvenz

Nur der ganze Nachlaß kann Gegenstand des Insolvenzverfahrens sein (§ 316 III InsO). Die Annahme der Erbschaft und die Haftungsbeschränkung ist nicht mehr Voraussetzung. Bei einer Miterbengemeinschaft ist auch noch nach der Teilung des Nachlasses eine Insolvenz möglich (§ 316 II, III InsO).

102

d) Insolvenzeröffnungsgrund

Seit 1.1.1999 gibt es drei Insolvenzgründe:
- Überschuldung (bisher der einzige Nachlaßkonkursgrund),
- Zahlungsunfähigkeit,
- drohende Zahlungsunfähigkeit, wenn der Antrag vom Erben oder einem Fremdverwalter, wie Testamentsvollstrecker oder Nachlaßverwalter, gestellt wird (§ 320 InsO). Entscheidend ist die Liquidität des Nachlasses und nicht die des Erben.

103

e) Antragsberechtigte

Antragsberechtigt sind (§ 317 I InsO):
- jeder Miterbe,
- jeder Nachlaßgläubiger, befristet auf zwei Jahre nach Erbschaftsannahme (§§ 14, 319 InsO), – auch ein nachrangiger Nachlaßgläubiger –
- der Verwaltungstestamentsvollstrecker,

104

- der Nachlaßverwalter,
- der Nachlaßpfleger.

105 Zur Antragstellung sind der Erbe und der Nachlaßverwalter verpflichtet, wenn sie von der Zahlungsunfähigkeit oder der Überschuldung Kenntnis erhalten (§§ 1980 I, 1985 II BGB).

Im Falle eines **Gläubigerantrags** müssen gem. § 14 I InsO die Forderung des Gläubigers, ein Eröffnungsgrund und das rechtliche Interesse glaubhaft gemacht werden. Über § 4 InsO gilt für die Glaubhaftmachung § 294 ZPO. Also: Alle präsenten Beweismittel, die die ZPO kennt, und darüber hinaus die eidesstattliche Versicherung (in aller Regel des Antragstellers) sind Mittel der Glaubhaftmachung.

Ob für das Insolvenzeröffnungsverfahren **Prozeßkostenhilfe** gewährt werden kann, ist streitig.[36]

Muster: Antrag auf Eröffnung des Nachlaßinsolvenzverfahrens

▼

106 Rechtsanwalt ▓▓▓▓
An das
Amtsgericht
– Insolvenzgericht –
▓▓▓▓

Antrag auf Eröffnung des Nachlaßinsolvenzverfahrens

In der Nachlaßsache des am ▓▓▓ verstorbenen Herrn ▓▓▓, zuletzt wohnhaft in ▓▓▓ beantrage ich namens des Alleinerben wegen Überschuldung des Nachlasses die Eröffnung des Nachlaßinsolvenzverfahrens.

Begründung:
Alleinerbe des oben näher bezeichneten Erblassers wurde aufgrund privatschriftlichen Testaments vom ▓▓▓ Herr ▓▓▓
Beglaubigte Kopie des Testaments samt Eröffnungsniederschrift des Nachlaßgerichts ▓▓▓ vom ▓▓▓ liegen bei.
Für den Alleinerben – Vollmacht in Anlage – trage ich vor, daß nach den bisherigen Erkenntnissen der Nachlaß überschuldet ist. Mein Mandant hat ein Nachlaßverzeichnis erstellt, wonach die Summe der Passiva die Summe der Aktiva um mehr

---

[36] Bejahend: AG München, NJW 1999, 432 mwN; verneinend: AG Mannheim, „Die Justiz" Ba.-Wü. 1999, 169 mwN; AG Kleve, RPfleger 1999, 346; AG Nürnberg, RPfleger 1999, 348.

als DM 50.000 übersteigt. Das Nachlaßverzeichnis, dessen Richtigkeit der Alleinerbe dort an Eides statt versichert hat, ist diesem Antrag als Anlage beigefügt. Als Insolvenzverwalter wird Herr ▓▓▓▓▓ vorgeschlagen.
Zur Deckung der durch das Insolvenzverfahren entstehenden Kosten dürfte der Nachlaß ausreichen. Falls dies nicht zutreffen sollte, bitte ich, durch Beschluß diesen Antrag mangels Vorhandenseins einer die Verfahrenskosten deckenden Masse zurückzuweisen.
Von der ergehenden Entscheidung bitte ich um Übersendung einer Ausfertigung gegen Empfangsbestätigung.
Rechtsanwalt

f) Insolvenzantragspflicht

Den Nachlaßgläubigern gegenüber besteht nach § 1980 I 1 BGB idF des Art. 33 EGInsO eine unverzügliche Insolvenzantragspflicht, wenn der Erbe Kenntnis von der Zahlungsunfähigkeit oder der Überschuldung erlangt. Der Kenntnis der Zahlungsunfähigkeit oder der Überschuldung steht die auf Fahrlässigkeit beruhende Unkenntnis gleich, § 1980 II 1 BGB. Fahrlässigkeit ist anzunehmen, wenn der Erbe das Aufgebot der Nachlaßgläubiger nicht beantragt, obwohl er Grund hat, das Vorhandensein unbekannter Nachlaßverbindlichkeiten anzunehmen. Mehrere Erben haften als Gesamtschuldner.

107

Bei der Ermittlung der Überschuldung sind neben den Masseverbindlichkeiten nach § 334 InsO alle in §§ 325 ff. InsO genannten Verbindlichkeiten, also auch Vermächtnisse, Auflagen und Pflichtteilsansprüche, zu berücksichtigen.

Hat der Erbe vor der Eröffnung des Nachlaßinsolvenzverfahrens aus dem Nachlaß Pflichtteilsansprüche, Vermächtnisse oder Auflagen erfüllt, so sind diese Rechtshandlungen in gleicher Weise insolvenzrechtlich anfechtbar wie eine unentgeltliche Leistung des Erben (§ 322 InsO), da die Begünstigten zu den nachrangigen Insolvenzgläubigern gehören (§ 327 InsO) und nicht besser gestellt werden sollen als der Erbe selbst, § 327 InsO.

g) Anhörung

108 Nachdem festgestellt wurde, daß der Antrag zulässig ist, hat das InsGericht zu prüfen, ob ein Eröffnungsgrund vorliegt (s. oben) und ob der Nachlaß voraussichtlich ausreichen wird, die Kosten des Verfahrens zu decken, § 26 InsO. Der Richter wird dann von den Erben ein Nachlaßverzeichnis sowie ein Gläubigerverzeichnis verlangen und die Erben allgemein anhören. Der bisherige § 104 KO wurde durch § 20 InsO verallgemeinert, welcher die Mitwirkungspflicht des Schuldners (Erbe/n) regelt.

Nach einem Gläubigerantrag sind die Erben gem. § 14 II InsO anzuhören. Sie haben eine Debitoren- und Kreditorenliste einzureichen. Diese Verpflichtung ist über §§ 97, 98, 101 I S. 1, 2, II InsO erforderlichenfalls mittels eidesstattlicher Versicherung und Beugehaft durchsetzbar.

Unter bestimmten Voraussetzungen kann die Anhörung unterbleiben, § 10 InsO.

Wird die Eröffnung des Nachlaßinsolvenzverfahrens mangels einer die Kosten deckenden Masse abgelehnt, so dient der entsprechende Gerichtsbeschluß als Nachweis für die Unzulänglichkeit des Nachlasses. Mit diesem (rechtskräftigen) Beschluß kann bei der Erhebung der Dürftigkeitseinrede nach § 1990 BGB die Dürftigkeit des Nachlasses nachgewiesen werden.

h) Ermittlungen zum Nachlaß

109 Wird die Zulässigkeit des Antrags bejaht, so hat das Gericht Ermittlungen über den Nachlaß anzustellen. Wie im bisherigen Konkursverfahren wird es sich hierfür häufig eines Sachverständigen bedienen, in aller Regel derjenigen Person, die für den Fall der Verfahrenseröffnung als Insolvenzverwalter oder Treuhänder in Betracht kommt.

Die Aufgabe des Sachverständigen besteht darin, festzustellen, ob ein Eröffnungsgrund vorliegt und eine ausreichende Masse zur Deckung der Kosten vorhanden ist.

Ein Sachverständiger wird nicht beauftragt, wenn sich aufgrund der vorliegenden Auskünfte ergibt, daß zwar ein Eröffnungsgrund gegeben ist, der Nachlaß jedoch für eine Eröffnung nicht ausreicht, § 26 InsO.

Die Erben sind zur Auskunft und Mitwirkung verpflichtet, der Insolvenzrichter kann allerdings auch Zeugen und Sachverständige vernehmen, § 5 I S. 2 InsO.

i) Sicherungsmaßnahmen

Zwischen der Antragstellung und der Entscheidung über die Verfahrenseröffnung kann längere Zeit verstreichen. § 21 InsO sieht verschiedene Möglichkeiten vor, die der Sicherung des Nachlasses dienen. Das Insolvenzgericht kann u. a. folgende Sicherungsmaßnahmen erlassen: 110
- Bestellung eines vorläufigen Nachlaßinsolvenzverwalters, § 21 II Nr. 1 InsO (zur Wirksamkeit der Anordnung muß dieser sein Amt annehmen, § 56 InsO);
- die Untersagung bzw. Einstellung von Zwangsvollstreckungsmaßnahmen in bewegliches Vermögen, § 21 II Nr. 3 InsO; eine solche Untersagung stellt ein Vollstreckungshindernis iSv § 775 Nr. 1 ZPO dar;
- der Erlaß eines allgemeinen Verfügungsverbots oder die Anordnung, daß Verfügungen des/der Erben nur mit Zustimmung des vorläufigen Insolvenzverwalters wirksam sind, § 21 II Nr. 2 InsO.

j) Rechtswirkungen der Verfahrenseröffnung
- Der Nachlaß wird mit der Eröffnung des Nachlaßinsolvenzverfahrens beschlagnahmt, § 80 InsO. Die Eröffnung wird wirksam mit dem im Eröffnungsbeschluß genannten Zeitpunkt – falls dieser fehlt, mit der Mittagsstunde des Beschlußtages, § 27 II Nr. 3, III InsO. 111
- Zu dem im Eröffnungsbeschluß genannten Zeitpunkt verliert der Schuldner = Erbe Verwaltungs- und Verfügungsbefugnis über den Nachlaß, einschließlich Prozeßführungsbefugnis, §§ 80 ff. InsO.
- der (endgültige) Insolvenzverwalter hat ab diesem Zeitpunkt ausschließliches Verwaltungs- und Verfügungsrecht (§§ 27, 80 I InsO).
- Auf Ersuchen des Insolvenzgerichts oder des Nachlaßinsolvenzverwalters wird der Insolvenzvermerk in das Grundbuch eingetragen (§§ 32, 33, 81 InsO),
- Rechtshandlungen des Schuldners (= Erben) sind mit der Eröffnung den Insolvenzgläubigern gegenüber unwirksam (§ 81 InsO),
- der Nachlaß wird den Nachlaßgläubigern vorbehalten (§§ 325, 327 InsO),
- die Haftung des Erben beschränkt sich gegenüber den Nachlaßgläubigern auf den Nachlaß (§ 1975 BGB),
- die Verschmelzung von Nachlaß und Eigenvermögen des Erben wird mit Rückwirkung ab Erbfall beseitigt (§ 1978 I BGB),

- Einzelvollstreckungen sind während der Dauer des Insolvenzverfahrens unzulässig (§§ 89, 90 InsO).
- **„Rückschlagsperre"** des § 88 InsO: Hat ein Insolvenzgläubiger im letzten Monat vor dem Insolvenzantrag oder nach dem Antrag **durch Zwangsvollstreckung** eine Sicherung an einem Nachlaßgegenstand erlangt, so wird diese Maßnahme mit der Eröffnung des Nachlaßinsolvenzverfahrens unwirksam. Nicht erfaßt werden von dieser Sperre *rechtsgeschäftliche* Sicherungen; ein solcher Rechtserwerb unterliegt allenfalls der Insolvenzanfechtung nach §§ 129 ff. InsO.

  Unwirksam werden insbesondere Forderungspfändungen, die innerhalb der Monatsfrist vorgenommen worden sind.

- Für die **Immobiliarzwangsvollstreckung** bewirkt das Vollstreckungsverbot des § 89 I InsO in Bezug auf persönliche Nachlaßgläubiger folgendes: Eine Zwangshypothek kann nicht mehr im Grundbuch eingetragen werden – der Eintrag selbst wäre ein Akt der Zwangsvollstreckung, wenn auch nur zum Zwecke der Sicherung der Forderung. Die Forderung ist zur Insolvenztabelle anzumelden.

Die „Rückschlagsperre" des § 88 InsO bedeutet in diesem Zusammenhang: Hat ein persönlicher Nachlaßgläubiger im letzten Monat vor dem Antrag auf Eröffnung der Nachlaßinsolvenz eine Zwangshypothek im Grundbuch eintragen lassen, so wird diese mit Eröffnung des Nachlaßinsolvenzverfahrens unwirksam. Analog § 868 ZPO dürfte eine Eigentümergrundschuld entstehen (*Musielak/Becker*, ZPO 1999, § 868 Rn 3).

Etwas anderes gilt aber für die Interimszeit zwischen Antragstellung und Verfahrenseröffnung, wenn Sicherungsmaßnahmen getroffen wurden: Die durch besondere gerichtliche Anordnung verfügte Untersagung der Zwangsvollstreckung nach § 21 II Nr. 3 InsO stellt ein Vollstreckungshindernis dar, aber es bezieht sich nach dem eindeutigen Wortlaut der Vorschrift nicht auf Grundstücke.

Deshalb ist während dieses Interimsstadiums ihre Eintragung möglich. Allerdings gewinnt nach der Eröffnung des Nachlaßinsolvenzverfahrens die „Rückschlagsperre" des § 88 InsO Bedeutung: Möglicherweise wird danach die Eintragung der Zwangshypothek unwirksam.

k) Vor- und Nacherbfolge

Im **Insolvenzverfahren über das Vermögen des Vorerben** hat der Nacherbe kein Aussonderungsrecht. Dieses entsteht erst mit dem Eintritt des Nacherbfalls.[37]

112

Jedoch begründet **§ 83 II InsO** (wie früher § 128 KO) i. V. mit **§ 2115 BGB** ein **Verbot der Verwertung** von Nachlaßgegenständen.[38] Der Insolvenzverwalter darf die Eigengläubiger des Vorerben nicht aus dem Nachlaß befriedigen oder vom Vorerben eingegangene Verpflichtungen zur Veräußerung bestimmter Nachlaßgegenstände nicht erfüllen.[39] Hingegen sind Zwangsvollstreckungsmaßnahmen, die lediglich der Sicherung des Nachlasses dienen, während der Dauer der Vorerbschaft ohne weiteres zulässig. Gegen die Verwertung durch den Insolvenzverwalter kann sich der Nacherbe mit der Drittwiderspruchsklage nach §§ 773 S. 2, 771 ZPO wenden.

Im **Insolvenzverfahren über das Vermögen des Nacherben** bestehen keine Besonderheiten. Sowohl sein Nacherbenanwartschaftsrecht als auch nach Eintritt des Nacherbfalls die Erbschaft gehören zur Masse und können vom Insolvenzverwalter verwertet werden.

l) Insolvenzanfechtung

Die Anfechtungsmöglichkeiten sind in dem seit 1.1.1999 geltenden Insolvenzrecht erweitert worden:

113

Anfechtbarkeit unentgeltlicher Leistungen: § 134 InsO sieht hier eine entscheidende Änderung gegenüber der bisherigen Rechtslage vor. Danach ist jede unentgeltliche Leistung des Schuldners anfechtbar, es sei denn, sie wurde früher als **vier Jahre** vor dem Antrag auf Eröffnung des Insolvenzverfahrens vorgenommen.

Betroffen sind das Schenkungsversprechen und der Schenkungsvollzug, so daß auch eine Übergabe als letzter Akt des dinglichen Rechtsgeschäfts innerhalb der 4-Jahres-Frist anfechtbar ist.[40]

---

37 MüKo/*Grunsky*, § 2100 Rn 26a
38 Palandt/*Edenhofer*, § 2215 Rn 2
39 Soergel/*Harder*, § 2115 Rn 8; MüKo/*Grunsky*, § 2100 Rn 26
40 *Jülicher*, ZEV 1998, 370.

3 Das erbrechtliche Mandat nach dem Erbfall

114 Die **Beweislast** dafür, daß die Leistung mehr als vier Jahre vor dem Insolvenzantrag erbracht wurde, trägt der Bereicherte. Grund dafür: Versuche des Rückdatierens von Schenkungsverträgen sollen verringert werden.

Im Falle der **Gläubigerbenachteiligungsabsicht** kann auch eine unentgeltliche Leistung wie jede andere Rechtshandlung nach § 133 I InsO angefochten werden, wenn sie nicht früher als 10 Jahre (bisher 30 Jahre) vor dem Antrag auf Eröffnung des Insolvenzverfahrens vorgenommen wurde (bisher sog. „Absichtsanfechtung" nach § 31 KO).

m) Insolvenzplan

115 Neu ist der Insolvenzplan (§§ 217 ff InsO). Er tritt an die Stelle des bisherigen Zwangsvergleichs im Konkurs und des Vergleichs zur Abwendung des Konkurses nach der VglO.

Der Insolvenzplan soll regeln: die Befriedigung der absonderungsberechtigten Gläubiger, der Insolvenzgläubiger, die Verwertung der Insolvenzmasse und deren Verteilung sowie die Haftung des Schuldners nach Verfahrensbeendigung (§ 217 InsO). Zu seiner Wirksamkeit bedarf der Insolvenzplan der **Bestätigung** durch das Insolvenzgericht (§ 248 InsO). Mit Rechtskraft des Bestätigungsbeschlusses treten die im rechtsgestaltenden Teil des Planes festgelegten Rechtswirkungen für und gegen alle Beteiligten ein (§ 254 I InsO).

n) Abwehrrechte der Eigengläubiger

116 Die Eigengläubiger sind nicht berechtigt, den Zugriff der Nachlaßgläubiger auf das Eigenvermögen des Erben zu verhindern und so das Eigenvermögen des Erben für sich zu reservieren. Das Gesetz überläßt allein dem Erben die Entscheidung, ob er den Zugriff der Nachlaßgläubiger auf sein Vermögen dulden will oder nicht. Die Eigengläubiger können den Erben an der Begleichung von Nachlaßschulden aus seinem Eigenvermögen ebensowenig hindern, wie sie ihn davon abhalten können, neue Schulden durch Rechtsgeschäfte unter Lebenden einzugehen.

Die Eigengläubiger können sich am Nachlaßinsolvenzverfahren auch nicht beteiligen, § 325 InsO. Sie können nur den allgemeinen Antrag auf Insolvenzeröffnung wegen Zahlungsunfähigkeit oder Überschuldung stellen (§§ 16, 17, 19 InsO).

o) Restschuldbefreiung

■ Geltung für den Erben 117
Ob die Restschuldbefreiungsmöglichkeit der §§ 286 ff. InsO auch für den oder die Erben als Schuldner der Nachlaßgläubiger gilt, ist nicht ganz eindeutig. In Betracht dürfte sie kommen, wenn der Alleinerbe oder ein Miterbe (gesamtschuldnerisch gem. § 2058 BGB) den Nachlaßgläubigern unbeschränkt haftet, also seine Haftungsbeschränkungsmöglichkeit verloren hat.

■ Erwerb von Todes wegen durch den Schuldner 118
Unter einem anderen Gesichtspunkt ist jedoch in Bezug auf das Erbrecht des Insolvenzschuldners die Restschuldbefreiung von Bedeutung: Um die Restschuldbefreiung erreichen zu können, muß der Schuldner einen entsprechenden Antrag stellen (§ 287 I InsO), dem er eine Erklärung beizufügen hat, daß er seine pfändbaren Forderungen für die Zeit von sieben Jahren nach der Aufhebung des Insolvenzverfahrens an einen vom Gericht zu bestimmenden **Treuhänder** abtritt (§ 287 II S. 1 InsO).

Während der Laufzeit der Abtretungserklärung obliegt es dem Schuldner, 119
Vermögen, das er von Todes wegen oder mit Rücksicht auf ein künftiges Erbrecht – also im Wege vorweggenommener Erbfolge – erwirbt, zur Hälfte des Wertes an den Treuhänder herauszugeben, § 295 I Nr. 2 InsO. Die Beschränkung der Abführungspflicht in diesen Fällen auf die Hälfte des erworbenen Vermögens soll für den Schuldner einen Anreiz dafür bieten, eine Erbschaft nicht auszuschlagen bzw. eine Zuwendung anzunehmen. Es ist nicht sicher, ob die Ausschlagung einer Erbschaft oder die Nichtnahme einer Zuwendung als Verletzung einer Obliegenheit iSv § 296 InsO gelten kann mit der Folge, daß die Restschuldbefreiung verweigert werden könnte, § 296 InsO.

Das Recht, eine Erbschaft auszuschlagen, steht nach wie vor dem Insolvenzschuldner zu, § 83 I S. 1 InsO (früher § 9 KO). Dies gilt sowohl für eine vor der Insolvenzeröffnung angefallene Erbschaft als auch für eine danach angefallene. Auch die nach Verfahrenseröffnung angefallene gehört zur Insolvenzmasse gem. § 35 InsO.

3   Das erbrechtliche Mandat nach dem Erbfall

120 ■ Tod des Schuldners vor der endgültigen Schuldbefreiung
Stirbt der Schuldner während der siebenjährigen „Wohlverhaltenszeit" des § 287 InsO, so ist über die endgültige Restschuldbefreiung gem. § 300 InsO zu entscheiden.

121 ■ Widerruf der Restschuldbefreiung
Aus der Möglichkeit, daß auch noch nach dem Tod des Schuldners die ihm einmal gewährte Restschuldbefreiung innerhalb eines Jahres gem. § 303 InsO widerrufen werden kann, erwachsen für den Erben Haftungsrisiken, die er mit Hilfe eines Aufgebotsverfahrens gem. §§ 1970 ff. BGB minimieren kann.

p) Aufhebung von § 419 BGB zum 1.1.1999

122 § 419 BGB wurde mit Wirkung ab 1.1.1999 ersatzlos gestrichen. Für bis zum 31.12.1998 vorgenommene Vermögensübertragungen gilt § 419 BGB in seiner bisherigen Fassung weiter.

In dem bisherigen Haftungsrisiko des § 419 BGB wurde für Grundstücksverkäufe und Unternehmensübernahmen in der Insolvenz ein entscheidendes Hindernis gesehen.

Zunächst war geplant, § 419 BGB wenigstens für unentgeltliche Vermögensübernahmen wie Schenkung und vorweggenommene Erbfolge bestehen zu lassen. Doch wurden Abgrenzungsschwierigkeiten im Hinblick auf gemischte Schenkungen gesehen. Durch die Erweiterung des Anfechtungsrechts sollte der Wegfall der Haftung kompensiert werden.

Literatur zum neuen Insolvenzrecht:
Bork InsO und KO – synoptische Gegenüberstellung, Beck-Texte dtv
Obermüller/Hess InsO 1995,
Krämer Das neue Insolvenzrecht, Stollfuß Verlag, Bonn,
Schmidt-Räntsch Insolvenzordnung mit Einführungsgesetz, Bundesanzeiger 1995
Hoffmann Insolvenzrecht, 1. Aufl. 1998

VII. Die Dürftigkeitseinrede des Erben

Erhebt der Erbe die Dürftigkeitseinrede nach § 1990 BGB, so ist zu unterscheiden, ob er in der Lage ist, die Dürftigkeit des Nachlasses nachzuweisen oder nicht.

123

Kann der Erbe die Dürftigkeit nicht nachweisen, so muß das Prozeßgericht die Frage, ob der Nachlaß dürftig ist oder nicht, dahingestellt sein lassen. Damit wird die Frage der Haftungsbeschränkung in das Zwangsvollstreckungsverfahren verschoben. Dem Erben wird die Möglichkeit der Haftungsbeschränkung nach § 780 ZPO vorbehalten.[41]

Wenn der Gläubiger nunmehr in einen Gegenstand des Eigenvermögens des Erben vollstreckt, so kann dieser die Vollstreckungsgegenklage nach §§ 767, 781, 785 ZPO erheben und die Zwangsvollstreckung in diesen Gegenstand für unzulässig erklären lassen. Er muß dann allerdings nachweisen, daß der Nachlaß dürftig ist und daß der gepfändete Gegenstand nicht zum Nachlaß gehört.

Nachweis der Dürftigkeit: Den Nachweis der Dürftigkeit führt er durch Vorlage eines Beschlusses des Nachlaßgerichts, daß das Nachlaßverwaltungsverfahren bzw. -insolvenzverfahren entweder nicht eröffnet oder aufgehoben wurde oder daß der Nachlaßkonkurs bzw. die -insolvenz mangels Masse nicht eröffnet oder aufgehoben wurde – letzteres durch Beschluß des Konkurs- bzw. Insolvenzgerichts. Das Prozeßgericht ist an diese Feststellungen des Nachlaßgerichts, Konkursgerichts bzw. Insolvenzgerichts gebunden.

Jetzt kann der Nachlaßgläubiger (Kläger) nicht mehr Zahlung verlangen, sondern **Duldung der Zwangsvollstreckung** in den Nachlaß (= Klageänderung, § 263 ZPO).

Deshalb sollte der Nachlaßgläubiger den Zahlungsantrag im Wege der Klagänderung umstellen auf einen Duldungsantrag:
„*Der Beklagte wird verurteilt, wegen der Klagforderung die Zwangsvollstreckung in den Nachlaß des am ... verstorbenen ... zu dulden.*"

124

---

41 BGH NJW 1983, 2378 ff.

Für den Fall, daß nicht sicher ist, ob die Dürftigkeit des Nachlasses nachgewiesen ist, ist zu empfehlen, den Antrag auf Duldung der Zwangsvollstreckung als **Hilfsantrag** zu stellen.

Sind die einzelnen Nachlaßgegenstände bekannt, so können sie bei Nachweis der Dürftigkeit des Nachlasses bereits in das Urteil aufgenommen werden in der Weise, daß das Gericht die einzelnen Nachlaßgegenstände aufzählt, in die der Erbe (Beklagte) die Zwangsvollstreckung zu dulden hat. Damit wird ein späterer Rechtsstreit (Vollstreckungsgegenklage) vermieden, wenn der Nachlaßgläubiger trotzdem in Vermögensgegenstände des Eigenvermögens des Erben vollstrecken sollte.[42]

Ist der Nachlaß für bekannte Gläubiger aufgebraucht und meldet sich ein weiterer, so kann diesem die Einrede entgegengehalten werden, daß der Nachlaß erschöpft sei (**Erschöpfungseinrede**).

VIII. Die Überschwerungseinrede

125 Hat der Erblasser die Überschuldung des Nachlasses durch Anordnung von Vermächtnissen und Auflagen selbst herbeigeführt, so erleichtert das Gesetz dem Erben die Möglichkeit seiner Haftungsbeschränkung auf den Nachlaß. Das Gesetz unterstellt, der Erblasser habe trotz seiner Verfügungen den Nachlaßkonkurs bzw. die Nachlaßinsolvenz oder die Nachlaßverwaltung vermeiden wollen. Deshalb läßt das Gesetz auch in diesem Fall die Erhebung einer einfachen Einrede zur Herbeiführung der Haftungsbeschränkung ausreichen. Statt der Durchführung des Konkursverfahrens steht dem Erben das Recht zu, Vermächtnisnehmer und Auflagenbegünstigte nach den §§ 1990, 1991 BGB auf den vorhandenen Restnachlaß zu verweisen oder eine Herausgabe der Nachlaßgegenstände durch Zahlung des Wertes (im Sinne einer Abwendungsbefugnis) abzuwenden, § 1992 S. 2 BGB. Antrag des Erben im Prozeß: "*...daß ihm vorbehalten wird, die Vollstreckung in den Nachlaß des am... verstorbenen... wegen des Vermächtnisses durch Zahlung des Wertes der Nachlaßgegenstände in Höhe von DM... abzuwenden.*"[43]

---

42 Vgl. *Ebenroth*, Rn 1167.
43 *Pal./Edenhofer*, 1992 Rn 3.

Zu einer Überschwerung des Nachlasses kann es in der Praxis dann kommen, wenn der Erblasser im Zeitpunkt der Testamentserrichtung ausreichend Vermögen hatte, um die von ihm angeordneten Vermächtnisse erfüllen zu können, wenn sich aber bis zum Erbfall seine Vermögenssituation so verändert hat, daß keine ausreichenden Mittel zur Verfügung stehen. **126**

Dabei ist zu beachten, daß wegen der Überschuldung des Nachlasses durch Vermächtnisse und Auflagen ein Nachlaßinsolvenzverfahren nicht beantragt werden kann, weil Vermächtnisse und Auflagen bei der Überprüfung der Überschuldung des Nachlasses nicht als Verbindlichkeiten mitberücksichtigt werden, § 1980 I S. 3 BGB. **127**

Ist der Erbe gleichzeitig Pflichtteilsberechtigter, so bleibt ihm auch die Möglichkeit, sich von der Erfüllung der Vermächtnisse und der Auflagen nach Maßgabe und unter den Voraussetzungen des § 2306 I BGB zu befreien. Vgl. zu dieser Möglichkeit oben § 11 Rn 237 ff. **128**

IX. Besonderheiten bei Geschäftsschulden

1. Einzelkaufmännisches Unternehmen

Hat der Erblasser ein Handelsgeschäft als Einzelfirma betrieben und führt der Erbe das Geschäft nicht fort, so haftet er nach den allgemeinen Grundsätzen für die bis zum Erbfall entstehenden Schulden unbeschränkt, aber mit der Möglichkeit, mit den allgemeinen Haftungsbeschränkungsmaßnahmen seine Haftung zu beschränken. **129**

Wird das Geschäft vom Erben fortgeführt, so haftet er für die bisherigen Geschäftsschulden unbeschränkt, auch mit seinem eigenen Vermögen (§§ 27 I, 25 HGB). Für die neuen Geschäftsschulden haftet er ohnehin kraft Rechtsgeschäfts. **130**

Durch Handelsregistereintragung und Bekanntmachung nach § 25 II HGB kann der Erbe die Haftung für Altschulden auf den Nachlaß beschränken.[44] Das Gesetz räumt dem Erben allerdings eine dreimonatige Überlegungsfrist ein (§ 27 II HGB): Gibt der Erbe das Geschäft binnen drei Monaten auf, so tritt die **131**

---

44 Streitig; vgl. *Brox*, Rn 629.

unbeschränkte Haftung nicht ein (der Erbe erfährt eine Schonfrist entsprechend der Dreimonatseinrede des § 2014 BGB). Verbindlichkeiten, die der Erbe im Rahmen der Führung des Unternehmens eingeht, sind Nachlaßerbenschulden, für die das Eigenvermögen und der Nachlaß haften. Insoweit tritt also eine unbeschränkte Haftung ein.

132 Zu der seit 1.1.1999 geltenden beschränkten Minderjährigenhaftung s. unten Rn 282 ff.

2. Offene Handelsgesellschaft

133 Grundsätzlich wird die OHG seit 1. 7. 1998 durch den Tod eines Gesellschafters nicht aufgelöst, sondern mit den verbleibenden Gesellschaften fortgesetzt, sofern der Gesellschaftsvertrag nichts anderes bestimmt (§ 131 HGB). In der Praxis enthalten nahezu alle Gesellschaftsverträge abweichende Bestimmungen. Wird die Gesellschaft aufgelöst, so gilt der Grundsatz, daß der Erbe vorläufig unbeschränkt, aber beschränkbar haftet.[45]

134 Tritt der Erbe als persönlich haftender Gesellschafter ein, so gilt § 139 HGB. Er haftet für alle bisher entstandenen Gesellschaftsschulden unbeschränkt.[46] Für die neuen Gesellschaftsschulden haftet er ohnehin kraft Rechtsgeschäfts.

135 Wird der Erbe Kommanditist im Rahmen der Möglichkeiten des § 139 HGB und tritt er in dieser Eigenschaft die Nachfolge des persönlich haftenden Erblassers an und wird die OHG zur KG, so haftet der Erbe für die bisherigen Verbindlichkeiten unbeschränkt, aber beschränkbar (§ 139 IV HGB). Für neue Schulden haftet er mit der Kommanditeinlage. Ob er damit auch für die Altschulden haftet, ist streitig.[47] Zum Eintrittsrecht des Erben s. § 13 Rn 406 ff.

---

[45] BGHZ 55, 271.
[46] BGH NJW 1982, 45.
[47] Vgl. *Baumbach/Duden/Hopt*, § 139 HGB 3 d.

3. Kommanditgesellschaft

War der Erblasser persönlich haftender Gesellschafter, so gilt dasselbe wie bei der OHG (§§ 161 II, 139 HGB). War der Erblasser Kommanditist, so wird durch seinen Tod die Gesellschaft grundsätzlich nicht aufgelöst, der Kommanditanteil vererbt sich (§ 177 HGB). Mit diesem Anteil haftet der Erbe für die alten und neuen Verbindlichkeiten.

136

4. Kapitalgesellschaften

Geschäftsanteile der GmbH und Aktien der AG sind vererblich. Insofern ergibt sich für die Haftung nichts Besonderes. Die Stellung als Geschäftsführer einer GmbH oder als Vorstandsmitglied einer AG ist höchstpersönlich und vererbt sich deshalb nicht.

137

G. Unterlassungsverpflichtungen

Bei Unterlassungsverpflichtungen des Erblassers ist zunächst von Bedeutung, ob sie personenbezogen sind oder ohne inhaltliche Veränderung auch personenunabhängig erfüllt werden können. Personenbezogene Verpflichtungen erlöschen mit dem Tod. Ist die Verpflichtung objektbezogen, was am ehesten bei Unterlassungsverpflichtungen im Wettbewerbsrecht und bei Stimmrechtsbindungen bei Aktien der Fall sein kann, so trifft sie auch den Erben.[48]

138

H. Das Inventar

I. Zweck und Begriff des Inventars

Das Inventarverzeichnis (§§ 1993 ff. BGB) dient zunächst dem Erben dazu, sich über den Bestand des Nachlasses – Aktiva und Passiva – zu informieren. Es gibt aber auch dem Nachlaßgläubiger Aufschluß über den Umfang des Nachlasses. Das Inventar kann vom Erben entweder freiwillig (§ 1993 BGB) oder auf Antrag eines Gläubigers errichtet werden (§ 1994 BGB).

139

---

48 Vgl. *Schröder*, JZ 1978, 379; BGH WM 1987, 10.

140 Das unter Beachtung der Formalien der §§ 1993 ff. BGB errichtete Inventarverzeichnis ist kein Mittel zur Haftungsbeschränkung, es erzeugt lediglich die Vermutung im Verhältnis zwischen dem Erben und den Nachlaßgläubigern, daß weitere Nachlaßgegenstände als die im Inventar verzeichneten nicht vorhanden sind (§ 2009 BGB). Einem verbreiteten Mißverständnis muß vorgebeugt werden: Es wird nicht vermutet, daß die verzeichneten Gegenstände auch wirklich zum Nachlaß gehören. Mit dem Inventarverzeichnis bereitet der Erbe lediglich eine etwa notwendig werdende Haftungsbeschränkung vor.

II. Formelle Erfordernisse

141 Ein privat errichtetes Inventar entspricht nicht den gesetzlichen Voraussetzungen. Der Erbe muß bei der Aufnahme eine Behörde oder einen Notar hinzuziehen (§ 2002 BGB). Auch das Nachlaßgericht selbst kann das Inventar aufnehmen (§ 2003 BGB). Das Inventar soll den gesamten Nachlaßbestand und den Wert der Nachlaßgegenstände enthalten (§ 2001 BGB). Es ist beim örtlich zuständigen Nachlaßgericht einzureichen (letzter Wohnsitz des Erblassers, § 73 FGG).

Sofern der Erbe das Inventar nicht ohnehin freiwillig errichtet, kann jeder Nachlaßgläubiger beantragen, daß das Nachlaßgericht dem Erben eine Frist zur Inventarerrichtung setzt (§ 1994 BGB). Der Nachlaßgläubiger hat seine Forderung glaubhaft zu machen (§§ 1994 II S. 1 BGB, 15 FGG, 294 ZPO).

142 Auf Antrag eines Nachlaßgläubigers ist der Erbe verpflichtet, die Vollständigkeit des Inventars an Eides statt zu versichern (§ 2006 BGB). Zuständig dafür ist das Nachlaßgericht. Die eidesstattliche Versicherung kann nicht erzwungen werden. Weigert sich der Erbe, die eidesstattliche Versicherung abzugeben, so tritt unbeschränkte Haftung gegenüber dem betreffenden Gläubiger ein (§ 2006 III BGB).

III. Wirkung rechtzeitiger Inventarerrichtung

143 Im Verhältnis zwischen Erbe und Nachlaßgläubiger wird vermutet, daß nur die im Inventar verzeichneten Nachlaßgegenstände vorhanden sind (§ 2009 BGB). Für den Erben erlangt diese Vermutung praktische Bedeutung, wenn er den Nachlaß herauszugeben oder über seine Verwaltung des Nachlasses Rechenschaft abzulegen hat. Die Vermutung kann im Wege des § 292 ZPO widerlegt werden.

IV. Folgen von Unkorrektheiten bei der Inventarerrichtung

Der Erbe kann aus der korrekten Inventarerrichtung Vorteile ziehen. Macht er jedoch vorsätzlich falsche Angaben oder verhält er sich verzögerlich, so folgt daraus seine unbeschränkte Haftung. **144**

Unrichtige Angaben (Inventaruntreue) haben die unbeschränkte Haftung des Erben gegenüber allen Gläubigern zur Folge, wobei es nicht darauf ankommt, ob das Inventar freiwillig oder auf Antrag errichtet wurde (§§ 2005, 2013 BGB). **145**

Verzögert der Erbe die Inventarerrichtung oder verweigert er die Auskunft bei amtlicher Aufnahme des Inventars (Inventarversäumung), so hat dies ebenfalls die unbeschränkte Haftung zur Folge. Voraussetzung ist allerdings, daß der Erbe trotz Aufforderung durch eine amtliche Stelle die Auskunft ausdrücklich ablehnt oder sie in erheblichem Maße verzögert (§§ 2003, 2205 I S. 1 BGB). Dies gilt nur bei einem Inventar, dessen Errichtung von einem Nachlaßgläubiger beantragt wurde, nicht auch beim freiwillig errichteten Inventar. **146**

Die vom Nachlaßgericht auf Antrag eines Nachlaßgläubigers gesetzte Inventarfrist soll den Erben zwingen, ein Inventar zu errichten. Kommt er dieser Verpflichtung nicht rechtzeitig nach, so hat dies ebenfalls die unbeschränkte Haftung gegenüber allen Nachlaßgläubigern zur Folge (§ 1994 BGB). **147**

I. Das Gläubigeraufgebot

I. Zweck

Der Erbe kennt im allgemeinen bei Eintritt des Erbfalls weder sämtliche Aktiva noch sämtliche Passiva des Nachlasses. Vor allem von der Höhe der Nachlaßverbindlichkeiten hängt sein Risiko ab, ob er möglicherweise mit seinem eigenen Vermögen über den Nachlaß hinaus haftet. **148**

Um zuverlässig abklären zu können, welche Gläubiger Forderungen gegen den Nachlaß haben, gibt das Gesetz dem Erben ein Aufgebotsverfahren nach §§ 989 ff. ZPO an die Hand. **149**
Das Verfahren ist in der ZPO geregelt (§§ 946–959, 989–1000 ZPO), die materiell-rechtlichen Wirkungen sind in den §§ 1970–1973 BGB dargestellt.

150 Von dem Aufgebot nicht betroffen sind die dinglich gesicherten Gläubiger, wie Grundpfandrechtsgläubiger, Sicherungseigentümer, Vorbehaltseigentümer (§ 1971 BGB). Wäre dies nicht der Fall, so wäre ihre dingliche Sicherung letztlich im Erbfall wertlos. Die sachenrechtlichen Grundsätze über die Bestellung dinglicher Sicherungsrechte sorgen dafür, daß die Gläubiger bekannt sind (Eintragung im Grundbuch, Besitzeinräumung beim Pfandrecht an beweglichen Sachen). Vom Gläubigeraufgebot nicht betroffen sind auch die Berechtigten aus Pflichtteilen, Vermächtnissen und Auflagen. Sie werden beim Erbfall bekannt, weil ihre Rechte nur im unmittelbaren Zusammenhang mit einer Verfügung von Todes wegen entstehen können.

II. Verfahrensrecht

1. Zuständigkeit

151 Zuständig für das Aufgebotsverfahren ist das Amtsgericht (§ 990 ZPO), und zwar örtlich dasjenige am letzten Wohnsitz des Erblassers (§ 73 FGG). Funktionell zuständig für den Erlaß des Aufgebotsbeschlusses ist der Rechtspfleger, § 20 Nr. 2 RPflG. Nach Ablauf der Aufgebotsfrist, die mindestens sechs Wochen betragen muß, wird vom Richter ein Ausschlußurteil erlassen, §§ 950, 952 I ZPO. Gegen dieses Ausschlußurteil ist ein Rechtsmittel nicht statthaft, unter den besonderen Voraussetzungen des § 957 II ZPO allerdings eine Anfechtungsklage.

152 Meldet ein Gläubiger eine Forderung an, so hat er den Gegenstand und den Grund der Forderung anzugeben und alle in Betracht kommenden Beweisstücke urschriftlich oder abschriftlich beizufügen (§ 996 I ZPO). Versäumt ein Gläubiger seine Anmeldung innerhalb der Aufgebotsfrist, so kann er dies noch nachholen bis zum Erlaß des Ausschlußurteils (§ 951 ZPO).

153 Zeigt sich schon während des laufenden Aufgebotsverfahrens, daß der Nachlaß überschuldet ist, so kann auch während des Aufgebots das Nachlaßinsolvenzverfahren eröffnet werden. In diesem Fall endet das Aufgebotsverfahren mit der Eröffnung des Nachlaßinsolvenzverfahrens (§ 993 II 2 ZPO).

Hinweis 154
Das Gläubigeraufgebot ist keine Maßnahme zur Herbeiführung der Haftungsbeschränkung, vielmehr kann sich der Erbe damit nur einen Überblick über die vorhandenen Nachlaßverbindlichkeiten verschaffen; letztlich dient das Aufgebotsverfahren der Klärung, ob Haftungsbeschränkungsmaßnahmen erforderlich sind oder nicht. Meldet sich ein Gläubiger zu spät, so kann ihm die „Verschweigungseinrede" entgegengehalten werden; einem Gläubiger, der sich nicht meldet, die „Ausschließungseinrede".

2. Antragsrecht

Antragsberechtigt ist der Erbe, bei einer Miterbengemeinschaft jeder Miterbe 155 (§ 991 I ZPO). Sein Antragsrecht beginnt mit Annahme der Erbschaft, eine Frist ist dafür nicht einzuhalten (§ 991 III ZPO).

Beantragt nur einer von mehreren Miterben das Aufgebot, so kommen seine 156 Wirkungen auch den übrigen Miterben zustatten (§ 997 I ZPO). Auch Vor- und Nacherbe sind antragsberechtigt; der Antrag des Vorerben kommt dem Nacherben zugute (§ 998 ZPO).

Der Erbe hat seinem Antrag ein Verzeichnis der ihm bisher bekannt gewordenen Nachlaßgläubiger beizufügen und auf Verlangen die Richtigkeit dieses Verzeichnisses eidesstattlich zu versichern (§§ 992, 952 III ZPO).

Außer dem Erben steht ein Antragsrecht dem Testamentsvollstrecker, dem 157 Nachlaßverwalter und dem Nachlaßpfleger zu (§ 991 II ZPO).
Nach § 2045 BGB kann die Nachlaßauseinandersetzung hinausgeschoben werden, solange das Aufgebotsverfahren nicht abgeschlossen ist. Die Kosten des Aufgebotsverfahrens sind Nachlaßverbindlichkeiten[49] und Masseschulden im Insolvenzverfahren, § 324 I Nr. 4 InsO.

III. Wirkungen des Ausschlußurteils

Nach beendetem Aufgebotsverfahren kennt der Erbe die angemeldeten und die 158 dinglich gesicherten Forderungen sowie Verbindlichkeiten aus Pflichtteilsrechten, Vermächtnissen und Auflagen. Jetzt ist er in der Lage, sich zu entscheiden, ob er eine Haftungsbeschränkungsmaßnahme herbeiführen muß oder nicht.

---

49 *Pal./Edenhofer* § 1970 Rn 10.

159 Hat ein Gläubiger seine Forderung nicht angemeldet, so hat dies nicht zur Folge, daß die Forderung damit erlischt. Die Forderung wird jetzt allerdings **einredebehaftet**: Dem Erben steht dagegen die Ausschließungseinrede zu (§ 1973 I 1 BGB). Allerdings haben selbst Verbindlichkeiten aus Pflichtteilsrechten, Vermächtnissen und Auflagen **Rang nach** den ausgeschlossenen Gläubigern.

160 Gegenüber den ausgeschlossenen Gläubigern haftet der Erbe nur mit dem Nachlaß, und zwar nach Bereicherungsgrundsätzen. Hier tritt eine Haftungsbeschränkung ein, obwohl eine Gütersonderung nicht stattgefunden hat (§ 1973 II 1 BGB). Im Zusammenhang mit der Bereicherungshaftung ist § 818 BGB zu beachten. Die beschränkte Haftung auf den Nachlaß bedeutet in diesem Fall, daß der Erbe die Zwangsvollstreckung in die vorhandenen Nachlaßgegenstände dulden muß, daß er die Zwangsvollstreckung aber durch Zahlung des Gegenstandswertes abwenden kann (§ 1973 II 2 BGB).

IV. Die Verschweigungseinrede

161 Für Forderungen, die dem Erben unbekannt geblieben sind und die erst fünf Jahre nach dem Erbfall geltend gemacht werden, haftet der Erbe dem betreffenden Gläubiger gegenüber wie einem im Aufgebotsverfahren ausgeschlossenen Gläubiger (§ 1974 I 1 BGB: „Verschweigungseinrede"). Allerdings werden dinglich berechtigte Gläubiger auch davon nicht betroffen (§§ 1974 III, 1971 BGB).

> *Hinweis*
> In der Praxis wird vom Gläubigeraufgebot viel zu selten Gebrauch gemacht, obwohl damit das Haftungsrisiko für den Erben minimiert werden kann.

J. Die Erbenhaftung im Prozeß

I. Rechtsstreit gegen den Erblasser

162 Stirbt eine Partei während eines laufenden Rechtsstreits (in erster oder zweiter Instanz), so wird dieser mit dem Tod unterbrochen (§ 239 I ZPO). Der Erbe hat das Recht, den Rechtsstreit aufzunehmen und fortzuführen. War die Partei anwaltlich vertreten, so tritt die Unterbrechung nur auf Antrag ein (§ 246 I ZPO).

1. Haftungsbeschränkungsvorbehalt im Urteils-Tenor

Nimmt der Erbe den Rechtsstreit auf, so muß er darauf achten, daß er sich die Möglichkeit, seine Haftung auf den Nachlaß zu beschränken, vorbehält. Dafür sieht § 780 I ZPO vor, daß ein Vorbehalt in den **Urteilstenor** aufgenommen wird – Aufnahme des Vorbehalts in die Urteilsgründe reicht nicht.

163

Hinweis
Haftungsbeschränkungsvorbehalt auch bezüglich der Prozeßkosten!
Da der Rechtsstreit noch vom Erblasser begonnen wurde, sind die Kosten des Rechtsstreits zweifellos Nachlaßverbindlichkeiten. Will der Erbe auch bezüglich der Kosten nur beschränkt haften, dann muß der Vorbehalt nicht nur bezüglich der Hauptsache, sondern auch bezüglich der Prozeßkosten aufgenommen und zuvor entsprechend beantragt werden.[50]

Formulierungsvorschlag für einen entsprechenden Antrag:
„Es wird beantragt, in den Urteilstenor folgenden Vorbehalt aufzunehmen: Dem Beklagten bleibt die Beschränkung seiner Haftung bezüglich der Hauptsache, Nebenforderungen und der Kosten des Rechtsstreits auf den Nachlaß des am ... verstorbenen... vorbehalten."

Vgl. dazu im einzelnen unten Rn 166 ff.; 193 ff.

Dabei kommt es nicht darauf an, ob die Haftungsbeschränkung des Erben bis zum Schluß der letzten mündlichen Verhandlung tatsächlich bereits eingetreten ist oder nicht. In jedem Falle kann sich der Erbe seine beschränkte Haftung rein vorsorglich vorbehalten, und zwar selbst dann, wenn noch nicht einmal klar ist, ob die Voraussetzungen für Haftungsbeschränkungsmaßnahmen überhaupt jemals eintreten werden.[51]

164

Vorsichtshalber wird deshalb jeder Erbe den Vorbehalt für seine beschränkte Haftung in den Urteilstenor aufnehmen lassen, weil eine spätere Korrektur nicht möglich ist und er damit auf jeden Fall Gefahr läuft, mit seinem

165

---

50 LG Leipzig, ZEV 1999, 234 mwN.
51 BGH NJW 1991, 2839 ff., BGH NJW 1983, 2378 ff.

Eigenvermögen für die titulierte Forderung zu haften. Ein beantragter, aber im Urteil vergessener Vorbehalt kann noch gemäß § 321 ZPO in den Urteilstenor aufgenommen werden (**Achtung:** Zwei-Wochen-Frist!). War dem Erblasser ratenfreie **Prozeßkostenhilfe** gewährt worden und nehmen die Erben den Rechtsstreit nicht auf, so können sie nicht für die Kosten haftbar gemacht werden.[52]

2. Wie wird der Vorbehalt zugunsten des Erben umgesetzt?

a) Vollstreckung in den Nachlaß

166 Solange der Gläubiger aus dem Vorbehaltsurteil in Nachlaßgegenstände vollstreckt, hat der Erbe als Schuldner keine Möglichkeit, sich dagegen zu wehren. Der Nachlaß haftet in jedem Fall für die Forderung, die bereits gegen den Erblasser eingeklagt war.

b) Vollstreckung in das Eigenvermögen

167 Vollstreckt der Gläubiger aus dem Vorbehaltsurteil jedoch in Gegenstände des Eigenvermögens des Erben, so steht dem Erben dagegen die Vollstreckungsgegenklage zu (§§ 767, 785, 781 ZPO), falls er bis zu diesem Zeitpunkt eine wirksame Haftungsbeschränkungsmaßnahme ergriffen hat. Deshalb ist es Aufgabe des Erben, so bald wie möglich nach Erlangung des Vorbehaltsurteils eine Haftungsbeschränkungsmaßnahme (bspw. Anordnung der Nachlaßverwaltung) herbeizuführen. Denn die Haftungsbeschränkung tritt erst mit dem Wirksamwerden einer solchen Haftungsbeschränkungsmaßnahme ein, andernfalls, wenn eine solche Maßnahme nicht ergriffen wurde, haftet der Erbe ja – wie bekannt – unbeschränkt, und der ihm gewährte Vorbehalt im Urteil geht ins Leere.

3. Einwendungen des Nachlaßgläubigers

168 Der Nachlaßgläubiger könnte im Rechtsstreit über die Vollstreckungsgegenklage allenfalls geltend machen, der Vermögensgegenstand gehöre nicht zum Eigenvermögen des Erben, sondern zum Nachlaß. Der Einwand, daß der Erbe

---

52 OLG Düsseldorf, RPfleger 1999, 334.

(=Beklagter im Vorbehaltsurteil und Kläger der Vollstreckungsgegenklage) unbeschränkt hafte, ist dem beklagten Nachlaßgläubiger nach § 767 II ZPO abgeschnitten, weil dieser Umstand bereits im Erstprozeß, der zum Vorbehaltsurteil geführt hat, hätte geltend gemacht werden müssen mit dem Ziel, eine Aufnahme des Vorbehalts zu verhindern. Ist allerdings dem Erben die Möglichkeit einer Haftungsbeschränkung erst nach der letzten mündlichen Tatsachenverhandlung verlorengegangen (bspw. durch Inventaruntreue), so wäre der Nachlaßgläubiger mit diesem Einwand nach § 767 II ZPO nicht ausgeschlossen.

4. Aufhebung von Vollstreckungsmaßnahmen

Hat der Nachlaßgläubiger aufgrund des Vorbehalts bereits in einen Nachlaßgegenstand vollstreckt (Pfändung), so wird diese Vollstreckungsmaßnahme nicht allein aufgrund des Urteils, das im Rechtsstreit über die Vollstreckungsgegenklage ergeht, von selbst unwirksam. Vielmehr muß das Vollstreckungsgericht die entsprechende Vollstreckungsmaßnahme nach §§ 775 Nr. 1, 776 ZPO aufheben. **169**

Einem entsprechenden Antrag ist eine vollstreckbare Ausfertigung des Urteils, das die Zwangsvollstreckung für unzulässig erklärt, beizulegen. **170**

II. Rechtsstreit gegen den Erben

1. Vor Annahme der Erbschaft

Gemäß § 1958 BGB kann eine Nachlaßverbindlichkeit vor Annahme der Erbschaft nicht eingeklagt werden; dabei handelt es sich um eine Zulässigkeitsvoraussetzung, die von Amts wegen zu beachten ist. Eine Klage, die dies mißachtet, wäre als **unzulässig abzuweisen**. **171**

2. Nach Annahme der Erbschaft

Wenn der Erbe seine Möglichkeit der Beschränkung der Haftung auf den Nachlaß wahrnehmen will, muß er ebenfalls die Aufnahme eines Vorbehalts in das Urteil nach § 780 ZPO beantragen. **172**

Kosten des Rechtsstreits: Es entspricht allgemeiner Meinung, daß Kosten eines Rechtsstreits, den der Erbe im Hinblick auf den Nachlaß führt, Nachlaßerbenschulden sind und daß deshalb ein Vorbehalt der Beschränkung der

Erbenhaftung sich nur auf die Hauptsache, nicht aber auf die Kosten bezieht.[53] Will der Erbe der persönlichen Haftung wegen der Kosten der gerichtlichen Geltendmachung entgehen, dann bleibt ihm nur der Weg, unter den Voraussetzungen des § 93 ZPO den Anspruch unter Vorbehalt der Beschränkung der Erbenhaftung anzuerkennen.[54]

173 *Wichtiger Hinweis*
Will der Erbe seine Haftung auch bezüglich der Kosten des Rechtsstreits auf den Nachlaß beschränken, so **muß** der Haftungsbeschränkungsvorbehalt auch bezüglich der Kostenentscheidung des Urteils in den Tenor aufgenommen werden, eine Nachholung im Kostenfestsetzungsverfahren ist nicht mehr möglich.[55]

Vgl. LG Leipzig[56]
"Ist einer erstattungspflichtigen Partei in einer Entscheidung die beschränkte Erbenhaftung nicht uneingeschränkt vorbehalten worden, kommt eine Beschränkung der Erbenhaftung im Kostenfestsetzungsbeschluß nicht in Betracht."

Muster: Antrag umfassender Haftungsbeschränkungsvorbehalt

Dem Beklagten bleibt die Beschränkung seiner Haftung bezüglich Hauptsache, Nebenforderungen **und Kosten** auf den Nachlaß des am ▮▮▮ verstorbenen ▮▮▮ vorbehalten.

174 Wird auf **Klägerseite** ein Prozeß für den Nachlaß geführt – insbesondere, wenn der Erbe einen vom Erblasser begonnenen Rechtsstreit fortführt –, so kann bei vollem oder teilweisem Unterliegen den Kläger ebenfalls die

---

53 *Soergel/Stein*, BGB, 12. Aufl. § 1967 Rn 12; *Staudinger/Marotzke*, BGB, 13. Aufl., § 1967 Rn 47; MüKo/*Siegmann*, BGB, 3. Aufl. § 1967 Rn 37; *Stein/Jonas/Bork*, ZPO, 21. Aufl., vor § 91 Rn 10a; *Zöller/Stöber*, ZPO, 15. Aufl., § 780 Rn 7; OLG Frankfurt, RPfl 1977, 372; OLG Stuttgart, JurBüro 1976, 675.
54 *Stein/Jonas/Bork*, § 93 Rn 4; *Zöller/Stöber*, § 780 Rn 6; *Staudinger/Marotzke*, § 1967 Rn 47.
55 KG, MDR 1981, 851; LG Berlin, JurBüro 1987, 710 mwN; *Zöller/Herget*, ZPO, 20. Aufl. §§ 103, 104 Rn 21, Stichwort „Haftungsbeschränkung".
56 ZEV 1999, 234.

Kostentragungspflicht ganz oder teilweise treffen. Deshalb muß auch in einem solchen Fall bezüglich etwaiger Kosten der Antrag auf Aufnahme des Haftungsbeschränkungsvorbehaltsmit dem Klagantrag gestellt werden.

Muster: Antrag des Klägers auf Haftungsbeschränkungsvorbehalt

▼

Sollte den Kläger eine Kostentragungspflicht treffen, so wird beantragt, in den Urteilstenor aufzunehmen, daß insoweit dem Kläger die Beschränkung seiner Haftung auf den Nachlaß des am ▇▇▇▇ verstorbenen ▇▇▇▇ vorbehalten wird.

▲

Wird während des laufenden Rechtsstreits Nachlaßverwaltung, Nachlaßinsolvenz oder Nachlaßkonkurs angeordnet, so wird der Rechtsstreit unterbrochen (§ 240 ZPO: Nachlaßkonkurs, Nachlaßinsolvenz (seit 1.1.1999); §§ 1984 I S. 3 BGB, 241 III ZPO: Nachlaßverwaltung). Der Nachlaßverwalter bzw. Nachlaßkonkursverwalter oder -insolvenzverwalter kann den Rechtsstreit aufnehmen. Im übrigen gelten dieselben Regeln wie oben dargestellt.

3. Dürftigkeitseinrede des Erben

Erhebt der Erbe die Dürftigkeitseinrede nach § 1990 BGB, so ist zu unterscheiden, ob er in der Lage ist, die Dürftigkeit des Nachlasses nachzuweisen oder nicht.

Kann der Erbe die Dürftigkeit nicht nachweisen, so muß das Prozeßgericht die Frage, ob der Nachlaß dürftig ist oder nicht, dahingestellt sein lassen. Damit wird die Frage der Haftungsbeschränkung in das Zwangsvollstreckungsverfahren verschoben. Dem Erben wird die Möglichkeit der Haftungsbeschränkung nach § 780 ZPO vorbehalten.[57]

Wenn der Gläubiger nunmehr in einen Gegenstand des Eigenvermögens des Erben vollstreckt, so kann dieser die Vollstreckungsgegenklage nach §§ 767, 781, 785 ZPO erheben und die Zwangsvollstreckung in diesen Gegenstand für unzulässig erklären lassen. Er muß dann allerdings nachweisen, daß der Nachlaß dürftig ist und daß der gepfändete Gegenstand nicht zum Nachlaß gehört.

---

57 BGH NJW 1983, 2378 ff.

Nachweis der Dürftigkeit: Den Nachweis der Dürftigkeit führt er durch Vorlage eines Beschlusses des Nachlaßgerichts, daß das Nachlaßverwaltungsverfahren entweder nicht eröffnet oder aufgehoben wurde oder daß das Nachlaßinsolvenzverfahren bzw. der Nachlaßkonkurs mangels Masse nicht eröffnet oder aufgehoben wurden – letzteres durch Beschluß des Insolvenzgerichts bzw. Konkursgerichts. Das Prozeßgericht ist an diese Feststellungen des Nachlaßgerichts bzw. des Konkursgerichts oder Insolvenzgerichts gebunden.

178 Weist der Erbe im Rechtsstreit nach, daß der Nachlaß dürftig ist (durch Vorlage des Beschlusses über die Nichteröffnung des Nachlaßkonkurses oder über die Aufhebung des Nachlaßkonkurses), so steht die Dürftigkeit des Nachlasses für das Prozeßgericht fest.

179 Jetzt kann der Nachlaßgläubiger (Kläger) nicht mehr Zahlung verlangen, sondern Duldung der Zwangsvollstreckung in den Nachlaß (= Klageänderung, § 263 ZPO).

180 Deshalb sollte der Nachlaßgläubiger den Zahlungsantrag im Wege der Klagänderung umstellen auf einen Duldungsantrag:
„Der Beklagte wird verurteilt, wegen der Klagforderung die Zwangsvollstreckung in den Nachlaß des am   verstorbenen   zu dulden"

181 Für den Fall, daß nicht sicher ist, ob die Dürftigkeit des Nachlasses nachgewiesen ist, ist zu empfehlen, den Antrag auf Duldung der Zwangsvollstreckung als **Hilfsantrag** zu stellen.

182 Sind die einzelnen Nachlaßgegenstände bekannt, so können sie bei Nachweis der Dürftigkeit des Nachlasses bereits in das Urteil aufgenommen werden in der Weise, daß das Gericht die einzelnen Nachlaßgegenstände aufzählt, in die der Erbe (Beklagte) die Zwangsvollstreckung zu dulden hat. Damit wird ein späterer Rechtsstreit (Vollstreckungsgegenklage) vermieden, wenn der Nachlaßgläubiger trotzdem in Vermögensgegenstände des Eigenvermögens des Erben vollstrecken sollte.[58]

---

58 Vgl. *Ebenroth*, Rn 1167.

4. Überschwerungseinrede

Hat der Erblasser selbst die Überschuldung des Nachlasses dadurch herbeigeführt, daß er Vermächtnisse und Auflagen angeordnet hat, die den aktiven Nachlaß übersteigen, so kann der Erbe die Überschwerungseinrede nach § 1992 BGB erheben und im Prozeß beantragen, 183

„*daß ihm vorbehalten wird, die Vollstreckung in den Nachlaß des am ▓▓▓▓ verstorbenen ▓▓▓▓ wegen des Vermächtnisses ▓▓▓▓ durch Zahlung des Wertes der Nachlaßgegenstände in Höhe von DM ▓▓▓▓ abzuwenden.*"[59]

III. Vollstreckbarer Titel gegen den Erblasser

Liegt gegen den Erblasser bereits ein vollstreckbarer Titel vor, so ist dieser auf den Erben gemäß § 727 I ZPO **umzuschreiben**. Der Nachweis erfolgt mittels **Erbscheins**, wobei der Nachlaßgläubiger berechtigt ist, eine Abschrift des bereits erteilten Erbscheins zu verlangen (§ 85 FGG) bzw. selbst die Erteilung eines Erbscheins zu beantragen (§§ 792, 896 ZPO). Kann der für das Klauselumschreibungsverfahren erforderliche Nachweis durch öffentliche Urkunden nicht geführt werden, so bleibt dem Nachlaßgläubiger nur der Weg über die **Klauselerteilungsklage** nach § 731 ZPO. 184

Hat der Erbe die Erbschaft noch nicht angenommen, so kann die Vollstreckungsklausel noch nicht umgeschrieben werden. Auf diese Weise wirkt sich § 1958 BGB im Zwangsvollstreckungsverfahren aus.[60] 185

Im übrigen ist nach dem Stadium des Vollstreckungsverfahrens zu unterscheiden: 186

- Hatte die Zwangsvollstreckung im Zeitpunkt des Erbfalls noch nicht begonnen, so kann sie vor der Annahme der Erbschaft nur in den Nachlaß betrieben werden (§ 778 I ZPO). Ein Eigengläubiger des Erben kann vor Annahme der Erbschaft nicht in den Nachlaß vollstrecken (§ 778 II ZPO).
- Hatte die Zwangsvollstreckung gegen den Erblasser bereits zu dessen Lebzeiten begonnen, so wird sie in den Nachlaß fortgesetzt (§ 779 I ZPO).

---

59 Palandt/Edenhofer, § 1992 Rn 3.
60 Vgl. Lange/Kuchinke, § 50 II 2.

187 Will der Erbe (des Beklagten, der in der Zwangsvollstreckung „Schuldner" heißt) gegen eine bereits titulierte Forderung seine noch mögliche Haftungsbeschränkung geltend machen, so muß er gegen den gegen den Erblasser ergangenen Titel mit der Vollstreckungsgegenklage gemäß §§ 767, 785 ZPO vorgehen (er muß beantragen, die Zwangsvollstreckung für unzulässig zu erklären). Vorher bleiben die sich aus der Haftungsbeschränkung für den Erben ergebenden Einwendungen unberücksichtigt, vgl. § 781 ZPO.

188 Ist eine Haftungsbeschränkung noch nicht eingetreten, so wird der Einrede der noch offenen Haftungsbeschränkungsmöglichkeit mit einem Vorbehalt nach § 780 ZPO Rechnung getragen.

Muster: Antrag einer Vollstreckungsgegenklage nach §§ 767, 785 ZPO
▼

189 „Die Zwangsvollstreckung aus dem Urteil des ▬▬▬ gerichts vom ▬▬▬, Az.: ▬▬▬ wird insoweit für unzulässig erklärt, als dem Kläger des vorliegenden Rechtsstreits die Beschränkung seiner Haftung auf den Nachlaß des am ▬▬▬ verstorbenen ▬▬▬ vorbehalten bleibt."

▲

190 Ist die Haftungsbeschränkung bereits eingetreten, so braucht kein Vorbehalt mehr nach § 780 ZPO aufgenommen zu werden. In diesem Fall ist vielmehr die Zwangsvollstreckung in **Gegenstände des Eigenvermögens** des Erben für **unzulässig** zu erklären.

Muster: Klagantrag auf Unzulässigerklärung der Zwangsvollstreckung
▼

191 „Die Zwangsvollstreckung aus dem Urteil des ▬▬▬ gerichts vom ▬▬▬, Az.: ▬▬▬ in Vermögensgegenstände des Klägers, die nicht zum Nachlaß des am ▬▬▬ verstorbenen ▬▬▬ gehören, wird für unzulässig erklärt."

▲

192 Ist eine Zwangsvollstreckungsmaßnahme bereits in einen bestimmten Gegenstand des Eigenvermögens des Erben getroffen worden, so kann im Urteil sofort die Zwangsvollstreckung in diesen konkreten Gegenstand für unzulässig erklärt werden.

IV. Die Kompetenzverteilung zwischen Erkenntnisverfahren und Vollstreckungsrecht

1. Problemstellung

Im Erbenhaftungsprozeß (gegen den Erben) sind im wesentlichen **drei Fragen** zu prüfen:
1. Liegt eine **Nachlaßverbindlichkeit** vor?
2. Haftet der Erbe für diese Verbindlichkeit **unbeschränkt oder beschränkt auf den Nachlaß**?
3. Gehört, wenn eine Vollstreckungsmaßnahme eingeleitet wurde, der Gegenstand der Vollstreckung **zum haftenden Vermögen**?

Welche dieser Fragen ist im **Erkenntnisverfahren,** welche im **Vollstreckungsverfahren** zu klären?

Die erste Frage nach der Nachlaßverbindlichkeit ist sicher im Erkenntnisverfahren zu klären, die dritte im Vollstreckungsverfahren.

Wie schwierig die verfahrensrechtliche Ansiedelung der Haftungsbeschränkung des Erben ist, wird bei der zweiten Frage deutlich. Ob der Erbe für eine Nachlaßverbindlichkeit beschränkt oder unbeschränkt haftet, kann im Erkenntnisverfahren so gut wie im Vollstreckungsverfahren geprüft werden. Die Frage ist an Hand von § 780 ZPO und § 785 ZPO zu beantworten.

2. Die Haftungsbeschränkung im Erkenntnisverfahren

a) Reichweite von § 780 ZPO

Nach § 780 I ZPO kann der als Erbe verurteilte Beklagte die Beschränkung der Erbenhaftung nur geltend machen, wenn sie ihm **im Urteilstenor vorbehalten** wurde. Dabei zeigt sich, daß die Vorschrift einen **doppelten Regelungsinhalt** hat:
- Für den Erben beinhaltet sie eine Präklusion, die eine verspätete Geltendmachung der beschränkten Erbenhaftung ausschließt.
- Für das Prozeßgericht handelt es sich um eine Verfahrensnorm.

Aus letzterer Erkenntnis ergibt sich bereits eine wichtige Kompetenzverteilung zwischen Erkenntnisverfahren und Vollstreckungsverfahren: Das Prozeßgericht braucht die rechtzeitig geltend gemachte Haftungsbeschränkung nicht zu prüfen, es behält sie dem Erben lediglich für die spätere Geltendmachung vor.

§ 780 ZPO gilt für jede bisher behandelte **gegenständliche Beschränkung** der Erbenhaftung.

Die Vorschrift **gilt aber nicht** für
- die vorläufigen Einreden der §§ 2014, 2015 BGB, weil es hier nicht um eine gegenständliche Haftungsbeschränkung geht, sondern nur um eine zeitlich bezogen vorübergehende.
- die Geltendmachung der Teilhaftung von Miterben nach § 2060 BGB, denn dabei geht es wiederum nicht um eine gegenständliche Beschränkung der Haftung auf den Nachlaß.

b) Entbehrlichkeit des Vorbehalts

aa) Gesetzlich geregelte Fälle

196 § 780 II ZPO nennt Fälle, in denen ein Vorbehalt entbehrlich ist und im Falle seiner Aufnahme gegenstandslos wäre:
- Verurteilung des **Fiskus** als Erbe,
- Verurteilung eines **Nachlaßverwalters**,
- Verurteilung eines **(anderen) Nachlaßpflegers**,
- Verurteilung eines **Verwaltungstestamentsvollstreckers**.

bb) Aus dem Normzweck sich ergebende Fälle

197 Aus dem Normzweck von § 780 ZPO kann sich ergeben, daß ein Vorbehalt entbehrlich ist.
In § 780 I ZPO wird dem Prozeßgericht die Möglichkeit eröffnet, die Entscheidung über die Haftungsbeschränkung in das Vollstreckungsverfahren zu verlagern. Eines Vorbehalts bedarf es aber nicht, wenn das Prozeßgericht selbst über die Haftungsbeschränkung entscheidet. In einem solchen Fall ist im Verhältnis unter den Parteien rechtskräftig entschieden, ob die Haftung für die Klageforderung auf den Nachlaß beschränkt ist oder nicht.

Dafür kommen **vier Fälle** in Betracht:

1. Hat das Prozeßgericht die vom Erben geltend gemachte Beschränkung der Erbenhaftung geprüft und verneint, so verurteilt es den Erben ohne Vorbehalt.[61] Will der Erbe in einem solchen Falle die beschränkte Erbenhaftung geltend machen, so kann dies nur im Rechtsmittelweg geschehen. Eine Geltendmachung in der Vollstreckung ist nach § 780 ZPO ausgeschlossen.

2. Hat das Gericht die vom Erben geltend gemachte Haftungsbeschränkung geprüft und bejaht, so weist es die Klage ab, wenn feststeht, daß keine Haftungsmasse mehr vorhanden ist, der Nachlaß bspw. erschöpft ist.[62]

3. Hat das Gericht die vom Erben geltend gemachte Beschränkung der Erbenhaftung geprüft und bejaht, so verurteilt es zur Leistung aus dem Nachlaß.[63] Es handelt sich dabei nicht um den bloßen Vorbehalt gem. § 780 I ZPO, sondern es ist diejenige Situation geschaffen, die nach dem von §§ 780, 781, 785 ZPO vorgesehenen regulären Verfahren erst durch eine haftungsbeschränkende Klage nach § 785 ZPO hergestellt werden kann.
Wird aufgrund des auf Leistung aus dem Nachlaß lautenden Urteils in einen nicht zum Nachlaß gehörenden Gegenstand vollstreckt, so kann der Erbe auf Unzulässigerklärung dieses Zugriffs klagen. Es handelt sich dabei nicht um eine Vollstreckungsgegenklage, sondern um eine **Variante der Drittwiderspruchsklage**. Für diese Widerspruchsklage des Erben ist bereits rechtskräftig geklärt, daß nur der Nachlaß haftet. Es bedarf nur noch einer Entscheidung über die Nichtzugehörigkeit der betr. Sache zum Nachlaß.
Ist ein nicht zum Nachlaß gehörender Gegenstand gepfändet, so erklärt das Gericht die Vollstreckungsmaßnahme für unzulässig.

4. Steht nicht nur die Haftungsbeschränkung auf den Nachlaß, sondern auch die gegenständliche Begrenzung des Nachlasses fest, so kann das gesamte Verfahren des § 785 ZPO vorweggenommen und eine solche Klage entbehrlich gemacht werden, indem der Erbe nur zur Duldung der Zwangsvollstreckung in bestimmte Gegenstände verurteilt wird.

---

61 RGZ 77, 245.
62 BGH NJW 1954, 635; 1983, 2378.
63 RGZ 137, 50, 54; zu § 419 BGB ergangen.

3 Das erbrechtliche Mandat nach dem Erbfall

199 In all diesen Fällen sind die Verfahren nach § 780 ZPO – Verurteilung des Erben – und nach §§ 781, 785 ZPO – Entscheidung über die Haftungsbeschränkung – in **einer Entscheidung** zusammengefaßt: Das Prozeßgericht verurteilt den Erben **ohne Vorbehalt**, oder es verurteilt nur zur **Leistung aus dem Nachlaß** bzw. zur **Duldung der Zwangsvollstreckung** in konkrete Nachlaßgegenstände. Oder es weist die Klage ab, weil nur beschränkt gehaftet wird und der Nachlaß erschöpft ist.

In diesen Fällen hat das Gericht mit rechtskräftiger Wirkung nicht nur über die Nachlaßverbindlichkeit, sondern – bezogen auf die betreffende Verbindlichkeit – auch über die Haftungsbeschränkung entschieden. Ist ein Prozeß in diesen beiden Punkten zur Entscheidung reif, so dürfte es die Pflicht des Prozeßgerichts sein, auch in diesem umfassenden Sinn zu entscheiden.

c) Wirkung einer Verurteilung mit oder ohne Vorbehalt

200 Der Vorbehalt hindert nicht ohne weiteres die Vollstreckung in das gesamte Vermögen des Erben. Er sichert dem Erben grundsätzlich nur die Möglichkeit, die Haftungsbeschränkung nach § 785 ZPO geltend zu machen, § 781 ZPO.

d) Die Haftungsbeschränkung im Vollstreckungsverfahren

aa) Unbeschränkte Vollstreckung

201 Nach § 781 ZPO bleibt die Haftungsbeschränkung in der Zwangsvollstreckung unberücksichtigt, bis aufgrund der beschränkten Erbenhaftung von dem Erben Einwendungen gegen die Zwangsvollstreckung erhoben werden. Solange nicht die Beschränkung der Haftung aus dem Titel durch richterlichen Ausspruch geklärt ist, weil der Erbe ohnehin nur zur Leistung aus dem Nachlaß oder zur Duldung der Zwangsvollstreckung in bestimmte Gegenstände verurteilt ist, muß der Erbe den richterlichen Ausspruch durch haftungsbeschränkende Klage nach § 785 ZPO herbeiführen.

bb) Die verschiedenen Klageziele des § 785 ZPO

(1) Inhalt der Verweisung

Das Gesetz verweist in § 785 ZPO wegen der im Rahmen der §§ 781–784 ZPO erhobenen Einwendungen auf die Vollstreckungsgegenklage. Aber die Klageziele des § 785 ZPO sind nicht einheitlich:

- Teils geht es darum, die Beschränkung des Titels auf den Nachlaß geltend zu machen. Bei dieser Alternative befaßt sich die Klage mit dem Inhalt des Titels; sie ist deshalb ein Sonderfall der **Vollstreckungsgegenklage**.
- Teils geht es darum, die Nichthaftung eines bestimmten Gegenstandes geltend zu machen. Dies ist ein Sonderfall der **Drittwiderspruchsklage**.

Fazit: Das Gesetz faßt **zwei unterschiedliche Klagetypen** zu einer einzigen Klageform zusammen. Die Verweisung auf § 767 I ZPO führt zu einer **einheitlichen Zuständigkeit**.

202

(2) Vollstreckungsgegenklage

Zielt die Klage gegen den Titel und ist sie darauf gerichtet, die Vollstreckungsfähigkeit des Titels allgemein auf den Nachlaß zu begrenzen, dann handelt es sich um eine Sonderform der Vollstreckungsgegenklage. Denn in diesem Fall werden materiellrechtliche Einwendungen gegen die titulierte Forderung erhoben, deren Erfüllung sich auf den Nachlaß beschränkt, § 767 ZPO.

203

(3) Drittwiderspruchsklage

Ist die Klage darauf gerichtet, einen bestimmten Vollstreckungszugriff auf einen konkreten Gegenstand für unzulässig zu erklären, so liegt eine Drittwiderspruchsklage vor, § 771 ZPO.

204

(4) Prozeßrechtliche Unterschiede der verschiedenen Klageziele

Wird vom Antrag der Vollstreckungsgegenklage zum Antrag der Widerspruchsklage gewechselt, so handelt es sich um eine Klageänderung, deren Voraussetzungen sich nach § 263 ZPO richtet. Werden beide Anträge nebeneinander gestellt, so liegt eine **objektive Klagehäufung** nach § 260 ZPO vor.

205

3 Das erbrechtliche Mandat nach dem Erbfall

Muster: Antrag für Klagehäufung

▼

„Die Zwangsvollstreckung aus dem Urteil des ▬▬ gerichts ▬▬ vom ▬▬ – Az. ▬▬ – in das nicht zum Nachlaß des am ▬▬ verstorbenen ▬▬ gehörende Vermögen, insbesondere in folgende beim Kläger gepfändete Gegenstände ▬▬, wird für unzulässig erklärt."

Zulässigkeit und Begründetheit jedes dieser Anträge sind gesondert zu prüfen. S. aber auch unten Rn 207, 208.

cc) Die Widerspruchsklage gegen Vollstreckungsmaßnahmen

206 Hauptfall der an § 771 ZPO anzulehnenden Widerspruchsklage ist die Abwehr einer Vollstreckung in das Eigenvermögen des Erben.
Hat der Erbe die Haftungsbeschränkung durch Nachlaßkonkurs bzw. -insolvenz, Nachlaßverwaltung, Erschöpfungseinrede, Dürftigkeitseinrede oder Überschwerungseinrede herbeigeführt, so kann er den Zugriff eines Nachlaßgläubigers auf sein Eigenvermögen abwehren und die Aufhebung von Vollstreckungsmaßnahmen in sein Eigenvermögen verlangen, vgl. § 784 I ZPO.

Kläger ist in den Fällen der §§ 781–783, 784 I ZPO der Erbe, im Fall des § 784 II ZPO der Nachlaßverwalter. Beklagter ist der Nachlaßgläubiger.

Muster: Antrag für Widerspruchsklage

▼

„Die Zwangsvollstreckung in die Gegenstände ▬▬ (Bezeichnung so genau wie möglich) wird für unzulässig erklärt."

207 Wird die Widerspruchsklage mit einer haftungsbeschränkenden Vollstreckungsgegenklage verbunden, so sollte dies zweckmäßigerweise durch **zwei getrennte Anträge** zum Ausdruck gebracht werden:

Muster: Klagantrag für Vollstreckungsgegenklage und Widerspruchsklage

▼

„Es wird beantragt,
1. die Zwangsvollstreckung aus dem Urteil des ▓▓▓ gerichts ▓▓▓ vom ▓▓▓ – Az. ▓▓▓ – für unzulässig zu erklären und
2. die Pfändung des Gegenstandes ▓▓▓ (genau zu bezeichnen) für unzulässig zu erklären."

▲

Begründet ist die Klage im Falle der §§ 781, 784 I ZPO, wenn der Erbe die Haftungsbeschränkung herbeigeführt hat und wenn wegen einer Nachlaßverbindlichkeit in sein Eigenvermögen vollstreckt worden ist.

Es braucht also nur noch darüber entschieden zu werden, ob der Vollstreckungsgegenstand Eigenvermögen des Erben ist oder ob er zum Nachlaß gehört. Die **Darlegungs- und Beweislast** hierfür trägt der Kläger (= Erbe).

Ein der Klage stattgebendes Urteil wird für vorläufig vollstreckbar erklärt und gem. § 775 ZPO (Einstellung und Beschränkung der Zwangsvollstreckung) vollzogen.

Wird danach ein anderer Gegenstand gepfändet und macht der Erbe wiederum geltend, dieser gehöre auch zu seinem Eigenvermögen, so muß **erneut Klage** erhoben werden. – U.a. daran ist zu erkennen, daß es sich in diesem Fall um eine Widerspruchsklage handelt und nicht um eine Vollstreckungsgegenklage.

V. Haftungsvorbehalt des Erben in anderen Vollstreckungstiteln

Soll die Möglichkeit der beschränkbaren Erbenhaftung für den Erben lückenlos „greifen", so muß der Vorbehalt des § 780 ZPO auch in andere Vollstreckungstitel, wie Vollstreckungsbescheid, notarielle vollstreckbare Urkunde und Prozeßvergleich, aber auch in den Kostenfestsetzungsbeschluß aufgenommen werden (§§ 795, 699, 700 ZPO).[64] In einen Kostenfestsetzungsbeschluß kann der Vorbehalt des § 780 ZPO bezüglich der zu erstattenden Prozeßkosten nur

---

64 *Zöller/Stöber*, § 780 Rn 6.

aufgenommen werden, wenn der Vorbehalt bezüglich der Kosten auch in das Urteil aufgenommen war.[65]

VI. Die Abwehr von Nachlaßgläubigern in das Eigenvermögen des Erben

1. Einzelzwangsvollstreckung gegen den Erben

a) Erfordernis des Haftungsbeschränkungsvorbehalts nach § 780 ZPO

209 Wenn ein Nachlaßgläubiger im Wege der Einzelzwangsvollstreckung auf das Eigenvermögen des Erben zugreift, so steht dem Erben die beim Prozeßgericht des ersten Rechtszugs zu erhebende **Vollstreckungsgegenklage** nach §§ 784 I, 785, 767 ZPO zu, sofern er sich die Haftungsbeschränkung in dem gegen ihn ergangenen Urteil nach § 780 I ZPO hat vorbehalten lassen. Zum Vorbehalt nach § 780 ZPO vgl. im einzelnen oben Rn 194 ff.

b) Entbehrlichkeit des Haftungsbeschränkungsvorbehalts

210 Ausnahmsweise ist ein solcher Vorbehalt in drei Fallgruppen **nicht erforderlich**:

1. Wenn schon das Urteil selbst erkennen läßt, daß sich die Vollstreckung gegen einen Erben richtet. Dies ist gemäß § 780 II ZPO **in drei Fällen** gegeben: Wenn das Urteil
   - **gegen den Fiskus** als gesetzlichen Erben oder
   - **gegen einen Nachlaßverwalter** oder
   - **gegen einen (anderen) Nachlaßpfleger** oder
   - **gegen einen Testamentsvollstrecker**
   ergeht.

2. **Nicht erforderlich** ist der Vorbehalt auch dann, wenn das **Urteil gegen den Erblasser** ergangen ist. In einem solchen Fall kann eine bereits begonnene Zwangsvollstreckung fortgesetzt werden, obwohl sie sich nach dem Erbfall gegen einen anderen Schuldner, nämlich den Erben, richtet;

---

65 LG Leipzig, ZEV 1999, 234.

aber die Zwangsvollstreckung ist auf den Nachlaß beschränkt, vgl. § 797 I ZPO.

3. Falls die Zwangsvollstreckung erst **nach dem Tod des Erblassers** beginnt, so muß der Nachlaßgläubiger seinen **Vollstreckungstitel** auf den Erben als Rechtsnachfolger des Erblassers gemäß § 727 ZPO **umschreiben** lassen. In einem solchen Fall ist wiederum auf dem Titel vermerkt, daß sich die Zwangsvollstreckung gegen einen Erben richtet; aus diesem Grund bedarf es hier keines Vorbehalts nach § 780 ZPO für den Erben, um ihm die Möglichkeit einer Vollstreckungsgegenklage nach §§ 781, 785, 767 ZPO zu eröffnen.

211

2. Universalzwangsvollstreckung gegen den Erben

Geht ein Nachlaßgläubiger gegen das Eigenvermögen des Erben dadurch vor, daß er seine Forderung in einem **Konkurs- oder Insolvenzverfahren des Erben** anmeldet, so kann der Erbe die Teilnahme des Nachlaßgläubigers am allgemeinen Konkurs oder an der allgemeinen Insolvenz über sein Eigenvermögen dadurch ausschließen, daß er seinerseits **Nachlaßverwaltung** oder **Nachlaßinsolvenz** beantragt (bzw. bis 31.12.1998 Nachlaßkonkurs oder Nachlaß-Gesamtvollstreckung beantragt hat). Die Eröffnung der Nachlaßinsolvenz schließt nach § 331 InsO die Nachlaßgläubiger von der Teilnahme am allgemeinen Insolvenzverfahren aus. (In den Fällen, in denen bis 31.12.1998 der Nachlaßkonkurs beantragt wurde, sind die Nachlaßgläubiger gem. § 234 I KO von der Teilnahme am allgemeinen Konkurs ausgeschlossen.)

212

Ausgenommen sind nur diejenigen Nachlaßgläubiger, denen gegenüber der Erbe unbeschränkt haftet; sie können im allgemeinen Konkurs bzw. im allgemeinen Insolvenzverfahren den Betrag geltend machen, mit dem sie im Nachlaßinsolvenzverfahren bzw. Nachlaßkonkurs ausgefallen sind.

3. Aufrechnung

Als **private Zwangsvollstreckung** wird gelegentlich die **Aufrechnung** bezeichnet.[66] Mit der wirksamen Aufrechnungserklärung erfüllt sich der Gläubiger seine Forderung ohne Zustimmung des Schuldners aus dem schuldnerischen Vermögen, und zwar aus einer dem Schuldner zustehenden Gegenforderung.

213

---

66 Vgl. *Gernhuber*, Das Schuldverhältnis, § 4 I 3.

3 Das erbrechtliche Mandat nach dem Erbfall

Mit den Regeln über die Voraussetzungen und die Wirkungen der Aufrechnung wird sichergestellt, daß der Gläubiger nur dasjenige erhält, was ihm auch zusteht.

Hat ein Nachlaßgläubiger die Aufrechnung gegen eine Forderung erklärt, die sich im Eigenvermögen des Erben befindet, so wird dieser private Zwangsvollstreckungsakt durch die Anordnung eines der zwei Nachlaßverfahren (bzw. des bis 31.12.1998 beantragten Nachlaßkonkurses) nach § 1977 I BGB wieder rückgängig gemacht. Die gegenseitigen Forderungen, deren Aufrechnung **vor der Vermögenstrennung** erfolgt ist, bestehen mit der Anordnung von Nachlaßverwaltung oder Nachlaßinsolvenz (bzw. Nachlaßkonkurs) fort.

Mit der Vermögenstrennung sind nur noch Nachlaßforderungen und Nachlaßschulden gegenseitig und damit aufrechenbar, nicht aber Nachlaßforderungen und Eigenschulden sowie Eigenforderungen und Nachlaßschulden (§§ 1977 II, 389 BGB).

4. Konfusion

214 Zu der Einzelzwangsvollstreckung, der Universalvollstreckung und der Aufrechnung kommt noch eine vierte Möglichkeit, bei der der Erbe mit seinem Eigenvermögen für eine Nachlaßschuld einsteht, und zwar kraft Gesetzes: die **Konfusion**. Sie tritt ein, wenn der Erbe Gläubiger des Erblassers gewesen war. Der Erbe verliert seine Forderung mit dem Erbfall. Die Eröffnung eines der zwei Nachlaßverfahren (bzw. des bis 31.12.1998 beantragten Nachlaßkonkurses) macht auch dieses wiederum rückgängig, § 1976 BGB. Hier arbeitet das Gesetz mit einer **rückwirkenden Fiktion** (vgl. Wortlaut des § 1976 BGB: *"Ist die Nachlaßverwaltung angeordnet oder das Nachlaßinsolvenzverfahren eröffnet, so gelten die infolge des Erbfalls durch Vereinigung von Recht und Verbindlichkeit oder von Recht und Belastung erloschenen Rechtsverhältnisse als nicht erloschen"*).

> *Beispiel*
> Erblasser E und Sohn S hatten einen Kaufvertrag geschlossen, wonach E dem S einen Pkw für DM 10.000 verkauft. Im Zeitpunkt des Todes des E war der Vertrag von keiner Seite erfüllt. S wurde Alleinerbe des E. Damit wurde er Alleineigentümer des Pkw, seine Verbindlichkeit zur Kaufpreiszahlung ist erloschen.

Zwei Monate später wird Nachlaßverwaltung angeordnet. S bleibt damit zwar Eigentümer des Pkw, er verliert jedoch die Verfügungsbefugnis darüber, seine Verpflichtung zur Kaufpreiszahlung lebt wieder auf. Die Abwicklung des Vertrags geschieht auf die Weise, daß S den Kaufpreis an den Nachlaßverwalter bezahlt und dieser den Pkw aus seiner Verwaltung frei gibt. Eine Übereignung ist nicht möglich, da der Pkw bereits im Eigentum des S steht.

Der Erbe kann zu seinem Eigenvermögen gehörende Forderungen gegenüber Nachlaßverwalter oder Insolvenzverwalter bzw. Konkursverwalter geltend machen, obwohl er einerseits selbst Rechtsinhaber des Eigenvermögens und andererseits des Nachlasses ist.[67]

215

Hinweis
Bei der Berechnung eines Pflichtteilsanspruchs werden Forderung und Schuld ebenfalls – für die Berechnung – in Anlehnung an § 1976 BGB als nicht erloschen angesehen.[68]

VII. Geschäftsführung des Erben, § 1978 BGB

Nicht selten erkennt der Erbe nicht sofort beim Erbfall, daß die Anordnung eines Nachlaßverfahrens notwendig ist. Er verwaltet den Nachlaß und verfügt über Nachlaßgegenstände. Danach wird eines der Nachlaßverfahren angeordnet. Was ist mit den vom Erben vorgenommenen Rechtshandlungen nach außen und im Verhältnis zu den Nachlaßgläubigern?

216

Für die Frage der Verantwortlichkeit des Erben ist zu unterscheiden, ob er die Erbschaft **angenommen** hatte oder nicht.

1. Vor Annahme der Erbschaft

Für den Erben besteht keine Verpflichtung, tätig zu werden. Er handelt als **Geschäftsführer ohne Auftrag,** wenn er Rechtshandlungen in bezug auf den Nachlaß vornimmt (§ 1978 I 2 BGB).

217

---

67 BGHZ 48, 219.
68 BGHZ 98, 389.

Das Geschäft muß dem wirklichen oder mutmaßlichen Willen der Nachlaßgläubiger entsprechen, § 677 BGB.[69] Hat der Erbe vor der Verfahrenseröffnung freiwillig eine Nachlaßschuld aus seinem Eigenvermögen beglichen, so wird dieser Erfüllungsvorgang vom Gesetz nicht rückgängig gemacht, vielmehr hat der Erbe einen Ersatzanspruch gegen den Nachlaß nach §§ 1979, 1978, 670, 683 BGB, wenn er den Umständen nach annehmen durfte, daß der Nachlaß zur Berichtigung aller Nachlaßverbindlichkeiten ausreicht. Wenn der Nachlaß überschuldet ist, also ein Nachlaßinsolvenzverfahren eingeleitet werden muß, so hat die Forderung des Erben als Masseverbindlichkeit gemäß § 324 I Nr. 1 InsO den Vorrang (bzw. im bis 31.12.1998 beantragten Nachlaßkonkurs als Masseschuld Vorrang gemäß § 224 I Nr. 1 KO).

2. Nach Annahme der Erbschaft

218 Der Erbe haftet den Nachlaßgläubigern wie ein **Beauftragter** (§§ 1978 I 1; 662 ff BGB). Nach § 667 BGB hat er das Erlangte herauszugeben. Auch hier gibt ihm das Gesetz einen Ersatzanspruch gegen den Nachlaß nach §§ 1979, 1978, 670, 683 BGB, wenn der Erbe den Umständen nach annehmen durfte, daß der Nachlaß zur Berichtigung aller Nachlaßverbindlichkeiten ausreiche. In der Nachlaßinsolvenz (bzw. im Nachlaßkonkurs) ist die Forderung des Erben ebenfalls bevorrechtigt nach § 324 I Nr. 1 InsO (bzw. § 224 I Nr. 1 KO). Herausgabe- und Ersatzansprüche fallen in den Nachlaß (§ 1978 II BGB) und sind vom Nachlaßverwalter bzw. Nachlaßinsolvenzverwalter (oder Nachlaßkonkursverwalter) geltend zu machen.

219 Die privilegierte Stellung eines vorrangigen Massegläubigers hat der Erbe dann nicht, wenn er aus eigenen Mitteln eine Nachlaßschuld tilgte, obwohl er den Umständen nach nicht annehmen durfte, daß der Nachlaß zur Erfüllung aller Nachlaßverbindlichkeiten ausreichen würde (§ 1979 BGB). Dann hat er gegen den Nachlaß nur einen Bereicherungsanspruch nach §§ 1978 III, 684 BGB.[70] Aber im Nachlaßinsolvenzverfahren (bzw. im Nachlaßkonkurs) kommt dem Erben doch noch eine Vorzugsstellung zu, indem die erloschene Forderung des Nachlaßgläubigers wieder auflebt und dem Erben zufällt, der sie im Insolvenzverfahren geltend machen kann, § 326 II InsO, und nach §§ 412, 401

---

69 *Soergel/Stein* Rn 4; *Staudinger/Marotzke* Rn 5; MüKo/*Siegmann* Rn 3 je zu § 1978 BGB.
70 *Staudinger/Lehmann* § 1979 Rn 10.

BGB auch die Sicherungsrechte erhält (in Fortentwicklung der Rechtsprechung des Reichsgerichts RGZ 55, 158). Gleiches gilt im Nachlaßkonkurs nach § 225 II KO (RGZ aaO).

Den Erben trifft – nach Annahme der Erbschaft – eine **Schadensersatzpflicht** gemäß § 1980 BGB, wenn er trotz Kenntnis oder fahrlässiger Unkenntnis der Überschuldung des Nachlasses nicht unverzüglich das Nachlaßinsolvenzverfahren beantragt (bzw. bis 31.12.1998 den Nachlaßkonkurs beantragt hat). 220

VIII. Verlust der Möglichkeit einer Haftungsbeschränkung

Der Erbe verliert die Möglichkeit, seine Haftung zu beschränken, in **fünf Fällen**: 221

1. nach § 1994 I 2 BGB, wenn das Nachlaßgericht ihm auf Antrag eines Nachlaßgläubigers eine **Inventarfrist** gesetzt hat und diese **Frist abgelaufen** ist, ohne daß der Erbe das Inventar errichtet hat.
2. nach § 2005 I BGB bei **Inventaruntreue**,
3. durch **Vertrag** mit einzelnen oder allen Nachlaßgläubigern,
4. nach § 2006 III BGB bei **Verweigerung der Angabe der eidesstattlichen Versicherung**. Hier haftet er nur demjenigen Gläubiger gegenüber unbeschränkt, der die Leistung der eidesstattlichen Versicherung verlangt hatte,
5. durch **vorbehaltlose Verurteilung, § 780 I ZPO, gegenüber dem betreffenden Kläger**.

Nach Eintritt eines dieser Umstände kann der Erbe, wie sich im einzelnen aus § 2013 BGB ergibt, nicht mehr den Zugriff der Nachlaßgläubiger auf sein Eigenvermögen mit den allgemeinen Haftungsbeschränkungsmaßnahmen verhindern.

K. Die Haftung mehrerer Erben

I. Grundsätze

Beachten die Miterben einer Erbengemeinschaft die gesetzlichen Regeln über die Verwaltung des Nachlasses und die Vorbereitung und Durchführung der 222

Nachlaßauseinandersetzung, so werden sich in der Praxis kaum Komplikationen in Bezug auf die Erbenhaftung, insbesondere nach erfolgter Nachlaßauseinandersetzung, ergeben.

223 Deshalb ist es Aufgabe des anwaltlichen Beraters, darauf hinzuwirken, daß vor der Nachlaßteilung unter den Miterben sämtliche Verbindlichkeiten erfüllt werden. So sieht es auch das Gesetz vor: Nach §§ 2045–2047 BGB sollen **vor der Teilung** alle Verbindlichkeiten beglichen und erforderlichenfalls Mittel für unsichere Forderungen zurückbehalten werden.

224 Auch für die Erbenmehrheit gelten die Haftungsvorschriften der §§ 1967–2017 BGB. Die mehreren Erben haften also grundsätzlich unbeschränkt, aber beschränkbar. Die Besonderheiten, die sich aus der Miterbengemeinschaft ergeben, sind in den §§ 2058 ff. BGB geregelt. Die Vermögensverschmelzung zwischen Nachlaß und Eigenvermögen des Erben, wie sie beim Alleinerben in der Regel sehr rasch nach Eintritt des Erbfalls sich einstellt, ist bei der Erbengemeinschaft insofern zunächst ausgeschlossen, als das Gesamthandsvermögen der Erbengemeinschaft rechtlich und faktisch vom Eigenvermögen des jeweiligen Miterben getrennt ist. Auf diese Weise tritt bereits durch die gesetzlichen Vorschriften über die Erbengemeinschaft kraft Gesetzes eine Gütersonderung ein. Dies gilt allerdings nur für die Zeit vor der Nachlaßauseinandersetzung. Die Verschmelzung von Eigenvermögen und Teilen des Nachlasses tritt bei der Erbengemeinschaft erst nach Vollzug der Nachlaßauseinandersetzung ein.

225 *Hinweis*
Sehr häufig nehmen Miterben kurze Zeit nach dem Erbfall schon eine auf einzelne Nachlaßgegenstände bezogene Teilauseinandersetzung des Nachlasses vor (Verteilung des Mobiliars, Pkw, Abschlagszahlungen aus Bankguthaben etc.). Dies stellt idR noch keine Teilung des Nachlasses im Sinne der Haftungsvorschriften dar.[71] Wann der Nachlaß als geteilt anzusehen ist, beurteilt sich nach dem **objektiven Gesamtbild:** Ist ein so erheblicher Teil der Nachlaßgegenstände aus der Gesamthandsgemeinschaft in das Einzelvermögen der Miterben überführt, daß im Nachlaß keine für die Berichtigung der Nachlaßverbindlichkeiten mehr ausreichenden Gegenstände vorhanden sind, ist die Teilung vollzogen.[72]

---

71 RGZ 89, 408.
72 *Soergel/Wolf*, Rn 2; MüKo/Dütz, Rn 4 je zu § 2059 BGB.

Für jeden einzelnen Miterben gilt § 1958 BGB, wonach vor der Annahme der Erbschaft die Erfüllung einer Nachlaßverbindlichkeit verweigert werden kann.

226

Der unbeschränkten Haftung des Alleinerben mit dem Nachlaß und seinem Eigenvermögen entspricht bei der Erbengemeinschaft die gesamtschuldnerische Haftung jedes Erben (§ 2058 BGB).

227

Die Haftung des Erben vor der Nachlaßauseinandersetzung einerseits und nach diesem Zeitpunkt andererseits ist unterschiedlich geregelt, weil sich die Interessenlage unterschiedlich darstellt.

228

II. Haftung der Miterben vor der Nachlaßteilung

1. Wechselseitige Verpflichtung der Miterben zur ordnungsmäßigen Verwaltung

Trotz des auf Auseinandersetzung gerichteten Zwecks der Erbengemeinschaft muß der Nachlaß zwischen dem Erbfall und der endgültigen Erbauseinandersetzung zur Erhaltung als Haftungsmasse sinnvoll verwaltet werden. Diese Verwaltungsbefugnis kommt den Miterben zu, es sei denn, der Erblasser hätte sie einem Testamentsvollstrecker übertragen.

229

Die Verwaltung umfaßt alle Maßnahmen zur Erhaltung oder Vermehrung des Nachlasses, gleichgültig, ob es sich um Maßnahmen des Innenverhältnisses oder des Außenverhältnisses handelt. Vgl. zur Verwaltung des Nachlasses in der Erbengemeinschaft oben § 13 Rn 11 ff.

Der gegenseitigen Mitwirkungspflicht der Miterben zu ordnungsmäßigen Verwaltungsmaßnahmen steht eine Sanktion bei der Erbenhaftung gegenüber: die gesamtschuldnerische Haftung nach § 2058 BGB. Diese gravierende Rechtsfolge für jeden einzelnen Miterben erfordert die **Werterhaltung des Nachlasses** durch sinnvolle Verwaltungsmaßnahmen, damit nicht durch eine Wertminderung eine Unterdeckung eintritt, die zu einer Haftung der Erben mit dem Eigenvermögen führen könnte.

230

Vor diesem Hintergrund ist auch das Erfordernis der Einstimmigkeit zu außerordentlichen Verwaltungsmaßnahmen zu sehen (§ 2038 I 1 BGB). Das wirtschaftliche Risiko außergewöhnlicher Verwaltungsmaßnahmen soll nur dann

Tanck/Krug 873

eingegangen werden können, wenn jeder Miterbe zustimmt, weil ihn auch die gesamtschuldnerische Haftung des § 2058 BGB trifft. Ein Mehrheitsbeschluß reicht für solche außerordentlichen Maßnahmen nicht.

231 *Beispiele für außerordentliche Verwaltung*
- Umänderung einer Erbengemeinschaft in eine werbende Gesellschaft;
- Umwandlung eines Gewerbes in ein Unternehmen einer anderen Branche.

232 Einen Sicherungsmechanismus zur Erhaltung des Nachlasses enthält auch die Regelung über die **Notgeschäftsführung** (§ 2038 I 2 a.E. BGB). Sie ist zulässig bei bedeutsamen Maßnahmen in Dringlichkeitsfällen, wenn die Stellungnahme bzw. Zustimmung der anderen Miterben nicht mehr eingeholt werden kann. Allerdings fallen nur Maßnahmen der ordnungsgemäßen Verwaltung darunter. (Beispiel: Wasserrohrbruch im Wohnhaus der Erbengemeinschaft. Ein Miterbe kann die erforderlichen Reparaturaufträge im Namen aller Miterben erteilen. Aus dem Auftrag entsteht eine Nachlaßverbindlichkeit).
Lagen die tatbestandsmäßigen Voraussetzungen einer Notverwaltungsmaßnahme nicht vor, so haftet der handelnde Miterbe allein, eine Nachlaßverbindlichkeit entsteht dann nicht.

2. Schutz des Eigenvermögens des Miterben vor den Nachlaßgläubigern

a) Haftungsbeschränkung – die Einrede des ungeteilten Nachlasses für den Miterben

233 Die Haftung der Miterben durch die Einleitung eines der zwei Verfahren (Nachlaßverwaltung, Nachlaßinsolvenz) zu beschränken, ist vor der Erbteilung nicht erforderlich, weil das Gesetz die Verfügungsbefugnis über den Nachlaß von der über das Eigenvermögen jedes Erben trennt:
Wenn mehrere Miterben vorhanden sind, so werden Eigenvermögen und Nachlaß auch ohne besonderes Verfahren voneinander getrennt: Über den Nachlaß können die Miterben nur gemeinschaftlich verfügen, vgl. § 2040 I BGB. Daher kann der einzelne Miterbe auch nicht erzwingen, daß eine bestimmte Nachlaßverbindlichkeit aus dem Nachlaß beglichen wird; er ist vielmehr auf die Zustimmung der anderen Miterben angewiesen.

Deshalb beschränkt § 2059 I 1 BGB bis zur Teilung des Nachlasses die Haftung des Miterben, indem er grundsätzlich seine Haftung mit seinem Eigenvermögen ausschließt (**Einrede des ungeteilten Nachlasses**). Nach der Teilung bedarf es dieser Beschränkung nicht mehr; denn dann kann jeder Miterbe über die ihm in der Erbteilung zugeteilten Gegenstände ohne Rücksicht auf die anderen Miterben verfügen.

Fazit: Jeder Miterbe, der noch beschränkbar haftet, kann vor der Nachlaßteilung die Erfüllung einer Nachlaßverbindlichkeit aus seinem Eigenvermögen verweigern, indem er die **Einrede des ungeteilten Nachlasses** erhebt (§§ 2059 I S. 1 BGB, 781, 785 ZPO).

b) Die Ausnahme von der besonderen Haftungsbeschränkung

aa) Der Erbteil als besondere Erscheinungsform des Erblasservermögens

§ 2059 I BGB beschränkt aber die Haftung nicht soweit, wie es die allgemeinen Haftungsbeschränkungsvorschriften tun. Diese beschränken die Haftung auf den Nachlaß und schließen jede Haftung des Eigenvermögens des Erben aus. § 2059 I 1 BGB läßt die Haftung **eines Gegenstandes** des Eigenvermögens des Erben bestehen: die **Haftung des Erbteils**. Der Erbteil ist ein besonderes, vom Nachlaß selbst zu unterscheidendes Recht. Der Miterbe kann es nach § 2033 I BGB veräußern. Mit dem Erbfall hat sich die Erscheinungsform des Vermögens des Erblassers gewissermaßen verdoppelt: Es erscheint einmal als der gesamthänderisch gebundene Nachlaß, bestehend aus den einzelnen zum Nachlaß gehörenden Sachen und Rechten, und zum anderen bei jedem einzelnen Miterben als der Anteil an diesem noch ungeteilten Nachlaß. Die zweite Erscheinungsform, der Erbteil, **gehört zum Eigenvermögen des Miterben.** 234

bb) Pfändung des Erbteils

Wenn ein **Nachlaßgläubiger** einen Erbteil gepfändet hat, so brauchen die Miterben nur eine Nachlaßverwaltung herbeizuführen, dann kann der betroffene Miterbe nach §§ 1975 BGB, 780, 781, 784, 785, 767 ZPO die Aufhebung der Pfändung bewirken. 235

cc) Rechte des Pfändungspfandgläubigers

236 Der Grund für die Ausnahme in § 2059 I 1 BGB (Haftung des Erbteils) wird erst klar, wenn man sich vor Augen führt, welche Rechte ein Nachlaßgläubiger mit einem gepfändeten Erbteil ausüben kann:

1. Er kann den **Erbteil veräußern** oder versteigern, §§ 857 V, 844 ZPO. Diese Möglichkeit dürfte aber für den Nachlaßgläubiger kaum praktische Bedeutung haben. Er kann bequemer mit einem Titel gegen alle Miterben nach § 747 ZPO in einzelne Gegenstände des Nachlasses vollstrecken.

2. Der Nachlaßgläubiger kann sich **den Erbteil** nach § 835 I ZPO **überweisen** lassen. Die Überweisung kann nicht an Zahlungs Statt erfolgen, weil der Miterbenanteil keinen auf die Forderung des Gläubigers anrechenbaren Nennwert aufweist, wie es § 835 I ZPO voraussetzt. Es kommt also nur eine Überweisung zur Einziehung in Betracht. Damit bedarf die dingliche Übereignung aller Nachlaßgegenstände anläßlich der Auseinandersetzung und auch die Übereignung eines einzelnen Nachlaßgegenstandes der Zustimmung des Pfandgläubigers. Darin liegt ein relatives Veräußerungsverbot nach § 135 BGB.

237 **Eintragbarkeit der Erbteilspfändung im Grundbuch:** Weil die Erbteilspfändung zu einem relativen Veräußerungsverbot führt, kann sie in die Abteilung II des Grundbuchs eingetragen werden; der Pfandgläubiger kann die Voreintragung des Miterben nach § 895 BGB erzwingen. Das Pfändungspfandrecht am Erbteil sichert den Gläubiger also durch ein relatives Veräußerungsverbot betreffend die einzelnen Nachlaßgegenstände; durch die Eintragung im Grundbuch kann der Nachlaßgläubiger den **gutgläubigen Erwerb** von Immobilien des Nachlasses ausschließen.

3. Mit Erwerb des Pfändungspfandrechts kann der Pfändungsgläubiger anstelle des Miterben die Auseinandersetzung des Nachlasses nach §§ 2042 ff BGB betreiben, auch wenn der Erblasser sie ausgeschlossen hat (§ 2044 BGB).[73] Das Pfandrecht setzt sich dann am Auseinandersetzungsguthaben fort bzw. an den auf den Schuldner-Miterben entfallenden Nachlaßgegenständen, die dann nicht an den Miterben, sondern an den Pfandgläubiger herauszugeben sind. Deshalb ist im Hinblick auf § 847 ZPO schon bei der Pfändung

---

73 OLG Celle RdL 59, 302; siehe auch Teil 3 § 13 „Der Miterbe als Mandant" Rn 173.

anzuordnen, daß die bei der Auseinandersetzung dem Schuldner-Miterben zustehenden beweglichen Sachen nicht an diesen, sondern an den Gerichtsvollzieher herauszugeben sind.[74]

Bei einem Grundstück kann nicht der Schuldner-Miterbe, sondern der Pfandgläubiger die Zwangsversteigerung zum Zwecke der Aufhebung der Gemeinschaft nach §§ 2042 II, 753 I S. 1 BGB, 180 ff ZVG betreiben.[75] **238**

4. **Verfahren bei der Pfändung:** Alle Miterben sind im Pfändungsantrag zu nennen, weil sie Drittschuldner iSv §§ 857 I, 829 ZPO sind, denen der Pfändungs- und Überweisungsbeschluß zuzustellen ist.[76] Zur Verlautbarung der Pfändung im Grundbuch s. Teil 4 § 22 Rn 80.

Ist ein **Testamentsvollstrecker** bestellt, so ist ihm zuzustellen.[77] **239**

Zusammenfassend zeigt sich: Die Haftung des Erbteils für die Nachlaßschulden kann die dem Nachlaßgläubiger haftende Vermögensmasse zwar nicht vergrößern, wohl aber gemäß § 804 I ZPO doppelt sichern, nämlich durch ein relatives Veräußerungsverbot nach §§ 1276, 135 BGB und durch die Mitwirkungsrechte des Pfändungspfandgläubigers bei der Verwaltung und Auseinandersetzung der Erbengemeinschaft gemäß §§ 1273 II 1, 1258 BGB.

Damit zeigt sich, warum der Miterbe den Nachlaßgläubigern mit dem Erbteil haftet: Der Schutz der Nachlaßgläubiger bei der Haftungsbeschränkung des § 2059 I 1 BGB kann im Einzelfall unsicherer sein als bei der allgemeinen Haftungsbeschränkung durch eines der (früher) drei, jetzt zwei Nachlaßverfahren. § 2059 I 1 BGB schützt den Nachlaßgläubiger dadurch, daß der **einzelne Miterbe** über einen Nachlaßgegenstand zum Nachteil der Nachlaßgläubiger nicht verfügen kann, § 2040 I BGB. **Alle Miterben gemeinschaftlich** sind dazu aber in der Lage. Wenn der Nachlaßgläubiger das befürchtet, so kann er sich an einen Erbteil halten, dadurch seine Rechte am Nachlaß sichern und ungünstige Verfügungen verhindern. **240**

---

74 *Liermann*, NJW 1962, 2189.
75 *Hill*, MDR 1959, 92; aM LG Braunschweig NdsRpfl 56, 74; *Stöber* Rpfl. 63, 337.
76 RGZ 75, 179.
77 RGZ 86, 294.

Dieses Schutzes bedarf der Nachlaßgläubiger nicht mehr, wenn er durch die Eröffnung eines der (früher) drei, jetzt zwei Nachlaßverfahren einen besseren Schutz erhält; deshalb endet dann die Haftung des Erbteils. Entsprechend ist es im Falle der Dürftigkeitseinrede und bei Ausschließung oder Verschweigung eines Nachlaßgläubigers.

dd) Vollstreckung eines Nachlaßgläubigers in das sonstige Eigenvermögen des Miterben

241 Wenn ein Nachlaßgläubiger in das Eigenvermögen eines Miterben über § 2059 I 1 BGB hinaus vollstreckt, also in etwas anderes als in den Erbteil, so kann sich der Erbe dagegen nach §§ 781, 785, 767 ZPO wehren, sofern er sich nach § 780 ZPO die Haftungsbeschränkung im Urteil hat vorbehalten lassen.

Wenn ein Nachlaßgläubiger die Insolvenz eines Miterben beantragt, so ist der Antrag zurückzuweisen; denn das Eigenvermögen haftet ihm nach § 2059 I 1 BGB grundsätzlich nicht. Zwar haftet ihm ein einziger Gegenstand des Eigenvermögens: der Erbteil. Aber über ihn ist ein gesondertes Nachlaßinsolvenzverfahren nicht zulässig, § 316 III InsO, sowenig wie ein Sonderkonkurs bisher, § 235 KO.

Der Haftungsbeschränkung von § 2059 I 1 BGB entspricht es, daß ein Nachlaßgläubiger gegen eine Eigenforderung des Erben nicht mit seiner Forderung gegen den Nachlaß aufrechnen kann; es fehlt hier an der Gegenseitigkeit, § 387 BGB. Dies wird bestätigt in § 2040 II BGB.

3. Die allgemeinen Mittel der Haftungsbeschränkung

242 **(1)** Für jeden einzelnen Miterben gilt § 1958 BGB, wonach vor der Annahme der Erbschaft die Erfüllung einer Nachlaßverbindlichkeit verweigert werden kann.

243 **(2)** Wenn die Miterben ihre Haftung durch eines der allgemeinen Mittel für eine Haftungsbeschränkung einschränken, so ist das neben der besonderen Haftungsbeschränkung von § 2059 I 1 BGB nicht bedeutungslos. Einmal endet eine allgemeine Haftungsbeschränkung nicht mit der Nachlaßteilung, und zum andern entzieht eine allgemeine Haftungsbeschränkung auch den Teil des Eigenvermögens den Nachlaßgläubigern, den § 2059 I 1 BGB ihnen

noch gelassen hatte, nämlich den Anteil des einzelnen Miterben am Nachlaß, § 1975 BGB, also den Erbteil.

(3) Für die allgemeinen Haftungsbeschränkungsmittel gelten im übrigen bei einer Erbengemeinschaft folgende Besonderheiten: **Die Nachlaßverwaltung** entzieht den Erben das gemeinschaftliche Verfügungsrecht nach § 2040 BGB. Deshalb können sie nur gemeinschaftlich dieses Recht gemäß § 1981 I BGB dadurch aufgeben, daß sie den Antrag auf Nachlaßverwaltung stellen, § 2062 HS. 1 BGB. 244

Bei der Nachlaßinsolvenz könnte sich der Antrag der Miterben verzögern, wenn alle zustimmen müßten. Das würde den Interessen der Nachlaßgläubiger zuwiderlaufen. Deshalb kann jeder Miterbe einzeln den Insolvenzantrag stellen, § 317 I InsO. Dasselbe galt für den Nachlaßkonkurs, § 217 I, II KO. Da nach § 991 ZPO jeder Miterbe einzeln den Antrag auf Erlaß des Aufgebots stellen darf, kann jeder einzeln die **Ausschließungseinrede** des § 1973 BGB erwerben. Auch die **Verschweigungseinrede** des § 1974 BGB kommt jedem Miterben einzeln zustatten. 245

4. Verlust der Möglichkeit einer Haftungsbeschränkung

Den Antrag des Alleinerben auf Eröffnung von Nachlaßverwaltung, -konkurs und -insolvenz begrenzt das Gesetz zeitlich nicht. Das ist bei Miterben für die **Nachlaßverwaltung** anders: Nach der Erbteilung können die Miterben die Eröffnung des Verfahrens nicht mehr beantragen, § 2062 HS. 2 BGB. Mit der Teilung verlieren also die Erben dieses Mittel der Haftungsbeschränkung; auch die Nachlaßgläubiger können den Antrag nicht mehr stellen. Der Grund dafür liegt in der Überlegung, daß der Nachlaß zulänglich gewesen ist und daß die Miterben daher alle Nachlaßverbindlichkeiten aus dem Nachlaß vor der Teilung hätten berichtigen können, wie es § 2046 BGB und § 756 BGB ausdrücklich anordnen. 246

Da die Teilung die Zustimmung aller Miterben erfordert, ist es richtig, ihnen allen nach der Teilung die Möglichkeit einer Haftungsbeschränkung durch Nachlaßverwaltung zu entziehen. Eine Haftungsbeschränkung kann nach der Teilung nur noch erreicht werden, wenn der Nachlaß überschuldet ist; dann kann nach §§ 316, 317 InsO jeder Miterbe und jeder Nachlaßgläubiger Nachlaßinsolvenz beantragen. 247

> *Hinweis*
> Die Teilung eines zulänglichen Nachlasses führt also immer zur **unbeschränkbaren Haftung** der Miterben.

Natürlich bleibt eine Haftungsbeschränkung nach der Teilung wirksam, wenn sie nach den allgemeinen Vorschriften bereits vor der Teilung bewirkt wurde.

5. Gesamtschuldnerische oder anteilige Haftung des Eigenvermögens vor der Teilung

a) Eigenvermögen und Erbteil

248 § 2059 I 2 BGB regelt nicht nur die Frage, ob ein Miterbe mit seinem gesamten Eigenvermögen haftet, sondern auch die zweite Frage, ob er damit für die volle Nachlaßverbindlichkeit einstehen soll oder nur für einen seinem Erbteil entsprechenden Teil.

Da der Miterbe gem. § 2059 I 1 BGB bis zur Teilung nur beschränkt haftet, läßt ihn das Gesetz bei Verlust der Haftungsbeschränkungsmöglichkeit mit dem Eigenvermögen nur in Höhe des Teils der Nachlaßverbindlichkeit haften, die seinem Erbteil entspricht.

249 Haftet also ein Miterbe für eine Nachlaßverbindlichkeit unbeschränkt (beispielsweise infolge Inventaruntreue), so erweitert sich die Haftungsgrundlage für den Nachlaßgläubiger: Bezüglich eines seinem quotenmäßigen Anteil am Nachlaß entsprechenden Teils der Verbindlichkeit haftet auch das Privatvermögen des Miterben (§ 2059 I S. 2 BGB). Der Nachlaß haftet daneben ohnehin nach § 2059 II BGB.

> *Beispiel*
> Die Nachlaßverbindlichkeit beträgt DM 30.000,00, der Miterbe, der unbeschränkt haftet, ist mit einer Quote von einem Drittel am Nachlaß beteiligt. Der Miterbe muß, wenn er nicht in voller Höhe auch mit seinem Eigenvermögen haften will, bezüglich des außerhalb seiner Quote liegenden Anteils einen Vorbehalt nach § 780 ZPO in das Urteil aufnehmen lassen, der wie folgt lauten könnte:

b) Muster: Klagantrag bei Teilhaftung mit Haftungsbeschränkungsvorbehalt

Der Beklagte wird verurteilt, an den Kläger den Betrag von DM 30.000,00 zu zahlen. Hinsichtlich des Teilbetrages von DM 20.000,00 wird ihm die Herbeiführung der Haftungsbeschränkung auf den Nachlaß des am ▓▓▓▓ verstorbenen ▓▓▓▓ vorbehalten.

▲

Die anteilige Haftung gilt aber nach § 2059 I 2 BGB nur für das Eigenvermögen des Erben **ohne den Erbteil**. Für die Haftung des Erben **mit seinem Erbteil** verbleibt es bei der Regel des § 2058 BGB: Der Miterbe haftet mit seinem Erbteil den Nachlaßgläubigern auch schon vor der Teilung gesamtschuldnerisch.

250

III. Die Rechte des Nachlaßgläubigers

Dem Nachlaßgläubiger stehen bis zur Nachlaßteilung zwei Vermögensmassen zur Verfügung: der Nachlaß als Gesamthandsvermögen und das Eigenvermögen des Erben, in das auch der Erbteil des Miterben am Nachlaß gefallen ist.

251

Der Nachlaßgläubiger kann Erfüllung aus dem ungeteilten Nachlaß im Wege der **Gesamthandsklage** verlangen (§ 2059 II BGB) oder aber einen Miterben als Gesamtschuldner in Anspruch nehmen (**Gesamtschuldklage** nach § 2058 BGB).

252

1. Die Gesamthandsklage

Da der Nachlaßgläubiger letztlich eine Vollstreckung in das Gesamthandsvermögen „Nachlaß" beabsichtigt, ist die Klage gegen alle Gesamthänder, also alle Miterben, zu richten (**Gesamthandsklage**, § 747 ZPO). Die Miterben sind notwendige Streitgenossen nach § 62 ZPO. Haben einzelne Miterben ihre Zustimmung dazu erteilt, daß die Forderung des Nachlaßgläubigers aus dem Nachlaß erfüllt wird, so würde einer Klage auch gegen diese Miterben das Rechtsschutzbedürfnis fehlen; es brauchen also nur die „unwilligen" Miterben verklagt zu werden.[78]

253

---

[78] BGH NJW 1982, 441 ff.; BGH WM 1994, 2124 ff.

3 Das erbrechtliche Mandat nach dem Erbfall

254 Wird die Übereignung eines Nachlaßgegenstands (bspw. eines Grundstücks) geschuldet, so führt nur die Gesamthandsklage zum Ziel, weil nur alle Erben als gemeinsam Verfügungsberechtigte nach § 2040 BGB den Anspruch auch erfüllen können. Sind einzelne Miterben bereit, die entsprechenden Rechtshandlungen (bspw. Auflassungserklärung) vorzunehmen, so brauchen sie nicht verklagt zu werden, weil auch insoweit das Rechtsschutzbedürfnis fehlen würde.

Muster: Klagantrag betreffend Auflassung

▼

255 „Die Beklagten werden verurteilt, ihre Zustimmung zu erteilen zur Übertragung des Eigentums an dem Grundstück auf den Kläger und die Umschreibung des Eigentums an dem bezeichneten Grundstück auf ihn im Grundbuch zu bewilligen."

▲

256 Für die einzelnen Kläganträge ist zu differenzieren nach der Art der geschuldeten Leistung:

- Bei Geldschulden, die sich gegen den Nachlaß richten, ist nach der Meinung von *Brox*[79] eine Verurteilung zur Duldung der Zwangsvollstreckung in den Nachlaß herbeizuführen, weil Haftungsobjekt lediglich der Nachlaß ist und nicht auch das Eigenvermögen des jeweiligen Miterben. Würde nämlich nur auf Zahlung tituliert, so könnte der Gerichtsvollzieher bzw. der Vollstreckungsrechtspfleger nicht differenzieren, ob die Zahlung aus dem Nachlaß oder dem Eigenvermögen des Erben zu erbringen wäre. Demnach wäre der Antrag zu stellen: *„Die Beklagten werden verurteilt, wegen der Klagforderung die Zwangsvollstreckung in den Nachlaß des am verstorbenen zu dulden."*

257 - Dingliche Ansprüche auf Herausgabe können nur alle Erben gemeinschaftlich erfüllen, deshalb muß in diesem Fall eine Gesamthandsklage (§ 2059 II BGB) erhoben werden.

---

[79] Rn 696.

Formulierungsbeispiel: *„Die Beklagten werden verurteilt, den Gegenstand* 258
▨▨▨ an den Kläger herauszugeben."

- Bei geschuldeten Willenserklärungen (bspw. Einigung zur Bestellung eines 259
dinglichen Rechts bzw. zur Auflassung) sind sämtliche Erben als Gesamthänder zu verklagen (Gesamthandsklage), weil nur sie gemeinschaftlich über den betreffenden Nachlaßgegenstand nach § 2040 I BGB verfügen können.

Formulierungsbeispiel: *„Die Beklagten werden verurteilt, an den Kläger* 260
den Gegenstand ▨▨▨ zu übereignen und zu übergeben."

Wie bereits oben ausgeführt, braucht die Klage gegenüber solchen Miterben, 261
die ihre Zustimmung zur Erfüllung der entsprechenden Verbindlichkeit aus dem Nachlaß bereits erteilt haben, nicht erhoben zu werden, weil insofern das Rechtsschutzbedürfnis fehlt.

In der Praxis ist häufig nicht ganz eindeutig, ob einzelne Miterben letztlich bei 262
den Erfüllungshandlungen mitwirken werden oder nicht. Deshalb empfiehlt es sich, vor Klageerhebung von allen Miterben die entsprechenden Handlungen bzw. Willenserklärungen in der entsprechenden Form (bspw. bei der Auflassung § 925 BGB) anzufordern und dann all diejenigen Miterben zu verklagen, die dieser Aufforderung nicht nachgekommen sind. Geht man so vor, vermeidet man weitgehend die Problematik der Kostentragungspflicht bei sofortigem Anerkenntnis nach § 93 ZPO.

2. Die Haftungsbeschränkung des Miterben im Prozeß

Bei der Gesamthandsklage ist die Aufnahme eines Vorbehalts nach § 780 ZPO 263
im Regelfall nicht erforderlich, weil bei Geldforderungen sich der Klagantrag auf Duldung der Zwangsvollstreckung in den Nachlaß richtet, so daß sich bereits hieraus eine Beschränkung der Haftungsgrundlage auf den Nachlaß ergibt und bei Herausgabeansprüchen und Ansprüchen auf Abgabe einer Willenserklärung im Urteil der konkrete Gegenstand genannt ist, der sich im Sondervermögen Nachlaß befindet.

In Zweifelsfällen wird der Erbe die Aufnahme eines entsprechenden Vorbehalts 264
nach § 780 ZPO in das Urteil beantragen.

3 Das erbrechtliche Mandat nach dem Erbfall

Gegenüber der Gesamthandsklage kann der einzelne Miterbe die **Dreimonatseinrede** und die **Aufgebotseinrede** (§§ 2014–2017 BGB) erheben.

Die Zwangsvollstreckung in Gegenstände des Nachlasses ist nur zulässig, wenn das Urteil gegenüber allen Erben ergangen ist (§ 747 ZPO).

265 Hat der Nachlaßgläubiger ein Gesamthandsurteil erstritten und vollstreckt er in Gegenstände des Eigenvermögens des Miterben, so steht dem betreffenden Erben die Erinnerung nach § 766 ZPO zu, weil sich bereits aus dem Gesamthandsurteil ergibt, daß eine Vollstreckung in Gegenstände, die nicht zum Nachlaß gehören, nicht zulässig ist.[80]

IV. Die Gesamtschuldklage

266 Mit der Gesamtschuldklage beabsichtigt der Gläubiger die Vollstreckung in das Eigenvermögen des jeweiligen Miterben, wobei zu beachten ist, daß auch der dem Miterben zustehende Erbteil Teil des Eigenvermögens des Miterben ist.

267 Hat der Gläubiger gegen alle Miterben einen Titel oder einzelne Vollstreckungstitel erwirkt, so liegen die formalen Voraussetzungen des § 747 ZPO vor, so daß er damit in Gegenstände des Nachlasses vollstrecken kann.

268 Ist aber eine Beschränkung auf Nachlaßgegenstände nicht enthalten, so ermöglicht der Titel auch die Vollstreckung in das Eigenvermögen des jeweiligen Miterben.

269 Da der Gläubiger nicht notwendigerweise alle Miterben in einer einzigen Klage verklagen muß, sondern jeden einzelnen Miterben verklagen kann, um die Rechtsfolgen des § 747 ZPO herbeizuführen, sind die im Wege der Gesamtschuldklage in Anspruch genommenen Miterben keine notwendigen Streitgenossen, sondern **einfache Streitgenossen**.

270 Der als Gesamtschuldner in Anspruch genommene Miterbe kann Ausgleich von den übrigen Miterben verlangen im Verhältnis der Erbquoten (§ 426 BGB) und unter Berücksichtigung der Ausgleichsverhältnisse der §§ 2050 ff. BGB.

271 **Klaganträge:** Je nach geschuldeter Leistung ist bei den Klaganträgen zu differenzieren.

---

80 Zöller/Stöber, ZPO, § 766 Rn 15.

- Bei **Geldforderungen**: Der Kläger zielt darauf ab, den einzelnen Miterben als Gesamtschuldner, d. h. für die volle Höhe der Forderung in Anspruch nehmen zu können, und zwar sowohl den Zugriff auf den Nachlaß als auch auf das Eigenvermögen des Erben zu ermöglichen. Deshalb ist aus der Sicht des Gläubigers keinerlei Vorbehalt und keinerlei Beschränkung in den Zahlungsantrag aufzunehmen. Aus der Sicht des Erben ist ein Vorbehalt nach § 780 ZPO erstrebenswert.

- Ist die **Abgabe einer Willenserklärung** geschuldet, so ist zu beachten, daß die Verfügungsbefugnis über einen Nachlaßgegenstand nach § 2040 I BGB nur allen Erben gemeinschaftlich zusteht. Deshalb kann der einzelne Miterbe nicht auf Vornahme der gesamten Verfügung verklagt werden, vielmehr hat sich in der Praxis eingebürgert, hier lediglich die Zustimmung zu einem bestimmten Rechtsgeschäft (bspw. der Auflassung oder der Einigung nach § 929 BGB) einzuklagen. Liegen sämtliche Zustimmungen aller Miterben durch eine einzige oder mehrere nebeneinander erwirkte Urteile vor, so sind die von seiten der Miterben geschuldeten Willenserklärungen gemäß § 894 ZPO mit Rechtskraft des bzw. der Urteile abgegeben. Dann braucht lediglich der Nachlaßgläubiger noch seine Erklärung abzugeben. Und das heißt: Bei formgebundenen Erklärungen wie bspw. der Auflassung (§ 925 BGB) muß er seine Erklärung – als Teil der Einigung – noch notariell beurkunden lassen.

V. Unterschied zwischen Gesamthandsklage und Gesamtschuldklage

272 Dem Gläubiger steht es frei, welche der beiden Klagen er erheben will. Er kann auch von der Gesamtschuldklage zur Gesamthandsklage übergehen und umgekehrt. Möglich ist auch, parallel Gesamtschuldklage und Gesamthandsklage zu erheben, weil mit der Gesamthandsklage lediglich in den Nachlaß vollstreckt werden kann, mit der Gesamtschuldklage aber auch in das Eigenvermögen des Erben.

273 Für die Gesamthandsklage gibt es jedoch eine zeitliche Grenze: Sie kann nur bis zur Nachlaßteilung erhoben werden (§ 2059 II BGB). Dagegen kann die Gesamtschuldklage auch schon vor der Teilung erhoben werden, nach der Teilung ohnehin. Hatte der Nachlaßgläubiger schon zur Zeit vor der Nachlaßteilung ein Gesamtschuldurteil gegen sämtliche Miterben erwirkt, so

kann er in das Eigenvermögen vollstrecken **und damit auch jeden Erbteil des einzelnen Miterben am Nachlaß pfänden.** Mit der Gesamthandsklage könnte er auf die Erbteile der Miterben keinen Zugriff nehmen, sondern nur auf Nachlaßgegenstände.

274 Aus der Sicht des Nachlaßgläubigers ist die Gesamtschuldklage weitergehend und eröffnet die größten Möglichkeiten. Damit kann er nicht nur in das Eigenvermögen jedes Erben vollstrecken, einschließlich der Pfändung des jeweiligen Erbteils. Auch die Voraussetzungen des § 747 ZPO sind erfüllt, so daß das Gesamtschuldurteil dem Gläubiger auch die Zwangsvollstreckung in Einzelnachlaßgegenstände ermöglicht. Voraussetzung ist, daß in das jeweilige Urteil kein Vorbehalt und keine sonstige Beschränkung aufgenommen wurde.

275 *Hinweis*
Zur Vollstreckung in Nachlaßgegenständen bedarf es nicht eines einheitlichen Urteils, vielmehr genügen verschiedene Urteile, allerdings müssen sämtliche Miterben verurteilt worden sein.

VI. Pfändung eines Erbteils

276 Wurde ein Miterbe ohne Haftungsbeschränkungsvorbehalt verurteilt, so kann mit dem vollstreckbaren Titel sein Erbteil an der Erbengemeinschaft gepfändet werden, weil dieser zu seinem Privatvermögen gehört.

277 Mit Erwerb des Pfändungspfandrechts kann der Pfändungsgläubiger anstelle des Miterben die Auseinandersetzung des Nachlasses nach §§ 2042 ff BGB betreiben, auch wenn der Erblasser sie ausgeschlossen hat (§ 2044 BGB).[81] Das Pfandrecht setzt sich dann am Auseinandersetzungsguthaben fort bzw. an den auf den Schuldner-Miterben entfallenden Nachlaßgegenständen, die dann nicht an den Miterben, sondern an den Pfandgläubiger herauszugeben sind. Deshalb ist im Hinblick auf § 847 ZPO schon bei der Pfändung anzuordnen, daß die bei der Auseinandersetzung dem Schuldner-Miterben zustehenden beweglichen Sachen nicht an diesen, sondern an den Gerichtsvollzieher herauszugeben sind.[82]

---

81 OLG Celle RdL 59, 302.
82 *Liermann*, NJW 1962, 2189.

Bei einem Grundstück kann nicht der Schuldner-Miterbe, sondern der Pfandgläubiger die Zwangsversteigerung zum Zwecke der Aufhebung der Gemeinschaft nach §§ 2042 II, 753 I S. 1 BGB, 180 ff ZVG betreiben.[83]

278

Zu Lasten von **Nachlaßgrundstücken** kann die Pfändung im Wege der Berichtigung in Abt. II als Verfügungsbeschränkung im Grundbuch eingetragen werden. Damit ist ausgeschlossen, daß die Miterben über das Grundstück ohne Zustimmung des Pfandgläubigers verfügen.

279

Verfahren bei der Pfändung: Alle Miterben sind im Pfändungsantrag zu nennen, weil sie Drittschuldner iSv §§ 857 I, 829 ZPO sind, denen der Pfändungs- und Überweisungsbeschluß zuzustellen ist.[84]

280

Ist ein Testamentsvollstrecker bestellt, so ist ihm zuzustellen.[85]

281

VII. Haftungsbeschränkung des volljährig gewordenen minderjährigen Miterben

1. Verfassungswidrigkeit der bisherigen gesetzlichen Regelung

Das BVerfG hat mit Beschluß vom 13.5.1986 § 1629 I iVm § 1643 I BGB insoweit als mit Art. 2 I GG unvereinbar erklärt, als „Eltern ihre Kinder kraft elterlicher Vertretung bei Fortführung eines ererbten Handelsgeschäfts in ungeteilter Erbengemeinschaft finanziell unbegrenzt verpflichten können" und damit ohne vormundschaftsgerichtliche Genehmigung Verbindlichkeiten zu Lasten ihrer minderjährigen Kinder eingehen können, die über deren Haftung mit dem ererbten Vermögen hinausgehen.[86]

282

Der Entscheidung des BVerfG lag der Fall zugrunde, daß eine Mutter das einzelkaufmännische Unternehmen ihres verstorbenen Ehemannes zusammen mit ihren zwei minderjährigen Töchtern in ungeteilter Erbengemeinschaft fortgeführt und gegenüber Gläubigern des Unternehmens ein Schuldanerkenntnis über DM 851.000,– abgegeben hatte, und zwar sowohl im eigenen Namen als auch als alleinige gesetzliche Vertreterin der beiden minderjährigen Kinder.

---

83 *Hill*, MDR 1959, 92; aM LG Braunschweig NdsRpfl 56, 74; *Stöber* Rpfl. 63, 337.
84 RGZ 75, 179.
85 RGZ 86, 294.
86 BVerfGE 72, 155 = NJW 1986, 1859 = FamRZ 1986, 769.

3 Das erbrechtliche Mandat nach dem Erbfall

283 Als denkbare Lösungsmöglichkeiten zur Wiederherstellung eines verfassungskonformen Zustandes hat das BVerfG sowohl eine Erweiterung des Katalogs der genehmigungspflichtigen Rechtsgeschäfte in §§ 1643, 1822 BGB als auch die Einführung einer Haftungsbeschränkung vorgeschlagen.

Dem Regelungsauftrag des BVerfG hat der Gesetzgeber aber nicht mit der Einführung eines weiteren genehmigungspflichtigen Tatbestandes entsprochen, sondern mit **zwei Möglichkeiten** für den volljährig gewordenen Minderjährigen:
1. Möglichkeit der **Haftungsbeschränkung** (vgl. nachfolgend Rn 285)
2. Möglichkeit der **Sonderkündigung** (vgl. nachfolgend Rn 288).

2. Neuerungen durch das Minderjährigenhaftungsbeschränkungsgesetz

284 Die durch das am 1.1.1999 in Kraft getretene Minderjährigenhaftungsbeschränkungsgesetz vom 25.8.1998 (BGBl I 2487) eingefügte Vorschrift des § 1629 a BGB stellt die Verfassungsmäßigkeit der Vorschriften über die gesetzliche Vertretung minderjähriger Kinder durch ihre Eltern wieder her.

a) Haftungsbeschränkung – § 1629 a I BGB

285 Nach § 1629 a I BGB hat das volljährig gewordene Kind die Möglichkeit, die Haftung für Verbindlichkeiten, die seine Eltern (oder sonstige vertretungsberechtigte Personen, wie bspw. Mitgesellschafter, Prokuristen und Testamentsvollstrecker) ihm gegenüber bei Ausübung der Vertretungsmacht begründet haben, und für Verbindlichkeiten, die durch einen in der Zeit der Minderjährigkeit eingetretenen Erwerb von Todes wegen begründet wurden, auf den Bestand desjenigen Vermögens zu beschränken, das im Zeitpunkt des Eintritts der Volljährigkeit vorhanden ist.

Die Haftungsbeschränkung erfolgt in entsprechender Anwendung der §§ 1990, 1991 BGB (wohl als Rechtsfolgenverweisung) auf das **bei Eintritt der Volljährigkeit vorhandene Vermögen**, § 1629 a I BGB.[87]

Das Minderj.haftg.beschrG geht also über die Forderungen des BVerfG weit hinaus und erfaßt grundsätzlich alle Verbindlichkeiten des Minderjährigen.

---

[87] Zur Methodik der Haftungsbeschränkung vgl. *Behnke*, NJW 1998, 3078, 3079.

Bei einer Mitgliedschaft des Minderjährigen in einer Gesellschaft unterscheidet 286
§ 1629 a I 1 BGB nicht danach, ob der Minderjährige die Mitgliedschaft in der Gesellschaft von Todes wegen erworben hat, die Eltern den Gesellschaftsvertrag selbst im Namen des Kindes abgeschlossen haben oder das Kind selbst mit Zustimmung der Eltern den Beitritt zu einer Gesellschaft erklärt hat.
Die Haftungsbeschränkung gilt auch dann, wenn die Eltern bereits Gesellschafter sind und zum Abschluss des Gesellschaftsvertrags im Hinblick auf § 181 BGB ein Ergänzungspfleger bestellt werden mußte (§§ 1909, 1793 II BGB).

Die Haftungsbeschränkungsmöglichkeit wirkt bei Gesellschaftsverhältnissen in 287
zweifacher Richtung:
1. Im **Innenverhältnis** der Gesellschafter wirkt sie sich auf alle Ansprüche aus, die der Gesellschaft bzw. den Gesellschaftern in ihrer gesamthänderischen Bindung gegen den minderjährigen Gesellschafter zustehen. In der Personengesellschaft betrifft dies vor allem die Ansprüche auf Beitragsleistung.
2. Im **Außenverhältnis** besteht unter bestimmten Voraussetzungen eine Haftungsbeschränkung gegenüber Gläubigern auf das bei Eintritt der Volljährigkeit vorhandene Vermögen des Minderjährigen.

b) Das Sonderkündigungsrecht des volljährig Gewordenen – die Idee des „Neustarts bei Null"

Ist der Minderjährige Mitglied einer Erbengemeinschaft, Inhaber eines Handels- 288
geschäfts oder unbeschränkt haftender Gesellschafter einer BGB-Gesellschaft, OHG oder KG, so wird die Anordnung der Haftungsbeschränkung nach § 1629 a I BGB um das in § 723 I S. 3 Nr. 2 BGB ausdrücklich niedergelegte Recht ergänzt, die Position im Geschäftsleben mit Eintritt der Volljährigkeit endgültig aufzugeben, um auf diese Weise eine vollständige Haftungsentledigung zu erreichen. In § 723 BGB ist die Vollendung des 18. Lebensjahres als wichtiger Grund zur Kündigung der BGB-Gesellschaft festgelegt worden, wobei diese Kündigung innerhalb von drei Monaten erklärt werden muß, § 723 I S. 4 BGB. Über die Verweisungsnormen §§ 105 II, 161 II HGB gilt dies auch für OHG und KG. Zumindest ist ein wichtiger Grund iSv § 133 HGB anzunehmen.[88]

---

[88] BT-Drucks. 13/5624 S. 10.

3. Die doppelte Vermutung in § 1629 a IV BGB

289 Das Sonderkündigungsrecht steht im Zusammenhang mit der Beweislastverteilung, die in § 1629 a IV S. 1 BGB aufgenommen wurde.

290 Diese Vorschrift enthält **zwei widerlegliche Vermutungen** zugunsten der Gläubiger:

(1) Verlangt der volljährig Gewordene nicht die Auseinandersetzung der Erbengemeinschaft nach § 2042 Abs. 1 BGB, kündigt er eine Beteiligung an einer Personengesellschaft nach § 723 I Nr. 2 BGB nicht innerhalb von drei Monaten nach Erreichen der Volljährigkeit oder stellt er ein Handelsgewerbe nicht innerhalb dieses Zeitraums ein, so wird vermutet, daß die Verbindlichkeit **nach Vollendung des 18. Lebensjahres** begründet wurde (Satz 1) und damit nicht der Haftungsbeschränkung des Abs. 1 unterliegt. Der Eintritt der Volljährigkeit wird als wichtiger Grund iSv §§ 749 II 1, 2042 II BGB angesehen (BT-Drucks. 13/5624 S. 10).

Diese Vermutung führt zum Verlust der Haftungsbeschränkung.

291 (2) Weiter wird unter den in (1) genannten Voraussetzungen vermutet, daß das gegenwärtige Vermögen bei Erreichen der Volljährigkeit vorhanden war (Satz 2). Diese Vermutung kommt erst zum Tragen, wenn die erste Vermutung widerlegt ist. Selbst wenn bewiesen werden kann, daß eine konkrete Verbindlichkeit bereits vor Eintritt der Volljährigkeit entstanden ist, so wird vermutet, daß das jetzt vorhandene Vermögen bereits vor Volljährigkeit erworben wurde, und damit das ganze Vermögen des volljährig Gewordenen die Haftungsmasse darstellt.

4. Verwirkung von Gläubigerrechten

Gläubiger können bei Untätigbleiben u.U. Zwangsvollstreckungsmaßnahmen gegenüber Minderjährigen verwirken, auch wenn eine Haftungsbeschränkung nicht erfolgt ist.[89]

---

[89] OLG Koblenz, ZEV 1999, 359 mit Anm. *Christmann*, ZEV 1999, 361.

5. Hinweise für die Beratungspraxis

a) Schutz des Minderjährigen

Im Gesetzgebungsverfahren wurde bereits erkannt, daß es dem gesetzlichen Vertreter des Minderjährigen bzw. dem volljährig Gewordenen selbst zu empfehlen ist, ein **Inventar über das Vermögen des Minderjährigen** zum Stichtag seiner Volljährigkeit zu errichten, um die Vermutungen des § 1629 a Abs. 4 BGB widerlegen zu können (BT-Drucks. 13/5624 S. 10). Für den Fall des Erwerbs von Todes wegen sieht das Gesetz in § 1640 BGB ohnehin eine Inventarerrichtungspflicht für die Eltern vor. Bei Erreichen der Volljährigkeit sind sie dem Kind nach § 1698 BGB zur Rechenschaft verpflichtet.

Eine **Inventarisierung** des vorhandenen Vermögens ist noch aus einem anderen Grund empfehlenswert: In § 1629 a BGB wird u. a. auf § 1991 BGB verwiesen. Dies hat zur Folge, daß der Volljährige nach §§ 1991 Abs. 1, 1978 Abs. 1 und 662 ff. BGB den Gläubigern gegenüber wie ein Beauftragter für die Verwaltung und Erhaltung des bei seiner Volljährigkeit vorhandenen Vermögens verantwortlich ist und nach § 666 BGB auch Rechnung zu legen hat.

292

b) Schutz der Gläubiger

Gläubiger können sich in erster Linie gegen die Haftungsbeschränkung schützen, indem sie sich Sicherheiten gewähren lassen (§ 1629 a Abs. 3 BGB; vgl. auch Peschel-Gutzeit, FuR 1997, 38).

Beweislast-Regelung des § 1629 a IV S. 1 BGB:
Das Sonderkündigungsrecht steht im Zusammenhang mit der Beweislastverteilung, die in § 1629 a IV S. 1 BGB aufgenommen wurde. Ist ein volljährig gewordener Minderjähriger Miterbe an einer Erbengemeinschaft, so wird in § 1629 a IV BGB vermutet, daß die Verbindlichkeit nach Vollendung des 18. Lebensjahres begründet wurde und damit nicht der Haftungsbeschränkung des Abs. 1 unterliegt, sofern der jetzt volljährige Miterbe nicht binnen drei Monaten nach Erreichen der Volljährigkeit seine Miterbenstellung aufgegeben hat, dh er muß innerhalb dieses Zeitraumes das Auseinandersetzungsverlangen nach § 2042 BGB stellen, wobei der Eintritt der Volljährigkeit als wichtiger Grund

293

iSv §§ 749 II 1, 2042 II BGB angesehen wird.[90] Bei der Fortführung eines Handelsgeschäfts muß es binnen drei Monaten eingestellt worden sein. Siehe im übrigen zum außerordentlichen Auseinandersetzungsverlangen des volljährig gewordenen Minderjährigen bei der Erbengemeinschaft § 13 „Der Miterbe als Mandant" Rn 187.

L. Die Haftung nach der Nachlaßteilung

I. Grundsätzliches

294 Sobald die Teilung des Nachlasses ausgeführt ist, sind Eigenvermögen des jeweiligen Miterben einerseits und Nachlaß andererseits keine getrennten Vermögensmassen mehr, vielmehr haben sich das Eigenvermögen und die Vermögensgegenstände, die der Erbe bei der Nachlaßteilung erhalten hat, miteinander vermischt. Damit ist die Rechtsposition des Nachlaßgläubigers wieder unsicherer geworden. Nach der Nachlaßteilung ist die haftungsrechtliche Situation wieder vergleichbar mit der des Alleinerben, wobei nun allerdings mehrere Eigenvermögen der Miterben dem Nachlaßgläubiger zur Verfügung stehen.

295 Nach der Teilung gibt es weder eine gesamthänderische Haftung mit dem Nachlaß nach § 2059 II BGB noch eine beschränkte Haftung des Miterben mit seinem Erbteil nach § 2059 I S. 1 BGB.

296 Weil der Nachlaß nicht mehr als Gesamthandsvermögen existiert, ist auch die Möglichkeit einer Gesamthandsklage in den ungeteilten Nachlaß entfallen (§§ 2059 II BGB, und damit auch in jeden Erbteil des einzelnen, § 747 ZPO). Da die sich aus § 2059 BGB ergebenden Haftungsbeschränkungen damit nicht mehr bestehen, bleibt es beim Grundsatz der gesamtschuldnerischen Haftung des § 2058 BGB.

---

90 BT-Drucks. 13/5624 S. 10.

II. Gesamtschuldnerische Haftung

Jeder Miterbe haftet für die Nachlaßverbindlichkeiten gesamtschuldnerisch mit seinem Eigenvermögen. Nach den allgemeinen Grundsätzen der gesamtschuldnerischen Haftung kann jeder Miterbe für die Nachlaßverbindlichkeiten in voller Höhe in Anspruch genommen werden (§ 421 BGB).

Diese strenge Sanktion ist vor dem Hintergrund der §§ 2045, 2046, 756 BGB zu sehen. Nach diesen Vorschriften soll weder der Nachlaß noch ein Nachlaßgegenstand unter den Erben aufgeteilt werden, solange nicht die Nachlaßverbindlichkeiten erfüllt sind.

Wurde diese Pflicht verletzt, so haben alle Miterben die Folgen zu tragen, denn nur mit ihrer Zustimmung konnte bei der Erbteilung über die einzelnen Nachlaßgegenstände verfügt werden, § 2040 I BGB.

III. Ausnahmen von der gesamtschuldnerischen Haftung

Aber für solche Nachlaßverbindlichkeiten, die im Zeitpunkt der Teilung **unbekannt waren,** kann diese strenge Sanktion nicht gelten: Für die Forderungen derjenigen Gläubiger, die nach Durchführung des Aufgebotsverfahrens entweder ausgeschlossen sind oder die sich nicht gemeldet haben, haftet der Miterbe gem. § 2060 Nr. 1, 2 BGB nicht gesamtschuldnerisch, sondern nur mit einer Quote, die seinem Erbteil entspricht.

> **Hinweis**
> Im Hinblick auf die Haftungserleichterung nach durchgeführtem Gläubigeraufgebot erscheint es empfehlenswert, häufiger als bisher in der Praxis üblich, vom Aufgebotsverfahren Gebrauch zu machen.

Darüber hinaus stellt § 2061 BGB den Miterben noch ein privates Aufgebot zur Verfügung; Nachlaßgläubiger, die sich hierbei nicht melden, können ebenfalls nur eine anteilige Erfüllung aus dem Eigenvermögen eines Miterben verlangen, es sei denn, der Miterbe hätte die Forderung gekannt.

Anteilig haften die Miterben gem. § 2060 Nr. 3 BGB schließlich noch bei Beendigung des Nachlaßkonkurses bzw. des Nachlaßinsolvenzverfahrens durch Verteilung der Masse. Dies gilt auch, wenn der Konkurs bzw. das Nachlaßinsolvenzverfahren nach der Teilung eröffnet worden ist: Die durch die Teilung bewirkte gesamtschuldnerische Haftung des § 2058 BGB wird durch die nachträgliche Eröffnung des Konkurs- bzw. Insolvenzverfahrens wieder aufgehoben.

300

Hinweis
Sehr häufig nehmen Miterben schon kurze Zeit nach dem Erbfall eine auf einzelne Nachlaßgegenstände bezogene Teilauseinandersetzung des Nachlasses vor (Verteilung des Mobiliars, Pkw, Abschlagszahlungen aus Bankguthaben etc.). Dies stellt idR noch keine Teilung des Nachlasses im Sinne der Haftungsvorschriften dar.[91] Wann der Nachlaß als geteilt anzusehen ist, beurteilt sich nach dem **objektiven Gesamtbild**: Ist ein so erheblicher Teil der Nachlaßgegenstände aus der Gesamthandsgemeinschaft in das Einzelvermögen der Miterben überführt, daß im Nachlaß keine für die Berichtigung der Nachlaßverbindlichkeiten mehr ausreichenden Gegenstände vorhanden sind, ist die Teilung vollzogen.[92]

IV. Haftungsbeschränkungsmöglichkeiten

1. Grundsatz

301 Auch für den Miterben gilt nach der Nachlaßteilung der Grundsatz, daß er unbeschränkt haftet, aber beschränkbar. Für die Haftungsbeschränkungsmaßnahmen gelten die allgemeinen Regeln; allerdings scheidet Nachlaßverwaltung als Haftungsbeschränkungsmaßnahme nach der Teilung aus (§ 2062 BGB).

2. Nachlaßinsolvenzverfahren

302 Nachlaßinsolvenz ist nach der Teilung noch möglich (§ 316 II InsO). Im Prozeß muß sich der Erbe die Möglichkeit der Haftungsbeschränkung im Urteil gemäß § 780 ZPO vorbehalten lassen, wenn er die Haftungsbeschränkung noch geltend machen will.
Wichtiger Hinweis: Eine Nachlaßverwaltung kann nach der ausdrücklichen Vorschrift des § 2062 HS. 2 BGB nach Durchführung der Erbteilung nicht mehr beantragt werden. Dies bedeutet für den **zulänglichen Nachlaß:** Wurde der Nachlaß ohne vorherige Tilgung aller Nachlaßverbindlichkeiten unter Verletzung der Vorschrift des § 2046 BGB geteilt, so haften die Erben

---

[91] RGZ 89, 408.
[92] *Soergel/Wolf*, Rn 2; MüKo/*Dütz*, Rn 4 je zu § 2059 BGB.

danach unbeschränkbar und gesamtschuldnerisch nach § 2058 BGB. So betreibt das BGB Gläubigerschutz.

3. Unzulänglichkeitseinreden

Erhebt der Miterbe die **Dürftigkeitseinrede** bzw. die **Überschwerungseinrede** (§§ 1990, 1992 BGB), so hat dies zur Folge, daß der Miterbe die Zwangsvollstreckung in diejenigen Nachlaßgegenstände zu dulden hat, die er bei der Teilung aus dem Nachlaß erhalten hat. 303

4. Teilhaftung

Ausnahmsweise haftet der Miterbe nur als Teilschuldner in Höhe der Quote seines Erbteils einer Schuld in den Fällen der §§ 2060, 2061 BGB. Damit tritt ohne eine besondere Haftungsbeschränkungsmaßnahme für den Miterben eine beschränkte Haftung ein, bei der sich die Aufnahme eines Vorbehalts nach § 780 ZPO erübrigt.[93] 304

Die Teilhaftung als Teilschuldner nach § 2060 BGB tritt ein in drei Fällen, wenn 305

- ein Gläubiger im Verfahren des Gläubigeraufgebots ausgeschlossen wurde (§ 2060 Nr. 1 BGB),
- ein Gläubiger seine Forderung später als fünf Jahre nach Eintritt des Erbfalls geltend macht (§ 2060 Nr. 2 BGB),
- der Nachlaßkonkurs eröffnet und durch Verteilung des Restnachlasses oder durch Zwangsvergleich beendet bzw. (nach dem 31.12.1998) das Nachlaßinsolvenzverfahren eröffnet und durch Verteilung der Masse oder durch einen Insolvenzplan beendet wurde (§ 2060 Nr. 3 BGB).

Jeder einzelne Miterbe kann das Gläubigeraufgebot betreiben (§ 2061 BGB). Ein von einem Miterben errichtetes Inventar kommt den übrigen Miterben zugute (§ 2063 I BGB). 306

---

93 MüKo/*Dütz* Rn 3; *Palandt/Edenhofer*, Rn 1 je zu § 2060 BGB.

V. Der Miterbe als Nachlaßgläubiger

307 Der Spezialfall, daß ein Miterbe Gläubiger einer Nachlaßverbindlichkeit ist, ist im Gesetz nicht besonders geregelt. Der Gläubiger-Miterbe kann nach den allgemeinen Regeln die übrigen Miterben nach seiner Wahl entweder mit der Gesamtschuldklage oder mit der Gesamthandsklage verklagen.[94]

308 Im Hinblick auf das Innenverhältnis unter den Miterben ist der den Gläubiger-Miterben treffende Anteil an der Nachlaßverbindlichkeit an seiner Forderung sofort abzuziehen, so daß lediglich der Teilbetrag eingeklagt werden kann, der die anderen Miterben betrifft. Aus diesem Grund kann der Gläubiger-Miterbe auch nicht als Beklagter, sondern nur als Kläger auftreten.

309 *Beispiel*
Erben des Erblassers sind seine vier Kinder A, B, C und D zu je einem Viertel geworden. D hatte gegen den Erblasser eine Forderung in Höhe von DM 20.000,00. D kann A, B und C als Gesamtschuldner nur in Höhe von DM 15.000,00 verklagen, die restlichen DM 5.000,00 betreffen ihn selbst.

VI. Der Gesamtschuldnerausgleich unter den Miterben

310 Wurde ein Miterbe als Gesamtschuldner in Anspruch genommen, so hat er einen Anspruch gegen die übrigen Miterben auf Ausgleich gem. § 426 BGB, sofern die Verbindlichkeit nicht noch bei der Erbauseinandersetzung gem. § 2046 BGB berücksichtigt werden kann. Der Ausgleich erfolgt im Verhältnis der Erbteile der Miterben.[95] Bei bestehender Ausgleichungspflicht richtet sich auch der Gesamtschuldnerausgleich nach dem, was jeder Miterbe erhält.[96]

VII. Gesamtschuldnerische Erbenhaftung bei bestehenden Ausgleichungspflichten

311 Gegenüber den Nachlaßgläubigern bleibt der Erbteil maßgebend, auch wenn hohe Ausgleichungspflichten unter den Miterben bestehen sollten. Selbst wenn ein Miterbe nach § 2056 BGB kein Guthaben bei der Erbteilung zu erwarten hat, trifft ihn die gesamtschuldnerische Haftung gegenüber Nachlaßgläubigern

---

[94] So die herrschende Meinung; BGH NJW-RR 1988, 710.
[95] BayObLG 70, 132.
[96] *Pal./Edenhofer* § 2058 Rn 4.

nach § 2058 BGB. Allerdings ist er im Innenverhältnis von den anderen Erben freizustellen.[97]

VIII. Schutz des Nachlasses vor den Eigengläubigern der Erben

1. Interessenlage

Am Schutz des Nachlasses vor den Eigengläubigern der Erben können nicht nur die Nachlaßgläubiger, sondern auch die Erben selbst interessiert sein. Aus diesem Grund gewährt das Gesetz sowohl den Erben als auch den Gläubigern das Recht, Nachlaßverwaltung und Nachlaßinsolvenz zu beantragen. Allerdings steht bezüglich der Nachlaßverwaltung das Antragsrecht den Erben nur **gemeinschaftlich** zu, § 2062 HS. 1 BGB. Trotzdem können die Eigengläubiger des einzelnen Erben nicht in den Nachlaß vollstrecken, weil sie gem. § 747 ZPO einen Titel gegen **alle Miterben** bräuchten. Gegen die anderen Miterben können sie aber keinen Titel erwirken, wenn sie Forderungen nur gegen ihren Schuldner haben. 312

> **Hinweis**
> Die Nachlaßverwaltung kann nur **bis zur Teilung** des Nachlasses beantragt werden, § 2062 HS. 2 BGB (Sanktion wegen Verstoßes gegen § 2046 BGB!).

2. Verbot der Aufrechnung

Der Eigengläubiger **eines Miterben** kann nicht durch Aufrechnung auf den Nachlaß zugreifen, § 387 BGB. § 2040 II BGB stellt klar, daß er nicht einmal mit seiner Forderung gegen den Anteil des Miterben an der Nachlaßforderung aufrechnen kann. 313

Hat der Eigengläubiger allerdings eine gesamtschuldnerische Forderung gegen **alle Miterben,** so kann er aufrechnen. Die Miterben können dies dadurch verhindern, daß sie einen Antrag auf Nachlaßverwaltung stellen mit der Rechtsfolge des § 1977 II BGB.

---

97 *Staudinger/Werner* § 2055 Rn 15

3. Konfusion

314 Durch Konfusion geht eine Nachlaßforderung nur unter, wenn **alle Miterben** Schuldner sind. Durch gemeinsamen Antrag auf Nachlaßverwaltung können sie die eingetretene Rechtsfolge wieder rückgängig machen, §§ 1976, 2062 BGB.

4. Freiwillige Leistung durch einen Miterben

315 Da die Erfüllung einer Schuld einer Verfügung gleich steht, kann ein einzelner Miterbe gem. § 2040 I BGB nicht freiwillig aus dem Nachlaß an einen Eigengläubiger leisten.

IX. Haftung der Erben gegenüber den Nachlaßgläubigern für eine ordnungsgemäße Verwaltung

316 Mit dem Eintritt einer Haftungsbeschränkungsmaßnahme werden die Erben gem. § 1978 BGB trotz ihrer Stellung als Rechtsinhaber an allen Nachlaßgegenständen rückwirkend auf den Erbfall wie Verwalter fremden Vermögens behandelt. Die Erben, die nach dem erbrechtlichen Haftungssystem ihre Haftung beschränken, sollen den Nachlaßgläubigern eine etwaige Verminderung der Haftungsmasse des Nachlasses wie ein außenstehender Dritter verantworten müssen.[98] Dabei ist zu unterscheiden zwischen der Verantwortlichkeit vor Erbschaftsannahme und für die Zeit danach.

1. Verantwortlichkeit vor Annahme der Erbschaft

317 Für die erbschaftlichen Geschäfte vor Erbschaftsannahme gelten die Vorschriften über die Geschäftsführung ohne Auftrag. Die Erben sind vor der Annahme nur ausnahmsweise zum Tätigwerden für den Nachlaß verpflichtet, wenn sie bereits zu einem vorangegangenen Zeitpunkt aktiv die Führung eines erbschaftlichen Geschäfts übernommen oder sie die Möglichkeit der Abwehr von die Zwangsvollstreckung in den Nachlaß betreibenden Eigengläubigern nicht wahrgenommen hatten.[99] Nach dem Verlust des Ausschlagungsrechts soll der Erbe jedoch zur Verwaltung des Nachlasses verpflichtet sein.

---

[98] *Soergel/Stein* § 1978 Rn 1.
[99] *Staudinger/Marotzke* § 1978 Rn 7; *Soergel/Stein* § 1978 Rn 5.

Im Rahmen der ordnungsgemäßen Verwaltung haben die Erben stets auf den objektiv zu verstehenden potentiellen Willen und die Interessen der Gesamtheit der Nachlaßgläubiger Rücksicht zu nehmen.[100]

2. Verantwortlichkeit nach Annahme der Erbschaft

Nach Annahme der Erbschaft werden die Erben so behandelt, als hätten sie fremdes Vermögen verwaltet – wie Beauftragte der Nachlaßgläubiger (§ 1978 I 1 BGB). Eine dingliche Surrogation hat das Gesetz hier nicht vorgesehen mit der Folge, daß gegenüber den Erben nur schuldrechtliche Ansprüche bestehen können.[101]

318

Die Erben haften für die ordnungsgemäße Verwaltung und Erhaltung des Nachlasses und haben ihn mitsamt den Nutzungen an den Nachlaßverwalter herauszugeben (§§ 667, 1984 BGB). Denkbar sind auch Schadensersatzansprüche des Nachlasses gegen die Erben wegen nicht ordnungsgemäßer Verwaltung. Die Erben haften insoweit mit ihrem Eigenvermögen ohne die Möglichkeit der Haftungsbeschränkung.[102]

Fiktion der Nachlaßzugehörigkeit: Ersatzansprüche gegen die Erben nach § 1978 I BGB gelten gem. § 1978 II BGB als zum Nachlaß gehörend und erhöhen den Aktivbestand des Nachlasses. Durch die Zurechnung zum Nachlaß ist sichergestellt, daß Ersatz- und Erstattungsansprüche gegen die Erben einheitlich im Interesse aller beteiligten Nachlaßgläubiger durchgesetzt werden, wobei nur noch der Nachlaß- bzw. -insolvenz- oder -konkursverwalter anspruchsberechtigt ist.[103] Die Erben haften insoweit unbeschränkt trotz ihrer sonstigen beschränkten Haftung durch Herbeiführung von Haftungsbeschränkungsmaßnahmen in Form der Nachlaßverwaltung oder des Nachlaßkonkurses bzw. (seit 1.1.1999) Nachlaßinsolvenzverfahrens.

319

---

100 *Soergel/Stein*, Rn 4; *Staudinger-Marotzke*, Rn 5; MüKo/*Siegmann* Rn 3 je zu § 1978.
101 BGH NJW-RR 1989, 1226.
102 RGZ 89, 403, 408.
103 OLG Hamburg OLGE 41, 82.

M. Die Haftung bei bestehender Vor- und Nacherbschaft

I. Haftung des Vorerben

320 Für die Haftung des Vorerben gelten während der Zeit seiner Erbenstellung die allgemeinen Regeln. Allerdings endet die Haftung des Vorerben mit Eintritt des Nacherbfalls. Der Vorerbe hat die Nachlaßverbindlichkeiten zu erfüllen, so daß dem Nacherben der um die Verbindlichkeiten bereinigte Nachlaß anfällt (§ 2130 BGB).

II. Haftung des Nacherben

321 Entscheidender Zeitpunkt für den Eintritt der Haftung des Nacherben ist der Nacherbfall. Der Vorerbe hört mit Eintritt des Nacherbfalls auf, Erbe zu sein, an seine Stelle tritt der Nacherbe. Ab diesem Zeitpunkt haftet der Nacherbe nach den allgemeinen Grundsätzen. Auch ihm stehen die allgemeinen Haftungsbeschränkungsmöglichkeiten offen (§ 2144 BGB).

322 Die vom Vorerben ergriffenen Haftungsbeschränkungsmaßnahmen wirken auch zugunsten des Nacherben. Hat andererseits der Vorerbe die Möglichkeit der Haftungsbeschränkung verloren, so wirkt dies nicht zu Lasten des Nacherben.

N. Erbenhaftung bei bestehender Testamentsvollstreckung

I. Allgemeines

323 Zunächst gelten auch bei bestehender Testamentsvollstreckung die allgemeinen Regeln, daß der Erbe vorläufig unbeschränkt aber beschränkbar haftet.

II. Schutz des Nachlasses vor Eigengläubigern des Erben

324 Eigengläubiger des Erben können bei bestehender Testamentsvollstreckung auf den Nachlaß nicht zugreifen, § 2214 BGB.

Fazit: Mit der Anordnung einer Testamentsvollstreckung kann der Erblasser den Nachlaß vor dem Zugriff der Eigengläubiger des Erben schützen.

III. Begründung von Nachlaßverbindlichkeiten durch den Testamentsvollstrecker

Im Rahmen der Verwaltung des Nachlasses ist der Testamentsvollstrecker befugt, für den Nachlaß Verbindlichkeiten einzugehen, § 2206 BGB, soweit es sich um ordnungsgemäße Verwaltungsmaßnahmen handelt. Die Erben können auch insoweit die allgemeinen Haftungsbeschränkungsmaßnahmen treffen. 325

Für den Geschäftspartner besteht das Risiko, ob eine Nachlaßverbindlichkeit begründet wird, wenn die Verwaltungshandlung nicht einer ordnungsgemäßen Geschäftsführung entspricht. Durch Anordnungen nach §§ 2207, 2209 BGB wird der Dritte insoweit geschützt. Erwirkt allerdings ein Nachlaßgläubiger einen Titel gegen den Erben, so kann er sich trotz bestehender Testamentsvollstreckung an den Erben halten, wenn dieser nicht den Haftungsvorbehalt nach § 780 ZPO in den Titel hat aufnehmen lassen.

Die Geltendmachung der Dürftigkeitseinrede und der Überschwerungseinrede nach §§ 1990, 1992 BGB erfolgt bei der Verwaltungsvollstreckung durch Verweisung auf den verwalteten und damit abgesonderten Nachlaß. 326

O. Haftungsvorbehalt des Erben in anderen Vollstreckungstiteln

Soll die Möglichkeit der beschränkbaren Erbenhaftung für den Erben lückenlos „greifen", so muß der Vorbehalt des § 780 ZPO auch in andere Vollstreckungstitel, wie Vollstreckungsbescheid, notarielle vollstreckbare Urkunde und Prozeßvergleich aufgenommen werden (§§ 795, 699, 700 ZPO).[104] 327

---

[104] *Zöller/Stöber*, § 780 Rn 6.

§ 22

Teil 4: Die Berichtigung öffentlicher Register

§ 22 Erbfall und Grundbuch

A. Allgemeines

War der Erblasser im Grundbuch als Eigentümer oder als Inhaber eines beschränkten dinglichen Rechts eingetragen, so ist es häufig erforderlich, den oder die Erben anstelle des Erblassers im Grundbuch eintragen zu lassen.

Der gesetzliche Rechtsübergang nach § 1922 BGB führt zur **Unrichtigkeit** des Grundbuchs (§ 894 BGB) mit der Folge, daß eine Grundbuchberichtigung vorzunehmen ist.

Die Berichtigung erfolgt nur auf Antrag (§ 13 GBO). § 22 GBO sieht für den Fall der Grundbuchberichtigung weitere Erfordernisse vor: Es ist entweder eine Berichtigungsbewilligung des Betroffenen vorzulegen – was hier ausscheidet – oder die Unrichtigkeit nachzuweisen.

B. Die Eintragung von Miterben in Erbengemeinschaft

I. Der Berichtigungsantrag

Der Grundbuchberichtigungsantrag nach § 13 GBO kann von jedem Miterben allein gestellt werden; der Antrag bedarf nicht der in § 29 GBO vorgesehenen Form, vielmehr reicht Schriftlichkeit. Für den Nachweis der Antragsberechtigung bedarf es keiner Form; es reicht schlüssiger Sachvortrag.[1] Will der Rechtsanwalt für seinen Mandanten als dessen Bevollmächtigter (§ 13 FGG) einen Grundbuchberichtigungsantrag stellen, so bedarf die Vollmacht lediglich der Schriftform (§ 30 GBO).

Die Eintragung der Miterben erfolgt gem. § 47 GBO unter Angabe des Miteigentumsverhältnisses „in Erbengemeinschaft." Ist ein **Testamentsvollstrecker**

---

1 BGH, Beschl. v. 6.5.1999 – V ZB 15/99 –, DNotI-Report 1999, 137.

für den ganzen Nachlaß eingesetzt, so kann er und jeder Erbe den Berichtigungsantrag stellen. Trotz bestehender Testamentsvollstreckung kann auch der Erbe den Grundbuchberichtigungsantrag stellen.[2]

II. Der Unrichtigkeitsnachweis

6 Der Nachweis der Unrichtigkeit des Grundbuchs kann hier nur durch Urkunden geführt werden, die in § 35 GBO genannt sind: Die Erbfolge ist grundsätzlich durch einen **Erbschein** nachzuweisen (§ 35 I GBO). Der Erbschein ist in **Urschrift** oder **Ausfertigung** vorzulegen, eine beglaubigte Abschrift genügt nicht, weil nur Urschrift oder Ausfertigung die Vermutung des § 2365 BGB hat; die Ausfertigung ersetzt im Rechtsverkehr die Urschrift (§ 47 BeurkG). Wäre der Erbschein wegen Unrichtigkeit eingezogen worden (§ 2361 BGB), so hätte auch die Ausfertigung eingezogen werden müssen und nicht auch die Abschrift.

7 Befinden sich Grundbuchamt und Nachlaßgericht beim gleichen Amtsgericht, so ist die Vorlage einer Erbscheinsausfertigung nicht erforderlich, es reicht vielmehr, im Grundbuchantrag auf den in den Nachlaßakten befindlichen Erbschein zu verweisen.[3]

8 Dem Grundbuchamt kommt nicht die Aufgabe zu, die Richtigkeit des Erbscheins nachzuprüfen. Es hat lediglich zu überprüfen, ob der Erbschein vom sachlich zuständigen Nachlaßgericht erteilt wurde und ob er das Erbrecht, das Grundlage der Grundbucheintragung werden soll, eindeutig bezeugt. Die Verantwortung für die Richtigkeit des Erbscheins trägt ausschließlich das Nachlaßgericht.[4] Die Vermutungswirkung des § 2365 BGB gilt grundsätzlich auch für das Grundbuchamt.

9 Das Grundbuchamt braucht seiner Eintragung nur dann den Erbschein nicht zugrundezulegen, wenn ihm neue Tatsachen bekannt geworden sind, die dem Nachlaßgericht bei der Erbscheinserteilung offenbar noch nicht bekannt waren und die der sachlichen Richtigkeit des Erbscheins entgegenstehen, und wenn

---

2 LG Stuttgart NJW-RR 1998, 665 = RPfleger 1998, 243.
3 BGH DNotZ 1982, 159.
4 BayObLG NJW-RR 1990, 906.

das Grundbuchamt annehmen muß, daß das Nachlaßgericht bei deren Kenntnis den Erbschein einziehen oder für kraftlos erklären würde.[5]

Allerdings kann das Grundbuchamt von sich aus keine neue Erbenfeststellung vornehmen; dies ist ausschießlich Sache des Nachlaßgerichts im Rahmen der Überprüfung der Richtigkeit des Erbscheins. 10

Die Vorlage eines Erbscheins ist aber nicht in allen Fällen erforderlich. Beruht nämlich die Erbfolge auf einer Verfügung von Todes wegen, die öffentlich beurkundet wurde, so reicht statt der Vorlage eines Erbscheins die Vorlage einer Abschrift der betreffenden Verfügung von Todes wegen zusammen mit einer Abschrift der Niederschrift über die Eröffnung der betreffenden Verfügung durch das Nachlaßgericht. 11

> **Hinweis** 12
> Hier genügen jeweils beglaubigte Abschriften und nicht etwa Ausfertigungen. Dies hat damit zu tun, daß die beglaubigten Abschriften der Verfügung von Todes wegen und der Eröffnungsniederschrift keine Gutglaubenswirkung entsprechend § 2365 BGB haben.

Ein **Eröffnungsvermerk** mit Stempelaufdruck auf dem Testament ersetzt die Abschrift der Eröffnungsniederschrift nicht. Auch hier kann auf die Verfügung von Todes wegen und die entsprechende Eröffnungsniederschrift in den Nachlaßakten verwiesen werden, wenn Grundbuchamt und Nachlaßgericht dem gleichen Gericht angehören. 13

Sehr häufig werden in der Praxis Verfügungen von Todes wegen ohne Anwesenheit der Beteiligten eröffnet. Auch eine solche Niederschrift reicht aus im Sinne des § 35 I 2 GBO, weil das Grundbuchamt den Nachweis der Annahme oder Nichtausschlagung der Erbschaft nicht verlangen kann. Allerdings dürfte in aller Regel in der Stellung des Grundbuchberichtigungsantrags durch den Erben die zumindest konkludente Annahme der Erbschaft gesehen werden. 14

Bei der Vorlage von **Verfügungen von Todes wegen samt Eröffnungsniederschrift** gehen die Prüfungskompetenzen des Grundbuchamts weiter als bei der Vorlage eines Erbscheins. Das Grundbuchamt hat Formgültigkeit und Inhalt der 15

---

5 BayObLG RPfl 1997, 156.

ihm vorgelegten Verfügung zu prüfen. Es kann aber keine eigenen Ermittlungen anstellen, weil das Grundbuchverfahren ein reines Nachweisverfahren ist, wie sich aus § 29 GBO ergibt.

16 Ergeben sich bei der Prüfung der Erbenstellung Zweifel an der Erbfolge, so reichen die Abschriften der Verfügung von Todes wegen und der Eröffnungsniederschrift zum Nachweis der Erbfolge und damit als Unrichtigkeitsnachweis nicht aus; vielmehr kann das Grundbuchamt in einem solchen Fall die Vorlage eines Erbscheins verlangen. Die Bedenken des Grundbuchamts sind von diesem in einer Zwischenverfügung (§ 18 GBO) im einzelnen darzulegen.[6]

17 Ist eine Verfügung von Todes wegen anfechtbar und wurde die **Anfechtung** bereits erklärt, so hat das Grundbuchamt, wenn ihm dieser Umstand bekannt wird, die Vorlage eines Erbscheins zu verlangen, weil die Frage der Gültigkeit einer Verfügung von Todes wegen grundsätzlich vom Nachlaßgericht zu beantworten ist.[7]

18 Auch dann, wenn sich aus der Verfügung von Todes wegen die Erbfolge nicht zweifelsfrei ergibt, hat das Grundbuchamt die Vorlage eines Erbscheins zu verlangen.

Zum Erbnachweis für Vermögensrechte mit Grundstücksbezug in den neuen Bundesländern aus Altfällen (Erbfall vor dem 3.10.1990) s. Böhringer, RPfleger 1999, 110 ff.

19 Surrogationserwerb: Haben Erben mit Mitteln des Nachlasses nach § 2041 BGB ein Grundstück erworben, so können sie nicht ohne Teilauseinandersetzung als Bruchteilseigentümer eingetragen werden (S. zur Surrogation Teil 3 § 13 Rn 48 ff.). Wird ihnen das Grundstück zu Bruchteilseigentum aufgelassen, so können sie auf Antrag als Eigentümer in Erbengemeinschaft eingetragen werden; eine erneute Auflassung an sie als Eigentümer zur gesamten Hand ist nicht erforderlich.[8]

20 Besonderheiten beim gemeinschaftlichen Testament: Ist dem überlebenden Ehegatten beim gemeinschaftlichen Testament die Möglichkeit offengehalten,

---

6 OLG Hamm DNotZ 1970, 160; OLG Stuttgart RPfl 1975, 135.
7 OLG Celle NJW 1961, 562.
8 OLG Köln, RPfleger 1987, 409.

durch letztwillige Verfügung einen anderen Schlußerben als den vorgesehenen einzusetzen, so rechtfertigt diese Möglichkeit allein noch nicht das Verlangen eines Erbscheins, sofern es keine konkreten Anhaltspunkte für das Vorliegen einer solchen weiteren Abänderungsverfügung gibt. Da ein gemeinschaftliches Testament von zwei Erblassern errichtet wurde, ist es sowohl beim Tod des Erststerbenden als auch beim Tod des Überlebenden zu eröffnen. Deshalb gibt es auch zwei Eröffnungsniederschriften.

Ist die Ehe geschieden, so kann durch ein gemeinschaftliches Testament nach der Scheidung der für die Grundbuchberichtigung erforderliche Nachweis der Erbfolge nicht mehr geführt werden, weil § 2268 BGB iVm § 2077 BGB eine Vermutung für das Unwirksamwerden des gemeinschaftlichen Testaments enthält.[9] **21**

OLG Frankfurt (MittBayNot 1999, 184):
„Wird zum Nachweis der Erbfolge ein notarieller Erbvertrag vorgelegt, darf das Grundbuchamt die Vorlage eines Erbscheins nicht deswegen fordern, weil nicht auszuschließen ist, daß weitere letztwillige Verfügungen existieren, durch die der Erbvertrag ungültig geworden sein könnte. Hat das Grundbuchamt dagegen konkrete Anhaltspunkte dafür, daß tatsächlich eine wirksame spätere Verfügung von Todes wegen vorliegt, durch die die Erbfolge geändert worden ist, kann es verlangen, daß der Nachweis der Erbfolge durch einen Erbschein geführt wird."

Hat der Erblasser außer einem öffentlichen Testament auch ein privatschriftliches Testament hinterlassen, so kommt es darauf an, in welchem der Testamente die Erbfolge geregelt ist. Ist dies im öffentlichen Testament geschehen, so reicht dieses als Unrichtigkeitsnachweis aus. Ist die Erbfolge im privatschriftlichen Testament geregelt, muß ein Erbschein vorgelegt werden. Dies gilt auch dann, wenn ein öffentliches Testament durch ein privatschriftliches widerrufen wurde. **22**

Ein Erbschein bzw. eine notariell errichtete Verfügung von Todes wegen muß zur Grundbuchberichtigung auch dann vorgelegt werden, wenn eine über den Tod des Erblassers hinaus wirkende Vollmacht erteilt wurde. Der Bevollmächtigte kann jedoch in diesem Fall ohne Nachweis des Erbrechts **23**

---

9 OLG Frankfurt RPfl 1978, 412.

Verfügungen über Nachlaßgrundstücke treffen, wenn diese nicht von einer Grundbuchberichtigung abhängig sind (Fälle des § 40 GBO).

24 Der Erbschein kann durch ein Zeugnis nach §§ 36, 37 GBO ersetzt werden.

25 Im Bereich des **Höferechts** muß der Erbschein den Hoferben als solchen bezeichnen (§ 18 II 2 Höfeordnung vom 26.07.1976, BGBl. I 1976, 1933). Dem Erben wird auf Antrag ein auf die Hoffolge beschränkter Erbschein erteilt (sog. Hoffolgezeugnis, vgl. § 18 II 2 S. 3 Höfeordnung).

III. Fälle mit Auslandsberührung

26 Für die Berichtigung des Grundbuchs durch Eintragung der Erbfolge von **ausländischen Staatsangehörigen** ist in aller Regel ein deutscher Erbschein notwendig.[10]

27 Ausländische Erbscheine haben nur eine Beweiswirkung, nicht jedoch die Legitimationswirkung und Vermutungswirkung des § 2365 BGB.[11] Auf der Grundlage des ausländischen Erbscheins kann aber das deutsche Nachlaßgericht einen Fremdrechtserbschein nach § 2369 BGB erteilen.

28 Auch bei Ausländern ist der Nachweis der Erbfolge durch eine in einer öffentlichen Urkunde niedergelegten Verfügung von Todes wegen samt Eröffnungsniederschrift möglich. Ob eine öffentliche Urkunde vorliegt, hat das Grundbuchamt in eigener Zuständigkeit zu prüfen. Kommt die Anwendung ausländischen Rechts in Frage, so ist nicht mehr der Grundbuchrechtspfleger zuständig, sondern der Richter (§ 5 RPflG).

Muster: Grundbuchberichtigungsantrag auf Eintragung von Erben in Erbengemeinschaft

▼

29 An das
Amtsgericht
 – Grundbuchamt –
Köln

---

10 S. für Schweizer Staatsangehörige *Linde*, BWNotZ 1961, 16.
11 BayObLG FamRZ 1991, 1337; *Palandt/Edenhofer* vor § 2353 BGB Rn 3.

Erbfall und Grundbuch § 22

Im Grundbuch von Köln, Band 100, Blatt 100 sind die Eheleute Hannes und Marie Schmitz als Miteigentümer der dort im Bestandsverzeichnis unter Nr. 1–10 gebuchten Grundstücke Flurstück 101–110 je zur Hälfte eingetragen.
Der Miteigentümer Hannes Schmitz ist am ▓▓▓▓ gestorben und von der Witwe Marie Schmitz geb. Kunz und den beiden Kindern ▓▓▓▓ beerbt worden. Die Erbfolge ist nachgewiesen durch Erbschein des Nachlaßgerichts Köln vom ▓▓▓▓. Auf den in den Nachlaßakten des Amtsgerichts Köln Az. ▓▓▓▓ befindlichen Erbschein wird Bezug genommen.
Die unterzeichnete Witwe Marie Schmitz beantragt hiermit die Berichtigung des Grundbuchs bezüglich der Eigentumshälfte des Hannes Schmitz durch Eintragung der bezeichneten Erben in Erbengemeinschaft im Grundbuch.
Köln, den ▓▓▓▓
Marie Schmitz (keine Unterschriftsbeglaubigung)

C. Eintragung eines Alleinerben aufgrund öffentlichen Testaments

Auch hier handelt es sich um eine Grundbuchberichtigung nach §§ 894 BGB, 22 GBO. Der Nachweis der Erbfolge wird geführt durch Vorlage jeweils einer beglaubigten Abschrift des notariell beurkundeten Testaments und der Niederschrift des Nachlaßgerichts über die Eröffnung dieses Testaments gemäß § 35 I 2 GBO. Da mit diesen Urkunden der Unrichtigkeitsnachweis geführt werden kann, bedarf es einer Beglaubigung der Unterschrift des Antragstellers nicht, weil der Antrag nach § 13 GBO grundsätzlich nur der Schriftlichkeit bedarf.

30

Muster: Eintragungsantrag – Grundbuchberichtigung – Alleinerbe

An das
Amtsgericht
– Grundbuchamt –
Köln
Im Grundbuch von Köln, Band 100, Blatt 100 ist in Abteilung I der Kaufmann Karl Maier, zuletzt wohnhaft in Köln, als Eigentümer des Gebäudegrundstücks Bestandsverzeichnis Nr. 1 Markung Köln Domplatz 10 Wohn- und Geschäftshaus 10 ar 00 m² eingetragen. Der Eigentümer Karl Maier ist am ▓▓▓▓ in ▓▓▓▓ verstorben.

31

4 Die Berichtigung öffentlicher Register

Aufgrund des am ▨ vor Notar Scheffel, Köln, unter Urkundenrolle Nr. ▨ errichteten Testaments wurde ich, die unterzeichnete Witwe, Maria Maier, wohnhaft ▨ Alleinerbin des Karl Maier. Dieses Testament wurde am ▨ vom Amtsgericht -Nachlaßgericht- Köln unter Az.: ▨ eröffnet. Auf das in den bezeichneten Nachlaßakten des Amtsgerichts Köln befindliche Originaltestament und die Original-Eröffnungsniederschrift nehme ich Bezug; der Beifügung von Abschriften dieser Urkunden bedarf es deshalb nicht.

Ich beantrage hiermit, mich im Wege der Grundbuchberichtigung anstelle des Erblassers als neue Eigentümerin des bezeichneten Grundbesitzes im Grundbuch einzutragen.

Köln, den ▨

Maria Maier (ohne Unterschriftsbeglaubigung)

▲

D. Kosten der Grundbuchberichtigung

32 Für die Eintragung eines Eigentümers oder von Miteigentümern wird eine 10/10-Gebühr erhoben (§ 60 I KostO). Dabei kommt es nicht auf den Rechtsgrund an, darunter fällt also auch die Eintragung des Eigentümers im Wege der Grundbuchberichtigung. Maßgebend sind die Wertvorschriften der §§ 18 ff. KostO.

33 *Hinweis*
Die Grundbuchberichtigungsgebühr wird nicht erhoben bei Eintragung der Erben des eingetragenen Eigentümers, falls der Eintragungsantrag innerhalb von zwei Jahren seit dem Erbfall beim Grundbuchamt eingereicht wird (§ 60 IV KostO). Als Erbe im Sinne dieser Kostenvorschrift gelten auch der Erbeserbe und der Nacherbe.[12] In diesem Zusammenhang sei an die Vorschrift des § 107 III KostO erinnert, wonach sich die Gebühr für einen Erbschein nur nach dem Wert der Grundstücke bemißt, wenn der Erbschein ausschließlich für Grundbuchberichtigungszwecke benötigt wird.

---

12 OLG Düsseldorf NJW 1967, 2414; KG DNotZ 1968, 257.

E. Tod einer Vertragspartei nach Auflassung, aber vor Eigentumseintragung

Stirbt bei einem Veräußerungsvorgang eine Vertragspartei nach Erklärung der **Auflassung**, aber vor Eintragung des Erwerbers im Grundbuch, so hat dies keine Auswirkungen auf die Wirksamkeit der Auflassung (§ 130 II BGB). Beim **Tod** des **Grundstücksveräußerers** handelt es sich nicht um einen Verlust der Verfügungsbefugnis im Sinne des § 878 BGB. Entscheidend ist nur der Zeitpunkt der Abgabe der Auflassungserklärung als Willenserklärung. Es kommt auch nicht darauf an, ob die Auflassungserklärung dem Grundbuchamt bereits vor dem Tode des Veräußerers zugegangen ist. Die Auflassung ist bindend geworden; diese Bindungswirkung wirkt sich auch auf die Erben aus, die nicht mehr widerrufen können (§ 873 II BGB). 34

Um die vom Erblasser abgegebene Auflassungserklärung durch **Eigentumsumschreibung** auf den Erwerber in das Grundbuch vollziehen zu können, bedarf es weder der vorherigen Eintragung der Erben des Veräußerers noch deren Eintragungsbewilligung oder Zustimmung (§ 40 I GBO). Sollten zwischenzeitlich die Erben des Veräußerers im Grundbuch eingetragen worden sein, so genügt trotzdem die Eintragungsbewilligung des Erblassers – die in der Auflassungserklärung selbst gesehen werden kann – zur Umschreibung des Eigentums an einem Grundstück auf den Erwerber.[13] Antragsteller für die Eigentumsumschreibung nach § 13 I GBO ist in der Regel ohnehin der Erwerber, weil er an der Eintragung interessiert ist. Als Nachweis der Einigung nach § 20 GBO bzw. der Bewilligung nach § 19 GBO ist eine Ausfertigung der Auflassungserklärung vorzulegen. 35

Den Antrag auf Eigentumsumschreibung kann auch der beurkundende Notar stellen (§§ 15 GBO, 53 BeurkG). 36

Anders ist es allerdings, wenn der Erwerber **nach Erklärung der Auflassung** stirbt. Erfährt das Grundbuchamt davon nichts (es braucht hierwegen keine Ermittlungen anzustellen), so kann es, ohne daß es deshalb eine Rechtsverletzung begeht, den verstorbenen Erwerber noch als Eigentümer im Grundbuch eintragen. 37

---

13 BGH DNotZ 1968, 414.

4 Die Berichtigung öffentlicher Register

38 Wird der Tod dem Grundbuchamt jedoch noch vor der Eintragung bekannt, so darf der verstorbene Erwerber nicht mehr als Eigentümer im Grundbuch eingetragen werden, weil das Grundbuchamt grundsätzlich das Grundbuch nicht wissentlich unrichtig machen darf. Nach § 1922 BGB sind an die Stelle des Erwerbers seine Erben getreten in der Rechtsposition, die der Erblasser selbst innehatte.

39 Die Auflassung ist nach § 873 II 2 BGB für beide Vertragsparteien bindend geworden. Die Erben sind in Erbengemeinschaft als Eigentümer und Rechtsnachfolger des Erwerbers im Grundbuch einzutragen. Sie haben ihr Erbrecht in der Form des § 35 GBO nachzuweisen. Einer Zwischeneintragung des verstorbenen Erblassers bedarf es nicht, sie wäre sogar unzulässig.

40 Da die Erben in die Rechtsposition des Erblassers eingetreten sind, bedarf es keiner besonderen Auflassung zugunsten der Erben des Erwerbers. Den (lediglich schriftlichen) Antrag auf Eintragung der Erben als neue Eigentümer (§ 13 GBO) können entweder alle Erben gemeinsam oder einzelne von ihnen ohne Zustimmung der anderen stellen.

41 Wird der verstorbene Erwerber als Eigentümer im Grundbuch eingetragen, so ist diese Eintragung weder materiell unwirksam noch inhaltlich unzulässig. Es handelt sich lediglich um eine unzutreffende Bezeichnung des wirklichen Eigentümers.

F. Testamentsvollstreckung und Grundbuch

I. Allgemeines

42 Ist ein Testamentsvollstrecker ernannt, so steht ihm die Verfügungsbefugnis über die Nachlaßgegenstände und damit auch über die Nachlaßgrundstücke zu und nicht dem oder den Erben (§§ 2205, 2211 BGB).

43 Weil der Erbe in seiner Verfügungsmacht beschränkt ist, sieht § 52 GBO vor, daß bei Eintragung des Erben als Eigentümer im Grundbuch die Ernennung eines Testamentsvollstreckers von Amts wegen dort in Abteilung II eingetragen wird, es sei denn, das betreffende Nachlaßgrundstück unterläge nicht der

Verwaltung des Testamentsvollstreckers, denn dann wäre der Erbe auch insoweit nicht in seiner Verfügung beschränkt.

Die Eintragung des **Testamentsvollstreckervermerks** erfolgt auf der Grundlage der im Erbschein angegebenen Anordnung der Testamentsvollstreckung (§ 2364 I BGB) oder auf der Grundlage des Erbennachweises durch Verfügung von Todes wegen in einer notariellen Urkunde mit Niederschrift des Nachlaßgerichts über die Eröffnung (§ 35 I 2 GBO). 44

Im Grundbuch eingetragen wird nicht die Person des Testamentsvollstreckers, sondern nur die Tatsache, daß Testamentsvollstreckung angeordnet ist („Testamentsvollstreckung ist angeordnet"). 45

Ist irrtümlich die Eintragung des Testamentsvollstreckervermerks bei der Eintragung des Erben als Eigentümer unterblieben, so kann der Vermerk jederzeit von Amts wegen nachgeholt werden. 46

II. Grundstücksverfügungen des Testamentsvollstreckers

Unterliegt das betreffende Grundstück der Verwaltung des Testamentsvollstreckers, so hat ausschließlich er das Verfügungsrecht darüber (§§ 2205, 2211 BGB). 47

Verfügt der Testamentsvollstrecker über das Nachlaßgrundstück, so hat er seine Stellung als Testamentsvollstrecker durch die Vorlage eines **Testamentsvollstreckerzeugnisses**, das vom Nachlaßgericht erteilt wird, nachzuweisen (§ 2368 BGB) oder durch Vorlage einer beglaubigten Abschrift der in notarieller Urkunde enthaltenen Einsetzung zum Testamentsvollstrecker und der Niederschrift des Nachlaßgerichts über die Eröffnung der betreffenden Verfügung von Todes wegen, § 35 GBO. Wie beim Erbschein ist auch beim Testamentsvollstreckerzeugnis eine Ausfertigung vorzulegen (keine Abschrift!). Werden die Nachlaßakten beim selben Amtsgericht geführt, so kann auf das dort befindliche Testamentsvollstreckerzeugnis Bezug genommen werden. 48

Das Amt des Testamentsvollstreckers beginnt nicht kraft Gesetzes mit dem Erbfall, sondern erst mit der ausdrücklichen Annahme (§ 2202 BGB). Deshalb muß dieser Umstand dem Grundbuchamt noch gesondert nachgewiesen werden. In der Praxis enthalten die Niederschriften über die Eröffnung der Verfügung von Todes wegen häufig die Erklärung des Testamentsvollstreckers, 49 daß er sein Amt gegenüber dem Nachlaßgericht annehme. Ist eine solche Erklärung in der Eröffnungsniederschrift nicht enthalten, so muß der Testamentsvollstrecker noch eine entsprechende Bestätigung des Nachlaßgerichts über die Annahme seines Amtes vorlegen. Der Erbschein selbst reicht zur Legitimation des Testamentsvollstreckers nicht aus, weil auch dort der Name des Testamentsvollstreckers nicht genannt ist, sondern lediglich die Tatsache der Testamentsvollstreckungsanordnung (§ 2364 BGB).

S. zum Grundbuchberichtigungsantrag oben Rn 5.

Entgeltlichkeit der Verfügung:

50 Nach der Prüfung der ordnungsgemäßen Legitimation des Testamentsvollstreckers hat das Grundbuchamt Antrags- und Bewilligungsberechtigung des Testamentsvollstreckers – im Falle einer Eigentumsumschreibung auch die Auflassungerklärung gemäß § 20 GBO – zu prüfen.

51 Da der Testamentsvollstrecker grundsätzlich **keine unentgeltlichen Verfügungen** vornehmen darf (§ 2205 S. 3 BGB), hat das Grundbuchamt auch die Entgeltlichkeit der Verfügung des Testamentsvollstreckers festzustellen. Die Entgeltlichkeit einer Grundstücksverfügung des Testamentsvollstreckers ist deshalb dem Grundbuchamt näher darzulegen. Dabei ist, weil sich Entgeltlichkeit oder Unentgeltlichkeit aus dem zugrundeliegenden Kausalgeschäft ergeben, ein Eingehen auf den der Grundstücksverfügung zugrundeliegenden Rechtsgrund erforderlich. Der Nachweis der Entgeltlichkeit einer Verfügung durch Urkunden im Sinne des § 29 GBO ist für die Praxis schwierig, meist sogar unmöglich. Deshalb hat die Rechtsprechung die Anwendung allgemeiner Erfahrungssätze zugelassen: Wird ein zweiseitiger entgeltlicher Veräußerungsvertrag mit einem Nichterben vorgelegt und erklärt der Testamentsvollstrecker darüber hinaus, es handle sich um eine entgeltliche Verfügung, so ist das Grundbuchamt verpflichtet, den Erwerber als Eigentümer einzutragen, falls ihm nicht Anhaltspunkte für die Unrichtigkeit der behaupteten Entgeltlichkeit bekannt sind.[14]

---

14 BayObLG NJW-RR 1989, 587; BayObLG 86, 208.

S. zu Einzelheiten unentgeltlicher Verfügungen des TV: *Jung*, Unentgeltliche Verfügungen des Testamentsvollstreckers und des befreiten Vorerben in RPfleger 1999, 204 ff.

G. Grundbuch bei Vor- und Nacherbschaft

I. Verfügungsbeschränkung des Vorerben

Grundsätzlich ist der Vorerbe bis zum Eintritt des Nacherbfalls berechtigt, über die zum Nachlaß gehörenden Grundstücke zu verfügen. Zum Schutz der Rechte der Nacherben ist seine Verfügungsmacht jedoch beschränkt (§ 2112 BGB). Eine entgeltliche oder unentgeltliche Verfügung des Vorerben über ein Nachlaßgrundstück oder ein Grundstücksrecht, das zum Nachlaß gehört, ist im Falle des Eintritts der Nacherbfolge insoweit unwirksam, als sie das Recht des Nacherben vereiteln oder beeinträchtigen würde (§§ 2113, 2114 BGB). Vgl. zur Vor- und Nacherbfolge oben Teil 3 § 11 Rn 53 ff. 52

Durch Verfügung von Todes wegen kann der Erblasser dem **Vorerben Befreiung** von den Beschränkungen des § 2113 I BGB für entgeltliche Verfügungen über ein Grundstück erteilen, nicht jedoch auch die Befreiung von dem Verbot unentgeltlicher Verfügungen nach § 2113 II BGB (§ 2136 BGB). Vgl. zur befristeten Vorerbschaft Teil 3 § 11 Rn 53 ff. 53

Damit Dritte nicht gutgläubig vom Vorerben auf der Grundlage von Grundstücksverfügungen erwerben können, zu denen der Vorerbe nicht berechtigt ist, sieht das Gesetz die Eintragung eines **Nacherbenvermerks** im Grundbuch vor, sobald der Vorerbe als Rechtsnachfolger des Erblassers im Grundbuch eingetragen wird (§ 51 GBO). 54

Das Recht des Nacherben sowie eine Befreiung des Vorerben von den Beschränkungen seiner Verfügungsmacht (§ 2136 BGB) werden vom Grundbuchamt von Amts wegen bei Eintragung des Vorerben eingetragen. Wurde die Erbfolge durch Vorlage eines Erbscheins nachgewiesen (§ 35 I GBO), dann ist die in ihm bezeichnete Nacherbfolge mit der dort angegebenen Befreiung einzutragen (§ 2363 I BGB). Wurde die Erbfolge durch Vorlage beglaubigter Abschriften der betreffenden Verfügung von Todes wegen samt Eröffnungsniederschrift 55 nachgewiesen (§ 35 I 2 GBO), so wird die Nacherbfolge mit den dort genannten Befreiungen eingetragen.

56 Im Eintragungsvermerk sind die Anordnung der Nacherbfolge sowie die Voraussetzungen, unter denen sie eintritt (z. B. Tod des Vorerben oder Wiederverheiratung des Vorerben), anzugeben. Außerdem sind die Nacherben einschließlich der **Ersatznacherben** miteinzutragen. Weiter ist einzutragen die Befreiung des Vorerben von den Beschränkungen seiner Verfügungsmacht (§ 2136 BGB).

57 Ist der Nacherbe bzw. der Ersatznacherbe in einer notariell beurkundeten Verfügung von Todes wegen nicht zweifelsfrei bezeichnet, so kann das Grundbuchamt die Vorlage eines Erbscheins verlangen.

58 Ist darüber hinaus für den Vorerben ein Testamentsvollstrecker ernannt, so ist auch dieser miteinzutragen (§ 52 GBO). Das gleiche gilt für einen Testamentsvollstrecker für den Nacherben für die Zeit vor Eintritt des Nacherbfalls nach § 2222 BGB.

59 Nacherben- und Testamentsvollstreckervermerke werden in Abt. II des Grundbuchs eingetragen.

II. Verfügungen des Vorerben

60 Unentgeltliche Verfügungen des nicht befreiten und des befreiten Vorerben über Grundstücke sind – wenn sie ohne Zustimmung des Nacherben und etwaiger Ersatznacherben vorgenommen wurden – im Falle des Eintritts der Nacherbfolge unwirksam (§ 2113 II BGB). Bis zu diesem Zeitpunkt sind sie allerdings wirksam (§ 2112 BGB). Haben der Nacherbe und etwaige Ersatznacherben jedoch zugestimmt, so sind die betreffenden Verfügungen endgültig wirksam.

61 In der Praxis sind die Vorerben sehr häufig von den Beschränkungen der entgeltlichen Grundstücksverfügung befreit (§ 2136 BGB).

62 Der Erblasser kann den Vorerben jedoch **nicht befreien** von der Möglichkeit, **unentgeltliche Verfügungen** vorzunehmen. Eine solche Verfügung wäre nur mit Zustimmung aller Nacherben und etwaiger Ersatznacherben zulässig.

Deshalb kommt es auf die Unterscheidung an, ob eine Verfügung entgeltlich oder unentgeltlich war. 63

Unentgeltlich ist eine Verfügung, wenn der Vorerbe – objektiv betrachtet – ein Vermögensopfer aus dem Nachlaß erbringt, ohne daß diesem eine gleichwertige Gegenleistung gegenüberstünde und wenn er (subjektive Seite) dies entweder weiß oder bei ordnungsgemäßer Verwaltung des Nachlasses das Fehlen einer ausreichenden Gegenleistung hätte erkennen müssen.[15] 64

Eine Verfügung des nicht befreiten Vorerben ist nur dann entgeltlich, wenn die gleichwertige Gegenleistung auch in den Nachlaß fließt.[16] 65

Dagegen ist es dem befreiten Vorerben gestattet, den Nachlaß für sich zu verwenden (§§ 2134, 2136 BGB). Deshalb kommt es in diesem Fall nicht darauf an, ob die Gegenleistung in den Nachlaß gelangt oder ob sie dem Vorerben persönlich zugute kommt.[17] Bei teilweise entgeltlicher, teilweise unentgeltlicher Verfügung des Vorerben ist die gesamte Verfügung unwirksam.[18] Siehe zu Einzelheiten *Jung*, RPfleger 1999, 204 ff. 66

Maßgebender Zeitpunkt für die Beurteilung der Entgeltlichkeit oder Unentgeltlichkeit einer Verfügung des Vorerben ist der Zeitpunkt ihrer Vornahme.[19] 67

Ob eine gemischte Schenkung vorliegt, ist aus der Sicht eines Vorerben bei ordnungsgemäßer Verwaltung der unter Nacherbschaft stehenden Nachlaßmasse und unter gebührender Rücksichtnahme auf seine künftige Herausgabepflicht gegenüber dem Nacherben und dessen Interessen zu beurteilen. Dagegen kommt es nicht darauf an, ob eine andere Person mit mehr Verhandlungsgeschick und/oder größerer zeitlicher Ausdauer einen höheren Verkaufserlös erzielt hätte.[20] 68

Dazu folgendes **Beispiel** nach OLG Hamm:[21] 69

15 BGH DNotZ 1977, 745 = FamRZ 1977, 389 = NJW 1977, 1631.
16 BGHZ 7, 274.
17 BGH DNotZ 1985, 482 = FamRZ 1985, 176 = NJW 1985, 382.
18 BGH DNotZ 1985, 482 = FamRZ 1985, 176 = NJW 1985, 382.
19 OLG Hamm, OLGZ 1991, 137.
20 OLG Hamm, Beschl. v. 29.3.1999 – 15 W 39/99 –, DNotI-Report 1999, 121.
21 aaO.

4 Die Berichtigung öffentlicher Register

Der Vorerbe veräußerte ein Grundstück, das zum Nachlaß gehörte, für DM 985.000. Der Käufer bestellte u. a. eine Finanzierungsgrundschuld über DM 1,2 Mio. Das Grundbuchamt war wegen der höheren Grundschuld der Auffassung, daß hier eine gemischte Schenkung vorliegen könne und verlangte zur Löschung des Nacherbenvermerks die Bewilligung der Nacherben. Der Käufer wies darauf hin, daß die Finanzierung auch die Dachsanierung umfassen sollte und der Kaufpreis marktgerecht sei.

Das OLG Hamm weist darauf hin, daß ein Nacherbenvermerk nur dann gelöscht werden kann, wenn entweder die eingetragenen Nacherben die Löschung bewilligt haben oder die Unrichtigkeit des Grundbuchs nachgewiesen ist. Unrichtig ist das Grundbuch in bezug auf den Nacherbenvermerk, wenn das Grundstück mit Wirkung gegenüber den Nacherben aus dem Nachlaß ausgeschieden ist. Diese Folge tritt ein, wenn der Vorerbe das Grundstück entweder mit Zustimmung aller Nacherben – die hier nicht vorliegt – oder aber als befreiter Vorerbe entgeltlich an eine andere Rechtspersönlichkeit veräußert hat.[22] Die Entgeltlichkeit kann regelmäßig nicht in der Form des § 29 GBO nachgewiesen werden. Deshalb hat die Rechtsprechung die Möglichkeit eröffnet, daß das Grundbuchamt unter Berücksichtigung der natürlichen Gegebenheiten und der gesamten Umstände des Falles zu prüfen hat, ob die Entgeltlichkeit offenkundig ist. Die Veräußerung an einen Dritten außerhalb der Familie ist ein Indiz für die Entgeltlichkeit. Es kommt nicht darauf an, ob eine andere Person mit mehr Verhandlungsgeschick einen höheren Verkaufserlös erzielt hätte.

H. Grundbuchberichtigung nach Erbteilsübertragung[23]

70 Der Erbteil eines Miterben geht mit der notariellen Beurkundung des Erbteilsübertragungsvertrags nach § 2033 BGB auf den Erbteilserwerber über. Gehört zum Nachlaß Grundbesitz, so wird das Grundbuch damit unrichtig, § 894 BGB.

Die nach §§ 22, 19 GBO erforderliche Berichtigungsbewilligung des Erbteilsveräußerers und der Grundbuchberichtigungsantrag des Erwerbers nach § 13

---

22 *Haegele/Schöner/Stöber*, Grundbuchrecht, 11. Aufl. 1997 Rn 3483 ff.; OLG Hamm NJW-RR 1996, 1230.
23 Zur Erbteilsübertragung s. oben Teil 3 § 13 „Der Miterbe als Mandant" Rn 365 ff.

GBO werden zweckmäßigerweise sofort in den Erbteilsübertragungsvertrag aufgenommen; damit ist für die Bewilligung der Form des § 29 GBO Genüge getan. Außerdem entstehen in diesem Falle keine besonderen Gebühren für eine ansonsten erforderliche Beglaubigung der Unterschrift auf der Berichtigungsbewilligung, weil Erbteilsübertragung und Bewilligung kostenrechtlich den selben Gegenstand iSv § 44 KostO haben.

Muster: Grundbuchberichtigungsbewilligung und -antrag nach Erbteilsübertragung

▼

An das
Amtsgericht
– Grundbuchamt –

Grundbuch von ▨▨▨ **Band** ▨▨▨ **Heft** ▨▨▨ **hier: Grundbuchberichtigung**

Im Grundbuch des Amtsgerichts ▨▨▨ für ▨▨▨ sind wir, die Unterzeichneten

1. A
2. B

in Erbengemeinschaft als Miteigentümer des Grundstücks Markung ▨▨▨ Flst. Nr. ▨▨▨ Bestandsverzeichnis Nr. ▨▨▨ eingetragen.
Durch Erbteilskauf- und -übertragungsvertrag hat A. seinen Erbteil von 1/2 am Nachlaß des am ▨▨▨ gestorbenen ▨▨▨ auf B übertragen.
Wir bewilligen, B beantragt hiermit seine Eintragung als Alleineigentümer des bezeichneten Grundstücks im Grundbuch im Wege der Grundbuchberichtigung.
Der Grundstückswert wird mit DM ▨▨▨ angegeben.
Die Kosten des Grundbuchvollzugs trägt B.

▨▨▨
Ort, Datum
Unterschrift A
Unterschrift B

Notarielle Unterschriftsbeglaubigung (§ 29 GBO)

▲

Vertritt der Rechtsanwalt den die Berichtigung Bewilligenden, so muß seine Vollmacht nach § 29 GBO notariell beglaubigt sein. Vertritt er lediglich den Antragsteller, so ist der Antrag selbst formlos nach § 13 GBO, die Vollmacht bedarf nach § 30 GBO lediglich der Schriftform.

4 Die Berichtigung öffentlicher Register

I. Grundbuchberichtigung nach Abschichtung eines Miterben

73 Der BGH hat mit Urteil vom 21.1.1998[24] die Möglichkeit einer teilweisen oder vollständigen Auseinandersetzung des Nachlasses durch Abschichtung eines Miterben anerkannt; vgl. oben Teil 3 § 13 Rn 379 ff.

Nach dem Vollzug des Abschichtungsvertrags erfolgt bezüglich der Nachlaßgrundstücke eine Grundbuchberichtigung nach § 22 GBO, weil der Anteil des ausscheidenden Erben den verbleibenden Miterben analog § 738 BGB angewachsen ist. Dies gilt auch dann, wenn nur noch **ein Miterbe** übrig bleibt und dieser kraft Anwachsung Alleineigentümer wird.

Die Unrichtigkeit des Grundbuchs (§ 22 GBO) muß entweder in der Form des § 29 GBO nachgewiesen werden, oder es bedarf der beglaubigten Berichtigungsbewilligung des ausscheidenden Erben (§§ 22, 19 GBO) und des lediglich schriftlichen Antrags der verbleibenden Miterben (§ 13 GBO).

Muster: Grundbuchberichtigungsbewilligung und -antrag nach Abschichtung eines Miterben

▼

74 An das
Amtsgericht
– Grundbuchamt –
Grundbuch von   **Band**   **Heft**   hier: **Grundbuchberichtigung**
Im Grundbuch des Amtsgerichts   für   sind wir, die Unterzeichneten
1. A
2. B
3. C
in Erbengemeinschaft als Miteigentümer des Grundstücks Markung   Flst.
Nr.   Bestandsverzeichnis Nr.   eingetragen.
Durch Abschichtungsvertrag vom   wurde der Miterbe A. um seine Ansprüche an den Nachlaß des am   gestorbenen   abgefunden.
Damit ist nach der Rechtsprechung des BGH (Urteil vom 21.1.1998, ZEV 1998, 141) der Erbteil des A den verbleibenden Miterben B. und C. analog § 738 BGB angewachsen, so daß nur sie beide noch der Erbengemeinschaft angehören.
Dementsprechend ist auch das Grundbuch unrichtig geworden.

---

24 ZEV 1998, 141 = FamRZ 1998, 637 = DNotZ 1999, 60.

Erbfall und Grundbuch § 22

Wir bewilligen, B und C beantragen hiermit die Eintragung von B und C als Miteigentümer des bezeichneten Grundstücks in Erbengemeinschaft nach dem am ▓▓▓▓▓ verstorbenen Erblasser ▓▓▓▓▓ im Grundbuch und das Ausscheiden des A. aus der Erbengemeinschaft im Wege der Grundbuchberichtigung.
Der Grundstückswert wird mit DM ▓▓▓▓▓ angegeben.
Die Kosten des Grundbuchvollzugs tragen B und C.

Ort, Datum
Unterschrift A
Unterschrift B
Unterschrift C

Notarielle Unterschriftsbeglaubigung (§ 29 GBO)

▲ Vertritt der Rechtsanwalt den die Berichtigung Bewilligenden, so muß seine Vollmacht nach § 29 GBO notariell beglaubigt sein. Vertritt er lediglich den Antragsteller, so ist der Antrag selbst formlos nach § 13 GBO, die Vollmacht bedarf nach § 30 GBO lediglich der Schriftform.

J. Vollzug der Nachlaßauseinandersetzung im Grundbuch

Gehören zu einem Nachlaß, der auf mehrere Erben in Erbengemeinschaft 75 übergegangen ist, Grundstücke, so erfolgt die Nachlaßauseinandersetzung u. a. dadurch, daß auf einzelne Miterben Grundstücke zu Alleineigentum übertragen werden. Hierzu bedarf es der Auflassung, weil es sich um einen rechtsgeschäftlichen Eigentumsübergang handelt (§ 925 BGB). Auf der Veräußererseite stehen alle Miterben, auf der Erwerberseite derjenige Miterbe, der das betreffende Grundstück zu Alleineigentum erhält.

K. Grundbuchberichtigung beim Tod eines BGB-Gesellschafters

Nach § 727 BGB wird mit dem Tod eines BGB-Gesellschafters die Gesellschaft 76 aufgelöst. Haben die Gesellschafter jedoch die Fortsetzung der Gesellschaft mit den verbleibenden Gesellschaftern vereinbart, so bleibt die Gesellschaft bestehen, der Gesellschaftsanteil des verstorbenen Gesellschafters wächst den verbliebenen nach § 738 BGB an. Welche schuldrechtlichen Ansprüche die

Miterben gegen die verbliebenen Gesellschafter haben, ist eine andere Frage. Hier geht es nur um die dingliche Rechtsposition am Gesellschaftsvermögen. Gehört zum Gesellschaftsvermögen ein Grundstück, so sind die einzelnen Gesellschafter im Grundbuch als Miteigentümer in Gesellschaft bürgerlichen Rechts einzutragen (§ 47 GBO).

77 Das Ausscheiden eines Gesellschafters durch Tod und die Anwachsung seines Anteils den verbleibenden Gesellschaftern ist im Wege der Grundbuchberichtigung ins Grundbuch einzutragen. Hier reicht es jedoch nicht, wenn die verbleibenden Gesellschafter die Berichtigung des Grundbuchs bewilligen, vielmehr müssen die Erben des verstorbenen Gesellschafters als nunmehrige Buchberechtigte anstelle des verstorbenen Gesellschafters die Berichtigung bewilligen. Der Nachweis ihres Erbrechts wird gem. § 35 GBO entweder unter Vorlage einer Ausfertigung eines Erbscheins oder beglaubigter Abschriften einer notariell beurkundeten Verfügung von Todes wegen, aus der sich die Erbfolge zweifelsfrei ergibt, und der Eröffnungsniederschrift geführt.

Muster: Grundbuchberichtigungsbewilligung und -antrag nach Tod eines BGB-Gesellschafters und Fortsetzung unter den übrigen Gesellschaftern

▼

78 An das
Amtsgericht
– Grundbuchamt –
Grundbuch von ▇▇▇ **Band** ▇▇▇ **Heft** ▇▇▇ **hier: Grundbuchberichtigung**
Im Grundbuch des Amtsgerichts ▇▇▇ für ▇▇▇ sind wir, die Unterzeichneten
1. A
2. B
3. C
in Gesellschaft bürgerlichen Rechts als Miteigentümer des Grundstücks Markung ▇▇▇ Flst. Nr. ▇▇▇ Bestandsverzeichnis Nr. ▇▇▇ eingetragen.
Der Mitgesellschafter A ist am ▇▇▇ gestorben. Nach dem Gesellschaftsvertrag vom ▇▇▇ wurde die Gesellschaft damit nicht aufgelöst, sondern mit den verbliebenen Gesellschaftern B und C fortgesetzt.
Damit ist der Gesellschaftsanteil des A den verbleibenden Gesellschaftern B. und C. nach § 738 BGB angewachsen, so daß nur sie beide noch der BGB-Gesellschaft angehören.

Erbfall und Grundbuch § 22

Dementsprechend ist auch das Grundbuch unrichtig geworden.
Erben des verstorbenen Gesellschafters A sind die mitunterzeichnenden X und Y geworden. Ihr Erbrecht wird im Erbschein des Nachlaßgerichts ▓▓▓▓ vom ▓▓▓▓ Az. ▓▓▓▓ bezeugt, von dem eine Ausfertigung mit der Bitte um Rückgabe beigefügt wird.
Wir bewilligen, B und C beantragen hiermit die Eintragung von B und C als Miteigentümer des bezeichneten Grundstücks in Gesellschaft bürgerlichen Rechts im Grundbuch und das Ausscheiden des A. aus der Gesellschaft im Wege der Grundbuchberichtigung.
Der Grundstückswert wird mit DM ... angegeben.
Die Kosten des Grundbuchvollzugs tragen B und C.

Ort, Datum
Unterschriften anstelle von A: seine Erben X und Y
Unterschrift B
Unterschrift C

Notarielle Unterschriftsbeglaubigung (§ 29 GBO)

Vertritt der Rechtsanwalt den die Berichtigung Bewilligenden, so muß seine Vollmacht nach § 29 GBO notariell beglaubigt sein. Vertritt er lediglich den Antragsteller, so ist der Antrag selbst formlos nach § 13 GBO, die Vollmacht bedarf nach § 30 GBO lediglich der Schriftform.

L. Grundbuchberichtigungs-Zwangsverfahren

Ist das Grundbuch bezüglich der Eintragung des Eigentümers durch Rechtsübergang außerhalb des Grundbuchs unrichtig geworden, so soll das Grundbuchamt dem Eigentümer oder dem Testamentsvollstrecker, dem die Verwaltung des Grundstücks zusteht, die Verpflichtung auferlegen, den Antrag auf Berichtigung des Grundbuchs zu stellen und die zur Berichtigung des Grundbuchs notwendigen Unterlagen zu beschaffen, vgl. §§ 82 ff. GBO.

79

M. Pfändungsvermerk/Nießbrauchsvermerk im Grundbuch

Ist der Erbteil eines Miterben gepfändet oder verpfändet, so kann, wenn zum Nachlaß ein Grundstück gehört, die Pfändung bzw. Verpfändung als

80

4 Die Berichtigung öffentlicher Register

Verfügungsbeschränkung in Abt. II des Grundbuchs eingetragen werden. Siehe zum Pfandrecht Teil 3 § 21 Rn 276 ff.

Dasselbe gilt, wenn an einem Erbteil ein Nießbrauch bestellt ist. Siehe zum Nießbrauch Teil 3 § 13 Rn 86 ff.

N. Umstellung von im Grundbuch eingetragenen Rechten und Vermerken auf die neue Währung EURO

81 Im Zusammenhang mit der allgemeinen Grundbuchberichtigung könnte es sich anbieten, eingetragene Rechte, die noch auf DM lauten, auf EURO umstellen zu lassen. Dies kommt insbesondere in Betracht, wenn eine Hypothek, Grundschuld oder Reallast vom Erblasser-Gläubiger auf den Erben-Gläubiger umgeschrieben wird.

Mit dem Überweisungsgesetz vom 21.7.1999, BGBl I S. 1642 ff., wurde das Gesetz über Maßnahmen auf dem Gebiete des Grundbuchwesens zur Regelung der Eintragungen im Zusammenhang mit der Einführung des EURO um § 26 a erweitert. Hiernach genügt für die Umstellung im Grundbuch eingetragener Rechte und Vermerke auf EURO in der Zeit vom 1.1.1999 bis 31.12.2001 der **Antrag des Eigentümers oder des betr. Gläubigers** bzw. des betr. Inhabers eines sonstigen Rechts, unter Beifügung der Zustimmung des anderen Teils – und zwar jeweils **ohne Beachtung der in § 29 GBO** vorgesehenen Form. Die Gebühr für die auf Antrag erfolgte Eintragung der EURO-Umstellung beträgt bis zum 31.12.2001 DM 50,–.

Nach dem 31.12.2001 kann das Grundbuchamt die Umstellung von Amts wegen bei der nächsten anstehenden Eintragung im Grundbuchblatt vornehmen. Dafür werden dann keine Gebühren erhoben.[25]

O. Rechtsbehelfe

82 Gegen Zwischenverfügung des Grundbuchamts (§ 18 GBO) und Zurückweisungsbeschluß ist die formlose und unbefristete Beschwerde nach §§ 71 ff GBO zulässig (kein Anwaltszwang).

---

25 Siehe dazu im einzelnen *Ottersbach*, Der Euro im Grundbuch, Rpfleger 1999, 51 ff.

Über die Beschwerde entscheidet das Landgericht (§ 72 GBO), und zwar auch in Baden-Württemberg, wenn der Notar im Landesdienst als Grundbuchbeamter erstinstanzlich entschieden hat (§ 5 Ba.-Wü. LFGG), sofern ihr das Grundbuchamt nicht abhilft (§ 75 GBO). Im Beschwerdeverfahren ist neuer Tatsachenvortrag möglich (§ 74 GBO). 83

Gegen die Entscheidung des Landgerichts ist die weitere Beschwerde (Rechtsbeschwerde) zum Oberlandesgericht statthaft; dort besteht allerdings **Anwaltszwang** (§§ 78, 80 GBO). Das OLG kann keine neuen Tatsachen berücksichtigen, es ist an den in der Vorinstanz festgestellten Sachverhalt gebunden.[26] 84

Für den Nachweis der Beschwerdeberechtigung bedarf es keiner Form; es reicht schlüssiger Sachvortrag.[27]

---

26 BayObLG 1971, 309.
27 BGH, Beschl. v. 6.5.1999 – V ZB 15/99 –, DNotI-Report 1999, 137.

§ 23 Berichtigung des Handelsregisters

A. Einzelkaufmännisches Unternehmen – eingetragener Kaufmann (e.K.)

1 Nach §§ 31 I, 29 HGB ist jede Änderung des Inhabers des Unternehmens zum Handelsregister anzumelden. Vgl. zu dem seit 1.7.1998 geltenden neuen Kaufmannsbegriff *Giehl* in MittBayNot 1998, 293 ff.

2 *Hinweis*
Handelsregisteranmeldungen und Vollmachten zu ihrer Vornahme sind notariell zu beglaubigen, § 12 HGB!

3 Der Übergang des einzelkaufmännischen Unternehmens auf die Erben des Inhabers erfolgt nach § 1922 BGB. Zu beachten ist, daß auch mehrere Miterben durch den Erbgang zu gemeinschaftlichen Inhabern des Unternehmens werden können, ohne daß damit kraft Gesetzes eine Personenhandelsgesellschaft (etwa eine oHG) entstünde. Die Anmeldung der Änderung der Inhaberschaft erfolgt entweder durch den Alleinerben oder durch sämtliche Miterben; Vertretung durch Bevollmächtigte ist gem. § 12 II 1 HGB zulässig (beglaubigte Vollmacht!). Beim Vorhandensein minderjähriger Miterben, die als Mitinhaber einzutragen sind, können die Eltern die Kinder aufgrund ihrer gesetzlichen Vertretungsmacht (§ 1629 I BGB) nicht unbegrenzt vertreten.[1] Unter Umständen ist durch das Vormundschaftsgericht ein Ergänzungspfleger nach § 1909 BGB zu bestellen.[2] In diesem Falle hat der Ergänzungspfleger die Handelsregisteranmeldung anstelle der Eltern zu unterschreiben. Bei Minderjährigen ist im Hinblick auf § 1629 a BGB das Geburtsdatum einzutragen. Siehe zur Fortführung eines einzelkaufmännischen Unternehmens durch die Erben in Erbengemeinschaft Teil 3 § 13 Rn 100 ff.

4 Selbst eine Erbengemeinschaft, die nur aus Vorerben besteht, kann das Handelsgeschäft als Erbengemeinschaft fortführen[3], nicht aber eine Gemeinschaft, die nur aus Erbteilserwerbern besteht.[4]

---

1 Bundesverfassungsgericht NJW 1986, 1859.
2 Vgl. *Schaub*, ZEV 1994, 72.
3 KG, ZEV 1999, 28
4 KG, ZEV 1999, 28.

Hat der Erblasser Testamentsvollstreckung angeordnet, so gilt: Eine Testamentsvollstreckung am einzelkaufmännischen Unternehmen ist grundsätzlich nicht möglich, weil der Testamentsvollstrecker Verbindlichkeiten nur für den Nachlaß eingehen kann und nicht auch für den Erben persönlich.

Als Ersatzkonstruktionen wurden von Literatur und Rechtsprechung verschiedene Möglichkeiten entwickelt:

- Der Testamentsvollstrecker als Bevollmächtigter der Erben. In diesem Fall werden die Erben als Inhaber des Unternehmens im Handelsregister eingetragen. Sie trifft auch die Anmeldepflicht.
- Der Testamentsvollstrecker führt das Unternehmen als Treuhänder und damit im Außenverhältnis im eigenen Namen. Dies hat zur Folge, daß er auch nach außen persönlich und unbeschränkt haftet. Da in einem solchen Fall der Testamentsvollstrecker Inhaber des Handelsgeschäfts ist, ist er im Handelsregister einzutragen. Die entsprechende Handelsregisteranmeldung ist vom Testamentsvollstrecker und allen Miterben vorzunehmen.
- Der Testamentsvollstrecker kann im Außenverhältnis das Handelsgeschäft aus seiner Verwaltung freigeben gemäß § 2217 BGB. In diesem Fall ist es ohnehin klar, daß ausschließlich die Erben Inhaber sind und nur sie einzutragen sind. Allerdings hat der Testamentsvollstrecker bei der Anmeldung mitzuwirken.

Hinweis
In allen Fällen, in denen ein Testamentsvollstrecker irgendwelche Rechte an einem Unternehmen haben könnte, sollte er bei der Handelsregisteranmeldung mitwirken.

Die Rechtsnachfolger haben gem. § 29 HGB ihre Unterschrift zur Aufbewahrung beim Handelsregistergericht zu zeichnen.[5]

---

5 S. *Heidiger*, RPfleger 1999, 118 ff.

B. Offene Handelsgesellschaft

9 Wurde die oHG durch den Tod eines Gesellschafters aufgelöst, so ist dies nicht nur durch die noch überlebenden Gesellschafter, sondern auch von allen Erben des verstorbenen Gesellschafters anzumelden (§ 143 I, III HGB). Dies gilt auch, wenn für die Liquidation eigene Liquidatoren bestellt werden (§ 148 HGB). Nach Beendigung der Liquidation ist das Erlöschen der Gesellschaft durch die Liquidatoren anzumelden (§ 157 I HGB). S. zur gesellschaftlichen Nachfolge Teil 3 § 13 Rn 123 ff.

10 Wird die Gesellschaft durch den Tod eines Gesellschafters nicht aufgelöst, sondern entweder unter den verbleibenden Gesellschaftern fortgesetzt – so die gesetzliche Regelung seit 1.7.1998 – oder unter Beteiligung aller oder einzelner Miterben, so ist dies von allen Gesellschaftern und den Erben des verstorbenen Gesellschafters anzumelden.[6]

11 Wenn ein Erbe entsprechend der Wahlmöglichkeit des § 139 I HGB in die Stellung eines Kommanditisten überwechselt, so wandelt sich die oHG gleichzeitig in eine Kommanditgesellschaft um. Diese Umwandlung ist von sämtlichen Gesellschaftern und den Erben des verstorbenen Gesellschafters zum Handelsregister anzumelden.

12 Ist ein Testamentsvollstrecker bestellt, so ist auch seine Mitwirkung bei der Handelsregisteranmeldung erforderlich. Bei minderjährigen Gesellschaftern ist im Hinblick auf § 1629 a BGB das Geburtsdatum einzutragen. Zu dem seit 1.1.1999 geltenden Minderjährigenhaftungsrecht s. Teil 3 § 13 Rn 112 ff.

C. Kommanditgesellschaft

13 Stirbt ein persönlich haftender Gesellschafter (Komplementär), so gelten dieselben Regeln wie für die oHG. Beim Tod eines Kommanditisten wird die Gesellschaft nicht aufgelöst. Der Eintritt einzelner oder aller Miterben ist von allen Gesellschaftern und den Erben des verstorbenen Kommanditisten anzumelden (§§ 161 II, 143 II, 107 HGB). Unterliegt der Kommanditanteil

---

6 *Schaub*, ZEV 1994, 75.

einer Testamentsvollstreckung, so kann auch der Testamentsvollstrecker die Handelsregisteranmeldung für den/die Erben vornehmen.

Hinweis 14
Da die Abgrenzung der Rechte des Erben einerseits und des Testamentsvollstreckers andererseits umstritten ist, wird empfohlen, sowohl den Testamentsvollstrecker als auch alle Miterben die Handelsregisteranmeldung unterzeichnen zu lassen.

D. GmbH

Der Rechtsübergang eines Gesellschaftsanteils ist nicht förmlich anzumelden, 15
lediglich bei der Einreichung der jährlichen **Gesellschafterliste** nach § 40 GmbH-Gesetz ist die Veränderung durch den Erbfall anzuzeigen. Die Rechtsnachfolger sind anstelle des Erblassers aufzuführen.

Im übrigen ist anzumelden jede Änderung in der Person des **Geschäftsführers** 16
(§§ 78, 39 GmbH-Gesetz). Das Ausscheiden eines Geschäftsführers durch Tod ist nicht von dessen Erben anzumelden, sondern von allen Geschäftsführern.

E. Form

Jede Handelsregisteranmeldung bedarf der notariellen Unterschriftsbeglaubi- 17
gung (§ 12 I HGB). Derselben Form bedarf auch eine Vollmacht zur Anmeldung (§ 12 II 1 HGB). Der Nachweis der Erbfolge ist entweder durch Erbschein oder durch beglaubigte Abschriften der öffentlich beurkundeten Verfügung von Todes wegen samt nachlaßgerichtlicher Eröffnungsniederschrift zu führen (§ 12 II 2 HGB).

Während allerdings bei den Anmeldungen eine Vertretung möglich ist, müssen 18
die nach §§ 29, 108 II HGB erforderlichen Zeichnungen der Firmen und der Namensunterschriften persönlich erfolgen. § 40 BeurkG sieht außerdem vor, daß die Zeichnung vor dem Notar vollzogen werden muß; eine Beglaubigung aufgrund einer nachträglichen Anerkennung ist in diesem Fall nicht möglich.

4 Die Berichtigung öffentlicher Register

F. Rechtsbehelfe

19 Gegen die Zurückweisung der Anmeldung ist, wenn der Rechtspfleger entschieden hat, die **Rechtspflegererinnerung** nach § 11 RPflG seit 1.10.1998 nicht mehr statthaft, sondern die **Beschwerde** nach § 19 FGG (kein Anwaltszwang). Sie wird mittels Beschwerdeschrift oder zu Protokoll der Geschäftsstelle eingelegt (§ 21 FGG). Neue Tatsachen und Beweise können vorgebracht werden (§ 23 FGG).

20 Falls die Beschwerde zurückgewiesen wird, ist unter den Voraussetzungen des § 27 FGG die **weitere Beschwerde (Rechtsbeschwerde)** statthaft. Für die weitere Beschwerde besteht **Anwaltszwang,** § 29 FGG.

21 Zur Entscheidung sind berufen:
- über die Beschwerde eine Zivilkammer des Landgerichts (§ 19 II FGG),
- über die weitere Beschwerde ein Zivilsenat des Oberlandesgerichts mit evtl. Vorlagepflicht an den Bundesgerichtshof (§ 28 FGG).

22 Wird eine Eintragung im Handelsregister vorgenommen, so ist dagegen die Beschwerde nicht statthaft, da wegen der Außenwirkung der Handelsregistereintragungen eine Änderung nicht mehr vorgenommen werden kann, § 11 V RPflG. Würde trotzdem eine Beschwerde eingelegt werden, so wäre sie umzudeuten in einen Antrag oder eine Anregung zur Einleitung eines **Amtslöschungsverfahrens** nach § 142 FGG.

§ 24

Teil 5: Die gerichtliche Durchsetzung der Ansprüche des Mandanten

§ 24 Die Auskunftsklage

A. Materiellrechtliche Voraussetzungen

Weil § 253 II Nr. 2 ZPO einen bestimmten Klagantrag verlangt, muß der erbrechtliche Anspruchsinhaber in der Lage sein, seinen Anspruch zu beziffern. Aus diesem Grund gewährt ihm das materielle Recht **Auskunftsansprüche**, wie sie bereits bei den einzelnen Kapiteln über die betreffende Rechtsmaterie behandelt wurden.

1

I. Gesetzlich geregelte Auskunftsansprüche

Im einzelnen sieht das Gesetz durch positive Regelung Auskunftsansprüche in folgenden Fällen vor:

2

- des **Miterben** bezüglich der von einzelnen Miterben erhaltenen Vorempfänge gemäß § 2057 BGB, vgl. hierzu Teil 3 § 13 Rn 345 ff.
- des **Pflichtteilsberechtigten** gegenüber dem Erben über Bestand und Wert des Nachlasses gemäß § 2314 BGB, vgl. hierzu Teil 3 § 18 Rn 155 ff.
- des erbersatzanspruchsberechtigten nichtehelichen Kindes gegen die Erben gemäß §§ 1934b, 2314 BGB, (für Fälle, bei denen der Erbfall vor dem 1.4.1998 eingetreten ist)
- des **Erben** gegenüber dem **Erbschaftsbesitzer** gemäß § 2027 BGB, vgl. Teil 3 § 11 Rn 61 ff.
- des **Erben** gegenüber dem **Hausgenossen** gemäß § 2028 BGB, vgl. Teil 3 § 13 Rn 7 ff.
- des **Nacherben** gegenüber dem **Vorerben** gemäß § 2127 BGB, vgl. Teil 2 § 8 Rn 72 ff.
- des endgültigen **Erben** gegenüber dem **vorläufigen Erben** nach den Grundsätzen über die Geschäftsführung ohne Auftrag gemäß §§ 1959, 681, 666 BGB, vgl. Teil 3 § 11 Rn 53 ff.
- des **Erben** gegenüber dem **Testamentsvollstrecker** gemäß §§ 2218, 666 BGB, vgl. Teil 3 § 20 Rn 57 ff.

5 Die gerichtliche Durchsetzung der Ansprüche des Mandanten

- des Testamentsvollstrecker-Nachfolgers gegenüber seinem Testamentsvollstrecker-Vorgänger über den Bestand des Nachlasses analog § 2218 BGB,[1]
- des **Erben** gegenüber dem **Nachlaßverwalter** gemäß §§ 1988, 1890, 1975, 1915 BGB,
- des **Nießbrauchers**, dem der Nießbrauch an einem Erbteil zugewandt wurde, gegenüber dem Erben bzw. dem Testamentsvollstrecker über den Umfang des Nachlasses gem. §§ 1035, 1068 BGB,
- des **Pfändungspfandgläubigers** bezügl. eines Erbteils gegenüber dem Erben bzw. dem Testamentsvolstrecker über den Umfang des Nachlasses als Nebenanspruch aus § 859 II ZPO, auch wenn dieser Nebenanspruch nicht ausdrücklich gepfändet wurde.[2]

3 Eine im allgemeinen auf § 242 BGB gestützte Auskunftspflicht gibt es grundsätzlich nicht, vielmehr bedarf es der bereits zuvor bezeichneten Sonderverbindungen zwischen Auskunftsschuldner und Auskunftsgläubiger.[3] Nur ausnahmsweise dient § 242 BGB als Auffangtatbestand.

II. Durch Richterrecht anerkannte Auskunftsansprüche

4 Die Rechtsprechung hat lange Zeit erbrechtliche Auskunftsansprüche außerhalb der positivrechtlich genannten Anspruchsgrundlagen verneint. Erst in den siebziger Jahren hat der BGH im Interesse der Sicherung der Rechte des Erben – gestützt auf § 242 BGB – die Auskunftsrechte erweitert. Die neuere Rechtsprechung nimmt zwar ihren Ausgang bei den genannten Einzelvorschriften des Erbrechts, hat über sie hinausgehend das Auskunftsrecht in erbrechtlichen Beziehungen jedoch inzwischen auf die breitere Grundlage des aus § 242 BGB entwickelten allgemeinen Auskunftsanspruchs gestellt. Unter dessen Heranziehung wird dem Berechtigten eines auf Herausgabe oder sonstige Leistung gerichteten erbrechtlichen Anspruchs ein Auskunftsrecht dann allgemein zugebilligt, wenn zwischen ihm und dem auf Auskunft in Anspruch Genommenen ein Rechtsverhältnis besteht und der die Auskunft Begehrende in entschuldbarer Weise über das Bestehen oder den Umfang seines etwaigen

---

1 BGH NJW 1972, 1660 = DNotZ 1973, 107.
2 *Staudinger/Reimann* § 2218 Rn 14.
3 BGHZ 74, 379 ff., BGH NJW 1978, 1002; FamRZ 1989, 377.

Anspruchs im Ungewissen, der Anspruchsgegner aber in der Lage ist, die gewünschte Auskunft unschwer zu erteilen. Der Anspruch (auf der Grundlage von § 242 BGB) ist daher ausgeschlossen, wenn der Berechtigte sich aus ihm zugänglichen Unterlagen informieren kann.[4]

Zu den von der Rechtsprechung entwickelten erbrechtlichen Auskunftsansprüchen gehören insbesondere diejenigen

- des nichtehelichen Kindes gegen den Vater wegen der Bemessung des Anspruchs auf vorzeitigen Erbausgleich,[5]
- des Nacherben gegen den Vorerben bzw. den Beschenkten wegen Schenkungen des Vorerben an Dritte,[6]
- des Vertragserben im Falle des § 2287 BGB gegen den mutmaßlich vom Erblasser Beschenkten, wenn er hinreichende Anhaltspunkte für eine unentgeltliche Verfügung dartut;[7] mitumfaßt dürften nach der Rspr. des BGH zur unbenannten Zuwendung[8] und zur Vereinbarung der Gütergemeinschaft[9] auch Auskünfte sein, die sich auf solche Rechtsgeschäfte beziehen; so dürfte sich die Auskunftspflicht auch auf ehebedingte Zuwendungen und den Inhalt von Eheverträgen erstrecken,
- des ursprünglich aus einem Lebensversicherungsvertrag Bezugsberechtigten gegen die Erben des Versicherungsnehmers wegen etwaiger Änderung des Bezugsrechts.[10]
- des weichenden Erben gegen den Hoferben wegen der Bemessungsgrundlage seines Abfindungsanspruchs,[11]
- des Testamentsvollstreckers, der die Nachlaßauseinandersetzung vorzunehmen hat, über ausgleichspflichtige Vorempfänge aus § 2057 BGB gegen alle Miterben.[12]

---

4 BGH WM 1971, 1196; BGH NJW 1980, 2463.
5 OLG Nürnberg NJW-RR 1986, 83.
6 BGH NJW 1972, 907 = BGHZ 58, 239.
7 BGHZ 97, 188 = NJW 1986, 1755 = FamRZ 1986, 569.
8 BGH NJW 1992, 564.
9 BGH NJW 1992, 558.
10 BGH NJW 1982, 1807.
11 BGHZ 91, 171.
12 *Palandt/Edenhofer*, § 2057 Rn 1.

6 **Kein Auskunftsanspruch** besteht gegenüber den Erben bezüglich solcher Umstände, die die Testierfähigkeit beeinflussen können.[13]

B. Der Auskunftsanspruch

I. Zielrichtung

7 Der Auskunftsanspruch kann verschiedene Zielrichtungen haben, wie beispielsweise Bezifferung einer Geldforderung oder Bezeichnung herauszugebender Gegenstände. Von dieser Zielrichtung abhängig ist die Reichweite des Auskunftsanspruchs, also die Auskunftstiefe bzw. Rechnungslegungstiefe. Dies ist im Rahmen der jeweiligen Rechtsgrundlage gesondert zu betrachten und nach den Grundsätzen der Zumutbarkeit zu bestimmen (§ 242 BGB). Je nach Inhalt und Umfang des Auskunftsanspruchs bestimmen sich die Rechtsfolgen:
- Geschuldet wird die Auskunft als Wissenserklärung.
- Im Rahmen des § 2314 Absatz 1 Satz 2 BGB besteht ausnahmsweise ein Anspruch auf Wertermittlung.

8 Nach der BGH-Rechtsprechung besteht ein Anspruch des pflichtteilsberechtigten Nichterben bzw. Erben auf Wertermittlung gegen den Beschenkten analog § 2314 Absatz 1 Satz 2 BGB nicht.[14] Allenfalls aus § 242 BGB kann sich auch ein Anspruch auf Wertermittlung ergeben, wenn der Pflichtteilsberechtigte deren Kosten trägt.[15]

II. Kein Anspruch auf Belege

9 Grundsätzlich besteht kein Recht, die Vorlage von Belegen oder sonstigen Unterlagen zu verlangen.[16]

---

13 BGHZ 58, 239 = NJW 1972, 907.
14 BGHZ 107, 200; 108, 393; *Palandt/Edenhofer*, § 2329 Rn 6.
15 BGHZ 108, 393.
16 *Palandt/Heinrichs*, §§ 259–261 Rn 21.

III. Auskunftserteilung – geordnete Zusammenstellung

Nach § 260 BGB wird, wenn die Verpflichtung zur Herausgabe eines Inbegriffs von Gegenständen besteht, die Vorlage eines geordneten Bestandsverzeichnisses geschuldet.

> *Hinweis*
> § 260 BGB ist keine selbständige Anspruchsgrundlage, er regelt lediglich die Art und Weise, **wie** die – anderweitig normierte – Auskunftspflicht zu erfüllen ist.

IV. Erfüllung des Auskunftsanspruchs

1. Form

Die Auskunft bedarf grundsätzlich der Schriftform.[17] Dies ist erforderlich, weil anders eine geordnete Zusammenstellung kaum denkbar ist und außerdem, damit die Auskunft nachgeprüft werden kann.[18] Unzureichend ist das Angebot, vorgelegte Belege mündlich zu erörtern.[19]

2. Weiterer Inhalt des Auskunftsanspruchs

Leistungsort ist in aller Regel der Ort des Hauptanspruchs. Erfüllungsort ist der Wohnsitz des Schuldners (§ 269 I BGB).[20] Die Auskunft ist unverzüglich im Sinne des § 121 I 1 BGB („ohne schuldhaftes Zögern") zu erteilen, und zwar unter Berücksichtigung von Umfang und Schwierigkeit der begehrten Auskunft. In Betracht kommt auch die Erteilung einer vorläufigen Auskunft, wenn eine vollständige endgültige Auskunft nicht innerhalb angemessener Frist erteilt werden kann; in einem solchen Fall evtl. auch die Erteilung einer Teilauskunft.[21]

Grundsätzlich richten sich **Inhalt**, **Art** und **Umfang** des Anspruchs nach folgenden Gesichtspunkten, die im Rahmen von § 242 BGB näher zu konkretisieren sind:

---

17 *Palandt/Heinrichs*, §§ 259–261 Rn 20.
18 BayObLGZ 1975, 369 ff.
19 OLG Köln NJW-RR 1989, 568.
20 LG Köln NJW-RR 1988, 1200.
21 BGH NJW 1962, 245; LG Stuttgart NJW 1968, 2337.

- Unzulässige Rechtsausübung bestimmt die Grenzen der verlangten Auskunft.[22]
- Maßgebend sind Verkehrssitte und Zumutbarkeit unter Berücksichtigung des Einzelfalls.[23]

C. Einwendungen gegen den Auskunftsanspruch

I. Kein Zurückbehaltungsrecht

15 Ausgeschlossen ist im Erkenntnisverfahren ein **Zurückbehaltungsrecht** nach § 273 BGB, weil sich dies mit der Natur des Anspruchs auf Auskunft und Rechnungslegung nicht vereinbaren ließe, selbst dann, wenn der Gegenanspruch ebenfalls ein Auskunfts- bzw. Rechnungslegungsanspruch sein sollte.[24] Andernfalls würden sich die gegenseitigen Auskunftsansprüche so neutralisieren, daß keiner mehr durchsetzbar wäre. Die Vollstreckung des bereits titulierten Anspruchs selbst kann aber durch ein Zurückbehaltungsrecht gehindert sein.[25]

II. Verjährung

16 Der Auskunftsanspruch verjährt in 30 Jahren, § 195 BGB. Ist jedoch der Hauptanspruch selbst verjährt, so ist das Auskunftsbegehren zu verneinen, weil ein Informationsinteresse grundsätzlich nicht mehr besteht.[26]

17 Die nach § 254 ZPO erhobene **Stufenklage** unterbricht nicht nur die Verjährung des Auskunftsanspruchs, sondern auch die Verjährung des Hauptanspruchs selbst (§ 209 I BGB). Dies gilt jedoch für den Hauptanspruch nur dann, wenn tatsächlich eine Stufenklage erhoben ist, und nicht nur, wenn lediglich die Auskunftsklage rechtshängig gemacht wurde.[27] Denn: Mit Erhebung der

---

22 BGH MDR 1985, 31.
23 BGH NJW 1982, 574, NJW 1985, 2699.
24 BGH NJW 1978, 1157; für familienrechtliche Auskunftsansprüche OLG Frankfurt NJW 1985, 3083; OLG Köln FamRZ 1987, 714.
25 BGHZ 57, 292 = NJW 1972, 251.
26 BGHZ 108, 393 = NJW 1990, 180; BGH NJW 1988, 2389.
27 BAG NJW 1996, 1693; *Stein/Jonas*, ZPO, § 254 Rn 18.

Stufenklage werden alle darin enthaltenen Streitgegenstände rechtshängig, auch wenn sie – wie bspw. der Zahlungsantrag – noch nicht bestimmt genug sind.

In der Auskunftserteilung nach § 2314 BGB ist nach Ansicht des BGH auch das Anerkenntnis des **Pflichtteilsanspruchs** selbst zu sehen (§ 208 BGB),[28] oder aber auch in der Bereitschaft zur Inventarerrichtung.[29]

> **Hinweis**
> Wenn mit der Auskunftserteilung keine Anerkennung des Pflichtteilsanspruchs dem Grunde nach verbunden sein soll (wie es die Rechtsprechung annimmt), wird empfohlen, dem Auskunftsgläubiger mitzuteilen, daß die Auskunft keinerlei Anerkennung des Pflichtteils darstellt.[30]

Die **Verjährungsunterbrechung** endet bei Erteilung der erforderlichen Auskunft, weil es allein in der Hand des Klägers liegt, die Betragsstufe zu beziffern und damit dem Verfahren Fortgang zu geben.[31]

Verjährungshemmung: Unter den Voraussetzungen der §§ 202 bis 207 BGB wird die Verjährung gehemmt. Der praktisch wichtigste Fall ist der Anspruch **minderjähriger** Kinder gegen einen Elternteil. Hier beginnt die Verjährung nicht vor Eintritt der Volljährigkeit des minderjährigen Pflichtteilsberechtigten, § 204 BGB.

III. Verwirkung

Wartet der Anspruchsberechtigte jahrelang mit der Geltendmachung des Auskunftsanspruchs zu, so kann dies die Verwirkung wegen Verstoßes gegen § 242 BGB zur Folge haben.

Ist der Hauptanspruch selbst verwirkt, so folgt daraus nicht zwingend auch die Verwirkung des Auskunftsanspruchs, weil die Verwirkung in aller Regel nur nach Kenntnis der maßgeblichen Tatsachen, die durch die Auskunft begehrt wird, beurteilt werden kann.[32]

---

28 BGH NJW-RR 1987, 1411.
29 BGH NJW 1975, 1409
30 *Staudinger/Olshausen* § 2332 Rn 27
31 BAG NJW 1986, 2527.
32 OLG München NJW-RR 1988, 1285.

IV. Einwendungen gegen die Hauptsacheforderung

23 Der Anspruch auf Auskunft ist ein selbständiger Anspruch, der allerdings seine Berechtigung verliert, wenn mit Sicherheit anzunehmen ist, daß der Hauptanspruch nicht mehr besteht. Deshalb ist ein Auskunftsanspruch zu verneinen, wenn feststeht, daß

- die verlangte Auskunft die Hauptsacheforderung unter keinen Umständen beeinflussen kann,[33]
- rechtsvernichtende Einwendungen dem Auskunftsanspruch entgegenstehen.

D. Prozessuales

I. Klageart

24 Bei der **Auskunfts-** und gegebenenfalls **Rechnungslegungsklage** handelt es sich um eine Leistungsklage. Wegen der (verjährungsrechtlichen und kostenmäßigen) Vorteile ist es jedoch empfehlenswert, sie als **Stufenklage** (§ 254 ZPO) zu erheben.

25 Die Stufenklage kann sowohl als **Leistungsklage** als auch als **Stufenfeststellungsklage** erhoben werden, insbesondere bei der Erbenfeststellung, wenn sowohl die Feststellung des Erbrechts begehrt wird als auch Auskunft über den Nachlaß und dessen Herausgabe.

26 Bei der Stufenklage ist für die Bemessung des **Gebührenstreitwerts** nach § 18 GKG nur der höchste Wert der in der Klage verbundenen Ansprüche maßgebend.[34]

27 In den einzelnen Stufen sind folgende Anträge zu stellen:

1. **Stufe**: Antrag auf Erbenfeststellung
2. **Stufe**: Antrag auf Auskunftserteilung,
3. **Stufe**: Antrag auf Abgabe der eidesstattlichen Versicherung, sofern ein Anspruch hierauf besteht (§§ 259 II, 260 II BGB),

---

33 BGH FamRZ 1983, 473 = NJW 1983, 1429; FamRZ 1985, 791.
34 Vgl. *Schneider*, Streitwertkommentar, 1991, Rn 4232 ff.

4. Stufe: Antrag auf Zahlung eines noch unbezifferten Geldbetrages oder auf Herausgabe von Gegenständen, die noch nicht exakt bezeichnet sind.

Über die einzelnen Stufen ist gesondert zu verhandeln (§ 128 I ZPO) und jeweils durch **Teilurteil** zu entscheiden (§ 301 ZPO).

Muster: Klagantrag (Pflichtteilsanspruch)
▼
Es wird beantragt, für Recht zu erkennen:
1. Der Beklagte wird verurteilt, dem Kläger Auskunft zu erteilen über den Bestand des Nachlasses des am ▢ verstorbenen ▢ zum Stichtag ▢ durch Vorlage eines durch einen Notar aufgenommenen Verzeichnisses und
2. über den Wert des Einzelunternehmens ▢ zum gleichen Stichtag ein Sachverständigengutachten vorzulegen;
3. Für den Fall, daß das Verzeichnis nicht mit der erforderlichen Sorgfalt aufgestellt worden sein sollte, wird der Beklagte weiter verurteilt, zu Protokoll an Eides statt zu versichern, daß er nach bestem Wissen den Bestand so vollständig angegeben hat, als er dazu imstande ist.
4. Nach Auskunftserteilung und Wertermittlung wird der Beklagte verurteilt, an den Kläger den Pflichtteil in Höhe der Hälfte des Nachlaßwertes zu zahlen.
▲

Über die Stufenanträge Ziffer 1 bis 3 wird jeweils durch Teilurteil entschieden, über den Zahlungsantrag durch Schlußurteil. Die **Kostenentscheidung** ergeht erst im Schlußurteil (Grundsatz der Einheitlichkeit der Kostenentscheidung).

Wird vom Beklagten die Auskunft erteilt und besteht Grund zur Annahme, daß das Verzeichnis nicht mit der erforderlichen Sorgfalt aufgestellt wurde, so kann der Kläger den Antrag aus der dritten Stufe stellen.

Muster: Dritter Stufenantrag
▼
In der Rechtssache ▢ stelle ich nunmehr den Antrag Ziffer 3 aus der Klageschrift vom ▢, den Beklagten zu verurteilen,
zu Protokoll an Eides statt zu versichern, daß er nach bestem Wissen den Bestand des Nachlasses des am ▢ verstorbenen ▢ so vollständig angegeben habe, als er dazu imstande ist.

Begründung
Der Beklagte hat den Bestand des Nachlasses des am ▓▓▓ verstorbenen ▓▓▓ nicht vollständig in dem von ihm übersandten Verzeichnis angegeben. Dem Kläger ist bekannt, daß der Erblasser Eigentümer eines Oldtimer-Pkw war, der im Verzeichnis fehlt. Es ist zu vermuten, daß der Beklagte weitere Nachlaßgegenstände verschwiegen hat.

33 Über diesen Antrag ist wiederum mündlich zu verhandeln (§ 128 I ZPO). Wird der Beklagte durch zweites Teilurteil zur Abgabe der **eidesstattlichen Versicherung** verurteilt, so dürfte der Gegenstand der Verurteilung mit nicht mehr als DM 1.000,00 anzunehmen sein, was Bedeutung hat für die Frage der **Berufungsfähigkeit** eines entsprechenden Teilurteils.[35]

34 Nach – freiwilliger oder vollstreckter – Abgabe der eidesstattlichen Versicherung folgt der letzte Antrag auf Verurteilung zur Zahlung des Pflichtteils.

Muster: Antrag aus der letzten Stufe

35

In der Rechtssache ▓▓▓ stelle ich Antrag aus der letzten Stufe der Klageschrift vom ▓▓▓ :
Der Beklagte wird verurteilt, an den Kläger den Betrag von DM ▓▓▓ zu zahlen.
Begründung
Nach der vom Beklagten nunmehr an Eides statt versicherten Auskunft über den Bestand des Nachlasses des am ▓▓▓ verstorbenen ▓▓▓ beträgt der reine Nachlaßwert DM ▓▓▓ .
Beweis: beiliegende Kopie des Protokolls des Rechtspflegers beim Amtsgericht ▓▓▓ vom ▓▓▓ , Az.: ▓▓▓
Der Kläger war das einzige Kind des Erblassers, sein Pflichtteil beträgt die Hälfte des reinen Nachlasses, also DM ▓▓▓ .

36 Auch über diesen Antrag ist gemäß § 128 I ZPO mündlich zu verhandeln. Es ergeht danach ein Schlußurteil, das auch über die Kosten des gesamten Rechtsstreits gemäß §§ 91, 92 ZPO und über die vorläufige Vollstreckbarkeit der letzten Stufe zu entscheiden hat.[36]

---

35 Vgl. *Thomas/Putzo* ZPO § 3 Rn 21 Stichwort „Auskunftsanspruch".
36 Wegen der Bestimmtheit der vorzulegenden Urkunden vgl. OLG Hamm FamRZ 1988, 1213.

II. Streitwert

Zu unterscheiden ist zwischen Zuständigkeitsstreitwert und Gebührenstreitwert. 37

1. Zuständigkeitsstreitwert

Grundsätzlich ist wegen der verschiedenen Streitgegenstände nach § 5 ZPO der Wert aller Stufen zusammenzurechnen. 38

Der Auskunftsanspruch beträgt dabei nach Schätzung gemäß § 3 ZPO 1/10 bis 1/4 des Hauptanspruchs. Bei Schätzung nach § 3 ZPO ist in erster Linie darauf abzustellen, welche Aufwendungen, Arbeitszeit und allgemeine Kosten die Auskunftserteilung für den Beklagten bringen wird.[37] 39

Der Wert der Rechnungslegung beläuft sich auf den Wert der voraussichtlichen Arbeit für die Unterlagenbeschaffung. 40

Für den Antrag auf eidesstattliche Versicherung ist maßgeblich, welche zusätzliche Auskunft sich der Kläger daraus erwartet.[38] 41

Der Hauptleistungsanspruch wird festgesetzt nach der Erwartung des Klägers. 42

2. Gebührenstreitwert

Es gilt § 18 GKG: Bei der Stufenklage ist der höchste Wert der erhobenen Ansprüche maßgebend, es erfolgt also grundsätzlich keine Zusammenrechnung. In der Regel ist dieser Wert der des Zahlungsantrags; ein gesonderter Wert für die zunächst erhobene Auskunfts- und Rechnungslegungsklage samt Antrag auf eidesstattliche Versicherung ist dann nicht hinzuzurechnen.[39] 43

---

[37] BGH NJW 1986, 1493.
[38] *Zöller/Schneider*, ZPO, § 3 Rn 16; Stichwort „Offenbarungsversicherung"; BGH FamRZ 1987, 39.
[39] OLG Hamm Juristisches Büro 1986, 745.

III. Einzelfragen des erstinstanzlichen Verfahrens

1. Zurückweisung verspäteten Vorbringens

44 Nachgeschobenes Vorbringen kann innerhalb der Betragsstufe erneuert werden, wenn es in der Auskunftsstufe nach § 296 ZPO als verspätet bereits zurückgewiesen wurde.[40]

2. Erledigung der Hauptsache

45 Ergibt sich nach Erteilung der Auskunft, daß von Anfang an kein Zahlungs- oder Herausgabeanspruch bestanden hat, so ist fraglich, wer die Kosten zu tragen hat. Eine Erledigung der Hauptsache liegt nicht vor, wenn bei der Stufenklage die erteilte Auskunft zu dem Ergebnis führt, daß ein Zahlungs- bzw. Herausgabeanspruch nicht besteht. Vielmehr war in diesem Fall der unbestimmte Leistungsantrag von Anfang an unbegründet. Erklärt der Kläger den Rechtsstreit einseitig für erledigt, so steht ihm möglicherweise ein Kostenerstattungsanspruch aus Verzug zu (§ 286 BGB), den er in dem anhängigen Rechtsstreit geltend machen kann.[41]

46 Erteilt der Beklagte nach Rechtshängigkeit der Stufenklage freiwillig die Auskunft, so kann der Rechtsstreit in der ersten Stufe nach allgemeinen Grundsätzen übereinstimmend oder einseitig für erledigt erklärt werden, weil es sich prozessual insoweit um einen eigenen Streitgegenstand handelt.[42]

3. Säumnisverfahren

47 Ist der Beklagte säumig, so ergeht gegen ihn, wenn die übrigen Voraussetzungen vorliegen, ein Teilversäumnisurteil bezüglich des Auskunftsantrags. Ist der Kläger säumig, so ergeht ein klagabweisendes Versäumnisurteil bezüglich aller geltend gemachten Stufen.

IV. Berufungsverfahren

48 Berufungssumme bei klagestattgebendem Urteil bezüglich der Auskunftsstufe nach § 511 a ZPO: Für den Wert der Beschwer ist nicht das Interesse des Klägers

---

40 OLG Karlsruhe NJW 1985, 1349.
41 So BGH NJW 1994, 2895.
42 *Stein/Jonas*, ZPO, § 254 Rn 31; a. A.: OLG München FamRZ 1983, 629.

maßgeblich, es kommt vielmehr auf das Interesse des Berufungsklägers, also des Beklagten der ersten Instanz, an, die Auskunft nicht erteilen zu müssen (Abwehrinteresse). Dieses wird vor allem nach dem Aufwand an Zeit, Arbeit und Kosten für die geforderte Erteilung der Auskunft bemessen.[43] Die Festsetzung des Streitwertes für die Berufung ist nach §§ 2, 3 ZPO eine Ermessensentscheidung[44] und unterliegt deshalb nur begrenzt der Überprüfung durch das Beschwerdegericht.

Hat das Gericht des ersten Rechtszugs nur den Auskunftsanspruch abgewiesen, so bleibt dieses Gericht trotz der Rechtsmitteleinlegung gegen die erste Stufe (erstes Teilurteil) weiterhin für die zweite Stufe zuständig, ohne daß es einer Zurückverweisung bedarf.[45] Für die Berufung des Klägers verbleibt es beim Wert der Klage.[46]

49

Das Teilurteil, das den Beklagten zur Auskunftserteilung verpflichtet, erwächst in Rechtskraft; diese Rechtskraftwirkung erstreckt sich jedoch nicht auch auf den Hauptanspruch.

50

V. Ergänzung der erteilten Auskunft

Bestehen Bedenken gegen die Vollständigkeit oder Richtigkeit der erteilten Auskunft, so besteht grundsätzlich kein Anspruch auf Ergänzung, sondern nur die Möglichkeit der Antragstellung auf Abgabe einer eidesstattlichen Versicherung über die Richtigkeit und Vollständigkeit der erteilten Auskunft (§§ 259 II BGB, 889 I ZPO).[47] Es ist jedoch zu empfehlen, den Beklagten vorweg zur Ergänzung der Auskunft aufzufordern; räumt nämlich der Beklagte durch eigene Ergänzungen die mängelbehaftete Auskunft von sich aus vor der Verurteilung zur eidesstattlichen Versicherung aus, so kann dadurch analog § 259 III BGB der Anspruch auf eidesstattliche Versicherung nachträglich wieder entfallen, weil damit ein Informationsbedürfnis des Klägers nicht mehr besteht.[48]

51

---

43 BGH FamRZ 1988, 156; FamRZ 1989, 731.
44 BGH NJW-RR 1988, 836.
45 OLG Celle NJW 1961, 786.
46 BGH NJW 1995, 664 m. w. N.
47 BGH NJW 1988, 2729.
48 BGH NJW 1988, 2729.

52 Ausnahmsweise wird ein Anspruch auf Ergänzung der Auskunft jedoch in folgenden Fällen bejaht:

- Wenn in der Auskunft die Angabe eines ganzen Vermögensteils oder einer Mehrheit von Gegenständen fehlt, weil der Beklagte aufgrund Irrtums den Umfang seiner Verpflichtung falsch angenommen hatte, beispielsweise hatte er einen Vermögensteil als nicht zum Nachlaß gehörend angesehen,[49]
- Wenn der Beklagte Teilauskunft in Teilakten für abgrenzbare Gegenstände gibt.[50]

E. Zwangsvollstreckung

53 Die Vollstreckung des Auskunftstitels erfolgt als unvertretbare Handlung nach § 888 ZPO, die Vollstreckung der Verpflichtung zur Abgabe der eidesstattlichen Versicherung nach § 889 ZPO, d. h. erforderlichenfalls auch nach § 888 ZPO.

54 *Hinweis*
Kommt der Schuldner der Verpflichtung zur Abgabe der eidesstattlichen Versicherung freiwillig nach, so handelt es sich um ein FG-Verfahren nach §§ 163, 79 FGG, für das der Rechtspfleger zuständig ist (§ 3 Nr. 1 b RPflG). Wird die eidesstattliche Versicherung – nach Verurteilung zu ihrer Abgabe – nicht freiwillig abgegeben, so ist Vollstreckungsgericht das Amtsgericht, dort ist der Rechtspfleger zuständig (§ 20 Nr. 17 RPflG). Die Anordnung der Erzwingungshaft ist jedoch dem Richter vorbehalten (§ 4 II Nr. 2 RPflG).

55 Ist der Beklagte verurteilt, Urkunden oder Belege vorzulegen, so ist die Vollstreckung nach den Vorschriften über die Herausgabe bestimmter beweglicher Sachen vorzunehmen nach § 883 ZPO. In diesem Fall liegt keine unvertretbare Handlung vor.[51]

56 Der Kläger kann sich darauf beschränken, beim Vollstreckungsgericht das **Zwangsmittel** des § 888 ZPO nur androhen zu lassen, ohne es sofort festsetzen zu lassen. In Fällen, in denen zweifelhaft ist, ob die Auskunft vollständig

---

49 BGH NJW-RR 1992, 777.
50 BGH NJW 1962, 245.
51 OLG Köln NJW-RR 1988, 1210; NJW-RR 1989, 568.

erteilt ist – was manchmal nur schwer zu beurteilen sein kann –, erscheint dies empfehlenswert. Dieser Androhungsbeschluß unterliegt der sofortigen Beschwerde nach § 793 ZPO.[52]

Nicht selten wendet der **Vollstreckungsschuldner** ein, er habe erfüllt, d. h. die Auskunft ordnungsgemäß erteilt. Es ist streitig, ob dieser Einwand im Verfahren nach § 888 II ZPO zu behandeln ist oder eine Vollstreckungsgegenklage nach § 767 ZPO erhoben werden muß.[53] 57

Der Einwand der erteilten Auskunft ist grundsätzlich nach § 767 ZPO geltend zu machen, er kann jedoch auch im Zwangsvollstreckungsverfahren nach § 888 ZPO beachtet werden, weil dort (selbstverständliche) Voraussetzung für die Androhung bzw. Festsetzung von Zwangsmitteln ist, daß der Vollstreckungsschuldner die unvertretbare Handlung nicht vorgenommen hat. Ergibt die Prüfung im Rahmen dieses Verfahrens jedoch, daß die Auskunft bereits erteilt ist, so wäre die Voraussetzung für die Zwangsvollstreckung entfallen, weil der materiellrechtliche Anspruch erfüllt wäre. 58

F. Übersicht über Auskunftsansprüche

59

Anspruch	Berechtigter	Verpflichteter	Norm
Auskunft über Vorempfänge	Miterbe	Miterbe	§ 2057 BGB
Auskunft über Bestand des Nachlasses	pflichtteils- berechtigter Nichterbe	Erbe	§ 2314 I 1 BGB
Auskunft über Schenkungen an Dritte	pflichtteils- berechtigter Nichterbe	Erbe/Beschenkter	§ 2314 I 1 BGB (analog)

---

52 OLG Hamm NJW-RR 1987, 765.
53 Vgl. zum Diskussionsstand OLG Köln NJW-RR 1989, 568. Nach BayObLG in NJW-RR 1989, 932.

Anspruch	Berechtigter	Verpflichteter	Norm
Auskunft über Schenkungen an Dritte	pflichtteils-berechtigter Erbe	Miterbe/Beschenkter	§ 242 BGB
Auskunft über den Nachlaß des Vaters	nichteheliches Kind	Erben des Vaters	§§ 1934 b, 2314 BGB
Auskunft Erbe über Nachlaß-gegenstände	Erbe	Erbschaftsbesitzer	§ 2027 BGB
Auskunft Erbe über Nachlaß-gegenstände	Erbe	Hausgenossen	§ 2028 BGB
Auskunft über Bestand des Nachlasses	Nacherbe	Vorerbe	§ 2127 BGB
Auskunft über Bestand des Nachlasses	endgültiger Erbe	vorläufiger Erbe	§§ 1959, 681, 666 BGB
Auskunft über Bestand des Nachlasses	Erbe	Testaments-vollstrecker	§§ 2218, 666 BGB
Auskunft über Bestand des Nachlasses	Testaments-vollstrecker-Nachfolger	Testaments-vollstrecker-Vorgänger	§§ 2218, 666 BGB analog
Auskunft über Bestand des Nachlasses	Erbe	Nachlaßverwalter	§§ 1988, 1890, 1975, 1915 BGB
Auskunft über Vermögen b. vorzeitigem Erbausgl.	nichteheliches Kind	Vater	§ 242 BGB
Auskunft wegen Schenkung an Dritte	Nacherbe	Vorerbe	§§ 242, 2113 II BGB

Die Auskunftsklage § 24

Anspruch	Berechtigter	Verpflichteter	Norm
Auskunft über Schenkung	Vertragserbe	Beschenkter	§§ 2287, 242 BGB
Auskunft wegen Änderung des Bezugsrechts bei Lebensversicherung	ursprünglich Bezugsberechtigter	Erbe	§ 242 BGB
Auskunft gegen Hoferben bei Abfindung	weichender Erbe	Hoferbe	§ 242 BGB
Auskunft über Vermächtnisgegenstand	Nießbraucher	Erbe bzw. Testamentsvollstrecker	§§ 1035, 1068 BGB
Auskunft über Bestand des Nachlasses	Pfändungspfandgläubiger eines Erbteils	Erbe bzw. Testamentsvollstrecker	Nebenanspruch aus § 859 III ZPO auch wenn Nebenanspruch nicht ausdrücklich gepfändet
Auskunft Testamentsvollstrecker wegen ausgleichspflichtiger Vorempfänge	Testamentsvollstrecker	Miterbe	§§ 242, 2057 BGB
Auskunft über Bestand u. Wert des Nachlasses	Unterhaltsberechtigter geschiedener Ehegatte	Erbe	§ 1586 b BGB + analog § 2314 I BGB

§ 25 Das Erbscheinsverfahren

A. Praktische Bedeutung des Erbscheins

I. Nachweis des Erbrechts

1 Sobald der Erbe irgendwelche Rechte, die auf ihn kraft Universalsukzession übergegangen sind, wahrnehmen will, muß er sein Erbrecht nachweisen.

Dies ist schon dann erforderlich, wenn er Abhebungen von Konten des Erblassers vornehmen will, es sei denn, der Erbe wäre gleichzeitig Bevollmächtigter des Erblassers über den Tod hinaus oder mit Wirkung ab dem Todesfall (transmortale Vollmacht bzw. postmortale Vollmacht).

2 Nach § 5 der Allgemeinen Geschäftsbedingungen der Banken und Sparkassen haben sich diese grundsätzlich einen Erbschein vorlegen zu lassen. In Anlehnung an die Regelungen im Grundbuchrecht (§ 35 GBO) lassen viele Banken die Vorlage einer beglaubigten Abschrift des Testaments nebst Testamentseröffnungsprotokoll des Nachlaßgerichts ausreichen.

3 Bei Lebensversicherungen ist danach zu differenzieren, ob ein Bezugsberechtigter benannt wurde oder nicht. Nach § 11 ALB kann eine Versicherungsgesellschaft denjenigen als empfangsberechtigt ansehen, der den Versicherungsschein vorlegt. Unabhängig davon hat jeder, der die Versicherungssumme ausbezahlt erhalten will – gleichgültig ob als Bezugsberechtigter oder als Erbe – den Versicherungsschein, die Sterbeurkunde des Erblassers und ein ärztliches Zeugnis über dessen Todesursache vorzulegen.

4 Ist ein Bezugsberechtigter benannt, so wird der Versicherer die Versicherungsleistung an diesen erbringen, ohne daß ein Erbschein vorgelegt zu werden braucht.

5 Ist ein Bezugsberechtigter nicht benannt, so fällt die Versicherungssumme grundsätzlich in den Nachlaß; die Erben haben zum Nachweis ihrer Empfangsberechtigung einen Erbschein vorzulegen.

6 Befinden sich Grundstücke im Nachlaß, so ist auch gegenüber dem Grundbuchamt das Erbrecht nachzuweisen, und zwar entweder durch Vorlage eines Erbscheins oder beglaubigter Abschriften der notariell beurkundeten Verfügung von Todes wegen sowie der nachlaßgerichtlichen Eröffnungsniederschrift (§ 35 I GBO).

Das Grundbuchamt braucht sich mit der zuletzt genannten einfacheren Form des Nachweises nicht zu begnügen, wenn es die Erbfolge dadurch nicht als nachgewiesen ansieht, weil beispielsweise Auslegungsfragen auftauchen oder ein eingesetzter Erbe vor dem Erbfall weggefallen ist.[1] 7

War der Erblasser an einer im Handelsregister eingetragenen Personenhandelsgesellschaft beteiligt, so ist das Erbrecht bei der vorzunehmenden Registerberichtigung ebenfalls durch Erbschein oder in entsprechender Anwendung von § 35 I S. 2 GBO mittels beglaubigter Abschrift des Testaments samt Eröffnungsniederschrift zu führen (§ 12 II S. 2 HGB).[2] 8

II. Rechtsschein des Erbscheins

1. Rechtsnatur

Der Erbschein stellt ein Zeugnis über das Erbrecht und die Höhe des Erbteils dar (§ 2353 BGB). Er ist eine öffentliche Urkunde im Sinne der §§ 415 ff ZPO, 271 StGB. 9

2. Rechtsvermutung

Der Erbschein begründet eine doppelte widerlegbare Rechtsvermutung (§ 2365 BGB): 10

- Das im Erbschein angegebene Erbrecht einer Person und die Erbquote werden vermutet (positive Vermutung).
- Es wird weiter vermutet, daß im Erbschein nicht angegebene Verfügungsbeschränkungen auch nicht bestehen (negative Vermutung).

Solche Verfügungsbeschränkungen können sein: Testamentsvollstreckung, Nacherbfolge und Ersatznacherbfolge. 11

---

1 Vgl. zum Grundbuchberichtigungsverfahren Teil 4 § 22 Rn 1 ff.
2 Vgl. zum Handelsregisterberichtigungsverfahren Teil 4 § 23 Rn 1 ff.

3. Grenzen der Vermutung

12 Da das Bestehen von Pflichtteilsrechten, Vermächtnissen und Teilungsanordnungen nicht in einen Erbschein aufgenommen werden kann (sie sind rein schuldrechtlicher Natur und berühren deshalb die Erbfolge als solche nicht), wird auch weder deren Bestehen noch Nichtbestehen von der Vermutung des § 2365 BGB mit umfaßt.

4. Vermutung im Prozeß

13 Die Rechtsvermutung des § 2365 BGB führt in analoger Anwendung von § 292 ZPO zur Umkehr der Beweislast im Prozeß. Diese Vermutung kommt vor allem dem im Erbschein genannten Erben bei Rechtsstreitigkeiten mit Dritten zugute. Streitig ist allerdings, ob die Vermutung auch im Verhältnis zweier sich gegenseitig das Erbrecht streitig machenden Parteien gilt.[3]

5. Öffentlicher Glaube

14 Über die Rechtsvermutung hinaus bietet der Erbschein Dritten, insbesondere Vertragspartnern des Erben, insofern Schutz im Rechtsverkehr, als der Erbschein öffentlichen Glauben genießt (§§ 2366, 2367 BGB). Die Vermutung des § 2365 BGB allein würde dem Rechtsverkehr nicht genügen.

B. Die Erbscheinserteilung

I. Zuständigkeit

1. Sachliche Zuständigkeit

15 Sachlich zuständig ist das Amtsgericht (§§ 2353 BGB, 72 FGG). In Baden-Württemberg sind kraft des landesrechtlichen Vorbehalts in Art. 147 EGBGB die staatlichen Notariate (dort der Notar im Landesdienst) zuständig (§§ 1, 36, 38 Ba.-Wü. LFGG).

---

3 *Palandt*, Rn 3, 4; *Soergel*, Rn 4; *Staudinger*, Rn 25; MüKo, Rn 24 jeweils zu § 2365 BGB.

2. Funktionelle Zuständigkeit

Der **Richter** ist zuständig, wenn ein Testament oder ein Erbvertrag vorliegt. **16**

Der **Rechtspfleger** ist zuständig, wenn der Erbschein auf der Grundlage gesetz- **17**
licher Erbfolge erteilt werden soll (§§ 3 Nr. 2c; 16 I Nr. 6 RPflG). Das bedeutet,
daß in der Praxis die weitaus meisten Erbscheine vom Rechtspfleger erteilt
werden, was wiederum Bedeutung hat für die statthaften Rechtsbehelfe im Erbscheinsverfahren. Gegen Entscheidungen des Rechtspflegers ist grundsätzlich
die Beschwerde statthaft (§ 19 FGG).

Ist ausländisches Recht anzuwenden, so ist immer der Richter zuständig (§ 16 II **18**
RPflG).

3. Örtliche Zuständigkeit

Dasjenige Amtsgericht (bzw. staatl. Notariat), in dessen Bezirk der Erblasser **19**
seinen letzten Wohnsitz hatte (§§ 73 I FGG, 7 BGB, 3 FGG), ist örtlich
zuständig.

II. Antrag

Der Erbschein wird nur auf Antrag erteilt (§ 2353 BGB). **20**

1. Antragsberechtigte

Dies sind: **21**
- der endgültige Erbe – erst nach Annahme der Erbschaft –, und zwar jeder Miterbe allein (§ 2357 BGB),
- der Vorerbe bis zum Nacherbfall,
- der Nacherbe erst nach Eintritt des Nacherbfalls[4] und
- der Ersatzerbe erst nach Anfall der Erbschaft an ihn.
- Rechtsnachfolger des Erben haben ebenfalls ein Antragsrecht, allerdings nicht auf ihren eigenen Namen, sondern auf den Namen des Erben; dies gilt insbesondere beim Erbteilserwerber (§ 2033 BGB) und beim Erbes-Erben;
- der Testamentsvollstrecker (§§ 2197 ff BGB),
- der Nachlaßverwalter (§ 1985 BGB),

---

4 BayObLG, NJW-RR 1999, 805 = RPfleger 1999, 331

- der Nachlaßkonkursverwalter,
- der Nachlaßgläubiger (§§ 792, 896 ZPO), der im Besitz eines endgültig vollstreckbaren Vollstreckungstitels ist; dazu gehören auch Vermächtnisnehmer, Pflichtteilsberechtigte und Erbersatzberechtigte.

22 Der gesetzliche Vertreter kann für einen nicht voll Geschäftsfähigen die Erteilung des Erbscheins beantragen. Der Antrag der Eltern für ihr minderjähriges Kind betrifft die elterliche Vermögenssorge.

2. Form

23 Der Antrag selbst bedarf keiner Form und kann deshalb auch in einem Anwaltsschriftsatz gestellt werden – mit schriftlicher Vollmacht, § 13 FGG. Davon zu unterscheiden ist die eidesstattliche Versicherung nach § 2356 II BGB, die vor einem Notar oder zur Niederschrift des Nachlaßgerichts zu erklären ist. Da die eidesstattliche Versicherung **Wissenserklärung** und nicht Willenserklärung ist, kann der Antragsteller bei ihrer Abgabe nicht vertreten werden.

3. Inhalt des Antrags

24 Der Antrag muß bestimmt sein, d. h. das beanspruchte Erbrecht muß genau bezeichnet werden, der Inhalt des Erbscheins kann nicht einer Ermessensentscheidung des Nachlaßgerichts überlassen werden. Das Nachlaßgericht ist streng an den Antrag gebunden und kann ihm nur entweder vollständig entsprechen oder ihn vollständig zurückweisen. Eine vom Antrag abweichende Entscheidung wäre kein *minus*, sondern ein *aliud*, weil bei der Änderung der Rechtsposition eines Beteiligten die dingliche Rechtsposition eines anderen unmittelbar betroffen würde.

25 Im Antrag **müssen** angegeben werden, §§ 2354, 2355 BGB:

– zugl. Checkliste für Erbscheinsantrag –

- die genauen Personalien des Erblassers samt Staatsangehörigkeit und letztem Wohnsitz,
- die Todeszeit und der Sterbeort des Erblassers,
- die Verfügung vTw, aus der der Erbe sein Erbrecht herleitet,
- ob und welche Verfügung vTw der Erblasser sonst noch hinterlassen hat,
- beim gesetzlichen Erben: Verhältnis, auf dem sein Erbrecht beruht,

- beim Ehegatten: Güterstand, erforderlichenfalls unter Vorlage des Ehevertrags in Ausfertigg.
- vorhandene oder vorhanden gewesene Personen, die für den Ausschluß oder die Minderung des Erbrechts der in Betracht kommenden Erben von Bedeutung sein können,
- die Personalien des/der Erben mit Wohnsitz,
- der Berufungsgrund (Berufung des/der Erben aufgrund Gesetzes oder aufgrund Verfügung von Todes wegen),
- die Erbquoten bei Miterben,
- bei Antragstellung durch einen Miterben: Die Erklärung, daß die anderen Erben die Erbschaft angenommen haben,
- Verfügungsbeschränkungen wie Testamentsvollstreckung und Nacherbfolge,
- ob ein Rechtsstreit über das geltend gemachte Erbrecht anhängig ist,
- Bezeichnung der vorzulegenden Urkunden (s. unten Ziff. 4),
- Eidesstattliche Versicherung nach § 2356 II BGB.

4. Haupt- und Hilfsantrag

Wegen der strengen Bindung des Nachlaßgerichts an den gestellten Antrag empfiehlt es sich, bei zweifelhafter Erbfolge einen oder mehrere Hilfsanträge zu stellen.
Aber ein Erbscheinsantrag kann nicht davon abhängig gemacht werden, daß ein für einen anderen Erbfall in einem Verfahren gestellter Erbscheinsantrag abgelehnt wird.[5]

26

5. Mängel des Antrags

Bei behebbaren Mängeln hat das Nachlaßgericht in analoger Anwendung von § 18 GBO eine **Zwischenverfügung** zu erlassen. Sind die Mängel nicht behebbar, so ist der Antrag sofort zurückzuweisen.

27

---

[5] BayObLG, FamRZ 1999, 814.

III. Mitwirkungspflicht

28 Der Antragsteller hat im Erbscheinserteilungsverfahren verschiedene Mitwirkungspflichten, er hat deshalb Angaben zu machen über:

- alle in Betracht kommenden Testamente und Erbverträge, gleichgültig, ob sie wirksam oder unwirksam sind.
- Beim gemeinschaftlichen Erbschein hat der einzelne – antragstellende – Miterbe zu erklären, daß die übrigen Miterben die Erbschaft angenommen haben (§ 2357 III S. 1 BGB). Auf Verlangen des Nachlaßgerichts hat er dies auch nach §§ 2357 IV, 2356 BGB an Eides statt zu versichern. Das Nachlaßgericht kann sogar die Vorlage eidesstattlicher Versicherungen der anderen – nicht antragstellenden – Miterben verlangen, § 2357 IV BGB.

IV. Vom Antragsteller vorzulegende Nachweise

29 Gemäß § 2356 BGB hat der Antragsteller als Nachweise zusammen mit dem Antrag vorzulegen:

- die letztwillige Verfügung in Urschrift. Sofern sie dem Nachlaßgericht bereits vorliegt, reicht die Bezugnahme auf den entsprechenden Akteninhalt aus,
- öffentliche Urkunden über alle Standestatsachen, also Sterbeurkunde, Geburtsurkunde für den Erben, Heiratsurkunde für den Ehegatten – diese Urkunden sind oft zusammengefaßt im **Familienbuch**, dieses wiederum nicht selten enthalten im Familienstammbuch (§§ 61 a ff Personenstandsgesetz); Ausschlagungserklärung (§ 1945 BGB) – sofern sie dem Nachlaßgericht nicht schon vorliegt; Scheidungsurteil (§ 1933 BGB); Erbverzichtsvertrag (§ 2346 BGB). Soweit keine Urschriften vorgelegt werden können, insbesondere bei notariellen Urkunden, sind Ausfertigungen vorzulegen, die die Urschrift ersetzen (vgl. § 47 BeurkG).

30 Da im Erbscheinsverfahren auch **negative Tatsachen** eine Rolle spielen, solche aber in aller Regel nicht durch Urkunden bewiesen werden können, hat das Gesetz insoweit die Vorlage einer eidesstattlichen Versicherung vorgesehen (§ 2356 II BGB). Diese eidesstattliche Versicherung hat sich insbesondere darauf zu beziehen, daß dem Antragsteller vom Vorhandensein einer Verfügung von Todes wegen oder eines Ehevertrages oder weiterer Personen, die als Erben in Betracht kämen, **nichts bekannt ist.**

Das Erbscheinsverfahren § 25

Hinweis 31
Der Antragsteller hat nicht zu versichern, daß beispielsweise kein Testament vorhanden ist. Dies könnte er gar nicht, weil er es nicht wissen kann. Es ist nur zu versichern, daß dem Antragsteller vom Vorhandensein eines Testaments **nichts bekannt ist**.

Die eidesstattliche Versicherung ist entweder vor einem Notar abzugeben oder zu nachlaßgerichtlichem Protokoll. Insofern würde der Anwaltsschriftsatz allein nicht ausreichen. Aber nach § 2356 II S. 2 BGB kann das Nachlaßgericht die eidesstattliche Versicherung erlassen. 32

Dies geschieht in der Praxis sehr häufig. In einem solchen Fall reicht der reine Anwaltsschriftsatz (samt Vollmacht) für den Erbscheinsantrag aus.

Allerdings ist auch hier wiederum zu beachten: Lediglich die verfahrensrechtlichen Erklärungen können vom Anwalt als Bevollmächtigtem abgegeben werden (§ 13 FGG). Die reinen Wissenserklärungen müssen vom Antragsteller höchstpersönlich erklärt werden. 33

Offenkundige Tatsachen, wie z. B. dem Nachlaßgericht vorliegende Ausschlagungs- und Anfechtungserklärungen brauchen weder bewiesen noch glaubhaft gemacht zu werden. Es reicht ein Hinweis auf die Akten. 34

Muster: Erbscheinsantrag bei gesetzlicher Erbfolge

▼ 35
Rechtsanwalt
An das Amtsgericht (bzw. Notariat in Bad.-Württ.)
– Nachlaßgericht –

Az.:

Erbscheinsantrag
Unter Vorlage der beiliegenden Vollmacht zeige ich die Vertretung des Herrn an.
In seinem Namen beantrage ich in der Nachlaßsache die Erteilung eines Erbscheins mit folgendem Inhalt:

Erben des am in gestorbenen, zuletzt in wohnhaft gewesenen Herrn
sind kraft Gesetzes geworden:

5 Die gerichtliche Durchsetzung der Ansprüche des Mandanten

1. die Witwe, Frau ▭ wohnhaft ▭ zur Hälfte
2. der Antragsteller als Sohn des Erblassers, Herr ▭ whft ▭ zu einem Viertel
3. der weitere Sohn, Herr ▭ wohnhaft ▭ zu einem Viertel.

Begründung:

Der Erblasser ▭ ist am ▭ in ▭ gestorben, vgl. Sterbeurkunde des Standesamts ▭ vom ▭. Er hatte seinen letzten Wohnsitz in ▭ und war deutscher Staatsangehöriger. Auf die Sterbeurkunde, die dem Nachlaßgericht bereits vorliegt, wird Bezug genommen.

Vom Vorhandensein einer vom Erblasser errichteten Verfügung von Todes wegen ist dem Antragsteller nichts bekannt, so daß gesetzliche Erbfolge eingetreten ist.

Er war verheiratet in erster und einziger Ehe mit seiner jetzigen Witwe, Frau ▭; die Eheschließung war am ▭ in ▭ erfolgt. Beide Eheleute hatten im Zeitpunkt der Eheschließung und auch während der gesamten Ehezeit die deutsche Staatsangehörigkeit und ihren Wohnsitz dauernd in Deutschland. Einen Ehevertrag haben die Eheleute nicht errichtet, so daß in der Ehe ununterbrochen der gesetzliche Güterstand der Zugewinngemeinschaft bestand.

Aus der Ehe sind die beiden Söhne ▭ und ▭ hervorgegangen.

Beweis: beiliegende beglaubigte Abschrift des Familienbuchs.

Weitere Personen, durch die die Vorgenannten von der Erbfolge ausgeschlossen oder ihre Erbteile gemindert werden würden, sind und waren nicht vorhanden. Insbesondere hat der Erblasser keine weiteren Kinder – eheliche, nichteheliche, adoptierte oder für ehelich erklärte – hinterlassen.

Alle Erben haben die Erbschaft angenommen.
Ein Rechtsstreit über das Erbrecht ist nicht anhängig.
Im Ausland befindet sich kein Vermögen.

Der diesen Antragsschriftsatz mitunterzeichnende Antragsteller versichert nach bestem Wissen und Gewissen, daß ihm nichts bekannt ist, was der Richtigkeit der obigen Angaben entgegensteht; er erklärt sich bereit, die Angaben an Eides statt zu versichern, bittet jedoch darum, ihm und den anderen Miterben die Abgabe einer eidesstattlichen Versicherung gem. §§ 2356 II S. 2, 2357 IV BGB zu erlassen.

Der Wert des Nachlasses nach Abzug der Verbindlichkeiten beträgt ca. DM ▭.

Es wird gebeten, von dem Erbschein eine Ausfertigung und zwei beglaubigte Abschriften dem Antragsteller zu Händen des unterzeichneten Rechtsanwalts zu erteilen.

Maßnahmen zur Sicherung des Nachlasses wurden nicht ergriffen; solche sind und waren auch nicht geboten.

Rechtsanwalt

Muster: Erklärung des Antragstellers
▼

36

Der unterzeichnete Antragsteller erklärt, den obigen Schriftsatz gelesen zu haben. Er versichert nach bestem Wissen und Gewissen, daß ihm nichts bekannt ist, was der Richtigkeit der oben gemachten Angaben entgegensteht.
▒▒▒ (Ort), ▒▒▒ (Datum) ▒▒▒ (Unterschrift)

▲

> *Hinweis*
> Falls – wie hier – nicht alle Miterben den Antrag stellen, empfiehlt es sich, zur Beschleunigung des Verfahrens die anderen Miterben eine Zustimmungserklärung zu dem gestellten Erbscheinsantrag abgeben zu lassen und diese – möglichst gleichzeitig mit dem Antrag – dem Nachlaßgericht zu übersenden. Das Nachlaßgericht muß den anderen Miterben gem. § 2360 BGB rechtliches Gehör gewähren. Dieser Vorgang wird damit abgekürzt.

37

Muster: Erbscheinsantrag bei testamentarischer Erbfolge
▼

38

Rechtsanwalt ▒▒▒
An das Amtsgericht (bzw. Notariat in Bad.-Württ.)
– Nachlaßgericht –
▒▒▒
Az.: ▒▒▒

Erbscheinsantrag
Unter Vorlage der beiliegenden Vollmacht zeige ich die Vertretung der Frau ▒▒▒ an.
In ihrem Namen beantrage ich in der Nachlaßsache ▒▒▒ die Erteilung eines Erbscheins mit folgendem Inhalt:
Alleinerbin des am ▒▒▒ in ▒▒▒ gestorbenen, zuletzt in ▒▒▒ wohnhaft gewesenen Herrn ▒▒▒
ist aufgrund Testaments geworden:
die Witwe, Frau ▒▒▒ wohnhaft in ▒▒▒
Begründung:
Der Erblasser ▒▒▒ ist laut Sterbeurkunde des Standesamts ▒▒▒ am ▒▒▒ in ▒▒▒ gestorben. Er hatte seinen letzten Wohnsitz in ▒▒▒ und war deutscher Staatsangehöriger.
Auf die beiliegende beglaubigte Abschrift der Sterbeurkunde wird Bezug genommen.
Der Erblasser hat mit seiner Ehefrau und jetzigen Witwe unter dem Datum ▒▒▒

ein privatschriftliches Testament errichtet, wonach sich die Eheleute gegenseitig zu unbeschränkten Alleinerben eingesetzt haben. Auf den Tod des überlebenden Ehegatten sollen die gemeinschaftlichen Abkömmlinge nach den gesetzlichen Erbfolgeregeln Erben werden. Vom Vorhandensein einer weiteren vom Erblasser errichteten Verfügung von Todes wegen ist der Antragstellerin nichts bekannt.

Das Testament wurde vom Erblasser in seinem vollständigen Wortlaut von Hand geschrieben, mit Ort und Datum versehen und eigenhändig unterschrieben.

Die Antragstellerin hat ihrerseits das Testament eigenhändig mit Ort und Datum versehen und eigenhändig unterschrieben.

Das Testament ist damit gem. §§ 2247, 2267 BGB formwirksam.

An der Testierfähigkeit des Erblassers bestehen keine Zweifel.

Das Testament wurde vom Nachlaßgericht bereits am ░░░░ unter Aktenzeichen eröffnet und befindet sich im Original bei den dortigen Nachlaßakten, worauf Bezug genommen wird.

Er war verheiratet in erster und einziger Ehe mit seiner jetzigen Witwe, Frau ░░░░ ; die Eheschließung war am ░░░░ in ░░░░ erfolgt. Beide Eheleute hatten im Zeitpunkt der Eheschließung und auch während der gesamten Ehezeit die deutsche Staatsangehörigkeit und ihren Wohnsitz dauernd in Deutschland. Einen Ehevertrag haben die Eheleute nicht errichtet, so daß in der Ehe ununterbrochen der gesetzliche Güterstand der Zugewinngemeinschaft bestand.

Aus der Ehe sind die beiden Söhne ░░░░ und ░░░░ hervorgegangen.

Beweis: beiliegende beglaubigte Abschrift des Familienbuchs.

Sie kämen, wenn kein Testament vorhanden wäre, neben der Witwe als gesetzliche Erben in Betracht.

Weitere Personen, durch die die Vorgenannten von der gesetzlichen Erbfolge – wenn diese eintreten würde – ausgeschlossen oder ihre Erbteile gemindert werden würden, sind und waren nicht vorhanden. Insbesondere hat der Erblasser keine weiteren Kinder – eheliche, nichteheliche, adoptierte oder für ehelich erklärte – hinterlassen.

Bei der Testamentseröffnung waren die beiden Söhne des Erblassers anwesend und haben zu Protokoll des Nachlaßgerichts die Rechtsgültigkeit des Testaments anerkannt.

Irgendwelche Beschränkungen der Alleinerbenstellung der Witwe, wie Testamentsvollstreckung oder Nacherbschaft, sind nicht angeordnet.

Die Witwe hat die Erbschaft als Alleinerbin angenommen.
Ein Rechtsstreit über das Erbrecht ist nicht anhängig.
Im Ausland befindet sich kein Vermögen.

Die diesen Antragsschriftsatz mitunterzeichnende Antragstellerin versichert nach bestem Wissen und Gewissen, daß ihr nichts bekannt ist, was der Richtigkeit der obigen Angaben entgegensteht; sie erklärt sich bereit, die Angaben an Eides statt zu versichern, bittet jedoch darum, ihr die Abgabe einer eidesstattlichen Versicherung gem. § 2356 II S. 2 BGB zu erlassen.

Der Wert des Nachlasses nach Abzug der Verbindlichkeiten beträgt ca. DM ░░░░ .

Es wird gebeten, von dem Erbschein eine Ausfertigung und zwei beglaubigte Abschriften der Antragstellerin zu Händen des unterzeichneten Rechtsanwalts zu erteilen.

Maßnahmen zur Sicherung des Nachlasses wurden nicht ergriffen; solche sind und waren auch nicht geboten.

Rechtsanwalt

▲

Muster: Erklärung der Antragstellerin

▼ 39

Die unterzeichnete Antragstellerin erklärt, den obigen Schriftsatz gelesen zu haben. Sie versichert nach bestem Wissen und Gewissen, daß ihr nichts bekannt ist, was der Richtigkeit der oben gemachten Angaben entgegensteht.

_____ (Ort), _____ (Datum) _____ (Unterschrift)

▲

V. Das Erbscheinserteilungsverfahren

Das Erbscheinsverfahren ist kein Streitverfahren, deshalb finden die Regeln der ZPO grundsätzlich keine Anwendung. 40

1. Amtsermittlung

Der Sachverhalt ist vom Nachlaßgericht von Amts wegen zu ermitteln (§§ 12 FGG, 2358 BGB). Diese Amtsermittlung findet ihre Grenze durch den Erbscheinsantrag. Nur in diesem Rahmen wird das Nachlaßgericht von Amts wegen tätig. 41

Gegenstand der Ermittlungen (und ggf. der Beweisaufnahme) sind 42

- alle verfahrensrechtlichen Erteilungsvoraussetzungen (Zulässigkeitsproblematik),
- die materiell-rechtlichen Voraussetzungen für das im Rahmen des Antrags beanspruchte Erbrecht (Fragen der Begründetheit).

Beispielsweise hat das Nachlaßgericht zu ermitteln die Staatsangehörigkeit des Erblassers (im Hinblick auf Artt. 25, 26 EGBGB), den Güterstand bei einem verheiratet gewesenen Erblasser (im Hinblick auf §§ 1931, 1371 BGB), das Vorhandensein einer letztwilligen Verfügung einschließlich deren Echtheit, 43

Auslegung und der Testierfähigkeit des Erblassers, falls Anhaltspunkte für eine etwaige Testierunfähigkeit vorliegen sollten (§ 2229 IV BGB), weil die gewillkürte Erbfolge Rang vor der gesetzlichen hat.

44 Zur Sachaufklärung kann es auch geboten sein, den beurkundeten Notar eines notariellen Testaments als Zeugen zu vernehmen. Denn der Notar hat als Urkundsperson nach § 17 I BeurkG den Willen des Erblassers zu erforschen.[6]

2. Rechtliches Gehör

45 § 2360 BGB konkretisiert den Verfassungsgrundsatz des rechtlichen Gehörs aus Art. 103 GG. Dies bedeutet, daß allen Verfahrensbeteiligten – seien sie formell oder materiell beteiligt – rechtliches Gehör zu gewähren ist. Sind minderjährige Kinder neben ihren Eltern am Erbscheinsverfahren beteiligt, so braucht ihnen zur Wahrnehmung des rechtlichen Gehörs kein Ergänzungspfleger (§ 1909 BGB) bestellt zu werden, wenn keine Anhaltspunkte für eine Gefährdung der Rechte der Kinder gegeben sind.[7]

46 Ein Verstoß gegen die Gewährung des rechtlichen Gehörs kann geheilt werden durch die Nachholung entweder vor dem Nachlaßgericht oder vor dem Beschwerdegericht. Möglich ist auch die Genehmigung der betreffenden Verfahrenshandlung durch den betroffenen Beteiligten.

Im übrigen führt die Verletzung rechtlichen Gehörs zur Aufhebung der so ergangenen Entscheidung.[8]

3. Weitere Zulässigkeitsvoraussetzungen auf Seiten des Antragstellers

- Beteiligtenfähigkeit (entsprechend der Parteifähigkeit im Zivilprozeß)
- Verfahrensfähigkeit (entsprechend der Prozessfähigkeit im Zivilprozeß)
- Rechtsschutzbedürfnis, das grundsätzlich anzunehmen ist.

---

6 BayObLG, NJW-RR 1999, 946.
7 LG Bochum RPfl 1994, 418.
8 BayObLG NJW-RR 1999, 86.

4. Beweisverfahren

Das Nachlaßgericht hat die Wahl zwischen Strengbeweis und Freibeweis nach §§ 12 und 15 FGG. Für den Strengbeweis gelten im wesentlichen die Regeln der ZPO.

§ 12 FGG beinhaltet die Pflicht zur Beweisaufnahme von Amts wegen, und zwar für den Freibeweis und den Strengbeweis. § 15 FGG regelt für den Strengbeweis die Form und das Beweisaufnahmeverfahren (entsprechend ZPO). Die Auswahl zwischen Freibeweis (§ 12 FGG) und Strengbeweis (§ 15 FGG iVm den Beweisvorschriften der ZPO) entscheidet das Nachlaßgericht nach Ermessen. Die ordnungsgemäße Ermessensausübung ist im Beschwerdeverfahren überprüfbar.[9]

Der Freibeweis:
Beim Freibeweis kann das Gericht seine Ermittlungen in jeder ihm zweckmäßig erscheinenden Form und Art vornehmen, ohne an bestimmte Beweismittel und Beweisverfahren gebunden zu sein. Dazu gehört beispielsweise die telefonische Anhörung von Beteiligten und Zeugen, aber auch die Einholung von Auskünften bei Behörden oder die Beiziehung von Akten anderer Gerichte oder Behörden. Vor der Entscheidung des Nachlaßgerichts müssen die formlos eingeholten Auskünfte den Beteiligten aber zur Kenntnis gebracht werden (rechtliches Gehör, Art. 103 GG!).

Der Strengbeweis:
Hier gelten die förmlichen Beweismittel der ZPO und das dort geregelte Beweiserhebungsverfahren.

5. Die Beweislast

Wegen des Amtsermittlungsgrundsatzes gelten die Regeln über die formelle Beweislast im Erbscheinsverfahren nicht. Die Regeln über die materielle Beweislast müssen aber auch hier gelten, weil die Frage der Verteilung des Risikos eines unaufklärbaren Sachverhalts auch im FG-Verfahren zu beantworten ist. Wegen des Amtsermittlungsgrundsatzes im Erbscheinsverfahren spricht man

---

[9] BayObLG ZEV 1994, 303.

nicht von Beweislast, sondern von **Feststellungslast**. Die Grundsätze über den Beweis des ersten Anscheins finden auch im fG-Verfahren Anwendung.[10]

52 *Beispiel für die Feststellungslast*
Der Erbe, der die Erteilung des Erbscheins beantragt, hat die Echtheit des Testaments, aus dem er sein Erbrecht ableitet, zu beweisen. Gelingt der Beweis nach Ausschöpfen aller in Betracht kommenden Beweismittel nicht (non liquet), so ist von der Unechtheit des Testaments auszugehen.

53 Fragen der Feststellungslast sollen anhand der Testierfähigkeit, der Eigenhändigkeit eines Testaments und der Anfechtung vertieft werden:

a) Testierfähigkeit

54 Das Nachlaßgericht braucht Ermittlungen hierüber nur dann anzustellen, wenn Anhaltspunkte für Testierunfähigkeit vorliegen. Die Störung der Geistestätigkeit gilt als Ausnahmetatbestand, deshalb wird der Erblasser so lange als testierfähig angesehen, als nicht das Gegenteil bewiesen ist.[11]

55 Anhaltspunkte für eine Testierunfähigkeit können sich ergeben, wenn ein Verfahrensbeteiligter entsprechende Behauptungen aufstellt. Dann muß das Nachlaßgericht von Amts wegen aufklären (§§ 2l358 I BGB, 12 FGG).

56 Ist die Verfügung von Todes wegen, deren Wirksamkeit angezweifelt wird, notariell beurkundet, so dürfte in aller Regel dem beweispflichtigen Beteiligten die Vorschrift des § 28 BeurkG zu Hilfe kommen. Danach hat der Notar Feststellungen zur Geschäfts- bzw. Testierfähigkeit zu treffen. Diese Feststellungen des Notars in der notariellen Urkunde können vom Nachlaßgericht im Wege des Freibeweises als Beweismittel verwertet werden.

57 Führt ein solcher Freibeweis noch nicht zum Ergebnis, so wäre im Wege des Strengbeweises ein Sachverständigengutachten zur Frage der Testierfähigkeit einzuholen. Im Rahmen der Beweisaufnahme wird sich in der Regel die Frage stellen, inwieweit Aussagen des behandelnden Arztes (häufig des Hausarztes) herangezogen werden müssen.

---

10 OLG Frankfurt NJW-RR 1998, 870.
11 Tatsächliche Vermutung für die Testierfähigkeit vgl. BayObLG NJW-RR 1990, 1419; FamRZ 1998, 515.

Dabei kommt der Arzt als sachverständiger Zeuge gemäß §§ 15 I FGG, 414 ZPO 58 in Betracht. Es stellt sich die Frage, wie das dem Arzt nach § 383 I Nr. 6 ZPO zustehende Zeugnisverweigerungsrecht zu handhaben ist. Umstände, die die Testierfähigkeit betreffen, gehören zur ärztlichen Schweigepflicht und sind dem Arzt auch „anvertraut" im Sinne des § 383 I Nr. 6 ZPO.[12] Das bedeutet, daß der Arzt von seiner Schweigepflicht zu entbinden ist (§ 385 II ZPO). Da die ärztliche Schweigepflicht nicht mit dem Tode des Patienten endet (§ 203 IV StGB), hätte der Arzt vom Erblasser persönlich von der Schweigepflicht entbunden werden müssen, denn die Befreiungsbefugnis geht nicht auf die Erben über, weil die Testierfähigkeit eine höchstpersönliche Angelegenheit darstellt, die nicht der Rechtsfolge des § 1922 BGB unterliegt.[13] Deshalb kommt es darauf an, ob der Erblasser zu Lebzeiten gegenüber dem Arzt oder gegenüber Dritten eine ausdrückliche oder konkludente Befreiung von der Schweigepflicht vorgenommen hat. Ist dies nicht der Fall, so kommt es auf den mutmaßlichen Willen des Erblassers = Patienten an, ob er eine Befreiung von der Verschwiegenheitspflicht gebilligt oder mißbilligt haben würde.[14] Die hM nimmt an, der Erblasser habe ein Interesse an der Feststellung der Gültigkeit oder Ungültigkeit einer Verfügung von Todes wegen.[15] Deshalb kann der Arzt als von der Schweigepflicht entbunden angesehen werden.

Das Nachlaßgericht kann über die Frage der Schweigepflicht einen Zwischenbeschluss nach §§ 15 I FGG, 387 ZPO erlassen, der vom Arzt mit der Beschwerde und evtl. sofortigen weiteren Beschwerde angefochten werden kann, § 568 II ZPO.[16]

Das Sachverständigengutachten setzt grundsätzlich voraus, daß der zu begutachtende Sachverhalt – die sog. Anknüpfungs- oder Anschlusstatsachen – vom Gericht selbst ermittelt wird, §§ 15 I FGG, 404 a III ZPO. Das Gericht hat die Anknüpfungstatsachen selbst festzustellen und dem Sachverständigen als Grundlage seiner gutachterlichen Äußerung vorzugeben.[17]

---

12 BGHZ 91, 397, 398.
13 BayObLG NJW 1987, 1492.
14 BGHZ 91, 399.
15 BGHZ 91, 399, 400.
16 BGHZ 91, 392.
17 OLG Frankfurt, NJW-RR 1998, 870, 871.

b) Eigenhändigkeit eines privatschriftlichen Testaments

Zu den Formerfordernissen eines eigenhändigen Testaments vgl. oben Teil 2 § 8 Rn 29 ff.

Die Einholung eines Sachverständigengutachtens zur Echtheit eines eigenhändigen Testaments ist nur in Zweifelsfällen geboten.[18]

Liegen keine besonderen Umstände vor, die gegen eine eigenhändige Errichtung eines privatschriftlichen Testaments sprechen, genügt es, wenn der Tatrichter selbst die Schriftzüge des ihm vorliegenden Testaments mit anderen Schriftproben vergleicht und das Ergebnis würdigt.[19]

c) Anfechtung einer Verfügung von Todes wegen

59 Das Anfechtungsrecht stellt ein Gestaltungsrecht dar, so daß es nicht nur darauf ankommt, ob Anfechtungsgründe vorliegen, sondern auch darauf, ob der Anfechtungsberechtigte von seinem Gestaltungsrecht tatsächlich form- und fristgerecht Gebrauch gemacht hat.

60 Da der Anfechtungsberechtigte im Falle der Ausübung seines Rechtes den Anfechtungsgrund anzugeben hat, ist die Prüfung nur auf diesen angegebenen Grund zu erstrecken.

61 Die **Feststellungslast** für das Vorliegen eines Anfechtungsgrundes trägt im Falle der Irrtumsanfechtung nach § 2078 BGB derjenige, der die Anfechtung geltend macht. Im Falle der Anfechtung nach § 2079 BGB (Übergehen eines Pflichtteilsberechtigten) wird von Gesetzes wegen ein Motivirrtum des Erblassers vermutet. Deshalb trägt in diesem Fall derjenige die Feststellungslast, der behauptet, der Erblasser hätte den Pflichtteilsberechtigten auch bei Kenntnis von dessen Existenz als Erben übergangen.

6. Vergleich vor dem Nachlaßgericht

62 Vor dem Nachlaßgericht als einem FG-Gericht können auch Vergleiche geschlossen werden. Soweit sich der Vergleich auf den Verfahrensgegenstand bezieht, hat er verfahrensbeendigende Wirkung.

---

18 BayObLG, FamRZ 1998, 644; FamRZ 1991, 962, 964; OLG Köln, NJW-RR 1994, 396.
19 BayObLG, FamRZ 1990, 1405 = NJW-RR 1990, 1419.

Die Beteiligten können sich auch darauf verständigen, im Erbscheinsverfahren bestimmte Anträge nicht zu stellen bzw. gestellte Anträge zurückzunehmen (pactum de non petendo). 63

Mit seiner in NJW 1986, 1812 abgedruckten Entscheidung hat der BGH die Möglichkeit einer vergleichsweisen Einigung auch über die Erbenstellung anerkannt, wenn die Auslegung streitig ist.[20] Der **Auslegungsvertrag** – gerichtlich oder außergerichtlich geschlossen – hat zwar nur schuldrechtliche Wirkung (§§ 305, 2371 BGB), aber die Beteiligten haben sich so zu stellen, als entspräche ihre Einigung der wirklichen Rechtslage, selbst wenn diese sich nachträglich als unzutreffend herausstellen sollte. Um eine solche Einigung herbeizuführen, bedarf es der Mitwirkung aller, deren materielle Rechtsposition betroffen ist – vergleichbar dem Kreis der „materiell Beteiligten" im FGG-Verfahren: Materiell Beteiligter ist jeder, dessen materielle Rechtsposition durch die begehrte (FGG- oder Streit-) Entscheidung betroffen werden kann. 64

Der Auslegungsvertrag fällt unter § 2385 BGB (sog. „anderer Erbschaftsveräußerungsvertrag") und bedarf deshalb der notariellen Beurkundung (§§ 2033, 2371 BGB) oder des die notarielle Beurkundungsform ersetzenden gerichtlichen Vergleichs (§ 127 a BGB). Die Einigung kann sich auf alle erbrechtlichen Positionen beziehen, wie Erbenstellung, Vermächtnisansprüche einschließlich deren Kürzung, Pflichtteilsrechte, Pflichtteilstragungslast u.ä. Der Vergleich kann auch vor dem Nachlaßgericht im Rahmen eines Erbscheinsverfahrens geschlossen werden,[21] selbst wenn der Rechtspfleger für das betreffende Verfahren zuständig sein sollte,[22] und auch vor dem Schiedsgericht als Schiedsvergleich.[23] Siehe zum Auslegungsvertrag: Teil 3 § 11 Rn 165 ff. und *Dressler* in ZEV 1999, 289. 65

---

20 Vgl. auch Anm. v. *Damrau*, JR 1986, 375 und *Cieslar*, DNotZ 1987, 113.
21 BGHZ 14, 381, OLG Celle DNotZ 1954, 123.
22 OLG Nürnberg RPfl 1972, 305.
23 *Breetzke*, NJW 1971, 1685; MüKo/*Förschler*, § 127 a Rn 4.

5 Die gerichtliche Durchsetzung der Ansprüche des Mandanten

Muster: Testamentsauslegungsvertrag
▼

66

116

Notarielle Urkundenformalien

Erschienen sind:
1. Herr
2. Frau
3. Herr
4. Frau
5. Herr

Sie erklären mit der Bitte um notarielle Beurkundung:
Wir schließen den folgenden

Erbschafts-Vergleich

I. Darstellung der Rechtslage

Der Vater der Beteiligten Ziff. 1–5, Herr   , zuletzt wohnhaft in   , ist am   verstorben. Er hat ein notarielles Testament vom   , beurkundet von Notar   hinterlassen und ein privatschriftliches Testament vom   Beide Testamente wurden am   unter dem Az.   vom Nachlaßgericht   eröffnet. Beide Testamente regeln die Erbfolge. In welcher Weise, ist jedoch unklar. Zwischen den Beteiligten besteht Streit, in welchem Verhältnis das zweite Testament zum ersten steht und inwieweit das erste Testament durch das zweite aufgehoben sein soll.

Als gesetzliche Erben kommen alle fünf Beteiligten mit Erbquoten zu je einem Fünftel in Betracht. Weitere Personen, die erbrechtliche Ansprüche an den Nachlaß haben könnten – mit Ausnahme von Nachlaßgläubigern – sind nicht vorhanden.

Herr   und Frau   , die Beteiligten Ziff. 1 und 2, haben beim Nachlaßgericht einen Erbscheinsantrag gestellt, dem die Beteiligten Ziff. 3, 4 und 5 entgegengetreten sind. Das Nachlaßgericht hat im Vorbescheid vom   angekündigt, es beabsichtige, dem Erbscheinsantrag stattzugeben. Dagegen haben die Beteiligten Ziff. 3–5 beim Landgericht   unter Az.   Beschwerde eingelegt. Über die Beschwerde ist noch nicht entschieden.

II. Vergleichsweise Regelung

1. Erbscheinsverfahren

Alle Beteiligten wollen die Nachlaßangelegenheit ihres Vaters hiermit einvernehmlich regeln.

Zu diesem Zweck verpflichten sie sich gegenseitig, den bereits gestellten Erbscheinsantrag aufrechtzuerhalten.

Die Beteiligten Ziff. 3–5, die gegen den Vorbescheid beim Landgericht   unter Az.   Beschwerde erhoben haben, verpflichten sich hiermit, diese Beschwerde unverzüglich zurückzunehmen und keine Beschwerde erneut einzulegen.

Der vom Nachlaßgericht angekündigte Erbschein soll mit dem angekündigten Inhalt erteilt werden. Erforderlichenfalls sind entsprechende Anträge von allen Beteiligten zu stellen bzw. gestellte Anträge zu unterstützen.

2. Aufteilung des Nachlasses

Alle Beteiligten verpflichten sich, den Nachlaß ihres Vaters unter sich zu gleichen Teilen, also zu je einem Fünftel, aufzuteilen. Dies gilt unabhängig davon, wer im Erbschein als Erbe genannt sein wird. Im Innenverhältnis wird vereinbart, sich so zu stellen, als wären alle Beteiligten bereits am Todestag des Vaters zu je einem Fünftel seine Erben geworden.

3. Herausgabeverpflichtung

Die Beteiligten Ziff. 1 und 2, die das ursprünglich auf den Erblasser lautende Wertpapierdepot Nr. ▬▬▬ bei der X-Bank auf sich haben umschreiben lassen, werden die Umschreibung des Depots auf alle fünf Beteiligten in Erbengemeinschaft unverzüglich veranlassen.

4. Kosten und Steuern

Alle Kosten und Steuern – mit Ausnahme der Erbschaftsteuer –, die im Zusammenhang mit dem Nachlaßverfahren des o.g. Erblassers entstanden sind oder noch entstehen werden, werden von den Beteiligten zu je einem Fünftel getragen. Die Erbschaftsteuer trägt jeder Beteiligte bezüglich seines Erwerbs.

III. Salvatorische Klausel

1. Sollten einzelne Bestimmungen dieses Vergleichs unwirksam sein oder werden bzw. Lücken enthalten sein, so wird dadurch die Wirksamkeit der übrigen Bestimmungen nicht berührt. Die Beteiligten verpflichten sich in einem solchen Falle, anstelle der unwirksamen oder lückenhaften Bestimmung eine Regelung zu treffen, die rechtlich und wirtschaftlich der unwirksamen oder fehlenden Bestimmung am nächsten kommt.

2. Den Beteiligten ist bekannt, daß nach der derzeitigen Rechtsprechung (BGH, NJW 1986, 1812) ein dinglich wirkender Vergleich bezüglich der erbrechtlichen Positionen nicht möglich ist und deshalb lediglich eine schuldrechtliche Vereinbarung getroffen werden konnte.

3. Der Notar haftet nicht für steuerrechtliche Erfolge.

Diese Niederschrift wurde vom Notar den Erschienenen vorgelesen, von diesen genehmigt und von ihnen und dem Notar eigenhändig unterschrieben:

7. Entscheidungen des Nachlaßgerichts

a) Zwischenverfügung

67 Ist der gestellte Erbscheinsantrag mangelhaft und sind die Mängel heilbar, so hat das Nachlaßgericht in Anlehnung an die Rechtsgedanken der §§ 18 GBO, 139 ZPO eine Zwischenverfügung zu erlassen und dem Antragsteller Gelegenheit zu geben, die Mängel innerhalb einer zu bestimmenden Frist zu beseitigen. Sie ist mit einfacher, dh unbefristeter Beschwerde anfechtbar. Anwaltszwang besteht dafür nicht (§§ 20, 21 FGG).

b) Erbscheinserteilung

68 Sieht das Nachlaßgericht die entscheidungserheblichen Tatsachen für erwiesen an, so ordnet es durch Beschluß die Erteilung des Erbscheins an (§ 2359 BGB).

c) Zurückweisung

69 Sind vorhandene Mängel des Erbscheinsantrags nicht in absehbarer Zeit behebbar, so weist das Nachlaßgericht den Erbscheinsantrag durch Beschluß zurück. Der Beschluß ist zu begründen, er ist mit einfacher, dh unbefristeter Beschwerde anfechtbar (§ 19 FGG). Anwaltszwang besteht dafür nicht (§§ 20, 21 FGG).

d) Vorbescheid

70 Der Vorbescheid im Erbscheinsverfahren ist nicht ausdrücklich gesetzlich geregelt, er ist jedoch von der Rechtsprechung allgemein anerkannt.[24] Der Erlaß eines Vorbescheids ist zulässig, wenn einander widersprechende Erbscheinsanträge vorliegen und die Sach- und/oder Rechtslage schwierig ist. Durch den Erlaß des Vorbescheids soll vermieden werden, daß ein unrichtiger Erbschein mit den Rechtsscheinfolgen der §§ 2365, 2366 BGB in Umlauf kommt und später im Beschwerdeverfahren wieder eingezogen werden müßte, nachdem auf seiner Grundlage bereits Rechtswirkungen erzeugt wurden, die möglicherweise wieder rückabzuwickeln wären.

---

24 Seit BGHZ 20, 255 = NJW 1956, 987; s. BayObLG FamRZ 1995, 60.

Im Vorbescheid kündigt das Nachlaßgericht an, welchen Erbschein es zu erteilen beabsichtigt, falls gegen diesen Beschluß (Vorbescheid) nicht binnen einer vom Nachlaßgericht zu bestimmenden Frist Beschwerde eingelegt wird (§ 19 FGG). **71**

Das Nachlaßgericht ist an seine Ankündigung nicht gebunden, sondern kann entgegen der im Vorbescheid verlautbarten Ankündigung den Erbscheinsantrag doch zurückweisen. **72**

Die vom Nachlaßgericht gesetzte Frist steht in seinem Ermessen, sie ist verlängerbar und unterfällt nicht der Vorschrift des § 22 FGG, weil sie keine gesetzliche, sondern eine richterliche Frist ist. **73**

VI. Rechtsbehelfe gegen die Entscheidungen des Nachlaßgerichts

Die Entscheidung des Nachlaßgerichts kann mit der Beschwerde nach §§ 19 ff FGG angegriffen werden. Beschwerdegericht ist das Landgericht (§ 19 II FGG). **74**

Auch für das Beschwerdegericht gilt der Amtsermittlungsgrundsatz. Im Beschwerdeverfahren können neue Tatsachen und Beweise vorgebracht werden. Die Beschwerde ist eine einfache Beschwerde, d. h. sie ist unbefristet. Sie wird entweder beim Amtsgericht oder beim Landgericht eingelegt (§ 21 FGG). Ein bestimmter Antrag muß nicht gestellt werden, auch eine Begründung ist nicht vorgeschrieben. Beides empfiehlt sich jedoch, weil das Beschwerdegericht sich mit der Rechtsansicht des Beschwerdeführers auseinandersetzen können sollte. **75**

Für das Beschwerdeverfahren besteht kein Anwaltszwang (arg. aus § 29 I FGG). **76**

1. Zwischenverfügung

Eine Zwischenverfügung ist anfechtbar, wenn Erteilungshindernisse, z. B. das Fehlen von Urkunden, angemahnt werden, obwohl sich die Rechtslage anders darstellt als vom Nachlaßgericht angenommen. **77**

2. Vorbescheid

78 Das Institut des **Vorbescheids** wurde gerade deshalb entwickelt, weil eine Beschwerdemöglichkeit eröffnet werden sollte, bevor ein Erbschein erteilt ist. Deshalb ist ein Vorbescheid nach § 19 I FGG anfechtbar.[25] Beschwerdeberechtigt nach § 20 I FGG ist auf jeden Fall derjenige Beteiligte, dessen Erbscheinsantrag zurückgewiesen werden würde, wenn ein Erbschein des Inhalts erteilt würde, wie er im Vorbescheid angekündigt wird.

79 Vermächtnisnehmer sind im Erbscheinsverfahren – von den Fällen der §§ 792, 896 ZPO abgesehen – auch dann nicht beschwerdeberechtigt, wenn sie zwar zu den gesetzlichen Erben gehören würden, aber nach ihrem eigenen Vorbringen von der Erbfolge ausgeschlossen sind.[26]

80 Das Nachlaßgericht ist an die in der Beschwerdeentscheidung genannte Rechtsauffassung des Beschwerdegerichts gebunden.[27] Auch das Beschwerdegericht ist an seine Entscheidung gebunden.[28]

Da die im Vorbescheid gesetzte Frist keine gesetzliche Frist und schon gar keine Ausschlußfrist ist, führt die Überschreitung der Einlegungsfrist nicht zur Unzulässigkeit der Beschwerde.

Muster: Beschwerdeschriftsatz gegen Vorbescheid

81

Rechtsanwalt
An das
Landgericht
– Beschwerdekammer –

Beschwerdeschrift
in der Nachlaßsache des Herrn

Gegen den vom Amtsgericht – Nachlaßgericht – am unter Aktenzeichen erlassenen Vorbescheid in der Nachlaßsache des am verstorbenen Herrn , zuletzt wohnhaft in lege ich unter Vorlage der schriftlichen Vollmacht für Herrn – Beschwerdeführer – hiermit

---

25 BGHZ 20, 255 = NJW 1956, 987; KG OLGZ 1991, 144.
26 BayObLG, NJW-RR 1999, 446 = FamRZ 1999, 817 = RPfleger 1999, 182.
27 OLG Karlsruhe RPfl 1988, 315.
28 BayObLG, MittBayNot 1998, 352.

Beschwerde
ein.
Beschwerdegegner ist Herr ▬▬▬
Ich beantrage, wie folgt zu beschließen:
1. Der Vorbescheid des Amtsgerichts – Nachlaßgericht – vom ▬▬▬ Az ▬▬▬ wird aufgehoben.
2. Das Nachlaßgericht wird angewiesen, dem Beschwerdeführer einen Erbschein folgenden Inhalts zu erteilen:
Alleinerbe des Erblassers (s.o.) wurde aufgrund Testaments Herr ▬▬▬ (Beschwerdeführer, s.o.)
3. Der Beschwerdegegner hat die Kosten des Beschwerdeverfahrens einschließlich der außergerichtlichen Kosten des Beschwerdeführers zu tragen.

Begründung:
Der Erblasser, der nie verheiratet war und auch keine Abkömmlinge hinterlassen hat, hat insgesamt zwei privatschriftliche Testamente errichtet. Im handschriftlichen Testament vom 1.1.1997 hat er den Beschwerdegegner, den Sohn seiner Schwester, zum Alleinerben eingesetzt und im handschriftlichen Testament vom 1.1.1998 den Beschwerdeführer, den Sohn seines Bruders, ebenfalls zum Alleinerben berufen.

Im Erbscheinsverfahren hat der Beschwerdeführer die Erteilung eines Erbscheins über sein Alleinerbrecht beantragt, während der Beschwerdegegner seinerseits die Erteilung eines Erbscheins beantragt hat, der auf ihn als Alleinerben lauten sollte.

Das Testament vom 1.1.1998 enthält zwar keinen ausdrücklichen Widerruf des Testaments vom 1.1.1997, doch schließen sich die beiden einander widersprechenden Alleinerbeinsetzungen gegenseitig aus, so daß das frühere Testament gem. § 2258 BGB widerrufen ist und die Alleinerbfolge zugunsten des Beschwerdeführers im späteren Testament Platz greift.

Der Beschwerdegegner macht geltend, der Erblasser sei im Zeitpunkt der Errichtung des zweiten Testaments vom 1.1.1998 testierunfähig gewesen, das Testament sei deshalb gem. § 2229 IV BGB nichtig. Daher sei das Testament vom 1.1.1997 nicht wirksam widerrufen und er Alleinerbe geworden.

Dieser Ansicht ist das Nachlaßgericht gefolgt und hat in dem angegriffenen Vorbescheid angekündigt, es werde einen Erbschein erteilen, der den Beschwerdegegner als Alleinerben des Erblassers ausweisen werde, falls gegen den Vorbescheid nicht binnen eines Monats seit seiner Zustellung Beschwerde eingelegt werde. Die Zustellung an den Beschwerdeführer ist am ▬▬▬ erfolgt, die einmonatige Frist also gewahrt.

Die Ansicht des Nachlaßgerichts ist nicht nur rechtsirrig, es hat auch elementare Verfahrensvorschriften verletzt.

Zur Frage der Testierunfähigkeit hat sich das Nachlaßgericht lediglich das Attest des Hausarztes ▬▬▬ vom ▬▬▬ vorlegen lassen, das noch nicht einmal eine

Diagnose erkennen läßt. Der Hausarzt wurde nicht als sachverständiger Zeuge vernommen, auch ein Sachverständigengutachten wurde nicht eingeholt.

In dem ärztlichen Attest heißt es wörtlich: „Herr litt nach meiner Wahrnehmung spätestens seit Februar 1997 an einer nicht näher eingrenzbaren Psychose aus dem schizophrenen Formenkreis. Es ist zu vermuten, daß er spätestens seit Herbst 1997 die rechtliche Tragweite testamentarischer Anordnungen nicht mehr überblicken konnte."

Eine solche Vermutung reicht für den Beweis der Testierunfähigkeit des Erblassers per 1.1.1998 keineswegs aus.

Abgesehen davon, daß zur Frage der Testierfähigkeit ein Sachverständigengutachten eines Psychiaters – und nicht nur das Attest des (Allgemein-)Hausarztes – hätte eingeholt werden müssen,[29] ist der Erblasser solange als testierfähig anzusehen, als nicht das Gegenteil bewiesen ist. Die Feststellungslast für seine Behauptung der Testierunfähigkeit trägt der Beschwerdegegner.[30]

Schon wegen der schwerwiegenden Verletzung von Verfahrensvorschriften bei der Beweiserhebung ist der Vorbescheid aufzuheben.

Hilfsweise wird deshalb beantragt, den angefochtenen Vorbescheid aufzuheben und die Sache zur erneuten Behandlung und Entscheidung an das Nachlaßgericht zurückzuverweisen.[31]

Dem Beschwerdegegner sind gem. § 13 a I 1 FGG die Kosten des Beschwerdeverfahrens zuzuweisen. Es wird beantragt, ihm auch die außergerichtlichen Kosten des Beschwerdeführers aufzuerlegen.

Rechtsanwalt

▲

Hebt das Landgericht einen Vorbescheid des Nachlaßgerichts auf, kann gegen diese Entscheidung nur derjenige weitere Beschwerde einlegen, mit dem Ziel der Wiederherstellung des Vorbescheids, der den im Vorbescheid angekündigten Erbschein beantragt hat oder hätte beantragen können.[32]

---

29 BGH FamRZ 1984, 1003, OLG Frankfurt NJW-RR 1996, 1159.
30 BayObLG FamRZ 1988, 1099; OLG Frankfurt FamRZ 1996, 635.
31 Zur Zurückverweisung bei groben Verfahrensmängeln siehe BayObLGZ 1962, 42; OLG Hamm OLGZ 1970, 117.
32 BayObLG, MittBayNot 1999, 193.

3. Zurückweisung des Erbscheinsantrags

Der Beschluß über die Zurückweisung des Erbscheinsantrags kann von jedem, der ein Erbrecht für sich in Anspruch nimmt, mit der einfachen Beschwerde angefochten werden (§ 20 I FGG). Die Rechtsprechung hat § 20 II FGG extensiv interpretiert. Nach dem Wortlaut dieser Vorschrift ist nur derjenige beschwerdebefugt, der auch zusätzlich Antragsteller im erstinstanzlichen Verfahren war. Wenn also von mehreren Miterben nur einer die Erteilung eines gemeinschaftlichen Erbscheins nach § 2357 BGB beantragt hat und dieser Antrag zurückgewiesen wird, so wären die übrigen, nicht antragstellenden Miterben nicht beschwerdeberechtigt. Die Rechtsprechung gewährt den übrigen Miterben, die erstinstanzlich nicht Antragsteller waren, trotzdem ein Beschwerderecht aus prozeßökonomischen Gründen.[33] Andernfalls müßten die übrigen Erben zunächst ein erstinstanzliches Verfahren in Gang setzen, von dem man schon mit hoher Wahrscheinlichkeit wüßte, daß es erfolglos wäre, weil ja der Antrag eines von ihnen bereits zurückgewiesen wurde.

82

Weil im Erbscheinsverfahren ein bestimmter Antrag gestellt werden muß und nur über diesen bestimmten Antrag eine erstinstanzliche Entscheidung vorliegt, kann der einmal gestellte Antrag in der Beschwerdeinstanz nicht geändert werden, auch erstmalige Hilfsanträge sind im Beschwerdeverfahren nicht zulässig.[34]

83

Das Landgericht selbst kann keinen Erbschein erteilen, weil dafür ausschließlich das Nachlaßgericht zuständig ist (§ 2353 BGB).

84

Es hat folgende Entscheidungsmöglichkeiten:

- Aufhebung des erstinstanzlichen Beschlusses, verbunden mit der Anweisung an das Nachlaßgericht, einen Erbschein bestimmten Inhalts zu erteilen,
- Zurückweisung der Beschwerde mit der Kostenfolge des § 13 a I 2 FGG (Kostenerstattungspflicht des erfolglosen Beschwerdeführers);
- Aufhebung des erstinstanzlichen Beschlusses und Zurückverweisung der Sache an das Nachlaßgericht zur erneuten Entscheidung (insbesondere bei Verfahrensverstößen).

---

33 BayObLG FamRZ 1990, 650; KG MDR 1990, 1023.
34 OLG Köln OLGZ 1994, 334.

85 Bei unbefristeten Rechtsmitteln stellt sich bei einer Rechtsmitteleinlegung nach einem Zeitraum von vielen Jahren grundsätzlich die Frage einer etwaigen **Verwirkung** des Rechtsmittels. Grundsätzlich führt der reine Zeitablauf ohne das Hinzutreten weiterer Umstände nicht zur Verwirkung. So hat das KG in einem Fall, bei dem eine weitere Beschwerde erst nach 25 Jahren (!) eingelegt wurde, die Verwirkung verneint.[35]

4. Anordnung der Erbscheinserteilung

86 Solange ein Erbschein nicht ausgehändigt ist, ist die Anordnung zur Erbscheinserteilung anfechtbar.

5. Erbscheinserteilung

87 Der erteilte Erbschein selbst kann nicht mit der Beschwerde angefochten werden. Nach Erteilung eines Erbscheins ist lediglich das Einziehungsverfahren nach § 2361 BGB noch möglich. Allerdings kann ein entsprechender Beschwerdeantrag in einen Einziehungsantrag umgedeutet werden.

6. Weitere Beschwerde

88 Gegen die Beschwerdeentscheidung des Landgerichts ist die weitere Beschwerde zum Oberlandesgericht statthaft (§§ 27 ff FGG). Sie kann beim Nachlaßgericht, beim Landgericht oder beim Oberlandesgericht eingelegt werden (§ 29 I FGG). Hierfür besteht **Anwaltszwang** (§ 29 I 1 FGG). Auch die weitere Beschwerde ist unbefristet (§ 29 II FGG). Weder das Nachlaßgericht noch das Landgericht können der weiteren Beschwerde abhelfen (§ 29 III FGG).

VII. Rechtspflegererinnerung

Die Rechtspflegererinnerung ist seit dem 1.10.1998 entfallen.

---

35 KG ZEV 1997, 247.

VIII. Arten des Erbscheins

1. Der Erbschein für den Alleinerben (§ 2353 1. Fallalternative BGB)

2. Der gemeinschaftliche Erbschein der Miterben (§ 2357 BGB)

Er wird erteilt über das Erbrecht **aller Miterben,** entweder auf Antrag eines einzelnen Miterben oder mehrerer oder aller Miterben. 89

Wird der Antrag nur von einem Miterben oder von mehreren gestellt, so müssen die Antragsteller darlegen, daß die übrigen – nicht antragstellenden – Miterben die Erbschaft angenommen haben (§ 2357 III BGB).

3. Der Teilerbschein (§ 2353 2. Fallalternative BGB)

Er wird erteilt über das Erbrecht nur eines von mehreren Miterben über dessen Anteil am Nachlaß. 90

4. Der gemeinschaftliche Teilerbschein (§ 2353 2. Fallalternative BGB)

Er wird erteilt über das Erbrecht mehrerer, aber nicht aller Miterben und deren Anteil am Nachlaß. 91

5. Der Sammelerbschein

Darunter versteht man einen Erbschein über mehrere Erbfälle. 92

Grundsätzlich wird bei mehreren Erbfällen für jeden einzelnen ein eigener Erbschein erteilt. Daran ändert sich auch im Falle des Sammelerbscheins nichts. Beim Sammelerbschein werden lediglich mehrere Erbscheine für verschiedene Erbfälle als ein Schriftstück zusammengefaßt. Voraussetzung ist, daß dasselbe Nachlaßgericht für alle Erbfälle zuständig ist.[36]

---

36 Vgl. *Palandt/Edenhofer,* vor § 2353, Rn 2.

6. Der Fremdrechtserbschein (§ 2369 BGB)

93 Er wird erteilt für Erbfälle, auf die ganz oder zum Teil ausländisches Erbrecht anzuwenden ist.

IX. Der Erbschein des Vorerben

1. Rechtslage bis zum Eintritt des Nacherbfalls

94 Der Erbschein bezeugt nur das Erbrecht des Vorerben (§ 2363 I BGB). Aber, weil der Vorerbe in seiner Verfügungsfreiheit über den Nachlaß beschränkt ist, ist die Anordnung der Nacherbfolge anzugeben, die Namen der Nacherben unter Angabe des Ereignisses, mit dem der Nacherbfall eintritt. Weiterhin ist anzugeben, ob Ersatznacherbfolge angeordnet ist und wer zum Ersatznacherben berufen ist.

95 Da der Vorerbe, soweit es die Verfügungsbeschränkungen betrifft, entweder befreiter oder nichtbefreiter Vorerbe sein kann, ist dies ebenfalls anzugeben (§§ 2363 I 2, 2136 BGB).

96 Da die dem Nacherben zustehende Anwartschaft vererblich oder nicht vererblich sein kann (§ 2108 II BGB), ist im Erbschein auch anzugeben, ob das Nacherbenanwartschaftsrecht vererblich ist oder nicht. Die Praxis beschränkt sich allerdings darauf, nur den Ausschluß der Vererblichkeit im Erbschein anzugeben, weil die Vererblichkeit den Regelfall darstellt. Die Nichtvererblichkeit ist die Ausnahme.

97 Ist zur Wahrnehmung der Rechte der Nacherben ein Testamentsvollstrecker eingesetzt, so ist auch dies im Erbschein anzugeben (§§ 2222, 2364 BGB).

Ein Erbschein mit einem Nacherbenvermerk, in dem der Nacherbe persönlich bezeichnet ist und vermerkt ist, daß dessen Abkömmlinge als Ersatzerben eingesetzt sind, wird unrichtig, wenn der Nacherbe vor Eintritt des Nacherbfalls stirbt.[37]

---

37 BayObLG, FamRZ 1999, 816.

Beispiel für einen einem Vorerben erteilten Erbschein

Alleinerbin des am ▉▉▉ gestorbenen ▉▉▉, zuletzt wohnhaft in ▉▉▉

ist geworden

die Witwe ▉▉▉

Nacherbfolge ist angeordnet. Nacherben sind

1. die Tochter ▉▉▉
2. der Sohn ▉▉▉
3. die Tochter ▉▉▉

je zu einem Drittel.

Ersatznacherben für jeden Nacherben sind dessen Abkömmlinge nach den Regeln der gesetzlichen Erbfolgeordnung. Sind Abkömmlinge nicht vorhanden, dann tritt Anwachsung ein. Das Recht der Nacherben ist nicht vererblich. Die Nacherbfolge tritt mit dem Tod des Vorerben ein. Die Nacherben sind auf dasjenige eingesetzt, was von der Erbschaft bei dem Eintritt der Nacherbfolge übrig ist.

2. Die Rechtslage nach Eintritt des Nacherbfalls

Für den Erbschein des Nacherben kennt das Gesetz keine besonderen Regeln, deshalb gelten die allgemeinen Bestimmungen.

98

Mit Eintritt des Nacherbfalls wird der Erbschein des Vorerben unrichtig und ist deshalb einzuziehen (§§ 2139, 2361 BGB). Jetzt hat nur noch der Nacherbe das Recht, die Erteilung eines Erbscheins zu beantragen. Bisher stand ihm dieses Recht nicht zu. Umgekehrt kann der Vorerbe jetzt keinen Erbschein mehr beantragen.

99 *Hinweis*
Der Nacherbe ist nicht etwa Erbe des Vorerben, sondern des Erblassers. Entsprechend hat auch der Erbschein zu lauten. Im Erbschein des Nacherben ist außerdem anzugeben, zu welchem Zeitpunkt der Nacherbfall eingetreten ist, damit erkennbar wird, ab wann der Nacherbe Erbe des Erblassers wurde.

X. Kosten des Erbscheins

100 In der Entscheidung über die Erteilung des Erbscheins braucht eine Kostenentscheidung nicht getroffen zu werden, weil die Kostenfolge sich unmittelbar aus dem Gesetz ergibt: Der Antragsteller hat die Kosten zu tragen (§§ 2 Nr. 1, 49, 107, 130 KostO).

1. Kosten für die Erteilung des Erbscheins

101 Es entsteht eine volle Gebühr nach § 107 I KostO. Wurde außerdem eine eidesstattliche Versicherung zur Niederschrift des Nachlaßgerichts erklärt, so entsteht eine weitere volle Gebühr nach § 49 KostO. Diese kommt allerdings nicht zum Ansatz, wenn in einer einzigen Niederschrift Erbscheinsantrag und eidesstattliche Versicherung erklärt werden: § 49 III KostO.

102 *Hinweis*
Für den beratenden Rechtsanwalt empfiehlt es sich deshalb, aus Kostengründen für den Mandanten vorher beim Nachlaßgericht abzuklären, ob auf eine eidesstattliche Versicherung nach § 2356 II BGB verzichtet wird. Wird darauf nicht verzichtet, so kann der Erbscheinsantrag samt eidesstattlicher Versicherung zur Niederschrift des Nachlaßgerichts erklärt werden, ohne daß dadurch zusätzliche Kosten entstünden. Außerdem wird der protokollierende Nachlaßrichter all das in den Antrag aufnehmen, was er für eine erfolgreiche Durchführung des Erbscheinverfahrens für erforderlich hält. Das Verfahren wird auf diese Weise beschleunigt abgewickelt werden können. Und bei der Erlangung des Erbennachweises ist in den meisten Fällen Eile geboten.

103 Der Gegenstandswert bemißt sich nach dem Reinnachlaß (§ 107 II KostO), also nach Abzug der Verbindlichkeiten, wozu auch **Vermächtnisse und Pflichtteile**

gehören. Immobilien werden grundsätzlich mit dem steuerlichen Einheitswert angesetzt.

Wird der Erbschein nur für bestimmte Zwecke gebraucht, beispielsweise ausschließlich zur Berichtigung des Grundbuchs, so wird für die Gebühren ein ermäßigter Gegenstandswert zugrunde gelegt, beispielsweise nur der Wert der betroffenen Grundstücke unter Abzug der darauf ruhenden Belastungen (§§ 107 III, 107 a KostO). Der Erbschein wird dann mit einem entsprechenden Vermerk versehen und der betreffenden Behörde übersandt, ohne daß er dem Antragsteller ausgehändigt würde. 104

> **Hinweis** 105
> Wird der Grundbuchberichtigungsantrag binnen zwei Jahren seit dem Erbfall gestellt, so ist die Grundbuchberichtigung gem. § 60 IV KostO gebührenfrei.

2. Zurückweisung eines Erbscheinsantrags

Für die Zurückweisung eines Erbscheinsantrags wird eine halbe Gebühr erhoben, höchstens jedoch DM 65,00 (§ 130 KostO). Unter Umständen kann auf Gebührenerhebung ganz verzichtet werden (§ 130 V KostO). 106

C. Einziehung des Erbscheins

I. Allgemeines

Wegen der Gutglaubenswirkung des Erbscheins müssen unrichtige Erbscheine so schnell wie möglich „aus dem Verkehr gezogen" werden. Deshalb sieht § 2361 BGB vor, daß unrichtige Erbscheine **von Amts wegen** einzuziehen sind. 107

II. Verfahrensgrundsätze

Das Einziehungsverfahren wird von Amts wegen eingeleitet. Entsprechende Anträge von (materiell oder formell) Beteiligten haben nur den Charakter von Anregungen. Für das gesamte Einziehungsverfahren gilt der Amtsermittlungsgrundsatz des § 12 FGG. 108

III. Zuständigkeit

109 Dasjenige Nachlaßgericht, das den unrichtigen Erbschein erteilt hat, ist auch für seine Einziehung zuständig. Grundsätzlich entscheidet der Rechtspfleger (§ 3 Nr. 2c RPflG). Hat der Richter den Erbschein erteilt, so ist er auch für seine Einziehung zuständig (§ 16 I Nr. 7 RPflG).

IV. Begriff der Unrichtigkeit

110 Ein Erbschein ist dann unrichtig, wenn entweder die Voraussetzungen für seine Erteilung von Anfang an nicht vorgelegen haben oder wenn nach seiner Erteilung aufgrund neuer Tatsachen die Voraussetzungen für seine Erteilung weggefallen sind.[38] Zu unterscheiden sind die formelle Unrichtigkeit und die materielle Unrichtigkeit.

1. Formelle Unrichtigkeit

111 Selbst wenn ein Erbschein inhaltlich richtig ist, kann er aus formellen Gründen, also dann, wenn er verfahrensrechtlich nicht hätte erteilt werden dürfen, unrichtig sein. Allerdings wird dies nur bei gravierenden Verfahrensfehlern angenommen.[39] Gründe für eine formelle Unrichtigkeit können sein:

- fehlender Erbscheinsantrag. Allerdings kann ein Antragsberechtigter die Erteilung nachträglich genehmigen.
- örtliche Unzuständigkeit des den Erbschein erteilenden Nachlaßgerichts. In einem solchen Fall muß verhindert werden, daß von dem tatsächlich zuständigen Gericht ein weiterer Erbschein – mit möglicherweise abweichendem Inhalt – erteilt wird. Trotz der Vorschrift des § 7 FGG ist der Erbschein einzuziehen.[40]
- funktionelle Unzuständigkeit des Rechtspflegers. Erteilt der Rechtspfleger einen Erbschein, obwohl er dazu funktionell nicht zuständig gewesen wäre, so ist der Erbschein auch dann einzuziehen, wenn nach § 16 II RPflG der Richter die Aufgabe dem Rechtspfleger hätte übertragen können.[41]
- Verletzung des rechtlichen Gehörs (Art. 103 GG) führt nicht zur Einziehung des Erbscheins, weil der Mangel durch Nachholung geheilt werden kann.

---

[38] BGHZ 40, 56.
[39] BGH NJW 1963, 1975.
[40] BayObLG RPfl 1981, 113.
[41] *Palandt/Edenhofer*, § 2361 Rn 4.

2. Materielle Unrichtigkeit

Sie liegt vor, wenn materiell-rechtliche Rechtslage einerseits und das im Erbschein bezeugte Erbrecht andererseits nicht mehr übereinstimmen. Beispielsweise beim Erbschein des Vorerben nach Eintritt des Nacherbfalls oder nach Auffinden eines Testaments, das die Erbfolge anders regelt, als sie im Erbschein genannt ist.

Muster: Antrag auf Einziehung eines Erbscheins

▼

Rechtsanwalt
An das
Amtsgericht (bzw. Notariat in Bad.-Württ.)
– Nachlaßgericht –

zu Aktenzeichen

In der Nachlaßsache des am ▬▬▬ verstorbenen Herrn ▬▬▬ beantrage ich unter Beifügung einer schriftlichen Vollmacht namens des von mir vertretenen Herrn ▬▬▬, den vom Nachlaßgericht ▬▬▬ am ▬▬▬ unter Aktenzeichen ▬▬▬ erteilten Erbschein wegen nachträglich eingetretener Unrichtigkeit einzuziehen und alle erteilten Ausfertigungen zu den Akten zu nehmen.

Begründung:
In oben genannter Nachlaßsache hat das Nachlaßgericht einen Erbschein erteilt, wonach die Witwe des Erblassers alleinige befreite Vorerbin wurde und die Kinder, Frau ▬▬▬ und Herr ▬▬▬, – letzterer ist der Antragsteller im vorliegenden Verfahren – Nacherben je zur Hälfte.
Der Nacherbfall sollte mit der Wiederverheiratung der Witwe, spätestens jedoch mit ihrem Tod eintreten. Die Witwe, Frau ▬▬▬, hat sich am ▬▬▬ wieder verheiratet. Es wird gebeten, ihr aufzugeben, die Heiratsurkunde vorzulegen.
Da der Erbschein damit unrichtig geworden ist, ist er gem. § 2361 BGB nicht nur auf Antrag, sondern von Amts wegen einzuziehen.
Der Erbschein war erteilt worden auf der Grundlage des eigenhändigen gemeinschaftlichen Testaments, das vom Erblasser und seiner späteren Witwe formgültig errichtet worden war.
Der Antragsteller hat keine Ausfertigung des Erbscheins in Händen, sondern lediglich eine unbeglaubigte Fotokopie.
Die Nacherben haben mit gesondertem Schriftsatz die Erteilung eines neuen, der jetzigen Rechtslage entsprechenden Erbscheins beantragt.
Rechtsanwalt

V. Die Anordnung der Einziehung

114 Kommt das Nachlaßgericht zum Ergebnis, daß der Erbschein materiell oder formell unrichtig ist, so hat es durch Beschluß die Einziehung des Erbscheins anzuordnen. Der Beschluß muß begründet und den Antragstellern des Erbscheinsverfahrens zugestellt werden. Da alle Ausfertigungen des unrichtig gewordenen Erbscheins zu den Akten zu nehmen sind, sind die Antragsteller aufzufordern, binnen einer bestimmten Frist die Ausfertigungen dem Nachlaßgericht zurückzugeben.

115 Die Zwangsmittel zur Durchsetzung der Rückgabe sind die des § 33 FGG (Androhung von Zwangsgeld, Festsetzung von Zwangsgeld, Androhung von Zwangshaft, Festsetzung von Zwangshaft).

116 Erst mit der tatsächlichen Ablieferung aller Ausfertigungen ist die Einziehung vollzogen und der Erbschein kraftlos (§ 2361 I 2 BGB).

117 *Hinweis*
Lediglich Ausfertigungen sind zurückzugeben, weil sie die Urschrift ersetzen (§ 47 BeurkG), beglaubigte Abschriften müssen nicht zurückgegeben werden. Aus diesem Grunde vermerkt das Nachlaßgericht bei der Erteilung des Erbscheins, an wen Ausfertigungen herausgegeben wurden.

D. Kraftloserklärung des Erbscheins

I. Begriff

118 Die Einziehung des Erbscheins hat Vorrang vor der Kraftloserklärung. Eine Kraftloserklärung des Erbscheins kommt dann in Betracht, wenn nicht alle Ausfertigungen des unrichtigen Erbscheins zu den Akten gelangen können (§ 2361 II BGB). Wenn von vornherein feststeht, daß die Ausfertigungen nicht zurückgeholt werden können, ist sofort die Kraftloserklärung durchzuführen. Ergibt sich im Laufe des Einziehungsverfahrens, daß nicht alle Ausfertigungen zu den Akten gelangen können, so ist zu diesem Zeitpunkt die Kraftloserklärung auszusprechen. Mit der wirksam gewordenen Kraftloserklärung wird der Erbschein wirkungslos. Nach der Meinung von Palandt/Edenhofer (§ 2361, Rn 13) bedarf es danach keiner Rückgabe der Erbscheinsausfertigungen.

Nach der Meinung von Münchener Kommentar (§ 2361, Rn 28, 36) sind die Ausfertigungen trotzdem zu den Akten zu bringen, weil der Schutz des Rechtsverkehrs dies erfordere.

Hinweis 119
Aus Gründen der Rechtssicherheit sollte auf der Rückgabe **aller Ausfertigungen** bestanden werden.

II. Verfahren

Auch hier gilt das Amtsermittlungsverfahren nach §§ 12 FGG, 2361 III BGB. 120
Die Kraftloserklärung hat zu erfolgen gemäß § 204 ZPO. Der Beschluß über die Kraftloserklärung ist öffentlich bekannt zu machen durch Anheftung an die Gerichtstafel des Nachlaßgerichts, durch Bekanntmachung im Bundesanzeiger und daneben ggf. durch Veröffentlichung in örtlichen Zeitungen (§ 204 III 2 ZPO).

Die Wirksamkeit des Beschlusses tritt ein mit Ablauf eines Monats nach der 121
letzten erforderlichen Veröffentlichung. Mit Fristablauf wird der Beschluß wirksam und der Erbschein kraftlos, auch wenn sich weitere Ausfertigungen im Umlauf befinden (§ 2361 II S. 3 BGB).

III. Beschwerde bei Einziehung und Kraftloserklärung

1. Zurückweisung eines Antrags auf Einziehung oder Kraftloserklärung

Gegen den ablehnenden Beschluß findet einfache Beschwerde und weitere 122
Beschwerde statt nach den §§ 19, 20 I, 27 FGG.

Da es sich um ein Amtsverfahren handelt, gilt für die Beschwerdeberechtigung 123
§ 20 I FGG. Beschwerdeberechtigt ist also jeder, dessen Rechtsstellung im Erbschein nicht richtig angegeben ist.

Das Landgericht als Beschwerdegericht weist bei Begründetheit der Be- 124
schwerde das Nachlaßgericht an, den Erbschein einzuziehen bzw. für kraftlos zu erklären. Auch hier kann das Landgericht keine eigene Sachentscheidung treffen, weil das Nachlaßgericht funktionell allein zuständig ist (§ 2361 BGB – Parallelfall wie bei der Erteilung des Erbscheins).

2. Beschluß über Einziehung

125 Gegen den Beschluß über die Einziehung des Erbscheins ist die einfache Beschwerde und die weitere Beschwerde statthaft mit dem Ziel, daß der Einziehungsbeschluß aufgehoben werde.

126 Ist der Erbschein allerdings schon eingezogen, so ist er kraftlos geworden (§ 2361 I 2 BGB), mit der Beschwerde kann diese Rechtswirkung nicht mehr rückgängig gemacht werden. Allerdings kann die Beschwerde trotzdem erhoben werden mit dem Ziel, daß ein gleichlautender Erbschein neu erteilt werde.

127 Beschwerdeberechtigt ist gemäß § 20 I FGG jeder, der am Fortbestand des Erbscheins ein rechtliches Interesse hat, also jeder Antragsberechtigte für einen gleichlautenden Erbschein, auch wenn er den eingezogenen Erbschein nicht selbst beantragt hat.[42]

3. Entscheidung über die Kraftloserklärung

128 Wurde der Erbschein für kraftlos erklärt, so ist vor der Veröffentlichung des Kraftloserklärungsbeschlusses die einfache und ggf. die weitere Beschwerde statthaft mit dem Ziel, daß der Kraftloserklärungsbeschluß aufgehoben werde.

129 Ab dem Zeitpunkt der Veröffentlichung des Kraftloserklärungsbeschlusses ist eine Beschwerde mit dem Ziel der Aufhebung des Beschlusses nicht statthaft (§ 84 I FGG). Allerdings kann die Beschwerde erhoben werden mit dem Ziel, daß der gleichlautende Erbschein neu erteilt werde.[43]

E. Fälle mit Auslandsberührung

I. Zuständigkeit

130 Die internationale Zuständigkeit besteht, wenn der Fall deutschem Erbrecht zumindest teilweise unterliegt.[44] Sie kann sich auch aus § 2369 BGB ergeben. Für

---

42 BGHZ 30, 220.
43 *Palandt/Edenhofer*, § 2361 Rn 13.
44 *Palandt/Edenhofer* § 2353, Rn 22.

die örtliche Zuständigkeit gilt § 73 I FGG (Wohnsitz- bzw. Aufenthaltsgericht). Andernfalls gilt § 73 III FGG.

II. Anzuwendendes Erbrecht

Nach Art. 25 I EGBGB richtet sich die Erbfolge nach dem Recht des Staates, dem der Erblasser im Zeitpunkt des Todes angehört hat. Grundsätzlich ist die deutsche internationale Zuständigkeit nur dann begründet, wenn deutsches Erbrecht anzuwenden ist.[45] Beim Tod eines in Deutschland wohnenden Ausländers fehlt also in der Regel die deutsche internationale Zuständigkeit für die Erteilung des Erbscheins.

131

Nachlaßspaltung tritt ein, wenn für bestimmte Teile des Nachlasses (z. B. Immobilien) deutsches Erbrecht gilt, für den restlichen Nachlaß aber ausländisches Recht. Dies kann dann der Fall sein, wenn das nach Art. 25 I EGBGB eigentlich anzuwendende ausländische Recht nur bezüglich bestimmter Nachlaßgegenstände (beispielsweise Immobilien) auf deutsches Recht zurückverweist.[46] Vgl. Teil 6 § 34 Rn 16.

132

III. Gegenständlich beschränkter Erbschein

§ 2369 BGB sieht ausnahmsweise die Möglichkeit vor, daß ein deutsches Nachlaßgericht einen Erbschein erteilt, der beschränkt ist auf in Deutschland befindliches Vermögen unter Anwendung ausländischen materiellen Erbrechts.

133

Beispiel für einen entsprechenden Antrag: „Unter Beschränkung auf die in Deutschland befindlichen Nachlaßgegenstände wird bezeugt, daß Max Meier in Anwendung italienischen Erbrechts von Marion Müller beerbt wurde."

134

IV. Ausländische Erbscheine

Ausländische Erbscheine sind nach § 16a FGG grundsätzlich anzuerkennen, ohne daß es eines besonderen Anerkennungsverfahrens bedarf. Aber sie sind idR keine ausreichenden Erbnachweise im Grundbuchverfahren nach § 35 GBO.

135

---

45 Vgl. von *Oertzen*, ZEV 1995, 167.
46 *Palandt/Heldrich*, Art. 25 EGBGB, Rn 3.

5 Die gerichtliche Durchsetzung der Ansprüche des Mandanten

136 Läßt beispielsweise das Grundbuchamt einen ausländischen Erbschein nicht als Nachweis im Sinne des § 35 GBO genügen, so kann vom zuständigen deutschen Nachlaßgericht ein gegenständlich beschränkter Fremdrechtserbschein nach § 2369 BGB erteilt werden. Dieser ist in jedem Falle ein Unrichtigkeitsnachweis iSv § 35 GBO.

F. Testamentsvollstreckerzeugnis

137 Für das Verfahren auf Erteilung eines Testamentsvollstreckerzeugnisses (§ 2368 BGB) gelten die Vorschriften über den Erbschein sinngemäß (vgl. oben Rn 40 ff.).

Ist ein Testamentsvollstreckerzeugnis erteilt, so ist für die Befugnis des Testamentsvollstreckers zur Verfügung über ein Grundstück oder Grundstücksrecht oder die sonstige Rechtsstellung des Testamentsvollstreckers allein das Zeugnis maßgebend.[47]

**Muster: Antrag auf Einziehung eines
Testamentsvollstreckerzeugnisses wegen Unrichtigkeit**
▼

Rechtsanwalt

An das
Amtsgericht (Ba.-Wü.: Staatl. Notariat)
– Nachlaßgericht –

zu Az.

In der Nachlaßsache des am ▇▇▇ verstorbenen Herrn ▇▇▇, zuletzt wohnhaft ▇▇▇ beantrage ich namens der von mir vertretenen Miterbin, Frau ▇▇▇, deren Vollmacht ich in Anlage beifüge, hiermit die

Einziehung des Testamentsvollstreckerzeugnisses,

das das Nachlaßgericht mit Beschluß vom ▇▇▇ Az. ▇▇▇ erteilt hat.

---

47 BayObLG, Rpfleger 1999, 25.

Das Erbscheinsverfahren § 25

Begründung:
Das bezeichnete Testamentsvollstreckerzeugnis ist unrichtig und muß deshalb eingezogen werden, §§ 2368, 2361 BGB.
Die von den gesetzlichen Bestimmungen abweichende Verfügungsbefugnis des Testamentsvollstreckers über den Nachlaß gemäß den Anordnungen des Erblassers in seinen Testamenten vom ▇▇▇ und ▇▇▇, dort § ▇▇▇ bzw. § ▇▇▇ sind nicht, wie dies in § 2368 Abs. 1 BGB vorgeschrieben ist, im Testamentsvollstreckerzeugnis enthalten.
Das Zeugnis ist deshalb unrichtig und muß eingezogen werden.
Im Hinblick auf die Gutglaubenswirkung des Zeugnisses nach §§ 2368, 2366 BGB kommt eine Ergänzung nicht in Betracht.
Es wird beantragt, die von dem Zeugnis erteilten Ausfertigungen baldmöglichst zu den Nachlaßakten zu nehmen.

Rechtsanwalt

§ 26 Die Erbenfeststellungsklage

A. Grundsatz

1 Der Erbe muß sein Erbrecht bei einer Vielzahl von Gelegenheiten nachweisen können (bei der Bank, beim Grundbuchamt, bei Versicherungen). In nahezu allen Fällen wird dieser Nachweis geführt über einen vom Nachlaßgericht erteilten Erbschein (§§ 2353 ff. BGB) oder eine beglaubigte Abschrift einer Verfügung von Todes wegen samt Eröffnungsniederschrift (entsprechend der Regelung in § 35 GBO).

2 In streitigen Fällen kann aber auch der Weg über eine Feststellungklage im Zivilprozeß gegangen werden (§ 256 ZPO). In der Praxis geht es dabei am häufigsten um die Problembereiche der Testierunfähigkeit, der Anfechtung oder der Sittenwidrigkeit einer Verfügung von Todes wegen, der Frage eines wirksamen Widerrufs oder der Auslegung.

B. Verhältnis zum Erbscheinsverfahren

3 Für eine Feststellungsklage besteht auch dann ein Rechtsschutzbedürfnis, wenn ein Erbscheinsverfahren anhängig gemacht werden könnte oder wenn ein Erbschein bereits erteilt wurde.[1] Der Rechtsstreit über die Feststellung eines Erbrechts kann auch nicht wegen eines bereits anhängigen Erbscheinsverfahrens nach § 148 ZPO ausgesetzt werden.[2]

4 Der wesentlichste Unterschied zwischen einem Erbschein und einem Urteil im Feststellungsprozeß besteht darin, daß ein Erbschein weder in formelle noch in materielle Rechtskraft erwachsen kann – im Gegensatz zum Feststellungsurteil.

---

[1] BGHZ 86, 41; NJW 1983, 277.
[2] KG FamRZ 1968, 219.

C. Prozeßrechtliches

I. Zuständigkeit

Es gelten die allgemeinen Zuständigkeitsregeln der §§ 12, 13 ZPO und darüber hinaus die besondere Vorschrift über den Gerichtsstand der Erbschaft nach §§ 27, 28 ZPO.

II. Streitwert

Maßgebend ist gemäß § 3 ZPO das Interesse an der Feststellung. Bei der Feststellungsklage werden häufig 50 % – 80 % der entsprechenden Leistungsklage als Streitwert angenommen, bei der Erbenfeststellungsklage, die in aller Regel eine positive Feststellungsklage sein wird, eher 80 %.[3]

III. Die häufigsten Beweislastprobleme

1. Testierfähigkeit

Ist die Testierfähigkeit des Erblassers im Sinne des § 2229 IV BGB im Streit, so kommt der den Erblasser behandelnde Arzt als sachverständiger Zeuge nach § 414 ZPO in Betracht. Zur ärztlichen Schweigepflicht siehe oben § 25 Rn 54 ff.

Da die Störung der Geistestätigkeit die (faktische) Ausnahme darstellt, ist ein Erblasser bis zum Beweis des Gegenteils als testierfähig anzusehen, auch wenn er unter Betreuung stand.[4] Erforderlich ist regelmäßig die Einholung eines Sachverständigengutachtens eines Psychiaters – und nicht nur eines praktischen Arztes.[5]

Die Einholung eines Obergutachtens kommt in Betracht bei sehr schwierigen medizinischen Fragen, bei groben Mängeln des Erstgutachtens, bei Zugrundelegung unzutreffender Anknüpfungstatsachen oder wenn der neue Sachver-

---

3 Vgl. *Thomas/Putzo* § 3 ZPO Rn 65 Stichwort „Feststellungsklage"; BGH NJW-RR 1988, 689.
4 BayObLG FamRZ 1988, 1099 OLG Frankfurt FamRZ 1996, 635.
5 BGH FamRZ 1984, 1003; OLG Frankfurt NJW-RR 1996, 1159; OLG Hamm OLGZ 92, 409.

ständige über neuere bzw. bessere Erkenntnismöglichkeiten (bspw. aktuelle Forschungsmittel) verfügt.[6]

10 Bei der Feststellung der Testierunfähigkeit kann u.U. ein **Anscheinsbeweis** in Betracht kommen, wenn die Testierunfähigkeit vor und nach der Testamentserrichtung festgestellt wurde.[7] Die ernsthafte Möglichkeit eines lucidum intervallum, während dessen das Testament errichtet worden sein soll, reicht zur Erschütterung des ersten Anscheins aus.[8] Eine Auskunftspflicht unter Miterben über Umstände, die die Testierunfähigkeit begründen könnten, besteht nicht.[9]

11 *Fazit*
Die Beweislast für Testierunfähigkeit trifft im Rechtsstreit denjenigen, der sie behauptet.[10]

2. Eigenhändigkeit eines privatschriftlichen Testaments

12 Hier gilt der allgemeine Grundsatz: Die Beweislast für die Echtheit und Eigenhändigkeit trägt derjenige, der Rechte aus der Urkunde herleiten will.[11] Das heißt auch: Enthält das Testament keine Zeitangabe und kommt es wegen zeitweiliger Testierunfähigkeit des Erblassers darauf an, so trägt derjenige die Beweislast, der sich auf die Gültigkeit des Testaments beruft.

13 Der Beweis der Eigenhändigkeit ist ggf. neben dem der Echtheit der Unterschrift zu erbringen, weil § 440 II ZPO auf das eigenhändige Testament keine Anwendung findet.
Die Echtheit der Unterschrift ist noch kein Beweis, aber ein Indiz für die Eigenhändigkeit der letztwilligen privatschriftlichen Verfügung.[12]

14 Schließlich muß der Erbe erforderlichenfalls den Testierwillen des Erblassers darlegen und beweisen; es muß danach feststehen, daß der Erblasser die

---

6 BGHZ 53, 258; BayObLG 82, 315 Zum Umfang der anzustellenden Ermittlungen s. OLG Köln NJW-RR 1991, 1412; 1994, 396.
7 OLG Köln NJW-RR 1991, 1412.
8 BayObLG ZEV 1994, 303.
9 BGH JR 1990, 16 m.Anm.v. *Wassermann*.
10 BGH FamRZ 1958, 127; OLG Frankfurt FamRZ 1996, 635.
11 BayObLG FamRZ 1985, 837.
12 OLG Stuttgart BWNotZ 1977, 69.

Urkunde als seine rechtsverbindliche letztwillige Verfügung betrachtet. Ist ein äußerlich formgültiges Testament vorhanden, so spricht eine tatsächliche Vermutung dafür, daß der Erblasser damit seinen letzten Willen zum Ausdruck bringen wollte.[13]

Derjenige, der aus einer Testamentsabschrift oder Durchschrift (bspw. Pause) Rechte herleiten will, muß die Umstände darlegen und beweisen, aus denen sich der Wille des Erblassers ergibt, dieses Schriftstück enthalte den rechtsverbindlichen Willen des Erblassers. 15

3. Verlust eines eigenhändigen Testaments

Aus einem verloren gegangenen Testament können Rechte abgeleitet werden, denn für die Gültigkeit einer einmal wirksam errichteten letztwilligen Verfügung kommt es nicht auf die noch bestehende Existenz der Testamentsurkunde an. 16

Aber: An den Nachweis eines unfreiwillig abhanden gekommenen oder zerstörten Testaments sind strenge Anforderungen zu richten.[14] Derjenige, der aus dem Testament Rechte geltend macht, muß die formgültige Errichtung und seinen Inhalt beweisen.[15] 17

Zur Beweisführung über Errichtung und Inhalt eines Testaments kann sich der Beweisbelastete aller Beweismittel bedienen, insbesondere des Zeugenbeweises. Die Beweislast kehrt sich jedoch um, wenn bewiesen ist, daß derjenige, der die Unwirksamkeit des Testaments geltend macht, es beiseite geschafft hat.[16] 18

4. Anfechtungstatbestände

Für die Irrtumstatbestände des § 2078 BGB trägt derjenige die Beweislast, der sich auf die Anfechtung der letztwilligen Verfügung beruft.[17] 19

Das in § 2079 BGB normierte Anfechtungsrecht des übergangenen Pflichtteilsberechtigten ist ein Sonderfall des Motivirrtums und ergänzt damit § 2078 II 20

---

13 *Soergel/Harder*, § 2247 Rn 9.
14 BayObLG FamRZ 1990, 1162; FamRZ 1993, 117.
15 OLG Hamm NJW 1974, 1827; BayObLG MDR 1981, 933.
16 OLG Hamm OLGZ 1967, 79; *Staudinger/Firsching*, § 2255 Rn 18.
17 BayObLG FamRZ 1977, 347, KG FamRZ 1977, 271.

BGB. § 2079 BGB enthält eine Vermutung für das Vorliegen eines Motivirrtums in den dort geregelten Fällen und führt damit in seinem Anwendungsbereich zu einer Beweislastumkehr.

5. Nichtigkeit einer Grundstücksübertragung des geschäftsunfähigen Erblassers/Klage auf Grundbuchberichtigung und Herausgabe des Nachlaßgrundstücks

21 Dazu folgender **Fall**: Im Grundbuch ist der Käufer eines Gebäudegrundstücks als dessen Eigentümer eingetragen. Verkäufer war der Erblasser E, dessen Alleinerbin seine Tochter T geworden ist.

Der Erblasser E hat mit dem jetzt eingetragenen Eigentümer über das Gebäudegrundstück einen notariellen Kaufvertrag geschlossen, aufgrund dessen die Auflassung sofort in derselben Urkunde erklärt und nachfolgend der Käufer im Grundbuch als Eigentümer eingetragen wurde.

Die Alleinerbin des E ist der Meinung, daß der Eigentumsübergang auf den Käufer aus mindestens zwei Gründen nicht wirksam sei:

22 aa) Ihr Vater sei bei Abschluß des Kaufvertrags nicht mehr geschäftsfähig gewesen. Sie hat sich vom behandelnden Hausarzt ein Attest geben lassen, in dem dieser bescheinigt, daß E in den letzten sieben Lebensjahren an Schilddrüsenkrebs, Halswirbelsäulenkrebs (Knochenkrebs) und später auch an seniler Demenz mit zunehmender Progression gelitten habe und wahrscheinlich seit ca. 3 Monaten vor Abschluss des Kaufvertrages nicht mehr geschäftsfähig gewesen sei. Der Vater ist im Alter von 84 Jahren gestorben.

23 bb) Sie ist der Meinung, daß der in der Kaufvertragsurkunde genannte Kaufpreis von DM 500.000,– viel zu niedrig sei. Der nach ihrer Ansicht gerechtfertigte Mindestkaufpreis von DM 700.000 liege an der untersten Grenze. Dies habe sie sich von einem Makler mündlich bestätigen lassen. Ein Sachverständigengutachten über den Wert des Anwesens hat sie bisher nicht fertigen lassen.

Der Käufer habe das Alter, den schlechten Gesundheitszustand und die Unkenntnis des nahezu 84-jährigen E über den Grundstücksmarkt ausgenutzt – falls man nicht ohnehin von der Geschäftsunfähigkeit des E. ausgehen müsse.

Der Käufer sei ein Spekulant. Man müsse damit rechnen, daß er das Grundstück rasch mit hohem Gewinn weiter veräußere.

Fall-Lösung:

Die von der Alleinerbin geltend gemachten Tatsachen könnten die Nichtigkeit der Eigentumsübertragung von E auf den Käufer begründen, und zwar wegen Geschäftsunfähigkeit des E (§§ 104 Nr. 2, 105 II BGB) und wegen Sittenwidrigkeit des Veräußerungsvorgangs (§ 138 BGB). Sollte einer dieser Tatbestände vorliegen, wäre Erblasser E Eigentümer geblieben. Diese Rechtsposition wäre auf seine Alleinerbin übergegangen (§ 1922 BGB).

Geschäftsunfähigkeit: Die vom Arzt attestierten Krankheiten, vor allem die senile Demenz, könnten im Zeitpunkt des Abschlusses des Kaufvertrags (und der Auflassung) einen solchen Grad erreicht gehabt haben, daß Geschäftsunfähigkeit angenommen werden könnte.

Zur Beweislast: Die Störung der Geistestätigkeit gilt als Ausnahme, der Erblasser gilt deshalb solange als geschäftsfähig, solange nicht das Gegenteil bewiesen ist.[18]
Dh: Die Alleinerbin hat die volle Beweislast für die behauptete Geschäftsunfähigkeit. War der Erblasser vor und nach Vertragsschluß geschäftsunfähig, so spricht der Beweis des ersten Anscheins für seine Geschäftsunfähigkeit.[19] Wer sich darauf beruft, der Erblasser habe den Vertrag während eines „lucidum intervallum" geschlossen, trägt dafür die Beweislast.[20]
Der Beweis der Geschäftsunfähigkeit könnte geführt werden durch die Einholung eines medizinischen Sachverständigengutachtens.
Zur Feststellung der Geschäftsunfähigkeit im Prozeß ist nach sorgfältiger Ermittlung des medizinischen Befundes ein nervenfachärztliches Sachverständigengutachten erforderlich.[21] Ein Gutachten durch den Hausarzt, der nicht Nervenfacharzt ist, sondern Allgemeinarzt, reicht dafür nicht aus. Der behandelnde Hausarzt wäre sachverständiger Zeuge (§ 414 ZPO). Zu seiner Verschwiegenheitspflicht s. unten.

---

18 *Palandt/Edenhofer*, § 2229, Rn 13, BayObLG FamRZ 1988, 1099.
19 BayObLG FamRZ 1994, 593.
20 BayObLG FamRZ 1994, 1137 mwN.
21 BGH FamRZ 1984, 1004, OLG Köln FamRZ 1994, 1125 mwN.

26 Da der Kaufvertrag (samt Auflassung) notariell beurkundet wurde, könnten die Feststellungen des Notars über die Geschäftsfähigkeit des Erblassers bei der Beweisführung von Bedeutung sein (§ 11 BeurkG). Allerdings ist ohne Vorlage der Kaufvertragsurkunde nicht festzustellen, ob der Notar in die Urkunde seine Wahrnehmungen zur Geschäftsfähigkeit aufgenommen hat.

Selbst wenn sie enthalten sind, so sind sie kein Beweis (für die festgestellte Geschäftsfähigkeit), weil der Notar kein medizinischer Sachverständiger ist, sondern medizinischer Laie. Aber bei der Überzeugungsbildung des Gerichts (§ 286 ZPO) können die Wahrnehmungen des Notars von Bedeutung sein. Der Notar kann deshalb als Zeuge vernommen werden. Zu seiner Verschwiegenheitspflicht s. unten.

27 Sittenwidrigkeit: Der Erwerbsvorgang zwischen dem Erblasser und dem Käufer könnte sittenwidrig sein, weil die Unerfahrenheit und/oder die erhebliche Willensschwäche des Erblassers ausgenutzt worden sein könnte.

Dabei würde in erster Linie der Kaufvertrag als kausales Rechtsgeschäft, das Angaben über den Kaufpreis macht, betroffen. Wenn die Unsittlichkeit gerade im Vollzug der Leistung liegt, wird von der Sittenwidrigkeit auch das abstrakte Verfügungsgeschäft, hier also die Auflassung, mit erfaßt.[22] Sollte man zum Ergebnis kommen, das Erfüllungsgeschäft falle nicht unter die Sittenwidrigkeit, so wäre bei Annahme der Sittenwidrigkeit lediglich des Kaufvertrages der Fall einer Kondiktion sine causa gegeben (§ 812 I 1 BGB), der der Alleinerbin lediglich einen schuldrechtlichen Anspruch auf Rückübertragung geben würde. In diesem Falle wäre nicht der Widerspruch gegen die Richtigkeit des Grundbuchs das Richtige, sondern eine Vormerkung zur Sicherung des schuldrechtlichen Anspruchs auf Rückübertragung des Eigentums auf die Alleinerbin. Auch dieser Anspruch wäre im Rahmen des § 1922 BGB im Wege der Erbfolge auf sie übergegangen.

28 Zunächst müßte objektiv festgestellt werden, daß das Anwesen erheblich unter seinem wirklichen Verkehrswert verkauft wurde (objektiver Tatbestand). Dafür spricht die Aussage des Maklers, daß das Anwesen mindestens einen Wert von DM 700.000 gehabt haben soll, während der Käufer nur DM 500.000 bezahlt hat. Ein auffälliges Mißverhältnis zwischen Leistung und Gegenleistung allein

---

22 BGH NJW-RR 1992, 594.

führt nicht zur Nichtigkeit; hinzutreten muß vielmehr ein weiterer sittenwidriger Umstand, etwa eine verwerfliche Gesinnung.[23] Ist das objektiv wucherische Geschäft dadurch zustande gekommen, daß der wirtschaftlich oder intellektuell Überlegene die schwächere Lage des anderen Teils bewußt zu seinem Vorteil ausgenutzt hat, ist § 138 I BGB anwendbar.[24] Dem steht es gleich, wenn sich der sittenwidrig Handelnde leichtfertig der Erkenntnis verschließt, daß der andere sich nur wegen seiner schwächeren Lage auf den ungünstigen Vertrag einläßt.[25] Bei einem **besonders groben Mißverhältnis** zwischen Leistung und Gegenleistung kann idR eine verwerfliche Gesinnung bejaht und § 138 BGB daher angewandt werden.[26] Bei Grundstückskaufverträgen genügen prozentual geringe Abweichungen nicht. Beispiele aus der Rechtsprechung für grobes Mißverhältnis: eine Wertrelation von 80.000 zu 42.500 DM,[27] von 400.000 zu 220.000 DM[28] oder 300.000 zu 126.000 DM.[29]

Gemessen an diesen Beispielen der Rechtsprechung des BGH dürfte es zweifelhaft sein, ob die Relation DM 700.000 zu DM 500.000 für die Annahme eines objektiven Mißverhältnisses ausreicht.

Als Beweis für den objektiven Verkehrswert reicht die Stellungnahme des Maklers nicht, auch wenn er als sachverständiger Zeuge im Prozeß vernommen würde. Erforderlich ist vielmehr die Einholung eines Sachverständigengutachtens zum Verkehrswert des Anwesens **im Zeitpunkt des Vertragsschlusses.** Beweislast für den zu niedrigen Verkehrswert: Sie trägt derjenige, der sich auf die Nichtigkeit des Rechtsgeschäfts beruft,[30] also die Alleinerbin.

Kommt ein Rechtsgeschäft unter Ausnutzung der Zwangslage (Unerfahrenheit, erhebliche Willensschwäche) zustande, fehlt aber ein auffälliges Mißverhältnis zwischen Leistung und Gegenleistung, so kann § 138 I BGB bei Hinzutreten weiterer sittenwidriger Umstände anwendbar sein, so etwa bei Ausbeutung

---

23 BGHZ 80, 156.
24 BGH NJW 1980, 446, 1156.
25 BGH aaO, BAG NJW 1985, 2661.
26 BGH NJW 1979, 758, BAG NJW 1985, 2661.
27 BGH NJW 1992, 899
28 BGH NJW-RR 1991, 589
29 BGH NJW-RR 1993, 199.
30 BGHZ 95, 85, NJW 1979, 2089

der Geistesschwäche des anderen Teils zur Erlangung außergewöhnlicher Vorteile,[31] wenn die Geistesschwäche noch nicht zur Geschäftsunfähigkeit geführt hat.

31 Diese Variante könnte hier in Betracht kommen: Zum einen, weil der Erblasser auf dem Grundstücksmarkt unerfahren war, während der Käufer hier Detailkenntnisse hatte, zum anderen, weil von einer Geistesschwäche beim Erblasser ausgegangen werden kann. Falls der Nachweis nicht gelingt, daß die Geistesschwäche zur Geschäftsunfähigkeit geführt hat, könnte immer noch § 138 BGB in Betracht kommen.

Die Beweislast für die subjektiven Tatbestandsvoraussetzungen hat ebenfalls (wie bei den objektiven) derjenige, der sich darauf beruft, also die Alleinerbin.

32 **Zur Erfolgsaussicht einer Klage:** Kann die Geschäftsunfähigkeit des E. bewiesen werden, so stünde die Unrichtigkeit des Grundbuchs fest: Nicht der Käufer, sondern die Alleinerbin des E. wäre nach wie vor Eigentümerin des Gebäudegrundstücks. Sie hätte dann gegen den Käufer einen Anspruch auf Zustimmung zur Grundbuchberichtigung (§ 894 BGB), die gleichzeitig die nach §§ 19, 22 GBO erforderliche grundbuchrechtliche Bewilligung beinhaltet.

Eine entsprechende Klage wäre auf Abgabe einer Willenserklärung gerichtet und damit eine Leistungsklage, die mit den Folgen des § 894 ZPO ausgestattet ist (Ersetzung der Zustimmung mit Rechtskraft des Urteils).

Am leichtesten dürfte die Frage der Geschäftsunfähigkeit zu klären und zu beweisen sein. Deshalb sollte die Klage in erster Linie auf Nichtigkeit der Eigentumsübertragung wegen Geschäftsunfähigkeit des E. gestützt werden.

In zweiter Linie und hilfsweise sollte die Klage auf Nichtigkeit wegen Sittenwidrigkeit gestützt werden, weil hier die Beweisführung schwieriger erscheint als bei der Geschäftsunfähigkeit.

Falls sich der Käufer weigert, das Gebäudegrundstück herauszugeben, wäre die Klage außer auf Abgabe der Berichtigungsbewilligung auch auf Herausgabe

---

31 RGZ 72, 68

nach § 985 BGB zu richten. Damit läge eine objektive Klagehäufung nach § 260 ZPO vor. Auch insoweit würde es sich um eine Leistungsklage handeln.

Zu den Beweisproblemen: Der Notar unterliegt gem. § 18 I 1 BNotO der Verschwiegenheit. Davon kann nur der Auftraggeber selbst entbinden, im Falle seines Todes die Aufsichtsbehörde (§ 18 I 2 BNotO). Da E. nicht mehr lebt, hätte die Aufsichtsbehörde (der Präsident des Landgerichts) den Notar von seiner Verschwiegenheitspflicht zu entbinden. 33

Der Arzt hat gem. § 383 I Nr. 6 ZPO ein Zeugnisverweigerungsrecht, es sei denn, er ist von der Schweigepflicht entbunden (§ 385 II ZPO).

Die Umstände betreffend die Geschäftsfähigkeit gehören zur ärztlichen Schweigepflicht und sind dem Arzt auch im weit zu fassenden Sinne „anvertraut" gem. § 383 I Nr. 6 ZPO.[32] Die ärztliche Schweigepflicht endet nicht mit dem Tode des Patienten (§ 203 IV StGB), maßgebend bleibt die Entbindung von der Schweigepflicht, und zwar durch den Erblasser persönlich. Maßgebend ist primär eine positive Willensäußerung des Erblassers zu Lebzeiten gegenüber dem Arzt oder Dritten, ausdrücklich oder konkludent, in zweiter Linie – also wenn sich eine solche positive Äußerung nicht feststellen läßt –, der mutmaßliche Wille des Patienten, ob er die Offenlegung durch den Arzt mutmaßlich gebilligt oder mißbilligt haben würde.[33] Ein solcher mutmaßlicher Wille dürfte idR anzunehmen sein, weil der Erblasser ein Interesse daran gehabt haben dürfte, Zweifel über seine Geschäftsfähigkeit aufklären zu lassen.

Damit besitzt der Arzt wegen mutmaßlicher Befreiung von seiner Schweigepflicht gem. § 385 II ZPO kein Zeugnisverweigerungsrecht.

Zur Frage des vorläufigen Rechtsschutzes: Der Berichtigungsanspruch nach § 894 BGB könnte dadurch im Wege des einstweiligen Rechtsschutzes vorläufig gesichert werden, daß durch einstweilige Verfügung (§ 935 ZPO) die Eintragung eines Widerspruchs gegen die Eigentümerstellung des Käufers erreicht wird. 34

---

32 BGHZ 91, 397.
33 BGHZ 91, 399.

Gem. § 294 ZPO wären aber die Anspruchsvoraussetzungen glaubhaft zu machen, dh. durch präsente Beweismittel bzw. eidesstattliche Versicherung. Nicht glaubhaft zu machen wäre gem. § 899 II 2 BGB eine Gefährdung des Rechtes der Alleinerbin (weil wegen der Möglichkeit des jederzeitigen gutgläubigen Erwerbs nach § 892 BGB durch einen Dritten die Gefährdung von selbst indiziert ist.)

Geschäftsunfähigkeit kann nur durch Vorlage eines Sachverständigengutachtens nachgewiesen werden. Ein solches liegt noch nicht vor. Ebenso die Frage des Wertes des Anwesens. Auch darüber gibt es noch kein Gutachten.

Deshalb scheidet vorläufiger Rechtsschutz mittels einstweiliger Verfügung zum jetzigen Zeitpunkt aus. Aber während des Rechtsstreits ist in jedem Falle die Einholung eines Sachverständigengutachtens zur Frage der Geschäftsfähigkeit erforderlich. Sobald dieses vorliegt, kann erneut die Möglichkeit einer einstweiligen Verfügung zur Eintragung eines Widerspruchs geprüft werden, weil gutgläubiger Erwerb durch einen Dritten droht (§ 892 BGB).

35 Sofort nach Rechtshängigkeit der Klage kann ein von der Rechtsprechung entwickelter **Rechtshängigkeitsvermerk** im Grundbuch eingetragen werden. Dies ist im Hinblick auf § 325 II ZPO möglich, um den guten Glauben eines etwaigen Erwerbers in Bezug auf die Rechtshängigkeit einer Grundbuchberichtigungsklage oder einer Herausgabeklage zu zerstören. § 325 ZPO ist zu sehen im Zusammenhang mit § 265 ZPO, wonach die Veräußerung der streitbefangenen Sache während des Prozesses nicht ausgeschlossen ist.
Die Zulässigkeit eines solchen Vermerks ist von der Rechtsprechung allgemein anerkannt.[34]
Dazu genügt Nachweis durch öffentliche Urkunden (§ 29 GBO), eine einstweilige Verfügung ist für den Rechtshängigkeitsvermerk nicht erforderlich. Die Eintragung ist möglich ab der Zustellung der Klage an den Beklagten und erfolgt auf Antrag des Inhabers des Berichtigungsanspruchs – der Alleinerbin unter Vorlage einer Bestätigung des Prozeßgerichts, daß die Klage rechtshängig ist. Diese Bestätigung ist eine öffentliche Urkunde i. S. v. § 29 GBO.

Neuere Entscheidungen zum Rechtshängigkeitsvermerk: OLG Koblenz RPfl. 1992, 102; OLG Schleswig RPfl. 1994, 455; OLG Stuttgart RPfl. 1997, 15.

---

34 Vgl. OLG Stuttgart NJW 1960, 1109.

Vgl. die ausführliche Darstellung von *Krug:* Der Rechtshängigkeitsvermerk – ein Instrument des vorläufigen Rechtsschutzes im Erbrecht, in: ZEV 1999, 161.

IV. Vergleichsweise Einigung über die Erbenstellung

Mit seiner in NJW 1986, 1812 abgedruckten Entscheidung hat der BGH die Möglichkeit einer vergleichsweisen Einigung über die Erbenstellung anerkannt, wenn die Auslegung streitig ist.[35] An eine solche Einigung, die unter allen Betroffenen zustande kommen muß, ist das Nachlaßgericht bei der Beurteilung der Erbfolge aber nicht gebunden. Ein solcher Vertrag fällt unter § 2385 BGB und bedarf deshalb der notariellen Beurkundung (§§ 2033, 2371 BGB) oder des die notarielle Beurkundungsform ersetzenden gerichtlichen Vergleichs (§ 127 a BGB). Vgl. dazu eingehend: Dressler in: ZEV 1999, 289 s. auch oben Teil 3 § 11 Rn 165 und oben § 25 Rn 62 ff.

D. Fallbeispiele

I. Klage auf Feststellung des Erbrechts nach Beiseiteschaffen eines gemeinschaftlichen Testaments

▼

An das
Landgericht
– Zivilkammer –
Klage
der Frau ▮

– Klägerin –

Prozeßbevollmächtigter: Rechtsanwalt ▮
gegen
Herrn ▮

– Beklagter –

wegen Feststellung des Erbrechts.
In Vollmacht der Klägerin erhebe ich Klage gegen den Beklagten und bitte um Anberaumung eines frühen ersten Termins, in dem ich folgenden Antrag stellen werde:

---

35 Vgl. auch Anm. v. *Damrau,* JR 1986, 375 und *Cieslar,* DNotZ 1987, 113.

5 Die gerichtliche Durchsetzung der Ansprüche des Mandanten

Es wird festgestellt, daß die Klägerin ihren am ▬▬ in ▬▬ verstorbenen Ehemann, Herrn ▬▬, geboren am ▬▬, zuletzt wohnhaft in ▬▬, allein beerbt hat.

Begründung:
Die Klägerin klagt auf Feststellung ihres testamentarischen Alleinerbrechts. Am ▬▬ verstarb in ▬▬ Herr ▬▬, zuletzt wohnhaft in ▬▬. Der Erblasser war deutscher Staatsangehöriger; er war mit der Klägerin in zweiter Ehe verheiratet. Zum Zeitpunkt des Erbfalls bestand die Ehe noch, die Eheleute lebten weder getrennt noch war ein Scheidungsverfahren anhängig. Kinder sind aus der Ehe nicht hervorgegangen. Für den Erblasser war es die zweite Ehe, für die Klägerin die erste.

Beweis: Begl. Abschrift der Heiratsurkunde des Standesamts ▬▬ vom ▬▬ in Anlage

Aus der ersten Ehe hatte der Erblasser einen Sohn, den Beklagten.

Die Klägerin macht geltend, daß sie aufgrund eines mit dem Erblasser gemeinschaftlich errichteten privatschriftlichen Testaments dessen Alleinerbin geworden ist. Dieses gemeinschaftliche Testament wurde entweder vom Erblasser oder vom Beklagten oder von beiden ohne Wissen und ohne jegliche Mitwirkung der Klägerin beseitigt.

Etwa ein Jahr vor dem Tod des Erblassers hat dieser zusammen mit der Klägerin ein privatschriftliches eigenhändiges Testament errichtet, wonach sich beide Eheleute zu Alleinerben eingesetzt haben. Das Testament lautete wörtlich: „Wir, die Eheleute ▬▬, wohnhaft in ▬▬, setzen uns gegenseitig zu unbeschränkten Alleinerben ein."

Dieser Text war von der Klägerin eigenhändig geschrieben, mit Ort und Datum versehen und unterschrieben worden.

Der Erblasser fügte seinerseits eigenhändig folgenden Text hinzu: „Dieses Testament ist auch mein Testament." Er versah diesen Text mit Ort, Datum und seiner Unterschrift. Dieses Schriftstück wurde von beiden Eheleuten gemeinsam in eine Stahlkassette im Schrank des Herrenzimmers des Erblassers gelegt, wo weitere wichtige Familiendokumente seit Jahren aufbewahrt wurden. Dies haben die Eheleute gemeinsam gemacht.

Beweis: Parteivernehmung der Klägerin.

Das Testament war von einem Neffen der Klägerin entworfen worden, der seinerzeit gerade seine Ausbildung als Rechtsreferendar beim Landgericht in Utrecht absolvierte. Ihn hatten beide Eheleute gebeten, einen Entwurf für ein gemeinschaftliches Testament zu fertigen. Dieser mit Schreibmaschine geschriebene Entwurf liegt der Klägerin noch vor. Er wird in unbeglaubigter Fotokopie der vorliegenden Klageschrift beigelegt. Im Verhandlungstermin wird das Original der Maschinenschrift vorgelegt werden.

Beweis: Original-Maschinenschrift des Testamentsentwurfs

Nachdem das gemeinschaftliche Testament von beiden Eheleuten in der beschriebenen Weise errichtet worden war, haben sie es gelegentlich eines Besuchs des

Neffen der Klägerin diesem gezeigt und ihn gefragt, ob das Testament so in Ordnung sei. Dies hat der Neffe bejaht.

Beweis: 1. Zeugnis des ▉▉▉▉▉ (Neffen)
2. Parteivernehmung der Klägerin

Etwa ein Jahr nach dieser Begebenheit erlitt der Erblasser im Alter von 78 Jahren überraschend und ohne jegliche Vorankündigung eine Hirnblutung, die zur sofortigen Bewußtlosigkeit führte und an deren Folgen er eine Woche später gestorben ist, ohne das Bewußtsein wiedererlangt zu haben. Kurze Zeit nach dem Tod des Erblassers öffnete die Klägerin die Stahlkassette, in der sich das gemeinschaftliche Testament befunden hatte, und mußte zu ihrem Erstaunen feststellen, daß das Testament verschwunden war.

Es ist anzunehmen, daß der Erblasser und/oder der Beklagte das Testament ohne Wissen der Klägerin beseitigt hat/haben.

Dies erklärt sich die Klägerin so: Einige Zeit nach Errichtung des gemeinschaftlichen privatschriftlichen Testaments trafen sich zufälligerweise der Erblasser und sein erstehelicher Sohn, der Beklagte, bei einem Reitturnier. Zuvor hatte über Jahre hinweg keinerlei Kontakt zwischen den beiden bestanden. Der Erblasser war begeisterter Anhänger des Pferdesports, der Beklagte, sein erstehelicher Sohn, war seit einigen Jahren aktiver Reiter, ohne daß dies der Erblasser gewußt hätte. Der Erblasser besuchte ein Reitturnier und traf dort seinen Sohn als aktiven Teilnehmer. Seit diesem Zeitpunkt kam es zu regelmäßigen Besuchskontakten zwischen den Eheleuten und der Familie des Beklagten. Nach einigen Monaten äußerte der Erblasser gegenüber der Klägerin, er habe sich Gedanken über das gemeinschaftliche Testament gemacht und sei sich nicht mehr so ganz sicher, ob es richtig gewesen sei, den Beklagten als Sohn vollständig von jeglicher Erbfolge auszuschließen. Die Klägerin wies den Erblasser darauf hin, es sei bei der Errichtung des gemeinschaftlichen Testaments in erster Linie darum gegangen, daß sich die Eheleute nach dem Tod des Erststerbenden gegenseitig absicherten.

Inzwischen haben zwischen der Klägerin und dem Beklagten mehrere Gespräche über die Erbfolge nach dem Erblasser stattgefunden. Der Beklagte hat es bestritten, zusammen mit dem Erblasser das gemeinschaftliche Testament beseitigt zu haben. Allerdings beruft er sich auf die gesetzliche Erbfolge und macht geltend, er sei, weil der Erblasser mit der Klägerin im gesetzlichen Güterstand der Zugewinngemeinschaft gelebt hat, zur Hälfte Miterbe des Erblassers geworden. Diese Rechtsfolge ist jedoch nicht eingetreten, weil das gemeinschaftliche Testament nur mit Willen beider Ehegatten hätte widerrufen werden können. Eine einseitige Vernichtung durch einen Ehegatten bewirkt keinen Widerruf und keine Aufhebung des gemeinschaftlichen Testaments. Vielmehr hätte der Erblasser eine notariell beurkundete Widerrufserklärung abgeben müssen, die der Klägerin formell hätte zugestellt werden müssen (§§ 2271 I, 2296 BGB). Auf andere Weise hätte sich der Erblasser ohne den Willen der Klägerin nicht einseitig von dem gemeinschaftlichen Testament lösen können.

Ergänzend sei noch vorgetragen, daß die Klägerin das Pflichtteilsrecht des Beklagten nach §§ 2303 ff. BGB nicht bestreitet. Es haben auch bereits Gespräche zwischen den Parteien über die Erfüllung des Pflichtteilsanspruchs des Beklagten stattgefunden, der Beklagte ist darauf jedoch nicht eingegangen, er beharrt auf seiner behaupteten Rechtsposition als hälftiger Miterbe. Aus diesem Verhalten schließt die Klägerin, daß der Beklagte Kenntnis von der Beseitigung des gemeinschaftlichen Testaments hat.

Der Klägerin ist bekannt, daß an den Nachweis eines unfreiwillig abhanden gekommenen Testaments strenge Anforderungen zu stellen sind.[36] Andererseits ist anerkannt, daß die Errichtung und der Inhalt eines Testaments mit allen zulässigen Beweismitteln bewiesen werden können. Dieser Beweis wird der Klägerin durch die bereits angebotenen Beweismittel gelingen. Sobald dieser Beweis geführt ist, wird der Beklagte, wenn er sich auf die Ungültigkeit des nicht mehr auffindbaren Testaments beruft, dafür beweispflichtig sein.[37]

Rechtsanwalt

II. Klage auf Feststellung des Erbrechts nach erfolgter Testamentsanfechtung

38 ▼

An das
Landgericht
– Zivilkammer –

Klage

der Frau

– Klägerin –

Prozeßbevollmächtigter: RA

gegen
1. Herrn
2. Herrn

– Beklagte –

Prozeßbevollmächtigter: RA
wegen Feststellung des Erbrechts

Namens und in Vollmacht der Klägerin erhebe ich Klage gegen die Beklagten Ziff. 1 und 2 und bitte um Anberaumung eines frühen ersten Termins, für den ich die Stellung folgender Anträge ankündige:

1. Es wird festgestellt, daß die Klägerin Miterbin zu 3/4 am Nachlaß des am   in   verstorbenen Herrn   , geboren am   , zuletzt wohnhaft gewesen in   , geworden ist.

---

36 BayObLG FamRZ 1990, 1162; FamRZ 1993, 117.
37 Vgl. OLG Düsseldorf NJW-RR 1994, 142.

2. Die Beklagten haben als Gesamtschuldner die Kosten des Rechtsstreits zu tragen.
3. Das Urteil ist – erforderlichenfalls gegen Sicherheitsleistung – vorläufig vollstreckbar.

Begründung:
Die Klägerin ist die Witwe des am ▓▓▓ verstorbenen ▓▓▓, zuletzt wohnhaft gewesen in ▓▓▓. Der Erblasser ist bei einem Verkehrsunfall ums Leben gekommen. Die Ehe zwischen ihm und der Klägerin war am ▓▓▓ geschlossen worden, seinerzeit war der Erblasser 40 Jahre alt und bis zu diesem Zeitpunkt noch nie verheiratet gewesen.

Beweis: Begl. Abschrift der Heiratsurkunde des Standesamts ▓▓▓ vom ▓▓▓

Abkömmlinge hat der Erblasser nicht hinterlassen.

Beweis: Begl. Abschrift des Familienbuchs des Standesamts ▓▓▓ vom ▓▓▓

Nach seinem Tode stellte sich heraus, daß der Erblasser am ▓▓▓, also etwa zwei Jahre vor der Eheschließung mit der Klägerin, bei Notar Supergenau unter Urkundenrolle Nr. ▓▓▓ ein einseitiges Testament errichtet hatte, wonach er die beiden Beklagten, seine Neffen, je zur Hälfte zu Erben eingesetzt hat. Das Testament war beim Amtsgericht ▓▓▓ verwahrt worden, wurde von dort an das Nachlaßgericht ▓▓▓ abgeliefert und von diesem am ▓▓▓ unter Aktenzeichen ▓▓▓ eröffnet.

Beweis: Je eine beglaubigte Abschrift
a) des bezeichneten notariellen Testaments
b) der Eröffnungsniederschrift des Nachlaßgerichts in Anlage

Von diesem Testament war der Klägerin nichts bekannt, auch der Erblasser hat mit ihr darüber nie gesprochen. Möglicherweise war er der Ansicht, daß dieses Testament ohne weiteres mit der Eheschließung unwirksam geworden sei.

Beweis: Parteivernehmung der Klägerin

Unmittelbar nach Bekanntwerden des Testaments hat die Klägerin dieses Testament nach § 2079 BGB mit Erklärung vom ▓▓▓ angefochten. Die Anfechtungserklärung ist am ▓▓▓ beim Nachlaßgericht ▓▓▓ eingegangen, was sich die Klägerin von dort hat bestätigen lassen.

Beweis: Anfechtungserklärung der Klägerin in den Nachlaßakten des Nachlaßgerichts ▓▓▓, Aktenzeichen ▓▓▓, deren Beiziehung beantragt wird.

Da die Eheleute keinen Ehevertrag errichtet haben

– **Beweis**: Parteivernehmung der Klägerin –,

der Erblasser keinerlei Abkömmlinge hinterlassen hat und auch seine Eltern nicht mehr leben, wohl aber seine Schwester, die Mutter der beiden Beklagten, wäre gem. §§ 1931 I, III, 1371 I, 1925 BGB gesetzliche Erbfolge in der Weise eingetreten, daß die Klägerin als Witwe des Erblassers Miterbin zu 3/4 geworden wäre, die Schwester des Erblassers zu 1/4.

5 Die gerichtliche Durchsetzung der Ansprüche des Mandanten

Nach § 2079 BGB wird vermutet, daß sich der Erblasser bei der Errichtung eines Testaments dann im Irrtum befunden hat, wenn zum Zeitpunkt des Erbfalls ein Pflichtteilsberechtigter vorhanden ist, der bei Testamentserrichtung noch nicht als Pflichtteilsberechtigter vorhanden war. Behauptungen, die von dieser gesetzlichen Vermutung abweichen, sind von demjenigen zu beweisen, der sich darauf beruft.

Die Klägerin ist gem. § 2303 BGB Pflichtteilsberechtigte. Dies wurde sie erst durch die Eheschließung mit dem Erblasser, also nach der Errichtung seines Testaments. Zum Zeitpunkt der Testamentserrichtung, dem ▬▬▬▬, hatten sich die Klägerin und der Erblasser noch gar nicht gekannt.

Beweis: Parteivernehmung der Klägerin.

Die Beklagten haben außergerichtlich geltend gemacht, der Erblasser habe das Testament nach der Eheschließung mit der Klägerin nicht geändert; daraus sei zu schließen, daß er es bei der testamentarisch angeordneten Erbfolge habe belassen wollen, denn er habe seit der Eheschließung immerhin zwei Jahre Zeit für eine Änderung gehabt.

Diese Behauptung widerspricht der gesetzlichen Beweislastverteilung.

Beim Amtsgericht ▬▬▬▬ als Nachlaßgericht haben die Beklagten die Erteilung eines Erbscheins beantragt mit dem Inhalt, daß sie aufgrund des notariellen Testaments je zur Hälfte zu Miterben am Nachlaß des Erblassers berufen sind.

Dieses Erbscheinsverfahren ist noch nicht abgeschlossen, die Klägerin hat der Erteilung des Erbscheins widersprochen.

Beweis: Nachlaßakten wie bezeichnet.

Im vorliegenden Rechtsstreit kann dahingestellt bleiben, ob die Beklagten oder die Schwester des Erblassers neben der Klägerin zu Erben berufen sind, weil die Klägerin lediglich die Feststellung ihres Erbrechts zu 3/4 am Nachlaß des Erblassers begehrt, ohne daß im vorliegenden Verfahren auch etwas über das weitere Viertel ausgesagt werden müßte.

Es ist völlig unstreitig, daß das beim Nachlaßgericht in Gang gesetzte Erbscheinserteilungsverfahren der Erhebung einer Feststellungsklage über das streitige Erbrecht nicht entgegensteht.

Rechtsanwalt

▲

E. Checkliste zur Erbenfeststellungsklage

▼

- Kein Klageverzicht (pactum de non petendo)
- Keine Schiedsgerichtsklausel des Erblassers oder der Erben
- Keine Gerichtsstandsvereinbarung
- Sachliche Gerichtszuständigkeit (Amtsgericht/Landgericht)
- Ist schon ein Erbschein erteilt?
- Ist beim Nachlaßgericht Antrag auf Einziehung eines unr. Erbsch. gestellt?
- Ist Klage auf Herausgabe eines unrichtigen Erbscheins erhoben?
- Standesurkunden zum Beweis der Eheschließung bzw. der Verwandtschaft
- Sind alle Erben bzw. Erbprätendenten ordnungsgemäß vertreten?
- Ist Testament bzw. Erbvertrag bereits eröffnet?
- Sind Ausschlagungs- und Anfechtungsfristen noch offen?
- Sind evtl. Ausschlagungserklärungen form- und fristgerecht beim zuständigen Nachlaßgericht eingegangen?
- Sind evtl. Anfechtungserklärungen
- innerhalb der Anfechtungsfrist,
- vom richtigen Anfechtungsberechtigten
- in der erforderlichen Form
- beim zuständigen Nachlaßgericht eingegangen?
- Örtliche Zuständigkeit: §§ 12, 13, 27 ZPO.
- Hauptantrag und evtl. Hilfsanträge.
- Evtl. objektive Klagehäufung in Form der Stufenklage (§ 254 ZPO), dh außer dem Feststellungsantrag
- Antrag auf Auskunft über Nachlaßgegenstände bspw. gg. Erbsch.besitzer
- Antrag auf eidesstattl. Versicherung bezügl. Auskunft
- Antrag auf Herausgabe des Nachlasses bzw. einzelner Gegenstände
- Beweislastverteilung
- Beweismittel: Urkunden, vor allem Nachlaßakten, Parteivernehmung.

▲

§ 27 Die Auseinandersetzungsklage (Klage auf Zustimmung zum Teilungsplan)

A. Ausgangssituation

1 Wir erinnern uns an die entscheidende Vorschrift: § 2042 BGB. Danach kann jeder Miterbe jederzeit die Auseinandersetzung des Nachlasses verlangen.[1] Diesen Auseinandersetzungsanspruch kann er notfalls mit einer Klage auf Zustimmung zu einem Teilungsplan (= Teilungsvertrag) geltend machen. Zulässigkeitsvoraussetzung für eine solche Klage ist nicht, daß das Vermittlungsverfahren nach §§ 86 ff FGG beim Nachlaßgericht durchgeführt worden wäre.

B. Teilungsreife und Feststellungsklage

2 Eine Erbteilungsklage, die den gesamten Nachlaß umfassen soll, hat nur Erfolgsaussicht, wenn der Nachlaß teilungsreif ist.

Zur Klärung von Vorfragen, die die Teilungsreife herbeiführen können, ist die Feststellungsklage zulässig, bspw. zur Frage, welche Gegenstände zum Nachlaß gehören.

3 Streiten die Mitglieder einer Erbengemeinschaft nur über einzelne Posten des Nachlasses, so ist die Feststellungsklage als einfacherer und kostengünstigerer Weg gegenüber der Erbauseinandersetzungsklage zulässig.[2] Im Hinblick auf die Schwierigkeiten der Erbauseinandersetzungsklage wird hier eine Ausnahme von der grundsätzlichen Subsidiarität der Feststellungsklage gemacht.[3]

---

1 Vgl. dazu oben Teil 3 § 13 Rn 165 ff.
2 OLG Düsseldorf, Urt. v. 19.4.96, ZEV 1996, 395.
3 BGH NJW-RR 90, 1220.

C. Prozeßgegner

Die Klage ist zu richten gegen diejenigen Miterben, die materiellrechtlich dem Teilungsvertrag zustimmen müssen, dies aber bisher verweigert haben. Einer Klage gegen solche Erben, die zugestimmt haben, würde das Rechtsschutzinteresse fehlen.

Ist ein Erbteil mit einem Nießbrauch belastet, so kommt auch der Nießbraucher als Gegner in Betracht (§ 1066 II BGB). Dasselbe gilt für einen Pfandgläubiger, wenn ein Erbteil gepfändet ist (§§ 857, 859, 804 II ZPO, 1258 BGB). Ebenso für einen Testamentsvollstrecker, der nur einen Erbteil verwaltet.

Die Beklagten sind keine notwendigen Streitgenossen.[4]

D. Klageziel

Da das Ziel der Auseinandersetzungsvorschriften eine vollständige Teilung des Nachlasses ist, muß sich die Klage grundsätzlich auf den gesamten Nachlaß, dh. alle Nachlaßgegenstände, beziehen.[5] Haben die Miterben einen Teil des Nachlasses einvernehmlich geteilt, so kann sich die Klage selbstverständlich nur noch auf den Rest beziehen.

Die Klage richtet sich auf die Zustimmung zum Abschluß des schuldrechtlichen Auseinandersetzungsvertrags und zu dessen dinglichem Vollzug einschließlich etwa erforderlicher Grundbucherklärungen.

Hierzu ist ein konkreter Teilungsplan vorzulegen, der die Auseinandersetzung zwischen allen Miterben und die Art der Durchführung vorsehen muß. Die Klage ist nur begründet, wenn der Teilungsplan den gesetzlichen Teilungsregeln, den Teilungsanordnungen des Erblassers und eventuellen Auseinandersetzungsvereinbarungen der Erben entspricht, weil mit der Klage die Zustimmung der übrigen, der Teilung widersprechenden Miterben nur zu einer bestimmten, eben im Teilungsplan zum Ausdruck kommenden Vorstellung des Klägers erzwungen werden kann.

---

4 *Soergel/Wolf*, § 2042 Rn 18.
5 OLG München NJW-RR 1991, 1097.

10 Dem mit der Klage vorgelegten Teilungsplan kommt deshalb entscheidende Bedeutung zu.

11 Eine Abweichung vom eingeklagten Plan ist prozeßrechtlich als **aliud** anzusehen und nicht als **minus**. Der Kläger ist deshalb gut beraten, wenn er in Betracht kommende Hilfsanträge stellt oder entsprechende Klagänderungsanträge. Dies macht eine korrekte Antragstellung im Prozeß so schwierig. Vor diesem Hintergrund ist die großzügige Zulassung der Feststellungsklage durch die Rechtsprechung zu sehen.

12 U.E. ist es nicht richtig,[6] im Rahmen der Auseinandersetzungsklage die Schuldentilgung nach § 2046 BGB und einen evtl. Pfandverkauf bzw. eine Teilungsversteigerung mit abzuhandeln. Diese Maßnahmen müßten vor Klageerhebung auf Zustimmung zum Teilungsplan abgeschlossen sein.

13 Andernfalls wäre der Nachlaß nicht teilungsreif. Das Zwangsversteigerungsverfahren nach §§ 180 ff ZVG ist ein eigenes prozeßrechtliches Verfahren, das nicht in den Zivilprozeß über die Nachlaßteilung „eingebaut" werden kann. Wenn man bedenkt, wie häufig in der Praxis einstweilige Einstellungen von Zwangsversteigerungsverfahren angeordnet werden, dann hieße dies, daß der Zivilprozeß immer wieder für lange Zeiträume ausgesetzt werden müßte. Dies könnte mit dem der ZPO innewohnenden Beschleunigungsgebot aller Zivilprozesse nicht vereinbart werden.

E. Bewertungen

14 Bei der Nachlaßauseinandersetzung, insbesondere, wenn Vorempfänge auszugleichen sind, können Bewertungsfragen von Bedeutung sein.

Für die aktiven Vermögenswerte ist der wirkliche Wert – Verkehrswert, Verkaufswert oder gemeiner Wert genannt – im Zeitpunkt der Erbauseinandersetzung maßgebend, weil die Miterben dinglich am Nachlaß und damit auch am Verwaltungsergebnis beteiligt sind.

---

6 *Steiner*, ZEV 1997, 89 ff.

I. Bewertung von Immobilien

Für **Immobilien** ist der Verkehrswert durch **Schätzung** (Sachverständigengutachten) zu ermitteln. Das Gesetz sieht keine bestimmte Bewertungsmethode vor. Die Praxis orientiert sich jedoch an der **Wertermittlungsverordnung** vom 6. 12. 1988 (BGBl I 2209) und an §§ 192 ff. BauGB.
Am häufigsten werden **Sachwert- und Ertragswertmethode** angewandt. Für eigengenutzte Einfamilienhäuser und Eigentumswohnungen dürfte im Regelfall die Sachwertmethode zum richtigen Ergebnis führen, bei Miethäusern die Ertragswertmethode, weil es dabei für einen Interessenten auf die Verzinsung seines Kapitaleinsatzes ankommt.[7] Aber auch **Mischwerte** aus Ertragswert und Sachwert kommen in Betracht. Letztlich ist es im Prozeß Aufgabe des Tatsachenrichters, die maßgebende Methode bzw. den verbindlichen Wert festzustellen. Wird ein Grundstück zeitnah zum Erbfall veräußert, so ist der Verkaufserlös maßgebend.[8] Vgl. auch die Wertermittlungsrichtlinien für die alten Bundesländer, veröffentlicht in Beilage 182 a zum BAZ 1991.

15

Ist der Verkehrswert eines Grundstücks nur durch seine Veräußerung zu realisieren, so sind **latente Einkommensteuerbelastungen,** die bei einer Veräußerung anfallen, zu berücksichtigen.[9]

II. Bewegliche Sachen

registerbegriffe
Bewegliche Sachen sind mit ihrem Marktwert (Verkaufswert) anzusetzen. Als Schätzer (Sachverständige) für bewegliche Sachen kommen öffentlich bestellte – notfalls auch private – Versteigerer in Betracht. **Wertpapiere:** Mittlerer Tageskurs z. Zt. der Erbteilung.

16

III. Forderungen

Richtet sich die Forderung auf eine Geldleistung, so ist der Wert grundsätzlich gleich dem Nominalbetrag. Die Bewertung von unsicheren und noch nicht endgültigen Rechten regelt § 2313 BGB.

17

---

7 BGH NJW 1970, 2018.
8 BGH NJW-RR 1991, 900; FamRZ 1993, 698.
9 BGH NJW 1987, 1260; FamRZ 1991, 43; beispielsweise die auf den Veräußerungsgewinn entfallenden Steuern bei bilanzierten Immobilien.

IV. Unternehmen/Praxen

18 **Handelsunternehmen, Gesellschaftsbeteiligungen und Praxen von Freiberuflern** sind mit ihrem wirklichen Wert unter Anwendung betriebswirtschaftlicher Bewertungsmethoden anzusetzen. Grundsätzlich ist **nicht** der aus der Bilanz ersichtliche **Buchwert** maßgebend.[10]

F. Weitere Einzelfragen

19 Für die Klage gilt der besondere Gerichtsstand der Erbschaft nach § 27 ZPO, unabhängig von den allgemeinen Gerichtsständen der verklagten Erben. Ist für den eingeklagten Teilungsvertrag die vormundschaftsgerichtliche Genehmigung für einen minderjährigen Miterben erforderlich, so ist diese noch vor der Urteilsverkündung einzuholen. Der minderjährige Miterbe bedarf keines Pflegers nach § 1909 BGB, weil die Klage den Teilungsvorschriften entsprechen muß und es sich deshalb um die Erfüllung bestehender Verpflichtungen handelt, für die § 181 BGB nicht gilt.

Auch andere behördliche Genehmigungen, insbesondere für landwirtschaftl. Grundstücke, sind vor Entscheidung beizubringen.

War die Zwangsversteigerung eines Nachlaßgrundstücks durchgeführt worden und sind sich die Erben über die Verteilung des Erlöses nicht einig, so hinterlegt das Vollstreckungsgericht den Erlös bis zur Rechtskraft des Auseinandersetzungsurteils (§ 117 II 2 ZVG).
Mit der Rechtskraft des Urteils gelten die eingeklagten Zustimmungserklärungen als ersetzt (§ 894 ZPO).

---

10 RGZ 106, 132; BGHZ 75, 195; BGH NJW 1973, 509; NJW 1982, 575; FamRZ 1982, 571; NJW 1985, 192; NJW 1987, 321; weitere Nachweise bei MüKo § 2311 Rdnr. 26 oder *Eiselt* NJW 1981, 2447.
Zu Bewertungsfragen s. auch *Schröder,* "Bewertungen im Zugewinnausgleich", FamRZ-Buch 5, 1997; *Kleinle,* FamRZ 1998, 347; zum „good will" eines Unternehmens BGH FamRZ 1980, 37, 39; 1986, 1196, 1197. Arztpraxen: Empfehlungen der „Ständigen Konferenz der Rechtsberater der Landesärztekammern" in Dt. Ärzteblatt 1984, B-671. Anwaltspraxen: BRAK-Ausschuss „Bewertung von Anwaltspraxen" in BRAK-Mitteilungen 1992, 24 und BGH, FamRZ 1991, 43; OLG Frankfurt FamRZ 1987, 485.

Die Auseinandersetzungsklage (Klage auf Zustimmung zum Teilungsplan) § 27

Gebührenstreitwert: Das Interesse des Klägers, also sein Auseinandersetzungsguthaben, und nicht etwa der ganze Nachlaß – so die frühere Rechtsprechung.[11]

Muster: Klagantrag auf Zustimmung zum Teilungsplan

▼ 20

An das
Landgericht
– Zivilkammer –

Klage

des XY, vertreten durch die Rechtsanwälte ▓▓▓▓ gegen Z ▓▓▓▓

Hiermit erhebe ich in Vollmacht für den Kläger Klage gegen Z und kündige für die mündliche Verhandlung folgenden Antrag an:

Der Beklagte wird verurteilt, folgendem Teilungsplan zur Auseinandersetzung des Nachlasses des am ▓▓▓▓ verstorbenen ▓▓▓▓ zuzustimmen:

a) Auf den Kläger wird das Alleineigentum an dem Hausgrundstück ▓▓▓▓, eingetragen im Grundbuch des Amtsgerichts ▓▓▓▓, Band ▓▓▓▓, BV Nr. ▓▓▓▓, Markung ▓▓▓▓ Flst ▓▓▓▓ übertragen. Der Beklagte bewilligt die Eintragung des Klägers als Alleineigentümer im Grundbuch.

b) Das Guthaben auf dem Konto Nr. ▓▓▓▓ bei der ▓▓▓▓ Bank, lautend auf ▓▓▓▓, wird zwischen dem Kläger und dem Beklagten je hälftig aufgeteilt. Der Beklagte stimmt der entsprechenden Auszahlung an den Kläger zu.

Begründung:

Die Parteien sind Brüder. Sie wurden je hälftig Erben ihres am ▓▓▓▓ verstorbenen Vaters ▓▓▓▓

    Beweis: Beiliegende Ausfertigung des Erbscheins des Amtsgerichts – Nachlaßgericht – ▓▓▓▓ vom ▓▓▓▓, Az. ▓▓▓▓

Der Erblasser hat durch notarielles Testament vom ▓▓▓▓, beurkundet von Notar ▓▓▓▓ unter Urkundenrolle Nr. ▓▓▓▓ zugunsten des Klägers eine Teilungsanordnung in der Weise verfügt, daß der Kläger das Alleineigentum an dem Hausgrundstück ▓▓▓▓ (s.o. Klagantrag Ziff. 1) erhalten soll. Darüber sind sich die Parteien einig.

    Beweis: Begl. Abschrift des bezeichneten Testaments

Der Erblasser hat angeordnet, daß die Übertragung des Hauses gegen Zahlung des Verkehrswertes erfolgen soll. Zur Ermittlung des Verkehrswertes hat der Kläger beim Gutachterausschuß der Stadt ▓▓▓▓ ein Wertgutachten erstellen lassen, das einen Verkehrswert von DM 600.000,– ermittelt hat.

---

11 BGH NJW 1975, 1415; *Stein/Jonas*, § 3 ZPO, Stichwort „Erbauseinandersetzung".

Beweis: Mehrfertigung des Wertgutachtens des Gutachterausschusses der Stadt ▓▓▓ vom ▓▓▓

Dieses Gutachten wird vom Beklagten nicht akzeptiert. Er ist der Meinung, das Haus sei wesentlich mehr wert und verlangt die Einholung eines Schätzgutachtens durch einen freien, vereidigten Schätzer. Dieses Ansinnen findet im Testament des Erblassers keine Stütze.

Der Nachlaß ist bis auf das Haus und das im Klagantrag Ziff. 2 genannte Bankkonto aufgeteilt. Um keinen Streit wegen der Bezahlung des Hauses aufkommen zu lassen, hat der Kläger den Übernahmepreis von DM 600.000 bereits auf das genannte Bankkonto eingezahlt, das insgesamt zur Zeit einen Stand von DM 680.000 aufweist. Dieses Guthaben steht den Parteien je hälftig zu.

Der Kläger macht seinen Auseinandersetzungsanspruch aus §§ 2042, 752 BGB geltend. Bei dem vom Erblasser angeordneten Übernahmerecht handelt es sich um eine Teilungsanordnung nach § 2048 BGB. Darüber sind sich die Parteien einig, lediglich der Wert ist im Streit.

Das Haus ist auf den Namen des Erblassers im Grundbuch eingetragen. Einer Voreintragung der Erben (§ 39 GBO) bedarf es gem. § 40 GBO nicht.

Rechtsanwalt

G. Checkliste für Erbteilungsklage

21

- Kein Klageverzicht (pactum de non petendo)
- Keine Schiedsgerichtsklausel des Erblassers oder der Erben
- Keine Gerichtsstandsvereinbarung
- Sachliche Gerichtszuständigkeit prüfen (Amtsgericht/Landgericht)
- Ist die Erbfolge zuverlässig festgestellt?
- Sind alle Erben ordnungsgemäß vertreten?
- Alle Aktiv-Positionen des Nachlasses
- Sind alle Verbindlichkeiten bereinigt?
- Soweit Verbindlichkeiten noch nicht erfüllbar sind, Rückstellungen vorsehen
- Behördliche Genehmigungserfordernisse klären, evtl. schon einholen
- Güterrechtliche Zustimmungserfordernisse prüfen, evtl. einholen.
- Auseinandersetzungsvereinbarung der Erben (hat Vorrang vor allen anderen Teilg.regeln)
- Teilungsanordnung des Erblassers (hat Vorrang vor gesetzl. Teilg.vorschriften)
- Gesetzliche Teilungsvorschriften

Die Auseinandersetzungsklage (Klage auf Zustimmung zum Teilungsplan) § 27

- Soweit keine besonderen Teilungsregeln eingreifen: Sind die Nachlaßgegenstände in Natur teilbar? Evtl. vorher Pfandverkauf bzw. Teilungsversteigerung durchführen
- Örtliche Zuständigkeit: §§ 12, 13, 27 ZPO.
- Bei Grundstücken: Materiellrechtl. und formellrechtl. Erklärungen
- Hauptantrag und evtl. Hilfsanträge, letztere auch als Feststellungsantrag bezügl. einzelner Streitpunkte für den Fall, daß doch noch keine Teilungsreife bestehen sollte (bspw. Feststellung, ob eine bestimmte Anordnung im Testament eine Teilungsanordnung nach § 2048 BGB darstellt oder ein Vorausvermächtnis nach § 2150 BGB).

Muster: Feststellungsklage zur Vorbereitung der Teilung

22

Rechtsanwalt
An das
Landgericht
– Zivilkammer –

125

Klage

des ▓▓▓▓ – Kläger –
gegen ▓▓▓▓ – Beklagter –
wegen Feststellung

Hiermit erhebe ich unter Vorlage entsprechender Vollmacht Klage gegen den Beklagten und kündige für die Verhandlung folgenden Antrag an:

Es wird festgestellt, daß der Beklagte bei der Teilung des Nachlasses des am ▓▓▓▓ verstorbenen Herrn ▓▓▓▓, zuletzt wohnhaft gewesen in ▓▓▓▓, die ihm vom Erblasser am ▓▓▓▓ gemachte Geldzuwendung in Höhe von DM ▓▓▓▓ (indexierter Wert) auszugleichen hat.

Begründung:
Die Parteien sind Brüder. Sie streiten um die Teilung des Nachlasses ihres am ▓▓▓▓ verstorbenen Vaters, Herrn ▓▓▓▓, zuletzt wohnhaft in ▓▓▓▓.
Beide wurden je zur Hälfte gesetzliche Erben.
Beweis: Beglaubigte Abschrift des Erbscheins vom ▓▓▓▓, erteilt vom Amtsgericht – Nachlaßgericht – ▓▓▓▓.
Der Nachlaß, der insgesamt mehrere hunderttausend DM wert ist, wäre teilungsreif, wenn geklärt wäre, ob die vom Erblasser dem Beklagten am ▓▓▓▓ gewährte Zuwendung eines Geldbetrages in Höhe von seinerzeit DM 50.000,- unter den Erben im Sinne der §§ 2050 ff BGB ausgleichungspflichtig ist oder nicht.
Der Beklagte ist selbständiger Installateurmeister. Nach Grund- und Hauptschule hat er eine Lehre als Installateur im Bereich Gas und Wasser gemacht. Nach

5 Die gerichtliche Durchsetzung der Ansprüche des Mandanten

bestandener Gesellenprüfung vor der Handwerkskammer ▬▬▬ hat er einige Jahre in einem Installateurbetrieb gearbeitet, danach vor der Handwerkskammer ▬▬▬ die Meisterprüfung abgelegt und im Anschluß daran einen eigenen Betrieb eröffnet, den er heute noch betreibt.

Anläßlich der Eröffnung seines eigenen Betriebes erhielt er vom Vater der Parteien, dem Erblasser, einen Barbetrag von seinerzeit DM 50.000.- zugewandt. Darüber haben der Beklagte und der Erblasser eine schriftliche Notiz gefertigt. Sie lautet:

„*Heute, am* ▬▬▬, *hat mein Sohn* ▬▬▬ *von mir DM 50.000.- als Schenkung erhalten. Dies bestätigt mein Sohn mit seiner Unterschrift.*"

Unter diesem Text befinden sich die Unterschriften des Erblassers und des Beklagten.

Beweis: Fotokopie des Schriftstücks vom ▬▬▬, das in der Verhandlung im Original vorgelegt werden wird

Der Beklagte beruft sich darauf, daß diese „Schenkung" bei der Auseinandersetzung des Nachlasses in keiner Weise zu berücksichtigen sei, weil es sich um eine Schenkung gehandelt habe und keinerlei Vereinbarung über eine etwaige Ausgleichungspflicht bei der Erbauseinandersetzung getroffen worden sei. Deshalb sei die Schenkung nach § 2050 III BGB nicht auszugleichen.

Diese rechtliche Wertung ist jedoch nicht richtig. In Wahrheit handelt es sich bei der Zuwendung nicht um eine Schenkung im Sinne der §§ 516 ff. BGB, sondern um eine Ausstattung nach § 1624 BGB, die nach § 2050 I BGB bei der Erbauseinandersetzung auszugleichen ist, auch wenn bei der Zuwendung der Ausstattung über eine Ausgleichungspflicht nichts gesagt wurde. Der Beklagte hat den Geldbetrag als Starthilfe erhalten, als er sich mit einem eigenen Handwerksbetrieb selbständig gemacht hat. Hierbei handelt es sich um einen typischen Fall der Ausstattung, die dazu dienen sollte, dem Beklagten den Schritt in die Selbständigkeit zu ermöglichen (BGHZ 44, 91). Ohne diese Zuwendung wäre es dem Beklagten gar nicht möglich gewesen, den eigenen Betrieb aufzubauen. Er hatte nämlich seinerzeit keinerlei nennenswerte eigene finanzielle Mittel.

Beweis: Parteivernehmung des Beklagten

Sowohl der Erblasser als auch der Beklagte sind bzw. waren juristische Laien. Ihnen war nicht bekannt, welche Rechtsfolgen eine Ausstattung einerseits und eine Schenkung andererseits bei der Nachlaßauseinandersetzung haben. Der Begriff „Ausstattung" dürfte dem Erblasser gar nicht bekannt gewesen sein. Da es sich der Sache nach unter den damals bestehenden Gegebenheiten um eine Ausstattung gehandelt hatte, schadet die vom Erblasser und dem Beklagten gewählte Bezeichnung „Schenkung" nicht. Was die Parteien dieses Zuwendungsvertrags **wollten,** ist aus Sicht des Klägers und des Gesetzes eindeutig.

Aber die Zuwendung ist noch aus einem anderen Grund auszugleichen: Selbst wenn man die Zuwendung als Schenkung ansehen wollte, so wäre eine Ausgleichungspflicht nach § 2050 III BGB anzunehmen, weil dies der Erblasser bei der Hingabe des Geldbetrages so angeordnet hat. Zwar sagt das gefertigte Schriftstück hierüber nicht ausdrücklich etwas aus. Darauf kommt es vorliegend aber nicht an. Der Erblasser hat nämlich immer wieder in Anwesenheit beider Söhne darauf hingewiesen, daß der Beklagte im Hinblick auf sein künftiges Erbrecht schon DM 50.000.- erhalten habe. Dem Beklagten habe er, der Erblasser, auch von Anfang an gesagt, daß es sich bei der Zuwendung um ein „vorweggenommenes Erbe" handele.

Beweis: Parteivernehmung des Klägers
Parteivernehmung des Beklagten

Das Schriftstück stellt damit eher eine Quittung als eine Vereinbarung dar. Einer bestimmten Form bedarf die Ausstattung nicht.

Ein „vorweggenommenes Erbe" ist in seiner rechtlichen Qualifikation auch nichts anderes als ein ausgleichspflichtiger Vorempfang im Sinne der §§ 2050 ff. BGB, weil nach § 2055 BGB der ausgleichspflichtige Betrag dem Nachlaß hinzuzurechnen ist, rechnerisch also so behandelt wird, als befände er sich noch in der Teilungsmasse.

Die Ausstattung ist nicht mit ihrem Nominalwert im Zeitpunkt der Hingabe auszugleichen, sondern nach einer Indexierung entsprechend dem Lebenshaltungskostenindex mit ihrem heutigen Kaufkraftwert (vgl. BGHZ 65, 75; Löbbecke, NJW 1975, 2292).

Im Jahr der Zuwendung betrug der Index ▓▓▓▓ Punkte, heute beträgt er ▓▓▓▓ Punkte. Nach erfolgter Umrechnung (DM 50.000.- X Index heute: Index im Zeitpunkt der Zuwendung) ist nach dem heutigen Geldwert ein Betrag von DM ▓▓▓▓ auszugleichen.

Zur Zulässigkeit der Feststellungsklage:
Die Erben sind sich nur über die Ausgleichungspflicht uneinig. Solange dieser Punkt aber nicht geklärt ist, kann die Erbteilung nicht vorgenommen werden. Nach der neuen Rechtsprechung des BGH ist in den Fällen, in denen lediglich einzelne Punkte einer vorzunehmenden Erbteilung streitig sind, die Feststellungsklage zur Klärung dieser strittigen Punkte zulässig (BGH NJW-RR 1990, 1220; OLG Düsseldorf ZEV 1996, 395). In solchen Fällen braucht keine Klage auf Zustimmung zu einem Gesamt-Teilungsplan über den ganzen Nachlaß erhoben zu werden. Das Prozeßkostenrisiko stünde in keinem Verhältnis zu dem strittigen Punkt – wie auch der vorliegende Fall zeigt.

Nach rechtskräftiger Klärung der Ausgleichungspflicht wird der Nachlaß unter den Parteien voraussichtlich einvernehmlich aufgeteilt werden können. Deshalb ist das Feststellungsinteresse des Klägers zu bejahen.

Der Streitwert wird mit DM ▓▓▓▓ angegeben (DM 20.000,– indexiert (DM 50.000,– indexiert : 2 = DM 25.000,– indexiert, davon 80 % für die Feststellung, vgl. BGH NJW-RR 1988, 689 und Th/P § 3 Rn 65 Stichwort „Feststellungsklage").

Rechtsanwalt

5 Die gerichtliche Durchsetzung der Ansprüche des Mandanten

§ 28 Die Klage auf Vermächtniserfüllung

A. Freiwillige Erfüllung

1 Nach der Erbeinsetzung ist die wichtigste und häufigste testamentarische Anordnung das Vermächtnis. Es beinhaltet die Zuwendung eines Vermögensvorteils, ohne den Bedachten als Gesamtrechtsnachfolger einzusetzen (§ 1939 BGB). Für den Vermächtnisnehmer wird ein Forderungsrecht gegen den Beschwerten – das kann der Erbe oder ein Vermächtnisnehmer sein – begründet (§ 2174 BGB). Schuldner und damit Beschwerter des Vermächtnisanspruchs ist in der Regel der Erbe bzw. die Erbengesamtheit (§ 2174 BGB). Mehrere Erben oder Vermächtnisnehmer haften im Außenverhältnis als Gesamtschuldner (§ 2058 BGB) und tragen im Innenverhältnis die Vermächtnislast im Verhältnis der Erbteile bzw. im Verhältnis des Wertes der Vermächtnisse (§ 2148 BGB).

2 Das Vermächtnis ist der häufigste Fall eines **einseitigen Schuldverhältnisses** nach §§ 241–304 BGB.

3 Der Vermächtnisanspruch wird durch die jeweiligen sachenrechtlichen Übertragungsakte erfüllt, bei Grundstücken insbesondere durch Auflassung und Eintragung im Grundbuch, bei beweglichen Sachen durch Einigung und Übergabe.

I. Grundstücksvermächtnis

4 Bei einem Grundstücksvermächtnis aufgrund privatschriftlichen Testaments wird eine Übertragungsverpflichtung für eine Immobilie begründet, ohne daß das Kausalgeschäft notariell beurkundet wurde.

5 Im Falle des Grundstücksvermächtnisses bedarf es neben der Einigung nach § 925 BGB der Eintragung in das Grundbuch aufgrund Bewilligung des/der Erben und Antrags des Vermächtnisnehmers (§§ 19, 13 GBO). Der Voreintragung des Erben bedarf es allerdings nicht (§ 40 I GBO).

6 Zu erbringen ist lediglich der **Erbnachweis**. Wird beispielsweise ein Erbschein vorgelegt, so kann nicht zusätzlich die Vorlage einer Abschrift des Testaments und der Urkunde über seine Eröffnung verlangt werden. § 925 a BGB enthält eine Vorlegungspflicht nur für Veräußerungsverträge und gilt nur für den die Auflassung beurkundenden Notar.

Soweit einer der Erben minderjährig ist, kann er bei der Auflassung gleichwohl durch den miterbenden gesetzlichen Vertreter vertreten werden. Beide stehen auf der gleichen Seite des Übertragungsvorganges, der gesetzliche Vertreter tritt mit seinem minderjährigen Kind nicht in rechtsgeschäftliche Beziehungen; und auch zwischen mehreren erbenden minderjährigen Kindern selbst findet im Fall der Vermächtniserfüllung eine Auseinandersetzung nicht statt. Auch eine in einem notariellen Testament enthaltene postmortale Vollmacht an den Vermächtnisnehmer zur Vornahme der Auflassung ist möglich und zulässig.[1]

Der mit dem Grundstücksvermächtnis Beschwerte hat die Kosten der Grundstücksumschreibung zu tragen.[2]

1. Klage auf Erfüllung eines Grundstücksvermächtnisses

Die Klage richtet sich auf Zustimmung zur Auflassung und Abgabe der grundbuchrechtlichen Eintragungsbewilligung (§§ 925 BGB, 19 GBO). Mit Rechtskraft des Urteils gelten die Zustimmung zur Auflassung und die grundbuchrechtliche Bewilligung als abgegeben, § 894 ZPO.

Muster: Klage auf Zustimmung zur Auflassung

▼

An das Landgericht
– Zivilkammer –

Klage

des ▬▬▬▬
– Kläger –
Prozeßbevollmächtigter: RA ▬▬▬▬

gegen

▬▬▬▬
– Beklagter –
Prozeßbevollmächtigter: RA ▬▬▬▬

Namens und in Vollmacht des Klägers erhebe ich Klage gegen den Beklagten und werde in dem zu bestimmenden Termin beantragen, für Recht zu erkennen:

---

1 OLG Köln DNotZ 1993, 136.
2 BGH NJW 1963, 1602.

5 Die gerichtliche Durchsetzung der Ansprüche des Mandanten

1. Der Beklagte wird verurteilt, das im Grundbuch von ▦▦▦ Blatt ▦▦▦ Bestandsverzeichnis Nr. ▦▦▦ eingetragene Grundstück Markung ▦▦▦ Flurstück ▦▦▦ an den Kläger aufzulassen und die entsprechende Eigentumsänderung im Grundbuch zu bewilligen.
2. Der Beklagte hat die Kosten des Rechtsstreits zu tragen.

Begründung:
Der Beklagte ist Alleinerbe der am ▦▦▦ verstorbenen Frau ▦▦▦. Diese hat in ihrem privatschriftlichen Testament vom ▦▦▦, das am ▦▦▦ vom Amtsgericht ▦▦▦ als Nachlaßgericht unter Aktenzeichen ▦▦▦ eröffnet wurde, dem Kläger ein Vermächtnis des Inhalts ausgesetzt, daß der Kläger das Alleineigentum an dem im Klagantrag Ziffer 1 bezeichneten Grundstück erhalten soll.
Trotz Aufforderung und Mahnung hat der Beklagte bisher sich nicht bereit erklärt, die Auflassung formgemäß zu erklären und die entsprechende Eintragungsbewilligung abzugeben. Klage ist deshalb geboten.
Zum Beweis der Vermächtnisanordnung wird jeweils eine beglaubigte Fotokopie des privatschriftlichen Testaments vom ▦▦▦ und der Eröffnungsniederschrift vom ▦▦▦ vorgelegt.
Das Grundstück hat einen Verkehrswert von DM ▦▦▦.
Rechtsanwalt

11 Ist der Erbe rechtskräftig zur Auflassung verurteilt, so muß die Einigungserklärung des Vermächtnisnehmers gleichwohl noch beurkundet werden.[3] Eine reine Beglaubigung der Unterschrift des Vermächtnisnehmers reicht nicht aus.[4]
Die gleichzeitige Anwesenheit der Parteien, wie sie in § 925 BGB vorgesehen ist, ist hier nicht notwendig, aber die Erklärung des Erwerbers ist nur dann formwirksam abgegeben, wenn im Zeitpunkt ihrer Abgabe das rechtskräftige Urteil vorliegt; eine Beurkundung der Erklärung des Erwerbers vor Vorliegen der rechtskräftigen Verurteilung zur Auflassung ist formunwirksam.[5]

12 *Hinweis*
Der Vermächtnisnehmer muß mit einer Ausfertigung des rechtskräftigen Urteils einen Notar aufsuchen und dort die Auflassung beurkunden lassen, sonst wäre der Form des § 925 BGB nicht genügt. Eine Ausfertigung der

---

3 KG DNotZ 1936, 204.
4 OLG Celle DNotZ 1979, 308.
5 BayObLG DNotZ 1984, 628.

Auflassung und die Ausfertigung des rkr. Urteils sind dem Grundbuchamt zur Eigentumsumschreibung vorzulegen. Der Eintragungsantrag des Vermächtnisnehmers nach § 13 GBO bedarf lediglich der Schriftform. Der Anwalt des Vermächtnisnehmers kann mit schriftlicher Vollmacht (§ 30 GBO) den Eintragungsantrag stellen.

Eine Vollstreckungsklausel und deren Zustellung an den Beklagten sind nicht erforderlich, weil das Urteil keiner weiteren Vollstreckung bedarf. 13

Nur für den Fall, daß die Auflassung von einer Zug-um-Zug-Zahlung aus irgendeinem Grunde abhängig wäre, muß eine vollstreckbare Ausfertigung im Zeitpunkt der Erklärung der Auflassung erteilt sein (§§ 894 I, 726, 730 ZPO). Das Grundbuchamt hat jedoch nicht zu prüfen, ob bei einer Zug-um-Zug-Verurteilung die Gegenleistung erbracht ist, dies erfolgt vielmehr im Klauselerteilungsverfahren.[6] 14

2. Vergleich

Auf vollstreckbare Vergleiche findet § 894 ZPO keine Anwendung. Aus ihnen muß, soweit sie nicht bereits die Auflassung oder die Bewilligung nach § 19 GBO enthalten, nach § 888 ZPO vollstreckt werden. 15

Vergleiche können vor jedem Gericht geschlossen werden; sie ersetzen die notarielle Beurkundung (§ 127 a BGB). Möglich ist nicht nur ein Vergleich im verwaltungsgerichtlichen Verfahren,[7] sondern auch vor dem Strafgericht[8] sowie in Landwirtschaftssachen.[9] Es ist unerheblich, ob sich das Verfahren nach ZPO oder nach FGG richtet, unerheblich ist auch, in welcher Instanz der Vergleich geschlossen wird. Es reicht aus, daß das gerichtliche Verfahren durch die vergleichsweise Einigung ganz oder teilweise abgeschlossen wird, ohne daß ein Vergleich im strengen Sinne des § 779 BGB vorliegen müßte. Erforderlich ist lediglich, daß die Auflassung mit einem der streitigen Sachverhalte sachlich zusammenhängt. 16

---

6 BayObLG DNotZ 1985, 47.
7 BVerwG NJW 1995, 2179.
8 OLG Stuttgart NJW 1964, 110.
9 BGHZ 14, 381.

17 In Baden-Württemberg ist auch der Ratschreiber – ein Gemeindebeamter, häufig der Bürgermeister – zur Beurkundung der Auflassung befugt (§§ 60, 61 IV BeurkG, 31, 32 III Ba.-Wü. LFGG). Der entsprechende landesrechtliche Vorbehalt findet sich in Art. 138 GG.

18 Im Verfahren zur amtlichen Vermittlung von Nachlaß- und Gesamtgutsauseinandersetzungen vor dem Nachlaßgericht gemäß §§ 86 ff. FGG kann ebenfalls die Auflassung erklärt werden; insofern gibt es noch eine Zuständigkeit des Nachlaßgerichts in Beurkundungsangelegenheiten.

19 Eine zur Auflassung etwa erforderliche Genehmigung des Vormundschaftsgerichts ist bei Verurteilung zur Auflassung dem Grundbuchamt nicht besonders nachzuweisen.[10] Dagegen werden behördliche Genehmigungen durch das Urteil nicht ersetzt, sie sind dem Prozeßgericht spätestens in der letzten mündlichen Tatsachenverhandlung vorzulegen.[11]

20 Etwa erforderliche Erklärungen eines Testamentsvollstreckers werden durch die Verurteilung des Erben nicht ersetzt. Diese Zustimmung müßte entweder in beurkundeter oder beglaubigter Form (§§ 29, 19, 20 GBO) oder in der Form eines rechtskräftigen Urteils nachgewiesen werden.

II. Nießbrauchsvermächtnis

1. Freiwillige Erfüllung

21 Die Zuwendung eines Nießbrauchs an einem Gegenstand begründet den Anspruch des Vermächtnisnehmers auf dingliche Bestellung des Nießbrauchs als einem beschränkten dinglichen Recht.

22 Im Falle des Nießbrauchsrechts an einem Grundstück (häufig an einem Gebäude) ist die dingliche Einigung nach § 873 BGB zwischen dem Erben und dem Vermächtnisnehmer erforderlich sowie die Eintragung im Grundbuch.

23 In diesem Falle bedarf es der Voreintragung des Erben als Eigentümer im Grundbuch nach § 39 GBO. Außerdem hat der Erbe als Grundstückseigentümer

---

10 BayObLG MDR 1953, 561.
11 Beispielsweise Genehmigungserfordernis nach Grundstücksverkehrsgesetz, vgl. BGHZ 82, 292 = NJW 1982, 881.

die Eintragungsbewilligung nach § 19 GBO in der Form des § 29 GBO abzugeben, der Vermächtnisnehmer kann einen formlosen Eintragungsantrag nach § 13 GBO stellen. Die Einigung über die Nießbrauchsbestellung selbst bedarf keiner Form. Es empfiehlt sich jedoch, sie zur Beweissicherung und zur Klarheit für den Inhalt des Nießbrauchsrechts in Schriftform abzufassen.

Muster: Nießbrauchseinräumung

▼

Der Unterzeichnete ▮ wurde Miterbe am Nachlaß seines am ▮ verstorbenen Vaters ▮ In dessen privatschriftlichem Testament vom ▮, das das Nachlaßgericht ▮ am ▮ eröffnet hat, wurde dem Unterzeichneten als Vorausvermächtnis das Grundstück ▮ zugewandt. Darüber hinaus enthält das Testament die Anordnung, daß der überlebenden Ehefrau der lebenslange Nießbrauch an diesem Grundstück zustehen soll. Die nunmehrige Witwe hat dieses Nießbrauchsvermächtnis angenommen.

In Erfüllung der Verpflichtung des Vorausvermächtnisnehmers aus dem bezeichneten Testament bestellt er hiermit seiner Mutter, Frau ▮, den lebenslangen Nießbrauch an dem bezeichneten Grundstück. Das Nießbrauchsrecht hat den gesetzlichen Inhalt der §§ 1030 ff. BGB. Abweichende Vereinbarungen über die Lastentragung nach § 1047 BGB werden nicht getroffen.

Grundstückseigentümer und Nießbraucher sind sich über die Bestellung des Nießbrauchsrechts einig. Die Vertragsparteien verpflichten sich, sich so zu stellen, als wäre der Nießbrauch mit Wirkung ab Todestag des Erblassers bestellt worden.

Der Grundstückseigentümer wird eine formrichtige Eintragungsbewilligung gegenüber dem Grundbuchamt ▮ abgeben. Die Antragstellung auf Eintragung des Nießbrauchs wird der Nießbraucherin überlassen.

Die Kosten der Nießbrauchsbestellung und ihres Vollzugs trägt ▮

Der Jahreswert des Nießbrauchs beträgt DM ▮. Die Nießbrauchsberechtigte ist ▮ Jahre alt.

▮

Ort, Datum

Grundstückseigentümer: ▮
Nießbraucherin: ▮

Die Angaben des Alters des Nießbrauchers und des Jahreswerts sind erforderlich für die Gegenstandswertermittlung durch das Grundbuchamt (§ 24 KostO).

26 Dieser dingliche Vertrag über die Nießbrauchsbestellung (§ 873 BGB) bedarf keiner Form. Lediglich die Eintragungsbewilligung des Eigentümers bedarf der Beglaubigung nach § 29 GBO.

2. Klage auf Einräumung des Grundstücksnießbrauchs

27 Erfüllt der Grundstückseigentümer den Anspruch des Nießbrauchsvermächtnisnehmers nicht freiwillig, so ist Klage auf Abgabe der dinglichen Einigungserklärung nach § 873 BGB samt Eintragungsbewilligung nach § 19 GBO zu erheben. Mit Rechtskraft des Urteils sind die Willenserklärungen des Beklagten ersetzt, § 894 ZPO.

Muster: Klage auf Nießbrauchsbestellung

28

An das Landgericht

Klage

des
– Kläger –

Prozeßbevollmächtigter: RA

gegen

– Beklagter –

Prozeßbevollmächtigter: RA

Namens und in Vollmacht des Klägers erhebe ich Klage gegen den Beklagten. In dem anzuberaumenden Verhandlungstermin werde ich beantragen, für Recht zu erkennen:

1. Der Beklagte wird verurteilt, dem Kläger an dem Grundstück, eingetragen im Grundbuch von   Blatt   Bestandsverzeichnis   Gemarkung   den Nießbrauch mit dem gesetzlichen Inhalt der §§ 1030 ff. BGB zu bestellen und die Eintragung des Nießbrauchs zugunsten des Klägers im Grundbuch zu bewilligen.
2. Der Beklagte hat die Kosten des Rechtsstreits zu tragen.

Begründung entsprechend oben Rn 24.

3. Formen des Nießbrauchs

Der Nießbrauch kann bestellt werden an Grundstücken, Erbbaurechten, grundstücksgleichen Rechten, Wohnungseigentum, Dauerwohn- und -nutzungsrechten sowie an Grundpfandrechten, Forderungen und anderen Rechten und Beteiligungen. Beim Nießbrauch an einem Vermögen bspw. am Nachlaß (§ 1085 BGB) muß das Nießbrauchsrecht durch Einzelakte an den einzelnen Vermögensgegenständen begründet werden. Vgl. zum Nießbrauchsvermächtnis oben Teil 2 § 8 Rn 150 ff.

Der Nießbrauch kann auch an einer realen Teilfäche eines Grundstücks begründet werden (§§ 7 II, 2 III GBO).[12]

Auch an einem ideellen Bruchteil (Miteigentumsanteil nach § 741 BGB) kann ein Nießbrauch bestellt werden. Selbst der Alleineigentümer kann an einem ideellen Grundstücksbruchteil einen Nießbrauch begründen, weil eine dem § 1114 BGB entsprechende Beschränkung fehlt.[13]

Zulässig ist auch die Bestellung eines Nießbrauchs an einem ganzen Grundstück, beschränkt jedoch auf einen reinen Bruchteil.[14]

Weit verbreitet ist der **Nießbrauch an Erbteilen** – zumeist des überlebenden Ehegatten an Erbteilen der Kinder. Für die Bestellung des Nießbrauchs an einem Erbteil ist notarielle Form erforderlich, weil nach § 1069 BGB die Vorschriften für die Übertragung – in diesem Fall § 2033 BGB – gelten. Gehört zum Nachlaß ein Grundstück, so kann die Belastung des Erbteils mit dem Nießbrauch bei den Nachlaßgrundstücken im Wege der Grundbuchberichtigung (in Abt. II) vermerkt werden,[15] weil es sich bei der Nießbrauchsbelastung um eine Verfügungsbeschränkung handelt (§§ 1068 II, 1078 BGB). Voraussetzung ist in diesem Fall allerdings, daß die Miterben zuvor im Grundbuch als Eigentümer des Nachlaßgrundstücks eingetragen werden (§§ 39, 47 GBO).

Bestellt der Miterbe, der zur Einräumung des Nießbrauchs verpflichtet ist, den Nießbrauch nicht freiwillig (in notariell beurkundeter Form!), so ist Klage gegen

---

12 LG Tübingen BWNotZ 1981, 140.
13 KG DNotZ 1936, 817.
14 Sog. Quotennießbrauch; vgl. LG Wuppertal MittRhNotK 1994, 317 = Der Rechtspfleger 1995, 209.
15 OLG Hamm DNotZ 1977, 376.

ihn zu erheben. Mit Rechtskraft des Urteils wird die von ihm abzugebende Willenserklärung ersetzt, § 894 ZPO. Da notarielle Beurkundung für den gesamten Einigungsakt vorgeschrieben ist, muß der Kläger seine Erklärung unter Vorlage einer Ausfertigung des rechtskräftigen Urteils noch vor einem Notar erklären. Erst dann ist die Form des § 2033 BGB gewahrt.

35 Auch in diesem Fall erscheint es zweckmäßig, in den Klagantrag die Bewilligung der Berichtigung des Grundbuchs dahingehend aufzunehmen, daß der Nießbrauch im Grundbuch vermerkt werden kann (§§ 19, 22 GBO).

36 Im Rahmen eines **gerichtlichen Vergleichs** kann ebenfalls die Einigung über die Nießbrauchsbestellung am Erbteil erfolgen. Die Protokollierung des Vergleichs ersetzt die notarielle Beurkundung nach § 127 a BGB.

37 *Hinweis*
Auch hierbei sollte darauf geachtet werden, daß die Grundbuchberichtigungsbewilligung bezüglich des Vermerks über die Nießbrauchsbestellung am Erbteil eines Nachlasses, zu dem ein Grundstück gehört, nach §§ 22, 19 GBO in den Vergleichstext mit aufgenommen wird, damit nicht eine weitere notarielle Beglaubigung erforderlich wird. (Formulierung: „Der Beklagte bewilligt die Berichtigung des Grundbuchs dahingehend, daß zu Lasten des Nachlaßgrundstücks eingetragen im Grundbuch von   Band   Heft   Bestandsverzeichnis Nr.   Markung   Flst   die Bestellung des Nießbrauchs am Erbteil des Klägers in Abt. II des Grundbuchs vermerkt wird.")

4. Nießbrauch an Gesellschaftsanteilen

38 Der Nießbrauch an einem Anteil einer Personengesellschaft wird gemäß § 1069 BGB durch Vereinbarung bestellt; die Zustimmung aller Gesellschafter ist hierzu nötig (für die BGB-Gesellschaft: § 719 BGB). Diese Zustimmung kann allerdings bereits im vorhinein im Gesellschaftsvertrag erteilt worden sein.

39 Gehört zum Gesellschaftsvermögen ein Grundstück, so ist streitig, ob die Nießbrauchsbestellung am Gesellschaftsanteil im Wege der Grundbuchberichtigung in das Grundbuch eingetragen werden kann.[16] Da Rechtsprechung zu

---

16 Müko/*Ulmer*, § 705 Rn 85; *Baumbach/Hopt*, HGB § 124 Anm. 2 D.

Die Klage auf Vermächtniserfüllung § 28

diesem Problem nicht veröffentlicht ist, empfiehlt es sich, vorher beim zuständigen Grundbuchamt anzufragen, welche Ansicht dort vertreten wird.

Die Bestellung eines Nießbrauchs an einem GmbH-Anteil bedarf gemäß §§ 1069 BGB, 15 GmbH-Gesetz der notariellen Beurkundung. **40**

III. Wohnrechts-Vermächtnis

Nicht selten ist die vermächtnisweise Zuwendung eines dinglichen Wohnrechts an einer Wohnung zugunsten des überlebenden Ehegatten bzw. zugunsten unverheirateter oder behinderter Kinder. **41**

Das Wohnrecht ist eine beschränkte persönliche Dienstbarkeit (§§ 1093 ff. BGB). Für seine Eintragung im Grundbuch ist die dingliche Einigung nach § 873 BGB erforderlich. Die Eintragungsbewilligung ist in der Form des § 29 GBO abzugeben, der Eintragungsantrag kann vom Wohnungsberechtigten formlos gestellt werden (§ 13 GBO). Die Voreintragung des Erben als Grundstückseigentümer im Grundbuch ist erforderlich (§ 39 GBO). **42**

Muster: Vereinbarung der Bestellung eines dinglichen Wohnrechts
▼
43

Die Unterzeichneten sind Geschwister. Ihr Vater, Herr ▓▓▓, ist am ▓▓▓ in ▓▓▓ gestorben. Dem Unterzeichneten, Herrn ▓▓▓, wurde im Wege des Vorausvermächtnisses das Alleineigentum an dem Gebäudegrundstück ▓▓▓ zugewandt. Gleichzeitig wurde der Unterzeichneten, der Schwester des Vorausvermächtnisnehmers, Frau ▓▓▓, das Wohnrecht an der im Dachgeschoß gelegenen Wohnung, bestehend aus zwei Zimmern, Küche, Bad und WC und einem Abstellraum im Untergeschoß, auf Lebenszeit ohne Verpflichtung zur Zahlung einer Gegenleistung eingeräumt.

In Erfüllung dieser Vermächtnisverpflichtung bestellt Herr ▓▓▓ seiner Schwester, Frau ▓▓▓, hiermit an der bezeichneten Wohnung und zu Lasten des bezeichneten Gebäudegrundstücks das lebenslange Wohnrecht mit dem Inhalt der §§ 1093 ff. BGB.

Herr ▓▓▓ wird die nach § 19 GBO erforderliche Eintragungsbewilligung in notariell beglaubigter Form abgeben; die Antragstellung wird der Wohnungsberechtigten überlassen.

Die Unterzeichneten sind sich über die Bestellung des Wohnrechts einig.

Die Kosten der Wohnrechtsbestellung und ihres Vollzugs trägt ▓▓▓.

Die Wohnungsberechtigte ist ▓▓▓ Jahre alt; der Jahreswert des Wohnrechts beträgt DM ▓▓▓.

5 Die gerichtliche Durchsetzung der Ansprüche des Mandanten

Ort, Datum

Der Grundstückseigentümer:
Die Wohnungsberechtigte:

44 Erfüllt der Grundstückseigentümer den Vermächtnisanspruch des Wohnungsberechtigten nicht freiwillig, so ist er auf Abgabe der Einigungserklärung nach § 873 BGB und der Eintragungsbewilligung nach § 19 GBO zu verklagen; mit Rechtskraft des Urteils sind die Willenserklärungen ersetzt, § 894 ZPO.

45 Da die Wohnrechtsbestellung materiellrechtlich einer besonderen Form nicht bedarf, kann das Urteil dem Grundbuchamt mit dem entsprechenden Eintragungsantrag vorgelegt werden. Es ist darauf zu achten, daß die grundbuchrechtlich erforderliche Bewilligung nach § 19 GBO sofort in den Klagantrag und damit in das Urteil aufgenommen wird.

46 Auch in einem gerichtlichen Vergleich kann die dingliche Einigung nach § 873 BGB erklärt werden.

47 *Hinweis*
Die Eintragungsbewilligung nach § 19 GBO sollte nicht vergessen werden. Andernfalls wäre noch eine notarielle Unterschriftsbeglaubigung des Grundstückseigentümers (= Beklagter) erforderlich. Und diese würde weitere Kosten verursachen.

48 Die Angabe des Alters des Wohnungsberechtigten und des Jahreswerts des Wohnungsrechts ist erforderlich, damit das Grundbuchamt den Gegenstandswert und die Gebühren ermitteln kann (§ 24 KostO).

B. Gegenrechte des Vermächtnisschuldners

I. Ausgangslage

49 Das Vermächtnis ist Nachlaßverbindlichkeit (§ 1967 II BGB). In der Regel ist der Erbe bzw. sind die Erben Schuldner des Vermächtniserfüllungsanspruchs, wobei Miterben als Gesamtschuldner haften (§ 2058 BGB).

Außer den Ansprüchen von Vermächtnisgläubigern hat der Erbe möglicherweise auch Ansprüche von Pflichtteilsberechtigten zu erfüllen. Bei der Ermittlung des um Nachlaßverbindlichkeiten bereinigten Nachlaßbestandes zur Pflichtteilsberechnung werden nach § 2311 BGB Vermächtnisverbindlichkeiten nicht abgezogen. Bei der Pflichtteilsberechnung ignoriert das Gesetz also die Verbindlichkeiten des Erben aus Vermächtnisanordnungen – das ist konsequent, weil der Erblasser sonst durch Vermächtnisanordnungen Pflichtteilsrechte schmälern könnte. Diese „Ungerechtigkeit" gegenüber dem Erben korrigiert das Gesetz wieder in den Vorschriften über das **Vermächtniskürzungsrecht** der §§ 2318 ff BGB. 50

II. Das Vermächtniskürzungsrecht

Hat der Erbe außer dem Vermächtnis auch einen Pflichtteilsanspruch zu erfüllen, so kann er nach § 2318 I BGB das Vermächtnis in der Weise kürzen (Erfüllungsverweigerung), daß Erbe und Vermächtnisnehmer die Pflichtteilslast im Verhältnis ihres jeweiligen Erwerbs tragen. 51

Dieses Kürzungsrecht steht dem Erben erst dann zu, wenn der Pflichtteilsanspruch auch tatsächlich geltend gemacht wird. Andernfalls wäre der Erbe zu Lasten des Vermächtnisnehmers bevorzugt.[17] 52

Das Kürzungsrecht steht im Falle der Anordnung eines Untervermächtnisses nach § 2188 BGB auch dem mit dem Untervermächtnis belasteten Hauptvermächtnisnehmer zu. Allerdings kann der Erblasser sowohl das Kürzungsrecht des Erben als auch das des Hauptvermächtnisnehmers durch Verfügung vTw modifizieren, §§ 2324, 2188 BGB. 53

Besteht der Vermächtnisanspruch in einer teilbaren Leistung, so ist die Durchführung der Kürzung problemlos. Handelt es sich bei dem Vermächtnis jedoch um einen unteilbaren Gegenstand, bspw. Grundstück, Nießbrauch, Wohnrecht, so kann der Vermächtnisschuldner bei Geltendmachung des Vermächtnisses im Gegenzug den Kürzungsbetrag verlangen.[18] Für den Prozeß heißt dies, daß der Vermächtnisnehmer nur Erfüllung Zug um Zug gegen Zahlung des Kürzungsbetrages verlangen kann. 54

17 *Palandt/Edenhofer*, § 2318 Rn 1.
18 *Kipp/Coing*, § 12 II 2a.

55 Lehnt der Vermächtnisnehmer die Zahlung des Kürzungsbetrages ab, so ist der Vermächtnisschuldner berechtigt, dem Vermächtnisnehmer den Wert des Vermächtnisses unter Abzug des Kürzungsbetrages auszuzahlen.[19]

56 Ist der Vermächtnisgegenstand keine Geldforderung, so stellen sich auch hier Bewertungsfragen wie bei § 2311 BGB. Maßgebender Stichtag für die Bewertung des Vermächtnisgegenstandes ist hier allerdings die Erfüllung des Vermächtnisses, dh im Prozeß der Zeitpunkt der letzten mündlichen Tatsachenverhandlung.

57 **Beschränkungen des Kürzungsrechts:** Abgesehen von den vom Erblasser selbst angeordneten Abweichungen von den gesetzlichen Regeln der Vermächtniskürzung nach §§ 2324, 2188 BGB darf dem **selbst pflichtteilsberechtigten Vermächtnisnehmer** gegenüber der Vermächtnisanspruch nach § 2318 II BGB nur insoweit gekürzt werden, daß ihm selbst der Pflichtteil verbleibt. Diese Vorschrift ist vom Erblasser nicht abänderbar, weil sich § 2324 BGB nur auf Abs. 1 von § 2318 BGB bezieht und der Erblasser andernfalls in das Pflichtteilsrecht des Vermächtnisnehmers eingreifen würde.

58 Ist im Falle der Zugewinngemeinschaft der überlebende Ehegatte der Vermächtnisnehmer, so richtet sich die Grenze der Kürzungsmöglichkeit nach dem sog. großen Pflichtteil, was wiederum Auswirkungen auf die Höhe der Pflichtteilsquoten der anderen Pflichtteilsberechtigten hat.

59 Ist der pflichtteils- und vermächtnisbelastete **Erbe seinerseits selbst pflichtteilsberechtigt,** so kann er nach § 2318 III BGB das Vermächtnis wegen der Pflichtteilslast soweit kürzen, daß ihm sein eigener Pflichtteil verbleibt.

60 Da eine Vermächtnisanordnung nach § 2306 I 1 BGB ohnehin dann unwirksam ist, wenn dem pflichtteilsberechtigten Erben ein Erbteil hinterlassen ist, der geringer ist als der Pflichtteil, findet § 2318 III BGB nur dann Anwendung, wenn der hinterlassene Erbteil größer ist als der Pflichtteil und der Erbe seinerseits nicht selbst nach § 2306 I 2 BGB ausgeschlagen hat, um den Pflichtteil zu verlangen.

---

19 BGHZ 19, 309, 311.

III. Die Überschwerungseinrede

Bei der Überprüfung einer etwaigen Überschuldung des Nachlasses im Sinne des Konkursrechts und der Konkursantragspflicht bzw. des Insolvenzrechts und der Insolvenzantragspflicht aus § 1980 BGB bleiben die Vermächtnisse als Nachlaßverbindlichkeiten außer Betracht, §§ 1980 I 3 BGB, 215 KO, 317 InsO. 61

Beruht die Überschuldung des Nachlasses aber auf den Verbindlichkeiten aus Vermächtnissen und Auflagen, so stellt das Gesetz dem Erben eine einfachere Haftungsbeschränkungsmaßnahme zur Verfügung als den Nachlaßkonkurs bzw. die Nachlaßinsolvenz: **die Überschwerungseinrede des § 1992 BGB.** 62

Das Gesetz vermutet, der Erblasser habe durch seine Anordnungen keinen Nachlaßkonkurs bzw. keine Nachlaßinsolvenz herbeiführen wollen. Der Fall einer Überschuldung durch Vermächtnisse und Auflagen kann eintreten, wenn der Erblasser bei Testamentserrichtung ausreichend Vermögen zur Erfüllung seiner Anordnungen hatte, dieses Vermögen sich aber bis zu seinem Tode so weit verringert hat, daß eine Überschwerung eintritt. 63

Der Erbe kann nach Erhebung der Einrede die Vermächtnisnehmer nach §§ 1990, 1991 BGB auf den Restnachlaß verweisen und den Nachlaß zum Zwecke der Befriedigung des Vermächtnisnehmers im Wege der Zwangsvollstreckung herausgeben. 64

> *Hinweis* 65
> Zeichnet sich eine Überschwerung (oder auch eine Dürftigkeit nach § 1990 BGB) ab, so sollte der Erbe auf eine genaue Sonderung der Nachlaßgegenstände von seinem Eigenvermögen achten und sie erforderlichenfalls in einem besonderen Raum lagern, damit im Ernstfall der Nachlaß auch tatsächlich zur Verwertung herausgegeben werden kann.

Hier konkretisiert sich das Recht der Haftungsbeschränkung in der Weise, daß dem Gläubiger seine Haftungsgrundlage – der Nachlaß – *in corpore* zur Verfügung gestellt wird. 66

Allerdings hat der Erbe wahlweise statt der Herausgabe ein Abfindungsrecht nach § 1992 S. 2 BGB: Zahlung des Wertes der Nachlaßgegenstände an die Vermächtnisgläubiger. 67

5 Die gerichtliche Durchsetzung der Ansprüche des Mandanten

68 Ist ein bestimmter Nachlaßgegenstand vermacht, so wandelt sich der Vermächtnisanspruch nach Erhebung der Überschwerungseinrede in einen verhältnismäßig gekürzten Geldanspruch um. Der Vermächtnisnehmer kann aber die Übertragung des Gegenstands verlangen, wenn er Zug um Zug den erforderlichen Kürzungsbetrag leistet.[20]

69 Im Verhältnis zwischen **Hauptvermächtnisnehmer** und **Untervermächtnisnehmer** gelten nach § 2187 III BGB die gleichen Regeln.

70 Der Pflichtteil muß dem pflichtteilsberechtigten Erben aber verbleiben, weil Vermächtnisse ihm gegenüber nachrangig sind.

71 **Im Prozeß** des Vermächtnisnehmers gegen den Erben muß der Erbe nach Erhebung der Einrede einen Haftungsbeschränkungsvorbehalt nach § 780 ZPO in den **Urteilstenor** aufnehmen lassen (Aufnahme des Vorbehalts in die Urteilsgründe reicht nicht!). Zum Haftungsbeschränkungsvorbehalt nach § 780 ZPO siehe oben Teil 3 § 21 Rn 163 ff, 193 ff. Steht fest, daß der Nachlaß überschwert ist, so kann dies sofort im Prozeß berücksichtigt werden bei der Entscheidung über die Vermächtnisforderung (teilweises Zusprechen der Klageforderung). Darauf sollte immer gedrängt werden, wenn die Rechtslage dies zuläßt. Andernfalls muß die Verwirklichung der Haftungsbeschränkung in der Zwangsvollstreckung erfolgen mittels einer Vollstreckungsgegenklage nach §§ 781, 785, 767 ZPO.[21] Und ein zweiter Prozeß sollte bei einem ohnehin unzulänglichen Nachlaß schon aus Kostengründen tunlichst vermieden werden.

72 *Hinweis*
Der Rechtsanwalt ist grundsätzlich verpflichtet, den Vorbehalt nach § 780 ZPO in das Urteil aufnehmen zu lassen – und sei es nur vorsorglich –, weil er sich andernfalls der Haftung ausgesetzt sehen kann.[22]

73 Die Rechte aus § 1992 BGB können an Stelle des Erben auch vom Testamentsvollstrecker, Nachlaßverwalter und Nachlaßpfleger geltend gemacht werden.[23]

---

[20] BGH NJW 1964, 2298.
[21] BGH NJW 1964, 2300.
[22] BGH NJW 1991, 2839.
[23] *Soergel/Stein*, § 1992 Rn 3, aber streitig.

§ 29 Die Pflichtteilsklage

A. Allgemeines

Bei der Geltendmachung des Pflichtteilsanspruchs im Prozeß kann der Berechtigte auf verschiedene Weise vorgehen. Je nachdem, ob der Berechtigte schon Kenntnis über den Nachlaß hat – dann kann er gleich **Zahlungsklage** erheben – oder ob er erst noch Auskunft benötigt – hat er die Möglichkeit, **Stufenklage** zu erheben – ist die richtige Vorgehensweise von unterschiedlichen Faktoren abhängig.

Der Berechtigte kann einzeln vorgehen, indem er zunächst Auskunftsklage erhebt und danach eine Zahlungsklage geltend macht. Nachteilig ist, daß ihm bei diesem Vorgehen, neben dem Risiko der Verjährung, in der Summe höhere Prozeßkosten entstehen. Die Gebühren für die einzelnen Prozesse entstehen aus zwei getrennten Streitwerten, während bei der kumulativen Klagehäufung (Stufenklage) die Kosten aus einem Gesamtstreitwert ermittelt werden, vgl. unten Rn 8 ff.

Will der Berechtigte, der zunächst Auskunft begehrt hat, den Antrag auf Abgabe der eidesstattlichen Versicherung erweitern, weil es für deren Notwendigkeit berechtigte Anzeichen gibt, so ist dies nach herrschender Meinung eine zulässige Klageerweiterung nach § 264 Nr. 2 ZPO.[1] Gleiches gilt auch für den Fall, daß zunächst Auskunftsantrag und Antrag auf eidesstattliche Versicherung gestellt wurde und der Berechtigte erst im Prozeß einen Zahlungsantrag miteinbezieht.[2]

B. Zuständigkeit

Zuständig für die jeweilige Klage ist gemäß § 27 Abs. 1 ZPO das Gericht, an dem der Erblasser zum Zeitpunkt des Todes seinen allgemeinen Gerichtsstand hatte. In der Regel ist dies gemäß § 13 ZPO der letzte Wohnsitz. Der Gerichtsstand des § 27 ZPO gilt sowohl für die Klage auf Feststellung des Erbrechts,

---

1 *Kuchinke* NJW 1957, 1175.
2 BGH NJW 1979, 925.

als auch für die Klagen auf Auskunft und Zahlung des Pflichtteilsanspruchs. Hierunter fällt auch der Ergänzungsanspruch nach § 2329 BGB gegen den Beschenkten.[3] Da § 27 ZPO jedoch keinen ausschließlichen Gerichtsstand begründet, können die Parteien den Prozeß einverständlich auch an einem anderen Ort führen.

5 Hatte der Erblasser seinen letzten Wohnsitz im Ausland, wird er jedoch nach deutschem Recht beerbt, dann ist das Gericht des letzten inländischen Wohnsitzes zuständig (§ 27 II ZPO).

C. Die Klagearten

I. Die Geltendmachung des Pflichtteils im Wege der Stufenklage

1. Allgemeines

6 Vorzugsweise geht der Pflichtteilsberechtigte prozessual im Wege der Stufenklage (§ 254 ZPO) vor, wenn die positive Aussicht auf einen Zahlungsanspruch feststeht oder wenn sich Verjährungsprobleme stellen könnten. Da der Pflichtteilsberechtigte grundsätzlich keine Kenntnis über den Bestand des Nachlasses hat, ist ihm der Weg über die Stufenklage gestattet. Von der Stufenklage ist abzuraten, wenn ungewiß ist, ob überhaupt ein Zahlungsanspruch besteht und wenn keine Verjährung droht. Für die beratende Praxis sei hier darauf hingewiesen, daß bei getrennter Geltendmachung von Auskunfts- und Zahlungsklage die Verjährung des Pflichtteilsanspruchs stets im Auge zu behalten ist, zumal sich eine Auskunftsklage nicht selten über 1 bis 2 Jahre hinzieht.

7 Bei der Stufenklage umfaßt der Klageantrag in der ersten Stufe die Auskunftserteilung des Erben über den Bestand des Nachlasses (§§ 2314, 260 BGB), in der zweiten Stufe die Abgabe einer Versicherung an Eides Statt (§ 260 II BGB) und in der dritten Stufe die Zahlung des sich aus dem Nachlaßwert und der Pflichtteilsquote ergebenden Betrags.

Hat der Pflichtteilsberechtigte bereits über einen bestimmten Teil des Nachlasses und dessen Wert Kenntnis, so kann er bereits eine Teilklage auf den

---

3 Zöller § 27 Rn 8.

Mindestwert des Pflichtteils erheben und diese mit einer Stufenklage bezüglich des restlichen Teils verbinden.[4]

Vgl. zu den Voraussetzungen eines Teilurteils über den Pflichtteilsanspruch OLG Hamburg NJW-FER 1999, 129.

2. Kosten und Streitwert

Geht der Kläger im Wege der Stufenklage vor und erteilt der Beklagte nach Rechtshängigkeitseintritt die begehrte Auskunft, so kann hinsichtlich des Auskunftsantrags die Hauptsache für erledigt erklärt werden.[5] 8

Ergibt sich nach Auskunftserteilung, daß kein Nachlaß vorhanden und ein Zahlungsanspruch deshalb unbegründet ist, so war die anschließende prozessuale Verfahrensweise bzw. **Kostentragungspflicht** bisher ein umstrittenes Problem. Durch eine Hauptsacheerledigungserklärung bezüglich des Zahlungsantrags kann der Kläger die Prozeßkostensituation allein nicht retten. 9

Nach Ansicht des BGH sind in diesem Falle dem Kläger die Kosten nach § 91 a ZPO aufzuerlegen, da die Zahlungsklage unbegründet gewesen wäre. Auch eine analoge Anwendung des Rechtsgedankens aus § 93 ZPO kommt nicht in Betracht. Im Ergebnis führt dies zu einer als ungerecht empfundenen Kostentragungspflicht des Auskunftsklägers, da er oft nur zur Vermeidung der Verjährung seines Zahlungsanspruchs diesen mit der Auskunftsklage verband und rechtshängig machte.[6] 10

Der BGH[7] löst das Problem dahingehend, daß er dem Kläger einen materiellrechtlichen Schadensersatzanspruch in Bezug auf die angefallenen Kosten der – unbegründeten – Zahlungsklage zubilligt, wenn diese bei rechtzeitiger Auskunftserteilung vermeidbar gewesen wären. 11

Diesen Schadensersatzanspruch kann der Kläger entweder in einem Folgeprozeß oder aber im laufenden Prozeßverfahren im Wege einer Klageänderung einfordern, welche nach Ansicht des BGH nach § 263 ZPO als sachdienlich 12

---

4 *Stein/Jonas* ZPO § 254 III 1, Coing NJW 1983, 1298.
5 BGH MDR 1965, 641.
6 BGH NJW 1994, 2895; BGHZ 40, 8265 ff.
7 BGHZ 79, 2075; NJW 1981, 990.

angesehen wird. Hierbei besteht wiederum die Wahlmöglichkeit zwischen einer Feststellungsklage und einer direkt bezifferten Zahlungsklage.

13 Bei der Bemessung des **Streitwertes** der Stufenklage nach § 254 ZPO sind folgende Konstellationen zu unterscheiden:

Kann der Kläger zum Zeitpunkt der Erhebung der Stufenklage den Zahlungsanspruch noch nicht beziffern, dann ist der Streitwert gemäß § 3 ZPO zu schätzen.

Ist es dagegen möglich, bereits einen Teilleistungsanspruch zu beziffern, dann ist dieser dem Streitwert zugrunde zu legen und zusätzlich gemäß § 3 ZPO der Wert des Auskunftsinteresses zu schätzen.

Für den **Gebührenstreitwert** gilt § 18 GKG. Danach ist bei der Stufenklage der höchste Wert der erhobenen Ansprüche maßgebend.

Vgl. zur Frage der Prozeßkostenhilfe im Rahmen einer Stufenklage OLG Brandenburg FamRZ 1998, 1177.

II. Auskunfts- und Leistungsklage

1. Allgemeines

14 Ist die Gefahr einer Verjährung nicht gegeben, dann kann der Berechtigte zunächst nur Auskunftsklage erheben. Muß nach Abschluß derselben Zahlungsklage erhoben werden, entstehen lediglich die eingangs bereits erwähnten höheren Prozeßkosten. Ein Auskunftsanspruch kann aber grundsätzlich nicht durch einstweilige Verfügung erzwungen werden.[8]

15 Schwierigkeiten bestehen in der Praxis aber oftmals bei der Antragstellung. Der **Antrag** auf **Auskunft** ist möglichst konkret zu fassen, damit er später gegebenenfalls vollstreckt werden kann.[9] Nach BGH[10] hat ein Nachlaßverzeichnis grundsätzlich über die folgenden Punkte Auskunft zu geben, die sinnvollerweise auch der Antrag enthalten sollte, nämlich das Auskunftsbegehren

- über die beim Erbfall tatsächlich vorhandenen Sachen und Forderungen (Aktiva)

[8] *Staudinger/Haas* § 2314 Rn 80.
[9] Für die Angaben bei Auskünften über Grundstücke siehe umfassend *Rohlfing* § 5 Rn 220.
[10] BGH LM BGB § 2314 Nr. 5.

- über alle Nachlaßverbindlichkeiten (Passiva)
- über alle Schenkungen, die der Erblasser zu Lebzeiten getätigt hat und die in den fiktiven Nachlaß fallen könnten.
- über alle an Abkömmlinge erfolgten Zuwendungen, die nach §§ 2050 ff BGB ausgleichspflichtig sind.

Unabhängig von einem konkret gefaßten Antrag geht die Rechtsprechung[11] beim Auskunftsanspruch nach § 2314 BGB zu Recht davon aus, daß es einer genauen Umschreibung der einzelnen Handlungen zur Erfüllung der Auskunftspflicht aus prozeßökonomischen Gründen nicht unbedingt bedürfe. Ausreichend ist es auch – unabhängig von der Frage der Zweckmäßigkeit, lediglich auf Auskunft zu klagen und im anschließenden Vollstreckungsverfahren die geforderte Leistung nach den oben genannten Voraussetzungen zu präzisieren.

16

Das Urteil muß somit keine genaue Umschreibung der vorzunehmenden Auskunfterteilung enthalten. Dem Schutz des Vollstreckungsschuldners wird nach der Rechtsprechung[12] dadurch Rechnung getragen, daß der Pflichtteilsberechtigte zunächst seinen Antrag konkretisieren muß, welchen Vertrag oder über welches Ereignis der Verpflichtete Auskunft zu geben hat. Dem Verpflichteten ist danach rechtliches Gehör zu gewähren und eine Frist zur Erbringung der geforderten Information unter Androhung des Zwangsmittels nach § 888 ZPO zu setzten. Erst nach Ablauf der Frist darf das Gericht das Zwangsmittel verhängen.[13]

17

Wird die Auffassung vertreten, daß eine weitere Beibringung von Auskünften nicht den gewünschten Erfolg bringt, bleibt zu prüfen, ob der Kläger hier nicht besser das Wertermittlungsverfahren einleiten oder Antrag auf Abgabe der eidesstattlichen Versicherung stellen sollte.

Hinweis
Beim Übergang vom Auskunftsanspruch zum Wertermittlungsanspruch liegt eine Klageänderung i.S.v § 264 Nr. 2 ZPO nicht vor, wenn der Kläger

18

---

11 OLG Hamburg FamRZ 1988, 1213.
12 BGH FamRZ 1983, 454; NJW 1983, 1056.
13 OLG Hamburg FamRZ 1988, 1213; OLG Hamm NJW-RR 1987, 766; *Thomas/Putzo* ZPO § 888 Anm. 3 b cc.

aufgrund derselben tatsächlichen und rechtlichen Grundlagen von dem einen auf den anderen Anspruch übergeht.[14]

2. Streitwert, Kosten

19 Der Streitwert der Auskunftsklage ist gemäß § 3 ZPO nach Ermessen des Gerichtes zu bestimmen. In der Regel ist hierbei 1/10 bis 1/4 des zu erwartenden Zahlungsanspruchs als angemessen zugrunde zu legen.[15]

Wird jemand zur Erteilung der Auskunft verurteilt, dann hat er die Kosten der Auskunftsklage unabhängig davon zu tragen, ob die Auskunft dazu geführt hat, daß ein Pflichtteilsanspruch besteht oder nicht.

III. Feststellungsklage

20 Die Feststellungsklage ist die richtige Klageart, wenn es um die Feststellung eines Pflichtteilsrechts geht. Mit der Feststellungsklage kann beispielsweise die verbindliche Feststellung getroffen werden, ob ein rechtswirksamer Pflichtteilsverzicht vorliegt oder ein Fall der Erb- und Pflichtteilsunwürdigkeit gegeben ist.

21 Hierbei ist die Feststellung vor dem Erbfall zu unterscheiden von der Feststellung nach dem Erbfall. Vor dem Erbfall ist es nach Ansicht des BGH[16] dem Erblasser gestattet, durch Feststellungsklage zu klären, ob eine Pflichtteilsentziehung wirksam ist, während dies dem Pflichtteilsberechtigten selbst nicht ohne weiteres zusteht.

22 Bei einer Klage auf Feststellung der Ausgleichspflicht nach § 2050 BGB entspricht der Streitwert grundsätzlich dem Interesse des Klägers, welches er daran hat, daß es zur Ausgleichung kommt.[17] Der Streitwert kann also auf keinen höheren Betrag festgelegt werden, als der Anteil, der dem Kläger durch die Ausgleichung zugute kommt.[18]

---

14 OLG Düsseldorf OLG-Rp 1997, 229.
15 OLG München, MDR 1972, 247.
16 BGH NJW 1986, 1182; NJW 1990, 911.
17 FamRZ 1956, 381.
18 RGZ 33, 427.

IV. Klage gegen den Erben nach § 2325 BGB

Der Pflichtteilsergänzungsanspruch nach § 2325 BGB ist ein Zahlungsanspruch und richtet sich gegen den Erben. Es ist ein Zahlungsantrag zu stellen. Macht der Erbe im Prozeß zu Recht die Einrede der Unzulänglichkeit des Nachlasses geltend, dann ist, wenn der Erbe zugleich der Beschenkte ist, der Antrag auf Duldung der Zwangsvollstreckung nach § 2329 BGB umzustellen. Das Gericht hat hierbei gemäß § 139 ZPO auf die Änderung des Antrags hinzuweisen.[19]

V. Klage gegen den Beschenkten nach § 2329 BGB

Die Klage auf Pflichtteilsergänzung gegen den Beschenkten geht grundsätzlich auf Duldung der Zwangsvollstreckung in den geschenkten Gegenstand in Höhe der Ergänzungsforderung.[20] Handelt es sich um ein Geldgeschenk oder liegt ein bereicherungsrechtlicher Wertersatzanspruch nach § 818 II BGB vor, ist ein Zahlungsantrag zu stellen.[21] Dieser kann auch schon hilfsweise mit dem Antrag auf Duldung der Zwangsvollstreckung für den Fall gestellt werden, daß der verschenkte Gegenstand nicht mehr vorhanden ist.[22] Der Pflichtteilsberechtigte kann nach BGH[23] auch Leistungsklage gegen den zuletzt Beschenkten und gleichzeitig Feststellungsklage gegen den früher Beschenkten erheben.

D. Fragen zur Beweislast

Die Fragen der Beweislasttragung sind bereits vereinzelt behandelt worden. Deshalb soll an dieser Stelle nochmals ein Gesamtüberblick über die in der Praxis wichtigsten Punkte gegeben werden.

Der Pflichtteilsberechtigte ist grundsätzlich für die Voraussetzungen seines Pflichtteilsrechts beweispflichtig. So trifft ihn nicht nur die Beweislast hinsichtlich der zum realen Nachlaß gehörenden Gegenstände, sondern auch darüber, ob eine Schenkung vorliegt, letztlich also auch bezüglich des fiktiven Nachlaßbestands. Wie bereits eingangs erwähnt, greifen bezüglich der Frage, ob eine Schenkung vorliegt, die vom BGH entwickelten Grundsätze

---

19 BGH LM § 2325 Nr. 2
20 BGHZ 83, 274; BGH LM § 2325 Nr. 2; BGH NJW 1983, 1485.
21 *Palandt/Edenhofer*, § 2329 Rn 7
22 Nieder Rn 324; *Ermann/Schlüter*, § 2329 Rn 2.
23 BGHZ 17, 336

der Beweislastumkehr ein, wenn der Zuwendungsempfänger sich darauf beruft, daß eine Unentgeltlichkeit nicht vorliegt, zwischen Leistung und Gegenleistung aber eine auffälliges Mißverhältnis gegeben ist.[24]

An dieser Stelle sei darauf hingewiesen, daß die Urkunde des Übergabevertrages nicht als Beweis nach § 415, 416 ZPO gilt, da dieser nur zwischen den Vertragsparteien selbst Wirkung entfalten kann.[25] Der Pflichtteilsberechtigte muß auch beweisen, ob der Erbe im Sinne von § 2329 BGB verpflichtet ist.[26]

26 Der oder die Erben müssen dagegen grundsätzlich die den Pflichtteil mindernden Tatsachen beweisen, wie beispielsweise die Anrechnungs- und Ausgleichspflicht.

Hat der Erbe Auskunft erteilt, dann ist er nicht mehr zur Ergänzung des Nachlaßverzeichnisses oder gar zur Vorlage von Belegen verpflichtet. Dem Pflichtteilsberechtigten bleibt dann nur die Möglichkeit, die Abgabe der Versicherung an Eides statt zu fordern, oder aber die Zugehörigkeit eines bestimmten Gegenstands zum Nachlaß zu beweisen.

E. Pflichtteil und Testamentsvollstreckung

27 Nach § 2213 I S. 2 BGB kann ein Pflichtteilsanspruch bei einer Verwaltungstestamentsvollstreckung nur gegenüber dem Erben geltend gemacht werden. Ebenso darf der Testamentsvollstrecker den Pflichtteilsanspruch nicht mit Wirkung für den Erben anerkennen.[27] Im Hinblick auf die spätere Zwangsvollstreckung in den der Verwaltung unterliegenden Nachlaß ist jedoch ein Duldungstitel gegen den Testamentsvollstrecker zu erwirken, § 748 III ZPO. Sowohl der Leistungstitel gegen den Erben, als auch der Duldungstitel gegen den Testamentsvollstrecker müssen nicht notwendig in ein und demselben Rechtsstreit erwirkt werden.[28]

---

24 BGH ZEV 1996, 186.
25 BGH NJW 1990, 716; *Thomas/Putzo*, § 416 Rn 3.
26 RGZ 80, 135.
27 BGHZ 51, 125. Erklärt der Testamentsvollstrecker dennoch ein prozessuales Anerkenntnis (§ 357 ZPO) so ist dieses zwar wirksam, er macht sich gegenüber den Erben aber ggf. schadensersatzpflichtig; *Soergel/Damrau*, § 2213 Rn 10.
28 *Zöller* § 748 Rn 6.

Muster: Stufenklage des Pflichtteilsberechtigten (Nichterben) auf Auskunft und Zahlung des Pflichtteils- und Pflichtteilsergänzungsanspruchs gegen den Erben

▼

An das
Landgericht ▓▓▓

Klage
des ▓▓▓, wohnhaft in ▓▓▓ – Kläger –
Prozeßbevollmächtigter: Rechtsanwalt ▓▓▓
gegen
▓▓▓, wohnhaft in ▓▓▓ – Beklagter –
Prozeßbevollmächtigter: Rechtsanwalt ▓▓▓
wegen Auskunft, Abgabe einer eidesstattlicher Versicherung und Zahlung
vorläufiger Streitwert: DM ▓▓▓
Namens und in Vollmacht des von mir vertretenen Klägers werde ich beantragen, den Beklagten im Wege der Stufenklage zu verurteilen
1. Auskunft über den Bestand des Nachlasses des ▓▓▓ am ▓▓▓ in ▓▓▓, seinem letzten Wohnsitz, verstorbenen ▓▓▓ zu erteilen; durch Vorlage eines Bestandsverzeichnisses, welches folgende Punkte umfaßt:
   - alle beim Erbfall tatsächlich vorhandenen Sachen und Forderungen
   - alle Nachlaßverbindlichkeiten
   - alle ergänzungspflichtigen Schenkungen, die der Erblasser zu Lebzeiten getätigt hat
   - und alle unter Abkömmlingen ausgleichungspflichtigen Zuwendungen (*bei Abkömmlingen*)
2. für den Fall, daß das Verzeichnis nicht mit der erforderlichen Sorgfalt errichtet wird, an Eides Statt zu versichern, daß er den Bestand des Nachlasses und die darin enthaltenen Auskünfte über Vorempfänge nach bestem Wissen so vollständig angegeben hat, wie er dazu in der Lage war.
3. an den Kläger <Quote> des sich anhand der nach der Ziff. 1 zu erteilenden Auskunft errechnenden Betrages nebst 4% Zinsen seit Zustellung der Klage zu zahlen.
4. Die Kosten trägt der Beklagte
Für den Fall der Anordnung des schriftlichen Vorverfahrens beantrage ich schon jetzt den Erlaß eines Versäumnisurteils gem. § 331 III ZPO oder den Erlaß eines Anerkenntnisurteils gemäß § 307 II ZPO, sobald hierfür die gesetzlichen Voraussetzungen gegeben sind.

Begründung:
Der Kläger und der Beklagte sind die alleinigen gesetzlichen Erben des im Antrag zu Ziff. 1 näher bezeichneten Erblassers.

5 Die gerichtliche Durchsetzung der Ansprüche des Mandanten

Durch Erbvertrag vom ▩ hat der Erblasser den Beklagten als seinen alleinigen Erben bestimmt.
Durch Übergabevertrag vom ▩ wurde dem Beklagten vom Erblasser ein Grundstück übertragen.
Der Kläger hat den Beklagten mit Schreiben vom ▩ aufgefordert, ihm über den Umfang des Nachlasses und der erhaltenen Vorempfänge Auskunft zu erteilen, damit er seinen Pflichtteil und Pflichtteilsergänzungsanspruch geltend machen könne. Der Beklagte hat sich indes mit Schreiben vom ▩ geweigert, irgendwelche Auskünfte zu erteilen oder gar Zahlungen an den Kläger zu leisten.
Um seinen Pflichtteilsanspruch und Pflichtteilsergänzungsanspruch berechnen zu können, ist der Kläger deshalb auf Auskunft über den Bestand des Nachlasses einschließlich der zu Lebzeiten erfolgten Zuwendungen angewiesen.
Der Antrag zu Ziffer 2. begründet sich auf § 260 II BGB.

Rechtsanwalt

▲

Muster: Klage auf Pflichtteilsergänzung gegen den Beschenkten (Miterben) nach § 2329 BGB bei Grundstücken

▼

29

131

An das
Landgericht ▩
▩

Klage
des ▩, wohnhaft in ▩ – Kläger –
Prozeßbevollmächtigter: Rechtsanwalt ▩

gegen
▩, wohnhaft in ▩ – Beklagter –
Prozeßbevollmächtigter: Rechtsanwalt ▩

wegen Herausgabe zum Zwecke der Zwangsvollstreckung gem. § 2329 BGB
vorläufiger Streitwert: DM ▩
Namens und in Vollmacht des von mir vertretenen Klägers erhebe ich Klage und werde beantragen
1. Die Beklagte wird verurteilt, die Zwangsvollstreckung in das Grundstück <Ort>, eingetragen im Grundbuch von ▩ Band ▩, Blatt ▩ Bestandsverzeichnis ▩, Fl. Nr. ▩ mit einer Größe von ▩ qm, zum Zwecke der Befriedigung des, dem Kläger zustehenden Anspruchs in Höhe von ▩ nebst 4 % Zinsen seit Rechtshängigkeit, zu dulden.
2. Die Beklagte kann die Zwangsvollstreckung nach Ziff. 1 durch Bezahlung des Betrages i.H.v. DM ▩ zzgl. 4 % Zinsen seit Rechtshängigkeit der Klage abwenden.
3. Die Kosten des Rechtsstreits trägt der Beklagte.

Die Pflichtteilsklage § 29

Für den Fall der Anordnung des schriftlichen Vorverfahrens beantrage ich schon jetzt den Erlaß eines Versäumnisurteils gem. § 331 III ZPO oder den Erlaß eines Anerkenntnisurteils gemäß § 307 II ZPO, sobald hierfür die gesetzlichen Voraussetzungen gegeben sind.

Begründung:
Der Kläger ist gesetzlicher Alleinerbe des am ▩ verstorbenen Erblassers. Die Beklagte ist eine langjährige Bekannte des Erblassers.
Mit Übergabevertrag vom ▩ übertrug der Erblasser sein Hausgrundstück ▩ auf die Beklagte. Die Übergabe war in vollem Umfang unentgeltlich, mithin eine Schenkung.
Der Nachlaß ist mehr oder minder wertlos. Der Erbe hat die Einrede des unzureichenden Nachlasses geltend gemacht. Der Kläger kann somit von der Beklagten wegen des ihm zustehenden Pflichtteilsergänzungsanspruchs die Herausgabe des geschenkten Hausgrundstückes zum Zwecke der Zwangsversteigerung gem. § 2329 BGB verlangen.
Der Pflichtteilsergänzungsanspruch des Klägers beträgt ▩ zuzüglich 4 % Zinsen seit Rechtshängigkeit der Klage. Die Beklagte hat trotz mehrmaliger Aufforderung den Anspruch des Klägers nicht erfüllt, so daß Klage geboten war.

Rechtsanwalt

▲

Muster: Klageantrag auf Pflichtteilsergänzung nach § 2329 BGB gegen den Beschenkten bei Eigentumswohnungen

▼

Unter Vorlage auf uns lautender Vollmacht zeigen wir an, daß wir den Kläger vertreten. Für diesen werden wir in der mündlichen Verhandlung folgende Anträge stellen:
1. Der Beklagte wird verurteilt, die Zwangsvollstreckung in Höhe eines Betrages von DM ▩ zzgl. 4 % Zinsen seit Rechtshängigkeit der Klage in folgendes Grundeigentum zu dulden:
   Wohnungsgrundbuch von ▩, Band ▩, Blatt 6378, Bestandsverzeichnis Nr. ▩, Miteigentumsanteil 5/10 an dem Grundstück Gebäude- und Freifläche <Straße>, verbunden mit dem Sondereigentum an der Wohnung im Erdgeschoß, den Kellerräumen, im Aufteilungsplan bezeichnet mit Nr. 1 auf der Flur 448/579 mit einer Größe von ▩ qm.
2. Der Beklagte kann die Zwangsvollstreckung nach Ziffer 1) durch Bezahlung des unter Ziffer 1) genannten Betrages in Höhe von DM ▩ zzgl. 4 % Zinsen seit Rechtshängigkeit der Klage abwenden.
3. Die Kosten des Rechtsstreits trägt der Beklagte.

5 Die gerichtliche Durchsetzung der Ansprüche des Mandanten

Für den Fall der Anordnung des schriftlichen Vorverfahrens beantrage ich schon jetzt den Erlaß eines Versäumnisurteils gem. § 331 III ZPO oder den Erlaß eines Anerkenntnisurteils gem. § 307 II ZPO, sobald hierfür die gesetzlichen Voraussetzungen gegeben sind.

§ 30 Die Klage des Vertragserben nach § 2287 BGB

Der durch Erbvertrag eingesetzte Erbe wird durch § 2287 BGB gegen 1
beeinträchtigende Schenkungen des Erblassers geschützt. Allerdings sind die
vorgenommenen Schenkungen wirksam; sie geben dem benachteiligten Erben
lediglich nach dem Tode des Erblassers einen Anspruch auf Herausgabe des
Geschenkes nach den Vorschriften über die Herausgabe einer ungerechtfertigten
Bereicherung. Damit besteht für den vertragsmäßig Bedachten auch die Gefahr,
daß die Bereicherung zwischenzeitlich weggefallen sein könnte, § 818 III
BGB.

Voraussetzungen für das Bestehen eines solchen bereicherungsrechtlichen
Herausgabeanspruchs sind:

1. Der Erblasser muß durch Schenkung verfügt haben. Der Schenkungsbegriff 2
   ist derselbe wie bei § 516 BGB, dh objektive und subjektive Unentgeltlichkeit.[1] Handelt es sich um eine gemischte Schenkung, so müssen sich die
   Vertragsparteien (des Schenkungsvertrages) über die teilweise Unentgeltlichkeit einig gewesen sein.[2]

2. **Zeitpunkt der Schenkung:** Nur eine Schenkung, die nach Abschluß des 3
   Erbvertrags vorgenommen wird, kann einen Anspruch nach § 2287 BGB
   auslösen. Dieser wiederum kann erst mit Anfall der Erbschaft entstehen.

3. **Objektive Beeinträchtigung:** Nur eine auch objektive Beeinträchtigung 4
   des Vertragserben ist entscheidend. Hierbei ist zu prüfen, inwieweit der
   Vertragserbe bspw. bei lebzeitigen Zuwendungen an den Ehegatten benachteiligt ist, da der Bereicherungsanspruch aus § 2287 BGB auf dasjenige
   beschränkt ist, was nach Begleichung des Pflichtteils (ggf. auch der Zugewinnausgleichsforderung) übrig bleibt.[3]

4. **Beeinträchtigungsabsicht:** Der Erblasser muß die objektive Beeinträchti- 5
   gung des Vertragserben auch beabsichtigt haben (subjektive Beeinträchtigung). Es reicht aus, daß die Beeinträchtigung – neben möglicherweise an-

---

1 BGH NJW-RR 1986, 1135.
2 BGH FamRZ 1964, 429.
3 BGH NJW-RR 1996, 133.

deren Motiven – gewollt war (so BGH in seiner neueren Rechtsprechung unter Aufgabe der bisherigen „Aushöhlungsrechtsprechung", NJW-RR 1986, 1135). Der BGH (aaO) hat desweiteren zurecht darauf hingewiesen, daß dem Vertragserben erhebliche Beweisschwierigkeiten obliegen, wenn er die Benachteiligungsabsicht des Erblassers beweisen muß und daß es letztlich darauf ankommt, ob die Schenkung ihrem Inhalt nach darauf gerichtet war, den Erbvertrag zu korrigieren, was dann der Fall sein soll, wenn der Erblasser dem Bedachten ohne lebzeitiges Eigeninteresse Vermögenswerte ohne angemessene Gegenleistung zukommen läßt.[4]

6   5. **Mißbrauch der Verfügungsfreiheit**: Die Absicht, den Vertragserben zu beeinträchtigen, wird daher am lebzeitigen Eigeninteresse gemessen. Ausschlaggebend ist, welche Gründe den Erblasser bewogen haben, wobei eine Gesamtabwägung zwischen den Interessen des Vertragserben einerseits und dem Nachteil des Erblassers, an den Vertrag gebunden zu sein, andererseits vorzunehmen ist.[5] Ein **lebzeitiges Eigeninteresse** des Erblassers, ist anzunehmen, wenn der Erblasser mit der Schenkung seine Pflege oder Versorgung im Alter sichern wollte.[6]

7   Im einzelnen handelt es sich bei dem lebzeitigen Eigeninteresse um die Wahrnehmung einer sittlichen Verpflichtung des Erblassers, die sich aus besonderen Leistungen des Beschenkten gegenüber dem Erblasser ergibt.[7]

8   Ein lebzeitiges Eigeninteresse ist in der Rechtsprechung bisher in folgenden Fällen bejaht worden:
- Wenn der Erblasser die Schenkung gegenüber einer jüngeren Ehefrau im Hinblick auf die spätere Betreuung und Pflege gemacht hat.[8]
- Zur Erfüllung einer Unterhaltsverpflichtung gegenüber dem zweiten Ehegatten durch Bestellung eines Nießbrauchs.[9]

---

4   BGHZ 59, 343; 66, 8; 77, 264; NJW-RR 1986, 1135; vgl. hierzu ausführlich auch *Staudinger/Kanzleiter* § 2287 Rn 8 ff.
5   BGH aaO.
6   BGH NJW 1984, 121.
7   BGH FamRZ 1992, 607.
8   BGH NJW 1992, 2630.
9   BGH ZEV 1996, 25.

- Wenn die Übertragung eines Geschäftsanteils auf einen Mitarbeiter erfolgte, um diesen aufgrund seiner besonderen Fähigkeiten im Betrieb zu halten.[10]
- Wenn die Schenkung aus ideellen Gründen als Belohnung für geleistete Dienste in angemessenem Umfang erfolgte, beispielsweise für eine Pflege.[11]
- Wenn mit der Schenkung die Interessen des Vertragserben wahrgenommen wurden oder wenn der Vertragserbe sich schwerer Verfehlungen gegenüber dem Erblasser schuldig gemacht hat[12] oder wenn der Erblasser die Schenkung aus Gründen der Altersversorgung vorgenommen hat.[13]

Ein lebzeitiges Eigeninteresse des Erblassers wurde in der Rechtsprechung bisher verneint:

- Wenn der Erblasser nach Abschluß des Erbvertrags zum Beschenkten eine enge persönliche Beziehung entwickelte und durch die Schenkung seine Zuneigung bekunden wollte.[14]
- Wenn der Erblasser die Schenkung gemacht hat, weil er feststellen mußte, daß er den Beschenkten im Rahmen der Verfügung von Todes wegen zu gering bedacht hatte.[15]
- Wenn die Schenkung darauf gerichtet war, die Verfügung von Todes wegen zu korrigieren.[16]

Neben der Prüfung, ob bei einer lebzeitigen Verfügung ein berechtigtes Eigeninteresse vorlag, bleibt auch trotz der Aufgabe der „Aushöhlungsrechtsprechung" zu prüfen, ob die lebzeitige Verfügung im Einzelfall nicht sittenwidrig ist.[17] Handeln der Erblasser und der Beschenkte bewußt gemeinsam zu Lasten des eingesetzten Erben („kollusives Zusammenwirken") und hat der Beschenkte Kenntnis von der Beeinträchtigungsabsicht, dann kann auch ein Schadensersatzanspruch aus § 826 BGB in Betracht kommen.[18]

---

10 BGHZ 97, 188, 193.
11 BGHZ 66, 8.
12 BGH MDR 1981, 582.
13 BGHZ 77, 264.
14 BGH FamRZ 1992, 607.
15 BGHZ 77, 264.
16 BGHZ 66, 8.
17 BGHZ 59, 343.
18 OLG Düsseldorf NJW-RR 1986, 806.

5 Die gerichtliche Durchsetzung der Ansprüche des Mandanten

11 Die **Beweislast** für Schenkung, Beeinträchtigung – objektiv und subjektiv – und für den Mißbrauch trägt derjenige, der Rechte aus § 2287 BGB herleiten will.[19]

12 Die Rechtsprechung gewährt dem Vertragserben einen **Auskunftsanspruch** gegen den mutmaßlich vom Erblasser Beschenkten, wenn er hinreichende Anhaltspunkte für eine unentgeltliche Verfügung darlegt.[20] Mitumfaßt dürften nach der Rechtsprechung des BGH zur unbenannten Zuwendung und zur Vereinbarung der Gütergemeinschaft auch Auskünfte sein, die sich auf solche Rechtsgeschäfte beziehen.[21] So dürfte sich die Auskunftspflicht auch auf ehebedingte Zuwendungen und den Inhalt von Eheverträgen erstrecken. In analoger Anwendung von § 2314 BGB gewährt die Rechtsprechung dem Vertragserben einen Wertermittlungsanspruch, wenn dieser den Wert einer Schenkung nicht kennen kann.[22]

13 Die Vorschrift findet analoge Anwendung auf die nach §§ 2270, 2271 BGB bindend gewordene Erbeinsetzung des Schlusserben in einem gemeinschaftlichen Testament.[23]

Muster: Klage des Vertragserben gegen Beschenkten
▼

14 Rechtsanwalt

An das
Landgericht
– Zivilkammer –

Namens des Herrn ▓▓▓▓▓▓ – Kläger –
erhebe ich

Klage
gegen

Frau ▓▓▓▓▓▓ – Beklagte –

---

19 BGHZ 97, 188 = NJW 1986, 1755.
20 BGHZ 97, 188 = NJW 1986, 1755 = FamRZ 1986, 569.
21 BGH NJW 1992, 558, 564.
22 BGH NJW 1986, 127.
23 BGHZ 82, 274; BGH NJW 1982, 43; NJW 1976, 749.

In der anzuberaumenden mündlichen Verhandlung werde ich namens des Klägers, dessen Vollmacht ich beilege, folgenden

Antrag

stellen:
1. Die Beklagte wird verurteilt, der Übertragung des Grundstücks ▒, eingetragen im Grundbuch des Amtsgerichts ▒ für ▒ Gemarkung ▒ BV Nr. ▒ Flst. ▒ auf den Kläger zuzustimmen und die Eintragung des Klägers als Eigentümer im Grundbuch zu bewilligen.[24]
2. Die Beklagte wird weiter verurteilt, das zuvor Ziff. 1 bezeichnete Grundstück an den Kläger herauszugeben.
3. Die Beklagte hat die Kosten des Rechtsstreits zu tragen.
4. Das Urteil ist vorläufig vollstreckbar.

Begründung:
Der Kläger ist der erstehliche Sohn des Herrn ▒, der am ▒ gestorben ist. Die Beklagte ist die zweite Ehefrau des Erblassers.
Der Erblasser war in erster Ehe verheiratet mit Frau ▒, der Mutter des Klägers. Sie ist am ▒ gestorben. Mit ihr hatte der Erblasser einen Erbvertrag geschlossen, wonach sich die Eheleute gegenseitig zu Alleinerben und den einzigen gemeinsamen Sohn, den Kläger, zum alleinigen Erben des überlebenden der beiden Ehegatten eingesetzt haben.
Die Mutter des Klägers, Frau ▒, ist am ▒ gestorben. Aufgrund des erwähnten Erbvertrags, der am ▒ von Notar ▒ unter UR.-Nr. ▒ beurkundet worden war, wurde der überlebende Ehemann und jetzige Erblasser ihr Alleinerbe. Der Erbvertrag wurde am ▒ vom Nachlaßgericht ▒ unter Az. ▒ eröffnet.
 Beweis: a) begl. Abschrift des Erbvertrags vom ▒
    b) begl. Abschrift des Erbvertragseröffnungsprotokolls vom ▒
Der Kläger hat seinerzeit auf den Tod seiner Mutter den Pflichtteil nicht geltend gemacht, weil er auf den Tod des Überlebenden seiner Eltern erbvertraglich zum Alleinerben eingesetzt worden war und auf diese Erbeinsetzung vertraut hat.

---

24 Nach BGH (NJW-RR 1996, 133 = ZEV 1996, 2; BGHZ 116, 167, 175) kommt es darauf an, ob und in welchem Umfang der Kläger durch die Zuwendung des Erblassers trotz der Ansprüche der Beklagten auf Zugewinnausgleich und auf ihren Pflichtteil überhaupt beeinträchtigt ist und ggf. in welchem Umfang. Der Bereicherungsanspruch aus § 2287 BGB ist auf das beschränkt, was nach Begleichung des Pflichtteils des Beschenkten übrig bleibt (BGHZ 88, 269, 272). Diese Ansprüche müssen also, wenn sie geltend gemacht werden, im Rahmen der Entscheidung über den Anspruch nach § 2287 BGB feststehen. Ggf. kommt eine Zug-um-Zug-Verteilung in Betracht: Bereicherungsanspruch aus § 2287 BGB gegen Zugewinnausgleichs- und Pflichtteilsansprüche.

5 Die gerichtliche Durchsetzung der Ansprüche des Mandanten

Drei Jahre nach dem Tod seiner ersten Ehefrau, der Mutter des Klägers, hat der Erblasser die Beklagte geheiratet. Ein Jahr nach dieser Eheschließung hat der Erblasser der Beklagten das Hausgrundstück ▓▓▓▓ (im Klageantrag näher bezeichnet) geschenkt. Der Schenkungsvertrag wurde am ▓▓▓▓ von Notar ▓▓▓▓ unter UR.-Nr. ▓▓▓▓ beurkundet. Die Eintragung der Beklagten als Eigentümerin im Grundbuch ist am ▓▓▓▓ erfolgt.

    Beweis: a) begl. Abschrift des Schenkungsvertrags vom ▓▓▓▓
               b) begl. Grundbuchabschrift betr. das streitgegenständl. Grundstück

Die Schenkung des Grundstücks an die Beklagte ist erfolgt, um den Kläger zu benachteiligen und zur Umgehung der erbvertraglich bindenden Erbeinsetzung des Klägers. Der Kläger wurde zwar aufgrund des Erbvertrags Alleinerbe seines Vaters. Der Nachlaß ist jedoch praktisch wertlos. Der Erbvertrag wurde bezüglich der Schlußerbeinsetzung des Klägers am ▓▓▓▓ vom Nachlaßgericht ▓▓▓▓ erneut unter Az. ▓▓▓▓ eröffnet. Der Kläger hat die Alleinerbschaft angenommen.

    Beweis: begl. Abschrift des Eröffnungsprotokolls des Nachlaßgerichts ▓▓▓▓ vom ▓▓▓▓

Daß der Erblasser den Kläger benachteiligen und die bindende Erbeinsetzung umgehen wollte, kann durch Zeugenaussagen bewiesen werden. Anläßlich einer Feier am ▓▓▓▓ hat der Erblasser gegenüber dem Zeugen ▓▓▓▓ geäußert, er habe das Haus seiner Frau schenken müssen, weil er sie testamentarisch nicht mehr habe bedenken können; der mit seiner vorverstorbenen Ehefrau geschlossene Erbvertrag habe dies unmöglich gemacht.

    Beweis: Zeugnis des ▓▓▓▓

Der Erblasser hatte kein eigenes lebzeitiges Interesse an der Weggabe des Hausgrundstücks. Die Beklagte ist gut versorgt. Sie hat selbst drei Häuser.

Der Tatbestand des § 2287 BGB ist damit erfüllt; die Beklagte hat an den Kläger das geschenkte Hausgrundstück zurückzuübereignen und herauszugeben.

Der Klage ist demnach wie beantragt stattzugeben.

Rechtsanwalt

▲

§ 31 Das Nachlaßgericht

Die Aufgaben des Nachlaßgerichts werden grundsätzlich vom Amtsgericht wahrgenommen (§ 72 FGG). Funktionell sind die Aufgaben verteilt auf den Richter und den Rechtspfleger (vgl. Katalog in § 16 RPflG). Eine Ausnahme besteht für Baden-Würtemberg: Dort sind die Aufgaben des Nachlaßgerichts aufgrund des landesrechtlichen Vorbehalts in Art. 147 EGBGB dem staatlichen Notariat übertragen (§§ 1, 36, 38 Bad-Württ. LFGG). Funktionell zuständig ist dort der Notar im Landesdienst.

Die Tätigkeiten des Nachlaßgerichts können in vier Bereiche eingeteilt werden:

- Entgegennahme von Erklärungen,
- Einleitung und Durchführung nachlaßgerichtlicher Verfahren von Amts wegen,
- Durchführung von Antragsverfahren,
- Sonstige nachlaßgerichtliche Tätigkeiten.

A. Entgegennahme von Erklärungen

Damit das Nachlaßgericht zuverlässig die Erbfolge beurteilen kann, weil beispielsweise ein Erbschein zu erteilen (§§ 2353 ff BGB) oder die Nachlaßauseinandersetzung (§§ 86 ff FGG) vorzunehmen ist, sind ihm gegenüber folgende Erklärungen abzugeben (Amtsempfangsbedürftigkeit):

- Erklärung der Ausschlagung der Erbschaft (§ 1945 BGB)
- Anfechtung der Erbschaftsausschlagung oder der Erbschaftsannahme (§ 1955 BGB)
- Anfechtung eines Testaments oder eines Erbvertrags, soweit die Erbfolge oder die Anordnung der TVung betroffen ist (§§ 2081, 2281 BGB)
- Anzeige über den Eintritt der Nacherbfolge (§ 2146 BGB)
- Annahme oder Ablehnung des Amtes als Testamentsvollstrecker (§ 2202 BGB)
- Kündigung des Amtes des Testamentsvollstreckers (§ 2226 BGB)
- Anzeige des Erbteilskaufs und der Erbteilsübertragung (§ 2384 BGB)

- Entgegennahme des Nachlaßinventars (§ 1993 BGB)
- Entgegennahme der eidesstattlichen Versicherung des Erben über die Vollständigkeit des Nachlaßinventars (§ 2006 BGB)
- Ablehnung der Fortsetzung der Gütergemeinschaft (§§ 1484, 1945 BGB)
- Anfechtung der Erklärung über die Fortsetzung der Gütergemeinschaft (§§ 1484, 1955 BGB)
- Verzichtserklärung eines Abkömmlings bezüglich der Fortsetzung der Gütergemeinschaft (§ 1491 BGB)
- Aufhebungserklärung des überlebenden Ehegatten bezüglich der fortgesetzten Gütergemeinschaft (§ 1492 BGB)

B. Amtsverfahren des Nachlaßgerichts

- Mitteilung der Ausschlagung einer Erbschaft an denjenigen, dem die Erbschaft infolge der Ausschlagung anfällt (§ 1953 III BGB)
- Mitteilung der Anfechtung der Annahme oder der Ausschlagung einer Erbschaft an denjenigen, dem die Erbschaft infolge der Ausschlagung anfällt (§ 1957 II BGB)
- Mitteilung der Anfechtung eines Testaments oder eines Erbvertrags an denjenigen, dem die angefochtene Verfügung unmittelbar zustatten kommt (§§ 2081 II, 2281 II 2 BGB)
- Ernennung eines Testamentsvollstreckers (§ 2200 BGB)
- Testaments- bzw. Erbvertragsermittlung (§ 2259 BGB)
- Eröffnung einer Verfügung von Todes wegen (§§ 2260–2262 BGB)
- Einziehung eines Erbscheins (§ 2361 BGB)
- Kraftloserklärung eines unrichtigen Erbscheins (§ 2361 BGB)
- Einziehung und Kraftloserklärung eines Testamentsvollstreckerzeugnisses (§§ 2368, 2361 BGB)
- Mitteilung des Erbfalls an das Grundbuchamt, wenn ein Grundstück zum Nachlaß gehört (§ 83 GBO)
- In Baden-Württemberg und Bayern: Erbenermittlung auch ohne Erbscheinsverfahren (§ 41 Ba.-Wü. LFGG, Art. 37 Bayrisches AGGVG)
- Nachlaßsicherung, insbesondere die Anlegung von Siegeln (§ 1960 BGB)
- Bestellung eines Nachlaßpflegers für die noch nicht bekannten Erben (§ 1960 II BGB)

C. Antragsverfahren

Das Nachlaßgericht wird in folgenden Fällen auf Antrag tätig: 6

- Erteilung eines Erbscheins oder eines Testamentsvollstreckerzeugnisses (§§ 2353 ff, 2368 BGB)
- Fristbestimmung zur Ernennung eines Testamentsvollstreckers und zur Annahme des Testamentsvollstreckeramtes (§§ 2198, 2199, 2202 II BGB)
- Anordnung der Nachlaßpflegschaft auf Antrag eines Nachlaßgläubigers (§ 1961 BGB)
- Fristbestimmung bei Vermächtnissen und Auflagen (§§ 2151, 2153–2155 BGB)
- Aufnahme eines Inventars (§ 2003 BGB)
- Entlassung des Testamentsvollstreckers (§ 2227 BGB)
- Anordnung der Nachlaßverwaltung als Haftungsbeschränkungsmaßnahme (§ 1981 BGB)
- Bestimmung der Inventarfrist (§ 1994 BGB)
- Stundung des Pflichtteilsanspruchs (§ 2331 a BGB)
- Stundung des Erbersatzanspruchs (§§ 1934 b II, 2231 a BGB)

D. Sonstige Tätigkeiten des Nachlaßgerichts

- Aufgebot von Nachlaßgläubigern nach §§ 989 ff ZPO 7
- Vermittlung der Nachlaßauseinandersetzung nach §§ 86 ff FGG
- Vermittlung der Auseinandersetzung des Gesamtguts einer ehelichen oder fortgesetzten Gütergemeinschaft (§ 99 FGG).

E. Andere Nachlaßbehörden

I. Landwirtschaftsgericht

Im Höferecht übt das Amtsgericht als Landwirtschaftsgericht verschiedene 8 nachlaßgerichtliche Funktionen aus:

5 Die gerichtliche Durchsetzung der Ansprüche des Mandanten

- Entgegennahme der Erklärung über die Ausschlagung des Anfalls eines Hofes (§ 11 HöfeO),
- Erteilung und Einziehung eines Hoffolgezeugnisses (§ 18 HöfeO).

II. Berufskonsules

9   Im Ausland kann der Berufskonsul

- eine Verfügung von Todes wegen eines deutschen Staatsangehörigen eröffnen (§ 11 KonsG),
- den Nachlaß eines deutschen Staatsangehörigen sichern, wenn dies erforderlich ist (§ 9 KonsG).

§ 32 Schiedsverfahren in Erbstreitigkeiten

A. Schiedsgericht

Die Vorschrift des § 1066 ZPO (nF.) sieht die Möglichkeit der Anordnung einer Schiedsgerichtsbarkeit durch Verfügung von Todes wegen vor. In der Praxis findet man solche Schiedsklauseln nur selten. Das heißt aber nicht, daß hierfür kein Bedarf bestünde. Im Gegenteil, die Möglichkeit, gerade bei großen Vermögen den langwierigen und dadurch auch kostspieligen Weg der ordentlichen Gerichtsbarkeit vermeiden zu können, müßte das Anliegen jedes Erblassers sein.

1

Darüber hinaus kann im Rahmen der Schiedsgerichtsbarkeit ein auf dem Gebiet des Erbrechtes **spezialisierter** Fachmann als **Schiedsrichter** bestimmt werden, was zwangsläufig zur Reduzierung möglicher Fehlentscheidungen und somit auch zur Entbehrlichkeit weiterer Instanzen führt. Schiedsverfahren sind in der Regel auch nicht öffentlich, was für die Parteien von wesentlichem Interesse sein kann (**Vertraulichkeit der Familienverhältnisse**). Gerade bei Erbstreitigkeiten unter prominenten Familienmitgliedern verdient die Regenbogenpresse auf Kosten des persönlichen Ansehens fleißig mit. Der dem Schiedsverfahren zugrundeliegende Beschleunigungsgrundsatz (**Konzentrationsmaxime**) kann im übrigen zu einer raschen Beilegung der Streitigkeit führen.[1]

2

B. Zulässigkeit und Umfang

I. Formelle Zulässigkeit

Der Erblasser kann nach § 1066 ZPO in Form einer letztwilligen Verfügung alle oder bestimmte[2] Streitigkeiten, die ihren Grund (Inhalt und Auslegung der Verfügung von Todes wegen) in dem Erbfall[3] haben, unter Ausschluß der ordentlichen Gerichte auf ein Schiedsgericht übertragen, soweit der Streitgegenstand vergleichsfähig ist.[4] Das Schiedsgericht kann im Rahmen seiner

3

---

1 *Böckstiegel/Schiffer* Seite 69.
2 *Walter* MittRhNotK 1984, 69.
3 *Schütze* Rn 294.
4 *Kohler* DNotZ 1962, 125.

Bestellung entsprechend der dem Verfahren zugrunde gelegten Schiedsordnung und im übrigen nach freiem Ermessen entscheiden. Die Grenze bilden der ordre public und die guten Sitten, §§ 1034, 1041 ZPO (auch nach neuem Recht).

II. Die materielle Zulässigkeit

4 Im Rahmen von Schiedsklauseln ist auch die Vorschrift des § 2065 BGB zu beachten.[5] Das Schiedsgericht kann also nicht an die Stelle des Erblassers treten und den Erben auswählen. Es hat vielmehr nur den Willen des Erblassers festzustellen. Insoweit darf ein Schiedsgericht auch nicht ein **formungültiges Testament** für gültig erklären.[6] Das Schiedsgericht kann z.B. auch nicht den Zeitpunkt des Eintritts des Nacherbfalls bestimmen.[7]

5 Ebenfalls nicht der Entscheidung des Schiedsgerichtes unterliegen die Frage der Zugehörigkeit von Gegenständen zum Nachlaß und Ansprüche von **Nachlaßgläubigern**,[8] weil letztere den Anordnungen des Erblassers nicht unterworfen werden können. Ebenfalls dem Bereich der Schiedsgerichtsbarkeit entzogen sind die Ansprüche des Pflichtteilsberechtigten. Da der Erblasser den Pflichtteil außerhalb der gesetzlichen Möglichkeiten nicht entziehen oder beschränken kann, besteht auch keine Möglichkeit, die Streitigkeit über Bestand und Höhe des **Pflichtteilsanspruches** dem ordentlichen Gerichtsweg zu entziehen. Hier gilt grundsätzlich, daß dem Schiedsgericht nur diejenigen Rechtsbeziehungen unterworfen werden können, die im Entscheidungsbereich des Erblassers selbst liegen bzw. über die er frei bestimmen kann. Etwas anderes gilt natürlich, wenn Nachlaßgläubiger (und Pflichtteilsberechtigte) nach dem Erbfall eine Schiedsvereinbarung mit den Erben schließen.

Strittig ist, ob das Schiedsgericht über die Frage der **Anfechtung** einer letztwilligen Verfügung entscheiden darf.[9] Entscheiden kann das Schiedsgericht aber über die Frage der **Entlassung** eines **Testamentsvollstreckers**,[10] über

---

5 *Kohler* DNotZ 1962, 125.
6 RGZ 100, 76; *Kohler* DNotZ 1962, 125.
7 BGH NJW 1955, 100.
8 *Böckstiegel/Schiffer* Seite 77.
9 Verneinend *Lange/Kuchinke* S. 520 und *Kipp/Coing* Seite 424; bejahend *Kohler* DNotZ 1962, 125 und *Palandt/Edenhofer* § 2065 Rn 7.
10 *Schwab/Walter* Seite 284.

die **Erbauseinandersetzung**[11] und über Streitigkeiten zwischen Erben und Vermächtnisnehmern, die ihren Grund in der Verfügung von Todes wegen haben.

Das Schiedsgericht kann auch in entscheidenden Bereichen, z.B. bei Fragen über die **Ausgleichungspflicht** unter Abkömmlingen nach §§ 2050 ff. BGB oder bei Streitigkeiten über ein Vorausvermächtnis oder eine Teilungsanordnung entscheiden.

6

Zur **Auslegung** letztwilliger Verfügungen durch das Schiedsgericht vgl. *Kipp/Coing* Seite 136.

III. Zweckmäßigkeit

Das Schiedsverfahren hat verschiedene Vorzüge:
Der Erblasser ist daran interessiert, daß sein letzter Wille nach seinem Tode sofort oder zumindest in angemessener Zeit erfüllt wird. Deshalb gilt es, möglicherweise langwierigen Erbstreitigkeiten vorzubeugen. Das Schiedsverfahren kommt dabei den Beteiligten in mehrerlei Hinsicht entgegen:

7

- Der Schiedsrichter kann - **ohne förmlichen Antrag** - nach freiem Ermessen entscheiden, er ist nur an die guten Sitten und den ordre public gebunden.
- Im Gegensatz zum ordentlichen Gericht kann das Schiedsgericht befreit von allen verzögerlichen Förmlichkeiten entscheiden.

8

Entscheidender Unterschied: Die Erbteilung vor dem ordentlichen Zivilgericht kann nur dadurch erreicht werden, daß ein konkreter Teilungsplan (Vertrag) vorgelegt wird, zu dessen Abschluß die Zustimmung der anderen Miterben eingeklagt wird.

9

Anders das Schiedsgericht: Es kann, ohne daß der Kläger einen bestimmten Antrag zu stellen braucht, das Begehren der Parteien aus dem ihm unterbreiteten Sachverhalt ableiten und unter Berücksichtigung wirtschaftlicher, zweckmäßiger und praktischer Erwägungen entscheiden. Dies ist gerade im Hinblick auf die Schwierigkeit der richtigen Antragstellung im Zivilprozeß ein wichtiger Aspekt.

---

11 BGH NJW 1959, 1493.

10 ■ Begnügt man sich mit einem Einzelschiedsrichter und verzichtet man auf einen Instanzenzug, so wird das Schiedsgericht im allgemeinen innerhalb kürzester Zeit entscheiden können. Das dient dem Anliegen des Erblassers genauso wie dem Familienfrieden und erspart den Angehörigen langwierige und kostspielige Prozesse.

■ Zum Schiedsrichter kann auch der Testamentsvollstrecker ernannt werden. Die Befugnisse des Testamentsvollstreckers lassen sich durch eine Personalunion mit dem Schiedsrichteramt verstärken. Eine solche Doppelbestellung ist nach hM zulässig (Kohler aaO).

IV. Rechtsnatur und Form der Schiedsklausel

1. Rechtsnatur der Schiedsklausel

11 Schwierigkeiten bestehen in der Praxis bei der Bestimmung der Rechtsnatur einer Schiedsklausel. Das Reichsgericht hat diese Frage in seiner Entscheidung offengelassen und lediglich die Zulässigkeit einer solchen Schiedsklausel bejaht.[12] Nach Ansicht Kohlers[13] handelt es sich bei einer Schiedsklausel um eine Auflage, wenn der Erblasser dem Schiedsgericht die ausschließliche Zuständigkeit einräumt. *Walter*[14] geht dagegen davon aus, daß es sich um eine Verfügung „sonstigen Inhalts" handele, die nicht unter eines der in den §§ 1937 – 1941 BGB ausdrücklich erwähnten Rechtsinstitute zu subsumieren sei. Er begründet dies damit, daß die Anordnung einer letztwilligen Schiedsklausel, z.B. der Benennung eines Vormundes nach § 1777 III BGB oder einer Pflichtteilsentziehung nach §§ 2333 ff. BGB, vergleichbar näher stehe.

12 Bedeutung erlangt das Problem der **Rechtsnatur** für die Frage, ob eine Schiedsklausel mit bindender Wirkung nach §§ 2270, 2278 II BGB angeordnet werden kann. Eine solche ist nur möglich, wenn die Schiedsklausel als Auflage gesehen wird. Andernfalls bleibt nur die Möglichkeit einer bedingten Erbeinsetzung.[15]

---

12 RGZ 100, 76.
13 *Kohler* DNotZ 1962, 125.
14 *Walter* MittRhNotK 1984, 69.
15 *Walter* MittRhNotK 1984, 69.

2. Form der Schiedsklausel

Die Anordnung der Schiedsklausel im Testament bedarf grundsätzlich nur der Form der letztwilligen Verfügung. Im Rahmen von Erbverträgen ist die vertragsmäßige Form der Schiedsanordnung gemäß § 1027 ZPO (aF.) nur notwendig, wenn Streitigkeiten der Vertragsparteien hiervon mit erfaßt werden sollen. Soweit nur Streitigkeiten unter künftigen Erben betroffen sind, genügt die Anordnung im laufenden Text. Für den Fall allerdings, daß beim Erbvertrag auch vertragliche Streitigkeiten zwischen den Vertragsschließenden, wie etwa Rücktrittsrechte, von der Schiedsbestimmung umfaßt sein sollen, muß diese gesondert formuliert und unterzeichnet werden.[16]

13

Im übrigen ist die Schiedsklausel bzw. Schiedsbestimmung, auf die die Vorschriften des Schiedsgerichtsverfahrens Anwendung finden, von einer rein **schiedsgutachterlichen** Tätigkeit nach §§ 315 ff. BGB, bei der etwa bestimmte Bewertungsgrundlagen festgelegt werden, abzugrenzen.[17] In der Verfügung sollte eindeutig klargestellt werden, ob ein Schiedsrichter nur hinsichtlich einzelner Bewertungsfragen entscheiden soll, dann handelt es sich um eine reine Schiedsgutachterbestimmung, oder ob für die gesamten Streitigkeiten der ordentliche Gerichtsweg ausgeschlossen sein soll und dem Verfahren über die Schiedsgerichtsbarkeit unterstellt ist.

14

V. Die sachlichen Grenzen des Schiedsverfahrens

Das Schiedesverfahren erfährt folgende Grenzen:
- Verstoß des Schiedsspruchs gegen wesentliche Grundsätze des deutschen Rechts,
- § 1042 ZPO: Einhaltung unverzichtbarer Verfahrensregeln:
- Rechtliches Gehör,
- Ermittlung des Sachverhalts,
- Zulassung von Rechtsanwälten.
- § 2065 BGB: Nach dieser Vorschrift kann der Erblasser die Bestimmung des Erben nicht einem Dritten überlassen. Er kann auch nicht anordnen, daß ein anderer bestimmen soll, ob eine letztwillige Verfügung gelten soll oder nicht.

15

---

16 OLG Hamm NJW-RR 1991, 455.
17 Vgl. § 18 Rn 110.

MaW: Das Schiedsgericht kann nicht an die Stelle des Erblassers treten. Es kann den Erben nicht auswählen.

VI. Die persönlichen Grenzen des Testamentsvollstreckers als Schiedsrichter

16 Die Personalunion als Schiedsrichter und Testamentsvollstrecker kann zu Interessenkollisionen und damit zu einem Ausschluß vom Schiedsrichteramt führen. Dies ist in erster Linie dann der Fall, wenn der Testamentsvollstrecker selbst Partei ist. Für ihn gilt der allgemeine Grundsatz, daß niemand Richter in eigener Sache sein kann.[18] Ein unter Verstoß gegen diese elementare Regel ergangener Schiedsspruch wäre aufzuheben.

17 Wann ist der Testamentsvollstrecker selbst betroffen?

- Bei Streitigkeiten über die Rechtswirksamkeit des Testaments, von dessen Bestand auch die Bestellung zum Testamentsvollstrecker abhängt,
- bei Streitigkeiten über die Auslegung des Testaments, soweit diese den Bestand des Testamentsvollstreckeramts selbst betreffen,
- bei den von ihm geführten Aktivprozessen nach § 2212 BGB,
- bei den gegen ihn geführten Passivprozessen gem. § 2213 BGB,
- Streitigkeiten über den von ihm nach § 2204 BGB vorgelegten Auseinandersetzungsplan, gleichgültig, ob er den Plan nach billigem Ermessen oder nach den Teilungsregeln des Gesetzes aufgestellt hat.

18 In all diesen Fällen kann der Testamentsvollstrecker nicht Schiedsrichter sein. Hier muß ein Ersatzmann oder mangels eines solchen das ordentliche Gericht entscheiden. Im Hinblick darauf, aber auch wegen eines möglichen Ausfalls des benannten Einzelschiedsrichters, sollte man sicherheitshalber grundsätzlich einen Ersatzschiedsrichter benennen.

VII. Mehrparteienschiedsgericht

19 Die Mehrparteienschiedsgerichtsbarkeit ist eine Erscheinung, die sich erst innerhalb der letzten fünfzehn Jahre entwickelt hat.

---

18 RGZ 100, 76, 79; BGH DNotZ 1965, 98.

Setzt der Erblasser bereits ein Schiedsgericht ein, so dürften Probleme des Mehrparteienschiedsgerichts seltener auftreten. Anders ist es, wenn mehr als zwei Erben entstandene Streitigkeiten mit Hilfe eines Schiedsgerichts austragen wollen.   **20**

Die Konstituierung des Schiedsgerichts im Falle der Beteiligung mehrerer Personen an einem Verfahren und die Intervention eines Dritten stellen die zentralen Punkte dar, mit denen man sich hier zu befassen hat und die auch von einzelnen Schiedsordnungen geregelt sind. Insbesondere aber ist die Zahl der Schiedsrichter im Fall der Mehrparteienschiedsgerichtsbarkeit ein besonders gravierendes Problem, denn für dessen Lösung sind die dogmatischen Grundlagen des Rechts jeder Partei, ihren Schiedsrichter zu ernennen, zu berücksichtigen und zugleich die Anwendung des Gleichheitsgrundsatzes zu beachten; beides sind elementare Bedingungen jedes rechtsstaatlichen Schiedsverfahrens.   **21**

Begriff: **22**
Schwab[19] definiert wie folgt: Mehrparteienschiedsgerichtsbarkeit im engeren Sinne liegt vor, wenn auf der Kläger- oder Beklagtenseite mehrere Personen stehen, wobei es um ursprüngliche oder nachträgliche Streitgenossenschaft geht. Mehrparteienschiedsgerichtsbarkeit sei anzunehmen, wenn ein Dritter in das Verfahren freiwillig oder aufgrund der Streitverkündung eintrete, wobei es sich aber nicht um eine echte Mehrparteienschiedsgerichtsbarkeit handle, denn der Nebenintervenient sei keine Hauptpartei, sondern nur Streithelfer der Partei.

Anders ausgedrückt: Mehrparteienschiedsgerichtsbarkeit im engeren Sinne = Zwischen den Streitgenossen liegen gemeinsame Interessen vor.   **23**

Mehrparteienschiedsgerichtsbarkeit im weiteren Sinne = Zwischen den Streitgenossen liegen gegensätzliche Interessen vor.   **24**

Damit stellt sich die Frage, ob und unter welchen Voraussetzungen eine Streitgenossenschaft im Rahmen des Schiedsverfahrens überhaupt möglich ist. Dies ist dann der Fall, wenn jeder Streitgenosse von der Schiedsklausel gebunden wird und wenn das eingesetzte Schiedsgericht für jeden Streit   **25**

---

19 In FS Habscheid 1989, 285–294.

der Streitgenossen zuständig ist. Nicht notwendig ist eine materiellrechtliche Beziehung zwischen den verbundenen Prozessen, vielmehr kann die bloße Gleichartigkeit des rechtlichen oder tatsächlichen Grundes ausreichen, um eine gemeinschaftliche Schiedsklage zu rechtfertigen.

26 Da aber im Erbrecht so gut wie immer materiellrechtliche Beziehungen unter den Streitgenossen bestehen, ist hier eine Mehrparteienschiedsgerichtsbarkeit grundsätzlich als möglich anzusehen.

27 Von zentraler Bedeutung ist dann die Frage, wer in welcher Weise die Schiedsrichter benennt. Dabei wird an das materielle Recht angeknüpft: Mehrere Personen benennen einen gemeinsamen Schiedsrichter, wenn diese mehreren Personen ein bestimmtes materielles Recht nur gemeinschaftlich ausüben dürfen. Falls nur durch das Mitwirken aller die materiellrechtliche Verfügung erlaubt ist, ist auch die gemeinsame prozeßrechtliche Verfügung geboten, die sich gerade durch die Ernennung eines Schiedsrichters offenbart.

28 Am häufigsten dürfte § 2040 BGB betroffen sein, wonach nur alle Miterben gemeinsam über einen Nachlaßgegenstand verfügen können. Dies hat Bedeutung bei der Erbauseinandersetzung, wo im Ergebnis alleinige Rechtsinhaberschaft des einzelnen Miterben an einem bisher gemeinschaftlichen Gegenstand erzielt werden muß.

29 Damit ist für den wichtigsten Fall des Streites über die Nachlaßteilung die Konstituierung eines Mehrparteienschiedsgerichts möglich.

§ 33 Mediation

A. Begriff

Das Wort „Mediation", das in englischer Sprechweise verwendet werden sollte, bezeichnet ein mehr oder minder formalisiertes Verfahren zur Konfliktbewältigung durch Verhandeln unter der Leitung eines neutralen, nicht mit Entscheidungsbefugnis ausgestatteten Dritten, nämlich des Mediators.[1] Zwangs- und Entscheidungsbefugnisse fehlen dem Mediator vollständig, so daß die Streitbeilegung auf der Freiwilligkeit der Parteien beruht und vom Mediator entsprechende Überzeugungsarbeit geleistet werden muß. Damit unterscheidet sie sich von der klassischen Jurisprudenz mit den dieser eigenen Instrumenten der Repression, obwohl der Richter in jedem Zivilrechtsstreit verpflichtet ist, jederzeit und in jeder Lage des Verfahrens eine gütliche Beilegung des Rechtsstreits durch Vergleich zu erreichen (§ 279 ZPO).

Am häufigsten wird Mediation derzeit im Familienrecht praktiziert. Für dieses Rechtsgebiet wurden entsprechende Regeln entwickelt. Außer dem weiten Konfliktfeld von Trennung und Scheidung gewinnt der Versuch der Konfliktlösung im Wege der Mediation in Raumordnungs-, Planfeststellungs- und Genehmigungsverfahren sowie im Umwelt-, Wirtschafts- und kollektiven Arbeitsrecht an Bedeutung.

B. Mediation im Erbrecht

Jeder im Erbrecht erfahrene Praktiker weiß, daß in erbrechtlichen Streitigkeiten das Konfliktpotential außerordentlich groß ist. Diese Erkenntnis ist nicht nur jedem Fachmann geläufig, sie ist auch weiten Bevölkerungskreisen bekannt.

Das zentrale Anliegen der „Mediation-Erfinder" bestand vor allem darin, den Befriedungseffekt unter den zerstrittenen Parteien zu erhöhen und sie nicht am Ende eines Entscheidungsprozesses als Gewinner und Verlierer zurückzulassen. Auf dem klassischen Feld des Familienrechts ist es von außerordentlicher Bedeutung, daß die Parteien im Hinblick auf gemeinsame Kinder, aber auch

---

1 Vgl. *Mähler/Mähler*, NJW 1997, 1262 mit weiteren Literaturhinweisen.

im Hinblick auf eine sinnvolle Vermögensverteilung weiterhin konstruktiv miteinander umgehen können.

5 Auch im Erbrecht, wo nach dem Eintritt eines Todesfalles der dauerhafte Familienfriede nicht selten in existentieller Gefahr ist, sollten, wo immer möglich, keine Gewinner und Verlierer zurückbleiben. Dies wäre nicht nur dem Familienfrieden unzuträglich, auch wirtschaftliche Interessen der Beteiligten erfordern nachhaltig tragfähige Lösungen unter vermögens- und steuerrechtlichen Gesichtspunkten. Vgl. die ausführliche Darstellung von Risse: Beilegung von Erbstreitigkeiten durch Mediationsverfahren in ZEV 1999, 205 ff.

C. Berufsrechtliches für den Rechtsanwalt

I. Rechtsberatung

6 Die Funktion des Mediators wird am häufigsten von Rechtsanwälten wahrgenommen.

7 „Mediation ist die Vermittlung in einem Konflikt verschiedener Parteien mit dem Ziel einer Einigung, deren Besonderheit darin besteht, daß die Parteien freiwillig eine faire und rechtsverbindliche Lösung mit Unterstützung des Mediators auf der Grundlage der vorhandenen rechtlichen, wirtschaftlichen, persönlichen und sozialen Gegebenheiten und Interessen selbstverantwortlich erarbeiten." (Schlußbericht des BRAK-Ausschusses Mediation)

8 Mediator-Tätigkeit ist für den Rechtsanwalt damit Rechtsberatung. Die Aufgabe des Mediators, den Parteien zu ihrem selbst gesetzten Recht innerhalb des jeweiligen rechtlichen Rahmens zu verhelfen, stellt ähnlich der Vertragsberatung eine rechtsbesorgende Tätigkeit dar.

9 Aber die anwaltliche Tätigkeit als Mediator ist grundlegend anders als herkömmliche Anwaltstätigkeit: Die einseitige Interessenvertretung, der der Anwalt üblicherweise verpflichtet ist, darf bei der Mediation gerade nicht praktiziert werden. Der Anwalt ist in der Rolle des Mediators kein einseitiger Vertreter einer Partei, sondern ein zu Objektivität, Neutralität und Unvoreingenommenheit verpflichteter Mittler ohne eigene Konfliktentscheidungskompetenz, also der Rolle eines Notars oder Schiedsrichters sehr nahe.

Deshalb wird die Übernahme von Tätigkeiten als Mediator ein Umdenken bei vielen Rechtsanwälten erforderlich machen. Daß es sich dabei um originär anwaltliche Tätigkeit handelt, stellt § 18 der neuen Berufsordnung für Rechtsanwälte klar. Der Rechtsanwalt, der als Vermittler, Schlichter oder Mediator tätig wird, unterliegt den Regeln des Berufsrechts, insbesondere der BRAO.

II. Interessenwahrnehmung

Nach § 43 a Abs. 4 BRAO ist es dem Rechtsanwalt grundsätzlich verboten, die Vertretung widerstreitender Interessen wahrzunehmen. Unter diesem Gesichtspunkt ist zu klären, wie sich das Auftragsverhältnis bei der Mediation darstellt. Entscheidend ist dabei, daß der Rechtsanwalt, der als Mediator tätig werden soll, nicht von einer Partei, sondern von zwei oder mehreren Parteien zur gemeinsamen Beratung und Vermittlung in einer Konfliktsituation beauftragt wird. Das Berufsbild des Rechtsanwalts ist nicht einseitig ausgerichtet auf die Interessendurchsetzung einer Partei, vielmehr kennt es auch die Tätigkeit als Schlichter, Vermittler, Berater und Rechtsgestalter. Beauftragen mehrere Parteien einen Rechtsanwalt als Mediator, so kommt damit deutlich zum Ausdruck, daß es hier nicht um die Interessenwahrnehmung einer Partei gegen die andere geht, sondern um Konfliktlösung und insoweit Interessengleichheit der Parteien.[2] Ein Verstoß gegen § 43 a Abs. 4 BRAO liegt demnach nicht vor. Trotzdem unterliegt der als Mediator tätige Rechtsanwalt einigen Beschränkungen, wie sie insbesondere im Schlußbericht des BRAK-Ausschusses Mediation[3] festgehalten sind. Im wesentlichen sind dies folgende:

- Die Übernahme der Mediation ist dem Rechtsanwalt verwehrt, wenn er schon zuvor eine der Parteien in derselben Angelegenheit anwaltlich vertreten hat.
- Nach Beendigung der Mediation darf der Rechtsanwalt nicht eine der Parteien in derselben Angelegenheit weiter beraten oder vertreten.

Rechtsgrundlage für diese Betätigungsverbote sind die §§ 43 a Abs. 4, 45 BRAO. War der Anwalt für eine der Parteien in einer anderen Angelegenheit bereits tätig, so führt dies nicht zu einem Ausschluß als Mediator.

---

2 Vgl. Breidenbach/Henssler, Mediation für Juristen, Köln, 1997, 75, 79 ff.
3 BRAK-Mitteilungen 1996, 186 ff.

14 Insbesondere ist die Übernahme des „Amtes" als Mediator kein Fall des Parteiverrats nach § 356 StGB, weil der Anwalt hier ohne weiteres nach außen erkennbar nicht als Vertreter einzelner Parteiinteressen tätig wird.[4]

15 Die Probleme, die sich beim Schiedsgericht ergeben, wenn mehr als zwei Parteien auftreten (Mehrparteienschiedsgericht), dürften bei der Mediation im Erbrecht, wo diese Konstellation nicht selten ist, wesentlich geringer sein.

III. Nichtjuristen als Mediatoren

16 In hochstreitigen Familienrechtsfällen hat es sich gezeigt, daß gerade psychologische und soziale Konfliktfelder einen Mediator, der ausschließlich juristische Sachkenntnis hat, überfordern können. Deshalb sind dort, insbesondere in Sorgerechtsverfahren, neben Juristen auch Psychologen und Sozialarbeiter als Mediatoren tätig.

17 Das Erbrecht mit seiner hochkomplexen Reichweite in nahezu alle Gebiete des Zivilrechts hinein kann auf fundierten juristischen Sachverstand des Mediators nicht verzichten. Deshalb erscheint es kaum möglich, daß ein Nichtjurist als Mediator in erbrechtlichen Angelegenheiten tätig wird. Da aber häufig steuerrechtliche Fragen für eine sinnvolle und dauerhafte Lösung zu klären sind, erscheint es geboten, einen Steuerberater oder/und Wirtschaftsprüfer hinzuzuziehen. Das anwaltliche Berufsrecht trägt diesem Bedürfnis jetzt auch in §§ 59 a BRAO, 1 Abs. 3 Partnerschaftsgesellschaftsgesetz Rechnung.

18 Nicht ausgeschlossen sind auch vertragliche Vereinbarungen, wonach sich ein Rechtsanwalt und ein Angehöriger eines steuer- bzw. wirtschaftsberatenden Berufes verpflichten, Mediationsaufträge gemeinsam auszuführen. Eine solche vertragliche Vereinbarung ist ein Vertrag sui generis, dem Elemente eines Geschäftsbesorgungs- und Werkvertrags eigen sind.[5] Schriftlichkeit der Vereinbarung ist nicht erforderlich, aus naheliegenden Gründen jedoch dringend zu empfehlen.

19 Da nach § 27 der neuen Berufsordnung Dritte am wirtschaftlichen Ergebnis anwaltlicher Tätigkeit nicht beteiligt werden dürfen, wäre es nicht statthaft,

---

4 Vgl. BGHSt 24, 191; Leipziger Kommentar StGB, § 356 Rn 48; *Breidenbach/Henssler*, Mediation für Juristen, Köln, 1997, 75, 81; aber auch *Geppert*, NJW 1960, 1045.

5 Vgl. *Zuck*, Vertragsgestaltung bei Anwaltskooperationen, 7, 12 ff.

wenn der Rechtsanwalt nach außen im Verhältnis zu den Auftraggebern allein als Vertragspartner auftreten würde und der Steuerberater bzw. Wirtschaftsprüfer intern am Honorar des Anwalts beteiligt würde. Dieses Problem läßt sich nur so lösen, daß zwischen dem einzelnen Mandanten einerseits und dem Rechtsanwalt sowie dem nicht anwaltlichen Mediator andererseits jeweils ein eigenständiges Auftragsverhältnis begründet wird.

Weiterhin ist zu beachten, daß ein nichtanwaltlicher Mediator, der von Berufs wegen nicht der Schweigepflicht unterliegt, zur Verschwiegenheit verpflichtet wird. Dies sollte zweckmäßigerweise sowohl im Mandatsvertrag zwischen Mandant und Mediator als auch im Kooperationsvertrag zwischen Anwalt und Mit-Mediator vereinbart werden.

D. Die Schlußvereinbarung

Der die Mediation abschließenden Vereinbarung, also dem Vertrag oder dem Vergleich, darf nicht zu wenig Gewicht beigemessen werden. Dieser Vergleich bildet die Basis für die in Zukunft geltenden Rechtsbeziehungen unter den Konfliktparteien. Deshalb muß gerade hier gründlich und sorgfältig gearbeitet werden. Andernfalls hätte die Mediation ihr Ziel – nämlich eine dauerhafte Befriedung der Parteien – verfehlt; neuer Streit wäre vorprogrammiert. Die Praxis wird zeigen, ob diese zentrale Aufgabe der Streitschlichtung erfüllt wird und ob deshalb die Rechtsuchenden die Einrichtung der Mediation gerade im Erbrecht akzeptieren werden.

E. Berufshaftpflicht

Da nach § 18 der neuen Berufsordnung Mediator-Tätigkeit dem anwaltlichen Berufsrecht unterliegt, wird sie auch grundsätzlich von der Berufshaftpflichtversicherung mit umfaßt. Seit 1. Dezember 1996 ist die Mediation bei den meisten Vermögenschaden-Haftpflichtversicherern mitversichertes Risiko, so daß es einer besonderen Meldung der Mediatortätigkeit an den Versicherer nicht mehr bedarf.[6]

---

6 Vgl. AnwBl. 1997, 345.

F. Honorar

23 Das derzeit geltende Gebührenrecht der BRAGO ermöglicht eine Abrechnung der Mediator-Tätigkeit nur unzureichend. In Frage kommt eine Abrechnung nach § 20 BRAGO oder nach § 118 I 1 BRAGO. Da der Anwalt bei der Ausübung mediativer Tätigkeiten nicht für eine einzige Partei tätig wird, sondern im Interesse zweier oder mehrerer Parteien, ist eine Abrechnung auf der Basis der Besprechungsgebühr gem. § 118 I 2 BRAGO in Verbindung mit einer Vergleichsgebühr nach § 23 BRAGO nicht möglich.

24 Außerdem dürfte im Hinblick auf die zeitaufwendige Mediatortätigkeit eine Abrechnung nach BRAGO nicht kostendeckend sein. Nach den bisherigen Erfahrungen rechnet man mit 5 bis 10 jeweils zweistündigen Mediationsterminen. Unter diesem Gesichtspunkt empfiehlt sich die Vereinbarung eines Zeit- oder Pauschalhonorars im Rahmen der BRAGO. Dies ist gängige Praxis bei denjenigen Rechtsanwälten, die bereits auf dem Gebiet der Mediation tätig sind. Übernimmt der Anwalt darüber hinaus die Formulierung des abschließenden Vertrages (Vergleich), so kann auch eine der Vergleichsgebühr entsprechende Abschlußgebühr vereinbart werden.

G. Der Rechtsanwaltsnotar als Mediator

25 Ist der als Mediator tätige Rechtsanwalt zugleich als Notar zugelassen, so dürfte seine Mediatortätigkeit dem notariellen Berufsfeld zuzurechnen sein. In diesem Falle unterliegt die Tätigkeit den Regeln der notariellen Berufsordnung. Von Bedeutung ist in diesem Zusammenhang insbesondere, daß der Anwaltsnotar von der Beurkundung nicht ausgeschlossen ist, wenn er in derselben Sache vorher als Mediator tätig war. Die Mediatorentätigkeit ist für den Notar originäre notarielle Tätigkeit, auch wenn sie in diesem Zusammenhang anders genannt wird. Dies hat selbstverständlich auch Auswirkungen auf das Gebührenrecht. Wenn der Mediator anschließend als Notar die Abschlußvereinbarung beurkundet, so ist die Vergütung für die Mediation in der Notariatsgebühr enthalten. Die Tätigkeit als Mediator diente damit der Vorbereitung der zu beurkundenden Abschlußvereinbarung. Es wäre also unzulässig, zunächst Mediation gegen vereinbartes Honorar zu betreiben und danach eine notarielle Beurkundung vorzunehmen, die erneut nach KostO abgerechnet würde.

Nach der am 8.9.1998 in Kraft getretenen BNotO-Novelle dürfen gem. § 9 II BNotO nF Anwaltsnotare sich mit Patentanwälten, Steuerberatern, Wirtschaftsprüfern etc. verbinden.

Da notarielles Kostenrecht strenges Recht ist, ist in diesem Falle eine Gebührenvereinbarung nicht zulässig. 26

Der Schlußbericht des BRAK-Ausschusses Mediation ist abgedruckt in BRAK-Mitteilungen 1996, 186 ff. 27

Literaturhinweise:
Ponschab, Reiner Wege zur anwaltlichen Schlichtung, Anw.Bl. 1997, 145 ff.
Ponschab, Reiner Fördern statt fordern – Ein Paradigmenwechsel der anwaltlichen Konfliktbehandlung?, MDR 1997, 413.
Breidenbach, Stephan Mediation – Komplementäre Konfliktbehandlung durch Vermittlung, Anw.Bl. 1997, 135 ff.
Henssler, Martin/Schwackenberg, Katja Der Rechtsanwalt als Mediator, MDR 1997, 409 ff.
Hölzenbein, Sabine Familienmediation, Ein Gebiet nur für Psychologen und Sozialpädagogen? MDR 1997, 415
Henssler, Martin Anwaltliches Berufsrecht und Mediation, Anw.Bl. 1997, 129 ff.
Nerlich, Jörg Außergerichtliche Streitbeilegung mittels Anwaltsvergleichs, MDR 1997, 416 ff.
Universität Köln Mediation für Juristen: Konfliktbehandlung ohne gerichtliche Entscheidung, Veranstaltungsbericht in Anw.Bl. 1997, 139 ff.
Risse Beilegung von Erbstreitigkeiten durch Mediationsverfahren, ZEV 1999, 205 ff.

§ 34

Teil 6: Fälle mit Auslandsberührung

§ 34 Die Bestimmung des maßgebenden sachlichen Erbrechts

A. Allgemeines

Erbrechtsfälle mit Auslandsberührung sind häufig und werden in Zukunft immer häufiger werden. Nicht wenige Deutsche haben Grundbesitz in südeuropäischen Ländern. Von Bedeutung sind auch Eheschließungen mit ausländischen Staatsangehörigen. Je weiter die europäische Integration vorankommt, um so häufiger werden Erbrechtsfälle, bei denen ausländische Rechtsordnungen berührt werden. Dabei kann von einem deutschen Rechtsberater nicht erwartet werden, alle Einzelheiten der jeweiligen Erbrechtsordnung zu kennen. Er muß aber in der Lage sein, die in Betracht kommenden Rechtsordnungen im konkreten Einzelfall zu bestimmen. Zu seinen Pflichten kann auch gehören, zur rechten Zeit mit Hilfe eines Sachverständigen die Einzelheiten des anwendbaren Rechts zu ermitteln.

1

Dabei kann bereits an dieser Stelle darauf hingewiesen werden, daß nach § 293 ZPO (im Rahmen eines Rechtsstreits) über den Inhalt ausländischen Rechts Beweis durch Einholung eines Sachverständigengutachtens erhoben werden kann.

B. Kollisionsrecht

Die Auslandsberührung im Erbrecht kann den Erblasser, den Nachlaß oder die Erben betreffen. Kollisionsnormen des deutschen IPR finden sich in Art. 25 und 26 EGBGB. Darüberhinaus gibt es eine Vielzahl von bilateralen und multilateralen Staatsverträgen. Nach diesen Vorschriften ist zu bestimmen, welches sachliche Recht (Erbstatut) in einem konkreten Erbfall anzuwenden ist.

2

Staatsvertragliche Regelungen gehen nationalen Rechtsvorschriften vor, Art. 3 II EGBGB. Fundstelle für Staatsverträge bei *Schotten*, Das Internationale Privatrecht in der notariellen Praxis, 1995.

3 Von praktischer Bedeutung ist das Haager Testamentsabkommen („Übereinkommen über das auf die Form letztwilliger Verfügungen anzuwendende Recht") vom 5.10.1961, BGBl 1965 II, 1144, am 1.1.1966 für die Bundesrepublik Deutschland in Kraft getreten. Mit der zum 1.9.1986 in Kraft getretenen IPR-Reform wurde Art. 1 des Übereinkommens nahezu wörtlich in Art. 26 Abs. 1–3 EGBGB übernommen. Unter das Abkommen fallen nur Testamente und ihr Widerruf, nicht auch Erbverträge und Erbverzichtsverträge.

Da sich gerade in Erbrechtsfällen die maßgeblichen Sachverhalte in weit auseinanderliegenden Zeiträumen abspielen – beispielsweise Zeitpunkt der Testamentserrichtung einerseits und Todeszeitpunkt des Erblassers andererseits – ist die Frage, welche Kollisionsnormen zu welchem Zeitpunkt gegolten haben und deshalb anzuwenden sind, von entscheidender Bedeutung.

C. Erbstatut nach Staatsangehörigkeit

4 Das deutsche Kollisionsrecht hat sich bezüglich des Erbrechts (Sachrecht) für das Heimatrecht des Erblassers entschieden (**Staatsangehörigkeitsprinzip**). Die Grundregel von Art. 25 I EGBGB bestimmt: Die Erbfolge einer Person richtet sich nach dem Recht des Staates, dem der Erblasser zum Zeitpunkt seines Todes angehörte. Bei Personen mit deutscher und ausländischer Staatsangehörigkeit geht nach Art. 5 II, 2 EGBGB die deutsche Staatsangehörigkeit vor.

5 Im Falle **staatenloser Personen** wird nach Art. 12 des New Yorker Übereinkommens über die Rechtsstellung Staatenloser vom 28.9.1954 – in Kraft seit 24.1.1977, BGBl II 1976, 473, BGBl II 1977, 235 – an das Recht des Landes seines Wohnsitzes oder in Ermangelung eines solchen an das Land seines Aufenthaltes angeknüpft. Soweit dieses Übereinkommen nicht greift, gilt Art. 5 II EGBGB, wonach das Recht des Landes des gewöhnlichen Aufenthalts gilt. Fehlt es auch daran, so kommt es auf den schlichten Aufenthalt an.

D. Formstatut für Verfügungen von Todes wegen

I. Die maßgebenden Anknüpfungspunkte

Für die Errichtung einer Verfügung von Todes wegen bzw. für die Beurteilung aller Rechtsfragen in einem Erbfall, bei dem eine Verfügung von Todes wegen vorhanden ist, bestimmen sich alle **Formfragen** nach Art. 26 EGBGB. Der Wille des Gesetzes, einer Verfügung von Todes wegen möglichst zur Geltung zu verhelfen, kommt darin zum Ausdruck, daß Art. 26 EGBGB für die Frage, welche Formvorschriften für die Errichtung einer Verfügung von Todes wegen maßgeblich sind, alternativ an eine Reihe von Rechtsordnungen anknüpft.

6

In der Praxis wird man deshalb in nahezu allen Fällen zu einer formwirksamen letztwilligen Verfügung kommen; die betreffende Verfügung muß lediglich nach einer der in Art. 26 I Nr. 1–5 EGBGB bezeichneten Rechtsordnungen wirksam sein. Insgesamt 9 Anknüpfungspunkte sind dort vorgesehen. Eine Verfügung von Todes wegen ist formgültig, wenn diese

- den Formvorschriften des Rechtes desjenigen Ortes entspricht, an dem der Erblasser die Verfügung errichtet hat, Art. 26 I Nr. 2 EGBGB;
- den Formvorschriften des Rechtes desjenigen Staates entspricht, dessen Staatsangehörigkeit der Erblasser zur Zeit der Errichtung der Verfügung besaß, Art. 26 I Nr. 1 EGBGB;
- den Formvorschriften des Rechtes desjenigen Staates entspricht, dessen Staatsangehörigkeit der Erblasser zum Zeitpunkt seines Todes besaß, Art. 26 I Nr. 1 EGBGB;
- den Formvorschriften des Rechtes desjenigen Staates entspricht, in dem der Erblasser zur Zeit der Errichtung der Verfügung seinen Wohnsitz hatte, Art. 26 I Nr. 3 EGBGB;
- den Formvorschriften des Rechtes des Staates entspricht, in dem der Erblasser zum Zeitpunkt seines Todes seinen Wohnsitz hatte, Art. 26 I Nr. 3 EGBGB;
- den Formvorschriften des Rechtes des Staates entspricht, in dem der Erblasser zur Zeit der Errichtung der Verfügung seinen gewöhnlichen Aufenthalt hatte („Daseinsmittelpunkt"), Art. 26 I Nr. 3 EGBGB;

- den Formvorschriften des Rechtes des Staates entspricht, in dem, soweit sich die Verfügung von Todes wegen auf unbewegliches Vermögen bezieht, sich dieses befindet („lex rei sitae"), Art. 26 I Nr. 4 EGBGB;
- den Formvorschriften des Rechtes des Staates entspricht, das auf die Erbfolge anzuwenden ist, also nach dem Erbstatut, Art. 26 I Nr. 5 EGBGB;
- den Formvorschriften desjenigen Rechtes entspricht, das auf die Erbfolge zur Zeit der Errichtung der Verfügung von Todes wegen anzuwenden gewesen wäre („hypothetisches Erbstatut"), Art. 26 I Nr. 5 EGBGB.

Die Anknüpfungstatsachen stehen gleichwertig nebeneinander. Letztlich kann nur ein einziges Formstatut über die Wirksamkeit einer Verfügung von Todes wegen entscheiden. Nicht denkbar wäre, auf einzelne Fragen jeweils verschiedene Formstatuten anzuwenden.[1]

II. Was ist unter Testamentsform zu verstehen?

7 Weder Art. 26 EGBGB noch das Haager Abkommen definieren, welche Vorschriften als Formvorschriften für eine Verfügung von Todes wegen anzusehen sind. Zu den Formerfordernissen zählen zweifelsohne die Schriftlichkeit, Mündlichkeit, Eigenhändigkeit, öffentliche Beurkundung und öffentliche Beglaubigung. Nicht zur Form zählen Geschäfts- und Testierfähigkeit.[2] Art. 26 III EGBGB bestimmt: „Die Vorschriften, welche die für letztwillige Verfügungen zugelassenen Formen mit Beziehung auf das Alter, die Staatsangehörigkeit oder andere persönliche Eigenschaften des Erblassers beschränken, werden als zur Form gehörend angesehen. Das gleiche gilt für Eigenschaften, welche die für die Gültigkeit einer letztwilligen Verfügung erforderlichen Zeugen besitzen müssen."

III. Testamentswiderruf

8 Auch für die Form eines Widerrufs gelten die oben aufgezählten 9 verschiedenen Anknüpfungspunkte, Art. 26 II EGBGB, weil der Widerruf formelles und materielles Testament ist.

---

1 *Von Schack* DNotZ 1966, 131.
2 *Soergel/Kegel* Rn 120 vor Art. 24 EGBGB.

IV. Zuziehung eines ausländischen Notars

Nach dem durch die BNotO-Novelle vom 31.8.1998 (BGBl. I 2585), in Kraft seit 8.9.1998, neu eingefügten § 11 a BNotO kann auch ein ausländischer Notar zugezogen werden.

V. Die Reichweite des Erbstatuts

1. Zusammensetzung des Nachlasses

Das Erbstatut bestimmt, welche Aktiva und Passiva zum Nachlaß gehören.[3] Aber der Inhalt des jeweiligen dinglichen oder schuldrechtlichen Rechts bestimmt sich nicht nach dem Erbstatut, sondern nach dem Einzelstatut des betreffenden Gegenstandes. Beispielsweise gibt das Recht der belegenen Sache (lex rei sitae) Auskunft darüber, ob ein daran bestehendes dingliches Recht (beispielsweise Nießbrauch) überhaupt vererblich ist und welchen konkreten Inhalt es hat.

Dagegen beantwortet das Erbstatut die Frage, inwieweit nach Eintritt des Erbfalls einzelne Nachlaßgegenstände durch Handlungen des Erben oder eines Testamentsvollstreckers wiederum zum Nachlaß gehören (Probleme der Surrogation) und wie sich die Haftung für Schulden des Erblassers regelt.

2. Erbfähigkeit

Die Erbfähigkeit der Erben richtet sich nach dem Erbstatut.[4]

3. Inhalt der erbrechtlichen Rechtsstellung

Die Frage, ob jemand zum Kreis der gesetzlichen Erben gehört, ob er Ehegatte, eheliches oder nichteheliches oder adoptiertes Kind ist, ist grundsätzlich eine unabhängig vom Erbstatut selbständig zu klärende Vorfrage.[5]

Das Erbstatut regelt die Einordnung der Rechtsstellung als Erbe oder Vermächtnisnehmer und bei einer Personenmehrheit alle mit der **Erbengemeinschaft** zusammenhängenden Fragen. Die Organisationsform der Erbengemeinschaft

---

3 BGH BB 1969, 197.
4 *Palandt/Heldrich* Art. 25 Rn 16.
5 BGHZ 96, 262; BayObLG 93, 385.

als Gesamthand oder als Bruchteilsgemeinschaft – oder wie auch immer – sowie die Regeln über die Verwaltung des Nachlasses und dessen Auseinandersetzung bestimmen sich nach dem Erbstatut.[6]

4. Erbrechtliche Rechtsinstitute

13 Welcher erbrechtlichen Rechtsinstitute sich der Erblasser in der Verfügung von Todes wegen bedienen kann, Fragen der Auslegung eines Testaments und der gesetzlichen Auslegungsregeln bestimmen sich ebenfalls nach dem Erbstatut.[7] Zum Inhalt einer letztwilligen Verfügung zählt insbesondere die Frage, ob bestimmte erbrechtliche Rechtsgeschäfte wie einseitiges Testament, gemeinschaftliches Testament, Erbvertrag und evtl. auch Erbverzichtsvertrag als solche zulässig sind.[8]

Die testamentarischen Anordnungen des Erblassers, also Erbeinsetzung, Vermächtnisanordnung, Anordnung der Vor- und Nacherbschaft, Pflichtteilsbeschränkungen und -entziehung, Anordnung der Testamentsvollstreckung sowie familienrechtliche Anordnungen gehören zum Inhalt letztwilliger Verfügungen und richten sich deshalb nach dem Erbstatut.[9]

VI. Besonderheiten beim gemeinschaftlichen Testament

14 Inhalt und Wirkung eines gemeinschaftlichen Testaments richten sich nach dem gemeinschaftlichen Statut der Erblasser. Besteht kein einheitliches Erbstatut, dh gelten nebeneinander zwei verschiedene Erbstatute, so gelten beide nebeneinander kumulativ.[10] Ob beide Erblasser zu ihren Lebzeiten eine letztwillige Verfügung widerrufen können, ist nach dem Testamentserrichtungsstatut (Formstatut) zu beurteilen. Hat dieses Statut gewechselt, so kommt es auf das hypothetische Erbstatut im Zeitpunkt des Widerrufs an.[11] Gelten nebeneinander zwei verschiedene Erbstatute, so ist bei einem etwaigen Widerspruch die

---

6 BGH NJW 1959, 1317; BGHZ 87, 19.
7 BGH WPM 1976, 811; FamRZ 1977, 786; OLG Köln NJW 1986, 2199.
8 *Umstätter* DNotZ 1984, 532.
9 BGH NJW 1963, 46; BayObLG 90,51; *Roth* JPRax 1991, 322.
10 *Staudinger/Firsching* vor Art. 24 – 26 EGBGB Rn 120; *Palandt/Heldrich* Art. 25 EGBGB Rn 13.
11 *Staudinger/Firsching* vor Art. 24–26 EGBGB Rn 127.

jeweils strengere Vorschrift maßgebend.[12] Streitig ist, ob die Frage der freien Verfügungsmöglichkeit der Erblasser unter Lebenden nach Errichtung eines gemeinschaftlichen Testaments sich nach dem Errichtungsstatut (Formstatut) oder nach dem Erbstatut richtet.[13]

VII. Die Bestimmung des maßgebenden Erbstatuts

1. Grundsatz des deutschen IPR

Art. 25 I EGBGB besagt, daß sich das materielle Erbrecht (Erbstatut) nach der Staatsangehörigkeit des Erblassers im Zeitpunkt seines Todes richtet. Ein in Deutschland lebender Italiener wird demnach nach italienischem Erbrecht beerbt, ein in Deutschland lebender Schwede nach schwedischem Erbrecht.

15

Mit dieser Regel, die das deutsche IPR aufstellt, ist aber die Frage nach dem anwendbaren Recht noch nicht endgültig geklärt, denn die Verweisung von Art. 25 I EGBGB auf das Heimatrecht des Erblassers umfaßt nicht nur die Verweisung auf die erbrechtlichen Vorschriften, sondern auch auf die IPR-Vorschriften des Heimatstaates.

Deshalb müssen zunächst die Kollisionsnormen des betreffenden Staates überprüft werden, um festzustellen, ob diese die Verweisung des deutschen Rechts annehmen. Andere Staaten richten sich nämlich zum Teil nach anderen Anknüpfungspunkten als der Staatsangehörigkeit, beispielsweise nach dem Wohnsitz, dem Aufenthalt oder nach dem Recht der belegenen Sache, insbesondere bei Immobilien. So kommt es beispielsweise häufig vor, daß das IPR des fremden Staates auf das deutsche Recht ganz oder teilweise zurückverweist (renvoi). In Einzelfällen verweist das Kollisionsrecht des betreffenden Staates auch auf das sachliche Recht (Erbstatut) eines dritten Staates.

---

12 MüKo/*Birk* Art. 26 EGBGB Rn 95.
13 MüKo/*Birk* Art. 26 EGBGB Rn 96 ff.; *Staudinger/Firsching* vor Art. 24 – 26 EGBGB Rn 267 ff.; OLG Hamm NJW 1964, 553, 554.

2. Rückverweisung

16 Verweist das Kollisionsrecht des fremden Staates auf deutsches Recht zurück, so wird diese Rückverweisung vom deutschen Recht nach Art. 4 I EGBGB grundsätzlich angenommen.[14] Damit soll möglichst rasch das anwendbare Recht festgestellt werden können. Die Voraussetzungen für eine solche Rückverweisung werden nach dem Inhalt der Begriffe der fremden –verweisenden – Rechtsordnung beurteilt.[15] Die Rückverweisung bezieht sich allerdings nur auf die Sachnormen und nicht wiederum auf die Kollisionsnormen, vgl. Art. 4 I 2 EGBGB.

3. Nachlaßspaltung

17 Einzelne Rechtsordnungen beschränken ihre Rück- oder Weiterverweisung auf einzelne Teile des Nachlasses, häufig auf den unbeweglichen Nachlaß, und wenden das Erbrecht desjenigen Staates an, auf dessen Gebiet sich die betreffenden Nachlaßgegenstände befinden (Lagerecht = Belegenheitsrecht=lex rei sitae).

Dies führt zur Anwendung unterschiedlicher Erbrechtsordnungen bezüglich einzelner Nachlaßteile (sog. Nachlaßspaltung). Damit wird der jeweilige einer eigenen Rechtsordnung unterstehende Nachlaßteil so angesehen, als wäre er der Gesamtnachlaß.[16] In diesem Fall kann bezüglich der verschiedenen Nachlaßteile jeweils eine unterschiedliche Erbfolge angeordnet werden, die sich auf den jeweiligen Nachlaßteil bezieht.[17]

18 Wie ist ein Widerspruch zwischen Art. 25 (Staatsangehörigkeitsprinzip) und dem Prinzip der lex rei sitae aufzulösen? Art. 3 III EGBGB läßt der lex rei sitae den Vorrang, so daß in den Fällen, in denen ein deutscher Erblasser ein Grundstück in einem Land hat, in dem die lex rei sitae gilt, bezüglich dieses Grundstücks das Erbrechtsstatut dieses Landes gilt.

Ein in Deutschland zu erteilender Erbschein könnte in einem solchen Fall nur das Erbrecht des in Deutschland befindlichen Nachlasses bezeugen und

---

14 BGH NJW 1958, 750; BGHZ 45, 351.
15 BGH FamRZ 1980, 673 = NJW 1980, 2016.
16 BGHZ 24, 352.
17 *Dörner* DNotZ 1977, 324; 1988, 100; MüKo/*Birk* Art. 25 EGBGB Rn 128, 133.

müßte die Erbfolge an dem in dem fremden Staat gelegenen Grundstück ausnehmen.[18]

Staaten mit dem Prinzip der lex rei sitae sind beispielsweise England, Kanada, Frankreich, einzelne Staaten der USA und die ehemalige DDR.

Einzelne Staaten knüpfen zur Bestimmung des Erbrechtsstatuts weder an die Staatsangehörigkeit noch an das Recht der Belegenheit, sondern an den Wohnsitz bzw. das Domizil des Erblassers an. Beispiele für das Wohnsitzprinzip: Dänemark und Norwegen; Beispiele für das Wohnsitz- bzw. Domizilprinzip bezüglich des beweglichen Nachlasses und des Belegenheitsrechts bezüglich des unbeweglichen Nachlasses: Belgien, Großbritannien, Frankreich, Luxemburg.[19]

VIII. Qualifikation von Rechtsbegriffen

Die Frage des Inhalts der einzelnen Rechtsbegriffe bestimmt sich grundsätzlich nach der lex fori, also nach deutschem Recht.[20] Demnach sind nach deutschem Recht zu bestimmen beispielsweise der Inhalt des Pflichtteilsanspruchs, der Erbenhaftung, der Anrechnungs- und Ausgleichungspflicht von Vorempfängen sowie erbrechtliche Auskunftsansprüche. Zum Problem der Qualifikation gehört aber auch die Frage, welche rechtlichen Vorgänge überhaupt zum Begriff der Rechtsnachfolge von Todes wegen gehören.

Im Hinblick darauf, daß unbewegliches Vermögen im Kollisionsrecht beispielsweise in Art. 25 II EGBGB eine entscheidende Rolle spielt, soll an diesem Beispiel geklärt werden, welche einzelnen Rechte darunterfallen.

Der Begriff des unbeweglichen Vermögens kam mit der IPR-Reform per 1.9.1986 in das EGBGB. Dem bisher geltenden deutschen Kollisionsrecht war die begriffliche Unterscheidung zwischen beweglichem und unbeweglichem Vermögen unbekannt. Bei Nachlaßspaltung im Falle der gesetzlichen Erbfolge bleibt es bei den durch Rechtsprechung und Lehre erarbeiteten Grundsätzen zum bisherigen Recht. Verschiedene staatsvertragliche Regelungen sehen die

---

18 *Firsching* DNotZ 1960, 565; *Karle* DNotZ 1978, 78; *Schotten* Rn 271.
19 Vgl. im einzelnen *Ferid/Firsching/Lichtenberger*; *Schotten* Rn 272.
20 BGHZ 24, 352 = NJW 1957, 1316.

kollisionsrechtliche Unterscheidung zwischen beweglichem und unbeweglichem Vermögen vor, ohne daß allerdings eine Begriffsbestimmung erfolgt wäre. So enthält die Anlage zu Art. 20 des Konsularvertrages (Nachlaßabkommen) zwischen dem Deutschen Reich und der Türkischen Republik vom 28.5.1929, in Kraft seit dem 18.11.1931 (Gesetz vom 3.5.1930, RGBl. II 747 mit Bekanntmachung vom 30.8.1931, RGBl. II 539) in § 14 folgende Regelung:

1. Die erbrechtlichen Verhältnisse bestimmen sich in Ansehung des beweglichen Nachlasses nach den Gesetzen des Landes, dem der Erblasser zur Zeit seines Todes angehörte.

2. Die erbrechtlichen Verhältnisse in Ansehung des unbeweglichen Nachlasses bestimmen sich nach den Gesetzen des Landes, in dem dieser Nachlaß liegt, und zwar in der gleichen Weise, wie wenn der Erblasser zur Zeit seines Todes Angehöriger dieses Landes gewesen wäre.

Nach § 12 III des Abkommens entscheidet das Recht des Staates, in dem sich der Nachlaß befindet, darüber, was zum beweglichen und was zum unbeweglichen Nachlaß gehört.

22 Auch der Konsularvertrag zwischen der Bundesrepublik Deutschland und der Sowjetunion vom 25.4.1958 (BGBl. 1959 II 233), in Kraft seit dem 24.5.1959 (BGBl. II 469), enthält in Art. 28 III die Bestimmung, daß bezüglich der unbeweglichen Nachlaßgegenstände die Rechtsvorschriften des Staates Anwendung finden, in dessen Gebiet diese Gegenstände belegen sind.

23 Der Freundschafts-, Handels- und Schiffahrtsvertrag zwischen der Bundesrepublik Deutschland und den Vereinigten Staaten von Amerika vom 29.10.1954 (Gesetz vom 7.5.1956 BGBl. II 487), in Kraft getreten am 4.7.1956 (Bekanntmachung vom 28.6.1956, BGBl. II 763) enthält zwar keine Regelung über das anzuwendende Erbrecht. In Art. IX ist jedoch der Begriff des „unbeweglichen Vermögens" erwähnt. Auch das Testamentsabkommen vom 5.10.1961 enthält in Art. 1 I e) den Begriff des unbeweglichen Vermögens. Der Begriff wird durch die lex rei sitae bestimmt.[21]

---

21 *Staudinger/Firsching* vor Art. 24 bis 25 EGB Rn 429.

Verschiedene ausländische Rechtsordnungen überlassen die Qualifikation, ob ein Nachlaßgegenstand beweglich oder unbeweglich ist, dem Ort der belegenen Sache. Dazu gehören insbesondere US-Staaten, Großbritannien und Kanada.

Soweit die Qualifikation dem deutschen Recht zu entnehmen ist, sind als unbewegliches Vermögen vor allem anzusehen Grundstücke und ihre Bestandteile, Wohnungs- und Teileigentum, der Anspruch des Eigentümers auf Herausgabe, da dieser ein Recht ist, das mit dem Eigentum am Grundstück verbunden ist, grundstücksgleiche Rechte (Erbbaurecht, Erbpachtrecht), Dienstbarkeiten, dingliches Vorkaufsrecht, Reallasten sowie Forderungen auf Übertragung von Grundstücken und Grundstücksrechten. Fraglich ist, ob auch Grundpfandrechte an deutschen Grundstücken als unbewegliches Vermögen qualifiziert werden können.[22]

24

IX. Rechtswahl

Nach Art. 25 II EGBGB kann der Erblasser für im Inland belegenes unbewegliches Vermögen in der Form einer Verfügung von Todes wegen deutsches Recht wählen. Die Rechtswahl im Erbrecht ist damit in dreifacher Hinsicht eingeschränkt:

25

- Sie gilt nur für unbewegliches Vermögen,
- Das unbewegliche Vermögen muß im Inland belegen sein,
- Nur deutsches Erbrecht darf gewählt werden.

1. Form und Inhalt

Die Rechtswahl ist nur in einer Verfügung von Todes wegen möglich. Deren Formerfordernisse bestimmen sich nach Art. 26 EGBGB. Die Rechtswahl erfaßt alle erbrechtlichen Fragen bezüglich des inländischen unbeweglichen Vermögens. Deshalb wird auch die Möglichkeit der Verfügung in einem gemeinschaftlichen Testament oder Erbvertrag eröffnet, auch wenn das Heimatrecht des ausländischen Erblassers diese Art der Verfügung von Todes wegen nicht zuläßt und möglicherweise jegliche erbrechtliche Bindung verbietet. So hat beispielsweise ein italienischer Staatsangehöriger, nach dessen Heimatrecht

26

---

22 *Krzywon* BWNotZ 1986, 154; 1987, 4; *Dörner* DNotZ 1988, 95; *Palandt/Heldrich* Art. 25 EGBGB Rn 6 – 8; *Palandt/Heinrichs* § 90 Vorbem. Rn 3.

gemeinschaftliche Verfügungen von Todes wegen in jeder Form unzulässig sind, die Möglichkeit, bezüglich seines in der Bundesrepublik Deutschland gelegenen unbeweglichen Vermögens in einem gemeinschaftlichen Testament oder in einem Erbvertrag von Todes wegen zu verfügen, wenn er bezüglich dieser Gegenstände das deutsche Erbrecht wählt. Fraglich könnte sein, welche inhaltlichen Beschränkungen hinsichtlich der Rechtswahl neben den in Art. 25 II EGBGB ausdrücklich genannten Beschränkungen bestehen. So erscheint es von einiger Bedeutung, ob eine Rechtswahl unter einer Bedingung oder einer Befristung getroffen werden kann.[23] Ein Erblasser könnte beispielsweise hinsichtlich seines in Deutschland belegenen unbeweglichen Vermögens nur für den Fall deutsches Recht wählen, daß er Abkömmlinge hinterlassen sollte.

27 Ungeklärt ist die Frage, ob ein ausländischer Erblasser, der in Deutschland mehrere Grundstücke besitzt, für nur einzelne davon eine Rechtswahl treffen kann oder nicht. Soll zum Beispiel der griechische Staatsangehörige, der in Berlin und München Grundstücke hat, bezüglich des Berliner Grundstücks deutsches Erbrecht wählen können und es bezüglich des Münchener Grundstücks beim griechischen Erbstatut belassen können? Nach dem Wortlaut von Art. 25 Abs. 2 EGBGB könnte dies zulässig sein. Fraglich ist jedoch, ob dies vom Zweck der Vorschrift gedeckt sein kann.[24]

Ausgeschlossen erscheint es, eine Rechtswahl nur bezüglich einzelner Teile des deutschen Erbrechts zu treffen, also beispielsweise lediglich bezüglich des Pflichtteilsrechts das deutsche Erbrecht zu wählen, im übrigen es aber beim Erbstatut des Heimatrechts zu belassen.[25]

2. Altrechtliche Rechtswahl

28 Fraglich ist, ob eine bereits vor dem 1. September 1986 – dem Tag des Inkrafttretens der IPR-Reform – unzulässigerweise getroffene Rechtswahl in einer Verfügung von Todes wegen gültig ist, wenn der Erblasser erst nach dem 1. September 1986 verstirbt. Diese Rechtswahl dürfte Wirksamkeit erlangen, weil nach den Grundsätzen des intertemporalen Privatrechts für die materielle

---

23 Bejahend *Ferid* §§ 9 bis 12 Fn 4.
24 Vgl. *Nieder* Rn 455.
25 Vgl. *Nieder* Rn 455.

Rechtswirksamkeit es auf den Zeitpunkt des Erbfalls und nicht auf den der Errichtung der Verfügung von Todes wegen ankommt.

3. Sonderproblem der gemeinschaftlichen Verfügungen von Todes wegen

Die Fragen zur Bindung an eine gemeinschaftliche Verfügung sollen anhand eines Beispiels erläutert werden: 29

> *Beispiel*
> Ein spanisches Ehepaar, das Grundstücke in Deutschland hat, trifft für dieses unbewegliche Vermögen die Rechtswahl nach Art. 25 II EGBGB, wonach deutsches Erbrecht anzuwenden ist. Sodann verfügen sie in einem gemeinschaftlichen Testament (Berliner Testament) bindend über diese Grundstücke. Obwohl das spanische Recht gemeinschaftliche Testamente nicht kennt, wurde die Möglichkeit dieser Testamentsform durch die Rechtswahl deutschen Erbstatuts eröffnet. Auch die Bindungswirkung der §§ 2270, 2271 BGB dürfte damit eingetreten sein.

Beispiel für die Zuordnung eines Erbstatuts: Ein in Frankfurt lebender Deutscher hinterläßt bei seinem Tode Bankguthaben in Deutschland und eine Ferienvilla an der französischen Cote d'Azur. Welches Erbrecht ist anzuwenden?

Es handelt sich um einen Fall mit Auslandsberührung, weil sich ein Teil des Nachlasses im Inland und ein anderer Teil im Ausland befindet, Art. 3 I EGBGB. Damit ist nach Art. 25 EGBGB grundsätzlich deutsches Erbrecht anzuwenden. Da das französische Recht jedoch für den beweglichen Nachlaß das Erbrecht des letzten Wohnsitzes des Erblassers vorsieht, für unbewegliches Vermögen jedoch die „lex rei sitae", tritt eine Nachlaßspaltung ein. Für das bewegliche Vermögen in Deutschland bestimmt sich die Erbfolge nach deutschem Recht, für das Hausgrundstück in Frankreich nach französischem Recht.

X. Pflichtteilsrecht

Siehe dazu unter § 35.

XI. Auseinanderfallen von Erbrechtsstatut und Güterrechtsstatut

1. Allgemeines

30   Sehr häufig bestimmen sich Erbrechtsstatut und Güterrechtsstatut nach verschiedenen Rechtsordnungen. Ursächlich dafür sind die unterschiedlichen Anknüpfungspunkte der IPR-Vorschriften für Erbrecht einerseits und Güterrecht andererseits. Zusätzlich erschwert wird diese Frage dadurch, daß nicht selten das gesetzliche Erbrecht vom Güterrecht beeinflußt wird. Nach Art. 15, 14 EGBGB ist die Staatsangehörigkeit der Eheleute bzw. eines von ihnen nicht der einzige Anknüpfungspunkt für das anzuwendende Güterrecht. Daneben kommen in Betracht der Wohnsitz, der Aufenthalt oder subsidiär sonstige „Sachnähe" zu einer konkreten staatlichen Rechtsordnung. Entscheidend beim Güterrechtsstatut ist jedoch, daß es unwandelbar ist und mit der Heirat erworben wird, Art. 15 I EGBGB.

31   Demgegenüber kann sich das Erbrechtsstatut wandeln, beispielsweise bei einem Wechsel der Staatsangehörigkeit durch den Erblasser und bei einer Rechtswahl bezogen auf das Erbrechtsstatut. Man spricht auch hier von „Normmangel", wenn das Erbrechtsstatut kein gesetzliches Erbrecht für den Ehegatten vorsieht, sondern vielmehr den überlebenden Ehegatten güterrechtlich beteiligt, so beispielsweise Schweden, Frankreich, Belgien.

32   Von „Normhäufung" wird gesprochen, wenn Erbrechts- und Güterrechtsstatut eine sowohl erbrechtliche wie güterrechtliche Beteiligung des überlebenden Ehegatten vorsehen. In solchen Fällen wird über das Rechtsinstitut der kollisionsrechtlichen Angleichung versucht, im konkreten Fall unter Wahrung der widerstreitenden Interessen der Beteiligten die verschiedenen Rechtsordnungen und die jeweils zur Verfügung gestellten Rechtsinstitute zu harmonisieren.[26]

---

26 *Palandt/Heldrich* Art. 15 EGBGB Rn 26, 27.

2. Sonderproblem des pauschalierten Zugewinnausgleichs

Bei Geltung deutschen Rechts ist für den Fall des Eintritts gesetzlicher Erbfolge zu klären, ob der pauschalierte Zugewinnausgleich nach § 1371 I BGB güterrechtlich oder erbrechtlich einzuordnen ist. So qualifiziert das OLG Karlsruhe[27] die Zugewinnpauschale güterrechtlich:

„Der Zugewinn ist nach dem Güterrechtsstatut zu beurteilen. Dies gilt auch dann, wenn der Zugewinnausgleich pauschaliert durch eine Erhöhung des gesetzlichen Erbteils erfolgt, wie nach § 1371 BGB, jedenfalls dann, wenn deutsches Recht als Erbstatut maßgebend ist. In Fällen eines ausländischen Güterstatuts kann ein erbrechtlicher Zugewinnausgleich auch bei deutschem Erbstatut nicht stattfinden."

Das OLG Düsseldorf[28] qualifiziert hingegen erbrechtlich, so daß die Zugewinnpauschale nur dann zum Tragen käme, wenn sich Güterrecht und Erbrecht nach der deutschen Rechtsordnung bestimmen würden. Weitgehend wird die Meinung vertreten, in Verbindung mit der Korrektur einzelfallbezogener Ergebnisse unter Billigkeitsgesichtspunkten sei der pauschalierte Zugewinnausgleich als dem Güterrechtsstatut unterliegend zu qualifizieren.[29] Dies dürfte derzeit die herrschende Meinung sein.

XII. Statutenwechsel

1. Allgemeines

Zwischen dem Zeitpunkt der Errichtung einer Verfügung von Todes wegen und dem Erbfall kann eine lange Zeitspanne liegen. In der Zwischenzeit können sich sowohl die maßgeblichen Kollisionsnormen als auch die einschlägigen Sachnormen verändert haben. Außerdem kann der Erblasser im Zeitpunkt der Errichtung einer Verfügung von Todes wegen eine andere Staatsangehörigkeit besessen haben als im Zeitpunkt seines Todes. Die sich durch solche Veränderungen stellenden Fragen bedürfen der Klärung.

---

27 NJW 1990, 1420.
28 MittRhNotK 1988, 68.
29 LG Bonn, MittRhNot 1985, 106; *Clausnitzer* MittRhNotK 1987, 15; IPrax 1987, 102; *Palandt/Heldrich* Art. 15 EGBGB Rn 26.

2. Beurteilung der Gültigkeit eines Testaments

36 Für die Gültigkeit einer Verfügung von Todes wegen bedient sich das Gesetz einer Hypothese: Die Beurteilung der Gültigkeit der Errichtung einer Verfügung von Todes wegen und die Bindung an diese bestimmt sich nach Art. 26 V 1 EGBGB nach demjenigen Recht, das anzuwenden wäre, wenn der Erbfall im Zeitpunkt der Errichtung der Verfügung von Todes wegen eingetreten wäre. Damit wird hypothetisch das Erbrechtsstatut vorverlagert auf den Zeitpunkt der Testamentserrichtung. So führt das OLG Hamm[30] aus:

„Die Frage, ob ein wirksamer Erbverzicht anzunehmen ist, ist in entsprechender Anwendung von Art. 26 V 1 EGBGB nach dem Recht zu beurteilen, das im Zeitpunkt der Erklärung auf die – fiktive – Rechtsnachfolge von Todes wegen anzuwenden wäre."

Zu den Vorschriften über die Gültigkeit eines Testaments gehören alle Regeln über die Wirksamkeitsvoraussetzungen, die ihrerseits nach dem Erbrechtsstatut zu beurteilen sind. Dazu gehören beispielsweise die Zulässigkeit der Errichtung gemeinschaftlicher Testamente oder Erbverträge.[31] Für die Wirksamkeitserfordernisse einer Verfügung von Todes wegen stellt Art. 26 EGBGB eigene Anknüpfungspunkte auf.

3. Beurteilung der Testierfähigkeit

37 Nach Art. 26 V 2 EGBGB wird die einmal erlangte Testierfähigkeit durch den Erwerb oder den Verlust der deutschen Staatsangehörigkeit nicht mehr beeinträchtigt. Damit wird ein Vertrauenstatbestand geschaffen. Zweifelhaft ist aber, ob die Testierfähigkeit nur dann erhalten bleibt, wenn der Erblasser bereits testiert hat, oder ob, weil sich die Vorschrift sprachlich an Art. 7 II EGBGB orientiert, die Testierfähigkeit als solche erhalten bleiben soll, wenn sie der Erblasser einmal nach der für ihn maßgeblichen Rechtsordnung erlangt hat. Da es sich bei der Testierfähigkeit um einen Unterfall der Geschäftsfähigkeit handelt, sollten dieselben Regeln gelten wie bei Fragen der Geschäftsfähigkeit nach Art. 7 EGBGB.[32]

---

30 NJW-RR 1996, 906.
31 *Palandt/Heldrich*, Art. 26 EGBGB Rn 8.
32 Weiterführende Literaturhinweise bei *Soergel/Schurig* Art. 26 EGBGB Rn 29; *Schotten* Rn 314.

4. Wechsel der Staatsangehörigkeit

Ein Wechsel der Staatsangehörigkeit hat auch einen Wechsel des Erbrechtsstatuts zur Folge. Denn nach deutschem Kollisionsrecht des Art. 25 I EGBGB ist für die Beerbung die Staatsangehörigkeit des Erblassers maßgebend, die er im Zeitpunkt seines Todes besitzt und nicht etwa frühere Staatsangehörigkeiten. Lediglich beim Errichtungsstatut macht das Gesetz in Art. 26 V EGBGB eine Ausnahme, weil unter dem Gesichtspunkt des Vertrauensschutzes ein Wechsel des Erbrechtsstatuts an der Formgültigkeit und Bindungswirkung einer bereits errichteten Verfügung von Todes wegen nichts mehr ändern soll. 38

> *Beispiel*
> Ein deutsches Ehepaar hat während der Zeit ihrer deutschen Staatsangehörigkeit ein gemeinschaftliches Testament errichtet. Im Alter übersiedeln sie auf die Kanarischen Inseln und erwerben dort die spanische Staatsangehörigkeit. Das spanische Recht kennt das gemeinschaftliche Testament nicht. Das von ihnen errichtete gemeinschaftliche Testament bleibt jedoch im Hinblick auf Art. 26 V EGBGB wirksam. Diese Vorschrift entspricht dem Haager Testamentsabkommen.

XIII. Probleme des interlokalen Erbrechts in bezug auf die ehemalige DDR

1. Geschichtliche Entwicklung

Bis zum 31.3.1966 galt in der ehemaligen DDR das Erbrecht des BGB in der seinerzeitigen Fassung. Mit der Einführung des Familiengesetzbuches der DDR vom 20.12.1965 mit Wirkung zum 1.4.1966 wurden Ehegattenerbrecht und Nichtehelichenerbrecht abweichend vom BGB geregelt. Der überlebende Ehegatte erhielt wie ein Erbe erster Ordnung neben den Kindern des Erblassers einen Erbteil nach der Zahl der Kinder (§ 10 EGFGB), mindestens jedoch ein Viertel des Nachlasses. Bis zum Beitritt der früheren DDR am 3.10.1990 wurden die allgemeinen Grundsätze des IPR entsprechend angewandt, wobei an die Stelle der Staatsangehörigkeit der letzte gewöhnliche Aufenthalt des Erblassers zum Zeitpunkt des Erbfalls getreten ist. 39

2. Überleitung des DDR-Erbrechts

40 Für Erbfälle, die ab dem 3.10.1990 eingetreten sind, gilt nach Art. 8 des Einigungsvertrages in Verbindung mit Art. 230 II EGBGB das Erbrecht des BGB mit Ausnahmen. Damit wurde mit diesem Zeitpunkt die Spaltung der Rechtsordnung beendet. Die Überleitung des Erbrechts wird in Art. 235 EGBGB geregelt. Interlokales Privatrecht und damit auch ehemaliges Recht der DDR ist in solchen Fällen anzuwenden, in denen der Erblasser vor dem 3.10.1990 gestorben ist oder in denen er vor diesem Zeitpunkt ein Testament errichtet hat (Art. 235 §§ 1, 2 EGBGB).

XIV. Auswirkungen des IPR seit dem 1.9.1986

41 Am 1.9.1986 ist das Gesetz zur Neuregelung des internationalen Privatrechts in Kraft getreten. Nach Art. 220 I EGBGB bleibt auf die vor dem 1.9.1986 abgeschlossenen Vorgänge das bis 31.8.1986 geltende IPR anwendbar. Das bedeutet, daß für Erbfälle, die vor dem 1.9.1986 eingetreten sind, für die Anknüpfung sämtlicher erbrechtlicher Fragen altes Kollisionsrecht gilt (Art. 24 bis 26 EGBGB aF.).

Von den alten Regelungen werden auch Sachverhalte wie zum Beispiel die Abwicklung des Nachlasses, der Erbenhaftung, einer etwaigen Nacherbfolge und einer Testamentsvollstreckung erfaßt. Insofern sind die alten Vorschriften noch von nicht zu unterschätzender praktischer Bedeutung, weil Nachlaßauseinandersetzungen oft viele Jahre nach Eintritt des Erbfalls erfolgen und Verwaltungen durch Testamentsvollstrecker nicht selten jahrzehntelang andauern. Dasselbe gilt auch für den Eintritt eines Nacherbfalls, wo in vielen Fällen die Vorerbschaft auf Lebenszeit des Vorerben bestimmt ist.

42 Das frühere deutsche Kollisionsrecht hat eine Rechtswahl bezüglich des Erbstatuts nicht gekannt. Deshalb ist eine vom Erblasser vorgenommene Rechtswahl vor dem 1.9.1986 unzulässig und unwirksam.[33] Etwas anderes würde gelten, wenn die Rechtswahl nach dem 1.9.1986 wiederholt worden wäre.[34]

---

33 BGH NJW 1972, 1001.
34 Vgl. *Dörner* DNotZ 1988, 84; MüKo/*Birk* Art. 25 Rn 5, 52; *Reinhart* BWNotZ 1987, 104.

XV. Güterrechtliches Übergangsrecht

43 Auch Art. 15 EGBGB, der das Güterrechtsstatut bestimmt, ist mit Wirkung ab 1.9.1986 neu gefaßt worden. Die Übergangsvorschrift Art. 220 EGBGB enthält aber noch weitere Zeitabschnitte. So bestimmt Art. 220 III EGBGB, daß für Ehen, die vor dem 1.4.1953 geschlossen wurden, Art. 15 EGBGB aF. gilt, wobei eine Rechtswahl möglich ist, vgl. Art. 220 III 6 EGBGB. Allerdings ist nach Bundesverfassungsgericht NJW 1983, 1968 eine verfassungskonforme Auslegung vorzunehmen.

44 Für Eheschließungen im Zeitraum zwischen dem 1.4.1953 und 8.4.1983 stellt Art. 220 III EGBGB eine eigene Kollisionsnorm dar. An die Stelle des am 1.4.1953 außer Kraft getretenen Art. 15 EGBGB aF. treten mit rückwirkender Kraft die Kollisionsnormen des Absatzes 3 Satz 1. Das danach geltende Güterrechtsstatut bestimmt die Beziehungen der Ehegatten nur bis zum Bekanntwerden der in NJW 1983, 1968 am 8.4.1983 veröffentlichten Bundesverfassungsgerichtsentscheidung. Danach wird das Güterrechtsstatut gemäß Absatz 3 Satz 2 abgelöst von demjenigen Statut, das die Anknüpfungsregeln des Art. 15 nF. bestimmen. Dabei wird wiederum der in Art. 15 I EGBGB nF. festgesetzte Anknüpfungszeitpunkt der Eheschließung nach Absatz 3 Satz 3 durch den 9.4.1983 ersetzt, sofern das Güterrechtsstatut bis zum 8.4.1983 nach der Vorschrift von Absatz 3 Satz 1 Nr. 3 bestimmt worden war.

45 Für Ehen, die im Zeitraum zwischen dem 9.4.1983 und 31.8.1986 geschlossen wurden, ist Art. 15 EGBGB nF. rückwirkend anwendbar, vgl. Art. 220 III 5 EGBGB. Am 8.4.1983 wurde die Entscheidung des Bundesverfassungsgerichts, wonach Art. 15 EGBGB aF. für nichtig erklärt wurde, bekannt.[35]

Für Ehen, die nach dem 31.8.1986 geschlossen wurden, gilt selbstverständlich Art. 15 EGBGB in seiner jetzigen Fassung.

XVI. Interlokales Kollisions-Güterrecht

46 Das innerdeutsche Kollisionsrecht im Verhältnis zur ehemaligen DDR wurde sowohl vor als auch nach dem 1.9.1986 durch eine analoge Anwendung der IPR-Kollisionsnormen bestimmt. Anknüpfungsmerkmal konnte aus der Sicht der Bundesrepublik Deutschland nicht die Staatsangehörigkeit sein, sondern

---

[35] BVerfGE 63, 181.

der gewöhnliche Aufenthalt.[36] Da für das IPR der Stichtag 1.9.1986 von entscheidender Bedeutung ist, ist dieser Stichtag auch für das interlokale Kollisionsrecht bedeutend. Deutsch-deutsche Sachverhalte, die vor dem 1.9.1986 abgeschlossen wurden, sind aus diesem Grund grundsätzlich nach altem IPR zu lösen, analog Art. 220 I bis III EGBGB.[37]

XVII. Das Testament eines staatenlosen Erblassers

47 Für Staatenlose geht die Vorschrift von Art. 25 I EGBGB ins Leere, weil der Anknüpfungstatbestand der Staatsangehörigkeit fehlt. Nach dem Gesetz über die Rechtsstellung heimatloser Ausländer vom 5.4.1951 in der Fassung vom 6.7.1990 (BGBl. I 1990, 1354) kommt es auf das Recht des gewöhnlichen Aufenthalts an und nicht etwa auf den nur vorübergehenden Aufenthalt. Der gewöhnliche Aufenthalt setzt eine gewisse Zeitdauer – in aller Regel mindestens sechs Monate – voraus, Art. 25; 26; 5 II EGBGB.

Muster: Testament eines Staatenlosen
▼

48 Ich, ▓▓▓, geboren am ▓▓▓ in ▓▓▓, wohnhaft in ▓▓▓, errichte folgendes Testament:

Ich bin nicht in der Lage, meine Staatsangehörigkeit festzustellen und habe deshalb die Rechtsposition eines Staatenlosen. Vom Ausländeramt der Stadt ▓▓▓ wurde mir ein Reiseausweis für heimatlose Ausländer ausgestellt. Für mich gilt das Gesetz über die Rechtsstellung heimatloser Ausländer im Bundesgebiet. Ich halte mich schon seit ▓▓▓ Jahren in der Bundesrepublik Deutschland auf. Deshalb gilt für mich deutsches Erbrecht.
Zu meinen Erben setze ich ein ▓▓▓.
▓▓▓ (Ort, Datum, Unterschrift)
▲

---

36 BGHZ 40, 35; 91, 196.
37 BGH FamRZ 1994, 884; OLG Düsseldorf FamRZ 1992, 573.

XVIII. Internationales Verfahrensrecht/Recht der Erbengemeinschaft

Vgl. hierzu Teil 3 § 13 Rn 299 ff; 461 ff., Teil 5 § 25 Rn 130 ff.
Zur Sicherung von Ausländer-Nachlässen siehe Teil 3 § 11 Rn 24.

§ 35 Pflichtteilsrecht und internationales Erbrecht

A. Einführung

1 Entscheidend für die Beurteilung erbrechtlicher Fragen ist im internationalen Erbrecht die Bestimmung des **Erbstatuts**.[1] Das internationale Erbrecht ist im Einführungsgesetz zum Bürgerlichen Gesetzbuch (EGBGB) in den Artikeln 25 und 26 geregelt. Art. 25 I EGBGB enthält die Grundregel, wonach die Rechtsnachfolge von Todes wegen grundsätzlich dem Heimatrecht des Erblassers zum Zeitpunkt seines Todes unterliegt.[2] Das deutsche IPR folgt damit im Erbrecht dem **Staatsangehörigkeitsprinzip**. Das Recht der Staatsangehörigkeit des Erblassers ist im deutschen IPR sowohl für den beweglichen als auch für den unbeweglichen Nachlaß[3] maßgebend (**Prinzip der Nachlaßeinheit**).[4]

B. Problem der Nachlaßspaltung

I. Allgemeines

2 Im Gegensatz zum deutschen IPR ist in vielen ausländischen Rechtsordnungen das Erbstatut für den beweglichen und unbeweglichen Nachlaß nicht einheitlich geregelt.[5] Nach dem IPR dieser Länder ist für das bewegliche Vermögen das Recht des letzten Domizils und für das unbewegliche Vermögen das Recht des Belegenheitsstaates (sog. **lex rei sitae**) entscheidend. Hier stellt sich das Problem der Nachlaßspaltung, wenn der Nachlaß verschiedenen Rechtsordnungen unterliegt.[6]

---

1 BGHZ 9, 151 (154); *Staudinger/Dörner*, Art. 25 EGBGB Rn 184; MüKo/*Birk* Art. 25 EGBGB Rn 1 ff, 134; *Palandt/Heldrich* Art. 25 EGBGB Rn 10.
2 MüKo/*Birk* Art. 25 EGBGB Rn 1.
3 Die Qualifizierung eines Gegenstands als beweglich oder unbeweglich richtet sich nach dem Belegenheitsrecht des fraglichen Gegenstands, vgl. v. *Oertzen* RIW 1994, 818 (820) insbesondere zu dem Problemfeld der Vererbung von Gesellschaftsanteilen; vgl. hierzu auch *Klingelhöffer* ZEV 1996, 258 (260).
4 *Palandt/Heldrich* Art. 25 EGBGB Rn 1.
5 Beispielhafte Aufzählung bei *Kegel* IPR, 7. Aufl. S. 785; so vor allem die Staaten des anglo-amerikanischen Rechtskreises bei der Vererbung unbeweglichen Vermögens.
6 So beispielsweise in Frankreich, Schweiz, Großbritannien etc.

Beispiel
Ein deutscher Staatsangehöriger mit Wohnsitz in Frankfurt hinterläßt neben seinem Vermögen in Deutschland ein Ferienhaus an der Cote d'Azur.

Die im deutschen internationalen Erbrecht vorzufindende einheitliche Bestimmung des Erbstatuts nach dem Heimatrecht des Erblassers wird durch Art. 3 III EGBGB insoweit modifiziert, als für Vermögensgegenstände im Ausland das Recht des Belegenheitsstaates maßgebend ist, sofern diese Rechtsordnung für die dort befindlichen Vermögensgegenstände „besondere Vorschriften" aufstellt.[7]

Eine besondere Vorschrift im Sinne des Art. 3 III EGBGB enthält beispielsweise das französische Recht in Art. 3 II des Code Civil.[8] Danach sind in Frankreich gelegene Immobilien, selbst wenn sie im Eigentum von Ausländern stehen, dem französischen Recht unterworfen. Man spricht in diesem Zusammenhang auch vom Vorrang des **Belegenheitsstatuts** vor dem **Gesamtstatut**.[9] Mit Blick auf das oben genannte Beispiel unterfällt demnach das Ferienhaus an der Cote d'Azur dem französichen Recht, das Vermögen in Deutschland dem deutschen Recht.

Besondere Vorschriften im Sinne des Art. 3 III EGBGB sind zunächst Bestimmungen über Sondervermögen.[10] Erfaßt werden darüberhinaus auch kollisionsrechtliche Vorschriften, die für bestimmte Nachlaßgegenstände eine andere Anknüpfung vorsehen, als für die Erbfolge im allgemeinen. Dies sind in erster Linie Vorschriften, die das unbewegliche Vermögen abweichend von der allgemeinen Anknüpfung des Erbstatuts dem Belegenheitsrecht unterstellen.[11]

Keine besonderen Vorschriften im Sinne des Art. 3 III EGBGB sind dagegen solche, die nur allgemein eine andere Anknüpfung des Gesamtstatuts vorsehen[12]

---

7 Diese Regelung bezieht sich im übrigen auf alle Verweisungen des EGBGB im Bereich des Familien- und Erbrechts, soweit diese das Vermögen einer Person einem bestimmten Recht unterstellen vgl. *Palandt* Art. 3 EGBGB Rn 12.
8 *Baetge* JuS 1996, 986; *Palandt/Heldrich* Art. 3 EGBGB Rn 14.
9 *Palandt/Heidrich* Art. 3 EGBGB Rn 11.
10 Aufzählung bei *Palandt/Heidrich* Art. 3 EGBGB Rn 13.
11 *Palandt/Heidrich* Art. 3 EGBGB Rn 13.
12 Beispielsweise statt auf die Staatsangehörigkeit auf das letzte Domizil des Erblassers abstellen.

oder einen Teil des Nachlasses ohne Rücksicht auf seine Belegenheit einem eigenen Erbstatut unterwerfen.[13] Beispielsweise unterstellt das französische Erbrecht den beweglichen Nachlaß grundsätzlich dem Recht des letzten Domizils des Erblassers. Dies ist keine besondere Vorschrift im Sinne des Art. 3 III EGBGB, da das bewegliche Vermögen ohne Rücksicht auf seine Belegenheit dem eigenen Erbstatut unterstellt wird. Demgemäß ist im Erbfall eines deutschen Staatsangehörigen in Frankreich die Erbfolge bezüglich des beweglichen Nachlasses nicht nach französischem, sondern gemäß Art. 25 I EGBGB nach deutschem Erbrecht zu beurteilen.[14]

6 Erhebliche Auswirkungen hat der Vorrang des Belegenheitsstatuts auf die Pflichtteilsansprüche, wenn das Recht des Belegenheitsorts kein Pflichtteilsrecht kennt.[15]

Beispielsweise ist den Bundesstaaten der USA, mit Ausnahme von Louisana und Puerto Rico, ein Pflichtteilsrecht fremd.[16] Für unbewegliche Nachlaßgegenstände ist in den USA als Erbstatut das Belegenheitsrecht maßgebend, so daß in bezug auf das dort gelegene Vermögen auch keine Pflichtteilsansprüche geltend gemacht werden können.[17]

7 Die Anwendung des deutschen Erbrechts kommt somit im Erbfall eines deutschen Staatsangehörigen mit Immobilien in den USA nur in bezug

---

13 *Palandt/Heidrich* Art. 3 EGBGB Rn 15; MüKo/*Sonnenberger* Art. 3 EGBGB Rn 22.
14 *Baetge* JuS 1996, 986.
15 Übersicht bei *Staudinger/Ferid/Cieslar*, Einleitung zu §§ 2303 ff Rn 194 ff – so in England (u.U. Unterhaltssicherungsansprüche) und USA, mit Ausnahme von Louisana u. Puerto Rico, wenn Enterbung ausdrücklich im Testament angeordnet wurde (u.U. Nutzungsrechte u. Unterhaltsansprüche).
16 *Staudinger/Ferid/Cieslar* Einl. zu § 2303 Rn 201.
17 BGH in NJW 1993 1920, 1921, der in der genannten Entscheidung von der Vereinbarkeit der Versagung eines Pflichtteils im ausländischen Recht mit dem deutschen ordre public ausgeht; so auch *Ferid/Cieslar* in *Staudinger* 12. Auflage Einl. zu §§ 2303 ff Rn191; a.A. MüKo/*Birk* Art. 25 Rn 111 nimmt Verstoß gegen das GG (Art. 6 u. 14 GG) an, wenn Ausschluß des Pflichtteilsrechts dazu führt, daß der Betreffende mangels anderweitiger Unterhaltssicherung der deutschen Sozialhilfe zur Last fällt. Auch *Dörner* (in *Staudinger* 13. Aufl. Art. 25 Rn 695) sieht einen generellen Ausschluß des Pflichtteilsrechts mit den Grundrechten als unvereinbar an; ferner *Klingelhöffer* Pflichtteilsrecht Rn 373.

auf solche Vermögensgegenstände in Betracht, die entweder in Deutschland belegen sind oder nicht durch Art. 3 III EGBGB erfaßt werden.

II. Rechtswahl

Schließlich ist eine Nachlaßspaltung durch Ausübung des Wahlrechts aus Art. 25 II EGBGB denkbar. Nach Art. 25 II ist es einem Erblasser gestattet, durch Verfügung von Todes wegen bezüglich seines in Deutschland gelegenen unbeweglichen Vermögens das deutsche Erbrecht zu wählen, sodaß je nach Einzelfall der unbewegliche Nachlaß nach deutschem und der bewegliche Nachlaß nach dem Heimatrecht des Erblassers zu beurteilen ist.[18]

8

C. Erbauseinandersetzung bei Nachlaßspaltung

Soweit aus den genannten Gründen eine Nachlaßspaltung eintritt, sind Teilnachlässe entsprechend der jeweils maßgebenden Rechtsordnung zu bilden. Die Erbfolge ist dann für jeden Teilnachlaß nach den dafür geltenden Vorschriften gesondert zu beurteilen.

9

Im Falle einer Enterbung ist nach der jeweils einschlägigen Rechtsordnung zu entscheiden, ob der Übergangene unmittelbar am Nachlaß in Gestalt eines Noterbrechts beteiligt ist,[19] ihm ein Pflichtteilsanspruch gegen die Erben eingeräumt wird,[20] oder er überhaupt nicht erbrechtlich geschützt ist.[21] Soweit ein Pflichtteilsanspruch besteht, bestimmt sich dieser in seiner Höhe allein nach dem für den Teilnachlaß einschlägigen Erbstatut. So richtet sich beispielsweise im Erbfall eines deutschen Staatsangehörigen mit Immobilien in Deutschland und in New York der Pflichtteil seiner enterbten Tochter allein nach dem Wert

---

18 Nach h.M. ist auch eine auf einzelne Nachlaßgegenstände bezogene Rechtswahl zulässig.
19 Beispielsweise: Frankreich, Belgien, Niederlande, Luxemburg, Schweiz, Italien, Spanien, Portugal und Griechenland; vgl. Übersicht bei *Staudinger/Ferid/Cieslar* Einl. zu §§ 2303 ff Rn 194 ff.
20 BRepD, Österreich, Ungarn, Polen, Schweden und Finnland.
21 England (u.U. Unterhaltssicherungsansprüche), USA mit Ausnahme von Louisiana u. Puerto Rico, wenn Enterbung ausdrücklich im Testament angeordnet wurde (u.U. Nutzungsrechte u. Unterhaltsansprüche).

des in Deutschland gelegenen Grundeigentums. Nichts anderes gilt auch für etwaige Pflichtteilsergänzungsansprüche.[22]

10 Ob Schenkungen möglicherweise Pflichtteisergänzungsansprüche auslösen, richtet sich im deutschen IPR nach dem Heimatrecht des Schenkers.[23] Nicht maßgebend ist der Zeitpunkt der Schenkung, so daß auch Schenkungen eines in der früheren DDR lebenden Erblassers, vor dem Beitritt, Pflichtteilsergänzungsansprüche auslösen können, wenn der Erbfall nach der deutschen Einigung eingetreten ist.[24] Dem entspricht Art. 235 § 1 I EGBGB.

11 Interessant ist in diesem Zusammenhang das Problem des Bestehens von Pflichtteilsansprüchen bei Rückgabe von ehemaligen DDR-Grundstücken an die Erben. Da etwaige Pflichtteilsansprüche erst durch Rückführung des Vermögens auf Grundlage des Gesetzes zur Regelung **offener Vermögensfragen** ausgelöst werden, also erst nach dem Beitritt der DDR, sind die Bestimmungen des BGB einschlägig. Dem entspricht Art. 236 § 1 EGBGB.[25]

12 Somit kann der Pflichtteilsberechtigte gemäß § 2313 I 3 BGB eine Ausgleichung in Höhe seiner Pflichtteilsquote verlangen, wenn der Erbe aufgrund des Gesetzes zur Regelung offener Vermögensfragen ein vor dem Erbfall in der ehemaligen DDR enteignetes Grundstück des Erblassers zurückerhält oder für das Grundstück eine Entschädigung bekommt. Für die Berechnung des Pflichtteils ist auf den Geldwert des Grundstücks zum Zeitpunkt des Erbfalls abzustellen.[26]

D. Problemfälle

13 Die strikte Trennung des Nachlasses nach den jeweils einschlägigen Erbstatuten ist dann problematisch, wenn dies im Ergebnis zu einer Verfälschung des Erblasserwillens führt. Dies ist beispielsweise dann der Fall, wenn der Erblasser eine hälftige Teilung seines Vermögens testamentarisch angeordnet hat und

---

22 *Staudinger/Ferid/Cieslar* Einl. zu §§ 2303 Rn185.
23 *Klingelhöffer* ZEV 1996, 258, *Staudinger/Dörner* Art. 25 Rn 186.
24 *Kummer* ZEV 1995, 319 (320); MüKo/*Birk* Art. 25 EGBGB Rn 223.
25 BGH ZEV 1996, 246.
26 BGH ZEV 1996, 245, 246.

die Vermögenshälften verschiedenen Erbstatuten unterfallen. Kennt nun das Erbrecht des einen Teilnachlasses keine oder eine geringere Mindestbeteiligung in Gestalt eines Pflichtteils oder Noterbrechts, so ist der Erbe dieses Vermögens um die Höhe seiner Mindestbeteiligung an der anderen Vermögenshälfte bevorteilt.[27] Ähnlich verhält es sich, wenn nur das Erbstatut des einen Teilnachlasses Pflichtteilsergänzungsansprüche kennt.

Fall: Witwe E ist deutsche Staatsangehörige mit letztem Wohnsitz in New York. Sie hat zwei Kinder. Ihr Nachlaß besteht im wesentlichen aus Immobilien in New York im Wert von ca. DM 2 000 000,– und in Frankfurt im Wert von ca. DM 1 000 000,–. Die Immobilien in Frankfurt soll ihre Tochter T und die in New York ihr Sohn S erhalten.

Lösung: Bezüglich der Immobilien in New York ist das dortige Erbrecht maßgebend. Dieses kennt keine Mindestbeteiligung am Nachlaß, so daß S der Wert der Immobilien voll erhalten bleibt.
Darüberhinaus steht S am Nachlaß in Frankfurt nach dem hierfür einschlägigen deutschen Erbrecht ein Pflichtteil in Höhe von DM 250 000,– zu, so daß im Ergebnis der Sohn 3/4 (= 2 250 000,–) statt der beabsichtigten Quote von 2/3, und die Tochter nach Abzug der Verbindlichkeit 1/4 (= 750 000,–), statt des beabsichtigten Anteils von 1/3, erhält.

Variante: Die Tochter hatte 5 Jahre vor dem Tod ihrer Mutter bereits Immobilien im Wert von DM 1 000 000,– übertragen bekommen. Da die Erblasserin eine gerechte Aufteilung ihres Vermögens anstrebte, sollte ihre Tochter das Vermögen in Frankfurt und der Sohn, zum Ausgleich der an die Schwester erfolgten lebzeitigen Übertragung, das Vermögen in New York erhalten.

Lösung: Auch hier bleibt dem Sohn der Erblasserin der Wert der Immobilien in New York voll erhalten.
Darüberhinaus steht ihm ein Pflichtteilsanspruch an dem Nachlaß in Frankfurt über DM 250 000,– und ein Pflichtteilsergänzungsanspruch wegen der an die Schwester erfolgten Schenkung über weitere DM 250 000,– zu. Danach erhält der Sohn 5/6 (= DM 2 500 000,–) statt der beabsichtigten Quote von 2/3 und die Tochter 1/6 (= DM 500 000,–) statt dem beabsichtigten Anteil von 1/3.

Die vorliegenden Beispiele verdeutlichen, daß die testamentarisch festgelegte Aufteilung des Nachlasses durch Ermittlung der Pflichtteilsansprüche streng nach dem für den jeweiligen Teilnachlaß einschlägigen Erbstatut, ohne Berücksichtigung der Beteiligung an den übrigen Teilnachlässen, eine nicht unerhebliche Umgestaltung erfährt. 14

---

27 Vgl. Fälle bei *Henle*, Kollisionsrechtliche Nachlaßspaltung im deutsch-französischen Rechtsverkehr S. 146 ff.

Von einem Verfälschen des Erblasserwillens kann natürlich nur dann die Rede sein, wenn der Erblasser bei Testamentsgestaltung die Folgen seiner Verfügung, wegen Unkenntnis der rechtlichen Situation bei Nachlaßspaltung, nicht bedacht hat und die hieraus resultierende Abweichung nicht unerheblich ist.

15 Um Ergebnisse wie die oben aufgeführten zu vermeiden und die vom Erblasser gewünschte Verteilung seines Nachlasses zu gewährleisten, sind im Wege der Anpassung Pflichtteils- oder Pflichtteilsergänzungsansprüche des an sich Berechtigten gegebenfalls bis auf Null zu kürzen.[28] Dabei ist zunächst auf Grundlage der für die einzelnen Teilnachlässe maßgeblichen Erbstatute, die Frage der Mindestbeteiligung zu klären. Erst nach dieser getrennten Festsetzung ist mittels Gesamtbetrachtung festzustellen, ob die Summe der Erbteile die Summe der Pflichtteilsansprüche übersteigt. Soweit die Einsetzung des pflichtteilsberechtigten Erben am Gesamtnachlaß die Höhe seiner Pflichtteile übersteigt, verliert der Erbe seine Pflichtteilsansprüche.[29]

16 Auf den Pflichtteilsergänzungsanspruch übertragen bedeutet die Gesamtabwicklung, daß dieser Anspruch nur dann geltend gemacht werden kann, wenn die Summe der zugewiesenen Erbteile geringer ist als die Summe der Pflichtteils- und Pflichtteilsergänzungsansprüche. Die Höhe des Anspruchs ist auf die Differenz zwischen der Summe der zugewiesenen Erbteile und der Summe der Pflichtteils- und Pflichtteilsergänzungsansprüche begrenzt.

Mit Blick auf den oben genannten Fall führt die dargestellte Gesamtabwicklung dazu, daß der Sohn weder einen Pflichtteils- noch einen Pflichtteilsergänzungsanspruch geltend machen kann, da der ihm zugewiesene Erbteil die in Frage stehenden Ansprüche wesentlich übersteigt.

17 Inwieweit bei der Geltendmachung von Pflichtteilsansprüchen am deutschen Nachlaß, neben der dargelegten Berücksichtigung der Erbbeteiligungen des

---

28 *Staudinger/Dörner* Art. 25 EGBGB Rn 741; *Henle* Kollisionsrechtliche Nachlaßspaltung im deutsch-französischen Rechtsverkehr S. 148 bzw. S. 157; *Klingelhöffer* Pflichtteilsrecht Rn 376; a.A. MüKo/*Birk* Art. 25 EGBGB Rn 136 – eine Veränderung der vorgesehenen Quotierung aufgrund unterschiedlicher Mindestbeteiligung an den Teilnachlässen sei als Folge des Erblasserwillens hinzunehmen.
29 Ausführlich mit Fallbeispielen *Henle* S. 146 ff.

Pflichtteilsberechtigten an den übrigen Teilnachlässen, auch die an ihn zugewandten Schenkungen zu berücksichtigen sind, ist in der Literatur und Rechtsprechung noch weitgehend ungeklärt.[30]

Auch hier kommt es zu einer nicht unerheblichen Verfälschung des Erblasserwillens, wenn Schenkungen nur nach dem Erbstatut des einen Teilnachlasses ergänzungsfest sind und der Erbe dieses Vermögens darüberhinaus am deutschen Teilnachlaß seinen Pflichtteil nebst Ergänzung desselben wegen Schenkung verlangt. 18

Fall: Witwe W hinterläßt ein Grundstück in Kalifornien im Wert von ca. DM 100 000,– und mehrere Eigentumswohnungen in Frankfurt im Wert von ca. DM 1 000 000,–. Ihre Tochter T, die lebzeitig bereits von ihr DM 240 000,– geschenkt bekommen hat, soll die Eigentumswohnungen erhalten, ihr Sohn S, dem bereits ihre Farm im Wert von DM 1 200 000,– übertragen wurde, das Grundstück in Kalifornien.

Lösung: Dem Sohn bleibt der Nachlaß in den USA nebst Schenkung voll erhalten. Darüberhinaus hat er am Teilnachlaß in Deutschland einen Pflichtteilsanspruch über DM 250 000,– und einen Ergänzungsanspruch über DM 60 000,–. Nach Kürzung dieser Ansprüche im Wege der oben dargestellten Gesamtabwicklung um den Wert des erhaltenen Teilnachlasses in den USA verbleibt ihm ein Anspruch gegen die Schwester über DM 210 000,–. S erhält somit im Ergebnis vom Gesamtnachlaß ca. 3/10 (= DM 310 000,–) und T ca. 7/10 (= 790 000,–).
Noch deutlicher wäre die Veränderung der testamentarisch festgelegten Verteilung des Vermögens infolge der Nachlaßspaltung, wenn T auch noch das Grundstück in den USA zugesprochen wäre. Dann hätte S einen Pflichtteils- und Pflichtteilsergänzungsanspruch am deutschen Teilnachlaß über DM 310 000,– erhalten.
Dieses Ergebnis ist unter Berücksichtigung des Erblasserwillens, nämlich das Vermögen insgesamt gleimäßig zu verteilen, nicht zufriedenstellend.

Um die Folgen der den Erblasserwillen verzerrenden Nachlaßspaltung zu kompensieren, ist, soweit die Summe aus Schenkung und Erbteil in ihrem Geldwert den Wert des Pflichtteils- und Pflichtteilsergänzungsanspruchs übersteigt, der Anspruch des Pflichtteilsberechtigten am deutschen Teilnachlaß in Höhe des Übertrags zu kürzen.[31] 19

Demnach wären im dargestellten Fall die Ansprüche des S in Höhe von DM 210 000,– bzw. von DM 310 000,–, wegen der bereits erhaltenen Schenkung über DM 1 200 000,– auf null zu kürzen.

30 *Klingelhöffer* ZEV 1996, 258, 260.
31 Im Ansatz *Klingelhöffer* ZEV 1996, 258, 260.

20 Hiervon zu unterscheiden ist die Konstellation, daß ein Teil des Vermögens des Erblassers zum Zwecke der Umgehung von Pflichtteilsansprüchen lebzeitig in ein „pflichtteilfestes" Ausland verlagert wurde und der Umgangene im Erbfall von den Erben seinen Pflichtteil verlangt.

21 Auch wenn die Vermögensverlagerung im Wege der Schenkung an die späteren Erben erfolgte, steht das einschlägige Erbstatut des Belegenheitsortes einer Anwendung des deutschen Erbrechts, bezüglich der ins Ausland verlagerten Vermögenswerte, entgegen.

Ein Anspruch aus § 2325 BGB entsteht erst mit dem Tod des Erblassers, so daß für die Beurteilung etwaiger Pflichtteilsergänzungsansprüche allein das Belegenheitsrecht des verlagerten Vermögens, zum Zeitpunkt des Erbfalls, maßgebend ist.[32]

E. Materielles Pflichtteilsrecht

I. Türkei[33]

1. Allgemeines

22 Das türkische Pflichtteilsrecht schränkt die Testierfreiheit des Erblassers stärker ein als die deusche Rechtsordnung: Die Beteiligung nächster Angehöriger gegen den Erblasserwillen findet nicht wie im deutschen Recht auf dem Wege eines schuldrechtlichen Anspruchs statt, sondern als Erwerb eines echten Erbteiles (sog. Noterbrecht). Der Pflichtteilsberechtigte wird Miterbe in vollem Umfang. Der Berechtigte muß dieses Recht allerdings mittels einer Herabsetzungsklage geltend machen, es fällt ihm nicht ipso iure an.

---

32 MüKo/*Birk* Art. 25 EGBGB Rn 226.
33 Zum Ganzen *Schömmer/Faselt/Bauer*, Internationales Erbrecht Türkei, 1997, Rn 188 ff.

2. Pflichtteilsberechtigte

Pflichtteilsberechtigte sind nach § 452 I ZGB 23
- der überlebende Ehegatte;
- die ehelichen, legitimierten und adoptierten Kinder und deren Abkömmlinge;
- die nichtehelichen Kinder, sofern die Vaterschaft anerkannt oder gerichtlich festgestellt ist;
- die Eltern;
- die Geschwister des Erblassers.

3. Höhe des Pflichtteils

§ 453 I Nr. 1–3 ZGB regelt die quotenmäßige Höhe des Pflichtteils. Abkömmlinge des Erblassers erhalten drei Viertel, Eltern die Hälfte und Geschwister ein Viertel ihres gesetzlichen Erbteils. Der überlebende Ehegatte erhält den ganzen gesetzlichen Erbteil als Pflichtteil, wenn neben ihm gesetzliche Erben vorhanden sind, und die Hälfte, wenn er alleiniger gesetzlicher Erbe ist. 24

4. Geltendmachung

Wird ein Pflichtteilsberechtigter übergangen, muß dieser Herabsetzungsklage gem. § 502 I ZGB erheben. Herabgesetzt werden sollen die Höhe der Zuwendungen, die den Pflichtteil des Berechtigten verletzen (§ 503 I ZGB). Das rechtskräftige Urteil läßt den Berechtigten rückwirkend zum Erbfall Miterbe in Höhe seiner Pflichtteilsquote werden. Davor ist keine Erbenstellung gegeben. Ist der Berechtigte nicht übergangen, aber unter seinem Pflichtteil als Erbe eingesetzt, kann er ebenfalls Herabsetzungsklage erheben (Art. 502 I ZGB). Dies gilt nicht bei Teilungsvorschriften. Liegen dabei Ungleichheiten vor, muß dies bei der Erbauseinandersetzung ausgeglichen werden. Die Herabsetzungsklage unterliegt der Verjährung. Sie kann innerhalb eines Jahres ab Kenntnis von der Verletzung des Pflichtteilsrechts, spätestens innerhalb von fünf Jahren ab Testamentseröffnung erhoben werden, Art. 513 I ZGB. Der Herabsetzungsanspruch kann einredeweise jederzeit erhoben werden; die Einrede unterliegt nicht der Verjährung. 25

5. Entziehung des Pflichtteils durch Enterbung

26 Die Entziehung des Pflichtteils kann nach dem oben Gesagten nur durch Enterbung stattfinden, das heißt also durch letztwillige Verfügung, die eines Grundes bedarf.

Zwei Arten des Pflichtteilsentzuges werden unterschieden:

- die **Strafenterbung** gem. Art. 457 ZGB; vorausgesetzt wird ein schweres Verbrechen des Berechtigten gegen den Erblasser oder eine ihm nahestehende Person, bzw. eine Verletzung familienrechtlicher Pflichten
- die **Präventiventerbung** gem. Art. 460 ZGB; Voraussetzung ist die Bedrohung des Berechtigten durch Gläubiger und damit der drohende Verlust des Zuzuwendenden.

II. Belgien

1. Allgemeines

27 Auch das belgische Recht vermittelt mit dem **Noterbrecht** den Pflichtteilsberechtigten eine echte Erbenstellung, dies allerdings nur hinsichtlich bestimmter unentgeltlicher Verfügungen über den Nachlaß durch Schenkung, vertragliche Erbeinsetzung oder Testament, Art. 913 ff cc. Nur innerhalb der den **Vorbehaltserben** zustehenden Quote kann der Erblasser über den Nachlaß verfügen. Das Recht ist im Herabsetzungsverfahren gem. Art. 920 ff. cc geltend zu machen.

2. Pflichtteilsberechtigte

28 Pflichtteilsberechtigt sind danach

- der überlebende Ehegatte
- die Kinder ohne Rücksicht darauf, ob sie aus unterschiedlichen Ehen stammen und
- grundsätzlich Aszendenten (Art. 913 ff, 916 cc).

3. Höhe des Pflichtteils

Der Ehegatte erhält den Nießbrauch an der Hälfte der Erbschaft, Art. 915 Abs. 1 cc (abstrakter Pflichtteil in der Höhe des Nachlasses zu Nießbrauch). Er kann auch den konkreten Pflichtteil gem. Art. 915 Abs. 2 cc verlangen (Nießbrauch an der Eigentumsehewohnung am Hauptwohnsitz der Familie und Hausrat, nicht jedoch Berufsgüter).

29

Hinterläßt der Erblasser ein Kind, erhält dieses als Pflichtteil die Hälfte des Nachlasses, die andere Hälfte ist verfügbare Quote. Zwei Kinder erhalten 2/3 des Nachlasses, 1/3 verfügbare Quote, drei Kinder oder mehr erhalten 3/4 des Nachlasses als Pflichtteil, 1/4 als Quote.

Aszendenten erhalten gem. Art. 915 cc 1/4 der Erbschaft zu vollem Eigentum pro Aszendent beim Fehlen von Kindern. Treffen Ehegatte und Aszendent aufeinander, kann der Erblasser dem Aszendenten auch den Pflichtteil entziehen, Art. 915 II, 1094 II cc. Treffen Ehegatte und Kind aufeinander, so erhält der Ehegatte auf jeden Fall die Hälfte des Nachlasses als Nießbrauch.

Bei Fehlen von Pflichterben kann der Erblasser frei über den Nachlaß verfügen.

4. Verlust des Pflichtteilsrechts

Der Verlust des Pflichtteils kann aufgrund folgender Gründe eintreten:

30

- Aus allgemeinen Gründen der Erbunwürdigkeit, Art. 727 cc.
- Besondere Gründe beim überlebenden Ehegatten nach Art. 745 cc
- Bei faktischem Getrenntleben kann der Erblasser gem. Art. 915 Abs. 3 cc durch Testament den Pflichtteil dem Ehegatten entziehen oder auch auf Antrag der Abkömmlinge gem. Art. 915 Abs. 2 Abs. 2 cc.

6 Fälle mit Auslandsberührung

III. Italien[34]

1. Allgemeines

31 Auch das italienische Recht sieht das Pflichtteilsrecht als echtes Erbrecht: der Berechtigte wird Miterbe. Testamente, die den Pflichtteilserben („legittimari") vorbehaltene Rechte (riserva) beeinträchtigen, müssen auf dem Wege der Herabsetzungsklage geltend gemacht werden. Schon mit Anhängigkeit der Herabsetzungsklage wird der Berechtigte Erbe.

2. Pflichtteilsberechtigte

32 Pflichtteilsberechtigte sind gem. Art. 536 C.C.

- der überlebende Ehegatte
- die ehelichen, legitimierten, adoptierten Kinder und deren Abkömmlinge
- die nichtehelichen Kinder, sofern die Vaterschaft oder Mutterschaft anerkannt oder gerichtlich festgestellt ist
- die ehelichen Aszendenten

3. Pflichtteilshöhe – verfügbare Quote

33 Der **überlebende Ehegatte** erhält die Hälfte des Nachlasses, außerdem als Vorausvermächtnis das Wohnrecht an der Ehewohnung und Nutzungsrecht am Hausrat (Art. 540 I, II cc). **Kinder und deren Abkömmlinge** (Repräsentation nach Stämmen) erhalten bei einem Kind die Hälfte des Nachlasses, bei zwei und mehr Kindern zwei Drittel des Nachlasses (Art. 537 II cc). Trifft der Ehegatte auf ein Kind, erhalten beide je ein Drittel, trifft er auf zwei oder mehrere Kinder, erhält er ein Viertel, die Kinder zu gleichen Teilen je die Hälfte (Art. 542 II cc). Eheliche Aszendenten erhalten bei kinderloser Ehe ein Drittel des Nachlasses (Art. 538 I cc), neben einem Ehegatten ein Viertel.

---

[34] Zum Ganzen *Schömmer/Fassold/Bauer*, Internationales Erbrecht Italien, 1997, Rn 171 ff; *Kroiß*, Internationales Erbrecht, Rn 233 ff.

4. Entziehung des Pflichtteils

Der Pflichtteil kann nicht entzogen werden. Nur beim Vorliegen von Erbunwürdigkeitsgründen (Art. 463 cc) kann die diesbezügliche Klage gegen den Erbunwürdigen praktisch zur Enterbung führen. **34**

IV. Frankreich[35]

1. Allgemeines

Auch das französische Recht gewährt als Pflichtteilsrecht keinen bloßen schuldrechtlichen Anspruch, sondern ein materielles Vorbehaltsrecht, das darauf gerichtet ist, die die Vorbehaltserben benachteiligenden Verfügungen herabzusetzen. **35**

2. Pflichtteilsberechtigte

Pflichtteilsberechtigt sind: **36**

- gem. Art. 913 cc in der Fassung vom 3.1.1972 die erbberechtigten Abkömmlinge
- zur Erbfolge berufene Aszendenten

> *Hinweis*
> Der überlebende **Ehegatte** ist **nicht** pflichtteilsberechtigt. Er erhält Unterhaltsforderungen gegen den Nachlaß gem. Art. 207–1 cc in der Fassung vom 3.1.1972 und ist überdies güterrechtlich geschützt.

3. Pflichtteilshöhe

Der verfügbare Teil beträgt (Art. 913 cc in der Fassung vom 3.1.1972) **37**

- bei einem Kind: die Hälfte;
- bei zwei Kindern: ein Drittel
- bei drei und mehr Kindern: ein Viertel.

Das Pflichtteilserbrecht ist durch Abzug der verfügbaren Quote vom Gesamtvermögen zu ermitteln. Auf jede Linie fällt eine feste Quote von einem Viertel des Nachlasses, in welches sich die Berechtigten zu teilen haben.

---

35 Vgl. zum Ganzen *Kroiß* Rn 264 ff.

Treffen Ehebruchskinder mit Abkömmlingen zusammen, wird gem. Art. 915 cc in der Fassung vom 3.1.1972 das Ehebruchskind zur Bestimmung der Vorbehaltsquote mitgezählt, hat aber nur die Hälfte jenes Pflichterbrechtes, das es hätte, wenn alle Kinder – es selbst eingeschlossen – ehelich wären. Die freiwerdende Quote kommt den Kindern der gebrochenen Ehe zugute.

Beispiel
Trifft das Ehebruchskind etwa mit 2 ehelichen Kindern aus der gebrochenen Ehe zusammen, so ist, da drei Kinder zu rechnen sind, die Vorbehaltsquote 3/4. Das Ehebruchskind hat aber nur die Hälfte von 1/4 als Vorbehaltsquote. Von den freigewordenen 1/8 wächst je 1/16 den Vorbehaltsquoten der Kinder aus der gebrochenen Ehe zu, die mithin eine Vorbehaltsquote von je 5/16 haben.

V. Schweiz

1. Allgemeines

38 Das Schweizer Recht gewährt den Pflichtteilsberechtigten ein echtes materielles Erbrecht.

Das materielle Pflichtteil ist in den Art. 470–480 ZGB unter dem Titel „Verfügungsfreiheit" geregelt, die Durchsetzung in den Art. 522–533 ZGB. Der Erblasser kann nur über die Quote des Nachlasses frei verfügen, die sich aus dem Abzug der Pflichtteile vom Gesamtnachlaß ergibt. Diese Quote hängt von Art und Nähe der hinterlassenen gesetzlichen Erben ab.

2. Pflichtteilsberechtigte

39 Pflichtteilsberechtigt sind gem. Art. 470 I ZGB die Nachkommen (jeden Grades), die Eltern und der überlebende Ehegatte des Erblassers. Das Pflichtteilsrecht der Geschwister sowie der diesbezügliche Vorbehalt zugunsten kantonalen Rechtes (Art. 471, 472 ZGB aF) ist mit der Revision vom 5.10.1984 aufgehoben.

3. Höhe des Pflichtteils – verfügbare Quote

Ausgangspunkt für die Berechnung des Pflichtteils ist wie im deutschen Recht der gesetzliche Erbteil. Nach Art. 471 ZGB beträgt der Pflichtteil für Nachkommen 3/4 des gesetzlichen Erbteils (Art. 471 Ziff. 1 ZGB), für jeden Elternteil sowie den überlebenden Ehegatten die Hälfte des gesetzlichen Erbteils (Art. 471 Ziff. 2 und 3 ZGB). **40**

Nach Art. 473 ZGB kann der Erblasser auch durch Verfügung von Todes wegen dem überlebenden Ehegatten zu Lasten gemeinsamer und während der Ehe geborener nichtgemeinsamer Kinder die Nutznießung an dem ganzen, diesen zufallenden Nachlaß zuweisen. Diese Nutznießung tritt an die Stelle des gesetzlichen Erbrechts des Ehegatten (Art. 473 II ZGB). Die Kinder erben das bloße Nackteigentum.

4. Entziehung des Pflichtteils durch Enterbung

Nach Art. 477 ff ZGB kann der Erblasser durch letztwillige Verfügung einem Noterben den Pflichtteil entziehen oder schmälern. Keine Enterbung in diesem Sinne ist gegeben, wenn der Erblasser einen nicht pflichtteilsberechtigten gesetzlichen Erben (z.B. Verwandte der Seitenlinie) ausschließt oder einen Noterben auf den Pflichtteil verweist. Enterbungsgründe sind einerseits die Strafenterbung (Art. 477 ZGB), andererseits die Präventiventerbung (Art. 480), welche eine Schutzmaßnahme für den von Gläubigern bedrohten Erben darstellt. **41**

VI. Österreich[36]

1. Allgemeines

Als einzige Rechtsordnung neben dem BGB gewährt das ABGB den Pflichtteilsberechtigten Noterben (§ 764 HS. 2 ABGB) lediglich einen schuldrechtlichen Anspruch („zu fordern berechtigt", § 764 HS. 1 ABGB) gegen den Erben sowie gegen Legatare, nicht jedoch gegen Ehegatten in bezug auf das gesetzliche Vorausvermächtnis (§ 783 ABGB). **42**

---

36 Vgl. zum Ganzen *Kroiß* Rn 183 ff.

2. Pflichtteilsberechtigte

43 Pflichtteilsberechtigt sind die Kinder und deren Abkömmlinge (§§ 763, 42 ABGB) und der Ehegatte; sind keine Kinder vorhanden, treten an ihre Stelle die Eltern des Erblassers, § 762 ABGB.

3. Höhe des Pflichtteils

44 Der Pflichtteil beträgt die Hälfte des gesetzlichen Erbteils; für Aszendenten beträgt er ein Drittel, §§ 765 f. ABGB.

4. Entziehung des Pflichtteils, Pflichtteilsminderung

45 Der Pflichtteilsanspruch entfällt bei Verzicht auf das Erbrecht (§ 767 ABGB) sowie bei wirksamer Enterbung (§§ 768 ff ABGB). Ein wissentlich übergangenes Kind kann gem. § 776 ABGB nur den Pflichtteil fordern, ein unwissentlich übergangenes dagegen nicht, § 777 ABGB.

Eine Pflichtteilsminderung auf die Hälfte des Pflichtteils kann gem. § 773a ABGB[37] in Fällen vom Erblasser angeordnet werden, in denen es an einem „Näheverhältnis" in einer gewöhnlichen Familie fehlt. Die Auslegung des Begriffs des „Näheverhältnisses" durch die Rechtsprechung bleibt abzuwarten.

---

[37] Eingeführt durch das ErbRÄG 1989, in Kraft seit 1.1.1991.

Anhang

I. Anlage 9 zu § 14 BewG (1.1.1995)

Vollendetes Lebensalter in Jahren	Männer	Frauen	Vollendetes Lebensalter in Jahren	Männer	Frauen
0	17,908	18,136	29	16,411	17,038
1	18,040	18,239	30	16,306	16,956
2	18,019	18,227	31	16,196	16,870
3	17,992	18,210	32	16,080	16,781
4	17,961	18,189	33	15,960	16,687
5	17,927	18,166	34	15,833	16,589
6	17,891	18,142	35	15,700	16,486
7	17,853	18,115	36	15,562	16,379
8	17,813	18,087	37	15,417	16,267
9	17,769	18,058	38	15,267	16,150
10	17,723	18,026	39	15,109	16,029
11	17,674	17,993	40	14,945	15,902
12	17,623	17,958	41	14,775	15,770
13	17,569	17,921	42	14,598	15,632
14	17,512	18,882	43	14,415	15,489
15	17,453	17,842	44	14,225	15,341
16	17,393	17,800	45	14,030	15,186
17	17,332	17,756	46	13,828	15,025
18	17,272	17,712	47	13,620	14,858
19	17,212	17,665	48	13,406	14,684
20	17,151	17,616	49	13,187	14,503
21	17,086	17,564	50	12,961	14,316
22	17,018	17,510	51	12,730	14,122
23	16,945	17,452	52	12,494	13,920
24	16,867	17,392	53	12,253	13,711
25	16,785	17,328	54	12,008	13,495
26	16,699	17,261	55	11,759	13,271
27	16,608	17,190	56	11,506	13,040
28	16,512	17,116	57	11,249	12,801

Anhang

Vollendetes Lebensalter in Jahren	Männer	Frauen	Vollendetes Lebensalter in Jahren	Männer	Frauen
58	10,987	12,553	85	3,603	4,210
59	10,720	12,298	86	3,415	3,964
60	10,448	12,034	87	3,235	3,731
61	10,171	11,763	88	3,065	3,511
62	9,889	11,484	89	2,904	3,304
63	9,603	11,197	90	2,753	3,109
64	9,313	10,903	91	2,609	2,927
65	9,019	10,601	92	2,475	2,756
66	8,723	10,292	93	2,348	2,597
67	8,422	9,977	94	2,229	2,448
68	8,120	9,654	95	2,118	2,310
69	7,816	9,325	96	2,014	2,183
70	7,511	8,990	97	1,917	2,064
71	7,206	8,650	98	1,826	1,955
72	6,904	8,307	99	1,741	1,854
73	6,604	7,962	100	1,662	1,761
74	6,310	7,616	101	1,589	1,675
75	6,020	7,271	102	1,520	1,595
76	5,738	6,930	103	1,455	1,522
77	5,464	6,592	104	1,394	1,453
78	5,198	6,261	105	1,334	1,387
79	4,941	5,937	106	1,272	1,318
80	4,693	5,622	107	1,199	1,238
81	4,456	5,317	108	1,095	1,125
82	4,228	5,022	109	0,908	0,924
83	4,010	4,739	110 und darüber	0,500	0,500
84	3,802	4,468			

Anhang

II. Indexzahlen für die Berechnung des Kaufkraftschwunds für Vorempfänge/Schenkungen etc.

Deutschland	1996	1997	1998	6/1999	7/1999	8/1999
1. Gesamtlebenshaltung (alle privaten Haushalte)	101,4	103,3	104,3	104,9	105,4	105,3
Nahrungsmittel und alkoholfreie Getränke	100,6	102,0	103,0	102,6	101,7	100,7
Alkoholische Getränke, Tabakwaren	100,8	102,7	104,7	105,5	105,5	105,5
Bekleidung und Schuhe	100,7	101,1	101,5	101,8	101,6	101,5
Wohnung, Wasser, Strom, Gas usw.	102,4	105,1	106,0	107,5	107,8	107,9
Einrichtungsgegenstände, Apparate, Geräte und Ausrüstungen für den Haushalt u. ä.	100,7	101,1	101,8	102,2	102,2	102,1
Gesundheitspflege	101,5	108,7	114,4	110,6	110,6	110,7
Verkehr	102,4	104,3	104,7	107,4	108,2	109,2
Nachrichtenübermittlung	100,9	97,9	97,3	87,6	87,6	87,5
Freizeit, Unterhaltung und Kultur	100,4	102,5	103,1	102,6	105,5	104,8
Bildungswesen	103,7	107,8	112,9	117,2	117,4	117,3
Beherbergungs- und Gaststättendienstleistungen	101,1	102,1	103,6	105,4	107,2	107,7
Andere Waren und Dienstleistungen	100,5	102,3	102,8	104,5	104,5	104,5
2. Einzelhandelspreise	100,8	101,3	101,7	101,9	101,9	101,8
3. Erzeugerpreise landw. Produkte (1991 = 100)	91,1	92,5	87,1	85,4	–	–
4. Erzeugerpreise gewerbl. Produkte	98,8	99,9	99,5	98,4	98,7	–
5. Einfuhrpreise	100,4	104,0	100,7	99,3	100,2	–
6. Wohngebäude (Mai)	99,8	99,1	98,7	98,3	–	–
7. Produktionsindex prod. Gewerbe	99,8	102,4	106,4	111,9	105,5	–
8. Produktionsindex verarbeit. Gewerbe	100,4	104,4	110,0	116,1	108,3	–

Alte Bundesländer	1996	1997	1998	6/1999	7/1999	8/1999
1. Gesamtlebenshaltung (alle privaten Haushalte)	101,3	103,2	104,1	104,8	105,3	105,3
2. Gesamtlebenshaltung (4PersonenHaushalte von Beamten und Angestellten mit höherem Einkommen)	101,4	102,9	103,8	104,6	105,1	105,2
3. Gesamtlebenshaltung (4 PersonenArbeitnehmerhaushalte mit mittlerem Einkommen)	101,3	103,1	104,0	104,8	105,2	105,3
4. Gesamtlebenshaltung (2 Personen Rentnerhaushalte)	101,3	103,6	105,0	105,5	105,7	105,6
5. Tarifmonatsgehälter der Angestellten (gewerbl. Wirtschaft, öffentl. Verwaltung) (1991 = 100) (April)	118,0	119,5	121,6	124,6	–	–
6. Bruttostundenverdienste Industrie (Okt. 1995 100) (Jan.)	101,8	103,1	104,9	106,2	–	–

Neue Bundesländer	1996	1997	1998	6/1999	7/1999	8/1999
1. Gesamtlebenshaltung (alle privaten Haushalte)	101,9	104,2	105,3	105,7	106,1	105,9
2. Gesamtlebenshaltung (4 PersonenHaushalte von Beamten und Angestellten mit höherem Einkommen)	101,7	103,6	104,4	105,0	105,4	105 13
3. Gesamtlebenshaltung (4 PersonenArbeitnehmerhaushalte mit mittlerem Einkommen)	101,8	103,8	104,7	105,3	105,6	105,5
4. Gesamtlebenshaltung (2 PersonenRentnerhaushalte)	102,0	104,4	106,0	106,2	106,5	106,3

Quelle: Statistisches Bundesamt; Basisjahr 1995 = 100.

Literaturverzeichnis

Handbücher und Lehrbücher

Beck'sches Notar-Handbuch, 2. Auflage 1996 **Beck'sches** Rechtsanwaltshandbuch 1999/2000 **Beck'sches** Richterhandbuch, 2. Auflage 1999 **Bengel/Reimann** Handbuch der Testamentsvollstreckung, 2. Auflage 1998 **Borgmann/Haug** Anwaltshaftung, 3. Auflage 1995 **Böckstiegel** Schriftenreihe der Deutschen Institution für Schiedsgerichtsbarkeit Band 11 **Breuer** Das neue Insolvenzrecht, 1. Auflage 1998 **Brox** Erbrecht, 18. Auf- lage 1999 **Crezelius** Unternehmenserbrecht, 1. Auflage 1998 **Dauner-Lieb** Unternehmen in Sondervermögen, 1. Auflage 1998 **Diederichsen** Vermögensauseinandersetzung bei der Ehescheidung, 1. Auflage 1995 **Dürkes** Wertsicherungsklauseln, 10. Auflage 1992 **Ebenroth** Erbrecht, Juristisches Kurzlehrbuch, 1. Auflage 1992 **Ebersbach** Handbuch des deutschen Stiftungsrechts **Egner** Der Auskunftsanspruch des Pflichtteilsberechtigten, 2. Auflage 1995 **Engelmann** Letztwillige Verfügungen zugunsten Verschuldeter oder Sozialhilfebedürftiger, 1. Auflage 1999. **Esch/Baumann/Schulze zur Wiesche** Handbuch der Vermögensnachfolge, 5. Auflage 1997 **Eulberg/Ott-Eulberg** Die Nachlaßpflegschaft in der anwaltlichen Praxis, Schriftenreihe DVEV Bd. 2, 1999 **Ferid** Internationales Privatrecht – Das neue Recht, 3. Auflage 1986 **Ferid/Firsching/Lichtenberger** Internationales Erbrecht, Loseblatt Stand 1997 **Firsching/Graf,** Nachlaßrecht 7. Auflage 1993 **Gebel** Gesellschafternachfolge im Schenkung- und Erbschaftsteuerrecht, 2. Auflage 1997 **Haegele/Winkler** Der Testamentsvollstrecker, 14. Auflage 1996 **Heckelmann** Abfindungsklauseln, 1973 **Heidel/Pauly/Amend** AnwaltFormulare, 2. Auflage 2000 **Hoffmann** Das neue Insolvenzrecht, 1. Auflage 1998 **Hopt/Hehl** Gesellschaftsrecht, 3. Auflage **IDW-Verlag** Erbfolge und Erbauseinandersetzungen bei Unternehmen, 2. Auflage 1995 **Jochum/Pohl** Nachlaßpflegschaft – Ein Handbuch für die Praxis mit zahlreichen Formularmustern –, 1. Auflage 1999 **Kerscher/Tanck** Pflichtteilsrecht in der anwaltlichen Praxis, 2. Auflage 1999 **Kipp/Coing** Erbrecht, 14. Auflage 1990 **Klingelhöffer** Pflichtteilsrecht, 1996 **Klook** Die überschuldete Erbschaft, Diss. Univ. Bremen, 1998 **Kopp/Heidinger** Notar und Euro, DNotI 1999 **Kroiß** Internationales Erbrecht – Einführung und

Länderüberblick, Schriftenreihe DVEV Bd. 5, 1999 **Krug** Erbrecht: Examenskurs für Rechtsreferendare, 2. Auflage 1998 **Lange/Kuchinke** Lehrbuch des Erbrechts, 4. Auflage 1995 **Langenfeld** Grundstückszuwendungen im Zivil- und Steuerrecht, 3. Auflage 1992 **Langenfeld** Testamentsgestaltung, 2. Auflage 1998 **Littig/Mayer** Sozialhilferegress, Schriftenreihe DVEV Bd. 4, 1. Auflage 1999 **Mayer** Der Übergabevertrag in der anwaltlichen und notariellen Praxis, Schriftenreihe DVEV Bd. 1, 1. Auflage 1998 **Lorz** Testamentsvollstreckung und Unternehmensrecht, 1. Auflage 1995 **Münchner Vertragshandbuch** BGB Band 4, 3. Auflage **Nieder** Handbuch der Testamentsgestaltung, 1. Auflage 1992 **Peter/Crezelius** Gesellschaftsverträge und Unternehmensformen, 6. Auflage 1995 **Pohl** Unternehmensnachfolge durch Teilungsanordnung und Sondererbfolge im Einkommensteuerrecht, 1. Auflage 1997 **Reimann** Testamentsvollstreckung in der Wirtschaftspraxis, 3. Auflage 1998 **Ring** Das neue Handelsrecht, 1. Auflage 1999 **Rinsche** Die Haftung des Rechtsanwalts und des Notars, 5. Auflage 1995 **Rohlfing** Erbrecht, 2. Auflage 1999 **Schmidt** Die Errichtung von Unternehmensträgerstiftungen durch Verfügungen von Todes wegen **Schmidt K.**, Gesellschaftsrecht, 2. Auflage 1991 **Schoor** Unternehmensnachfolge optimal gestalten, 1. Auflage 1998 **Schotten** Das internationale Privatrecht in der notariellen Praxis, 1. Auflage 1995 **Spiegelberger** Vermögensnachfolge, 1. Auflage 1994 **Stöber** Zwangsvollstreckung in das unbewegliche Vermögen, 6. Auflage 1992 **Storz** Praxis der Teilungsversteigerung, 2. Auflage 1999 **Sturm/Sturm** Festschrift für Lübtow, 1991, Seiten 291 ff **Tanck/Kerscher/Krug** Testamente in der anwaltlichen und notariellen Praxis, 1. Auflage 1999 **Wachenhausen** Das neue Erbschaft- und Schenkungsteuerrecht, 1. Auflage 1997 **Weirich** Erben und Vererben, 4. Auflage 1998 **Weirich** Grundstücksrecht, 2. Auflage 1996 **Wöhrmann/Stöcker** Das Landwirtschaftserbrecht, 6. Auflage 1995 **Zimmermann/Heller** Grundstücksbewertung, 2. Auflage 1998 **Zwißler** Die nichteheliche Lebensgemeinschaft. 1. Auflage 1999

Kommentare

Baumbach/Duden/Hopt Handelsgesetzbuch, 28. Auflage **Dassler/Schiffhauer/Gerhardt/Muth** Gesetz über die Zwangsversteigerung und die Zwangsverwaltung, Kommentar, 12. Auflage 1991 **Erman/Bearbeiter** Handkommentar zum Bürgerlichen Gesetzbuch, 9. Auflage 1993 **Faßbender/Hötzel/von Jeinsen/Pikalo** Höfeordnung, 3. Auflage 1994 **Gehre** Steuerberatungsgesetz, 3. Auflage 1995 **Hansens** BRAGO Kommentar, 8. Auflage 1995 **Henssler/Prütting** Bundesrechtsanwaltsordnung, Kommentar, 1. Aufage 1996 **Kapp/Ebeling** Erbschaftsteuer- und Schenkungsteuergesetz, 11. Auflage 1994 **Kapp/Ebeling** Handbuch der Erbengemeinschaft und Erbauseinandersetzung im Zivil- und Steuerrecht, 5. Auflage 1996 **Keidel/Kuntze/Winkler** Freiwillige Gerichtsbarkeit, Teil B: Beurkundungsgesetz, 13. Auflage 1997 **Lange/Wulff/Lüdtke-Handjery** Höfeordnung, 9. Auflage 1993 **LPK-BSHG** Bundessozialhilfegesetz: Lehr- und Praxiskommentar, 4. Auflage 1994 **Meincke** Erbschaftsteuer- und Schenkungsteuergesetz, 11. Auflage 1997 **Münchener Kommentar** Bürgerliches Gesetzbuch, Erbrecht, 3. Auflage 1997 **Odersky** Kommentar zum Nichtehelichengesetz, 3. Auflage 1997 **Palandt/Bearbeiter** 58. Auflage 1999 **RGRK/Bearbeiter** BGB, Kommentar, 12. Auflage 1974 **Schneider** Streitwert-Kommentar für den Zivilprozeß, 8. Auflage 1989 **Schwab/Walter** Schiedsgerichtsbarkeit, 5. Auflage 1995 **Soergel/Bearbeiter** Bürgerliches Gesetzbuch, 13. Auflage **Staudinger/Bearbeiter** Kommentar zum Bürgerlichen Gesetzbuch, 13. Bearbeitung 1993 ff. **Stein/Jonas** Kommentar zur Zivilprozeßordnung, 21. Auflage 1993 ff. **Thomas/Putzo** Zivilprozeßordnung, 22. Auflage 1999

Aufsätze

Behnke Das neue Minderjährigenhaftungsbeschränkungsgesetz, NJW 1998, 3078 **Behr** Vollstreckungsmöglichkeiten des Nachlaßgläubigers, JurBüro 1996, 120 **Bengel** Zur Rechtsnatur des vom Erblasser verfügten Erbteilungsverbots, ZEV 1996, 178 **Bestelmeyer** Ist eine Gleichstellungsvereinbarung nach Art. 12 § 10a NEhelG auch zwischen dem Erblasser und Abkömmlingen seines nichtehelichen Kindes zulässig?, FamRZ 1999, 970 **Böckstiegel** Schriftenreihe der Deutschen Institution für Schiedsgerichtsbarkeit, Bd. 11 **Böhringer** Erbnachweis für Vermögensrechte mit Grundstücksbezug in den neuen Bundesländern, Rpfleger 1999, 110 **Börner** Das System der Erbenhaftung, JuS 1968, 53 ff, 108 ff. **Brudermüller** Das Familienheim in der Teilungsversteigerung, FamRZ 1996, 1516 **Damrau** Die Abschichtung, ZEV 1996, 361 **Damrau** Anmerkung zu KG (Bedürfnisprüfung bei Handeln des Nachlaßpflegers), ZEV 1999, 395 **Dressler** Der erbrechtliche Auslegungsvertrag – Gestaltungshilfe bei einvernehmlichen Nachlaßregelungen, ZEV 1999, 289 **Elzer** Prozesskostenhilfe für Nachlasspfleger? Rpfleger 1999, 162 **Frank** Die Neuregelung des Adoptionsrechts, FamRZ 1998, 393 **Frenz** Erbrechtliche Gestaltung und Unterhaltsansprüche, ZEV 1997, 450 **Frieser** Innerdeutsches Erbrecht nach dem Einigungsvertrag, AnwBl. 1992, 293 **Gaa** Die Vererbung von Unterlassungspflichten, AcP 161 (1962), 433 **Gaul** Die Neuregelung des Abstammungsrechts durch das Kindschaftsrechtsreformgesetz, FamRZ 1997, 1441 **Geck** Das ErbStG 1997 – Darstellung und Bewertung aus notarieller Sicht, MittBayNot 1997, 1 **Giehl** Auswirkungen des Handelsregisterreformgesetzes auf die notarielle Praxis, MittBayNot 1998, 293 **Graeber** Zuständigkeiten und Verfahrensführung des Richters im Verfahren nach der InsO, RPfl 1998, 449 **Grziwotz** Der Erbvertrag nichtehelicher Partner, ZEV 1999, 299 **Habersack** Das neue Gesetz zur Beschränkung der Haftung Minderjähriger, MittBayNot 1999, 22 **Hahn** Die Auswirkung des Betreuungsrechts auf das Erbrecht, FamRZ 1991, 27 **Harder/ Müller-Freienfels** Grundzüge der Erbenhaftung, JuS 1980, 876 **Heidinger** Die Zeichnung zum Handelsregister nach dem neuen § 29 HGB, Rpfleger 1999, 118 **Heinrich** Die Gestaltung von Übertragungsverträgen im Schatten des Pflichtteilsergänzungsrechts, MittRhNotK 1995, 157 **Henrich** Probleme des interlokalen und des internationalen Ehegüter- und Erbrechts nach dem Einigungsvertrag, IPRax 1991, 14 **Hintzen** Änderungen zum Zwangsversteigerungsgesetz, Rpfleger 1998, 148 **Jaeger** Ehebezogene Zuwendungen und ihre Rückabwicklung nach Scheitern der Ehe, DNotZ 1991, 431 **Jülicher** Auswirkungen der neuen Insolvenzordnung auf die Vermögensnachfolge, ZEV 1998, 370 **Jung** Unentgeltliche Verfügungen des Testamentsvollstreckers und des befreiten Vorerben, Rpfleger 1999, 204 **Keller** Ausscheiden eines Miterben aus der Erbengemeinschaft durch „Abschichtung"?, ZEV 1998, 281 **Keller** Fortführung eines in ungeteilter Erbengemeinschaft betriebenen Handelsgeschäfts durch Erbteilserwerber?, ZEV 1999, 174 **Kerscher/Tanck** Zuwendungen an Kinder zur Existenzgründung: Die „Ausstattung" als ausgleichspflichtiger Vorempfang, ZEV 1997, 354 **Klingelhöffer** Zuwendungen unter Ehegatten und Erbrecht, NJW 1993, 1097 **Klingelhöffer** Testierunfähigkeit und ihre Geltendmachung im Nachlaßverfahren, ZEV 1997, 92 **Klumpp** Beschränkung der Minderjährigenhaftung – ein überfälliges Gesetz, ZEV 1998, 409 **Klüsener** Das neue Minderjährigenhaftungsbeschränkungsgesetz, Rpfleger 1999, 55 **Krampe** Anmerkung zu BGH ZEV 96, 187 in ZEV 1996,

Literaturverzeichnis

189 **Krenz** Die Auseinandersetzung der Erbengemeinschaft – Dogmatische, rechtsvergleichende und rechtspolitische Aspekte –, AcP 1995, 362 **Krug** Der Rechtshängigkeitsvermerk – ein Instrument des vorläufigen Rechtsschutzes im Erbrecht, ZEV 1999, 161 **Krug** Die dingliche Surrogation bei der Miterbengemeinschaft – Ein Kunstgriff des Gesetzes zur Werterhaltung des Nachlasses –, ZEV 1999, 381 **Kues** Anmerkung zum BGH-Urteil vom 27.11.1991 in FamRZ 1992, 924 **Kummer** Anmerkung zu OLG Braunschweig ZEV 96, 69 und BGH ZEV 1996, 70 in ZEV 1996, 71 **Langenfeld** BGH-Rechtsprechung aktuell: Der BGH – Schutzpatron der pflichtteilsberechtigten Abkömmlinge? NJW 1994, 2133 **Langenfeld** Die Bestandskraft ehebedingter Zuwendungen im Verhältnis zu Vertragserben und Pflichtteilsberechtigten, ZEV 1994, 129 **Lehmann** Der Änderungsvorbehalt beim Erbvertrag – ein abwegiges Gestaltungsmittel?, BWNotZ 1999, 1 **Liedel** Pflichtteilsergänzung nach aktueller Rechtsprechung – Chancen und Risiken –, MittBayNot 1992, 238 **Lorenz** Unbenannte Zuwendung und internationales Ehegüterrecht, FamRZ 1993, 393 **Mayer** Ja zu „Jastrow" – Pflichtteilsklausel auf dem Prüfstand, ZEV 1995, 136 **Mayer** Wertermittlung des Pflichtteilsanspruchs, ZEV 1994, 331 **Mayr** Rechtsnachfolge bei Freiberufler-Gesellschaften, ZEV 1996, 321 **Mohr** Ausgleichung und Anrechnung bei Schenkungen, ZEV 1999, 257 **Muscheler** Der Mehrheitsbeschluß in der Erbengemeinschaft, ZEV 1997, 169 **Ottersbach** Der Euro im Grundbuch, Rpfleger 1999, 51 **Pentz** Nachehelicher Unterhalt trotz Pflichtteilsverzichts, FamRZ 1998, 1344 **Pentz** Berücksichtigung des Kaufkraftschwunds im Erbrecht? ZEV 1999, 167 **Reimann** Erbauseinandersetzung durch Abschichtung, ZEV 1998, 213 **Reimann** Das Minderjährigenhaftungsbeschränkungsgesetz (MHbeG) im Überblick, MittBayNot 1998, 326 **Reimann** Der Minderjährige in der Gesellschaft – Kautelarjuristische Überlegungen aus Anlaß des Minderjährigenhaftungsbeschränkungsgesetzes, DNotZ 1999, 179 **Rieger** Anmerkung zum BGH-Urteil vom 21.1.1998 über die „Abschichtung" eines Miterben, DNotZ 1999, 64 **Risse** Beilegung von Erbstreitigkeiten durch Mediationsverfahren, ZEV 1999, 205 **Rossak** Neuere zivilrechtliche Probleme zu Vorschriften des Heimgesetzes und deren erweiterte Anwendung, MittBayNot 1998, 407 **Rossak** Folgen des verfassungswidrigen Ausschlusses Mehrfachbehinderter von jeglicher Testiermöglichkeit für die notarielle Praxis, ZEV 1999, 254 **Sarres** Auskunftsansprüche des Erben gegen den Hausgenossen, ZEV 1998, 422 **Sarres** Die Erbengemeinschaft und das Teilungskonzept des BGB, ZEV 1999, 377 **Schmidt** Zum Prozeßrecht der beschränkten Erbenhaftung, JR 1989, 45 **Schmidt** Handelsrechtliche

Erbenhaftung als Bestandteil des Unternehmensrechts, ZHR 157 (1993), 600 **Siegmann** „Überquotale" Teilungsanordnung und Teilungsversteigerung, ZEV 1996, 47 **Steiner** Die Praxis der Klage auf Erbauseinandersetzung, ZEV 1997, 89 **Tanck** § 2318 III BGB schützt nur den Pflichtteilskern, ZEV 1998, 132 **Wegmann** Auswirkungen des Kindschaftsrechtsreformgesetzes und des Erbrechtsgleichstellungsgesetzes auf die notarielle Tätigkeit, MittBayNot 1998, 308 **Werkmüller** Die Mitwirkungsbefugnisse der Bruchteilsminderheit bei Beschlußfassungen in der ungeteilten Erbengemeinschaft, ZEV 1999, 218

Stichwortverzeichnis

5/10-Grenze **13** 281
7/10-Grenze **13** 280

Abfindung der weichenden Erben
13 449 ff.
Abkömmlinge
- Auslegungsregel **8** 17 f.
Abschichtung **13** 383 f., **22** 73 f., 74
- durch Erbteilsübertragung **13** 384 ff.
- ohne Erbteilsübertragung **13** 387 ff.
Absonderungsberechtigte **21** 91
Abwesenheitspfleger **11** 22
Abwesenheitspflegschaft **11** 39
Alleinerebe **11** 1 ff.
Amtslöschungsverfahren **23** 22
Anfechtung **1** 52 f.
- der Annahme der Erbschaft **21** 56 ff.
- der Erbschaftsausschlagung **31** 4
- eines Testaments **31** 4
- von Annahme und Ausschlagung **1** 50 f.
Anfechtungsberechtigte **21** 92
Anfechtungstatbestände **26** 19 ff.
Anhörung **21** 108 ff.
Anknüpfungspunkte **34** 6
Annahme
- Anfechtung **1** 50 f.
Antragsberechtigung **22** 4

Antragsrecht
- groß **13** 229
- klein **13** 229
Anwaltsvertrag
- Parteien **2** 27 f.
Anwaltszwang **22** 84
Anwartschaftsrecht
- des Vermächtnisnehmers **8** 123 f.
Arzt als sachverständiger Zeuge **26** 7
Ärztliche Schweigepflicht **26** 7
Aufgebotseinrede **21** 54 ff.
Auflage **8** 287 ff.
Auflassung **22** 34 ff.
Aufrechnung **21** 213 ff., 313
Auseinandersetzung
- Ausschluß **8** 117 ff.
- des Nachlasses **13** 165
- Klage auf Vermächtniserfüllung **27** 1 ff.
Auseinandersetzungsausschluß **13** 253
Auseinandersetzungsklage **27** 1 ff.
Auseinandersetzungsregeln **13** 197 ff.
Ausgleichspflicht **13** 346 ff.
Ausgleichungspflicht **32** 6
Auskunftsanspruch **1** 61, **13** 345 f., **30** 12
- Erfüllung **24** 12 ff.
- Verjährung **24** 16 ff.

Stichwortverzeichnis

– Zwangsvollstreckung **24** 53 ff.
Auskunftsklage **24** 1 ff.
Ausländische Erbscheine **22** 27
Ausländischer Notar **34** 9
Auslandsberührung **13** 299,
   22 26 ff., **34** 1 ff.
Auslandsimmobilie **1** 18
Auslegung
– Regeln **8** 2 f.
Ausschlagung
– Anfechtung **1** 50 ff.
– Erbschaft **1** 47 f., **31** 4
Ausschlußurteil **21** 158 ff.
Außerordentliche Verwaltung
   13 28 **21** 231
Außerordentliches Auseinandersetzungsverlangen **13** 187
Aussonderungsberechtigte **21** 90
Ausstattung **13** 325

Baden-Württemberg **11** 13, 48
Bayern **11** 13
Beeinträchtigungsabsicht **30** 5
Befreite Vorerben **22** 60 ff.
Behindertentestament **8** 340
Beiseiteschaffen eines gemeinschaftlichen Testaments **26** 37
Belegenheitsrecht **34** 17
Belegenheitsstatus **35** 3
Belgien **34** 31 **35** 27 ff.
Berichtigungsantrag **22** 4 f.
Berlin **11** 13
Berufsausbildungskosten **13** 325, 329
Berufshaftpflicht **33** 22
Berufskonsules **31** 9

Beschleunigungsgrundsatz
   (Konzentrationsmaxime) **32** 2
Beschwerde **23** 19 ff.
Beschwerdeberechtigung **22** 84
Beschwerdeverfahren **22** 83
Bestimmung
– des Auflagebegünstigten
   8 287 ff.
– des Erben **8** 65 ff.
– des Vermächtnisgegenstandes
   8 149
– des Vermächtnisnehmers **8** 143
Bestimmungsvermächtnis **8** 143 ff.
Beweislastprobleme **26** 7 ff.
Bewertung **27** 14 ff.
Beziehungssurrogation **13** 51
BGB-Gesellschaft **13** 393 ff.
   22 78
Bremen **11** 13
Buchwert **27** 18

Code Civil **35** 3

Daseinsmittelpunkt **34** 6
DDR-Erbrecht **34** 40
DDR-Grundstücke **35** 11
Dingliche Surrogation **13** 49
Domizilprinzip **34** 19
Dreimonatseinrede **21** 51 ff.
Drittwiderspruchsklage **21** 198,
   204 ff.
Dürftigkeitseinrede **21** 5, 64,
   123 ff., 175 ff., 303

Echtheit der Unterschrift **26** 13

1117

Stichwortverzeichnis

Ehegatte
- gemeinschaftliches Testament **8** 407 ff.
- Pflichtteil **8** 472 ff.

Eigengläubiger **21** 116

Eigenhändigkeit eines privatschriftlichen Testaments **26** 12 ff.

Einfache Streitgenossen **21** 269

Eingetragener Kaufmann (e.K) **23** 1 f.

Einheitslösung **8** 439 ff.

Einkommensteuer **21** 32

Einrede des ungeteilten Nachlasses **21** 231

Einstweilige Einstellung **13** 241

Eintragungsantrag **22** 31

Eintrittsklausel **8** 379, **13** 406 f.

Einzelkaufmännisches Handelsgeschäft **13** 100

Einzelkaufmännisches Unternehmen **21** 129 ff., **23** 1 ff.

Einziehung eines Erbscheins **31** 5

Entlassung des Testamentsvollstreckers **31** 6, **32** 5

Erbauseinandersetzung **13** 166, **32** 5, **35** 9 ff.

Erbeinsetzung **8** 65 ff.

Erbenermittler **21** 9

Erbenermittlung **31** 5

Erbenfeststellungsklage **26** 1 ff.

Erbengemeinschaft **13** 1, **21** 13, 222, **22** 4 ff., 75

Erbenhaftung **21** 323

Erbfähigkeit **34** 11

Erbfallschulden **21** 22

Erblasser
- Testierfähigkeit **8** 39 ff.

Erbschaftsausschlagung **21** 15 ff.

Erbschein **21** 7 ff., **22** 6, **25** 1 ff.
- Antrag **25** 20 ff.
- Arten **25** 89 ff.
- Einziehung **25** 107 ff.
- Erteilung **25** 15 ff.
- Kosten **25** 101 ff.
- Kraftloserklärung **25** 118 ff.
- Rechtsbehelfe **25** 74 ff.
- Rechtsschein **25** 9 ff.
- Verfahren **25** 1 ff.

Erbstatut **1** 19, **13** 462, **34** 4

Erbteil
- Übertragung **8** 723 ff.

Erbteilserwerber **13** 173, **23** 4

Erbteilskauf **13** 369 ff., **31** 4

Erbteilspfändung **21** 237

Erbteilsübertragung **22** 70 f., **31** 4

Erbteilsübertragungsvertrag **22** 70

Erbunwürdigkeit **1** 55 ff.

Erbvertrag **8** 612

Erbverzicht **8** 88

Ergänzungspfleger **23** 3

Erlösverteilung **13** 287

Ernennung eines Testamentsvollstreckers **31** 5

Eröffnungsniederschrift **22** 55, **13** ff.

Eröffnungsvermerk **22** 13

Ersatzerbe **8** 80 ff.

Ersatzsurrogation **13** 51

Ersatzvermächtnis **8** 135 ff.

Erteilung eines Erbscheins **31** 6

Stichwortverzeichnis

Ertragswertverfahren **13** 266
EURO **22** 81

Familienrechtliche Anordnungen
  8 295 ff.
Feststellungsklage **27** 2
Formstatut **34** 6 ff.
Formungültiges Testament **32** 4
Fortsetzung der Güter-
  gemeinschaft **31** 4
Fortsetzungsklausel **8** 366 f.,
  13 125, 127
Frankfurter Testament **8** 395
Frankreich **34** 31, **35** 3, 35 ff.
Fremdrechtserbschein **22** 27
Freundschafts-, Handels- und
  Schiffahrtsvertrag zwischen der
  Bundesrepublik Deutschland
  und den Vereinigten Staaten
  von Amerika **34** 23
Fristen **1** 47 ff.
Fürsorgebedürfnis **11** 17

Gattungsvermächtnis **8** 142
Gefälligkeitsverhältnis **2** 6
Gegenstandswert **6** 41 ff.
Gemeinschaftliches Testament
  1 41, **8** 613, **22** 20 ff., **34** 14
Gemeinschuldner **21** 86
Gemischte Schenkung **13** 334 f.,
  22 68
Geringstes Gebot **13** 271 ff.
Gesamthandsklage **21** 253, 272
Gesamtrechtsnachfolge **13** 1
Gesamtschuldklage **21** 266, 272
Gesamtschuldnerausgleich unter
  den Miterben **21** 310

Gesamtstatut **35** 3
Gesellschaft bürgerlichen Rechts
  22 76
Gesellschaftsanteil **1** 20
Gesellschaftsrecht
  – Eintrittsklausel **8** 379
  – Testamentsvollstreckung
    8 328 ff.
Gesetzliche Sondererbfolge
  13 445 ff.
Gewöhnlicher Aufenthalt **34** 6
Gläubigeraufgebot **21** 65, 148 ff.,
  298, 306
Gläubigerbenachteiligungsabsicht
  21 114
GmbH **23** 15 f.
GmbH-Anteil **13** 136 ff.
Grundbuch **22** 1 ff.
Grundbuchamt **22** 7 ff.
Grundbuchberichtigung **22** 3,
  70 f., 73 f., 76 f.
Grundbuchberichtigungs-Zwangs-
  verfahren **22** 79
Grundbuchberichtigungsantrag
  22 29
Grundstücksvermächtnis **28** 4
Gültigkeit eines Testaments
  34 36 ff.
Güterrechtliches Übergangsrecht
  34 43 ff.
Güterrechtsstatut **34** 30 ff.
Gütersonderung **21** 13
Güterstände **1** 8

Haftung **2** 1 ff. **21** 316
– des Erbschaftserwerbers
  21 40 ff.

1119

Stichwortverzeichnis

– des Nacherben **21** 321 ff.
– des Vorerben **21** 320 ff.
– gegenüber Dritten **2** 29 ff.
Haftungsbeschränkung **5** 1 ff.,
    21 200 ff., 242
– des Miterben **21** 263
Haftungsbeschränkungsmaßnahmen **21** 61 ff.
Haftungsbeschränkungsvorbehalt **21** 162, 209 ff.
Haftungsvorbehalt **21** 327
– des Erben **21** 208
Hamburg **11** 13
Handelsrechtsreformgesetz **13** 124
Handelsregister **23** 1 ff.
Handelsregisteranmeldung **23** 17 f.
Hausratsvermächtnis **8** 421
Herausgabeanspruch des Vertrags(schluß)erben **8** 614 ff.
Hessen **11** 13
Höfeordnung **13** 443 f., **22** 25
Hoferben **22** 25
Höferecht **22** 25
Hofzuweisung **13** 452 ff.
Hofzuweisungsverfahren **13** 453
Honorarvereinbarung **6** 24 ff.

Immobiliarzwangsvollstreckung **21** 111
Informations- und Aufklärungspflicht **2** 9
Innengesellschaft **21** 19
Insolvenzanfechtung **21** 113 ff.
Insolvenzantragspflicht **21** 107 ff.
Insolvenzeröffnungsgrund **21** 103 ff.

Insolvenzeröffnungsverfahren **21** 105
Insolvenzgericht **21** 101
Insolvenzplan **21** 115 ff.
Interessenkollision, Tätigkeitsverbot **4** 1 ff.
Interlokales Erbrecht **34** 39 ff.
Interlokales Kollisions-Güterrecht **34** 46 ff.
Internationales Erbrecht **35** 1 ff.
Internationales Verfahrensrecht **34** 48 ff.
Inventar **21** 139 ff.
Inventarisierung **21** 292
Inverwahrnahme **11** 25
Inverwahrungnahme **11** 29 ff.
Italien **35** 31 ff.

Kapitalabfindung des Unterhalts **21** 18
Kapitalgesellschaft **21** 137 ff.
Kettensurrogation **13** 64 ff.
Klage des Vertragserben **30** 14
Klagepflegschaft **11** 37
Klageziele des § 785 ZPO **21** 201 ff.
Kommanditgesellschaft **21** 136 ff., **23** 13 ff.
Kommanditist **21** 135
Konfusion **21** 214 ff., 314
Konkurseröffnung **21** 84 ff.
Konkursmasse **21** 87
Konsularvertrag zwischen der Bundesrepublik und der Sowjetunion **34** 22

Stichwortverzeichnis

Konsularvertrag (Nachlaß-
abkommen) zwischen dem
Deutschen Reich und der
Türkischen Republik **34** 21
Kontensperrung **11** 33
Kosten **6** 1 ff.
– der Grundbuchberichtigung
22 32 f.
Kostenfestsetzungsverfahren **21** 21

Landgut **13** 441
Landwirtschaftliches
Sondererbrecht **13** 442 ff.
Landwirtschaftserbrecht **13** 440 ff.
Landwirtschaftsgericht **31** 8 ff.
Latente Einkommensteuer-
belastungen **27** 15
Lex rei sitae **34** 18, **35** 2

Mandantengespräch **1** 1
Massegläubiger **21** 93
Mediation **33** 1 ff.
Mediationsaufträge **33** 18
Mehrparteienschiedsgericht
32 19 ff.
Minderjährige Erben **13** 360 ff.
Minderjährigenhaftung **21** 132
Minderjährigenhaftungsbeschrän-
kungsgesetz **13** 114, 187,
361 ff., **21** 284
Minderjährigenhaftungsrecht
23 12
Mißbrauch der Verfügungsfreiheit
30 6
Miterbe **13** 1
– als Nachlaßgläubiger **21** 307
Mittelsurrogation **13** 51

Mitwirkung der Gemeinde **11** 48
Motivirrtum **21** 55, **26** 20

Nacherbe **11** 23, **21** 35, **22** 52 ff.
Nacherbenvermerk **13** 296 **22** 54
Nacherbschaft **22** 68
Nachfolgeklausel **8** 745 f. **13** 127
Nachlaß-Insolvenzverfahren **21** 67
Nachlaßauseinandersetzung **22** 75
Nachlaßerbenschulden **21** 25 ff.
Nachlaßgericht **22** 7 ff., **25** 67 ff.,
31 1 ff.
Nachlaßgläubiger **21** 5, 72, 89 ff.,
251
Nachlaßinsolvenz **21** 245
Nachlaßinsolvenzverfahren **21** 63,
99, 177, 305
Nachlaßinventar **21** 65, **31** 4
Nachlaßkonkurs **21** 5, 27, 67,
83 ff.
Nachlaßkostenschulden **21** 23
Nachlaßpflegschaft **11** 25, 37 ff.
31 6
Nachlaßsicherung **31** 5
Nachlaßspaltung **1** 18, **13** 355,
34 17 ff., **35** 2 ff., 9 ff.
Nachlaßteilung **13** 168, **21** 228 ff.
Nachlaßverbindlichkeit **21** 34 ff.,
69
Nachlaßvergleich **21** 5
Nachlaßvergleichsverfahren **21** 67
Nachlaßverwalter **21** 75 ff., 80 ff.,
210
Nachlaßverwaltung **11** 37, **21** 27,
63, 67, 70 ff., 244
Nachlaßverwaltungsschulden
21 24

1121

Stichwortverzeichnis

Nachlaßverzeichnis **1** 24, **11** 34 ff.
Neue Bundesländer **11** 13
Nichteheliche Lebensgemeinschaft
8 610 ff.
Niedersachsen **11** 13
Nießbrauch **8** 635, **27** 5
– an Erbteilen **13** 86 ff., **28** 33
– an Gesellschaftsanteilen **28** 38
Nießbrauchbelasteter Erbteil
13 236 ff.
Nießbrauchslösung **8** 422
Nießbrauchsvermächtnis **8** 156 f.,
28 21
Nießbrauchsvermerk **22** 80
Nordrhein-Westfalen **11** 13
Normhäufung **34** 32
Normmangel **34** 31
Notar im Landesdienst **22** 83
Notgeschäftsführung **13** 29 **21** 231
Notverwaltung **13** 29

Objektive Beeinträchtigung **30** 4
Offene Handelsgesellschaft
21 133 ff., **23** 9 ff.
Ordungsgemäße Verwaltung
21 316
Österreich **35** 42 ff.

Partnerschaft **13** 137
Patiententestament **8** 690 ff.
– Überleitung auf den
Sozialhilfeträger **8** 697 ff.
Pauschalierter Zugewinnausgleich
34 33 ff.
Personenhandelsgesellschaft **21** 77
Personenstandsbuch **21** 8
Pfandgläubiger **13** 173, 232, **27** 5

Pfändung des Erbteils **21** 235 ff.,
276 ff.
Pfändungsgläubiger **13** 173
Pfändungspfandgläubiger
13 232 ff., **21** 236
Pfändungspfandrecht **21** 237
Pfändungsvermerk **22** 80
Pflegeverpflichtung **8** 422 ff.
Pflegschaft für unbekannte
Beteiligte **11** 40 ff.
Pflichtteil
– Ehegatte **8** 472 ff.
– Überleitung auf
Sozialhilfeträger **8** 723 ff.
– Verjährung **1** 58 ff.
Pflichtteilsansprüche **35** 17
Pflichtteilsergänzungsansprüche
35 15
Pflichtteilsrecht **34** 29, **35** 1 ff.
Pflichtverletzung des Anwalts **2** 8
Polizeirecht **11** 14 ff.
Postmortale Vollmacht **13** 154
Praxen von Freiberuflern **27** 18
Prozeßkosten **21** 21 ff., 163
Prozeßkostenhilfe **21** 165 ff.

Qualifikation von Rechtsbegriffen
34 20 ff.

Realteilung **13** 201
Rechtsanwaltsnotar als Mediator
33 25
Rechtshängigkeitsvermerk **26** 35
Rechtslage, Prüfung **2** 14 ff.
Rechtsschutzfall **7** 1 ff.
Rechtssurrogation **13** 51
Rechtswahl **34** 25 ff., **35** 8 ff.

Stichwortverzeichnis

Rente **8** 638 ff.
Rentenvermächtnis **8** 228 ff.
Restschuldbefreiung **21** 116, 119
Rheinland-Pfalz **11** 13
Rückforderungsrecht **8** 649
Rückschlagsperre **21** 111
Rückverweisung **34** 16

Saarland **11** 13
Sachverständigengutachten eines Psychiaters **26** 8
Sachwert- und Ertragswertmethode **27** 15
Sachwertverfahren **13** 266
Scheidung **8** 481 ff.
Schenkung **13** 333 ff.
Schenkungsversprechen **21** 113
Schiedsgerichtsverfahren **32** 1 ff.
Schiedsklausel **32** 11 ff.
Schiedsrichter **32** 2
Schleswig-Holstein **11** 13
Schlußvereinbarung **33** 21
Schuldbefreiung **21** 119
Schweden **34** 31
Schweiz **35** 38 ff.
Sicherung der Nachlässe von Ausländern **11** 24 ff.
Sicherung des Nachlasses **11** 3 ff.
Sicherungsanlaß **11** 17
Sicherungsfälle **11** 17 ff.
Sicherungsmaßnahmen **11** 11 ff., **21** 110 ff.
Sicherungsmittel **11** 25 ff.
Sicherungspflegschaft **11** 37
Sicherunsgbedürfnis **11** 17
Siegelung **11** 25
Sittenwidrigkeit **8** 352 ff.

Sonderabfolge **8** 61
Sonderkündigungsrecht **21** 293
– des volljährig Gewordenen **13** 117, **21** 288
Staatenloser Erblasser **34** 47 ff.
Staatenlose Person **34** 5
Staatsangehörigkeit **34** 4, 6, 15, 38 ff.
Staatsangehörigkeitsprinzip **34** 18
Staatsvertragliche Regelungen **34** 21
Statutenwechsel **34** 35 ff.
Steuerberater **33** 17
Steuerforderung **21** 32 ff.
Streitwert **6** 68 ff.
Surrogation **8** 126
Surrogationserwerb **13** 48 ff.

Teil-Nachlaßpflegschaft **11** 38 ff.
Teilauseinandersetzung **13** 353 ff.
Teilhaftung **21** 305
Teilnachlaß **35** 14
Teilschuldner **21** 305
Teilung in Natur **13** 199
Teilungsanordnung **8** 95 ff.
13 302 ff.
– und Vorausvermächtnis **13** 310
Teilungsplan **13** 424 ff., **27** 1 ff.
Teilungsreife **27** 2
Teilungsversteigerung **13** 216 ff., 259
Teilungsvertrag **13** 357 ff., **27** 4
Testament
– Aufhebungs- **1** 40
– behindertes Kind **8** 339 ff.
– gemeinschaftliches **1** 40
– Gestattung **8** 4 ff.

1123

Stichwortverzeichnis

– Unternehmer **8** 355
Testamentsablieferungpflicht
  11 8 ff.
Testamentsanfechtung **26** 38
Testamentsform **34** 7
Testamentskartei **21** 6
Testamentsvollstrecker **13** 138,
  416 ff., **21** 72, 210, 239, **22** 5,
  23 5 ff., 12
– Schiedsrichter **32** 16 ff.
Testamentsvollstreckung **21** 323
– Abwicklungsvollstreckung
  8 318
– Nacherbe **8** 321
– und Grundbuch **22** 42 ff.
– Unternehmensbereich **8** 328
– Verwaltungsvollstreckung **8** 320
Testamentswideruf **34** 8
Testierfähigkeit **8** 39 ff. **26** 7 ff.
  34 37 ff.
Testierfreiheit **8** 131 ff.
Testierunfähigkeit **26** 11
Transmortale Vollmacht **13** 154
Trennungslösung **8** 442 ff.
Türkei **35** 22 ff.

Übergabevertrag **8** 9 ff.
Überleitung des DDR-Erbrechts
  34 40
Übermaß an Berufs-
  ausbildungskosten **13** 325, 329
Übernahme eines land-
  wirtschaftlichen Betriebes
  13 440 f.
Übernahmerecht **8** 112 ff.,
  13 321 ff.

Überquotale Teilungsanordnung
  13 308
Überschuldung **21** 58
– des Nachlasses **21** 55 ff.
Überschwerungseinrede **21** 64,
  125 ff., 183 ff., 303, **28** 61 ff.
Unentgeltliche Verfügung **22** 62 ff.
Universalsukzession **13** 1
Universalzwangsvollstreckung
  21 212 ff.
Unklarheit der Erbfolge **11** 4 ff.
Unrichtigkeit des Grundbuchs
  22 2
Unrichtigkeitsnachweis **22** 6 ff.
Unterhaltsverbindlichkeiten
  21 17 ff.
Unterlassungsverpflichtung
  21 138 ff.
Untervermächtnisnehmer **28** 69
Unzulänglichkeitseinreden
  21 303 ff.
USA **35** 6

Verfahrenseinstellung **13** 241
Verfügung über
  Nachlaßgegenstände **13** 44 ff.
Verfügung unter Lebenden
– und Erbvertrag **8** 612
– und gemeinschaftliches
  Testament **8** 613
Vergleich **28** 15 ff.
– Nachlaßgericht **25** 62 ff.
Vergleichswertverfahren **13** 266
Vergütung des Nachlaßpflegers
  11 44
Vermächtnis **8** 123 ff.

1124

Stichwortverzeichnis

– Gegenrechte des
 Vermächtnisschuldners **28** 49 ff.
– Nießbrauchsvermächtnis
 28 21 ff.
Vermächtniskürzungsrecht **28** 51
Vermittlung der
 Auseinandersetzung **13** 414
Vermögenstrennug **21** 213
Vermögensverwaltung **8** 296 ff.
Verschaffungsvermächtnis
 8 138 ff.
Verschweigungseinrede **21** 161 ff.
Versiegelung von Räumen **11** 28
Versteigerungsgebot **13** 276 ff.
Verteilung des Erlöses **13** 298
Vertragserben **30** 1 ff.
Verwaltungsmaßnahmen **13** 16
Verwirkung von Gläubigerrechten
 21 291 ff.
Vollmacht **8** 650 ff.
– Altersvorsorge **8** 662 ff.
– postmortale **8** 654 ff.
– transmortale **8** 654
Vollstreckungsgegenklage **21** 167,
 202, 203 ff., 209
Vollstreckungsversteigerung
 13 291
Vor- und Nacherbfolge **21** 112 ff.
Vorausvermächtnis **8** 99 ff.
Vorbehaltsurteil **21** 168
Vorerbe **11** 23, **21** 35, **22** 52 f.,
 68 f., **23** 4
Vorerbengemeinschaft **13** 460
Vorkaufsrecht **13** 376 ff.
Vorläufiger Rechtsschutz **26** 34

Vorläufiger Erbe **11** 48, **21** 46 ff.
Vormundbenennungsrecht
 8 312 ff.

Wahlvermächtnis **8** 149
Wechselbezügliche Verfügungen
– im gemeinschaftlichen
 Testament **8** 431 ff.
Weichende Erben **13** 449 ff.
Weitere Beschwerde **22** 84
 23 20 f.
Wertpapiere **27** 16
Wertvermittlungsverordnung
 27 15
Widerruf
– Testament **8** 56
Widerspruchsklage **13** 250,
 21 206
Wirtschaftsfähigkeit des Hoferben
 13 448
Wirtschaftsprüfer **33** 17
Wohnrecht **8** 631 ff.
Wohnrechts-Vermächtnis **28** 41
Wohnsitz **34** 6

Zahlungsunfähigkeit **21** 103
Zugewinnausgleich **1** 62
Zugewinnausgleichsforderung
 21 19 ff.
Zugewinnpauschale **34** 33
Zurückweisungsbeschluß **22** 82
Zuschlag **13** 278 ff.
Zuschlagsbeschluß **13** 278
Zweckvermächtnis **8** 147 f.
Zwischenverfügung **22** 16
– des Grundbuchamts **22** 82

1125

Benutzerhinweise zur CD-ROM

Auf der dem Werk beiliegenden CD-ROM sind sämtliche abgedruckten Formulare als Datei enthalten. Im Druckwerk sind zu jedem Formular Referenznummern vergeben, die Sie aus den jeweils neben dem Formular angeordneten CD-ROM-Symbolen entnehmen können.

Sollten Sie die **Textverarbeitung Word für Windows** verwenden, haben Sie die Möglichkeit, nach der Ausführung der nachfolgend beschriebenen Installationsroutine, die Formulare direkt zu übernehmen und wie gewohnt zu bearbeiten.

Falls Sie eine **andere Textverarbeitung als Word für Windows** verwenden, so können Sie die Formularmuster direkt über das Menü „Datei, Datei öffnen" Ihrer Textverarbeitung laden. Voraussetzung ist, daß ihre Textverarbeitung einen entsprechenden Importfilter (RTF, DOS-Text . . .) hat und daß dieser Filter auch installiert wurde.

Alle Formulare stehen auf der CD-ROM zusätzlich
- als RTF-Dateien im Verzeichnis \rtf,
- als MS-DOS-(ASCII-)Textdateien im Verzeichnis \txt und
- als WINDOWS-(ANSI-)Textdateien im Verzeichnis \ansi.

Die Textdateien (MS-DOS und Windows) beinhalten nur den reinen Text ohne Formatierungen.

Sollten Sie auf eine Installation auf Platte verzichten wollen, können Sie als Word für Windows-Benutzer die Formulardateien auch direkt von der CD über „Datei, Öffnen" laden oder über „Einfügen, Datei" in Ihre eigenen Dokumente einfließen lassen.

Installation unter Word für Windows

Es sind folgende **EDV-Voraussetzungen** zu beachten:
- Windows 3.1 x und höher
- Microsoft Word für Windows, Version 6.0 deutsch und höher
- ca. 2 MB freier Platz auf einer Festplatte.

Benutzerhinweise zur CD-ROM

Wählen Sie im Programm-Manager aus dem Menü „Datei" die Option „Ausführen". Unter Windows 9 x bzw. Windows NT 4.x die Funktion „Ausführen" im Startmenü. Starten Sie dann das Programm Setup.exe von der CD-ROM. Folgen Sie danach bitte den weiteren Anweisungen am Bildschirm.

Bei Nutzern von **Word 2000** kann der Hinweis auf dem Bildschirm erscheinen, daß die Makros aktiviert werden müssen. Dies wird in Word 2000 über das Menü „Extras, Makro, Sicherheit" eingestellt. Wählen Sie mindestens die Sicherheitsstufe „Mittel", besser „Niedrig", aus und starten Sie die CD-ROM erneut. Beachten Sie jedoch, daß die Einstellungen für alle Word-Dokumente gelten. Im Einzelfall kann es demnach sinnvoll sein, vor dem Öffnen eines „unsicheren" Word-Dokumentes die Sicherheitsstufe wieder auf „Hoch" zu setzen.

Während der Installation wird, falls nicht bereits vorhanden, eine eigene Programmgruppe „AnwaltVerlag" für die Anwendung eingerichtet. Zum Öffnen der Formulare unter Word für Windows genügt ein Doppelklick auf die Ikone „Das erbrechtliche Mandat" in der Programmgruppe AnwaltVerlag.

Sie können die Formulare auch öffnen, indem Sie unter Word für Windows über „Datei, Öffnen" das Zentraldokument ErbManda.doc im Zielverzeichnis (normalerweise C:\AnwVerl\ErbManda) laden.

Zur **Auswahl des gewünschten** Formulars nutzen Sie die Inhaltsübersicht, indem Sie auf die entsprechende Formular-Ikone (▤) doppelklicken. Durch die Inhaltsübersicht bewegen Sie sich mit den bekannten Cursortasten bzw. mit der Maus.

Darüber hinaus können Sie über die **Symbolleiste**

das gewünschte Formular durch Eingabe der Dokument-Nr. öffnen. Klicken Sie dafür auf die Ikone „Öffne Dokument Nr." (dritte von rechts) und geben Sie die Nummer des Formulars ein.

Benutzerhinweise zur CD-ROM

Wenn Sie ein Formular verändern wollen, so müssen Sie zunächst **den Schreibschutz aufheben** – dazu gibt es eine Ikone (zweite von links) in der Symbolleiste.

Sie können innerhalb des Dokumentes mit der Ikone „Nächstes Feld" (zweite von rechts) **von Feld zu Feld** springen. Bei Benutzung dieser Funktion wird der Schreibschutz der Formulare automatisch aufgehoben.

Sollten Sie den **Originalzustand eines Dokumentes wiederherstellen** wollen, legen Sie die CD-ROM in das entsprechende Laufwerk und benutzen die Ikone „Dokument-Wiederherstellen" (dritte von links).

Für die Bedienung der einzelnen Programmfunktionen beachten Sie bitte auch die **Hinweise im Hilfetext,** den Sie über die Ikone „Hilfe zur Formularsammlung" (erste von rechts) erhalten.